Market

ing

6th Edition

Marketing

채서일 · 이성호 지음

비앤엠북스

Marketing

6판 머리말

5판(전면 개정판)을 발간한 지 2년이 되었는데, 6판 개정판을 발간하게 되었다. 일반적인 상황으로 볼 때 조금 빠른 개정이다. 만약 이 책에 부제를 붙였다면 디지털 변환과 통합(Digital Transformation and Integration)으로 했을 것이다. 예상은 했지만 디지털 기술 변화를 토대로 한 마케팅의 변화가 빨리 진전되고 있다. 이를 추적 · 소화하다 보니 예상보다 빨리 개정하게 되었다. 5판에서 예상했던 약속을 실행에 옮긴 것이 가장 큰 변화이며 본 서적의 첫 번째 차별화 포인트다. 5판에서는 디지털 마케팅이라는 별도의 장을 마련하여 설명했는데, 이번 6판에서는 디지털 마케팅의 내용을 STP와 마케팅믹스의 각 장에 관련 내용들을 분산 · 배치하였다. 그리고 대신 디지털 기술의 발전과 영향을 토대로 마케팅의 미래를 통합적 관점에서 조망한 것(19장)이 두 번째 변화이며 차별화 포인트다: 미래 기술과 마케팅 시사점, 새롭게 떠오르고 있는 상호작용 마케팅(interactive marketing)과 고객경험관리(CEM: Customer Experience Management), 미래에 강화되어야 할 마케팅 역량. 19장의 〈표 19-1〉은 디지털 기술 등의 변화를 토대로 6판의 각 장에서 살펴본 많은 새로운 마케팅 개념들을 제시하고 있다(pp. 614~618).

세 번째 변화는 각 장의 학습목표를 명확히 제시하고, 장의 절들에서 학습목표별 주요 개념들을 간결하게 정리하였다. 즉 주요 개념들은 학습을 위한 노트 역할을 하리라 기대한다.

네 번째 변화는 자료와 사례들의 업데이트와 보강이다. 예를 들어 고객분석(5장), 경쟁분석(6장), 자사분석(7장)에서 시리즈로 우리나라 회사인 인포마크(Infomark)의 준(JooN)과 미국 Pebble Technology의 Smartwatch 사례들을 비교하여 다룬 것은 학습에 효과적 도움이 될 것이다. 또한 환경분석의 논리적 전개를 감안하여 고객분석을 7장에서 5장으로 옮겼다.

5판의 다른 네 가지 차별화 포인트는 지속적으로 유지 · 강화되었다: (1) 마케팅 관리의 '꽃'이라 할 수 있는 시장세분화, 표적시장, 포지셔닝(STP: Segmentation, Targeting, Positioning)에 관한 상세한 설명(8~10장); (2) 마케팅믹스의 전략적 통합(16장); (3) 마케팅 성과평가(17장); (4) 비즈니스 혁신과 마케팅 혁신(18장). 또한 추가적 자료와 내용을 온라인으로 전달하는 방식도 유지하였다. 이번 온라인사이트의 주소는 https://sites.google.com/view/marketing6이다.

본 서적은 마케팅관리 서적 중 학문의 최근 발전을 토대로 가장 업데이트된 내용을 담고 있다. 예를 들어 코틀러와 암스트롱의 마케팅 원리(개정판 16판)는 디지털과 관련된 내용을 고객 인게이지먼트 개념을 중심으로 설명하고 있는 반면, 본 서적 19장에서 설명한 마케팅의 새로운 frame인 상호작용 마케팅과 고객경험관리 관점에서 보면 고객 인게이지먼트가 어떤 위치에 있는 부분적 개념인지를 이해할 수 있다. 물론 학부 2학년 학생들을 대상으로 하는 마케팅관리 수업에서 다루기에는 압도적인(overwhelming) 내용도 많이 있다. 학부마케팅 강좌는 1~16장과 17장의 일부 내용으로 강의를 구성하면 충분할 것이다. 학부 고학년 또는 마케팅에 높은 관심을 가지고 있는 학생들, 대학원에서 마케팅 입문을 하는 학생들을 위해서는 모든 장과 온라인에 제시한 부분까지 포함하여 학습내용을 구성하면 도움이 될 것이다. 나아가 본 서적은 실무 마케팅 전문가와 임원들의 생각과 지식을 정리하고 리딩할 수 있는 틀(frame)을 제공하고 있다.

7판의 예상 모습을 논의하면, 19장의 말미에 제시했듯이 기업들의 탐색 역량(적응적 마케팅 역량, 예: CDJ와 CX의 프로세스 모델 파악 역량과 이를 위한 빅데이터 애널리틱스 역량, 플랫폼/네트워크 경제 환경에 적합한 파트너 · 네트워크 관리 역량 등) 관점에서 보다 높은 수준의 CEM을 구현하는 우리나라 기업들의 사례를 수록하기를 기대해본다. 이와 관련해 최근 저자들은 디지털 변환과 통합이 왜 모두 미국에서 탄생하여 발전했을까를 논의하기 시작했다. 이 논의의 진전된 내용이 수록되지 않을까 예상한다. 본 서적에서 유일하게 빠진 내용은 마케팅 조사와 정보에 관한 내용이다. 변화가 심하고 별도의 서적과 과목인 마케팅

조사에서 실습과 함께 다뤄야 유효한 학습이며 개념적으로 설명하는 것은 효과가 없을 것이라는 판단 때문에 제외하였다. 그럼에도 불구하고 관련 내용을 어떻게 반영할 것인가에 대한 고민은 현재 진행형이라 할 수 있다.

6판이 나오기까지 많은 분들이 도움을 주셨다. 항상 새로운 마케팅 지식을 논의하고 공유해 온 저자들의 동료(colleagues)인 서강대학교 김주영 교수, 고려대학교 유시진 교수, 서울시립대학교 송지희 교수, 신동우 교수, 강영선 교수, 장우정 교수에게 큰 감사를 드린다. 또한 촉박한 일정에도 불구하고 6판 출판을 위해 수고해준 비앤엠북스의 꼼꼼한 편집진, 정경식 부장, 정광식 대표께도 감사드린다.

항상 따뜻한 보금자리가 되어주는 가족들이 있기에, 또 우리를 어여삐 여겨주시는 주님이 계시기에 이러한 모든 일이 가능하게 됨을 알고, 그분의 뜻을 잘 따르게 되기를 기도합니다.

2017년 8월

채서일 · 이성호

지은이 소개

채서일

현재 고려대학교 경영대학 명예교수이며 한국 경영학계와 마케팅학계 거두 중 한 명이다. 1973년 서울대학교 상과대학에서 경영학 학사학위를 받고, 한국과학원에서 산업공학 석사, 미국 인디애나 대학교(Indiana University)에서 경영학 석사, 동 대학에서 마케팅으로 경영학 박사학위(1980년)를 받았다.

인디애나 대학교에서 교직생활을 시작했으며(1978~1980년), 피츠버그 대학교(Universityof Pittsburgh) 카츠 경영대학원(Katz School of Business)에서 1980년부터 4년간 조교수로 재직했다. 1984년 고려대학교 경영대학에 부임했으며, 1993~1994년 스탠퍼드 대학교(Stanford University) 경영대학원에서, 2000년 피츠버그 대학교 카츠 경영대학원에서, 2004년 캘리포니아 롱비치 주립대학교(California State University at Long Beach)에서 객원교수로 학생들을 가르쳤다. 1998년부터는 고려대학교 기획처장으로, 동 대학교의 전략기획, 예산수립 및 감사활동 등을 전담했고, 특히 IMF사태 이후 위기상황에서 학교의 전략수정 및 운영효율성 향상을 위한 구조조정 업무를 수행했다.

한국소비자학회, 한국마케팅학회 회장을 지냈고 2006년에는 한국경영학회 회장직을 수행했다. 〈경영학연구〉 편집위원을 비롯해 〈마케팅연구〉, 〈소비자학연구〉 편집위원 및 편집위원장으로 활동했으며, *Asian Journal of Marketing*을 비롯한 해외저널의 편집위원으로도 활동했다. 아울러 지금까지 이들 학회에서 활발하게 위원회 활동을 하고 있으며 학술 논문 발표도 꾸준히 하고 있다.

경제기획원, 국무총리실, 외교통상부, 산업자원부, 중소기업청 등 정부기관의 자문으로도 활동하였으며 삼성, 현대, LG, SK, GS, KT, 데이콤, 한국투자증권, 에스콰이아 등 국내 유수기업 및 중견기업의 사외이사와 경영자문으로 활동하며 경영이론의 현실적용은 물론, 현장 경영에 근거한 한국적 경영학 연구의 토대를 마련하기 위해 애쓰고 있다.

주요 저서로는 《사회과학 조사방법론》, 《마케팅》, 《마케팅조사론》, 《유통관리》, 《신제품 밀레니움》, 《체계적 설문디자인》, 《마케팅전략 시뮬레이션 게임》, 《SPSS WIN을 이용한 통계분석》 등이 있으며, 〈경영학연구〉, 〈마케팅연구〉, 〈소비자학연구〉, 〈상품학연구〉, *Psychometrika*, *Journal of Product Innovation Management*, *Journal of Service Marketing*, *Journal of Business Research*, *Journal of Internet Commerce* 등 국내외 유수 저널에 50여 편의 논문을 발표했다.

이성호

현재 서울시립대학교 경영학부 교수로 재직 중이다. 1986년 고려대학교 경영학과를 졸업하고 위스콘신 매디슨 대학교(University of Wisconsin-Madison)에서 경영학 석사, 일리노이 대학교 어바나-샴페인 캠퍼스(University of Illinois at Urbana-Champaign)에서 마케팅으로 경영학 박사학위를 받았다. 일리노이 대학교 어바나-샴페인 캠퍼스에서 학생들을 가르쳤으며, 한국에 와서는 삼성경제연구소의 수석연구원, 박사학위 과정 전에는 제일기획에서 근무한 바 있다. 또한 그는 채서일 교수의 고려대학교 학부 제자이기도 하다.

서울시립대학교 경영대학장과 경영대학원장을 지냈고 학생부처장, 언론사 주간직을 수행했다. 한국마케팅학회 부회장, 한국창업학회 부회장, 한국산업경영학회 부회장, 한국소비자학회 상임이사, 한국경영교육인증원 인증사업단장을 역임하며 다양한 교내외 학술봉사활동을 해오고 있다. 정통부, 서울시 투자기관, 대기업과 금융권을 비롯, 하나대투증권, 기아자동차 등의 기업경영 자문과 사외이사로 활동하며 경영 및 마케팅 이론을 현실에 적용하는 한편 이를 통해 한국적 마케팅 연구의 토대를 마련하고자 노력하고 있다.

주된 관심 분야는 마케팅전략, 브랜드 및 고객자산관리, 소비자행동이며, 이 분야에서 활발한 연구 및 저술 활동을 하고 있다. 최근에는 혁신과 기업가정신 분야를 연구하고 있다. 그의 이런 노력은 *Journal of the Academy of Marketing Science*, *Journal of Strategic Marketing*, *Advances in Consumer Research*, *International Journal of Retail & Distribution Management*, *Journal of Internet Commerce*, *Asia Marketing Journal*, *AsiaPacific Journal of Innovation & Entrepreneurship*, 〈마케팅 연구〉 등 국내외 저명학술지에 실린 약 40여 편의 논문에 잘 반영되어 있다. 집필한 책으로는 《신소비자행동》, 《고객자산관리와 마케팅프로세스의 변화》 등이 있고, 역서로 하버드 대학교 클레이튼 크리스텐슨 교수의 파괴적 혁신 이론을 다룬 《파괴적 혁신 실행 매뉴얼》이 있다.

Marketing

차례

Part 1 비즈니스와 마케팅

01장 비즈니스와 마케팅 _ 비즈니스, 마케팅으로 날다 3

1절 비즈니스란 무엇인가 4

1. 비즈니스의 개념 / 4
2. 기업의 개념과 기능 / 5
3. 기업의 이해관계자와 고객 / 9
4. 기업 목표와 성과 / 11

2절 마케팅이란 무엇인가? 17

1. 사회의 변화와 마케팅의 등장 / 17
2. 마케팅이란? / 18
3. 마케팅 개념의 발전 / 23
4. 마케팅관리 과정 / 26
5. 마케팅관리 과정의 한계와 해결책 / 29

02장 마케팅 패러다임과 전략 _ 마케팅을 담는 그릇들 33

1절 변화하는 비즈니스 환경 34

1. 새로운 비즈니스 환경 / 34
2. 마케팅 환경의 변화 / 37

2절 경쟁우위 확보를 위한 마케팅전략의 변화 43

1. 전략의 위계 / 43
2. 포터의 경쟁전략 / 44
3. 변화하는 마케팅전략 / 50
4. 고객지향적 마케팅전략으로 / 51
5. 마켓리더의 선택, 한 번에 두 개 전략 / 54

Part 2 환경분석

03장 거시환경분석 _ 거시환경을 낱낱이 분석하다 59

1절 왜 거시환경분석을 할까? 60

1. 거시환경분석이란? / 63
2. 거시환경을 구성하는 6가지 요인 / 64

2절 거시환경분석은 어떻게 할까? 79

1. 시나리오 기획분석기법 / 79
2. 인과관계모형 / 80
3. 시계열자료의 분석 / 81

04장 시장분석 _ 시장분석은 성공의 지름길 85

1절 왜 시장분석이 중요할까? 86

1. 시장과 산업 / 86
2. 시장의 법률적 개념 / 89
3. 시장의 동태적 개념 / 91

2절 시장의 매력도 분석 99

1. 시장의 외형적 요인 / 99
2. 시장의 구조적 요인: 5 Force 모델 / 100
3. 시장의 거시환경적 요인 / 106

3절 수요예측과 판매예측 109

1. 잠재수요 추정방법 / 109
2. 판매예측 추정방법/ 110
3. 시장예측의 정확성과 분석기법 선택 / 111

05장 고객분석 _ 고객욕구를 뛰어넘어라 115

1절 고객행동분석 116

1. 고객행동분석의 이유 / 121
2. 고객행동분석 틀 / 123

Marketing

2절 고객행동에 영향을 미치는 요인 — 125

1. 문화적 요인 / 125
2. 사회적 요인 / 126

3절 고객의 정보처리와 구매의사결정 — 128

1. 정보처리 과정 / 128
2. 구매의사결정 과정 / 132
3. 고객 의사결정 여정 / 140

06장 경쟁분석 _ 경쟁은 혁신을 이끈다 **147**

1절 경쟁이란 무엇인가 — 148

1. 경쟁의 개념 / 152
2. 경쟁기준에 따른 유형 / 154
3. 경쟁이 주는 이익 / 156
4. 경쟁 범위와 수준 / 159

2절 경쟁자분석 — 163

1. 경쟁자 확인 / 163
2. 경쟁자분석 / 168

07장 자사분석 _ 분석의 초점을 자사로 돌려라 **175**

1절 자사분석이란 무엇인가 — 180

1. 자사분석의 개념 / 182
2. 자사분석과 의사결정 / 182
3. 자사분석의 내용 / 184
4. SWOT분석과 SWOT전략 방향 설정 / 189

2절 사업포트폴리오 분석 — 192

1. 전략사업부 / 192
2. BCG 매트릭스 / 194
3. GE 매트릭스 / 199

3절 브랜드포트폴리오 분석 — 202

1. 기업의 제품차별화 도구 / 202
2. 브랜드-제품 매트릭스 분석 / 203

Part 3 STP

08장 시장세분화 _ 시장을 잘게 나눠라 209

1절 STP 이해하기 211

1. STP의 개념 / 212
2. STP전략의 수행 과정 / 214
3. 사례로 보는 STP전략의 통합 / 217

2절 시장세분화 220

1. 시장세분화란? / 220
2. 고객선호도 분포에 따른 시장 유형 / 221
3. 효과적 시장세분화 조건 / 226
4. 시장세분화의 기준변수 / 228

3절 시장세분화 절차 234

1. 시장세분화를 위한 기준변수의 선택 / 234
2. 세분시장 프로파일 작성 / 236

09장 표적시장 선정 _ 표적시장은 어떻게 선정할까? 239

1절 표적시장 선정 242

1. 시장세분화 매트릭스 / 243
2. 세분시장의 평가 / 244

2절 표적시장 선정전략 250

1. 전체시장 도달전략 / 251
2. 부분시장 도달전략 / 255

10장 포지셔닝 _ 고객 마음속에 브랜드를 담아라 261

1절 포지셔닝이란 무엇인가? 264

1. 포지셔닝의 개념 / 265
2. 포지셔닝 접근방법 유형 / 266

Marketing

2절 포지셔닝전략의 수행 267
1. 포지셔닝전략 수행 과정 / 267
2. 포지셔닝맵이란 무엇인가? / 270

3절 STP전략의 통합 277
1. STP전략의 실행 / 277
2. STP전략의 통합 / 279
3. 고객가치제안 / 281

4절 디지털 마케팅의 STP전략 284
1. 디지털 마케팅과 상호작용성 / 284
2. 디지털 마케팅의 STP전략 / 287

Part 4 마케팅믹스

11장 신제품 개발과 진입시기 _ 시장창출의 관건, 언제 선보일 것인가? 297

1절 제품이란 무엇인가? 300
1. 기업 관점에서의 제품 / 301
2. 고객 관점에서의 제품 / 303
3. 전통적인 관점에서의 제품 / 303

2절 신제품 개발 305
1. 신제품의 개념과 종류 / 305
2. 신제품 개발 동기 · 목적 / 308
3. 신제품 개발 시 마케팅의 역할 / 309
4. 신제품 개발 과정 / 311

3절 시장 진입시기 결정 318
1. 선제전략 / 318
2. 대응전략 / 319
3. 언제 어떤 전략이 바람직한가? / 319

12장 제품과 브랜드 관리 _ 제품과 브랜드가 흔들리면 고객도 흔들린다 329

1절 제품수명주기를 활용한 전략 332

1. 제품수명주기의 단계별 전략 / 332

2절 제품전략 342

1. 제품믹스 / 342
2. 제품믹스전략 / 345
3. 제품라인전략 / 345

3절 브랜드관리 348

1. 브랜드의 자산가치 / 348
2. 전략적 브랜드관리 / 352

4절 디지털 마케팅의 제품관리 356

1. 디지털 상품의 디지털 마케팅 / 356
2. 탐색재는 디지털 마케팅, 경험재는 디지털 정보 제공 / 356
3. 선매품, 편의품도 디지털 마케팅 가능 / 357
4. 차별화의 중요성 / 357
5. 주문생산 마케팅으로의 변화 / 358

13장 가격관리와 가격결정 _ 가격은 강력한 마케팅 도구 363

1절 가격의 개념과 결정요인 367

1. 가격의 개념 / 367
2. 가격의 전략적 중요성 / 367
3. 가격에 영향을 미치는 요인들 / 369

2절 가격관리 과정 377

1. 기업의 가격목표 설정 / 377
2. 가격전략 방향 설정 / 378
3. 어떤 방법으로 가격을 산정할까? / 383
4. 최종가격 결정 / 387

3절 가격조정 391

1. 가격인상 / 391
2. 가격인하 / 392

14장 유통경로관리 _ 적절한 시간, 수량, 장소를 제공하라 399

1절 유통의 근본적 개념 402

1. 유통의 개념과 필요성 / 402

2. 유통경로의 효용과 기능 / 405
3. 사례로 본 유통경로 유형 / 406

2절 유통경로 설계와 관리 409

1. 고객이 원하는 기대수준 파악하기 / 410
2. 유통경로 목표 설정 / 411
3. 유통경로전략 수립 / 414
4. 구성원 간 관계관리 / 416
5. 유통경로 관리의 기타 이슈: 물적 유통경로 / 419
6. 유통경로의 기타 이슈: 신제품과 유통경로 / 420

3절 도매업 · 소매업의 역할과 수직적 마케팅 시스템 424

1. 도매업의 개념과 기능 / 424
2. 도매상의 유형과 전략 / 425
3. 소매업의 개념과 기능 / 428
4. 소매상의 유형 / 430
5. 소매상의 전략 / 431
6. 유통경로의 계열화: 수직적 마케팅시스템 / 434

4절 소매업의 디지털 진화 437

1. 소매유통업의 진화 / 437
2. 옴니채널과 실시간채널 / 442
3. 디지털로 진화하는 소매업의 요구 역량 / 446

15장 통합마케팅커뮤니케이션 _ 존재를 알리고 설득하라 455

1절 촉진과 커뮤니케이션 458

1. 촉진의 개념 / 458
2. 마케팅믹스에서 촉진믹스의 역할 / 459

2절 전통적 수단을 활용한 통합마케팅커뮤니케이션 관리 461

1. 구매를 자극하는 광고 / 461
2. 기업 신뢰도를 높이는 PR / 474
3. 효과적인 판매촉진 / 475
4. 인적 판매 / 479

3절 디지털 커뮤니케이션 관리 482

1. 변하는 것과 변하지 않는 것 / 483
2. 디지털 마케팅커뮤니케이션의 영역과 활동 / 488

16장 마케팅믹스의 전략적 통합 _ 경쟁우위를 확보하라 519

1절 마케팅믹스의 전략적 통합 520

1. 마케팅믹스 통합의 의의와 기준 / 520
2. 개별 마케팅믹스의 전략 유형과 통합 / 522
3. 사례로 본 마케팅믹스 통합 유형 / 524
4. 마케팅믹스 통합의 시사점 / 534

2절 기업의 핵심비즈니스 프로세스와 마케팅믹스(4P)의 통합 538

1. 기업의 핵심비즈니스 프로세스 3가지 / 538
2. 핵심비즈니스 프로세스와 마케팅믹스 / 540
3. 핵심비즈니스 프로세스의 변화 / 542

17장 마케팅 성과평가 _ 효과성과 효율성으로 성과를 통제하라 545

1절 마케팅 통제란 무엇인가? 546

1. 마케팅 통제 과정 / 546
2. 효과적인 마케팅 통제를 위한 조건 / 548
3. 마케팅 통제에서 발생하는 문제점 / 549

2절 마케팅 성과평가 551

1. 마케팅 성과평가의 필요성 / 551
2. 마케팅 성과평가 도입 시 이점 / 552
3. 사례를 통해 본 마케팅 성과평가의 이해 / 554

3절 마케팅 성과평가, 어떻게 할 것인가? 558

1. 마케팅 성과평가의 관점 / 558
2. 마케팅 성과평가방법 / 560
3. 현대 기업의 마케팅 성과평가 / 573

Part 5 마케팅 신조류와 응용

18장 비즈니스 혁신과 마케팅 혁신 _ 비즈니스와 마케팅을 혁신하라 581

1절 비즈니스 혁신 582

1. 기업의 혁신 / 582

2. 혁신의 개념과 유형 / 587

2절 가치제안과 혁신의 관계 593

1. 가치제안이란? / 593
2. 가치제안과 가치혁신 / 594
3. 비즈니스 프로세스에서의 가치혁신 / 595

3절 마케팅 혁신 600

1. 고객 세그먼트 변경을 통한 혁신 / 600
2. 가치제안을 통한 혁신 / 601
3. 마케팅믹스 혁신 / 601

19장 마케팅의 미래 _ 많이 변하고 있는 마케팅지형 613

1절 미래기술과 마케팅 시사점 619

1. 주목할 만한 미래기술 / 619
2. 주요 미래기술의 마케팅 시사점 / 624

2절 상호작용 마케팅 629

1. 상호작용성(Interactivity) / 629
2. 뉴미디어 마케팅시대의 상호작용성 개념의 확장 / 630

3절 고객경험관리 634

1. 고객경험(CX), 왜 다시 주목받고 있는가? / 634
2. 고객경험(CX)의 정의와 의미 / 637
3. 고객경험관리(CEM: CX Management) / 644

4절 미래의 마케팅 역량 647

1. 마케팅 뉴트렌드 시대의 시사점 / 647
2. 활용 역량과 탐색 역량 / 649
3. 미래의 마케팅 역량 / 655

20장 마케팅의 응용(온라인) _ https://sites.google.com/view/marketing6

찾아보기 / 668

PART 1

비즈니스와 마케팅

6th Edition
Marketing
Part 1
비즈니스와 마케팅
01장 비즈니스와 마케팅
02장 마케팅 패러다임과 전략
Part 2
환경분석
03장 거시환경분석
04장 시장분석
05장 고객분석
06장 경쟁분석
07장 자사분석
Part 3
STP
08장 시장세분화
09장 표적시장 선정
10장 포지셔닝
Part 4
마케팅믹스
11장 신제품 개발과 진입시기
12장 제품과 브랜드 관리
13장 가격관리와 가격결정
14장 유통경로관리
15장 통합마케팅커뮤니케이션
16장 마케팅믹스의 전략적 통합
17장 마케팅 성과평가
Part 5
마케팅 신조류와 응용
18장 비즈니스 혁신과 마케팅 혁신
19장 마케팅의 미래
20장 마케팅의 응용 (온라인)

6th Edition

Marketing

01장

비즈니스와 마케팅

비즈니스, 마케팅으로 날다

/ 학 / 습 / 목 / 표 / (Learning Goals)

1. 비즈니스의 개념, 기업의 개념, 기업의 근본적 기능을 이해한다.
2. 기업의 이해관계자, 고객의 근본적 개념, 기업의 목표와 성과를 학습한다.
3. 사회의 변화와 마케팅의 등장, 마케팅의 기본 개념, 정의와 2 키워드를 학습한다.
4. 마케팅 개념의 발전과 마케팅관리 과정을 이해한다.

1 비즈니스란 무엇인가

1장은 마케팅관리를 소개하는 장이다. 먼저 비즈니스란 무엇인가를 살펴본 후, 마케팅이란 무엇인가를 소개한다. 따라서 비즈니스의 개념에서 마케팅이 매우 중심 위치를 차지하고 있음과 나아가 마케팅의 독특한 역할을 이해하도록 한다. 마지막으로 마케팅관리 과정의 설명을 토대로 이 책의 뒷부분 구성을 예상할 수 있다.

1. 비즈니스의 개념

- **학습목표 1: 주요 개념 (1)**
  비즈니스의 개념 = 기업이 고객과의 상호작용을 통하여 목표를 달성하며 가치를 창출하는 활동

우리의 평범한 일상 속에는 많은 것이 비즈니스와 연결되어 있다. 아래 소개하는 김 대리의 평범한 하루를 통해 비즈니스의 개념을 살펴보자.

> 금요일 저녁, '행복전자'에 다니는 김 대리는 컴퓨터 판매 실적에 만족해하며 6시 30분쯤 퇴근한다. 회사 근처 '스마일 햄버거' 가게에서 햄버거와 콜라로 가볍게 저녁 식사를 마치고, 홍대 근처 'C라운지'에서 열리는 재즈 공연을 보러 간다. 근무하고, 퇴근 후 저녁 식사를 하고, 여가를 즐기는 것이 김 대리의 평범한 금요일 모습이다.

김 대리가 근무하는 '행복전자'는 전자제품을 만들어 고객에게 판매하고, '스마일 햄버거'는 음식을 만들어 고객에게 판매하고, 홍대 'C라운지'는 재즈곡 연주라는 서비스를 고객에게 판매하며 모두 기업의 일상적인 활동을 영위한다. 이러한 기업의 일상적인 활동이 바로 비즈니스(business)이다. 비즈니스의 어원은 영어의 'Busy(바쁘다)'에서 왔는데, 사전적인 의미로 사람들이 생존과 발전을 위해 몹시 바쁘게 움직이고 있다는 것을 의미한다. 전통적인 관점에서의 비즈니스는 기업이 제품과 서비스를 생산, 판매하여 이윤을 창출하는 모든 활동을 말한다. 제조의 관점에서 살펴보면 비즈니스는 자동차, 컴퓨터, 전자제품, 음악 CD 같은 유형의 제품을 만들어 고객에게 판매하거나 보험, 금융, 정보, A/S, 음악 같은 무형의 서비스를 만들어 고객에게 제공함으로써 이익을 창출하는

활동을 뜻한다.

기업이 수행하는 비즈니스 활동은 경제적 발전을 가져오며 인간의 삶의 질을 향상시킨다. 기업이 수행하는 모든 비즈니스의 중심에는 항상 고객이 있다. 이는 기업 산출물의 교환 대상이 고객이기 때문이다. 김 대리는 '행복전자'의 직원으로서 전자제품을 구매하러 온 고객들을 응대하며, 동시에 '스마일 햄버거'의 햄버거를 구매하는 고객이고, 홍대 'C라운지'의 재즈곡 연주 서비스를 구매하는 고객이다.

기업은 제품 및 서비스를 가지고 고객과의 교환을 실현하여 수익을 창출하고, 고객은 기업에 비용을 지급하고 추구하는 가치(value)를 얻음으로써 기업과의 교환을 완성한다. 김 대리는 '행복전자'의 컴퓨터를 판매하여 수익을 창출하며, 고객은 '행복전자'에 비용을 지급하고 컴퓨터를 얻게 된다.

가치는 경제학적으로는 효용(utility)이라고 하며, 비즈니스의 본질은 이러한 효용을 창출하고 전달하는 상호의 행위이다. 즉, 비즈니스란 기존 고객의 필요(needs)를 충족시킴을 의미하고 또 고객의 잠재된 욕구(wants)를 발굴함으로써 새로운 고객을 창출하는 것도 의미한다. 여기에서 고객은 기업과 소비자와의 거래인 B2C(Business to Customer)에서의 최종 소비자와 기업 간의 비즈니스인 B2B(Business to Business)의 기업고객 그리고 기업과 정부의 거래인 B2G(Business to Government)의 고객인 정부까지 포함하는 넓은 개념이다. '행복전자'의 제품을 구매하려는 고객은 개인이 될 수도, 기업이 될 수도 또 정부가 될 수도 있다.

이 책에서는 비즈니스의 개념을 기업(또는 개인)이 고객과의 상호작용을 통하여 목표를 달성하고 가치를 창출하는 활동이라고 정의하며, 개인보다는 기업 활동을 중심으로 살펴본다. 기업에서는 제품과 서비스를 생산해 고객과 교환하며, 교환의 결과로 기업은 이익을 얻고, 고객은 가치를 얻어 서로의 필요와 욕구를 충족시킨다. 비즈니스의 개념을 위와 같이 정의할 때 기업의 비즈니스 활동 영역은 크게 시장(산업), 기업 그리고 고객으로 나눌 수 있다.

2. 기업의 개념과 기능

- **학습목표 1: 주요 개념 (2)**
  기업의 개념 = 기업은 이익을 추구하며 나아가 사회 구성원의 일원으로서 지속가능한 비즈니스 환경 유지를 위해 사회적 책임을 다하는 집단
- **학습목표 1: 주요 개념 (3)**
  기업의 근본적 기능 = 마케팅과 혁신. 고객에게 가치를 창출하여 전달하며, 이에 대한 대가로 수익을 창출하는 마케팅과 지속해서 가치를 제공하고 수익을 창출하는 혁신

오늘날 기업은 사회적 · 경제적으로 중요한 위치에 있고, 그 영향력 또한 계속 확대되고 있다. 그렇다면 대한민국을 대표하는 2대 기업인 삼성전자와 현대자동차는 사회적 · 경제적으로 어느 정도의 위치에 있을까?

2016년 기준 삼성전자의 매출(약 202조)은 우리 나라 국내 총생산의 12.3%, 법인세(약 3조 2천억 원, 2015년 기준)는 전체 법인세 비용의 7.1%, 2016년 기준 30대 그룹 시가총액의 45.1%(삼성그룹), 영업이익은 유가증권 상장법인 전체 영업이익의 24.1%를 차지하고 있다.[1] 나아가 이윤과 주주 가치 극대화라는 경제적 가치창출과 글로벌 시티즌십 강화라는 사회적 가치창출을 목표로 10개 영역(인재경영, 컴플라이언스, 인권, 공급망, 나눔, 혁신, 녹색정책, 친환경제품, 환경안전, 고객만족)에서의 지속가능경영 관리체계로 기업 경영 활동과 사회적 책임 활동을 전개하고 있다. 현대자동차의 경우 2016년 기준 매출(약 93.6조)은 우리나라 국내 총생산의 5.7%, 법인세(약 1조 4천억 원, 2015년 기준)는 전체 비용의 3.1%, 2016년 기준 30대 그룹 시가총액의 9.9%(현대자동차그룹), 영업이익은 유가증권 상장법인 전체 영업이익의 4.3%를 차지하고 있다. 현대자동차 역시 경제적 책임 외에 사회적 책임과 환경적 책임을 다하는 사회책임경영과 지속가능경영 체제하에 다양한 사회공헌 활동을 수행하고 있다(출처: 사회적 기업을 통한 일자리 창출 및 사회문제 해결, 미래인재 육성사업 등 다방면의 사회봉사활동을 꾸준히 수행하고 있다(자본시장연구원의 유가증권시장 2016사업연도 실적분석 데이터, 한국은행 2017년 1월 25일 공보 2017-1-8호, 2017년 3월 30일 연합뉴스 기사, CEO스코어 2016년 30대 그룹 상장사 시가총액 및 영업이익 현황 표 자료, 삼성전자와 현대자동차 홈페이지)). 물론 대기업 의존도가 너무 높아 상대적으로 보완이 필요한 중소기업 및 벤처 창업기업의 활성화 등과 같은 우리나라의 경제 및 산업구조의 개선 과제, 대기업의 공정거래 질서 확립을 위한 모니터링 과제 등이 있지만, 삼성전자와 현대자동차의 사례는 이제 기업이 경제 분야에만 국한되지 않고 사회 여러 방면에 영향력을 미치고 있는 현실을 보여주는 것이다.

즉 기업에 대한 정의는 '이익을 추구하는 조직'이라는 과거의 협의적인 정의에서 벗어나 이제는 더 넓은 의미에서 재정의되어야 한다. 기업의 이익은 기업이 수행한 비즈니스의 결과로 나타나는 것이며, 기업의 생존과 성장의 원천이 되는 요소임은 확실하다. 그러나 기업이 이익만을 추구해서는 더는 기업의 생존을 보장받을 수 없는 오늘날, 기업에 대한 본질을 이해하고 재정의하는 것은 매우 중요한 일이다.

기업을 현대적 개념으로 정의하면 기업은 이익을 추구하며 나아가 사회 구성원의 일원으로서 지속가능한 비즈니스 환경 유지를 위해 사회적 책임을 다하는 집단이다. 기업의 목적은 시장을 개발하고, 기업 내 · 외부의 고객에게 더 나은 제품을 제공함으로써 가치를 전달하고 나아가 사회에 공헌하는 것으로 볼 수 있다. 삼성전자의 기업 미션은 "인간의 삶을 풍요롭게 하고 사회적 책임을 다하는 지속가능한 미래에 공헌하는 혁신적 기술, 제품 그리고 디자인을 통해 미래 사회에 대한 영감을 고취한다"이며,[2] 현대자동차는 "창의적 사고와 끝없는 도전을 통해 새로운 미래를 창조함으로써 인류사회의 꿈을 실현한다"이다.[3]

피터 드러커(Peter Drucker)는 기업의 근본적인 기능을 '마케팅과 혁신(innovation)'이라고 정의한다.[4] 기업은 마케팅과 혁신이라는 근본적인 기능을 수행함으로써 고객창조라는 본연의 목적을 달성할 수 있다는 말이다. 기업은 마케팅을 통해 고객의 필요와 욕구를 인지하고 고객에게 가치를 창출하여 전달하며, 이에 대한 대가로 수익을 창출하므로 마케팅은 기업의 핵심적인 기능이다. 또 급변하는 비즈니스 환경과 치열한 경쟁에 직면한 기업이 지속해서 고객에게 가치를 제공하려면 혁신이 필요하다. 기업의 혁신은 더는 선택 사항이 아니며, 생존과 성장을 위해 지속적으로 실행해야 할 필수 사항이다. 혁신은 고객의 변화하는 필요와 욕구를 인지하고, 새로운 필요와 욕구를 찾아낼 뿐 아니라 현존하는 고객의 필요와 욕구에 더 나은 방법으로 응답할 수 있도록 도와주는 수단이기 때문이다.

기업의 혁신에는 여러 형태가 있다. 기존의 경제학자들은 가격인하 형태로 나타나는 혁신에 관해 관심이 있었으나, 실제 혁신은 기업의 모든 부분에서 이루어지고 있다. 혁신은 기술 분야뿐 아니라 경영조직의 개선으로 연결되는 조직 혁신, 신제품 개발과 관계되는 제품 혁신, 디자인 혁신과 서비스 혁신 등 매우 넓은 분야에서 다양한 형태로 나타날 수 있다. 혁신에 대해서는 이 책의 18장을 참조하기 바란다.

그림 1-1 **현대자동차의 사회공헌활동**

출처: 현대자동차 홈페이지(http://csr.hyundai.com), 2017년 7월 7일.

기업의 경쟁력은 곧 국가의 경쟁력이다. 사회가 발전할수록 기업이 국가에서 차지하는 비중은 점점 더 커지고 있다. 〈표 1-1〉을 살펴보면, 2009~2016년 분석대상 기

표 1-1 〈포천〉지 선정 글로벌 500대 기업의 총매출 및 세계 총생산

(단위: 조(trillion) 달러)

연도	글로벌 500대 기업 총매출	세계 총생산(Gross World Product)
2016년	27.6 (30.3%)	91.2
2015년	31.2 (35.3%)	88.4
2014년	31.1 (36.4%)	85.5
2013년	30.3 (36.7%)	82.6
2012년	28.1 (35.2%)	79.9
2011년	29.5 (38.2%)	77.2
2010년	26.0 (34.9%)	74.4
2009년	23.1 (32.6%)	70.8
평균	**25.2 (31.0%)**	**81.3**

출처: 이성호, 채서일, 이준석, "Fortune Global 500대 기업들의 매출을 통해 살펴본 주요 국가별 기업 경쟁력 및 산업구조 분석(2004~2015)," 한국마케팅학회 춘계학술대회 발표논문집, 2015년 3월.

표 1-2 국가별 GDP 순위 및 〈포천〉지 선정 글로벌 500대 기업 보유 수

(단위: 백만 달러)

순위	국가	GDP	글로벌 500대 기업 보유 수
1	미국	18,036,648	134
2	중국	11,064,665	103
3	일본	4,383,076	52
4	독일	3,363,600	28
5	영국	2,861,091	26
6	프랑스	2,433,562	29
7	인도	2,111,751	7
8	이탈리아	1,824902	9
9	브라질	1,803,653	7
10	캐나다	1,552,808	11
11	대한민국	1,382,764	15
12	러시아	1,365,865	5
13	오스트레일리아	1,345,383	8
14	스페인	1,192,955	9
15	멕시코	1,151,037	2

출처: http://fortune.com/global500/(2016년 발표 기준, 2015년 실적 기준), GDP는 2015년 기준 - http://databank.worldbank.org

간 평균으로 볼 때 500대 글로벌 기업 총매출이 세계 총생산(Gross World Product: GWP)의 31.0%를 차지하였으며, 500대 기업 총매출이 GWP에서 차지하는 비율은 2015년(실적기준 2014년) 이후 줄어들었지만, 전반적으로 글로벌 기업들의 성과가 세계 경제 성과에 미치는 영향력이 매우 큼을 알 수 있다.

〈표 1-2〉는 〈포천(*Fortune*)〉 지가 발표한 '500대 글로벌 기업(매출액 기준)' 보유 수 순위와 국가별 GDP의 순위이다. 표를 보면 국가별 글로벌 기업의 숫자와 국가의 경제력은 비교적 높은 상관관계가 있음을 알 수 있다. 급변하는 비즈니스 환경에서 기업의 발전은, 곧 국가의 발전과 직결된다. 기업의 영향력은 더욱 커지고 있으며, 기업의 사회적 역할 또한 더욱 중요해지고 있다. 현재 대한민국을 대표하는 5대 기업인 삼성전자, 현대자동차, 포스코, SK그룹, LG전자의 주력 사업 분야는 전자, 반도체, 자동차, 철강 등인데, 대한민국이 경쟁력을 가진 산업과 일치한다. 결국, 국가 내 글로벌 기업의 존재는 한 국가 경제력의 원천이라 할 수 있다.

3. 기업의 이해관계자와 고객

- **학습목표 2: 주요 개념 (1)**
  기업의 이해관계자 = 기업의 행위나 성과에 영향을 미치는 다양한 집단과 개인이며 주요 이해관계자로는 주주, 종업원, 공급자, 정부, 구매자 등이 있음.
- **학습목표 2: 주요 개념 (2)**
  고객의 근본적 개념 = 기업을 존재하게 하는 근원

고객은 기업을 존재하게 하는 근원이다. 기업은 고객의 필요와 욕구를 충족시켜주고 이를 통해 수익을 창출하는데, 이러한 가치 전달 과정은 공급자, 기업, 유통업자, 구매자 등의 참여로 이루어진다. 즉, 마케팅을 통한 기업의 가치는 기업과 관련 있는 이해관계자들(stakeholders)의 가치교환을 통해 창출된다. 기업의 이해관계자란 기업의 행위나 성과에 영향을 미치는 개인이나 집단을 의미한다. 기업 입장에서 이해관계자들 은 조직의 내적 · 외적 환경의 일부분으로 주주, 종업원, 공급자, 정부, 구매자 등이다.

전통적 의미의 고객은 구매자로 한정되었으나 현대적인 의미의 고객은 기존의 거래대상인 구매자뿐 아니라 기업의 가치사슬단계에 참여하는 모든 이해관계자를 말한다. 주주는 기업이 원활하게 사업할 수 있도록 투자를 통해 재정적 지원을 하는 동시에 기업 제품과 서비스의 고객이 되기도 하며, 종업원들도 기업의 인적 자원으로서 기업 활동에 참여하지만, 또 다른 측면에서는 고객이기도 하다. 정부 역시 공정한 시장을 유지하려는 조율기관의 역할을 담당하지만, 기업 제품을 구매하는 고객이기도 하다. 기업의 이해관계자를 다음의 예와 정의로 정리해보자.

> 대기업 전자 제조업체 A는 휴대폰을 만들기 위해 중소 재료업체 B로부터 휴대폰 제조에 필요한 부품을 구매하고, A업체의 종업원들은 이를 이용해 제품을 만들어 소비자에게 판매한다. 제품을 판매한 수익은 전자 제조업체 A의 가치 상승에 이바지하고, 이는 주가에 반영되어 주주들의 이익을 향상한다. 또 정부는 휴대폰 제조업 시장에서 공정거래가 이루어질 수 있도록 규제하며 기업의 사업 활동에 참여한다.

주주(stockholder) 기업의 주식을 소유함으로써 기업과 재정적인 이해관계를 맺는다. 주주는 자신의 투자에 대해 재정적 보상을 획득하고자 하므로, 기업의 경영 방침과 재무적 성과에 관심을 가지며 관련 결과에 따라 주식을 매입하거나 매각하는 일련의 행동을 한다. 기업의 신규사업 진출이나 신제품 출시 등에서 주주의 영향력은 매우 크다. 예를 들어 현대자동차의 유럽시장 판매 실적 호조 발표는 자본가나 기존 주주들이 더 많은 주식을 매입하도록 견인하여 현대자동차의 주가 상승에 이바지한다.

종업원(employee) 기업 활동을 수행하는 주체이다. 종업원은 직무를 수행하면서 의사결정 주체자로서의 역할을 이행한다. 이들에 의해 마케팅과 혁신이 수행되며, 이 때문에 기업의 가치창출이 가능해진다. 기업의 목표를 달성하기 위해서는 종업원의 활동을 격려하고, 합당한 배려와 함께 정당한 대우를 해야 한다. 기업에 대해 만족하는 종업원이야말로 고객만족을 위해 더 좋은 성과를 내려고 노력하기 때문이다. 대기업을 포함하여 우리나라의 많은 기업들은 인재를 기업의 가장 중요한 가치로 생각하고, 인재 양성에 힘을 기울이고 있으며, 종업원의 만족도가 높고 이직률이 낮은 기업이 되기 위해 노력하고 있다.

공급자(supplier) 기업이 생산하는 제품이나 서비스의 원천을 기업에 제공한다. 공급자가 제공하는 전방가치(forward value)는 고객가치를 창출하는 중요한 구성요소이며, 기업의 수익모델에 결정적인 영향을 미친다. 예를 들어 현대자동차에 부품을 납품하는 중소 자동차 부품업체들은 현대자동차의 공급자이자 협력업체로, 더 좋은 부품을 제공하여 현대자동차의 제품 향상에 이바지한다. 대기업은 경영 노하우 전수, 자금지원 등을 통해 중소 협력업체의 발전을 직·간접적으로 지원함으로써 기업의 균형발전과 경제 민주화 흐름에 효과적으로 대응할 수 있다.

정부(government) 기업이 시장 활동을 할 때 기준이 되는 법과 규칙을 만들어 제공한다. 기업은 정부의 규제 아래 지정된 영역에서 기업 활동을 수행하게 된다. 조정자로서 정부의 역할은 기업 활동에 직접 영향을 미친다. 예를 들어 정부는 공정거래법을 제정하여 독과점을 방지하고 경쟁을 유도해 공정한 시장 환경을 조성한다. 국내 이동통신 3사인 SKT, KT, LGU+는 과당경쟁인 휴대전화 보조금 상한선 위반 때문에 정부로부터 영업정지 처분을 받거나 과징금을 부과받았다. 나아가 정부는 이동통신단말장치의 공정하고 투명한 유통질서를 확립하여 이동통신 산업의 건전한 발전과 이용자의 권익을 보호함으로써 공공복리 증진에 이바지함을 목적으로 이동통신단말장치 유통 구조 개선에 관한 법률(약칭 단말기유통법)을 제정해 시행에 들어갔다.[5]

구매자(buyer) 기업으로부터 제품이나 서비스를 받고 그에 따른 비용을 지급하는 주체이다. 구매자는 기업과의 가치 교환 거래 대상이며, B2C의 경우는 소비자, B2B의 경우는 기업, 그리고 B2G의 경우는 정부가 된다.

NGO 및 일반 시민 이들은 기업이 법의 테두리 안에서 환경을 파괴하지 않고 기업을 운영하고 있는지를 감시하며 기업이 시장에서 더 바람직한 역할을 할 수 있게 돕는다.

4. 기업 목표와 성과

- **학습목표 2: 주요 개념 (3)**
  기업의 목표 = 기업이 미래에 달성하고자 하는 바람직한 모습을 정량적·정성적으로 지표화한 것
- **학습목표 2: 주요 개념 (4)**
  기업 성과 = 기업 목표를 설정하고 사업을 수행한 후 목표 달성 여부를 다양한 지표로 측정하는 것이 성과 측정

비즈니스 활동에서 기업의 목표는 기업이 미래에 달성하고자 하는 바람직한 모습을 정량적 · 정성적으로 지표화한 것이다. 적절히 수립된 목표는 성과를 달성하거나 성과를 높이는 것 이외에도 다양한 임무를 수행하며, 경영과 관리에 긍정적인 역할을 한다. 기업 목표가 어떤 다양한 역할을 하는지 현대자동차그룹의 예를 통해 살펴보자.

2017년 현대차그룹 시무식에서 정몽구 회장은 대내외 불확실한 환경을 극복하기 위한 경영방침으로 "내실강화, 책임경영"을 제시하고, 새로운 미래 성장을 적극 추진해야

함을 당부했다. 불확실성 극복을 위해 민첩하고 유연한 대응, 부문 간 소통협력 강화를 강조했으며, 자율적이고 책임감 있는 조직 문화를 구축하라는 방침이다. 또한 어려운 여건에서도 R&D 투자 확대 및 핵심 미래기술 내재화, 상품 경쟁력의 획기적 강화를 통해 미래 대비를 철저히 해야 한다고 당부했다. 이와 함께 성장 추구를 위해 글로벌 저성장 전망에도 글로벌 825만 대 생산 · 판매와 멕시코 · 창저우공장 안정화 및 중국 충칭공장 성공적 가동 등 10개국 35개 생산공장체제를 통한 신규시장 개척 의지를 피력했다(출처: Global Auto News, 2017년 1월 2일). 이렇게 적절히 수립된 현대자동차의 기업 목표는 다음과 같이 다양한 기능을 수행한다.

방향성 제시 기업 목표는 기업이 달성하고자 하는 이상적인 상태를 밝힘으로써 기업 구성원에게 기업 활동의 방향성을 제시한다. 현대자동차그룹은 내실강화, 책임경영 및 새로운 미래 성장이라는 목표를 공유함으로써 관리자와 기업 구성원 모두 목표를 달성하기 위해 노력하고 협력하게 된다.

동기부여 기업 목표는 기업 구성원들에게 구체적인 행동 계획을 수립하게 한다. 기업 각각의 부서가 어떻게 판매 목표를 달성할 것인가를 연구하고, 이를 실천하는 방법을 모색하도록 동기를 부여한다.

정당화 기능 기업 목표는 기업에 각각의 부서와 종업원의 활동을 정당화시키는 기능을 한다. 각 부서와 종업원은 기업 목표와 방향성이 일치하는 부서 자체의 구체적 목표를 제시하고 실천함으로써 기업 내에서의 역할과 존재를 인정받는다.

평가기준 제공 기업 목표는 평가의 측정기준을 제공한다. 현대자동차그룹은 생산 및 판매 목표 825만 대라는 목표를 설정한 후, 그 목표의 달성에 따라 운영상의 효과를 측정할 수 있다. 또 얼마나 자원을 잘 활용했는가를 나타내는 업무효율성 평가도 가능하다.

기업 목표는 연차적으로 수립되고 실행되지만, 보다 중장기적 목표는 기업의 미션 및 비전 설정에서 시작된다(미션 및 비전 Box 정보 참조).

기업 목표가 성공적으로 실현되려면 우선 목표 내용을 명확히 제시해야 한다. 모호하거나 추상적인 목표는 기업 구성원들에게 혼란을 주고 효과적인 경영에 지장을 가져오기 때문이다. 성공적인 기업 목표를 설정하기 위해서는 다음과 같은 특징을 갖추어야 한다.

비저닝(visioning): 정교화된 미션 및 비전의 구성

Collins와 Porras (1987)는 그들의 저서 《*Built to Last*》에서 기업이 지속적으로 성장, 성공하기 위해서 기업의 중장기적 비저닝(visioning)이 중요함을 강조하며 비저닝의 구조와 구성요인을 다음과 같이 제시하고 있다(또한 Collins and Porras 1986): 핵심가치(core values), 존재이유 또는 존재목적(purpose), 주요 목적(primary goal)과 비전(vision).

핵심가치(core values)란, 그 조직의 본질적이고 지속적인 主義 내지 敎理 (essential and enduring tenets)로서 시간이 가도 변하지 않고 추가적인 근거나 설명이 필요하지 않은, 조직을 이끄는 원칙(timeless guiding principles that require no external justification)을 의미한다. 핵심가치는 가장 추상적이며 내재적으로 좋고, 의미 있고, 소중할 수 밖에 없는 궁극적인 가치와 철학을 반영하게 된다. 이미 업을 영위하고 있는 기존 조직의 경우 조직의 핵심가치는 설정되거나 만들어지기보다는 성찰의 과정과 조직역사의 주의 깊은 관찰을 통해 발견되는 것이 효과적이며, 신생조직의 경우에는 조직이 시작될 때 핵심가치를 설정하나 대부분 그 과정은 암묵적이라 할 수 있다. 특정 가치가 그 조직의 핵심가치인지를 판단하기 위한 주요 질문들은 다음과 같다: 그 가치가 조직이 처음 만들어졌을 때부터 지속적으로 그 조직을 이끌어 왔는가?; 그 가치가 앞으로 백 년이 지나도 그 조직을 이끌어갈 수 있는 가치인가?; 해당 조직에 그 가치에 기반하여 선택한 활동 사례들과 그 가치를 위반했을 때 처벌한 사례들이 많은가? 예를 들어, 현대자동차그룹의 핵심가치는 고객 최우선, 도전적 실행, 소통과 협력, 인재 존중, 글로벌 지향으로 설정되어 공유되고 있다(출처: 현대자동차그룹 홈페이지).

핵심가치가 그 조직을 이끄는 불변의 원칙과 철학을 의미한다면, 존재이유 또는 존립목적(purpose)이란 그 조직의 지속적 존재이유(enduring reason for being)를 말하며 흔히 미션이라고 부른다. 존재이유나 미션은 그 조직이 어떤 활동을 왜 하는가를 다루는데 특히 왜(Why)를 설명할 수 있어야 한다. 특정존재이유가 그 조직의 진정한 존재이유인지를 판단하기 위한 주요 질문들은 다음과 같다: 백 년이 지나도 해당 존재이유는 지속될 수 있는가?; 해당 존재이유가 조직의 주요 내 · 외부 이해관계자들에게 동력(energy)과 영감(inspiration)을 주는가? 예를 들어 삼성전자의 미션은 '인간의 삶을 풍요롭게 하고 사회적 책임을 다하는 지속 가능한 미래에 공헌하는 혁신적 기술, 제품 그리고 디자인을 통해 미래 사회에 대한 영감 고취'로 설정되어 있다(출처: 삼성전자 홈페이지).

주요 목적(primary goal)이란 조직이 전반적으로 달성해야 할 목표로 달성하는 데에 약 10~30년 정도 걸릴 장기적 목표를 말한다. 즉 존재이유가 구체화된 것으로 볼 수 있으며, 비유적으로 표현하자면 존재이유가 마라톤의 종착점이라고 하면 주요 목적은 단 · 중거리 달리기의 종착점이라 할 수 있다. 주요 목적의 특징들은 다음과 같다: 주요 목적은 상당히 도전적이지만 달성 가능해야 한다; 주요 목적은 구체적으로 표현되어 그 달성여부를 알 수 있도록 구체적으로 설정되어야 한다. Collins와 Porras (1987)가 제시한 주요 목적의 고전적 사례는 미국 대통령 John F. Kennedy가 1961년 발표한 달나라 프로젝트 목표이다: 1960년대 말까지 인간이 달나라에 착륙하여 탐사활동을 한 후 무사히 돌아오는 것. 주요 목적이 적절하게 설정된 것인지를 판단하기 위한 주요 질문들은 다음과 같다: 주요 목적을 달성할 가능성이 조직구성원을 흥분시키는가(신나게 하는가)?; 주요 목적은 매우 도전적이고 어렵겠지만 그래도 달성 가능한가? (경험법칙에 따르면 최고경영자가 '어떻게든 목적을 달성할 수 있을 것 같은데 정확히 구체적으로 어떻게(how) 달성할 수 있을지는 모르겠다'라고 얘기할 수 있는가?); 주요 목적은 그 달성 여부를 알 수 있도록 구체적으로 설정 · 제시되어 있는가? 예를 들어 삼성전자의 주요 목적은 2020년까지 정량적으로 매출 4,000억 달러, IT업계 압도적 1위, 글로벌 Top 5, 정성적으로 혁신적인 기업, 존경받는 기업 세계 Top 10, 신규시장을 만드는 창조적인 리더, 세계 최고의 인재가 일하고 싶어 하는 기업으로 제시되고 있다 (출처: 삼성전자 홈페이지).

비전(vision)은 주요 목적이 달성되었을 때의 모습을 선명하게 · 매력적 · 구체적으로 서술한 것을 의미한다. 비전이 적절하게 설정된 것인지를 판단하기 위한 주요 질문들은 다음과 같다: 비전은 사람들이 마치 그림을 보듯이 미래를 보고 느낄 수 있을 정도로 매우 실제적으로 선명하게 설정되어 있는가?; 비전은 주요 목적을 달성한 상태에 대한 상상(imagination)을 떠올릴 수 있도록 작성되어 있는가? 예를 들어, 현대자동차그룹의 비전은 '더 나은 미래를 향한 동행(Together for a better future)'으로 제시되어 있다. 자동차(자동차에서 삶의 동반자로), 철강(새로운 철강 시대의 리더), 건설(함께 내일을 창조하는 기업)을 중심으로 다양한 부문에서 시너지를 창출하는 현대자동차그룹만의 순환형 기업 구조로 우리 생활 곳곳에 혁신을 일으키며 새로운 가치를 창조하고자 함을 피력하고 있다(출처: 현대자동차그룹 홈페이지).

Collas와 Porras (1987), 그리고 Phills (2005) 모두 핵심가치와 존재이유는 거의 불변하는 개념으로, 주요 목적과 비전은 조직의 전략적 노력에 의해 달성되면 다시 설정할 수 있는 것으로 설명하고 있다. 즉 핵심가치(core value), 존재이유(purpose), 주요 목적(primary goal), 비전(vision)은 심리적 · 감성적 로직으로서 비저닝을 구성하는 요인이며, 이러한 비저닝 구조에 기반하여 일관된 방향으로 경제적 로직인 전략을 선택 · 설정하고 또 이러한 전략적 선택과 일관되게 전략을 실행하면 경제적 성과가 창출된다는 것이다.

출처: Collins, J. C. and Porras, J. I. "Building Your Company's Vision," *Harvard Business Review*, September-October, 1996, pp. 65~77; Collins, J. C. and Porras, J. I., *Built to Last: Successful Habits of Visionary Companies*, New York: Harper Business, 1997; Phills, J. A. Jr., *Integrating Mission and Strategy for Nonprofit Organizations*, Oxford University Press, 2005.

첫째, 기업 목표는 기업 구성원들이 지향하는 방향이며, 모든 활동 계획의 구심점이므로 기업 구성원 모두 공감하고 이해할 수 있게 제시해야 한다. 둘째, 목표는 매우 구체적이고 간결해야 한다. 셋째, 목표는 달성 기간을 명시하여 효과적인 목표 달성을 유도해야 한다. 넷째, 기업 목표를 달성하기 위해 수직 및 수평적으로 일관된 추진이 필요하다. 기업 목표를 관리자와 종업원이 통일성 있게 수행한다면 목표 달성 가능성은 더욱 커진다. 다섯째 바람직한 목표는 보상시스템과 연결되어야 한다. 목표가 완수되었을 때 어떤 보상이 주어지는가를 미리 알면 기업 구성원들에게 동기부여가 될 수 있다. 현대자동차그룹은 기업 구성원이 공감할 수 있는 구체적이고 간결한, 달성 기간을 명시한 목표를 제시함으로써 기업 목표를 성공적으로 실현할 가능성을 높이고 있다. 여기에 보상시스템이 적절히 연결된다면 기업 목표가 성공적으로 실현될 가능성은 더욱 커질 것이다.

그러나 연간 판매 목표 달성을 위해 마케팅부서에서는 혁신적 품질보장 서비스를 해야 한다고 주장하는 반면, 생산부서나 기타 부서에서 이 방법은 비용 증대는 물론, 비효율적이라고 생각한다면 부서 간 충돌이 발생해 기업 목표달성이 매우 어려워진다. 시스템 이론에 의하면 기업 내 조직시스템은 전체의 목표를 위해 각각의 하위 시스템과의 적절한 조화가 필요하다. 현대자동차에서 목표달성을 위해 브랜드에 대한 자부심을 심어주는 혁신적 품질경영을 추진 과제로 설정한 것은 이러한 부서 간 충돌을 막는 데 이바지할 수 있다. 이처럼 기업이 목표달성을 추구할 때 각 부서의 독자적인 목표추구는 이상적인 방식이 아니다. 기업 내부의 효율성을 높이기 위해서는 관련 부서 간의 협조가 절실하며, 기업 내부의 환경을 고려한 균형점을 찾아야 한다.

성공적으로 기업 목표를 설정하고 사업을 수행한 후 목표 달성 여부를 다양한 지표로 측정하는 것이 성과측정이다. 기업의 어떤 부문이든 창출한 성과와 결과를 설정한 목표와 비교하여 측정할 수 있어야 한다. 그러기 위해서는 기업의 주요 영역을 평가하기 위한 공동 기준이 마련되어야 한다. 평가기준들은 목표와 직 · 간접적인 관계가 있으며 분명하고, 단순하고, 합리적이어야 한다. 또 구성원 모두가 이해할 수 있고, 공정하며, 신뢰감을 줄 수 있어야 한다.

표 1-3 기업 성과측정 도구

개념	설명
기업의 이익 (Firm Profit)	• 경제생활상의 부(富) 내지 효용의 증가분으로, 기업의 전체 가치를 감소함이 없이 기업소유자가 임의로 처분할 수 있는 최고액
현금흐름 (Cash Flow)	• 기업활동을 통해 나타나는 현금의 유입과 유출
경제적 부가가치 (Economic Value Added)	• 기업이 영업활동을 통해 창출한 순가치의 증가분으로 영업 이익에서 법인세와 자본비용을 차감한 이익을 말함
시장가치 (Market Value)	• 주식이 현재 시장에서 팔릴 때의 가격으로 미래이득을 필요수익률로 자본환원함으로써 얻어지는 현재가치로 주식의 수익력 평가에 사용됨
주당순이익 (Earnings Per Share: EPS)	• 기업이 벌어들인 순이익(당기순이익)을 그 기업이 발행한 총주식 수로 나눈 값
매출액	• 기업의 주요 영업활동 또는 경상적 활동으로부터 얻는 수익으로 상품 등의 판매 또는 용역의 제공으로 실현된 금액
매출액 대비 이익률	• 매출액에 대한 순이익의 비율로 당기에 이룩한 순이익이 매출액에서 얼마만 한 비중을 차지하고 있는가를 나타내는 비율
자산 이익률 (Return On Asset: ROA)	• 기업의 세금 차감 후 당기순이익을 자산총액으로 나누어 얻어지는 수치로 특정기업이 자산을 얼마나 효율적으로 운용했는지를 나타내는 수익성 지표
총자산 이익률	• 총자산은 보통 취득 원가에서 감가상각비를 차감한 가치로 평가하여 기말자산과 기초자산의 평균을 사용함 • 기관의 당기순이익을 총자산으로 나누어 얻어지는 수치로 특정기관이 총자산을 얼마나 효율적으로 운용했느냐를 나타내는 지표
자기자본 이익률	• 기업의 자기자본에 대한 이익의 비율
사회적 투자수익 (Social Return On Investment: SROI)	• 기업의 투자 수익률처럼 사회적 기업이 올린 사회적 성과를 측정하는 지표 • 사회적 기업이나 비영리 조직이 생산한 사회적 가치와 경제적 가치를 통합해 정량적으로 측정하는 방법론으로, 주관적인 판단이 개입하기 쉬운 사회적 가치를 화폐가치로 객관화함
사회적 투자보고서	• 기업이 생산 및 영업활동을 하면서 환경경영, 윤리경영, 사회 공헌과 노동자를 비롯한 지역사회 등 사회 전체에 이익을 동시에 추구하기 위한 활동에 투자한 것에 관한 보고서
사회적 투자 평가기준 (Impact Reporting & Investment Standards: IRIS)	• 사회혁신 벤처들의 경영 활동이나 투자 포트폴리오 성과를 지표화하여 사회적 가치를 기술하고 커뮤니케이션하는 기본 템플릿으로 사회적 · 환경적 가치를 정리하고 논의할 때 공통의 양식과 언어를 사용하자는 취지로 만들어졌으며, 사회적 기업이 자기의 비즈니스 특성에 맞게 성과지표를 선택할 수 있도록 라이브러리를 제공

다음의 참고자료들로부터 조합:
1. SROI NETWORK, 2. Social Return on Investment: Everything You Wanted to Know in 30 Seconds (ashoka.org) ; 30초 만에 배우는 SROI: Social Return on Investment, 3. 사회적 기업 성과측정기법 '사회적 투자수익률' 지표 도입을, 〈경향신문〉, 4. IRIS : http://iris.thegiin.org, 5. IRIS 리포트 샘플, 6. "사회적 가치 측정 도구를 활용한 사회적 기업의 자본투자 활성화 방안 연구", 한국사회적기업진흥원, 2011. 12.

기업 성과는 기업의 이익, 현금흐름, 경제적 부가가치(Economic Value Added: EVA), 시장 평가가치(market valuation), 주당 순이익(Earnings Per Share: EPS), 매출액, 매출 대비 이익률, 자산 이익률, 자기자본 이익률, 총자본 이익률 등 다양한 기준으로 측정한다. 일반적으로 매출액, 영업이익과 영업이익률, 당기순이익과 순이익률이 손익계산서의 주요 재무성과 측정항목이며, 수익성장성 지표는 매출액증가율, 영업이익증가율, 순이익증가율을 사용한다. 자산총계, 부채총계, 부채비율은 재무상태표의 주요 재무항목이며, 자산성장성 지표로 총자산증가율, 유동자산증가율, 유형자산증가율, 자기자본증가율을 사용한다. 영업활동현금흐름, CAPEX(Capital Expenditures: 미래의 이윤을 창출하기 위해 지출된 비용으로 기업이 고정자산을 구매하거나, 유효수명이 당회계연도를 초과하는 기존의 고정자산에 대한 투자에 돈이 사용될 때 발생; 회계에서 CAPEX는 자산계정에 추가되므로(자본화), 자산내용(세금부과에 적용되는 자산가치)의 증가를 가져오며, 일반적으로 현금흐름표에서 장비와 토지자산에 대한 투자 등에서 볼 수 있음)는 현금흐름표에서 살펴보는 주요 재무항목으로 CPS (Cash Flow Per Share: 주당 현금흐름) 지표로 주가와 연동하여 분석한다(출처: 황이석, 《CFO 강의노트》, 서울경제경영, 13판, 2015 등을 참조).

나아가 기업이 창출한 고객가치에서 이를 창출하는 데 필요한 비용을 제외한 순가치(net value)를 중요한 성과측정의 기준으로 본다. 최근에는 기업의 사회적 역할에 대한 이해관계자의 관심을 반영해 사회적 투자수익(Social Return On Investment: SROI), 사회적 투자보고서, 사회적 투자 평가기준 IRIS(Impact Reporting & Investment Standards) 등의 새로운 측정 도구를 사용해 사업의 사회적 가치를 성과평가에 반영하려고 시도하고 있다. 성과평가에 대해서는 이 책의 17장을 참조하기 바란다.

2 마케팅이란 무엇인가?

1. 사회의 변화와 마케팅의 등장

- **학습목표 3:** 주요 개념 (1)
  - 현대 산업사회 = 경제성과 맞춤화가 모두 중요
  - 시장을 향해 모든 자원활용 노력을 집중시키는 의미의 마케팅은 경영활동의 근간

우리가 많은 편익을 누리고 있는 현대사회는 다양한 변화를 겪어왔다. 변화는 기업들에 위협이자 기회였으며, 기업은 생존과 성장을 위해 변화하는 환경에 적응하고 미래를 예측하는 노력을 계속하였다. 현재의 지식정보화 사회에 이르기까지 비즈니스 환경은 계속 변화해왔고, 시대에 따라 기업의 대응전략도 진화했다.

산업사회의 변화 과정을 경제성(economic efficiency)과 맞춤화(customization)의 두 가지 측면에서 분석하면 네 단계, 즉 산업사회 이전, 전기 산업사회, 후기 산업사회, 지식정보화 사회로 나누어볼 수 있다(자세한 내용은 온라인사이트(https://sites.google.com/view/marketing6)를 참조하기 바란다). 여기서 경제성이란 제품의 생산이 얼마나 효율적으로 이루어지는가를 의미하며, 맞춤화란 한 제품의 특성이 소비자의 필요와 욕구에 얼마나 잘 부응하는가를 말한다.

전기 산업사회에서 후기 산업사회로 진입하면서 기업의 생산중심적 사고만으로는 고객의 다양한 욕구를 만족시키기 어렵게 되었다. 단순한 제품생산 활동만 수행하는 기업은 생존에 위협을 느끼게 되었고, 마케팅 활동의 중요성이 부각되었다. 이로써 기업의 대응전략도 고객 중심적인 사고로 전환될 필요가 있었다.

오늘날 급변하는 환경에서 고객을 경영의 중심에 두는 것은 선택이 아니라 기업의 생존과 성장에 있어서 필수적 요건이 되었다. 기업경쟁력의 원천은 경제성(원가우위의 창출)을 추구하면서 동시에 차별화를 통해 고객 개개인의 필요와 욕구에 부응하는 맞춤화를 실현하는 것이라고 볼 수 있다. 따라서 시장(market)을 향해 모든 자원활용 노력을 집

중시킨다는 의미와 능동적인 활동을 함축하고 있는 마케팅은 기업의 생존과 성장이라는 목표달성을 위해 행하는 모든 경영활동의 근간이라는 위치를 점하게 되었다.

2. 마케팅이란?

- **학습목표 3: 주요 개념 (2)**
  - 마케팅의 기본 개념 = 교환, 고객의 필요와 욕구, 기업의 생존과 성장, 시장
  - 마케팅의 정의 = 재화나 서비스를 통해 고객의 필요와 욕구를 충족시킬 수 있는 가치를 창출하고, 이를 고객에게 효과적으로 전달하고 지속적으로 유지하는 활동, 기능과 제도
  - 마케팅의 2 키워드 = 세분화와 차별화

마케팅이라는 개념이 형성되기 이전에 이미 교환(exchange)이라는 개념이 있었다. 마케팅은 기본적으로 기업과 소비자 간의 교환 과정이다. 〈그림 1-2〉에서 보는 바와 같이 기업의 궁극적인 목표는 생존과 성장이다. 또 고객으로 광범위하게 표현되는 소비자는 자신의 필요와 욕구가 충족되기를 바란다. 기업은 자신의 목표를 달성하기 위해 제품을 생산하여 소비자에게 제공하고 소비자는 이에 대해 일정한 대가를 지급하고 구매함으로써 자신의 필요와 욕구를 충족시키려고 한다. 이러한 일련의 활동이 교환이며, 이러한 거래가 이루어지는 곳이 시장이다.

마케팅의 기본 개념

마케팅 개념을 구성하고 있는 요소들은 필요와 욕구의 충족, 기업의 생존과 성장, 교환과 시장 등이다. 이들 구성요소를 살펴보면 다음과 같다.

그림 1-2 **마케팅의 기본 개념**

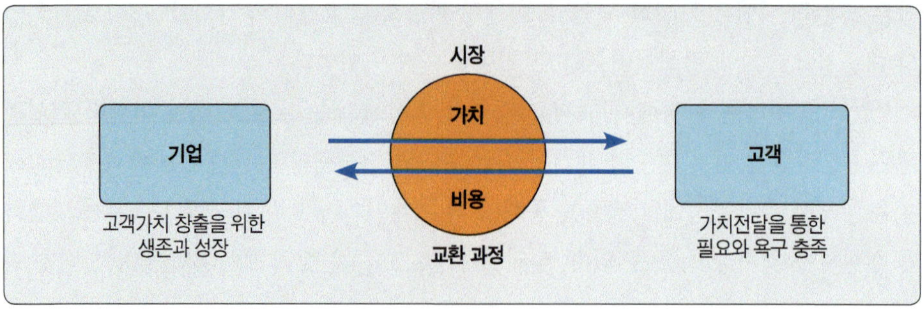

필요와 욕구 필요(needs)란 '어떤 기본적인 만족이 결핍된 상태'를 뜻한다. 배고플 때 음식이 필요하고, 피곤할 때 휴식이 필요한 것을 말한다. 욕구(wants)란 이 필요를 만족시키는 수단을 구체화한 것으로, 소비자가 배고픔을 느낄 때의 필요는 음식이고 욕구는 비빔밥, 불고기, 스파게티, 피자, 빵 등으로 구체화한 것이다.[6] 즉, 피곤할 때 휴식은 필요이고, 욕구는 수면, 목욕, 독서, 게임, 영화관람 등이다.

생존과 성장 소비자의 특정욕구에 대해 해결수단으로 제시되는 제품은 다수의 기업에서 생산되고 판매되는 것으로 경쟁상태에 놓이게 된다. 소비자는 자신의 필요와 욕구를 충족시켜줄 것으로 기대되는 제품 중에서 가장 높은 가치를 주는 제품을 선택하므로 선택받은 기업은 생존하고 그렇지 않은 기업은 도태된다. 전자제품시장에서 삼성, 애플, 엘지 등이 소비자들에게 선택받으며 성장하고 있지만, 한때 시장을 선도하던 소니는 쇠퇴하고 있다. 기업은 소비자의 필요와 욕구에 부응할 뿐 아니라 경쟁자보다 높은 가치의 제품과 서비스를 제공함으로써 이익을 창출한다.

교환 소비자와 기업은 서로 제품과 현금을 비롯한 비용의 지급을 교환함으로써 서로 의 목적, 즉 기업의 생존 및 성장과 소비자의 필요와 욕구 충족을 달성한다. 소비자가 배고픔을 해결하려는 필요가 생기면 욕구해결의 대안을 탐색하며, 이를 얻기 위해 적 절한 대가를 지급하려 한다. 이때 기업의 제품이나 서비스가 제공되어 교환이 이루어 진다.

시장 각각의 목적을 가진 기업과 소비자가 만나 교환이 이루어지는 곳이 시장이다. 시장은 물품 매매 장소였으나 그 의미가 확대되어 같거나 비슷한 필요와 욕구를 충족시켜주는 제품들의 집합체로 볼 수 있다. 또 제품거래를 수행하는 사람들과 조직체의 집합을 의미하기도 한다. 마케팅에서는 이들을 모두 시장의 개념으로 정의한다.

마케팅의 정의

미국마케팅학회(American Marketing Association: AMA)는 2007년에 마케팅의 개념을 "소비자와 고객, 파트너와 사회 전체에 가치 있는 것을 창조하고, 소통하며, 전달하고, 거래하기 위한 활동, 제도, 절차"[7]라고 재정의하였다. 1970~1980년대에 우리에게 소개된 전통적인 개념의 마케팅은 "시장에서 교환을 통해 인간의 필요와 욕구를 만족시키며 기업의 생존과 성장이라는 목적을 달성하는 것"으로 정의되었고, 마케팅은 기업과 소비자가 각자의 욕구를 충족시킬 목적으로 시장에서 행하는 교환활동으로만 제한되었다. 또 기업 입장에서의 마케팅은 "기업이 경쟁하에서 생존과 성장이란 목적을 달성하기 위해 소비자를 만족시키는 제품, 가격, 유통, 촉진활동을 계획하고 실행하는 관리 과정"으로 정의되었다. 이러한 마케팅 개념은 이윤을 추구하는 기업의 측면에서 본 마케팅의 개념이었으며, 비영리기관인 정부나 공기업 및 그 밖에 다른 사회기관의 마케팅 활동은 포함하지 못했다. 이어 1985년에 미국마케팅협회는 마케팅의 개념을 기업에서 조직으로 확대하여 "마케팅은 개인과 조직의 목적을 달성하게 하는 교환을 창출하기 위해 아이디어, 제품, 서비스의 개념, 가격, 촉진, 유통 등을 계획하고 실행하는 과정"[8]으로 정의하였다.

그러나 이러한 마케팅의 정의들은 급변하는 환경과 치열한 경쟁상황 속에서 고객의 중요성과 가치를 반영하는 데 미흡했다. 고객을 단지 교환과 거래의 대상으로만 보았고, 마케팅의 초점을 고객이 아닌 경쟁사와의 경쟁에 두었다. 이러한 전통적인 마케팅 개념은 고객의 필요와 욕구가 변하지 않고 시장에서의 경쟁상대가 적을 때는 가능한 일이었다. 그러나 고객의 필요와 욕구가 끊임없이 변하고, 새로운 필요와 욕구가 계속 나타나며, 시장에서의 경쟁이 경쟁사를 넘어 그 범위가 제품 카테고리 간의 경쟁으로까지 확대되고 있는 현실에서는 이러한 제한적인 관점에서의 마케팅 정의는 이제 적합하지 않다.

현대사회의 급변하는 환경은 기업 생존을 위해서는 고객이 중요함을 강조하게 되었고, 기업은 마케팅의 초점을 고객가치 창출에 맞추게 되었다. 이로써 기업은 고객의 현존하는 필요와 욕구를 이해하고 새로운 필요와 욕구를 발굴하여 더 적극적으로 대응함으로써 환경변화에 대처할 뿐 아니라 수익을 획득하고, 나아가 시장에서 경쟁우위를 점할 수 있게 되는 것이다. 이에 2004년 미국마케팅학회는 마케팅의 정의에 고객관계관리를 추가해 관계 마케팅(managing customer relationships)을 더욱 강조하였다. 이 책에서는 마케팅을 '재화나 서비스를 통해 고객의 필요와 욕구를 충족시킬 수 있는 가치를 창출하고, 이를 고객에게 효과적으로 전달하고 지속적으로 유지하는 활동, 기능과 제도'로 정의한다.

이러한 마케팅의 개념에 근거해서 기업은 전체 소비자를 대상으로 마케팅 활동을 전개할 수도 있고, 소비자 개개인에 맞추어서 시행할 수도 있다. 전자의 경우 맞춤화(customization)에 대한 소비자의 기대를 만족시키기 어려우나 기업은 경제성을 확보하기가 쉽고 후자의 경우는 반대이다. 따라서 소비자 전체를 비교적 같은 필요와 욕구를 가진 집단으로 세분하여 각 집단에 따른 필요와 욕구를 만족시킬 수 있게 마케팅 활동을 수행해야 한다.

마케팅의 2 키워드

현대 마케팅의 연구와 개념은 경제학, 심리학, 사회학, 수학, 통계학, 신경과학 등 학제적 접근방법(interdisciplinary approach)에 의해 발전되어오고 있다. 그럼에도 불구하고 많은 경영학 영역과 비슷하게 마케팅의 모태 학문은 경제학이다. 간략히 표현하면 경제학의 2 키워드는 수요(demand)와 공급(supply)이다. 경제학의 목적은 시장에서 수요와 공급이 만나는 효율적인 균형점(equilibrium)을 찾는 것이다. 이를 위하여 완전정보가설(소비자들은 제품 및 서비스에 대해 완전한 정보를 갖게 된다), 합리적 효용가설(소비자는 최대효용추구자이다; 예, 객관적으로 최고의 가성비제품을 발견, 구매, 소비) 등의 가설하에 완전경쟁과 같은 경쟁 시스템에서 소비자의 후생(consumer surplus)과 생산자의 후생(producer surplus)이 동시에 극대화되는 균형점을 찾을 수 있음을 밝혀왔다. 이 균형점은 수요 함수와 공급 함수가 만나는 점이며, 이 점에서 시장가격이 결정되고 기업의 생산공급량이 결정된다. 다시 말하면, 수요를 결정하는 것도 가격이고, 공급을 결정하는 것도 가격이다. 가격이 낮아지면 수요는 늘고 공급은 준다. 가격이 높아지면 수요는 줄고 공급은 늘어난다. 이러한 상황에서 수요와 공급이 만나는 점에서 가격과 생산공급량이 결정된다. 위에서 언급한 가설들로 인하여 이 균형점의 가격에 원가와 품질 등을 맞출 수 없는 공급자/기업들은 시장에서 퇴출되고 생존한 공급자들의 품질은 균일하게 되는 유토피아 같은 시장을 기대한다. 이러한 완전경쟁 균형점과 비교하여 다른 경쟁체제(과점, 독점적 경쟁, 독점 등)의 균형점과 비효율성을 비교 · 탐구하는 것이 경제학이다. 균형점 체제가 학문의 목적이기에 이 체제의 파악을 위해 비현실적이지만 가설들을 필요로 할 수밖에 없다.

실용적인 경영학, 그중에서도 마케팅은 가설 자체의 현실성을 감안하여 탄생한 학문이다. 소비자의 수요가 가격만의 함수인가, 공급자의 품질이 균일한가 등 현실을 고려한다. 마케팅의 2 키워드는 경제학의 수요와 공급에 대비하여 생각할 수 있다. 먼저 수요 측면에서 마케팅은 수요의 동질성(the homogeneity assumption of demand)을 부정한다. 즉 모든 소비자의 수요는 같지 않으며, 심지어 한 소비자도 상황에 따라 수요가 변하는 것을 감안하여 생성된 마케팅의 첫 번째 키워드는 세분화(segmentation) 개념이다. 즉 기업이 수요를 바라볼 때 고객의 니즈, 욕구, 요구조건 등을 감안해 수요 특성들이 비교적 동일한 소비자 묶음을 고려해서 기업 활동을 하는 것이 효율적 · 효과적이라는 것이 세분화 개념이다. 다음으로 공급 측면에서도 공급의 동질성을 부정한다. 모든 기업과 제품들은 다르며, 심지어 물리적 · 기능적으로 같은 제품들이라고 해도 메이커 또는 패키징에 따라 소비자들은 이 제품들을 달리 생각한다. 이 점에서 파생된 마케팅의 두 번째 키워드는 차별화(differentiation) 개념이다. 결론적으로 마케팅은 세분화(수요 상황)와 차별화(공급 상황)를 어떻게 활용하여 균형점(세분군 수요 상황과 차별화된 제품 · 서비스 간의 전략적 적합성 찾기; 즉 전략적 적합성이 가장 높은 표적세분군이 기업의 표적시장이 되는 타깃팅의 개념)을 만드는가를 연구 · 활용하는 학문이며 실전 개념이다. 이러한 균형점 찾기를 위해 마케팅이 지향하는 개념은 가치의 동시창출(dual creation of value)이다. 마케팅은 소비자 가치와 후생(customer value)을 증진시킴으로써 기업의 가치와 수익(firm value)을 올리기 위한 문제의 해결점을 찾고 제시하는 것을 목적으로 삼는다. 다만 한 기업 입장에서 마케팅은 모든 소비자의 가치 증진이 목표가 아니라 전략적으로 적합한 표적시장 고객의 가치 증진이 목표이다. 고객의 입장에서 가치는 제품에 대한 고객의 최고지불의향가격(the highest price the customer is willing to pay; 경제학 용어로는 유보가격, reservation price) — 제품가격이 플러스(+)가 되는데 고객이 고려하는 제품군들 중 고객이 지각하는 이 가치가 제일 높은 제품을 선택하는 것이다. 기업의 입장에서 가치는 제품가격 — 제품원가가 되는 것이다.

한편 고객에 대한 가치(value to the customer)와 고객의 가치(value of the customer)라는 개념과 용어가 있다. 고객에 대한 가치는 기업이 고객에게 어떠한 가치를 제공하는가, 즉, 기업 입장에서는 가치창출과 제공을 위해 나가는 비용을 의미한다. 고객의 가치는 한 특정고객이 해당 기업에게 공헌하는 수익을 말한다. 전통적 · 일반적인 마케팅 개념은 고객에 대한 가치를 창출 · 전달함으로써 기업 수익/가치, 즉, 높고 많은 고객의 가치 총합을 얻을 수 있음을 강조한다. 한편 최근에 등장한 고객관계관리(CRM: Customer Relationship Management)를 토대로 한 마케팅 개념은 고객의 가치(즉 고객이 우리에게 공헌하는 수익성)를 감안하여 이에 적합한 차별적 마케팅을 하는 것을 강조한다. VIP 마케팅이 대표적인 예이다. 다시 말하면 돈을 쓰는 데에는 관심이 많은데 돈을 쓴 마케팅 활동의 성과 설명력(Marketing Accountability)은 약하다는 전통적 · 일반적인 마케팅 개념에 대한 실무 영역의 비판으로 인해 고객관계관리 마케팅 개념이 등장한 것이다. 결국은 기업의 마케팅 관점에서는 고객에 대한 가치(value to the customer)와 고객의 가치(value of the customer)를 어떻게 통합해서 경쟁보다 효율적 · 효과적 마케팅 활동을 전개하여 성과를 얻을 것인가가 중요한 과제이다.

결론적으로 경제학의 수요에서 파생된 마케팅의 첫 번째 키워드는 세분화(segmentation) 개념이고, 경제학의 공급에서 파생된 마케팅의 두 번째 키워드는 차별화(differentiation) 개념이다. 일반적으로 대부분 마케팅 교재의 순서를 보면 다양한 환경분석을 통해 세분화 개념을 중심으로 교재의 절반가량이 서술된다. 그리고 세분화 · 타겟팅 · 포지셔닝(STP: Segmentation, Targeting, and Positioning) 내용들을 토대로 세분화와 차별화의 접점을 설명한다. 그리고 그 이후의 장들은 마케팅믹스(4P)를 중심으로 구체적인 차

별화 실행 방향을 제시한다. 쉽게 바뀌지 않을 마케팅의 틀(frame)이다.[9]

3. 마케팅 개념의 발전

- **학습목표 4:** 주요 개념 (1)
  마케팅 개념의 발전 = 생산 중심 → 제품 중심 → 판매 중심 → 고객지향 → 사회적 및 지속가능

마케팅이라는 개념이 존재하기 전에 생산과 제품 및 판매 등의 개념이 역사적으로 먼저 존재했다. 기업의 시장지향성 정도에 따라 마케팅과 관련된 개념을 〈그림 1-3〉과 같이 다섯 가지로 나눌 수 있다.

그림 1-3 마케팅 개념의 발전

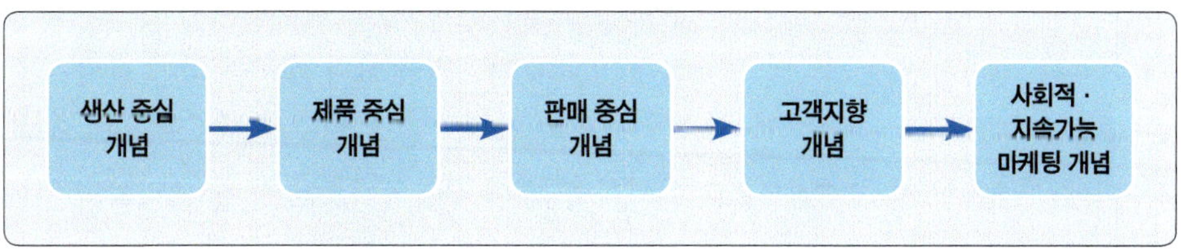

생산 중심 개념 소비자들이 이미 주어진 제품 중에서 용도가 다양하거나 저렴한 제품을 선호한다고 보는 개념이다. 생산지향적 기업은 제품생산의 효율성을 높이고 유통망을 확보하는 데 노력을 집중한다. 수요가 공급을 초과하는 상황에서는 제품의 정확한 용도나 장점보다는 제품획득이 고객의 우선 사항이므로 기업은 생산량 증대에 더욱 노력한다.

제품 중심 개념 소비자들이 가장 우수한 품질이나 효용을 제공하는 제품을 선호한다는 개념이다. 제품지향적 기업은 더 나은 품질의 제품을 생산하고 개선하는 데 집중한다. 제품 개념의 마케팅은 제품이 개발되고 생산되면 제품을 시장에 판매만 하는 것이다. 이 개념은 소비자의 본원적인 필요와 욕구가 무엇인가에 근거하여 제품을 생산하지 않고, 구체화한 욕구와 관련된 제품 자체에 근시안적으로 집착하는 마케팅 근시(Marketing Myopia)[10]의 결점을 갖고 있다.

판매 중심 개념 기업에서 소비자들에게 경쟁사 제품보다 자사제품을 더 많이 구매하

그림 1-4 e편한세상의 주부아이디어 공모전

출처: e편한세상 홈페이지

도록 설득해야 하며, 이를 위해 효과적인 판매활동과 촉진도구를 활용해야 한다고 보는 개념이다. 그러나 판매 개념의 문제점은 고객의 잠재적 필요와 욕구를 찾아 팔릴 제품을 만들어서 판매하는 것이 아니라 이미 만들어진 제품을 판매하려고만 하는 데 있다. 즉, 판매자 중심의 시장 개념이므로 기업이 판매 자체를 목적으로 할 뿐 소비자의 구매 후 만족 등에는 상대적으로 관심이 적다.

고객지향 개념 흔히 바람직한 마케팅 개념이라고 한다. 이 개념은 기업의 목표달성 여부는 고객의 필요와 욕구를 파악하고, 이들에게 만족을 전달하는 활동을 얼마나 경쟁자보다 효율적으로 수행할 수 있느냐에 달렸다고 본다. 고객지향 개념은 판매자의 욕구에 초점을 두는 판매 개념과 달리 구매자의 필요와 욕구에 초점을 둔다. 기업이 고객에게 가치를 전달하고 만족을 주는 데 관심을 집중하여 이를 통해 이익을 창출하는 것이다. 고객지향 마케팅 사례로 'e편한세상'의 주부아이디어 공모전을 들 수 있다. 이 공모전은 실제로 변화를 일으킬 수 있다는 광고를 통해 소비자들의 독창적인 아이디어를 모아 그들의 고민을 해결하고, 동시에 기업은 고객을 소중하게 생각한다는 메시지를 전달할 수 있었다(〈그림 1-4〉 참조).

사회적 마케팅 개념 기업을 둘러싸고 있는 산업 및 경제적 여건뿐 아니라 사회적 · 정치적 환경 또한 급속도로 변화했다. 특히 자원부족, 인구과잉, 교통과 환경오염 문제 등은 사회 전반에 걸쳐 주요 관심사로 주목받고 있다. 현대사회에서 중요한 위치를 차지하게 된 기업은 사회에 이바지해야 한다는 책임을 요구받게 되었다. 예를 들면 대량생

그림 1-5 사회적 마케팅 사례

① 탐스의 1+1 마케팅

② 코오롱 FnC의 재활용 의류 브랜드 '래;코드'

③ 두산중공업의 TV 광고 '지구의 가치를 높이는 기술'

산에 따른 대기오염과 폐수로 인한 환경오염은 기업에 단기적 이윤을 가져다줄 수 있으나 장기적으로는 사회 전반에 피해를 주므로 소비자와 기업이 공존하는 사회 전체의 이익과 복지를 추구하는 개념이 도래하게 되었다.

이러한 배경에서 등장한 새로운 마케팅 개념이 사회적 마케팅(social marketing)이다. 최근에는 사회적 마케팅 개념에서 더 나아가 지속가능마케팅 개념(sustainable marketing)으로 발전하고 있다. 실례로 미국의 캘리포니아에 본사를 두고 있는 신발업체인 '탐스(TOMS)'는 신발 한 켤레를 구매하면 한 켤레를 아프리카와 같은 제3세계의 어린이들을 위해 기부하고 있다. 최근 〈기빙 리포트〉에 의하면 탐스는 "탐스의 신발 기부 활동으로 현지 신발 관련 사업이 타격을 받지 않도록 항상 이 점을 고려하며 기부하고 있다"고 한다. 또 안경을 구매하면 빈곤국가에 선글라스를 보낼 뿐 아니라 시력 회복을 위한 여러 가지 방법을 지원하는 등 '1+1 마케팅'을 하고 있다. 이는 효용과 만족의 대상을 기업과 소비자에만 국한하지 않고 사회 전반적인 차원에 둔 것으로, 기업 목표인 이윤극대화보다 사회 전체의 효용극대화를 지향하는 것이다. 코오롱 FnC 또한 재활용 의류 브랜드 '래;코드(RE;CODE)'를 출시하여 헌 옷을 재활용해 환경을 보전하면서 장애인 단체와의 연계를 통해 그들의 사회활동에 도움을 주는 사회적 마케팅 활동을 진행하고 있다. '래;코드'는 현대백화점 압구정 본점에서 팝업스토어를 열어 큰 호응을 얻기도 했다. 또 두산중공업은 "지구의 가치를 높이는 기술"이라는 광고를 통해 기업 선호도를 높이고 있다.

4. 마케팅관리 과정

- **학습목표 4: 주요 개념 (2)**
  - 마케팅관리 과정 = 고객에게 높은 가치를 제공하기 위해 마케팅믹스를 계획, 실행, 통제·평가하는 과정
  - 과정 단계 = 마케팅목표 수립과 환경분석 → 세분시장 마케팅전략의 수립 → 마케팅믹스의 수립과 실행 → 마케팅 활동의 조정과 통제

마케팅관리(marketing management)는 고객에게 높은 가치를 제공하기 위해 마케팅 믹스 4P(Product, Price, Place, Promotion)를 계획, 실행하고 통제하며 평가하는 모든 과정을 말한다. 한 기업의 마케팅관리 과정은 〈그림 1-6〉과 같이 마케팅목표 수립 및 환경에 대한 분석, 세분시장 마케팅전략의 수립, 마케팅믹스의 수립 및 수행, 마케팅 활동의 조정 및 통제 과정으로 구성된다.

마케팅목표 수립과 환경분석

성공적인 마케팅계획을 수립하기 위해 기업이 가장 먼저 할 일은 바로 마케팅목표를 수립하는 것이다. 마케팅목표는 기업이 마케팅 활동을 통해 달성하고자 하는 목표를 말하며, 기업의 미션과 비전에서 도출된다. 마케팅목표는 시장점유율이나 매출목표

그림 1-6 마케팅관리 과정

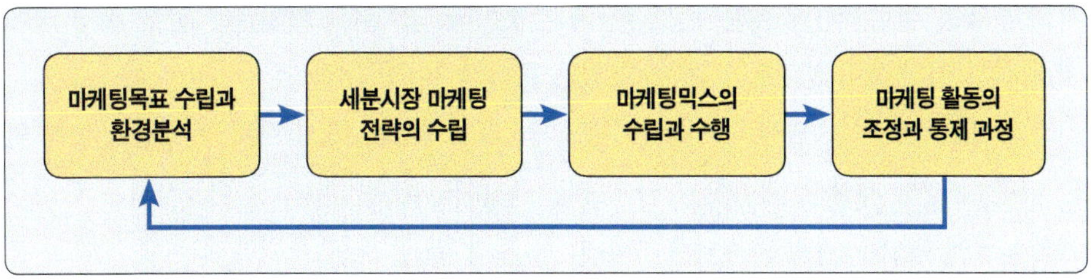

와 같이 수익에 관련된 전통적이고 재무적인 성과뿐 아니라 기업이 고객가치를 창조하면서 이루어야 할 모든 목표 등을 말한다. 고객충성도, 고객선호도, 고객만족도, 브랜드인지도 등이 그러한 목표의 예이다. 마케팅목표는 모든 구성원이 마케팅목표달성에 이바지할 수 있도록 자세하고 명확하게 제시해야 하므로 실행 기간을 명시해야 하며, 결과 측정이 가능하도록 구체적인 수치로 표현해야 한다. '올해 상반기 시장점유율 30% 확보' 또는 '내년 3분기 브랜드인지도 40% 달성' 등이 그 예이다.

마케팅목표 설정 이후, 기업이 해야 할 일은 현재 자사제품이 처한 환경에 관한 분석이다. 환경분석은 기업의 마케팅 활동의 성과를 향상시킬 수 있는 장기적인 기회를 파악하고 분석하는 단계로 거시환경분석, 제품과 관련된 시장분석, 고객분석, 경쟁자와 자사분석 등을 실행한다.

거시환경분석 단계에서는 시장 내 소비자들의 인구, 소득 등과 같은 인구통계학적 요인과 소비구조 등과 같은 사회 · 경제적 요인 그리고 기술 · 법률 · 정치 환경요인 등을 고려한다. 시장분석에서는 자사제품의 시장이 성장하고 있는지, 성숙기에 들어갔는지에 관한 시장의 매력도, 이러한 시장에서 자사의 경쟁적 위치 등을 측정하고 분석한다. 고객분석은 시장 내의 실구매자들과 잠재구매자들의 구매행동에 관련된 사항을 분석하는 것으로, 관련된 사회 · 심리적 요인들을 조사하고, 고객의 정보처리 과정 및 의사결정 과정의 특징을 분석한다. 경쟁자와 자사분석에서는 자사제품의 현재 경쟁자와 잠재적 경쟁자를 확인하고 이들 경쟁자의 수와 규모 등을 파악함으로써 자사의 강점과 약점을 검토한다.

세분시장 마케팅전략의 수립

환경분석과 마케팅목표 수립이 끝나고 나면 구체적으로 어떤 시장 또는 어떤 계층을 표적으로 해서 마케팅 활동을 전개할 것인가를 결정해야 한다. 전체시장을 비교적 동질의 특성을 가진 세분시장들로 나누어 각 세분시장의 특성을 분석하고, 어떤 시장에 어떤 제품이 적합한가를 결정한다. 즉, 어떤 세분시장이 마케팅전략을 수행하여 자사의 목표를 달성하기에 쉬운가를 결정하는 것이다. 그 결과, 기업은 세분된 시장 중에서 자사가 가장 효율적으로 활동할 수 있는 표적시장을 선택한다.

하나 또는 몇 개의 표적시장을 선정했다면 기업에서는 다시 각각의 세분시장에 있는 다른 경쟁사 제품에 대비한 자사제품의 포지셔닝을 정립해야 한다. 기업은 각각의 세분시장에 대한 구체적인 전략을 수립한 후 자사제품의 경쟁우위를 고려해 제품을 포지셔닝하게 된다.

마케팅믹스의 수립과 수행

세분시장 마케팅전략의 윤곽이 잡히면 기업은 실제 시장에서 타사제품과 경쟁하기 위한 마케팅 활동 도구를 마련해야 한다. 이는 표적시장에서 자사의 마케팅목표를 달성하기 위한 마케팅믹스를 결정하는 것이다. 마케팅믹스란 기업이 표적시장에서 마케팅목표를 달성하기 위해 사용하는 실질적인 마케팅 도구를 의미한다. 마케팅믹스는 보통 4P라고 부르는데, 제품(Product), 가격(Price), 유통(Place), 촉진(Promotion)으로 구성되며, 이를 효과적으로 조합하는 것이 가장 중요한 과제이다. 마케팅믹스 중 제품은 가장 기본적인 도구로 기업이 표적시장에 내놓은 유형과 무형의 제공물을 뜻한다. 가격은 고객이 자사제품을 구매할 때의 비용이며, 유통은 자사의 제품이 고객에게 전달되는 과정과 장소다. 마지막으로 촉진은 고객에게 자사제품의 장점을 알리고 구매를 유발하도록 설득하는 일련의 활동을 말한다.

마케팅 관리자는 이러한 마케팅믹스 각각의 관점에서 의사결정을 하기보다는 이 모두를 효율적으로 통합해 활용하는 방향으로 의사결정을 해야 한다. 마케팅목표를 달성하는 데 비용이 얼마나 필요한가를 분석해 마케팅 예산을 책정하고, 이를 마케팅믹스의 여러 도구에 적절히 할당함으로써 기업의 마케팅목표를 성공적으로 달성해야 한다.

마케팅 활동의 조정과 통제 과정

마케팅관리 과정의 마지막 단계는 마케팅 활동을 조정하고 통제하는 것이다. 마케팅목표의 설정에서부터 마케팅믹스가 실행될 때까지의 과정이 언제나 계획한 대로 모두 실천되는 것은 아니다. 그러므로 마케팅 목표와 계획을 계속 관찰·감시하고 마케팅 활동의 흐름을 조정하고 통제해야 한다. 조정과 통제 단계는 마케팅목표의 추구 과정에 대한 점검 단계이므로, 이를 통해 마케팅 관리자는 현재의 위치를 파악할 수 있다.

이는 마케팅 활동의 조정뿐 아니라 마케팅목표의 달성 여부를 평가하고 피드백을 하는 과정이다.

5. 마케팅관리 과정의 한계와 해결책

마케팅관리 과정 중에 다음과 같은 몇 가지 한계점과 마주할 수 있다. 성공적인 마케팅관리를 수행하려면 이러한 한계점들을 효과적으로 관리해야 한다.

첫째, 아무리 잘 만들어진 마케팅계획이라도 최고경영자가 솔선하여 적극적으로 지원하지 않거나 마케팅목표관리에 관한 설명 및 교육과 훈련이 부족하면 그 계획을 성공적으로 실행하기 어렵다. 둘째, 마케팅목표를 과다 책정하거나, 상충하는 마케팅 목표를 지향하면 일관성이 부족해 효과적인 마케팅관리를 할 수 없다. 셋째, 마케팅관리의 평가가 너무 강조되거나 마케팅목표 수행 단계에서 지나친 문서작업 등과 같은 이유로 의사소통의 민첩성이 떨어지면 효과적인 마케팅관리 과정을 저해할 수 있다.

이 장의 요약

- 비즈니스란 전통적으로 기업이 제품과 서비스를 생산, 판매하여 이윤을 창출하는 모든 활동을 의미한다. 이러한 비즈니스 활동을 궁극적으로 살펴보면 기업이 수행하는 모든 비즈니스 활동의 중심에 항상 고객이 있다. 기업은 제품과 서비스를 생산하여 고객과 교환하며 이 교환의 결과로 이익을 얻고 고객은 기업에서 추구하는 가치를 얻어 자신의 필요와 욕구를 만족시킨다. 따라서 기업 입장에서 비즈니스의 근본적인 목적은 고객창출이며, 이윤창출은 고객창출을 통해 얻게 되는 산물이다. 위의 개념을 바탕으로 이 책에서는 비즈니스의 개념을 '기업(또는 개인)이 고객과의 상호작용을 통하여 기업의 목표를 달성하며 가치를 창출하는 활동'이라고 정의한다.

- 비즈니스의 주체로서 기업은 기존의 거래대상인 구매자뿐 아니라 기업의 가치사슬단계에 참여하고 있는 모든 이해관계자를 포함하는 고객, 주주, 종업원, 공급자, 정부, 구매자 등과 관계를 맺고 있다. 기업의 목표는 기업이 미래에 달성하고자 하는 바람직한 모습을 정량적 · 정성적으로 지표화한 것으로 이는 기업 활동의 방향성을 제시하고, 종업원과 이해관계자들에게 동기를 부여하며, 기업 내 · 외의 관련자들의 역할과 활동을 정당화하는 기능을 한다. 또 최종적으로는 기업성과를 평가하는 기준이 된다.

- 기업과 소비자 간의 교환이라는 마케팅의 기초 개념을 바탕으로 마케팅을 정의하면, 재화나 서비스를 통해 고객의 필요와 욕구를 충족시킬 수 있는 가치를 창출하고, 이를 고객에게 효과적으로 전달하고 지속적으로 유지하는 활동, 기능과 제도이다. 마케팅의 2 키워드는 경제학의 수요와 대비하여 생성된 세분화와 경제학의 공급과 대비하여 생성된 차별화이다. 현대의 마케팅은 생산 개념, 제품 개념, 판매 개념의 마케팅을 넘어 고객지향 마케팅 개념으로 발전했으며, 현재는 기업의 사회적 이미지를 강조하는 사회적 마케팅 개념, 더 나아가 지속가능마케팅 개념으로 발전하고 있다.

- 마케팅관리 과정이란 고객에게 높은 가치를 제공하기 위해 마케팅믹스를 계획, 실행하고 통제하며 평가하는 모든 과정을 말한다. 이 과정은 보편적으로 네 단계로 이루어지는데, 현재 기업의 환경을 분석하고 마케팅목표를 수립하는 것이 첫 번째 단계이다. 이후 표적시장을 결정하기 위해 시장세분화를 실시하고 세분시장전략을 수립하는 단계를 거쳐 구체적인 마케팅 활동의 도구인 마케팅믹스를 구성한다. 마지막 단계로 계획된 마케팅 활동의 실천을 조정하고 통제하고 목표달성 여부를 평가하는 과정을 거친다.

- 마케팅관리 과정 중에 여러 한계점에 부딪힐 수 있는데, 성공적인 마케팅관리를 위해서는 최고경영자의 지원, 기업의 목표와 조화를 이룬 적절한 수준의 마케팅목표 설정과 원활한 의사소통 등이 요구된다.

주요 개념 목록

B2C(Business to Customer) / B2B(Business to Business) / B2G(Business to Government) / 비즈니스의 개념 / 기업의 근본적 기능 / 이해관계자 / 기업목표 / 기업 성과 / 산업사회의 변화 과정 / 교환 / 생산 개념 / 제품 개념 / 판매 개념 / 고객지향 개념 / 사회적 마케팅 개념 / 마케팅관리 과정

생각해볼 문제

1. 기업의 비즈니스 목적은 무엇인가?
2. 기업의 가장 근본적인 기능 두 가지를 설명하시오.
3. 기업목표와 마케팅목표의 개념을 설명하고 차이점을 논하시오.
4. 바람직한 마케팅목표 수립의 특징은 무엇인가?
5. 마케팅관리 과정을 설명하고 그 한계점을 논하시오.

1 GDP는 경제주체가 생산한 부가가치를 측정한 것이라는 점에서 기업의 부가가치가 아닌 매출 총액을 GDP(국내 총생산)와 비교하는 것은 다소 무리가 있다. 그런데도 기업이 국내 경제에서 차지하는 비중을 전달하기 위해 넣은 내용이니 참고하기 바란다.

2 삼성전자 홈페이지, http://www.samsung.com/sec/aboutsamsung/index.html.

3 현대자동차 홈페이지, http://pr.hyundai.com/#/Pages/Intro/CompanyInfor/MHGroup.aspx.

4 Because it is its purpose to create customer, any business enterprise has two-and only these two-basic functions: marketing and innovation (Drucker, Peter F., *The Practice of Management*, New York: Harper and Brothers Publishers, 1954).

5 법률 제12679호, 2014. 5. 28 제정, 시행 2014. 10. 1. 국가법령정보센터 홈페이지, http://www.law.go.kr/lsInfoP.do?lsiSeq=154297&efYd=20141001#0000.

6 Kotler, Philip and Armstrong, Gary, *Principles of Marketing*, 15th edition, Prentice Hall, 2013.

7 Marketing is the activity, set of institutions, and processes for creating, communicating, delivering, and exchanging offerings that have value for customers, clients, partners, and society at large (http://www.marketingpower.com/AboutAMA/Pages/DefinitionofMarketing).

8 Marketing is the process of planning and executing the conception, pricing, promotion and distribution of ideas, goods and service to create exchanges that satisfy individual and organizational objectives (채서일, 《마케팅》, 비앤엠북스, 2005. 원문 미국마케팅협회) .

9 세분화 개념은 경영학, 특히 마케팅에 관심이 있고 전문가가 되고자 하면, 다른 전공자들에 비하여 경쟁우위를 줄 수 있는 영역이다. 이러한 관점에서 마케팅은 수요지향적 학문(demand-oriented discipline; 실무용어로는 down-stream domain expertise) 특성을 가지고 있다. 수요의 발견뿐만 아니라 창출을 위해서 환경분석의 내용들, 즉, market sensing을 마스터하는 것이 마케팅 전문가가 되는 첫 번째 요구조건이다. 한편 차별화 개념은 경영학을 전공하지 않더라도 기업에서 일을 하면, 지식의 깊이 차이는 있겠지만 자연스럽게 체화할 수 있다. 다만, 차별화 영역(실무용어로는 upstrean domain expertise)에서는 기업 자체의 능력(자원과 역량)도 중요하지만 현대적 경영 개념에서 중요한 공급사슬(supply chain), 생태계(eco-system), 네트워크(network), 파트너십(partnership)을 심도 있게 탐구하는 것이 마케팅 전문가가 되는 두 번째 요건조건이다.

10 마케팅 근시: 레빗(Theodore Levitt)이 주창한 개념으로 기업이 자사의 제품시장 영역을 협소하게 규정지어 경쟁자의 범위를 파악하지 못하는 오류를 범하는 것을 말한다(Levitt, Theodore, “Marketing Myopia,” *Harvard Business Review*, 82 (7/8), 2004, pp. 138~149).

6th Edition

Marketing

02장

마케팅 패러다임과 전략

마케팅을 담는 그릇들

/ 학 / 습 / 목 / 표 / (Learning Goals)

1. 새로운 비즈니스 환경을 이해한다.
2. 마케팅 환경의 변화를 이해한다.
3. 경쟁우위 확보를 위한 마케팅전략과 변화를 이해한다.

1 변화하는 비즈니스 환경

정보통신기술과 교통운송기술의 발달은 국가 간, 산업 간의 경계를 허물었고 이에 따라 기업과 소비자 간의 커뮤니케이션 방식에도 엄청난 변화가 생겼다. 페이스북(Facebook)이나 인스타그램(Instagram) 같은 소셜 네트워크 서비스(Social Network Service: SNS)가 활성화되었고 구글 드라이브나 드롭박스 같은 클라우딩 서비스의 활용도도 증가했다. 이는 정보통신과 기술의 발달을 더욱 가속함은 물론 비즈니스 환경도 바꾸어 놓았다. 이에 마케팅 패러다임에도 변화가 요구되고 있다.

이제 기업은 변화된 비즈니스 환경에 적응하기 위하여 만들어 팔기만 하던 기존의 제조 · 판매 방식에서 고객이 원하는 바를 먼저 파악하여 생산하고 제공하는 형태로 비즈니스 방식을 바꾸고 있다. 기업은 더 많은 이익을 창출하기 위해 경쟁사보다 먼저 고객이 필요로 하는 것을 파악해야 할 뿐 아니라 고객의 잠재적 필요와 욕구를 발굴하여 이를 충족시킬 수 있는 제품과 서비스를 만들어내야 하는 과제를 안게 되었다. 이 장에서는 비즈니스 환경의 변화가 기업과 고객에게 미친 영향과 마케팅 환경의 변화, 이에 따른 마케팅전략의 변화에 대해 살펴보고자 한다.

1. 새로운 비즈니스 환경

- **학습목표 1: 주요 개념(1)**
  정보통신기술과 교통운송기술의 발달 → 거래비용(transaction cost)의 절감과 정보의 비대칭성 감소 → 소비자의 파워 증대
- **학습목표 1: 주요 개념(2)**
  글로벌화 = 생산기지뿐만 아니라 시장의 글로벌화 → 글로벌 시장체제하의 기업 의사결정을 요구
- **학습목표 1: 주요 개념(3)**
  산업 경계의 붕괴 = 기업들은 다양한 기준(기술, 제품, 고객, 시장 등)의 연계점(linkedness or relatedness) 또는 플랫폼(platform)으로 시너지를 만들어 비즈니스의 지속가능한 확장과 성장을 추구함 → 산업 경계가 허물어지고 있음.

오늘날 기업들은 끊임없이 변화하는 비즈니스 환경에서 활동하고 경쟁하는 방법을 강구해야 한다. 닷컴 및 디지털 커뮤니케이션 등 다양한 기술의 출현이 기업의 경제활동 방식을 바꾸어놓았기 때문이다. 변화하고 있는 비즈니스 환경을 살펴보면 다음과 같다. 마케팅과 관련된 더 자세한 기술환경의 변화는 3장과 19장을 참조하기 바란다.

정보통신기술과 교통운송기술의 발달 기술적인 영향이란 제품과 서비스를 생산하기 위해 사용하는 노하우나 장비 및 도구, 절차 등의 진보가 기업 경영에 미치는 영향을 말한다. 오늘날 기업은 개별 기업의 생산성 향상과 관련된 기술은 물론이고, 유형 제품과 무형 정보가 신속하게 이동할 수 있는 기술들도 갖추고 있다. 그 대표적인 예로 인터넷, 이메일, 스마트폰, SNS 및 클라우딩 서비스 등을 들 수 있다.

이러한 변화는 기업뿐 아니라 고객에게도 많은 영향을 미쳤다. 고객들은 페덱스(Fedex), 유피에스(UPS) 등이 제공하는 글로벌 택배 서비스로 유형 제품의 이동이 빨라지면서, 고객들은 자신이 원하는 제품을 언제 어디서나 구매할 수 있다. 즉 기업과 고객 사이의 거래비용(transaction cost)이 빠른 속도로 줄어들었다. 또 인터넷의 발달과 컴퓨터의 보급을 통한 무형 정보의 영향으로 자신이 원하는 정보를 언제 어디서나 접할 수 있다. 많은 정보를 접하면서 고객욕구는 더욱 다양해졌으며 요청 수준도 더욱 높아졌다. 또 자신들의 의견을 기업에 피력할 수 있는 환경이 조성되면서, 소비자들은 제품과 서비스에 관한 정보 접근이 더욱 쉬워졌으며, 정보의 비대칭성[1] 때문에 발생하는 불이익이 줄어들었다. 이제 고객의 파워가 증가해 기업과 고객은 수직적인 관계를 벗어나 더욱 수평적인 관계로 나아가고 있다.

글로벌화 기업의 글로벌화는 원가절감을 위해 저비용국가로 생산기지를 이전하는 글로벌화가 대세였다. 이제 시장의 글로벌화 또한 가속화되고 있다. 즉 시장의 글로벌화는 정보통신과 교통수단의 발달로 더욱 가속화되었다. 최근 초 · 중 · 고 학생들도 해외 온라인 사이트에서 직접 물건을 구매하고, 많은 국내 소비자는 공동구매대행 서비스를 통해 해외 제품을 구매한다. 글로벌화로 인해 기업은 품질과 생산성을 높이고 비용을 절감시킴으로써 경쟁우위를 가지려고 한다. 시장에서 국경의 개념이 없어졌고 이에 따라 기업은 생존과 성장을 위해 세계의 모든 기업과 경쟁하게 되었다. 경영자들은 이러한 변화에 맞추어 글로벌시장을 염두에 두고 의사결정을 해야 한다. 한 예로 국내의 자동차시장은 현대, 기아, 한국 GM, 르노삼성만을 위한 시장이 아니다. 높은 품질과 다양한 가격의 자동차로 외국 기업이 국내시장에 침투하고 있다. 또 우리나라의 자동차들도 미국 등 해외시장에 진출하고 있으며, 국산 가전제품 등 전자제품들도 해외시장에 꾸준히 진출하고 있다. 또 한-미, 한-EU, 한-칠레, 한-중 FTA 체결로 다양한 품질의 해외 제품을 더 낮은 가격으로 구매할 수 있다. 예를 들어 FTA 체결 전 4,050원에 판매하던 음료수 '웰치스'는 FTA 체결 후 350원 낮은 가격인 3,700원에 판매된다.[2]

이러한 글로벌 환경은 고객들에게도 영향을 미쳤다. 일례로 우수한 품질과 다양한 디자인의 외국산 자동차를 접하게 되자 자신의 기호에 맞는 외국산 자동차를 쉽게 구매하는 소비자도 늘고 있다. 또 할리우드 영화에서 인앤아웃(In-n-Out) 버거를 보면 국내에서도 그 제품을 구매하고 싶어 하고, 빅토리아 시크릿(Victoria's Secret) 사의 속옷을 갖고 싶은 여성 고객은 직접 그 사이트에 접속해 제품을 구매하고 국내로 배송받는다. 이러한 환경에서 고객들이 국내 기업의 제품을 계속 구매하게 하려면 기업은 자신들의 운영 및 마케팅을 국제 기준(global standard)에 맞도록 변화시켜야 한다. 즉 글로벌 시장을 대상으로 사업을 펼치는 기업은 글로벌 시장체제하의 의사결정을 필요로 하고 있다.

산업 경계의 붕괴 산업의 경계 역시 허물어지고 있다. 한때 화학회사로 출발했던 제약회사 대부분이 현재는 새로운 의약품뿐 아니라 화장품과 식품 등을 제조하기 위해 유전자공학 분야의 R&D 역량을 강화하고 있다. 또 글로벌 제약회사들은 주삿바늘, 안약통 등 의료 용기와 도구 분야로 사업 영역을 넓히고 있다. 또 경기 악화에 직면한 국내 건설회사들도 발전과 담수 등 중공업 플랜트 산업에 뛰어들며 위기를 극복하고 있다. 디즈니(Disney)사는 만화산업과 디즈니랜드라는 놀이공원을 운영할 뿐 아니라 영화를 제작하고 캐릭터를 라이선스하며 소매점, 호텔, 세계 일주 선박여행과 교육시설 등을 관리하고 있다. 산업 경계의 붕괴 현상은 이전에는 서로 다른 산업에 속해 있던 기업들이 대체 가능한 제품들을 만들어 소비자들의 필요와 욕구를 만족시키려는 노력 덕분에 나타났다. 기업은 다양한 기준(기술, 제품, 고객, 시장 등)의 연계점(linkedness or relatedness) 또는 플랫폼(platform)으로 시너지를 만들어 비즈니스의 지속 가능한 확장과 성장을 추구함에 따라 산업경계가 허물어지고 있다. 대표적인 예로 구글과 애플 같은 기업들이 정보통신(ICT)기술을 바탕으로 자율주행차 체제를 구축하며, 자동차 산업의 진입장벽을 허물고 있다. 즉 이러한 노력은 고객들에게 제품 선택의 폭을 넓혀주고 더욱 저렴한 가격에 원하는 제품이나 서비스를 구매할 기회의 장으로 작용한다. 기업들의 이러한 치열한 경쟁으로 고객들의 만족도는 더 높아진다.

2. 마케팅 환경의 변화

- **학습목표 2: 주요 개념(1)**
  가치사슬의 유연한 활용=기업은 자신의 자산과 핵심역량을 바탕으로 제품과 서비스를 생산하고 마케팅 활동을 통해 고객에게 전달하는 전통적 가치창출활동+고객의 필요와 욕구 등을 분석하는 마켓센싱(market sensing)을 바탕으로 고객이 원하는 제품과 서비스를 개발 · 생산하고 고객이 원하는 방법으로 전달하는 시장지향적(market-oriented) 가치창출활동을 유연하게 활용할 필요가 있음.
- **학습목표 2: 주요 개념(2)**
  가치사슬의 확장적 활용=기업은 내부의 가치 활동을 유기적으로 연결+공급자, 유통업자, 구매자와의 가치사슬과 상호 의존하고 연계가 최적화하도록 조정 → 경쟁우위 확보
- **학습목표 2: 주요 개념(3)**
  마케팅 패러다임과 가치제안의 변화=기업은 고객이 표현한 필요와 욕구를 충실하게 이해하고 반영하는 고객추종형 전략(Market-Driven Strategy) 패러다임+고객들의 감추어진 필요와 욕구를 찾아내는 기업선도형 전략(Market-Driving Strategy) 패러다임의 균형 속에서 가치제안 방향을 결정 · 수행

디지털 커뮤니케이션 시대, 풍부한 정보를 가진 합리적 고객으로 구성된 무한경쟁의 새로운 비즈니스 환경에서 기업은 경쟁자들보다 월등한 가치를 창조하고 그 가치를 고객에게 제대로 전달해야만 살아남을 수 있다. 즉, 고객가치를 이해하고, 창조하며, 전달하고, 획득하며 마지막으로 고객가치 유지 단계를 거침으로써 고객에게 더 다가갈 수 있다. 새로운 비즈니스 환경의 출현으로 고객은 기업 측에 더 많은 가치를 창조하고 전달하라고 요구한다. 이때 기업이 더 많은 고객가치를 창조할 수 있는 도구로 가치사슬(value chain)의 개념을 유연하게(flexible) 그리고 확장적으로 활용할 수 있다.

가치사슬의 유연적·확장적 활용

기업의 비즈니스 활동 전체를 '가치창출활동'이라고 한다. 또 기업에서 창출하는 가치는 고객들이 제품 또는 서비스를 받는 것에 대한 대가로 기꺼이 지급하는 금액으로 측정된다. 즉, 기업이 비즈니스 활동을 통해 창출한 가치가 제품을 만들어 판매하는 과정에 사용된 비용을 초과할 때 이 초과분이 바로 기업의 이익이다. 예를 들어 고객이 A사의 B라는 신발을 구매하면서 5만 원을 지급했다면, 이는 기업이 창출한 가치이고, A사가 B라는 신발을 만들어 판매하는 과정에서 사용된 비용인 2만 원을 초과한다면, 3만 원이 기업의 영업이익이다. 그리고 신발 제조와 판매라는 A사 본연의 경영활동 이외의 활동으로 비용과 세금, 이자 비용이 1만 원 발생했다면 영업이익에서 이를 제외한 2만 원이 A사의 순수익이다. 이러한 맥락에서 기업은 경쟁사보다 나은 가치로 경쟁우

위를 확보해 고객들이 기꺼이 기업의 이익을 포함한 가격을 지불하고 자사제품을 구매하도록 해야 한다.

고객창출 과정은 가치 전달 과정을 수반하며, 이러한 일련의 가치 전달 과정은 가치사슬(value chain)을 형성한다. 기업의 가치사슬은 연계(linkage)시스템으로 단계별로 결합하여 상호 의존적인 활동으로 이루어져 있다.[3] 형성된 가치사슬은 기업 내부의 가치 활동, 즉 내부 물류, 주문 및 공정 개선을 통해서만 아니라 기업 외부의 공급자와 유통업자의 가치 활동도 연결하는데 이들과의 최적화된 연계를 통해 거래비용과 시간을 최소화할 수 있고, 시장 내에서 경쟁우위를 확보할 수 있다. 예를 들어 에어컨 제조업체가 연계를 통해 부품 공급자, 배달업체, 판매점 등과 견고한 협조체제를 구축하여, 생산, 배달 및 에어컨 설치 등 서비스 활동의 모든 가치 활동을 순조롭게 진행한다면 재고비용을 증가시키지 않고도 생산된 에어컨을 적시에 배달할 수 있어 경쟁우위와 이익을 극대화할 수 있다.

전통적인 가치창출활동은 기업의 자산과 핵심역량을 바탕으로 제품과 서비스를 생산하고 마케팅 활동을 통해 고객에게 제품과 서비스를 전달하는 과정이었다. 그러나 시장의 개념과 고객가치를 중시하는 시장지향적 사고를 하기 시작하면서 가치사슬은 고객의 필요와 욕구 등을 분석하는 마켓셋싱(market sensing)을 바탕으로 고객이 원하는 제품과 서비스를 개발 · 생산하고, 고객이 원하는 방법으로 전달하는 시장지향적(market-oriented) 가치창출활동이 등장했다. 즉, 기업은 전통적 및 시장지향적 가치창출활동을 유연하게 활용할 필요가 있다.[4] 이러한 가치사슬의 개념적 발전에 따라 가치사슬활동을 계획하고 수행하는 전체 과정 자체가 기업의 자산과 핵심역량을 구성하는 것으로 확장되었다. 즉 기술력을 중심으로 하는 협의의 기업 자산과 핵심역량 개념은 과거가 되었다.

〈그림 2-1〉과 같이 기업의 가치창출활동은 주된 활동(Primary Activities)과 지원 활동(Support Activities)으로 이루어져 있다. 주된 활동은 기업 내부 물류를 관리하는 '내부 물류', 제품을 생산하고 이를 관리, 운영하는 '생산 및 운영', 외부 물류를 관리하는 '외부 물류', 마케팅 활동을 통해 제품을 판매하는 '마케팅 및 판매', 구매자에게 제품을 배달하고, 제품 판매 후의 지원 및 서비스를 제공하는 '서비스' 활동으로 구성되어 있다. 지원활동은 물자획득 등 구매 활동, 인적 자원관리, 기술개발의 결합을 통해 주된 활동이 잘될 수 있도록 지원하는 하부구조(인프라) 활동으로 구성되어 있다. 또 가치사슬의 지원 활동은 일반관리, 법률업무, 회계업무 같은 기능을 포함한다.

즉, 기업은 내부의 가치 활동을 유기적으로 연결할 뿐 아니라 공급자, 유통업자, 구매자와의 가치사슬과 상호 의존하고 연계가 최적화되도록 조정해야 경쟁우위를 확보할

그림 2-1 일반적인 가치사슬

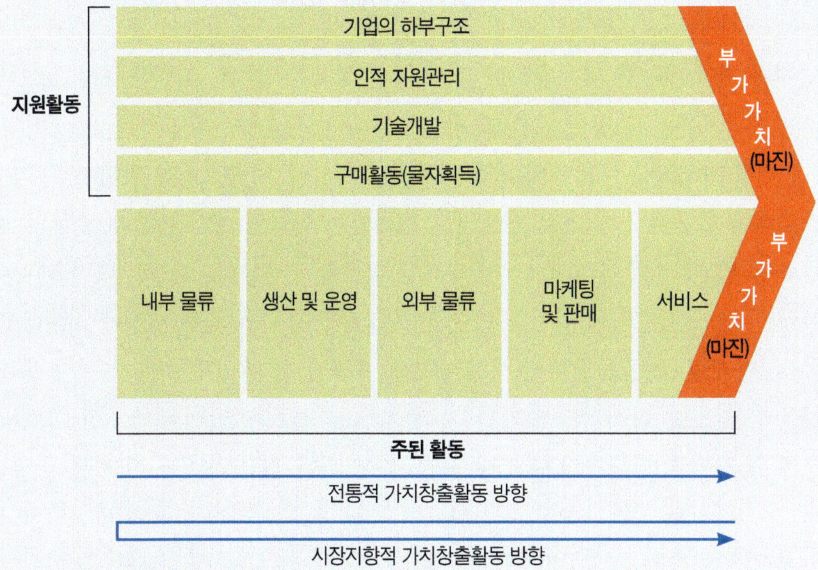

출처: Porter, M. E., *Competitive Advantage: Creating and Sustaining Superior Performance*, The Free Press: New York, 1985를 바탕으로 작성함.

수 있다. 그만큼 기업의 공급사슬관리(Supply Chain Management)가 중요하게 되었고, 실무에서는 생태계(eco-system)의 조성과 이에 의한 경쟁을 중요시하고 있다.

마케팅 패러다임과 가치제안의 변화

디지털 기술의 출현은 고객의 필요와 욕구를 파악하고, 기업이 고객에게 제공하고자 하는 가치를 창출하며, 이를 제공하는 마케팅 개념의 중요성을 더욱 증대시켰다. 또 글로벌화와 산업 경계의 붕괴는 기업들이 같은 시장에서 소모적으로 경쟁하기보다는 어떻게 고객의 필요와 욕구를 충족시켜 고객을 확보할 수 있을지에 관심을 두는 계기가 되었다.

김위찬 등의 《블루오션전략》[5]을 살펴보면 이제는 기업의 힘이 뻗치지 않은 산업은 없으며, 모든 기업이 붕괴한 산업 경계 안에서 치열하게 경쟁하고 있다. 따라서 기업이 더 많은 수익을 창출하려면 경쟁이 치열한 '레드오션'이 아닌, 다른 기업들은 물론이고 고객까지도 생각하지 못한 '블루오션'으로 이동하라고 권고한다. 이때 블루오션 창출에서 가장 중요한 축 중 하나가 바로 고객 중심 경영이다. 즉, 기업은 블루오션을 창출하기 위해서 철두철미한 고객 중심 조직이 되어야 한다. 따라서 새로운 시장, 신규사업, 혁신적인 신제품 개발 등 모든 관점에서 지금까지 자신들이 해오던 사고방식과 행동 패턴을 점검할 필요가 있다. 왜냐하면 기존 고객은 물론이고 새로운 고객과 경쟁사의 고객에게 제안 가능한 가치창출이 바로 기업 성장에 있어서 가장 중요한 요인이기 때문이다.

고객을 위한 가치창출은 고객에 대한 이해에서부터 시작한다. 이를 위해 많은 기업은 마케팅 조사를 활용한다. 실례로 맥도날드 코리아는 마케팅 조사를 통해 한국의 '빨리빨리' 문화를 발견, 한국 음식시장에서 수요를 창출할 수 있는 요소가 신속한 배달이라는 점에 착안해 다른 시장에서는 한 번도 하지 않았던 배달을 하며 경쟁에 대처하고 있다. 이처럼 마케팅 조사를 통해 고객의 필요와 욕구를 잘 파악하지만, 그렇지 못할 때도 있다. 맥도날드는 다이어트 버거인 '맥린(Mc-Lean)' 출시에 앞서 광범위한 마케팅 조사를 통해 낮은 칼로리 버거의 수요가 충분하다고 판단했다. 하지만 이 제품은 성공하지 못했다. 그러므로 마케팅 관리자는 마케팅 조사 결과 이외에 고객의 필요와 욕구를 따라갈 것인지 창조해낼 것인지에 대해서도 고민해야 한다. 이때 활용할 수 있는 가치창출전략으로는 고객이 표현한 필요와 욕구를 충실하게 이해하고 반영하는 고객추종형 전략(Market-Driven Strategy)과 고객들의 감추어진 필요와 욕구를 찾아내는 기업선도형 전략(Market-Driving Strategy)이 있다.[6]

먼저 고객추종형 전략은 제품개발 과정에서부터 고객들의 요구를 수렴해 적극적으로 대응한다. 이 전략을 채택한 기업은 고객들에게 얻은 제안을 신제품 개발과 촉진전략의 핵심으로 여긴다. 고객의 필요와 욕구를 정확히 알면 신제품 개발 시 위험을 줄이고 성공 확률을 더욱 높일 수 있기 때문이다.

하지만 고객들조차 자신들의 필요와 욕구를 잘 알지 못해 기업에서 마케팅 조사를 해도 그 파악이 어려운 경우가 흔하다. 요즘 휴대폰시장의 대세인 스마트폰은 카메라, 게임, DMB(Digital Multimedia Broadcasting), MP3플레이어 등을 모두 아우르고 있다. 그러나 불과 몇 년 전까지만 해도 휴대폰으로 사진을 찍고, 게임을 하거나 TV를 보고 음악을 듣고 싶다는 욕구를 표현한 고객은 없었다. 또 자율주행차에 대해 고객에게 물어보면 구체적 기대나 요구사항을 파악하기 힘들다. 즉, 고객은 자신이 경험해보지 못한 제품과 서비스에 대해서는 자신의 필요과 욕구를 알기가 어렵다. 따라서 기업 입장에서는 고객추종형 전략뿐 아니라 기업선도형 전략도 필요하다. 실무에서는 이러한 경우에 대해 시장 또는 고객인사이트(market or customer insight)라는 용어를 사용하고 있다.

기업선도형 전략은 제품을 구체화하기 전에는 어떠한 제품을 원하고 있는지조차 깨닫지 못하는 고객이 많은 점에 착안, 블루오션전략에서 언급한 것처럼 현재 정해져 있

고객과 고객가치의 개념

고객 | 기업은 항상 고객을 향해 있어야 한다. 고객이 있기에 비즈니스가 존재하기 때문이다. 즉, 고객은 기업과 교환 관계에 있는 존재다. 기업이 제품을 만들어서 최종 소비자들에게 제공할 때 소비자는 바로 기업의 고객이 된다.

고객가치 | 고객 입장에서 재화나 서비스를 구매하여 사용한 후에 얻게 되는 효용과 그 재화나 서비스를 구매하기 위해 지급해야 하는 비용의 차이로 정의할 수 있다. 따라서 고객이 자사제품을 구매하는 이유는 경쟁 기업의 제품보다 자사제품이 고객에게 더 나은 가치를 제공하기 때문이다. 따라서 기업은 항상 고객의 필요와 욕구를 파악하고, 고객에게 좀 더 나은 가치를 제공하기 위해 노력해야 한다. 서비스 역시 전문적인 조언이나 개인화된 서비스, 고객의 기대를 뛰어넘는 편익을 제공할 때 가치를 증가시킬 수 있다.

고객가치 = **효용** 품질, 서비스, 성능, 이미지 등 − **비용** 금전적 대가, 시간 투입, 기회 비용

는 시장 법칙에서 벗어나 새로운 시장에서 사업기회를 찾으려는 전략이다. 현재 시장에서 거래되는 제품을 근간으로 한 의견들은 자사의 가치제안에는 도움을 줄 수 있지만, 새로운 시장을 개척해 기회를 얻는 데에는 한계가 있다. 특히, 기업선도형 전략은 디지털 등 많은 기술의 출현으로 그 중요성이 더욱 커지고 있다. 오늘날 기술혁신의 속도는 점점 빨라지고 있고, 제품의 수명주기는 짧아지고 있다. 제품의 성능은 끊임없이 개선되는 반면, 가격의 하락 속도는 더욱 빨라지면서 신제품이 가격 프리미엄을 누리는 기간이 줄고 있다. 겉으로 드러나는 고객욕구를 파악해 제품에 반영하려는 고객추종형 전략은 개발 시간을 고려할 때 시장흐름에 뒤처질 가능성이 높다. 기업선도형 전략은 첨단기업에서 주로 채택되지만, 그것이 반드시 기술주도적일 필요는 없다.

기업선도형 전략은 새로운 고객 수요를 창출하는 것을 지향점으로 삼고 있으나 기업의 핵심역량 보유와 개발 여부에 따라 다시 두 가지 유형으로 구분할 수 있다. 첫 번째 유형은 기업이 이미 보유하고 있는 핵심역량을 활용(exploit)하여 새로운 사업을 만드는 경우로 '활용형 기업선도형 전략(Exploiting Market-Driving Strategy)'으로 명명할 수 있다. 대표적인 예로 럭셔리 시계의 대표적 기업인 롤렉스(Rolex)가 저변 기술과 역량인 정밀마이크로공학(precision micro engineering)기술로 인공관절시장에 성공적으로 진입한 것을 들 수 있다. 두 번째 유형은 기업이 관련 기술이나 핵심역량을 보유하고 있지는 않았지만 시장기회와 기술 및 역량을 탐색(explore)하고 투자하여 새로운 사업을 만드는 경우로 '탐색형 기업선도형 전략(Exploring Market-Driving Strategy)'으로 명명할 수 있다. 대표적인 예로 아마존(Amazon)이 클라우딩 컴퓨팅 기술로 전자책인 Kindle 비즈니스를, 클라우

딩 컴퓨팅 기술을 토대로 빅데이터 및 애널리틱스 기술과 인공지능(ariticial intelligence) 기술을 활용하여 Dash 서비스 비즈니스, Echo 서비스 비즈니스를 만들고 있는 것을 생각할 수 있다. 구글, 우리나라의 네이버, SK 텔레콤, KT 등이 이와 비슷한 서비스 비즈니스를 창출하기 위하여 노력하고 있다. 즉 기업의 핵심역량은 환경의 변화에 맞춰 끊임없이 동적으로 진화해야 함을 강조한 동태적 역량(dynamic capability)이 중요한 시대이다. 즉, 아무래도 '탐색형 기업선도형 전략'이 '활용형 기업선도형 전략'보다는 과거에 없었던 새로운 시장을 창출하는 확률이 높다고 볼 수 있다. 즉, 기업선도형 전략을 실행하는 기업의 경우 두 유형의 균형을 찾아 관리하는 과제가 매우 중요하다.[7]

고객추종형 및 기업선도형전략은 모두 고객욕구를 충족시킨다는 점에서는 같은 전략이다. 그러므로 두 가지 전략을 동시에 활용할 때 그 효과가 더욱 커질 수 있다. 비즈니스 환경의 변화와 더불어 고객에 대한 관심이 높아지고, 고객에게 어떤 가치를 제공하는가가 중요해진 요즘 비즈니스에서는 고객 관점에서의 가치제안을 중심으로 한 마케팅전략의 변화가 요구된다. 가치제안에 대해서는 18장에서 더 자세히 살펴본다.

2 경쟁우위 확보를 위한 마케팅전략의 변화

1. 전략의 위계

〈그림 2-2〉에서처럼 기업의 경우 다양한 전략들이 있다. 제일 하위 수준에서는 기능별 전략이 있다. 예를 들어 생산전략의 경우 효율성, 품질, 원가우위 등을 확보하는 것을 목표로 한다. 기능별 전략으로서 마케팅전략은 효과성, 품질, 고객응대력 등을 획득하는 것을 목표로 한다. 각 기능별 전략은 고유한 목표를 가지고 있지만, 경우에 따라서 또 큰 조직의 경우 이러한 목표들은 서로 상충될 수 있다. 이러한 경우를 각 기능만 생각하는 사일로 뷰(silo view)가 가져오는 폐해라 할 수 있으며 이에 따라 기능 간 협업과 통합(functional collaboration or integration)이 중요시되고 있다. 이를 위해 기업들은 태스크 포스 팀의 운영, 조직의 변화 등을 꾀한다. 나아가 이러한 협업과 통합의 방향의 중심에 사업부의 목표와 전략이 있다. 사업부 수준의 전략은 경쟁우위의 확보라 할 수 있으며 사업전략 또는 경쟁전략이라고 부른다. 기업이 복수의 사업부를 가지고 있는 경우 가장 상위에 있는 전략이 기업전략이며 기업전략의 목표는 사업부 간의 시너지를

그림 2-2 **전략의 위계(Hierarchy of Strategy)**

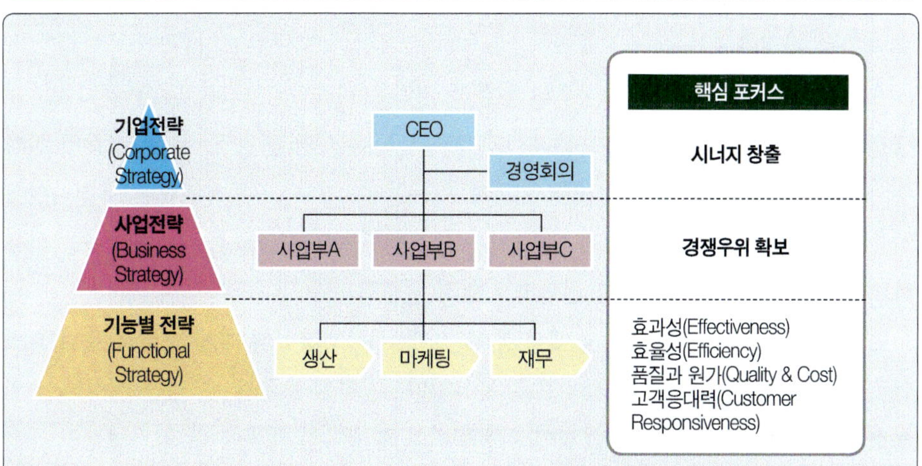

창출하는 것이고 전략의 주요 내용은 사업 포트폴리오의 최적화 및 투자전략, 인수합병(Merger and Acquisition)전략, 핵심역량 기술 확보 및 개발전략, 글로벌전략 등이다.

즉 마케팅전략은 기능별 수준에서의 전략(STP 및 마케팅믹스전략)뿐만 아니라 사업부 수준의 경쟁전략에서도 시장과 관련하여 중요한 역할을 담당한다. 여기에서는 사업부 수준에서 경쟁우위 확보를 위한 경쟁전략으로서 마케팅전략의 내용과 변화를 살펴본다.

2. 포터의 경쟁전략

- **학습목표 3: 주요 개념(1)**
  포터의 경쟁전략(경쟁우위 확보를 위한 전략대안) = 원가우위(low cost), 차별화(differentiation), 집중화(focus)

기업은 각각 세분된 시장의 고객을 만족시키기 위해 차별화된 제품을 공급한다. 경쟁에서 살아남으려면 차별화된 경쟁우위가 필요하다. 시장 기회를 포착한 기업에서는 지속가능한 경쟁우위를 창출할 수 있는 전략을 만들어야 하며 이를 통해 가치를 창출하고 유지해야 한다.

기업이 경쟁기업보다 경쟁우위를 갖고 있을 때 이익을 남길 수 있다. 현재 시장에서 많은 이익을 남기고 있는 기업이더라도 경쟁우위를 확보하지 않으면 장기적 관점에서 위기상황이라고 볼 수 있다. 시장에 진입하는 수많은 경쟁자와 하루가 다르게 변화하는 세계는 오늘의 성공을 내일까지 보장하지 않는다. 시대적 배경과 운이 좋아 반짝 성공하고 역사의 뒤편으로 사라지는 기업이 많은 것도 이 때문이다. 따라서 경쟁우위를 가진 기업과 그렇지 않은 기업 간 수익성은 같은 산업이라도 크게 다르다. 기업이 시장(산업)에서 경쟁자가 얻는 평균 이윤을 능가하고 있다면, 그 기업은 차별화된 경쟁우위를 획득한 것이다.

기업의 가치창출을 위한 경쟁우위에 관한 전략을 마이클 포터(Michael E. Porter)의 경쟁전략을 바탕으로 설명하고자 한다.[8] 경쟁우위는 세 가지 본원적 마케팅전략인 원가우위전략, 차별화전략, 집중화전략을 통해 획득할 수 있다. 집중화전략은 특정시장을 집중적으로 공략하여 그 시장에 대해 원가우위전략을 사용하느냐, 차별화전략을 사용하느냐에 따라 원가우위 집중화전략과 차별적 집중화전략으로 구분할 수 있다.

포터의 경쟁전략은 〈그림 2-3〉에서 볼 수 있듯이 경쟁기업에 대한 전략적 우위 요소와 경쟁의 범위라는 두 가지 차원으로 분류한다. 기업이 보유할 수 있는 전략적 우위 요소로는 경쟁기업에 대한 전반적인 비용우위와 경쟁기업 제품에 대해 차별적인 특징

그림 2-3 **포터의 경쟁전략: 자사의 전략적 의사결정 시 고려사항**

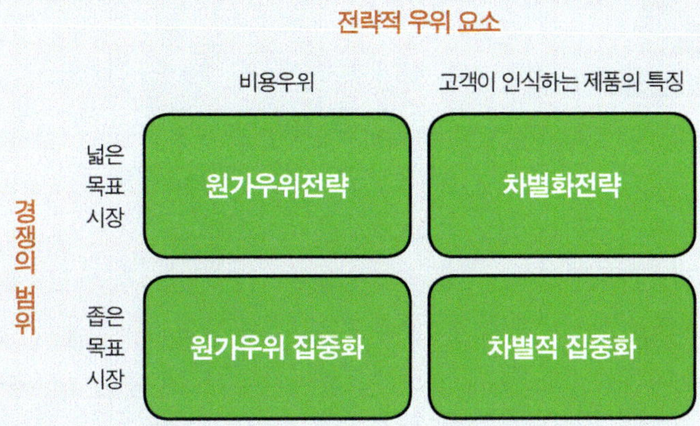

출처: Porter, M. E., *Competitive Advantage: Creating and Sustaining Superior Performance*, The Free Press: New York, 1985.

을 보유하는 것이다. 경쟁의 범위란 기업에서 소구하고자 하는 시장의 범위를 의미하며, 기업이 표적시장을 전체시장으로 선택하느냐 아니면 부분시장으로 선택하느냐를 결정하는 것이다. 이 두 가지 차원으로 접근하면 본원적[9] 전략은 원가우위전략, 차별화전략, 집중화전략으로 구분할 수 있으며, 집중화전략은 다시 원가우위 집중화전략, 차별적 집중화전략으로 나눌 수 있다. 예를 통해 각 전략에 관해 살펴보고자 한다.

원가우위전략

미국의 사우스웨스트항공(Southwest Airline)은 대도시 주변의 작은 공항을 이용, 중소도시를 연결하여 공항 이용료를 낮추고, 선별적 여행사를 활용해 여행사 수수료를 절감하였다. 또 인터넷을 활용한 예약시스템과 e-ticket 발급 등으로 프로세스를 간소화하고, 불필요한 소비자서비스를 제거, 표준화된 기종으로 관리비용을 최소화해 원가우위를 달성하였다.[10]

글로벌 SPA(Specialty store retailer of Private label Apparel)[11] 브랜드 중 가장 빠른 성장세를 보이는 의류브랜드 유니클로(UNIQLO)는 원가우위전략(cost leadership strategy)에 성공한 대표적 예다. 유니클로는 상품 기획과 디자인은 일본에서, 제조는 중국 등 해외 공장에서 하며, 기획부터 디자인, 생산, 판매에 이르는 전 과정을 본사 중심으로 수직 시스템화하여 중간 과정을 생략하고 일괄적으로 처리해 원가우위를 달성했다.[12]

원가절감 사례

사우스웨스트항공

직원 최소화 | 비행기 한 대당 직원 수가 다른 항공사보다 훨씬 적음에도 창업자 허브 켈러(Herb Kellerher) 회장의 '직원과 문화 중시'의 경영철학에 바탕을 두고 운영되어 미국 대학생들이 가장 들어가고 싶은 회사 중 하나로 꼽힌다. 또 직원들의 아이디어를 모아 원가를 절감하는 다양한 방법을 고안, 미국 항공사 중에서 최저의 불평 건수, 가장 빠른 수화물 처리, 정시 도착에서 부동의 1위를 지키고 있다.

유니클로

치밀한 수요예측과 계획생산 및 개발비 최소화 | 치밀한 수요 예측과 계획생산 · 판매로 품목당 100만 장 이상을 대량 생산하면서도 재고를 남기지 않는 것은 경쟁 업체들이 따라오기 힘든 유니클로만의 강점이다. 아무리 잘 팔리는 인기 품목이라도 출시한 지 한 달 정도 지나면 매장에서 찾아볼 수 없다. 또 티셔츠, 재킷 같은 기본 아이템에 충실해 디자인 등 개발비를 최소화한다.[13]

이처럼 원가우위전략이란 전반적인 비용상의 우위를 목표로 여러 정책을 통해 특정 시장에서 원가우위를 달성하는 것이다. 원가우위를 달성하는 방법들로는 규모의 경제 달성, 범위의 경제를 통한 원가절감, 학습곡선을 이용한 원가절감 등의 방법이 있다. 제품수명주기상에서 성숙기로 접어든 이후의 제품시장에서는 일반적으로 기술이 보편화하므로 기술력을 통해 차별화된 우위를 차지하기가 어렵다. 마케팅 관리자 대부분은 제품차별화를 통해 차별화전략을 수행하려고 하지만, 진정한 혁신 없이 이를 실현하기는 매우 어렵다. 따라서 이런 시장에서는 원가우위전략이 강력한 무기가 된다.

그러나 제품생산량을 늘리기 위해 인건비를 포함한 관리비용이 상대적으로 더 많이 들어간다는 사실을 간과한다면 이는 건전한 원가우위전략이 아니다. 오히려 기업의 비용증가와 투입자본의 증가로 기업의 수익률에 해를 끼친다. 따라서 경제적인 원가우위를 달성하려면 설비에 투자하고 경험의 축적을 통한 원가절감, 원가와 총경비의 철저한 통제를 통한 원가절감 방법을 강구해야 한다.

경제적인 원가우위는 투자자 가치 측면에서 두 가지 장점이 있다. 첫째, 경쟁자와 같은 제품을 생산해도 더 많은 이윤을 낼 수 있으며, 둘째, 판매가격이 낮으면 더 높은 시장점유율을 가질 수 있다. 그러나 다음과 같은 잠재적인 위험도 있다. 첫째, 과거의 투자나 교육훈련을 무력화하는 기술상의 중대한 변화가 일어날 수 있고, 둘째, 저비용의 기술과 시스템은 경쟁자들이 쉽게 모방할 수 있으며, 셋째, 지나친 원가절감에 치중하다보면 생산과 마케팅 변화에 둔감할 수 있고, 넷째, 경쟁기업이 더 낮은 가격이나 유통망을 재정비해 자사의 원가우위로 만들어진 경쟁우위를 차지할 수 있다.

차별화전략

더바디샵(The Body Shop)은 차별화전략(differentiation strategy)에 성공한 예다. 이 기업은 기존 화장품의 관행에서 벗어나 화장품시장에 웰빙 개념을 도입하고, 수수하고 담백한 이미지를 내세웠으며, 광고를 줄이고 실용적인 포장을 표방하고, 동물실험에 반대, 천연소재를 사용하여 차별화전략에 성공했다.

또 우유 업계의 강자 남양유업의 '프렌치 카페' 커피믹스 역시 차별화전략을 추구한 예다. 남양유업은 커피믹스시장으로 사업을 확장하면서 커피믹스가 건강에 좋지 않다는 소비자의 인식이 퍼져 있는 시장 환경을 염두에 두고, 몸에 안 좋다고 알려진 카세인나트륨 대신 무지방 우유를 넣은 크림으로 '안전한 커피믹스'를 콘셉트로 잡고 인기 연예인을 통해 집중적인 이미지 광고를 함으로써 한국 커피믹스시장에 성공적으로 안착하기 위한 노력을 펼쳐오고 있다.

이처럼 차별화전략은 기업이 제공하는 제품을 차별화하여 산업 전반에 걸쳐 그 기업이 경쟁제품보다 구매자에게 독특하다고 인식될 수 있는 그 무엇을 창조하는 전략이다. 기업이 표적고객에게 제공하는 제품이 다른 기업에 비해 다른 가치를 제공한다고 인식될 때 차별화되었다고 할 수 있다. 일반적으로 원가우위보다는 차별화를 통한 우위가 기업과 투자자들에게 장기적으로 더 많은 이익을 가져다준다.

마케팅 관리자들은 일반적으로 자사의 차별화 우위를 과대평가하는 경향이 있다. 그러나 차별화는 자사가 타깃으로 하는 고객에게 원하는 것을 제공할 수 있고, 이에 대해 고객이 가격을 지급할 용의가 있는 경우를 의미한다. 차별화 우위를 점하고 있는 기업의 경우, 다음의 네 가지 전략 중 하나를 선택할 수 있다. 첫째, 고객효익을 증가시킨 만큼 가격 프리미엄을 얻는다. 둘째, 경쟁자 수준으로 가격을 유지한 채 부가적인 가치 제안을 통해 시장점유율을 높인다. 셋째, 경쟁자보다는 높은 시장점유율과 단위당 이윤의 증가분을 고려한 수준의 가격을 설정할 수 있다. 넷째, 알뜰폰 또는 알뜰주유소 사례처럼 타깃 고객들이 원하는 특정서비스만을 제공하여 경쟁자보다 가격을 매우 낮게 설정해 차별화할 수도 있다.

그러나 차별화전략을 선택하는 경우, 다음과 같은 잠재적인 위험이 있다. 첫째, 원가우위를 채택하고 있는 경쟁기업과 가격 차이가 너무 클 경우, 고객들이 비용 대비 차별적인 제품의 우월성을 지각하지 못할 수 있고, 둘째, 구매자의 차별적 요소에 대한 욕구

그림 2-4 차별화된 마케팅전략과 원가우위전략을 활용하는 코스트코

가 없거나 감소할 때에는 차별화의 의미가 없어지고, 셋째, 경쟁자의 모방으로 차별화 효과가 사라지기도 하며, 넷째, 차별화 우위를 더 가진 경쟁제품이 시장에 진입할 수도 있다. 그러나 원가우위와 차별화전략은 둘 다 기업이 가진 자원과 능력에 기초한다. 따라서 마케팅 관리자는 자사와 경쟁사가 가진 경영 자원과 능력을 항상 살펴야 한다.

또 과거에는 한 가지 전략만을 선택해야 한다는 인식이 팽배했으나, 실제 기업들은 두 가지 전략 모두를 동시에 추구해 성공하기도 한다. 예컨대 삼성전자는 메모리 반도체 분야에서 경쟁사보다 먼저 원가가 훨씬 낮은 신제품을 출시하는 동시에 고객별로 맞춤화한 솔루션을 제공해 차별화에도 성공하며, 20년 이상 시장점유율 1위를 굳건히 지키고 있다. 또 코스트코(COSTCO)는 저가정책을 채택하여 최소한의 이윤인 10%만을 남기고, 고객들을 위해 좋은 상품을 저렴한 가격으로 공급하며, 더 확보할 수 있는 이윤 일부를 고객에게 돌려주고 있다. 종업원에게는 상대적으로 높은 보수를 지급하고, 복지 향상에 노력하며, 훌륭한 인재를 유치해 생산성을 향상시켰다. 코스트코의 이러한 판매 전략은 고급제품 소비에 대한 고객욕구와 합리적인 가격에 대한 고객욕구를 동시에 충족시킴으로써 기업을 성공으로 이끌었다.[14] 최근에는 이마트가 트레이더스클럽(Trader's Club)으로 이 세분군시장에 성공적으로 진입하고 있다.

집중화전략

야나기사와(Yanagisawa) 색소폰[15]은 관악기 중 고가의 색소폰만을 제조, 판매하는 집중화전략(focus strategy)을 사용해 성공한 기업이다. 야나기사와에서는 고품질 색소폰을 원

하는 개인 사용자를 대상으로 113년 역사의 장인정신을 내세우며, 품질로 경쟁하는 전략을 활용해 색소폰시장의 떠오르는 별로 주목받고 있다. 야나기사와는 일본 내 수작업으로 소량 고품질 색소폰을 생산해 색소폰시장에서 그 진가를 인정받았으며, 광고 및 홍보 없이 입소문으로 마니아층을 형성해 전략적 우위를 점하였다. 세계 최고의 규모로 전 세계에 엄청난 공급력을 자랑하며 광고 및 홍보에 큰 비용을 쏟아 붓고 있는 일본의 야마하 색소폰이나 유럽의 셀마 색소폰의 유일한 경쟁자로 자리 잡았다.

쿠쿠전자의 쿠쿠[16] 역시 전자제품 중 전기밥솥이라는 제품군만을 생산하면서 집중화전략에 성공한 사례다. 대기업에 OEM(주문자 상표 제품의 제조) 방식으로 제품을 납품하던 성광전자는 1998년 IMF 외환위기 때 물량확보에 어려움을 겪자, 전기밥솥을 집중적으로 공략하여 '쿠쿠'라는 독자 브랜드를 출시, 광고로 제품을 알리며 짧은 기간에 브랜드 인지도를 높이는 데 성공하였다. 그 결과, 출시 3년 만에 약 1,350억의 매출과 시장점유율 40%라는 놀라운 성과를 얻었다. 쿠쿠는 현재 한국 전기밥솥시장에서 대기업인 삼성이나 LG를 제치고 선두주자 자리를 지키고 있을 뿐 아니라 이제는 상장회사 쿠쿠전자로 제품을 확장하며 종합 생활가전회사로 변신을 꾀하고 있다.

이처럼 집중화전략이란 특정시장, 즉 특정구매집단이나 제품라인의 일부분 또는 특정지역을 집중적으로 공략하면서 원가우위전략 또는 차별화전략을 활용한다. 이를 통해 기업은 해당 시장에서 강력한 우위를 점할 수 있으며, 특정목표에 대해 차별화하거나 낮은 원가를 실현할 수 있다. 집중화전략은 광범위한 시장에서 경쟁하는 경쟁기업보다 좁은 시장을 중점적으로 공략하는 것이 더 효율적이고 효과적이다.

하지만 집중화전략을 선택할 경우, 다음과 같은 위험이 있다. 첫째, 넓은 범위에서 경쟁하는 기업과의 가격 차이가 특정시장에서 집중해 얻은 원가상의 이점과 차별화를 상쇄시킬 수 있다. 둘째, 특정시장과 시장 전반이 요구하는 제품 간 차이가 감소할 수 있으며, 셋째, 경쟁기업이 특정시장 내에서 더 좁은 범위의 집중화전략을 채택함으로써 어중간한 상태로 밀려날 수 있다.

3. 변화하는 마케팅전략

기존의 기업에서는 마케팅전략을 수립할 때 포터가 주장한 경쟁전략인 차별화, 원가우위 및 집중화전략을 도입해 사용해왔다. 그 이유는 이 전략을 통해 시장에서 경쟁사보다 우위확보가 더 쉽고, 더 많은 고객을 확보할 수 있다는 인식 때문이다. 하지만 지금의 고객들은 초고속 인터넷망 구축, 스마트폰 보급의 가속화, 이에 따른 SNS의 활성화로 더 다양하고 풍부한 정보를 더욱 빠르게 접하게 되었고, 글로벌화로 외국의 우수한 제품을 싸고 쉽게 접할 기회도 많아졌다. 이 때문에 고객들의 힘은 강해지고 그들의 요구 수준은 갈수록 높아지고 있다. 다시 말해 이전에 접하기 어렵던 높은 품질의 제품과 더불어 더 나은 서비스를 받으려고 한다. 이 때문에 국내기업들은 수많은 글로벌 경쟁사들과 치열한 경쟁을 벌이게 되었다. 시장의 경계가 허물어지고, 거래비용은 낮아지고, 나라 안팎을 포함한 브랜드 간 경쟁이 치열해지면서 이윤은 줄어들고 있다.

이러한 환경에서 기업은 더는 경쟁에 주요 초점을 둔 마케팅전략보다는 고객의 필요와 욕구를 충족시키는 데 더 초점을 맞춘 고객지향적 마케팅전략을 개발하고 수행해야 한다. 물론 포터의 경쟁전략 대안은 경쟁우위 확보를 위한 독보적(classic) 개념이다. 그럼에도 불구하고 매력적인 사업 및 시장의 출현은 엄청난 기업의 경쟁과 모방을 불러오게 마련이다. 이에 따라 전략경영 영역(domain of strategic management)에서는 경쟁우위의 확보보다 유지, 즉, 지속적 경쟁우위(sustainable competitive advantage)를 강조하며 경쟁전략 대안 개념들을 발전시켜오고 있다(경쟁우위의 대안적 담론 참조). 어찌되었든 기업은 경쟁사와의 관계에서 우위를 점하기 위한 경쟁전략도 필요하지만, 고객과의 관계에서 고객이 원하는 가치를 제공할 수 있는 전략 역시 필요하다.

경쟁우위의 대안적 담론

포터는 시장 또는 산업기반의 포지셔닝 학파로 분류된다. 포지셔닝 학파 경쟁전략의 주장은 시장이나 산업의 요구 관점에서 경쟁과의 위치를 고려해 자사와 시장 간의 전략적 적합성(strategic fit)을 추구하는 방향에서 원가우위, 차별화, 집중화 전략대안의 선택이 중요하다는 것이다. 그리고 각 전략대안이 다양한 활동이 서로 연계된 시스템(System of Activities)으로 실행되면, 경쟁이 이를 모방하기 어려워 경쟁우위가 확보되고 유지된다는 것이다.

한편, 자원준거론(Resource-Based View) 학파는 자사의 핵심역량 관점에서 자사와 시장 간의 전략적 적합성을 추구하는 것이 중요하다는 주장을 펼쳐오고 있다. 이 학파의 대표적 학자인 바니(Barney)는 기업이 보유한 역량이 사업의 성패를 결정짓는 중요한 핵심역량인지 아닌지 파악하는 툴로 VRINE (Valuable, Rare, In-imitable, Non-substitutable, Exploitable)을 제시하였다. 이 툴을 설명하면 다음과 같다. 시장에서의 경쟁에서 살아남고 성과를 창출하기 위해 기업은 경쟁우위를 가져야 하는데, 한 기업이 다른 경쟁업체가 모방할 수 없는 방식으로 가치를 창출할 수 있을 때 기업은 경쟁우위를 가진다는 것이다. 기업이 가치 있고(Valuable), 희소하고(Rare), 모방이 어렵고(In-imitable), 대체 불가능하고(Non-substitutable), 활용이 가능한(Exploitable) 자원 혹은 능력을 가지고 있을 때 지속적인 경쟁우위를 가지는데, 기업은 이러한 자원과 능력을 지속적으로 활용하고 개발하는 전략을 수립하고 실행해야 한다.

기업의 자원과 능력은 유형자원과 무형자원으로 나뉘며, 외부에서 누구나 쉽게 획득할 수 있는 유형자원보다는 기업 내부에서 자체적으로 개발해야 하는 기술, 지식, 브랜드 등의 무형자원이 기업의 지속적 경쟁우위의 원천인 핵심역량이 된다. 이러한 무형자원은 동태적인 성격을 가지며, 일반적으로 기업에 경쟁우위를 가져다 줄 수 있는 수준의 자원을 획득하기 위해서는 오랜 시간에 걸친 지속적인 투자가 필요하다. 또한 대부분의 무형자원은 시간 단축의 비경제성(diseconomies of time compressions: 기업의 경쟁우위의 원천이 될 수 있는 전략적 자산은 오랜 기간 동안의 지속적인 투자를 통해서만 확보가 가능함)이라는 속성을 가지고 있어서 경쟁업체가 단기간에 쉽게 모방하기 어렵다.

포지셔닝 학파와 자원준거론 학파의 관점은 서로 강조하는 측면이 다르지만, 종국적으로는 기업의 자원과 역량과 시장 요구 간의 전략적 적합성 확보로 경쟁우위를 획득하고, 적합성을 추구 · 실행하는 과정을 경쟁이 모방하기 어렵게 하는 것이 중요하다는 주장을 공통적으로 펼치고 있는 것이다.

나아가, VRINE 자원과 능력을 지속적으로 활용하고 개발하는 전략이 중요하다는 주장을 다른 관점에서 제안한 주장이 있다. McGrath (2013)는 그녀의 저서 《The End of Competitive Advantage》에서 아무리 모방이 어려워도 이를 해내는 경쟁기업의 능력을 감안하여 경쟁우위는 절대적이 아니라 일시적(transient)임을 지적하며 경쟁우위 원천 능력의 탐색과 새로운 능력의 탐색 및 개발이 중요함을 강조하였다(〈그림 2-5〉 참조). 앞서 설명한 '탐색형 기업선도형 전략'의 능력과 '활용형 기업선도형 전략'의 능력의 균형을 찾는 것, 동적 역량 개념과 일관된 주장으로 해석할 수 있다.

출처: 서정일, "Why not us? 명품 핸드백 시장의 히든 챔피언-시몬느(Teaching Note)," *Asan Entrepreneurship Review*, 2(7), 아산나눔재단, 2016; Barney, *Gaining and Sustaining Competitive Advantage*, Fourth International Ed., Pearson, 2011; Dierickx, I. & Cool, K. "Asset Stock Accumulation and Sustainability of Competitive Advantage," *Management Science*, 35(12), 1989, pp. 1504~1511; McGrath, R. G., *The End of Competitive Advantage*, Harvard Business Review Press, 2013.

그림 2-5 **일시적(transient) 경쟁우위의 파도(wave)**

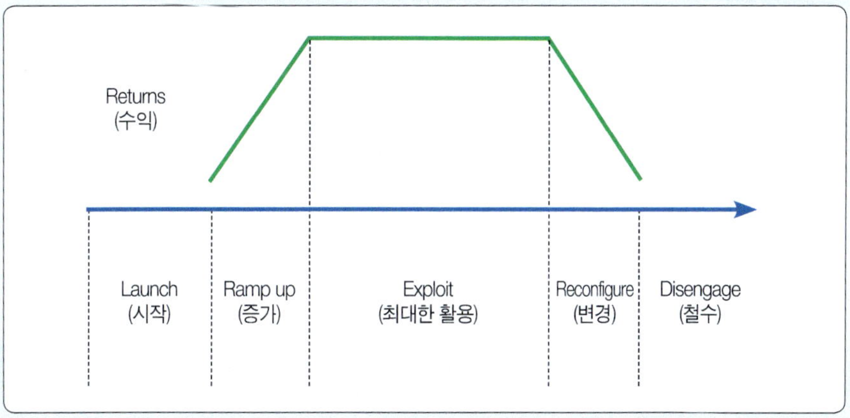

출처: McGrath, R.G., *The End of Competitive Advantage*, Harvard Business Review Press, 2013, p.13.

4. 고객지향적 마케팅전략으로

- **학습목표 3: 주요 개념(2)**
  트레이시와 위어시마의 고객가치 중심 전략대안 = 운영의 탁월성(operational excellence), 제품리더십(product leadership), 고객 친밀성(customer intimacy)

기업이 고객에게 가치를 제공하는 방법에는 여러 가지가 있다. 과거의 고객은 품질과 가격만으로 제품가치를 평가했지만, 오늘날의 고객은 제품을 구매할 때 품질과 가격뿐 아니라 구매의 편의성, A/S 같은 서비스의 가치까지 고려한다. 즉, 과거 기업들은 원가우위, 제품 품질의 차별화전략을 통해 경쟁우위를 달성할 수 있었지만, 이제는 비즈니스 환경과 고객가치의 변화에 따라 마케팅전략도 가치를 제안하는 방향으로 함께 변화해야 한다.

트레이시(Treacy)와 위어시마(Fred Wiersema)는 1980~1990년대 기업들의 성공요인을 연구한 결과,[17] 마켓리더 기업들은 고객가치의 변화에 따라 고객에게 제공하는 탁월한 고객가치를 기준으로 운영의 탁월성(operational excellence), 제품 리더십(product leadership), 고객 친밀성(customer intimacy) 등의 세 가지 마케팅전략을 사용하고 있음을 밝혀냈다.

첫째, 운영의 탁월성은 가격과 편의성이라는 가치를 고객에게 제공하며, 이 전략을 추구하는 기업은 자사가 속한 시장에서 누구도 따라오지 못할 정도로 뛰어난 가격을 갖추고 구매가 쉬운 제품을 제공한다. 이 기업들은 제품과 서비스에 대한 혁신자가 아니며, 고객과의 긴밀한 일대일 관계를 추구하지도 않는다. 하지만 이 전략을 추구하는 기업들은 기업 운영을 탁월하게 하고 있으며, 확실한 저가격과 편리한 서비스를 통해 고객가치를 제안하고 있다. 물론 우리나라 시장에서는 여러 이유 등으로 탁월한 성과를 내고 있지는 못하지만 글로벌 시장에서 스페인의 패션기업인 자라(ZARA)는 운영의 탁월성을 보여 주는 대표적인 기업이다.

둘째, 제품 리더십은 혁신적이거나 차별적인 제품 또는 서비스라는 가치를 고객에게 제공하는 전략이다. 이 전략을 추구하는 기업은 누구도 시도한 적 없는 유망한 제품 영역으로 그 범위를 넓힌다. 제품 리더십을 실행하는 기업들은 기존의 한계를 뛰어 넘는

운영의 탁월성 확보를 통한 유통마진 삭감 사례

자라[18]

자라는 운영의 탁월성을 확보할 수 있는 요소를 가지고 있다. 첫째, 세계시장에 적절한 수의 상품을 분배해 재고를 최소화하고, 담당자의 신청을 중앙에서 한꺼번에 처리하는 방식을 통해 유기적으로 제품을 공급하는 프로세스를 가지고 있다. 둘째, 전 세계 매장의 디스플레이를 통일함으로써 중앙집중화, 표준화된 운영방식을 고수하고 있다. 셋째, 공장을 중국 등지로 아웃소싱하는 것이 아니라 본사 인근의 공장을 활용해 더욱 신속하게 신제품을 출시하고 재고를 관리하고 있다.

제품이나 서비스를 제공하기 위해 전념한다. 이들의 고객에 대한 가치제안은 최고의 제품을 제공하는 것이다. 차별화된 제품으로 선도하는 기업에서는 최첨단 제품 또는 기존의 제품을 응용한 더 유익한 제품을 시장에 내놓기 위해 노력한다. 따라서 이들 기업은 창조적이어야 하며, 혁신적인 아이디어를 빠르게 상업화할 수 있게 모든 경영 프로세스가 설계되어야 한다. 또 자사의 최신 제품을 뛰어넘는 새로운 제품을 개발하기 위해 끊임없이 노력해야 한다.

셋째, 고객 친밀성은 고객의 필요와 욕구를 반영함으로써 고객에게 관계라는 가치를 제공한다. 이 전략을 추구하는 기업에서는 고객과 좋은 관계를 형성하고, 고객이 원하는 것을 제공한다. 이러한 기업들은 고객들이 어떤 제품과 서비스를 해야 하는가를 파악하는 데 능숙해야 하며, 고객의 특별한 요구를 충족시킬 수 있도록 제품이나 서비스를 계속해서 맞춤화하고, 합리적인 가격으로 제공해야 한다. 이러한 기업의 최대 자산은 바로 고객충성도(customer-loyalty)이다. 고객과 친밀한 기업들은 고객을 다시 끌어 오기 위해 값비싼 광고나 프로모션을 하기보다는 관계를 증진하기 위해 노력하며, 고객에게 그들이 기대하는 것 이상을 제공하는 데 기업의 자원을 사용한다. 고객 친밀성이 목표인 기업은 고객에게 제공하는 가치를 향상시켜 항상 고객의 기대에 앞서 행동하려고 한다. 따라서 단 몇 차례의 거래에 따른 손익이 아닌 고객의 생애가치(customer life time value)[19]를 고려하며 고객 개개인이 원하는 것을 정확하게 얻을 수 있도록 노력한다. 이를 위해 고객에게 광범위하고 깊이 있는 수준의 지원을 할 수 있는 사업운영 모델을 디

그림 2-6 트레이시와 위어시마의 마케팅전략

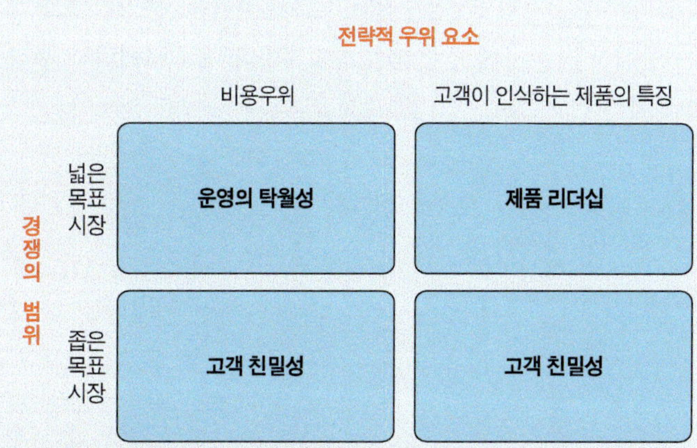

출처: Treacy, M. and Wiersema, F. *The Discipline of Market Leaders*, Basic Book, 1995와 Porter, M.E., *Competitive Advantage: Creating and Sustaining Superior Performance*, The Free Press: New York, 1985.

자인하며, 맞춤화된 제품과 서비스 제공을 추구한다.

어떤 기업도 모든 고객에게 모든 것을 제공하려고 해서는 성공하기 어렵다. 기업은 선택한 시장에 대해 자사만이 제공할 수 있는 독특한 가치를 찾아내야 한다. 따라서 모든 사업체는 이러한 핵심적인 세 가지 개념을 파악하고 정의하며 개발해야 한다. 앞서 언급한 포터의 전략처럼 고객지향적 마케팅전략도 경쟁기업에 대한 전략적 우위요소와 경쟁적 범위라는 두 가지 차원으로 분류해보면 〈그림 2-6〉과 같다.

5. 마켓리더의 선택, 한 번에 두 개 전략

과거의 기업들은 운영의 탁월성, 제품 리더십, 고객 친밀성 중 하나의 전략만 뛰어나면 마켓리더의 자리를 차지했다. 그러나 현재 마켓리더 기업들은 적어도 두 가지 이상의 전략을 함께 수행한다. 초기 토요타 자동차의 경우 JIT(Just In Time)시스템의 도입과 같은 운영의 효율성을 추구하는 전략을 통해 글로벌 기업으로 성장할 수 있었다. 그러나 오늘날에는 글로벌 자동차 제조업체 대부분이 운영의 효율성을 추구하고 있다는 것을 깨달은 토요타는 뛰어난 자동차 기술개발을 토대로 제품 리더십까지 추구한다.

고객들은 모든 기업이 세 가지 전략을 동시에 수행하기 어렵다는 사실을 잘 알고 있다. 또 고객은 각각의 기업 제품에 요구하는 가치가 다르고, 기업이 모든 가치를 탁월하게 제공하기가 불가능하다는 것도 이해한다. 그러나 마켓리더 기업이 되기 위해서는 한 가지 전략은 아주 뛰어나야 하며, 나머지 두 개의 가치도 평균 이상은 되어야 한다. 경쟁이 치열한 산업의 경우, 마켓리더 기업이 되기 위해서는 두 가지 전략 이상을 함께 추구해야 승산이 있다. 이런 기업 중 삼성전자가 대표적인데, 운영의 효율성과 제품 리더십의 두 가지 전략 이상을 동시에 추구해 모바일시장에서 마켓리더로 군림하고 있다.

이 장의 요약

- 정보통신과 디지털 기술 그리고 디지털 커뮤니케이션의 출현으로 기업들은 경쟁 방법에 대해 새롭게 사고해야 하며, 과거의 경제활동과는 다른 방법으로 고객에게 접근해야 한다. 디지털화와 시장의 글로벌화 그리고 산업 경계의 붕괴는 비즈니스 환경을 변화시켰다. 이제 기업에서는 변화된 비즈니스 환경에 적응하기 위해 만들어 팔기만 하던 기존의 제조 · 판매 방식에서 고객이 원하는 바를 먼저 파악해 생산하는 방식으로 변화하고 있다. 또 마케팅의 개념은 고객의 필요와 욕구를 파악하고, 기업이 고객에게 제공하고자 하는 가치를 창출하며, 이를 제공하는 것으로 변화하고 있다. 기업의 경쟁은 극대화되었으며, 기업끼리의 경쟁으로 인한 소모적인 낭비보다는 고객확보와 고객의 필요와 욕구 충족에 관심을 두게 되었다.

- 고객을 더 잘 이해하기 위해 기업들은 고객에 관한 가치창출의 방법으로 고객추종형 전략과 기업선도형 전략을 사용한다. 고객추종형 전략은 고객의 필요와 욕구에 기업이 따라가는 전략으로, 고객이 표현한 필요와 욕구를 충실하게 이해하고 반영하는 것을 기초로 한다. 이에 반해 기업선도형 전략은 고객들이 실제 제품이 구체화되기 이전에는 자신이 어떠한 제품을 원하고 있는지조차도 깨닫지 못하는 경우가 많다는 사실에 착안해 기업 입장에서 고객의 필요와 욕구를 예측해 제품화하는 전략으로 활용형 전략과 탐색형 전략으로 수행될 수 있다.

- 기존의 기업들은 포터의 경쟁전략인 원가우위 · 차별화 · 집중화 전략을 도입하여 사용해왔다. 이 전략을 통해 시장에서 경쟁사보다 우위 확보가 더 쉽고 더 많은 고객을 확보할 수 있었다. 그러나 정보통신과 디지털 기술 그리고 디지털 커뮤니케이션의 출현은 기업과 고객의 관계를 변화시켰다. 따라서 기업은 변화된 고객에게 새로운 가치를 제공할 수 있어야 한다. 성공한 기업들은 고객가치가 변화함에 따라 운영의 탁월성, 제품 리더십, 고객 친밀성의 세 가지 마케팅전략를 사용하고 있다. 운영의 탁월성을 추구하는 기업은 자사가 속한 시장에서 누구도 따라오지 못할 정도로 뛰어난 가격의 제품을 제공한다. 제품 리더십을 추구하는 기업은 누구도 시도한 적 없는 유망한 제품 영역으로 그 범위를 넓힌다. 고객 친밀성을 통해 가치를 제공하는 기업은 고객과 좋은 관계를 형성하며, 고객이 원하는 것을 제공한다. 과거의 기업들은 운영의 탁월성, 제품 리더십, 고객 친밀성 중 하나의 전략만 뛰어나면 마켓리더 자리를 차지했다. 그러나 현재 마켓리더 기업은 적어도 두 가지 전략을 함께 수행하고 있으며, 더 많은 가치를 고객에게 제공하기 위해 끊임없이 노력하고 있다.

주요 개념 목록

비즈니스 환경의 변화 / 정보통신과 기술의 발달 / 글로벌화 / 연계점과 플랫폼 / 산업 경계의 붕괴 / 가치사슬 / 고객가치 / 고객추종형 전략 / 기업선도형 전략(활용형과 탐색형) / 포터의 경쟁전략 / 원가우위전략 / 차별화전략 / 집중화전략 / 트레이시와 위어시마의 마케팅전략 / 운영의 탁월성 전략 / 제품 리더십 전략 / 고객 친밀성 전략

생각해볼 문제

1. 정보통신과 디지털 기술 그리고 디지털 커뮤니케이션의 출현으로 변화된 비즈니스 환경과 마케팅 환경을 설명하시오.
2. 고객이란 무엇이며 고객가치란 무엇인지 설명하시오.
3. 고객추종형 전략과 기업선도형 전략을 비교 설명하시오. 기업선도형 전략은 활용형과 탐색형을 구분하여 사용하시오.
4. 트레이시와 위어시마가 가치를 창출하기 위해 제안한 마케팅전략을 설명하고, 이 중 기업의 비용을 최소화해 고객이 지급하는 가격을 최소화하려면 어떤 전략을 사용해야 하는지 설명하시오.

후주 및 참고문헌

1 정보의 비대칭성: 경제적 이해관계를 가진 당사자 간에 정보가 한쪽에만 존재하고 다른 한쪽에는 존재하지 않는 상황을 말한다(박은태, 《경제학사전》, 경연사, 2014).

2 공정거래위원회 발표자료, 2012. 4. 20,

http://www.korea.kr/policy/pressReleaseView.do?newsId=155823669&pWise=www2

3 기업의 비즈니스 활동을 시장의 고객에게 가치를 전달하기 위한 활동으로 조망한 가치사슬의 개념은 마이클 포터에 의해 본격적으로 확산되었다(Porter, M. E., *Competitive Advantage: Creating and Sustaining Superior Performance*, The Free Press: New York, 1985).

4 즉, 〈그림 2-1〉의 주된 활동이 고객의 필요와 욕구에 의해 제품 및 서비스 개념으로 결정되고 이를 개발하고 생산하는 방향으로 디자인되고 실행됨을 의미한다.

5 Kim, W. Chan & Mauborgne, Renee, *Blue Ocean Strategy: How to Create Uncontested Market Space and Make Competition Irrelevant*, Boston: Harvard Business School Press, 2005.

6 Jaworski, B. Kohli, A. K., and Sahay, A., "Market-Driven Versus Driving Markets," *Journal of the Academy of Marketing Science*, 2000, pp. 45~54.

7 March, J. G., "Exploration and Exploitation in Organizational Learning," *Organization Science*, 2(1), 1991, pp. 71~87; Raisch, S., Birkinshaw, J., Probst, G. and Tushman, M. L. "Organizational Ambidexterity: Balancing Exploitation and Exploration for Sustained Performance," *Organization Science*, 20(4), 2009, pp. 685~695; Teece, D. J. and Shuen, A., "Dynamic Capabilities and Strategic Management," 18(7), 1997, pp. 509~533.

8 Porter, M. E., *Competitive Advantage: Creating and Sustaining Superior Performance*, The Free Press: New York, 1985.

9 본원적(generic)이라는 용어는 일반화가 가능함을 의미한다. 즉, 본원적 전략이란 업이 달라도 통용될 수 있는 일반화된 전략을 뜻한다.

10 Porter, M. E., "What Is Strategy?", *Harvard Business Review*, November-December, 1996, pp. 61~78.

11 SPA(Specialty stores/retailers of Private label Apparel)는 미국 브랜드 '갭(GAP)'이 1986년에 선보인 사업 모델로 의류 기획 · 디자인, 생산 · 제조, 유통 · 판매까지 전 과정을 제조회사가 맡는 의류 전문점을 말한다. 백화점 등의 고비용 유통을 피해 대형 직영 매장을 운영, 비용을 절감함으로써 싼 가격에 제품을 공급하고, 동시에 소비자의 요구를 정확하고 빠르게 캐치해 상품에 반영시키는 새로운 유통업체이다. 고객수요와 시장상황에 따라 1~2주 만에 '다품종 대량공급'도 가능한 것이 특징이며, SPA를 '패스트패션'이라고도 부른다(《매일경제》, 매경닷컴).

12 전용욱, 《생존, 그 이후를 준비하는 한국기업의 성장과제》, 21세기북스, 2010.

13 유니클로 '불황 속 대박' 비밀, 〈한국경제〉, 2009년 4월 26일 자

14 http://en.wikipedia.org/wiki/Costco

15 야나기사와 홈페이지

16 쿠쿠 홈페이지

17 Treacy, M. and Wiersema, F., *The Discipline of Market Leaders*, Basic Books, 1995.

18 자라 홈페이지

19 고객의 생애가치(Customer Life time Value: CLV): a prediction of the net profit attributed to the entire future relationship with a customer(위키피디아, http://en.wikipedia.org/wiki/Customer_lifetime_value).

PART 2

환경분석

Part 4
마케팅믹스
11장 신제품 개발과 진입시기
12장 제품과 브랜드 관리
13장 가격관리와 가격결정
14장 유통경로관리
15장 통합마케팅커뮤니케이션
16장 마케팅믹스의 전략적 통합
17장 마케팅 성과평가
Part 5
마케팅 신조류와 응용
18장 비즈니스 혁신과 마케팅 혁신
19장 마케팅의 미래
20장 마케팅의 응용 (온라인)
6th Edition
Marketing
Part 3
STP
08장 시장세분화
09장 표적시장 선정
10장 포지셔닝
Part 1
비즈니스와 마케팅
01장 비즈니스와 마케팅
02장 마케팅 패러다임과 전략
Part 2
환경분석
03장 거시환경분석
04장 시장분석
05장 고객분석
06장 경쟁분석
07장 자사분석

6th Edition

Marketing

03장

거시환경분석

거시환경을 낱낱이 분석하다

/ 학 / 습 / 목 / 표 / (Learning Goals)

1. 거시환경분석의 이유와 목적을 이해한다.
2. 거시환경분석 요인을 학습한다.
3. 거시환경분석 방법을 이해한다.

1 왜 거시환경분석을 할까?

현대자동차는 아랍에미리트(UAE)를 포함한 중동 지역에서 괄목할 만한 성장세를 보이고 있다. 아랍에미리트 시장 내에서 2010년 9,300대 수준이던 판매량이 3년 만인 지난 2013년 2만 2,000대로 136% 성장했으며, 중동 시장 내 시장점유율도 7%로 4위에 올랐다. 지난해 중동 지역 전체 판매량은 32만 8,000여 대로 전년 대비 7.5%가 늘었는데, 이는 금융위기 직후인 2009년의 17만 7,000대에 비해 약 두 배에 해당하는 수치이다. 중동 지역은 현대자동차가 진출한 전 세계 시장에서 가장 큰 성장세를 보이는 곳 중 하나로 꼽히고 있다.

〈조선비즈〉, "현대차 중동 모래바람 뚫고 두바이에서 급성장한 비결은?", 2014년 4월 26일 자

이렇듯 어떤 기업이 새로운 시장에 진입하고자 할 때, 그 시장에 대한 분석은 성공을 위한 필수 요소다. 현대자동차가 중동 시장에 성공적으로 진출할 수 있었던 것은 중동 산유국의 경우, 풍부한 오일 머니에 기반을 둔 활발한 경제적 여건과 사막 지역 특유의 고온 건조한 자연환경요인, 특정종교로 인한 독특한 문화와 그 외에 가족을 중시하고 집단을 형성하는 사회 · 문화적 요소 등 중동 시장의 거시환경에 대해 정확히 분석했기 때문이다. 구체적으로 살펴보면, 중동 지역의 가격 설정에서 타깃 소비자층이 오일 머니를 기반으로 가처분소득이 풍부하다는 점을 이용하여 현대자동차는 비교적 높은 가격을 설정할 수 있었다. 그리고 제품에서는 고온 건조한 날씨와 열악한 도로환경 속에서 안전하고 고장이 없는 운행능력을 보이는 자동차를 개발해냈다. 또 중동 소비자들에게 호감을 사고 제품을 잘 팔기 위해서는 외부 미디어를 통하기보다는 동등 집단의 입소문으로 습득된 정보가 더욱 설득력을 가진다는 점을 이용하여 적절한 마케팅 커뮤니케이션전략을 구사했다.

'3만 767개' CU, GS25, 세븐일레븐, 미니스톱, 위드미 등 편의점 5사의 올 1분기 기준 총 점포수다. 동네 골목마다 1~2개씩 들어차고도 계속 늘어나고 있는 국내 편의점의 성장사는 크게 도입기(1990년대)와 성장기(2000년대), 성숙기(2011년~) 3단계로 나뉜다. 성장 동력의 중심에는 가구 형태의 변화가 있었다. 국내에 편의점이 막 도입되기 시작한 1990년대 당시 우리나라 가구 형태는 50% 이상이 4인 가구였다. 대형마트나 슈퍼마켓에서 어머니가 장을 보는 식으로 가정 내 생필품 소비가 이뤄졌기에 당연히 편의점의 위상은 낮았다. 24시간 영업 외에

는 가격이나 접근성 면에서 별다른 강점을 갖지 못했다. 그러던 편의점 산업이 급팽창하기 시작한 것은 2000년대부터이다. 2000~2010년까지 10년간 편의점은 해마다 1,000~2,000개씩 늘어나며 전성기를 구가했다. 비결은 가구 형태의 빠른 변화였다. 1995년 50%에 달했던 4인 가구가 2005년 27%로 10년 만에 반으로 줄었다. 반면 편의점 주수요층인 1인가구는 같은 기간 12.7%에서 20%로 급증했다. 편의점은 높은 접근성과 소포장, PB상품 등으로 무장하며 성장 발판을 닦았다.

〈한국교직원신문〉, "1인 가구 · 고령화에 여전히 성장 중",
[이슈&스토리] 편의점 3만 개 시대, 2016년 5월 23일 자

우리 모두 피부로 느끼듯이 국내 편의점은 지속적으로 증가해오고 있다. 여러 가지 요인들이 복합적으로 작용했겠지만, 가장 큰 이유는 지속적인 1인 가구의 증가로 볼 수 있다. 그 외 혜자 도시락, 백종원 도시락, 미니언즈 우유, 라인프렌즈 음료 등 편의점 업체들의 협업전략과 PB 상품 개발, 통신사 제휴 할인, 택배 업무 서비스, ATM 제휴 등의 노력 또한 편의점 산업의 지속적 성장을 견인해오고 있다. 일각에서는 편의점이 너무 많은 것 아니냐는 '포화 우려'도 제기된다. 한편 업계는 "아직은 시장 포화 상태가 아니다"라고 말한다. 1인 가구 및 직장인 여성 증가, 고령화 등이 진행되며 근거리 소용량 쇼핑에 대한 수요가 지속 증가하고 있음을 제시하고 있다. 과연 앞으로 편의점은 어떻게 변모하게 될까? 역시 1인 가구 등의 지속적 증가와 모바일 쇼핑 트렌드를 감안할 필요가 있을 것 같다. 업계 관계자에 따르면 온라인과 오프라인을 잇는 플랫폼 역할에 주력하고 있는 일본의 동향이 우리나라에도 도입될 가능성이 높다. 또한 고객이 앱으로 출입과 구매를 원스톱으로 해결하는 무인 앱 편의점을 선보인 스웨덴의 사례도 검토하고 있다고 한다. 물론 편의점 1곳당 인구수와 방문고객 수, 점주 수익성 등 위협 요인들도 많이 있는 것이 현실이지만, 향후 고령층의 고객화전략 등 편의점 기업들의 대응에 따라 이 산업과 각 편의점 기업의 미래가 결정될 것이다(〈그림 3-1〉 참조). 예를 들어, 2017년 7월 최저임금 인상 정책은 편의점 점주 수익성 등에 위협으로 작용할 것으로 시장 시그널을 주었는지 편의점 기업들의 주가가 즉각적으로 일제히 하락하는 반응을 보여주었다.

현대자동차의 중동 지역 사례와 국내 편의점 동향 사례 모두 거시환경분석으로 기회와 위협 요인을 발견하고 기업들이 이에 대처방안을 수립하는 초석을 마련하는 모습을 보여주고 있다. 이번 장에서는 거시환경분석을 하는 이유, 내용, 방법에 대해 살펴본다.

그림 3-1 **국내 편의점 동향**

편의점 3만 개 돌파

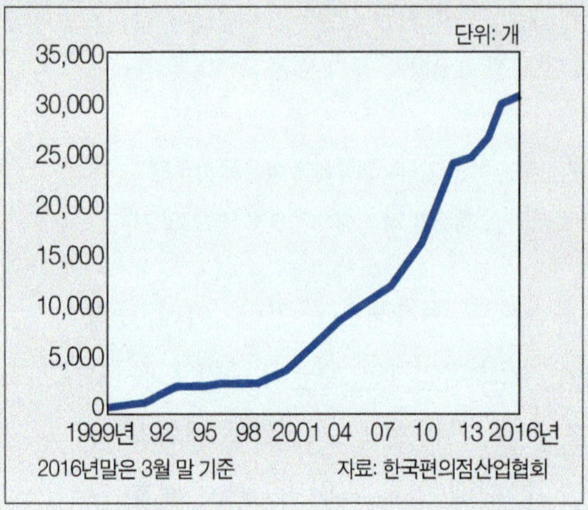

편의점 5사 점포 수

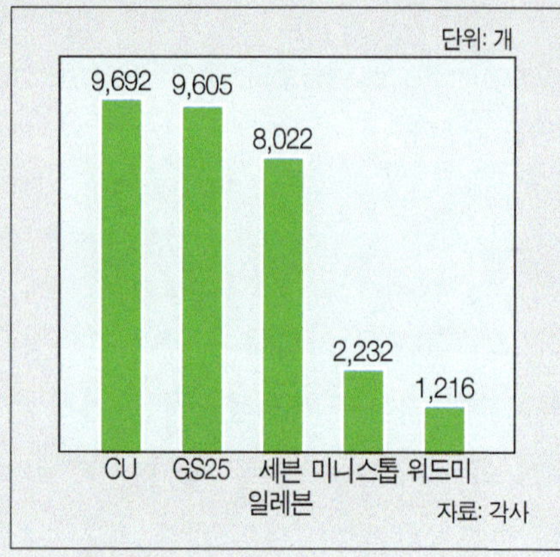

1인 가구의 증가

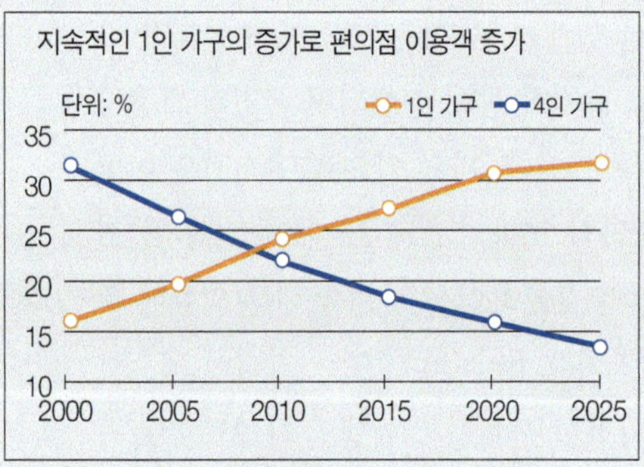

PB 상품 개발

통신사 제휴 할인

택배 업무 서비스, ATM 제휴

COLLABORATION 전략

혜자도시락 백종원도시락

미니언즈 우유 라인프렌즈 음료

출처: 〈한국교직원신문〉, "1인 가구 · 고령화에 여전히 성장 중", [이슈&스토리] 편의점 3만 개 시대, 2016년 5월 23일 자; 통계청, 가구구성 현황 및 추계(2000~2025); 구글 이미지

1. 거시환경분석이란?

- **학습목표 1: 주요 개념(1)**
  - 거시환경분석 자체가 기업의 구체적 전략수립에 즉답을 주지는 않음.
  - 거시환경분석 = 기업이 진입할 산업이나 시장을 결정하거나 이미 진입한 산업과 시장에서의 계획을 수립
    → 거시환경의 변화에서 기회와 위협 요인을 도출하고 이에 대한 대처방안을 수립하는 초석을 제공함.

환경이란 기업의 목표달성에 영향을 미치는 기업 내 · 외부 모든 요인의 집합을 의미한다. 거시환경은 진입하고자 하는 산업을 결정하거나 이미 진입한 산업을 장기적으로 전망할 때 필요한 포괄적이고 광범위한 환경요인으로 인구통계학적 요인, 경제적 요인, 기술적 요인, 정치적 · 사회적 요인, 법률적 요인, 문화적 · 자연환경적 요인 등을 일컫는다. 거시환경은 국가, 사회, 기업 모두에 영향을 미치며 기업 입장에서는 통제가 거의 불가능한 요인이다. 물론 기업이 환경변화를 주도할 수도 있지만, 거시환경에서 이러한 경우는 매우 드물다.

그러나 현대 기업들은 자신을 둘러싼 환경과 끊임없이 상호작용하여 기업 목표를 달성하는 개방체계를 채택하고 있기 때문에, 환경에 대한 면밀한 분석 없이는 장기적 으로 기업의 생존과 성장을 기대할 수 없다. 기업에서 의, 식, 주 또는 기타 산업 중 어 느 분야에 진입할지 결정하거나 현재 진입한 산업의 상태를 파악하고 이에 대처하려 면 장기적으로 영향을 미칠 요인들을 고려해야 한다. 따라서 기업의 성장 방향, 전략 수립, 기업 조직 구조에 직 · 간접적 영향을 미치며 기업에 다양한 기회뿐 아니라 위협요 인을 제공하는 거시환경분석을 반드시 해야 한다.

예를 들어 제약회사는 제약산업의 장기적인 전망과 회사의 중장기적 목표달성을 위해 고령화 현상의 가속화라는 인구통계학적 요인, 전 세계 경기침체와 실업률 증가 등과 같은 경제적 요인, 보건 의료 기술의 발달이라는 기술적 요인, 복지 확대 또는 의료 개방과 같은 정치적 · 사회적 요인, 특허법 등 법률적 요인, 웰빙 문화 확대 등의 문화적 · 자연환경적 요인들을 자세히 분석해야 한다. 이처럼 거시환경분석은 변화하는 환경 속에서 기업 경영의 기회와 위협 요인을 발견하여 대책을 수립할 수 있게 한다는 점에 그 의의가 있다. 성공하는 기업이라면 환경변화 속에서 기회를 발견하고 이를 활용하여 생존과 성장을 도모해야 하고, 기업의 생존과 성장을 저해할 가능성이 있는 위협요인을 사전에 찾아내어 이에 대처하는 방안을 수립해야 한다. 환경분석은 마케팅 관리 과정에서 마케팅전략 수립을 위한 첫 단계로, 거시환경분석을 수행한 이후 시장, 고객, 경쟁사 및 자사에 대해 분석한다. 그리고 이 결과를 이용해 다음 마케팅전략 수립

절차를 수행한다. 이처럼 거시환경분석은 기업이 진입할 산업이나 시장을 결정하거나 이미 진입한 산업과 시장에서의 계획을 수립하기 위해 거시환경의 변화에서 기회와 위협 요인을 도출하고 이에 대한 대처방안을 수립하는 초석을 제공한다.

2. 거시환경을 구성하는 6가지 요인

- **학습목표 2:** 주요 개념(1)
  - 거시환경분석 요인 = 인구통계학적 요인, 경제적 요인, 기술적 요인, 정치적·사회적 요인, 법률적 요인, 문화적·자연환경적 요인
  - 다른 구분도 가능 = 기억하기 쉽게 PEST+N (Political and legal factors, Economic factors, Socio-demographic factors, Technological factors, and Natural environmental factors) 분석

기업의 마케팅전략 수립에 영향을 미치는 거시환경을 구성하는 요인은 여섯 가지로 나누어 관찰할 수 있다. 〈그림 3-2〉와 같이 인구통계학적 요인, 경제적 요인, 기술적 요인, 정치적 · 사회적 요인, 법률적 요인, 문화적 · 자연환경적 요인의 각각을 고려한 환경분석이 이루어져야 하며, 기업은 지속해서 변화하는 요인에 적절하게 반응하여 마케팅전략을 구성해야 한다.

그림 3-2 거시환경의 구성요인

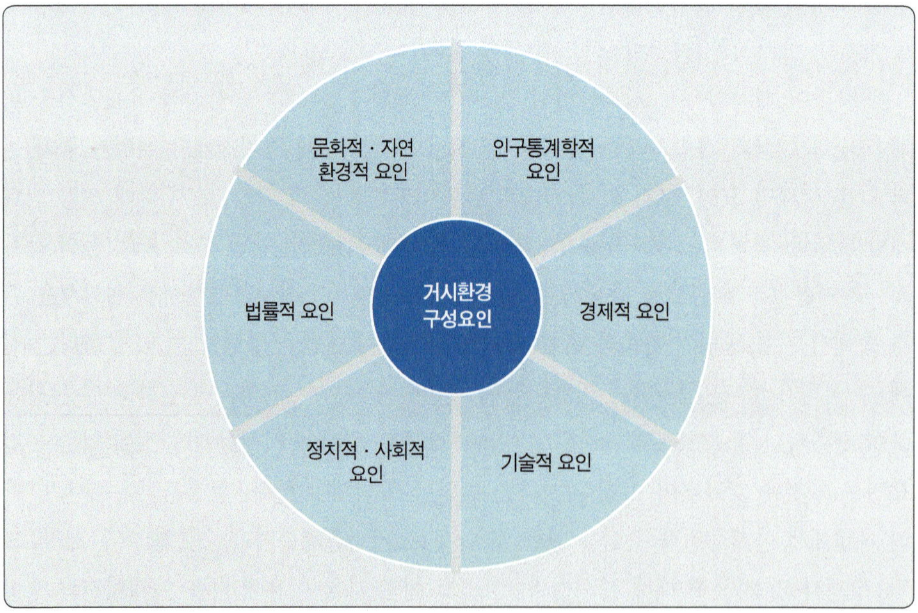

인구통계학적 요인

마케팅 관리자는 시장의 전체 인구구조, 즉 나이별 · 성별 인구구조, 지역별 인구구조, 가족 수에 따른 가족 유형의 변화들을 파악함으로써 미래시장의 변화를 예측하고, 기회와 위협요인들을 판단할 수 있다. 예를 들어 실버산업과 관련된 기업의 마케팅 관리자는 우리나라 전체 인구 중에서 노인 인구수와 그 비중이 어느 정도이고, 지역별로 어떻게 분포되어 있는가를 알아야 한다. 또 노인을 중심으로 한 가족구성이 대가족 형태인지 또는 독거상태인지를 파악해 시장 기회를 포착해야 한다. 특히, 고객의 범위가 전 세계로 확장됨에 따라 타깃 국가의 인구구조와 변화 추이도 분석해야 한다. 실례로 글로벌 제약회사는 전 세계 인구통계자료를 활용해 각 질병의 치료약 시장규모를 예측한다. 특히, 한 국가의 인구통계자료는 다른 국가의 인구구조 변화를 예측하는 데 활용되기도 하며, 이를 통해 잠재적 시장규모를 예상하기도 한다.

총 인구수의 증가뿐 아니라 연령대별 구조의 변화도 마케팅 관리자에게 기회이자 위협 요인이다. <그림 3-3>에서 볼 수 있듯이 우리나라의 인구구조는 1980년까지 전형적인 피라미드 형태를 띠었다. 그러나 그 이후에는 유아들의 비중이 줄어드는 다이아몬

그림 3-3 **우리나라 인구구조의 변동**

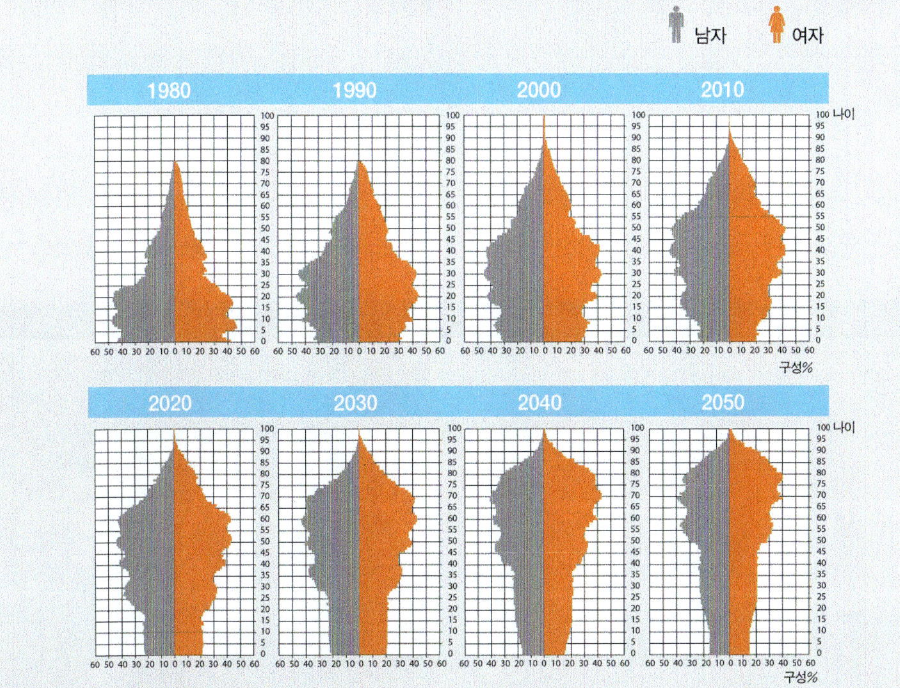

출처: 통계청, 통계지리정보서비스

그림 3-4 OECD 주요국과 기타 국가의 합계 출산율(2010년 기준)

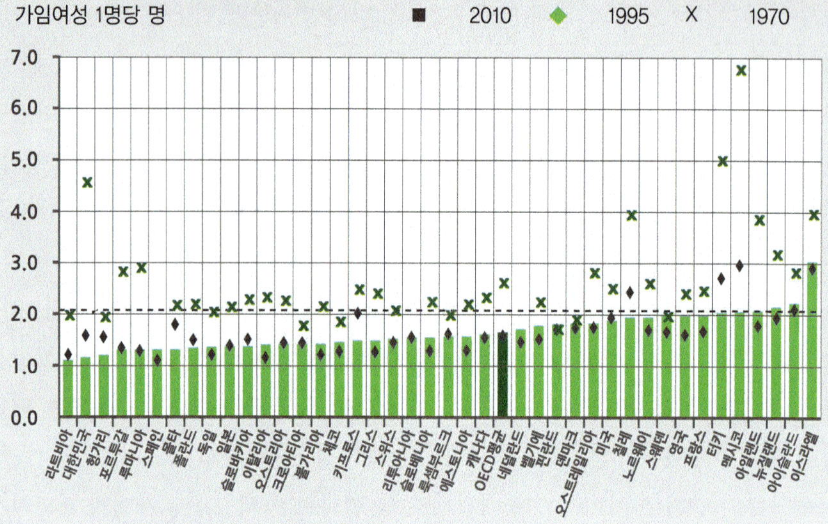

대한민국(2011년), 캐나다, 칠레, 키프로스, 루마니아(2009년)

출처: www.oecd.org/els/social/family/database, 2012. 8. 9.

드 구조로 바뀌고 있다. 〈그림 3-4〉를 보면 우리나라의 출산율은 세계 최저 수준으로 2000년에는 여성 한 명당 1.47명이었으며, 2010년에는 1.23명이다. 이미 오래전부터 저출산, 고령화 현상을 겪고 있는 일본도 2010년 기준 출산율이 1.39명으로 우리나라보다 높다.

이와 같은 추세는 유아 대상 기업에는 전체시장의 크기가 감소함을 뜻한다. 그래서 이에 대한 대처방안으로 제품의 고급화를 통한 총 매출액의 증가를 유도하거나 장난감산업의 경우, 표적시장을 청소년이나 성인 또는 가족으로 확장하는 것을 고려할 수

그림 3-5 닌텐도 '저스트 댄스' 광고의 한 장면

출처: 〈게임동아〉, 2012년 2월 13일 자

그림 3-6 **우리나라 기대수명 변동 추이**

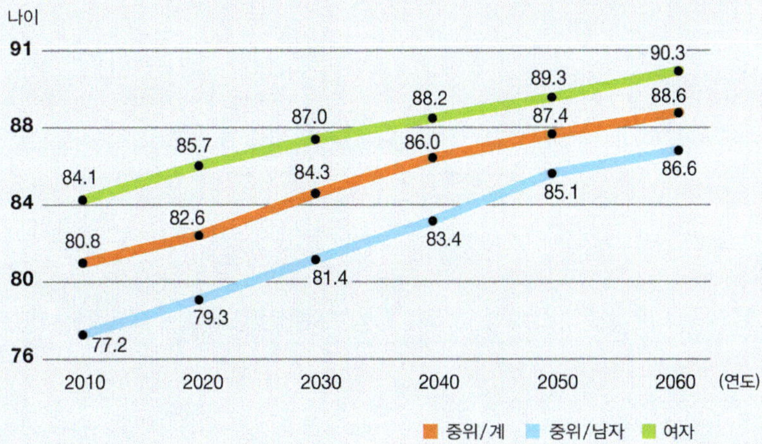

출처: 통계청, 장래인구추계(2010~2060)

있다. 〈그림 3-5〉의 닌텐도 사의 위(Wii)와 같은 게임은 가족으로 확장해 성공했던 좋은 사례다.

또 20세 이상 청년층의 인구 비율도 감소하고 있는데, 이는 마찬가지로 청년층을 대상으로 하는 시장규모가 축소됨을 의미한다. 관련 기업들은 이와 같은 추세를 파악해 적절한 대처를 해야 한다. 〈그림 3-6〉에서 볼 수 있듯이 전 세계적으로 위생 · 영양상태 및 의료기술의 발달로 평균 수명이 연장되면서 고령인구 비율이 증가했으며 이 추세는 계속될 전망이다. 일반적으로 65세 이상의 고령인구 비율이 14%를 넘어서면 고령화 사회라고 한다. 우리나라는 2015년에 고령인구 비율이 12.8%에 이르렀고, 추계데이터이지만 2017년에는 13.8%에 이르는 등 고령사회로 진입했다. OECD 국가 중 고령화 속도가 가장 빨라서 9년 뒤인 2026년에는 65세 이상의 고령인구 비율이 20%를 넘어서 초고령사회 진입이 예상된다.

과거 우리나라 노인들은 노후를 자식에게 의존했기 때문에 구매력이 거의 없었다. 그러나 노후보험, 연금제도, 각종 노인보험의 증가와 핵가족화는 노인의 구매력을 증가시켰다. 현재 실버시장의 규모는 계속 커지고 있으며 이와 같은 추세는 계속될 전망이다. 따라서 실버시장을 겨냥한 건강식품, 건강상태 진단 및 유지에 사용되는 가정 의료기기, 노인들을 위한 양로원과 병원 개념의 혼합체인 요양병원 같은 산업이 더욱 발전할 것이다. 그뿐 아니라 고령화와 더불어 의료기술의 발달로 노인들의 건강상태가 좋아져 골프, 크리켓, 요가, 배드민턴, 수중체조 등 노인들이 즐길 수 있는 다양한 운동과 관련된 실버산업의 활성화 역시 기대된다.

그림 3-7 우리나라의 지역별 인구구조

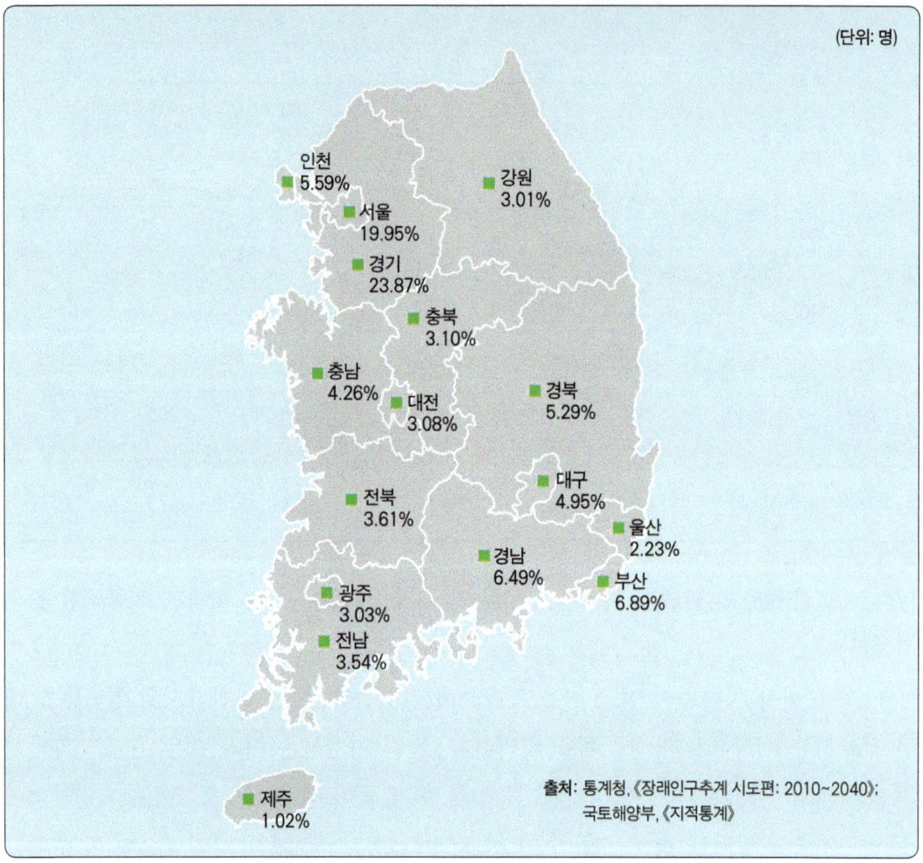

출처: 통계청, 《장래인구추계 시도편: 2010~2040》; 국토해양부, 《지적통계》

그림 3-8 우리나라의 가구당 인구수

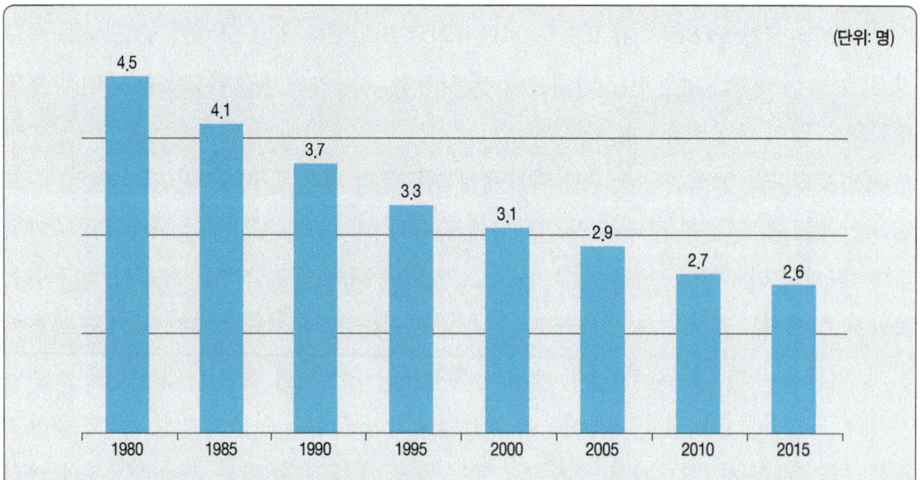

출처: 통계청, 《인구주택총조사보고서》 각 연도

그림 3-9 시간절약형 제품인 제일제면소, 오뚜기, 풀무원 제품광고

출처: CJ프레시안 홈페이지, 오뚜기 홈페이지, 풀무원 홈페이지

우리나라의 지역별 인구구조는 〈그림 3-7〉에서 볼 수 있듯이 전형적인 도시집중 형태를 띠고 있다. 특히, 서울, 경기의 수도권 지역에 인구가 집중되어 있다. 우리나라의 가족구성은 과거의 대가족에서 핵가족으로 빠르게 변화한 상태이다. 또 우리나라 가구당 인구수는 〈그림 3-8〉에서 볼 수 있듯이 계속 줄고 있다. 1970년도 한 가구당 가구원 수는 5.24명이었지만, 1985년 4.09명, 2000년 3.11명, 2010년 2.69명에 이어 2015년에는 2.61명으로 줄어들었다. 이러한 핵가족 추세로 독거노인의 수가 늘고 또 늦은 초혼, 이혼율의 증가, 주말부부 등의 이유로 독신가구 수가 증가하고 있다.

이들 독신가구층은 독특한 라이프스타일을 형성하고 있으며, 인스턴트 식품을 먹고 시간절약형 제품들을 주로 구입하는 소비 패턴을 보인다. 핵가족과 독신가구 수가 늘어나면서 소포장 단위 제품에 대한 선호도가 높아져 다양한 제품이 소량으로 판매되고 있는데, 이에 따라 1인용 인스턴트 식품시장이 커지고 있다. 〈그림 3-9〉의 CJ제일제면소의 '부산밀면', 풀무원의 '삼계국밥', 오뚜기의 '3분 쇠고기 카레' 같은 제품들은 이러한 라이프스타일 변화를 반영한 제품으로 소비자에게 큰 호응을 얻고 있다. 현재는 더

많은 기업들이 다양한 제품으로 이 시장에 진입하고 있다. 따라서 마케팅 관리자는 인구통계학적 환경요인에서 인구구조의 노령화, 출산율의 저하, 도시 집중화, 핵가족 및 독신가구의 증가 등 인구구조의 변화에 적절히 대처하여 마케팅전략을 준비해야 한다.

경제적 요인

제품의 수요와 관련된 변화 요인과 국내 · 외 경제상황에 따라서도 기업은 영향을 받는다. 예를 들어 프랑스와 미국에 부품을 수출하는 제조업체 K가 있다고 하자. 제조업체 K는 수출 대상 국가인 프랑스와 미국의 경제상황에 따라 영향을 받을 수밖에 없다. 따라서 제조업체 K는 마케팅전략 방향을 세우기 위해 대상 국가의 경제변수를 분석해야 한다. 기업의 마케팅 활동과 밀접한 관계를 가진 경제변수인 경기, 소득, 인플레이션, 경상수지 등을 살펴보자.[1]

경기 거래가 활기 있게 이루어지는 정도를 의미한다. 경기가 침체하면 실질적인 거래의 빈도와 물량이 줄어들며, 무엇보다 소비자 구매 심리가 위축되어 시장수요가 감소한다. 이 때문에 기업의 생산 활동 위축 여파가 경제 곳곳에 미친다. 우리나라는 1998년 '경제환란'으로 일컬어지는 IMF 사태로 크게 위축된 적이 있고, 2000년을 기점으로 경기가 회복되는 것 같았으나 2008년 리먼 브러더스 파산, 2012년 유로존 위기 등 전 세계적 금융위기 확산 영향에서 벗어나지 못하고 있다. 경기침체 시기에는 실업률이 증가하고 기업들은 강도 높은 구조조정을 단행하며, 투명경영을 강조하는 새로운 경영방식을 도입하기도 한다. 이와 반대로 경기가 호황일 때는 소비자 소득수준 향상, 기업의 생산 증가 등으로 마케팅 활동 여건이 호전된다. 따라서 수출 제조업체 K의 경우, 수출 대상 국가인 프랑스와 미국의 경기를 파악해 마케팅 활동 방향을 결정해야 한다.

인플레이션 가격수준의 상승을 의미하며, 이 요인 또한 기업 마케팅 활동에 영향을 끼친다. 경제흐름이 원활할 때에도 매년 물가상승은 있게 마련이다. 그러나 문제는 임금상승률이 물가상승률을 따라주지 못할 때 명목소득이 상승해도 결국, 실소득의 저하로 이어진다. 실소득이 저하되었을 때에는 소비자의 구매력이 저하되어 구매 빈도나 물량이 줄어들 가능성이 높으며 이외에도 소비자들이 가격에 대해 민감해지고 백화점 대신 가격이 저렴한 할인마트 등을 찾는 등 소비자 행동에 많은 변화가 생긴다. 수출 제조업체 K는 프랑스와 미국의 임금상승률, 물가상승률, 실소득 등을 분석해 소비자의 행동을 예측하고, 이를 마케팅전략에 활용해야 한다.

소득 개인과 가계의 소득은 마케팅 활동에 가장 큰 영향을 미치는 변수다. 소득에서 저축과 세금 등을 제외한 부분이 곧 시장의 수요로 전환되기 때문이다. 소득이 증가하면 기 본적인 의식주 수준이 향상되고 여가활동 수준이 향상되어 교양 · 오락비, 통신비, 건강관리비 등의 지출 증가로 서비스 제품의 소비가 증가한다. 소득은 개인과 가계별로 차이가 있고 소득수준에 따른 계층별 소비성향이 다르므로 시장세분화의 중요한 기준으로 이용할 수 있다. 1998년 IMF 사태와 같은 경기침체 상황에서도 고금리 금융자산을 보유한 고소득층은 소득이 증가해 소득 관련 새로운 시장세분화의 기준이 필요하게 되었다.

경상수지 경상수지란 재화와 용역의 수출입과 이전수지[2]를 합한 것으로, 한 국가가 외국과의 경제거래에서 재화와 용역을 얼마큼 수출하고 수입하였는가를 나타낸다. 따라서 경상수지 적자는 경기나 소득에 영향을 미치며, 이는 곧 소비자의 구매행동에 부정적인 영향을 준다. 수출 제조업체 K는 프랑스와 미국의 경상수지 추이를 분석하고, 경기 및 소득, 소비자의 구매행동을 예측해야 한다.

기술적 요인

기업은 자사제품이 시대에 뒤떨어지는 것을 막고, 혁신적인 제품을 생산하기 위해 자사가 속해 있는 산업의 기술적 변화와 발전을 항상 인지해야 한다. 신제품을 개발하거나 기존 제품을 개선하기 위한 제품의 제조공정이나 유통경로를 개선하는 기술 혁신은 기업 환경과 경영에 급격한 변화를 가져올 수 있다. 컴퓨터와 정보통신 발달은 기업경영에 많은 변화를 가져왔으며, 공장 자동화로 원가절감과 불량품 감소 등 생산성이 향상되었다. 특히, 인터넷과 이동통신 발달은 소비자들의 제품정보 수집을 더욱 쉽게 해주었고, 인터넷과 온라인 구매라는 새로운 유통경로를 촉발하여 전자상거래를 활성화하는 계기가 되었으며, 광고와 촉진 활동에도 변화를 가져왔다. 새로운 기술의 발명과 도입 그리고 현존하는 기술의 지속적인 개선은 혁신적인 제품의 등장을 유도하였다. 현재 신제품 개발이 가장 활발하게 진행되고 있는 분야는 생명공학, 컴퓨터, 반도체, 통신기술, 로봇기술 등이다. 정부에서는 생명공학(Bio Technology: BT) 분야를 '차세대 성장동력사업'으로 지정해 정보통신산업 이후 차세대 주력 산업으로 육성하기 위해 노력하고 있다.[3] 특히, 생명공학 분야는 R&D 투자를 늘리고 있다. 컴퓨터 분야에서는 컴퓨터에 의한 설계와 제조를 말하는 CAD(Computer Aided Design)와 CAM(Computer Aided Manufacturing)의 도입으로 제품의 정밀성과 고급화 추세에 부응하고 있다. 이 방법을 통해 소비자들의 소비패턴이 다품종 소량생산을 선호하는 방향으로 전환되면서 다양한 소비자층의 수요를 충족시키는 데 이바지하고 있다. 이러한 시스템은 생산성 향상뿐 아니라 고객과의 친밀감을 높여 변화하는 소비자의 욕구에 신속하게 대처해 소비자의 욕구를 충족시키는 수단으로 많이 이용된다.

제조공정의 혁신 프로그램에는 품질관리(Total Quality Management: TQM), 적시생산(Just In Time: JIT)시스템 및 컴퓨터통합생산(Computer Integrated Manufacturing: CIM) 등이 있다. 적시생산시스템을 처음 도입한 토요타 자동차는 부품재고 수준을 적절하게 조절하여 운영의 효율성을 높였다.[4] 또 고객관계관리(Customer Relationship Management: CRM)의 도입도 기업의 기술적 환경에 커다란 변화를 가져왔다. 고객관계관리는 고객과 관련된 기업의 내·외부 자료를 통합·분석하여 고객 특성에 따른 마케팅을 수행하는 방법이다. 이는 고객만족센터, 인적 판매 및 판촉 과정을 통해 수집된 고객자료를 분류하고 분석해 목표시장을 더욱 정확하게 파악, 신속하고도 효율적인 마케팅전략을 펼칠 수 있다.

이외에도 컴퓨터와 통신 관련 기술의 보급으로 정보시스템이나 프로그램의 구매 및 유지 비용이 현저하게 낮아져 이를 이용한 유통정보시스템 구축이 확산되고 있다. 정보통신기술은 유통경로 내에서 경로구성원 간 의사소통을 원활히 하는 데 매우 중요한 역할을 한다. 예를 들어 월마트는 유통업계 최초로 제품에 RFID[5]를 사용했다. 제품이 생산되어 판매되기까지 이력을 추적해 소비자와 재고에 관한 정보를 획득하고, 통합 네트워크를 통해 납품업체와 공유함으로써 신제품 기획에서 재고관리까지 원활하게 할 수 있었다.

J.C. 페니(J.C. Penny) 백화점은 직접방송시스템(Direct Broadcasting System) 제도를 도입하여 재고관리의 혁신을 이룩했다. 또 이탈리아의 세계적 의류회사 베네통은 판매시점관리(POS)시스템을 이용해 계절, 유행 그리고 전 세계 거래처의 지역적 특성에 따라, 매장별로 정보를 수집해 크기, 색상 및 디자인을 달리하여 제품을 공급한다. 그뿐 아니라 아마존은 고객들의 구매 내력에 따라 책 또는 제품을 추천하는 방식을 마케팅 활동에 활용하고 있다. 한편 스웨덴에 본사를 둔 홈인테리어업체인 이케아(IKEA)는 수요-생산 통합 솔루션을 도입해 재고를 효과적으로 감축했다.

나아가 최근 주목할 만한 미래 기술의 화두는 우리의 생활, 산업과 시장, 글로벌 경제를 바꾸어 놓을 파괴적 기술(disruptive technologies)과 Industry 4.0(4차 산업혁명으로 번역되고 있음) 융합기술 트렌드인데, 우리나라의 경우 이 기술 영역에서 미국, 독일 등 선진국에 비해 상대적으로 개발과 활용이 많이 뒤처져 국가·산업·기업 차원에서 엄청난 관심을 갖고 준비와 노력을 기울이고 있다(주목할 만한 미래 기술 설명 참조).

주목할 만한 미래 기술

(1) 맥킨지 글로벌 연구소의 미래기술 예측

글로벌 컨설팅 그룹 McKinsey 산하 글로벌 연구소는 2008년 우리의 생활, 산업과 시장, 글로벌 경제를 바꾸어 놓을 12가지 파괴적 기술(disruptive technologies)과 미래 경제적 효과를 추정한 보고서를 발간하였다.

표 3-1 미래 생활, 산업, 글로벌 경제 지형을 바꾸어 놓을 파괴적 기술

파괴적 기술명	경제적 효과 추정(조 달러/연)
모바일 인터넷(Mobile Internet)	3.7~10.8
지식노동의 자동화(Automation of knowledge work, AI 기술)	5.2~6.7
사물인터넷(IoT, The Internet of Things)	2.7~6.2
클라우드 기술(Cloud technology)	1.7~6.2
로봇기술(Advanced robotics)	1.7~4.5
자율주행 자동차(Autonomous and near-autonomous vehicles)	0.2~1.9
차세대 유전체학(Next-generation genomics)	0.7~1.6
에너지 저장기술(Energy storage)	0.1~0.6
3D 프린팅(3D printing)	0.2~0.6
고도화된 소재기술(Advanced materials)	0.2~0.5
고도화된 오일 및 가스 탐사기술 (Advanced oil and gas exploration and recovery)	0.1~0.5
신재생 에너지(Renewable energy)	0.2~0.3

출처: 12 disruptive technology by McKinsey Global Institute Report (2008)

(2) 이코노미스트 미래조사팀의 전문가 조사결과

다음으로 이코노미스트(Economist) 지의 미래조사팀(Intelligence Unit) Marketo가 2015년 2월 마케팅 전문가들과 기업 임원들을 대상으로 한 전문가 조사결과를 살펴보기로 한다. 주요 질문은 2020년까지 마케터에게 영향을 미칠 미래기술 중 우선순위가 높은 2개 기술을 선택하게 한 결과, 〈그림 3-10〉에서 볼 수 있듯이, 사물인터

그림 3-10 2020년까지 마케터에 가장 큰 영향을 줄 미래 트렌드 조사(상위 2개 선택)

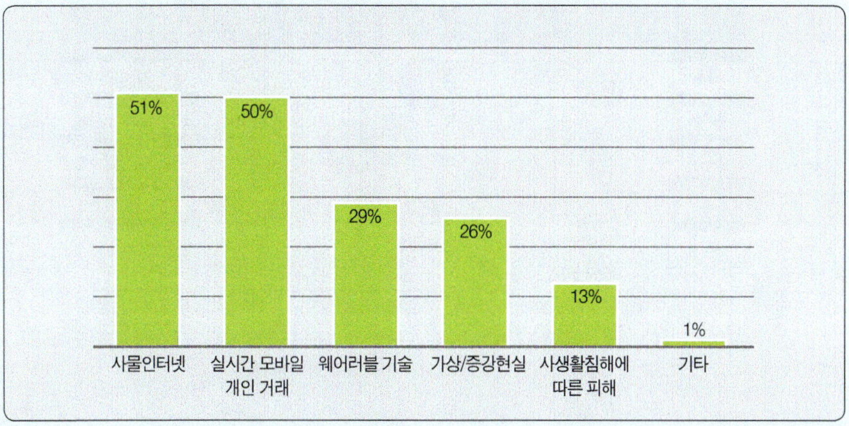

출처: Marketo, Economist Intelligence Unit Survey, N=478, 2015년 2월.

넷과 실시간 모바일 개인 거래가 우선적으로 근시일 내에 기업 마케팅 툴의 변화를 가져올 것으로 전문가들은 내다보고 있다.

(3) 구글 트렌드(Google Trends) 분석

다음은 고려대학교 유시진 교수가 2005~2015년 전 세계를 대상으로 주요 미래기술 키워드를 Google Trends 분석을 한 결과이다. 〈그림 3-11〉에서 볼 수 있듯이, 최근으로 올수록 3D 프린팅, 사물인터넷, wearable technology에 대한 상대적 검색요청량이 많고, AI는 과거에 더 많은 검색요청량이 있었는데 검색량이 줄어들었다가 최근에 다시 늘어나고 있으며, 증강현실 기술은 2009년부터 검색요청량이 급속하게 늘어나면서 꾸준한 관심을 나타내고 있다.

그림 3-11 Google Trends 분석(Worldwide 대상, 2005~2015)

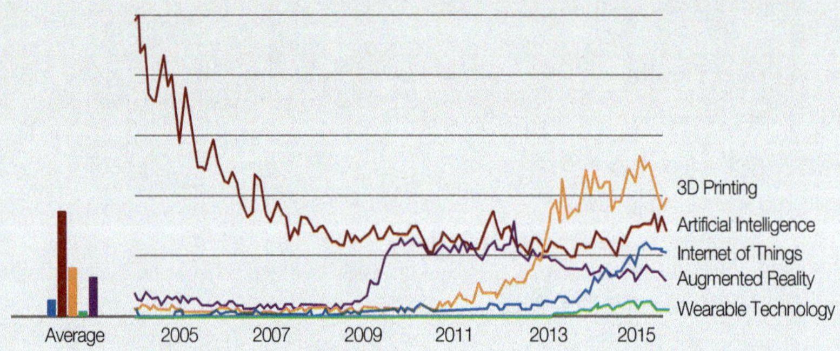

* 세로축은 각 검색어의 상대적 검색요청량을 나타냄

출처: 고려대학교 유시진 교수의 분석, 2015년 8월

그림 3-12 Industry 4.0 (4차 산업혁명)과 주요 기술 동인

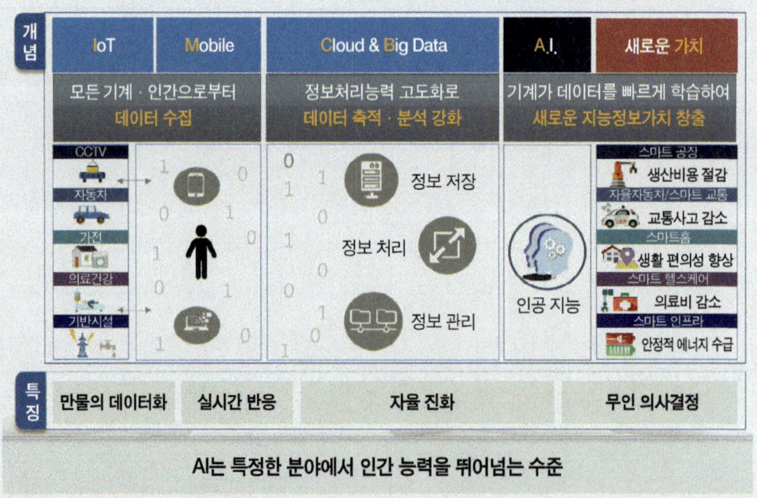

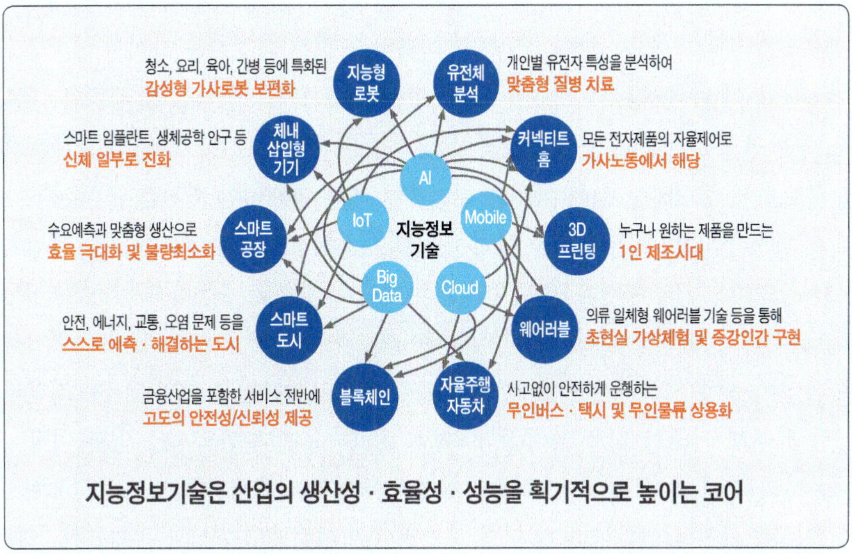

출처: 조일구(2017), "Technology Trends and The Market in the Industry 4.0," 한국마케팅학회 춘계학술발표대회 발표자료, 2017년 3월.

(4) Industry 4.0 (4차 산업혁명)의 개념과 주요 기술 동인

다음은 정보통신기술진흥센터 R&D 기획단 기술총괄팀장인 조일구 박사가 학회에서 발표한 자료를 토대로 4차 산업혁명의 개념과 주요 기술 동인에 대해 살펴보기로 한다. 〈그림 3-12〉에서 볼 수 있듯이, Industry 4.0의 개념은 모든 기계 · 인간으로부터 데이터를 수집하고(사물인터넷과 모바일 기술), 정보처리능력 고도화로 데이터 축적 · 분석이 강화되고(클라우드와 빅데이터 기술), 기계가 데이터를 빠르게 학습하여(AI 기술)새로운 지능정보가치를 창출하는 것을 의미한다. 기술적으로는 관련 기술이 융합된 지능정보기술이라 할 수 있다. 기술의 특징 또한 〈그림 3-12〉에 나타나 있는데, 각종 기술들이 융합되어 새로운 가치가 창출될 수 있는 영역들(예: 지능형 로봇, 유전체분석, 체내 삽입형 기기 등) 또한 나타나 있다. 이러한 급격한 변화 속에 우리나라 정부는 산업 육성 및 지원 정책을, 각 회사는 이를 어떻게 활용하여 비즈니스 가치를 창출할 수 있는지에 대해 본격적인 고민과 노력을 시작하고 있다.

정치적·사회적 요인

정치 환경은 다른 환경요인과 마찬가지로 마케팅 활동의 성과에 영향을 미친다. 국제 정치 환경뿐 아니라 정부의 정책, 각종 정부기관의 방침, 국회의 입법 과정, 기타 압력단체들의 주장 등이 모두 정치 환경의 구성요소이다. 예를 들어 장애인 고용 및 여성 노동인력 비율 증가, 직장 내 성차별 금지, 삶의 질을 개선하자는 소비자들의 요청이 있다면, 정부는 보건과 노동, 여성과 장애인 인권에 관련된 정책과 소비자의 제품안전 및 환경보호에 대한 정책을 입안하거나 규제강화 등의 강력한 조치를 할 것이 예측된 다. 이에 따라 기업은 적절한 대처방안을 마련해야 한다.

사회적 환경이란 나이, 인종, 성, 사회계층 등에 따른 구성원집단 간의 차이가 고객행동에 영향을 미치는 현상 또는 소비자보호나 자연보호 등 기업의 사회에 대한 책임을 강조하는 뜻에서의 환경을 의미한다. 이러한 사회적 환경에는 라이프스타일, 사회적 가치관 등이 있다. 라이프스타일이란 사람들이 살아가는 방식으로, 생활의 유형, 양식 또는 방법으로 행동과 의식을 통틀어 일컫는 말이며, 자신이 속해 있는 주위 환경에서 중요하게 생각하는 것이 어떠한 것인가에 대한 총체적인 의견을 포함한다. 최근 30대 이상 50대 미만 미혼여성 중 학력이 높고 사회적 · 경제적 여유가 있는 계층을 의미하는 골드미스가 구매력이 높은 중요한 마케팅 타깃으로 주목받고 있는데, 이는 라이프스타일의 변화에 주목한 마케팅의 실례이다.

또 기업이 점차 사회에서 중요한 역할과 위치를 차지하면서 기업의 투명경영과 사회공헌에 대해 기대가 더욱 높아졌다. 특히, IMF 사태 때 한국 대기업과 미국 엔론(Enron) 사의 분식 회계 논란[6] 이후 윤리경영과 투명성이 주목받고 있으며, 이 역시 중요한 사회적 환경의 변화이다. 기업의 윤리적 책임이란 법적 강요는 아니어도 사회적 통념에 의한 윤리기준을 기업이 자발적으로 따르는 것을 말한다.

1982년에 미국의 존슨앤드존슨(Johnson & Johnson)은 자사제품인 타이레놀에 독극물이 투입된 사건으로 여덟 명이 사망하자, 그 즉시 모든 제조 과정을 언론에 공개하고 2억 4,000만 달러를 투입해 시장 내 타이레놀 제품을 모두 거둬들였다.[7] 이후 존슨 앤드존슨은 윤리경영으로 소비자들의 신뢰를 받게 되었으며, 사회적 가치관에 입각한 신속하고 결단력 있는 조치로 사고 이전보다 더 많은 시장을 점유하게 되었다. 이처럼 사회적 가치관이란 어떤 구체적인 행동양식이나 존재양식이 그 반대의 행동 · 존재 양식보다 개인적으로 또는 사회적으로 바람직하다는 확신이나 신념을 의미한다.

반면, 사회적 가치관에 반한 기업의 사례로, 토요타 자동차의 리콜 사태를 들 수 있다.[8] 토요타는 2009년 가속페달 문제를 시작으로 결함 부위와 대상 차종이 점차 확대되어 2010년에는 2009년의 일본시장 판매 대수에 필적하는 손실을 입었다. 그뿐 아니라 토요타 측은 리콜에 대해 뒤늦은 사과, 관련 정보에 대한 부실한 설명과 불투명한 정보 공개로 은폐 의혹까지 제기되어 소비자들의 신뢰가 땅에 떨어졌다.

인터넷의 발달로 정보의 비대칭성(information asymmetry)이 해소됨에 따라 개인이 기업을 상대로 싸움할 가능성이 높아졌다. 인터넷과 SNS의 활성화로 기업의 비리나 문제점이 초고속으로 확산될 수 있고, 확대와 재생산될 수 있기 때문에 기업의 윤리적 책임이 더욱 주목받고 있다.

법률적 요인

마케팅 관리자는 기업 행위를 규제하는 법률에 대해 잘 알아야 한다. 정부가 기업의 행위를 규제하는 데에는 세 가지 목적이 있다. 첫 번째 목적은 기업 간 경쟁을 유도해 불공정한 기업 행동에서 소비자를 보호하는 것이다. 두 번째 목적은 기업 간의 공정한 경쟁을 유도해 부당한 경쟁으로 피해를 보는 기업을 보호하는 것이다. 세 번째 목적은 앞의 두 가지 목적을 실행함으로써 궁극적으로는 소비자의 이익향상에 이바지하는 것이다.

예를 들어 공정거래위원회는 2009년 12월 E1, SK가스, SK에너지, GS칼텍스, 현대오일뱅크, S-OIL 등 LPG 공급회사 여섯 곳을 공정거래법상 가격담합행위로 6,689억 원의 과징금을 부과했다.[9] 국내 LPG시장에서 100% 시장점유율을 가진 여섯 회사가 가격을 담합하는 행위는 경쟁질서를 크게 해치며, 법률적 규제를 하지 않으면 장기적으로 소비자 이익을 해할 수 있다고 판단했기 때문이다. 기업이 시장을 지배하게 되면, 제품이나 서비스 가격이 왜곡되고 저품질 제품을 공급해도 대안이 없으므로 피해는 모두 소비자에게 돌아간다. 기업에서는 이와 같은 법률적인 환경과 규제에 따라 마케팅전략을 수립하고 적절히 대응할 실행방안을 세워야 한다.

국제마케팅의 경우에도 법률적 환경을 파악하는 것이 매우 중요하다. 특히, 기업이 진출해 있는 국가의 법률에 대한 이해는 필수적이며, 그 중요도가 점점 강조되고 있다. 해외시장에서 사업을 시작하는 경우, 투자할 국가의 법률적 환경과 규제에 대해 정확히 이해해야 하며, 관련 국제법도 숙지해 정보 부족으로 인해 발생할 수 있는 분쟁을 최소화하고 법률적 문제에 대비해야 한다.

문화적·자연환경적 요인

문화적 환경이란 사회가 지니고 있는 가치관, 신념, 풍속, 종교, 예술 등을 총체적으로 말하며, 이것들은 고객의 행동과 기업의 형태를 제한한다. 최근 들어 정보 이동속도가 빨라짐에 따라 문화의 변화속도도 빨라지고 있으며, 이러한 변화는 구매하는 제품의 형태뿐 아니라 소비수준에까지 큰 영향을 준다. 또 기업의 환경이 한 국가에만 국한되지 않고 다른 문화를 가진 국가에서도 비즈니스를 해야 하므로 경영과 마케팅에서 문화의 중요성이 예전보다 더 증대되었다. 따라서 기업은 목표달성을 위해 문화적 환경 요소의 변화에 적절히 대응할 수 있는 시스템을 갖추어야 한다. 몇 년 전 전 세계를 들썩이게 한 싸이의 '강남 스타일' 열풍으로 주목받은 K-pop의 세계적 성공요인으로 가장 중요하게 꼽히는 것은 바로 SNS를 통한 마케팅이다. 전 세계적으로 온라인과 SNS가 생활문화로 자리 잡은 환경요소의 변화를 적절히 활용한 것이 K-pop 성공의 주된 열쇠였기 때문이다. 전 세계인들이 가장 많이 접속하고 이용하는 온라인 동영상 사이트 '유튜브(YouTube)'에서 K-pop을 알리고, 페이스북과 트위터 등 SNS를 통해 네트워킹을 넓히려는 지속적이고 체계적인 노력이 빛을 발한 결과이다.

자연환경이란 기업 활동으로 영향을 받거나 기업 활동의 투입요소로 사용되는 자연자원의 변화를 말한다. 1960년대 이래로, 산업활동에 의한 자연자원의 부족이나, 수질오염, 대기오염, 토양오염 등과 같은 자연환경에 대한 피해에 관심이 높아지고 있다. 우리나라에서도 기업 활동의 결과로 야기되는 자연자원의 훼손에 대해 각계각층에서 경각심을 드러내고 있으며 환경부를 비롯한 환경보호 및 환경감시를 위한 자발적 단체들이 계속 생기고 있다. 전 세계적으로 연례보고서 작성 시 지속가능성 보고서[10]를 포함하는 기업이 증가하고 있으며, 자연친화적인 '그린 마케팅'의 활용도가 높아진 것은 그만큼 자연환경의 중요도와 관심이 높아졌다는 실례이다. 따라서 마케팅 관리자는 원자재의 부족, 에너지 비용의 상승, 공해의 증가, 소비자의 인식변화, 자연자원관리에 대한 정부의 개입 같은 관련 상황들의 변화 추세에 관심을 가져야 한다.

2 거시환경분석은 어떻게 할까?

- **학습목표 3: 주요 개념(1)**
  - 거시환경의 영향 분석을 하기 전에 그 목적을 명확히 정의해야 함. 예) 새로운 사업에 진출하기 위한 환경 예측과 예산책정 목적을 위한 환경 예측은 다름.
  - 거시환경분석 기법 = 시나리오 기획분석기법, 인과관계모형, 시계열자료의 분석기법

거시환경의 영향에 대해 성공적인 예측을 도출하려면 그 목적을 명확히 정의해야 한다. 새로운 사업에 진출하기 위한 환경 예측과 예산책정 목적을 위한 환경 예측은 다르다. 예컨대 모바일사업을 하는 기업이 자동차사업을 하려고 거시환경을 예측하는 것과 모바일사업을 하는 기업이 모바일사업부의 차기 연도 예산을 책정하기 위해 거시환경을 예측하는 것은 다르다. 또 새로운 제품개발이나 새로운 경쟁전략의 채택과 같은 시스템 내의 중대한 변화는 과거와 미래의 단순한 연속성을 유지할 수 없게 한다. 따라서 기업에서 거시환경을 분석할 때는 분석의 목적이나 용도에 따라 적절한 분석기법을 사용해야 한다. 거시환경분석을 위한 예측기법을 선택할 때에는 과거 자료의 활용 및 현재와 미래 상황과의 관련성 · 정확성이 요구되는 정도, 예측에 걸리는 시간, 환경예측에 따른 수익 · 비용 관계, 예측기간(장기, 단기) 등의 요소들을 고려해야 한다. 이런 요소들을 고려한 분석기법으로 시나리오 기획분석기법, 인과관계모형, 시계열자료의 분석기법 등이 있다. 이 중 인과관계모형과 시계열자료 분석기법은 과거자료를 활용할 수 있고 미래 또한 현재의 연장선상에 있다고 전제하는 반면, 시나리오 기획분석기법은 미래가 어떻게 전개될지 **불확실**하고 상대적으로 **중요한** 의사결정과 관련될 때 활용된다.

1. 시나리오 기획분석기법

복잡한 환경에서 개별적으로 발생하는 사건을 예측한다는 것은 개별 사건과 관련을 맺고 있는 여러 사건이 상호 작용한다는 점에서 볼 때 단순한 문제가 아니다. 이러한

복합적인 관계를 다루는 방법의 하나는 미래의 환경이 과연 어떠한 양상을 보이면서 변화하고, 그에 따른 결과가 어떻게 나타날 것인지에 대한 것을 전체적인 시나리오로 개발하는 것이다. 따라서 시나리오 개발은 환경에 대한 충분한 설명을 포함한다.

시나리오를 이용한 환경예측기법 중 일반적으로 이용되는 것은 미래 환경을 크게 세 가지의 시나리오로 구분해 이들 각각의 상황에 대해 분석하는 것이다. 세 가지 미래 환경은 매우 낙관적인 상황, 비관적인 상황 그리고 현재 처해 있는 환경과 비교해 커다란 변화가 없는 상황이다. 미래 환경이 낙관적이라는 의미는 환경의 변화가 자사에 유리한 시장기회를 제공하며, 아울러 내부적인 경영자원이 이러한 시장기회를 이용할 만큼 충분해 성장을 기대할 수 있는 상황이다. 반대로 비관적이라는 것은 환경이 매우 위협적으로 변화해 자사의 성장이 점차 감소하여 시장에서의 위치가 위협받는 상황이다. 또 커다란 환경의 변화가 없는 상황은 환경의 변화가 심하지 않아 자사의 성장이 국민총생산GNP의 성장률이나 시장 평균 성장 정도는 가능한 상황이다.

미래 환경에 대한 시나리오는 특정한 하나의 변수로만 구분하지 않고 다른 변수들이 추가됨으로써 내용이 더욱 구체화하고 각 시나리오 간 차이가 명확해진다. 시나리오를 형성하기 위한 또 다른 방법으로는 미래의 환경변화와 관련한 몇 가지 변수들을 인식하고, 이들 변수를 이용해 발생 가능한 시나리오 가운데 분석을 위한 서너 개의 시나리오를 선택해 제시하는 방법을 들 수 있다. 자세한 방법은 시나리오분석기법에 관한 전문서적을 참조하기 바란다.[11]

2. 인과관계모형

이 방법은 자료를 분석해 환경요인과 그 요인의 변화에 따른 관계를 찾아 그 결과를 활용하는 것이다. 환경예측의 장점은 환경의 급속한 변화 시점에 대한 예측이 다른 기법보다 뛰어나다는 것이며, 주로 정기적인 예측에 이용한다.

대표적인 인과관계모형으로는 회귀분석방법이 있다. 인과관계모형을 이용해 환경 요인 전체가 기업에 미치는 영향에 관한 예측은 물론, 개별적인 요인들이 기업에 미치는 영향에 대해서도 평가할 수 있다. 자세한 방법은 마케팅 조사론 서적들을 참고하기 바란다.

3. 시계열자료의 분석

시계열분석은 어떤 대상의 시간 흐름에 따른 변동을 관측해 얻어진 자료를 가지고 그 변동 원인을 해명하고 미래를 예측하는 분석이다. 이 분석은 과거의 추세와 변수 간의 관계가 미래에도 그대로 연장될 것이라는 가정하에 이뤄진다. 이 때문에 이를 이용한 환경분석은 먼저 과거의 자료가 분석에 사용할 수 있도록 그 추세가 명확하고 안정적인 관계를 이루고 있어야 활용할 수 있다. 따라서 과거 자료에서 보편적인 시장의 상황을 반영할 수 없는 자료는 사용하지 않거나 조정하여 사용해야 한다. 예를 들어 계절에 따른 시장상황의 변화 또는 일정한 주기를 지니는 주기적 환경변화는 따로 분석해야 한다.

한편 과거의 추세가 미래에도 계속될 것이라는 가정 때문에 시계열분석은 장기예측보다는 상대적으로 단기예측에 유용하다. 따라서 이 분석기법은 시간의 흐름에 따라 환경은 변할 수밖에 없어서 과거의 자료를 이용하는 데에는 주의해야 하는 단점이 있다. 시계열자료를 이용해 환경을 예측하는 기법으로는 이동평균법, 지수평활법 및 박스-젠킨스모형 등이 있다. 예측기법에 대한 자세한 설명은 4장을 참조하기 바란다.

이 장의 요약

- 환경분석은 마케팅관리 과정에서 마케팅전략 수립을 위한 첫 단계이다. 환경이란 기업의 목표달성에 영향을 미치는 기업의 내적 · 외적 요인의 집합을 의미하며, 기업이 환경변화에 적절히 대응하고 기업의 성공 가능성을 높이기 위해서 거시환경분석이 필요하다. 거시환경분석은 변화하는 환경에서 기업 경영의 기회와 위협을 발견해 대책을 수립할 수 있게 한다는 점에서 의의를 가진다. 성공을 원하는 기업이라면 환경변화 속에서 기회의 발견과 활용을 통해 생존과 성장을 도모해야 한다.

- 거시환경 요인으로는 인구통계학적 요인, 경제적 요인, 기술적 요인, 정치적 · 사회적 요인, 법률적 요인, 문화적 · 자연환경적 요인 등이 있다. 인구통계학적 환경요인을 분석하기 위해서는 전체 인구구조, 나이별 성별 인구구조, 지역별 인구구조, 가족 수에 따른 가족 유형의 변화를 정확히 파악해야 한다. 경제적 환경요인에는 기업의 마케팅 활동과 밀접한 관계를 가진 경제 변수로 경기, 소득, 인플레이션, 경상수지 등이 있다. 기업에서는 자사제품이 시대에 뒤떨어지는 것을 막고 혁신적인 제품을 생산하기 위해 자사가 속해 있는 산업의 기술적 요인을 정확히 분석해야 한다. 정치적 환경요인은 정부의 정책, 각종 정부기관의 방침, 국회의 입법 과정, 기타 압력 단체가 있으며, 사회적 환경요인은 나이, 인종, 성, 사회계층 등에 따른 구성원집단 간의 차이를 말한다. 마케팅 관리자는 기업 행위를 규제하는 법률적 요인에 대한 지식도 갖고 있어야 한다. 문화적 요인은 사회가 지니고 있는 가치관, 신념, 풍속, 종교, 예술 등이며, 자연환경적 요인은 기업 활동으로 영향을 받거나 기업 활동의 투입요소로 사용되는 자연자원의 변화를 말한다.

- 거시환경을 분석하는 방법에는 시나리오 기획분석기법, 인과관계모형에 의한 분석, 시계열자료의 분석 등이 있다. 또 예측기법을 선택할 때에는 예측 목적에 따라 예측의 정확성이나 비용이 달라지므로 이를 고려해 선택해야 한다.

주요 개념 목록

인구통계학적 요인 / 경제적 요인 / 기술적 요인 / Industry 4.0 / 정치적 · 사회적 요인 / 법률적 요인 / 문화적 · 자연환경적 요인 / 시나리오 기획분석기법 / 인과관계모형 / 시계열자료의 분석

생각해볼 문제

1. 마케팅 개념이 변하면서 기업이 주로 고려하는 기업의 내 · 외적 환경도 변화해왔다. 각 마케팅 개념의 변화에 따라 주로 고려하게 되는 환경요인은 무엇이며, 그 이유는?
2. 학교 앞에서 패스트푸드점을 개설하려고 할 때 고려해야 하는 환경요소들은 어떤 것이며, 그에 따른 장 · 단기 전략은 무엇이 되어야 하는가?
3. A씨는 1990년대에 비디오테이프 대여점을 경영했으며, 2000년대에 들어서는 DVD 대여까지 사업을 확장했다. 그러나 각 가정에 케이블과 위성 방송이 보급되면서 대여 고객 수가 급격히 줄기 시작했다. 이런 사업 환경의 변화와 이에 따른 A씨의 대처전략을 마케팅 관점에서 설명하시오.
4. 거시환경분석의 중요성에 관해 설명하시오.
5. 인구 고령화가 진행되면서 노인시장의 규모가 커지고 있다. 이러한 추세는 스포츠용품, 병원, 의료산업에 어떠한 영향을 미치며, 그 결과 어떤 현상들이 나타날 수 있는지 예측하시오.
6. 웰빙 열풍을 비롯한 건강과 여가에 대한 관심이 높다. 이런 현상을 마케팅에 어떻게 적용할 수 있는지 설명하시오.

1 환율 역시 기업의 마케팅 활동과 밀접한 관계를 가진다. 이에 따라 환율변동 예측 또한 중요한 경제적 변수라 할 수 있다. 그럼에도 현대의 경제는 변동환율제도에서 움직이고 있기 때문에 중장기적인 마케팅전략 방향과의 관련성은 낮아 심도 있는 고찰은 제외하였다. 그런데 중국의 위안화 평가 이슈와 일본의 엔저 중심의 경제정책 효과와 같은 요인은 기업이 능동적으로 대처해야 하는 이슈이다.

2 '이전수지'란 무역수지, 무역외수지와 더불어 국제수지를 구성하는 한 요소로, 내국인과 외국인 사이에 무상으로 주고받는, 즉 대가가 따르지 않는 국제거래를 말한다. 소득세 등의 세금이나 배상, 증여, 이민 등에 의해 채권 · 채무 관계를 남기지 않고 이루어지는 재화, 서비스, 화폐의 일방적인 공여를 포함하는 국제거래이다. 이전은 우리나라의 모든 민간거주자와 외국인 사이뿐 아니라 우리 정부와 국제기관 간에도 이루어지는데, 국제원조가 그 대표적인 예이다(〈매일경제〉, 매경닷컴).

3 Http://terms.naver.com/entry.nhn?docId=65507&cid=43667&categoryId=43667

4 Http://en.wikipedia.org/wiki/Just_in_time_(business)

5 RFID(Radio Frequency Identification): 전파를 이용해 먼 거리에서 정보를 인식하는 기술을 말한다. 여기에는 RFID 태그(이하 태그)와, RFID 판독기(이하 판독기)가 필요하다. 태그는 안테나와 집적 회로로 이루어지는데, 집적 회로 안에 정보를 기록하고 안테나를 통해 판독기에 정보를 송신한다. 이 정보는 태그가 부착된 대상을 식별하는 데 이용된다. 쉽게 말해 바코드와 비슷한 기능을 하는 것이다. RFID가 바코드시스템과 다른 점은 빛을 이용해 판독하는 대신 전파를 이용한다는 점이다. 따라서 바코드 판독기처럼 짧은 거리에서만 작동하지 않고 먼 거리에서도 태그를 읽을 수 있으며, 심지어 물체를 통과해서 정보를 수신할 수도 있다(위키피디아. 2013. http://ko.wikipedia.org/wiki/RΓID).

6 Http://en.wikipedia.org/wiki/Enron_scandal

7 Http://en.wikipedia.org/wiki/Johnson_%26_Johnson#1982_Chicago_Tylenol_murders

8 Http://en.wikipedia.org/wiki/2009%E2%80%9311_Toyota_vehicle_recalls

9 공정거래위원회 블로그, http://blog.daum.net/ftc_news/13391857

10 지속가능성 보고서: 기업의 지속가능경영 활동에 대한 보고서이다. 지속가능경영은 21세기의 새로운 경영방식으로 경제성장과 환경보전 및 사회발전의 조화로운 균형을 추구한다. 기존의 수익성에만 집중했던 경영방식에서 벗어나 지속 가능한 발전을 위해 기업의 사회적인 책임(Corporate Social Responsibility: CSR)과 환경보호를 강조하는 새로운 경영방식이다. 〈포천〉 지 선정 250대 기업 중 반이 넘는 161개 기업이 매년 '지속가능성 보고서'를 발간하고 있으며, 한국에서도 2002년 3월 '지속가능발전 기업협의회 KBCSD'가 발족한 이래, 기업들이 2003년부터 지속가능경영 보고서를 발간하고 있다(《최신 시사상식 핵심 용어사전》, 박문각; 강준만, 《선샤인 지식노트》, 인물과 사상사) .

11 이 분야의 대표적인 최초 전문서적으로는 《*The Art of the Long View*》가 있다(Schwartz, Peter, *The Art of the Long View*, Currency Doubleday, 1996).

6th Edition

Marketing

04장

시장분석

시장분석은 성공의 지름길

/ **학** / **습** / **목** / **표** / (Learning Goals)

1. 시장과 산업 개념 그리고 시장의 법률적 개념을 이해한다.
2. 시장의 동태적 개념인 제품수명주기 개념과 분석에 대해 학습한다.
3. 시장의 매력도 분석에 대해 학습한다.
4. 수요예측과 판매예측 개념과 방법을 이해한다.

1 왜 시장분석이 중요할까?

기업은 특정시장(산업)에서 사업을 수행한다. 따라서 기업이 생존하고 성장하기 위해서 시장분석은 중요할 수밖에 없다. 한편 시장은 거시환경 요인들, 기업들 간의 경쟁, 고객의 변화 등에 의해 동태적으로 변화하며 기업은 이러한 변화에 적응해야 한다. 이번 장에서는 시장의 다양한 개념들, 특히 동태적 개념(제품수명주기)을 중점적으로 학습하여 시장분석이 중요한 이유를 이해한다. 그리고 시장의 구조적 요인 분석(5 Force 모델 분석)을 중심으로 시장의 매력도를 파악하는 방법을 학습한다. 마지막으로 수요예측과 판매예측을 간략히 살펴본다.

1. 시장과 산업

- **학습목표 1: 주요 개념(1)**
  - 시장과 산업 = 동전의 양면과 같은 개념 = 시장: 수요 측면에서의 정의, 산업: 공급 측면에서의 정의
  - 마케팅전략을 효율적으로 수행 → 공급자 중심의 개념보다는 소비자 중심의 개념에 초점을 맞추어야 함.

음료업계에 따르면 2017년 탄산음료를 비롯한, 탄산수와 생수, 커피음료 등 비알코올음료 시장에서는 보다 건강하고 품질을 높인 신제품 출시가 늘 것으로 예상된다. 2016년 김영란법 시행 이후 회식과 미팅자리가 줄고, 혼술 문화가 확산되면서 가정용 판매 비중이 높은 수입맥주의 판매량 증가 추세가 가속화될 전망이다... 올해 국내 음료시장 규모는 11조 4,482억 원으로 전년 대비 4.8% 증가할 것으로 전망된다... 음료시장은 크게 비알코올음료와 알코올음료로 분류된다... 올해는 탄산음료와 커피음료 등 비알코올음료의 성장세가 높은 반면 알코올음료는 소주 출하량 감소의 영향으로 부진할 것으로 예상되는 바, 알코올음료의 비중이 전년 대비 1.6%p 감소한 50.7%를 기록할 것으로 전망된다... 비알코올음료: 에너지음료 이후 새로운 트렌드 없어... 비알코올음료의 국내 시장 규모는 올해 5조 6,468억 원(+8.5% 전년 대비)이 예상된다. 비알코올음료는 2010년 이후 역성장한 경우가 없이 양호한 성장률을 이어가고 있다. 특히 2012년 20.3%의 높은 성장률을 기록했는데 이는 에너지음료의 판매량 증가에 기인한다. 2009년 미국에서 시작된 에너지음료의 인기와 맞물려 국내에서도 2010년 핫식스(롯데칠성음료)가 출시되고 2011년 레드불(동서식품)이 수입되면서 에너지음료시장이 형성됐다.

〈푸드티비뉴스〉, 2016년 12월 26일 자

2017년 건설업은 사회간접자본(SOC) 예산 축소로 공공부문 수주가 줄어들고 주거용 건축부문 과잉공급 해소 지연 등으로 민간부문 수주도 둔화세로 전환될 전망이다. 27일 한국경제연구원에 따르면 올해 건설 기성액은 회복세가 지속되고 있다. 반면 건설 수주액은 증가세가 둔화되는 모습이다... SOC 예산 감소, 주거용 건축물의 과잉공급 해소 지연 등으로 공공·민간부문 수주액 모두 감소할 것으로 예상된다... 공공·토목부문 수주액은 2017년 정부의 SOC 예산 감소로 전년 대비 하락세를 보일 것으로 전망된다... 국내 경제성장률 정체, 정부 규제 강화 등의 원인으로 주택시장 수요가 위축될 것이란 분석이다. 올해 크게 증가한 주거용 건축부문 과잉공급 물량의 해소가 지연되면서 2017년 민간·건축부문 수주액은 둔화세가 지속될 것으로 점쳐진다. 주택시장 수요 위축 및 지역 간 경기 격차 확대, 해외시장의 사업기회 확대 등이 내년도 주요 이슈가 될 것으로 전망된다.

〈INVEST〉 2016년 11월 27일 자

〈푸드티비뉴스〉와 〈INVEST〉 기사에서 '음료업계와 건설업계'는 산업을 말하며, '에너지음료시장과 주택시장'은 시장을 말한다. 이처럼 우리는 신문이나 미디어를 통해 시장과 산업이라는 단어를 접한다. 그렇다면 시장이란 무엇이며 산업이란 무엇인가? 시장과 산업의 개념에는 어떤 차이가 있을까?

시장은 경영학 전반에 걸쳐 언급되는 중요한 개념으로, 존재하고 있을 뿐 아니라 끊임없이 변화하는 동태적 개념이다. 원래 시장은 사람들이 여러 제품을 판매하고 필요한 물건을 구매하는 장소였지만, 점차 그 의미가 확대되어 이제는 긴밀한 영업관계 아래 제품의 거래를 광범위하게 수행하는 사람들의 조직체까지 포함한다. 즉, 시장은 물품의 매매가 이루어지는 교환의 장소이고, 같은 필요와 욕구를 충족시켜주는 제품들의 집합체이며, 제품거래를 광범위하게 수행하는 사람들과 조직체의 집합을 의미한다. 마케팅에서는 이들을 통합한 의미로 시장을 정의한다.

마케팅에서 산업은 '상대적으로 같은 비슷한 제품을 생산하는 기업들의 집단'으로 정의할 수 있다. 아이패드 등 태블릿 PC와 PC는 같은 제품일까? 수요자 입장에서 이들은 같은 제품일 수도, 아닐 수도 있다. 따라서 수요 관점에서 보면, 어디까지를 같은 제품으로 보아야 하는가는 상당히 주관적이다. 이에 비해 산업이라는 용어는 어느 정도 일반화된 용어로, 흔히 철강산업, 제약산업, 농업, 광업, 서비스산업 등으로 사용한다. 일반적으로는 기업이 제공하는 제품이나 서비스 중 유사한 생산물들을 모아서 산업이라고 부르는 것이 전통적인 산업의 개념이다. 이러한 개념은 재화의 공급이라는 공급입장에서 정의한 것으로, 표준산업분류(Standard Industrial Classification: SIC)에 의한 산업분류가 가장 전통적인 방법이다. 미국 증권거래위원회(SEC)가 제정한 표준산업분류는 444개 산업을 정의하고 있으며, 우리나라는 UN에서 작성한 국제표준산업분류(ISIC)를 바탕으로 1,196개 산업을 포함한 KSIC[1]를 제정하여 사용 중이다.

그러나 생산된 제품과 서비스의 유사성을 중심으로 공급의 관점에서 산업을 정의하고 분류할 경우에는 전략적 관점에서 마케팅을 수행하는 데 따르는 두 가지 문제점을 제기할 수 있다. 첫째, 이러한 정의와 분류는 기업 활동의 표적이 되는 고객의 필요와 욕구를 충족시킨다는 관점이 아닌 생산과 제품 지향적인 분류이므로, 시장 지향이라는 현대의 전략적 관점과는 상충한다. 둘째, 표준산업분류는 객관적이고 일반적인 분류이므로 기업의 특성에 따른 차별적인 전략과 전술을 개발하기 위한 분류로는 적절하지 못하다. 결국, 이러한 산업분류를 통한 접근법은 시장지향이 아닌 생산자 중심의 분류라는 한계가 있다. 그러나 이 접근법은 고객욕구의 변화에도 산업분류의 안정성이 유지되고 잠재적 경쟁업자를 파악하기가 쉬우므로 기업에서 널리 사용하고 있다. 그러므로 이러한 정적인 관점의 한계를 극복할 수 있는 전략경영과 시장 지향적 관점에서 산업에 대한 정의 및 분류기준이 요청된다.

마이클 포터는 산업을 서로 대체관계에 있는 제품이나 서비스를 생산하는 기업 집단으로 정의하고, 다섯 가지 요인을 중심으로 시장구조를 설명하고 있다.[2] 포터의 다섯 가지 요인은 시장매력도 부분에서 더욱 자세히 설명하기로 한다. 포터의 정의에 의하면 산업은 광범위한 경쟁자들로 구성된다. 또 포터는 기업이 기존의 기술과 제품, 기존의 경쟁자, 기존의 지리적 영역으로만 한정해 산업을 정의하는 것은 지나치게 근시안적이며, 미래의 사업 활동에 영향을 미칠 거시적 관점의 추세를 간과할 위험이 있다고 경고하고 있다. 소비자의 같은 욕구를 만족시킨다면 다르게 분류된 산업도 같은 산업으로 보아야 할 것이다. 예를 들어 〈표 4-1〉에서와 같이 침대 및 내장가구와 목재가구는 '가구'를 구매하려는 소비자의 관점에서는 수요의 대체성이 높은 하나의 시장이지만, 기술, 원료, 공정 등 공급 측면에서는 서로 다른 투입물과 공정을 가지므로 표준산업분류에 따르면 다른 산업에 속한다.

또 석유화학단지의 각종 생산물은 공급 입장에서 일괄 공정에 의해 생산되는 '석유화학'이라는 하나의 산업이지만, 수요 입장에서 각 생산물 시장은 '정유시장', '의류시장', '플라스틱시장' 등 각각 독립적으로 존재한다. 시장과 산업의 범위를 정확하게 구분하는 것은 어려운 일이며, 연구자나 관리자의 목적에 따라 그 범위를 정의한다.

표 4-1 경제주체에 따른 제품의 분류

	공급자의 시선(표준산업분류 기준)	소비자의 시선
침대 및 내장가구 제조업	제조업(KSIC # 3201)	가구
목재가구 제조업	제조업(KSIC # 3202)	

시장과 산업은 동전의 양면과 같은 개념으로 시장은 수요 측면에서의 정의라고 할 수 있으며, 산업은 공급 측면에서의 정의라고 할 수 있다. 기업과 소비자 및 시장참여자 입장에서 시장의 개념과 산업의 개념이 정확히 일치하는 경우는 드물다. 일반적으로 마케팅에서는 시장과 산업이라는 용어를 혼용하고 있지만, 마케팅전략을 효율적으로 수행하기 위해서는 공급자 중심의 개념보다는 소비자 중심의 개념에 초점을 맞추어야 한다. 따라서 이 책에서는 수요 측면을 강조하는 시장을 분석 대상으로 하며, 이어서 시장의 개념을 법률적 · 동태적 개념으로 살펴보고, 시장의 외형적 요인 접근법과 포터의 5 Force 모델로 시장의 매력도(기회와 위협)를 분석한다.

2. 시장의 법률적 개념

- **학습목표 1: 주요 개념(2)**
  - 시장의 법률적 개념에서 제일 중요한 법률 = 독점규제 및 공정거래에 관한 법률(1980년 제정) = 어느 한 기업이 시장지배적 지위를 남용하는 것을 방지; 기업으로의 과도한 경제력 집중과 부당한 공동행위 및 불공정거래행위를 방지 → 경제 활성화와 소비사 권익 보호 목직을 가지고 있음.
  - 시장을 어떻게 정의하는가 또는 누구의 입장에서 정의하는가 → 독점규제법의 적용이 달라져 종종 시장 범위에 대한 논쟁을 일으킬 수 있음.

시장의 개념과 범위가 법률적으로 문제가 되는 경우는 국내의 경우, 1980년에 제정된 독점규제 및 공정거래에 관한 법률을 적용할 때다. 이 법은 어느 한 기업이 시장 지배적 지위를 남용하는 것을 방지하고, 한 기업으로의 과도한 경제력 집중과 부당한 공동행위 및 불공정거래행위를 방지하여 경제의 활성화와 소비자의 권익을 보호하려는 목적에서 제정되었다. 독점금지법에서 시장의 범위가 중요한 이유는 시장의 범위에 따라서 그 시장구조가 독점, 과점 또는 완전경쟁이 될 수 있으며, 이에 상응하여 법 적용 여부가 결정되고 해당 기업의 시장 행동이 달라지기 때문이다. 〈표 4-2〉에서 볼 수 있듯이 공정거래법(MRFTA) 신고는 법 제정 이후 매년 백 단위 이상 건수로 꾸준하게 증가해 오다 최근 들어서는 신고보다 직권에 의한 조사와 처분이 늘어나고 있다.

예를 들어 〈그림 4-1〉과 같이 A라는 콜라 생산자, B라는 사이다 생산자, C라는 과즙탄산음료 생산자 그리고 D라는 과즙주스 생산자가 있고, 각각의 제품에 하나의 생산자만 있다고 가정하자. 이 경우에 콜라를 하나의 시장으로 보면 A회사는 독점사업가로 규정되어 독점규제 대상이다. 그러나 콜라와 사이다를 탄산음료시장이라는 하나의 시장으로 보면, 콜라와 사이다는 탄산음료시장에서 복점의 형태를 보인다. 같은 논리로

표 4-2 공정거래법 신고 건수 추이

연도 (Year)	신고 (Report)	증가율 (Increase rate)	직권 (Ex-offcio investigation)	증가율 (Increase rate)	계 (Total)	증가율 (Increase rate)
'81~'90	1,173	68.0%	249	65.2%	1,422	65.0%
1991	313	−20.8%	190	50.8%	503	−3.5%
1992	419	33.9%	307	61.6%	726	44.3%
1993	690	64.7%	255	−16.9%	945	30.2%
1994	613	−11.2%	273	7.1%	886	−6.2%
1995	909	48.3%	435	59.3%	1,344	51.7%
1996	1,453	59.8%	460	5.7%	1,913	42.3%
1997	1,484	2.1%	325	−29.3%	1,809	−5.4%
1998	1,920	29.4%	508	56.3%	2,428	34.2%
1999	1,431	−25.5%	475	−6.5%	1,906	−21.5%
2000	1,208	−15.6%	368	−22.5%	1,576	−17.3%
2001	1,226	1.5%	3,565	868.8%	4,791	204.0%
2002	1,132	−7.7%	2,196	−38.4%	3,328	−30.5%
2003	1,461	29.1%	2,369	7.9%	3,830	15.1%
2004	1,439	−1.5%	2,481	4.7%	3,920	2.3%
2005	1,561	8.5%	2,908	17.2%	4,469	14.0%
2006	2,137	36.9%	2,675	−8.0%	4,812	7.7%
2007	2,240	4.8%	2,111	−21.1%	4,351	−9.6%
2008	2,632	17.5%	1,669	−20.9%	4,301	−1.1%
2009	2,776	5.5%	1,824	9.3%	4,600	7.0%
2010	2,630	−5.3%	991	−45.7%	3,621	−21.3%
2011	2,426	−7.8%	1,319	33.1%	3,745	3.4%
2012	3,020	24.5%	1,464	11.0%	4,484	19.7%
2013	2,920	−3.3%	1,065	−27.3%	3,985	−11.1%
2014	2,777	−4.9%	1,233	15.8%	4,010	0.6%
2015	2,190	−21.1%	1,844	49.6%	4,034	0.6%
2016	1,650	−24.7%	2,152	16.7%	3,802	−0.6%
합계	**45,830**		**35,711**		**81,541**	
구성비	**56.2%**		**43.8%**		**100%**	

출처: 2016년도 공정거래위원회 통계연보

그림 4-1 가상적 음료시장의 경쟁구조

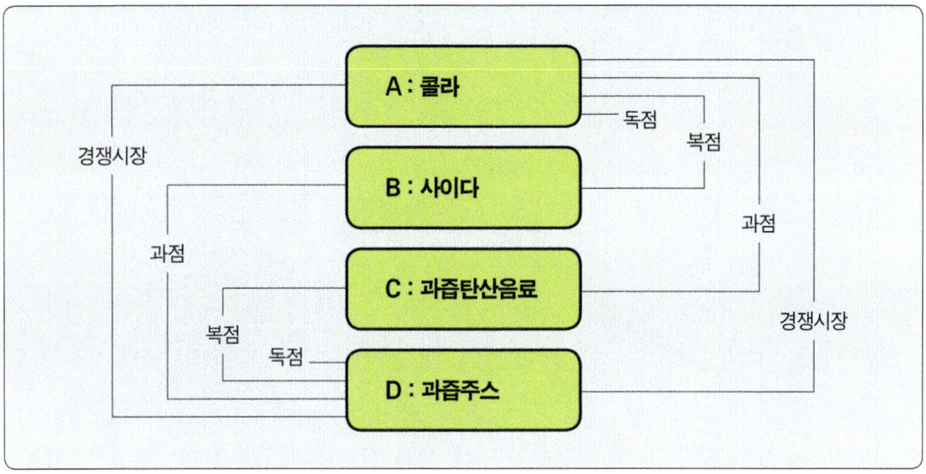

과즙탄산음료를 탄산음료시장에 포함하면 과점형태의 경쟁시장 구조가 된다. 그리고 마지막으로 과즙주스까지 포함해 음료시장을 하나의 시장으로 보면 경쟁시장 구조가 된다. 이러한 시장구조를 과즙주스 생산자인 D회사의 측면에서 보면 과즙주스시장에서는 독점, 과즙탄산음료시장에서는 복점이 된다. 이렇게 시장을 어떻게 정의하느냐 또는 누구의 입장에서 정의하느냐에 따라 독점규제법의 적용이 달라져 종종 시장범위에 대한 논쟁이 발생한다.

3. 시장의 동태적 개념

- **학습목표 2: 주요 개념(1)**
  - 시장의 동태를 이해하기 위한 방법 중 가장 체계적 접근방법 = 제품수명주기(PLC : Product Life Cycle) 분석
  - 제품수명주기 = 시장진화의 단계를 예측하는 데 사용되는 가장 기본적인 개념
    - 이미 시장에 있는 기업의 경우 → 시장진화의 단계별 마케팅성과예측에 따라 마케팅예산의 증감방향을 결정
    - 기업이 한 시장에 새롭게 진입하고자 할 때 → 시장진입 여부를 결정하는 기준 중 하나

끊임없이 움직이고 변화하는 시장의 동태를 이해하는 방법에는 여러 가지가 있다. 그중 가장 체계적으로 접근할 수 있는 것은 제품수명주기(Product Life Cycle: PLC)[3]분석이다. 제품수명주기는 시장진화의 단계를 예측하는 데 사용하는 가장 기본적인 개념이다. 또 기업이 한 시장에 새롭게 진입하고자 할 때 시장진입 여부를 결정하는 기준 중 하나이다.

그림 4-2 모바일 통신시장의 제품수명주기

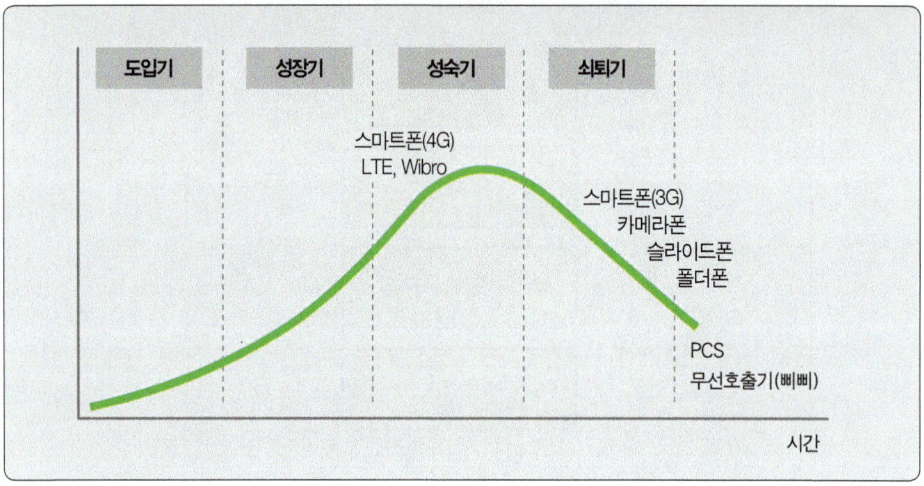

그림 4-3 생필품시장의 제품수명주기

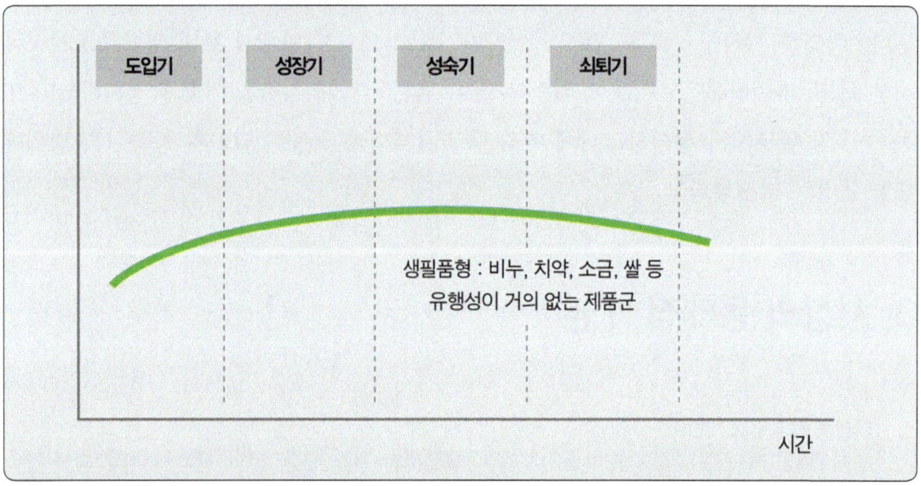

〈그림 4-2〉에서 볼 수 있듯이 모바일 통신시장은 1990년대 '삐삐'에서 시작해, PCS, 폴더폰, 슬라이드폰, 카메라폰, 최근 스마트폰에 이르기까지 빠르게 진화하며 제품수명주기에 따라 움직이는 대표적인 시장이다. 물론 모든 시장이 제품수명주기에 따라 똑같이 움직이는 것은 아니다. 혁신의 속도가 빠른 시장은 제품수명주기가 짧아 PLC 분석이 유용하지만, 변화 속도가 매우 느린 시장에는 유용하지 못한 접근법이다.

〈그림 4-3〉에서 볼 수 있듯이 거의 변화가 없는 비누, 치약 등의 생필품시장에서 마케팅 활동을 할 때는 수명주기 변화를 심각하게 고려할 필요가 없기 때문이다. 그러나 급속도로 빠르게 발전하는 기술과 다양해지는 소비자의 취향 등 현대 시장 환경의 변

화는 제품수명주기를 단축하거나 단기간 내에 급격한 주기상의 변화를 일으키는 경우가 많아졌다. 결국, 현재 시장의 동태적인 움직임을 이해하기 위해 제품수명주기에 대한 분석은 더욱 유용해졌다.

제품수명주기란?

- **학습목표 2: 주요 개념(2)**
  - 제품수명주기 단계 = 특정제품이 시장에 처음 출시되어 도입, 성장, 성숙, 쇠퇴를 거쳐 시장에서 철수되는 과정; 전형적인 제품수명주기는 S자 곡선 형태를 띰.
  - 제품수명주기의 매출액과 이익 = 개별제품에 대한 것이 아니라 개별제품들의 판매량과 이익을 합산한 시장 전체의 매출량과 이익
  - 일반적으로 매출이 극대화되는 시기 = 성숙기 중반; 이익이 극대화되는 시기 = 성장기 후반에서 성숙기 초반

특정제품이 시장에 처음 출시되어 도입기, 성장기, 성숙기, 쇠퇴기를 거쳐 시장에서 철수되는 과정을 제품수명주기라고 한다. 제품수명주기는 제품이 시장에 처음 출시되는 도입기, 매출액이 급격히 증가하는 성장기, 제품이 어느 정도 소비자들에게 확산되어 성장률이 둔화되는 성숙기 그리고 매출이 감소하는 쇠퇴기의 네 단계로 구분할 수 있다.

전형적인 제품수명주기는 S자 곡선 형태를 띠지만 제품이나 시장에 따라 다양한 형태의 제품수명주기 유형이 있다. 제품수명주기에서는 〈그림 4-4〉와 같이 매출액과 이익을 시간의 흐름에 따라 작성한다. 이때 매출액과 이익 곡선은 개별제품에 대한 판매

그림 4-4 **제품수명주기**

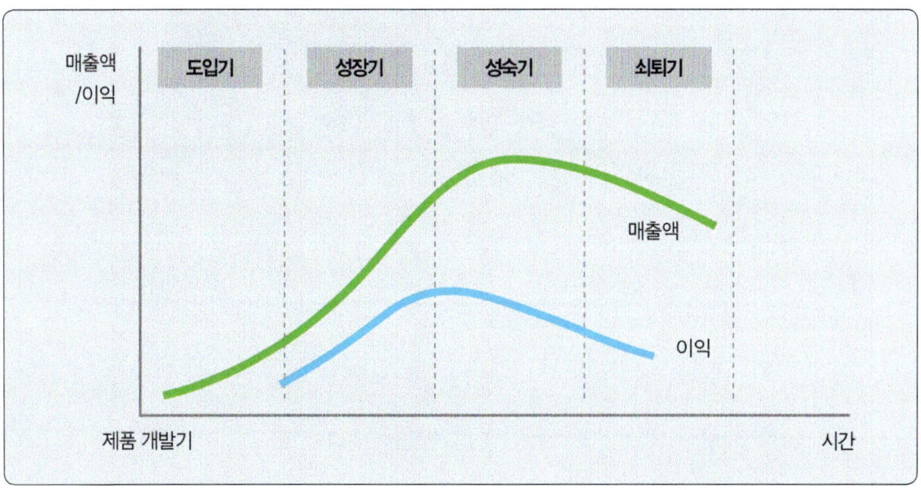

량과 이익이 아니라 개별제품들의 판매량과 이익을 합산한 시장 전체의 매출량과 이익을 나타낸다. 일반적으로 매출이 극대화되는 시기는 성숙기 중반이며, 이익이 극대화되는 시기는 성장기 후반에서 성숙기 초반이다.

산업의 도입 부분이 완만한 곡선을 보이는 것은 구매자들의 관심을 유도해 신제품의 시험적 구매를 자극하는 것이 매우 어렵기 때문이다. 대개 혁신층(innovater)과 초기수용자(early adopter)들이 이 단계에서 제품을 구매한다. 제품의 우수성이 입증되면 많은 구매자가 몰려들면서 성장기로 진입하게 된다(이러한 지점을 실무용어로는 티핑포인트(tipping point), 학문용어로는 변곡점(inflection point)이라고 부름). 이후 제품의 잠재적 구매자까지 모여들 어 시장이 포화상태에 이르면 급격한 신장세가 중단되고 관련 구매자집단의 기본적인 성장률 수준으로 안정세를 보이는 성숙기에 접어든다. 마지막으로 새로운 대체품이 등 장하면서 성장세가 멈춘다. 예를 들어 스마트폰 운영체제(Operation System: OS)시장에서 새로운 성장동력을 마련하지 못하고 성장세가 멈춰 있던 블랙베리(Blackberry)는 구글의 안드로이드라는 대체품에 운영체제 시장점유율을 빼앗기며 추락하였다. 국내 가전제품들의 제품수명주기를 그려보면 <그림 4-5>와 같다.

그림 4-5 국내 가전제품들의 제품수명주기상 위치

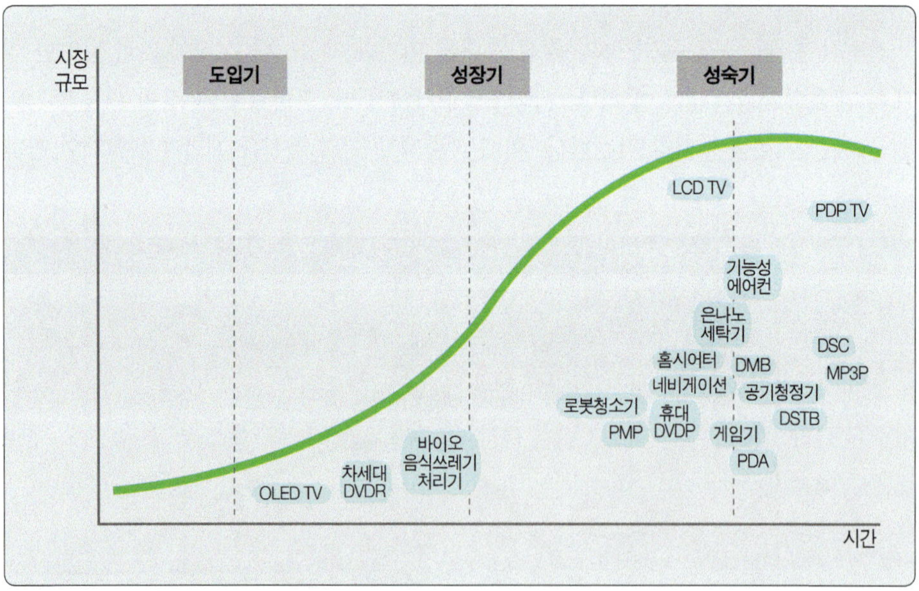

*DSTB: Disital Set Top Box / DSC: Disital Space Convergence

제품수명주기의 분석단위

- **학습목표 2: 주요 개념(3)**
  - 제품수명주기분석의 단위 = 제품범주(product class; 에어컨)나 개별브랜드(individual brand; 휘센)보다는 제품유형(product form or type; 스탠딩 에어컨) 수준에서의 분석이 가장 유용
  - 제품수명주기의 이론적 근거 = 혁신제품에 대한 소비자의 수용 및 확산 이론
    - 소비자의 혁신성에 따른 소비자층의 구분 = 혁신소비자층, 초기 수용자층(얼리 어답터), 초기 다수자층, 후기 다수자층, 최종 수용자층

제품수명주기에서 분석단위를 어떻게 할 것이냐에 따라 마케팅전략에서의 사용 여부가 달라진다. 앞서 산업단위에서 제품수명주기분석을 할 수도 있다고 했지만, 일반적으로 제품단위에서 행해지며, 제품단위에서도 제품범주(product class), 제품유형(product form or type), 개별브랜드(individual brand) 등을 대상으로 사용할 수 있다.

〈그림 4-6〉은 이들 세 가지 분석수준을 대상으로 그린 제품수명주기이다. 제품범주는 소비자의 기본적인 욕구를 만족시키는 제품군을 의미하며 자동차, TV, 라디오, 에어컨 등이 여기에 해당한다. 제품유형은 제품범주 내에서 분화된 제품형태를 의미하며, 에어컨의 경우 스탠딩 에어컨, 벽걸이 에어컨, 천장형 에어컨, 대형 에어컨 등으로 구분한다. 브랜드에 의한 구분은 에어컨의 경우, 삼성전자의 하우젠과 블루윈, LG전자의 휘센, 위니아만도의 위니아, 센추리, 캐리어처럼 구체적 브랜드를 의미한다.

그림 4-6 제품범주, 제품유형, 개별브랜드의 제품수명주기

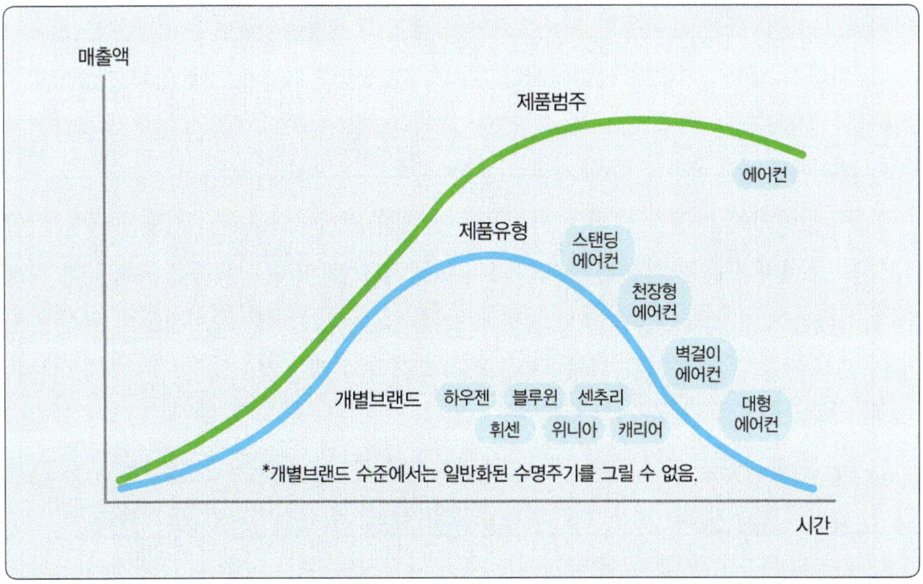

그림 4-7 혁신성에 따른 신제품 수용자 분류

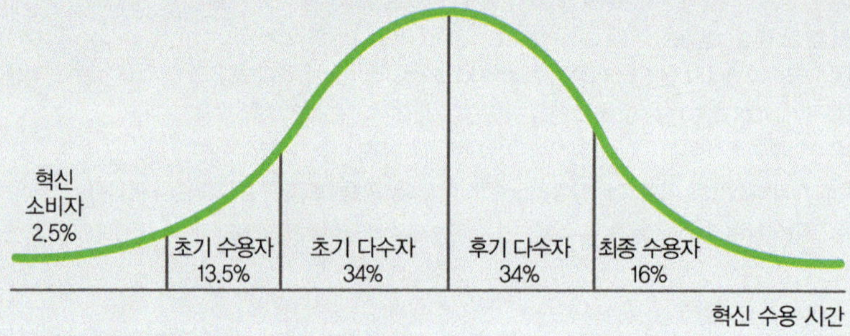

출처: Rogers, E. M., *Diffusion of Innovations*, 5th edition, Free Press, 2003.

제품수명주기가 마케팅전략 분석도구로서 의미를 가지려면 제품유형 수준에서의 분석이 가장 유용하다. 제품범주에 의한 분석은 개별기업에 맞는 구체적인 마케팅전략의 시사점을 찾기가 매우 어렵다. 예를 들면 자동차, TV 등의 제품범주에 의한 수명주기는 이들 제품이 시장에 출시된 이후 계속 성장하고 있는데, 이렇게 긴 수명주기를 가진 제품의 경우, 진입과 철수 전략을 제외하고는 기업에 구체적인 전략지침이 되지 못한다.

브랜드에 의한 제품수명주기는 이미 제품들이 시장에 나와 있는 상태에서 자사 브랜드가 시장에 후발로 진입했다면 자사 입장에서는 도입 초기이지만, 제품 유형이나 범주로 본다면 성장기, 성숙기 또는 쇠퇴기가 될 수 있다. 예를 들어 A라는 기업이 LED TV가 이미 시장에 존재하는 상태에서 유사제품을 출시한다면 기업 입장에서는 도입기이지만, LED TV라는 제품유형 기준으로는 성장기, TV라는 제품범주 자체로는 성숙기이다. 따라서 제품수명주기가 전략적인 의미를 가지려면 제품유형에 의한 제품수명주기분석이 가장 적절한 것으로 볼 수 있다. 그러나 제품범주가 제품유형으로 분화되지 않은 경우에는 제품범주에 의한 제품수명주기분석도 유용하다.

제품수명주기의 이론적 근거는 혁신제품에 대한 소비자의 수용 및 확산 이론에 있다.[4] 즉, 소비자 수용과 확산은 소비자의 혁신성 정도에 따라 신제품을 수용하는 과정을 설명하는 소비자 측면을 강조한 것임에 반해, 제품수명주기는 소비자들의 혁신성 정도에 따라 제품의 판매가 증가하는 제품공급 측면을 강조한 것으로, 이 두 가지 이론은 동전의 양면과 같은 성격을 지닌다.

신제품을 출시했을 때 시간이 지남에 따라 소비자가 수용하는 단계는 〈그림 4-7〉과 같다. 일반적으로 제품수명주기 단계에서 도입기에는 혁신소비자, 성장기에는 초기 수용자와 초기 다수자의 일부, 성숙기에는 초기 다수자와 후기 다수자, 쇠퇴기에는 최종

그림 4-8 제품수명주기와 확산모형

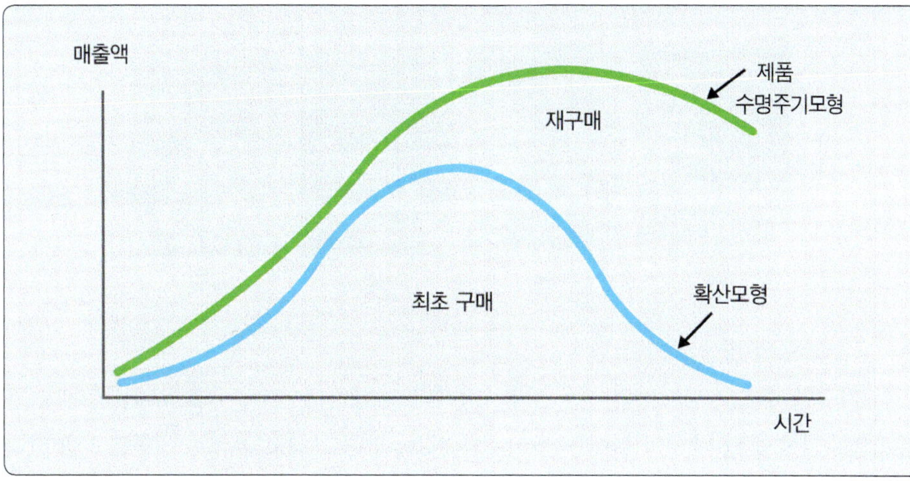

수용자의 순으로 제품을 구매한다. 혁신자는 신제품을 가장 먼저 수용하는 소비자로 시장에서 차지하는 비중이 낮다. 초기 수용자는 소속집단에서 의견선도자 역할을 하는 소비자가 많으며, 신제품이 성공하는 데 큰 역할을 한다. 초기 다수자는 다소 보수적이며 신중한 성향을 보인다. 후기 나수자는 신제품을 수용하는 데 의심이 많으며, 최종 수용자는 신제품이 보편적으로 받아들여질 때만 수용한다. 물론 한 소비자가 제품 A를 구매하는 데는 혁신소비자이지만, 제품 B를 구매하는 데에는 후기 다수자가 될 수도 있다.

〈그림 4-8〉과 같이 확산모형과 제품수명주기 곡선이 완전히 일치하지 않는 이유는 재구매 때문이다. 즉, 제품이 완전내구재인 경우에 소비자들의 제품구매가 1회에 그치므로 확산모형과 제품수명주기 곡선은 일치할 가능성이 높다. 그러나 제품이 소비재와 같은 비내구재인 경우에는 재구매 빈도가 높으므로 재구매 빈도에 의해 제품수명주기 곡선이 확산모형과 달라진다. 즉, 이 경우에는 확산모형을 적분하면 제품수명주기가 된다. 〈그림 4-8〉에서 이 두 가지 모델 관계를 알 수 있다.

제품수명주기의 다양성

제품수명주기의 전체 길이와 각 단계마다 길이는 〈그림 4-9〉처럼 같지 않고, 제품의 성격이나 시장의 특성에 따라 길어지거나 짧아질 수 있다. 또 제품수명주기의 길이는 제품의 혁신성과 밀접한 관련이 있는데, 혁신이 자주 일어나는 모바일 통신시장, 컴퓨터시장의 경우에 제품수명주기는 각각 4~5개월, 4~5년 정도로 짧은 편이며, 혁신이

그림 4-9 다양한 형태의 제품수명주기

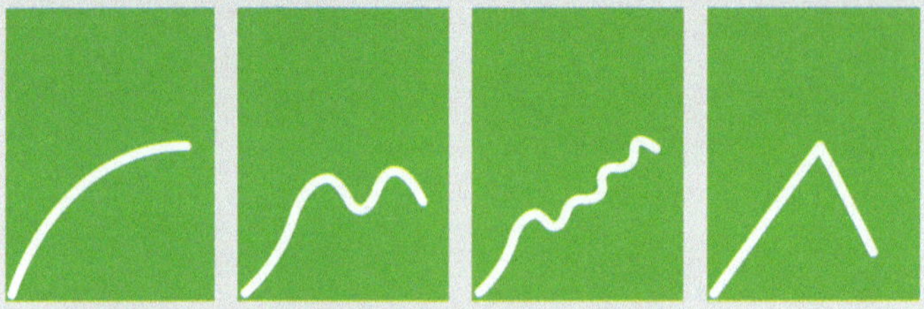

드문 자동차시장, 가전시장의 경우 제품수명주기는 대략 5~10년 정도로 긴 편이다. 제품수명주기에서 각 단계의 길이는 소비자의 변화, 경쟁 그리고 마케팅전략에 의해 달라진다. 더 자세한 내용을 알고 싶다면 온라인사이트를 참조하기 바란다.

제품수명주기의 유용성과 한계

제품수명주기는 거시적으로 제품과 시장의 움직임을 이해하고 해석하기 위한 도구로 마케팅 관리자들에게 유용하다. 자사 제품이 현재 제품수명주기상에서 어떤 단계에 속하는가를 마케팅 관리자가 쉽게 파악할 수 있어서 마케팅전략 수립에 유용하기 때문이다. 무엇보다도 마케팅 투자를 늘려야 하는 성장기의 공격전략과 줄여야 하는 성숙기 이후 수비전략의 중요한 지침이 된다. 두 번째로 제품수명주기의 단계별로 마케팅믹스에 관한 전략을 제공하므로 이를 적절하게 활용하면 효율적인 마케팅전략 수립의 지침으로 활용할 수 있다(이에 대해서는 12장에서 더 자세히 설명하기로 한다). 세 번째는 예측도구로서의 제품수명주기의 유용성으로 제품이 현재 어떤 단계에 속하는가를 알면 제품의 판매량, 이익, 전략선택 등에 관한 예측이 가능하고, 특히 신제품 성과예측에 유용하다. 그러나 제품수명주기 또한 한계점을 가지고 있다. 이 부분에 대해서는 온라인사이트에 자세히 나와 있으니 참조하기 바란다.

2 시장의 매력도 분석

KS 패션의 김 대리는 연초 전략팀장에게서 새로운 캐주얼 브랜드 론칭 기획안을 제출하라는 지시를 받았다. 김 대리는 기획안을 작성하기 위해 캐주얼 패션시장에 대해 먼저 분석하고자 한다.

이처럼 새로운 브랜드를 론칭할 때 시장을 먼저 분석하는 것이 일반적이다. 시장분석을 시행하는 목적 중 하나는 현재의 사업자 및 잠재적 진입자가 특정시장에 대해 느끼는 매력도를 평가하는 것이다. 즉, 특정시장에 참가한 기업의 장기적 투자수익률로 측정될 수 있는 시장의 이익잠재력이 바로 시장의 매력도를 의미한다. 시장매력도는 기본적으로 시장 외형적 요인을 분석해 살펴볼 수 있다. 또 포터의 5 Force 모델을 활용한 시장의 구조적 요인과 환경적 요인으로 살펴볼 수 있다. 〈표 4-3〉에서 볼 수 있듯이 이러한 여러 접근법을 통해 새로운 시장에 진입하려는 기업이 고려해야 할 위험에 대해서도 관찰할 수 있다.

표 4-3 시장매력도 구성요소

외형적 요인	구조적 요인(5 Force 모델 적용)	환경적 요인
시장규모 시장성장률 제품수명주기 단계 판매의 주기성 수익성	잠재적 진입자의 위협 구매자의 교섭력 공급자의 교섭력 현재 시장 내의 경쟁 대체품의 위협	인구통계학적 요인 경제적 요인 기술적 요인 법적 요인 정치적 요인

출처: Lehmann, D. & Weiner, R., *Analysis and Marketing Planning*, 2nd ed. Irwin, 1991 참조

1. 시장의 외형적 요인

시장규모는 자사제품의 판매가 얼마나 될 수 있는가를 결정짓는 가장 기본적인 요소다. 일반적으로 큰 규모의 시장은 작은 시장에 비해 더 많은 이윤창출의 기회를 가져오므로 시장의 규모가 클수록 시장매력도는 높아진다. 그러나 큰 규모의 매력도를

지닌 시장일수록 경쟁기업의 진출이 더 많아지게 된다. 이런 이유 때문에 상대적으로 경쟁력이 약한 기업에게는 시장의 큰 규모가 경쟁의 치열함으로 인해 오히려 시장매력도가 떨어질 수도 있다. 이러한 시장규모에 대한 분석은 같은 시장 내 경쟁기업들의 시장점유율을 분석하는 데에도 활용할 수 있다.

시장매력도를 평가하기 위한 시장의 외형적 요인들로는 시장규모, 시장성장률, 제품수명주기, 판매의 주기성, 수익성이 있다. 더 자세한 내용은 온라인사이트를 참고하기 바란다.

2. 시장의 구조적 요인: 5 Force 모델

- **학습목표 3: 주요 개념(1)**
  - 시장의 구조적 요인(5 Force 모델)분석 = 특정산업(시장)의 매력도(장기적 투자수익률)는 잠재적 진입자의 위협, 현재 시장 내의 경쟁강도, 구매자의 교섭력, 공급자의 교섭력, 대체품의 위협에 의해 결정되는 시장 다이내믹스(dynamics)를 분석하는 것
    - 즉 5 Force 모델은 일반적으로 시장(산업)의 매력도(장기적 투자수익률)를 분석하는 데에 유용한 툴
    - 기업의 장기적 투자수익률은 시장 내 기업의 포지션(자원과 역량)과 경쟁전략에 따라 달라질 수 있음.

특정산업 내에서 한 기업이 처한 상황은 〈그림 4-10〉에서와 같이 현재 시장 내의 경쟁자, 잠재적 진입자, 구매자의 교섭력, 공급자의 교섭력, 대체품의 위협이라는 다섯 가지 요인으로 설명할 수 있다. 이 요인들을 분석하는 것은 특정산업 내에서의 경쟁이 단

그림 4-10 5 Force 모델의 구성요소

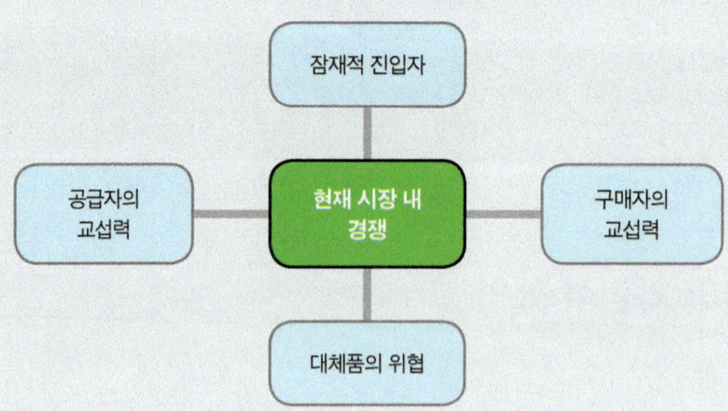

출처: Porter, M. E., *Competitive Advantage*, Free Press: New York, 1985.

순히 '현재 경쟁자와의 경쟁' 범위를 벗어남을 의미한다. 공급자, 대체품, 잠재적인 진출기업도 산업 내에서 사업 활동을 하는 기업들에는 '경쟁자'이며, 자사의 상황에 따라 강조되는 경쟁요인의 정도가 달라진다.

다섯 가지 요인들은 기업이 특정시장(산업)에서 활동하는 데 있어서 어느 정도 경쟁을 겪게 되고 수익성을 얻게 되는지 결정하지만, 기업에서는 이 중 어느 요인이 가장 강력하게 영향을 미치는지 또는 여러 요인이 영향을 미치는지를 주의 깊게 살펴보아야 한다. 즉 5 Force 모델은 일반적으로 시장(산업)의 장기적 투자수익률을 분석하는 데에 유용한 툴이며, 기업의 장기적 투자수익률은 시장 내의 포지션(자원과 역량)과 전략에 따라 달라질 수 있다.

잠재적 진입자

자사가 현재 경영하고 있는 사업 분야에 다른 경쟁기업의 진입 가능성(Threat of New Entrants)이 높다면 그 시장은 그만큼 매력도가 떨어진다. 예를 들어 기존 기업이 그 시장 내에서 오랜 사업 활동 경험과 규모의 경제효과를 누리고 있다면 이는 신규로 진입하는 기업에게 가격경쟁력 면에서 불리하게 작용할 것이다. 따라서 진입장벽이 높으면 잠재적 경쟁기업의 진입이 어려워진다. 잠재적 진입자의 위협이 적으면 그 산업과 시장매력도는 높고, 위협이 많다면 매력도는 낮다.

이와 같은 경쟁자의 신규진입에 따른 위협의 폭은 진입장벽의 강도를 나타내는 요인들인 새로운 사업을 시작하는 데 소요되는 투입자본의 규모, 규모의 경제효과로 인한 기존 기업의 원가상의 우위 정도, 기존 기업의 유통경로상의 우위 정도, 시장 내 소비자들에게 인지된 기존 제품과의 차별화 정도에 따라 다르게 나타난다.

① 진입장벽

진입장벽(barriers to entry)은 새로운 기업이 특정산업에 진출하는 것을 억제하는 산업 고유의 특성이라고 할 수 있다. 새로운 산업에 진입하는 것을 방해하는 장애요인들로는 규모의 경제, 제품의 차별성, 전환비용 등이 있다. 규모의 경제란 제품의 생산량이 늘어남에 따라 장기적으로 평균 생산 비용이 줄어드는 것을 의미한다.

즉, 기존 기업이 이미 규모의 경제를 달성한 이후에 진출하는 기업은 대규모 생산을 통해 기존 기업들과 경쟁하거나 소규모로 뛰어들 경우, 비용상의 불이익을 감수해야 한다. 그러나 이 두 가지 모두 바람직한 선택이 아니므로 규모의 경제가 진입장벽으로 작용할 수 있다. 반도체산업의 경우에 규모의 경제를 포함, 높은 R&D 비용, 높은 투자비용, 학습곡선 효과가 진입장벽이라고 할 수 있다.

제품의 차별성이란 기존의 제품과 관련 마케팅믹스를 다르게 함으로써 고객수요를 창출하는 것이다. 즉, 고객에게 기존 제품이 차별적으로 인식된 점은 신규기업들의 진입장벽이 될 수 있다.

전환비용(switching cost)도 진입장벽으로 작용한다. 전환비용이란 구매자가 기존 제품에서 다른 공급자 제품으로 바꿀 때 그 과정에서 부담하는 비용을 말한다. 새로 진출한 기업이 가격이나 성능 면에서 현저히 우수하지 않은 경우, 구매자들은 기존 제품에서 새로운 기업제품으로 바꾸지 않는다. 예를 들어 A와 B 텔레콤이 통화료 인하 등을 통해 C텔레콤 고객을 확보하려고 하지만, 고객들은 단말기 재구매 및 적립 포인트 손실과 같은 경제적 전환비용, 새로운 통신서비스에 대한 불안감과 같은 심리적 전환비용 때문에 휴대폰 서비스업체를 쉽게 바꾸지 않는다. 또 애플과 삼성의 소프트웨어 및 한글 자판의 차이, PC와 매킨토시의 워드프로세서 소프트웨어 및 사용방법의 차이 때문에 생기는 불편함도 진입장벽이다.

이외에도 기존 기업의 유통경로상의 우위 정도, 새로운 사업을 시작하는 데 소요되는 투입자본, 금융업 및 학교 설립에 있어 정부의 정책 등도 기업에는 진입장벽으로 작용할 수 있다.

② 철수장벽

철수장벽(barriers to exit)은 기업들이 진출한 산업에서 철수하기 어렵게 만드는 여러 가지 요인들을 말한다. 우선 기업이 특정한 업종이나 위치에서 전문화된 기술을 갖고 있다면 그 산업에서 철수할 때 기업은 많은 가치를 잃게 되는 경제적 요인이 있다. 또 경영의 다각화를 이루고 있는 기업의 경우, 그 사업이 기업 전체의 이미지와 마케팅 능력, 자본조달 능력, 시설의 공동사용 등에 영향을 미치는 전략적 요인도 있다. 기업 경영자들이 특정산업에서 쉽게 철수하지 않는 것은 자신들이 그 사업의 적임자라는 자부심, 종업원들에 대한 신의, 기업의 미래에 대한 부담감 등의 심리적 요인이 작용하기 때문이다. 이외에도 실업 증가와 지역사회에 미치는 영향을 고려해 정부와 지역사회에서 철수의 제약을 두는 경우도 있다. 실례로 화학산업은 공장을 폐쇄하면 고철 이외에 남는 것이 없으므로 철수로 인해 많은 가치를 잃어 철수장벽이 높은 산업이다.

이처럼 철수장벽이 높을 경우, 기업 입장에서 수익률이 낮아도 진출한 산업에서 벗어나기가 어렵다. 24시간 풀 가동을 해야 하는 화학공장은 수요가 줄거나 새로운 공장이 하나 더 생기면 가격이 폭락하지만 쉽게 철수할 수 없다. 따라서 철수장벽이 높은 산업의 경우, 경쟁자들이 쉽게 산업에 진출하지 않으므로 기존 기업에는 시장매력도가

그림 4-11 **진입장벽과 철수장벽**

진입장벽 \ 철수장벽	고	저
고	수익은 높지만 위험이 많다	수익은 높고 안정되어 있다
저	수익은 낮으면서 위험이 많다	수익은 낮지만 안정되어 있다

출처: Porter, M. E., *Competitive Strategy*, The Free Press: New York, 1980.

증가하는 요인이 될 수 있다. 진입장벽과 철수장벽은 서로 다르지만, 산업을 분석하기 위해서는 반드시 함께 다루어야 한다. 진입장벽과 철수장벽이 높고 낮은 경우를 단순화시키면 〈그림 4-11〉과 같다.

구매자의 교섭력

구매자들은 가격인하나 품질향상 및 서비스 증대를 요구할 수 있다. 또 경쟁기업들을 서로 대립시켜 이득을 보는 행위 등으로 구매대상시장에 영향을 미칠 수 있다. 이때 구매자란 개인소비자 외에도 조직구매자, 즉 기업이 포함된다. 자사제품시장에서 구매자의 교섭력(Bargaining Power of Buyers)이 강하면 기업 입장에서는 그 시장매력도가 낮아진다.

제품이 차별화되어 있지 않을수록, 구매자의 규모가 클수록, 구매자의 정보수준이 높을수록 그리고 대체품 수가 많을수록 구매자의 교섭력은 높아진다. 한 시장에서 구매자의 교섭력은 고정된 것이 아니라 시간에 따라 변한다. 예를 들어 자동차 제조기업이 철강 생산기업에 대해 그다지 높은 교섭력을 가지지 못하는 이유는 자동차 생산에서 철강은 필수적인 원료이기 때문이다. 그러나 시간이 흐름에 따라 플라스틱 등과 다른 경량 소재가 대체품 역할을 하기 시작하면서 자동차 제조기업의 철강 생산기업에 대한 교섭력이 상대적으로 상승했다. 또 타이어 제조업체 미쉐린, 브리지스톤, 한국타이어 등은 대량으로 타이어를 구매하는 자동차 제조기업의 막강한 구매자 교섭력에 대항하기 위해 대중을 상대로 타이어를 광고해 대중으로 하여금 자동차 제조기업 측에 특정 타이어를 요구하도록 유도하는 노력을 펼치고 있다.

공급자의 교섭력

시장에서 공급자의 교섭력(Bargaining Power of Suppliers)이 강하게 작용하는 경우는 소수의 공급업자에 의해 제조기업에 집중적인 원료공급이 이루어지거나 몇몇 공급업체들이 다양한 경로로 유통업자와 고객들에게 제품을 공급하는 경우이다.

제조업체의 경우 자사제품의 생산에서 어떤 특정공급자의 부품이나 중간재가 꼭 필요하거나 그 공급자가 거의 유일한 공급자인 경우, 자사가 공급자를 변경하려면 높은 전환비용을 감수해야 한다. 예를 들어 정밀화학제품을 생산하는 기업의 경우 석유화학회사의 석유 정제 제품을 원료로 공급받아야 한다. 그러나 국내 석유화학회사의 수가 많지 않기 때문에 공급자의 교섭력이 우위를 점하고 있다고 볼 수 있다. 원자재의 경우, 원자재를 보유하는 국가가 희소성을 바탕으로 강한 공급자 교섭력을 가질 수 있다. 반도체 생산에 필요한 희토류의 세계 공급량 69% 이상을 차지하는 중국의 교섭력이 그런 경우이다. 한 기업이 활동하는 산업에서 공급자의 교섭력이 매우 강하다면 기업 입장에서는 시장매력도가 떨어지게 될 것이다.

기존 기업 간 경쟁

같은 제품을 생산 · 판매하는 경쟁기업의 수가 얼마나 되며 경쟁이 얼마나 치열한가는 시장매력도를 분석하는 데 있어서 매우 중요하다. 한 시장 내 다수의 주요 기업들이 치열하게 경쟁하고 있다면, 그 시장은 소수 경쟁자들이 있는 시장에 비해 매력도가 낮은 곳이다.

기존 기업 간 경쟁(Industry or Inter-firm Rivalry) 강도는 주로 경쟁업체 수, 각 경쟁기업이 그 시장에 부여하는 중요도, 고정비가 전체 비용에서 차지하는 비율 그리고 철수장벽의 유무 등으로 결정된다. 일반적으로 경쟁기업이 많을수록, 각 기업의 목표와 전략이 다양할수록 경쟁은 더욱 심화한다. 일례로 그 시장이 모든 경쟁기업에 있어 전략적으로 중요한 시장이고, 제품의 특성상 차별화가 어려울 경우에는 가격경쟁이 심화한다. 우리나라 통신 3사인 SKT, KT, LGU+의 경쟁이 그 대표적인 예이다.

대체품의 위협

특정산업에서 경쟁을 벌이는 기업들은 넓은 의미에서 대체품을 생산하는 보이지 않는 기업들과 경쟁을 벌이고 있다고 보아야 한다. 그러므로 대체품이 시장에 출현할 가능성이 높은 시장이라면 진입하려는 기업 입장에서는 시장매력도가 높은 동시에 진입장벽이 낮다.

대체품의 위협(Threat of Substitutes)은 여러 부문에서 나타난다. 고성능 스마트폰이 널리 확산되고 내장 카메라의 화소가 콤팩트 카메라에 버금가면서 대중은 카메라를 구매하는 대신 별도로 휴대할 번거로움이 없는 스마트폰을 구매하게 되었다.

대체품이 주는 위협 정도는 대체품의 상대적 가격이나 대체품이 제공하는 효익에 대한 구매자의 반응으로 결정된다. 따라서 마케팅 관리자는 이들 대체품이 자사제품과 실질적 경쟁을 하며, 그 시장의 수익성에도 영향을 미칠 수 있음에 유의해야 한다. 그리고 상대적으로 낮은 가격과 높은 수준의 성능, 고객의 전환비용의 최소화 요구에 적응하는 대체재 등은 성공 가능성이 높으므로 미래의 위협적 경쟁자가 될 수 있다.

5 Force 모델 적용 사례: 크라운 코르크 앤드 실

지금부터는 미국의 금속 캔 제조업자 크라운 코르크 앤드 실(Crown Cork & Seal)의 사례 분석을 통해 포터의 다섯 가지 요인으로 산업 내에서 기업이 처한 상황을 적절히 설명할 수 있음을 살펴보도록 한다.

잠재적 경쟁자의 진입 가능성: 식품 제조업자, 맥주 양조업자
금속 캔 제조업자 크라운 코르크 앤드 실의 시장 · 산업에 대한 잠재적 진입자는 식품 제조업자 및 맥주 양조업자로 볼 수 있다. 이들은 캔의 가격이 저렴하기를 바라므로 직접 캔을 제조하려는 동기가 높았다. 즉, 이들의 신규진입 위협은 상당히 높았다.

구매자의 교섭력: 음료수 제조업자의 교섭력
크라운 코르크 앤드 실에 대한 구매자 교섭력은 매우 높은 편이었다. 코카콜라, 앤하우저-부시(Anhueser-Busch: 버드와이저 제조회사), 펩시콜라로 대표되는 음료수 제조업자들은 다수의 캔 제조업자와 공급계약을 맺고, 서비스나 가격수준에 따라 주문물량을 조절할 수 있는 강한 구매자 교섭력을 지니고 있었다.

공급자의 교섭력: 소수 알루미늄 생산자의 교섭력
크라운 코르크 앤드 실의 경우 알루미늄 소재 공급자의 교섭력이 매우 높았다. 구매자인 음료수 제조업자가 알루미늄 캔에 대해 높은 선호도를 가지고 있었는데 알루미늄 공급자가 소수임에 따라 알루미늄 공급자의 교섭력이 매우 강했다.

기존 기업 간의 경쟁: 일곱 개 제조업자 간의 경쟁
크라운 코르크 앤드 실을 포함하여 일곱 개의 제조업자가 금속 캔 산업을 지배하고 있었기 때문에 기존 기업 간의 경쟁 역시 높은 상황이었다.

대체품의 위협: 플라스틱, 유리의 위협
크라운 코르크 앤드 실의 경우, 음료수 제조업자들이 플라스틱과 유리를 제품 포장에 이용하게 되면서 플라스틱 및 유리라는 대체품이 상당한 위협으로 다가왔다.

5 Force 모델 분석의 적용: 미국의 금속 캔 제조업자 크라운 코르크 앤드 실

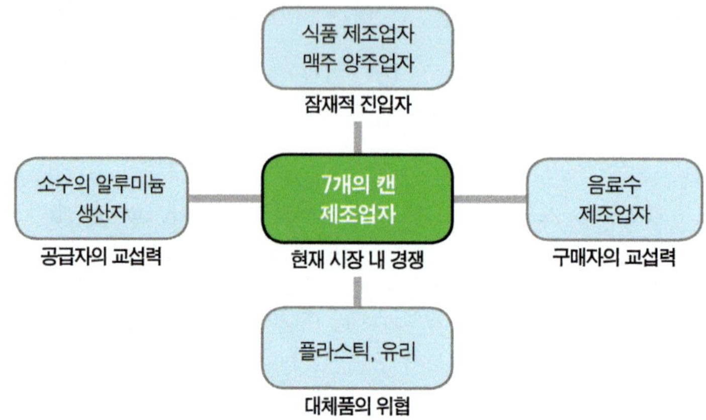

출처: Crown Cork & Seal in 1989, Harvard Business School Case, July 26, 2005.

3. 시장의 거시환경적 요인

- **학습목표 3: 주요 개념(2)**
  - 시장의 거시환경요인(인구통계학적 요인, 경제적 요인, 기술적 요인, 정치적·사회적 요인, 법률적 요인, 문화적·자연환경적 요인)분석 = 그 자체로 매력도분석을 할 수 있으나, 더 중요한 분석은 시장의 구조적 요인(5 Force 모델)과 외형적 요인에 영향을 미쳐 시장매력도가 달라지는 것을 파악하는 것
  - 또한 시장의 구조적 요인이 시장의 외형적 요인에 어떻게 영향을 미치는지를 파악하는 것도 중요

3장에서 살펴본 거시환경적 요인으로도 시장매력도를 평가할 수 있다. 거시환경 요인으로는 크게 인구통계학적 요인, 경제적 요인, 기술적 요인, 법적 · 정치적 요인, 환경적 요인이 있다. 5 Force 모델 분석은 시간의 흐름에 따라 변화를 반영할 수 있도록 지속적으로, 그리고 기업의 자원과 역량에 따라 복수적으로 분석 · 활용되어야 함을 명심해야 된다. 또한 이 모델은 시장(산업)의 어떤 측면에서 급진적인 변화와 혁신이 일어나는 것을 예측할 수 없는 한계를 가지고 있는 것도 염두에 두어야 한다. 더 자세한 내용은 온라인사이트에서 살펴볼 수 있다.

인구통계학적 요인 기업이 한 시장의 매력도를 분석하는 데 있어서 고려해야 하는 인구통계학적 요인으로는 소비자의 나이구조, 소득수준, 지역별 인구구조, 가구 수 등 여러

가지가 있다. 그 외에도 라이프스타일, 태도, 개인적인 가치 등이 시장구조에 영향을 미친다. 마케팅 관리자는 이런 요인들을 중요하게 다루어야 한다.

경제적 요인 경기변동으로 인한 소비자의 구매심리 위축, 인플레이션의 증가, 이자율 상승 등은 전체적인 기업의 판매량을 떨어뜨리는 요인으로 작용한다. 경기의 전체적인 움직임은 어느 특정요인에 의해서 나타날 수도 있지만 소비자들의 심리적 움직임에 의해서 천천히 나타나는 경우도 있다. 따라서 기업은 그 시장에 주요한 영향을 미치는 경제적 요인들을 면밀히 검토해 어떠한 부분에 자사의 강점이 있는가를 분석해 시장매력도를 평가해야 할 것이다.

기술적 요인 기술의 변화는 산업 전반에 걸친 변화를 요구하고 광범위하게 시장과 기업 활동에 영향을 미친다. 이러한 기술적 요인은 〈그림 4-12〉와 같이 크게 기술(technology), 과정(process), 원동력(impetus)의 세 가지 차원으로 구분할 수 있다. 첫 번째 차원인 기술은 기술 그 자체에 관한 것을 말하며, 에너지, 원자재, 수송, 정보, 유전공학 같은 부문으로 구분한다. 정보기술의 출현이 경영, 특히 마케팅에 미치는 영향이 좋은 예다. 기술의 발전으로 소매점의 재고관리나 물류 및 현금관리는 물론 고객정보를 이용한 고객관리 시스템에 일대 변화를 맞게 되었다. 두 번째 차원인 과정은 기술의 출현 및 변화에 관한 과정을 말하는 것으로, 이는 발명(invention), 혁신(innovation), 확산(diffusion) 등으로 구분할 수 있다. 발명은 신제품 개발을, 혁신은 신제품 도입을, 확산은 도입된 제품을 많은 사람들에게 소구하여 판매하는 것을 말한다. 세 번째 차원인 원동력은 이러한 기술의 개발과 전파 과정을 일으키는 원동력을 뜻한다. 이 원동력은 상업화를 위한

그림 4-12 기술적 요인의 세 가지 차원

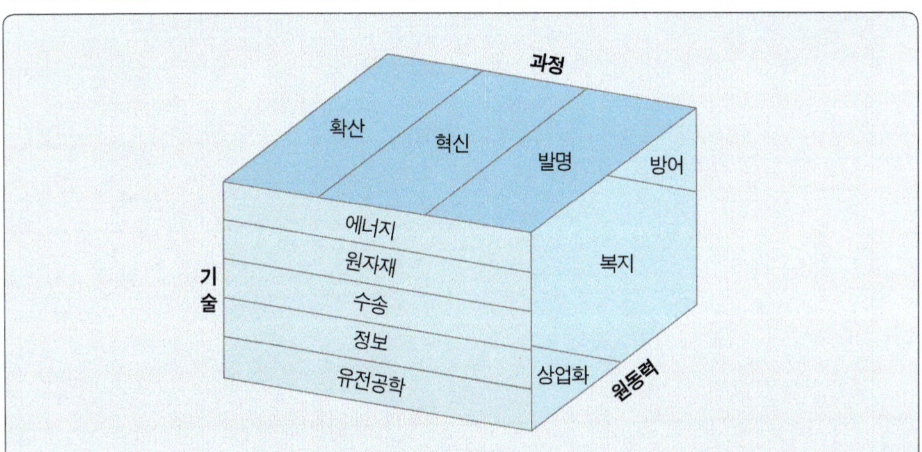

목적과 기업이 경쟁업체로부터 방어하기 위한 목적 그리고 사회 전체적인 복지를 위한 목적에서 비롯된다.

법적 · 정치적 요인 기존 산업에 대한 규제강화나 새로운 지방 행정부서의 규제강화, 새로운 세금의 신설 등 법적 요인은 기업 활동을 위축시키는 요인으로 작용한다. 따라서 기업은 이러한 법적 규제의 바탕이 될 수 있는 사회의 제반 움직임이나 특정산업에서의 규제완화 추세 등에 대해 자세히 검토해 시장매력도를 더욱 적절하게 평가해야 한다. 정치적 요인은 특정산업이 정치적 환경에 얼마나 민감한 영향을 받는가와 관련이 있다. 이러한 점에서 기업은 정치적 변동상황을 시장매력도분석에서 각별히 고려해야 할 필요가 있다.

환경적 요인 사회가 지니고 있는 가치관, 신념, 풍속, 종교, 예술 등 문화의 변화속도는 빨라지고 있다. 이러한 변화는 구매하는 제품의 형태뿐 아니라 소비수준에까지 큰 영향을 주므로 기업은 시장매력도분석에서 반드시 고려해야 한다. 또 자연친화적인 '그린 마케팅'의 활용도가 높아지고 있다. 따라서 자연환경에 대한 높아진 관심도와 중요도 역시 기업이 시장매력도분석에서 고려해야 할 요소이다.

3 수요예측과 판매예측

- **학습목표 4: 주요 개념(1)**
  마케팅 관리자는 효율적인 마케팅계획과 생산계획 수립 → 자사제품에 대한 수요와 판매를 최대한 정확하게 예측할 수 있어야 함.

1. 잠재수요 추정방법

- **학습목표 4: 주요 개념(2)**
  – 시장의 잠재수요 = 일정 기간 자사제품이 소속된 시장에서 동종의 모든 제품이 소비자에게 팔릴 수 있는 최대 판매가능액
  – 잠재수요 추정방법 = 연쇄비율법, 구매력지수법, 표준산업분류법 등 2차 자료를 활용하는 방법이 있음.

시장의 잠재수요(potential demand)란 일정 기간 자사제품이 소속된 시장에서 동종의 모든 제품이 소비자에게 팔릴 수 있는 최대 판매가능액으로 이상적인 상황에서 달성할 수 있는 최대 판매수준을 말한다. 판매가능액(sales potential)이란 보다 좁은 의미로 한 기업이 그 산업 내에서 실현할 수 있는 최대의 매출가능액을 말한다.

디지털 기술의 발달로 기업 환경의 변동성이 증가함에 따라 시장예측이 기업의 의사결정 수단으로 널리 활용되고 있다. 삼성경제연구소(SERI) 보고서를 보면 인텔은 자사 전문팀에 의한 시장 및 수요 예측뿐 아니라, 글로벌 현황에 대한 이해도가 높은 사내 전문가들을 대상으로 한 시장예측제를 운영해 수요 예측치를 이중으로 확인하여 측정함으로써 기존 방법보다 5% 정도 오차를 줄인 정확도 높은 수요 예측을 하고 있다.

잠재수요의 추정방법으로는 최초의 특정계산규모에 일련의 비율을 곱해 나가는 연쇄비율법, 자사제품을 포함하여 동종의 모든 제품의 사용에 영향을 미치는 변수들을 검토하는 구매력지수법, 표준산업분류를 이용하여 잠재수요를 산정하는 표준산업분류법 등이 있다. 이에 대한 자세한 설명은 온라인사이트에서 참조하기 바란다.

2. 판매예측 추정방법

- **학습목표 4: 주요 개념(3)**
  자사의 판매예측기법 = 판단적 기법, 시계열분석기법, 그리고 인과관계분석기법 등이 있음.

판매예측(sales forecasting)은 미래의 특정시간대에서 과거의 판매수준, 마케팅 노력 정도, 일반적인 경영환경 등을 고려했을 때 실제로 예상되는 자사제품의 매출규모에 관한 것이다.

판단적 판매예측기법(judgemental forecasting method) 기업에서의 판매예측은 대개 정교한 과학이기보다는 경험에 근거한 기술적 성격을 띠는 경우가 많다. 보통 판단적 판매예측기법은 객관적이고 정확도가 높은 방법이기보다는 경험을 근거로 자사 판매액을 예측하는 것이 특징이다.

시계열분석기법(time series analysis method) 특정제품의 매출액 변화와 같이 시간의 영향을 받는 형태의 자료를 시계열자료라고 하며, 이 값들의 계열을 간단히 시계열(time series)이라 한다. 예를 들면 과거 10년 동안의 매월 매출액을 기록한 자료라든지, 과거 5년 동안의 광고비 지출액을 기록한 자료 등이 시계열자료에 해당한다. 시계열분석은 자료를 통해 미래의 추세를 예측하려는 것인데, 자료의 추세를 시간의 함수로 나타내는 것이 일반적이다. 이러한 시계열분석의 기본 가정은 시간을 가장 중요한 변수로 인식한다는 것과 과거의 자료들이 미래에 우리가 관심을 두는 현상과 밀접하게 관련되어 있으므로 미래현상을 예측하는 데 유용하다는 것이다.

인과관계분석기법(causal relations analysis method) 기업은 특정현상의 원인이 되는 독립변수와 독립변수의 영향을 받아 변하는 종속변수라는 두 변수 간의 관계를 분석하는 인과관계 분석기법을 전략적으로 활용하고 있다. 앞의 시계열분석에서는 시간을 가장 중요한 변수로 보고 과거에서 현재에 이르는 판매추세를 미래의 판매예측에 활용했지만, 인과관계분석기법(casual relations)에서는 판매액을 하나의 종속변수로 보고, 이에 영향을 미치는 여러 독립변수를 찾아내 이들과 판매액 간의 정확한 관계를 규명함으로써 미래에 실현될 판매액을 예측한다.

판단적 판매예측기법, 시계열분석기법, 인과관계분석기법에 관한 상세한 내용은 온라인사이트에서 참조하기 바란다.

3. 시장예측의 정확성과 분석기법 선택

- **학습목표 4: 주요 개념(4)**
  - 시장예측기법의 선택 → 각 기업이나 제품이 처해 있는 상황에 맞게 이루어져야 함.
    - 마케팅 관리자는 각 예측기법의 장단점, 제품수명주기 단계와 예측에 요구되는 시간 등을 신중히 검토해서 선택하여야 함.

예측의 정확성

앞에서 설명한 여러 예측기법은 각기 장 · 단점을 지니므로 특정방법이 다른 방법들에 비해 정확성이 항상 높다고 볼 수는 없다. 어느 방법을 사용하더라도 자사제품의 판매예측이 정확하기를 바라는 것은 모든 기업이 마찬가지일 것이다. 대체로 좋은 예측을 위해서는 다음과 같은 사항이 필요하다. 첫째, 시장, 제품, 기업조직 등과 같은 판매예측과 관련된 요소들을 전부 고려하고 또 이들 요소로 구성된 시스템에 대한 이해가 충분히 반영된 상태에서 행해져야 한다. 둘째, 예측결과로 나타날 수 있는 모든 형태의 결과 정확도나 범위에 관한 추정이 포함되어 있어야 한다. 셋째, 예측하는 담당 관리자가 예측이 행해지는 절차와 사용한 예측기법의 특성 및 과정 등을 잘 이해하고 있어야 한다.

이상과 같은 점들을 통해 볼 때 예측은 단지 수학적 · 통계적 자료들을 기술적으로 활용해 미래를 투시하는 것 이상을 의미하는 관리적 과정임을 알 수 있다. 그러므로 이러한 노력이 함께 이루어질 때 예측의 정확성을 더욱 높일 수 있고, 좋은 예측결과를 얻을 수 있다.

예측기법의 선택

어떤 방법을 판매예측에 사용할 것인가는 매우 중요하다. 그러나 항상 좋은 예측결과를 가져다주는 방법은 없다. 앞서 나온 예측기법들은 모두 나름의 특징을 지니고 있기 때문에 특정기법이 한 기업에 언제나 유용하지는 않다. 기업에서 특정기법을 적용할 때에는 여러 요소가 고려되어야 하며, 특히 제품수명주기 단계는 이때 중대한 영향을 미친다. 또 예측에 할애할 수 있는 시간이 얼마나 되는가도 함께 고려되어야 할 사항이다. 〈표 4-4〉에서는 각 예측기법의 장단점과 사용상 적절한 제품수명주기 단계, 예측에 요구되는 시간별로 비교 · 정리했다.

결국, 예측기법의 선택은 현재 기업이나 제품이 처해 있는 상황에 맞게 이루어져야 한다. 따라서 마케팅 관리자는 예측기법의 선택 및 적용 시에 각 예측기법의 장단점과 사용상 적절한 제품수명주기 단계, 예측에 요구되는 시간 등을 신중히 검토해야 한다.

표 4-4 판매예측기법들의 비교

기법	시간대	적절한 제품수명주기 단계	장점 및 단점
최고경영자의 판단	단기 중기 장기	어느 단계나 가능	• 예측결정이 신속 • 객관적 측정이 어려운 요소도 포함 • 경영자 주관에 따른 편향 우려
판매원 의견통합법	단기	어느 단계나 가능	• 판매원들의 동기에 따라 예측이 과대 · 과소평가될 가능성이 있음
델파이 방법	장기	제품개발 및 도입기	• 다수의 횡포 방지 • 돌발사건의 대처 용이
사례유추법	장기	제품개발 및 도입기	• 신제품의 수요예측에 유용 • 이익률 예측에 유용
단순예측법	단기	성숙기	• 판매추세가 안정적이어야 함
단순이동평균법	단기	성숙기	• 평균산정에 사용하는 기간 결정에 주의를 기울여야 함
지수평활법	단기	성숙기	• 평활상수(a) 값을 얼마로 정하느냐를 주의 깊게 고려해야 함
박스-젠킨스모형	단기	성숙기	• 예측 절차가 너무 복잡함 • 너무 많은 양의 과거 자료가 필요함
시계열확산모델	단기	도입기	• 과거 자료를 잘 맞추는 것에 비해 미래 자료의 예측력이 떨어짐
구매의도조사법	단기 중기	성장기	• 실험설계의 성패에 좌우됨
회귀분석	단기	성장기	• 많은 자료가 필요함 • 변수 간 상관관계를 알아야 함 • 자료들이 정규분포의 가정에 맞아야 함

이 장의 요약

- 시장은 물품의 매매가 이루어지는 교환 장소이다. 또 같은 유형의 소비자욕구를 만족시키기 위한 제품의 집합이고, 제품거래를 광범위하게 수행하는 사람들과 조직체의 집합이다. 기업은 시장분석을 위해 제품의 시장범위를 규정하고, 이를 구성하고 있는 요소들을 파악해야 한다. 또 끊임없이 움직이고 변화하는 시장의 동태성을 이해하기 위해 제품수명주기분석을 할 수 있다.

- 마케팅 관리자는 자사제품의 시장분석을 통해 시장매력도를 알아낼 수 있다. 시장매력도를 구성하고 있는 요소로는 시장의 외형적 요인, 시장구조 요인 및 환경적 요인을 들 수 있다. 이 중 시장의 외형적 요인에는 시장규모, 시장성장률, 제품수명주기 단계, 판매의 주기성, 수익성 등이 있다. 시장구조 요인은 현재의 경쟁자 및 잠재적 진입자가 특정 사업에 대해 느끼는 매력도를 측정하기 위해 수행하는 산업분석으로 평가되는데, 기업은 5 Force 모델을 통해 산업에서 자사의 현재 시장 내의 경쟁, 잠재적 진입자, 구매자 교섭력, 공급자 교섭력, 대체품 등을 파악할 수 있다. 나아가 시장매력도는 인구통계학적 요인, 경제적 요인, 기술적 요인, 법적 · 정치적 요인, 환경적 요인 등의 파악으로 평가할 수 있다.

- 마케팅 관리자는 효율적인 마케팅계획과 생산계획 수립을 위해 자사제품에 대한 수요와 판매를 최대한 정확하게 예측할 수 있어야 한다. 시장의 잠재수요는 일정 기간 자사제품이 소속된 시장에서 동종의 모든 제품이 소비자에게 팔릴 수 있는 최대 판매가능액이며, 이를 측정하는 방법에는 연쇄비율법, 구매력지수법 그리고 표준산업분류법 등 2차 자료를 활용하는 방법이 있다. 판매예측기법에는 판단적 기법과 시계열분석기법 그리고 인과관계분석기법 등이 있다. 판단적 기법에는 최고경영자의 판단, 판매원 의견통합법, 델파이 방법, 사례유추법 등이 있다. 시계열분석기법은 과거 자료의 추세를 이해하고, 이를 토대로 미래를 예측하는 것이며, 이 방법에는 계절적 조정, 단순예측법, 추세분석, 평활법, 박스-젠킨스모형, 시계열확산모델 등이 있다. 인과관계분석기법은 판매액을 하나의 종속변수로 보고 이에 영향을 미치는 독립변수들을 찾아내 이들과 판매액 간의 정확한 관계를 규명해 판매액을 예측하는 기법으로 회귀분석과 구매의도조사법이 있다. 예측기법의 선택은 각 기업이나 제품이 처해 있는 상황에 맞게 이루어져야 한다. 따라서 마케팅 관리자는 예측기법의 선택 및 적용 시에 각 예측기법의 장단점, 사용상 적절한 제품수명주기 단계와 예측에 요구되는 시간 등을 신중히 검토해야 한다.

주요 개념 목록

시장과 산업(수요 측면과 공급 측면에서의 정의) / 시장의 범위 / 제품수명주기 / 확산모형 / 시장매력도 / 시장의 외형적 요인 / 시장의 구조적 요인 / 포터의 5 Force 모델 / 시장의 거시환경적 요인 / 시장예측 / 연쇄비율법 / 구매력지수법 / 표준산업분류법 / 판단적 판매예측기법 / 시계열분석기법 / 인과관계분석기법

생각해볼 문제

1. A사는 공급자 측면에서의 마케팅 개념을 갖고 있고, B사는 소비자 측면에서의 마케팅 개념을 갖고 있다. A사와 B사가 제품시장 영역을 설정하는 데 어떠한 차이가 있을지 설명하시오.
2. 시장의 의미를 다음 사람들의 관점에서 설명하시오.
   1) 마케팅 관리자
   2) 경제학자
   3) 증권중개인
   4) 영업부장
   5) 가정주부
3. 독점규제 및 공정거래에 관한 법률에 따라 시장을 정의할 때 발생할 수 있는 문제점에 대해 논하시오.
4. 김치냉장고시장의 구조와 게임시장의 구조를 5 Force 모델로 분석하고 비교하시오.
5. 한 기업의 노트북 제품을 선택해 제품범주, 제품유형에 따른 제품수명주기 그래프를 그리고 상황을 분석하시오.

6. 현재 성숙기에 들어선 산업 · 시장 하나를 선택해 그 시장의 매력요인을 평가하고 분석하시오. 그리고 한 특정업체의 관점에서 시장의 기회와 위협 요인을 정리하고 전략적 방향성을 도출하시오.

후주 및 참고문헌

1 한국표준산업분류(Korean Standard Industrial Classification: KSIC)란 "국내 경제활동의 구조분석에 필요한 통계자료의 생산과 그 생산된 자료 간의 국내외 비교분석 목적에 모든 기관이 통일적으로 사용하도록 국내의 산업구조와 실태하에서 각 생산단위가 수행하는 모든 산업 활동을 일정한 분류기준과 원칙에 따라 일반적인 형태로 유형화한 것"이다. 한국표준산업분류의 주요 목적은 산업 활동에 관련된 각종 통계자료를 산업 활동의 유사성에 따라 분류하고자 할 때 이용할 수 있는 일련의 산업 활동 유형을 제공하기 위한 것이다. 이러한 목적에 따라 설정된 표준산업분류로 산업 관련 통계를 작성하고 이를 분석함으로써 경제 및 산업구조, 산업 간의 유기적 구성과 상관성 등을 파악, 분석함은 물론 작성한 국내외 통계자료 간 비교도 가능하도록 한 것이다. 세법에서는 사업의 범위 및 업종의 분류에 대해 특별한 규정이 있는 것을 제외하고는 한국표준산업분류를 기준으로 하고 있다. 2017년 7월 1일부터 시행되는 10차 개정에서는 대분류 21개, 중분류 77개, 소분류 232개, 세분류 495개, 세세분류 1,196개의 분류체계를 확정하였다.

2 Porter, M. E., *Competitive Strategy*, Free Press: New York, 1980.

3 Levitt, T., "Exploit the Product Life Cycle," *Harvard Business Review*, 43 (November-December), 1965, pp. 81~94.

4 Rogers, E. M., *Diffusion of Innovations*, 5th edition, Free Press, 2003.

6th Edition

Marketing

05장

고객분석

고객욕구를 뛰어넘어라

/ 학 / 습 / 목 / 표 / (Learning Goals)

1. 고객행동분석의 이유와 고객행동분석의 틀을 이해한다.
2. 고객행동에 영향을 미치는 요인을 이해한다.
3. 고객의 정보처리 과정을 학습한다.
4. 고객의 의사결정 과정과 고객 의사결정 여정을 학습한다.

1 고객행동분석

키즈폰 준

여러분들은 키즈폰 브랜드 준을 들어본 적이 있는가? 준(JooN)은 2014년 SK텔레콤을 통해 런칭된 웨어러블 폰이다. 이 제품을 만든 기업은 인포마크(Infomark)로 2002년 실험실 벤처로 설립되었으며, 모바일 라우터(에그), 웨어러블 디바이스(키즈폰 준) 등을 개발 · 제조하는 스마트 통신기기 전문기업으로 2005년 벤처기업 인증을 받고 2015년 코스닥시장에 상장되었다. 이 기업의 CEO에게 개발과 런칭 시 주로 고려했던 사항들을 물어보았다.

이성호: SK 텔레콤과 어린이 전용폰 개발을 논의하면서 어떻게 방향을 정하시게 되었나요?

C E O: 먼저 과거 일본과 한국에서 키즈폰 개발과 런칭 사례들이 있었지요. 그런데 왜 이 제품들이 그다지 성공적이지 않았는지 그 이유들을 분석해 나갔습니다. (다음 그림에서 볼 수 있듯이) NTT DoCoMo의 Huawei, Softbank의 ZTE, SK텔레콤의 벨웨이브 같은 제품들이었는데요. 사용자인 아이들 입장에서 분석해 보니 아이들은 유치함을 거부하였고 사실 실제 폰에 대한 소유욕이 강했습니다.

이성호: 그래서 그 다음은 또 어떤 분석이나 생각을 하셨나요?

C E O: 키즈폰과 관련된 소비자 그룹은 사용자인 아이들 외에 구매자인 부모를 고려해야 한다고 판단했습니다. 아이들의 니즈, 요구조건은 좀 전에 얘기한 지나친 유치함에 대한 거부, 실제 폰에 대한 소유욕에 추가하여 사용이 간편해야 하는 것과 분실의 위험을 줄여줘야 하는 것을 추가적으로 발견했습니다. 한편 인터뷰 등을 토대로 키즈폰에 대한 부모의 요구조건들을 파악한 결과 아이들의 안전에 대한 걱정이 많았고, 인터넷 유해환경에 대한 노출에 대한 염려도 상당했습니다. 나아가 구매 및 사용 비용에 대한 부담도 꽤 있다는 것을 알게 되었습니다.

이성호: 그래서 개발 방향을 어떻게 정해 나가셨죠?

C E O: 소비자 그룹의 니즈(특히, 분실의 위험 해결)와 우리의 기술력, 과거 사례의 실패 경험을 조합하여 생각한 결과 키즈폰이지만 앞서가는 웨어러블 폰으로 개발 방향이 모아지기 시작했습니다. 문제는 구체적인 제품 개념과 특성을 잡아나가는 부분이었는데요. 제일 큰 제한조건(constraint)은 구매 및 사용 비용의 천정(ceiling)이 있었다는 점입니다. 이 제한조건은 제품의 핵심기능에 초점을 맞추게 해주었습니다. 핵심기능은 다름 아닌 안전(safety)과 연락(contact) 기능이었습니다(다음 그림 참조). 나아가 웨어러블 제품은 IT 기기가 아닌 패션 제품이어야 한다고 생각했습니다. 아이들에게 실제 폰보다 '쿨(cool)'한 제품이 되어야 한다고 생각했으며 디자인 키워드는 'Simple & Stylish'로 정해졌습니다(다음 그림 참조: JooN 제품은 한국디자인진흥원이 수여하는 굿디자인상을 여러 차례 수상했으며, JooN은 2015년 국제적 디자인 어워드인 Red Dot Design Award에서 Honorable Mention 수상을, JooN3는 2017년 Red Dot Design Award에서 Winner 수상을 했음).

이성호: 결국 여러 요인들이 작용했겠지만, JooN 시리즈의 성공은 사용자, 즉, 소비자의 니즈를 철저히 파악한 것을 토대로 제품의 기능과 디자인을 잡아간 것이라고 요약될 수 있을 것 같은데...

C E O: 네, 그렇다고 생각합니다. 기능적인 측면에서 꼭 필요한 특화된 기능(function)을 고려하였고, 매일 착용하고 싶은 세련된 디자인이 winning formula (성공 공식)가 아니었나 생각됩니다.

과거의 키즈폰 제품들

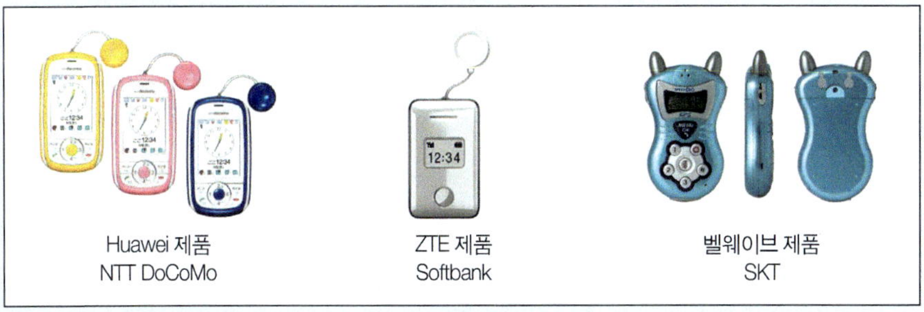

키즈폰 준의 디자인 스케치

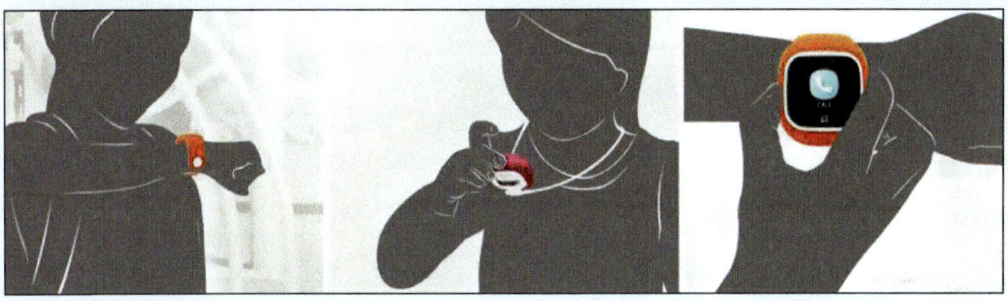

키즈폰 준의 기능과 제품들

출처: 인포마크 홈페이지(www.informark.co.kr); CEO와의 인터뷰(2015년 12월 5일, 2017년 7월 19일)

Pebble Technology의 Smartwatch

캐나다 워털루대학교(University of Waterloo)에서 시스템디자인공학(Systems Design Engineering)을 전공한 젊은 청년 에릭 미기코프스키(Eric Migicovsky)는 스마트 워치를 최초로 상용화하기 위해 2009년 1월 실리콘 밸리의 심장부 도시들 중 하나인 팔로 알토에 Pebble Technology를 설립한다. 미기코프스키는 네덜란드의 델프트과학기술대학교(Delft University of Technology)에 교환학생으로 가서 자전거를 타고 유럽여행을 하다가 휴대전화를 꺼내지 않고 손목시계로 알림과 메시지를 받을 수 있으면 편하겠다는 창업 아이디어를 얻었다. 그리고 2010년 미국의 대표적 창업인큐베이팅 비영리 캠프 중 하나인 Y Combinator Business Incubator Program을 통해 펀딩과 개발을 지원받게 된다. 이 프로그램에서 곧바로 프로토타입 제품을 직접 만들어 블랙베리와 연동되는 inPulse 제품을 개발한다(이 당시의 브랜드 네임은 Pebble이 아니라 Allerta였음; 다음 그림 참조). 이 제품의 본격적 개발과 런칭을 위해 Draper Fisher Jurvetson의 Tim Draper와 같은 엔젤투자자들로부터 37.5만 달러를 펀딩받았으나 추가적인 펀딩에는 실패했다. 이에 대해 미기코프스키는 실리콘 밸리에서 하드웨어 관련 사업에 투자를 유치한다는 것은 어려울 것이라 예상해서 놀라지는 않았으며 결국 자신이 투자자들에게 자신의 비전을 충분히 전달하지 못했다고 생각했다. 더 이상 펀딩이 어려울 것이라 판단한 그는 안드로이드폰 및 아이폰과 연동되는 새로운 브랜드 네임 Pebble 제품의 개발과 런칭을 위해 2012년 4월 11일, 곧바로 크라우드 펀딩(crowd funding) 킥스타터(kickstarter) 캠페인을 런칭했다. 캠페인의 초기 목표액은 10만 달러였으며, 모집구좌 단위는 115달러였다. 추가적으로 초기 투자자 200명에 대해서는 미리 주문을 하면 예상소매가 150달러의 시계를 99달러에 구매할 수 있는 프로모션을 같이 진행했다. 캠페인 런칭 두 시간 만에 목표 금액을 달성했다. 이 킥스타터 캠페인은 약 두 달 동안 진행된 결과 2012년 5월 18일, 68,928명의 후원 투자자로부터 10,266,844달러를 모금하며 종료되었다. 그 당시 킥스타터 모금 캠페인 중 신기록을 경신하기도 했다. 그리고 2013년 5월, Charles River Ventures로부터 1,500만 달러 펀딩을 추가적으로 유치하였다.

생산과 판매에 관한 내용들은 경쟁분석 및 자사분석에 추가적으로 소개된다. 이 장에서는 창업 초기 Pebble Technology의 고객분석과 관련된 내용을 생각해보자. 먼저 창업 초기 미기코프스키가 생각해야 할 고객분석 사항들은 무엇일까? 제일 먼저 누구, 즉, 어떠한 사람들은 표적시장 고객으로 삼아야 할 것인가? 이 제품과 관련하여 충족시켜야 할 그들의 니즈는 무엇이고 이를 어떠한 제품 기능으로 반영해야 할 것인가? 그리고 이들이 제품을 수용할 만한 적절한 가격대는? 나아가 그들의 구매의사결정 과정을 감안할 때 중요하게 생각해야 할 사항들은 무엇인가 - 이들에게 어떻게 제품의 존재를 알려야 할 것인가, 즉, 어떻게 고객 탐색(Search)을 촉진시킬 수 있을 것인가? 이들에게 구전(Word of Mouth)은 얼마나 중요하고 이를 어떻게 촉진시킬 수 있을 것인가? 아직 유통커버리지가 충분하지 않고(오프라인 스토어에 제품이 배치되지 않은 상황에서) 홈페이지를 통한 정보 전달과 판매가 주요 수단임을 감안할 때 구매 전 제품을 만지고 느끼고 경험해볼 수 있는 'touch & feel'에 대한 고객 요구에 어떻게 대응할 수 있을 것인가 등 - 에 관한 사항들이 고객분석의 주요 질문들일 것이다. 추가적으로 고려할 사항은 의사결정단위는 집단보다는 개인적으로 이루어질 가능성이 높은 것임을 감안하되, 시계는 가시성이 높은 만큼 주위 사람들에게 자랑할 만한 스토리를 제공해 주어야 할 것이다.

아마도 초기의 주요 표적시장은 시계를 거의 차지 않는 젊은 고객들(가칭, empty wrists) 중 블랙베리 폰과 연동하여 활동적인 상황(예: 스포츠 활동 중)에도 메시지와 알람 기능에 대한 정보 욕구가 강한 사람들일 것이다. 또한 활동적인 상황을 고려할 때 햇볕 아래에서의 가시성, 방수 등과 같은 기능들이 중요할 것이다. 특히 이들은 새로운 IT 디바이스에 대한 수용성이 상대적으로 높은 혁신층 내지는 얼리 어답터일 것임을 감안할 때 디자인도 수용성이 있어야 할 것이다. 그리고 기능이 제한된 초기 제품인만큼 가격대가 100달러를 넘어가면 곤란하다고 생각할 수 있다.

그 이후 아이폰과 안드로이드폰과 연계되는 Pebble 제품의 경우에는 그 외 기능적으로는 1주 이상의 충전력, 그리고 스포츠 콘텐츠(예: 야구, 농구, 미식축구 등) 정보의 제공을 고려하며 한층 더 업그레이드된 디자인이 중요할 것이다. 나아가 구전, touch & feel에 관한 니즈, 가시성 등을 고려할 때 유명한 오프라인 및 온라인 유통채널에서의 제품 취급이 절대적으로 요구되는 사항일 것이다.

블랙베리 폰과 연동된 초기 inPulse 제품

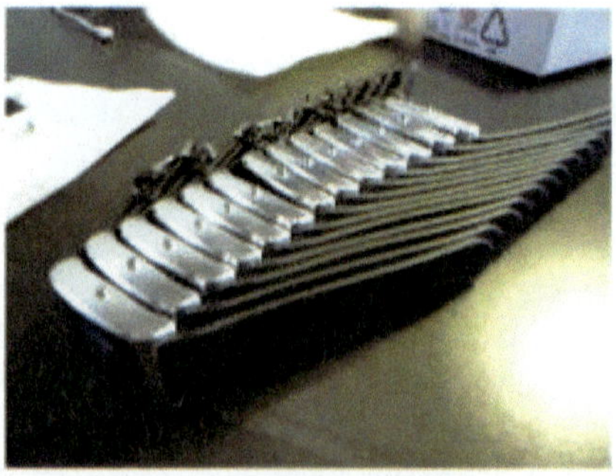

킥스타터(kickstarter) 프로그램에 의한 펀딩

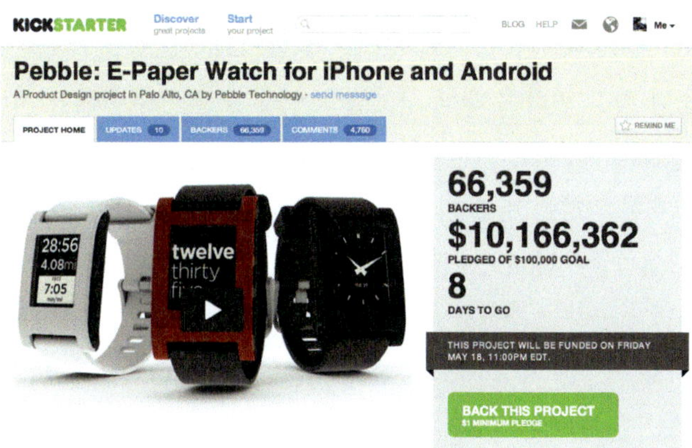

안드로이드 폰과 아이 폰과 연동된 Pebble, Pebble Steel 제품

출처: Pebble Technology 홈페이지(www.pebble.com); Pebble Technology에 관한 위키피디아 정보(https://en.wikipedia.org/wiki/Pebble_(watch)#Development); Dolan, R. J. "Framework for Marketing Strategy Formation," *Core Curriculum Series: Marketing Reading*, Harvard Business Publishing, 2014.

지금까지 학습한 거시환경분석(3장)과 시장분석(4장)을 간략히 검토해 보자. 거시환경분석은 보다 넓고 먼 관점에서 기업의 사업환경에 대한 기회와 위협요인을 도출하고 대처방안을 수립하기 위한 초석을 마련하는 목적을 가지고 진행한다. 시장분석을 통해 거시환경분석보다는 구체적으로 시장(산업)의 매력도, 즉 제품수명주기와 시장의 구조적 요인을 중심으로 기회와 위협요인을 분석함으로써 시장이 요구하는 바를 파악하여 대처방안을 도출하기 시작한다. 이번 5장, 그리고 6장 및 7장에서는 고객분석, 경쟁분석, 자사분석을 살펴본다. 이 세 가지 분석은 흔히 3C (Customer, Competition, Company)분석이라고 불리는데 시장 변화에 대한 구체적 과업을 도출하기 위해 실시하는 측면을 감안해 과업환경(task environment)분석이라고도 한다.

제일 먼저 고객이 원하는 바를 파악하는 고객분석은 시장분석, 경쟁분석과 함께 시장이 요구하는 핵심성공요인(Key Success Factors)을 도출하는 목적으로 실시한다. 경쟁분석에서는 고객에게 접근하는 경쟁을 파악해 누가 우리의 주요 경쟁자이고 그들은 고객에게 어떠한 가치를 어떻게 제공해왔고, 하고 있고, 할지를 분석한다. 마지막으로 자사분석을 통해 어떠한 표적고객군에게 경쟁과 비교하여 어떠한 가치를 어떻게 창출하여 전달할 수 있는지를 분석한다. 결국 3C분석을 통하여 기업은 시장의 핵심성공요인과 자사 자원 및 역량 간의 전략적 적합성(strategic fit)을 어떻게 마련해 나갈지를 고민하게 된다. 한편, 자사분석은 내부환경분석이라고 하고, 다른 환경분석들은 외부환경분석이라고 한다. 전략적 방향을 도출하기 위해 SWOT분석 틀을 활용해 환경분석들을 정리한다. 즉 외부환경분석의 주요 결과들을 기회와 위협요인(OT: Opportunity, Threat)에, 내부환경분석(경쟁 대비)의 주요 결과들을 강점과 약점(SW: Strength, Weakness)에 정리하는 분석 틀을 SWOT분석 틀이라고 하고, 이를 토대로 하여 기업 사업/제품의 전략적 방향을 도출하게 된다. 이 내용은 7장 자사분석에서 학습한다(아래 〈환경분석의 틀〉 참조).

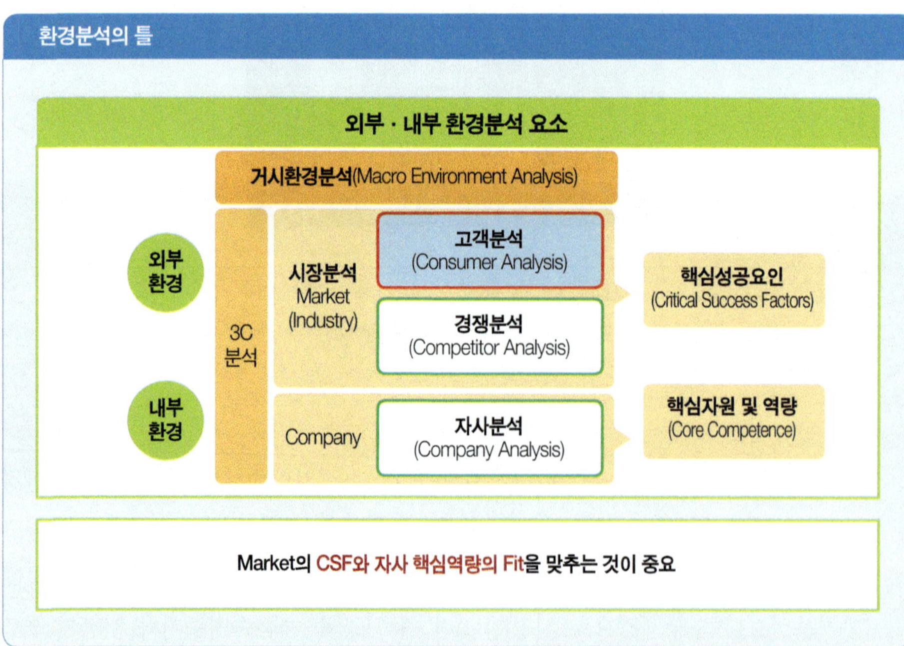

그러면 지금부터 이번 장의 주제인 3C분석의 첫 번째인 고객분석을 살펴보기로 한다. 고객분석은 다른 2C(경쟁분석 및 자사분석)와 연동되어 분석되지만, 고객분석의 궁극적인 목적은 우리 제품과 서비스의 혜택과 가치를 경쟁보다 더 고객 니즈와 관련성이 있도록 만들기 위한 방향을 도출·설정하는 것이다(아래 〈3C분석의 틀〉 참조). 도입 사례, 키즈폰과 Pebble Technology의 Smartwatch 사례에서 알 수 있듯이, 기업은 시장에서의 성공을 위해 자신의 제품과 서비스가 어떤 고객집단을 주력으로 삼아 이들이 원하는 또는 원하게 될 혜택과 가치를 파악하고 이를 경쟁보다 우월하게 만들어 제공해야 할지를 끊임없이 고민해야 한다. 참고로 기업의 마케팅전략 관점에서는 일반적인 소비자(consumer)보다 잠재고객이든 현재고객이든 기업이 주력으로 삼는 고객(customer)이 중요하므로 본서에서는 소비자 대신 고객이라는 용어를 사용한다.

3C분석의 틀

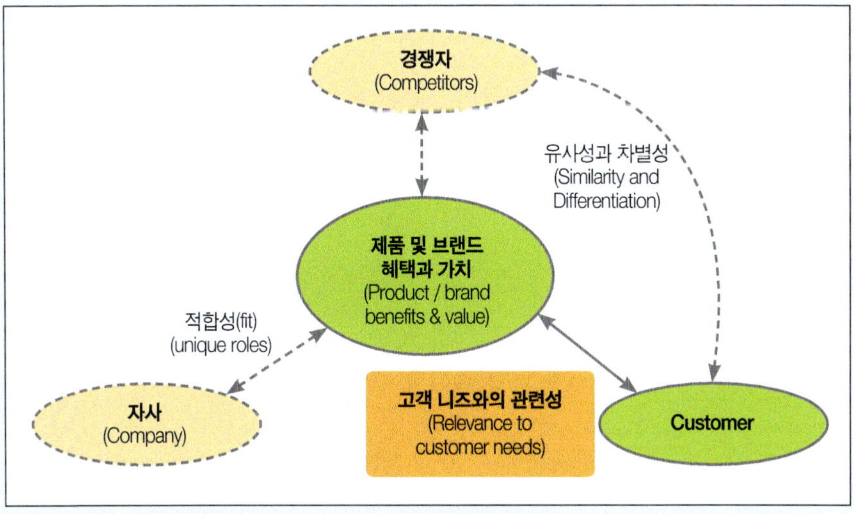

1. 고객행동분석의 이유

- **학습목표 1:** 주요 개념(1)
  고객행동의 체계적 이해 → 급변하는 시장환경 속에서 고객의 다양한 욕구를 충족시킬 수 있도록 시장세분화, 표적시장 선정 등과 같은 마케팅전략을 수립하고 실행

30대 남성인 의사 김 씨는 매일 퇴근 후 규칙적으로 운동하며 몸매를 관리하고, 주말에는 미용실에서 헤어스타일을 정리하거나 백화점에서 새로 입점한 브랜드의 의류를 구매한다. 그는 외모 꾸미기와 유행에 뒤처지지 않으려고 상당히 노력한다. 김 씨는 패션과 유행에 관심이 있는 남성으로 20대에서 40대 초반 전문직 종사 남성들에게서 발견되는 메트로섹슈얼(metro-sexual)의 전형이다. 이들은 외모에 대한 가치를 중시하고, 이를 위해 남성 화장품, 고급 브랜드의 의류, 액세서리 등을 구매하며, 마케팅 담당자들의 중요한 타깃이 되고 있다.

고객은 자신의 욕구 충족을 위해 제품을 구매한다. 고객들의 소득이 높아져 의·식·주에 대한 기본적인 욕구충족이 가능해지면 고객은 자아실현욕구를 충족하기 위해 구매행동을 개성화하고, 자신의 가치를 드러내는 제품을 구매하는 성향을 보인다. 그러므로 기업이 경쟁우위를 확보하려면 다양한 고객들의 욕구를 파악해 이에 맞는 제품을 만들어내는 것이 중요하다.

시장형성 초기에는 주로 마케팅 관리자의 주관적인 판단이나 경험과 같은 비체계적인 방법으로 고객의 욕구를 파악해 의사결정을 했다. 그러나 시장 환경이 점점 복잡해지고 내부 의사결정 과정이 길어짐에 따라 마케팅 관리자와 고객의 거리가 점점 멀어지면서 관리자의 주관적인 판단만으로는 고객욕구를 정확하게 파악하거나 자사의 마케팅 활동에 대한 고객의 반응을 파악하기가 어려워졌다. 기업이 고객에게 일방적으로 메시지를 전달하던 과거의 소통방식과는 달리 현재는 기업과 고객이 양방향으로 소통하기 때문이다. 이제 고객은 단지 시장 환경에 순응하는 데 그치지 않고 시장 환경을 만들어가고 있다. 이에 고객에 대한 체계적이고 정확한 분석이 선행되지 않으면 시장세분화, 표적시장 선정 등과 같은 마케팅 활동을 효과적으로 전개할 수 없다. 따라서 마케팅 관리자는 급변하는 시장 환경 속에서 고객의 다양한 욕구를 충족시킬 수 있는 마케팅전략을 수립하기 위해 고객행동을 체계적으로 이해해야 한다.

마케팅 관리자는 시장에서 제시되는 마케팅믹스에 대해 고객이 어떻게 반응하는가와 어떤 과정을 거쳐서 고객이 제품을 구매하는가로 구분해 고객행동을 파악해야 한다.

표 5-1 시장에서 얻고자 하는 고객에 관한 정보

1. 그들은 누구인가? 구매자, 사용자	**4. 언제 구매하는가?** 한 달, 일주일에 한 번, 세일기간 혹은 평상시
2. 그들은 무엇을 사는가? 구매량, 브랜드, 제품의 특성, 사용상황	**5. 어떻게 선택하는가?** 의사결정 과정, 사용하는 정보원
3. 어디서 구입하는가? 재래시장, 슈퍼마켓, 할인점	**6. 특정제품을 선택한 이유는 무엇인가?** 브랜드, 기능적 특성, 서비스, 이미지

결과적으로 마케팅 관리자가 고객행동과 관련해 시장에서 얻어야 하는 정보는 〈표 5-1〉과 같다. 이처럼 시장에서 얻어지는 고객에 관한 정보와 이에 영향을 미치는 요인들을 파악함으로써 마케팅 관리자는 고객을 몇 개의 세분된 시장으로 분류하고, 이 중에서 표적시장을 선정해 효율적인 마케팅전략을 수립해야 마케팅믹스를 수행할 수 있다.

2. 고객행동분석 틀

- **학습목표 1:** 주요 개념(2)
  - 고객행동분석의 틀 = 기업이 통제할 수 있는 마케팅 자극(제품, 가격, 광고, 유통, 경쟁사의 마케팅전략 등)이 어떻게 고객행동 과정(고객의 정보처리 및 의사결정 과정)과 그 결과(제품, 브랜드, 점포 선택, 구매시점 및 구매량 등)에 영향을 미치는지에 관한 틀
    - 이 틀을 토대로 고객행동 파악
  - 나아가 기업이 통제할 수 없지만 고객행동에 대한 문화적 요인, 사회적 요인, 인구통계적 요인, 심리적 요인의 영향력을 잘 이해 → 효과적인 마케팅전략을 수립하여 실행

금융회사에 다니는 30대 미혼 남성 이 씨는 퇴근 후 HSK 중국어 인증 시험 준비를 위해 회사 근처 독서실로 향하며, 저녁 식사로 근처 맥도날드에서 상하이 스파이시 치킨 버거를 구매했다. 이 씨가 맥도날드의 버거를 저녁 식사로 선택한 행위는 문화적 · 사회적 · 인구통계적 · 심리적 요인 및 마케팅 자극 등 여러 요인의 영향을 받은 것이다. 따라서 마케팅 관리자가 고객을 체계적으로 파악하기 위해서는 고객행동에 대한 개념의 틀이 필요하다. 〈그림 5-1〉은 고객행동분석을 위한 틀을 제시한다. 고객은 특정 사회의 문화와 자신이 속한 사회계층의 영향을 받으며, 동시에 가족구성원으로서 또는 준거집단의 일원으로 영향을 주고받는다. 어떤 제품을 선택하는 고객행위를 사회적 또는 문화적 요인들로만 분석하기에는 부족한 점이 있다. 같은 상황에 있는 사람들이라도 그 개인만의 특성과 심리적인 요인에 의해 서로 다른 구매행동을 보일 수 있기 때문이다. 따라서 고객 개인의 특성과 심리적인 요인들도 주요한 요소로 분석해야 한다.

위의 요인들은 고객이 필요에 의해 제품을 구매하게 될 때 고객이 접하게 되는 정보를 처리하는 과정이나 구매의사결정에 작용하여 다양한 형태의 행동을 나타나게 한다. 예를 들어 가정주부 김 씨가 냉장고 고장으로 새 냉장고를 사기로 결심했다고 하자. 김 씨는 남편의 한 달 월급 500만 원(인구통계적 요인: 소득)을 고려해 냉장고를 구매하기로 하고, 냉장고에 대한 정보를 얻기 위해 동네 주부들과 인터넷 주부 커뮤니티 및 가전제품 동호회 회원들(사회적 요인: 준거집단)에게 사용하는 제품과 제품의 장단점, 가격 등 정보

그림 5-1 고객행동분석 틀

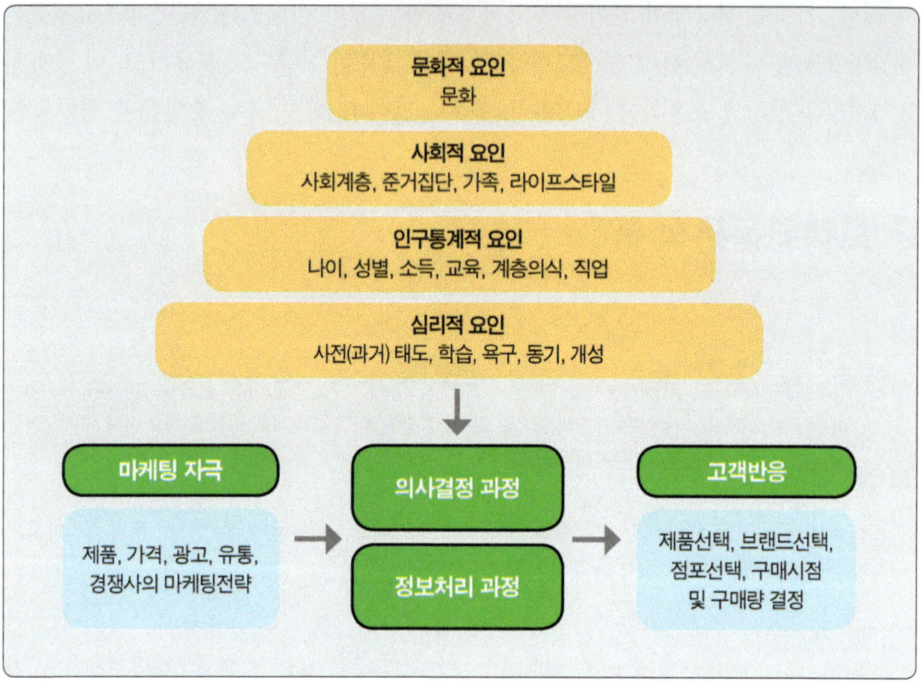

를 수집했다. 평소 인테리어와 집 가꾸기에 관심이 많은 김 씨(사회적 요인: 라이프스타일)는 집에 어울리고 디자인이 예쁜 냉장고를 중심으로 몇 개의 제품을 선정해 가격과 기능을 비교한 끝에 서울전자의 K냉장고를 구매하기로 했다. 그런데 이때 G인터넷 쇼핑몰에서 같은 제품을 할인한다는 광고(마케팅 자극)를 보고 동네 대리점이 아닌 해당 인터넷 쇼핑몰에서 좀 더 저렴하게 구매했다. 이러한 김 씨의 구매 과정은 일반적인 고객행동의 한 예이다.

기업에서는 이러한 일련의 고객행동 과정을 분석해 고객이 더 큰 만족을 느끼는 부분이 무엇인지를 찾아내고 이를 충족시킬 수 있는 제품과 서비스를 제공해야 한다. 이러한 노력의 출발이 바로 고객분석이다.

2 고객행동에 영향을 미치는 요인

- **학습목표 2: 주요 개념(1)**
  - 문화적 요인 = 고객행동에 가장 거시적인 영향을 미침; 한 사회가 가지는 특유의 삶의 방식을 의미
  - 사회적 요인 = 사회계층, 준거집단, 가족, 라이프스타일 등을 포함
  - 인구통계적 요인 = 나이, 성별, 소득, 교육, 계층의식, 직업 등이 있음.
  - 심리적 요인 = 욕구, 동기, 사전 태도, 학습, 개성 등이 포함

1. 문화적 요인

문화는 사람들이 여러 시대를 거치는 동안에 남겨놓은 사회적 유산이며 한 사회 특유의 라이프스타일, 즉 그 사회가 직면한 환경에 적응하며 생활했던 방식을 반영한다. 따라서 문화는 사회적으로 학습되고 사회구성원들이 공유하므로 욕구충족의 기준이 되고 행동 규범이 된다. 한 예로 우리나라의 문화적 요인 중 자녀의 영어교육에 대한 부모의 열성은 각종 영어 유치원의 출현, 해외 영어연수 패키지 등 영어교육 관련 사업을 발전시켰다. 또 외모에 대한 관심은 성형외과, 피부관리실, 비만관리실 같은 미용 관련 산업을 발전시켰고, 각종 다이어트 보조식품이 주목받게 만들었다. 이와 같은 문화적 요인은 가족이나 학교 등에서 사회적 상호 작용을 통해 학습되며, 어떤 자극(제품)에 대해 사회구성원들의 반응을 표준화시키는 역할을 한다. 따라서 고객들이 중요시하는 문화적 의미에 바탕을 둔 마케팅전략이나 고객들의 문화적 의미를 변화시킬 수 있는 프로그램이 필요하며, 이를 위해서 마케팅 관리자는 기업이 속한 사회의 기본적인 문화적 가치구조를 이해해야 한다.

2. 사회적 요인

사회계층 같은 사회계층 내의 사람들은 태도나 활동, 관심, 행동패턴 등에 동질성을 띠며, 계층별로 그 차이가 뚜렷이 나타난다. 한 예로 제품을 구매하는 데 있어서 저소득층은 가격이 중요하지만, 중상의 소득층은 가격보다는 품질, 디자인 또는 브랜드 명성을 더 중시해 고급 브랜드를 선호한다. 진정한 의미의 사회계층은 직업, 교육, 소득원천, 주택의 유형, 주거지역 등 여러 변수를 종합적으로 사용해야 하며 이렇게 구해진 지표가 마케팅 관리자에게 의미가 있다.

준거집단 사람들은 자신의 자아 이미지를 강화시키거나 또는 유지할 목적으로 준거집단을 이용한다. 이를 통해 자신의 가치를 표현할 수 있기 때문이다. 사람들은 준거집단과 자신을 심리적으로 연관시키려는 욕구를 가지고 있으며, 이 때문에 특정집단의 규범, 가치 및 행동을 긍정적으로 받아들이게 된다. 이처럼 준거집단은 고객이 정보를 수집할 때나 제품을 선택할 때 모든 영역에 영향을 미치므로 마케팅 관리자는 이를 이용해 더욱 효과적인 마케팅믹스를 결정해야 한다. 예를 들어 광고모델을 선정할 때 해당 제품구매에 가장 큰 영향력이 있는 준거집단은 어떤 집단이며, 그 집단의 가치와 규범은 무엇인가를 파악한 후 적합한 모델을 선정한다면 더 효과적일 것이다.

가족 가족의 구매행동은 의사결정단계에 따라 정보수집자, 영향력 부여자, 의사결정자, 구매담당자와 고객으로 나눌 수 있다. 예를 들어 한 가정에서 세탁기를 구입한다고 하자. 어떤 회사, 어떤 종류의 세탁기가 있는가에 관한 정보수집은 이를 사용할 아내가 주로 할 것이다. 수집된 정보를 토대로 어떤 브랜드의 세탁기를 선택할 것인가는 직접 사용하는 아내, 구매력을 가진 남편 또는 같이 결정할 것이다. 구매결정을 하면 아내와 남편이 같이 구매장소에 가서 구입할 것이다. 이때 구매담당자는 아내와 남편 모두가 된다. 구매 후 세탁기를 사용하면서 그 세탁기에 대한 평가는 주로 세탁기를 주로 사용하는 아내의 몫이다. 이렇게 하나의 제품을 구매할 때 정보수집, 브랜드 평가, 구매 결정, 구매, 구매 후 평가 등 각 의사결정단계에서 가족구성원이 하는 역할은 각기 다르다. 따라서 마케팅 관리자는 각각의 의사결정 역할을 가족구성원 중 누가 하는지 파악하고, 이에 적합한 마케팅전략을 수행해야 한다.

라이프스타일 라이프스타일은 사람들이 살아가는 생활 유형, 양식 또는 방법이다. 라이 프스타일 분석방법은 크게 거시적 분석방법과 미시적 분석방법으로 나눌 수 있다.

거 시적 분석은 사회나 집단의 전체적인 라이프스타일 동향 파악에 초점이 있지만, 미시 적 분석은 라이프스타일의 이해를 통해 사회를 세분화하고, 사회를 구성하는 하부집 단들의 특징(특정제품의 소유 및 사용 여부, 기대효용 또는 욕구의 정도 등)을 알아보는 데 그 목적이 있다. 라이프스타일을 구성하고 있는 활동, 관심과 의견(AIO: Attitudes, Interests and Opinions)은 고객의 구매 및 소비 행동과 밀접하게 관련되어 있기 때문에 마케팅 관리자 입장에서도 매우 중요한 개념이다. 고객은 자신이 관심을 가지고 있는 제품은 값이 비싸도 기꺼이 구매하고, 좋아하는 활동을 위해서는 아무리 바빠도 시간을 낸다. 또 건강이나 미용에 관심이 많은 사람은 이에 관련된 제품에 더 많은 관심을 가지고, 많은 정보를 탐색하며, 구매의욕도 높다. 마케팅 관리자는 한 사회의 라이프스타일 유형을 파악하고, 각 유형별로 나타나는 소비행동의 특징과 이들을 구성하고 있는 인구통계적 특성을 알아내면, 이들을 기준으로 세분시장을 나누고 이에 맞는 마케팅믹스를 개발할 수 있다.

〈그림 5-1〉에서 제시한 틀에 따라 고객행동에 영향을 미치는 문화적 요인, 사회적 요인, 인구통계적 요인, 심리적 요인에 관한 세부적인 설명은 온라인사이트에 수록되어 있으니 참조하기 바란다.

3 고객의 정보처리와 구매의사결정

- **학습목표 3: 주요 개념(1)**
  - 고객의 정보처리 과정 = 고객이 노출된 마케팅정보를 처리하는 소비자 머릿속의 과정
  - 마케팅 자극에 고객의 감각기관이 노출 → 노출된 자극에 주목하는 주의 과정 → 고객은 주어진 자극을 지각하고 이 자극에 반응하는 과정 → 최종적으로 그 자극이 고객의 기억 속에 저장되어 향후 의사결정에 활용
  - 물론 대부분의 마케팅 자극은 고객의 선택적 주의를 받지 못함.

1. 정보처리 과정

고객은 제품구매에 대한 의사결정을 할 때, 마케팅 관리자가 제공한 여러 가지 마케팅 자극정보에 의도적이든 우연이든 노출되어 주의하게 되고 내용을 지각해 최종적으로 긍정적 또는 부정적인 반응을 보인다. 이러한 일련의 과정을 정보처리 과정이라 하며, 이 과정을 통해 고객의 신념과 태도가 형성되거나 변화된다. 따라서 고객의 브랜드에 대한 태도나 구매의사결정에서 고객이 사용하는 평가 등은 모두 고객의 정보처리 결과라고 할 수 있다. 고객의 정보처리 과정은 〈그림 5-2〉와 같이 이루어진다.[1]

그림 5-2 고객의 정보처리 과정

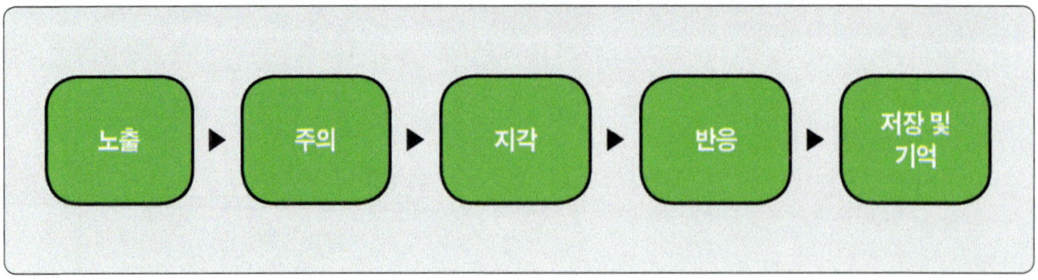

노출

마케팅 자극이 감각기관에 와 닿으면 감각등록기가 작동해 그 자극을 감지하게 되는데, 이 단계를 노출(Exposure)이라고 한다. 인간의 감각등록기는 감각을 일시적으로 원래의 상태로 유지한다. 오감기관(시각, 청각, 촉각, 후각, 미각)은 각기 다른 생리적 구조를 가진다. 특히, 감각적 경험은 정보처리 대상이 될 뿐 아니라 독특한 감성적 반응을 불러 일으킬 수 있으므로 마케팅 관리자들에게 중요한 의미가 있다. 마케팅 자극에의 노출은 정보처리 과정의 첫 단계로 우연적 노출과 의도적 노출이 있다. 우연적 노출은 시청자가 TV에서 월드컵 축구경기를 보던 중 경기장 펜스에 게재된 기업광고를 접할 경우나 골프 선수의 모자에 새겨진 나이키 로고를 보는 경우를 들 수 있다. 의도적 노출의 예로는 냉장고 구매의도를 가진 주부가 TV 광고 중 냉장고 광고에 집중하는 경우, 인터넷, 신문기사, 잡지 등을 뒤지며 정보를 탐색하는 경우를 들 수 있다.

이때 고려해야 할 점은 고객은 자신이 어느 정도 관여되어 있는 제품군의 자극에는 일부러 노출하고, 그렇지 않은 자극은 회피하는 선택적 노출을 한다는 것이다. 예를 들어 마케팅 자극에 자신이 노출되는 것을 꺼리는 고객은 신문이나 TV 광고를 의식적으로 피하는 경우가 많다.

주의

주의(Attention)는 마케팅 자극에 주목하는 과정이다. 사실 개념적으로 분리되어 있으나 노출과 주의를 분리해 측정하는 것은 매우 어려워서 주의에 대한 측정으로 노출 정도를 추론하는 것이 일반적인 방법이다. 자극에 대한 주의 역시 소비자가 자의적으로 선택할 수 있는 것으로, 고객은 자신이 관심을 둔 제품군의 정보에 대해서는 더 많은 주의를 하며, 그렇지 않은 정보에 대해서는 주의하지 않는다. 일반적 으로 주의는 자발적 또는 비자발적으로 활성화되는데, 자발적 주의(voluntary attention)는 고객이 특정목적을 성취하기 위해서 능동적으로 정보를 탐색하는 것과 관련되며, 선택적으로 이루어진다. 화장품을 구매하려는 고객은 제품정보를 찾기 때문에 신문이나 잡지를 읽을 때 화장품에 관한 기사나 광고물을 능동적으로 찾거나 평소에는 지나치던 인터넷 배너광고를 클릭한다. 비자발적 주의(involuntary attention)는 고객이 이색적이거나 신기하거나 위협적이거나 또는 의외의 자극에 노출되었을 때 발생한다. 특이한 유니폼을 입거나 동물분장을 하고 광고하는 것이 그 예이다. 고객은 이러한 자극들에 정보처리 용량을 할당하는 자동적인 반응을 일으킨다. 고객이 의식적으로 통제하지 못하는 이러한 반응을 정위감반사(orientation reflex)[2]라고 한다. 즉, 비자발적 주의 또한 선택적으로 이루어진다. 따라서 주의의 가장 큰 특징은 선택성(selectivity)이다.

고객의 관심과 경험 때문에 마케팅 자극에 고객이 자발적으로 주의를 기울이는 경우는 드물다. 대부분의 마케팅 자극은 고객의 선택적 주의를 받지 못한다. 그러면 어떠한 자극의 특성들이 비자발적이지만 고객의 주의를 받을 수 있을까? 이색적, 신기한, 위협적, 의외의 자극은 사례들이며 다양한 사례들을 일반화할 수 있는 특성들을 심리학 연구들이 발견하였다. 첫 번째 특성은 자극 정보의 생생함(vividness)이다. 자극 자체가 선명해서 고객의 주의를 끄는 경우이다. 예를 들어 광고업계에서는 고객의 주의를 끄는 자극 소재로 3B (Baby, Beauty, Beast)라는 오래된 업계 용어가 있다. 어린 아이, 아름다운 여인, 야수와 같은 남성이 일반적으로 생생한 광고 소재로 청중의 주의를 끌 수 있다는 것을 의미한다. 생생한(vivid)한 자극에 대한 반응은 개인별로 차이가 있을 수 있으나(individual difference), 맥락이나 상황에 따른 차이는 거의 없는 편이다(context indifference). 예를 들어 야수와 같은 남성에 대해 주의를 기울이는 고객이 있고 주의를 기울이지 않는 고객이 있을 수 있다. 두 번째 특성은 자극 정보의 현저성(salience)이다. 자극이 주위의 자극과 비교할 때 달라서 현저하게 주의를 끌 수 있는 경우이다. 예를 들어 흑백 광고는 주위의 광고가 대부분 컬러 광고일 때 현저할 수 있으며, 컬러 광고는 주위의 광고가 대부분 흑백일 때 두드러져 주의를 끌 수 있다. 즉 현저한 자극은 주위 맥락이나 상황에 따른 차이(context-dependence)가 클 수밖에 없으나 개인차는 없는 편이다.[3] 일반적으로 대부분의 마케팅 자극은 현저성을 활용하는 경우가 흔하다. 생생한 자극의 발견을 위해서는 마케팅 관리자의 더 높은 창의성이 요구되기 때문이다.

지각

주의를 거쳐 고객이 주어진 자극의 내용을 이해하고 해석하여 나름대로 의미를 부여하는 것이 지각(Perception)이다. 일반적으로 흔히 인식이라는 용어를 사용하는데, 지각은 심리학에서 사용하는 학문적 용어이다. 같은 광고라도 보는 사람에 따라 반응이나 해석이 다른 것처럼, 같은 자극도 고객마다 각기 다르게 해석한다. 이는 고객이 자극을 해석할 때 지각적 부호화(perceptual encoding), 지각적 조직화(perceptual organization) 및 지각적 범주화(perceptual categorization) 현상을 경험하기 때문이다. 지각적 부호화는 자극 내 세부 요소들에 의미를 부여하는 과정이고, 지각적 조직화는 자극을 구성하는 여러 요소를 전체적으로 통합해 지각하는 과정이며, 지각적 범주화는 고객이 유입한 자극을 기억 속의 정보단위와 관련시키는 과정이다. BMW 광고를 예로 들면 모델, 배경음악 등에 대한 지각적 부호화를 거쳐 제품정보 등이 통합되어 태도, 이미지 등이 형성되는 지각적 조직화와 소비자가 자연스럽게 자신의 기억 속에 형성되어 있는 외제 차 이미지와 연결하는 지각적 범주화가 이루어진다.

나아가 자극에 대한 이해와 해석과 관련된 지각 과정은 사전 지식(prior knowledge)의 영향 정도에 따라 하향식 정보처리(top-down processing)와 상향식 정보처리(bottom-up processing)로 나눠서 생각해볼 수 있다. 상향식 정보처리는 밖에서 들어오는 자극을 사전 지식의 영향 없이 비교적 객관적으로 해석하는 경우를 말하고, 하향식 정보처리는 사전 지식이 해석 과정에 큰 영향을 미치는 경우이다. 자주 활용되는 〈그림 5-3〉과 같이 같은 자극이라도 하향식 또는 상향식 정보처리에 따라 그 의미와 해석이 달라질 수 있다.

그림 5-3 비트겐슈타인의 곰브리치 애매도형과 생각과 관점 도형

출처: 구글 이미지

반응

자극에 대한 고객의 반응에는 인지적 반응(Cognitive Response)과 정서적 반응(Emotional Response)이 있다. 인지적 반응은 자극을 보면서 자연스럽게 떠올리는 생각이고, 정서적 반응은 자극을 접하면서 떠오르는 여러 감정과 느낌을 뜻한다. 예를 들어 고객이 어떤 제품을 보고 그 제품가격이 '비싸다'고 느끼는 것은 인지적 반응이고, '디자인이 세련됐다'고 느끼는 것은 정서적 반응이다.

저장 및 기억

마지막 과정은 처리된 정보를 의사결정에 사용하거나 앞으로 의사결정에 사용하기

위해 기억 속에 저장하는 것이다. 기억에는 기존 정보와 경험 그리고 환경적 요인과 새로운 마케팅 자극에서 제공된 여러 정보가 있으며, 새롭게 처리된 정보는 기존의 관련 정보까지 통합되어 기억 속에 저장된다. 그리고 이후 새로운 자극에 접하게 되었을 때 기억 속에 저장된 정보를 인출하여 정보를 사용한다. 예컨대 현대자동차 i30 광고를 텔레비전에서 접한 고객은 디자인이 귀엽다고 생각하며 이를 기억 속에 저장했다가 잡지에서 자동차 관련 기사를 접할 때 기억 속에 저장된 i30에 대한 디자인을 떠올리면서 다른 자동차들과 디자인을 비교하며 정보를 처리한다.

2. 구매의사결정 과정

- **학습목표 4: 주요 개념(1)**
  - 고객의 구매의사결정과정 = 문제인식, 정보탐색, 선택대안의 평가, 구매, 구매 후 행동 등으로 이루어짐.
    - 이 틀을 토대로 고객행동 파악
    - 문제인식 = 고객 자신이 처한 실제 상태와 이상적인 상태에 차이가 있다고 생각하고, 이를 해결하려는 욕구
    - 정보탐색 = 문제해결을 위해 필요한 정보를 자신의 기억(내적 탐색) 또는 외부에서(외적 탐색) 얻고자 하는 것
    - 선택대안의 평가 = 정보탐색을 통해 입수한 정보를 이용해 고려제품군을 형성하고 고객이 평가기준과 방식을 결정해 비교·평가함.
    - 구매 및 구매 후 행동 = 고객은 이러한 평가를 통해 제품을 구매하고, 구매 후에는 자신의 구매에 대한 만족과 불만족을 평가해 다음번 구매 시 참고함.
  - 관여도(주어진 상황이나 특정대상에 대한 개인의 중요성 지각 정도와 관심 또는 개인의 관련성 정도) → 고객은 각 구매의사결정단계에서 정보처리를 간단히, 단순화하거나 신중하게, 깊고 많은 생각을 하게 하는 데에 영향을 미침.

고객은 자신의 욕구를 충족하기 위해 제품을 구매한다. 제품구매를 위해 고객은 구체적인 의사결정 과정을 거친다. 이러한 구매의사결정 과정을 〈그림 5-4〉와 같이 문제인식 → 정보탐색 → 선택대안 평가 → 구매 → 구매 후 행동 등 다섯 단계로 나눌 수 있다. 일상생활에서 흔히 일어나는 예를 통해 이를 이해하면 쉬울 것이다. 이른 수업 때문에 아침을 거르고 학교에 온 대학생 경희는 친구들과 점심을 먹으려고 한다. 우선 경희는 무엇을 먹을지 결정해야 한다. 점심으로 샌드위치를 먹기로 한 경희는 어떤 식당에 갈 것인지를 결정해야 한다. 가격이 저렴하고 가까운 교내 카페테리아에서 먹을 것인지, 가격은 비싸지만 분위기가 좋은 학교 밖 레스토랑에서 먹을 것인지도 결정해야 한다. 강의가 없는 시간이 두 시간이나 있기 때문에 경희는 여유 있게 점심을 먹고 싶

그림 5-4 구매의사결정 과정

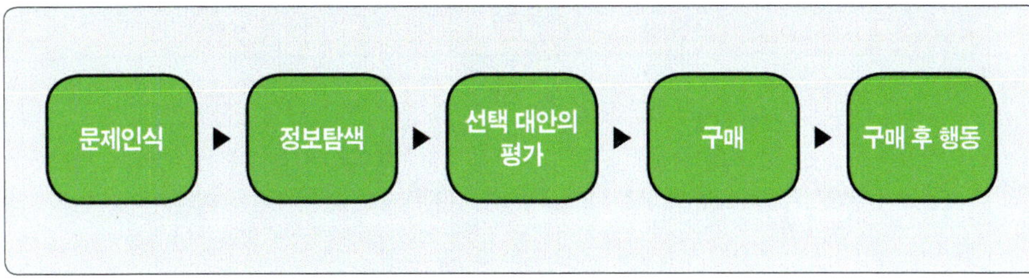

었다. 그래서 학교 밖에 있는 레스토랑에서 점심을 먹기로 했다. 점심을 먹고 레스토랑을 나오면서 친구들과 함께 먹은 메뉴에 관해 이야기를 나눴다. 참치 샌드위치가 가격에 비해 매우 맛있었다는 것이 경희와 친구들의 공통된 평가였다. 경희는 이 레스토랑에 다시 오고 싶다는 생각을 하며 학교로 돌아갔다.

여기에서 배가 고프다는 것이 문제인식 단계다. 배고픔을 해결하기 위해 어떠한 메뉴로 점심을 먹을 것인가는 바로 정보탐색 단계이며, 여러 대안 중 학교 밖 레스토랑에서 파는 샌드위치를 먹고자 하는 것이 바로 선택대안의 평가 과정이다. 실제로 점심을 먹고 돈을 지급하는 과정이 구매이고, 친구들과 음식 맛과 서비스에 대해 평가하는 과정이 구매 후 행동이다. 이러한 구매의사결정에는 여러 요인이 영향을 준다. 특히, 구매하려는 제품에 대한 관여도는 각 구매의사결정 단계에 큰 영향을 미친다. 관여도는 주어진 상황에서 특정대상에 대한 개인의 중요성 지각 정도나 관심도 또는 주어진 상황에서 특정대상에 대한 개인의 관련성 정도를 말한다.[4] 이러한 관여도는 개인, 제품 및 상황에 따라 다르다. 즉, 어떤 비누를 쓸 것인가에서 A라는 사람은 낮은 관여도를, B라는 사람은 높은 관여도를 보일 수 있다. 관여도에 따른 의사결정단계별 특징은 〈표 5-2〉를 참고하기 바란다.[5]

마케팅 관리자는 단계별로 나타나는 고객행동의 특징을 바탕으로 마케팅믹스를 개발할 수 있다. 예를 들어 일반적으로 관여수준이 높은 고가의 제품을 구매하는 경우, 고객은 더 많은 정보를 수집하려고 하며 구체적인 기준을 이용해 브랜드를 평가한다. 이때 자사제품이 자동차 등 고관여제품이라면 고객에게 정보제공 시 구체적인 제품설명을 하며 더 다양한 매체를 이용해 광고하는 것이 효과적이다. 만약 자사제품이 과자 등 저관여제품일 경우에는 충동적 구매가 될 가능성이 크므로 판매촉진을 이용한 마케팅믹스전략을 수립하고 실행하면 효과적이다. 다음에서는 구매의사결정 단계에 대해 더 자세히 알아보기로 한다.

표 5-2 관여도에 따른 의사결정 단계별 특징

특징	고관여	저관여
문제인식	• 공통	• 공통
정보탐색	• 탐색동기가 높음 • 다양한 정보원을 이용 • 능동적으로 제품 및 브랜드의 정보를 탐색함	• 탐색동기가 낮음 • 광고에 수동적으로 노출 • 판매시점광고(POP광고: point of purchase advertisement)에 영향을 많이 받음
선택 대안의 평가	• 까다로운 평가절차 사용 • 여러 평가기준 적용 • 신념, 태도, 구매의도가 강하게 형성 • 보상적 평가방식 적용	• 제한된 평가기준 사용 • 대안들을 서로 비슷한 것으로 인지 • 비보상적 평가방식 사용 • 간단한 평가 휴리스틱으로 구매하려 함
구매	• 비교쇼핑 • 의사결정을 통해 점포선정 • 구매 시 협상과 커뮤니케이션 사용	• 판촉수단에 이끌려 구매 • 사용 후 제품평가를 할 경우가 있음
구매 후 행동	• 자신의 구매에 대해 인정받으려 함 • 구매에 만족한 경우 브랜드충성도가 형성됨	• 브랜드충성도에 의해서가 아니라, 타성으로 동일 브랜드 재구매 • 불만족한 경우 브랜드 이탈

표 5-3 문제의 유형별 분류

구분	상황
일상적 문제	문제발생이 기대되고, 즉각적으로 해결이 필요한 문제
계획적 문제	문제발생이 기대되고, 즉각적인 해결이 필요하지 않은 문제
긴급한 문제	기대하지 않은 문제이고, 즉각적인 해결이 필요한 문제
점증적 문제	기대하지 않은 문제이고, 즉각적인 해결이 필요하지 않은 문제

문제인식

어느 특정시점에서 고객은 자신이 현재 처해 있는 상황과 바람직한 상황 사이에 차이가 있다고 생각되면 이 차이를 해결하려는 욕구를 느낀다. 고객이 해결해야 할 욕구가 있다고 느끼는 것이 바로 문제인식(Problem Recognition)이다. 이것이 의사결정을 거쳐 구매로 이어지기 위해서는 실제 상황과 바라는 상황의 차이가 크고, 발생한 문제가 중요한 경우라야 한다. 또 금전 및 시간과 노력 등의 비용도 문제인식이 구매로 연결되는 데 영향을 준다. 문제인식은 〈표 5-3〉과 같이 네 가지 유형으로 구분할 수 있다. 예를 들어 매일 소비하는 식품이나 가정용품이 떨어져 구매해야 하는 것은 일상적 문제이고, 갑자기 사고가 발생해 의료용품을 사야 하는 것은 긴급한 문제가 된다.

정보탐색

문제를 인식해 구매의사결정을 하는 고객은 도움이 될 만한 정보를 탐색한다. 정보탐색은 문제에 따라 이를 해결할 수 있는 수단(제품)에 대한 정보를 기억에서 찾아내는 내적 탐색(internal search)과, 내적 탐색에 의하여 의사결정을 할 만큼 충분한 정보를 가지고 있지 않을 때 외부에 있는 정보를 탐색하는 외적 탐색(external search)이 있다. 외적 탐색에 대한 노력은, 특히 제품이 중요한 것이거나 고가일 때 증가한다. 고객이 탐색하는 정보의 내용은 욕구를 충족시킬 수 있는 선택 대안의 종류, 선택 대안들을 평가하기 위한 기준 그리고 각 대안의 평가기준별 성과수준 등이다. 예컨대 수분 크림이라는 화장품을 구매하는 고객의 경우, 수분 크림에 대해 잘 모르는 고객은 가격 또는 브랜드 명성이라는 평가기준에 집중해 정보를 탐색하고, 잘 아는 고객은 지성용 피부에 트러블이 유발되지는 않는지, 수분이 많이 포함되어 있는지, 아침저녁으로 사용 가능한지 등 구체적인 특성에 집중해서 정보를 탐색한다.

이러한 정보는 자신의 경험, 가족과 동료 등 고객 중심의 정보와 각종 매체의 광고나 기사, 판매원 등 기업 중심의 정보 그리고 중립적인 기관인 소비자원이나 각종 관련 기관에서 발행하는 간행물 등 중립적 정보를 통해 얻는다. 최근에는 인터넷 및 SNS의 활성화로 페이스북, 트위터, 블로그, 네이버 지식인 등을 통해서도 정보를 얻으며 이러한 디지털 및 소셜 미디어 매체를 통한 정보(고객 중심, 기업 중심, 중립적 정보)의 영향력이 갈수록 커지고 있다.[6] 우리나라 사람은 제품구매 시 주변의 사용경험(외적 탐색)이나 자신의 경험(내적 탐색)에 가장 많이 의존한다. 다른 외적 탐색 중에서는 인터넷의 정보 내용을 중심으로 각종 매체에 의한 광고에 의존하며, 소비자보호기관의 정보지 등 중립적인 원천을 사용하는 비율은 매우 낮았다. 이를 구체적으로 살펴보면 〈표 5-4〉와 같다.

선택대안의 평가

외적 · 내적 정보탐색을 통해 정보를 입수한 고객은 평가기준과 평가방식을 결정하여 고려제품군(consideration set)을 비교 · 평가한다. 고려제품군이란 고객이 제품을 구매할 때 모든 제품에 대한 정보와 대안을 동시에 다룰 수 없으므로 구매하고자 하는 전체 제품군 중에서 먼저 구매하려는 제품들의 집합을 말한다. 고려제품군을 통해 선택대안을 평가하는 이유를 좀 더 구체적으로 살펴보면, 첫째, 고객이 아무리 활발하게 정보탐색을 해도 시간적 · 물리적 한계를 완전히 극복하지 못하기 때문이며, 둘째, 정보를 탐색하는 단계에서 몇몇 중요한 평가기준을 적용할 때 분명히 부적절하다고 판단되

표 5-4 제품구매 정보원

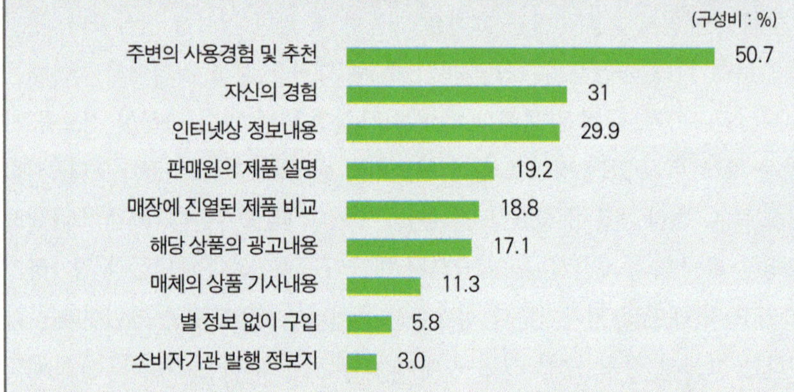

구 분	표본 수(명)	구성비(%)
주변의 사용경험 및 추천	1,013	50.7
해당 상품의 광고내용	341	17.1
매체의 상품 기사내용	225	11.3
판매원의 제품 설명	384	19.2
소비자기관 발행 정보지	76	3.8
자신의 경험	620	31.0
매장에 진열된 제품 비교	375	18.8
인터넷상 정보내용	508	20.0
별 정보 없이 구입	115	5.8

주: 복수응답(n=1,997)
출처: 2011년 국민소비행태조사, 한국소비자원

는 대안은 고려대상에서 제거하게 마련이다. 셋째, 고객이 한 번에 무한정 많은 정보를 다룰 수 없고 두뇌가 한꺼번에 처리할 수 있는 정보처리 용량에 한계가 있기 때문이다. 따라서 한정된 수의 브랜드만 고려하는 것은 불가피하다. 예컨대 매일 야근하는 직장인 A가 침실에서 사용할 가습기를 구매하려는 경우, 주말을 이용해 집 근처 상점에서 제품을 탐색한다. 너무 큰 용량의 가습기는 침실에서 사용하기에 부적절하므로 고려대상에서 제외된다. A가 가습기에 대한 모든 특성을 이해하고 제품을 구매하는 것은 불가능하다. 따라서 A는 한정된 브랜드 서너 개만을 보고 제품을 구매할 수밖에 없다.

고객들이 사용하고 있는 평가기준에는 어떠한 것들이 있으며, 어떠한 평가방식을 선택하고 있는가는 마케팅 관리자에게 매우 중요한 문제다. 고객의 평가기준은 고객의 내적인 구매목적과 동기를 반영해 제품에서 얻고자 하는 효익으로 결정되지만, 상황에

보상적 평가방식: 다속성 태도모델의 예

다속성 태도모델은 고객이 구매대상으로 고려하고 있는 제품의 속성을 몇 가지의 기본적인 속성으로 구분할 수 있다는 가정에서 출발한다. 예를 들어 고객이 스마트폰을 구매할 때 기본적으로 가격, 디자인, 크기, 카메라의 성능, 저장 메모리 등의 속성으로 구분해 제품을 평가한다고 가정하는 것이다. 이러한 가정은 제품이 가지는 여러 속성을 고객이 얼마나 중요하게 지각하느냐에 따라 달라질 것이다. 모바일 인터넷의 속도라는 속성을 이러한 기준에 추가할 수도 있고, 디자인을 크게 중요하지 않다고 생각하는 경우, 속성의 구성에서 제거할 수도 있다. 다속성 태도모델을 예로 살펴보면 다음과 같다.

$$A_0 = \sum_{i=1}^{n} B_i I_i$$

A_0 : 특정브랜드에 대한 태도
B_i : 특정브랜드가 속성 i를 얼마나 만족시키는가에 대한 고객 신념
I_i : 고객이 속성 i에 대해 부여하는 중요성의 정도
n : 고객이 중요하다고 생각하는 제품속성의 수

고객은 다음 표와 같이 각 속성에 1점부터 10점까지 점수를 부여한다. 10점은 매우 좋음, 1점은 매우 나쁨을 나타내는 것으로, 가격의 경우 1점은 매우 비쌈, 10점은 매우 저렴함을 나타낸다. 이 고객이 가격과 카메라 성능에는 25%, 디자인과 크기에는 15%, 저장 메모리에는 20%의 중요성을 부과한다고 가정하면, 고려상품군 내에서 스마트폰모델에 대한 고객선호도의 측정이 가능해진다. 결론적으로 이 고객은 가장 가치가 높다고 여겨지는 C제품을 구매할 것이다.

속성 \ 대안	A제품	B제품	C제품	D제품
가격	3	2	8	6
디자인	7	9	6	5
크기	8	5	7	4
카메라 성능	6	7	9	10
저장 메모리	10	8	7	9

A제품: $(3\times0.25)+(7\times0.15)+(8\times0.15)+(6\times0.25)+(10\times0.20)=6.50$
B제품: $(2\times0.25)+(9\times0.15)+(5\times0.15)+(7\times0.25)+(8\times0.20)=5.95$
C제품: $(8\times0.25)+(6\times0.15)+(7\times0.15)+(9\times0.25)+(7\times0.20)=7.60$
D제품: $(6\times0.25)+(5\times0.15)+(4\times0.15)+(10\times0.25)+(9\times0.20)=7.15$

따라 달라질 수 있다. 또 그 기준은 객관적일 수도 있고, 주관적일 수도 있다. 옷을 구매할 때 옷감의 질은 객관적인 기준이지만, 옷의 디자인은 주관적인 기준이다. 이러한 평가기준의 수와 중요성은 제품에 따라 다르며, 제품을 구매할 때 특정기준을 사용할 가능성이 높다는 것은 대안평가에 특정기준을 더 중요시한다는 의미이며 단일 기준을 사용한다는 뜻은 아니다. 고객은 오히려 둘 이상의 기준을 사용하는 경우가 많다. 예컨대 코트를 구매하려는 김 씨는 가격이 저렴한지, 원하는 색상과 디자인인지, 원하는 소재로 만들어졌는지, 여러 용도로 입을 수 있는지 등 다양한 기준을 적용해 코트를 구매

한다. 평가기준을 설정하면 고객은 이를 사용하고 평가하는데, 고객이 평가하는 방식에는 크게 보상적 평가방식과 비보상적 평가방식이 있다.

보상적 평가방식(compensatory rules) 이 평가방식은 고객이 브랜드 대안을 평가할 때 여러 브랜드를 고객이 중요하게 생각하는 가치기준을 사용해 종합적으로 비교 · 평가하는 것으로 하나의 강점이 다른 약점을 보완하는 방식이다. 피쉬바인(Fishbein)의 다속성 태도 모델(multi-attribute attitude model)이 대표적인 보상적 평가방식이다(Box 정보 참조).

비보상적 평가방식(noncompensatory rules) 한 평가기준의 약점이 다른 평가기준의 강점으로 보완되지 않으며, 보상적 방식보다 비교적 간단한 방법이다. 이 방식의 대표적인 예로는 사전편집식, 결합식 및 분리식 등이 있다.

고객의 선택 대안에 대한 평가는 평가방식에 따라 다른 결과를 가져올 수 있다. 자동차를 구매하기 위해 세 개의 차종을 놓고 평가한다고 하자. 고객은 자신이 판단하는 주관적인 평가방식에 의해 다음과 같은 표를 작성할 수 있다(〈표 5-5〉 참조). 이 표를 토대로 고객의 선택대안 평가방식을 비교 설명해보자.

표 5-5 비보상적 평가방식의 예

속성 \ 대안	SM6	K5	소나타
출력	7	6	7
안전성	9	4	7
경제성	3	9	8
내부 공간	7	7	5

사전편집식(lexicographic rule) 사전이 편집되는 순서와 같이 평가하는 방식으로, 고객이 자신이 가장 중요하게 생각하는 평가기준에서 최상으로 평가되는 브랜드를 선택하는 방식이다. 즉, 고객이 대안을 평가할 때 첫째로 중요하다고 여기는 속성 또는 가치에서 최상의 브랜드가 두 개인 경우에는 둘째로 중요한 평가기준(가치)으로 두 개의 브랜드 중 하나를 선택한다. 〈표 5-5〉의 자동차를 예로 들어보면 한 고객이 중요시하는 속성의 순서는 경제성, 안전성, 출력일 때 그는 우선 중요시하는 속성인 경제성에 있어 가장 높은 점수를 가진 브랜드인 K5를 선택한다. 만약 경제성에서 두 가지 브랜드가 같은 것으로 평가된다면 다음으로 중

요시하는 속성인 안전성을 고려해 선택한다.

결합식(conjunctive rule) 고객이 중요하게 생각하는 각각의 속성에 대한 평가점수가 최소한 어느 정도는 되어야 한다는 수용수준을 설정하고, 모든 속성에서 이를 만족시키는 브랜드를 선택하는 방식이다. 이는 고객이 속성별로 수용기준에 맞지 않는 브랜드를 제거하고 남은 브랜드를 선택하는 방식이다. 고객이 자동차의 각 속성(경제성, 안전성, 출력)에 대해 10점 만점에 최소한 5점 이상이 되어야 한다고 하면 브랜드 중에서 한 속성이라도 5점 미만을 받은 브랜드를 제거하고 세 가지 속성 모두 5점 이상이 되는 나머지 브랜드를 선택하게 된다. 이 경우 SM6는 경제성 때문에, K5는 안전성 때문에 선택되지 못하고, 모든 속성이 최소기준을 넘는 소나타가 선택된다.

분리식(disconjunctive rule) 매우 중요한 한두 가지 속성에 대해서만 최소한의 수용기준을 정해 브랜드별로 평가하는 방식이다. 앞에서 다룬 자동차의 예에서 고객이 경제성과 안전성의 속성을 더 중요시한다고 할 때, 이 둘의 속성값이 10점 만점에 최소한 4점 이상이어야 한다는 기준을 세웠다면 이 누 속성에서 3점 미만인 브랜드인 SM6를 고려대상에서 제거하고 남은 브랜드 중에서 경제성의 속성값이 가장 높은 브랜드인 K5를 선택하는 방식이다.

구매

고객은 여러 브랜드의 비교 · 평가 과정을 거쳐 특정브랜드를 결정한 후에 구매한다. 이를 위해 고객은 특정점포를 결정한 후 구매를 하기도 하지만, 여러 점포를 방문하고 비교하여 구매하기도 한다. 고객이 특정점포를 선택하는 것과 관련한 행동은 소매업체의 마케팅 활동에 영향을 받는다. 고객은 입지, 제품 구색, 가격, 광고 및 판매촉진, 판매원의 서비스 질 등을 고려해 점포를 선택한다. 주차가 편리한 곳을 선호하는 고객은 똑같은 브랜드의 제품이라도 백화점이나 대형할인점에서 구매할 것이고, 점포 분위기가 중요하다고 생각하는 고객은 거리에 상관없이 분위기 좋은 점포에서 제품을 구매할 것이다.

구매 후 행동

고객이 구매하고 난 후에는 제품을 사용하면서 경험한 만족 또는 불만족에 따라 재구매를 고려한다. 재구매율이 높을수록 기업의 마케팅 비용을 절감할 수 있기 때문에 고객이 자사 제품을 사용하고 느끼는 평가와 이후의 행동은 매우 중요하다.[7] 구매 후 행동(Post Purchase Behavior) 과정은 기본적으로는 제품의 사용 이후와 관련되지만, 구매 전의 심리상태도 관련이 있다. 구매 후에 고객이 느끼는 제품에 대한 만족 · 불만족은 고객의 기대를 얼마나 충족시키는가로 결정된다.[8] 고객이 제품을 구매하기 전에 가지고 있던 기대보다 구매 후 느끼는 성과가 같거나 클 경우에는 구매에 대해 만족하지만, 그 외에는 불만족스럽게 생각한다.

고객은 구매 후 구매결정을 취소할 수 없거나 특정속성이 자신이 구매한 제품에는 없을 때 또는 관여도가 높고 마음에 드는 대안들이 여러 개 있을 때 자신의 구매결정에 대해 불안감을 느껴 이를 해소하려 한다. 예를 들어 소비자가 오랜 고민 끝에 한 브랜드의 노트북을 구매했을 때, 주변에 많은 사람이 해당 브랜드의 노트북을 사용하고 있는 것을 본다든지 또는 자신이 구매한 노트북 사양에 대한 긍정적인 이야기를 뉴스에서 보면 자신의 구매결정에 대한 불안감을 해소할 수 있다. 마케팅 관리자는 이러한 점을 활용해 판매 직후 구매자에게 거래 후 서신, 안내책자, 전화 등으로 구매자의 선택이 옳았다는 것을 확인시킴으로써 자사제품을 구매했을 때 경쟁제품에 대해 느낄 수 있는 인지부조화(cognitive dissonance)[9]의 원인을 제거할 수 있다.

3. 고객 의사결정 여정

- **학습목표 4: 주요 개념(2)**
  - 고객의사결정 여정 = 컨설팅 회사 맥킨지가 제시한 고객 의사결정과정 틀 = 최초 고려제품군 형성, 적극적 평가, 구매의 순간, 구매 후 경험, 충성도 고리
    - 문제인식, 정보탐색, 선택대안의 평가, 구매, 구매 후 행동 등 전통적 고객 구매의사결정 과정 단계와 비슷
    - 다른 특징 : (1) 충성도 고리의 강조, (2) 디지털과 소셜 미디어 접점에 대한 노출과 정보탐색 → 최초 고려제품군에 속하지 않아도 적극적 평가 단계에서 대상이 됨
  - 고객의사결정 여정이 실무계와 학계에 큰 방향을 일으킨 이유 = 고객 행동데이터의 용이한 수집과 분석; 디지털 및 소셜 미디어 수단의 중요성 강조; 고객 의사결정과정의 역동성 강조; 충성도 고리의 강조

최근 컨설팅 회사 맥킨지가 제시한 고객 의사결정 틀로 고객 의사결정 여정(Consumer Decision Journey)이라는 용어와 설명이 학계는 물론, 특히 실무계에 큰 반향을 일으키고 있다. 〈그림 5-5〉에 소비자 의사결정 여정의 내용이 제시되어 있다. 용어는 다르지만, 의사결정단계는 〈그림 5-4〉의 구매의사결정 과정과 비슷하다. 즉, 문제인식과 정보탐

그림 5-5 **고객 의사결정 여정**(Consumer Decision Journey: CDJ)

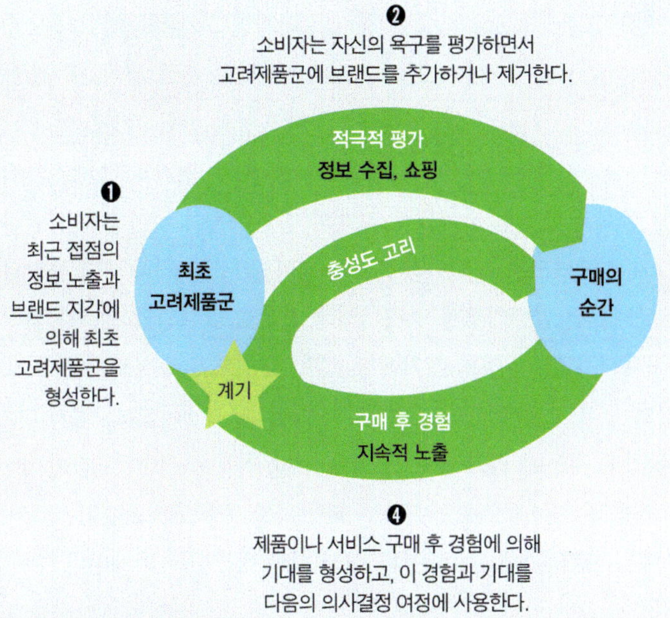

출처: Court, D., Elzinga, D., Mulder, S., and Vetvik, O. J., "The Consumer Decision Journey," *McKinsey Quarterly*, 3, 2009, pp. 1~11.

색을 거쳐 고려제품군이 형성되고 대안에 대한 평가가 이루어진 후 구매 및 구매 후 행동이 발생한다. 이때, 〈그림 5-4〉과 〈그림 5-5〉의 큰 차이점은 무엇일까?

가장 큰 차이점은 〈그림 5-4〉는 일련의 한 방향으로 단계가 제시되어 있지만, 〈그림 5-5〉는 모든 과정이 연결된 후 구매 후 행동 · 경험이 피드백 고리로 첫 단계인 고려제품군 형성 단계로 연결되어 있거나 충성도 고리(loyalty loop)로 다시 연결되어 있다. 사실 〈그림 5-4〉는 일련의 방향으로 그려져 있지만, 고객 구매의사결정 과정의 설명은 피드백 고리와 충성도 고리를 포함하고 있다. 그렇다면 고객 의사결정 여정은 완전히 새로운 의사결정 과정은 아니지만, 고객 유지의 중요성을 강조하며 충성도 고리를 매우 명확히 제시한 것이 가장 큰 특징이다.

또한 〈그림 5-5〉에는 명확하게 표시되어 있지 않지만, 설명을 살펴보면 고객 접점(touch points) 중 디지털과 소셜 미디어의 접점이 매우 중요하다는 것을 강조하고 있다. 특히, 이러한 디지털과 소셜 미디어 접점에 대한 노출과 정보탐색은 최초의 고려제품군 형성 단계가 아니라도 적극적 평가 단계에서도 바로 영향을 미칠 수 있다.

나아가 디지털기술 환경에서는 클릭스트림(clickstream)과 같은 고객행동데이터의 수집이 가능해져서(고객의 동의하에 고객의 모바일과 온라인상에서의 고객행동을 수집) 디지털과 소셜미디어에 대한 노출과 CDJ(Consumer Decision Journey) 단계별 고객행동데이터의 수집 및 분석이 용이해졌다(향후, CDJ라는 용어를 자주 사용할 것임). 다양한 분석 결과 재미있는 사항들이 발견되었는데 이 중 가장 의미 있는 결과는 구매모형의 변화 가능성이다. 전통적 구매의사결정모형은 〈그림 5-6〉과 같이 인지도, 고려상품군, 평가 및 선호, 가격에 대한 판단, 구매의향, 실제 구매경험 단계별로 고객의 전환비율이 낮아짐을 감안하여 구매깔때기(Purchase Funnel)모형으로 개념화되고 이용되어 왔다. 그러나 CDJ 등장과 이에 의한 분석의 예를 살펴보면 깔때기모형이 역전되는 경우도 발견되었다. 자동차 산업의 경우 평균적으로 구매의사결정과정의 초기에 3.8개의 브랜드가 고려되지만 그 이후 평가 단계에서 2.2개의 브랜드가 추가되는 것으로 나타났다. 또한 CDJ의 평가 단계에서 2/3 정도의 정보 원천이 사용자 리뷰 또는 구전에 의한 추천 등 소비자 간의 정보교환이었으며, 구매 후 경험을 적극적으로 표현하는 적극적 충성층 고객(active loyalist)이 조용히 있는 수동적 충성층 고객(passive loyalist)보다 훨씬 많아지고 있는 추세이다.[10]

그림 5-6 구매깔때기(Purchase funnel)모형과 모형의 역전

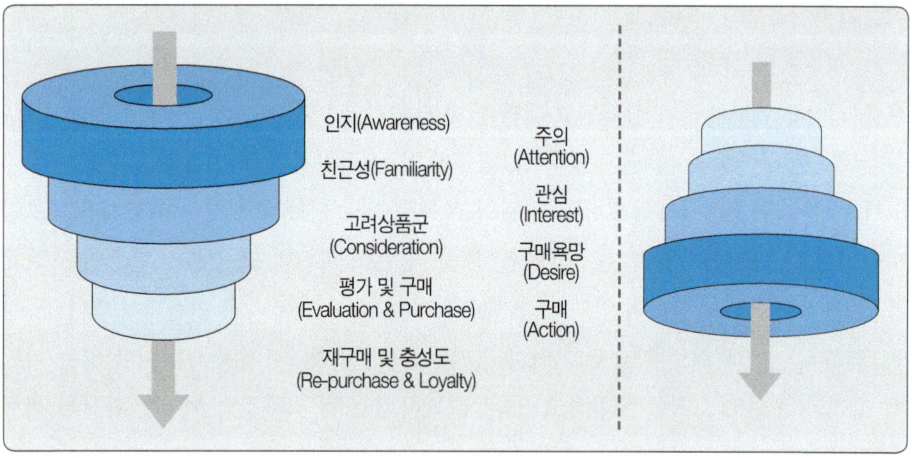

결론적으로 고객 의사결정 여정이 실무계와 학계에 큰 반향을 일으킨 이유는 고객행동데이터의 용이한 수집과 분석, 디지털 및 소셜 미디어 수단의 중요성 강조, 고객 의사결정 과정의 역동성 강조 그리고 충성도 고리의 강조 때문이다.

이러한 CDJ의 변화는 기업이 어떻게 대응하는가에 따라 기업에게 위협 또는 기회가 될 수도 있다. 즉 앞서 가는 기업들은 보다 능동적으로 CDJ를 구성하고 영향을 주고 있다. 이러한 기업의 노력을 CDJ 최적화(optimization)라고 한다. 〈그림 5-7〉에서는 기업의

CDJ 최적화 노력의 예인 자동화(각 여정을 단순화하고 단계를 줄여줌)의 개념이 제시되어 있다. 그 외의 최적화 노력들로는 맞춤화 및 개인화(고객별, 단계별로 맞춤형 정보 제공), 상황에 적절한 대응(고객의 CDJ상 위치에 따라 적절한 기능 제공), CDJ 혁신(이종 상품 간 제휴나 결합 등) 등이 제시되었다. 기업의 CDJ 활용 능력은 경쟁우위를 획득하고 유지할 수 있는 경쟁우위의 원천이 되고 있다. 즉, 기업의 CDJ 활용은 가치 창출 및 가치 획득의 경로가 되고 있다.[11]

그림 5-7 **업데이트된 CDJ**

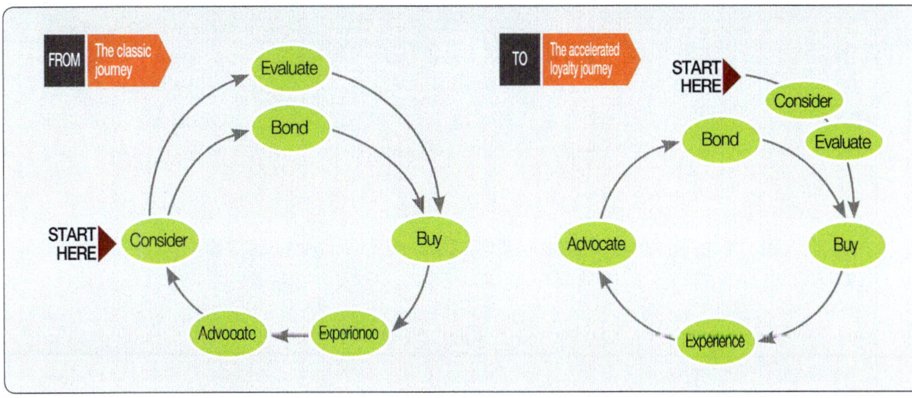

출처: Edelman, D. C., and Singer, M., "Competing on Customer Journeys," *Harvard Business Review*, 93(11), 2015, pp. 88~100.

한편 최근 들어 관심을 받고 있는 고객분석의 새로운 트렌드 개념은 다음의 박스 내용을 참고하고 더 자세한 설명은 온라인사이트에 수록되어 있으니 참조하기 바란다.

고객분석의 새로운 트렌드 개념

1. 고객구매의사결정에서 습관(habit)에 대한 심층적 탐구

전통적으로 소비자행동에서는 습관(habit)에 의한 구매의사결정은 제품에 대한 소비자의 관여도와 정보처리 수준이 낮은 경우, 즉 많은 일상용품의 경우 일어나는 것으로 개념화되어 왔다(〈표 5-6〉 참조).

표 5-6 **소비자 의사결정의 종류**

		관여도	
		낮음	높음
정보처리 수준	낮음	브랜드관성(brand inertia) 일상용품	브랜드충성도(brand loyalty) 자아개념을 강화하는 제품
	높음	다양성 추구(variety seeking) 패리티 제품	문제해결(problem solving) 복잡한 고가의 제품

출처: Kardes, F. R., Cronley, M. L., and Cline, T. W., *Consumer Behavior*, 2nd ed., Cengage Learning, 2016, 손용석, 안희경, 김학균 옮김, p.221, 그림 9-1.

최근 들어 오랫동안 P&G의 CEO와 회장을 역임했던 A. G. Lafley와 토론토 대학교 경영대학장 R. L. Martin의 저서(*Playing to Win: How Strategy Really Works*, Harvard Business Review Press, 2013)의 주요 주장이 Harvard Business Review 2017년 1-2월호에 주요 article로 실렸다(Lafley, A. G. and Martin, R. L., "Customer Loyalty Is Overrated," *Harvard Business Review*, Jan.-Feb., 2017, 47-63). 다양한 P&G 사례와 최근 발전하고 있는 신경과학연구(neuroscience)를 통합하여 고객행동의 많은 부분은 무의식(unconscious or pre-conscious)적으로 일어나며 이러한 의사결정과정은 습관에 의해 일어난 것임을 보여주었다. 따라서 기업은 이러한 소비자의 습관에 초점을 맞춰 경쟁우위를 지속적으로 유지해야 하며 이러한 방식을 '누적적 우위이론(a theory of cumulative advantage)'이라 명명하고 기업에 대한 가이드라인을 제시하였다. 또한 최근의 마케팅연구도 습관(habits)은 재구매를 넘어서서 제품반품, 프로모션제품구매, 저렴한 제품구매의 경우에서도 발견되며, 기업의 마케팅활동은 다른 유형의 고객습관에 영향을 미치고 고객의 구매습관과 프로모션습관은 기업성과에 영향을 미침을 보여주었다(Shah, D., Kumar, V., and Kim, K. H., "Managing Customer Profits: The Power of Habits," *Journal of Marketing Research*, 51(Dec.), 2014, 726-741). 반면, Lafley와 Martin의 주장에 대한 반론으로 콜럼비아 대학의 전략 교수 McGrath는 최근의 비즈니스 혁신 사례들(브래태니커 백과사전의 몰락, Zipcar, Airbnb, Uber와 같은 서비스비즈니스의 등장, 질레트 면도기에 대항하는 Dollar Shave의 등장과 같은 subscription 구매방식의 혁신 등 비즈니스모델 혁신)을 제시하면서 습관이 중요하지만 바뀌지 않는 것은 아니며, 기업은 핵심 비즈니스의 안정성과 새로운 비즈니스의 동적 능력을 잘 조화시키는 것이 중요함을 강조하고 있다(McGrath, R. G., "Old Habits Die Hard, But They Do Die," *Harvard Business Review*, Jan.-Feb., 2017, 54-57). 여러분은 이에 대해 어떻게 생각하는가?

2. 고객의 감정(emotion) 활용방법론과 소비자신경과학(Consumer Neuroscience)의 발전

소비자의 감정에 관한 많은 연구들에 의해 소비자의 감정이 중요하다는 것은 중론이 되었다. 최근 Harvard Business Review 논문은 고객과의 감정적 연결(emotional connection)과 고객이 느끼는 가치 사이의 상관관계를 보여주며 고객과의 감정적 연결을 위한 활용 가이드라인(high-impact motivators라고 명명한 감정적 가치와 빅데이터 애널릭틱스의 통합 활용)을 제시하고 있다(Magids, S., Zorfas, A., and Leeman, D., "The New Science of Customer Emotions," *Harvard Business Review*, Nov., 2015, 66-76). 더 자세한 설명은 온라인사이트에 수록되어 있으니 참조하기 바란다.

지난 10년 동안 발전해온 소비자신경과학은 이제 소비자행동의 주류 영역으로 점차 진입하고 있다. 주로 뇌에 관한 영상데이터분석을 토대로 발전해온 소비자신경과학은 많은 소비자행동이론의 무의식적 작동 매커니즘을 발견하고, 다른 심리적 프로세스를 구분해내고, 개인의 차이를 이해하고 행동예측을 증진시키는 기여를 해오고 있다. 물론 기존 소비자행동이론을 대체하기보다는 어떻게 통합적으로 발전해야 하는가가 주요 과제이다(Plassmann, H., Venkatraman, V., Huettel, S., and Yoon, C., "Consumer Neuroscience: Applications, Challenges, and Possible Solutions," *Journal of Marketing Research*, 52(Aug.), 2015, 427-435). 더 자세한 설명은 온라인사이트에 수록되어 있으니 참조하기 바라며, 신경과학에 관한 실무적 추천 서적(글로벌 마케팅조사회사 A.C. 닐슨이 분사 형태로 설립한 Neurofocus 사의 대표회사가 집필)은 다음과 같다: A.K. 프라딥 저/서영조 역, 《바잉 브레인: 뇌 속의 욕망을 꺼내는 힘》, 한국경제신문사(한경비피), 2013, 원제: The Buying Brain. 또한 이러한 이론과 실증과학의 발전은 소비자행동영역에 영향을 미칠 진화심리학의 미래를 예견하고 있으며 진화심리학에 관해 체계적으로 정리한 추천서적은 다음과 같다: 데이비드 버스 저/이충호 역, 《진화심리학: 마음과 행동을 탐구하는 새로운 과학》, 제4판, 웅진지식하우스, 2012, 원제: Evolutionary Psychology: The New Science of the Mind.

그 외 스마트폰과 같은 디지털 디바이스 등장에 따른 소비자행동의 변화에 관한 트렌드는 19장을 참조하기 바란다.

이 장의 요약

- 고객은 일반적으로 마케팅 자극 때문에 노출되었을 때 자신이 처한 환경에 영향을 받아 정보를 처리하고 의사결정을 내리며 이를 바탕으로 구매행동을 하게 된다. 이 과정에서 고객 관련 정보를 알아내는 것이 고객행동분석이며 마케팅 관리자는 고객행동분석을 잘 해야 효과적인 마케팅전략을 수립할 수 있다. 마케팅 관리자는 고객행동분석을 통해 결국 고객을 몇 개의 세분시장으로 분류할 수 있고, 이 중에서 표적시장을 선정해 효과적 · 효율적인 마케팅전략을 수립할 수 있다.

- 고객행동분석 요인으로는 문화적 요인, 사회적 요인, 인구통계적 요인, 심리적 요인 등이 있다. 가장 거시적인 영향을 미치는 문화적 요인은 한 사회가 가지는 특유의 삶의 방식을 의미한다. 사회적 요인은 사회계층, 준거집단, 가족, 라이프스타일 등을 포함하며, 인구통계적 요인으로는 나이, 성별, 소득, 교육, 계층의식, 직업 등이 있다. 또 심리적 요인에는 욕구, 동기, 사전 태도, 학습, 개성 등이 포함된다. 고객이 제품을 구매할 때 이 요인들은 고객이 노출된 정보를 처리하는 정보처리 과정과 고객이 구매를 결정하는 과정인 구매의사결정 과정에 영향을 미친다. 고객의 정보처리 과정은 마케팅 자극에 감각기관이 노출된 후, 노출된 자극에 주목하는 주의 과정을 거쳐 고객은 주어진 자극을 지각하게 되고 이 자극에 반응하는 과정을 거치게 된다. 최종적으로는 그 자극이 고객의 기억 속에 저장되어 앞으로 의사결정에 활용된다.

- 고객의 구매의사결정 과정은 문제인식, 정보탐색, 선택 대안의 평가, 구매, 구매 후 행동 등으로 이루어진다. 문제인식이란 자신이 처한 실제 상태와 이상적인 상태에 차이가 있다고 생각하고, 이를 해결하려는 욕구를 말한다. 정보탐색이란 문제해결을 위해 필요한 정보를 자신의 기억(내적 탐색) 또는 외부에서(외적 탐색) 얻고자 하는 것을 말하며, 선택 대안의 평가란 정보탐색을 통해 입수한 정보를 이용해 고려제품군을 형성하고 고객이 평가기준과 방식을 결정해 비교평가하는 것을 말한다. 고객은 이러한 평가를 통해 제품을 구매하고, 구매 후에는 자신의 구매에 대한 만족과 불만족을 평가해 다음번 구매 시 참고한다. 구매의사결정 과정에서 주어진 상황이나 특정대상에 대한 개인의 중요성 지각 정도나 관심 또는 개인의 관련성 정도를 나타내는 관여도는 각 구매의사결정 단계에서 중요한 역할을 한다.

- CDJ (소비자 의사결정 여정)모형은 고객행동데이터의 용이한 수집과 분석, 디지털 및 소셜 미디어 수단의 중요성 강조, 소비자 의사결정 과정의 역동성 강조, 그리고 충성도 고리의 강조 때문에 실무계와 학계에 큰 반향을 일으키고 있다.

주요 개념 목록

시장에서 얻고자 하는 고객에 관한 정보 틀 / 고객행동분석 틀 / 문화적 요인 / 사회적 요인 / 인구통계적 요인 / 심리적 요인 / 마케팅 자극 / 정보처리 과정(노출, 주의, 지각, 반응, 저장 및 기억) / 의사결정 과정(문제인식, 정보탐색, 선택 대안 평가, 구매, 구매 후 행동) / 관여도 / 보상적 평가방식 / 다속성 태도모델 / 비보상적 평가방식 / 사전편집식 / 결합식 / 분리식 / 고객의 반응 / 고객만족 / 인지부조화 / 소비자 의사결정 여정

생각해볼 문제

1. 고객행위에 영향을 미치는 특성 중 어떠한 요소들이 우리나라 사람들의 주택 또는 자동차 구매에 가장 큰 영향을 미친다고 생각하는지 설명하시오.
2. 실제 제품을 구매한다는 가정하에 보상적 평가방식과 비보상적 평가방식으로 제품을 평가해보시오. 또 이와 관련된 제품특성 요인들은 무엇인지 설명하시오.
3. 가족단위의 시각에서 구매를 고려해야 할 제품의 예를 들고, 그 이유를 설명하시오.
4. 미국계 대형할인 유통업체 M마트가 한국에 진출하고자 한다. 이때 고려해야 할 고객행동요인을 설명하고 매장 입지를 어떻게 설정해야 하는지 제시하시오.
5. 라면을 구매하는 과정과 노트북 컴퓨터를 구매하는 과정을 구매의사결정 단계에 따라 비교하여 설명하시오.

후주 및 참고문헌

1 Peter, J. P. and Olson, J., *Consumer Behavior*, 9th ed., McGraw-Hill/Irwin, 2009.

2 정위감(전삭)반사는 동물에게 새로운 자극이 주어졌을 때 일어나는 반사로, 모든 필요한 수용기를 새로운 자극원에 고정시킨다. 즉, 그 방향을 향하고 응시하며 귀를 세우고 냄새를 맡는 것과 같은 반사이다. 이때 뇌파는 각성형으로 되어 있어 감각이나 자극의 종류에 관계없이 언제나 뇌 전체에 똑같은 패턴으로 일어난다. 이 반사는 어떤 목적을 달성하기 위한 반사는 아니고 준비하기 위한 반사라고 할 수 있다(《간호학대사전》, 대한간호학회편, 한국사전연구사, 1996. 3. 1).

3 McGill, A. L. and Anand, P., "The Effect of Vivid Attributes on the Evaluation of Alternatives: The Role of Differential Attention and Cognitive Elaboration," *Journal of Consumer Research*, 16(2), 1989. pp. 188~196.

4 Peter, J. P. and Olson, J., *Consumer Behavior*, 9th ed., McGraw-Hill/Irwin, 2009.

5 소비자의 구매의사결정이 문제인식부터 구매 및 구매 후 행동 단계까지 한 번에 일어나지 않는 경우도 많다. 즉, 단계별로 의사결정 과정이 더 이상 진행되지 않고 중단되는 경우가 더 많을 것이다. 그럼에도 구매가 일어나는 경우, 모든 의사결정 단계가 작동함을 이해하기 바란다.

6 Best, R. J., *Market-Based Management*, 6th ed., Pearson, 2013, pp. 366~376.

7 Reichheld, F., *The Ultimate Question*, Harvard Business School Press, 2006 : 소비자의 관점에서는 재구매이지만, 기업 입장에서 재구매는 고객 유지(retention)라고 불린다. 이 책에서는 고객 유지 현상과 영향 요인들에 대한 다양한 설명이 소개되어 있는데, 특히 많은 산업의 실증 연구를 통해 똑같은 효과를 전제할 때 고객 유지를 위한 마케팅 비용이 신규고객 획득을 위한 마케팅 비용보다 평균적으로 1/4 정도로 유지 마케팅의 효율성을 강조하고 있다.

8 Oliver, R. L., "A Cognitive Model of the Antecedents and Consequences of Satisfaction Decisions," *Journal of Marketing Research*, 17(4), 1980, pp. 460~469 : 소비자 만족 분야에서 많은 설명이 있지만, 가장 영향력이 있는 이론으로 기대불일치 이론(expectancy disconfirmation theory)이 이 설명에 해당한다.

9 인지부조화(認知不調和): 심리학자 레온 페스팅거(Leon Festinger)가 1950년대에 주장한 이론으로 인간은 그들의 다양한 태도, 신념, 행동 등에서 평형상태를 유지하려고 하는데, 행동과 신념의 불일치는 사람에게 인지적 불일치 상태를 만든다. 인지부조화를 경험하면 인간은 평형상태를 유지하려는 경향 때문에 불편함을 느껴 자신의 신념이나 행동을 바꿈으로써 이를 해결하려고 한다. 이는 개인의 관점에서 보면 인지부조화를 극복해 인지조화를 얻는 것이 더 편한 감정을 느끼기 때문에 더욱 바람직한 것이다(《교육심리학용어사전》, 학지사, 2000.1.10).

10 Court, D., Elzinga, D., Mulder, S., and Vetvik, O. J., "The Consumer Decision Journey," *McKinsey Quarterly*, 3, 2009, pp. 1~11.

11 Edelman, D. C., and Singer, M., "Competing on Customer Journeys," *Harvard Business Review*, 93(11), 2015, pp. 88~100.

6th Edition

Marketing

06장

경쟁분석

경쟁은 혁신을 이끈다

/ 학 / 습 / 목 / 표 / (Learning Goals)

1. 경쟁의 개념, 경쟁기준에 따른 유형, 경쟁이 주는 이익, 경쟁 범위와 수준을 학습한다.
2. 경쟁자 확인방법을 학습한다.
3. 경쟁자분석을 이해한다.

1 경쟁이란 무엇인가

키즈폰 준

5장 고객분석에서 인포마크의 키즈폰 브랜드 준에 대해 살펴보았다. 키즈폰 준에 대한 경쟁자는 누구인가? 이를 위해 준의 표적시장고객을 토대로 제품개념을 살펴보자.

"2014년 7월 국내 최초로 어린이용 웨어러블 폰인 키즈폰 '준'을 개발했습니다. 우리 아이의 안전을 지켜주면서 인터넷 및 게임 등의 유해 환경으로부터 아이를 보호하는 차별화된 기능으로 키즈폰 시장을 선도하고 있습니다."

웨어러블 키즈폰 준은 확실히 유니크(unique)한 시장의 적소(niche)를 차지하고 있는 것으로 볼 수 있다. 사실 이러한 독창성(uniqueness)의 근원은 회사와 CEO의 경영철학과 가치에서 시작된다고 볼 수 있다. 이와 관련된 기술을 홈페이지로부터 살펴보면 다음과 같다.

"인포마크의 혁신기술로 고객에게 새로운 가치를 드립니다... 인포마크는 지속적인 기술혁신으로 고객들에게 지금까지 경험하지 못한 새로운 가치를 드립니다... 그래서 인포마크의 제품에는 '최초'라는 수식어가 많습니다··· 인포마크만의 차별화된 가치가 반영된 제품과... 혁신기술은 웨어러블 분야로까지 확대되고 있습니다··· 앞으로도 인포마크의 제품을 사용하는 고객에게 지금까지 볼 수 없었던 차별화된 가치를 제공하도록 노력하겠습니다.

미션(Mission): 변화하는 사회와 고객의 마음을 이해하고, 혁신적인 생각으로 가치있는 제품을 만들어 시장을 주도하고 이익을 창출하여 지속가능한 성장을 이어간다...

CEO 인사말: 고객에게 지금까지 경험하지 못한 새로운 가치를 제공하겠습니다. 급변하는 통신환경 속에서 항상 고민합니다. 고객에게 어떤 가치를 제공할 수 있는지? 하루에도 수십 가지의 신제품이 출시되는 시장에서 인포마크만이 드릴 수 있는 차별화된 가치가 무엇인지? 그래서 시장에서 팔로워(Follower)가 되기보다는 리더(Leader)가 되고자 항상 노력해왔습니다. 지금까지 혁신적이라 할 정도의 제품을 개발해왔다고 자부합니다. 인포마크의 제품을 믿고 구매하고 사용해주시는 모든 분들께 감사드립니다. 앞으로도 어떤 제품을 만들더라도 지금까지 경험하지 못한 새로운 가치를 드릴 수 있도록 노력하겠습니다."

확실히 인포마크는 고객에게 새로운 가치를 가진 제품과 서비스를 혁신적으로 제공하기 위해 경쟁보다는 고객 측면과 자사의 핵심 자원과 역량 측면에 더 많은 가중치를 두고 경영 및 마케팅 활동을 전개해오고 있는 것으로 해석된다. 경쟁에 대한 반응적(responsive) 활동보다는 선제적(proactive)인 경영 및 마케팅 활동에 신경을 쓰고 있다고 볼 수 있다. 그럼에도 불구하고 현재 시점에서는 글로벌보다는 우리나라 시장에서의 혁신성에 신경을 쓰고 있으며 점차 해외시장에도 이러한 노력을 확산시키고자 노력하고 있는 것으로 보인다. 이를 위해서 선진시장의 수월한 경쟁사 벤치마킹 또한 열심히 하고 있다.

처음 질문으로 다시 돌아가 보자. 웨어러블 키즈폰 준은 확실히 유니크(unique)한 시장의 적소(niche)를 차지하고 있고 이런 관점에서 직접적인 경쟁자는 별로 안 보일 수 있다. 표적시장 고객이 이 사례처럼 특정연령대로 제한된 경우 제품과 서비스의 지속가능성을 위해선 시장분석에서 살펴보았던 세대 제품(product generation) 개념의 활용이 중요하다. JooN, JooN2, JooN3가 런칭되면서 짧지만 새로운 PLC가 등장, 성장, 성숙, 쇠퇴해 나가는 것이다. 더 성장하기 위해선 이러한 비즈니스 모델로 침투(penetration)가 가능한 해외시장으로 진출하는 노력이 필요할 것이다. 이제 해석의 관점을 조금 돌려보기로 하자. 고객분석에서 보았듯이 아이들의 경우에도 실제 핸드폰, 즉, 스마트폰에 대한 소유 욕구가 잠재적으로 매우 높음을 알 수 있다. 실증적인 분석을 통해 확인해봐야 할 사항이지만, 만약 스마트폰을 소유하는 아이들의 연령이 점차 낮아진다면, 즉 이러한 트렌드가 계속

된다면, 키즈폰준의 표적시장 규모는 줄어들 수밖에 없을 것이다. 다시 말해 경쟁의 범위를 좀 더 넓게 보면 정규 스마트폰이나 스마트 워치가 준의 경쟁이 될 수 있다. 그래서 기업은 항상 시장, 고객, 경쟁을 지속적으로 분석해야 한다. 만약 이런 트렌드가 준 제품의 위협이 되는 순간이 다가올수록 인포마크는 여러 가지 전략적 옵션의 선택을 고민해야 할 수도 있다. 인포마크의 자원과 역량을 감안할 때 삼성전자나 LG 전자와의 직접적 경쟁은 현명한 선택이 아닐 것이다. 그렇다면 새로운 시장의 적소를 찾기 위한 웨어러블 융합에 근거한 신제품 또는 진화제품의 개발과 런칭(예: JooN3와 스마트 토이와의 연동, JooN 마켓플레이스 런칭과 다양한 악세사리 연동판매), 글로벌 시장으로의 진출 등 기존 핵심역량의 활용(exploitation)이 아닌 새로운 역량의 탐색(exploration) 노력 또한 지속적으로 해야 할 터인데 인포마크는 이를 착실히 준비하고 있는 듯하다.

출처: 인포마크 홈페이지(www.informark.co.kr); CEO와의 인터뷰(2015년 12월 5일, 2017년 7월 19일)

Pebble Technology의 Smartwatch

5장 고객분석에서 젊은 청년 창업가 에릭 미기코프스키(Eric Migicovsky)가 스마트 워치를 최초로 상용화하기 위해 Pebble Technology를 창업하고 사업을 시작한 것을 살펴보았다. 킥스타터 활용과 같은 창의적 펀딩, 그리고 린 스타트업 개념을 활용한 빠른 사업 전개 측면에서 Pebble Technology는 사례분석의 주요 관심 대상 기업이었다.

고객분석과 관련되어 살펴보았던 주요 내용은 다음과 같았다. 주요 표적시장은 시계를 거의 차지 않는 젊은 고객들(가칭, empty wrists) 중 스마트폰과 연동하여 활동적인 상황(예: 스포츠 활동 중)에도 메시지와 알람 기능에 대한 정보 욕구가 강한 사람들이었을 것이고, 활동적인 상황을 고려할 때 햇볕 아래에서의 가시성, 방수 등과 같은 기능들이 중요할 것이다. 특히 이들은 새로운 IT 디바이스에 대한 수용성이 상대적으로 높은 혁신층 내지는 얼리 어답터일 것임을 감안할 때 디자인도 수용성이 있어야 할 것이다. 그리고 기능이 제한된 초기 제품인만큼 가격대가 $100를 넘어가면 곤란하다고 생각할 수 있다. 그 이후 Pebble 제품의 경우에는 그 외 기능적으로는 1주 이상의 충전력, 그리고 스포츠 콘텐츠(예: 야구, 농구, 미식축구 등) 정보의 제공을 고려하며 한층 더 업그레이드된 디자인이 중요할 것이다. 나아가 구전, touch & feel에 관한 니즈, 가시성 등을 고려할 때 유명한 오프라인 및 온라인 유통채널에서의 제품 취급이 절대적으로 요구되는 사항일 것이다.

사실 미기코프스키는 젊고 활동적인 고객층을 상대로 스마트 워치 시장에 빠른 진입을 했지만, 삼성전자나 애플과 같은 주요 플레이어들이 스마트 워치 시장을 가만히 놔두지 않을 것임을 당연히 알고 있었다. 즉 시장은 다양한 기능들을 갖춘 제품과 서비스를 제공할 주요 기업들의 집단(the strategic group of more general-purpose players; 삼성의 갤럭시 워치나 애플의 i-Watch 시리즈)과 특정기능만을 강조하는 수많은 적소(niche) 플레이어들의 집단(the strategic group of niche players; 시간/메모 기능을 알려주는 특정 앱 플레이들; 대표적인 예로는 fitness 고객 segment를 위한 Fitbit 같은 player)으로 분화될 것임을 예상했었다. 사실 2014년 당시 이미 시장에는 Pebble을 포함해 30여 개의 스마트 워치 기업들이 진입해 있는 상태였다.

시장이 이러한 상황으로 진화해 나갈 때 창업 기업이 전략적 대처를 영민하게 하지 않으면 큰 위기를 맞을 수 있다. 2장에서 살펴보았던 포터의 경쟁전략 유형은 원가우위, 차별화, 집중화였다. 자원과 역량이 풍부한 기업은 원가우위와 차별화 전략을, 소규모 기업은 집중화전략을 택하는 것이 경쟁우위 확보와 유지에 도움이 된다는 내용이었다. 인포마크는 확실히 혁신을 통한 집중적 차별화전략을 구사해오고 있다. Pebble의 경우는 어떠한 전략적 선택을 해야 할 것인가? 이를 위해 필요한 경쟁분석의 내용들은 어떠한 것들인가? 먼저 Pebble 표적시장고객을 중심으로 이 고객들이 Pebble을 포함하여 경쟁 제품과 서비스를 어떻게 평가하고 있는지를 살펴봐야 할 것이다. 또한 경쟁 제품과 서비스는 이 표적시장 고객에게 어떻게 접근하고 있는지를 파악하고, 시간이 지남에 따라 표적시장 고객의 반응과 경쟁자들의 움직임은 어떻게 되고 있는지를 지속적으로 파악해야 한다. 나아가 가치사슬(value chain) 단계별로 경쟁자와 자사의 강점과 약점(활동, 자원 및 역량 측면에서)을 근본적으로 이해해야 할 것이다. 다음으로 경쟁분석 정보는 어디에서 구할 수 있을 것인가? 경쟁사의 연차보고서(annual report), 고객의 반응 조사, 경쟁사 마케팅 활동에 대한 관찰, 경쟁제품에 대한 역공학(reverse-engineering) 분석과 가치공학(value engineering) 분석을 통해 경쟁제품의 원가, 품질, 수익 동인이 무엇인지 등을 파악해야 할 것이다.

즉 경쟁자가 누구인지를 분석한 후 그들의 목표, 현재 전략, 능력을 파악해야 그들의 미래 전략 방향을 감지할 수 있고 그래야 우리가 나아갈 방향을 정할 수 있을 것이다. 손자병법에 나오듯 지피지기(知彼知己)해야 우리의 전략 방향을 도출할 수 있다는 말이다. 이렇게 강도가 높아져 가는 경쟁환경 속에서 과연 Pebble Technology는 어떠한 선택을 했고 어떻게 되었는지는 다음 장(자사분석)에서 살펴보기로 한다.

출처: Pebble Technology에 관한 위키피디아 정보(https://en.wikipedia.org/wiki/Pebble_(watch)#Development); Dolan, R. J., "Framework for Marketing Strategy Formation," *Core Curriculum Series: Marketing Reading*, 2014, Harvard Business Publishing.

5장에서는 3C (Customer, Competition, Company) 과업환경분석 중 고객이 원하는 바를 파악하는 고객분석을 살펴보았다. 이번 장에서는 경쟁분석에 대해 살펴본다. 경쟁분석은 시장이 요구하는 핵심성공요인(Key Success Factors)을 도출하는 목적과 나아가 경쟁과 자사의 자원 및 역량(능력) 그리고 전략을 비교분석하는 목적도 가지고 있다(〈환경분석의 틀〉 참조).

환경분석의 틀

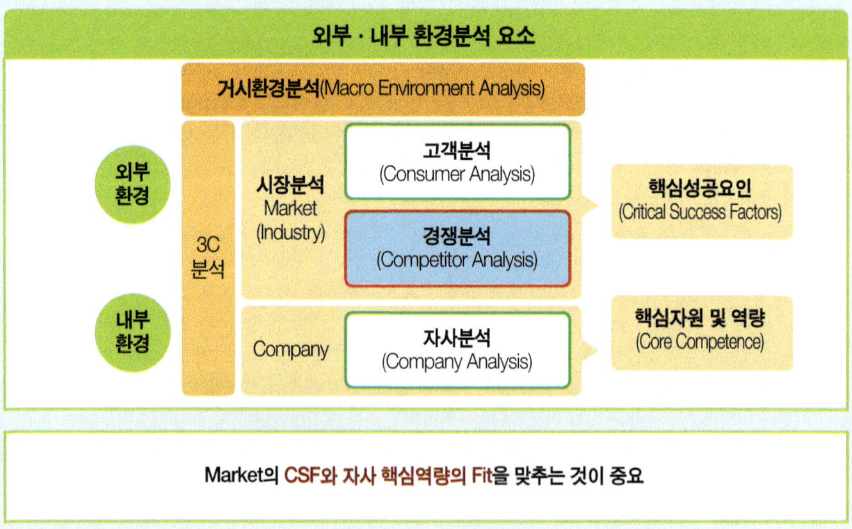

즉 고객에게 접근하는 경쟁을 파악해 누가 우리의 주요 경쟁자이고 그들은 고객에게 어떠한 가치를 어떻게 제공해왔고, 하고 있고, 할지를 분석한다. 먼저 경쟁이란 무엇인가에서는 경쟁의 개념, 경쟁의 유형, 경쟁이 주는 이익, 경쟁 범위와 수준에 대해 살펴본다. 그리고 경쟁자분석에서는 경쟁자 확인과 경쟁자분석의 내용을 학습한다.

특히 경쟁분석에서는 일반적으로 경쟁사와 다른 차별적 가치를 강조한다. 그러나 경쟁사와 다른 차별적 가치는 성공을 위한 필요조건일 뿐 충분조건은 아니라는 점에 주의할 필요가 있다. 예를 들어 과거 우리나라의 한 중견가구업체는 자사 침대의 마케팅에 있어 경쟁과의 차별성에 너무 신경을 써 고객에게 제공한 주 슬로건으로 '녹슬지 않는 침대'라는 점을 강조한 적이 있다. 확실히 경쟁사 침대와는 다른 주장이었다. 그러나 문제는 이 슬로건과 주장은 고객 니즈와의 관련성과 매우 거리가 있었다. 그래서 중요한 것은 그냥 차별화가 아니라 '고객 니즈와 관련된 차별화(relevant differentiation)'라는 점이다. 고객 니즈와 관련된 차별화를 위해서는 경쟁과의 차별성뿐만 아니라 유사성도 함께 심도 있게 고민해야 한다. 고객들의 중요한 니즈를 위해서는 모든 경쟁사들이 엄청난 노력을 기울이기에 차별적 포지션을 획득하기 힘들 수 있다. 이 경우에는 유사성, 즉 POP (Points of Parity) 목표의 설정과 달성이 중요하다. 여기에서 뒤처지면 좋은 성과를 얻기 힘들다. 예를 들면 자동차의 주요 기능적 혜택인 연비, 성능, 안전성에서는 확실히 우월한 차별적 포지션을 획득하기 힘들지만 이 차원의 경쟁에서 밀리면 경쟁 게임에서 도태됨을 의미한다. POP를 확보한 후 과연 우리의 표적시장 고객 니즈를 감안할 때 우리는 어떠한 측면에서 차별성, 즉, POD (Points of Difference)를 찾아 제공할 것인가를 고민해야 할 것이다. 예를 들면 라이트 맥주의 클래식 사례인 밀러 라이트(Miller Lite)의 슬로건은 "Less filling, tastes great!"였다. 과거 라이트 맥주는 낮은 알코올 도수, 덜 취한다, 살찌지 않는다, 맥주를 별로 즐기지 않는 사람들에게 좋다 등을 강조했다가 거의 모두 이 제품군 시장을 개발하는 데에 실패했다. 이런 상황에서 밀러 사는 맥주를 좋아하

3C분석의 틀

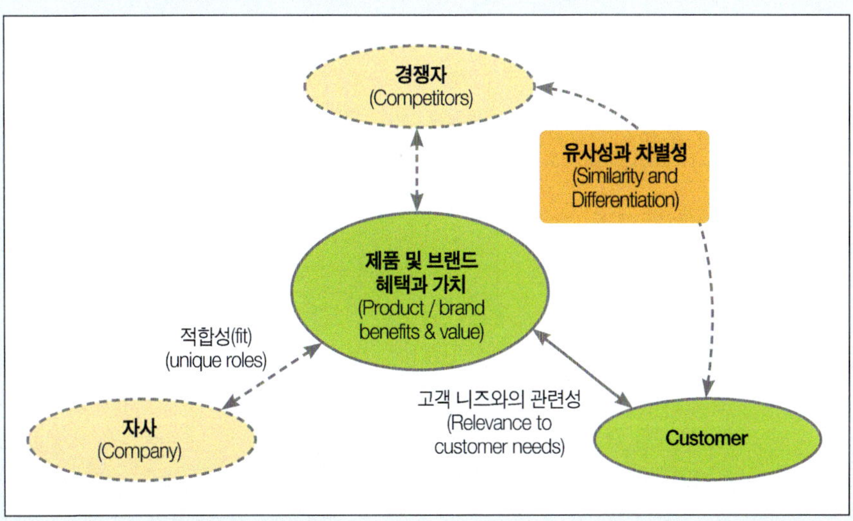

는 주음료층(heavy user) 표적고객을 대상으로 라이트 맥주를 많이 마셔도 더부룩하거나 배부르지 않아 맛있는 맥주의 맛을 즐길 수 있도록 만든 밀러 라이트를 권한 것이다. 'Tastes great'가 POP라면, 'Less filling'이 POD이다. 이처럼 '고객 니즈와 관련된 차별화(relevant differentiation)'를 위해서는 유사성과 차별성(POP와 POD)의 조화가 중요하고 또 경쟁분석의 궁극적 목적임을 명심하자(〈3C분석의 틀〉 참조).

1. 경쟁의 개념

- **학습목표 1: 주요 개념(1)**
  - 경쟁의 개념 = 혁신의 원동력; 고객에게 좀 더 나은 양질의 제품을 싼 가격에 공급할 수 있는 시장원리
  - 경쟁에 대한 기업의 기본목표 = 경쟁우위의 확보와 유지

누가 미래의 자동차를 지배할 것인가

– 세계 최고 자동차 전문가가 말하는 새로운 모빌리티의 세계

[차례] 모델, 시장, 경쟁자: 오늘날의 자동차 산업,
오늘날의 비즈니스 모델이 안고 있는 리스크,
지능형 구동 기술: 배기가스 없는 자동차,
자동차의 인공지능: 자율주행 자동차,
집단지성: 자동차, 소유하는 대신 이용하기,
새로운 모빌리티 세상의 사회적 가치,
폭스바겐의 시대 전환,
규칙을 깨뜨리는 차: 테슬라,
사이비 혁명가와 패자,
독일: 자동차 강국으로 남을까?

페르디난트 두덴회퍼 저/김세나 역, 미래의 창, 2016

애플과 구글이 자동차산업을 지배하는 날

– 자동차산업을 덮친 '텔레매틱스'의 충격! "이제 자동차산업은 실리콘밸리가 좌우한다!"

[차례] 자동차산업을 덮친 텔레매틱스의 충격,
시대의 흐름에 뒤처진 일본 자동차 산업계의 방향,
혼돈에 빠져들고 있는 차세대 자동차 개발의 향방,
스마트폰이 바꿀 자동차 비즈니스의 미래,
일본의 자동차 산업은 살아남을 수 있을 것인가

모모터 갠지 저/김정환 역, 한스미디어, 2014

최근 발간된 자동차산업의 미래와 경쟁에 관한 책과 책의 목차이다. 전통적으로 규모의 경제 조건 등 진입하기가 어려운 자동차산업의 경쟁 판도가 바뀔 가능성에 관해 분석한 책들이다. 흥미로운 것은 전통적 자동차제조기업(OEM) 이외 IT를 토대로 한 새로운 기업들이 이 산업의 경쟁 지형을 바꾸고 있다는 분석이다.[1]

이처럼 기업들은 경쟁에서 승리하고자 끊임없이 노력한다. 이 과정에서 경쟁은 혁신을 이끈다. 경쟁(competition)이란 고객에게 양질의 제품을 싼 가격에 공급하는 시장 원리인 동시에 혁신의 원동력이다. 또한 경쟁은 주어진 사업 영역에서 경쟁자에 우선하여 표적고객을 획득하고 유지하려는 싸움이다. 따라서 경쟁기업들을 능가하여 고객을 계속 확보할 수 있는 경쟁력을 창출하는 것이 기업 입장에서는 목표가 된다. 지속적인 경쟁력 확보가 중요한 이유는 기업 간 경쟁에서는 특정경쟁기업이 사업 영역에서 철수하더라도 또 다른 신규기업이 진입할 수 있기 때문이다.

고전경제학에서는 경쟁의 본질을 설명하기 위해 몇 가지 모델을 제시하고 있다. 이러한 모델들은 수요의 특성과 가격탄력성을 중심으로 분류되는데 제품의 동질성, 시장에 대한 기업의 지식, 시장에서의 진입 및 철수 장벽 등에 대한 가정을 중심으로 독점(monopoly, 한 시장 내에서 대체재가 없는 상품을 공급하는 기업이 하나뿐인 시장구조로 공공기업이 여기에 해당되는 경우가 많다), 과점(oligopoly, 같은 상품을 공급하는 소수의 공급자가 존재하는 시장구조로 원유시장을 예로 들 수 있다), 독점적 경쟁(monopolistic competition, 다수의 기업이 유사한 상품을 공급하고 있는 시장구조), 완전경쟁(perfect competition, 다수의 거래자가 동질의 상품을 거래하며, 상품의 가격 · 품질 등에 대한 완전한 정보를 가지고 자유로이 드나드는 시장구조) 등으로 나누고 있다. 이러한 분류는 전체 시장구조를 개괄적으로 파악하는 데는 도움이 되지만, 제반 가정의 비현실성 때문에 기업전략을 수립하기 위해 실제로 활용하는 데는 제약이 있다. 또 수많은 산업의 시장구조를 분류하는 데는 이 모델들이 도움되지만, 한 기업이 그들의 경쟁사를 확인하고 그에 알맞은 경쟁전략을 개발하는 데는 실질적인 도움을 얻기 어렵다.

산업조직론[2]의 관점에서 기업 간 경쟁은 그 산업을 둘러싸고 있는 환경 특성에 따라 달라진다. 한 산업 내 기업경쟁의 의미는, 첫째, 한 산업이 직면한 시장구조나 산업구조에 의해 다르게 해석될 수 있고, 둘째, 경쟁사가 선택하는 전략의 유형에 따라 경쟁강도가 달라지는 것으로 이해한다. 즉, 상대 기업의 전략에 따라 경쟁기업이 되기도 하고 그렇지 않기도 하다. 셋째, 한 기업에서 경쟁의 진정한 의미는 그 기업이 획득한 최종 성과와 관계가 있으므로 시장점유율, 수익성, 매출액, 소비자 만족도 등의 증가율이 성과 판단의 기준이 된다. 예를 들어 국내에서 대한항공과 아시아나항공, 이스타항공, 진에어, 제주항공, 티웨이항공, 에어부산 등 여러 항공사들이 있지만, 대한항공과 아시아나항공 두 개의 항공사가 2강 체제로 또 최근 늘어난 저가항공들과 복잡한 경쟁 양태가 나타나고 있다. 미국에서는 유나이티드항공, 델타 항공, 아메리칸항공, 유에스에어웨이, 사우스웨스트항공, 젯블루, 버진아메리카 등 여러 항공사가 경쟁하므로 다른 경쟁체제이다. 또 미국은 사우스웨스트항공처럼 비용우위전략으로 경쟁하는 항공사(한국의 저가 항공사)에 아메리칸항공처럼 대규모 노선과 서비스전략을 구사하는 항공사(한국의 대한항공과 아시아나)는 직접적인 경쟁이 아닐 수 있다.

산업은 서로 유사한 제품을 생산하는 기업군이 경쟁하는 곳이다. 5 Force 모델의 다섯 가지 경쟁요인, 즉 현재 시장 내의 경쟁, 잠재적 진입자, 구매자 교섭력, 공급자 교섭력, 대체품의 위협 정도를 살펴보면 산업의 경쟁은 현재의 경쟁자와 단순한 경쟁 수준을 벗어나 있다. 이 요인들 모두 그 산업에 진출한 기업들에 현재 또는 잠재적 경쟁요인들이며, 산업에 따라 경쟁상황을 형성하는 주요 요인들이 차이를 보일 수 있기 때문에 상황에 따라 특정요인이 더 드러나거나 덜 드러날 수 있다. 예를 들어 국내 백색가전 시장에서 삼성전자와 LG전자는 현재의 경쟁자가 주요 경쟁요인이겠지만, 이마트와 같은 유통업체들은 현재의 경쟁자 이외에도 제품의 공급자인 P&G와 LG생활건강 같은 생활용품 제조업자들, 즉 공급자 교섭력이 중요한 경쟁요인이 될 수 있다.

2. 경쟁기준에 따른 유형

- **학습목표 1: 주요 개념(2)**
  - 경쟁의 기준은 다양 = 고객지향적 기준(고객 예산, 제품사용시기, 추구 효익 등), 마케팅지향적 기준(4P), 자원지향적 기준(원재료, 종업원, 재무적 자원 등), 지리적 기준
    - 경쟁기준에 의해 경쟁의 유형은 다양하게 나타남 → 이를 파악하는 것이 중요

기업은 시장에서 경쟁제품과의 경쟁 이외에 매우 다양한 경쟁을 한다. 먼저 시장에서 고객을 확보하기 위해 경쟁제품과 벌이는 경쟁이 가장 일반적인 경쟁 유형이다. 이러한 고객확보를 위한 경쟁 이외에도 원재료, 노동력, 유통경로 등의 확보를 위한 다양한 유형의 경쟁이 있다.

마케팅 관리자는 〈표 6-1〉과 같은 기준을 사용해 다양한 유형의 경쟁을 확인할 수 있다. 고객지향적 기준으로는 고객이 사용 가능한 예산 사용에 대한 경쟁 유형(여행을 갈 것인가 또는 가구를 장만할 것인가), 고객이 제품을 언제 사용하는가에 의한 경쟁 유형(저녁 시간 활용-야구경기 관람 또는 영어회화 수강), 고객의 추구 효익에 의한 경쟁유형(세안 비누 사용-경제성 또는 향기) 등 세 가지로 분류할 수 있다.

표 6-1 **경쟁의 기준**

경쟁의 기준	내용의 예
고객지향적 기준	• 고객이 사용 가능한 예산 • 제품 사용 시기 • 추구 효익
마케팅지향적 기준	• 4P(제품, 가격, 유통, 촉진)
자원지향적 기준	• 원재료 • 종업원 • 재무적 자원
지리적 기준	• 지리적 위치

경쟁은 광고 같은 마케팅 활동에서도 발생한다. 광고 경쟁은 동종 제품 간의 경쟁뿐 아니라 TV 광고를 같은 시간대에 할 때 발생하는 경쟁도 포함한다. 최근에는 디지털 미디어인 온라인 및 SNS를 통해 경쟁하기도 하는데, 현대캐피탈, 존슨앤드존슨 등이 페이스북에서 온라인 사용자들을 대상으로 참여를 유도하는 광고 경쟁을 하는 것이 그 예다. 유통 경쟁은 같은 유통경로를 사용하기 때문에 발생하는 유통경로 획득을 위한 경쟁과 진열 공간 확보를 위한 경쟁 등을 들 수 있다. 이는 제조업자가 소매점에서 좋은 위치의 진열 공간을 확보하기 위해 같은 제품라인뿐 아니라 다른 제품라인과 경쟁하는 것을 말한다. 가격경쟁은 경쟁자의 제품이나 서비스 가격보다 낮은 가격을 책정해 경쟁우위를 획득하려는 의도에서 발생하는 경쟁이다. 그러나 과다한 가격경쟁은 이윤을 낮게 만들어 기업에 치명적일 수 있으므로 유의해야 한다.

경쟁을 자원지향적인 관점에서 분류할 수도 있다. 예를 들어 용도가 전혀 다르고 고객도 다른 제품을 만들지만, 같은 원재료인 석유를 사용하는 운송업체와 제철업체는 원재료 확보 측면에서 경쟁이 벌어질 수 있다. 또 같은 지역에 생산공장이 있는 경우, 노동력 확보 때문에 경쟁할 수도 있다. 기업 내에서 각 사업부는 재무적 자원 확보를 위해 다른 사업부와 경쟁하기도 한다. 글로벌 장수기업인 GE와 Siemens는 많은 비즈니스에서 경쟁하고 있다. 이들 기업들은 과거 B2B 마케팅의 전문가, 최근에는 빅데이터 및 디지털라이제이션(BIG data and digitalization) 분야의 전문가를 대폭 확보하고 있다. 이러한 행보는 자원지향적 기준에 의한 경쟁유형의 대표적인 예이다.

지리적 기준에 의한 경쟁은 소매점들과 다국적 기업에 매우 중요하다. 즉, 점포들이 밀집된 상가에서는 의류점포와 구두점포, 편의점 등이 거리를 지나는 소비자들을 대상으로 경쟁하고 있으며, 다국적 자동차기업의 경우, 남미냐 유럽이냐 등 어떤 국가에 진입하느냐에 따라 경쟁강도가 달라진다.

3. 경쟁이 주는 이익

- **학습목표 1: 주요 개념(3)**
  경쟁이 주는 이점은 다음과 같음.
  (1) 기존 시장구조의 개선 효과 = 시장규모 확대, 시장구조 개선과 시장매력도 증대, 약화된 후방 및 전방 통합 의지로 인한 이익
  (2) 자사의 경쟁우위(경쟁력) 강화 효과 = 자사제품의 차별화, 자사의 경쟁력 강화
  (3) 잠재적 경쟁기업의 진입 저지 효과

일반적으로 경쟁은 고객에게는 이익을 제공하지만, 기업에는 수익성 구조를 악화시킨다고 알고 있다. 그러나 경쟁기업은 전략적인 차원에서 자사에 다양한 이익을 제공하기도 한다. 예를 들어 맛집 등이 모여 있는 가로수길, 경리단길 등은 한 지역을 새롭게 음식과 패션산업 지역으로 확대, 발전시켰는데 지역 경제의 이익과 일자리 창출, 지가 상승효과는 물론 주변 상권까지 더불어 수익을 창출하는 효과가 있다. 이러한 효과를 집적 효과(clustering effect)[3]라고 하는데, 경쟁으로 인한 손실보다 고객을 유인하는 이점이 더욱 커 결과적으로 이익을 얻게 되는 것을 의미한다. 이런 관점에서 보면 기업의 멀티브랜드전략에 따른 자기잠식(cannibalization)을 꼭 부정적으로 볼 수는 없다. 자사 브랜드 경쟁으로 개별제품들의 시장점유율이 감소하기도 하지만, 자사의 많은 브랜드가 시장의 빈 곳을 선점해 경쟁자 진입을 막거나 시장을 더 빨리 개발할 수 있는 등 많은 이점이 있다. 경쟁이 주는 이점은 크게 기존 시장구조의 개선, 자사의 경쟁우위 강화, 잠재적 경쟁기업의 진입에 대한 저지 등으로 나눌 수 있다. 구체적인 내용은 시장에 따라 또는 자사가 추구하는 전략에 따라 조금씩 달라지지만, 경쟁은 대체로 다음과 같은 이익을 가져온다.

기존 시장구조의 개선 효과

시장규모의 확대 특정제품에 대한 수요는 제조기업들의 광고의 양, 판촉노력, 유통능력 등에 상당한 영향을 받는다. 예를 들어 경쟁이 치열한 제약산업은 기업들의 판촉노력으로 진단율을 높임으로써 환자와 처방전을 늘게 해 시장을 확대한다. 즉, 경쟁기업이 많을수록 광고 및 판매촉진의 양이 늘어나고 유통범위가 넓어져 소비자 수요는 증가하고 시장규모는 확대된다. 이러한 수요를 1차 수요(primary demand)라고 한다.

시장구조 개선과 시장매력도 증대 제품의 품질, 내구성 그리고 서비스를 강조하는 경쟁기

업은 구매자로 하여금 가격에 민감하지 않게 하며 과도한 가격경쟁을 방지하기도 한다. 또 자사를 포함한 소수의 높은 브랜드 이미지를 보유한 기업만 경쟁력을 갖게 하여 진입장벽이 높은 산업으로 만들 수 있다. 이 때문에 시장구조는 개선되고 시장매력도가 높아진다. 일반적으로 진입장벽이 높은 시장으로는 석유화학, 반도체, 양복 시장 등이 있고, 진입장벽이 낮은 시장으로는 여성의류, 운동화 시장 등이 있다.

약화된 후방 · 전방 통합 의지로 인한 이익 특정기업이 독점적으로 중요한 원자재나 부품을 생산하고 판매하는 경우, 구매자는 공급이 중단되는 위험을 제거하거나 협상력을 강화하기 위해 원자재나 부품을 직접 생산하려는 후방통합의 유혹을 받는다. 이때 제2, 제3의 공급자 역할을 하는 경쟁기업이 있으면 구매자는 원자재나 부품 생산을 흡수하고 통합할 생각을 품지 않는다. 포스코 외에 제2, 제3의 공급자 역할을 하는 경쟁기업이 없었기에 현대자동차는 자동차의 주요 원료인 철강을 더 나은 조건으로 공급받기 위해 제철회사를 인수해 후방통합하였다. 후방통합 논리와 비슷하게 독점적 구매자의 정도에 따라 기업의 전방통합 의지를 이해할 수 있을 것이다.

2017년 3월 인텔이 무려 153억 달러(약 17조 원)을 들여 이스라엘 기업인 모빌아이(Mobileye)를 인수했다. 1999년에 비전-안전기술(vision-safety technology)을 토대로 이스라엘의 창업벤처기업 모빌아이는 자율주행과 이로 가는 ADAS (첨단 운전자지원시스템: Advanced Driver Assistance Systems)의 주요 카메라센서 부품으로 사업을 수행하고 있다. 창업해서 사업의 성장가능성을 보인 2004년 정도 기업가치평가는 약 4,000억 원 정도였는데 약 12년 후 17조 원의 가치를 가진 기업으로 인수되었다. 모빌아이의 비밀무기를 간략히 얘기하면 애널리틱스 기반(AI, deep learning, crowdsourcing)의 센서기술능력이라 할 수 있다. 초창기 우위를 가진 센서기술로 부품 공급 계약을 하면서 자동차 OEM 사로부터 운행 데이터 확보를 계약조건으로 내걸고 차츰 이 데이터를 확보한 결과 현재는 가장 앞선 카메라 센서제품을 공급하게 된 것이다. 사실 모빌아이는 자동차 부품의 1차 부품공급 벤더가 아니다. 주요 핵심부품을 공급하는 글로벌 1차 벤더는 독일의 보쉬(Bosch), 일본 도요타 계열의 덴소(Denso), 캐나다의 마그나, 독일의 컨티넨털(Continental), ZF, 한국 현대차 계열의 모비스, 미국 GM 계열의 Delpi 등이다. 흥미로운 사실은 이러한 1차 벤더들이 자동차 OEM업체에 카메라 모듈을 공급할 때 카메라 센서는 모두 모빌아이제품을 사용하는 것이다. 현재는 2차 벤더임에도 불구하고 1차 공급벤더나 자동차 OEM에 비해 높은 협상력(bargaining power)을 가지고 있으며 전 세계 자동차 OEM 및 1차 부품공급업체들과 다양한 전략적 파트너십을 맺고 사업을 하고 있다. 이러한 점 때문에 인텔이 신수종사업으로 이 회사를 인수한 것이다. 과거 인텔이 사용했던 인텔 인사이드전략이 모빌아이 인사이드전략으로 등장하는 느낌이다. 낮은 협상력을 가지고 있는 자동차 OEM들과 1차 부품벤더들이 어떠한 능력과 전략(제휴, 개발, 인수합병 통합 등)으로 이 불균형상태를 대처해나갈지 매우 흥미롭다.[4]

자사의 경쟁우위 강화 효과

자사제품의 차별화 기능 경쟁기업 제품은 자사제품에 대한 비교 대상이 되므로 자사가 차별화할 수 있는 기준을 제공한다. 경쟁기업이 없다면 구매자는 자사제품에 대한 가치 인식이 어려워 자사제품이 구매자에게 주는 가치보다 더 낮은 가격이나 더 높은 서비스를 요구할 수 있다. 그러나 경쟁기업이 있으면 구매자에게 자사제품의 우수성과 차별성을 더욱 설득력 있게 알릴 수 있다. 예를 들어 포르셰 스포츠카 업체는 람보르기니, 페라리 등 다른 스포츠카 업체와의 비교를 통해 자사제품을 차별화하고 있다.

자사의 경쟁력 강화 경쟁기업은 동기를 부여하기도 한다. 경쟁기업이 원가절감, 품질개선, 신기술 도입 등을 하면 자사는 이에 대응할 수밖에 없다. 또 새로운 기업의 출현은 자사조직 내부에 심리적 자극을 주어 활력과 위기감을 불러일으키고 이에 따라 생산성을 향상할 수 있다. 반면, 기업이 독점기업 위치를 너무 오래 유지하면 기업의 구성원은 현실에 만족하게 되고, 환경변화에 둔감해져 결국, 기업 생존조차 힘들 수 있다. 예를 들어 삼성전자와 애플, LG 등은 모바일 통신기기시장 경쟁에서 승리하려고 더 나은 제품 개발을 위해 끊임없이 노력하고 있다.

잠재적 경쟁기업의 진입 저지 효과

현재 특정산업에서 기존 기업들이 치열한 경쟁을 벌이고 있으면 잠재적 진입자가 새로이 경쟁에 참여할 때 기존 기업들로부터 큰 저항을 받으리라는 예상을 할 수 있다. 반면에 기존 경쟁기업들의 경쟁력이 약하게 인식될 때에는 잠재적 진출기업이 쉽게 진입을 결정할 수 있다. 특히, 경쟁기업 중에서 경쟁력이 약하거나 자금력이 약한 기업은 신규진입자가 그 기업을 인수하여 손쉽게 그 산업에 진입하는 교두보로 삼을 수 있다. MP3 시장에서 중소기업 레인콤이 제조한 아이리버(iriver)가 큰 인기를 얻고 우월한 위치에 있었지만, 성공과 쇠락을 빠르게 오가며 힘든 시기를 보내다가 SK텔레콤을 만나게 된 경우가 바로 여기에 해당한다.[5]

4. 경쟁 범위와 수준

- **학습목표 1: 주요 개념(4)**
  경쟁의 범위와 수준은 다음과 같음.
  - 제품형태에 따른 경쟁
  - 제품범주에 따른 경쟁 = 유사한 속성을 보유한 제품이나 서비스를 경쟁자로 파악
  - 본원적 추구 효익에 따른 경쟁 = 고객의 같은 욕구를 충족시키는 제품 모두를 경쟁관계에 있다고 봄
  - 예산에 따른 경쟁 = 고객의 한정된 예산을 확보하기 위해 경쟁하는 모든 제품과 서비스를 경쟁관계에 있다고 파악

경쟁은 제품형태(product type)나 제품범주(product category) 내에서도 이루어질 수 있지만, 본원적 효익 측면에서 이루어지기도 한다.[6] 또 고객이 가진 예산 내에서 어느 부문에 지출하는가에 따른 경쟁을 하는 경우도 있다. 이를 〈그림 6-1〉에 자세히 도식화했는데, 이러한 도식화는 경쟁 집합의 개념화에 도움을 준다.

앞서 〈표 6-1〉의 고객지향적 기준에서 경쟁은 예산에 의한 경쟁, 고객의 추구 효익에 의한 경쟁, 고객이 제품을 언제 사용하는가에 의한 경쟁 유형으로 분류할 수 있다고 했다. 그러나 사용상황에 의한 경쟁은 마케팅 관리자가 개별적인 고객들의 상황을 자세히 파악하기 힘들어서 경쟁 수준에 대한 설명에서는 제외했다. 그럼에도 불구하고 사용상황에 의한 경쟁은 고객이 추구하는 효익에 따른 경쟁으로 파악할 수 있다. 따라

그림 6-1 **경쟁 수준 및 범위에 대한 가상적 예**

코카콜라 라이트 관점의 경쟁

경쟁 수준	경쟁대상 및 영역(경쟁범위)
제품형태	다이어트콜라
제품범주	청량음료
본원적 효익	음 료
예 산	음식과 오락

서 이 장에서 다루는 고객지향적 기준의 경쟁은 고객의 추구 효익과 예산에 의한 경쟁이다.

제품형태에 의한 경쟁

같은 제품형태(product type)로 인해 발생하는 경쟁이 가장 좁게 보는 관점의 경쟁이다. 이 경쟁은 가장 유사한 제품 간의 경쟁을 말하며, 같은 세분시장 내에서 현재 주요 경쟁자가 누구인가를 파악하는 것이다. 예를 들어 콜라 시장에서 코카콜라 라이트의 주요 경쟁자는 펩시 라이트이고, 코카콜라의 경쟁자는 펩시콜라이다.

제품범주에 의한 경쟁

이 경쟁은 유사한 속성을 보유한 제품, 즉 소비자가 같은 범주로 인식하는 제품을 경쟁자로 파악하는 것이다. 마케팅 관리자들은 이 수준의 경쟁을 가장 일반적인 경쟁 집합이라고 생각한다. 예를 들어 콜라, 사이다, 환타, 게토레이, 포카리스웨트 등이 청량음료 시장에서 경쟁하는 것을 제품범주(product category)에서의 경쟁이라고 한다. 이 관점은 제품형태에 의한 경쟁보다는 포괄적이지만, 시장을 정의하는 데는 여전히 근시안적인 관점이라고 할 수 있다.

본원적 효익에 의한 경쟁

세 번째 수준은 본질에서 좀 더 장기적이고 제품범주를 대체할 수 있는 대체품들에 초점이 맞춰져 있다. 이것을 본원적 효익(generic benefits)에 의한 경쟁이라고 하며, 고객의 같은 욕구를 충족시키는 제품 모두를 경쟁관계에 있다고 보는 관점이다.

예를 들어 갈증 해소라는 고객들의 욕구에 초점을 맞춘다면 청량음료 경쟁자는 주스, 생수, 맥주 등이 될 수 있다. 또 패스트푸드 점포들은 간편한 식사라는 측면에서 편의점의 삼각김밥 및 샌드위치와 경쟁관계에 있다고 볼 수 있다. 이러한 고객욕구에 기초한 경쟁관계 파악은 장기적 관점에서 기업이 위협에 대처하고 기회를 발굴하는 데 핵심적인 근거자료가 된다.

기업이 제품형태나 제품범주에 의한 경쟁에만 초점을 맞출 경우, 마케팅 근시[7]에 빠질 가능성이 크다. 예를 들어 철도산업의 경우, 철도청이 새마을호의 경쟁자를 KTX로만 본다면 좁은 시야로 경쟁을 파악한 것이다. 철도산업은 철도산업만의 경쟁이 아니라 교통수단이라는 본원적 효익을 만족시켜주는 자동차, 비행기, 버스 등이 모두 경쟁자가 될 수 있다. 즉, 마케팅 관리자는 같은 제품형태와 제품범주 내의 경쟁자뿐 아니라 같은 효익을 제공할 수 있는 모든 제품에 관해 관심을 기울여야 한다. KTX가 저가 항공사의 등장으로 가격을 내린 것은 본원적 효익에 의한 경쟁의 예이다.

예산에 따른 경쟁

가장 포괄적이고 넓은 의미의 경쟁은 고객이 어떤 제품에 예산을 사용할 것인가에 관한 것이다. 즉, 고객의 한정된 예산(customer budget)을 확보하기 위해 경쟁하는 모든 제품이 경쟁관계에 있다고 파악하는 것이다. 예를 들어 한 고객이 현재 사용 가능한 예산이 5만 원이라고 가정하자. 고객은 이 돈을 프로야구나 영화관람, 패스트푸드 또는 테이크아웃 커피 등 다양한 제품 소비에 사용할 수 있다. 따라서 고객이 보유하고 있는 예산의 관점에서 보면 위에 제시된 모든 소비의 예들은 경쟁관계에 있다. 크리스마스 또는 밸런타인데이를 앞두고 고객들이 선물을 구매할 때, 의류, 전자제품, 화장품 등은 예산에 따른 경쟁상태에 놓여 있는 좋은 예이다. 이 관점의 경쟁은 개념을 파악하기에 유용하지만, 너무 많은 수의 경쟁관계가 존재하므로 마케팅전략에 응용하기는 힘들다. 그러나 예산에 따른 경쟁은 거시환경분석에서 어느 정도 파악할 수 있으며, 성공적인 예산경쟁의 확인은 기업의 장기적인 방향설정에 도움이 된다.

경쟁 집합은 위의 네 가지 수준에 따라 다르게 결정될 수 있으며, 마케팅 관리자들은 경쟁의 범위를 제품형태, 제품범주나 고객이 추구하는 본원적 효익에 의해 결정하는 것이 일반적이다. 이에 따라 코카콜라 라이트의 네 가지 경쟁 수준에 따른 경쟁관계를 구성해본 예시가 〈표 6-2〉이다.

경쟁 집합을 잘못 규정하면 장기적인 마케팅계획의 성공에 다음과 같은 문제점이 생길 수 있다. 첫째, 경쟁범위를 너무 좁게 파악하면 기업의 성공에 중요한 거시적 경쟁 위협을 간과하게 된다. 둘째, 경쟁에 대한 모호한 정의는 마케팅전략을 수립하는 데 불

표 6-2 코카콜라 라이트의 경쟁자

경쟁 수준	경쟁제품	경쟁 브랜드	추구 효익
제품형태	다이어트 콜라	펩시 라이트	저칼로리, 비알콜, 콜라 향이 있는 탄산음료
제품범주	청량음료	칠성사이다, 환타	비알콜 탄산음료
본원적 효익	음식과 음료수	우유, 맥도날드 빅맥 햄버거	음식과 음료
예 산	음식과 오락	프로야구, 영화	즐거움

확실성을 일으킨다. 즉, 시장점유율과 같은 시장 관련 통계치를 혼란스럽게 만드는 장애가 된다. 예를 들어 코카콜라 라이트의 목표를 시장점유율 10% 확보로 잡았다면 이 같은 목표달성은 시장을 어떻게 정의하느냐에 달려 있다. 즉, 코카콜라 라이트 제품이 다이어트콜라시장에서 경쟁하는지, 청량음료시장에서 경쟁하는지, 전체 음료시장에서 경쟁하는지 정확히 정의 내리는 것이 선행되어야만 목표달성을 위한 적절한 마케팅계획을 수립할 수 있다.

2 경쟁자분석

이 절에서는 경쟁자분석 과정에 대해 살펴보겠다. 경쟁분석은 산업 내에서 기업의 가장 중요한 경쟁기업을 중심으로 한 경쟁 환경의 분석이다. 이러한 경쟁분석에는 경쟁자 확인, 경쟁자의 목표확인, 경쟁자의 현재전략 평가, 경쟁자의 능력 평가와 경쟁자의 미래전략 예측 등에 관한 내용이 포함되어야 한다.

1. 경쟁자 확인

- **학습목표 2: 주요 개념(1)**
  - 경쟁분석은 경쟁자가 누구인지를 파악하는 것에서부터 출발: 즉 경쟁분석의 가장 중요한 시작 = 경쟁자 확인
  - 경쟁자 확인방법:
    (1) 공급 측면에서의 확인방법 = 표준산업분류 이용; 기술적 유사성을 기초로 판단
    (2) 수요 측면에서의 확인방법 = 브랜드 전환 분석방법; 수요의 교차탄력성 분석방법; 포지셔닝맵 분석방법; 고객의 의사결정과정 분석방법
    (3) 관리적 판단에 의한 확인방법 = 마케팅 관리자의 경험, 판매원의 보고, 유통업자, 다른 기업의 정보 등 활용

경쟁분석은 경쟁자가 누구인지를 파악하는 것에서부터 출발한다. 앞에서 설명했듯이 기업은 제품형태, 제품범주, 본원적 효익 및 예산에서 경쟁하고 있으며, 마케팅 관리자는 이러한 다양한 수준에서 자신의 경쟁자가 누구인가를 파악할 필요가 있다. 경쟁자를 확인하는 방법은 일반적으로 공급 측면, 수요 측면, 관리적 판단의 세 가지로 분류한다. 〈표 6-3〉은 이 세 가지 경쟁자 확인방법을 사용해 네 가지 경쟁 수준에 따라 경쟁자를 확인하는 방법의 가능성을 정리한 것이다.

표 6-3 경쟁자 확인방법의 분류

경쟁확인 \ 경쟁수준	공급 측면		수요 측면				관리적 판단
	표준 산업분류	기술적 유사성	브랜드 전환	교차 탄력성	포지셔닝 맵	의사결정 과정	관리적 판단
제품형태	○	○	○	○	○	○	○
제품범주	△	△	○	○	○	○	○
본원적 효익	×	×	×	×	○	○	○
예 산	×	×	×	×	×	○	○

적합성 정도 ○–매우 높음 △–중간 수준 ×–적합하지 않음

공급 측면

표준산업분류의 이용 경쟁자를 정의하는 가장 쉬운 방법으로는 자사제품이 속한 표준산업분류를 이용하는 방법이다. 표준산업분류는 통계청 전국사업체조사(http://www.kostat.go.kr/survey/saup/index.action)에서 확인할 수 있으며 4장에서 설명한 바 있다. 이 방법은 같은 표준산업분류체계에 속한 기업들을 경쟁자로 보는 것으로 사용이 쉽고 정확한 경쟁형태가 밝혀지지 않았을 때 유용하다. 그러나 본원적 효익경쟁과 예산경쟁에 관한 고려가 없어 장기적이고 포괄적인 경쟁관계를 파악하기 어렵다는 단점을 가지고 있다.

기술적 유사성 경쟁자를 확인하는 또 다른 방법은 제품의 기술적 유사성이다. 이 방법은 공급자 측면만을 강조하고, 실질적으로 고객이 각 제품을 어떻게 인식하고 있는가를 명백히 설명할 수 없으므로 본원적 효익경쟁과 예산경쟁 수준에서는 경쟁자를 파악할 수 없다는 단점이 있다.

수요 측면

브랜드 전환 분석 고객이 제품을 구매할 때 브랜드 사이에서 구매를 전환한 정도를 확률로 나타낸 것이다. 브랜드 전환 확률이 높은 경우, 경쟁강도가 높다는 것을 의미한다. 〈표 6-4〉의 매트릭스를 통해 A, B, C 브랜드 간 경쟁관계를 파악해보면 A, B, C의 재구매율은 각각 0.5, 0.7, 0.4로 브랜드충성도가 B브랜드에서 가장 높게 나타나고 A, C 브랜드는 높지 않다. 또 A와 C 브랜드 간 전환이 많이 일어나므로 A와 C 브랜드는 강한 경쟁관계에 있음을 알 수 있다.

표 6-4 브랜드 전환 매트릭스

		이전 구매		
		A	B	C
현재 구매	A	0.5	0.2	0.3
	B	0.1	0.7	0.2
	C	0.4	0.2	0.4

한편 브랜드 전환 분석에 의한 경쟁자 확인은 다음과 같은 문제점을 가지고 있다. 첫째, 이 방법은 측정 전에 관리자가 사전에 고객들이 브랜드 전환을 할 수 있는 제품들을 결정해야 한다는 것이다. 예를 들어 코카콜라와 펩시콜라를 경쟁대상으로 보고 관리자는 두 브랜드 간 전환 확률만 구할 수 있다. 그러나 실질적으로 콜라는 콜라 간 경쟁뿐 아니라 사이다와 주스 같은 음료수와도 경쟁관계에 있을 수 있다. 이처럼 예산경쟁이나 본원적 효익에 의한 경쟁은 관리자의 고려대상에서 제외되기 쉬우므로 이 방법에 의한 경쟁자 확인은 경쟁범위를 좁게 볼 가능성이 높아 구매빈도가 높은 세분시장에서의 경쟁파악에 사용하는 것이 더 유용하다.

둘째, 브랜드 전환은 브랜드들의 대체성(substitutability)에 의해 발생할 뿐 아니라 고객들이 다양성을 추구하는 행동(variety-seeking behavior)에 의해서도 발생한다. 예를 들어 코카콜라를 무척 선호하는 고객이라도 코카콜라를 그날 너무 많이 마셔서 일시적으로 싫증을 느껴 한 번은 칠성사이다를 구매할 수 있지만, 다음번 구매에서는 다시 코카콜라를 구매하게 되는 경우를 말한다. 그런데 브랜드 전환에 의한 경쟁 측정은 브랜드 간의 대체성 또는 다양성 추구와 관계없이 동일하게 측정되므로 정확한 경쟁 측정이 이루어지지 않을 수 있다.[8]

수요의 교차탄력성 A제품가격의 변화비율에 따른 B제품의 판매량 변화비율을 의미한다. 만약 가격에 대한 교차탄력성(cross-elasticity)이 0보다 크면, 두 제품이 경쟁관계에 있다는 것을 의미한다. 예를 들어 콜라의 가격이 인상되었을 때, 사이다의 매출량이 증가했다면 콜라와 사이다는 경쟁관계에 있다. 이러한 교차탄력성을 계산하는 방법은 다음과 같다.

$$\text{교차탄력성} = \frac{\text{B제품의 판매량 변화비율}}{\text{A제품의 가격 변화비율}}$$

전술한 고객의 브랜드 전환행동이나 수요의 교차탄력성에 의한 경쟁자 확인은 고객에 대한 추측이 아니라 실제 고객들이 어떻게 행동하였는가에 따른 측정이므로 매우 유용하다. 그러나 이 방법은 대부분 구매빈도가 높은 비내구재의 경우에 적용 적합성이 높은 편이며, 관리자들에 의해 경쟁제품 집합이 사전에 결정되어야 하므로 제품형태나 제품범주 내에서의 경쟁구조 파악에 사용되는 것이 더 바람직하다.

포지셔닝맵을 사용하는 방법 제품의 특성에 대해 고객들이 인지하고 있는 상태를 기하학적인 공간에 표시하는 방법에는 다양한 기법들이 있지만, 일반적으로 다차원척도법[9]을 이용한다. 기하학적인 공간에서 포지셔닝맵의 각 차원은 고객이 구매 또는 인식할 때 기준이 되는 중요한 속성을 의미한다. 〈그림 6-2〉는 자동차시장을 대상으로 포지셔닝맵을 작성한 것이다. 고객이 지각하고 있는 한 속성에 대해 인접한 제품끼리는 같은 제품 영역에 속해 있어 경쟁강도가 높다고 할 수 있다. 즉, 포지셔닝맵에서 각 제품이 가까이 있을수록 경쟁강도가 높고, 멀수록 경쟁강도는 떨어진다. 이처럼 포지셔닝맵을 포괄적으로 작성하면 마케팅 관리자는 본원적 효익에 의한 경쟁까지 파악할 수 있다. 보다 상세한 설명은 10장 포지셔닝을 참조하기 바란다.

고객의 의사결정 과정 분석을 통한 방법 고객이 제품을 선택하는 과정에는 다양한 기준들

그림 6-2 자동차 포지셔닝맵의 예

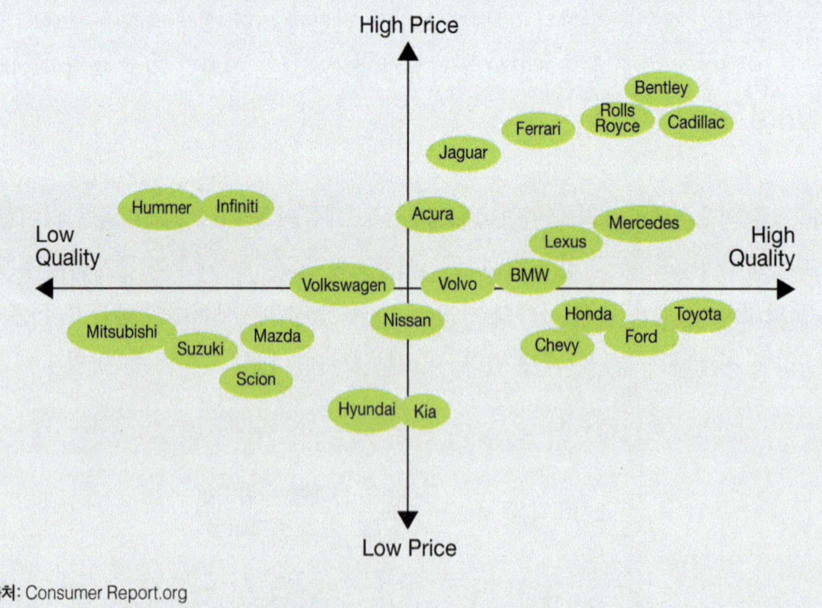

출처: Consumer Report.org

이 적용된다. 이 과정에서 여러 가지 생각을 하게 되는데, 이 분석방법은 회고적 방법(retrospective approach)을 통해 고객이 구매하는 동안 적용된 기준과 생각을 설명하게 하여 의사결정모델을 설정하고 이를 분석하는 방법이다. 의사결정모델을 통해 선택의 대상에 관한 속성들이나 선택 시 상황을 규명하고, 이러한 속성들이나 의사결정 절차의 유사성에 의해 경쟁관계를 파악할 수 있으며, 본원적 효익경쟁과 예산경쟁 수준까지 경쟁자를 확인할 수 있다. 그러나 이 방법은 개인 수준에서 분석이 이루어지므로 인식하고 있는 선택 기준과 제품의 대체안에 대한 지식과 신념의 개인적 차이를 밝혀주지만, 개인별 의사결정 과정 모델을 집단화하기 어렵다는 단점이 있다.

고객의 의사결정 과정을 분석하는 방법과 제품에 대한 고객의 지각에 바탕을 둔 포지셔닝맵에 의한 방법은 고객의 실제 구매행동 자료를 이용하는 것은 아니지만, 미래 시장구조 파악에 통찰력을 제공하고, 더 광범위한 경쟁규모를 파악할 수 있으며, 산업재와 내구성 소비재를 포함한 모든 유형의 제품과 서비스에 적용할 수 있다는 장점이 있다.

관리적 판단

마케팅 관리자는 자신의 경험, 판매원의 보고, 유통업자, 다른 기업의 정보 등을 통해 현재나 미래의 경쟁자를 판단할 수 있다. 마케팅 관리자의 사고 과정을 구조화할 때 〈표 6-5〉를 사용할 수 있다. 표에서 A는 제품형태의 경쟁을 나타낸다. 즉, 제품은 기본적으로 같고 소구하고자 하는 시장도 같다. 또 C는 다른 시장을 대상으로 하는 같은 제품형태에 의한 경쟁관계를 의미한다.

가장 흥미로운 부분은 B부분으로 이미 동일시장을 소구하고 있으나 동일제품을 제공하지 않는 잠재적인 미래 경쟁자를 나타낸다. 이 경우 마케팅 관리자는 B부분에 있는 어떤 기업이 미래에 직접적인 경쟁자가 될 것인가를 예측해야 한다. 현재 다른 시장에서 다른 제품을 제공하고 있는 D부분은 마케팅 관리자에게 경쟁자 예측이 가장 어려운 부분이다. 이 부분에 대한 예측은 거시환경분석이나 후에 살펴볼 경쟁자의 능력 평가

표 6-5 경쟁의 관리적 판단

		제품 / 서비스	
		동일	상이
시장	동일	A	B
	상이	C	D

와 미래전략 예측을 넓게 분석을 통해 가능하다.

관리적 판단에 의한 경쟁자 확인은 네 가지 경쟁 수준 모두에서 경쟁자를 확인할 수 있다는 장점이 있다. 그러나 정확한 경쟁자를 확인하기 위해서는 관리자의 경험과 직관뿐 아니라 앞에서 설명한 방법들의 보완이 필수적이다.

2. 경쟁자분석

- **학습목표 3:** 주요 개념(1)
  - 경쟁자분석 = 경쟁자의 목표, 현재전략, 능력(자원 및 역량)을 파악·분석 → 경쟁자의 미래전략 예측
  - 경쟁자분석 → 기업에 적합한 마케팅계획 수립

마케팅 관리자는 자신의 주요 경쟁자를 확인한 후에 〈그림 6-3〉과 같은 경쟁자분석의 기본 틀을 이용해 구체적인 경쟁자분석을 하게 된다. 경쟁자분석의 주요 내용은 경쟁자의 목표, 경쟁자의 현재전략 및 경쟁자 능력(자원 및 역량)을 강 · 약점 분석으로 알아내 경쟁자의 미래전략을 파악하는 것으로 이루어져 있다. 경쟁자의 미래전략 예측은 자사의 마케팅계획을 수립하고 변화하는 경쟁상황에서 발생하는 기회와 위협에 효과적으로 대처하기 위한 필수적인 과정이다. 따라서 경쟁자분석의 최종 지향점은 경쟁자의 미래전략 예측에 초점을 맞추는 것이다.

경쟁자의 목표 평가

경쟁자분석의 첫 번째 단계는 주요 경쟁자의 목표가 무엇인가를 평가하는 것이다. 경

그림 6-3 경쟁자분석의 기본 틀

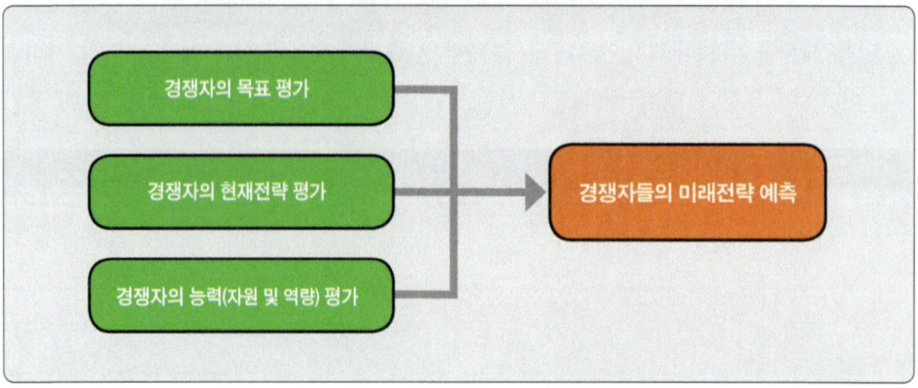

쟁자가 특정한 전략적 행동을 선택하는 배경이 된다는 점에서 경쟁자의 목표 파악은 중요하다. 경쟁자의 목표를 정확하게 인식하는 것은 경쟁자가 현재시장에서 경쟁적 위치에 만족하는지 아닌지, 전략변경 가능성 및 외부 변화에 대응하는 강도 등을 예측하는 데 도움이 된다. 특히, 관리자는 경쟁자의 시장점유율, 매출액 성장률과 수익성 등에 관한 목표가 무엇인가를 파악해야 한다.

경쟁자의 브랜드별 목표에 대한 평가는 경쟁자가 어떤 전략을 추구할 것인가와 시장에서 경쟁자가 어떠한 행동을 할 것인가에 대해 구체적인 예측을 하는 데 매우 중요한 지침을 제공하지만, 실질적으로 이를 파악하기는 쉽지 않다. 마케팅계획 과정에서 경쟁자가 선택할 수 있는 목표는 크게 시장에서의 성장을 목표로 하는 공격적인 성장목표(offensive growth objective)와 단기적 이윤극대화를 추구하는 방어적인 수확목표(defensive harvest objective)의 두 가지로 분류할 수 있다. 그리고 이러한 경쟁자의 목표에 따라 시장에서는 서로 다른 유형의 경쟁자 행동이 발생한다.

성장목표에서 일반적으로 가장 중요한 것은 시장점유율 및 매출량과 매출액의 증대이고, 단기간의 이윤증대는 이차적인 문제다. 따라서 성장목표를 선택한 경쟁자는 가격인하, 광고비 · 촉진활동 · 유통비용의 증대 등과 같은 공격적인 예산투하에 의한 경쟁행동을 하기 쉽다. 이와 반대로 수확목표를 선택한 경쟁자는 가격을 인상하거나 마케팅 예산을 축소하는 등의 행동으로 단기적 이윤을 극대화하려고 한다. 또 시장에서 퇴각하려는 경우, 해당 사업부의 매각가를 높이기 위해 일시적으로 마케팅 비용을 초과 지출해 시장에서의 경쟁력이 높은 것처럼 보이게 하는 전략적 행동을 하는 경우도 있다.

경쟁자의 현재전략 평가

경쟁자분석의 두 번째 단계는 경쟁자들이 어떤 방법을 통해 그들이 설정한 목표를 달성하려고 하는가를 파악하는 것이다. 즉, 경쟁자가 과거에 사용했던 전략과 그 성과 그리고 현재전략을 자세히 평가하는 것으로, 경쟁자가 과거에 실패한 전략이라면 미래에는 그와 유사한 전략을 사용하지는 않으리라고 예측할 수 있다.

경쟁자의 과거 및 현재 전략의 파악은 경쟁업자의 미래 성장방향을 예상하는 데 도움을 준다. 예를 들어 경쟁자가 차별화전략에 의존해왔다면 제품계열의 폭, 제품의 품질, 제품의 차별화, 유통경로의 형태 또는 브랜드인지도 중에서 무엇에 근거한 차별화 전략을 시행했는지를 파악해야 한다. 원가우위전략을 수행해왔다면 이 전략이 가능했던 이유가 규모의 경제, 경험곡선, 우월한 제조공정이나 설비, 저렴한 원자재의 확보 등 여러 요인 중 어디에서 기인했는지를 분석해야 한다. 만약에 집중화전략을 사용한다면 어떠한 관점에서 집중화를 했는가를 명확히 파악해야 한다.

특히, 경쟁자의 마케팅전략에 대한 이해는 필수적이다. 경쟁자의 표적시장 선정에 대한 파악은 자사의 표적시장 결정에 많은 도움을 준다. 예를 들어 진입하려는 세분시장이 경쟁자의 주요 목표 세분시장이라면 상당한 출혈을 감수해야 하지만, 주요 표적시장이 아니라면 상당한 자원의 투입 없이 진입할 수도 있다. 포지셔닝이란 경쟁제품 대비 자사제품의 경쟁적 우위를 확보하려는 방법이므로 경쟁자의 포지셔닝에 대한 파악은 자사제품의 경쟁적 우위를 정확히 파악하기 위한 필수적인 과정이다. 마지막으로 경쟁자의 마케팅믹스에 대한 평가는 경쟁자의 기본적인 전략을 파악하게 해줄 뿐 아니라 특정전술에 관한 정보를 제공해준다.

경쟁자의 능력(자원 및 역량) 평가

경쟁자의 강 · 약점에 대한 지식은 경쟁자가 왜 그러한 전략을 추구하는지를 추정할 수 있게 해줄 뿐 아니라 자사의 전략 대안 수립과 선택에 중요한 정보가 된다. 경쟁자가 약점을 가진 분야에 자사의 강점을 개발함으로써 경쟁자의 약점을 이용할 수도 있고, 경쟁자의 강점을 파악함으로써 강점이 있는 분야를 우회하거나 강점이 중화되는 분야로 진출할 수 있다. 또 경쟁기업의 강 · 약점을 파악하면, 그들이 현재 사용하는 전략의 오류를 찾아내 경쟁에서 우위를 점할 수 있다. 왜냐하면 전망이 매우 밝은 사업 분야에서 기업들이 유리한 위치에 서기 위해 자기 약점을 감추고 오히려 그것을 강점으로 부각하는 모험적인 행동도 할 수 있기 때문이다. 따라서 상대방의 위장된 강점을 제대로 파악한다면 경쟁은 한층 유리하게 전개될 수 있다. 이 같은 경쟁자의 능력을 평가하기 위해서 획득해야 하는 정보는 아래와 같은 범주로 나눌 수 있다.

신제품 개발능력 평가 이 평가는 경쟁자의 신제품 개발능력의 질을 평가하는 것이다. 우수한 신제품 개발능력을 보유하고 있는 경쟁자가 있다면 혁신적이지 못한 기업에는 장기적으로 심각한 위협요인이 될 수 있다.

생산능력 평가 마케팅 관리자는 반드시 경쟁자의 생산능력을 평가해야 한다. 나아가 경쟁자의 구매 및 조달능력도 파악해야 한다. 서비스 기업의 경우, 경쟁자의 서비스를 전달하는 능력을 측정하고 판단해야 한다.

마케팅능력 평가 경쟁자의 마케팅능력을 평가하는 것은 매우 중요한 의미가 있다. 경쟁자가 강력한 제품 개발능력과 생산능력을 보유하고 있어도 마케팅능력의 부재로 효과적인 전략운용이 불가능한 경우가 있으므로 경쟁자의 마케팅능력을 독립적으로 평가할 수 있어야 한다.

재무능력 평가 경쟁자의 자금 확보능력은 효과적인 전략운용의 제약조건으로 작용한다. 만약 경쟁자가 한 제품에 상당한 자금 동원능력을 갖추고 있다면 자사의 전략 수립 시 이 사실을 신중히 고려해야 한다. 경쟁자의 재무비율과 은행과의 관계도 중요한 정보원천이며, 경쟁자의 제품 간 자금할당과 배분 비중도 매우 중요한 정보가 된다.

관리능력 평가 경쟁기업의 최고경영층 특성은 경쟁자전략에 대한 하나의 신호로 받아들여질 수 있다. 어느 회사가 마케팅 전문가를 최고경영자에 임명했다면 공격적 마케팅 전략을 구사할 것으로 예측할 수 있다. 또 자금이나 관리 전문가를 최고경영자에 임명했다면 방어적 전략을 구사하거나 통제에 초점을 맞추려는 의지로 볼 수 있다.

사실 위와 같은 분석은 2장에서 학습한 가치사슬(value chain)별로 경쟁자의 능력(자원 및 역량)을 분석하는 것이다. 기업의 하부구조/인적자원관리/기술개발, 구매활동, 내부물류, 생산 및 운영, 외부물류, 마케팅 및 판매, 서비스활동 등이 어떻게 부가가치를 창출하는지를 분석하는 것을 가치사슬분석(value chain analysis)라고 하며, 이는 경쟁자분석뿐만 아니라 자사분석에서 필수적으로 수행해야 하는 분석이다.

경쟁자의 미래전략 예측

마케팅 관리자는 경쟁자의 목표, 전략 및 능력에 대한 평가 후에 이를 기초로 경쟁자의 미래전략을 예측해야 한다. 즉, 위의 세 가지 평가에서 획득한 정보를 기초로 경쟁자가 미래에 어떻게 행동할 것인지 파악해야 한다. 결국, 경쟁자분석은 경쟁자의 미래전략에 대응하기 위한 자사의 효율적인 마케팅계획을 설정하는 데 그 목적이 있기 때문이다. 경쟁자 미래전략의 예측은 위와 같은 분석뿐 아니라 연차보고서, 업계 전문지, 경제연구소 자료 등 2차 자료를 통해 보완되어야 한다.

경쟁자의 미래전략 예측과 이에 따른 자사의 전략적 선택옵션을 학문적으로 가장 심도 있게 연구한 이론은 경제학에서 시작되어 경영학에서도 응용·개발되어 온 게임이론이다. 이 내용은 본서를 넘어서지만 가장 좋은 서적을 추천하니 관심이 있으면 이를

학습하기를 권장한다: 애비너시 딕시트, 배리 네일버프 저/이건식 역, 《전략의 탄생: 당신의 비즈니스 판도를 확 뒤바꿔놓을 책》, 2판, 샘앤파커스, 2010, 원서제목: *The Art of Strategy*, 2008.

이 장의 요약

- 경쟁은 혁신의 원동력이며, 고객에게 좀 더 나은 양질의 제품을 싼 가격에 공급할 수 있는 시장원리다. 기업 측면에서 본다면 기업의 기본 목표는 경쟁기업을 능가하는 경쟁우위를 확보 · 유지하는 것이다.

- 경쟁의 기준은 고객지향적 기준(고객 예산, 제품사용시기, 추구 효익 등), 마케팅지향적 기준(4P), 자원지향적 기준(원재료, 종업원, 재무적 자원 등), 지리적 기준 등 다양하다. 이러한 경쟁의 기준에 의해 경쟁의 유형은 다양하게 나타난다.

- 경쟁이 주는 이점으로는 기존 시장구조의 개선 효과, 자사의 경쟁우위 강화 효과, 잠재적 경쟁기업의 진입 저지 효과가 있다.

- 경쟁 범위와 수준은 제품형태에 따른 경쟁, (유사한 속성을 보유한 제품이나 서비스를 경쟁자로 파악하는) 제품범주에 따른 경쟁, (고객의 같은 욕구를 충족시키는 제품 모두를 경쟁관계에 있다고 보는) 본원적 추구 효익 경쟁, (고객의 한정된 예산을 확보하기 위해 경쟁하는 모든 제품과 서비스를 경쟁관계에 있다고 파악하는) 예산경쟁이 있다.

- 경쟁자 확인방법에는 공급과 수요 측면에서 확인하는 방법 및 관리적 판단이 있다. 공급 측면에서 경쟁자를 확인하는 방법은 표준산업분류를 이용하거나 기술적 유사성을 기초로 판단하는 것이다. 수요 측면에서 경쟁자를 확인하는 방법은 브랜드 전환 분석에 의한 방법, 수요의 교차탄력성 분석에 의한 방법, 포지셔닝맵 분석에 의한 방법 및 고객의 의사결정과정 분석을 통한 방법이 있다. 관리적 판단으로 경쟁자를 확인하는 방법은 마케팅 관리자가 자신의 경험, 판매원의 보고, 유통업자, 다른 기업의 정보 등을 활용해 미래의 경쟁자를 판단하는 것을 말한다.

- 경쟁자분석은 경쟁자의 목표, 현재전략과 경쟁자의 능력(자원 및 역량)을 파악해 경쟁자의 미래전략을 예측하는 것인데, 이를 통해 기업에 적합한 마케팅계획 수립이 가능해진다.

주요 개념 목록

독점 / 과점 / 독점적 경쟁 / 완전경쟁 / 산업조직론 / 경쟁의 기준(고객지향적 기준, 마케팅지향적 기준, 자원지향적 기준, 지리적 기준) / 경쟁이 주는 이익(기존 시장구조의 개선, 자사의 경쟁우위 강화, 잠재적 경쟁기업의 진입 저지) / 경쟁범위와 수준(제품형태, 제품범주, 본원적 효익, 예산) / 경쟁자 확인 / 공급 측면에서의 경쟁자 확인(표준산업분류, 기술적 유사성) / 수요 측면에서의 경쟁자 확인(브랜드 전환, 교차탄력성, 포지셔닝맵, 의사결정 과정) / 관리적 판단에 의한 경쟁자 확인 / 경쟁자분석 / 경쟁자의 목표 평가 / 경쟁자의 현재전략 평가 / 경쟁자의 능력(자원 및 역량) 평가 / 경쟁자의 미래전략 예측

생각해볼 문제

1. 마케팅 근시란 자신이 운영하는 사업의 영역을 너무 좁게 정의해서 장기적으로 곤란을 겪는 기업가의 근시안적 사고를 말한다. 다음에서 시장과 고객을 어떻게 정의하는 것이 좋겠는가? 또 이 경우 경쟁의 범위를 잘못 정의함으로써 발생할 수 있는 역기능은 어떤 것들이 있는가?
   1) 철도회사
   2) 음료회사
2. 다국적 기업인 한 가구회사가 국내의 가구시장에 진입한다고 할 때 이 회사의 마케팅 관리자가 고려해야 하는 다섯 가지 경쟁요인에 관해 설명하시오.
3. 장난감회사가 경쟁자를 확인할 때 수요를 기준으로 하는 경우와 공급을 기준으로 하는 경우, 각 기준의 장단점에 관해 설명하시오.
4. 맥주와 본원적 경쟁관계에 있는 제품에는 어떤 것들이 있는지 예를 드시오.
5. 롯데리아 햄버거로 경쟁의 네 가지 수준에서 경쟁관계를 구성해보시오.

후주 및 참고문헌

1 자동차산업의 미래와 경쟁에 관한 추가자료 등은 다음의 원천을 참고하기 바란다.
Stanley, B. and Gyimesi, K. (2016), "A new relationship - people and cars: How consumers around the world want cars to fit their lives," IBM Institute for Business Value, https://www-935.ibm.com/services/us/gbs/thoughtleadership/autoconsumer/; Stanley, B. and Gyimesi, K. (2015), "Automotive 2025: Industry without borders: Engage with consumers, embrace mobility and exploit the ecosystem," IBM Institute for Business Value, https://www-935.ibm.com/services/us/gbs/thoughtleadership/auto2025/

2 산업조직론: 과점가격의 이론을 현실의 산업에 적용해 정부의 독점금지정책을 위한 이론을 마련하고자 하는 응용 경제학의 한 분야이다. 완전경쟁 조건을 현실의 정책기준으로 삼을 때에는 실현 불가능한 이상 상태를 현실의 경제 세계에서 구하기 때문에 실현 불가능한 정책을 수립하고 있는 셈이다. 따라서 시장경제 기능의 효과적인 작용과 바람직한 성과를 현실에서 기대한다면 분석도구로서 완전경쟁모형에 대신해 현실에 맞는 실현 가능한 경쟁기준의 확립이 바람직하고 그러한 요청에 응하려는 것이 메이슨(Maison, E. S.) 등이 주장하는 유효경쟁론이다. 이와 같은 유효경쟁론을 발전적으로 계승한 것이 산업조직론이다(박은태, 《경제학사전》, 경연사, 2014).

3 집적효과란 기업, 산업의 집적이 경쟁에 미치는 효과를 의미하고, 집적을 통해 기업들의 생산성, 혁신성이 올라가거나 새로운 비즈니스가 진작되는 효과를 뜻한다. 포터의 《국가 경쟁우위》(Porter, M. E., *The Competitive Advantage of Nations*, New York: The Free Press, 1990)라는 저서에서 유래했으며, 《지역경제학》(Krugman, P., Geography and Trade, MIT Press, 1991)의 저자인 경제학자 크루그만(Krugman)도 심층 분석했다.

4 모빌아이 홈페이지, http://www.mobileye.com; Yoffie, D. B., "Mobileye: The Future of Driverless Cars," *Harvard Business Case*, 2015, Harvard Business Publishing.

5 〈머니투데이〉, "벤처신화 원조 아이리버, 새 주인 만나 벤처신화 다시 쓸까?", 2014년 8월 11일 자

6 과거에는 제품형태의 경쟁을 흔히 브랜드에 의한 경쟁(brand competition)이라고 했는데, 이는 제품형태마다 다른 브랜드 이름을 붙이는 경향 때문이었다. 그러나 요즈음에는 제품형태 이외에도 제품범주, 고객의 추구 효익별로 브랜드 이름을 붙이는 경우가 있어 브랜드에 의한 경쟁은 다양한 경쟁 수준으로 나타날 수 있다.

7 Levitt, T., "Maketing Myopia," *Harvard Business Review*, 38(4), 1960, pp. 24~35.

8 고급모델링 방법론을 토대로 고객의 다양성 추구를 파악할 수 있다. 이러한 고급모델링을 위해서는 양(量)과 질(質)이 갖춰진 데이터의 확보가 필수사항이다.

9 다차원척도법(Multidimensional Scaling: MDS): 여러 대상 간의 객관적 또는 주관적 관계에 관한 수치적 자료들을 처리하여 다차원 공간상에서 그 대상들을 위치적으로 표시해주는 일련의 통계기법들을 말하며, 수치적 자료만을 가지고는 알 수 없는 전체적인 관계구조를 공간상의 그림을 통해 쉽게 파악할 수 있게 한다. 즉, 우리가 차원 간의 관계에 대한 이해가 부족할 때 목적 대상물 간의 관계를 측정하고 이해할 수 있도록 해주는 통계적 도구이다 [Borg, I. and Groenan, P., *Modern Multidimensional Scaling*: Theory and Applications, 2nd ed., New York: Springer-Verlag, 2005, pp. 207~212; Green, P., "Marketing Applications of MDS: Assessment and Outlook," *Journal of Marketing*, 39(1), 1975, pp. 24~31].

6th Edition

Marketing

07장

자사분석

분석의 초점을 자사로 돌려라

/ 학 / 습 / 목 / 표 / (Learning Goals)

1. 자사분석의 개념, 자사분석을 통한 전략적 의사결정, 자사분석의 내용을 이해한다.

2. SWOT분석과 SWOT전략 방향 설정을 학습한다.

3. 사업포트폴리오 분석과 브랜드포트폴리오 분석을 학습한다.

키즈폰 준

6장에서 인포마크의 키즈폰 브랜드 준의 경쟁분석에 대해 살펴보았다. 협의적인 경쟁 개념으로 보면 웨어러블 키즈폰 준은 확실히 독특한 시장의 적소(niche)를 차지하고 있다. 확실히 인포마크는 고객에게 새로운 가치를 가진 제품과 서비스를 혁신적으로 제공하기 위해 경쟁보다는 고객 측면과 자사의 핵심 자원과 역량 측면에 더 많은 가중치를 두고 경영 및 마케팅 활동을 전개해오고 있는 것으로 분석했다.

인포마크의 자사분석과 관련된 내용으로 먼저 핵심역량(core competence)을 살펴보자. 인포마크는 다음과 같이 자사의 핵심역량을 제시하고 있다: ① 혁신과 기술(Innovation & Technology): 지속적인 혁신을 통해 세계 최초, 최고의 제품 개발; 성능은 높이고 제품의 사이즈 및 무게는 줄이는 소형화 기술 보유(High RF performance 설계 기술; 저전력 기술), ② 디자인: 사용자에게 새로운 가치를 제공하는 디자인(국내외 다수의 디자인 어워드 수상), ③ 글로벌 파트너사들(Global Partners): 전 세계 30여 개국에 있는 통신사와의 세일즈 네트워크; 통신사업자의 니즈를 만족시키는 협업 노하우. 이러한 핵심역량은 2장에서 학습한 고객지향적 마케팅전략 유형 중 제품 리더십전략과 고객 친밀성전략의 구현과 연계되어 있다.

이러한 핵심역량을 구현하기 위한 토대인 경영철학 또한 잘 설정되어 있다. 6장에서 살펴보았듯이 미션은 다음과 같다: 변화하는 사회와 고객의 마음을 이해하고, 혁신적인 생각으로 가치있는 제품을 만들어 시장을 주도하고 이익을 창출하여 지속가능한 성장을 이어간다. 미션과 핵심역량의 적합성도 매우 높은 편이다.

나아가 미션과 핵심역량을 토대로 인포마크의 구성원들이 공유하고 행동하는 원칙을 위하여 기업문화와 핵심 가치를 다음과 같이 설정하고 있다. 먼저 기업문화는 공유를 위해 흥미롭고 쉬운 표현을 사용하고 있다. 인포마크의 기업문화는 와따(WATA)인데, 와따의 사전적 정의는 기분이 좋을 때 내지르는 탄성으로 '바라던 것이 왔구나', 혹은 '최고다'라는 뜻으로 사용하는 말이다. 인포마크의 정의는 'WATA = We Are The Artist'로, 이를 다음과 같이 풀어서 서술하고 있다. "각자의 직무에 맞게 그 일을 열심히 하는 것은 중요합니다. 하지만 '열심히 일한다'의 반복성을 넘어 창의적인 사고가 동반될 때 혁신할 수 있고, 고객에게 지금까지 볼 수 없었던 새로운 가치를 제공할 수 있습니다. 그래서 인포마크의 엔지니어는 엔지니어가 아닙니다. 영업맨도 영업맨이 아닙니다. 최고의 작품을 만드는 '아티스트'가 되고자 매순간 노력합니다." 또한 구성원이 공유하고 간직해야 하는 핵심가치는 다음과 같이 정리되어 있다.

1. 최고를 향한 최선(업무에 임하는 태도)
- 최고를 향해 최선을 다했습니까?
- 더 이상 개선의 여지가 없는지 확인했습니까?
- 반복적으로 일을 처리하지 않았습니까?
- 내가 한 일이라고 자신 있게 말할 수 있습니까?

2. 고객을 향한 혁신(제품 개발의 방향성)
- 만드는 '나'가 아닌 사용하는 '고객'을 위한 혁신입니까?
- 고객에게 새로운 가치를 제공하는 제품(기술, 서비스)입니까?
- 고객이 사용함으로써 이로운 제품입니까?

3. 상호 발전을 위한 존중(동료를 향한 태도)
- 자유롭고 열린 자세로 의사소통에 임하고 있습니까?
- 공동의 목표를 달성하기 위해 적극적으로 협력하고 있습니까?
- 주체적이고 능동적으로 나 자신의 역할과 책임을 다하고 있습니까?

물론 시장에 런칭한 제품과 서비스의 경쟁우위와 그 성과에 의해 인포마크의 미래가 결정될 것이다. 그럼에도 불구하고 아직은 중소벤처기업이지만 자사의 핵심역량, 미션, 핵심가치, 전략 방향을 비교적 명확히 정의하고 있고 연계성이 높음을 고려할 때 인포마크의 미래는 비교적 밝아 보인다.

출처: 인포마크 홈페이지(www.informark.co.kr); CEO와의 인터뷰(2015년 12월 5일, 2017년 7월 19일)

Pebble Technology의 Smartwatch

5장 고객분석과 6장 경쟁분석에서 젊은 청년 창업가 에릭 미기코프스키(Eric Migicovsky)가 스마트 워치를 최초로 상용화하기 위해 Pebble Technology를 창업하고 사업을 시작한 것을 살펴보았다. 킥스타터 활용과 같은 창의적 펀딩, 그리고 린 스타트업 개념을 활용한 빠른 사업 전개 측면에서 Pebble Technology는 사례분석의 주요 관심 대상 기업이었다.

자사분석 관점에서 이 작은 창업기업의 자원과 역량은 어떠하였을까? 사이클리스트(cyclists)와 같은 젊은 스포츠 마니아 고객에 대한 이해를 토대로 이들을 위한 단순한 스마트 워치 제품으로 이 시장에 선발 진입한 것 말고는 내세울 만한 자원과 역량은 발견하기 힘들었다. 예를 들어 제조업인 만큼 늘어날 수요에 부응할 대규모 생산능력을 필요로 했을 텐데 이 기업은 이를 위한 자원과 능력도 없었다. 이러한 자원과 능력이 없어도 아마 풍부한 창업 지원 인프라를 갖춘 미국이라서 사업 전개가 가능했던 것 같다. 한 마디로 요약하면 다양한 네트워크와 협업(collaboration) 역량을 활용해서 비즈니스를 추진해 나갔다.

펀딩은 경쟁분석에서 보았듯이, 킥스타터(kickstarter)와의 협업으로 해결해나갔다. 생산의 경우, 전 세계, 특히, 중국을 대상으로 적합한 공급자와 제조업체를 파악해주는 컨설팅회사(Dragon Innovation)와의 제휴를 통해 중국의 대량생산업체 Foxlink Group이라는 회사와 생산 파트너십을 맺었다. 프로토타입 제품의 대량생산은 예정보다 조금 늦어져 2013년 1월부터 주당 15,000개를 생산하기 시작했다. Pebble은 대량생산 첫해인 2013년 12월까지 30만 개를 생산했고, 2014년 3월까지 40만 개 이상, 7월 45만 개, 12월까지 100만 개를 생산하는 등 양호해 보였다. 주요 핵심 부품 파트너로는 마이크로콘트롤러의 경우 ST Microelectronics사, 액정유리의 경우는 Corning사를 가치사슬의 upstream 협력사로 선택했다. 판매의 경우 초기(2013년 1월)에는 자신의 웹사이트에서만 판매를 시작하다, 끊임없는 마케팅 노력 끝에 2013년 6월 전자제품 카테고리 킬러 Best Buy와의 계약을 성사시켰다. 판매 채널의 지속적 확충노력을 통해 2013년 하반기 AT&T 스토어와 온라인유통점 아마존을 downstream 협력사로 개발하였다. 그래서 2013~2014년 매출은 급증하기 시작했다. 마지막으로 중요한 소프트웨어 영역의 경우, 애플의 아이튠즈가 실리콘밸리의 증명된 공식으로 만든 오픈 플랫폼 접근방식을 선택하였다. 소프트웨어 개발 키트(software development kit)를 만들어 표적고객에 적합한 스포츠 콘텐츠 중심의 앱 서비스 제공자(Yelp, Foursquare, ESPN)를 유치하였다. 모든 파트너의 목적과 역량을 이해해야 하는 소위, 생태계전략(business ecosystems)도 잘 추진하였다.

Pebble Technology는 자사의 자원과 핵심역량이 부족해도 탁월한 아이디어와 협업 역량으로 순조로운 듯한 매출의 진전을 보여주며 창업과 기업가정신의 사례로 많은 관심을 받았다. 이전 방식과 비슷한 방법(킥스타터 방식의 펀딩)으로 2016년 3세대 제품 Pebble 2를 개발하고 런칭해 나갔다. 물론 이전 세대 제품에 비해 새로운 기능과 특성(예: 심장박동수 체크, 스피커, 방수, 3G 모뎀, GPS 등)을 보강하면서 가격은 129달러로 저렴하게 유지하였다. 새로운 제품의 보급은 생산의 문제점 때문에 예정보다 6개월 정도 지연되었다. 과연 결과는 어떻게 되었을까?

5장에서 언급했던 Charles River Ventures (2013년 5월 1,500만 달러의 펀딩을 제공했었음)는 Pebble의 수익성과에 만족을 못해 매각을 추진한다. 한편 2016년 12월 7일 Pebble은 파산을 선고했다. 이에 Fitbit이 선택적 매수를 하게 된다. Pebble의 하드웨어는 제외하고 Pebble의 소프트웨어 엔지니어과 테스터들을 인계받고, Pebble 스마트 워치의 운영시스템, 앱, 클라우드 서비스, 특허와 같은 지적재산권(intellectual property)을 2천3백만 불에 인수하고 Pebble의 부채는 떠안지 않는 조건으로 딜이 성사되었다.

경쟁분석에서 살펴보았듯이, Pebble의 경쟁구도 예측 자체는 틀리지 않았다: 시장은 다양한 기능들을 갖춘 제품과 서비스를 제공할 주요 기업들의 집단(the strategic group of more general-purpose players; 삼성의 갤럭시 워치나 애플의 i-Watch 시리즈)과 특정기능만을 강조하는 수많은 적소(niche) 플레이어들의 집단(the strategic group of niche players; 시간/메모 기능을 알려주는 특정 앱 플레이들; 대표적인 예로는 fitness 고객 segment를 위한 Fitbit 같은 player)으로 분화될 것임을 예상했었다. 그런데 Pebble은 좋은 가성비(많은 기능과 저가격)를 토대로 주요 기업들의 집단과 경쟁하며 우위를 차지하고자 하는 전략을 선택한 것으로 보인다. 이 전략적 선택 자체가 잘못된 것은 아닐 수 있으나 자사의 자원 및 역량 조건과 이러한 전략적 선택 간의 적합성이 낮았다. 자원과 역량이 풍부해야 경쟁이 심한 전장에서 버틸 수 있는데, 협업과 펀딩에 의한 전략 지원은 한계가 있을 수밖에 없었던 것이다. 2장에서 살펴보았던 포터의 경쟁전략 유형 중 자원과 역량이 풍부한 기업은 원가우위와 차별화 전략을, 소규모 기업은 집중화전략을 택하는 것이 경쟁우위 확보와 유지에 도움이 된다는 내용이었다. Pebble은 원가 대신 가격우위와 차별화 전략을 선택한 것이다. 원가우위가 뒷받침되지 않을 때 가격우위와 차별화 전략은 이익성과를 담보할 수 없음을 알 수 있다.

나아가, 이러한 상태를 이도 저도 아닌 시장의 포지션(stuck-in-the middle: 원가우위전략도 아니고 차별화도 아닌 전략 포지션)이라고도 한다. 기업성과에 관한 많은 연구들을 종합한 결과 중 중요한 발견으로 'the rule of three'라는 개념이 있다(아래 그림 참조). 시장점유율과 기업수익성의 관계를 분석한 결과 'U'자형이 발견되었다. 시장점유율이 업계의 상위 3 (많은 산업들의 분석결과 적어도 10% 이상의 점유율을 차지)에 속하는 주요 기업들의 집단(full-line generalist)과 적소(niche) 기업들 집단(specialist)의 경우는 수익성이 높게 나타났지만, 이들 중간에 낀 포지션(stuck-

The Rule of Three: 시장점유율과 수익성의 관계

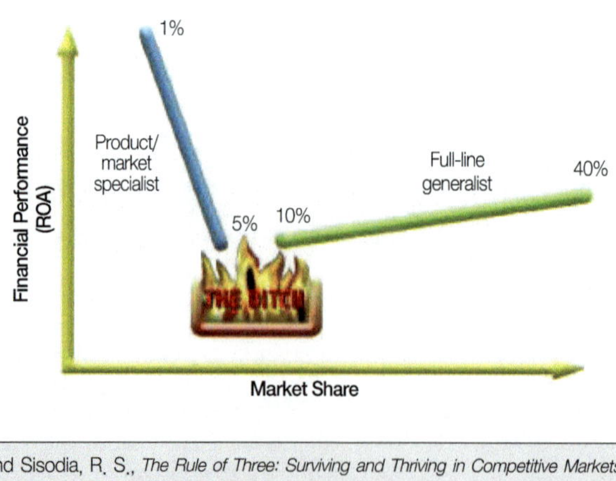

출처: Sheth, J. N. and Sisodia, R. S., *The Rule of Three: Surviving and Thriving in Competitive Markets*, New York: The Free Press, 2002, p.4; Uslay, C., Altintig, A., and Winsor, R. D., "An Empirical Examination of the "Rule of Three": Strategy Implications for Top Management, Marketers, and Investors," *Journal of Marketing*, 74(Mar.), 2010, pp. 20~39.

in-the middle)을 가진 기업들의 수익성은 낮았다. 창업 초기에는 specialist 포지션을 유지했지만, 성장하면서 위기를 맞은 것이다. 창업과 기업가정신 영역에서는 소규모의 창업기업이 성장해나가는 과정에서 조직과 전략의 변화를 못 해 '죽음의 계곡(death valley)'에 빠질 수 있음을 지적해왔다(출처: Elrod, P. D. and Tippett, D. D., "The "Death Valley" of Change," *Journal of Organizational Change Management*, 15(3), 2002, 273-291).

한편, Fibit은 어떻게 적소(niche) 포지션을 유지하고 있었을까? 건강관리용 웨어러블 개념을 견지하며 심플한 기능, 모던한 시계형 디자인과 낮은 가격을 유지하며 서비스와 연결하는 비즈니스 모델을 채택했다. 보험회사 존 핸콕(John Hancock)의 생명보험상품과 Fitbit을 통합하는 비즈니스 모델을 런칭하였다(이러한 모델을 제품-서비스 시스템(PSS: Product-Service System) 또는 서비타이제이션(Servitization)이라고 부름). 생명보험에 가입한 고객에게 Fitbit을 제공하여 건강관리를 도와주고 보험회사는 건강관리에 상응하는 인센티브(예: 보험료 절감 등)를 제공하였다. 이 과정에서 Fitbit은 Fitbit을 통해 수집한 BIG 데이터 분석을 보험회사에 제공함으로써 추가 수익을 창출하였다. 이런 방식으로 Fibit은 적소(niche)/specialist 포지션을 견지하며 수익성과를 창출했다. 이러한 전략은 당분간 유지하겠지만, 최근 인수한 Pebble의 자원과 역량을 토대로 전략적 선택을 추가할 것으로 예상된다.

Fitbit 제품 이미지

출처: 구글 이미지; Fitbit 홈페이지(https://www.fitbit.com/kr/home).

출처: Pebble Technology에 관한 위키피디아 정보(https://en.wikipedia.org/wiki/Pebble_(watch)#Development); Dolan, R. J., "Framework for Marketing Strategy Formation," *Core Curriculum Series: Marketing Reading*, 2014, Harvard Business Publishing; 인포마크 CEO와의 인터뷰(2015년 12월 5일).

1 자사분석이란 무엇인가

6장에서는 3C(Customer, Competition, Company) 과업환경분석 중 경쟁분석을 살펴보았다. 이번 장에서는 자사분석에 대해 살펴본다. 기업은 자사분석을 통해 어떠한 표적고객군에게 경쟁과 비교하여 어떠한 가치를 어떻게 창출하여 전달할 수 있는지를 분석한다. 한편, 자사분석은 내부환경분석이라고 하고, 다른 환경분석들은 외부환경분석이라고 한다. 전략적 방향을 도출하기 위해 SWOT분석 툴을 활용해 환경분석들을 정리한다. 즉 외부환경분석의 주요 결과들을 기회와 위협요인(OT: Opportunity, Threat)에, 내부환경분석(경쟁 대비)의 주요 결과들을 강점과 약점(SW: Strength, Weakness)에 정리하는 분석 툴을 SWOT분석 툴이라고 하고, 이를 토대로 하여 기업 사업/제품의 전략적 방향을 도출하게 된다(〈환경분석의 틀〉 참조).

환경분석의 틀

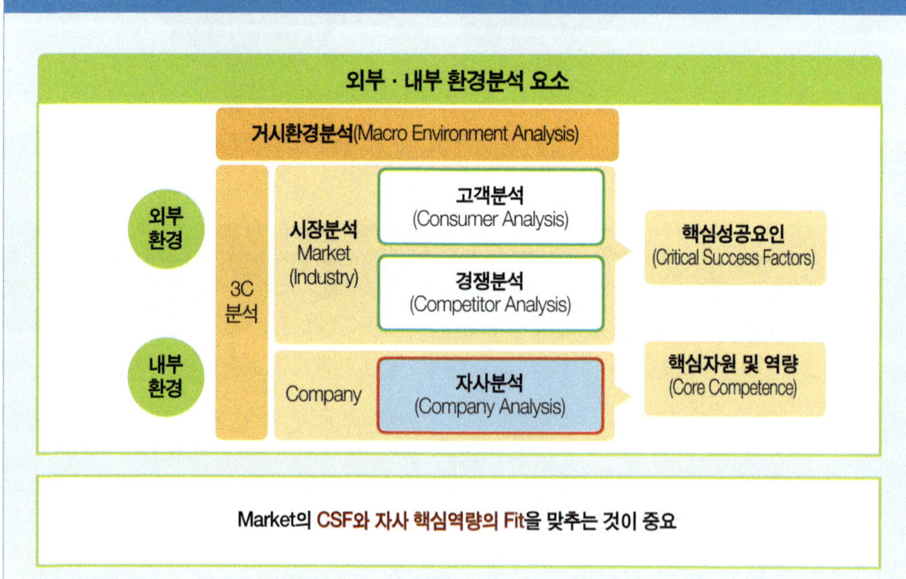

3C분석을 통하여 기업은 시장의 핵심성공요인과 자사 자원 및 역량 간의 전략적 적합성(strategic fit)을 어떻게 마련해 나갈지를 고민하게 되는데 결국 전략적 선택은 자사분석에 의해 이루어진다. '고객 니즈와 관련된 차별화(relevant differentiation)' 방향은 자사의 자원과 핵심역량을 고려하여 결정되어야 한다. 인포마크의 JooN 사례와 Fitbit의 사례는 이 원칙을 견지했고, Pebble Technology는 이 원칙을 고수하지 못했다. Pebble은 좋은 가성비(많은 기능과 저가격)를 토대로 주요 기업들(애플의 i-Watch와 삼성의 갤럭시 워치)의 집단과 경쟁하며 우위를 차지하고자 하는 전략을 선택한 것으로 보인다. 이 전략적 선택 자체가 잘못된 것은 아닐 수 있으나 자사의 자원과 역량 조건과 이러한 전략적 선택 간의 적합성이 낮았다.

나아가 추가적인 자사분석의 이슈는 제품과 사업이 한 개에서 복수로 늘어나며 성장할 때 각 제품과 사업은 자사의 자원과 역량과 적합성을 가지면서 동시에 독특한 역할을 해야 할 것이다. 이를 위해서는 제품 또는 사업의 포트폴리오분석을 토대로 독특한 역할을 결정하고 그 역할에 맞는 자원배분을 해야 한다(아래 〈3C분석의 틀〉 참조).

3C분석의 틀

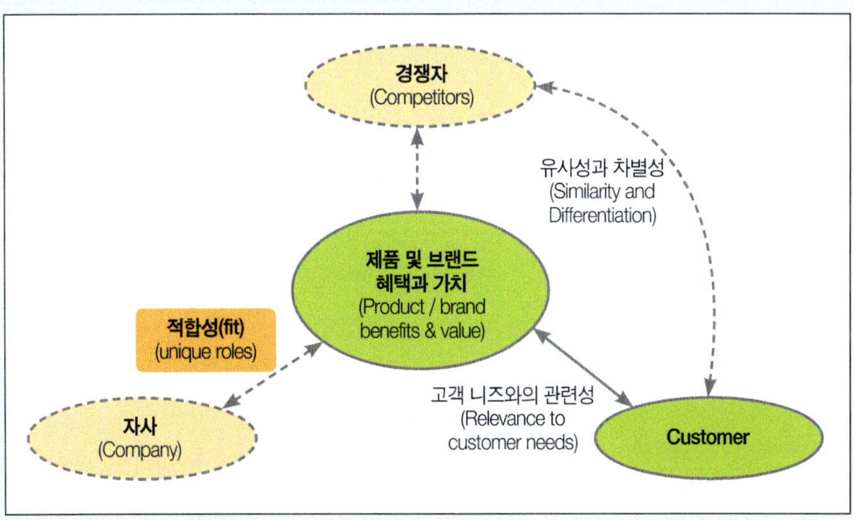

이에 따라 본 장에서는 자사분석의 개념 및 내용, SWOT분석과 이를 토대로 한 전략방향 도출을 학습한다. 그런 후, 사업포트폴리오 분석과 브랜드포트폴리오 분석을 살펴본다.

1. 자사분석의 개념

- **학습목표 1: 주요 개념(1)**
  자사분석의 개념 = 제품·사업부 관점에서 자사의 강점과 약점을 파악하여, 외부환경분석(거시환경분석, 시장분석, 고객 및 경쟁분석)을 토대로 파악한 시장의 기회와 위협에 대하여 어떠한 전략적 선택과 대응을 할지 결정

시장분석, 고객분석과 경쟁분석이 이루어진 후에는 분석의 초점을 자사의 사업상황으로 전환해야 한다. 자사분석은 제품 · 사업부 관점에서 자사의 강 · 약점을 파악하여, 외부환경분석(거시적 환경분석, 시장분석, 고객 및 경쟁분석)을 토대로 파악한 시장의 기회와 위협에 대하여 어떠한 전략적 선택과 대응을 할지 결정하게 된다. 이때 자사의 경쟁우위와 자원의 투입 가능성을 고려해야 한다. 또 자사분석은 이용 가능한 정보의 양이 많으므로 경쟁자분석보다 더 심층적으로 접근할 수 있다. 경영 및 마케팅전략의 수립과 효율적 수행을 위해서는 기업이 처한 현재의 경쟁적 위치를 자세히 파악해야 한다. 이는 현재 수행되고 있는 전략이 기업의 생존과 성장의 전략적 기초가 되기 때문이다.

자사분석의 핵심 내용은 자사의 내부 강 · 약점에 대한 규명 및 평가, 자사가 직면한 외부 시장에 대한 전략적 기회 · 위협에 대한 평가, 자사의 경쟁적 위치에 대한 강 · 약점 평가, 자사의 핵심역량 구축을 위한 경쟁우위 및 경영자원의 분석을 포함한다. 이러한 내용은 어떠한 사업전략이 자사의 외부 · 내부 상황에 적합한가를 판단하는 데 핵심적인 역할을 하게 된다.

2. 자사분석과 의사결정

- **학습목표 1: 주요 개념(2)**
  자사분석을 통한 전략적 의사결정
  지속적 경쟁우위를 가질 수 있는 전략적 의사결정 → 기업의 자사분석 = 자사와 경쟁자의 강점과 약점, 그리고 시장의 핵심 성공요인에 대한 평가에 기초를 둠.

자사분석에서는 자사의 강 · 약점을 확인할 뿐 아니라 이러한 강 · 약점을 경쟁자와 비교하거나 시장상황과의 적합성을 점검한다. 이를 통해 전략적 의사결정을 하고 지속적 경쟁우위를 가질 수 있는 의사결정을 한다. 이러한 자사분석은 〈그림 7-1〉과 같이

그림 7-1 자사의 전략적 의사결정 시 고려사항

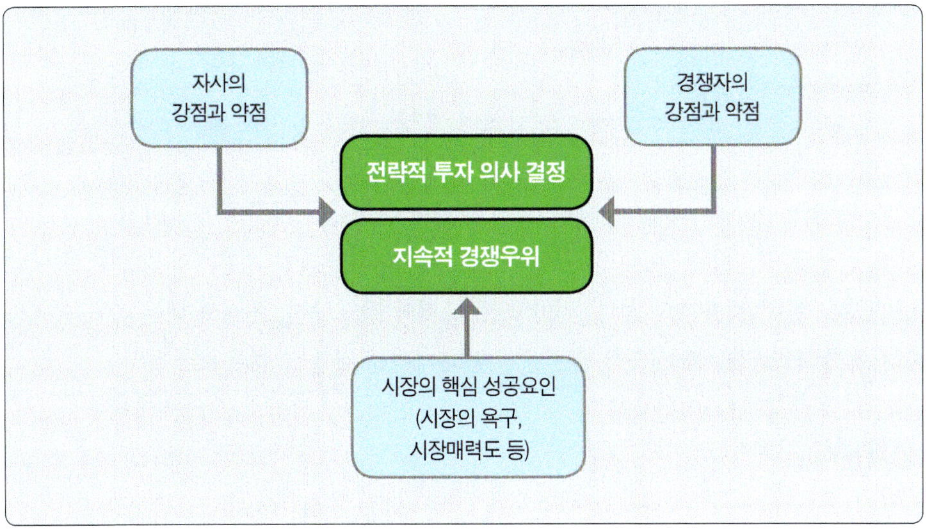

다음의 세 가지 내용에 대한 평가에 기초를 두고 있다.

첫째, 자사조직의 강·약점에 관한 것이다. 자사조직에 대한 평가는 내부분석의 기초가 되므로 이에 대한 정확하고 면밀한 파악이 선행되어야 한다. 둘째, 경쟁자의 강·약점에 대해 평가해야 한다. 이 평가의 목적은 경쟁자의 약점에 대항할 강점을 찾거나 경쟁자의 강점을 제압할 수 있는 자사의 강점을 배양하는 데 있다. 만약 자사의 강점이 경쟁자의 강점에 의해 상쇄되면 자사의 강점은 가치가 없어지고, 같은 논리로 경쟁자들이 자사와 같은 약점을 보유하고 있다면 자사의 약점은 덜 드러날 것이다. 예컨대 저렴한 가격을 경쟁력으로 하는 의류업체 포에버21은 자사와 같이 저렴한 가격을 강점으로 보유한 의류업체 유니클로에 대해서는 가격경쟁력에서 강점의 가치가 떨어진다. 그러나 자사의 약점이 경쟁자의 강점과 결부된다면 자사의 약점은 더욱 드러나고 나아가 기업 생존과 성장에 심각한 문제가 될 수 있다. 셋째, 시장의 욕구파악과 시장매력도 및 시장에서의 핵심 성공요인들에 관한 평가이다. 기업이 특정산업에서 성장하려면 자사의 강점이 시장에서 핵심 성공요인이 될 수 있어야 한다. 최선의 상황은 자사가 핵심 성공요인에서 강점을 보유하고 있고, 경쟁자들은 이러한 강점을 획득할 가능성이 없는 상황이다. 그러나 자사가 이 요인을 갖지 못한 경우에는 성장기회를 발견해도 그 기회를 활용하기 어렵다.

3. 자사분석의 내용

- **학습목표 1: 주요 개념(3)**
  자사분석의 내용 = 성과분석, 원가분석, 강점과 약점 분석, 내부 능력 분석, 과거와 현재의 전략 분석

자사분석의 목적은 사업능력을 검토해 경쟁적 관점에서 자사의 강·약점의 존재 여부와 실체를 규명할 뿐 아니라 궁극적으로 자사의 효율적인 대응전략을 선택하는 데 있다. 자사분석은 자사의 성과, 원가구조, 조직의 강·약점, 조직의 내부능력, 과거와 현재의 전략 및 자사의 전략적 문제점 등을 파악하는 것을 그 내용으로 한다.

성과분석

자사분석은 먼저 성과분석을 기초로 한다. 경영성과에 대한 정보는 특정전략에 대한 평가와 현재 사용하고 있는 전략의 수정 여부를 결정할 수 있는 토대를 제공한다. 또 성과분석은 사업단위의 전망을 예측하는 첫 단계로 자사제품 또는 사업포트폴리오의 전략적 투자 의사결정과 관련되어 있다. 즉, 성과분석을 통해 사업의 청산, 현금회수, 현 수준 유지 및 성장의 선택 등과 같은 전략적 의사결정에 대한 기초자료를 얻을 수 있다. 매출, 이익, 점유율, 산업·시장 성장률 등의 성과지표가 성과분석의 실례가 될 수 있는데, 이들 지표는 과거 및 다른 산업, 다른 회사 등과 비교가 가능하기 때문이다.

또 성과분석은 장·단기적 사업전망을 반영하는 목표와 관련되어 논의되어야 한다. 즉, 기업의 목표가 장기적인 생존인지 지속적인 성장인지에 따라 성과측정의 해석이 달라져야 한다. 예를 들어 장기적인 생존이 기업의 목표라면 단기적인 현금회수나 시장점유율 등을 기준으로 한 성과측정은 무의미해지고 혁신, 생산성 향상 및 자원확보 등의 성과기준 수립과 측정에 중요도가 더 주어져야 할 것이다. 또 매출액과 시장점유율 등은 국가 경제나 산업의 경기수준과 같은 외적 요인들과의 관계를 고려해 해석할 때 그 의미가 정확히 파악된다.

원가분석

기업이 시장에서 경쟁우위를 확보하는 중요한 원천 중 하나가 원가우위이다. 대표적인 원가우위 기업으로는 사우스웨스트항공, 유니클로 등이 있다. 이러한 원가우위는 경쟁이 치열한 시장상황에서 기업에 더 높은 이윤을 제공하고 가격경쟁에서도 유리한 위

치를 제공해줄 수 있다. 원가를 분석할 때는 현재의 원가구조와 원가수준을 파악하는 것 이외에 미래에 예상되는 원가수준 그리고 경쟁자와 비교한 현재와 미래의 원가우위 지속 여부에 대한 분석도 병행되어야 한다. 예를 들어 화학제품은 국제유가의 변동 추이에 따라 원가우위 지속 여부가 달라질 수 있다. 그뿐 아니라 휘발유의 경우, 세금 등 규제의 변화에 따라 달라질 수 있으므로 정부 정책이나 법규의 변화 여부도 확인할 필요가 있다. 일반적으로 기업이 원가우위를 획득할 수 있는 중요한 원천들은 규모의 경제와 경험곡선 그리고 저렴한 원자재 및 노동력 확보 등이다. 특히 현대경영전략에 있어서는 구매 및 조달, 나아가 공급사슬관리(SCM)전략이 원가에 미치는 영향이 매우 큼을 염두에 두어야 한다.

강점과 약점 분석

경쟁시장 조건에서 기업의 강·약점은 상대적인 의미가 있다. 따라서 주요 경쟁자를 비교 대상으로 하여 기업이 가진 유형 및 무형의 자원에 대한 분석 및 평가를 수행할 때 시장전략을 위한 기업의 강·약점이 평가되고 분석될 수 있다. 이러한 강·약점 분석을 통해 기업은 현재의 상태를 파악하고 미래를 예측해야 한다. 따라서 강·약점 분석에는 장기적인 관찰이 요구되며 때에 따라서는 현재보다 미래의 기회와 위협의 분석에 더 중요한 의미를 부여하는 경우가 있다. 기업의 강·약점 분석에서는 마케팅, 재무, 생산, 인사 및 회계 등의 경영기능을 중심으로 접근하는 것이 효과적이다.

나아가 생태계, 기업의 공급자와 유통업체와의 관계와 네트워크(즉, 기업의 공급사슬망)가 경쟁우위를 위해 더욱 중요해진 현대 기업의 사업전략을 감안할 때 기업의 강점과 약점 분석 중 가치사슬분석(value chain analysis)이 더욱 중요해졌다. 가치사슬분석이란 기업의 하부구조/인적자원관리/기술개발, 구매활동, 내부물류, 생산 및 운영, 외부물류, 마케팅 및 판매와 서비스 등의 가치사슬 단계별 활동들이 어떻게 부가가치를 창출하는지 그리고 이 활동들의 강점과 약점이 무엇인지를 분석하는 것이다. 또한 조금 뒤에 설명될 내부 능력 분석도 일반적으로 가치사슬단계별로 파악한다.

기업의 강·약점 평가 및 예측은 관리자나 의사결정자의 주관적 판단에 의한 방법과 원가구조, 기업의 평판, 종업원의 능력, 유통 커버리지 등 통제 및 측정을 할 수 있는 객관적인 기준을 사용하는 방법이 있다. 예를 들어 기술 수준을 평가할 때 R&D의 효율성 등 주관적 판단에 의한 방법과 특허 수, R&D 인력 수 등 객관적 평가 방법이다. 이 두 가지 방법은 각각 장·단점을 가지고 있으므로 단점을 제거하기 위해서는 두 가지 방법을 혼합해 활용하는 것이 더욱 효과적이다. 예컨대 객관적 평가 방법은 눈으로 드러나는 지표만으로 평가할 수 없는 R&D의 효율성, 조직원의 충성도 등을 포함하지 못하므로 주관적 판단에 의한 방법을 통해 이를 보완할 수 있다. 먼저 기업의 강 · 약점 분석을 책임진 관리자는 현재와 미래의 기업 잠재력을 그들의 주관에 따라 측정한다. 이러한 주관적 측정결과를 다음 단계에서 객관적 기준에 따라 평가해 두 가지 방법을 합친 결과를 도출하는 것이 바람직하다.

기업 내부 능력 분석

기업 내부 능력이란 경영관리의 여러 기능, 즉 마케팅, R&D, 제조, 재무 및 인사 등의 경영관리에서 경쟁자와 비교해 더 효율적인 능력을 갖춘 것을 말한다. 따라서 환경변화에 대응해 기업이 지니고 있는 내부 능력을 효과적으로 적응시키는 과정인 전략 수립을 위해서는 기업 내부 능력을 정의하고 구성요소를 먼저 규명해야 한다. 일반적으로 경쟁력, 가격력, 품질력, 연구개발력, 기술력을 형성하는 요인을 추출해 이들을 전략적으로 활용할 수 있는지와 특히, 이들 중 어느 요인에서 핵심 성공요인(key success factor)이 도출되는가를 평가함으로써 기업 내부 능력의 보유 여부와 강 · 약점을 평가할 수 있다.

기업이 보유하고 있는 인적 · 물적 자원과 기업체질 그리고 기업문화는 물론 노사관계 및 기업이미지에 관계되는 여러 측면에서 자사능력의 강 · 약점을 평가하기 위해서는 우선 이들 경영자원 요소에 대한 정보의 수집과 평가가 이루어져야 한다. 경영자원 요소별로 정보를 수집하되 환경변화에 적응하는 전략의 관점에서 어떤 경영자원의 어떤 요소가 중요할 것인가를 파악해 그에 대한 정보를 집중적으로 수집 · 분석해야 한다. 또 어떤 요인이 핵심 성공요인을 형성하는 데 이바지할 것이며 또 어떤 요인이 장애요인이 될 것인가를 평가해야 한다.

기업 내부 능력은 다른 각도에서 접근하면 기업이 보유한 경영자원이다. 기업의 경영자원은 유형 · 무형 자산, 인적 자원 등으로 구성되어 있다. 유형자산(tangible assets)은 대차대조표에 표기되는 현재의 자산, 투자 및 고정자산이다. 전통적으로 이러한 물리적 · 재무적 자산을 얼마나 갖고 있으며, 이를 얼마나 효과적으로 잘 관리하느냐가 기업의 역량과 가치로 여겨졌다. 무형자산(intangible assets)은 기업의 명성, 브랜드 가치, 독점적 기술 및 전략적 자산 등으로 볼 수 있으며 일반적으로 대차대조표에 표기되지 않는다. 〈표 7-1〉은 글로벌 기업의 무형자산인 브랜드 가치와 유형자산인 자산을 비교한 것으로 대차대조표에 표기되지 않는 무형자산의 중요성을 보여준다. 인적 자원은 조직 구성원이 소유하고 있는 중요한 지식과 기술을 포함해서 한 조직 안에서 협력적으로

표 7-1 **2016년 상위 5대 글로벌 기업의 브랜드 가치와 자산 비교**

순위	기업명	브랜드 가치 (단위: $ millions)	총자산[1] (단위: $ millions)
1	애플	178,119	321,686
2	구글	133,252	105,408
3	코카콜라	73,102	87,270
4	마이크로소프트	72,795	193,694
5	토요타	53,580	431,737

1) 2016년 12월 31일 기준(애플 사 2016년 9월 24일 기준, 마이크로소프트 사 2016년 6월 30일 기준, 토요타 사 2017년 3월 31일 기준)
출처: Interbrand 홈페이지, 각 사 연간보고서

일할 수 있는 능력과 의지를 뜻한다. 기업의 성공은 이러한 세 가지 차원의 자원을 더 많이 가졌다는 것뿐 아니라 이들을 얼마나 잘 조합하느냐에 달려 있다.

기업의 강 · 약점 분석 및 내부 능력 분석이 시사하는 것은 최종 제품 측면에서의 강 · 약점 분석도 중요하지만, 이보다 더 중요한 것은 그러한 제품을 만들어내는 기업 내부 역량과 활동의 집합인 비즈니스 프로세스(마케팅, 재무, 생산, 인사 및 회계 등의 경영기능을 중심으로 진행되는 다양한 프로세스)를 파악하는 것이 효과적이다. 예를 들어 과거 1980년대 일본 자동차의 신차개발기간이 어떻게 효율적으로 단축되는가를 심도 있게 벤치마킹한 미국 자동차업체는 범기능적 협업 팀과 프로세스(cross-functional team and process)의 운영이 토요타자동차의 강점임을 확인하고 이를 모방하였다.

나아가 기업의 내부 능력 분석 중 가장 중요한 개념이 핵심역량(core competence)인데, 2장의 경쟁우위의 대안적 담론에서 설명한 자원준거론(Resource-Based View) 학파의 주장과 VRINE (Valuable, Rare, In-imitable, Non-substitutable, Exploitable) 툴을 다시 학습하기 바란다. 이 주장과 일관되며, 마이클 포터의 경쟁전략에 버금가는 또 하나의 주장이 핵심역량에 의한 경쟁전략인데 이는 프라할라드와 하멜에 의해 제시되었다. 이들은 1980년대 미국의 많은 산업에서 훨씬 더 높은 경쟁우위와 성과를 보인 주요 일본기업들을 분석하여 최종제품(end product), 핵심제품(core product), 핵심역량(core competence)의 체계를 제시하였다. 많은 기업들이 최종제품 관점에서 경쟁사와의 강점과 약점을 분석하는데 이는 피상적이라는 것이다. 기업의 경쟁력이란 기업활동의 시스템인데, 나무에 비유하면 뿌리와 같은 역할을 하는 것이 기업의 핵심역량이고, 몸통과 가지에 해당하는 것이 핵심제품이며, 최종제품은 가지에서 열리는 과실과 같다는 것이다(〈그림 7-2〉 참조). 일본의 대표적 글로벌 기업 중 하나인 NEC의 경우 최종제품은 모바일폰, 팩스, 노트북 컴퓨터이지만, 핵심제품은 이러한 제품들에 들어가는 반도체이며, 핵심역량은 컴퓨팅 및 커뮤니케이션 기술이라는 것이다(본 사례는 Prahalad & Hamel의 1990년 논문에 등장한 사례이며 현재

그림 7-2 **핵심역량, 핵심제품, 최종제품의 체계를 보여주는 비유적 그림**

출처: Prahalad, C. K. and Hamel, G., "The Core Competence of the Corporation," *Harvard Business Review*, May-June, 1990, pp. 79~90.

NEC 글로벌의 핵심기술역량, 핵심제품, 최종제품 영역은 훨씬 더 확장되어 있음). 즉 핵심역량에 관한 이들의 오리지널 개념은 핵심기술역량, 핵심제품은 핵심 부품이었다. 그러나 현재의 핵심역량은 핵심기술역량을 넘어서서 VRINE 조건을 갖춘 역량으로 확장되어 해석 · 활용되고 있다. 이런 관점에서 BIG 사, 월트 디즈니 사, 삼성전자, 구글, 애플, 현대자동차, BMW 등의 핵심역량은 무엇인지 파악하는 것도 재미있는 연습이 될 것이다.

과거와 현재의 전략 분석

기업이 강 · 약점을 결정하기 위해서는 전략이 의도했던 것과 다른 방향으로 전개되는 경우가 있기 때문에 과거와 현재의 전략을 모두 검토해야 한다. 여기서 전략이란 제품 하나에 국한된 전략이 아니라 기업 전체에 적용되는 포괄적인 전략을 말한다. 예를 들어 어떤 기업이 지속해서 신제품의 R&D에 많은 투자를 하여 혁신기업으로 위치를 굳혔다고 믿었으나 과거 20년에 걸친 회사경영 분석결과를 검토했더니 회사의 성공이 제조의 강점과 규모의 경제 때문으로 밝혀졌다고 하자. 그동안의 R&D에 대한 노력은 획기적인 기술의 발전을 이루기보다는 제품의 품질향상에 집중되었으며, 원가를 절감하고 더욱 신뢰할 만한 제품을 만드는 결과를 가져왔다. 따라서 이 기업의 강점은 신제품을 개발하는 R&D 능력에 있었던 것이 아니고 규모의 경제 및 제조기법을 향상하는 공정혁신에 있었다는 것을 알 수 있다. 이처럼 기본전략이 무엇이었던가를 제대로 이해하게 되면 조직의 강 · 약점이 무엇인지도 제대로 이해할 수 있다. 예컨대 P&G는 소비자가 우선이라는 기본전략을 강점으로 고수하며 성장한 대표적인 기업이다.

4. SWOT분석과 SWOT전략 방향 설정

- **학습목표 2: 주요 개념(1)**
  SWOT분석 = 일정 시점에서 기업 활동에 영향을 미치는 주요 외부환경요인을 기회(Opportunity)와 위협(Threat)으로 분류하고, 이들을 전략적 관점에서 자사 내부의 강점(Strength)과 약점(Weakness)과 결합함 → 효과적 전략 방향 설정

자사분석을 요약하는 도구로 SWOT분석을 일반적으로 사용한다. SWOT분석은 강점(Strengths), 약점(Weaknesses), 기회(Opportunities) 및 위협(Threats)의 매트릭스 분석을 통해 바람직한 전략 방향을 설정하는 과정이다. 강점의 뒷면은 곧 약점이며, 약점의 뒷면은 곧 강점으로 이 둘은 동전의 양면과 같다. 기회와 위협도 마찬가지다. 따라서 하나의 아이템을 선택할 때는 동전의 앞면과 뒷면에 대해 모두 생각해야 한다. 예컨대 에너지 부족이 약점인 일본은 이를 극복하기 위해 에너지 효율이 높은 제품을 만들며, 에너지가 풍부한 국가인 미국은 에너지 효율보다 다른 부분에 집중해 제품을 만든다.

〈표 7-2〉에서 볼 수 있듯이 강 · 약점이 기업 내부의 환경요소라면 기회와 위협은 외부 환경요소이다. 빠르게 변화하고 있는 시장의 트렌드와 발전 과정을 파악하고 시장 내 경쟁우위를 확보하기 위해 마케팅 관리자들은 기회와 위협을 세심히 살펴야 한다. 기회와 위협, 조직의 강 · 약점을 평가하는 방법에는 여러 가지가 있지만, 일반적으로 전략 및 마케팅 관리자의 주관적 판단도 크게 작용한다. 따라서 전략 수립과 관련 있는 여러 집단이나 관리자들도 평가 작업에 참여해야 주관적 판단에 따른 오류를 감소시킬 수 있다. 이는 주요 환경요인에 대해 공통된 인식을 보유하는 것이 전략 도출과 실행에 중요하기 때문이다.

그렇다면 이러한 SWOT분석을 통해 무엇을 할 수 있는지 알아보자. 기본적으로 SWOT분석을 통해서 사업전략의 방향을 도출할 수 있다.[1] 이 전략적 방향 설정에 있어 결국 기업의 자원과 역량 수준은 큰 역할을 한다. 〈그림 7-3〉에서 볼 수 있듯이 기업이 많은 강점을 가지고 있을 때에는 환경분석을 통해 얻은 기회를 빠르게 추진하면

표 7-2 SWOT분석 시 고려사항

내부적	
강점(Strength)	**약점**(Weakness)
• 탁월한 능력 • 적절한 재무적 자원 • 높은 경쟁적 기술수준 • 구매자들이 자사에 대하여 가지고 있는 호의적인 생각 • 인정받고 있는 시장선도자 • 잘 수행되고 있는 기능별 전략 • 규모의 경제활용 • 비밀기술 • 원가상의 유리한 점 • 경쟁상의 유리한 점 • 제품혁신능력 • 입증된 경영능력	• 불분명한 전략적 방향 • 쇠퇴해가는 경쟁적 자원 • 낙후된 시설 • 평균 이하의 수익성 • 관리적 깊이와 재질의 결여 • 주요 기술이나 능력의 결여 • 빈약한 전략수행 • 미해결된 내부 운영상의 문제 • R&D 투자부족 및 비효율성 • 열등한 제품품질 • 경쟁상의 불리한 점 • 평균 이하의 마케팅 기술 • 전략변경에 필요한 자금동원력 부족
외부적	
기회(Opportunity)	**위협**(Threat)
• 새로운 시장과 세분시장에의 진입 기회 • 제품계열의 추가 기회 • 관련 제품으로의 다각화 기회 • 보완제품의 추가 기회 • 수직적 통합 기회 • 더 좋은 전략적 집단으로의 이행 기회 • 경쟁사 간의 화목 기회 • 빠른 시장성장	• 새로운 경쟁자의 진입 가능성 • 대체재의 판매량 증가 • 느린 시장성장 • 강화되는 정부의 규제 • 증대되는 경쟁적 압력 • 경기후퇴와 경기변동의 가변성 • 증대되는 고객이나 공급자의 교섭력 • 변화의 흐름이 바뀌고 있는 인구통계

서도 위협에 대처할 수 있다. 기회-강점(Opportunities-Strengths: OS)전략(시장기회의 사전적 추구, 시장과 제품 다양화)과 위협-강점(Threats-Strengths: TS)전략(시장침투, 제품확충)이 이 상황에 해당한다. 반면, 기업의 역량이 부족할 때에는 시장에 대한 기회 또는 위협에 대응하기 이전에 먼저 자원과 역량을 확충하고 증진하는 노력을 해야 할 것이다. 기회-약점(Opportunities-Weaknesses: OW)전략(R&D 노력에 의한 핵심역량 구축, 전략적 제휴 또는 M&A)과 위협-약점(Threats-Weaknesses: TW)전략(사업 매각 또는 집중화)이 이 상황에 해당한다. 이 장의 도입에서 살펴본 Pebble Technology의 협업 파트너십 사례 또는 우리나라의 풀무원과 다논의 제휴 사례는 기회-약점전략의 실행으로 볼 수 있다. 이와 같이 현대의 경영에서는 자사만의 자원뿐 아니라 어떻게 다른 기업들과 네트워크를 구축하는가와 같은 생태계 또는 협력전략이 더욱 중요해지고 있다.

그림 7-3 SWOT분석을 토대로 한 SWOT전략 방향

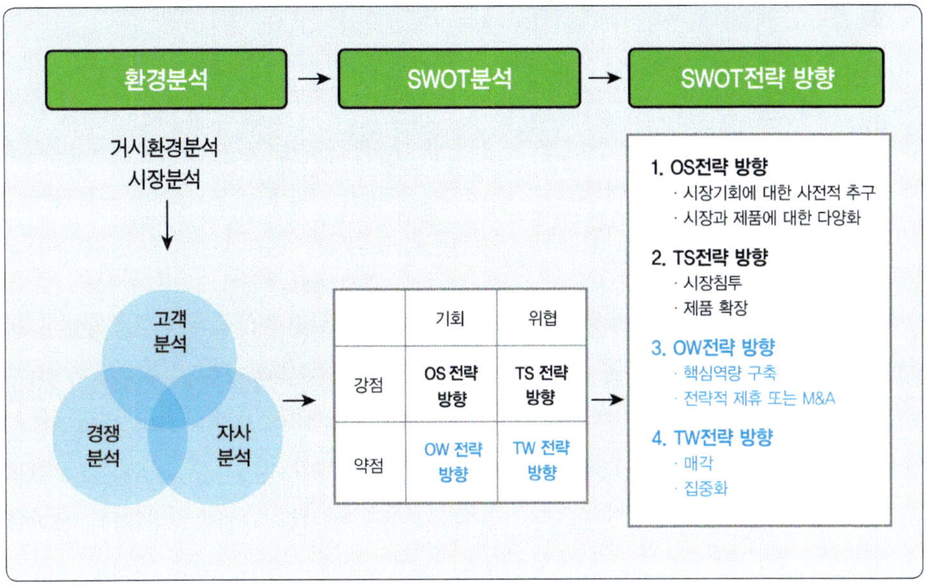

2 사업포트폴리오 분석

주식투자를 하는 개인이 다양한 산업과 기업에 투자하며 주식투자 포트폴리오를 구성하듯이 기업도 성장을 위해 다양한 사업을 영위하며 포트폴리오를 구축하고 있다. 예컨대 에너지 및 발전 사업을 하는 기업은 다양한 종류의 에너지 자원별 사업포트폴리오를 보유하고 있다. 현재 운영 중인 사업부 중에서 어떤 사업부를 유지하고 철수할지 또는 개편할지에 대한 의사결정을 내리려면 현 사업부들의 전략적 위치와 성과를 분석하고 평가해야 한다. 사업부 중에서는 더는 투자하지 않아도 높은 수익을 올리는 경우도 있고, 성장잠재력은 있으나 분석 시점에서 손익분기점을 넘기지 못하는 경우도 있다. 이러한 사업부의 현 상태를 점검하고 핵심 사업부를 선별하는 방법으로 포트폴리오 분석방법을 활용한다.

포트폴리오 분석은 사업 또는 브랜드별 마케팅전략의 방향을 설정하고, 투자자원을 효율적으로 배분하는 방법으로, 기업의 최적 수준의 이익창출을 위해 다수의 사업이나 브랜드들을 상호 충돌 없이 효율적으로 관리하기 위해 사용된다(포트폴리오 분석은 사업, 브랜드 및 제품 외에도 시장, 고객, R&D, 생산기술 등 다양하게 적용되는 중요 개념임). 사업부들의 기업 내적 요인과 외적 요인에 대한 평가와 이를 바탕으로 한 각 사업부의 적합한 목표결정, 전략 수립과 자원 배분 결정이 포트폴리오 분석의 목적이며, 이러한 분석은 경영자에게 각 사업부의 가장 효과적인 조합에 대한 통찰을 기업 전체 차원에서 제공해줄 수 있다.

1. 전략사업부

- **학습목표 3: 주요 개념(1)**

  전략사업부(Strategic Business Unit)

  – 기업이 전략적으로 사업 영역을 설정해 이를 효과적으로 관리하고자 하는 체제

  – 생산과 판매 권한을 위임받고 경영성과에 대한 책임을 지는 독립적 사업단위

  – 사업 및 마케팅의 효율성을 높이려는 조직 형태

- **학습목표 3: 주요 개념(2)**
  포트폴리오 분석모형
  – 사업전략의 방향을 설정하고 투자자원을 효율적으로 배분하는 분석모형
  – BCG 매트릭스와 GE 매트릭스가 대표적 모형
  – 두 모델 모두 시장매력도 축과 경쟁적 위치(경쟁력) 축을 사용 · 분석

전사적인 관점에서의 사업포트폴리오 분석은 각 전략사업부 단위로 이루어진다. 전략사업부(Strategic Business Unit: SBU)란 기업이 전략적으로 사업 영역을 설정해 이를 효율적으로 관리하고자 하는 체제의 사업부 단위를 말한다. 기업 전체의 경영층으로부터 생산과 판매에 관한 권한을 위임받고 경영성과에 대한 책임을 지는 독립적 사업단위로, 단순한 제품사업부와는 달리 관련이 있는 사업을 하나의 단위로 묶어 운영함으로써 사업 및 마케팅의 효율성을 높이려는 조직 형태이다. 시장 환경이 변화하고 고객의 필요와 욕구가 다양해지면서 기업전략의 범위가 여러 사업부에 걸쳐지게 되고, 각 사업부의 기술개발과 마케팅 활동 등의 수행에서 자원의 중복이 증가하는 경우에 기업은 기존의 조직을 재편성하거나 새롭게 전략사업부를 결성하게 된다.

대규모 기업들은 일반적으로 다수의 전략사업부를 운영한다. 이때 하나의 사업부가 꼭 하나의 사업만 운영하는 것은 아니고 두 개의 관련된 사업을 하나의 사업부가 운영할 수도 있다.

전략사업부 단위를 더욱 효과적으로 구성하면 기업의 핵심역량 구축에 절대적인 도움이 된다. 기업은 기업 전체 차원에서 경영목표를 설정하고 전략사업부를 확인함으로써 구체적인 사업 및 마케팅계획과 전략실행의 기본 방향을 설정하기 때문이다. 예를 들어 고객을 공유할 수 있거나 유통 및 생산기술이 같거나 한 제품이 다른 제품의 부산물인 경우에는 같은 사업부로 구성하는 경우가 많고, 이상적인 형태라고 할 수 있다. 이상적인 전략사업부를 구성하려면, 첫째, 사업부 단위가 기업 내부보다는 고객의 필요와 욕구를 충족하는 것이 좋다. 둘째, 기업의 공유자원을 효율적으로 활용할 수 있어야 하며, 셋째, 전략적인 면에서 사업부 단위의 자율성이 확보되어야 하고, 마지막으로 사업부의 수익성이 사업부 단위의 실제 성과에 의해 측정될 수 있어야 한다.[2]

기존 마케팅 활동 대부분은 제품 단위에서 독립적으로 실행되는 경우가 많았으나 현재는 마케팅 활동이 기업자원의 효율적인 활용을 위해 전략사업부 단위로 이루어지거나 전략사업부 간의 유기적인 연합활동 형태로 집행되는 경우가 많다. 따라서 기업이 어떤 사업을 선별해 어떤 핵심역량으로 키울 것인지를 판단하기 위한 사업포트폴리오 분석이 더 중요해졌다. 또 이를 통해 각 전략사업부의 역할을 더욱 명확하게 하고 각각

의 경쟁력을 분석한다. 전략사업부를 단위로 하는 포트폴리오 분석방법 중 가장 일반적으로 사용되는 기법은 BCG 매트릭스와 GE 매트릭스이다.[3] 두 가지 포트폴리오모델은 기업의 외적 요인인 시장매력도를 한 축으로 하고 기업 내적 요인인 사업부의 경쟁력을 다른 한 축으로 하여 분석한다는 공통점을 가진다.

2. BCG 매트릭스

- **학습목표 3: 주요 개념(3)**
  BCG (Boston Consulting Group) 매트릭스
  - 시장매력도 축 = 시장성장률; 경쟁적 위치(경쟁력) 축 = 상대적 시장점유율
  - 물음표(question mark or problem child), 별(star), 금송아지(cash cow), 개(dog) 등 2×2 = 4분면 영역으로 분석하여 자원배분의 방향 결정

분석방법

BCG 매트릭스는 미국의 컨설팅 회사인 보스턴 컨설팅 그룹(Boston Consulting Group)에 의해 개발된 기법으로 성장-점유율 매트릭스(Growth-Share Matrix)라고도 한다.[4] 이 방법은 사업이 속한 시장의 성장률(시장매력도에 대한 측정)과 상대적 시장점유율(경쟁력에 대

그림 7-4 BCG 매트릭스

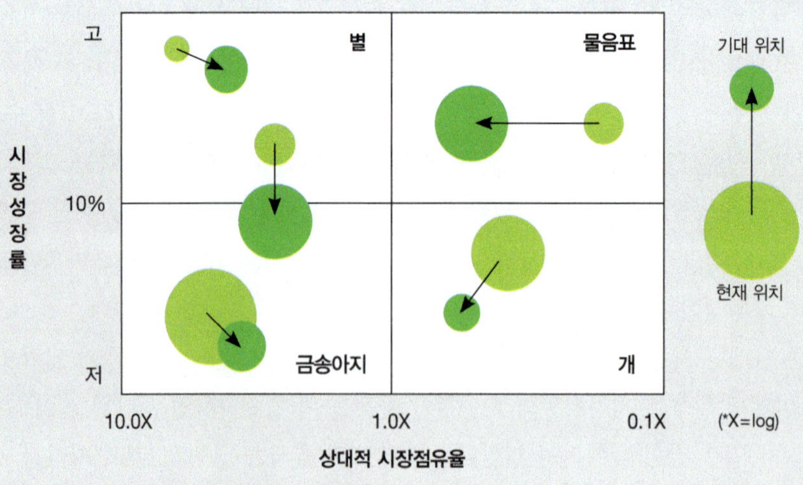

출처: B. Hedley, *Strategy and the Business*, Portfolio, 1977.

한 측정)의 관계분석을 통해 각 사업을 평가하고 전략을 제시하는 분석방법이다. 따라서 BCG 매트릭스는 〈그림 7-4〉와 같이 각각의 사업부가 속한 시장의 성장률과 각 사업부가 속한 시장의 경쟁기업 중 최대사업자에 대한 자사의 상대적 시장점유율을 좌표로 하여 시장성장률과 상대적 시장점유율을 축으로 한 이차원의 평면에 그려진다.

한 사업의 기업 외적 요인인 시장매력도를 평가하는 수직축의 시장성장률(Market Growth Rate: MGR)은 현재 그 사업부가 속한 시장의 연간성장률을 나타내고 수식 (1)과 같이 계산한다. 시장성장률은 그 사업의 매력도를 나타내며, 보통 매출성장률(sales growth rate)로 측정한다. 매트릭스상에서 나타내는 범위는 제일 낮은 시장성장률과 제일 높은 시장성장률을 포함하도록 설정하며 일반적으로 전체 시장의 평균성장률을 기준선으로 잡는다.

$$MGR = \frac{S_{t+1} - S_t}{S_t} \cdots\cdots\cdots (1)$$

S_{t+1} = $t+1$기의 시장 전체 매출액
S_t = t기의 시장 전체 매출액

특정사업의 기업 내적 요인인 경쟁력을 나타내는 수평축의 상대적 시장점유율(Relative Market Share: RMS)은 그 시장에서 경쟁기업 중 가장 큰 기업의 시장점유율에 대한 자사의 시장점유율을 나타낸 것으로 수식 (2)와 같이 계산한다.

$$RMS = \frac{MS_i}{MS_c} \cdots\cdots\cdots\cdots\cdots (2)$$

MS_i = 자사사업부 i의 시장점유율
MS_c = 사업부 i의 경쟁기업 중 가장 큰 기업의 시장점유율

상대적 시장점유율은 시장에서 기업의 경쟁력을 반영한다. 네 개의 경쟁기업으로 구성된 산업의 예를 들어보면 각 회사의 시장점유율과 계산된 각 회사의 상대적 시장점유율은 〈표 7-3〉과 같다. 여기에서 B, C, D 기업은 시장 선도기업인 A기업에 대한 상대적 시장점유율이 각각 0.5, 0.4, 0.1이다. 그러나 A기업은 자신이 1위 기업이므로, 2위 기업인 B기업의 시장점유율을 기준으로 상대적 시장점유율을 산정하므로 2.0이 된다. 이러한 수치는 시장 선도기업의 경쟁적 지위가 하위 기업들보다 얼마나 강하며, 하위 기업들은 선도기업과 비교해 얼마나 약한가를 보여준다고 할 수 있다.

BCG 매트릭스에서 상대적 시장점유율을 축으로 그릴 때 상대적 시장점유율에는 로그 값을 취해야 한다. 이것은 같은 길이가 같은 백분율 증가를 나타내야 하기 때문이다. 〈그림 7-5〉에서 볼 수 있듯이 A기업과 B기업의 상대적 점유율인 2와 0.5를 비교할 때 로그를 취한 경우와 취하지 않은 경우는 큰 차이를 보인다. 따라서 BCG 매트릭스

표 7-3 시장점유율과 상대적 시장점유율

기업	시장점유율	기업	상대적 시장점유율
A	50%	A	2.0
B	25%	B	0.5
C	20%	C	0.4
D	5%	D	0.1

상에서 상대적 시장점유율 축을 그리기 위해서는 반드시 로그 척도를 사용해야 한다. BCG 매트릭스에 사업부의 위치 축을 시장성장률과 상대적 시장점유율로 찾은 후에 그 사업부의 매출액을 원의 크기로 나타내면 매트릭스가 완성된다.

사업부의 평가

BCG 매트릭스는 각각 다른 형태의 사업을 나타낸 네 개의 영역으로 구성된다. 〈그림 7-4〉에서 보는 바와 같이 BCG매트릭스는 네 개의 영역으로 구분되며 각 영역은 다른 사업상황을 나타낸다. 네 개의 영역을 구분하는 기준으로 시장성장률은 10%, 상대적 시장점유율은 1.0으로 한다. 경제성장 속도가 빠른 경우 시장성장률을 15% 기준으로 하거나 경제성장 속도가 정체된 경우 7~8%를 기준으로 하는 것도 가능하다. 상대적 시장점유율은 마켓리더 기업의 경우 항상 1.0이 넘으며 나머지 기업은 1.0이 되지 않는다. 이러한 BCG 매트릭스를 통해 사업부의 시장 내 위치를 파악할 수 있으며 아래와 같이 네 가지로 구분된다.

물음표(question mark) 시장성장률은 높으나 상대적 시장점유율이 낮은 사업이다. 이 사업부의 제품들은 제품수명주기상에서 도입기부터 성장기 초반에 속한다. 자사가 시장에 처음으로 제품을 출시하지 않은 대부분의 사업부가 출발하는 지점이 바로 이 영역이며, 신규사업이기 때문에 기존의 선도기업을 비롯한 여러 경쟁기업에 대항하기 위해 대규모의 신규자금이 필요하다. 따라서 이 상황에서는 기업이 자금을 지속해서 투입할 것인가 또는 사업부를 철수할 것인가를 결정해야 하므로 '물음표'라고 불린다. 만약 한 기업에서 물음표에 해당하는 사업부가 여러 개 있다면, 해당 사업부 모두에 자금을 지원하는 것보다는 전략적으로 더 유망한 소수의 사업부에 집중적으로 투자하는 것이 효과적일 수 있다.

그림 7-5 상대적 시장점유율 축의 표시방법: 로그 치환

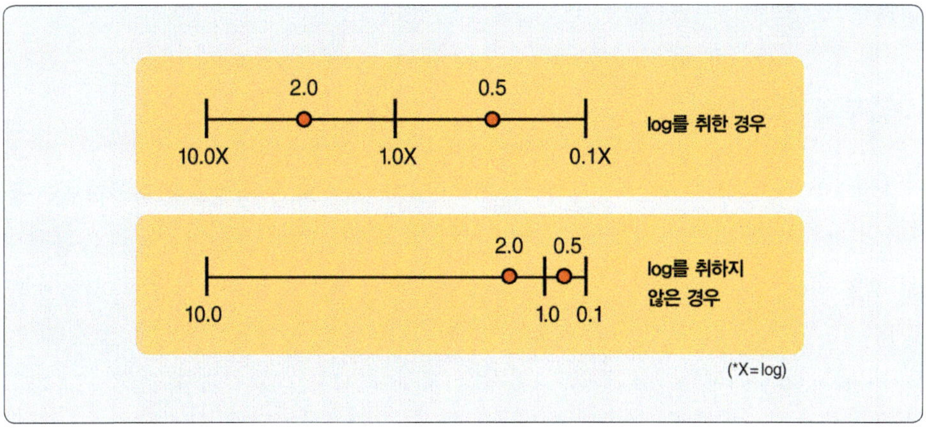

별(star) 시장성장률이 높은 동시에 상대적 시장점유율도 높은 사업이다. 이 사업부의 제품들은 제품수명주기상 성장기에 속한다. 여기에 속한 사업부를 가진 기업은 시장 내 선도기업의 지위를 유지하고, 성장하는 시장수요에 대처하고, 여러 경쟁기업의 도전을 극복하기 위해 역시 자금지원이 필요하다. 만약 별에 속한 사업들을 효율적으로 잘 운영하는 것이 중요하며, 이들은 미래에 '금송아지'가 될 가능성이 높다.

금송아지(cash cow) 이 사업은 시장성장률은 낮지만, 해당 시장에서 자사가 선도기업 역할을 하며 높은 상대적 시장점유율을 유지하고 있다. 즉, 제품수명주기상에서 성장 후기부터 쇠퇴기까지 속하는 사업이다. 여기에 속한 사업은 많은 이익을 창출한다. 왜냐하면 시장의 성장률이 둔화되었기 때문에 그만큼 R&D 또는 새로운 설비투자 등과 같은 신규자금의 투입이 필요 없고, 시장 내에서 선도기업에 해당하므로 규모의 경제와 생산성의 극대화를 이룩했기 때문이다. 이렇게 금송아지에서 산출되는 이익들은 전체 기업 차원에서 상대적으로 많은 자금을 필요로 하는 별이나 물음표의 영역에 속한 사업으로 배분 및 지원된다.

개(dog) 시장성장률이 낮으면서 상대적 시장점유율도 낮은 상황에 속하는 사업이다. 금송아지와 마찬가지로 제품수명주기상 성장 후기에서 쇠퇴기까지 속하는 사업이다. 따라서 금송아지와 마찬가지로 낮은 시장성장률 때문에 그다지 많은 자금이 소요되지는 않지만, 사업을 통해 얻는 이익도 매우 적은 상황이다. 따라서 기업은 이 사업이 속한 시장의 성장률이 앞으로 다시 성장할 가능성이 있는지 또는 시장 내에서 자사의 지위나 점유율이 높아질 가능성이 있는지를 검토해볼 필요가 있다. 이를 통해 이 영역에

속한 사업들을 계속하되 집중화해서 할 것인지 축소 또는 철수할 것인지를 결정해야 한다.

사업부의 전략 선택

BCG 매트릭스(제품수명주기)상에서 성공적인 제품 또는 사업부의 경우 일반적으로 물음표(도입기) → 별(성장기) → 금송아지(성숙기 이후) 과정을 밟게 된다. 포트폴리오 분석을 한 이후 기업은 각 전략사업부의 사업에 대해 어떤 전략을 구상하고, 자원을 어떻게 할당할 것인지를 결정해야 한다. 사업포트폴리오 최적화를 위해서는 다음과 같은 네 가지 전략 대안이 있다.

구축(build) 이 전략은 이윤증진보다는 해당 사업부의 시장점유율 향상을 목표로 한다. 따라서 BCG 매트릭스상에서 주로 물음표나 별에 해당하는 사업부에 적합하다.

유지(hold) 이 전략은 현재 시장점유율을 유지하기 위한 것으로 계속해서 많은 현금흐름(cash flow)을 창출하고자 하는 금송아지에 적합한 전략이다.

수확(harvest) 이는 장기적 차원에서 효과를 추구하기보다는 현재 해당 사업부의 단기적 현금흐름을 증가시킨다. 이 전략을 적절하게 사용할 수 있는 영역은 금송아지, 그리고 시장의 성장전망이 불투명하고 현금흐름이 많이 요구되는 개 또는 물음표이다.

철수(divest) 이는 해당 사업부를 시장에서 철수시키는 전략이다. 만약 기업의 현금흐름을 방해하거나 이윤창출의 능력이 거의 없는 사업부라면 철수하는 것이 바람직하며, 보통 개나 물음표 단계에 적합한 전략이다.

BCG 매트릭스의 유용성과 한계

시간이 흐름에 따라 각 사업부는 환경의 영향과 전략실행 효과에 의해 매트릭스상에서 위치가 변한다. 따라서 해당 사업의 마케팅 관리자는 BCG 매트릭스상에서 사업부의 현재 위치뿐 아니라 미래의 위치 변화까지 함께 고려해야 한다. 따라서 정기적으로 동태적 포트폴리오를 작성하여 사업부나 제품의 시간적 흐름에 따른 변화를 파악해 이에 따른 적절한 전략을 수립해야 한다.

BCG 매트릭스는 단순히 하나의 변수로 이루어진 두 개의 축으로 현재 사업부들의 상황을 파악하고 전략을 제시하기 때문에 마케팅 관리자가 시장상황을 쉽게 이해할 수 있다는 장점이 있다. 그러나 두 개 축의 구성요인이 지나치게 단순해 포괄적이고 정확한 사업부의 평가가 불가능하다는 단점이 있다. 또 시장성장률이 가장 높다고 그 시장이 항상 최고는 아니며, 시장점유율이 높다고 해서 수익률이 반드시 높은 것도 아니다. 추가로 상대적 시장점유율은 시장 선도기업에 대해서만 비교하므로 급성장하고 있는 기타 경쟁자를 도외시할 수 있다는 단점도 가지고 있다.

3. GE 매트릭스

- **학습목표 3: 주요 개념(4)**
  GE 매트릭스
  – 시장매력도 축과 경쟁적 위치(경쟁력) 축 모두 다 변수들의 가중평균 사용
  – 3×3=9분면 영역으로 분석하여 자원배분의 방향 결정

GE 매트릭스는 해당 사업부들의 기업 외적 요인으로 시장매력도를 분석하고, 기업 내적 요인으로 경쟁적 우위를 사용해 사업부를 평가하고 분석한다.[5] 앞에서 나온 BCG 매트릭스는 시장성장률과 상대적 시장점유율만을 기초로 하므로 너무 단순하다는 비판을 받았다. 이를 보완하기 위해 다양한 평가요인을 포함한 포트폴리오 분석방법으로 제안된 것이 GE 매트릭스다.

GE 매트릭스는 특정사업이 진출한 시장매력도가 얼마나 높은가와 그 시장에서 어느 정도 경쟁적 우위를 확보하고 있는가에 따라 사업성과를 평가한다. 즉, 시장매력도와 경쟁적 우위에 의해 사업성과가 결정되며, 이 중 하나라도 제대로 만족하지 못하면 그 사업은 우수한 성과를 산출하기 어렵다. 〈그림 7-6〉은 한 기업의 GE 매트릭스를 보여주고 있다. 그림에서 각 원의 크기는 자사사업의 크기가 아닌 자사사업이 속해 있는 시장의 크기를 나타내며, 원 안의 짙은 색 부분은 그 자사사업부의 시장점유율을 뜻한다.

BCG 매트릭스를 구성하는 두 가지 차원인 시장성장률과 시장점유율은 GE 매트릭스에서는 두 가지 주요 차원을 구성하는 변수 중 하나로 포함되어 있다. 관리자는 이 구성요인들을 측정할 수 있어야 하고 또 이들을 결합해 지표화함으로써 시장매력도와 경쟁적 지위를 파악한다. 〈표 7-4〉는 〈그림 7-6〉에 제시된 기업의 가상적인 사업부를 설정해 GE 매트릭스상에 위치를 결정하는 예다.

그림 7-6 GE 매트릭스

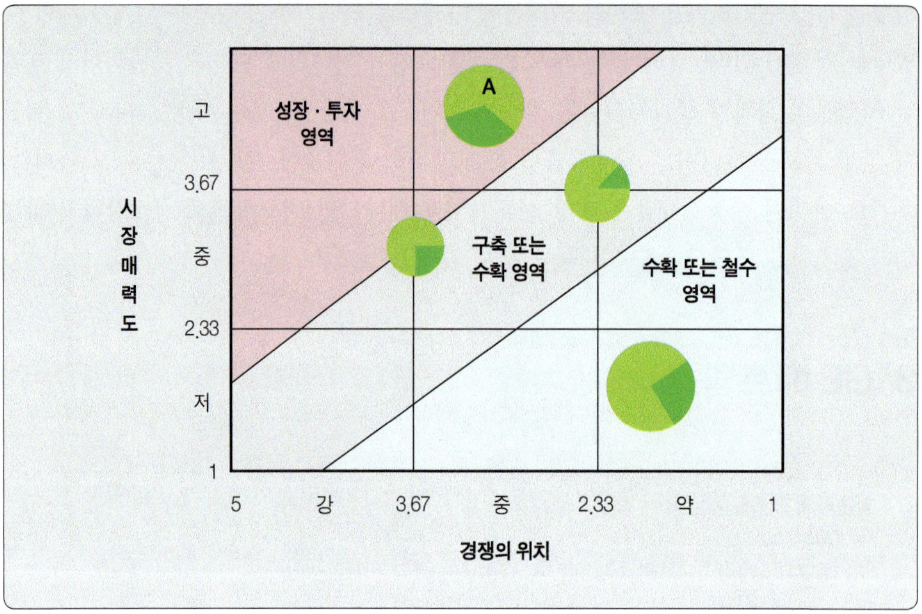

GE 매트릭스상의 위치를 결정하기 위해서는 먼저 해당 사업의 시장매력도 구성변수와 경쟁적 위치의 구성변수에 가중치를 부여한다. 이때 가중치는 관리자의 경험과 판단에 따라 달라질 수 있다. 〈표 7-4〉에서 알 수 있듯이 사업부가 진출한 사업의 시장매력도 구성변수 중 가장 중요한 변수는 총 시장규모나 연간 시장성장률로 가중치가 0.2이며, 가장 중요하지 않은 변수는 에너지 소요조건이나 환경에의 영향 등으로 가중치가 0.05이다.

각 구성변수에 대한 가중치를 부여한 다음에는 해당 사업에 진출한 자사사업부의 각 구성변수에 대해 평가한다. 평가 척도는 5점 척도로 높게 평가될수록 5점에 가까운 점수를 부여한다. 이 기업의 경우 A사업은 연간 시장성장률이나 기술적 소요조건, 촉진의 효율성에서는 높게 평가되었으며 인플레이션과 생산능력, 생산능률에서는 낮게 평가되었다. 가중치와 평점이 구해지면 모든 점수를 종합해 시장매력도의 총가치와 경쟁적 위치의 총가치를 구하고 이것을 이용해 GE 매트릭스상의 해당 사업 위치를 결정한다. A사업은 시장매력도가 4.25이고, 경쟁적 위치가 3.25로 나타났으며 매트릭스상의 위치는 〈그림 7-6〉의 위치와 같다.

BCG 매트릭스는 네 개의 영역으로 구성되어 있지만, GE매트릭스는 아홉 개의 영역으로 구성되어 있다. 이는 다시 크게 세 개의 영역으로 구분해 살펴볼 수 있다. 첫째, 상위 왼쪽은 기업이 성장 · 투자를 계속해야 하는 사업을 나타낸다. 둘째, 하위 오른쪽

표 7-4 GE 매트릭스상의 위치결정을 위한 예: A사업

시장매력도 구성변수	가중치	평점	가치	경쟁적 위치 구성변수	가중치	평점	가치
총 시장규모	0.20	5	1.00	시장점유율	0.10	3	0.30
연간 시장성장률	0.20	4	0.80	점유율 성장추세	0.15	3	0.45
과거의 이익추세	0.15	4	0.60	제품의 질	0.10	4	0.40
경쟁강도	0.15	4	0.60	상표의 명성	0.10	4	0.40
기술적 소요조건	0.15	5	0.75	유통망	0.10	3	0.30
인플레이션 대응능력	0.05	3	0.15	촉진의 효율성	0.10	4	0.40
에너지 소요조건	0.05	4	0.20	생산능력	0.05	2	0.10
환경에의 영향	0.05	3	0.15	생산능률	0.05	2	0.10
				단위 원가	0.0	2	0.10
				원자재 공급	0.05	3	0.15
				연구개발 성과	0.10	4	0.40
				관리인력	0.05	3	0.15
합 계	1.00		4.25	**합 계**	1.00		3.25

은 기업 입장에서는 매력도가 낮은 사업 영역으로 이때 기업은 수확 또는 철수 전략을 신중히 고려해야 한다. 셋째, 대각선 영역은 매력도가 중간인 사업을 나타내며 구축 또는 수확 전략을 고려해볼 필요가 있다. 마케팅 관리자는 이러한 포트폴리오 분석을 동태적으로 실시하여 사업부의 현재 위치분석뿐 아니라 각 사업의 미래에 예상되는 위치를 예측하고 대응전략을 마련해야 한다.

GE 매트릭스는 포괄적이고 다양한 변수를 사용해 각 사업의 현재 상황을 파악하고 전략을 제시한다는 장점이 있다. 그러나 관리자가 많은 변수를 주관적 판단으로 평가하는 경우 객관성을 확보할 수 없다는 단점을 감안해야 한다.

3 브랜드포트폴리오 분석

1. 기업의 제품차별화 도구

- **학습목표 3: 주요 개념(5)**
  브랜드 = 제품 차별화의 주요한 도구
  브랜드포트폴리오 분석은 브랜드-제품 매트릭스를 통해 실시

브랜드는 기업 또는 제품이나 서비스를 경쟁자와 차별화하기 위해 사용하는 독특한 이름이나 상징물을 의미한다. 예전에는 소비재를 중심으로 브랜드 가치가 언급되었지만, 이제는 건설회사나 석유화학기업 등과 같이 산업재 성격을 띠고 있는 제품들도 브랜드의 중요성을 실천하고 있다. 예를 들어 같은 지역에서 흡사한 설계와 원자재로 만들어진 아파트일지라도 삼성건설의 '래미안'이나 GS건설의 '자이' 같은 브랜드 아파트와 중소기업에서 지은 아파트 가격은 다르게 형성되기 때문이다.

브랜드는 기업의 무형자산 성격을 지니는 동시에 기업 성과의 결과물이며, 기업의 가치사슬 중 일부라고 할 수 있다. 기업은 브랜드를 활용해 제품차별화를 시도하는데, 이러한 차별화를 위한 브랜드전략 수립 시 브랜드 가치를 최대화할 수 있는 브랜드포트폴리오를 구성해야 한다. 브랜드포트폴리오는 기업이 고객에게 제공하는 모든 브랜드의 조합이다. 기업이 제공하는 제품 또는 운영하고 있는 사업부의 최적 자원배분을 위해 BCG 매트릭스와 GE 매트릭스 같은 사업포트폴리오를 분석하는 것처럼 브랜드전략을 위해서 유사한 포트폴리오 로직으로 브랜드포트폴리오를 분석해야 한다.

브랜드포트폴리오의 분석은 브랜드-제품 매트릭스를 통해 가능하다. 브랜드-제품 매트릭스는 〈그림 7-7〉과 같이 '행'에는 기업의 브랜드를, '열'에는 판매하는 제품을 대응시켜 기업의 브랜드를 한눈에 알아볼 수 있게 한 매트릭스이다. 매트릭스의 행 부분은 브랜드-제품의 관계를 보여주는데, 대개 기업에서 판매되는 제품들의 브랜드 확장전략이 어떻게 전개되고 있는지를 나타낸다. 열 부분은 제품-브랜드의 관계를 보여주는데,

그림 7-7 **브랜드-제품 매트릭스**

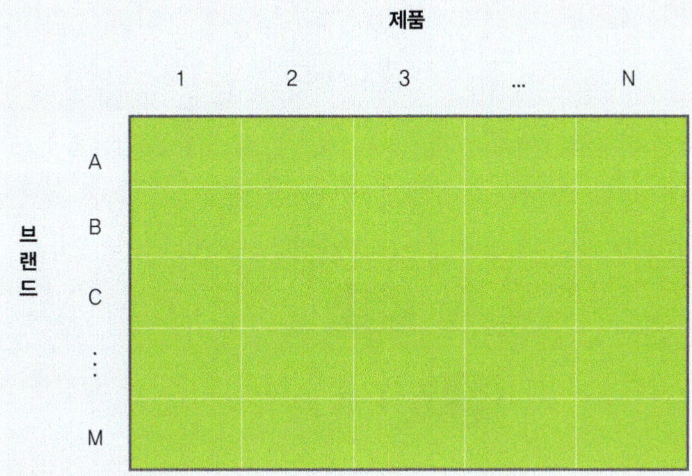

출처: Keller, Kevin L., *Strategic Brand Management*, 4th ed., Prentice Hall, 2012.

각 제품의 범주 안에서 브랜드포트폴리오전략이 어떻게 진행되고 있는지를 파악할 수 있다.

2. 브랜드-제품 매트릭스 분석

브랜드-제품 매트릭스 분석에 의한 브랜드포트폴리오전략은 다양한 제품이나 사업에 어떠한 브랜드를 사용하는 것이 도움되는지를 분석해 의사결정을 하는 것이다. 브랜드-제품 매트릭스 분석의 특별한 한 종류로 사업은 한 영역이되, 가격과 품질이라는 고객가치를 기준으로 사업 영역에서 복수의 사업, 제품 및 브랜드 포지션을 추구하는 매트릭스 분석이 있다. 예를 들어 〈그림 7-8〉은 미국 매리어트호텔 그룹의 브랜드 더 리츠칼튼, JW 매리어트, 르네상스호텔, 매리어트호텔, 코트야드 바이 매리어트, 페어필드 인 바이 매리어트의 가격과 품질에 따른 브랜드포트폴리오를 나타낸다. 또 일본 자동차산업에서 고급자동차의 출시를 위해 별개의 브랜드(토요타의 렉서스, 닛산의 인피니티, 혼다의 아큐라, 현대의 제네시스)를 사용한 경우를 들 수 있다.

결국, 브랜드포트폴리오는 각각의 브랜드 가치를 얼마나 최대화할 수 있는지 또 모든 브랜드 가치의 합을 얼마나 최대화할 수 있는지에 따라 효율적 구성인지 아닌지를 평

그림 7-8 매리어트호텔 그룹의 브랜드포트폴리오

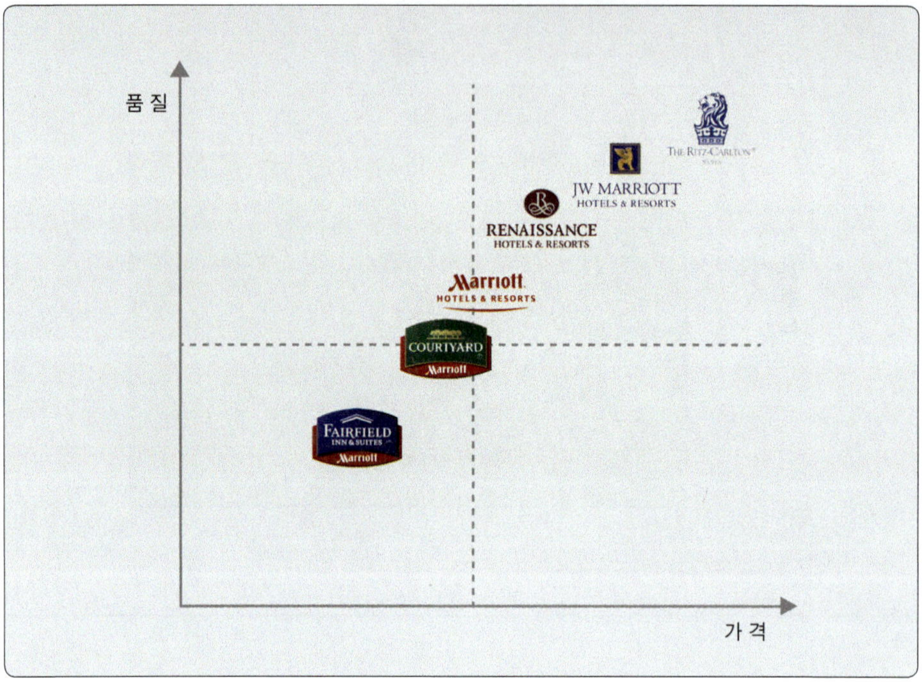

가한다. 즉, 브랜드포트폴리오는 브랜드 간 각자의 역할을 명확히 하고 그로 인한 자기잠식(cannibalization)을 방지하면서 기업 전체의 수익을 극대화할 수 있도록 구성해야 한다. 물론 자기잠식이 항상 나쁜 것은 아니다(6장 경쟁분석의 집적효과 부분을 다시 살펴볼 것). 또 효율적인 자원배분을 통해 다수의 브랜드를 차별적이고 총체적으로 관리할 수 있는 구성으로 포트폴리오를 마련해 기업의 사업전략을 실행하는 데 필요한 구조와 지침을 제공할 수 있어야 한다.[6]

이 장의 요약

- 자사분석의 핵심 내용은 자사 내부의 강 · 약점에 대한 규명 및 평가, 자사가 직면한 외부 시장 기회 · 위협과 전략적 기회에 대한 평가, 자사의 경쟁적 위치의 강 · 약점 분석, 자사의 핵심역량 구축을 위한 경쟁우위 및 경영자원의 분석을 포함한다. 이러한 내용은 어떠한 사업전략이 자사의 외부 · 내부 상황에 가장 적합한가를 판단하는 데 핵심적인 역할을 하게 된다.

- 기업은 특정시장에서 경쟁기업보다 비교우위를 점할 때 이익을 남길 가능성이 크다. 기업은 경쟁에서 살아남기 위해 차별화되고 지속가능한 경쟁우위를 창출할 수 있는 전략을 만들어야 하며, 이러한 전략은 시장의 핵심성공요인을 토대로 자사와 경쟁자의 강점과 약점을 파악하는 자사분석을 통해 구체화된다.

- 자사는 성과분석, 원가분석, 강 · 약점 분석, 기업 내부 능력 분석 및 과거 · 현재 전략 분석을 해야 한다. 또 기업은 SWOT분석을 통해 일정 시점에서 기업 활동에 영향을 미치는 주요 외부 환경요인을 기회와 위협으로 분류하고, 이들을 전략적 관점에서 자사 내부의 강 · 약점과 결합함으로써 효과적인 전략 방향을 설정할 수 있다.

- 사업포트폴리오 분석을 통해서는 현재 자사가 어떤 사업에 성공적으로 진출해 있는지 또 현금흐름 상황이 어떤지를 살펴볼 수 있는데 BCG 매트릭스와 GE 매트릭스가 대표적인 분석방법이다. 두 가지 포트폴리오모델은 기업 외적 요인인 시장매력도를 한 축으로 하고, 기업 내적 요인인 기업의 경쟁적 위치를 다른 한 축으로 한다는 공통점을 가진다. 브랜드포트폴리오 분석을 통해서는 자사가 보유한 브랜드가 제대로 된 세분시장에 분포되어 있는지 등을 파악할 수 있다. 기업은 사업포트폴리오와 브랜드포트폴리오 분석을 통해 과도한 자기잠식과 같은 문제를 방지하고 지속적인 성장을 추구할 수 있다.

주요 개념 목록

자사의 강점과 약점 / 경쟁자의 강점과 약점 / 시장의 욕구파악 / 시장매력도 및 시장에서의 핵심 성공요인 / 성과분석 / 원가분석 / 기업 내부 능력 분석 / 과거와 현재의 전략 분석 / SWOT분석 / SWOT전략 방향 / 사업포트폴리오 분석 / 전략사업부 / BCG 매트릭스 / GE 매트릭스 / 브랜드포트폴리오 분석 / 브랜드-제품 매트릭스

생각해볼 문제

1. 생활용품 기업 중 하나를 선택해 회사가 생산하고 있는 한 제품군(예 : 비누, 치약, 과자)의 브랜드 포트폴리오를 작성하시오.
2. K산업에 참여하고 있는 네 개 기업의 시장점유율은 다음 표와 같다. 각 기업의 상대적 점유율을 구하고, BCG 매트릭스상에서 이들 각 기업의 위치를 표시하시오(K산업의 지난해 총 매출액은 5,500억 원이었으며, 올해의 총 매출액은 7,500억 원이다).

기업	시장점유율(%)	상대적 시장점유율
A	35	
B	25	
C	30	
D	10	

3. Y기업에는 네 개의 전략사업부가 있다. 다음 표는 각 전략사업부의 해당 사업에서의 시장점유율과 시장성장률 그리고 해당 사업 1위 기업의 시장점유율을 나타낸다. 이를 기초로 BCG 매트릭스를 작성하시오.

전략사업부	1위 기업의 시장점유율	자사사업부의 시장점유율	시장성장률
A	40	30	13
B	50	25	8
C	35	28	5
D	55	10	15

4. 위의 Y기업의 각 전략사업부를 평가하고, 각 사업부에 대한 미래전략을 예측하시오.
5. BCG 매트릭스와 GE 매트릭스의 장단점을 비교하고 설명하시오.
6. 고급 자동차시장을 위해 일본 차들은 별개의 브랜드(토요타의 렉서스, 닛산의 인피니티, 혼다의 아큐라)를 사용하고 있다. 이러한 전략의 장단점을 설명하고, 이러한 설명을 바탕으로 현대 · 기아 같은 우리나라의 자동차회사는 어떠한 전략을 취하고 있는지, 그리고 바람직한 전략은 무엇인지 제시하시오.

후주 및 참고문헌

1 Ferrell, O.C. and Hartline, M., *Marketing Strategy*, 6th ed., Cengage Learning, Chapter 4, 2012, pp. 85~112.

2 Walker, Jr., O. C. and Mullins, J. W., *Marketing Strategy*, 7th ed., McGraw-Hill International Edition, 2011, pp. 61~62.

3 BCG와 GE 매트릭스 모두 1960년대 후반에서 1970년대 초반에 개발된 클래식한 포트폴리오 분석모형이다. 최근의 경우에도 이 모형들은 활용되고 있으나 시장환경 변화의 역동성과 사업 간의 시너지를 훨씬 중요하게 반영하고 있다. 예를 들어 Bain & Company와 같은 글로벌 경영 컨설팅 회사는 시장매력도를 보는 접근방법으로 컨트라리안(contratian)방법을 제시하고 있다. 이 방법은 시장의 미래 매력도를 예측함에 있어 수요와 공급 측면을 면밀히 분석하여 어떻게 남들이 놓친 더 매력적인 비즈니스 기회를 찾아낼 것인가에 초점을 맞추고 있다. 그리고 경쟁력 축을 분석하는 접근방법으로 리얼옵션적(real option) 방법을 제시하고 있다. 사업의 미래 경쟁력과 성공가능성을 높일 수 있는 옵션들이 무엇이 있는지를 면밀히 분석하는 것이다. 예를 들어 핵심역량 구축을 위해 사업 간의 시너지를 심층적으로 분석하여 징검다리 형식의 단계별 인수합병을 하는 방법이 있을 수 있다. 즉 인수합병을 토대로 하는 deal 접근법도 옵션 대상에 포함된다. 예를 들어 SK 그룹의 하이닉스 반도체 인수 성공, 나아가 도시바 반도체 사업 인수 시도 모두 Bain & Company 및 Bain & Capital과 협업하여 진행되고 있다.

4 Best, Roger J., *Market-Based Management*, 6th ed., International Edition, Pearson, Chapter 11, 2013, pp. 399~428.

5 Best, Roger J., *Market-Based Management*, 6th ed., International Edition, Pearson, Chapter 11, 2013, pp. 399~428; GE가 McKinsey와 공동으로 개발했다고 해서 GE-McKinsey 모델이라고도 불린다.

6 최근 들어 기업이 성장하기 위해 다양한 제품 및 사업포트폴리오로 다각화함에 따라 브랜드를 사용하는 복잡도가 증가하고 있다. 마케팅 활동의 효율성 증진을 위해 이러한 브랜드포트폴리오전략(또는 브랜드건축전략(brand architecture))의 중요성이 점점 더 높아지고 있다(Keller, Kevin L., "Brand Strategy," in *Handbook of Marketing Strategy*, edited by Shankar, V. and Carpenter, G. S., Chapter 17, 2012, pp. 289~305).

PART 3

STP

6th Edition

Marketing

Part 1
비즈니스와 마케팅

01장 비즈니스와 마케팅
02장 마케팅 패러다임과 전략

Part 2
환경분석

03장 거시환경분석
04장 시장분석
05장 고객분석
06장 경쟁분석
07장 자사분석

Part 3
STP

08장 시장세분화
09장 표적시장 선정
10장 포지셔닝

Part 4
마케팅믹스

11장 신제품 개발과 진입시기
12장 제품과 브랜드 관리
13장 가격관리와 가격결정
14장 유통경로관리
15장 통합마케팅커뮤니케이션
16장 마케팅믹스의 전략적 통합
17장 마케팅 성과평가

Part 5
마케팅 신조류와 응용

18장 비즈니스 혁신과 마케팅 혁신
19장 마케팅의 미래
20장 마케팅의 응용 (온라인)

6th Edition

Marketing

08장

시장세분화

시장을 잘게 나눠라

/ 학 / 습 / 목 / 표 / (Learning Goals)

1. STP의 개념과 전략 수행 과정을 이해한다.
2. 시장세분화의 개념과 고객선호도 분포에 따른 시장유형을 학습한다.
3. 효과적 시장세분화 조건과 시장세분화의 기준변수를 학습한다.
4. 시장세분화 절차를 이해한다.

미국 시장에서 기아자동차 '소울'의 혁신적인 제품전략과 표적세분시장

소형 크로스오버CUV 차종인 소울(SOUL)이 미국에서 새로운 세그먼트(차종별 시장)를 창출하여 주목받았다. 소울은 SUV스타일에 미니밴과 세단의 승차감을 접목시킨 신개념 CUV로 기아자동차의 주력 모델이다. '올 뉴 소울'은 2014년 5월 기준 해외시장에서 1만 9,763대를 판매하여 수출 증가세를 잇고 있으며 해외시장에서의 판매 호조에 힘입어 지속적인 성장세를 보였다(2014년 1월부터 5월까지 해외 누적 판매량 7만 7,364대).

수출 호조의 진원지는 미국이었다. 사실, 소울은 2009년 미국 현지 판매 첫해부터 선풍적인 인기를 끌었는데, 2011년부터 2013년까지 해마다 10만 대 이상 판매돼 3년째 기아자동차 미국 현지 판매 차종 중 최다 판매량을 기록했다. 2013년 10월 새롭게 출시한 2세대 소울 역시 기존 모델의 인기를 뛰어넘는 판매량 고공행진을 이어갔다.

정숙성과 다양한 편의사양으로 무장한 소울은 2013년 미국 J.D파워가 실시한 신차품질 초기 평가에서 2년 연속 소형 다목적 차량 부문 최우수상을 수상했고, '2014년 최우수 중고차 잔존 가치상'도 받았다. 디자인 부분에서도 2009년에 이어 2014년에 레드닷 디자인상, 2014 iF 디자인 어워드에서 본상 수상 등 전 세계적으로 디자인의 우수성을 인정받았다.

이에 소울은 닛산 큐브, 미니 페이스맨 등의 차들이 치열한 경쟁을 벌이고 있는 CUV차급에서 2014년 상반기 44.5%의 시장점유율을 기록, 부동의 1위를 차지했다(미국 오토데이터). 소울이 닛산의 큐브, 토요타의 사이언 같은 소형 박스카가 먼저 개발한 미국의 표적시장에서 새로운 디자인과 가격 대 성능비로 소구하여 승리한 것이다. 미국시장에서 소울의 주요 성공요인으로는 우수한 디자인 및 상품성과 우호적인 평가를 받은 창의적인 광고 등이 손꼽힌다. 15장에 소개한 소울 햄스터 캠페인은 폭발적인 유튜브 조회수를 기록하며 화제를 불러일으키는 등 판매 확대에 기여했다.

한편 기아자동차는 소울이 미국에서와는 달리, 우리나라에서는 기대한 만큼 효과가 없자 그 원인을 찾아내려고 노력했다. 이 과정에서 시장 맥락(context)에 따라 소비자 반응이 다르다는 것을 알게 되었고, 소비자 세분군을 지역시장별로 다시 분석하고 이들에게 초점을 맞추는 섬세한 마케팅전략 도출에 심혈을 기울여야 한다는 교훈을 얻었다.

출처: 〈뉴시스〉 2014년 6월 10일 자, 기아자동차 보도자료 내용을 참조해 설명함

1 STP 이해하기

지금까지 외부환경분석과 내부환경분석, 3C분석, SWOT분석을 토대로 기업이 나갈 전략적 방향을 설정하는 것을 학습했다. 이제 특정 제품-시장(product-market) 상황(사업경쟁전략의 where to compete가 결정된 상황)에서 구체적으로 마케팅전략을 수립할 차례이다. 구체적 마케팅전략 수립의 첫 단계는 STP전략을 수립하는 것이다. S는 세분화(Segmentation)를 말하며, 시장을 요구사항과 특성이 비슷한 세분시장들로 나누어 묶어 세분시장들을 발견 · 형성하는 것을 의미한다. T는 표적시장 선정(Targeting)을 말하며, 발견한 세분시장들 중 우리 기업의 제품과 서비스로 접근해서 고객 반응을 가장 얻을 수 있는 시장(또는 시장들)을 선정하는 것을 의미한다. P는 포지셔닝(Positioning)을 말하며, 선택한 표적시장의 고객에게 경쟁제품과 서비스에 비교하여 우리 제품과 서비스의 우월한 위치를 명확하게 심어주는 회사의 총체적 마케팅노력 방향을 의미한다. 경쟁에 비교하여 고객에게 우월한 가치를 창출하는(value creation) 방향을 심도 있게 고민하는

STP전략의 통합적 틀과 시장세분화의 역할

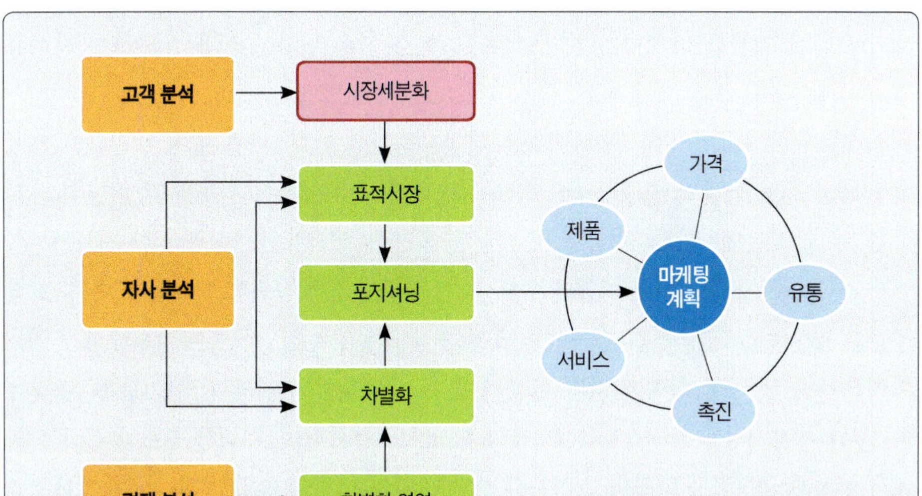

STP전략은 마케팅전략의 꽃이라 할 수 있다.

3C분석과 STP전략, 그리고 Part 4의 마케팅믹스를 연계하여 시장세분화의 역할을 중심으로 제시하면 앞의 그림과 같다. 8장 시장세분화에서는 STP전략의 이해, 시장세분화의 주요 개념들, 시장세분화 절차를 학습한다.

1. STP의 개념

- **학습목표 1: 주요 개념(1)**
  STP의 개념 = 전체시장을 몇 개의 가치 있는 세분시장으로 분류하고(segmentation), 세분시장들 중에서 가장 적절한 시장을 표적(주력)시장으로 선택해(targeting) 그 시장의 고객에게 제품에 대해 인식을 심어주고 전달하는 포지셔닝(positioning) 과정

단일제품으로 수많은 고객의 욕구를 충족시켰던 대중 마케팅, 즉 숏 건(shot gun) 마케팅 시대는 이제 지나갔다. 제품 대부분이 성장기를 지나 성숙기에 접어든 현대 선진 시장에서는 하나의 제품으로 시장을 점령하던 대중 마케팅으로는 고객욕구를 만족시키기 어렵기 때문이다. 한정된 범위의 소비욕구만을 충족시키는 제품은 이제 다양한 소비욕구를 충족하고자 하는 고객들의 시장에서 더는 발붙일 곳이 없게 되었다. 새로운 마케팅 시대에는 고객욕구를 정확히 파악하고, 그 유형들을 분류하며, 그들의 욕구에 따라 적절한 제품을 제공하는 기업만이 살아남는다. STP(Segmentation Targeting Positioning: 시장세분화, 표적시장 선정, 포지셔닝, 이하 STP로 표현)전략은 이러한 시장여건의 변화에 적응하기에 가장 적합한 마케팅전략 개념이다. 즉, 표적을 정하고 이를 추구하는 라이플(rifle) 마케팅 시대가 온 것이다.

경제학과 마케팅의 가장 큰 차이점은 시장세분화에 있다. 예를 들어 우리나라 20세 이상 65세 이하 남성의 소주시장에 관해 설명하면, 경제학에서는 보통 산업 단위를 분석기준으로 하는데, 서울, 부산, 광주, 대전 등 여러 지역의 수요 및 공급 함수가 기본적으로 같다는 가정하에 여러 지역의 수요 및 공급을 합쳐 대한민국 전체의 소주 수요 및 공급을 계산하고, 균형점을 찾는 것이 목표다(〈그림 8-1〉 참조). 반면, 마케팅에서는 여러 지역의 수요 및 공급 함수가 각각 다를 수 있다는 가정하에 시장 전체를 같은(수요 함수가 비슷한) 세분시장들로 구성된 여러 개의 시장으로 분류하며, 이러한 수요와 공급 상황에서 어떻게 균형점을 만들어 소비자 후생과 기업의 이익을 높일 것이냐는 문제해결을 목표로 한다.

그림 8-1 **경제학 관점에서의 수요와 공급**

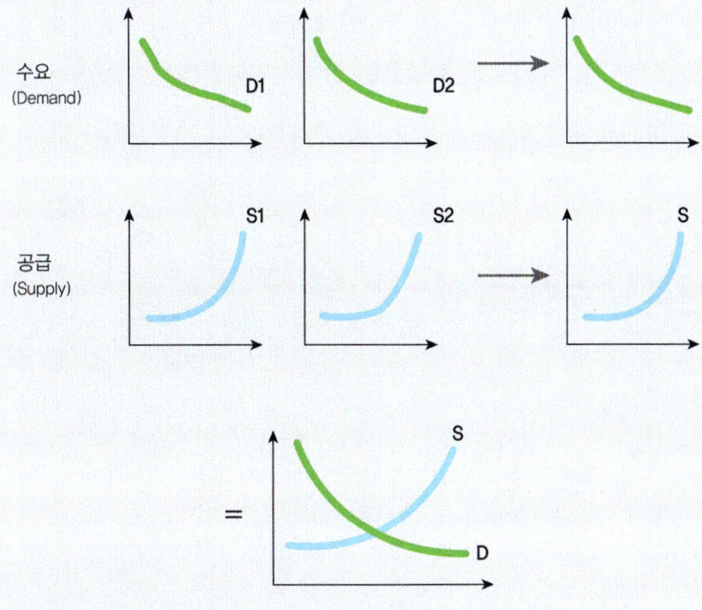

D1과 D2는 개별단위의 수요함수로 같음을 나타내고 있음.
S1과 S2는 개별단위의 공급함수로 같음을 나타내고 있음.

이에 따라 STP는 시장을 먼저 몇 개의 기준을 사용해 다수의 시장으로 분류하여 묶은(군집화) 세분시장들을 형성하고, 여러 세분시장 중에서 시장매력도, 경쟁강도 및 자사의 능력과 경쟁 등을 고려해 자사에 제일 적합한 표적시장을 선택한 다음, 그 선택된 시장에서 제품속성이나 다양한 마케팅믹스 요인을 이용해 자사제품을 고객의 마음속에 심어주고 전달하는 과정을 말한다.

이러한 STP전략은 마케팅 환경이 급속하게 고객 중심적으로 바뀌면서 일대일 마케팅(one-to-one marketing) 또는 개인 마케팅(individual marketing) 같은 매우 정교한 STP전략으로 발전하고 있다. 소설책의 주인공 이름을 책을 주문한 고객 이름으로 바꿔서 제작하는 것은 일대일 마케팅의 좋은 예다. 까다로운 고객들의 다양한 욕구를 충족시키려면 단순한 몇 개의 기준만 가지고 선정된 세분시장에 집중하는 것으로는 부족하기 때문이다. 이러한 극단적인 STP전략에서는 고객들과의 직접적인 커뮤니케이션이 중요하고, 고객들과 일대일로 직접 접촉할 수 있는 수단들이 이용되므로 이를 직접 마케팅(direct marketing)이라고도 한다. 최근에는 이처럼 고객분석을 위한 데이터를 축적한다는 의미에서 데이터베이스 마케팅 그리고 개별고객과의 관계를 중시하는 CRM(Customer

Relationship Marketing) 마케팅이 등장했다. 예컨대 아마존은 고객의 구매 이력을 바탕으로 고객이 관심을 가질 만한 상품을 웹사이트, 이메일이나 모바일폰 등 다양한 접근수단(touch points)을 통해 추천하는 방식으로 데이터베이스 또는 CRM 마케팅을 활용하고 있다. 인터넷, SNS, 스마트폰 보급의 활성화로 이 같은 마케팅은 더욱 손쉬워지고 있다. 대중 마케팅과의 비교를 통한 STP전략의 도입배경과 진화에 대한 세부적인 설명은 온라인사이트에 수록되어 있으니 참조하기 바란다.

2. STP전략의 수행 과정

- **학습목표 1: 주요 개념(2)**
  STP전략의 수행 과정
  (1) STP는 시장세분화의 기준을 선정하는 것으로 시작
  (2) 이 기준을 이용해 시장세분화를 실행하고 세분시장에 대해 분석함
  (3) 분석 후 진입가능한 표적시장을 선택하고, 그 표적시장에서 달성해야 할 마케팅 목표와 전략 수립
  (4) 자사브랜드의 경쟁우위를 분석하고, 제품 포지셔닝을 결정·수행
  (5) 그 결과를 평가하고, 필요한 경우 재포지셔닝 루프(loop) 시작

STP전략은 〈그림 8-2〉와 같이 다섯 단계를 거쳐 완성된다. 첫 번째 단계는 시장세분화 기준의 수립으로, 이 단계에서는 시장성과를 결정하는 주요 세분화 마케팅의 기준

그림 8-2 STP전략의 수행 과정

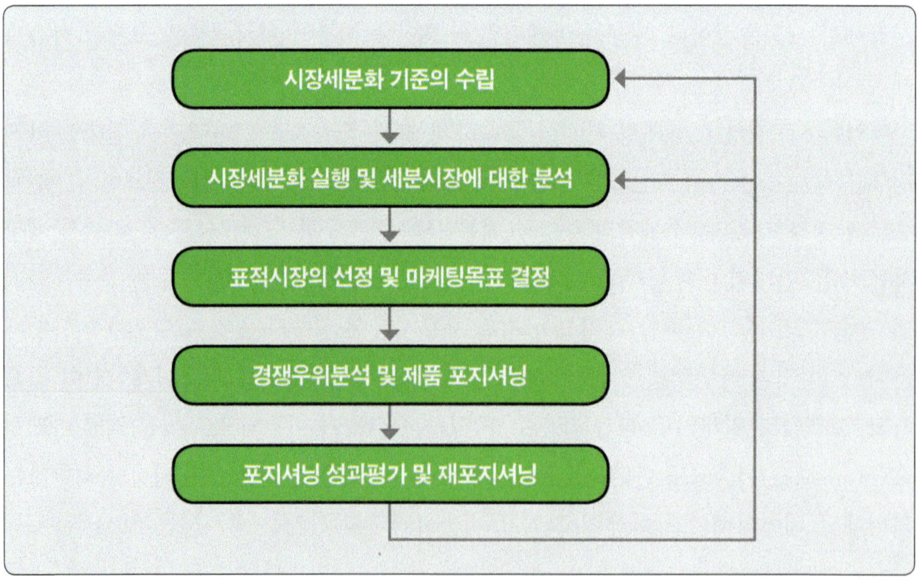

모바일 위치정보에 대한 사용상황 예시

스마트폰으로 위치기반 서비스를 이용하는 목적은?

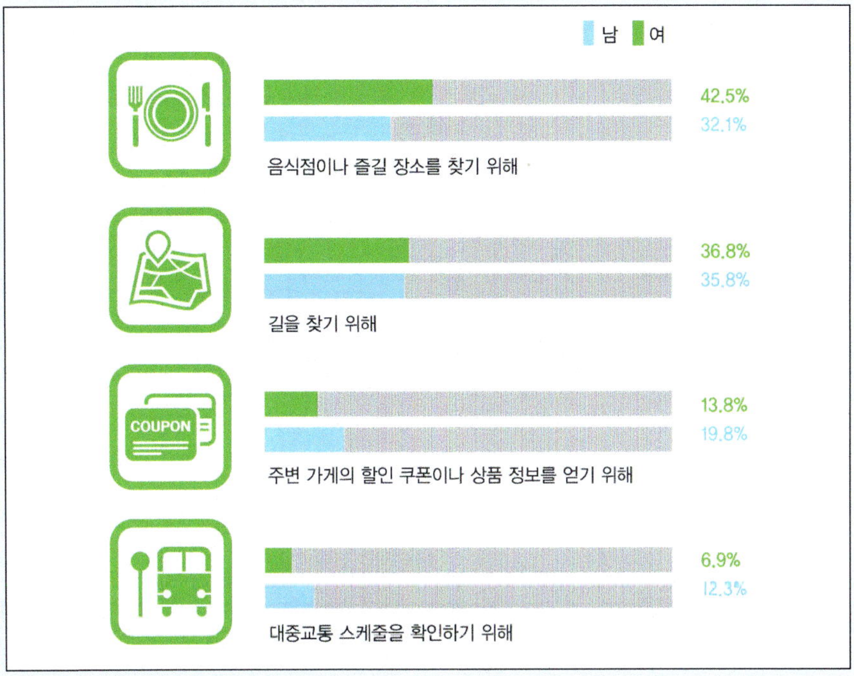

사용상황 변수는 소비자가 어떻게 그 제품을 사용하는가에 따른 분류를 위해 사용한다. 한 예로 씨온 소셜 컴퓨팅 연구소가 실시한 '스마트폰 유저의 LBS (Location-Based Service: 위치기반 서비스) 이용'에 대한 설문조사 결과, 전체 응답자 200명 중 37.5%가 '음식점과 즐길 장소를 찾을 목적'으로 LBS를 이용한다고 응답했다. 또 스마트폰에서 가장 많이 사용하는 LBS 앱으로는 '지도 앱'(40.4%)을 가장 많이 꼽았고, '위치기반 SNS 앱'(32.3%), '대중교통 앱'(20.7%), '음식배달 앱'(4.5%)이 그 뒤를 이었다. 씨온은 "위치기반 서비스가 '길잡이' 수준에서 벗어나 지역 점포의 위치, 운영시간, 분위기, 할인쿠폰 등 다양한 장소 콘텐츠를 직접 생산하고 공유하는 영역으로 확산했음을 보여준다"고 말했다.(출처: 씨온 보도자료 참조)

을 정한다. 시장세분화 기준으로는 인구통계적 변수, 심리적 변수, 구매행동 변수, 사용상황 변수 및 추구 효익 변수 등을 사용한다. 예컨대 모바일 위치정보에 대한 사용상황 예시에서 보듯이 스마트폰의 모바일 위치기반 서비스는 단순히 길을 안내하는 용도를 넘어 장소 콘텐츠를 직접 생산하고 공유하는 용도로 그 영역이 확산되고 있음을 알 수 있으며, 이에 따라 스마트폰 서비스 시장세분화 기준으로 사용상황 변수를 활용할 수 있다. 또 시장세분화 기준을 수립할 때 사용되는 변수는 마케팅목표를 달성하는 데 중요한 변수여야 한다. 예컨대 마케팅목표가 단기적 이익극대화이고 가격에 덜 민감한 상류층 고객에게 소구하는 것이라면 제품의 추구 효익 변수를 이용해 시장세분화를 해야 한다. 그러나 만약 이러한 마케팅목표를 가지고 있음에도 단순한 인구통계적 변수만을 고려해 시장을 세분화한다면 이익증진이라는 단기 목표를 달성할 수 없을 것이다. 또 시장세분화를 하기 위해 여러 개의 변수를 동시에 사용할 수 있다. 예를 들어 소득과 같은 인구통계적 기준과 태도 및 욕구와 같은 심리적 기준을 동시에 사용함으로써 더 정교한 시장세분화를 할 수 있다.

두 번째 단계는 시장세분화의 실행 및 세분시장에 대한 분석이다. 이 단계에서는 전 단계에서 결정된 시장세분화 기준변수를 이용해 시장을 세분화하고 각 세분시장에 대해 필요한 세분시장 프로파일을 만든다. 각 세분시장의 차이점을 여러 변수를 사용해 정밀하게 기술함으로써 특성을 정확하게 파악해야 한다.

세 번째 단계는 표적시장 선정 및 마케팅목표의 결정인데, 최종적으로 진입 가능한 표적시장을 선택하고 그 표적시장에서 달성해야 할 마케팅 목표와 전략을 수립하는 것이다. 이 단계에서는 각 세분시장의 매력도 등을 평가해 어떤 세분시장을 선택해야 할 것인가를 분석한다. 최종적으로 선택된 표적시장은 기업 또는 브랜드별로 서로 다른 의미가 있다. 예를 들어 여러 브랜드를 보유한 기업 입장에서는 각 브랜드별로 표적시장을 달리하여 표적시장별로 서로 다른 마케팅 목표와 전략을 가질 수 있다. 어떤 브랜드는 그 세분시장에서 선도 브랜드라는 마케팅목표를 갖는가 하면, 어떤 브랜드는 경쟁 브랜드의 주력 시장에 진입해 그 브랜드를 견제함으로써 자사 브랜드의 주력 시장에 경쟁 브랜드의 진입을 어렵게 하는 마케팅목표를 가질 수도 있다. 표적시장에 대한 자세한 설명은 9장에서 살펴본다.

네 번째 단계는 경쟁우위분석과 제품 포지셔닝의 결정이다. 선택된 표적시장에는 여러 브랜드가 이미 진입해 나름대로 시장 영역을 차지하므로 자사 브랜드의 경쟁우위를 파악해 표적시장에서 가장 효율적으로 소구하기 위한 위치를 결정해야 한다. 예를 들어 구두시장에서 기존 브랜드에 대한 고객의 선호도가 디자인과 가격이라는 차원에서 형성되어 있고 자사의 경쟁우위가 기능성에 있다고 판단될 경우, 새로운 기능과 같은 새로운 차원을 만들어 포지셔닝하는 방법을 고려할 수 있다. 하지만 새로운 차원의 창조를 통한 포지셔닝이 어려울 경우에는 기존의 차원을 조합해 자사제품에 가장 유리한 위치를 선택하는 방법을 활용하게 된다.

마지막 단계는 포지셔닝의 성과분석과 재포지셔닝 단계다. 기존의 포지셔닝이 표적시장에서 마케팅목표를 달성하는 데 도움을 주고 있는가를 평가하고 만약 그렇지 못하거나 새로운 차원의 경쟁변수가 등장했을 경우에는 재포지셔닝(repositioning)을 해야 한다.

3. 사례로 보는 STP전략의 통합

네스프레소[1]

캡슐커피 시장의 선두주자인 '네스프레소(Nespresso)'의 사례를 통해 STP의 전반적인 수행 과정을 살펴볼 수 있다. 네슬레는 식품 및 음료를 주로 판매하는 스위스 글로벌 기업으로, 1974년 스위스 제네바에 위치한 바텔연구소(Battelle Research Institute)의 1인용 에스프레소 추출 기계의 기본 디자인 상용화 권리를 사들인 후, 추가적인 기술개발을 위해 10년 이상을 투자했다.

1980년대 중반에 이르러 '네스프레소'라는 독자적인 브랜드로 시장에 뛰어들었으나 고객들에게 환영받지 못했다. 초반 마케팅은 에스프레소가 만들어지고 서빙되는 카페, 레스토랑, 사무실 등을 대상으로 이루어졌다. 그런데 '작은 크기와 사용의 용이성'이라는 제품의 특성을 효과적으로 펼치기에 사무실과 레스토랑 주방이 좁지 않았고, 바리스타들은 이 추출 기계가 자신들의 생계를 위협하는 물건이라고 여겼다.

이러한 어려움을 타개하기 위해 채용한 장 폴 가이야르(Jean-Paul Gaillard)는 네스프레소의 미래가 단순히 커피시장이 아닌 '가정용 시장'에 달려 있다고 판단했다. 특히, '스타벅스와 같은 고급 커피를 좋아하는 부유하고 고등교육을 받은 주부들이 집에서 사용하려고 에스프레소 추출 기계를 구매할 것'이라고 생각했다. 이전보다 비교적 구체적인 시장세분화와 타깃팅이 이루어졌지만, 이 마케팅전략 또한 큰 성공을 거두지 못했다. 가이야르는 좌절하지 않고 성공을 위해 필사적으로 노력했다. 그 결과, 그는 제품의 특

그림 8-3 네스프레소

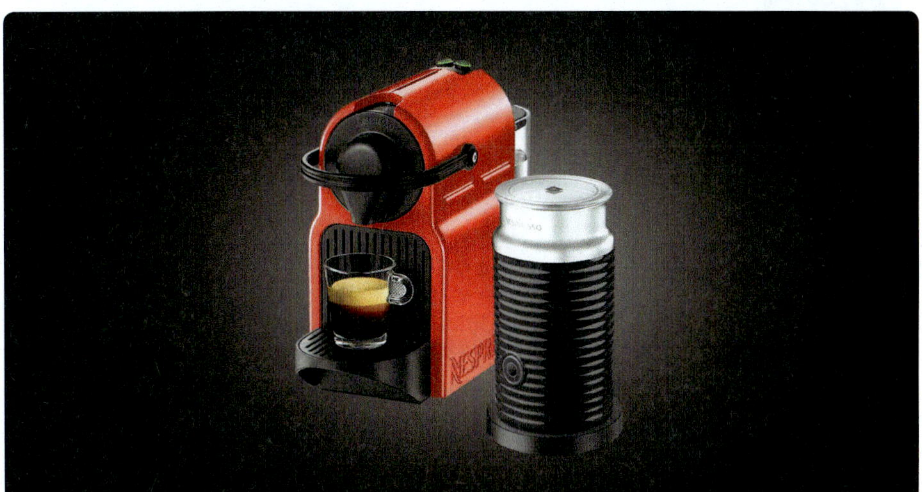

성상 소비자들을 실제적인 구매까지 이르게 하는 데 '체험'이 중요한 역할을 한다는 것을 깨달았다. 고객들에게 네스프레소로 추출한 커피를 경험하게 하려고 직접 마케팅을 시도하고, 기내에서 서빙될 수 있도록 기계를 비행기 일등석 주방용으로 디자인했다. 이렇게 고객들에게 '체험'을 제공한 결과, 네스프레소는 입소문을 타고 성장하여 현재 캡슐커피 시장의 선도자 자리에 설 수 있었다.

이 사례에서 알 수 있듯이 마케팅 조사를 통해 시장을 세분화하고, 그중 기업에서 표적으로 하는 대상을 선정해 포지셔닝해도 이를 수행하는 과정에서 제품, 시장, 소비자 특성을 고려하지 않으면 성공적인 전략이 될 수 없다.

일렉트로룩스[2]

지난 2002년 일렉트로룩스(Electrolux)는 중국의 하이얼(Haier)이나 한국의 LG, 삼성 등과 같은 아시아 기업들과 가격인하 경쟁을 하고 보쉬(Bosch)와 서브 제로(Sub-zero), 바이킹(Viking) 등 고가 가전제품을 판매하는 기업들과 고가시장에서 경쟁하게 되면서 가전제품 시장이 급속도로 이분화되는 상황에 적응해야 했다.

일렉트로룩스의 새로운 경영책임자인 한스 스트라버그(Hans Straberg)는 소비자들의 필요와 욕구를 재정의함으로써 이러한 상황을 타개하고자 하였다. 그는 소비자들의 라이프스타일과 20여 개에 달하는 서로 다른 구매형태를 분석해 시장을 세분화했다. 이를 바탕으로 스팀 오븐은 건강을 중요시하는 고객들을 대상으로, 작은 주방을 가진 고객들

그림 8-4 일렉트로룩스

을 주 타깃으로 삼았던 소형 식기세척기는 그 대상을 넓혀 설거지를 자주 하는 소비자를 대상으로 마케팅을 시행했다. 성숙기 시장에서 특별한 대책을 마련하지 못하는 기업들에 스트라버그는 다음과 같이 조언한다.

"새로운 비즈니스전략은 소비자와 그들의 잠재적인 욕구, 그들이 겪고 있는 문제에 관심을 가지는 것으로 시작해야 합니다. 그런 다음 기업이 처한 문제와 이러한 문제들을 함께 고려해 고객이 진정으로 원하는 것이 무엇인지를 발견해야 합니다."

이 사례에서 주목해야 할 점은 기업에서 시장을 세분화하고, 표적시장을 선정하기 위해 소비자를 분석하고, 그들에게 시장에서 매력적인 상품 및 서비스로 포지셔닝하기 위해서는 분석 과정에서 소비자와 시장상황에 대해 정확하게 보는 것은 물론, 그 이면에 잠재된 것까지 볼 수 있는 통찰력(insight)이 있어야 한다는 것이다. 포드자동차의 헨리 포드(Henry Ford)도 다음과 같은 말을 했다.[3]

"내가 사람들에게 원하는 것이 무엇이냐고 물었다면, 나는 아마 더 빠른 말이나 그와 비슷한 것을 만들어내는 데 그쳤을 것입니다. 중요한 것은 사람들이 자신이 원하는 것을 제대로 표현하지 못하거나 심지어 자신이 어떠한 것을 원하는지조차 깨닫지 못했을 때, 그들의 마음속에 존재하는 진정으로 원하는 것과 필요로 하는 것을 먼저 파악해야 한다는 것입니다."

2 시장세분화

1. 시장세분화란?

- **학습목표 2:** 주요 개념(1)
  시장세분화 = 비슷한 성향을 가진 사람들을 다른 성향을 가진 사람들의 집단과 분류해 하나의 집단으로 묶는 과정
  - 이 과정을 통해 나누어진 시장들을 세분시장이라고 하며, 세분시장 상호 간에는 이질성, 세분시장 내에서는 동질성이 극대화되어야 함.
  - 시장세분화를 통해 마케팅 관리자는 자원을 효율적으로 사용하고, 자사제품을 구매하는 고객에게 더 큰 가치를 제공할 수 있음.

일반적으로 시장은 이질적 욕구를 가진 다양한 고객의 집합으로 구성된다. 고객 개개인은 모두 다르지만, 특정제품군에 대한 태도, 의견, 구매행동 등에서 비슷한 고객집단들이 존재한다. 이처럼 비슷한 성향을 가진 사람들을 다른 성향을 가진 사람들과 구별해 하나의 집단으로 묶는 과정을 시장세분화라고 한다. 따라서 시장세분화의 결과는 세분시장 상호 간에는 이질성(heterogeneity)을 극대화해야 하고, 세분시장 내에서는 동질성(homogeneity)을 극대화해야 바람직하다.

개별기업의 측면에서 보면 모든 고객이 자사제품을 구매하는 것은 아니며, 자사가 제공하는 효용이 모든 고객을 만족시켜줄 수 없다. 이 가정하에 기업은 자사제품을 실제로 구매할 수 있는 고객집단에 효과적으로 접근해 최소의 마케팅 노력으로 최대의 마케팅 효과를 얻으려고 한다. 이처럼 시장세분화는 마케팅전략의 효과를 증대시켜 마케팅 비용의 효율성을 높여주는 방법으로 활용된다. 그러나 마케팅 관리자가 시장세분화를 할 때 유념해야 할 점은 고객을 나누는 절대적 기준이나 방법이 없다는 점이다.

또한 마케팅 관리자가 세분화를 위해 임의적 기준으로 시장을 나눠 동질적인 소집단으로 구분하고 전략을 수립했다고 해서 최선의 결과가 나오는 것은 아니다. 즉, 목표달성과 관련 없는 기준으로 시장을 나누고 이해함으로써 얻어낸 시장세분화 결과는 마케

팅 관리자가 목적하는 바를 달성하는 데 도움이 되지 않는다. 또 그 기업의 나아갈 방향을 잘못 잡음으로써 기업의 자원과 경비 및 노력을 헛되이 소진할 수 있다. 심한 경우, 우량기업을 회생불능 상태로 이끄는 도화선이 되기도 한다.

2. 고객선호도 분포에 따른 시장 유형

- **학습목표 2:** 주요 개념(2)
  - 고객선호도의 분포에 따라 시장 유형은 다르게 나타남.
    - 고객선호도 분포에 따른 일반적인 시장 유형 = 동질적 선호형, 분산된 선호형, 밀집 선호형
    - 기업의 마케팅 노력과 경쟁 → 고객선호도의 분포는 변화할 수 있음 = 일반적으로 밀집 선호형으로 변화해 감.
  - 시장은 환경의 변화와 기업 마케팅 노력의 변화에 따라 동태적으로 변화함.

시장을 세분하는 가장 좋은 기준은 고객의 구매행동에 관한 의사결정 과정을 이해하고 그에 따라 세분하는 것이다. 그러나 마케팅 관리자가 고객의 구매행동 의사결정 과정을 완벽히 이해할 수 없으므로 세분화의 필요성 여부는 제품에 대한 고객의 선호도를 기준으로 판단하게 된다. 따라서 관심의 대상이 되는 고객들에게 그 시장에서 기존에 제공한 제품이나 서비스의 기능적 · 심리적인 속성 수준에 대해 가진 선호도를 측정할 수 있다면, 이 선호도는 시장을 세분화하는 데 중요한 기준이 된다. 예를 들어 특정 기업이 시장진출을 고려할 때 그 시장에서 고객들이 제품을 선택하는 데 중요한 기준이 되는 속성을 알고 있다고 가정하자. 이때 기업이 시장진입 여부를 결정하기 위해서는 이 시장의 선호도 분포 상태를 먼저 알아볼 필요가 있다. 〈그림 8-5〉와 같이 주요 속

그림 8-5 고객선호도에 따른 시장의 기본 유형

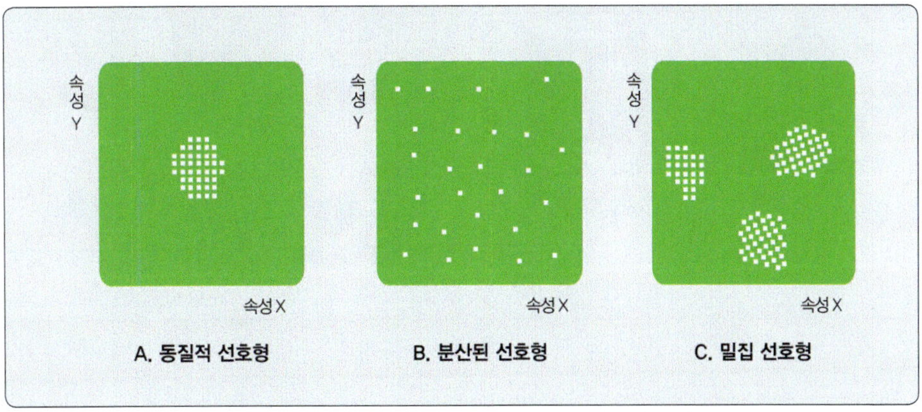

성이 두 가지에 국한되어 있다고 가정하면 고객들의 선호도 분포에 따라 동질적 선호시장, 분산된 선호시장, 밀집 선호시장 등 세 가지 유형의 시장으로 구분할 수 있다.

동질적 선호시장

고객들이 선호하는 제품의 속성 X와 Y의 수준이 거의 비슷해 고객들이 동질적인 경우, 동질적인 선호시장이 존재한다. 이러한 시장에서는 각 기업의 제품들이 거의 비슷하며 시장세분화가 되어 있지 않다. 이러한 상태의 제품선호도 구조로는 시장세분화를 한다는 것이 무의미하다. 따라서 이러한 동질적인 시장에서는 각 회사가 제품속성에 의한 차별화보다는 광고 같은 촉진수단을 활용해 이미지 차별화를 시도하거나 유통망 확충에 힘을 써 판매실적을 높이려고 한다. 그러나 어느 회사가 속성 Z를 제품 평가의 새 기준으로 고객에게 소구하는 데 성공한다면 그 결과, 시장에서의 수익성을 상당히 높일 수 있다.

그러나 동질적 선호시장은 현실에서는 거의 찾아볼 수 없다. 경제적으로 발전한 나라의 시장 현실에서는 시장세분화가 되지 않는 제품이 없기 때문이다. 가장 동질적 제품으로 여겨지는 소금조차도 시장세분화가 가능하다. 예를 들어 미국 몰튼(Morton) 사에서 판매하는 요오드 첨가 소금(iodized salt)은 일반 소금보다 두 배 비싼 가격으로 판매되고 있음에도 시장점유율이 50%에 달한다. 또 우리나라에서도 여러 회사에서 저염 소금을 출시하는 등 소금시장에도 세분화 마케팅이 수행되고 있다(〈그림 8-6〉 참조).

그림 8-6 **동질적 선호시장: 소금도 시장세분화가 가능하다**

미국 몰튼 사 소금

저염 소금 제품들

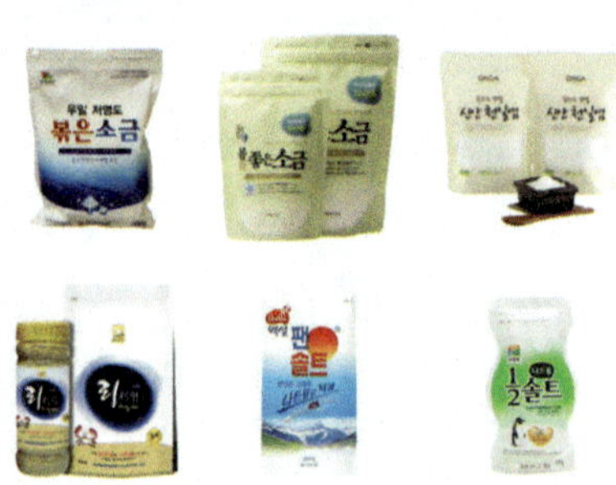

분산된 선호시장

동질적 선호시장과는 반대로 고객들이 제품에 대해 요구하는 속성 수준에 공통점이 없고, 속성 X와 Y에 대해 고루 분산된 경우로, 제품에 대한 고객들의 욕구가 넓게 분산된 시장을 의미한다. 이러한 선호시장은 고객이 제품에 대한 지식이 거의 없어 어느 것이 좋은지 판별이 안 되는 경우이거나 시장 자체가 덜 개발된 단계에서 흔히 나타난다. 동질적 선호시장에서처럼 어느 회사가 고객에게 속성 Z를 이 제품의 평가기준으로 소구하고 고객이 이를 수용하면 세분화가 가능하다. 또 속성 X와 Y의 평가기준 등을 고객에게 교육하고 홍보하여 고객들의 선호를 어느 일정 위치에 밀집시키면 이 역시 시장세분화가 가능하다. 이러한 분산 선호시장도 어느 기업에서 시장세분화를 성공적으로 이루고 제품 포지셔닝을 정확하게 한다면 경쟁자가 이 시장에 들어올 수 없게 진입장벽을 구축하는 효과가 있으며, 경쟁우위를 지키고 수익성을 높일 수 있다.

분산된 선호시장은 새 제품을 출시하여 사람들이 제품에 대한 속성을 잘 모르는 제품 도입기에 흔히 발견할 수 있다. 그러나 제품이 알려지면 분산된 선호시장은 밀집 선호시장으로 옮겨가게 된다. 예를 들어 밀가루가 처음 도입되었을 때 밀가루시장은 분산 선호시장이었다. 그런데 사람들이 밀가루에 대해 잘 알게 되면서 박력분, 중력분, 강력분 등으로 구성된 밀집 선호시장으로 옮겨가게 되었다.

밀집 선호시장

고객 전체가 일치하는 이상적인 속성 수준은 없지만, 전체 고객이 특정수준의 속성치에 대해 강한 선호를 보이는 몇 개의 소집단으로 구성된 경우이다. 이때 각각 밀집된 집단은 자연적인 세분시장을 이룬다. 이러한 선호시장은 이미 시장세분화가 되어 있다. 만약 세분화가 되어 있지 않다면 가까운 미래에 반드시 세분화가 일어날 수 있는 시장이다.

결론적으로 동질적 선호나 분산된 선호를 보이는 시장에서 현재의 시장 상태로는 시장세분화가 필요없지만, 밀집 선호를 보이는 시장에서는 마케팅전략의 성공적인 수행을 위해 시장세분화가 절대적으로 필요하다. 그러나 동질적 선호나 분산된 선호시장에서도 어느 기업이 새로운 제품속성을 도입하는 방법, 현재 제품속성의 중요도를 바꾸는 방법 등의 시장세분화로 차별화에 성공한다면 매출 증가와 수익성 향상을 이룰 수 있다.

세분화, 차별화와 수요함수 변화의 개념적 관계

고객선호도 분포에 따른 시장 유형(분산된 선호형, 동질적 선호형, 밀집 선호형)을 학습했다. 여기서는 이 개념의 심화 버전을 살펴본다. 시장세분화(Segmentation)의 진화에 덧붙여 차별화(Differentiation)와 수요함수 변화(Demand Function Modification)와의 관계를 설명한다. 앞의 설명과 비슷하게 주요 속성은 두 가지(X와 Y)에 국한되어 있다고 가정한다. 시장에는 a, b, c 기업 제품 3개가 경쟁하고 있다. 먼저 그림 case 1.1을 살펴보자. 이 경우는 고객선호가 비슷한 상황, 즉, 분산된 선호형 시장상황의 경우이다(사선이 선호의 분산을 나타냄). 이런 시장에서 a, b, c 제품은 비슷한 위치에 있다. 이 경우 a, b, c 제품은 시장을 비슷하게, 1/3씩 나눠서 성과를 성취하게 된다. 이런 상황에서 a가 차별화를 시도하여 시장에서의 위치를 a'로 옮겨간다. 이렇게 되면 a'는 시장의 위쪽에 선호가 분포된 고객들을 얻게 되고, 시장의 아래쪽에 있는 고객들은 b와 c가 나눠서 획득하게 된다. 즉, a 제품의 a' 제품으로의 차별화 시도로 성과가 증진되고, 차별화를 하지 않은 b와 c의 성과는 감소된다. 다시 말해, **분산된 선호형 시장상황(시장이 세분화되어 있지 않은 상황)에서 차별화는 성과증진으로 연결된다.**

Case 1.1. 고객선호가 비슷한 상황에서의 차별화(uniform distribution of customet ideal points) **= 분산된 선호형**

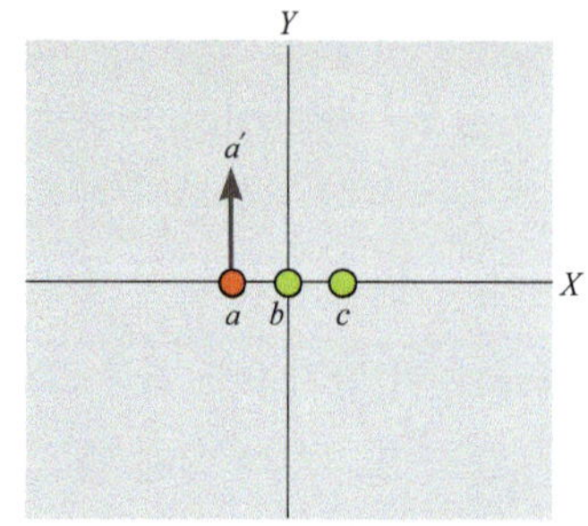

다음은 그림 case 1.2를 살펴보자. 이 경우도 고객선호가 비슷한 상황, 그러나 동질적 선호형 시장상황의 경우이다(I = 동질적 선호를 나타냄). 이런 시장에서 a, b, c 제품은 비슷한 위치에 있다. 이 경우 a, b, c 제품은 시장을 나눠서 성과를 성취하는데 선호세분시장군과의 거리를 고려할 때 a, b, c 순으로 시장성과가 나타나지만 성과의 차이는 크지 않다. 이런 상황에서 a가 차별화를 시도하여 시장에서의 위치를 a'로 옮겨가는데 a'의 위치는 선호시장 쪽이다. 물론 a 기업이 현명해서 시장선호의 위치를 파악한 것이다. 이렇게 되면 어떠한 결과를 예상할 수 있을까? a'가 시장을 거의 독식하고, b와 c는 거의 고객을 획득하지 못해 큰 위기를 맞이할 것이다. 시장선호의 위치를 파악하는 것이 쉽지 않다고 전제할 때 b와 c가 위기를 극복할 방법은 무엇일까? a를 모방하면 된다. 즉, 경쟁에 대한 벤치마킹을 통해 생존할 수 있다. 다시 말해, **동질적 선호형 시장상황(시장이 세분화되어 있지 않은 상황)에서는 시장선호를 향한 차별화(즉, relevant differentiation)는 성과증진으로 연결된다.**

Case 1.2. 고객선호가 비슷한 상황에서의 차별화(uni-modal distribution of customer ideal points) **= 동질적 선호형**

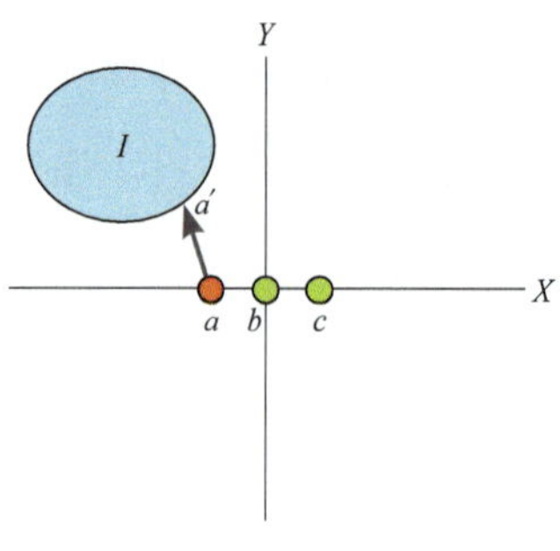

다음은 그림 case 2를 살펴보자. 이 경우는 고객선호가 다른 상황에서의 차별화 상황이다. 즉 경쟁과 고객 선호의 진화에 따라 시장이 밀집 선호형으로 나타난 상황이다. 동시에 a, b, c는 각 세분군(I_1, I_2, I_3)의 선호를 향해 a', b', c'로의 차별화를 추구하고 있다. 이상적인 시장상황으로 시장수요와 공급이 균형점을 찾은 안정적인 상태이다. 즉, 기업은 차별화를 하고 있고 시장은 세분화되어 있다. 그러나 이러한 안정적인 시장 상태는 현실적으로 오래 지속되지는 않는다. 특히 a', b', c'가 상장된 주식회사라면 매출 및 수익의 지속적 성장 압박에 처한다. 그러면 a'는 I_2, I_3 로의 진입을 꾀할 것이고, b'와 c'도 비슷한 시도를 할 것이다. **어쨌든 밀집 선호형 시장 상황(시장이 세분화되어 있는 상황)에서 시장선호를 향한 차별화(즉, relevant differentiation)는 성과증진으로 연결된다.**

Case 2. 고객선호가 다른 상황에서의 차별화(세분화 및 차별화)(multi-modal distribution of customer ideal points: market segments) **= 밀집 선호형**

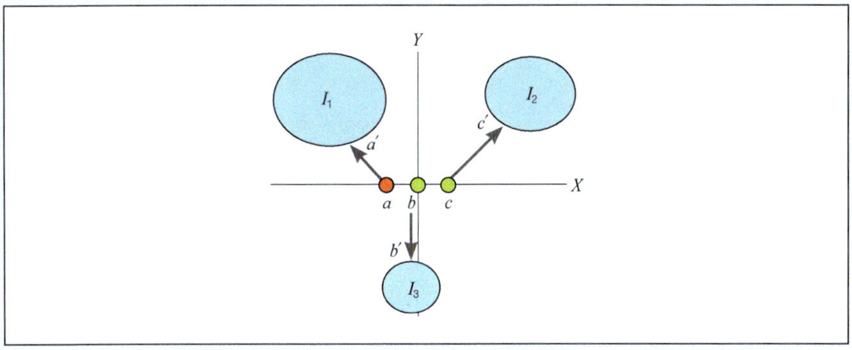

다음은 그림 case 3을 살펴보자. 이 경우는 case 1.1이 변형된 형태이다. 원래는 고객선호가 비슷한 상황, 즉, 분산된 선호형 시장상황이었고 a, b, c의 위치를 볼 때 a가 b와 c보다는 조금 더 유리한 선호 위치를 가지고 있었다. 그런데 a의 마케팅 등 노력으로 고객의 선호가 a의 위치 쪽으로 움직이고 있다. 그런데 앞의 case들과 다르게 화살표의 방향은 고객이 기업 쪽으로 향하고 있다. 2장에서 살펴보았던 기업선도형 전략(market-driving strategy)를 의미하는 것인데, 학술적으로 또 수요함수 변화(demand function modification)라는 용어를 쓰고 있는 것이다: market-driving strategy = demand function modification. 이 경우, a의 선제적(proactive) 기업선도형 전략(수요함수 변화)노력에 의해 세분시장이 창출된다. [참고로, 앞의 case들에서는 화살표의 방향이 기업이 고객 쪽으로 움직이는 것으로 되어 있었다. 2장에서 살펴보았던 고객추종형 전략(market-driven strategy)을 의미하는 것이다: market-driven strategy는 세분화되어 있지 않은 경우와 세분화되어 있는 경우 모두 = 고객 선호 쪽으로 향하는 relevant differentiation] 다시 말해, **분산된 선호형 시장상황(시장이 세분화되어 있지 않은 상황)에서 수요함수 변화, 즉, 기업선도형 전략은 매우 높은 성과증진으로 연결된다.**

Case 3. 고객선호가 비슷한 상황에서의 수요함수 변화(uniform distribution of customet ideal points) **= 분산된 선호형의 선제적 변화**

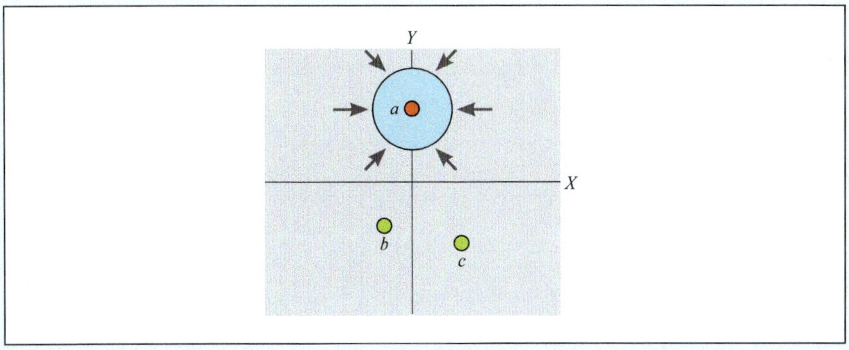

마지막으로 그림 case 4를 살펴보자. 이 경우는 case 2가 변형된 형태이다. 이 경우는 a, b, c는 각 세분군(I_1, I_2, I_3)의 선호를 향해 차별화를 추구하고 있다. 언뜻 보면, 즉, a, b, c와 각 세분군 간의 거리를 보면 b와 c에 비해

a 기업 제품이 불리해 보인다. a와 I_1 간의 거리가 상대적으로 멀다. 그런데 I_1의 수요가 a 기업 쪽으로 향하고 있다. 조금 전 살펴보았던 case 3에서처럼 a기업이 I_1의 수요함수 변화(market-driving strategy)를 하고 있다. 이 경우에는 수요함수 변화가 세분시장에서 일어나고 있는 것이다. 다시 말해, **밀집형 선호형 시장상황(시장이 세분화되어 있는 상황)에서 수요함수 변화, 즉, 기업선도형 전략은 낮은 성과 기대를 극복하고 성과증진으로 연결된다.**

Case 4. 고객선호가 다른 상황에서의 수요함수 변화(multi-modal distribution of customet ideal points: market segments) **= 밀집된 선호형의 선제적 변화**

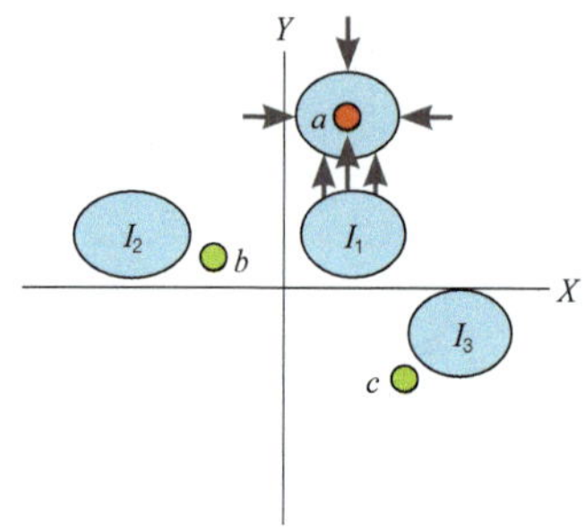

다양한 사례들을 살펴본 결과 동질적 선호나 분산된 선호를 보이는, 즉, 시장세분화가 필요 없는 상황이 오래 지속될 수는 없다. 왜냐하면 기업들이 시장선호를 향해 차별화(관련성 있는 차별화, relevant differentiation)를 추구하면서 시장은 자연스럽게 분화되어 시장세분군들이 등장한다. 나아가, 기업은 자사의 역량에 따라 기업선도형(market-driving) 전략과 고객추종형(market-driven) 전략으로 차별화를 추구할 수 있다(물론 기업선도형 전략에 대한 학술적 용어 = 수요함수 변화). 결국 시장진화에 대한 일반적인 패턴은 다음과 같다: 전체시장 → 차별화 → 시장의 분화(세분화) → 세분화와 차별화(market-driven 및 market-driving 차별화).

출처: Dickson, P. R. and Ginter, J. L. "Market Segmentation, Product Differentiation, and Marketing Strategy," *Journal of Marketing*, 51(2), 1987, pp. 1~10.

3. 효과적 시장세분화 조건

- **학습목표 3:** 주요 개념(1)
효과적 시장세분화 조건 = 측정가능성, 규모, 접근가능성, 차별적 반응

현대 마케팅에서 시장세분화는 마케팅 효율성을 높이는 가장 좋은 방법으로 알려졌고, 전략 수립의 핵심 부분으로 활용하고 있다. 그러나 시장세분화가 가능하다고 해서 무조건 세분화하는 것이 마케팅의 효율성을 높이지는 않는다. 만약 어느 기업이 신제품을 시장에 도입해 제품시장을 새로이 창출한 경우, 마케팅 관리자는 해당 시장에 이미 몇 개의 세분시장이 생길 수 있다는 것을 알아도 마케팅의 효율성을 위해 전체 시장을 동일시장으로 전제하고 전략을 수립할 수 있다. 그런 다음 어느 정도 시장이 커지고

경쟁자가 참여할 가능성이 있을 때, 시장세분화를 통한 마케팅전략을 구사하는 것이 바람직하다. 효과적인 시장세분화가 이루어지기 위해 각각의 세분시장은 측정가능성, 규모, 접근가능성 그리고 차별적 반응 등의 요건을 갖추어야 한다.

측정가능성(measurability) 각 세분시장의 규모와 구매력 같은 세분시장의 기준과 틀은 그 시장이 가치가 있는지를 판단하기 위해 구체적으로 측정할 수 있어야 한다. 예컨대 서방국가의 기업은 구소련(舊蘇聯) 시대의 공산국가의 시장 크기에 대한 가치를 측정할 수 없어서 바로 시장에 진입할 수 없었다.

규모(substantiality) 각 세분시장은 기업에서 개별적인 마케팅 프로그램을 실행할 수 있을 정도로 충분한 규모를 가지고 있어야 한다. 즉, 세분된 각각의 시장은 개별적인 마케팅 전략 수립에 든 비용을 회수할 수 있고, 기업에 충분한 이익을 보장해줄 수 있을 정도의 규모여야 한다. 예컨대 빅 사이즈 제품을 만들 경우, 시장규모가 어느 정도 이상이 되어야 기업이 그 제품을 출시할 수 있다.

접근가능성(accessibility) 세분시장에 효과적이며, 경제적인 접근을 할 수 있는 적절한 수단이 있어야 한다. 만약 이미 세분시장이 존재한다는 것을 측정했고, 그 규모가 기업의 이윤을 보장해줄 수 있는 크기라는 것이 확인되어도 그 세분시장이 어떤 특성을 가진 사람들로 구성되었으며, 이들에게 접근할 방법을 모르거나 접근수단이 없다면 세분시장으로 가치가 떨어진다. 예컨대 아프리카 등 저개발국가의 경우, 세분시장의 존재가 확실해도 접근할 방법이 없다면(유통망 또는 물류망의 부재) 가치 있는 세분시장이 될 수 없다.

차별적 반응(differentiability) 각각의 세분시장에 대한 마케팅전략 실행 후 이 세분시장을 상대로 실행한 마케팅믹스에 대해 각 세분시장이 다르게 반응하는 것을 말한다. 만약 마케팅믹스에 대해 모든 세분시장이 똑같이 반응한다면 세분시장에 차별적 마케팅전략을 구사하는 것은 의미가 없다. 따라서 세분시장이 의미를 가지려면 각 세분시장은 마케팅믹스에 대해 서로 다른 반응을 보여야 한다. 예컨대 미국 세제시장에서 P&G가 50% 이상의 점유율을 확보한 것은 고객의 차별적 반응을 반영해 선호와 욕구에 따라 시장을 세분화하고, 각 고객층의 욕구를 만족시켜주는 다양한 세제 제품들을 마케팅한 결과다.

고객의 차별적 반응을 시장세분화에 이용한 P&G

P&G는 소비자의 다양한 선호와 욕구를 반영하기 위해 소비재 시장을 세분화하여 10가지의 다른 세제 제품들을 생산 · 마케팅하고 있다. 이에 더하여 이 제품들은 각기 서너 가지 종류의 크기가 다른 포장이 있으며, 가루로 된 것, 액체로 된 것, 향기가 있는 것 또는 없는 것 등으로 또다시 그 종류를 나눈다. 예를 들어 소비자가 세제를 구매할 때는 경제적인 것, 표백이 잘 되는 것, 천을 부드럽게 하는 것, 냄새가 산뜻한 것 그리고 강한 세제, 약한 세제 등의 특징에 따라 각자가 원하는 것을 구매한다. 결국, 이처럼 10가지 세제 제품들을 만드는 이유는 소비자가 원하기 때문이다. P&G에서 이처럼 시장을 세분화하여 각 고객층의 욕구를 만족시켜주었기 때문에 아직도 미국 세제시장의 50% 이상을 점유하고 있다. 최근에 와서는 대표브랜드의 파워를 감안하여 대표브랜드인 타이드(tide)를 토대로 세분시장별 제품들을 마케팅하고 있다.

출처: 정지혜, "고객중심의 B2B 시장세분화", 〈LG Business Insight〉, LG 경제연구원, 10(3), 2007. 9. 28, pp. 23~39; Lafley, A.G. and Martin, R.L. "Customer Loyalty Is Overrated," *Harvard Business Review*, Jan-Feb, 2017, pp. 47~63.

시장세분화가 마케팅전략 수립 과정의 핵심개념이지만, 잘못 사용하면 피해가 발생할 수 있다. 그중에서 가장 흔히 발생하는 현상은 과도한 시장세분화이다. 이 현상이 일어나면 무리하게 마케팅 비용을 지출하게 되고 과도한 시장잠식(cannibalization)을 발생시켜 수익구조를 악화시킨다. 따라서 시장세분화가 항상 자사에 이익을 가져올 것이라는 믿음으로 전략 수립을 하기보다는 세분화에 따른 문제점을 파악한 후 적절한 수준에서 시장세분화를 하고 마케팅전략을 수립하는 것이 바람직하다.

4. 시장세분화의 기준변수

- **학습목표 3:** 주요 개념(2)
  시장세분화 기준변수 = 인구통계적 변수, 사회적·심리적 변수, 구매행동 변수, 사용상황 변수, 추구 효익 변수

마케팅 관리자는 시장세분화 수행을 위해 마케팅조사와 마케팅정보시스템을 이용해 밀집된 선호를 보이는 세분시장이 실제로 존재하는지 또는 현재는 존재하지 않으나 자사의 마케팅믹스를 이용해 이 시장을 창출할 수 있을지를 먼저 확인해야 한다. 세분시장의 가능성이 확인되면 마케팅 관리자는 각 세분시장에 대해 평가한 후, 자사가 공략할 표적시장을 선정하고, 그 시장에 맞는 제품 포지셔닝을 결정해 STP를 완성하게 된다. 따라서 마케팅 관리자는 세분시장을 확인하기 위해 먼저 세분시장을 나누는 기준에 대해 이해해야 한다. 바람직한 세분화의 기준변수들의 경우, 앞에서 설명한 세분시장이 가져야 하는 특성(측정가능성, 규모, 접근가능성 및 차별적 반응)을 모두 만족시킬 수 있어야 한다. 세분화의 기준으로 사용될 수 있는 변수들에는 인구통계적 변수, 사회적 · 심

표 8-1 시장세분화에 사용하는 기준변수

변수		우리나라에서 사용하는 전형적인 분류방법의 예
인구통계적 변수	나이	취학 이전, 초등학생, 중학생, 고등학생, 20대, 30대, 40대, 50대, 60세 이상
	성별	남녀
	지역	특별시, 광역시 및 각 도의 대도시, 중소도시, 농어촌
	가족구성단위	독신, 핵가족, 대가족
	가족생활주기	미혼, 가족형성기, 가족확대기, 가족축소기, 가족해체기 또는 미혼, 신혼부부, 젊은 부부, 중년 부부, 장년 부부, 노년 부부, 사별 후 독신기
	개인 또는 가족 소득	월수입 100만 원 미만, 100~200만 원, 200~500만 원, 500만 원 이상 등; 분포의 구분은 목적과 상황에 맞게 변형될 수 있음
	직업	전문직, 기술직, 경영자, 공무원, 자영업자, 사무직, 판매직, 근로자, 농어민, 학생, 주부, 무직 등; 구분은 목적과 상황에 맞게 변형될 수 있음
	학력	고졸 미만, 고졸, 대졸, 대학원 졸 이상
사회적 · 심리적 변수	사회계층	농촌 하층, 도시 하층, 중하층, 중상층, 상층, 최상층
	라이프스타일	전통적 알뜰형, 합리적 생활만족형, 진보적 유행추구형, 보수적 생활무관심형; 구분은 목적과 상황에 맞게 분석해 사용할 수 있음
	개성	강제적, 사교적, 권위주의적, 야심적; 구분은 목적과 상황에 맞게 분석해 사용할 수 있음
구매행동 변수	사용기회	규칙적, 불규칙적
	사용경험	비사용자, 이전 사용자, 잠재적 사용자, 최초 사용자
	사용량	소량 사용자, 보통 사용자, 대량 사용자
	브랜드충성도	없음, 약함, 보통, 강함, 절대적
사용상황 변수		제품에 따라 다름
추구 효익 변수		기능적 효익, 심리적 효익 등

시장세분화에 학력과 소득이 함께 사용된 '국내 스마트폰 이용률'

시장세분화를 할 때 동시에 여러 개의 변수를 함께 고려해야 하는 경우가 흔히 있다. 국내 스마트폰 이용률은 학력이 높을수록 그리고 소득수준이 높을수록 더 높게 나타난다. 15세 이상 49세 이하의 일반인 800명을 대상으로 진행된 2011년의 조사에서 고졸 이하 학력자의 스마트폰 이용률은 17.9%로 대조를 보였다. 대졸 이상 학력자의 스마트폰 이용률은 27.2%였다. 대학원 이상 학력을 가진 사람들의 스마트폰 이용률이 40%로 가장 높았다. 동시에 가구소득별로도 경제적 여유가 있는 사람들이 스마트폰을 많이 사용하고 있는 것으로 조사됐다. 월 500만 원 이상 소득자의 스마트폰 이용률은 20.7%였고, 소득이 낮아질수록 이용률도 같이 떨어져 200만 원 이하 소득자의 스마트폰 이용률은 9.9%에 머물렀다. 4장에서 살펴보았던 제품수명주기와 확산모형에 따르면 2011년의 조사는 스마트폰의 도입기 그리고 혁신 및 초기 수용자의 특성을 발견한 것으로 해석할 수 있다.

〈인구통계적 변수를 이용한 국내 일반인의 IT 격차분석〉

구 분	분석결과
성별 격차	여성보다 남성이 IT 서비스를 더 적극적으로 이용하고 있음
연령별 격차	30대가 다른 연령에 비해 IT 서비스를 더 적극적으로 이용하고 있음
직업별 격차	화이트컬러와 대학생이 인터넷 관련 서비스 이용에서 적극적이나 전업주부는 가정형 IT 서비스를 적극적으로 이용하고 있음
소득별 격차	가계소득이 높을수록 IT서비스 이용률이 높게 나타남
거주지역별 격차	서울시 거주자가 다른 지역 거주자보다 IT 이용에 적극적임
거주형태별 격차	아파트 거주자가 비거주자보다 IT 이용에 적극적임

출처: 박종현, "국내 IT 이용에서의 인구사회적 격차분석", 〈주간기술동향〉, 정보통신산업진흥원, 2011. 5. 13, pp. 1~13.

리적 변수, 구매행동적 변수, 사용상황 변수, 추구 효익 변수 등이 있다. 각 변수에 대한 요약은 〈표 8-1〉에 제시되어 있으며 변수별로 국내에서 사용하는 전형적인 분류방법의 예를 제시하고 있다.

인구통계적 변수

인구통계적 변수는 접근가능성 측면에서 가장 중요한 변수다. 이 변수는 세분화의 기준변수보다는 세분군을 설명하는 세분군 프로파일 변수로 가장 많이 사용한다. 만약 이 변수를 세분화의 기준으로 사용할 경우, 사용상황 변수나 추구 효익 변수를 같이 사용하는 것이 바람직하다. 인구통계적 변수로는 나이, 성별, 지역, 학력, 소득 및 종교 등이 있으며, 이 변수들 또한 함께 사용해야 한다(스마트폰 예시 참조).

나이, 성별, 지역, 소득수준, 학력 등의 인구통계적 변수에 관한 자세한 설명은 온라인사이트에 수록되어 있다.

사회적·심리적 변수

사회적 · 심리적 변수에 의한 세분화는 눈에 보이지 않는 사회계층이나 라이프스타일, 개성에 기초해 고객을 서로 다른 집단으로 나누는 것이다. 나이, 소득처럼 객관적으로 측정이 쉬운 인구통계별 특성과 달리 이 변수는 추상적이어서 세분시장의 특성과 접근가능성을 찾기 어려워 규모 측정이 까다롭다. 사회계층, 라이프스타일, 개성에 관한 자세한 설명과 국내의 분류방법에 대하여는 5장을 참조하기 바란다.

구매행동 변수

구매행동 변수로는 사용기회, 사용경험, 사용량, 브랜드충성도 등이 있다. 그러나 이 변수로는 세분시장의 규모를 쉽게 측정하기가 어려우며 접근가능성을 찾기도 어렵다. 그럼에도 구매행동 변수는 소비자의 추구 효익의 단서가 될 수 있기 때문에 유용하며 흔히 사용한다. 넓은 의미에서 구매행동 변수, 사용상황 변수 그리고 추구 효익 변수를 세분화의 행동적 기준변수(Bases of Behavioral Segmentation)라고도 부른다. 구매행동 변수로는 사용량과 사용빈도 그리고 브랜드충성도를 주로 사용한다.

사용량과 사용빈도 제품의 사용량과 사용빈도에 따라 시장을 세분화하는 것이다. 사용량으로는 보통 대량사용자, 보통사용자, 소량사용자 등으로 구분하며, 사용빈도는 헤비 유저(heavy user), 미디엄 유저(medium user), 라이트 유저(light user), 논 유저(non user)로 구분한다. 일반적으로 사용량과 사용빈도는 높은 상관관계를 가지고 있다. 제품에 따라서 상대적으로 소수의 사람이 전체 소비량의 상당 부분을 소비하는 경우가 있다. 특히, 음료 제품이 그렇다. 미국 콜라시장의 경우, 조사대상자의 39%가 대량사용자로 이들이 전체 콜라의 90%를 소비하며, 소량사용자는 전체의 22%를 차지하지만 소비량은 10%에 불과하다. 미국 맥주시장의 경우에는 헤비 유저가 전체 소비량의 87%를 차지하는데, 이 소비량은 라이트 유저의 약 일곱 배에 해당한다.[4] 즉, 콜라 제조업자나 맥주 업체는 당연히 대량사용자나 헤비 유저를 소구대상으로 삼는 것이 마케팅 효율성 향상에 유리하다. 그럼에도 대량사용자나 헤비 유저의 일반적인 특성을 보면 특정브랜드에 대한 충성도가 매우 높거나 아니면 브랜드충성도가 거의 없고, 항상 가격을 추구하는 경향이 있다. 이에 따라 사용량 및 사용빈도는 브랜드충성도 등과 같이 분석해 활용해야 한다.

브랜드충성도 이 방법으로도 시장을 세분화할 수 있다. 브랜드충성도(brand loyalty)란 특정브랜드 상품을 구매하려는 성향을 의미한다. 분석 결과, 브랜드충성도가 강한 고객과 유사한 특성을 보이지만, 경쟁브랜드를 구매하는 고객을 발견했다면 이들이 자사 제품을 구매할 수 있도록 하는 적절한 마케팅전략을 개발할 수 있다. 할리데이비드슨(Harley-Davidson) 오토바이의 높은 브랜드충성도는 널리 알려져 있다. 또 2013년 미국 최대의 소비자연맹에서 발간하는 〈컨슈머 리포트〉 지에 따르면 현대자동차 아반떼가 차량 조사에서 소형차 중 최고의 차에 다섯 번이나 선정되었음에도 아직 미국 내 실제 판매량이 혼다 시빅에 미치지 못하는 것은 혼다의 높은 브랜드충성도 때문으로 분석하고 있다. 또 현대자동차 제네시스 역시 10대 최고 성능차량으로 5년 연속 선정되었지만, 실제 판매 순위는 아직 이러한 선정 수준과 비교할 때 기대에 미치지 못하고 있는 것도 유사한 경우이다.

사용상황 변수

사용상황이란 누가, 무엇을, 언제, 어디서, 어떻게, 사용하는가를 말한다. 고객이 제품을 사용하는 상황에 따라 추구 효익은 달라진다.[5] 소주를 구매할 때, 대학 MT 같은 모임에서는 가격과 이동성에 민감하게 반응하므로 용량보다 상대적으로 가격이 저렴하고, 가벼우며, 쓰레기 처리가 쉬운 페트병 소주를 구매하는 경향이 높다. 그러나 운동 후 삼겹살을 먹으며 소주를 마실 때에는 병 소주를 구매하고, 가까운 곳에 놀러 갈 때에는 팩 소주를 구매한다. 따라서 사용상황에 따라 시장을 세분화하면 기업은 같은 고객이 속해 있는 두 개의 다른 세분시장을 효율적으로 공략할 수 있다. 사용상황 변수를 세분화의 기준변수로 사용할 경우에는 추구 효익 변수와 인구통계적 변수를 보완해 사용함으로써 효율적인 시장세분화전략을 수립할 수 있다.

추구 효익 변수

고객들이 제품을 구매하는 궁극적인 목표는 그 제품을 통해 효익(benefit)을 얻으려는 데 있다. 같은 제품을 사용한다고 해도 고객마다 그 제품에서 추구하는 효익은 많이 다르다. 한 예로 영어학원에서 같은 시간에 토플(TOEFL)을 공부하는 수강생이라도 대학생 K양은 외국 유학을 가기 위해, 직장인 Y 씨는 승진시험을 보기 위해 학원에 다닌다.

고객들이 제품에서 얻으려는 효익은 크게 기능적 효익(functional or rational benefits)과 심리적 효익(emotional or hedonic benefits)으로 나눌 수 있다.[6] 기능적 효익은 제품의 속성이

그림 8-7 **추구 효익 변수와 관련된 시장: 에너지 드링크류 시장의 혼전**

나 기능에서 얻는 효익을 의미하는 것으로 청량음료를 구매함으로써 시원함, 갈증해소 등의 효익을 얻는다. 기능적 효익에는 경제성과 사용의 편리함 등과 같은 효익을 포함한다. 심리적 효익은 제품이미지, 자기만족, 신분 표시 등과 같이 심리적인 측면을 나타내는 것으로, 남성미 넘치는 이미지, 건강한 이미지 및 세련미 등이 여기에 해당한다. 예컨대 포르셰 스포츠카를 구입한 남성이나 루이비통 명품 가방과 보석을 구입한 여성은 그 제품에서 심리적 효익을 얻는다.

고객은 어느 한 제품에서 하나의 효익만 추구하는 것이 아니라 두 가지 이상의 효익을 동시에 추구하는 경우도 있다. 효익을 기준으로 시장을 세분하는 경우, 6장에서 설명한 바와 같이 경쟁자를 정의하는 데 도움을 준다. 예를 들어 〈그림 8-7〉과 같이 피로회복이라는 효익을 추구하는 시장에서는 종합 비타민제, 강장제, 피로회복제와 에너지 드링크류 등이 경쟁하고 있다. 특히 비타500, 박카스, 핫식스, 레드불 등 에너지 드링크류 시장에서의 경쟁은 매우 치열하다. 추구 효익 변수는 제품에 따라 다르게 정의되므로 마케팅 관리자는 마케팅 조사를 통해 고객이 추구하는 효익을 찾아 세분화의 기준 변수로 활용해야 한다. 그러나 추구 효익 변수만 사용해서는 세분시장의 규모와 접근 가능성을 알기 어려우므로 흔히 인구통계적 변수를 함께 활용한다.

3 시장세분화 절차

- **학습목표 4: 주요 개념(1)**
  - 시장세분화 절차 = 기준변수(들) 선택하여 세분화 실시 → 세분시장별 프로파일 작성
  - 기준변수들을 사용해 시장을 세분화할 때에는 한 가지 변수만을 사용하기보다는 세분시장의 특성을 정확히 설명할 수 있도록 여러 변수를 조합해 사용하는 것이 효율적임.
  - 일반적 세분화분석 = 추구효익과 사용상황 변수를 기준으로, 즉, 필요 및 욕구 기반의 세분화(Needs-Based Segmentation)로 시작 → 기타 변수로 세분군의 프로파일 작성

1. 시장세분화를 위한 기준변수의 선택

앞에서 설명한 것처럼 세분화 기준변수들이 세분시장의 특성을 설명할 수 있는 정도는 모두 다르다. 인구통계적 변수는 세분시장의 측정가능성, 규모 및 접근가능성을 설명할 수 있으며, 사회적 · 심리적 변수는 측정가능성과 고객의 차별적 반응을 설명할 수 있다. 또 구매행동 변수는 측정가능성을 설명하지만, 규모와 차별적 반응에 대해서는 때에 따라 설명이 달라진다. 사용상황 변수는 측정가능성, 접근가능성, 차별적 반응에 관해서는 설명할 수 있지만, 세분시장의 규모를 설명하기는 어렵다. 추구 효익 변수는 측정가능성과 차별적 반응을 잘 설명해주지만, 규모와 접근가능성은 설명하지 못한다. 이러한 변수들의 특징에 대한 요약은 〈표 8-2〉에 있다. 그러나 마케팅 관리자들은 시장세분화에 대한 개념을 잘못 이해하거나 측정방법을 제대로 갖추지 못해 여러 가지 세분화 변수들을 체계적으로 활용하기보다는 측정가능성만 만족하는 변수를 사용해 시장을 세분화하고, 나머지는 주관적 판단에 의존하는 경향이 있다.

세분화를 할 때 인구통계적 변수, 고객의 사회적 · 심리적 변수 그리고 고객행동 변수 중 하나만 사용할 경우에는 각 세분시장이 상호 배타적 집단으로 분류되어 한 명의 고객이 두 개 이상의 세분시장에 포함되기 어렵다. 예를 들어 어떤 사람이 술을 마실 때를 생각해보자. K 씨는 술을 즐기는 미혼여성으로 직장 초년생이다. K 씨가 고깃집에서 회사동료들과 회식할 때에는 맥주와 소주를 마시고, 애인과 레스토랑에서 데이트하

표 8-2 **세분화 기준변수들에 의한 세분시장 특성의 설명력**

		세분시장의 특성			
		측정가능성	규 모	접근가능성	차별적 반응
변수	인구통계	○	○	○	×
	사회 · 심리 변수	○	×	×	△
	구매행동	○	△	×	○
	사용상황	○	△	○	○
	추구 효익	○	×	×	○

며 식사할 경우, 분위기를 내기 위해 와인이나 칵테일을 마실 것이다. 또 친구들과는 이자카야에서 사케를 마시고, 축하 파티나 이벤트에 참석하면 샴페인을 마시며, 집에서 혼자 마실 때에는 간편한 캔맥주를 마실 것이다. 나이나 직업, 성격 또는 술을 마시는 빈도로 시장을 분류하면 K 씨는 하나의 세분시장에 속하지만, 세분시장을 추구 효익과 사용상황에 따라 분류하면 여러 세분시장에 속한다.

앞에서 언급했듯이 추구 효익만으로 시장을 세분화하면 그 세분시장의 규모가 전략 구사에 적합한지를 정확히 모른 채 마케팅 관리자의 직관으로 규모의 적정성을 판단해야 하며, 그 세분시장에 접근하는 방법 역시 직관으로 결정해야 한다. 그러나 추구 효익과 사용상황 변수나 인구통계적 변수를 같이 사용해 세분화할 경우에는 이러한 문제점을 보완할 수 있다. 시장경쟁이 심화하고 구매자욕구가 다양해지면 시장의 세분화 정도가 높아져 하나의 변수에 의존하는 시장세분화는 의사결정에 위험성이 있다. 따라서 효율적인 세분시장 마케팅전략 수립을 위해서는 시장세분화의 기준변수를 한 가지만 활용하기보다는 여러 변수의 조합으로 세분시장의 특성을 설명해야 한다. 이러한 설명은, 특히 세분화전략 수립 후 연계되는 마케팅믹스전략 수립에 기초를 제공한다.

〈표 8-3〉은 흔히 사용하는 기준변수 조합의 예다. 이러한 기준변수들은 상황에 따라 어느 것을 사용해도 되지만, 일반적으로 추구 효익과 사용상황을 기준변수로 사용하는 것이 효율적이다. 추구 효익과 사용상황은 소비자의 필요와 욕구에 밀접하게 연결되어 있기 때문이다. 그래서 마케팅에서는 일반적으로 필요 및 욕구 기반의 세분화(Needs-Based Segmentation)로 세분화 분석을 시작하고 기타 변수로 세분군의 프로파일을 작성한다.[7]

표 8-3 세분화 기준변수 조합의 예

	인구통계	추구 효익	사용상황	구매행동	고객심리
조합 1	○	○			
조합 2	○		○		
조합 3	○	○			○
조합 4	○	○		○	
조합 5	○	○	○		
조합 6	○	○	○		
조합 7	○	○	○	○	○

2. 세분시장 프로파일 작성

효율적인 마케팅믹스를 수립하려면 시장세분화만으로는 부족하고, 각 세분시장이 어떤 고객들로 구성되었는지 더 정확하고 자세한 분석이 필요하다. 즉, 세분화와 관련된 모든 변수를 이용해 세분시장의 프로파일을 작성해야 한다. 이때 효율적인 프로파일을 만들기 위해서는 세분시장의 측정, 규모, 접근가능성 및 파악이 쉬운 인구통계적 변수 등을 반드시 포함해야 한다. 세분시장 프로파일 작성 시 마케팅 관리자가 주의할 점은 다양한 세분화 변수들을 기준변수와 설명(프로파일) 변수로 각각 사용할 수도 있고, 상황에 따라 기준변수로 또는 설명 변수로 활용할 수 있다는 점이다.

지금까지 시장세분화에 대해 살펴보았는데, 설명과 예가 주로 소비재 중심이었다. 기업이 고객인 산업재 또는 B2B 시장의 세분화에도 소비재시장의 세분화 개념과 원칙이 그대로 적용될 수 있다. 산업재 또는 B2B 시장 특유의 세분화 개념은 20장을 참고하기 바란다.

이 장의 요약

- STP는 전체시장을 몇 개의 가치 있는 세분시장으로 분류하고, 세분시장들 중에서 가장 적절한 시장을 표적(주력)시장으로 선택해 그 시장의 고객에게 제품에 대해 인식을 심어주는 포지셔닝 과정을 말한다. STP는 시장세분화의 기준을 선정하는 것으로 시작한다. 이 기준을 이용해 시장세분화를 실행하고 세분시장에 대한 분석을 거친다. 분석 후 진입 가능한 표적시장을 선택하고, 그 표적시장에서 달성해야 할 마케팅 목표와 전략을 수립한다. 또 자사브랜드의 경쟁우위를 분석하고, 제품 포지셔닝을 결정 · 수행한 후, 그 결과를 평가하고, 필요한 경우 재포지셔닝 루프(loop)를 시작한다.

- 시장세분화란 비슷한 성향을 가진 사람들을 다른 성향을 가진 사람들의 집단과 분류해 하나의 집단으로 묶는 과정이다. 이 과정을 통해 나누어진 시장들을 세분시장이라고 하며, 세분시장 상호 간에는 이질성, 세분시장 내에서는 동질성이 극대화되어야 한다. 시장세분화를 통해 마케팅 관리자는 자원을 효율적으로 사용하고, 자사제품을 구매하는 고객에게 더 큰 가치를 제공할 수 있다. 효과적인 시장세분화를 이루기 위해 각각의 세분시장은 규모와 구매력 측정이 가능해야 하고, 기업에 적정 규모의 이익을 줄 수 있을 정도로 충분한 규모를 갖추어야 한다. 또 마케팅 노력이 세분시장에 효과적으로 접근될 수 있어야 하고, 서로 다른 세분시장은 마케팅믹스에 대해 차별적 반응을 보여야 한다.

- 구체적인 시장세분화를 하기 위해 사용할 수 있는 변수에는 인구통계적 변수, 고객의 사회적 · 심리적 변수, 구매행동 변수, 사용상황 변수 및 추구 효익 변수 등이 있다. 인구통계적 변수로는 나이, 성별, 지역, 소득수준, 학력 등이 있고, 고객의 사회적 · 심리적 변수에는 사회계층, 라이프스타일, 개성 등이 여기에 속한다. 구매행동 변수에는 사용기회, 사용경험, 사용량, 브랜드충성도 등이 포함된다.

- 이와 같은 변수들을 사용해 시장을 세분화할 때에는 한 가지 변수만을 사용해 세분화하기보다는 세분시장의 특성을 정확히 설명할 수 있도록 여러 변수를 조합해 사용하는 것이 효율적이다. 또 세분화를 한 후에는 각 세분시장이 어떤 사람들로 구성되었는지 더 정확하고 자세한 세분시장 프로파일을 작성해야 한다. 일반적으로 세분화 분석은 추구 효익과 사용상황 변수를 기준으로, 즉, 필요 및 욕구 기반의 세분화로 시작하고 기타 변수로 세분군의 프로파일을 작성한다.

주요 개념 목록

STP(Segmentation, Targeting, Positioning: 시장세분화, 표적시장, 포지셔닝) / 경제학 관점에서의 수요와 공급 / 대중 마케팅 / 표적시장 마케팅 / CRM 마케팅 / 매스 개별화 마케팅 / 대량 맞춤화 마케팅 / 일대일 관계 마케팅 / STP전략의 수행 과정 / 동질적 선호시장 / 분산된 선호시장 / 밀집 선호시장 / 효과적인 시장세분화 조건 / 시장세분화 기준변수 / 인구통계적 변수 / 사회적 · 심리적 변수 / 구매행동 변수 / 사용상황 변수 / 추구 효익 변수

생각해볼 문제

1. 고객을 분류할 때 기준이 되는 항목에는 어떠한 것들이 있으며, 맥주 · 샴푸시장에서는 고객들을 어떻게 세분화해야 하는지 설명하시오.
   ① 맥주시장　　② 샴푸시장
2. 인구통계적 변수를 사용할 때 세분화가 잘 되는 제품과 그렇지 못한 제품의 예를 들어보시오. 또 인구통계적 변수로 의미 있는 세분화가 잘 안 될 경우, 어떤 변수를 사용하는 것이 더 적합한지 제시하시오.
3. 세분시장 마케팅 도입 배경과 그 중요성에 관해 설명하시오.
4. 사용상황 변수를 기준으로 사용해서 커피시장을 세분화하시오.
5. 세분시장 마케팅을 통해 얻을 수 있는 이익은 어떠한 것들이 있는지 설명하시오.
6. 경쟁의 진화에 따라 시장이 세분화되어가는 사례를 제시하고, 사례와 관련하여 시장세분화, 차별화, 수요함수 변화 개념들을 설명하시오.

7. 우리나라에서 판매되는 자동차 시장을 세분화하는 데 의미 있다고 생각하는 변수를 선정해 시장을 세분화하고 각각의 세분시장 프로파일을 작성하시오.

후주 및 참고문헌

1 Slywotzky, A. and Weber, K., "네스프레소와 예전엔 거의 없던 수요" 4장, 《디맨드》, 유정식 역, 다산출판사, 2012; 네스프레소 홈페이지

2 Kotler, P. and Keller, K. L., *Marketing Management*, 13th ed., Pearson International Ed., Prentice Hall, 2009, pp. 324~325; 일렉트로룩스 홈페이지

3 포드 홈페이지, corporate.ford.com/history.html

4 Kotler, P. and Keller, K. L., *Marketing Management*, 13th ed., Pearson International Ed., Prentice Hall, 2009, p. 264; 한국의 경우도 이와 비슷할 것으로 추론되지만, 자료의 획득 가능성이 낮아 미국의 자료를 사용하였다 .

5 Day, G. S., Shocker, A. D., and Srivastava, R. K., "Customer-oriented Approaches to Identifying Product-Markets," *Journal of Marketing*, 43(4), 1979, pp. 8~19.

6 심리적 효익은 학자들에 따라 정서적 · 쾌락적 효익(emotional or hedonic benefits) 그 외에 상징적 효익(symbolic benefits), 경험적 효익(experiential benefits), 관계적 효익(relational or social benefits)으로 구성된다고 제시해왔다. 기능적 효익 외에 이러한 모든 효익을 심리적 효익에 포함한다.

7 Best, R. J., *Market-Based Management*, 6th ed., Pearson, 2013, p. 181.

6th Edition

Marketing

09장

표적시장 선정

표적시장은 어떻게 선정할까?

/ 학 / 습 / 목 / 표 / (Learning Goals)

1. 표적시장, 시장의 선정, 시장세분화 매트릭스를 이해한다.
2. 세분시장의 평가를 학습한다.
3. 표적시장 선정전략을 학습한다.

표적시장의 고객을 대상으로 한 광고: ‘타깃의 언어’를 살린 마켓오 ‘리얼 초콜릿’

2013년 광고회사인 제일기획이 만든 마켓오 ‘리얼 초콜릿’ 광고는 타깃 고객의 언어를 잘 살린 광고다. 이번 광고 캠페인은 ‘푸티지(Footage)를 활용한 밸런타인데이 광고’로, 당시 방영되던 ‘이웃집 꽃미남’이라는 로맨틱 코미디 드라마를 활용한 광고이다. 밸런타인데이를 준비하는 대상과 ‘이웃집 꽃미남’을 주로 시청하는 시청자층이 10~20대 사이의 여성이라는 공통점에서 시작한 광고 콘셉트다. 실제 극 중 윤시윤이 박신혜의 현관 앞에서 난동을 피우는 장면 뒤에 ‘3월에 사탕받고 2월에는 모른 척하는 그녀에게 날리는 니킥’, ‘편의점에만 가도 리얼 초콜릿 살 수 있거든?’, ‘기다린다, 마켓오 리얼 초콜릿’으로 연결한 광고문안 등 다양한 타깃의 화법으로 극 중 장면과 광고 카피를 잘 구성하여 ‘밸런타인데이=마켓오 리얼 초콜릿=이웃집 꽃미남’을 연상할 수 있도록 했다.

출처: 〈Cheil Worldwide〉, Vol. 446, March, 2013, Monthly Magazine.

모바일 게임 마케팅의 관행을 바꾼 클래시 오브 클랜: 표적시장 고객의 확장

클래시 오브 클랜은 2015년 게임을 런칭하며 지하철과 버스옥외광고뿐 아니라 TV와 극장가에 대대적인 광고를 진행했다. 클래시 오브 클랜은 TV광고 효과에 힘입어 게임 마니아층에 머물지 않고 사용자 기반을 젊은 남녀 직장인과 같은 일반사용자까지 확장해 대거 영입하게 되었다. 이는 네트워크 효과로 말미암아 게임 가치를 더욱 높이는 결과를 불러왔다. 2015년 클래시 오브 클랜이 쓴 마케팅 비용은 약 200억 원으로 추정된다. 슈퍼셀의 국내 매출은 1,300억 원이 넘는 것으로 추정된다. 모바일 게임 또한 정보재의 원가구조(초기 개발을 위한 고정비는 크지만 변동비는 거의 없음)를 가지므로 손익분기점을 넘어 장기간 흥행할 경우 큰 매출성과를 거둘 수 있게 된다.

슈퍼셀은 2010년 핀란드 헬싱키에 설립된 모바일 게임 개발 회사로, 〈클래시 오브 클랜〉, 〈헤이 데이〉, 〈클래시 로얄〉을 출시했다. 〈클래시 오브 클랜〉과 〈헤이 데이〉, 〈클래시 로얄〉은 부분 유료화 게임이자 슈퍼셀이 2013년 하루에 240만 달러의 수익을 거두는 등 큰 성과를 거둔 작품이다. 2016년 6월, 중국의 텐센트가 89억 달러에 지분 84%를 보유하게 됨에 따라, 슈퍼셀은 텐센트의 자회사가 되었다.

출처: 전성민, "모바일 게임 플랫폼 변화의 기회와 위협 - NHN 엔터테인먼트," *Asan Entrepreneurship Review*, 2016, 아산나눔재단; 위키백과(https://ko.wikipedia.org/wiki/슈퍼셀_(기업)); 구글 이미지_슈퍼셀.

1 표적시장 선정

표적시장 선정(Targeting)은 발견한 세분시장들 중 우리 기업의 제품과 서비스로 접근해서 고객 반응을 가장 얻을 수 있는 시장(또는 시장들)을 선정하는 것을 의미한다.

3C분석과 STP전략, 그리고 Part 4의 마케팅믹스를 연계하여 표적시장 선정의 역할을 중심으로 제시하면 아래의 그림과 같다. 9장 표적시장 선정에서는 표적시장 선정을 위한 세분시장 평가와 표적시장 선정전략을 학습한다.

STP전략의 통합적 틀과 표적시장 선정의 역할

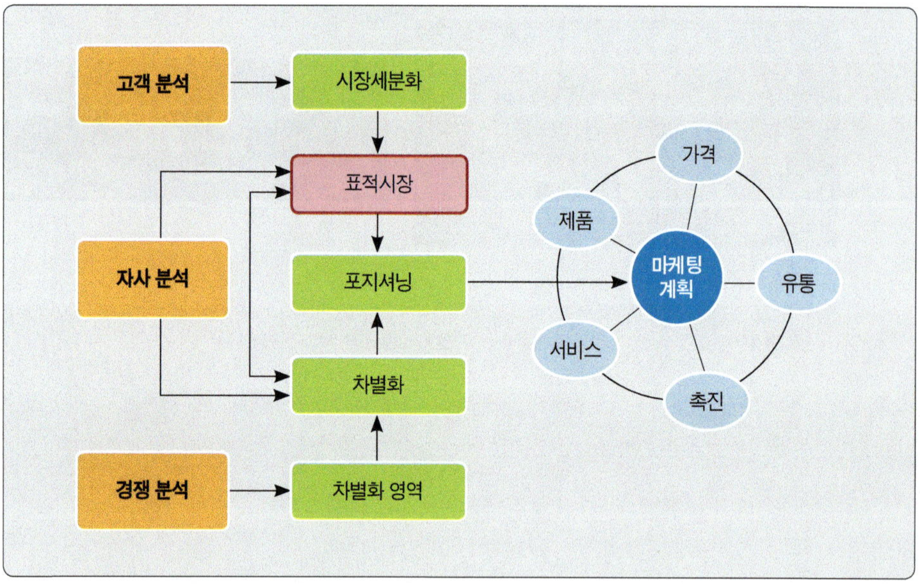

1. 시장세분화 매트릭스

- **학습목표 1:** 주요 개념(1)
  - 표적시장(Target Market) = 세분시장 중에서 자사의 경쟁우위와 경쟁상황을 고려했을 때 자사에 가장 좋은 시장기회를 제공하는 특화된 시장
  - 표적시장의 선정(Targeting) = 자사의 경쟁우위가 어느 세분시장에서 확보될 수 있는가를 평가해 상대적으로 경쟁우위가 있는 세분시장을 선택하는 것
  - 시장세분화 매트릭스 = 세분화 변수가 둘 이상일 때 사용하는 격자 모양; 일반적으로 마케팅 관리자들이 표적시장을 선정하기 위해 가장 많이 사용하는 방법

표적시장은 세분시장 중에서 자사의 경쟁우위와 경쟁상황을 고려할 때 자사에 가장 좋은 시장기회를 제공할 수 있는 특화된 시장을 말한다. 기업 입장에서 가장 유리한 표적시장을 선택하려면 다양한 시장세분화 변수를 이용해 정교하게 시장을 세분화해야 한다. 기업은 표적시장이 결정되면 그 시장에서 가장 적합한 마케팅믹스를 개발하고 실행한다. 예를 들어 유통은 표적시장의 지리적 조건과 유통구조를 고려해 결정하며, 광고메시지는 모든 고객이 아닌 표적시장 고객을 대상으로 만든다.

표적시장 결정을 위해서 마케팅 관리자들이 자주 사용하는 방법은 시장세분화 매트릭스이다. 시장세분화 매트릭스는 세분화 변수가 둘 이상일 때 사용하는 격자 모양을 말한다. 마케팅 관리자들은 시장세분화 매트릭스를 이용해 잠재고객(prospects)과 비잠재고객(non-prospects)을 쉽게 구분할 수 있다. 먼저 매트릭스를 구성하는 여러 격자 중에서

그림 9-1 **시장세분화 매트릭스의 예**

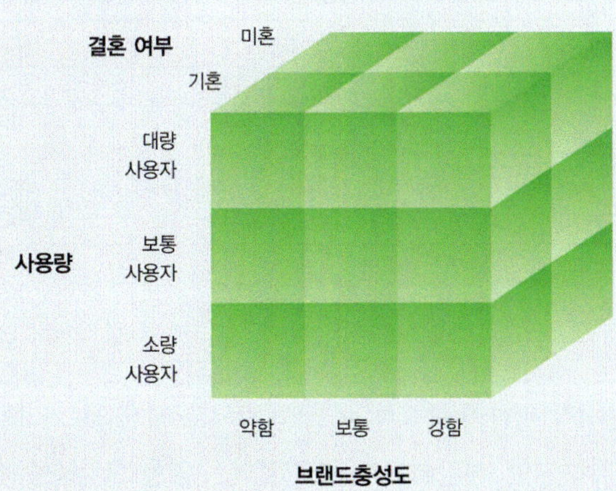

비잠재고객을 제거한 다음, 가장 좋은 시장 기회를 제공할 수 있는 잠재고객 격자를 선택하는 것이다. 〈그림 9-1〉의 시장세분화 매트릭스의 예에는 총 18개의 격자가 형성되어 있다. 이 18개의 격자로 나타나 있는 세분시장 중에서 비잠재고객으로 간주하는 세분시장을 먼저 제거한 다음, 나머지 잠재고객들을 포함하는 격자 중 가장 적합한 세분시장을 선택하게 된다.

2. 세분시장의 평가

- **학습목표 2: 주요 개념(1)**
  - 세분시장의 평가 = 세분시장요인(세분시장 규모, 세분시장 성장률 및 제품수명주기), 경쟁요인(현재의 경쟁자 및 잠재적 경쟁자), 자사와의 적합성(기업의 목표와 자원 및 기존시장과 마케팅믹스와의 조화) 차원 활용 → 각 세분시장에 대해 표적시장으로서의 매력도 파악

적절한 표적시장을 선정하는 것은 시장세분화전략 형성에 중요한 요소이다. 표적시장 선정을 위해 세분시장을 평가하는데, 세분시장 분석 및 평가는 환경분석과 그 구조가 비슷하다. 그러나 환경분석은 세분시장 평가라기보다는 세분시장들이 합산된 전체 시장에 대한 분석 및 평가로 시장분석, 경쟁분석, 자사분석 등을 하며, 여기에서는 각각의 세분시장을 구체적으로 평가한다. 표적시장으로서의 세분시장 매력도를 평가하는 요인들은 〈표 9-1〉에 요약되어 있으며, 각각에 대한 설명은 다음과 같다. 이 요인들은 각 회사와 제품의 상황에 따라 유연하게 사용해야 한다.

표 9-1 세분시장 매력도 평가요인

세분시장요인	경쟁요인	자사와의 적합성
세분시장 규모	현재의 경쟁자	기업 목표
세분시장 성장률	잠재적 경쟁자	자원
제품수명주기	–	마케팅믹스와의 조화

세분시장요인

세분시장 규모 세분시장 평가의 중요한 요소 중 하나로 시장규모가 클수록 기업의 이윤획득이 쉽다고 생각하지만, 시장이 크다고 기업의 수익을 보장해주지는 않는다. 큰 시장이 높은 수익을 보장한다고 생각하는 것을 다수의 오류(majority fallacy)라고 한다.

모바일 앱 시장

큰 성공을 거둔 모바일 게임 앱 대부분은 대기업이 아닌 작은 규모의 기업 또는 개인이 운영한다. 모바일 게임으로 국내에서 가장 큰 성공을 거둔 애니팡은 소규모 기업인 선데이토즈가 개발했고, 전 세계적으로 가장 큰 성공을 거둔 모바일 게임 앱인 앵그리버드 역시 로비오라는 소규모 기업이 개발했다.

출처: 애플 앱스토어

선데이토즈의 애니팡

로비오의 앵그리버드

세분시장을 평가할 때 시장 크기의 절대적 의미와 상대적 의미를 모두 고려해야 한다. 절대적 의미로 시장규모가 크다는 것이 시장에 참여한 모든 기업에 높은 수익을 보장해주지는 않는다. 즉, 시장의 규모가 크다는 것은 시장이 형성된 지 오래되었다는 것을 의미하고, 이러한 시장의 성숙도와 수익은 반비례하는 것이 일반적인 현상이다. 또 규모가 큰 경쟁자들이 존재하고, 낮은 시장성장률과 같은 성숙기 시장의 특성을 보유한 큰 시장에서 가장 중요한 경쟁적 우위는 규모의 경제(economy of scale)이다. 자동차, 가전, 라면, 양복 산업 등이 그 좋은 예이다. 따라서 규모가 큰 시장에서 규모의 경제를 얻으려면 상당한 시장점유율을 획득해야 한다. 시장점유율이 낮을 경우에는 수익이 낮을 수밖에 없다. 그러나 그보다 규모가 작은 시장은 소규모 기업이 진입하기 쉽다. 시장규모 자체가 작으면 대기업이 원하는 수익률을 맞출 수 없어 진입하지 않기 때문이다. 미국의 페이첵(paycheck)같이 중소기업의 월급을 처리하는 시장, 모바일 애플리케이션 개발시장 등이 좋은 예이다. 초기 진입자는 자신의 차별적 우위에 적합하게 시장규모를 형성하면서 높은 시장성장률을 유지하므로 독점적 지위를 가질 수 있어 진입 초기에 상당한 이익을 얻을 수 있다.

상대적 의미의 시장규모 역시 중요하다. 경쟁에서 중요시하는 전략요인은 시장에 참여하고 있는 기업의 규모와 그 기업이 속한 시장의 상대적인 크기를 고려한다. 대기업은 일반적으로 중소기업에 비해 많은 자원을 가지고 있다. 좋은 전략은 주어진 자원에서 이윤을 극대화하는 가이드라인을 제공하기 때문에 마케팅 관리자들의 직무는 자사의 규모에 적합한 최대 규모의 시장을 발견하는 데 있다. 이와 같은 분석은 두 가지 방향을 제시하는데, 첫째, 소규모 기업은 초기 시장진입이 성공적이라고 해도 큰 규모의 시장을 획득하려고 과욕을 부리면 안 될 것이다. 많은 자원을 보유한 큰 규모의 경쟁자가 시장에 진입하면 장기적으로는 패배할 확률이 크기 때문이다. 둘째, 대규모 기업이 자사의 능력을 충분히 발휘할 수 없는 작은 규모의 시장을 선택하는 것은 바람직하지 않다. 즉, 기업은 세분시장을 선택할 때 자사의 자원이나 능력에 알맞은 시장을 선택해야 한다. 대규모기업이 지나치게 규모가 작은 세분시장을 선택하는 경우, 그 세분시장에서 독점기업이 되어도 획득 가능한 수익은 투입한 자원에 비해 적을 수밖에 없기 때문이다.

세분시장 성장률 세분시장 평가의 중요한 요소 중 하나로 기업은 매출과 이윤의 지속적인 성장을 원하므로 세분시장의 높은 성장률은 바람직한 세분시장의 특성이다. 동시에 세분시장의 높은 성장률은 산업 내의 모든 기업에 매력적 요소로 작용하므로 성장률이 높은 세분시장 내에서는 치열한 경쟁을 감수해야 한다. 이때 치열한 경쟁은 세분시장 내의 수익성을 악화시킨다. 그러므로 성장률이 높다고 반드시 좋은 시장은 아니다. 기업이 틈새시장(niche market) 같은 블루오션을 개발해 높은 성장률을 냈을 때, 후발주자들의 시장진입으로 경쟁이 과열되면서 시장은 점차 레드오션으로 바뀌기도 한다. 때에 따라서는 표적시장을 선택할 때 세분시장 성장률과 이에 따른 미래의 경쟁상황을 연관지어 의사결정을 해야 한다.

제품수명주기 세분시장을 분석할 때 제품수명주기는 시장성장률 및 시장점유율과 아주 밀접한 관계가 있으므로 이 역시 중요하게 고려해야 한다. 기업이 진입하려는 세분시장이 제품수명주기상에서 도입기나 성장기라면 시장성장률이 빠르고 상대적으로 규모가 작은 시장을 의미한다. 성숙기라면 시장성장률이 낮고 상대적으로 규모가 큰 시장을 의미한다. 또 쇠퇴기에는 시장규모가 작아진다. 따라서 기업은 제품수명주기를 고려해 세분시장이 현재 어느 단계에 있는가를 파악해야 한다. 그러나 일반적으로 제품수명주기상에 나타나는 시장규모와 특정제품이 소구하는 세분시장의 크기는 항상 비례하지 않으므로 의사결정 시 주의해야 한다. 제품수명주기는 4장에 자세히 설명했으니 필요할 경우 다시 학습하기 바란다.

네트워크 가치 증진으로 표준화 경쟁에서 승리한 블루레이 디스크 사례

CD나 DVD는 디스크 표면에 레이저를 반사해 데이터를 읽거나 기록하므로 광(光)디스크라고 한다. 광디스크는 이전에 사용하던 플로피 디스크 같은 휴대용 저장매체보다 많은 양의 데이터를 저장할 수 있고, 내구성도 높아 1980년대 후반부터 2000년대 초반까지 널리 보급되었다.

블루레이 플레이어와 영화 타이틀의 모습. 블루레이 영화 타이틀은 푸른 색 케이스에 담겨 공급되었다.

그러나 디지털 콘텐츠의 용량이 기하급수적으로 커지자 CD나 DVD는 더 이상 '대용량'이라는 이름을 붙이기가 곤란해졌다. 특히, 영화 DVD 타이틀의 경우, 해상도가 높은 화질영상을 원하는 소비자들의 욕구를 충족시키기엔 역부족이었다. 이 문제를 해결하기 위해 개발된 광디스크 규격 표준이 바로 '블루레이 디스크(Blu-ray Disc: BD)'다.

이 디스크는 한 층에 25GB의 용량을 담을 수 있으며, 듀얼 레이어(Dual layer: 디스크 한 면에 2층의 데이터 기록 면을 갖춤) 규격 블루레이 디스크는 총 50GB까지 저장할 수 있다. 블루레이 규격 표준의 디스크 및 플레이어와 드라이브는 2006년에 출시되었다.

한편 이와 비슷한 시기에 블루레이와 유사한 성능을 갖춘 또 다른 광디스크 규격 표준인 'HD DVD'도 디스크 및 관련 기기로 출시되었는데, 두 제품의 특성은 비슷했지만, 서로 호환되지 않았다.

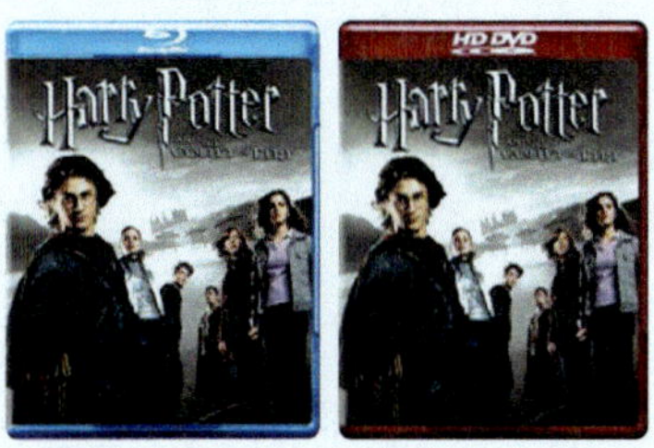

블루레이와 HD DVD제품. 같은 타이틀일 때, 블루레이는 푸른색, HD DVD는 붉은색 케이스에 담겨 판매되었다

이때부터 블루레이 규격을 개발한 소니, 파나소닉, 샤프의 '블루레이 진영'과 HD DVD 규격을 개발한 도시바, NEC, 산요의 'HD DVD 진영'으로 업계가 양분되어 표준화 경쟁이 시작되었다. 양쪽 진영은 2년가량 엎치락뒤치락을 반복하며 치열한 시장쟁탈전을 이어갔다. 하지만 블루레이 진영이 할리우드 영화배급사들의 압도적인 지지를 받게 되고, 블루레이 드라이브를 탑재한 소니의 비디오게임기 '플레이스테이션 3'이 출시되자 상황은 블루레이 진영에 유리하게 돌아갔다. 결국, 2008년 2월, HD DVD 진영을 이끌던 도시바가 HD DVD 사업을 포기한다는 발표를 하면서 블루레이가 차세대 광디스크 시장의 주인공이 되었다.

그러나 이러한 표준화 경쟁에서 승리해도 곧 새로운 기술과 제품(구글 등의 주문형 비디오시스템 서비스)으로 대체되는 것을 보면 경쟁우위를 유지하는 일이 경쟁우위를 확보하는 것보다 더 어렵다는 것을 알 수 있다.

출처: 〈IT동아〉, 2011년 3월 내용을 참조하여 설명함

경쟁요인

세분시장 평가 시 가장 핵심적인 요인 중 하나가 경쟁자에 대한 고려이다. 경쟁자를 생각하지 않고 세분시장을 평가해 표적시장을 선정하면, 다음 단계인 포지셔닝에서 경쟁우위를 획득하기가 어려워진다. 따라서 세분시장 평가는 자사제품이 표적시장에서 경쟁제품과의 경쟁에서 이길 수 있느냐는 판단이 선행되어야 한다.

현재의 경쟁자 각 세분시장 내에서 현재 시장에 참여한 경쟁자들을 분석해 세분시장의 경쟁강도를 평가해야 하며, 경쟁우위 확보가 가능한지도 분석해야 한다. 세분시장 내 경쟁강도가 클수록 이 세분시장에 참여한 기업들은 경쟁에서 이기기 위해 제품개발비, 광고비, 유통비용 등의 마케팅 비용을 더 많이 지급해야 하고, 가격경쟁이 벌어지면 손실을 감수할 수 있어야 한다. 기업은 경쟁강도뿐 아니라 현재 경쟁자들과의 경쟁에서 확실한 경쟁우위를 확보할 수 있는가를 분석해야 한다. 즉, 세분시장 내에서 경쟁강도가 높더라도 경쟁자보다 확고한 경쟁우위를 확보했다면 장기적으로 볼 때 경쟁에서 이길 확률이 높기 때문이다. 블루레이 디스크는 광디스크시장에서 경쟁자인 HD DVD보다 확고한 경쟁우위를 확보하려고 플레이스테이션3 게임 등을 출시하며 게임시장에서 표준화 규격으로 자리를 잡아, 결국 경쟁에서 승리한 대표적인 사례다(블루레이 디스크 사례 참조).

잠재적 경쟁자 현재 세분시장에 참여하지는 않았지만, 참여할 가능성이 있는 잠재적 경쟁자들도 항상 고려해야 한다. 잠재적 경쟁자들은 현재의 경쟁강도에 영향을 주지는 않지만, 수익률에는 간접적인 영향을 미친다. 참여기업들이 높은 수익률을 계속 올리면 이 사실이 잠재경쟁자의 진입을 촉진할 수 있으므로 진입을 막기 위해 수익률을 어느 정도 하향 조정하기 때문이다. 이러한 잠재적인 경쟁자로는 동일제품군의 제품을 생산하지만, 다른 세분시장에 참여하고 있는 기업, 공급업자, 유통업자, 다른 산업에서 활동하는 기업 등을 들 수 있다. 이 중에서 세분시장에 진입할 가능성이 가장 높은 잠재적 경쟁자는 동일제품군을 생산하지만, 자사의 표적세분시장에는 참여하지 않은 기업이다. 앞서 광디스크시장에서 경쟁자인 HD DVD보다 확고한 경쟁우위를 확보했던 블루레이 디스크 사례를 살펴보았는데, 이러한 우위도 잠시 유지되다 구글 등이 출시한 주문형 비디오시스템(video on demand) 서비스로 대체된 것을 볼 때 기술변화가 심한 비즈니스 환경에서는 잠재적 미래 경쟁자의 움직임 파악이 매우 중요함을 알 수 있다(블루레이 디스크 사례 참조).

적합성

기업 목표 매력적인 세분시장이어도 기업 목표와 일치하지 않으면 기업은 그 세분시장을 선택할 수 없다. 예를 들어 담배시장에서 청소년 흡연이 급격히 증가해도 공익을 중시하는 기업이라면 청소년을 대상으로 한 담배제품 개발과 마케팅을 시행하지는 않을 것이다.

자원 기업 목표와 세분시장 특성이 일치해도 자사가 보유한 자원과 능력으로 그 세분시장을 잘 공략할 수 있는지 검토해야 한다. 세분시장에서 필요한 능력이나 자원을 보유하지 못했다면 그 세분시장은 포기해야 한다. 또 능력과 자원을 보유하고 있어도 경쟁사보다 경쟁우위를 확보하고 있어야 효과적으로 세분시장을 공략할 수 있다. 즉, 기업은 세분시장에서 필요로 하는 제품개발 능력, 유통경로 접근 능력, 판매원 확보 능력, 광고 능력 등을 보유하고 있는지 판단해야 한다. 예컨대 방문판매를 주력으로 하는 회사는 방문판매를 하지 않는 시장에 진입하기 어렵다. 기존에 본인들이 쌓아놓은 방문판매에 대한 노하우나 능력이 방문판매가 아닌 다른 유통채널에서는 유용하지 않기 때문이다. 다만, 7장의 Pebble Technology 협업 파트너십 사례 또는 우리나라의 풀무원다논 사례가 보여주듯이 기업 간의 협력과 제휴로 보유하지 못한 능력이나 자원을 보완할 수는 있다.

기존 시장과 마케팅믹스와의 조화 기업은 참여한 세분시장과 새로 진입하려는 시장의 조화도 검토해야 한다. 즉, 특정세분시장이 독립적으로 수익을 올릴 수 없더라도 기존에 소구하고 있는 시장들과 시너지 효과가 있다면 표적세분시장으로 선정할 수 있다. 반대로 특정세분시장이 매력적이라도 기업이 소구하는 다른 세분시장의 수익을 감소시킨다면 표적세분시장으로서의 가치가 없다. 또 기존의 마케팅믹스 요소들(나아가 자사의 마케팅 역량)과의 적합성 여부도 고려해야 한다. 즉, 기업은 기존 제품들과 품질의 조화 여부, 가격결정 시 기존 이미지의 지속 여부, 기존 유통경로의 활용 여부 등을 검토해야 한다.

2 표적시장 선정전략

마케팅 관리자는 각 세분시장을 평가한 후, 진입할 가치가 있는 시장과 그 범위를 정하고, 선정한 표적시장의 제품 포지셔닝을 결정해야 한다. 즉, 마케팅 관리자는 세분시장 매력도 평가를 통해 매력적인 세분시장을 발견할 수 있으며, 이때 어느 세분시장에 또 얼마나 많은 세분시장에 진출할 것인지를 결정해야 하는데, 이를 표적시장 선정 전략(Targeting Strategy)이라고 한다. 기업이 진입할 세분시장과 그 범위를 정하는 방법은 전체시장 도달전략(Total Market Coverage Strategy)과 부분시장 도달전략(Partial Market Coverage Strategy)으로 구분되며, 〈그림 9-2〉와 같이 여섯 가지 형태가 있다.

그림 9-2 시장 커버리지전략 유형

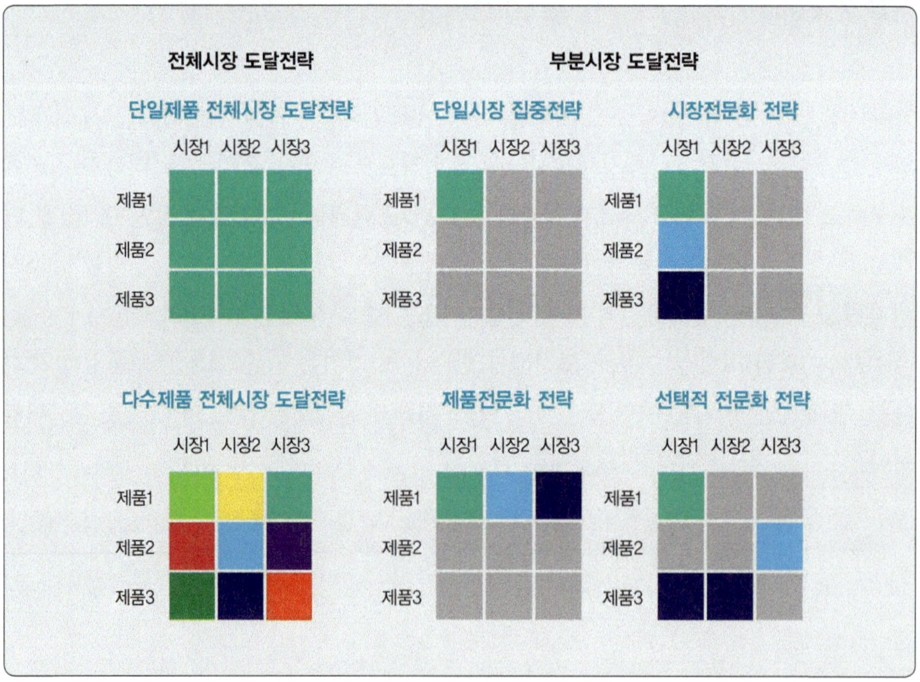

1. 전체시장 도달전략

- **학습목표 3: 주요 개념(1)**
  - 표적시장 선정전략(Targeting Strategy) = 세분시장에 대한 평가 후 어느 세분시장에 그리고 얼마나 많은 세분시장에 진출할 것인지를 결정하는 전략
  - 전체시장 도달전략(Total Market Coverage Strategy)과 부분시장 도달전략(Partial Market Coverage Strategy)으로 구분
- **학습목표 3: 주요 개념(2)**
  - 전체시장 도달전략 = 모든 시장을 소구대상으로 선택; 흔히 자원이 풍부한 대규모 기업에서 사용
    - 단일제품 전체시장 도달전략 = 시장을 하나로 파악해 모든 계층의 고객에게 동일한 제품과 마케팅프로그램으로 시장 공략
    - 다수제품 전체시장 도달전략 = 시장을 세분화한 후 모든 세분시장을 표적시장으로 선정해 각 부문에 적합한 제품과 마케팅믹스를 투입

이 전략은 모든 시장을 공략대상으로 선택하는 것을 뜻한다. 여기에는 다양한 제품을 가지고 모든 고객집단의 욕구를 충족시키기 위한 전략과 단일제품으로 모든 시장을 소구하는 전략이 있다. 이 전략은 자원이 풍부한 대규모 기업들이 선택할 수 있다. 전체시장 도달전략에는 〈표 9-2〉에서 보듯이 단일제품 전체시장 도달전략과 다수제품 전체시장 도달전략이 있다.

표 9-2 전체시장 도달전략의 구분

	단일제품 전체시장 도달전략	다수제품 전체시장 도달전략
내용	시장을 하나로 파악해 모든 계층의 공통적인 욕구를 충족시킬 수 있는 단일제품과 단일 마케팅 프로그램으로 전체시장을 공략하는 전략	시장을 세분화한 후 모든 세분시장을 표적시장으로 선정해 각 세분시장에 적합한 제품과 마케팅믹스를 투입하는 전략
장점	대량유통경로, 대량광고매체 및 대량생산체제를 활용해 마케팅 비용의 경제성을 추구	각 세분시장에서 그 시장에 적합한 제품으로 모든 고객에게 소구하므로 판매량 증대
단점	고객의 욕구파악을 경시함으로써 시장변화를 예측하지 못하거나 경쟁자가 시장세분화를 통한 차별화전략을 사용할 경우 대응능력 저하	자기잠식 현상 또는 생산비, 재고관리비, 유통관리비, 촉진비용 등 과다 발생
도입시기 (제품수명주기 기준)	도입기	성장기 후기 또는 성숙기
예	럭키치약, C1소주, 코카콜라, 맥도날드	CJ, 대상, 오뚜기, 농심

단일제품 전체시장 도달전략 시장을 하나로 파악해 모든 계층의 고객에게서 공통적인 욕구를 발견해 소구 가능한 강력한 이미지에 목표를 두고 단일제품과 단일 마케팅 프로그램으로 전체시장을 공략하는 전략이다.

이 전략은 마케팅 관리자가 시장이 "동질적인 선호성"을 지닌다고 파악하거나 선호성이 분리되어 있다 하더라도 완전히 "분산된 선호성"으로 파악할 때 선택하는 전략이다. 동질적 선호성을 가진 시장인 경우, 하나의 제품으로 전체시장을 소구하는 전략을 사용하는 것에 문제는 없지만, 분산된 선호성을 가진 시장인 경우에 모든 고객욕구를 충족시키기 위해 고객 수만큼 제품을 개발해야 하므로 막대한 비용이 든다. 따라서 마케팅 관리자는 고객들의 가장 공통적인 욕구를 추출해 하나의 제품으로 전체시장을 소구함으로써 마케팅 비용을 절감한다. 이 전략은 대량유통경로, 대량광고매체 및 대량생산체제의 활용을 통해 마케팅 비용의 경제성을 추구하는 데 있다. 또 표준화를 통해 최소 비용과 최저 가격을 책정해 잠재시장을 개발하는 것이다. 따라서 이 전략은 경쟁전략 중 원가우위전략과 상당히 비슷하다.

단일제품에 의한 전체시장 도달전략은 제품수명주기상의 도입기에 주로 선택하는 전략이다. 도입기는 시장이 완전히 개발되지 않고, 고객들의 욕구가 세분되지 않기 때문에 단일제품에 의한 전체시장의 소구가 효율적이다. 과거에 높은 점유율을 보였던 럭키치약, 부산의 C1소주 등이 이 전략에 해당하는데, 요즈음과 같이 발전한 우리나라 시장에서는 사례를 발견하기 어렵다(〈그림 9-3〉 참조).

이 전략을 시행하는 기업은 대체로 변화하는 고객의 욕구파악을 경시함으로써 시장변화를 예측하지 못하거나 경쟁자가 시장세분화를 통한 차별화전략을 구사할 경우, 대응능력이 떨어진다는 문제가 있다. 예를 들어 의류제품의 경우 동일 브랜드로 기능을 중시하는 고객과 디자인을 중시하는 고객을 모두 동시에 만족시키기가 어렵다. 즉, 하

그림 9-3 단일제품에 의한 전체시장 도달전략: 럭키치약, C1소주

나의 제품이나 하나의 브랜드로 모든 고객에게 만족을 주기는 어렵다. 따라서 경쟁자가 많은 경우, 시장의 경쟁상태가 격화되기 때문에 차별화나 집중화전략이 더 효율적이다.

아직도 유효한 전체시장 도달전략: 맥도날드와 코카콜라의 글로컬라이제이션

제품 자체가 부족한 신흥국가나 때에 따라서는 전체시장 도달전략이 유효한 경우가 있다. 대표적인 사례로 코카콜라와 맥도날드를 들 수 있다. 이들은 글로컬라이제이션 전략을 사용해 세계화와 동시에 개별시장의 특성을 반영하면서 해당 국가에서 단일제품 또는 다수제품 전체시장 도달전략을 활용하고 있다. 코카콜라는 국가별로 다른 용기 및 사이즈를 사용하고, 맥도날드는 인도에서는 소고기를, 이슬람 국가에서는 돼지고기를 제외한 버거 판매로 시장에 성공적으로 진입했다.

■ 인도의 채식전용 매장

영국 일간지 〈데일리메일〉에 따르면 맥도날드는 인도 시크교도들의 최대 성지 '하만디르사힙(황금사원)'이 위치한 암리차르 그리고 인도에서 두 번째로 순례자들이 많이 찾는 '바이쉬노데비' 힌두교 사원이 있는 카트라 두 곳에 채식 전용 매장을 열기로 했다. 인도인들은 성지를 순례할 때 고기를 먹으면 세속적인 감정을 불러일으킨다고 믿어 이를 금기시한다. 대다수 인도인이 믿는 힌두교에서는 소를 신성하게 여겨 소고기 역시 먹을 수 없고, 신자 수가 적은 이슬람교는 돼지고기를 먹지 않는다.

맥도날드는 이러한 인도시장의 특성을 고려해 제품개발에 오랜 기간 공을 들였다. 1996년 인도시장 진출 당시 소고기 대신 양고기 버거를 만들었지만, 너무 질겨 사람들에게 외면당했다. 이제는 닭고기가 들어간 버거는 물론이고 당근 · 감자 · 완두콩으로 패티를 만들어 넣은 '맥베지'나 '맥알루티키', 인도식 치즈를 넣은 '맥스파이스파니르' 등의 메뉴도 개발했다. 채식주의자 전용 점포에 이 메뉴가 투입되어 패스트푸드를 선호하는 인도의 젊은 소비층이 늘면서 시장이 급격히 커지고 있다. 시장조사업체인 유로모니터에 따르면 인도의 외식시장은 2016년까지 약 12억 달러로 커질 것으로 예상되었다.

■ 한국의 불고기버거

지역 콘텐츠를 살려 글로벌 시장을 겨냥하는 방식으로 글로컬라이제이션을 고려해야 할 때다. 로컬 제품이 인기를 얻어 글로벌 파급력을 지닌 후 다시 다른 지역문화와 결합해 새로운 제품으로 탄생하는 것이다. 햄버거 하나로 미국을 정복한 맥도날드가 우리나라로 진출해 불고기버거를 출시한 것이 대표적인 사례다. 효과적인 글로벌 마케팅을 위해 '로컬→글로컬' 공식을 기억하면 도움이 된다.

"불고기버거는 맥도날드가 한국 고객을 위해 개발한 대표적인 로컬 메뉴로, 한국인의 입맛에 꼭 맞는 불고기 소스에 잘 재운 패티, 고소한 마요네즈, 신선한 양상추가 잘 어우러진 '한국형' 버거이다."

출처: 〈한국일보〉 2012년 9월 15일 자와 〈DBR동아비즈니스리뷰〉 2014년 4월 150호의 내용을 참고하여 구성

■ 국가별로 다양한 코카콜라 사이즈와 용기

일본

한국

인도

프랑스

다수제품 전체시장 도달전략 이 전략은 시장을 세분화한 후 모든 세분시장을 표적시장으로 선정하여 각 세분시장에 적합한 제품과 마케팅믹스를 투입하는 전략이다. 이 전략을 선택하는 마케팅 관리자는 시장이 "밀집선호성"으로 구성되어 있어 고객들의 욕구가 몇 개의 소집단으로 분리될 수 있고, 이들 소집단 각각의 욕구에 적합하며, 고객가치를 증진할 수 있는 제품과 마케팅 프로그램 개발이 가능하다고 보는 관점이다.

이 전략은 CJ, 대상, 오뚜기, 농심 등 자원이 풍부한 기업이 선택할 수 있는 전략으로 고객들의 욕구가 분리되기 시작하고 경쟁이 격화되어가는 제품수명주기상 성장 후기나 성숙기에 사용하는 전략이다. 이 전략은 단일제품의 전체시장 도달전략보다 각각의 세분시장에서 그 시장에 적합한 제품으로 고객들에게 소구하므로 판매량을 증대시킬 수 있어 총매출이 증가할 가능성이 크다. 그러나 이 전략을 잘못 사용하면 자기잠식[1] 현상이 벌어지거나, 관리능력을 초과하는 방만한 제품구성으로 인해 생산비, 재고관리비, 유통관리비, 촉진비용 등이 과다하게 지출되어 전체적으로 매출은 증가하지만, 이익률은 떨어질 수 있다는 단점이 있다.

2. 부분시장 도달전략

- **학습목표 3:** 주요 개념(3)
  - 부분시장 도달전략 = 시장을 세분화한 후에 모든 세분시장에 진출하지 않고, 일부 세분시장만을 표적시장으로 선정하는 전략
    - 단일시장 집중화전략 = 기업자금과 능력이 부족할 때 단일제품으로 단일시장을 공략하는 전략
    - 시장전문화전략 = 단일 세분시장에 다양한 제품으로 소구하는 전략
    - 제품전문화전략 = 다양한 세분시장에 단일제품으로 소구하는 방식; 히든 챔피언 기업들이 사용
    - 선택적 전문화전략 = 몇 개의 매력적인 세분시장에 진입하는 전략

이 전략은 시장을 세분화한 후에 모든 세분시장에 진출하지 않고 일부 세분시장만을 표적시장으로 선정하는 전략이다. 부분시장 도달전략은 〈표 9-3〉과 같이 단일제품으로 단일 세분시장만을 선택하는 전략, 단일제품으로 여러 세분시장을 선택하는 제품전문화전략, 여러 제품을 단일시장에 제시하는 시장전문화전략 및 여러 제품으로 몇 개의 세분시장을 소구하는 선택적 전문화전략 등 네 가지 유형이 있다.

단일시장 집중화전략 이 전략은 기업이 단일제품으로 단일 세분시장에 소구하는 단순한 형태의 전략이다. 이 전략은 주로 기업의 자금 및 능력이 제한되어 있거나 기업에서 새

표 9-3 부분시장 도달전략의 구분

	단일시장 집중화전략	시장전문화 전략	제품전문화 전략	선택적 전문화 전략
내용	단일시장, 단일제품	단일시장, 복수제품	복수시장, 단일제품	복수시장, 복수제품
장점	세분시장에서 강력한 지위 및 생산 · 유통 · 촉진의 전문화를 통해 높은 경쟁성과 추구 가능	특정고객집단에서 강력한 명성 획득 가능	특정제품 영역에서 강력한 명성 획득 가능	복수의 단일시장 집중화 형태로 위험 분산이 가능
단점	표적세분시장에서의 고객욕구가 변화하거나 새로운 경쟁자 진입으로 인해 위험 발생	외부 환경변화로 인해 특정고객집단의 구매가 갑작스럽게 감소할 경우 위험 발생	현재의 기술을 완전히 대체할 수 있는 혁신적인 기술이 개발될 경우 위험 발생	소구하고자 하는 각 세분시장마다 제품 및 전략이 달라 시너지 효과가 낮으며 상당한 제품개발 및 마케팅 비용 수반
예	블루클럽	아가방, 위(wii)	빅 사이즈 제품 전문 회사, 영안모자, 홍진 헬멧, 삼천리자전거	랜드로버

로운 시장에 진입할 때 추가적인 세분시장의 확장을 위한 교두보로 특정한 세분시장을 활용하려고 할 때 사용한다. 이 전략을 사용하는 기업에서는 집중화된 마케팅을 통해 세분시장의 욕구에 대한 다양한 지식과 특별한 명성을 기반으로 세분시장에서 강력한 지위를 확보할 수 있다. 또 생산, 유통, 촉진 등의 전문화를 통해 높은 경제성을 추구할 수 있고, 경쟁자가 없는 틈새시장이라면 높은 투자수익도 올릴 수 있다. 그러나 하나의 단일시장만을 소구하므로 표적세분시장에서 고객욕구가 변화하거나 그 시장에 강력한 새로운 경쟁자가 진입하면 상당한 위험이 수반된다. 예컨대 2000년대 블루클럽은 남성 전용 미용실을 표방해 남자들이 저렴한 가격으로 편안하게 머리를 깎을 수 있는 헤어 공간을 마련했다. 그러나 남성들도 헤어스타일에 더 많은 관심을 가지고 투자를 하면서 저렴한 가격의 단일화된 방식으로 운영되는 블루클럽은 현재 경쟁력을 잃었고, 예전처럼 블루클럽을 쉽게 찾아볼 수 없게 되었다.

시장전문화전략 이 전략은 특정고객집단의 욕구를 충족시키기 위해 다양한 제품을 판매하는 전략이다. 패션시장에서 20대를 표적고객으로 하여 그들에게 맞는 의류, 구두, 액세서리 등을 전문적으로 생산 · 판매하는 전략을 사례로 들 수 있다. 이 전략을 선택하는 기업은 특정고객집단에 강력한 명성을 얻을 수 있다. 아가방은 영아와 유아를 표적고객으로 삼아 이에 맞는 용품을 전문적으로 생산하며 명성을 얻고 있다.

그러나 출산율 감소, 어린이와 청소년 인구 감소 등으로 소구하고 있는 특정고객집단의 구매가 갑작스럽게 감소할 경우를 대비해서 고객집단을 확장하는 등 많은 노력을

그림 9-4 시장전문화전략: 영유아 전문브랜드 아가방과 닌텐도 '위'

기울여야 할 텐데, 최근 중국 기업이 중국 시장 진입의 플랫폼 브랜드로 활용하고자 인수하였다. 예컨대 어린이를 표적고객으로 한 닌텐도는 온 가족이 함께 즐길 수 있는 게임기 '위(wii)'를 출시해 고객집단을 가족 전체로 확장해 성공했었으며, 이러한 경험과 디지털 트렌드를 감안하여 최근에는 '포켓몬고' 콘텐츠 서비스 사업에 참여하고 있다.

제품전문화전략 이 전략은 다양한 세분시장에 전문화된 제품으로 소구하는 유형이다. 이때 제품은 품목이나 디자인 및 색상을 다양하게 하여 고객이 선택할 수 있는 폭을 넓힐 수 있다. 이 전략을 활용하는 기업은 특정제품 영역에서 강력한 명성을 얻을 수 있지만, 현재의 기술을 완전히 대체할 수 있는 혁신적인 기술이 개발될 때는 심각한 위험이 발생할 수 있다. 잠옷 또는 속옷 전문회사나 빅 사이즈 제품을 전문으로 하는 회사가 좋은 예다. 영안 모자, 은성 낚싯대, 홍진HJC의 오토바이 헬멧, 삼천리자전거 등 히든 챔피언(Hidden Champion)[2] 기업이 이 전략을 활용하고 있으며, 독일과 일본에 이러한 유형의 기업들이 많다.

선택적 전문화전략 이 전략은 세분시장 중에서 매력적이고 기업 목표에 적합한 몇 개의 세분시장에 진입하는 전략이다. 이 전략은 소구하고자 하는 각 세분시장마다 제품 및 전략이 다르므로 시너지 효과가 낮으며 제품개발과 마케팅에 큰 비용이 들었다. 그러나 기업들은 시너지 효과를 높이기 위해 많은 노력을 함에 따라 선택적 전문화전략은 최근 많이 활용되고 있다. 대표적인 예들로 자동차 산업의 플랫폼 공유, 공동부품의 활용 등이 있고, 많은 산업에서 대량맞춤화(Mass Customization) 노력을 펼쳐오고 있다.[3] 이 전략은 성장과 동시에 위험을 분산시키려는 의도로 활용한다. 예를 들면 다목적 스포츠 차량(Sport Utility Vehicle: SUV)시장에 특화되어 있던 랜드로버는 점차 부가가치가 큰 대형 규모의 세분시장에 진출하면서 자신들의 제품군을 다양화하여 성장과 동시에 단독 품목 생산에 따른 위험을 분산시킬 수 있었다.

그림 9-5 선택적 전문화전략: 랜드로버의 다양한 제품군

이 장의 요약

- 표적시장이란 세분시장 중에서 자사의 경쟁우위와 경쟁상황을 고려했을 때 자사에 가장 좋은 시장기회를 제공하는 특화된 시장을 의미한다. 표적시장의 선정은 자사의 경쟁우위가 어느 세분시장에서 확보될 수 있는가를 평가해 상대적으로 경쟁우위가 있는 세분시장을 선택하는 것을 말한다. 일반적으로 마케팅 관리자들이 표적시장을 선정하기 위해 가장 많이 사용하는 방법은 세분화 변수가 둘 이상일 때 사용하는 시장세분화 매트릭스이다.

- 표적시장을 선정하기 위해 마케팅 관리자는 세분시장에 대한 평가를 선행해야 한다. 세분시장의 평가는 세분시장 규모, 세분시장 성장률 및 제품수명주기를 고려하는 세분시장요인 평가와 현재의 경쟁자 및 잠재적 경쟁자를 파악하는 경쟁요인 평가, 기업의 목표와 자원 및 기존 시장과 마케팅믹스와의 조화를 평가하는 자사와의 적합성 평가 등 세 가지 차원에서 이루어진다. 이를 통해 마케팅 관리자는 각 세분시장에 대해 표적시장으로서의 매력도를 파악한다.

- 세분시장에 대한 평가가 끝나면 마케팅 관리자는 어느 세분시장에 그리고 얼마나 많은 세분시장에 진출할 것인지를 결정해야 하며, 이를 표적시장 선정전략이라고 한다. 기업이 진입할 세분시장과 그 범위를 결정하는 방법은 전체시장 도달전략과 부분시장 도달전략으로 구분할 수 있다. 흔히 자원이 풍부한 대규모 기업에서 사용하는 전체시장 도달전략은 모든 시장을 소구대상으로 선택하는 것을 의미한다. 구체적으로는 시장을 하나로 파악해 모든 계층의 고객에게 같은 제품과 마케팅 프로그램으로 전체시장을 공략하는 단일제품 전체시장 도달전략과 시장을 세분화한 후 모든 세분시장을 표적시장으로 선정해 각 부문에 적합한 제품과 마케팅믹스를 투입하는 다수제품 전체시장 도달전략이 있다. 부분시장 도달전략은 시장을 세분화한 후에 모든 세분시장에 진출하지 않고, 일부 세분시장만을 표적시장으로 선정하는 전략으로 단일시장 집중화전략, 시장전문화전략, 제품전문화전략 및 선택적 전문화전략 등으로 나눈다. 단일시장 집중화전략은 기업의 자금과 능력이 부족할 때 단일제품으로 단일시장을 공략하는 전략이며, 시장전문화전략은 단일 세분시장에 다양한 제품으로 소구하는 전략이다. 제품전문화전략은 다양한 세분시장에 전문화된 제품으로 소구하는 방식이며, 선택적 전문화전략은 매력적인 몇 개의 세분시장에 진입하는 전략을 말한다.

주요 개념 목록

시장세분화 매트릭스 / 세분시장 매력도 평가요인 / 세분시장요인(세분시장 규모, 성장률, 제품수명주기) / 경쟁요인(현재의 경쟁자, 잠재적 경쟁자) / 자사와의 적합성(기업목표, 자원, 마케팅믹스와의 조화) / 시장 커버리지전략 유형 / 전체시장 도달전략 / 단일제품 전체시장 도달전략 / 다수제품 전체시장 도달전략 / 부분시장 도달전략 / 단일시장 집중화전략 / 시장전문화전략 / 제품전문화전략 / 선택적 전문화전략 / 대량맞춤화

생각해볼 문제

1. 우리나라의 시장 상황을 고려할 때 노트북 시장에서 표적시장을 선택하는 과정을 설명하고 가장 적합한 표적시장을 제시하시오.
2. 우리나라에서 제품전문화전략과 시장전문화전략을 사용하는 기업의 예를 들고 각 전략을 비교해보시오.
3. 명품핸드백을 OEM으로 납품하던 업체가 거래처를 잃게 되자 자체 브랜드를 통한 시장진입을 결정했다. 여섯 가지의 표적시장전략 중 어느 전략을 선택하는 것이 타당한지 설명하시오.
4. 표적시장의 개수는 어떻게 정할 수 있는지, 즉, 이 결정에 가장 큰 영향을 미치는 요인(들)은 무엇인지 설명하시오.
5. 대량맞춤화의 개념과 사례를 토대로 하여 성공 및 실패요인을 제시하시오.

1 자기잠식(Cannibalization): 식인풍습을 뜻하는 'Cannibal'이라는 단어에서 유래한 마케팅 용어다. 식인종이 자신의 종족을 잡아먹듯이, 한 기업에서 새롭게 출시한 제품이나 기술이 기존에 그 기업에서 판매하고 있던 다른 제품이나 기술 영역까지 침범해 해당 매출에 부정적인 영향을 끼치는 것을 뜻한다. 이런 자기잠식 효과는 새로운 제품이 출시되면 비슷한 제품라인에서 판매되던 기존 제품에 어쩔 수 없이 영향을 끼친다. 최근에는 제품수명주기가 짧은 휴대전화 같은 상품의 산업에서 많이 논의되고 있는 개념이다(위키백과).

2 독일의 경영학자 헤르만 지몬(Hermann Simon)이 펴낸 책 《히든 챔피언(*Hidden Champion*)》에서 비롯된 말이다. 지몬은 히든 챔피언을 대중에게 잘 알려지지 않은 기업, 각 분야에서 세계 시장점유율 1~3위 또는 소속 대륙에서 1위를 차지하는 기업, 매출액이 40억 달러 이하인 기업으로 규정했다. 즉, 애널리스트들조차 잘 모르는 기업이지만, 목표에 맞는 적절한 전략들을 개발함으로써 세계 시장의 지배자가 된 기업이라는 뜻으로, 강소기업(強小企業: 작지만 강한 기업)이라는 말과 유사하다. 히든 챔피언에 속하는 기업들은 평균 60년 이상의 기업 수명, 평균 매출액 4,300억 원, 평균 성장률 8.8%, 분야별 세계 시장점유율 33% 이상이라는 공통점을 지닌다. 또 다른 공통점은 다음과 같다. 첫째, 장기적 전망을 중시한다. 이들 기업은 단기적인 투자가치보다 지속성에 무게를 두고 경영한다. 둘째, 기업의 집중력을 중시한다. 여러 제품시장에 관심을 두는 것이 아니라 협소하고 전문화된 제품생산에만 집중하며, 독보적 기술을 갖추고 있다. 셋째, 세계시장을 중시한다. 이들 기업 중에는 본사 직원이 수십 명에 불과해도 100개가 넘는 해외 지사를 거느린 사례가 많다. 또 고객의 의견을 경영이나 생산에 반영할 수 있는 시스템, 훌륭한 인재, 독특한 기업문화를 갖추고 있다는 특징도 지녔다(Simon, Hermann, *Hidden Champions of the Twenty-First Century: The Success Strategies of Unknown World Market Leaders*, Springer, 2009 edition).

3 대량맞춤화(Mass Customization)란 매스(mass; 대량)와 커스터마이제이션(customization; 맞춤화)의 합성어이다. 매스란 표준화를 의미하고, 표준화를 위한 플랫폼이라는 용어도 사용한다. 예를 들어 생산에 있어 플랫폼 공유, 공동부품의 활용과 모듈식 생산방식의 적용 등을 들 수 있다. 즉 개별고객의 다양한 욕구과 기대를 충족시키면서도 값싸게 대량생산하여 제품을 제공할 수 있는 방법을 말한다. 말하자면 품종을 다양화하면서 대량화함으로써 하나의 품종을 많이 생산하지는 않더라도 그 회사 전체의 생산량은 대량생산체제와 맞먹는 수준을 유지해 이익을 극대화한다는 것이다. 대량맞춤으로 성공한 기업으로 소니의 워크맨, 미국의 델 컴퓨터 등 수많은 회사들을 꼽을 수 있다. 특히 1984년 소규모 조립식 컴퓨터 판매를 시작한 델은 1996년부터 온라인을 통해 고객이 직접 원하는 사양을 선택하는 방식의 주문형 대량생산방식으로 단기간에 세계 최고 컴퓨터 회사로 성장했다. 델은 전 세계 80여 개국을 대상으로 국가별 사이트를 운영, 주문에서 배달까지 4일만에 끝내기도 했으나, 최근에는 하드웨어 사업의 경쟁력 약화(예: 중국기업들의 약진)로 업의 전환을 시도하는 등 고전 중에 있다. 또 인공지능 컴퓨터 등을 이용, 고객의 얼굴 형태나 취향에 맞게 안경을 제작해서 성공을 거둔 일본의 파리스 미키와 고객 DB를 구축해 재방문 시 기호에 맞는 서비스를 제공하는 리츠칼튼 호텔 등도 대량맞춤의 성공 사례라 할 수 있다. 다만, 표준화에 해당하는 부분이 없으면 대량맞춤화가 아니라 개인별 완전맞춤화라는 점에 주의해야 한다(출처: 매일경제 용어사전 등을 참조하여 작성함).

6th Edition

Marketing

10장

포지셔닝

고객 마음속에 브랜드를 담아라

/ 학 / 습 / 목 / 표 / (Learning Goals)

1. 포지셔닝의 개념과 포지셔닝 접근방법 유형을 이해한다.
2. 포지셔닝전략의 수행과정과 포지셔닝맵을 학습한다.
3. STP전략의 통합을 이해한다.
4. 디지털 마케팅의 STP전략을 이해한다.

전략적 포지션(strategic position)

고객의 평가나 인식 속에는 품질 차원과 가격 차원에서 공급자의 제품이 위치한다.

그림에서 볼 수 있듯이 고객의 인식 속에는 세 영역, 즉 경쟁열위(competitively inferior), 공정한 가치(fair value), 경쟁우위(competitively advantageous) 영역의 전략적 포지션이 있다. 각 영역의 의미를 간단히 살펴보면 다음과 같다.

가격평가 \ 품질평가	저	중	고
저	공정한 가치 포지션	경쟁우위 포지션	경쟁우위 포지션
중	경쟁열위 포지션	공정한 가치 포지션	경쟁우위 포지션
고	경쟁열위 포지션	경쟁열위 포지션	공정한 가치 포지션

① 경쟁열위 포지션이란 다른 포지션에 비해 상대적으로 가격과 품질 평가의 관계가 뒤떨어지는 위치에 있는 경우다. 예를 들어 품질은 낮은데, 가격은 높은 경우다. ② 공정한 포지션이란 가격과 품질 간 관계가 공정한 경우를 말한다(고품질 및 고가격, 중간 품질 및 중간 가격, 저품질 및 저가격). 가격과 품질 간의 관계는 비슷하다고 해도 공정한 가치 포지션 영역의 특정 위치가 갖는 특성과 의미는 다르다. ③ 경쟁우위 포지션이란 가격과 품질 간의 관계가 상대적으로 우월한 경우를 의미한다(저가격 및 중 · 고품질, 중간 가격 및 고품질). 가격보다 상대적으로 품질이 좋은 경우가 여기에 해당한다.

예를 들어 현재 우리의 포지션이 A라고 할 때, B의 포지션은 경쟁우위에 있으며, C의 포지션은 경쟁열위에 있다. 이런 포지션맵을 각 세분시장과 전체시장에서 평가할 수 있다. 그렇지만 우리가 선택한 표적시장에서 이 포지션맵이 어떻게 나타나는가가 중요하다. 만약 표적시장에 있는 고객의 인식 속에 우리 기업이나 제품의 포지션이 A이고,

가격평가 \ 품질평가	저	중	고
저			B
중		A	
고	C		

경쟁사의 포지션이 B라면 우리의 포지셔닝전략 방향은 명백하다. 어떻게 우리의 포지션을 B와 대등한 위치, 나아가 우월한 위치에 올려놓을 것인가가 관건이다. 그렇지 않다면 우리가 경쟁우위의 포지션을 차지하고 있는 세분시장과 해당 고객군을 다시 찾아야 한다.

자동차시장을 예로 들어 포지션맵을 살펴보자. 최근 2차 자료와 자동차업계 전문가와의 인터뷰를 활용해

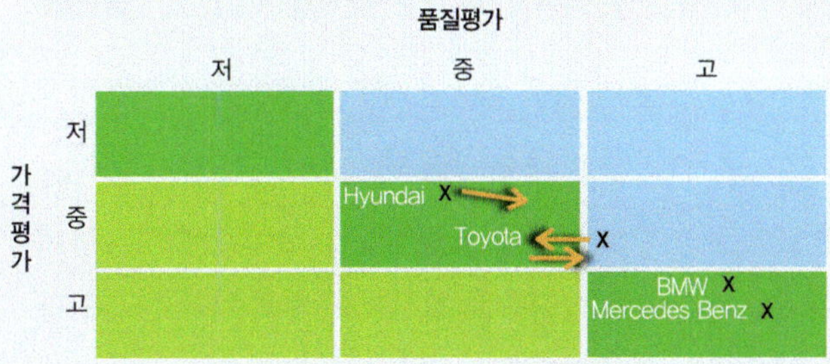

다음과 같은 맵을 만들 수 있었다. 메르세데스 벤츠와 BMW의 위치는 고품질 및 고가격 영역에 있다. 그동안 토요타는 고품질 및 중간 가격 영역, 즉 경쟁우위 영역에 있었다. 그러나 2009년부터 불거진 일련의 리콜사태로 포지션이 불리한 방향으로 이동했고, 최근 최대의 노력을 기울여 이 위치를 다시 수정하고 있다. 2015년에는 폭스바겐의 배출가스 저감장치 조작 파문이 세계의 자동차시장에 큰 파문을 일으켰다. 이에 비해 현대자동차는 가격 수준은 유지하되, 품질을 높여서 과거보다 좀 더 경쟁우위 방향으로 포지션이 이동하는 추세다.[1]

다른 산업의 예로 발전시장에서 우리나라를 대표하는 B2B 기업 중 하나인 두산중공업의 포지션은 어떻다고 생각하는가? GE, 지멘스(Siemens), 알스톰(Alstom)의 위치는 고품질 및 고가격 영역이다. 우리나라의 두산중공업은 중간 품질 및 중간 가격 영역에 있어 그 내용은 다르지만, 이러한 회사들과 비슷한 공정한 가치 포지션에 있는 것으로 해석할 수 있다. 다만, 현재 두산중공업과 이러한 경쟁자들의 공정한 가치 구성 특징은 조금 다를 것이다. 앞으로 일부 세분시장에서 두산이 나아갈 방향은 ① 또는 ②의 방향이 아닐까? 한국을 대표하는 삼성전자, 현대자동차, 그 밖에 우리나라의 많은 기업은 경쟁우위 포지션을 확보했거나 확보하기 위해 비슷한 발전궤도로 움직이고 있다.

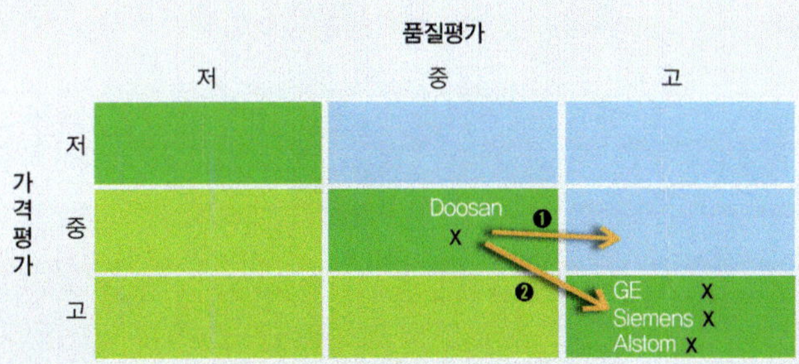

다시 한 번 정리하면 포지셔닝 개념의 핵심은 경쟁관계에 있다. 또 고객의 평가와 인식은 제한되어 있다. 고객의 마음속에 우리 기업의 위치를 인식시키기 위해서는 경쟁자를 밀어내고 그 자리를 차지하는 수밖에 없다. 이러한 포지션을 효율적으로 확보하기 위해서는 경쟁업체의 단점을 공격하든지 아니면 고객이 원하는 것을 잘 발견하여 제안함으로써 고객의 인식 속에 새로운 자리를 만들어 들어가야 할 것이다.

1 포지셔닝이란 무엇인가?

포지셔닝(Positioning)은 선택한 표적시장의 고객에게 경쟁제품과 서비스에 비교하여 우리 제품과 서비스의 우월한 위치를 명확하게 심어주는 회사의 총체적 마케팅노력 방향을 의미한다.

3C분석과 STP전략, 그리고 Part 4의 마케팅믹스를 연계하여 포지셔닝의 역할을 중심으로 제시하면 아래의 그림과 같다. 10장 포지셔닝에서는 포지셔닝의 개념과 수행, STP전략의 통합, 그리고 디지털 마케팅의 STP전략을 학습한다.

STP전략의 통합적 틀과 포지셔닝의 역할

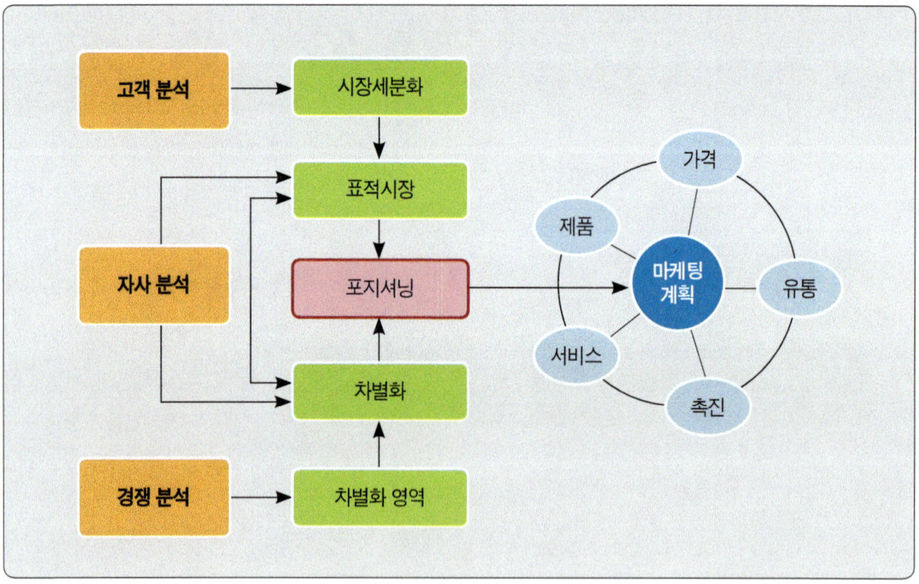

1. 포지셔닝의 개념

- **학습목표 1: 주요 개념(1)**
  - 포지셔닝의 개념 = 경쟁우위 달성을 목적으로 경쟁자의 제품과 다르게 인식되도록 마케팅믹스를 사용해 고객의 마음속에 제품의 정확한 위치를 심어주는 과정
  - 마케팅 관리자는 자사제품의 목표 포지셔닝을 결정한 후 구체적인 접근방법을 사용해 목표 포지션을 획득하기 위한 방향으로 자사제품을 인식시켜야 함.

고객은 자신이 지각한 제품 속성에 따라 자신의 마음속에 특정제품군에 대한 브랜드별 우선순위를 갖는데, 이를 포지션(position)이라고 한다. 또 기업은 고객의 마음속에 자사제품 또는 서비스가 경쟁자의 것과 다르게 인식되도록 마케팅믹스를 조합하는데, 이를 포지셔닝(Positioning)이라고 한다.[2] 포지셔닝이 필요한 이유는 마케팅 관리자가 여러 세분시장 중에서 표적시장을 선정하고 그 안에서 마케팅 활동을 수행할 때 이미 시장 내에 경쟁기업들이 있기 때문이다. 즉, 마케팅 관리자는 자사제품이 경쟁제품과 달라서 고객의 욕구를 더 충족시킬 수 있다는 것을 고객들에게 인식시켜줄 수 있어야 한다.

공식적으로 정의하면 포지셔닝이란 경쟁우위 달성을 목적으로 경쟁제품과 다르게 인식되도록 마케팅믹스를 사용해 고객의 마음속에 제품의 정확한 위치를 심어주는 과정이다. 따라서 포지셔닝전략은 표적시장에서 경쟁우위 달성을 위해 꼭 필요한 과정이며 동시에 수단이 된다. 경쟁우위는 어떤 제품이나 브랜드가 다른 제품 또는 브랜드보다 고객들에게 더 많은 가치를 제공할 수 있을 때 달성된다. 경쟁우위를 가져오는 이러한

그림 10-1 표적시장에서 경쟁우위의 결정

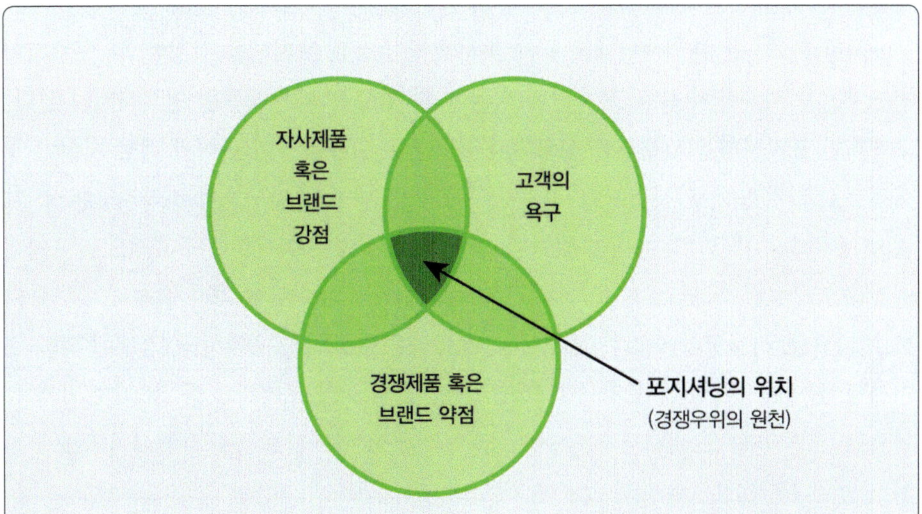

가치는 제품이 원래 가지고 있는 우월성에 의해 만들어지기도 하지만, 이것과는 무관하게 고객들이 제품 또는 브랜드를 어떻게 생각하느냐 하는 주관적인 가치로도 많은 부분이 결정된다. 따라서 표적시장에서 고객의 마음속에 확실한 위치를 차지하는 포지셔닝전략은 경쟁우위를 달성하는 매우 중요한 수단임을 잊지 않아야 한다. 〈그림 10-1〉은 표적시장에서 경쟁우위가 어떻게 결정되는지를 보여준다. 경쟁우위 달성을 위한 포지셔닝전략은 고객욕구, 자사제품 또는 브랜드의 강점, 경쟁제품 또는 브랜드의 약점 등 세 가지, 즉 3C 요인분석을 통해 구현된다.

2. 포지셔닝 접근방법 유형

- **학습목표 1: 주요 개념(2)**
  - 포지셔닝 접근방법 유형 = 학술적 연구들이 정리·제시한 유형으로 구체적으로 포지셔닝전략을 구상할 때 단서가 될 수 있음.
    - 속성·효익에 의한 포지셔닝 = 자사제품이 경쟁제품과 비교해 차별적 속성과 특징을 가져 다른 효익을 제공한다고 고객에게 인식시키는 전략으로 가장 흔히 사용되는 방법
    - 사용상황에 의한 포지셔닝 = 적절한 사용상황을 묘사·제시하는 전략
    - 제품사용자에 의한 포지셔닝 = 제품이 특정고객들에게 적절하다고 포지셔닝하는 방법
    - 경쟁에 의한 포지셔닝 = 고객의 지각 속에 자리 잡고 있는 경쟁제품과 명시적 또는 묵시적으로 비교함으로써 자사제품의 상대적 혜택을 강조하는 방법
    - 틈새시장에 대한 포지셔닝 = 기존제품이 충족시키지 못하는 시장기회를 획득하는 방법
    - 제품군에 의한 포지셔닝 = 특정제품군에 대한 고객의 우호적 태도를 이용해 자사제품을 그 제품군과 동일한 것으로 포지셔닝하는 방법

마케팅 관리자는 포지셔닝맵을 통해 자사제품의 목표 포지션을 결정한 후, 구체적인 접근방법을 사용하여 목표 포지션에 위치할 수 있도록 자사제품을 인식시켜야 한다. 구체적인 포지셔닝 의사결정은 상황마다 특유한(unique) 특성이 있어서 해당 기업이 창의적으로 결정해야 할 사항이다. 그동안 학술적인 마케팅 연구들이 정리해놓은 몇 가지의 포지셔닝 접근방법 유형이 있는데, 이에 대한 설명은 여러분이 구체적으로 포지셔닝전략을 구상할 때 단서가 될 것이다. 사용하는 방법과 수단에 따라 속성 · 효익에 의한 포지셔닝, 사용상황에 의한 포지셔닝, 제품사용자에 의한 포지셔닝, 경쟁에 의한 포지셔닝, 틈새시장에 대한 포지셔닝 그리고 제품군에 의한 포지셔닝 등 총 여섯 가지 유형으로 구분된다.[3] 포지셔닝 유형에 대한 자세한 설명과 사례는 온라인사이트에 수록되어 있으니 살펴보기 바란다.

2 포지셔닝전략의 수행

1. 포지셔닝전략 수행 과정

- **학습목표 2: 주요 개념(1)**
  포지셔닝전략 수행 과정 = 고객분석과 경쟁자 확인 → 경쟁제품의 포지셔닝 분석 → 자사제품의 포지셔닝 개발 → 포지셔닝의 확인과 재포지셔닝

포지셔닝전략 절차는 〈그림 10-2〉와 같다. 다음에서 포지셔닝전략의 수행 과정을 차례로 살펴보자.

고객을 분석하라

고객분석은 표적시장 내의 고객들이 제품군에서 추구하는 혜택을 이해하고 기존 제품에 대한 불만족과 그 원인을 찾는 과정이다. 즉, 고객이 원하는 최적의 가치를 찾는 과정으로 고객의 인구통계적 특성, 라이프스타일 및 구매행동 등에 대해 분석한 후, 가장 효과적인 포지셔닝 방법을 찾는다. 이 작업은 이미 3C분석의 고객분석 및 시장세분화 과정에서 이루어졌지만, 여기서 포지셔닝 방향을 위해 다시 정리한다. 포지셔닝 방향 설정을 위한 고객분석의 간략한 예를 생각해 보자. 최근에는 환경문제에 관심이 있

그림 10-2 포지셔닝전략의 절차

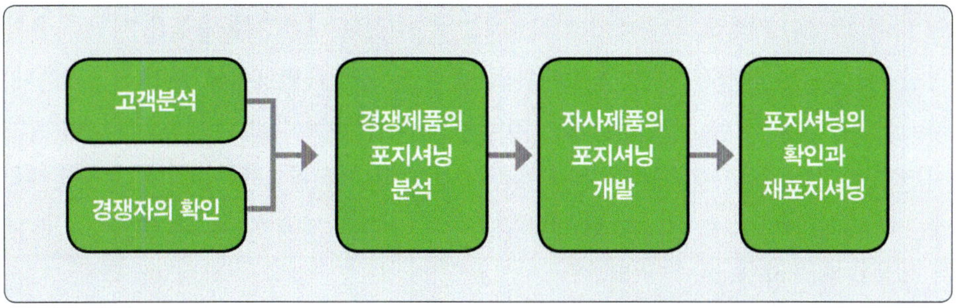

그림 10-3 환경문제에 관심을 두는 고객이 타깃인 기업 프라이탁의 제품

는 고객들이 늘고 있다. 스위스의 업사이클링(up-cycling)[4]을 대표하는 글로벌 사회적 기업인 패션 액세서리 메이커 프라이탁(Freitag)은 "인간과 지구를 보호함으로써 선한 이윤을 얻는다"는 기업 철학을 바탕으로 버려진 폐품을 명품으로 탄생시키고, 좋은 일자리를 만들며, 높은 품질을 유지한다. 이런 이유로 프라이탁은 인기가 높다. 특히 이 사례는 기업의 미션이 명확한 포지션으로 연계된 사례이다. 이럴 경우 기업의 미션은 의미를 갖게 되고 구성원에게 동기를 부여할 수 있다. 또 이유식시장에서는 아기 생후 개월 수에 따른 제품속성 차이를 기준으로 시장을 세분화할 수 있다. 하지만 실제 구매자인 엄마들의 이유식 구매결정은 단순히 영양이나 원료뿐 아니라 '내 아이에게는 다른 아이들과는 좀 다른 이유식을 먹이고 싶다'는 욕구 때문에 이루어진다. 이처럼 포지셔닝을 위한 고객분석은 고객 또는 구매자에 대한 정밀한 분석을 요구한다.

경쟁제품을 파악하라

포지셔닝의 기본 개념은 경쟁제품에 대한 자사제품의 위치를 결정하는 것이다. 따라서 효과적인 포지셔닝을 하려면 먼저 경쟁분석에서 살펴봤듯이 경쟁제품과 브랜드를 파악해야 한다. 경쟁자의 확인 작업은 같은 속성을 갖는 제품뿐 아니라 같은 효익을 갖는 다른 속성의 제품도 고려해야 한다. 예를 들어 전혀 다른 제품속성을 지닌 우유와 청량음료는 경쟁관계가 아닌 것 같지만, 음료라는 효익 측면에서는 분명 경쟁관계다. 따라서 기존의 시장에 새로 진출하는 기업은 좀 더 넓은 안목으로 제품의 경쟁범위를 설정하고, 포지셔닝이 가능한 차원을 제품 속성뿐 아니라 필요하면 효익이나 사용상황 등으로 확대할 필요가 있다. 또 마케팅 근시안으로 인해 경쟁자를 너무 좁게 파악하는 오류를 범하면 안 된다.

경쟁제품 포지셔닝을 분석하라

구체적인 경쟁제품들이 확인되면 이 제품들이 고객들에게 어떻게 지각되고 평가되는지를 파악해야 한다. 이때 요인분석[5]이나 다차원척도법(Multi-Dimensional Scaling Analysis: MDS) 등의 통계적인 방법을 통해 포지셔닝맵을 작성하면 경쟁제품들에 대한 고객의 지각을 파악할 수 있다. 예를 들어 태블릿, 스마트폰, 노트의 경우 경쟁관계가 어떻게 설정되는지 파악하기 위해 고객의 지각도를 활용하면 전략방향 설정에 도움이 될 수 있다.

> 삼성전자는 휴대폰시장이 아이패드, 갤럭시 탭으로 대표되는 태블릿과 아이폰, 갤럭시로 대표되는 스마트폰시장으로 양분되어 있다는 점을 파악하고, 2011년 스마트폰과 태블릿의 중간 크기인 5인치 대화면 갤럭시 노트를 출시해 태블릿과 폰의 합성어인 '패블릿'이라는 새로운 카테고리를 창출해냈다. 갤럭시 노트는 대화면 스마트폰으로 경쟁제품과는 다른 차별적 가치를 고객에게 제공해 큰 성공을 거두었다. 이 제품은 특히 태블릿과 스마트폰 두 가지 버전으로 출시해 휴대폰시장에서 고객 선택의 폭을 넓혔고, 기존 제품과는 차별적 제품으로 받아들여졌다.
>
> 〈조선비즈〉, [IFA 2011] 삼성전자, 태블릿PC+스마트폰 제품 선보여, 2011년 9월 1일 자

자사제품 포지셔닝을 개발하라

이 과정은 고객분석과 경쟁제품 포지셔닝 분석에 의한 정보를 근거로 경쟁사보다 자사가 고객욕구를 더 잘 충족시킬 수 있는 적절한 제품 포지셔닝을 결정하는 과정이다. 이 과정에 앞서서 포지셔닝맵을 통해 고객들이 경쟁제품과 자사제품에 대해 어떻게 인식하고 있는가를 파악하면, 마케팅 관리자는 고객들이 현재 충족되지 않은 욕구가 무엇인지 또 세분시장에서 경쟁제품의 강점과 약점이 무엇인지를 알 수 있다. 따라서 마케팅 관리자는 이러한 정보를 근거로 경쟁사보다 자사제품이 경쟁적 우위를 확보할 수 있는 포지셔닝을 결정해야 한다.

이러한 과정을 통해 자사제품의 적절한 포지셔닝이 결정되면, 결정된 목표 포지셔닝에 접근하기 위한 구체적인 방법을 선택해야 한다. 마케팅 관리자가 목표 포지셔닝에 효율적으로 접근하는 방법으로는 앞에서 언급한 속성 · 효익, 사용상황, 사용자 및 경쟁에 의한 포지셔닝 방법 등이 있다.

포지셔닝 확인 후 재포지셔닝하라

자사제품의 포지셔닝 수립 및 실행 후 마케팅 관리자는 자사제품이 목표한 위치에

그림 10-4 **포지셔닝과 재포지셔닝: 건강과 미용 등 다양한 기능을 소개하는 청정원의 '홍초'**

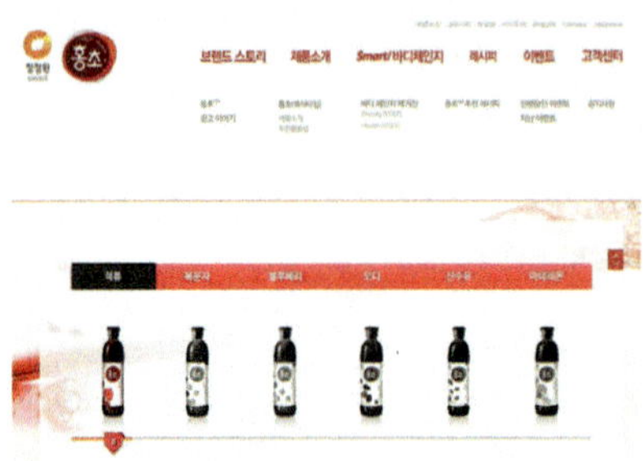

출처: 청정원 '홍초' 홈페이지

출처: 청정원 '홍초' 광고 영상 캡처

포지셔닝이 되었는지 확인해야 한다. 고객의 욕구충족과 경쟁사와의 경쟁을 포함한 여러 환경은 시간이 흐르면서 계속 변한다(3. STP전략의 통합의 '경쟁력 이성론' 참조). 그러므로 마케팅 관리자는 계속 시장상황을 조사하면서 자사제품이 적절하게 포지셔닝이 되고 있는지 확인해야 한다. 또 초기에는 적절한 포지셔닝이었지만, 환경변화 때문에 경쟁사의 제품보다 적절하지 않은 포지션이 될 수 있다. 이와 같은 현상이 발생하면 마케팅 관리자는 포지셔닝 절차를 반복 시행하여 자사제품의 목표 포지션을 다시 설정하고, 적절한 포지션으로 이동시키는 재포지셔닝(repositioning)을 해야 한다. 효과적인 포지셔닝 확인과 재포지셔닝을 위해 마케팅 관리자는 정기적으로 포지셔닝맵을 작성해 자사제품과 경쟁제품들의 변화추이를 분석하는 동태적 포지셔닝 분석(dynamic positioning analysis)도 해야 한다.

예를 들어 대상 청정원의 '홍초'는 건강과 유연성을 강조한 건강음료에서 피부미용과 다이어트, 체질개선 등을 강조한 기능성 음료로 재포지셔닝하여 성공을 거둔 좋은 예다(〈그림 10-4〉 참조). 또 최근에 백화점에 입점하고 있는 SK II 화장품의 특정 에디션 또는 버전이 이마트에서 팔리기 시작한 것 또한 저가제품으로 재포지셔닝한 예다.

2. 포지셔닝맵이란 무엇인가?

- **학습목표 2:** 주요 개념(2)
  - 포지셔닝맵 = 고객의 마음속에 있는 자사제품과 경쟁제품들의 위치를 2차원 또는 3차원 도면으로 작성한 맵
  - 포지셔닝맵 유형 = 제품의 물리적 특성에 의한 포지셔닝맵; 고객의 지각에 근거한 포지셔닝맵
  - 포지셔닝맵 작성 = 차원의 수 결정 → 차원의 이름 결정 → 경쟁제품 및 자사제품의 위치 파악 → 자사의 이상적인 포지셔닝 결정

– 포지셔닝맵은 고객 인식과 선호를 토대로 다음과 같은 전략적 유용성 제공: ① 자사제품의 위치 파악, ② 경쟁자와 경쟁강도 파악, ③ 제품 포지셔닝이 나가야 할 방향, 이상점(ideal point) 파악, ④ 틈새시장기회 파악, ⑤ 마케팅믹스의 효과 측정

포지셔닝맵의 유형

포지셔닝맵이란 고객의 마음속에 있는 자사제품과 경쟁제품들의 위치를 2차원 또는 3차원의 도면으로 작성한 것이다. 여기서는 포지셔닝맵의 유형과 작성방법, 전략적 유용성에 관해 설명한다.

물리적 특성에 의한 포지셔닝맵 제품의 객관적인 물리적 속성이나 특성 중에서 두 개 또는 세 개의 차원을 선별해 제품의 포지셔닝맵을 작성하는 방법이다. 〈그림 10-5〉는 자동차를 통해 작성한 물리적 특성에 의한 포지셔닝맵이다. 이 방법은 고객 대상이 아니라 객관적인 제품의 물리적인 속성을 사용하므로 제품 위주의 포지셔닝이다. 이 방법은 고객들이 제품 평가 및 선택 시 제품의 물리적 속성을 기준으로 할 경우에는 유용하지만, 고객들이 다른 기준을 사용하면 큰 의미가 없음에 주의해야 한다. 예를 들어 자동차의 경우, 제품 위주의 포지셔닝으로 흔히 사용하는 업계의 기준은 자동차 사이즈이다(경차의 경우 A제품 seg, 소형차의 경우 B, 준중형의 경우 C, 중형의 경우 D, 대형 이상은 E. 글로벌 제품 seg 기준인데, 북미와 유럽 기준은 조금 차이가 있음). 즉, 자동차 사이즈에 의해 자동차의 많

그림 10-5 물리적 특성에 의한 포지셔닝맵: 기아자동차의 자동차 라인업

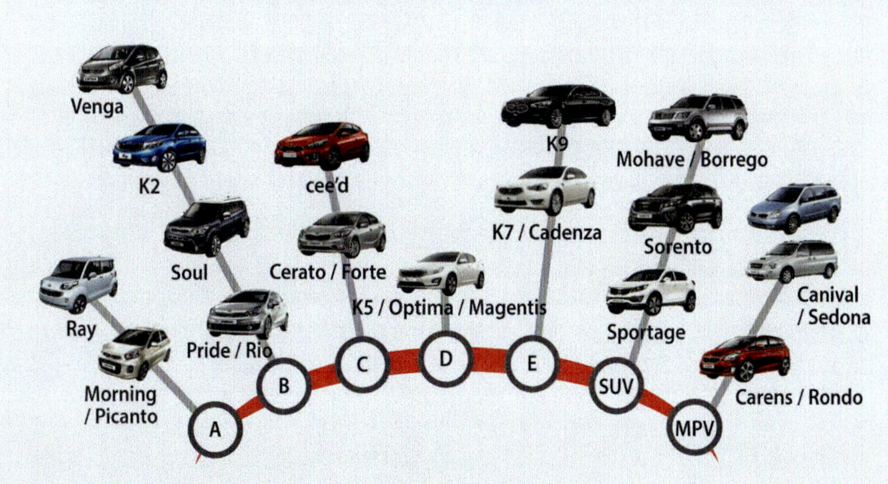

출처: 기아자동차의 글로벌마케팅전략 발표자료, 2014년 10월 고려대학교 특강

은 물리적 특성이 연계되어 있다.

고객의 지각에 근거한 포지셔닝맵 고객의 지각에 근거한 포지셔닝맵은 지각도 또는 인식맵(perceptual map)이라고도 한다. 이 맵은 고객이 각각의 제품에 대해 지각하고 있는 차원을 선별해 도면으로 작성하는 방법이다. 일반적으로 포지셔닝맵은 이 방법으로 작성한다(다른 맵인 선호맵은 다차원척도법 설명 참조).

인식 포지셔닝맵은 제품에 대해 고객이 실제 지각하고 있는 차원을 대상으로 도면을 작성하므로 소구대상인 고객을 정확히 파악할 수 있다. 하지만 차원의 결정이 어렵다는 단점이 있다. 포지셔닝맵을 작성하는 방법에는 세 가지가 있다. 첫째, 프로파일 차트(profile chart)에 의한 방법은 고객의 지각에 근거한 전통적 방법으로 두 개의 제품을 선별, 이들을 다양한 속성으로 측정해 프로파일 차트를 작성한 후, 두 속성을 비교한다. 둘째, 요인분석(factor analysis)을 이용하는 방법으로 위의 프로파일 차트에서 사용한 다양한 속성에 대해 요인을 분석하여 두 개 또는 세 개의 차원으로 압축해서 포지셔닝맵을 작성한다. 마지막으로 가장 많이 활용하는 것은 다차원척도법을 이용한 포지셔닝맵의

다차원척도법(Multi-Dimensional Scaling: MDS)

이 방법은 측정하고자 하는 대상이 하나의 속성만으로 이루어진 것이 아니라 여러 개의 속성으로 이루어져 있을 때 사용하는 측정방법이다. 일차원척도법은 측정 대상이 하나의 속성으로만 이루어져 있다고 가정하거나, 측정하고자 하는 속성 이외의 다른 속성은 통제된 상태 또는 측정하고자 하는 속성에 영향을 미치지 않는다는 가정하에 측정한다. 그러나 실제로 이러한 통제는 쉽지 않으며 연구자의 관심사가 하나의 속성이 아니라 여러 속성일 경우, 일차원척도법을 이용할 수 없다.

다차원척도법은 크게 두 가지 목적을 위해 수행된다. 첫째, 고객이 어떤 기준을 통해 대상을 인식하거나 평가하는지를 알아내기 위해서이다. 둘째, 규명된 각 차원의 평가대상이 어떠한 위치에 자리매김하는가를 알아내기 위해서이다. 여기서 차원이라는 것은, 고객이 제품에 대해 가지고 있는 평가기준, 즉 제품이 가진 속성들을 의미한다. 다차원척도법을 이용해 평가대상들을 공간상에 나타내면 포지셔닝맵이 된다. 포지셔닝맵은 고객이 제품에 대해 느끼는 심리적 공간상에 제품의 상대적 위치를 나타낸 것을 말한다. 포지셔닝맵의 공간은 고객이 제품 평가 시 이용하는 기준을 축으로 형성되어 있으며, 이 공간은 자사의 제품 하나에 의해 형성되는 것이 아니라 다수의 제품에 의해 형성된다. 즉, 각 제품에 대한 상대적인 평가결과를 기하학적인 거리로 환산해 위치시킴으로써 평면이나 다차원의 공간을 형성하는 것이다.

다차원척도법은 사용하는 자료에 의해 유사성 모델과 선호 모델 두 가지로 구분할 수 있다. 유사성 모델이란 고객들이 평가대상 제품들을 어떻게 인식하고 있는가를 평가하는 것이다. 이는 평가대상 제품 간의 유사성 평가치를 이용해 각 평가대상 제품들이 포지셔닝맵에 어떻게 위치하는가를 찾아내는 것이다. 따라서 유사한 평가대상 제품들이 포지셔닝맵에서 가까운 거리에 위치하며 유사하지 않은 제품들은 서로 멀리 떨어져서 위치하게 된다. 선호 모델은 고객들이 평가대상 제품을 어떻게 인식하고 얼마큼 선호하는지를 알려주는 모델이다. 이는 평가대상 제품의 선호도 평가치를 이용해 각 평가대상 제품들이 포지셔닝맵에 어떻게 위치하는가와 각 고객이 이 평가대상 제품들을 얼마큼 선호하는가를 찾아내는 것이다. 따라서 고객들에게 비슷한 선호를 받는 제품들은 포지셔닝맵에서 가까운 거리에 위치하며 서로 다른 제품들은 멀리 떨어지게 된다. 또 각 고객의 이상점이 포지셔닝맵에 나타나고, 각 제품의 선호도는 이상점과 그 제품이 나타내는 점과의 거리가 가까울수록 높게 나타난다.

작성이다(다차원척도법에 대한 박스 설명 참조). 다른 방법들(프로파일 차트와 요인분석)과 달리 다차원척도법은 고객에게 속성이나 요인을 질문하지 않고 평가 대상 제품 · 브랜드 사이의 유사성 또는 선호만 물어본다. 이 측면에서 다차원척도법은 고객의 인식과 선호를 가장 자연스럽게 파악하는 방법이다. 각 방법에 대해 더 자세한 과정과 내용은 교재(채서일, 《마케팅조사론》, 3판, 비앤엠북스, 2007)를 참조하기 바란다.

포지셔닝맵 작성하기

일반적으로 인식맵 또는 지각도라고 불리는 포지셔닝맵의 개발은 그림을 통해 경쟁제품과 자사제품의 위치에 대한 고객의 지각을 나타낼 수 있는 유용한 방법이다. 포지셔닝맵의 작성 절차는 다음과 같다.

차원의 수 결정 포지셔닝맵을 작성할 때 가장 먼저 결정해야 하는 것은 사용할 차원의 수이다. 포지셔닝맵의 차원을 결정하려면 마케팅 관리자는 먼저 고객들이 제품을 평가하거나 지각할 때 고려하는 속성들에 대해 상세히 파악해야 한다. 이때 많은 속성 중 고객들이 모든 제품에 대해 같다고 느끼는 속성은 포지셔닝맵에서는 가치가 없다. 이는 포지셔닝맵상에서 각 제품이 거의 같은 위치에 표시되므로 작성할 필요가 없기 때문이다. 또 마케팅 관리자는 포지셔닝맵의 각 차원에 대해 해석할 수 있어야 한다. 그러므로 두 개 또는 세 개의 차원들로 구성된다. 때때로 세 가지 차원을 동시에 나타내기 위한 3차원 모델이 이용되지만, 해석과 시각적 편의를 위해 2차원으로 구성된 일련의 도면을 제시하는 것이 효과적이다.

그 외에 마케팅 관리자는 포지셔닝맵의 차원을 해석할 때, 특히 주의를 기울여야 한다. 예를 들어 세안 비누의 경우, 고객들은 거품이 많이 나는 것과 향기가 좋은 것 등의 속성으로 평가한다. 그러나 공학적인 측면에서는 비누에 대한 평가 속성을 때가 잘 빠진다는 것과 피부에 좋다는 것으로 표현한다. 따라서 마케팅 관리자는 같은 제품 개념

그림 10-6 포지셔닝맵 작성 절차

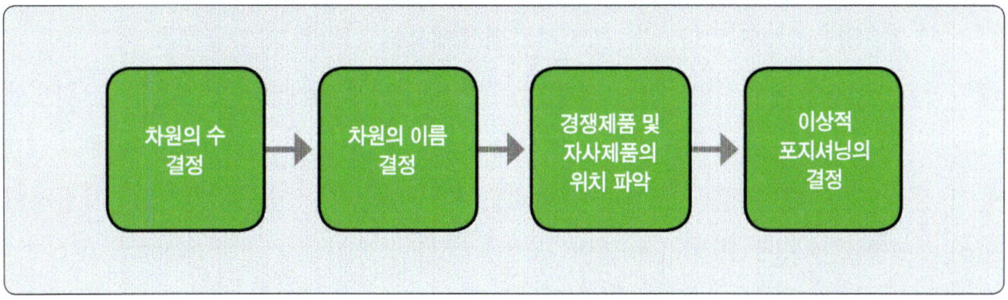

이지만, 다르게 표현되는 속성들을 잘 연결시켜야 정확한 포지셔닝맵의 차원 해석이 가능하다.

차원의 이름 결정 차원의 수가 결정되면 마케팅 관리자는 각 차원의 이름을 결정해야 한다. 다차원척도법을 통해 포지셔닝맵이 작성되어도 프로그램에서는 차원의 이름을 제시하지 않기 때문에 마케팅 관리자가 적절한 이름을 결정해야 한다. 이때 실제 시장과 제품에 대해 가장 잘 파악하고 있는 관리자의 경험과 직관이 가장 중요한 요소가 된다.

경쟁제품 및 자사제품의 위치 확인 차원의 수와 차원의 이름이 결정되면 경쟁제품과 자사제품의 위치를 포지셔닝맵에서 확인해야 한다.

이상적 포지셔닝의 결정 경쟁제품과 고객들의 욕구에 기초하여 가장 이상적인 자사제품의 포지셔닝을 결정해야 한다. 신제품의 경우, 표적시장의 이상적 위치에 맞는 제품개발과 촉진전략이 필요하고, 기존 제품의 경우에는 이상적 위치에 재포지셔닝을 할 수 있는 전략을 개발해야 한다. 나아가 이러한 이상적인 위치는 시간의 흐름에 따라 경쟁환경과 소비자들의 욕구가 변화되기 때문에 항상 역동적으로 변화함을 염두에 두어야 한다. 즉, 이상적 위치는 현재(as-is)보다는 미래(to-be) 상황을 두고 결정하는 포지셔닝이 중요하다. 이상적 포지셔닝은 고객의 인식 대신 선호를 토대로 파악한다.

포지셔닝맵의 전략적 유용성

포지셔닝맵을 작성하면 마케팅 관리자는 다양한 전략적 유용성을 얻는다.

첫째, 무엇보다도 포지셔닝맵을 통해 현재 자사제품의 위치 파악이 가능하다. 포지셔닝맵은 현재 자사제품이 고객에게 어떻게 인식 · 선호되고 있는가에 대한 정보를 제공하기 때문이다.

둘째, 경쟁자 및 경쟁강도의 파악이 가능하다. 포지셔닝맵상에서 자사제품의 위치, 즉 지도상의 거리와 가장 근접한 타사제품이 자사와 직접적인 경쟁을 벌이고 있는 일차적 경쟁자임을 알 수 있다. 즉, 포지셔닝맵상에서의 거리가 가까울수록 직접적인 경쟁자이고, 멀수록 직접적인 경쟁은 하지 않는다. 또 현재 자사제품이 소구하는 위치에 몇 개의 경쟁제품이 있는가에 따라 경쟁강도를 파악할 수 있다. 즉, 특정위치에 경쟁제품이 많을수록 이들 제품은 고객들에게 비슷하게 인식되며, 이는 각 제품이 차별성이 없어 격렬한 경쟁을 하고 있다는 의미다.

셋째, 제품포지셔닝이 나가야 할 방향, 즉 이상점(ideal point) 파악이 가능하다. 선호도 조사에 의해 작성된 포지셔닝맵의 경우, 고객들이 가장 이상적으로 생각하는 제품속성을 알 수 있다. 만약에 현재 제품이 이상점으로 가고 있지 않다면 자사제품의 속성을 개선해 이상점에 근접시켜야 하고, 제품개선이 쉽지 않다면 신제품 개발을 통해 이상점으로 접근할 방법을 찾아야 한다.

넷째, 틈새시장 기회를 파악할 수 있다. 포지셔닝맵을 통해 마케팅 관리자는 시장의 빈 곳을 찾아낼 수 있다. 즉, 충분한 시장성이 있음에도 현재 경쟁제품이나 자사제품이 소구하지 않는 위치를 확인할 수 있다.

다섯째, 마케팅믹스의 효과 측정이 가능하다. 연도별로 지속적인 포지셔닝맵이 작성되어 제품위치를 계속 추적할 수 있다면, 마케팅 관리자는 자사의 마케팅믹스의 효과를 측정할 수 있고, 효과적인 마케팅믹스전략을 결정할 수 있다.

포지셔닝맵: 국내 아웃도어 의류시장

아래는 국내 아웃도어 의류시장 브랜드에 대한 포지셔닝맵들을 나타낸 것이다. 국내 아웃도어 의류의 시장 규모는 2001년 약 6,200억 원에서 2008년 1조 8,000억 원, 2009년 2조 4,300억 원, 2011년 4조 3,500억 원, 2013년 6조 4,000억 원에 이르는 등 매년 폭발적인 성장세를 기록하고 있다(매출 자료는 각 사 홈페이지 자료로 추정). 특히, 2001년에서 2008년까지 아웃도어 의류시장의 연평균 성장률은 18.5%로 같은 기간 의류시장 전체의 연평균 성장률인 2.8%에 비해 6.6배나 높은 성장을 보인 것으로 파악된다(한국패션협회 패션 CEO report, 2013. 5). 그동안 지속적인 성장을 이루어왔으나 앞으로 시장성장률은 낮아질 전망이다.

〈국내 아웃도어 의류시장의 포지셔닝맵 1〉

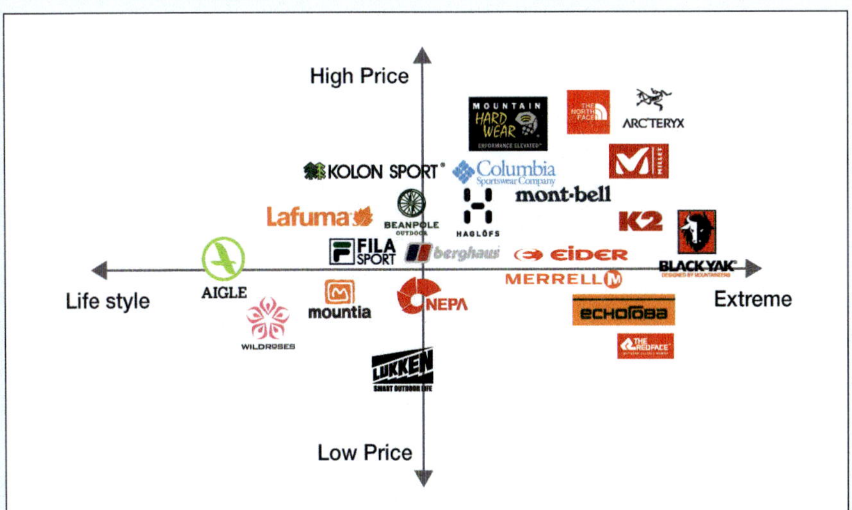

출처: 한국패션협회 패션 CEO report(2013. 5)

먼저 삼성패션연구소에서 발표한 아웃도어 의류시장의 브랜드 포지셔닝맵 1을 보면, 두 개의 속성 및 효익 차원으로 브랜드 포지션이 도식화되어 있는데, 첫 번째 차원은 브랜드의 지각된 가격 수준이다. 두 번째 차원은 익스트림/라이프스타일 차원으로 명명되어 있는데 익스트림 방향은 아웃도어 브랜드가 원래의 목적인 등산용 및 익스트림 스포츠(extreme sports)[6]를 지향하는 것으로 지각된 정도를 나타내며, 라이프스타일 방향은 아웃도어 의류의 일상복화, 즉 라이프스타일의 변화와 기능성 · 패션성이 가미되면서 일상복화한 아웃도어 의류로 지각된 정도를 나타낸다. 이 맵을 이 시장에서의 성과(1위 브랜드: 노스페이스, 2위: 코오롱 스포츠, 3위: 블랙 야크와 K2; 〈패션비즈〉 2011년 9월호 기사)와 함께 해석해보면, 아웃도어 의류브랜드 신드롬을 창출한 노스페이스 그리고 곧바로 정통 등산복을 강조한 K2와 블랙 야크 및 대중 브랜드의 선두주자 코오롱 스포츠가 맵의 주요 위치를 차지하고 있고, 다른 브랜드들이 이 시장에 진입하면서 각축을 벌이고 있음을 알 수 있다.

한편 국내 아웃도어 의류시장의 브랜드 포지셔닝맵 2를 보면, 두 개의 속성 및 효익 차원으로 브랜드의 포지션이 도식화되어 있는데, 첫 번째 차원은 브랜드들의 지각된 가격 수준으로 포지셔닝맵 1과 같다. 그러나 두 번째 축을 보면 아웃도어 브랜드들의 표적시장 관련 이미지로 젊은 이미지와 중장년층 이미지로 포지셔닝맵 축이 잡혀 있다. 물론 표본 수가 제한적인 조사를 통해 작성되어 일반화하기에는 제약이 있는 내용의 맵이지만, 해당 축은 브랜드의 표적시장 이미지와 40~50대 중심의 중장년층과 일상복화하고 있는 아웃도어 의류의 등장으로 복식의 나이가 파괴되는 이미지를 보여준다.

이 맵을 보면, 이 시장에서 성과가 높은 1위 브랜드 노스페이스, 3위 브랜드들이라 할 수 있는 K2와 블랙야크는 젊은 이미지에 가깝게 위치해 있지만, 2위 브랜드 코오롱 스포츠는 중장년층 이미지가 강해 최근 20~30대 공략을 위한 마케팅에 노력을 기울이고 있음을 알 수 있다. 이러한 전략적 움직임이 성공할지는 지켜봐야겠지만, 이처럼 해당 시장에서 경쟁우위를 달성하기 위해 고객에게 의미 있는 축을 도출해 이러한 축을 중심으로 한 포지셔닝맵들을 전략적으로 활용하는 것은 제품 및 신제품 전략 전개의 중요한 방향타가 될 수 있다. 다만, 이 맵에서 두 가지 부족한 점은 두 맵 모두 고객 세분시장과 고객 선호의 이상점이 표시되어 있지 않다는 것이다. 만약 이 두 맵에 고객 세분시장과 이상적 포지셔닝 방향을 분석해 표시한다면 포지셔닝맵의 활용도가 훨씬 높아질 것이다.

〈국내 아웃도어 의류시장의 포지셔닝맵 2〉

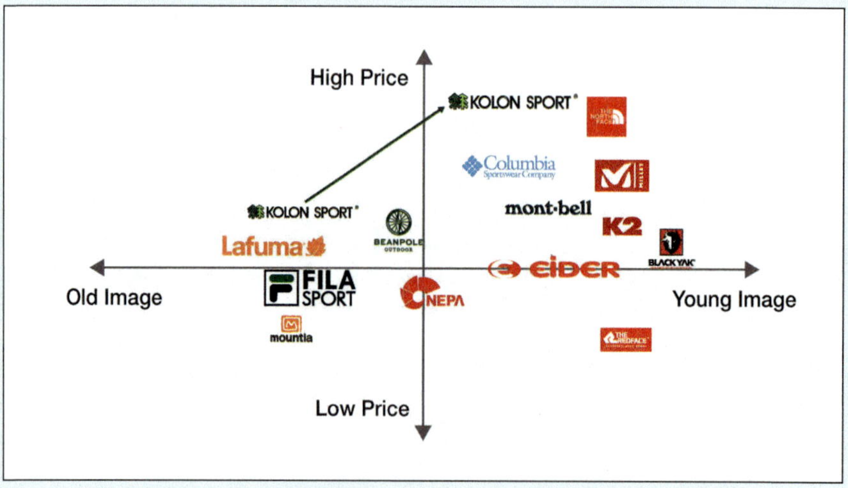

출처: 서울시립대학교 경영학부 마케팅전략 수업의 팀프로젝트 수행 결과(2014. 12)

3 STP전략의 통합

1. STP전략의 실행

- **학습목표 3: 주요 개념(1)**
  - 경험 많은 마케팅 관리자의 관점에서 STP전략 수립과 실행의 실천적 노하우
    - 세분시장의 평가요인 중 세분시장요인도 경쟁요인도 중요하지만 자사와의 적합성 요인, 즉 자사의 능력이 제일 중요함 → 시장세분화의 기준 = 자사의 '마케팅관리방법 또는 접근방법(4P 패턴)'

STP전략은 고객욕구가 다양하다는 사실에 근거하고 있다. 기업에서는 이러한 다양한 고객욕구를 찾아 동질적인 여러 고객집단을 구성하고(시장세분화) 경쟁상황과 자신의 능력을 고려해 가장 자신 있는 시장을 찾아내서(표적시장의 결정) 그 시장의 고객들에게 자사제품이 가장 적합하다는 것을 알려주는(포지셔닝) 일련의 과정을 수행한다.

시장세분화에서의 핵심은 세분화 기준의 결정이다. 시장세분화의 기준에는 고객의 인구통계적 특성, 추구 효익, 구매행동, 사용상황, 라이프스타일 등이 있다. 하지만 실제 적용에서는 마케팅 목표와 자원, 제품의 특성, 시장의 경쟁구조 등의 상황변수에 의해 결정된다. 또 시장세분화의 오류를 줄일 방법은 단 하나의 세분화 기준보다는 여러 방법의 기준으로 시장을 세분화해 그중에서 마케팅관리의 관점에서 가장 의미 있고 수행 가능한 시장세분화 결과를 가지고 마케팅전략을 수행하는 것이 중요하다. 이에 따라 경험이 많은 마케팅 관리자와 학자는 바람직한 세분화 기준으로 자사의 마케팅관리방법 또는 마케팅 접근방법을 제시하고 있다.[7] 이 말은 결국, 세분시장별로 마케팅관리의 관점에서 가장 의미 있고 수행 가능한 별도의 방법을 염두에 두고 세분화를 수행해야 한다는 것을 의미한다. 예를 들어 세분시장 1에는 마케팅관리방법 1이 매칭되고, 세분시장 2에는 마케팅관리방법 2가 매칭되어야 한다. 그래야 세분화가 표적시장 선정과 자연스럽게 연계될 수 있다.

표적시장 선정은 세분화된 시장 중에서 자사에 가장 적합한 시장을 찾아 결정하는

과정인데, 특히 자사의 마케팅목표에 맞는 시장을 찾아내는 일이 가장 중요하다. 예를 들어 고객들이 자사제품에 대해 기술이 우수하다고 인식하고 있는데, 제품의 성능보다는 제품 이미지에 의해 구매가 결정되는 세분시장을 표적시장으로 선정하는 것은 성공할 확률이 낮다. 또 표적시장은 마케팅 목표와 자원에 따라 하나 또는 여러 개가 될 수 있다. 예를 들어 제품 효익이 서로 다른 여러 브랜드를 보유하고 있는 기업의 경우, 추구 효익이 서로 다른 다수의 표적시장을 선정할 수도 있지만(다수제품 전체시장 도달전략 또는 선택적 전문화전략), 특정제품 효익을 보유한 단일 브랜드를 가진 기업의 경우에는 단 하나의 표적시장을 선정하는 것이 바람직하다. 즉, 표적시장의 개수나 범위도 자사의 능력에 달려있는 것이다.

9장에서 표적시장 선정을 위해 세분시장을 평가하면서 시장규모와 성장률 등의 세분시장요인, 현재 및 잠재적 경쟁자의 경쟁요인, 기업 목표와 자원 및 마케팅믹스 측면에서 세분시장과 자사와의 적합성을 고려하고, 기업은 자사 및 시장 등의 상황에 따라 이 세 가지 요인에 가중치를 두어 평가해야 함을 학습했다. 이 점에 대해 경험이 많은 마케팅 관리자는 어떻게 생각할까? 경험 많은 마케팅 관리자의 혜안을 추론하면 다음과 같은 학습 포인트를 얻을 수 있다.

시장규모와 성장률 등의 세분시장요인이 매력적이면, 경쟁요인은 매력적이지 않을 가능성이 높다. 매력적인 세분시장이므로 많은 경쟁자가 이 시장을 공략하려고 하기 때문이다. 이와 반대로 시장규모와 성장률 등의 세분시장요인이 매력적이지 않으면, 경쟁요인은 매력적일 가능성이 높다. 시장이 매력적이지 않으므로 많은 경쟁자가 이 시장을 무시하기 때문이다. 이러한 점들을 고려할 때, 경험이 많은 마케팅 관리자들은 표적시장 선정을 위해 세분시장을 평가할 때 기업 목표, 자원 및 마케팅믹스 측면에서 세분시장과 자사와의 적합성이 제일 중요한 것을 알고 있다. 다만, 이들은 현재 시점의 적합성뿐 아니라 미래 시점의 적합성을 만들어나가는 가능성을 중요하게 바라볼 것이다. 즉, 표적시장의 선정에 있어 다음의 조언이 가능하다. 시장도 중요하고, 경쟁도 중요하지만, 결국 성공은 우리 하기 나름이다! 이러한 조언은 마케팅 지식과 경험이 많은 사람에게 전달될 수 있는 내용으로, 우리는 이 조언을 STP의 역설이라고 주장한다. 결국 시장도 고객도 아닌 자사 능력이 제일 중요하다.

그렇다면 포지셔닝의 핵심은 효율적인 마케팅믹스 활동이 되는 것이다. 예를 들어 가격에 민감한 표적시장의 고객들에게는 저가정책으로, 제품 이미지나 사용상황에 의해 결정된 표적시장에서는 광고 등에 의해 자사제품의 적합성을 고객들에게 알려야 한다.

2. STP전략의 통합

- **학습목표 3:** 주요 개념(2)
  - STP전략의 통합 = 실제의 STP 과정은 분리되거나 순서가 정해져 있는 것이 아니라, 동시에 고려되어야 하며 반복적으로 수행되는 과정
  - 반복적으로 수행되어야 하는 이유 = 시장의 동태적 변화

개념과 내용의 전달상 STP를 각각 분리해서 설명했다. 그러나 실제의 STP 과정은 분리되거나 순서가 정해져 있는 것이 아니라, 동시에 고려되어야 하며 반복적으로 수행되는 하나의 과정이다. 이 점이 바로 STP전략의 통합을 의미한다. 좀 더 구체적으로 설명하면 거시환경분석(3장), 시장분석(4장), 고객분석(5장)의 결과는 주로 세분화분석에 활용된다. 그리고 모든 환경분석(거시환경분석, 시장분석, 고객분석, 경쟁분석, 자사분석)의 결과는 표적시장 선정과 포지셔닝 의사결정에 활용된다.

만약 처음 사업을 수행하거나 사업전략을 크게 전환하는 경우에는 환경분석과 다음 단계인 STP분석과 전략 수립이 차례로 진행된다. 그러나 사업이 진행되고 있는 경우에는 이 두 단계를 동시에 진행하는 경우가 많다. 예를 들어 고객분석 활동은 잠재고객을 대상으로 계속 이루어진다. 이후 STP분석 과정 중에 특정표적시장 고객층을 명확히 정했다면 이 고객층에 대한 심층적인 탐색활동과 분석이 추가로 수행되고 이 분석을 기반으로 포지셔닝전략을 구체화하기도 한다. 바로 이 점에서 실제적인 STP 과정은 분리된 것이 아니라 반복적으로 수행되는 하나의 과정이라고 말하는 것이다.

STP 과정이 반복적으로 수행되어야 하는 이유는 공급자(기업)와 고객이 계속 동적으로 변하기 때문이다. 시장의 동태적 변화에 관한 설명인 경쟁적 이성론을 살펴보기 바란다.

경쟁적 이성론(Theory of Competitive Rationality)

시장은 환경의 변화와 기업 마케팅 노력의 변화에 따라 동태적으로 변화함을 학습했다: 동질적 선호시장 또는 분산된 선호시장 → 밀집 선호시장 → 밀집 선호시장의 모습과 구조는 계속 변화함. 이러한 시장변화를 설명하는 이론인 경쟁적 이성론을 상세히 알아보자.

자유시장 경쟁체제의 가장 큰 원동력은 고객을 누가 더 효율적 · 효과적으로 만족시킬 수 있는가에 대한 경쟁이다. 마케팅학자 피터 딕슨(Peter Dickson)에 따르면, 시장에서의 경쟁은 기업의 경쟁적 이성에 의해서 이루어진다. 경쟁적 이성(Competitive Rationality)이란 경쟁시장에 있는 기업의 시장 관련 의사결정역량을 의미한다. 많은 회사들이 비슷한 의사결정을 내려야 하는 환경에 있으니 경쟁적이요, 그 의사결정을 논리적으로 하려고 노력하니 이성이라는 것이다.

여러 시장변화에 대해 기업은 지속적으로 적응하고 진화한다는 로 앨더슨(Wroe Alderson)의 고전적 이론으로부터 발전된 이 이론은 맥도널드의 레이 크락(Ray Kroc), 마이크로소프트의 빌 게이츠(Bill Gates), 월마트의 샘 월튼(Sam Walton) 등 위대한 창업가들에 대한 관찰로부터 개발되었다. 이러한 사람들의 공통점은 다음과 같다. 첫째, 한 특정시장에 대한 많은 경험과 이해를 토대로 비범한 통찰력(insight)을 가지고 있다. 둘째, 시장환경에 맞는 마케팅전략을 수립하고 실행한다. 특히, 놀라운 점은 이러한 의사결정이 거의 모두 시장에 대한 통찰력에 토대를 두고 있다는 점이다. 이러한 점은 정주영 회장, 이병철 회장 등 우리나라의 창업가에서도 흡사하게 관찰된다. 즉 이들은 어떻게 아이디어를 개발하고 그 아이디어를 어떠한 시장의 기준으로 테스트하고 그리고 어떻게 상용화시킬지 머릿속에서 알고 있을 뿐만 아니라, 엄청난 에너지와 용기로 실행할 수 있는 능력을 가지고 있다. 또한 창업가 자신의 명확한 주요 관심사가 기업의 주요 관심사가 되어 모든 기업 활동을 일관적으로 선도할 수 있다.

이러한 관찰 등을 토대로 개발된 경쟁적 이성론의 기본 전제는 다음과 같다. 먼저, 다른 종류의 판매자(기업)와 구매자(고객)가 존재한다. 이 중 어떤 판매자와 구매자는 혁신자이며, 대부분은 추종자이고, 또한 변화 거부자도 있다. 수요와 공급의 변화에 대한 고객의 반응 차이, 그리고 기업의 반응 차이는 혁신자가 누릴 수 있는 기회를 창출하거나 아니면 혁신자가 되어서 누릴 수 있는 이득을 없앨 수도 있다. 결국, 우리가 시장에서 목격하는 경쟁은 구매자나 판매자의 동일한 반응하에서는 기대할 수 없다. 아래 그림은 경쟁적 이성의 역동성을 과점적 시장 상황의 예를 통해 보여주고 있다.

〈거시적 그리고 미시적 경쟁이성론(Theory of Competitive Rationality)
또는 시장다이내믹스 이론(Theory of Market Dynamics)의 설명체계 그림〉

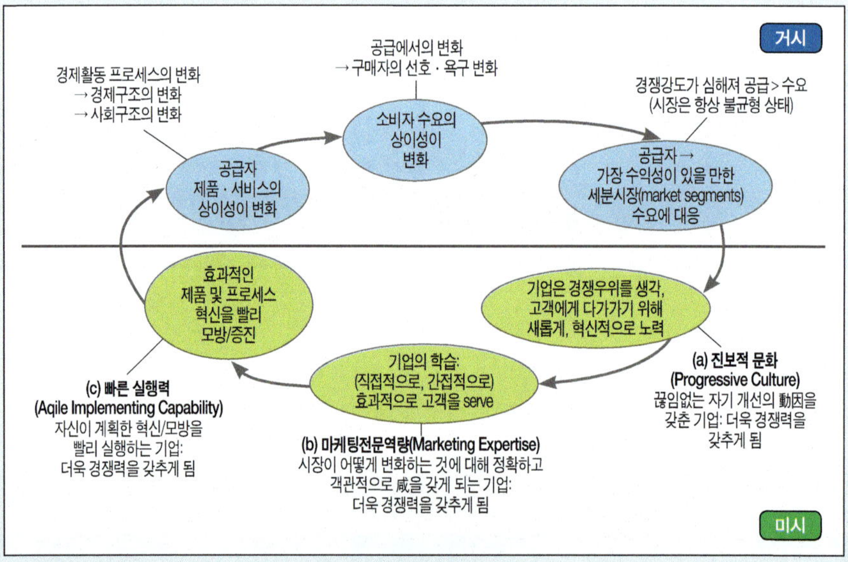

■ **거시적 경쟁이성론**

시장에서 소비자는 스스로 욕구와 수요를 창출해주는가? 콘택트 렌즈, Sony의 트랜지스터 라디오나 워크맨 등 판매자가 수요를 먼저 바꾸어 나간 예를 흔히 찾아볼 수 있다. 이러한 혁신제품은 수요를 창출하나, 그 수요의 강도는 모든 고객층에서 동일하지는 않다. 기업의 제품변화에 대한 고객반응의 차이는 세분시장을 창출하게 되고, 기업은 자기에게 가장 수익을 줄 것이라고 판단되는 표적세분시장을 향해 제품을 제공한다. 즉, 공급의 변화는 수요의 변화, 이는 또다시 공급의 변화로, 시장은 계속 변화한다. 시장은 속도의 차이는 있지만 항상 불균형상태(Disequilibrium)로 변화하는 것이다. 경영 컨설턴트 탐 피터스(Tom Peters)도 모험적 기업은 이러한 불균형상태 창출을 의도적으로 도모함으로써 성장한다고 했다. 결국, 거시적 경쟁이성론은 고객 선택과 기업 선택의 자유, 고객 및 기업 변화속도의 차이 때문에, 더 많은 수익에 대한 기업의 동기가 존재하는 한, 시장은 성숙 · 정체되는 것이 아니라, 영구적인 동기계(動器械)처럼, 새로운 불균형상태로 변화한다는 시사점을 제시한다.

요약하면, 이익증대 동기를 가진 혁신 기업은 진단과 예견력을 토대로 가장 수익성이 높다고 예상되는 표적 세분시장에 대한 마케팅 노력을 집중하여 시장수요의 불균형을 추구한다. 이에 대한 소비자 수요가 증대되는 것을 경쟁자가 알게 되어(학습속도에는 차이가 있겠지만) 바로 이 세분시장에 대한 마케팅 노력을 모방하면(예: 증진된 특성 또는 저가), 이는 공급의 불균형을 초래할 것이다. 그렇다면, 이렇게 정의된 시장경계 내에서의 기업경쟁은 어떻게 이루어질 것인가? 다음에서 이 문제를 다룬 미시적 경쟁이성론에 대해 살펴본다.

■ 미시적 경쟁이성론

마케팅 관리자라면 성공을 위해 혁신과 모방에 능수능란해야 한다. 경쟁에 대한 혁신과 모방을 추구할 때, 어떠한 사항들을 잘 고려해야 할까? 세 가지 고려사항들을 생각할 수 있는데, 바로 고객만족경쟁, 원가절감경쟁, 그리고 실행 및 의사결정과정을 끊임없이 개선하는 비즈니스 프로세스경쟁이다. 특히 비즈니스 프로세스경쟁은 기업 특유의 조직과 문화, 의사결정과정 자체가 매우 중요한 경쟁의 이기(利器)가 됨을 의미한다. 비즈니스 프로세스는 더욱더 경쟁이 모방하기 어렵다는 측면에서 중요하다.

다음으로 정의된 시장경계 내에서의 기업경쟁은 어떻게 이루어지는지 기업경쟁의 진화 과정을 살펴보자. 첫째, 고객만족, 원가절감, 비즈니스 프로세스상에서 계속 새로운 방법으로 시장의 불균형상태를 초래하려는 진보적 동기 · 문화와 조직을 가진 기업만이 혁신적인 방법으로 고객에게 다가갈 수 있다. 그러나 이러한 혁신적인 방법이 모두 성공을 보장하는 것은 아니다. 둘째, 가장 중요한 경쟁기반으로 과연 기업이 자신의 시행과 착오, 경쟁자의 시행과 착오, 또는 전혀 다른 시장이지만 기타 기업마케팅 활동의 시행과 착오로부터 배울 수 있는가라는 시장학습이 강조되고 있다. 경쟁에서 꼭, 혁신적 방법이 아니라 모방적 방법으로 고객에게 접근한다고 해도 경쟁자보다 학습에서 앞선다면, 혁신보다는 개선적 · 창의적 모방 프로세스로 보다 유리한 방향으로 시장수요에 영향을 미칠 수 있다. 이에 대한 가장 고전적 사례로 Sony의 베타버전 비디오 사업 對 JVC의 VHS버전의 표준경쟁을 들 수 있다. 이 사례에서 알 수 있듯이, 혁신과 모방의 연장선상에서 전략의 선택은 기술 혁신뿐만 아니라 마케팅 활동의 혁신이 얼마나 같이 잘 조화를 이루는가가 중요하다. 마지막으로 시장성과를 좌우하는 경쟁 요인은 실행 스피드이다. 만약 경쟁자들 간에, 시장상황, 필요한 비즈니스 활동 및 프로세스에 대한 학습이 거의 비슷하다면, 먼저 실행에 옮기는 경쟁자가 승리할 가능성이 높다.

경쟁활동은 결코 쉽지 않다. 경쟁적 이성론의 시사점에 따르면 시장에 대한 기업의 경쟁적 이성은 끊임없이 작동하고 있기 때문이다. 즉 한순간의 성공이 절대로 다음의 성공을 보장하지 않다는 것이다.

출처: Alderson, W., *Marketing Behavior and Executive Action: A Functionalist Approach to Marketing Theory*, Homewood, IL: Richard D. Irwin, 1957; Dickson, P. R. "Toward a General Theory of Competitive Rationality," *Journal of Marketing*, 56(1), 1992, pp. 69~83; Peters, T., *Thriving on Chaos*, New York: Harper & Row, 1987; 이성호, "지식경영과 마케팅," *마케팅*, 4월, 1999, pp. 36~43.

3. 고객가치제안

- **학습목표 3: 주요 개념(3)**
  - 고객가치제안(Customer Value Proposition) = 고객(특정고객 세그먼트)이 필요로 하는 가치를 창조하기 위한 상품이나 서비스의 조합
  - 전략경영 및 비즈니스전략 영역에서의 고객가치제안 = 시장에서 사업이나 제품의 목표 포지션 획득을 위해 마케팅 기능을 넘어선 《회사의 총체적 노력》
  - 마케팅 영역에서의 포지셔닝 = 시장에서 제품의 목표 포지션 획득을 위한 《회사의 마케팅 노력》
  - 고객가치제안 = 전략경영과 마케팅이 융합되어 등장한 용어

포지셔닝은 경쟁자와 비교해 우리 회사, 사업 또는 제품의 우월한 위치를 표적시장의 고객에게 명확하게 심어주는 마케팅 노력이라고 배웠다. 최근 들어 포지셔닝과 비슷한 개념을 지칭하는 새로운 용어로 고객가치제안(customer value proposition)이 자주 등장한다. 고객가치제안이란 고객(특정고객 세그먼트)이 필요로 하는 가치를 창조하기 위한 상품이나 서비스의 조합을 말한다.[8] 이 용어를 포지셔닝과 연계하여 설명해보자.

사실 고객가치제안은 마케팅 영역에서는 광고나 프로모션 전략에 사용되었던 USP(Unique Selling Proposition: 제품이나 브랜드가 가진 독자적인 경쟁우위성이나 내세울 만한 포인트를 간결하게 정리한 주장문) 또는 비즈니스(B2B) 마케팅에서 고객에게 전달해야 할 가치 유형[9], 즉 마케팅의 전문 영역에서 부분적으로 사용됐던 용어다. 동시에 이와는 별도로 전략경영 분야에서 마이클 포터 등이 사업전략의 중심 개념으로 고객가치제안이라는 용어를 사용하기 시작했다.[10] 기업에서 비즈니스 수준전략(business-level strategy)을 수립할 때 고객가치제안이 하는 역할을 좀 더 자세히 살펴보자.

비즈니스 수준전략의 주요 의사결정은 '어디에서 경쟁할 것인가(where to compete: 즉, 제품-시장 투자전략)'에 관한 의사결정과 '어떻게, 무엇으로 경쟁할 것인가(how to compete: 경쟁전략)'에 대한 의사결정이다. 어디에서 경쟁할 것인가에 관한 의사결정은 7장에서 살펴보았던 BCG 또는 GE 매트릭스와 같은 비즈니스 포트폴리오분석에 따른 사업이나 제품에 대한 투자 의사결정을 확정하는 것이다. 어떻게, 무엇으로 경쟁할 것인가(경쟁전략)에 대한 의사결정은 고객가치제안에 대한 결정, 해당 사업에서 고객가치제안을 구현하기 위한 주요 성공요인(Key Success Factors: KSF)의 도출, 이를 실행하기 위한 기능적 전략과 프로그램[11]에 대한 설계, 기능적 전략과 프로그램의 실행을 뒷받침하기 위한 기업자원과 역량[12]확보 및 강화에 관한 의사결정으로 구성된다. 이때 고객가치제안의 고객요구 수준과 자사 역량 간의 차이가 없는 경우에는 바로 기능적 전략과 프로그램을 설계해서 고객가치제안을 구현하고 실행하면 되지만, 차이가 많은 경우에는 기업 자원과 역량을 확보하고 강화한 후, 기능적 전략과 프로그램을 설계하고 고객가치제안을 구현해서 실행해야 한다.

이처럼 고객가치제안은 비즈니스 경쟁전략의 방향과 지향점이 된다. 이 지향점이 결정되면, 기업의 사업부는 제조 및 생산, 물류 및 유통, 브랜드 파워 증진과 커뮤니케이션, 시장세분화, IT, 품질, CRM전략과 실행 프로그램 등의 기능적 전략과 프로그램으로 이 가치제안을 어떻게 구현하고, 자원과 역량은 어떻게 활용하며, 부족한 부분은 어떻게 확충할 것인가를 구체적으로 계획한 후에 실행해야 한다.

요약하면 전략경영 및 비즈니스모델 수립 및 실행 분야에서 사용하는 용어, 고객가치제안[13]은 목표 포지션 획득을 위해 마케팅 기능을 넘어선 '회사의 총체적인 노력'을 의미하는 반면, 마케팅 분야에서 사용한 용어 포지셔닝은 목표 포지션 획득을 위한 '회사의 마케팅 노력'을 의미한다. 다시 말해 기업 내부의 핵심역량과 자원을 중요시했던 전략경영의 새로운 축으로 고객가치가 중요하게 등장한 것이다.[14] 즉, 고객가치제안은 전략경영과 마케팅이 융합되어 등장한 용어이다. 그만큼 고객가치제안은 통합이 마케팅 전략을 넘어서서 전략경영의 중요한 축이 되고 있다.

이러한 고객가치제안의 정의와 역할을 배경으로 고객가치제안전략을 실행할 때 마케팅의 주요 역할은 첫째, 표적시장 고객을 상세하고 명확하게 정의하는 것이다. 이를 위해서는 마케팅 환경분석과 STP전략을 잘 수립해야 한다. 또 표적시장 고객의 관점에서 정말 필요한 것, 정말 좋은 것이 무엇인지 알아내야 한다. 둘째, R&D, 제조 및 생산 시 고객가치제안을 구현하는 제품을 개발할 수 있도록 잘 도와주어야 한다. 마지막으로 고객과의 상호작용을 통해 표적시장 고객이 고객가치제안을 제대로 인식할 수 있게 해야 한다. 고객이 인식하지 못하거나 믿지 못하는 가치제안은 쓸모가 없다. 고객가치와 가치제안에 대해서는 18장에서 다시 상세히 살펴볼 것이다.

4 디지털 마케팅의 STP전략

1. 디지털 마케팅과 상호작용성

- **학습목표 4: 주요 개념(1)**
  - 디지털 마케팅 = 인터넷과 디지털 기술을 이용하여 수행하는 모든 마케팅 활동
  - 디지털 마케팅의 특징 = 상호작용성(interactivity): 양방향성, 동시성, 통제
  - 디지털 마케팅을 사용하여 기업이 고객의 상호작용성 인식 증진을 위해서는 개인화 및 맞춤화 마케팅 노력이 중요함.

디지털 기술의 발전과 컴퓨터와 각종 모바일 디바이스 보급에 힘입어 인터넷과 디지털 환경은 이제 우리 생활의 일부가 되었다. 또 이러한 환경변화는 여러 사업에 기회를 계속 창출하고 있고 동시에 위협이 되기도 한다. 많은 기업이 디지털 기술을 이용해 소비자의 필요와 욕구를 더욱 빠르게 파악해 이를 반영할 수 있는 마케팅 프로세스를 발전시키고자 노력하고 있다. 인터넷과 디지털 기술을 마케팅에 활용하는 것은 이제 기업에서 선택이 아닌 필수 조건이 되었다.

디지털 마케팅이란 인터넷과 디지털 기술을 이용하여 수행하는 모든 마케팅 활동을 말한다. 디지털 공간에서 소비자와 기업 간에 직접적으로 이루어지는 모든 상거래와 커뮤니케이션과 관련된 영역도 이 범주에 들어간다. 이러한 디지털 마케팅은 기업과 고객 간의 상호작용성(interactivity)을 일반적으로 오프라인 마케팅보다 높일 수 있다는 것이 가장 두드러진 특징이다.[15] 기업의 마케팅 활동이 어떠할 때 고객들은 상호작용성이 높다고 인식할까? 첫째, 고객이 기업의 마케팅 활동과 연결되어 있다고 느끼거나, 또는 기업의 마케팅 활동이 고객 자신에게 맞는 서비스를 제시하고 있다고 느낄 때이다. 즉 고객의 입장에서 기업이 자신과 양방향 커뮤니케이션(two-way communication)을 하고 있다고 느끼면 고객들은 기업과 상호작용성이 높다고 생각한다. 둘째, 기업 마케팅 활동이 실시간(real time)으로 고객의 니즈에 따라 반응하면 고객은 기업과 상호작용성이 높다고 생각한다. 디지털 마케팅 활동의 이런 특성을 동시성(synchronicity)이라고 한다. 이

러한 디지털 마케팅 환경 때문에 생긴 고객 특성을 나타내는 신조어, 나우이즘(Nowism)이 등장했다. 즉 고객은 디지털 환경에서 즉각적인 만족을 원한다는 말이다. 마지막으로 디지털 환경에서 고객이 통제권(control), 즉 파워와 자율권을 가지고 있다고 느낄 때 고객은 기업과 상호작용성이 높다고 생각한다. 요약하면, 디지털 마케팅은 양방향성, 동시성, 통제로 구성된 상호작용성의 특징을 가지고 있다.

상호작용성을 높이기 위해 가장 중요한 디지털 마케팅 활동의 필요 조건은 제품 · 서비스 · 커뮤니케이션 등의 개인화(Personalization)와 맞춤화(Customization)이다. 개인화와 맞춤화는 유사하지만, 최근에 와서 개념이 구분되고 있다. 개인화(Personalization)는 소비자

그림 10-7 개인화 마케팅의 사례

출처: 송지희교수 강의안(서울시립대학교 일반대학원 시장조사입문과목, 2017년 3월 29일), 구글이미지.

그림 10-8 맞춤화 마케팅의 사례

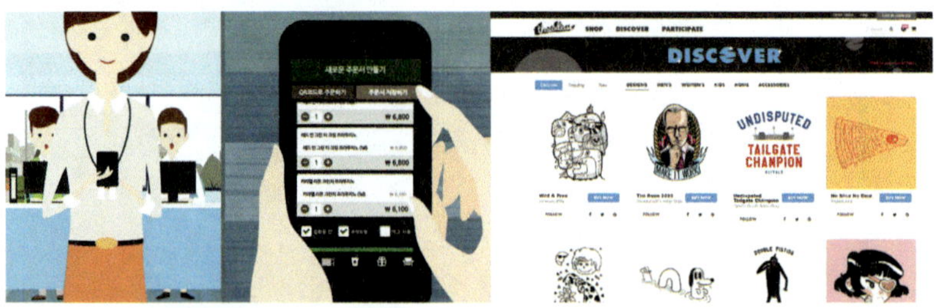

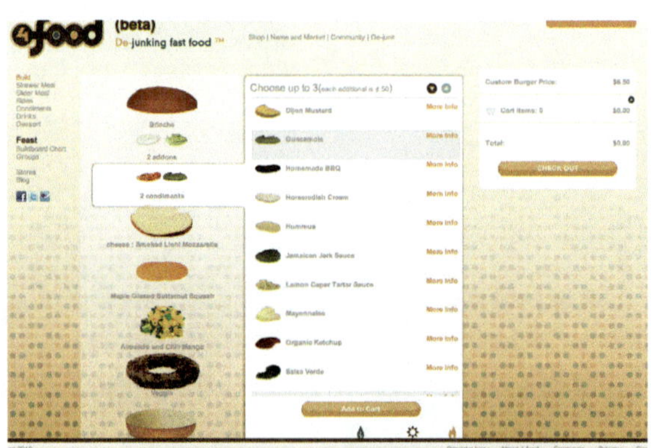

- 미국 맨하탄의 햄버거 가게
- 모바일 앱에서 자신이 햄버거 디자인
- 1시간 후에 픽업
- 가장 잘 팔리는 레서피제공자와 수익공유
  - –홍보
  - –프로슈머
- Crowd Sourcing

출처: 송지희교수 강의안(서울시립대학교 일반대학원 시장조사입문과목, 2017년 3월 29일), 구글이미지.

들이 제공한 정보를 토대로 기업이 이 정보를 사용하여 고객에게 맞는 제품 · 서비스 · 커뮤니케이션을 제공하는 것을 말한다. 쉽게 표현하면 기업이 고객 취향을 파악해서 제품 · 서비스 · 커뮤니케이션을 제공하는 것이다. 〈그림 10-7〉은 개인화 마케팅의 예인 실시간 개인화 추천 서비스와 비식별 개인정보(예: IP 주소)를 활용한 리타깃팅 광고를 보여주고 있다.

맞춤화(Customization)는 고객이 자신의 니즈에 맞게 사용할 수 있도록 기업이 제품 · 서비스 · 커뮤니케이션에 관한 정보를 제공하는 것을 말한다. 전통적인 예로 주문형 생산과 판매, 편집 숍 등이 여기에 해당한다. 디지털 기술의 발전으로 인해 최근에는 맞춤화의 범위가 더 확장되고 있다. 기업이 제공한 제품 · 서비스에 대해 소비자들이 주도적으로 자신의 색으로 디자인하고, 해석하고, 공감하는 것도 맞춤화에 해당한다. 나아가 고객들이 기업의 활동에 참여하여 가치를 공동창출하는 '가치의 공동창출(co-creation of value)'까지도 맞춤화의 범주에 포함되고 있다. 〈그림 10-8〉은 맞춤화 마케팅의 예인 CGV의 아트하우스, 스타벅스의 나만의 음료수, 미국 Threadless.com(티셔츠의 디자인 · 판매하는 크라우드 소싱(crowd sourcing) 서비스)과 같은 방식의 한국 서비스, 미국 맨하탄의 햄버거 식당 4 Food를 보여주고 있다.

상호작용성, 개인화 및 맞춤화 마케팅 노력의 중요성을 감안할 때 디지털 마케팅의 STP전략은 이미 개인고객의 니즈를 중요시 여기는 일대일 마케팅 모형으로 발전해오고 있음을 알 수 있다. 디지털 환경에서 상호작용성을 중심 개념으로 하여 발전해오고 있는 새로운 마케팅 트렌드인 인터랙티브 마케팅(Interactive Marketing)에 대해서는 19장에서 더 상세히 살펴본다.

2. 디지털 마케팅의 STP전략

- **학습목표 4: 주요 개념(2)**
  - 커뮤니케이션 모델을 토대로 한 디지털 마케팅의 STP전략 유형 = 일대다 모델 → 직접타깃팅 모델 → 일대일 모델
  - 디지털 마케팅의 STP전략은 상호작용성이 증진된 일대일 마케팅 모형으로 발전
  - 일대일 마케팅 모형은 개인화 및 맞춤화 노력을 토대로 하고 있음.

시장세분화(Segmentation), 표적시장 선정(Targeting), 포지셔닝(Positioning) 등 3단계로 마케팅전략을 수립하는 것은 디지털 마케팅에서도 유용하다. 기존의 마케팅 환경과는 많은 차이점이 있지만, 디지털 마케팅전략 역시 기업의 고객이 누구인지 파악하고, 파악

된 대상의 필요와 욕구를 이해하는 것에서 시작한다. 파악한 고객들의 필요와 욕구 그리고 특성에 따라 유사한 성향의 소비자들을 그룹으로 세분화하고, 이 세분화한 집단 중 기업과 가장 잘 맞는 집단을 선정하여 경쟁사보다 차별적인 위치를 확보해 경쟁우위를 획득하려고 고객들과 소통한다.

그러나 디지털 마케팅을 이러한 STP전략 형태의 3단계 순서로만 진행하는 것은 아니다. 인터넷 및 디지털 환경의 특성상 경쟁사를 파악하고 경쟁사보다 경쟁우위를 획득할 전략 수립을, 고객 파악 단계보다 먼저 진행할 수도 있다. 경쟁사보다 월등한 가치를 특정소비자층에 제공할 수 있다면, 이를 경쟁력으로 내세워 차별적인 마케팅을 전개해 최적의 마케팅전략을 도출할 수 있기 때문이다.

디지털 마케팅 활동 변화의 주안점이 기업과 고객 사이의 커뮤니케이션 변화인 점을 감안할 때[16], 커뮤니케이션의 유형을 이해함으로써 디지털 마케팅 STP전략의 유형을 이해할 수 있다. 인터넷 및 디지털 커뮤니케이션이 이루어지는 현상을 살펴보면 상호작용의 수준과 관련 기술에 따라 그 종류가 다양한데, 크게 세 범주로 이해할 수 있다. 첫 번째 유형은 일대다(one to many) 모델로 모든 이용자에게 동일한 정보를 전달하는 커뮤니케이션 모델을 의미한다. 이 모델은 가장 기본적인 수준의 커뮤니케이션으로 상호작용의 수준은 매우 낮으며 기업의 홍보, 정보제공 목적으로 웹사이트나 QR코드를 활용하는 경우가 바로 이 모델에 해당된다. 또한 이 모델에서는 개개인에 대한 욕구 파악이 없으므로 웹사이트는 일반적으로 방대하고 깊이 있는 정보를 제공한다. 이러한 커뮤니케이션의 수준은 STP전략 관점에서 보면 매스마케팅과 동일하다.

두 번째 유형은 직접타깃팅(direct targeting) 모델로 고객에 따라 정보, 제품/서비스, 언어들을 다르게 보내줄 수 있는 커뮤니케이션이 이에 해당한다. 이 모델은 STP전략 관점에서 보면 오프라인의 다이렉트 마케팅 또는 일대일 마케팅과 매우 흡사하다. 이 커뮤니케이션 모델을 실행하기 위해서는 고객 등록과정을 통해 고객의 특성과 선호 정보를 파악하여야 한다. 이 모델의 경우 상호작용성의 수준은 일대다 모델의 경우에 비해서는 높지만 정보의 피드백이 바로 이루어지지는 않는다. 또한 파악한 고객 특성과 선호 정보를 집단화하여 사용하면 STP전략 중 세분화 마케팅(segmented marketing)과 비슷하다.

세 번째 종류는 일대일(one to one) 커뮤니케이션 모델로 정보의 피드백과 고객과의 대화가 즉각적으로 일어나는 수준을 의미한다. 특히 이 모델은 고객으로부터 획득하는 역 커뮤니케이션(reverse communication) 정보가 자동적으로 업무에 반영되는 과정을 중요하게 여긴다. 따라서 상호작용성이 가장 높은 수준이며, 최근 들어 많은 웹사이트들이 제공하고 하는 개인화(personalization) 또는 맞춤화(customization) 서비스가 바로 일대일 커뮤니케이션 모델을 의미한다. 예를 들어 아마존(www.amazon.com)은 고객의 선호나 구매행동 등에 따라 실시간으로 추천을 변화·제공하는 수준 높은 개인화 서비스를 제공하고 있다. 이러한 커뮤니케이션 모델 또한 STP전략 관점에서 보면 일대일 마케팅이다. 바로 전에 설명한 직접타깃팅 모델과 일대일 커뮤니케이션 모델의 차이는 전자는 개인화를 추구하지만 상호작용성이 상대적으로 낮아 정보를 일방향으로 전달하는 반면, 후자는 높은 상호작용성이 반영되어 정보가 양방향으로 흐르는 일대일 마케팅이다.

지금까지 디지털 매체 중심의 커뮤니케이션 유형과 STP모델을 살펴보았다. 기존의 다른 매체와 비교할 때 온라인 커뮤니케이션 수단은 어떤 위치에 있는지를 살펴보면 기업이 온·오프라인 마케팅 수단을 이용하여 STP전략을 수립하고 수행하는 데 도움이 될 것이다. 〈표 10-1〉은 호프만과 노박의 연구가 제시한 커뮤니케이션 방법의 비교에 사용한 변수들을 제시하고 있다.

표 10-1 매체 비교 변수

변수	설명
커뮤니케이션 모델	일대다 모델, 직접타깃팅 모델, 일대일 모델
미디어 균형성 (media symmetry)	정보 흐름에 있어 다양한 수준의 균형성이 존재함. 예를 들어 개인 간의 이메일은 균형이 잡힌 정보의 흐름인 반면, 개인의 웹페이지 방문은 웹이 개인에게 훨씬 많은 정보를 전달하고 있음.
미디어 콘텐츠	문장, 소리, 그림, 동영상 등 다양한 콘텐츠가 존재함.
정보의 다양성	정보의 원천에 따라 빌보드같이 극히 제한적인 메시지만 담고 있는 매체부터 공중파TV, 소그룹 모임, 웹, 그리고 채널이 500개 이상 되는 케이블 방송까지 매체 간 정보의 다양성은 매우 다름.
커뮤니케이션 타이밍	동시 커뮤니케이션, 시간차 커뮤니케이션으로 구분할 수 있음(웹사이트, 채팅, 게시판, 전화, 대면대화 등).
인적 상호작용성	실제 사람들끼리의 모임이나 온라인 채팅에서는 인적 상호작용이 일어나나 웹에서는 기계적인 상호작용밖에 일어나지 않음.

출처: Hoffmann, D. and Novak, T. "Marketing in Hypermedia Computer-Mediated Environments: Conceptual Foundations," *Journal of Marketing*, 60 (July), 1996, pp. 50~68.

이들이 연구한 매체 비교의 결과는 〈그림 10-9〉에 나타나 있다. 첫째, 웹은 다른 매체와 비교하여 역동적 – 정적 차원과 고객지향성 – 제품지향성(인적-비인적 접촉) 차원에서 중간 정도에 위치한 절충적 수단이다. 예를 들어 대면 대화 수단보다는 역동성이나 인적 상호작용성이 떨어지지만, 인쇄 매체보다는 역동적이며 상호작용성이 높다.

두 번째 결과가 더 중요한데, 시간이 지남에 따라 웹의 위치는 매우 빨리 변화하고 있

그림 10-9 **매체 비교 모델**

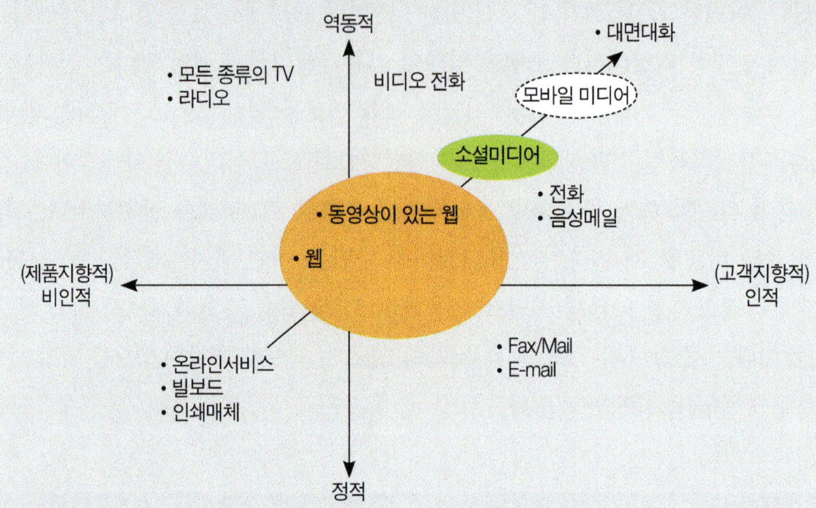

출처: Hoffmann, D. and Novak, T. "Marketing in Hypermedia Computer-Mediated Environments: Conceptual Foundations," *Journal of Marketing*, 60 (July), 1996, 53를 토대로 작성됨.

다. 다른 마케팅 커뮤니케이션 수단은 시간이 지나도 그 위치의 변화가 미미한데, 인터넷 매체의 위치는 놀랍게도 역동성과 상호작용성이 높아지고 있다. 이는 마케팅 수단으로서 인터넷 매체의 활용가치가 높아짐을 의미한다.[17] 즉 인터넷 매체는 비용 효율적이며(일반적으로 맞지만 최근 디지털 마케팅이 늘어남에 따라 특정디지털매체에 따라 비용 차이가 큼; 15장 참조) 매우 효과적인 수단이 되어 왔기에 많은 기업들이 인터넷 매체의 활용을 중시하고 있다. 특히 〈그림 10-9〉에 페이스북 같은 소셜 미디어의 위치를 표시했는데, 이는 과거의 위치에 비해 훨씬 역동적이며 고객지향적 · 인적 방향으로 진화한 것이다. 결국 STP전략 관점에서 보면 디지털 마케팅은 상호작용성이 증진된 일대일 마케팅 모형으로 발전해오고 있다.

이 장의 요약

- 포지셔닝이란 경쟁우위 달성을 목적으로 마케팅믹스를 사용해 경쟁제품과 다르게 인식되도록 고객의 마음속에 제품의 정확한 위치를 심어주는 과정이다. 마케팅 관리자는 자사제품의 목표 포지셔닝을 결정한 후 구체적인 접근방법을 사용해 목표 포지션을 획득하기 위한 방향으로 자사제품을 인식시켜야 한다.

- 포지셔닝 접근방법으로는 속성 · 효익에 의한 포지셔닝, 사용상황에 의한 포지셔닝, 제품사용자에 의한 포지셔닝, 경쟁에 의한 포지셔닝, 틈새시장에 대한 포지셔닝 및 제품군에 의한 포지셔닝 등이 있다. 속성 · 효익에 의한 포지셔닝은 가장 흔히 사용되는 포지셔닝 방법으로 자사제품이 경쟁제품과 비교해 차별적 속성과 특징을 가져 다른 효익을 제공한다고 고객에게 인식시키는 전략이며, 사용상황에 의한 포지셔닝은 적절한 사용상황을 묘사 · 제시하는 전략이다. 제품사용자에 의한 포지셔닝은 제품이 특정고객들에게 적절하다고 포지셔닝하는 방법이며, 경쟁에 의한 포지셔닝은 고객의 지각 속에 자리 잡고 있는 경쟁제품과 명시적 또는 묵시적으로 비교함으로써 자사제품의 상대적 혜택을 강조하는 방법이다. 틈새시장에 대한 포지셔닝은 기존 제품이 충족시키지 못하는 시장 기회를 얻는 방법이며, 제품군에 의한 포지셔닝은 특정제품군에 대한 고객의 우호적 태도를 이용해 자사제품을 그 제품군과 같은 것으로 포지셔닝하는 방법이다.

- 구체적으로 포지셔닝전략을 수행하는 과정은 고객분석과 경쟁자 확인을 거친 후, 경쟁제품의 포지셔닝을 분석해 자사의 포지셔닝을 개발하고, 결정된 포지셔닝을 확인하고, 성과를 평가해 재포지셔닝하는 과정으로 이루어진다.

- 경쟁제품의 위치를 파악하고 자사제품의 현재 위치를 효과적으로 파악하기 위해 포지셔닝맵을 활용한다. 포지셔닝맵이란 고객의 마음속에 있는 자사제품과 경쟁제품들의 위치를 2차원 또는 3차원 도면으로 작성한 것이다. 포지셔닝맵 유형에는 제품의 물리적 특성에 의한 포지셔닝맵과 고객의 지각에 근거한 포지셔닝맵이 있다. 포지셔닝맵을 작성할 때에는 먼저 차원의 수를 결정하고 차원의 이름을 결정한다. 그 후 경쟁제품과 자사제품의 위치를 파악하고, 자사의 이상적인 포지셔닝을 결정하는 과정을 통해 작성된다. 포지셔닝맵은 고객인식과 선호를 토대로 다음과 같은 전략적 유용성을 제공한다. ① 자사제품의 위치 파악, ② 경쟁자와 경쟁 강도 파악, ③ 제품 포지셔닝이 나가야 할 방향, 이상점(ideal point) 파악, ④ 틈새시장기회 파악, ⑤ 마케팅믹스의 효과 측정

- 실제의 STP 과정은 분리된 것이 아니라 반복적으로 수행되는데, 그 과정인 STP 통합의 중요성을 강조하며, 경험 있는 마케팅 관리자의 관점에서 STP전략 수립과 실행의 실천적 노하우(자사 능력의 중요성)를 제시했다. 마지막으로 고객가치제안이라는 용어와 개념의 설명을 통해 고객가치제안과 포지셔닝의 공통점과 다른 점, 나아가 전략경영과 마케팅의 융합 현상도 이해했다.

- 디지털 마케팅은 인터넷과 디지털 기술을 이용하여 수행하는 모든 마케팅 활동이며, 가장 두드러진 특징은 양방향성, 동시성, 통제로 구성된 상호작용성이다. 디지털 마케팅을 사용하여 기업이 고객의 상호작용성 인식 증진을 위해서는 개인화 및 맞춤화 마케팅 노력이 중요하다. 커뮤니케이션 모델을 토대로 한 디지털 마케팅의 STP전략은 일대다 모델, 직접타깃팅 모델로부터 상호작용성이 증진된 일대일 마케팅 모형으로 발전하고 있다. 일대일 마케팅 모형은 개인화 및 맞춤화 노력을 토대로 하고 있다.

주요 개념 목록

전략적 포지션 / 경쟁우위 포지션 / 공정한 가치 포지션 / 경쟁열위 포지션 / 포지셔닝 / 포지셔닝 유형(속성 · 효익, 사용상황, 제품사용자, 경쟁, 틈새시장 및 제품군 포지셔닝) / 포지셔닝전략 수행 과정 / 포지셔닝맵(물리적 특성과 고객 지각에 근거한 포지셔닝맵) / 다차원척도법 / 포지셔닝맵 작성하기 / STP전략의 통합 / 고객가치제안 / 상호작용성 / 개인화 및 맞춤화 / 일대다 · 직접타깃팅 · 일대일 마케팅 모형

생각해볼 문제

1. 다음 중 한 가지 제품군을 골라 해당 제품군의 국내 입지를 나타내는 포지셔닝맵을 나타내시오(포지셔닝의 속성은 임의로 선택해도 무방함).
   - 국내 아웃도어 의류
   - 소형 · 중형 · 대형 자동차
   - 게임
2. 속성 · 효익에 의한 포지셔닝, 사용상황에 의한 포지셔닝 등 여섯 가지 포지셔닝 유형의 예를 실생활에서 찾아 기술하시오.
3. 재포지셔닝을 해야 할 시점과 이때 고려해야 할 사항에 대해 제시하시오.
4. 포지셔닝맵의 전략적 유용성에 대해 설명하시오.
5. 최근에 성공적인 고객가치제안전략의 사례를 알아보고 제시하시오.
6. 개인화와 맞춤화에 해당하는 디지털마케팅 사례를 찾아 설명하고, 각 노력의 성공조건을 제시하시오.

후주 및 참고문헌

1 국내시장의 경우에는 이러한 해석에 논란이 있을 수 있지만, 북미, 유럽 등 주요 글로벌 시장에서는 성과에 의해 이러한 해석이 가능하다. 그러나 2016년부터 현대를 포함하여 수입차 기업들이 중국시장에서 산업정책과 규제, 중국 자주차업체의 발전 등으로 고전하고 있다.

2 비즈니스 및 마케팅 컨설턴트 알 리스(Al Ries)와 잭 트라우트(Jack Trout)가 1972년 이러한 의미의 포지셔닝이라는 용어를 〈Advertising Age〉 기고문에서 처음 사용한 후 1981년 서적(Ries, A. and Trout, J., *Positioning: the Battle for Your Mind*, Warner Books, 1981)을 발간하면서 마케팅 용어로 확산되었다. 또 산업조직론의 배경을 가진 경제경영 전략학자 포터가 1985년 서적(Porter, M. E., *Competitive Advantage: Creating and Sustaining Superior Performance*, The Free Press, 1985)을 발간하면서 원가우위 포지션, 차별화 포지션 등 경쟁 포지션 및 포지셔닝이라는 개념과 용어를 제시하여 포지셔닝은 마케팅을 넘어선 경쟁전략 용어로 사용되고 있다.

3 Aaker, D. A. and Shansby, J. G., "Positioning Your Product," *Business Horizons*, 25 (3), 1982, pp. 56~62.

4 업사이클링: 생활 속에서 버려지거나 쓸모없어진 것을 수선해 재사용하는 리사이클링(Recycling)의 상위개념으로, 기존에 버려지던 제품을 단순히 재활용하는 차원에서 한발 더 나아가 새로운 가치를 더해 전혀 다른 제품으로 재생산하는 것을 말한다. 예를 들어 재활용 의류 등을 이용해 새로운 옷이나 가방을 만들거나, 버려진 현수막을 재활용해 장바구니를 만들거나, 음식물쓰레기를 지렁이 먹이로 활용해 얻은 지렁이 배설물을 비료로 활용하는 것 등이다(《최신 시사상식 핵심 용어사전》, 박문각).

5 요인분석(Factor Analysis): 이 분석기법은 다변량 통계기법 중 하나로 변수 간 상관관계를 이용해 여러 변수로 측정된 자료를 소수의 차원으로 묶어 새로운 변수로 축소함으로써 정보량을 축소하고, 추가적인 분석상의 경제성을 가져오며, 연구자가 알지 못했던 변수 간의 내재된 구조를 발견하게 하는 기법이다(채서일, 《마케팅조사론》, 3판, 비앤엠북스, 2007).

6 익스트림 스포츠는 X게임이라는 약칭으로도 통용되는데, 영어 'extreme'에서 'X'를 딴 것이다. 신체 부상, 심지어는 생명의 위험을 무릅쓰고 갖가지 묘기를 펼치는 레저 스포츠로 1970~1980년대 미국 대도시에서 청소년을 중심으로 발전되어왔다. 젊은 세대들의 도전정신이 잘 반영된 운동으로 '위험스포츠', '극한스포츠'라고도 불린다. 1993년 미국 스포츠 전문 케이블 채널 ESPN에서 'X게임'이란 타이틀로 공식대회를 개최한 이래, 전 세계 청소년들 사이에서 폭발적인 인기를 누리며 급속도로 확산, 대중화되었다. 1997년부터는 겨울철 종목만 따로 모아 겨울 X게임까지 열리고 있다. 익스트림 스포츠의 세계 빅3 대회로는 일반적으로 X-게임 대회, 액션 스포츠챔피언십, 그래비티 게임 등이 있다. 자전거 스턴트(BMX), 스케이트보드, 인라인스케이트(롤러블레이드), 맨발 수상스키, 스포츠클라이밍(인공암벽등반), 스카이서핑, 번지점프, 스노보드, 스트리트 루지(누워서 달리는 썰매의 일종), 웨이크보드(트릭스키의 일종) 등 종류는 수십 가지이며 위험성이 높은 경기가 대부분이다. 이 가운데 인라인스케이팅, 스케이트보딩, BMX가 3대 종목으로 꼽힌다. 3대 종목은 방식에 따라 다시 피트니스(fitness)와 어그레시브(aggressive)로 나뉜다. 피트니스는 몸매 유지와 유산소운동을 목적으로 삼지만, 어그레시브는 스턴트에 가까운 창조성을 목적으로

한다. 따라서 X게임 공식대회는 어그레시브만을 채택한다. 국내에서는 소수 동호회원이 활동하는 수준이었으나 1999년 11월 서울 올림픽공원에 공식 경기장이 만들어지면서 급속히 확산되었다. 현재 경기 부천시, 고양시 일산 신도시, 도봉산 등에 X게임장을 운영하고 있다(《최신 시사상식 핵심 용어사전》, 박문각).

7 Winter, F. W., "A Cost-Benefit Approach to Market Segmentation," *Journal of Marketing*, 43 (4), 1979, pp. 103~111; Winter, F. W., "Market Segmentation: A Tactical Approach," *Business Horizons*, 27 (1), 1984, pp. 57~63.

8 알렉산더 오스티왈더, 예스 피그누어, 팀 클락 공저, 유효상 역 《비즈니스 모델의 탄생》, 타임비즈, 2011.

9 Anderson, J. C., Narus, J. A., and Rossum, W. V., "Customer Value Propositions in Business Markets," *Harvard Business Review*, 84(3), 2006, pp. 90~99.

10 Porter, M. E., "What Is Strategy?," *Harvard Business Review*, 74(6), 1996, pp. 61~78.

11 비즈니스의 각 기능들이 진행하는 전략과 실행 프로그램으로 제조 및 생산, 물류 및 유통, 브랜드 파워 증진과 커뮤니케이션, 시장세분화, IT, 품질, CRM전략과 실행 프로그램 등을 의미한다.

12 인적 자원, 기술자원, 재무자원 기타 경영 노하우 자원 등을 의미한다.

13 이 내용들은 18장에서 더 자세히 설명되니 참조하기 바란다. 또 최근 이 분야의 서적으로는 다음을 참조하기 바란다: Osterwalder, A. and Pigneur, Y., *Business Model Generation: A Handbook for Visionaries, Game Changers, and Challengers*, Wiley, 2013; Osterwalder, A. and Pigneur, Y., *Value Proposition Design: How to Create Products and Services Customers Want*, Wiley, 2014.

14 Kim, W. C. and Mauborgne, R., *Blue Ocean Strategy: How To Create Uncontested Market Space And Make The Competition Irrelevant*, Harvard Business Review Press, 2004; 다른 노력들도 있었지만, 전략경영 분야에서 고객가치의 중요성을 공식적으로 집대성한 노력은 김위찬 교수의 블루오션전략으로 볼 수 있다.

15 상호작용성에 관한 설명은 다음의 출처를 사용하였다. Song, J. H. and Zinkhan, G. M., "Determinants of Perceived Web Site Interactivity," *Journal of Marketing*, 72(2), 2008, pp. 99~113; 송지희교수 강의안(서울시립대학교 일반대학원 시장조사입문과목, 2017년 3월 29일).

16 디지털 마케팅 연구는 초기에 기업과 고객 사이의 상호작용성에 초점을 맞췄다. 최근 들어 소셜 미디어 및 모바일 툴의 활용이 늘어나고 새로운 현상들이 등장함에 따라 고객과 기업의 상호작용성, 고객과 고객 사이의 상호작용성, 기업과 기업의 상호작용성으로 그 적용 영역이 확장되고 있다. 이에 대한 내용은 19장을 참조하기 바란다.

17 〈그림 10-9〉의 출처에서 사용한 틀을 기준으로 아직 모바일 미디어를 포함한 연구가 공식적으로 등장하지 않음에 따라 모바일 미디어에 대한 위치는 점선으로 표시하였다. 그럼에도 모바일 미디어는 소셜 미디어보다 더 상호작용성이 높고 동적인 매체 위치를 차지할 것으로 예상한다.

PART 4

마케팅믹스

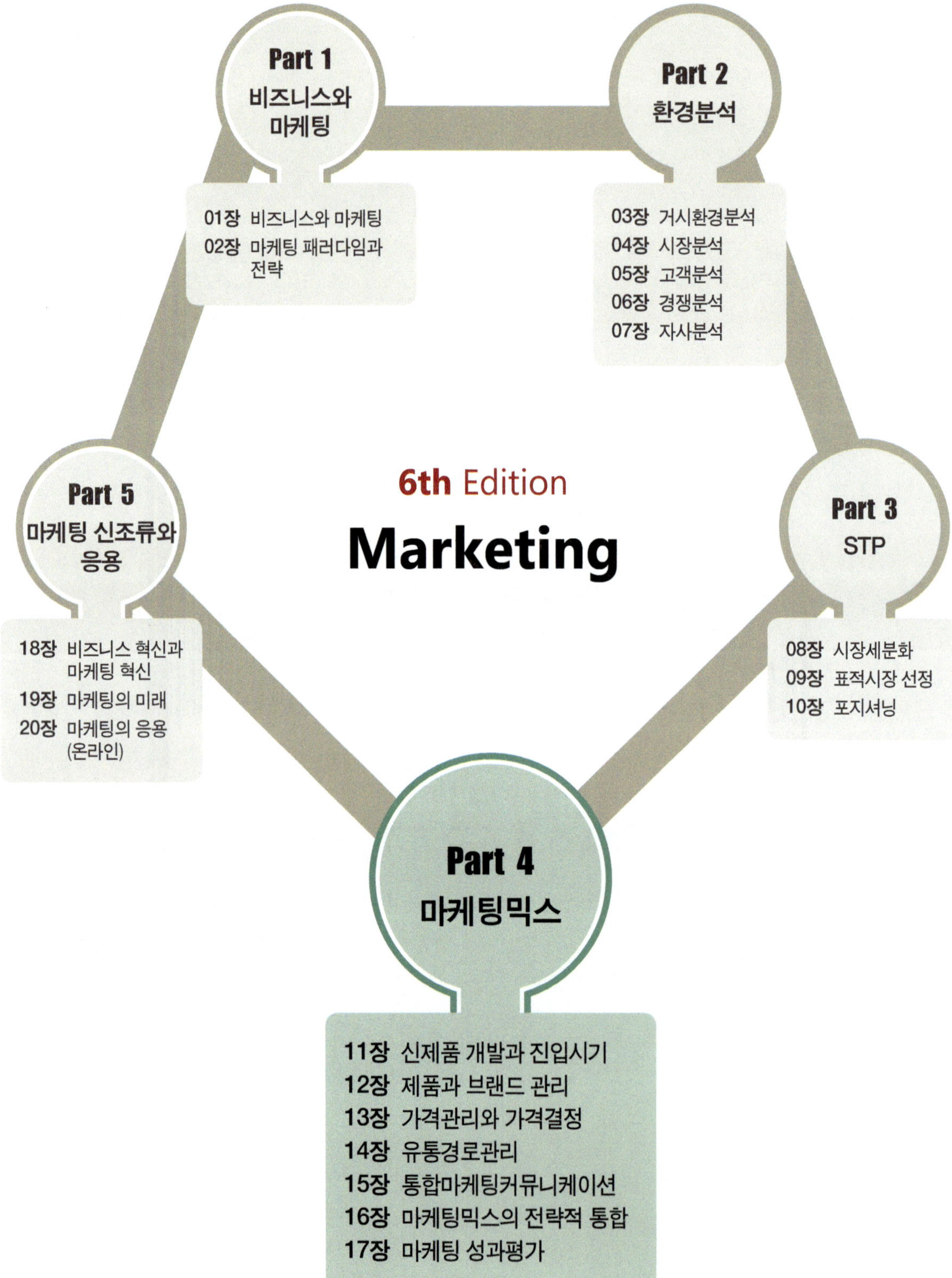

6th Edition
Marketing
Part 1
비즈니스와 마케팅
01장 비즈니스와 마케팅
02장 마케팅 패러다임과 전략
Part 2
환경분석
03장 거시환경분석
04장 시장분석
05장 고객분석
06장 경쟁분석
07장 자사분석
Part 3
STP
08장 시장세분화
09장 표적시장 선정
10장 포지셔닝
Part 4
마케팅믹스
11장 신제품 개발과 진입시기
12장 제품과 브랜드 관리
13장 가격관리와 가격결정
14장 유통경로관리
15장 통합마케팅커뮤니케이션
16장 마케팅믹스의 전략적 통합
17장 마케팅 성과평가
Part 5
마케팅 신조류와 응용
18장 비즈니스 혁신과 마케팅 혁신
19장 마케팅의 미래
20장 마케팅의 응용 (온라인)

6th Edition

Marketing

11장

신제품 개발과 진입시기

시장창출의 관건, 언제 선보일 것인가?

/ 학 / 습 / 목 / 표 / (Learning Goals)

1. 기업, 고객 등의 관점에서 제품의 의미를 이해한다.
2. 신제품의 개념과 종류, 신제품 개발 동기, 신제품 개발 시 마케팅의 역할을 이해한다.
3. 신제품 개발 과정을 학습한다.
4. 시장 진입시기전략을 학습한다.

기업의 생존 · 성장과 신제품의 중요성

기업의 생존과 성장을 위해 신제품의 성공이 중요하다는 것은 우리 모두 알고 있을 것이다. 자동차 산업을 예로 생각해 보자. 기아자동차가 현대자동차그룹에 인수되기 이전인 과거에도 몇 번의 위기를 겪은 적이 있었다. 그때마다 위기에서 기아를 구해 준 신차가 있었다. 대표적으로 봉고, 프라이드가 이에 해당한다. 이 신차들이 기아를 생존하게 했다고 해서 차 이름 뒤에 '신화(神話)'라는 말이 붙는다(봉고 신화). 이 차들의 개발 주역은 당시 기아자동차를 이끌었던 김선홍 회장이었다. 김 회장은 오늘날 기아자동차의 전신인 기아산업을 일구며 우리 경제사를 장식한 기업가 중 하나였다. 1950년대 자전거를 만들던 시절 기아산업에 입사해 삼륜차, 승합차 등으로 사업을 확장했고 특히 '봉고 신화'를 이끌며 기아를 국내 자동차산업의 정상급 회사로 발돋움시켰다. 그러나 김 회장은 IMF(국제통화기금) 외환위기의 서막이 울리던 1997년 10월 기아차의 법정관리(기업회생절차)를 수용하며 전격 사퇴했다. 한편 코란도로 시장의 적소(niche) 플레이어로 사업을 전개했던 쌍용자동차 역시 위기를 맞아, 중국 상하이자동차를 거쳐 2010년 말 인도의 마힌드라 & 마힌드라에 인수된 후 2015년 초소형 SUV 티볼리로 큰 히트를 치며 시장의 주요 경쟁자 중 하나로 등장했다. 이러한 예들이 보여주듯이 성공적인 신제품, 스타 제품(star product)은 큰 위기에 빠진 기업을 수렁에서 건져 다시 생존하게 하는 챔피언 역할을 한다.

〈봉고, 프라이드, 티볼리〉

출처: 구글이미지.

2장에서 학습했던 경쟁우위 확보전략의 차별화전략, 제품 리더십전략 역시 신제품 및 제품의 중요성을 강조하였다. 다음에서는 신제품 및 제품의 중요성을 실증적으로 제시한 주요 학술논문의 연구결과를 간략히 살펴보기로 하자.

먼저 Srinivasan 등은 2009년 미국의 자동차 산업을 대상으로 (구체적인 데이터=1996~2002년 J. D. Power & Associates 조사회사의 빅 6 (Chrysler, Ford, GM, Honda, Nissan, Toyota)의 주요 대도시 판매 데이터; COMPUSTAT 데이터베이스를 토대로 한 해당기업의 주가 데이터) 신제품의 혁신성 및 기타 마케팅 활동변수들이 기업가치(장기적 성과 측정치)에 미치는 영향에 관한 연구를 발표하였다(출처: Srinivasan, S. 등, "Product Innovations, Advertising, and Stock Returns," *Journal of Marketing*, 73(1), 2009, 24-43). 주요 결과에 따르면 단기적인 성과가 아니라 장기적인 기업가치(주가수익률의 흐름으로 측정)에 영향을 미치는 변수들은 영향의 순서별로 선도적 혁신제품(pioneering innovations), 신제품 런칭을 통한 인지품질 또는 지각품질의 증진(perceived quality improvement for NPI: New Product Introduction), 그리고 선도적 혁신제품의 광고효과(advertising for NPI)로 나타났다. 선도적 혁신은 혁신성의 정도가 높을 뿐만 아니라 고객의 인식에 '처음'이라는 이미지를 심어준 제품으로 연구된 제품들의 예는 다음과 같다: 2001년 Toyota의 Prius (소형차 범주에서 최초의 휘발유 하이브리드), 2002년 Chevrolet Avalanche (트럭 범주에서 5인용 승용 SUV를 일반 픽업트럭과 결합한 독특한 최초의 차), 2002년 Lincoln Blackwood (트럭 범주에서 Chevrolet Avalanche의 최초의 럭셔리 버전), 1999년 Lexus RX 300 (SUV 범주에서 최초의 승용 기반의 럭셔리 SUV), 1999년 Honda Odyssey (미니밴 범주에서 처음으로 시트를 바닥으로 넣을 수 있는 "매직 시트(magic seat)"를 창안). 이 연구는 자동차 산업을 토대로 성공적인 신제품, 스타 제품(star product)의 중요성(장기적 기업가치의 상승)을 실증적으로 보여준 것이다.

〈기업의 주가가치에 대한 마케팅 활동의 영향〉

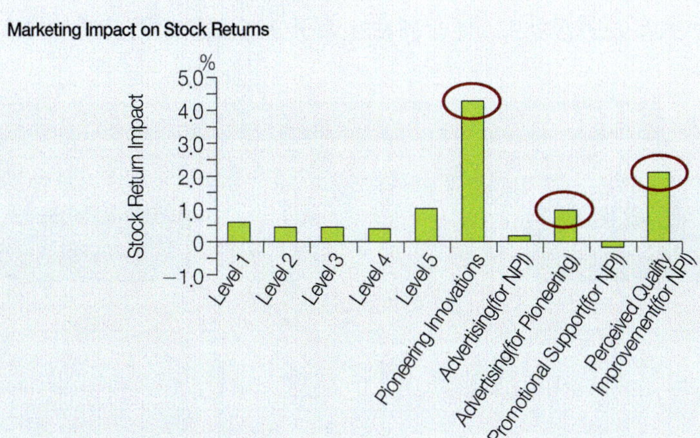

Notes: NPI = new product introduction.

출처: Srinivasan, S. 등, "Product Innovations, Advertising, and Stock Returns," *Journal of Marketing*, 73(1), 2009, pp. 24~43의 그림 3 (p. 40).

1 제품이란 무엇인가?

마케팅믹스전략의 실행이란 기업에서 마케팅목표에 따라 설정한 표적시장에 마케팅 활동을 집중시키려고 사용하는 모든 투입변수를 해당 기업의 환경과 상황에 맞게, 마케팅 효과가 최대화되도록 배합하여 실행하는 것이다. 마케팅믹스 요소는 상품이나 서비스, 유통채널, 가격, 판매촉진 등으로 흔히 4P라고 한다. 기업은 이러한 마케팅믹스를 마케팅목표에 결합하고, 그 목표에 따라 각 부문의 기능을 유기적으로 결합하면서,[1] 전체적인 마케팅 활동을 시행해 마케팅 효과를 높일 수 있다. 마케팅믹스는 우선 제품 믹스, 프로모션 믹스, 유통채널 믹스 등 하부 믹스를 먼저 형성하고, 이들 하부 믹스들을 통합 · 구성하여 가장 효율적인 마케팅믹스를 실현한다.

따라서 이 책에서는 11장과 12장에서 제품 믹스, 13장에서 가격 믹스, 14장에서 유통경로 믹스, 15장에서 판매촉진 믹스를 차례로 설명한 후, 16장에서 전략적 마케팅믹스의 통합을 설명할 것이다.

제품이란 구매하는 사람의 욕구나 필요를 충족시킬 수 있는 효용의 묶음 또는 조합을 의미하며, 물리적인 제품은 물론 서비스 경험이나 이벤트, 사람, 장소, 조직, 정보, 아이디어 등 효용을 제공함으로써 구매자의 욕구나 필요를 충족시킬 수 있는 모든 것

그림 11-1 제품의 의미

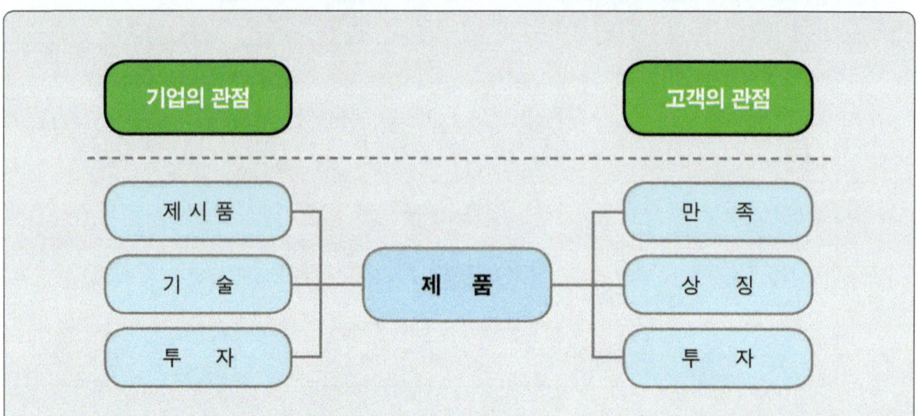

이 제품의 범주에 포함된다. 따라서 시장에서 교환되고 소비되는 대상은 모두 제품이다. 기업에서 수행하는 제품관리는 신제품관리와 기존제품관리로 나뉜다. 11장에서는 신제품관리를 다루고, 12장에서는 기존제품관리에 대해 다룬다.

기업과 고객을 연결하는 역할을 하는 제품은 〈그림 11-1〉과 같이 기업과 고객 입장에서 각기 다른 측면을 가진다. 또 각각의 입장에 따라 제품의 의미는 조금씩 달라진다. 여기에서 중요한 것은 더 많은 마케팅 기회를 포착하고 성공을 거두기 위해 기업은 고객 관점에서 제품을 정의하고 그 의미를 이해해야 한다는 것이다.

- **학습목표 1: 주요 개념 (1)**
  - 제품 = 효용의 묶음 또는 조합; 효용을 제공함으로써 구입하는 사람의 필요나 욕구를 충족시키는 모든 것이 제품의 범주에 포함됨.
  - 기업 관점에서의 제품 = 제시품(핵심 혜택, 유형 제품, 확장 제품), 기술, 투자
  - 고객 관점에서의 제품 = 만족, 상징, 투자 대상
  - 또한 제품은 내구성(durability) 및 유형성(tangibility), 그리고 구매 및 사용 주체(소비재와 산업재)별로 분류 = 이러한 분류가 중요한 이유는 이 분류에 따라 적절한 마케팅믹스전략의 일반적 방향이 달라질 수 있기 때문임.

1. 기업 관점에서의 제품

제시품 제품은 재화와 서비스의 물리적 또는 기능적인 특성 그 자체를 뜻한다. 그러나 고객은 재화나 서비스를 통한 근본적인 효용만을 위해 제품을 구매하지 않는다. 예를 들어 삼성 시리즈 9 Always 노트북을 구매하는 경우, 일상적으로 휴대하여 업무를 처리할 수 있는 효용뿐 아니라 삼성이라는 브랜드와 품질 그 외에 가볍고 예쁜 스타일 등도 고려한다. 더 나아가 애프터서비스의 편리성, 보증 기간까지 생각한다. 따라서 기업이 고객에게 제시하는 제품, 즉 제시품은 제품 개념을 어디까지로 볼 것인가에 따라서 〈그림 11-2〉와 같이 제품의 핵심 혜택(core benefit), 유형 제품(formal product), 확장 제품(augmented product) 등 세 가지 차원으로 나눌 수 있다.[2]

> **핵심 혜택** 제품의 가장 근본적인 차원으로 고객이 제품구매에서 얻으려고 하는 근본적인 서비스나 효용을 의미한다. 예를 들어 고객이 노트북의 구매를 원한다면 핵심 혜택 차원에서 그 고객은 노트북에서 '휴대하면서 계산이나 데이터를 처리하고 업무를 해결하는 효용' 같은 가장 근본적인 혜택을 구매하는 것이다.

그림 11-2 제시품의 유형

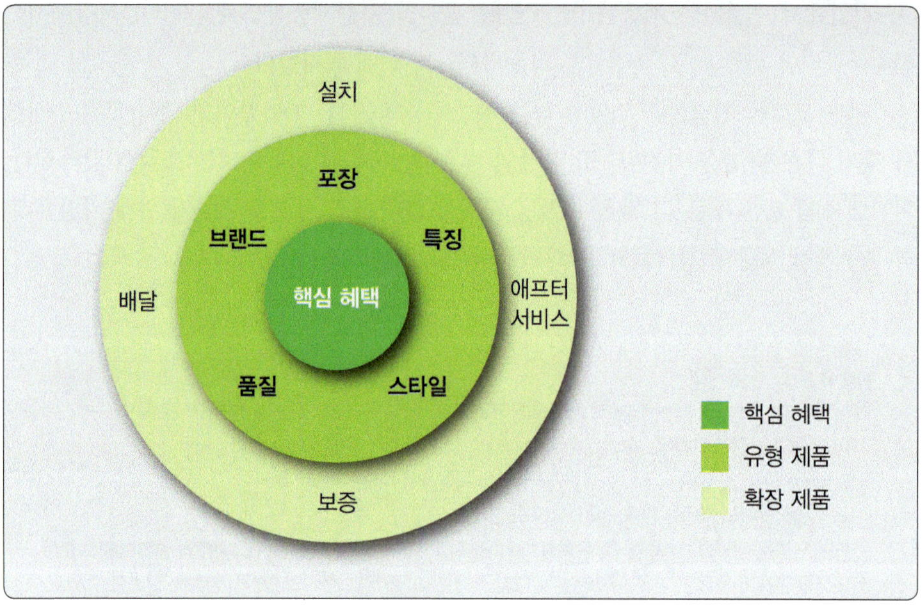

유형 제품 고객이 제품에서 추구하는 핵심적인 편익을 구체적인 물리적 속성들의 집합으로 유형화시킨 것이다. 즉, 핵심 혜택을 구체화한 것으로, 우리가 보통 알고 있는 제품이다. 삼성 시리즈 9 노트북, 소니 바이오 노트북, 애플 맥북 프로 노트북, 레노보싱크패드 등과 같이 브랜드 이름, 주요 속성, 기능 및 특징, 제시 품질 등이 여기에 속한다.

확장 제품 유형 제품에 덧붙여 제공할 수 있는 개발, 보증, 애프터서비스, 설치 등과 같은 효익을 부가한 개념이다.[3] 노트북을 판매할 때 구매 후 1년 이내에 고장이 나면 무상으로 고쳐주겠다면 이것은 확장 제품이다.

기술 기술의 바탕 없이는 제품이 만들어질 수 없음에도 고객들은 제품구매 시 그 제품이 바로 기업의 기술집약체라는 사실을 대부분 인식하지 못한다. 고객들이 생각하기에 아주 간단한 부품 하나도 기술 측면에서는 매우 중요하다. 어느 기업이든지 상품화한 제품은 그 기업의 기술력을 반영한다. 그 때문에 성공한 기업들은 끊임없이 연구개발을 하고, 투자를 아끼지 않는다.

투자 기업 입장에서 제품은 계속 투자하여 성장을 이끄는 주체이다. 따라서 장기적 안목으로 볼 때, 제품에 대한 끊임없는 투자를 통해 고객들의 신뢰성을 얻는 것이 가장 크고 확실한 보답을 얻는 활동이라는 것을 잊어서는 안 된다. 예를 들어 전자업계에서 기술개발과 투자는 아주 빠르게 그리고 활발하게 이루어진다. 최근에는 전자업계의 투자흐름이 시설투자에서 솔루션, 차세대 제품개발 등의 연구개발 위주로 변화하고 있으며 차세대 메모리, 디스플레이 개발을 비롯해 솔루션 사업에 집중함으로써 전자업계의 투자 패러다임을 바꿔가고 있다.[4] 또 기술개발과 투자에 기업의 미래가 달렸음을 인지하고, 역량을 끌어올리는 데 주력하고 있다.

2. 고객 관점에서의 제품

만족 기업은 물리적인 제품 또는 서비스를 고객에게 판매하고, 고객들은 기업이 제공한 제품이나 서비스를 사용함으로써 얻어지는 효익을 구매한다. 예를 들어 고객이 여름에 에어컨을 사는 것은 에어컨 자체를 산다기보다 더위를 해소할 수 있는 효익을 사는 것이다. 즉, 에어컨이라는 제품은 고객에게 무더위 속의 시원함이라는 효익을 제공함으로써 고객욕구를 만족시킨다. 따라서 마케팅계획의 시발점은 고객들이 제품구매를 통해 충족하고자 하는 욕구가 무엇이고, 추구하는 효익이 무엇인가를 파악하는 것이다.

상징 제품은 그 자체의 고유기능을 가질 뿐 아니라 사회적 · 경제적 상징성을 나타내고, 개성을 표출하는 매개체가 되기도 한다. 마케팅 관리자는 제품사용이 고객의 자기표현 욕구를 만족시켜주는 부분이 있는 경우, 상징성을 부여해 제품 품질에 의한 차별화는 물론이고 이미지에 의한 차별화도 할 수 있다. 특히, 다른 사람에게 선물하기 위해 제품을 구매할 때는 제품이 주는 상징적 의미가 더 큰 작용을 한다.

투자 고객은 제품을 투자대상으로 여기기도 한다. 즉, 제품을 산업재와 같이 투자와 재생산을 위한 것으로 간주한다. 고객들은 주택이나 자동차와 같은 내구재나 골프장 회원권, 콘도 회원권, 보석 등을 구매할 때 구매 당시 가격과 사용에서 얻어지는 효익 외에 나중에 되팔 때를 생각하며 구매한다. 이것은 고객이 제품을 사용도 하지만 투자의 대상으로도 생각하기 때문이다.

3. 전통적인 관점에서의 제품

마케팅 영역에서는 전통적으로 제품을 내구성(durability) 및 유형성(tangibility)에 따라 비내구재, 내구재, 서비스 그리고 구매 및 사용 주체(소비재, 즉 편의품, 선매품, 전문품, 비탐색품과 산업재, 즉 원재료 및 부품, 자본재, 소모품 및 비즈니스 서비스)별로 분류해오고 있는데, 이러한 분류가 중요한 이유는 이 분류에 따라 적절한 마케팅믹스전략의 일반적 방향이 달라질 수 있기 때문이다. 각 분류에 대한 자세한 설명은 온라인사이트의 표에 수록되어 있으니 참조하기 바란다.

2 신제품 개발

도입사례에서 살펴보았듯이 기업이 시장에서 성공하고 계속 성장하기 위한 핵심요건 중 하나는 경쟁력 있는 신제품을 만들어내는 것이다. 이는 기존 시장에서 주도권을 갖게 할 뿐 아니라 새로운 시장창출의 원동력이 되기 때문이다. 과거 기업들의 신제품 개발목표는 주로 기업의 재무적인 목표달성을 위해, 장기적인 수익성 목표달성을 위해 그리고 경쟁사에 대해 자사의 상대적인 우위를 차지하기 위해서였다.

하지만 이제 기업에서는 지속적인 성장의 기반을 마련하기 위해 끊임없이 고객을 만족시켜야 하고, 이러한 고객의 새로운 욕구창출과 고객만족의 증진을 위해 신제품을 만들어야 한다는 것을 알고 있다. 기업의 제품관리는 신제품 개발에서부터 시작한다.

1. 신제품의 개념과 종류

- **학습목표 2: 주요 개념(1)**
  - 신제품 개념은 신제품 개념의 종류에 따라 달라짐.
  - 신제품 개념의 종류 = 제품의 혁신, 개량, 개선 등의 정도 → 이제까지는 세상에 존재하지 않았던 혁신적 신제품 // 기존제품의 속성이나 기능을 개량한 개량적 신제품 // 시장에 이미 출시된 제품이지만 자사가 후발업체로 출시한 자사입장 신제품
  - 이러한 신제품 개념의 분류 밑에는 기술의 새로움과 고객 지각의 새로움이 작동 = 신제품의 성공을 위해서는 새로운 기술뿐만 아니라 고객의 지각 및 소비 패턴에 대한 성공적 영향이 중요함.

신제품에 대한 정의는 바로 제품개발전략과 직결되므로 마케팅 관리자는 신제품 개발에 들어가기 전에 신제품 개념을 명확히 해야 한다. 즉, 개발될 제품을 완전히 새로운 제품으로 보느냐 또는 기존 제품의 확장으로 보느냐에 따라 개발 과정 및 마케팅전략이 달라지기 때문이다.

신제품의 종류는 〈표 11-1〉에서 보는 것과 같이 혁신적 신제품(radical new product), 개량적 신제품(incremental new product), 자사 입장의 신제품 등으로 나눌 수 있다. 먼저 혁신

표 11-1 신제품의 종류

신제품의 종류	특징	예
혁신적 신제품	• 완전히 새로운 제품 • 제품 자체가 새로운 시장을 창출하거나 새로운 산업을 구축하게 해주는 경우 • 고객의 소비패턴과 산업의 구조에 변혁을 가져옴	자동차, 비행기, 복사기, 즉석카메라, 롯데 쥬시후레쉬껌
개량적 신제품	• 기업에서 의미하는 신제품 • 기존 제품에 대한 수요가 확인된 상태이므로 제품개발에 따른 새로운 시장의 창출에 따르는 위험부담이 적음	팬티엄4 컴퓨터, DMB폰, 롯데 자일리톨 껌
자사 입장의 신제품	• 시장에 이미 출시된 제품을 자사가 후발업체로 출시하는 제품 • 시장에서는 신제품이 아니지만, 자사 입장에서는 처음 도입하는 신제품	해태 자일리톨 333 껌

적 신제품의 대표적인 사례로 자동차를 들 수 있다. 〈그림 11-3〉에서 볼 수 있듯이, 자동차는 기존에는 존재하지 않았던 완전히 새로운 제품이었으며, 새로운 시장과 산업을 창출하였고, 고객의 소비 패턴과 산업구조에 변혁을 가져왔다.

국내의 경우, 롯데에서 최초로 치클을 원료로 한 껌을 생산해 제품화에 성공한 것이 '쥬시후레쉬껌'이다. 따라서 국내에서 '쥬시후레쉬껌'은 완전히 새로운 제품이며, 새로운 시장을 창출한 혁신적인 제품이다. 롯데는 '쥬시후레쉬껌' 발매 후 껌시장에서 계속 선두를 지켰다. 하지만 1990년대 후반에 건강 및 웰빙 붐이 일면서 설탕이 가미된 껌은 매출이 급격히 떨어졌다. 롯데를 비롯한 다른 경쟁사들은 설탕이 가미되지 않은 껌(롯데 '슈가프리', 해태 '노노껌')을 출시했으나 소비자들의 반응은 시큰둥했다. 이후 침체한 껌시장에서 롯데는 '양치질 이후에 씹는 껌'이라는 전혀 새로운 콘셉트를 도입해 '자일리톨껌'을 출시했다. 이 때문에 껌시장은 다시 활기를 찾았고 롯데의 매출도 회복되었다. 이러한 의미에서 '자일리톨껌'은 개량적 신제품에 해당한다. 이에 비해 한발 늦게 출시한 해태 '자일리톨 333껌'은 해태 입장에서만 신제품, 즉 자사 입장의 신제품에 해당한다.

해태의 '자일리톨 333껌'처럼 자사 입장에서 신제품이 개발되는 이유는 다음과 같다. 기업은 경쟁자에 맞대응을 하는 방안으로 자사 입장의 신제품을 개발하거나 그 신제품이 자사의 기존 제품라인을 보완하는 제품일 경우, 자사 입장의 신제품을 개발한다. 또 더 낮은 원가로 기존 제품과 비슷한 또는 같은 성능을 발휘하는 제품을 만들 수 있을 때, 자사의 다른 제품을 만드는 원료나 공정상의 부산품으로 신제품을 만들 수 있는 경우도 자사 입장의 신제품 개발을 고려한다. 또 신제품은 자사의 기존 고객과 기존 유통

그림 11-3 혁신적 신제품

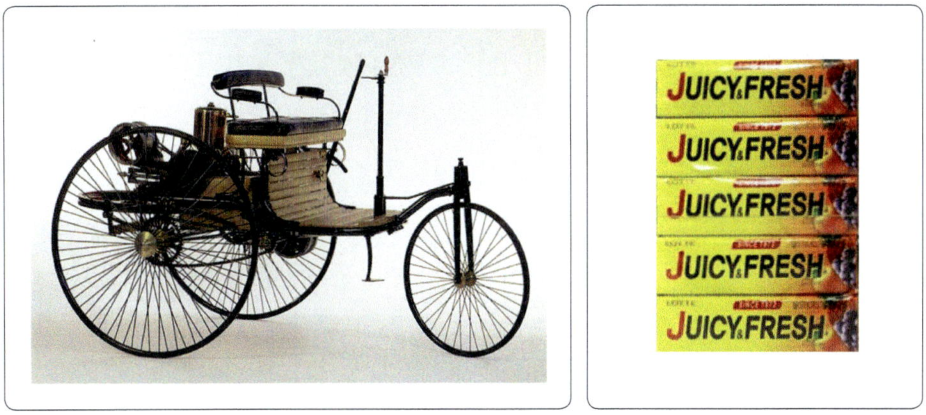

그림 11-4 개량적 신제품과 자사 입장의 신제품

망을 그대로 활용할 수 있기 때문에 타사와의 경쟁에서 우위를 가질 수 있다고 판단되면 기업은 자사 입장의 신제품을 개발한다.

한편 이러한 신제품의 분류에는 두 가지 중요한 기준이 작동하고 있다. 첫 번째 기준은 기술의 새로움 정도이고, 두 번째 기준은 고객이 지각하는 새로움의 정도이다. 혁신적 신제품은 기술도 새롭고 고객이 지각하기에도 새로운 반면, 개량적 신제품은 기술과 고객이 지각하는 새로움의 정도가 상대적으로 떨어진다. 최근 연구[5]에서 혁신적 신제품은 새로운 기술의 역할이 매우 큰 경우를 기술돌파구적 혁신(technology breakthrough innovation: 구글 서치 엔진),[6] 새로움에 대한 고객 지각의 역할이 상대적으로 더 큰 경우를 시장돌파구적 혁신(market breakthrough innovation: 중국 샤오미의 저가 스마트폰)[7]으로 구분하고 있다. 이러한 연구들은 지구궤도상에 위성통신망을 구축하여 휴대폰으로 세계를 연결하려던 미국 모토로라 사의 이리듐프로젝트 사례처럼, 아무리 기술이 새로워도 고객의 지각 및 소비 패턴에 영향을 못 미치면 기술의 상용화 및 사업화에 성공하지 못한다는 교훈을 준다.

마지막으로 신제품의 개념에 따라 경쟁제품에 대한 정의도 다르게 내릴 수 있음에 유의해야 한다. 스마트폰에는 디지털카메라 기능과 게임기, MP3 플레이어 기능이 첨부되어 있다. 이때 마케팅 관리자는 경쟁자로 타사의 스마트폰만 생각할 수 있지만, 디지털카메라와 게임기, MP3 플레이어시장도 경쟁자로 생각한다면 신제품의 시험시장과 상업화에 더 다각적인 노력을 해야 할 것이다.

2. 신제품 개발 동기·목적

- **학습목표 2:** 주요 개념(2)
  - 기업의 신제품 개발 동기·목적 = 회사의 재무적 목표 달성 // 시장점유율을 높이며 // 시장에서의 경쟁적 위치 차지

마케팅시스템과 조직에 끊임없이 영향을 주는 환경 중 몇몇 요인은 신제품 개발동기

표 11-2 신제품 개발 동기

구분	내용
재무적 목표	• 자사의 이익 증대와 수익성 향상이라는 재무적 목표 달성을 위해 신제품을 개발한다. • 이익 증대에 대한 욕구는 신제품 개발을 재촉하는 가장 중요한 요소이다.
시장점유율과 장기적 수익성	• 매출과 시장점유율 증대를 통한 장기적인 수익성 확보를 위해 신제품을 개발한다. • 제품혁신과 낮은 원가는 점유율에 바탕을 둔 시장전략에서 결정적인 성공요소이다.
경쟁적 위치	• 경쟁사에 대한 기업의 상대적 위치는 강력한 신제품 개발요인이다.
제품수명주기	• 제품이 성숙기 후반에서 쇠퇴기로 접어들 때 이익은 떨어지고 수익성을 회복하기 위하여 기업은 제품을 재활성화시키는 데 노력을 집중하거나 이를 신제품으로 대체하여 고객의 욕구를 더욱 만족시키려 한다.
기술의 변화	• 기술적인 변화는 기업에 혁신하지 않으면 쇠퇴한다는 압박을 주며 이런 상황에서 고객욕구에 맞춘 신제품을 신속히 개발하는 기업은 높은 보상을 받게 된다.
기타	• 세계화가 진행됨에 따라 외국 기업과의 경쟁에서 생기는 위기감을 해소하고 신시장이 제공하는 기회를 포착하기 위해 신제품 개발이 필요하다. • 정부의 새로운 규제 도입이나 규제 철폐도 기업의 신제품 개발을 고려하게 한다. • 제품 생산의 기본이 되는 원자재 비용 등이 영향을 준다. • 발명이나 인구통계적 변화 및 생활유형 변화 그리고 고객의 욕구변화 역시 신제품 개발의 원동력이 된다.

를 유발한다. 이런 요소 중에는 재무적 목표, 시장점유율, 경쟁적 위치, 제품수명주기, 기술 그리고 기타 요인(세계화, 법적 · 사회적 규제, 원자재 비용, 발명, 인구통계 및 생활유형의 변화와 고객욕구 등)이 있다. 신제품 개발 동기의 원천은 <표 11-2>와 같이 정리할 수 있다.

3. 신제품 개발 시 마케팅의 역할

- **학습목표 2: 주요 개념(3)**
  - 신제품 개발 과정에서 마케팅의 역할 = 마케팅부서는 R&D부서, 생산부서와 함께 중요한 역할을 담당 = 특히 신제품 아이디어의 수집 및 평가, 시험시장과 출시 단계에서 핵심적인 역할을 담당

신제품 개발 과정에는 기업의 기능 부서들인 R&D부서, 마케팅부서, 생산부서가 참여한다. <그림 11-5>는 신제품 개발 과정에서 마케팅 · R&D · 생산 부서가 어떠한 임무를 수행하고, 이들의 참여가 어느 정도인지를 나타낸 것이다.

일반적으로 마케팅부서는 신제품 개발 과정 초기와 후기에, R&D부서는 개발 과정 중기에, 생산부서는 후기에 중요한 임무를 수행한다. 신제품 개발은 어느 한 부서만의 과제가 아니라 진사적 차원에서 수행해야 하는 중요한 과제이므로 모든 부서가 각자 맡은 임무를 충실히 수행해야 한다. 그러나 많은 기업이 마케팅이나 생산 부문을 소홀히 한 채 R&D 부문의 기능에만 초점을 맞추어서 신제품 개발과제를 풀려고 한다. 마케팅과 생산 부문의 역할 수행이 제대로 이루어지지 못하면 신제품 개발은 성공하기가

그림 11-5 **신제품 개발 과정에서 마케팅 · R&D · 생산 부서의 역할**

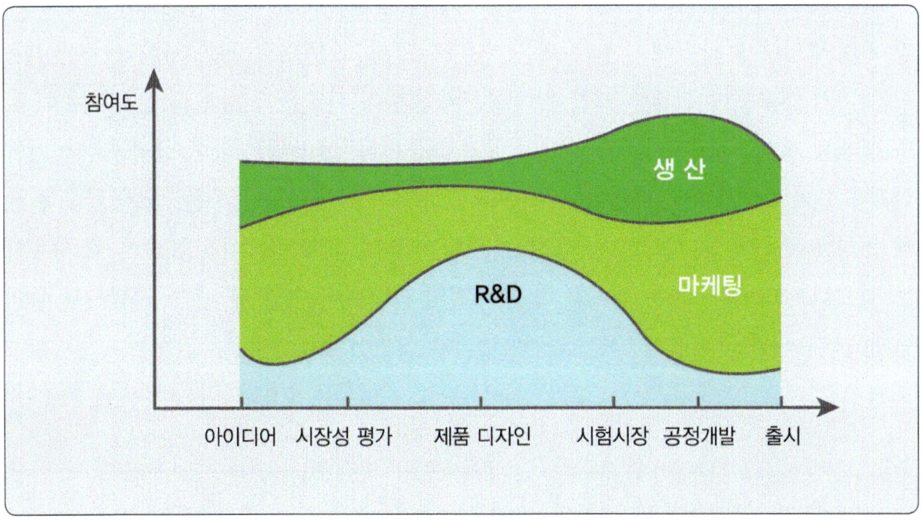

힘들다. 그중 이 책에서 다루는 마케팅 역할은 신제품 개발의 전 과정에 필요하지만, 신제품 아이디어의 수집 및 평가, 시험시장 실시와 신제품 출시 세 단계에서 더욱 중요하다. 이에 관해 구체적으로 살펴보자.

신제품 아이디어의 수집 및 평가 단계 신제품 개발 과정의 첫 단계에서 마케팅부서는 고객, 중간상, 경쟁기업, 기업 내부 인력에게서 가능한 많은 정보를 수집해야 한다. 또 이를 평가해 신제품 개발 아이디어를 확정하고 신제품 개념을 설정하는 임무를 수행한다.

시험시장 실시 단계 신제품이 개발되면 마케팅부서는 실제 고객들에게 신제품에 대한 반응을 파악하는 시장 테스트를 실시해야 한다. 예컨대 백화점 매대 또는 여자대학교 앞 상점에서 끼워 파는 형태로 시험시장(test market)을 실시할 수 있다. 글로벌 금융상품이나 IT 관련 소프트웨어 제품의 경우, 서울과 홍콩에 시험시장의 형태로 가장 먼저 출시되며, 최근 할리우드 영화도 반응속도가 빠르고 파급 효과가 큰 한국에서 시험시장 형태로 가장 먼저 상영되기도 한다. 기업은 이러한 시험시장을 통해 신제품의 성공가능성을 평가하고 신제품을 개선한다.[8]

출시 단계 신제품을 출시하는 시기에 목표시장의 고객에게 신제품을 효과적으로 접근시키기 위한 마케팅계획을 세우고, 이에 따라 마케팅 활동을 실행한다. 물론 신제품이 시장에 출시된 이후에도 초기 시장의 반응에 따라 마케팅믹스를 탄력적으로 변화시켜야 한다.

마케팅부서가 신제품의 성공에 중요한 임무를 수행함에도 실제 기업에서 신제품 개발 과정의 마케팅 활동에 대한 지원은 매우 적으며, 그 범위도 매우 제한적인 편이다. 이는 기업 대부분이 신제품 개발에 대해 기술지향적 사고를 견지하고 있기 때문이며, 또 신제품 개발에 드는 비용도 만만치 않기 때문이다. 그러나 성공한 신제품과 실패한 신제품을 비교 연구한 결과들로는 마케팅 활동에 대한 금전적인 지원규모가 클수록 신제품 성공 확률이 높다고 한다. 특히, 마케팅 비용의 대부분을 신제품 출시 때 사용하는 것으로 나타났다. 물론 신제품 출시 이전의 아이디어 수집 및 평가, 시험시장 등의 단계에서도 마케팅 비용에 대한 상당한 투자가 이루어져야 한다.

4. 신제품 개발 과정

- **학습목표 3: 주요 개념(1)**
  - 신제품 개발 과정 = 아이디어의 창출 → 아이디어의 평가 → 제품개념 개발과 시험 → 사업성 평가 → 제품개발 → 시험시장 → 상업화
  - 신제품에 대한 아이디어 창출 = 기업의 내부원천 // 제품 사용자인 고객 // 경쟁기업의 제품 // 최근에는 집단적 협력(Mass Collaboration)이나 크라우드 소싱(Crowd Sourcing)처럼 기업의 개방적 자세가 중요하게 요구됨.
  - 아이디어를 창출하면 기업은 경영전반의 관리적 관점과 고객 관점에 의거해 아이디어를 평가하고 채택함.
  - 선택된 아이디어는 제품 형태로 구체화시켜 고객 관점에서 의미를 부여한 제품개념을 개발하고, 그 제품개념이 표적고객에게 잘 전달되고 있는지 시험 과정을 거침.
  - 이 과정이 끝나면 기업은 기업의 목표, 매출액과 생산비용, 이익 등을 추정하는 사업성 분석을 함.
  - 사업성 결과가 양호하면 제품개념을 실질적인 제품으로 형상화하고 시험시장을 거쳐 상업화 단계에 이르게 됨.

신제품 개발을 위한 활동은 기업 외적 활동과 기업 내적 활동으로 나눌 수 있다. 기업 내적 활동은 기업의 기술개발이 선도하여 신제품을 만드는 경우(technical push)와 마케팅조사와 같은 마케팅 활동으로 신제품 출시가 주도되는 경우(marketing pull) 두 가지가 있다. 이 두 가지 방법은 상호 배타적이라기보다 상호 보완적이다. 기업 외적 활동에 의한 신제품 개발은 신제품을 보유하고 있거나, 신제품 개발에 적극적인 다른 기업을 매수 또는 합병하는 경우다. 이 장에서는 기업 내에서 수행하는 경우를 중심으로 신제품의 개발 과정을 설명하기로 한다.

신제품 개발 과정의 단계(<그림 11-6>의 각 단계)별로 관문(stage gate)을 설정하고 체계적으로 신제품 개발 과정을 관리하는 것은 신제품 개발능력이 우수한 기업의 공통적 특성이다. 단계별 진행 · 포기 의사결정의 적정성 제고를 위해 평가지표를 명확히 설정해야 한다. 물론 이러한 진행 · 포기 의사결정의 적정성은 그 기업의 누적된 지식 정도

그림 11-6 신제품 개발 과정

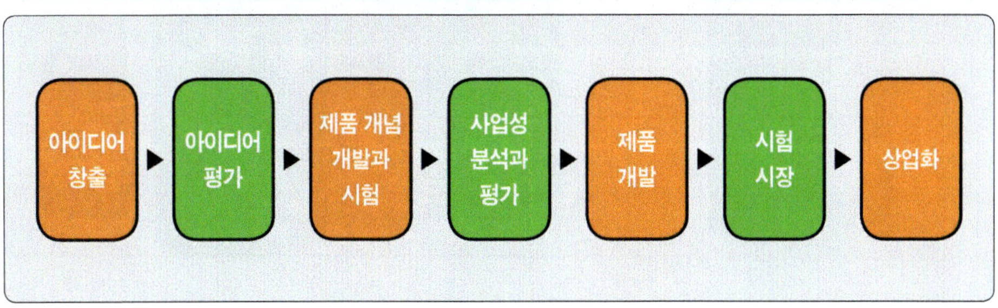

에 따라 달라진다. 또 명확한 프로세스를 기반으로 사내·외 관련 부서와의 공동 작업(collaboration)이 이루어질 수 있으며, 이러한 공동 작업의 정도가 신제품 개발 과정의 효율성을 증진시킬 수 있다.

아이디어 창출

신제품 개발의 첫 단계는 새로운 아이디어의 수집이다. 좋은 아이디어를 얻기 위해 다양한 아이디어를 수집해야 한다. 근본적으로 신제품에 대한 아이디어는 어느 곳에서나 얻을 수 있는데, 주요 원천으로는 다음과 같은 것들이 있다.

내부 원천 한 연구에 따르면 신제품 아이디어의 50% 이상이 회사 내에서 수집된다고 한다. 예를 들어 공식적인 연구개발을 통해 신제품 아이디어를 찾아낼 수 있고 연구부서 및 엔지니어, 생산부서의 직원뿐 아니라 기업의 판매원도 매일 제품 또는 고객들과 접촉하고 있다는 점에서 신제품 아이디어의 좋은 원천이 될 수 있다.

고객 고객도 중요한 아이디어의 원천이다. 신제품 아이디어의 30% 이상이 고객분석에서 나온다고 한다. 고객들의 욕구는 고객조사를 통해 파악할 수 있다. 여기에서는 주로 고객 니즈 조사나 집단면접법을 사용하는데, 고객들의 질문과 불평을 분석해 고객의 문제를 더욱 잘 해결할 수 있는 신제품을 찾아낼 수 있다. 아기용품 전문회사인 하기스의 경우, 기저귀를 구매하는 주부들에게 표적집단면접(focus group interview)[9]을 실시함으로써, 자사제품의 문제점을 보완하고 신제품 개발 아이디어를 얻는다고 한다.

특히 인터넷, SNS 등 다양한 매체의 발달로 소비자 역할이 커진 오늘날에는 단순히

그림 11-7 고객이 아이디어의 원천이 된 사례

제품을 구매하기만 하던 소비자가 이제는 직접 생산 과정에 개입하게 되었다. 예컨대 동원 F&B는 복숭아 캔 '동원 허니피치'를 출시하기 위해 페이스북에서 '모두의 복숭아 프로젝트'라는 이름으로 진행한 제품개발 과정에서 소비자의 아이디어를 제품 이름, 제품 디자인 등에 적극적으로 반영하였다. 또 애경은 초고농축세제 시장점유율 1위를 차지하고 있는 '리큐'를 출시할 때 주부 대상 설문조사를 하여 기존 세제 용기의 불편함과 정량 계량의 어려움을 개선하여 세탁볼 겸용 계량 뚜껑이라는 아이디어를 고안하였다.

경쟁사 제품분석 신제품 아이디어의 상당 부분은 경쟁사 제품분석에서 나온다. 경쟁할 신제품을 분석하고, 경쟁제품에 대한 강 · 약점을 파악하여, 이를 토대로 신제품 아이디어를 창출할 수 있다.

기타 유통업자와 공급자들은 시장동향에 밝기 때문에 고객문제와 신제품 개발 기회 등에 관한 정보를 이들에게서 입수할 수 있으며, 이 밖에도 각종 협회간행물과 전시회 및 세미나, 정부기관, 광고대행사, 마케팅 조사기관, 대학연구소와 상업연구소 등도 아이디어의 원천이다.

새로운 트렌드 과거에 외부 아이디어 수집에 적극적이었던 기업은 제안함 등을 통해 소비자에게서 새로운 아이디어를 수집했었다. 인터넷의 등장으로 이러한 기업들은 이제 소비자, 전문가, 공급자 그리고 내부 종업원의 협력을 통해 아이디어를 수집하고 창출하며 협업으로 신제품이나 신공정을 개발(집단적 협력[10] 또는 크라우드 소싱[11]이라고 함)하는 등 새로운 비즈니스 트렌드를 창출하고 있다. 이러한 현상과 움직임에 관한 새로운 개념과 용어가 바로 개방형 비즈니스모델과 위키노믹스이다.[12]

먼저 소비자의 경우, 소비의 주체보다는 공동발명자(Co-Inventor)로서의 주체적 임무를 강조하여 프로슈머(Prosumer)라는 신조어가 만들어졌다. 예를 들어 BMW 자동차의 경우, GPS 네비게이션과 같은 텔레매틱스 제품의 새로운 특성을 고민하면서 자신의 웹사이트에 디지털 디자인 수단(digital design kit)을 제공하고 소비자에게 제안을 요청한 결과 수천 개가 넘는 제안이 접수되었고, BMW에서는 제안의 많은 부분을 활용해 새로운 가치를 담은 네비게이션 제품을 개발할 수 있었다.[13] 그 외에 애플이 아이팟을, 레고(LEGO)가 레고 로봇 제품을, 심지어 P&G가 과자 제품을 개발할 때 등 수많은 사례가 등장하고 있으며, 소비자 외에도 파트너, 공급자, 내부 종업원 등으로부터 새로운 아이디어 제안을 받아 신제품을 개발하는 사례가 점점 늘어나고 있다.[14]

이렇게 다양한 사람과의 개방형 협업을 집단적 협력이라고 한다. 이에 비해 크라우드 소싱은 기업이 해결하고자 하는 문제나 목적이 훨씬 명확한 경우에 일어나는 협력을 지칭한다. 이에 따라 해당 문제와 관련된 전문가 집단이 협력에 참여한다.

크라우드 소싱의 대표적인 사례로 온라인으로 콘텐츠 서비스 사업을 하는 넷플릭스(Netflix) 사가 운영한 경진대회를 들 수 있다. 이 회사가 제공하는 영화 추천 알고리즘의 선호 예측 정확성을 증진시키는 프로그램을 제공할 경우, 정확성 증진 10%마다 100만 달러를 주는 대회를 3년 동안 개최했다. 그 기간 186개국에서 4만 1,405팀(참가자 5만 1,051명)이 총 4만 4,014개의 유효한 제안을 접수했고, 이 중 많은 부분이 이 회사의 추천 알고리즘 프로그램에 반영되었다.[15] 이에 대해 넷플릭스 사의 CEO 리드 헤이스팅스Reed Hastings는 〈뉴욕 타임스〉와의 인터뷰에서 "누적 시간으로 볼 때 시간당 1달러의 비용으로 박사 수준의 아이디어를 얻은 것이며, 우리는 이 과정이 우리 회사의 비즈니스에 결정적 도움을 주었다고 확신한다"고 밝혔다.[16]

내부에서 신제품 개발의 아이디어를 창출하는 데 주력했던 과거와는 달리 외부에서 개방적 협력 즉, 집단 지성의 힘을 얻는 것이 기업 내부의 역량을 확장할 수 있는 중요한 트렌드임을 알 수 있고, 이러한 트렌드를 바라볼 때 NIH 증후군(Not Invented Here Syndrome: 조직 내부의 역량만 받아들이는 배타적 태도를 일컫는 말로서 '여기서 개발한 것이 아니다'라는 이유로, 직접 개발하지 않은 기술이나 연구성과는 인정하지 않는 배타적 조직문화 또는 태도)은 배척하는 것이 바람직하다는 시사점을 얻을 수 있다. 최근에는 개방적 협력이 잘 안 되는 경우도 흔히 발견되고 있다. 즉 참여자의 동기, 역할 및 수익 배분에 따라 개방적 협력 노력의 성과가 달라질 수 있다.

아이디어 평가

신제품 아이디어가 창출되면 기업은 경영 전반의 관리적 목적에 따라 이 아이디어를

그림 11-8 아이디어 평가 과정

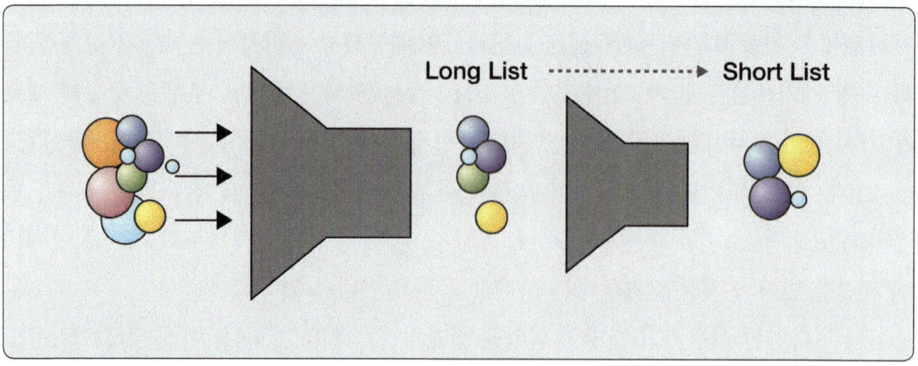

평가한다. 즉, 관리적인 측면에서 기업 목적과의 일치 여부, 기술적인 가능성, 고객 기준에 의한 수용 가능성, 기업의 자원과 강점 및 마케팅 활동의 지원 가능성 등을 잘 고려해서 평가해야 한다. 아이디어 평가 과정을 통해 〈그림 11-8〉과 같이 창출된 아이디어 중에서 계속 발전시킬 수 있는 아이디어가 다시 선별된다. 기업의 신제품 아이디어의 평가기준과 평가방법에 대한 자세한 설명은 온라인사이트에 수록되어 있으니 참조하기 바란다.

제품 개념 개발과 시험

이제 이전 단계에서의 아이디어들을 제품 개념으로 발전시켜야 한다. 여기서 제품 아이디어와 제품 개념 및 제품 이미지 간의 차이를 구분할 수 있어야 한다. 제품 아이디어란 그것을 제품화하여 시장에 도입하면 사업성이 있어 보이는 아이디어이다. 제품 개념이란 아이디어를 더 구체화한 것으로 고객 관점에서 의미를 부여한 것이다. 제품 이미지란 실제제품 또는 가상제품에 대해 고객들이 갖는 인상을 말한다. 제품 개념의 개발과 시험에 관한 자세한 설명은 온라인사이트에 수록되어 있으니 참조하기 바란다.

사업성 분석과 평가

제품 개념을 개발하고 시험한 후에는 매출액과 생산비용 및 이익 추정치를 검토해서 개발할 제품이 기업 목표와 부합하는지를 판단하는 사업성 분석을 해야 한다. 사업성이 있다고 판단되면 제품개발 단계로 넘어간다. 이러한 평가가 필요한 이유는 일단 개발품이 출시된 이후 시장에 잘 맞지 않으면 기업에 엄청난 피해를 안길 수 있기 때문이다. 따라서 사업성 분석과 평가는 매우 중요하며 이 단계의 적절한 실행으로 신제품 개발에 필요한 새로운 정보를 얻음으로써 신제품에 대한 보완이 이루어질 수 있다.

매출액 추정 경영자는 우선 제품이 시장에서 판매될 때 예상되는 매출액을 추정해야 한다. 이를 위해서는 유사한 제품들의 과거 매출액 기록을 참조하고, 필요한 경우 시장조사를 시행해야 한다. 또 최저 매출액과 최고 매출액도 추정해야 한다. 이어서 기업은 신제품의 재무적 매력도를 분석하기 위해 추정된 매출액과 비용을 비교하고 검토해야 한다.

비용과 이익 추정 판매예측을 한 후에 경영자는 신제품 개발 및 출시에 따른 예상비용과 이익을 추정해야 한다. 비용 추정은 주로 기획부서에서 하지만 기술개발부, 생산부, 마케팅부도 관여된다. 즉, 비용의 추정은 R&D부서, 생산부서, 회계부서 및 재무부서 등에서 담당하고, 계획된 마케팅 비용도 전체 비용에 포함해야 한다. 기업은 우선 신제품의 투자액 회수기간(payback period)이 어느 정도이며, 예상 가능한 여러 투자액 회수기간 중 어느 것을 적정선으로 정할 것인가를 결정해야 한다. 또 수익률을 어느 정도로 해야 받아들일 수 있으며, 제품개발 후 현금흐름은 어떻게 관리할 것인지에 대해서도 신중히 검토해야 한다.

제품개발

사업성 분석 결과가 양호하게 나타나면 그 제품 개념은 R&D 또는 엔지니어링 부서에서 제품으로 개발한다. 신제품의 개념을 시험제품으로 가시화하는 형태로 제품개발을 진행하며, 이전에는 연구개발부서에서 이 단계를 담당했으나 요즘에는 마케팅부서를 비롯한 다른 부서들도 이 과정에 참여해 제품의 디자인과 제품의 물리적 속성을 결정한다.

또 기업에서는 제품개발 단계를 두 단계로 나누어 진행한다. 개발 단계는 주로 연구개발부서가 담당하여 설계 및 시험제품의 성공적 개발 관련 이슈들을 검토하고, 양산 단계는 주로 생산계획 부서가 담당하여 개발된 시제품의 양산 단계에서 품질의 균일성, 비용 등의 양산 이슈들을 검토한다. 실제 기업 현장에서는 개발 단계의 이슈뿐 아니라 양산 단계의 수많은 문제를 발견하고 해결하는 데 역점을 두고 있으며, 최근에는 개발과 양산의 협업 및 동시 진행을 위한 동시공학(concurrent engineering)[17] 등이 기업 경쟁력의 화두가 되고 있다.

시험시장

개발에 성공한 신제품은 표적시장을 대표하는 고객층에 실제로 출시하여 그들의 반응을 조사하는데, 이것이 시험시장이다. 시험시장은 신제품을 본격적으로 출시하기 전에 통제된 실험을 하는 것이다. 즉, 일부 한정된 시장을 선정하여 고객들의 반응과 제품의 문제점을 파악해 제품의 개선과 마케팅전략 수립 및 수정을 하기 위해 실시한다. 2000년대 초, 한국은 IT 강국으로 부상하면서 글로벌 기업의 시험시장으로 떠올랐다. 우리나라 소비자들은 트렌드에 민감하고 신제품에 관심이 많으며 소비자들이 신제품 정보를 활발하게 교류할 수 있는 네트워크 환경이 발달해 있기 때문이다. 〈캡틴 아메리카: 윈터솔저〉와 같이 할리우드에서 만든 영화를 한국에서 세계 최초로 개봉하고 그 반응을 분석하여 다시 편집하는 경우도 있다.[18] 시험시장의 목적, 시험시장 설계 시 유의점 그리고 시험시장의 문제점에 관한 자세한 설명은 온라인사이트를 참조하기 바란다.

상업화

시험시장의 결과를 보면 신제품 도입에 대한 최종적 의사결정을 내리는 데 필요한 정보가 충분히 제시될 것이다. 일단 시장에 출시하기로 하면, 지금까지 거쳐온 어떤 단계보다도 큰 비용이 든다. 신제품을 출시할 때에는 다음과 같은 네 가지에 대한 의사결정을 내려야 한다.

시기 우선 도입에 적당한 시기를 정해야 한다. 개발된 신제품이 자사의 기존 제품에 영향을 미쳐 판매 감소가 예상되면 신제품과 기존 제품의 관계설정에 대한 전략을 분석하여 신제품 도입에 관한 의사결정을 해야 한다. 즉, 신제품과 기존 제품을 공존시켜 시장점유율 향상을 도모하거나, 신제품 출시와 더불어 기존 제품을 시장에서 서서히 퇴출시키거나 아니면 신제품으로 기존 제품을 완전히 대체할 것인가에 대한 의사결정을 해야 한다. 또 신제품을 출시할 경우, 시장에 진입하는 타이밍을 결정하는 변수들인 경기, 경쟁자의 예상되는 반응, 소비자의 신제품에 대한 적응 정도 등을 고려해 적절한 시기를 결정해야 한다.

장소 출시 범위를 한 장소나 한 지역으로 할 것인가 아니면 몇 개의 지역이나 전국 또는 국제 시장으로 할 것인가를 결정해야 한다. 일시에 신제품을 유통할 만한 자본 및 능력을 보유한 기업을 제외하고는 많은 기업들이 계획에 따라 지역별 · 기간별로 확장해 나간다. 특히, 중소기업은 주로 하나의 도시를 선정해 침투한 다음 다른 도시로 확장하는 방법을 많이 쓴다. 대기업의 경우에도 지역별로 차례로 투입하는 방법을 많이 쓴다. 대규모 자동차 회사처럼 전국 유통망을 가진 회사라면 신형 차를 일시에 출시할 수도 있다. 특히, 중국과 같은 대형시장에서는 장소에 대한 의사결정이 매우 중요하다.

표적시장 선정된 지역시장 내에서도 유통과 판매촉진을 예상 고객 집단에 맞추어야 한다. 시험시장 단계를 통해 주요 예상 고객의 윤곽은 파악되어 있다. 일반적으로 초기 수용자, 의견선도자로서 호의적 태도를 가진 사람, 저렴한 비용으로 접촉 가능한 사람들이 이 범주에 들게 된다.

도입 신제품을 선정된 지역시장에 도입하기 위한 집행계획을 수립해야 한다. 마케팅믹스의 구성요소별로 예산을 책정하고 제반 활동 순서도 정해야 한다.

3 시장 진입시기 결정

기업은 신제품 개발 및 출시를 위해 여러 가지 전략적 대안을 택할 수 있다. 기본적인 전략은 선제공격이냐 상대공격에 대한 반응이냐다. 대응전략은 경쟁업체가 제품을 도입할 때까지 기다렸다가 성공할 경우 모방하는 것이다. 반면, 선제전략은 시장에 제품을 먼저 출시해 경쟁에서 우위를 점하는 것으로, 경쟁업체들이 쉽게 대응하거나 개선하기 힘들게 하는 것이다.

1. 선제전략

- **학습목표 4:** 주요 개념(1)
  - 기업은 신제품 개발 및 시장진입과 관련하여 크게 두 가지의 전략을 펼칠 수 있음. = 선제적으로 시장을 창출하는 선제전략 // 경쟁 등 시장의 움직임에 대응하는 대응전략
  - 선제전략(시장선도자전략) = 혁신적 신제품을 경쟁자에 앞서 출시해 선제적 변화를 유도하는 전략 = 세계적 기술 선도 기업들이 그들의 탁월한 기술력을 바탕으로 추구하는 전략이며, 제휴도 이 전략에 포함됨.

기업은 선제로 변화를 유도할 수 있다. 예를 들어 우주항공산업에서 선제기업은 선점적 R&D와 제품개발을 한 후 정부에 이 분야의 연구 필요성을 역설하기도 한다. 정부가

표 11-3 신제품전략의 종류

선제전략 관점	대응전략 관점
연구개발(R&D)전략	방어전략
창업가적 전략	모방전략
매수전략	반응전략
제휴전략	보다 나은 두 번째 전략

이 분야를 육성하기로 하면, 이 기업이 지원대상 1순위가 되는 것이다. 선도기업이나 대학, 컨설팅 회사들이 이러한 선제전략(First-Mover: 시장선도자전략)을 활용해 성공을 거둔다. 선제전략 관점에서 기업의 신제품전략은 네 가지로 나눌 수 있다. 이에 관해서는 〈표 11-3〉을 참조하고 더 자세한 설명은 온라인사이트를 참조하기 바란다.

2. 대응전략

- **학습목표 4: 주요 개념(2)**
  - 대응전략 = 경쟁업체가 제품을 도입할 때까지 기다리다 성공할 경우, 이를 모방하는 전략 = 타사의 경쟁적 신상품에 대응해 자사의 기존제품 수익성을 보호하기 위해 펼치는 방어전략 // 경쟁자의 성공적 신상품을 재빨리 복사하는 모방전략 // 보다 나은 두 번째 전략 // 고객요구에 반응해 새로운 기회를 찾는 반응전략 등이 포함됨.

기업은 경쟁기업 움직임에 대한 반응으로 변화를 추구할 수 있다. 이러한 전략을 대응전략(Follower Strategies)이라고 한다. 대응전략에는 방어전략, 모방전략, 반응전략과 더 나은 두 번째 전략(second but better) 등이 있다. 이에 대한 자세한 설명은 온라인사이트를 참조하기 바란다.

3. 언제 어떤 전략이 바람직한가?

- **학습목표 4: 주요 개념(3)**
  - 선제전략 성공조건 = 독보적인 기술, 희귀한 자원의 선점, 고객의 전환 비용, 네트워크 효과 중 하나라도 창출하거나 가질 수 있다면 선제전략의 우위와 성과가 지속될 수 있음.
  - 대응전략이 바람직한 조건 = 기술 등의 누출 및 무임승차 효과, 기술과 시장의 빠른 변화, 그리고 여러 가지 이유로 기업이 타성에 빠지는 경우 선제전략의 우위는 쉽게 사라질 수 있음 → 선제전략보다는 대응전략이 바람직
  - 선제전략과 대응전략의 선택 = 시장의 변화 속도와 기술의 변화 속도를 고려해서 전략을 수립하고 실행해야 함.

선제전략과 대응전략이 언제 어떨 때 바람직한가? 신제품 개발 및 진입시기의 의사결정은 생각보다 쉽지 않으며, 성공 사례들도 한 방향으로 나타나지 않는다. 이에 따라 이 문제는 마케팅을 넘어서 경제학, 전략경영 등에서도 관심을 받아온 연구 영역이다.

특히, 이 문제를 연구하기가 어려운 이유는 기업의 성과가 신제품 개발 및 진입시기 때문인지 아니면 기업이 가지고 있는 스킬과 역량 때문인지 분리해 설명하기가 쉽지 않다는 데 있다. 최근 연구결과의 결론을 요약하면 선제전략의 성과를 강조했던 초기의 연구결과들이 과장되었다는 분위기다. 다음에서는 선제전략의 우위와 성과를 담보하기 위한 조건, 대응전략이 유리한 경우 그리고 선제전략과 대응전략의 선택에 도움이 되는 틀을 살펴본다.

선제전략 성공 조건[19]

선제전략의 우위와 성과를 담보하기 위한 조건에는 네 가지가 있다. 첫 번째는 제품 또는 공정 기술의 우위성이다. 즉, 제품 및 공정 기술의 독보적 우위성을 지속할 수 있는 선도자 기업만이 선제전략의 우위와 성과를 지속할 수 있다. 구체적인 개념으로는 특허, 원가우위를 위한 학습곡선과 경험곡선의 비법 등이 있다.

두 번째는 희귀한 자원의 선점(preemption of scarce resources)이다. 원재료, 지역적 위치, 소비자의 마음속 포지션 등을 선점하고 있는 경우, 선제전략의 우위와 성과를 지속할 수 있다. 특히, 소비자의 마음속 포지션은 주관적이고 쉽게 바뀌지 않아 소비재의 경우에 선도 브랜드 효과가 상대적으로 많이 발견된다.

세 번째는 고객 또는 고객사의 전환비용(customer switching costs)이다. 전환비용이 형성된 경우로는 선도자 제품을 소비하고 사용하면서 고객 또는 고객 회사가 투자한 시간과 재무적 투자 등으로 전환이 쉽지 않은 경우(특정제품 사용을 위해 투자한 종업원 교육비용, 소프트웨어나 심지어 면도기같이 호환성이 제한되는 특정유형의 묶음 제품 등), 오랜 시간 구매자가 사용하면서 축적한 제품 특유의 지식으로 인해 전환이 쉽지 않은 경우 그리고 판매자가 의도적으로 설계한 계약적 전환비용(항공사의 마일리지 프로그램. 이런 것을 록인(lock-in)전략 또는 전술이라고 함)으로 인해 전환이 쉽지 않은 경우가 있다.

마지막 네 번째는 인터넷 비즈니스 등의 발전에 따라 더욱 중요성이 드러나는 경우로 네트워크 효과이다. 쉽게 말하면 네트워크 효과란 어느 특정상품에 대한 수요가 다른 사람들에게 영향을 주는 효과를 말한다. 표준이 되는 기술이나 제품에 대해 사용자가 많아지고, 사용하는 소비자가 많을수록 그 상품의 사용가치가 높아짐에 따라 제휴 공급자나 파트너가 많아지므로 이러한 네트워크 효과를 창출한 선도기업은 그 선점 효과를 지속할 수 있다.

어떤 제품을 사용하는 소비자가 많으면 많을수록 그 상품의 사용가치가 더욱 높아질 때 네트워크 외부성 또는 네트워크 효과(network effect)가 있다고 말한다. 이러한 현상은 정보통신기술 분야에서 주로 나타난다. 소프트웨어를 예로 들면 컴퓨터 사용자가 마이크로소프트 사의 윈도를 많이 사용하면 할수록 파일 교환도 쉬워지고 부품공급도 쉬워지며, 문제를 해결해주는 컨설턴트도 늘어나 더욱 많은 사람이 사용하게 되는 것을 말한다. 그러나 너무 많은 고객이 한 회사의 제품만을 사용하고 있다면 신규 기업의 시장진입을 어렵게 하여 독점산업 구조로 고착될 수도 있다는 지적이 있다. 이에 대해 일부에서는 네트워크 외부성에 의한 독점화 현상은 경제학에서 말하는 고전적 독점기업의 폐해와는 엄연한 차이가 있다고 주장하기도 한다. 즉, 고전적 독점기업은 인위적으로 제품의 가격을 올리거나 공급을 축소하기 때문이라는 것이다. 그런데도 2000년 4월 미국 정부와 17개 주 정부가 마이크로소프트 사의 반독점 행위에 대한 제재로서 마이크로소프트 사 분리안을 연방법원에 제출함으로써 전 세계의 관심을 집중시킨 바 있다.

〈매일경제〉, 2014년 5월 19일 자

어느 특정상품에 대한 수요가 다른 사람들에게 영향을 주는 효과를 말한다. 사람들이 네트워크를 형성해 다른 사람의 수요에 영향을 준다는 뜻에서 붙여진 경제현상으로, 1950년에 미국의 하비라이 벤스타인(HarveyLei benstein)이 이론의 기초를 세웠다. 네트워크 외부성이라고도 하며, 악대차(樂隊車) 효과와 속물(俗物) 효과의 두 종류가 있다. 악대차 효과는 어떤 사람들이 유행을 이끌면 다른 사람들이 그에 따라가는 현상을 말한다. 미국 서부개척 시대에 악대를 끌고 다니던 포장마차에서 유래한 것으로, 악대가 소비심리를 충동하여 상품을 판매하는 것을 적용한 것이다. 밴드왜건 효과(bandwagon effect) 또는 편승 효과라고도 한다. 한편, 속물 효과는 값이 비싸고 희소성이 있는 상품에 집착하는 사람의 속물적인 마음에서 붙여진 용어이다. 다수의 소비자가 구매하는 제품을 꺼리는 구매심리를 뜻한다. 소비자가 제품을 구매할 때 자신은 남과 다르다는 생각을 하는 현상으로, 뭔가 고상한 듯 보이는 백로 같다고 하여 백로 효과(白鷺效果)라고도 하며, 스놉 효과(snob effect)라고도 한다.

네트워크 효과, 두산백과

요약하면, 독보적인 기술, 희귀한 자원의 선점, 고객의 전환비용, 네트워크 효과 중 하나라도 창출하거나 가질 수 있다면 선제전략의 우위와 성과를 지속할 수 있다.

선제전략이 불리할 때[20]

선제전략이 불리한 경우, 즉 대응전략의 선택이 더 나은 경우로는 세 가지 정도를 들 수 있다. 첫 번째는 누출 및 무임승차 효과(spillover and free-rider effects)의 경우다. 즉, 엄청난 초기 기술개발비, 소비자 교육 및 유통경로 확보 등 시장창출비용에 대한 위험이 있고 무엇보다도 시장창출에 대한 불확실성이 높을 경우, 선제전략은 매우 불리하다. 특히, 기술발전 속도가 빠를수록 제품기술을 쉽게 모방하는 경우가 많고, 오히려 공정기술(process technology) 모방이 더 어렵고 시간이 오래 걸린다고 한다. 흥미롭게도 많은 산업에서 다양한 기술적 시도를 거쳐 지배적 디자인(dominant design: 다수의 소비자 니즈를 상대적으로 저렴한 가격으로 충족시킬 수 있는 제품의 유형이나 포맷)이 등장하기까지 상당한 시간이 걸리는데, 빠른 추종자전략을 구사하는 기업에서 제품을 출시하는 시점이 지배적 디자인의 출현 시점과 매우 비슷하다는 것이다.

선제전략이 불리한 두 번째는 기술과 시장의 변화 속도가 빠른 경우이다. 희귀한 게르마늄을 사용해 반도체 제조에 처음으로 성공했던 트랜지트론(Transitron) 사가 실리콘이라는 대체 소재의 개발을 등한시해서 사라진 경우, ATM을 개발하여 전자송금시장을 개발한 다큐텔(Docutel) 사가 컴퓨터시스템에 의해 대체된 경우가 대표적인 사례이다.

세 번째는 선도기업이 쉽게 타성(incumbent inertia)에 빠지는 경우다. 이미 투자한 고정자산에 발목이 잡히거나, 기존의 성과에 도취되거나, 코닥, 소니 등과 같이 기존 제품이나 공정의 자기잠식이 두려워서 신제품이나 신기술을 무시하거나, 파괴적 기술 등장과 같은 미래 위협을 감지하지 못해 빛나는 별 같았던 선도기업들이 무너지는 경우가 이에 해당한다.

요약하면, 기술 등의 누출 및 무임승차 효과, 기술과 시장의 빠른 변화 그리고 여러 이유로 기업이 타성에 빠지는 경우 선제전략의 우위는 쉽게 사라질 수 있다. 그중 가장 경계해야 할 부분은 기술과 시장의 빠른 변화이며, 품질에 대한 고객의 지각이나 욕구가 복잡하지 않은 경우, 선제전략은 매우 위험할 수 있다.

선제전략과 대응전략 선택에 도움을 주는 틀[21]

지금까지 살펴본 조건을 고려하면 기업은 선제전략과 대응전략 선택에 도움이 되는 시사점들을 얻을 수 있다. 그에 더해 좀 더 간편한 틀을 소개한다.

〈표 11-4〉는 시장변화의 속도와 기술변화의 속도를 기준으로 시장과 산업을 분류한 것이다. 첫 번째는 시장의 변화속도도 느리고, 기술의 변화속도도 느린, 잔잔한 수역(Calm Waters)으로 표현된 시장과 산업이다. 대표적인 예로 스카치테이프를 들 수 있다. 이 경우에는 독보적인 기술, 희귀한 자원의 선점, 고객의 전환비용, 네트워크 효과 중 하나라도 유지한다면 선제전략의 우위와 성과를 지속할 수 있다.

두 번째는 기술의 변화속도는 느리지만, 시장의 변화속도는 빠른 시장리딩형(Market Leads) 시장과 산업이다. 대표적인 예로 재봉틀 제품을 들 수 있다. 이 경우에도 선제전략의 우위와 성과를 유지할 수 있다. 이를 위해서는 강력한 마케팅, 유통력 및 생산 역

표 11-4 선제전략과 대응전략 선택에 도움을 주는 간편한 틀

		시장변화의 속도	
		늦음	빠름
기술변화의 속도	늦음	**잔잔한 수역** 예) 스카치테이프 필요조건: 선도기업 이점 메커니즘 중 하나 이상 유지	**시장리딩형** 예) 재봉틀 필요조건: 강력한 마케팅, 유통 및 생산능력
	빠름	**기술리딩형** 예) 디지털카메라 필요조건: 강력한 연구개발, 신제품 개발력과 풍부한 자금력	**거친 수역** 예) PC 필요조건: 강력한 마케팅, 유통, 생산능력 및 풍부한 자금력

출처: Lieberman, M. B. and Montgomery, D. B., "First-Mover/Pioneer Strategies," in *Handbook of Marketing Strategy*, eds., Shanker, V. and Carpenter, G. S., Edward Elgar, 2012, p. 355의 Table 20. 2.

량이 필요하다.

세 번째는 시장의 변화속도는 느리지만, 기술의 변화속도는 빠른, 기술리딩형(Technology Leads) 시장과 산업이다. 대표적인 예로 디지털카메라를 들 수 있으며, 이 경우에는 기술의 변화속도가 빨라 선제전략의 우위와 성과를 유지하기가 매우 어렵다. 이에 따라 선도제품 우위 유지 역량보다 강력한 연구개발과 신제품 개발 그리고 풍부한 자금력이 더 중요한 역량이다.

마지막으로는 시장 및 기술의 변화속도가 모두 빠른, 거친 수역(Rough Waters)의 시장과 산업이다. 대표적인 예로 PC를 들 수 있다. 이 경우에도 선제전략의 우위와 성과를 지속하기는 어렵고, 유지한다 하더라도 간헐적, 즉 in-and-out 방식으로 유지하는 경우가 많다. 이 경우에는 모든 역량, 즉 마케팅, 유통력, 생산력 그리고 풍부한 자금력이 있어야 전략의 우위와 성과를 기대할 수 있다.

지금까지 시장진입시기와 관련된 선제전략과 대응전략을 살펴보았다. 이와 관련하여 일반인을 대상으로 한 경영베스트셀러 서적 두 권을 추천한다. 먼저 선제전략의 성공을 사람의 관점에서 조망한 책은 《오리지널스》이다(애덤 그랜트 저, 홍지수 역, 《오리지널스: 어떻게 순응하지 않는 사람들이 세상을 움직이는가》, 한국경제신문사(한경비피), 2016, 원서: *Originals*). 통념을 깨고 대세를 거스르는 독창적인 사람들인 스티브 잡스, 마틴 루터 킹, 에이브러햄 링컨 등 세상을 변화시킨 독창적 리더들은 어떻게 사고하고 행동하는가? 와튼스쿨 인사관리 분야 최고 권위자인 애덤 그랜트 교수는 이 책에서 독창성/창의성에 대해 전혀 새로운 시각을 제시하였다. 그는 누구나 내면의 창의성을 발휘해 자신의 삶과 세상을 바꿀 수 있음을 밝힌다. 사람이라면 누구나 현재 상태에서 벗어나고자 하는 욕구가 있고 자기만의 아이디어를 갖고 있다. 정체 상태를 벗어나 발전하고 싶다면 우리는 규칙에 도전하고, 새로운 아이디어를 선보이며, 또한 그런 아이디어를 수용할 줄 아는 사람이 되어야 한다는 것이다. 그랜트 교수는 이른바 대세에 순응하지 않고, 시류를 거스르며, 구태의연한 전통을 거부하는 독창적인 사람들을 '오리지널스(originals)'로 지칭하였다. 상황을 바꾸고 싶다면 닫혀 있던 입을 열고 용기를 내 독창적인 아이디어를 제시해야 한다. 조직이 성장하기 위해 구성원은 오리지널로서 의견을 자유롭게 이야기하여 현재 상태에 도전해야 하고, 조직의 리더는 구성원들의 독창성을 더 많이 불러일으킬 수 있는 통찰력이 필요하다. 그런데 우리는 왜 망설이는가? 어떻게 하면 자신의 경력을 무너뜨리지 않고, 인간관계를 해치지 않으며, 자신의 평판을 훼손하지 않고도 새로운 아이디어와 정책을 주장하고 관철시킬 수 있을까? 그랜트는 독창성을 발휘하고 지속시키는 방법을 모색하면서, 어떻게 하면 다른 사람들이 자신의 아이디어를 지지하게 만들고, 지도자들은 어떻게 집단사고를 타파해야 할지, 부모와 교사들은 어떻게 어린이들에게 스스로 사고하는 능력을 길러줄 수 있는지 현실적인 대안을 제시하였다. 재계, 정치계, 문화계를 망라하는 다양한 연구결과와 다양한 현장사례를 통해 그랜트는 대세를 거스르고 성공한 사람들은 위험을 기꺼이 감수하는 타고난 리더들이라는 고정관념을 무너뜨린다. 창의성이 뛰어난 사람들도 우리와 똑같이 두려움을 느끼고 자신의 생각에 대해 의구심을 품는다. 그러나 그들이 다른 점은 도전에 직면했을 때 얼어붙거나 나약해지지 않는다는 점이다. 그들은 어떻게든 생각을 행동으로 옮긴다.

두 번째 책은 대응전략의 성공과 관련된 책인데 Tellis 교수(USC)와 Golder 교수(발간 당시에는 NYU, 현재는 Dartmouth 대학)가 2001년 발간한 책이다(Tellis, G. J. and Golder, P. N., *Will & Vision: How Latecomers Grow to Dominate Markets*, McGraw-Hill, 2001). 이들은 객관적 증거를 토대로 할 때 많은 사람들이 일반적으로 알고 있는 선제전략의 우위는 과장되었음을 보여주고 있다. 먼저 선제전략 우위에 관한 많은 연구들의 오류를 세 가지로 제시한다. 먼저 실패로 사라진 기업들이 많아서 실패한 선제전략의 증거 수집을 충분히 하지 않았다. 연구들이 기업의 역사를 충분히 알고 있지 못한 현재의 CEO를 대상으로 인터뷰 자료를 수집·연구했기 때문이다. 나아가 연구들이 시장 정의를 너무 좁게 내려 그러한 정의를 기반으로 선제전략이 성공했다고 판단했기 때문이다. 이들은 10년에 걸친 자신들의 연구 등을 토대로 시장진입시기 자체보다는 기업의 비전(vision)과 의지(will)가 지속적 성과와 경쟁우위를 설명한다고 결론지으며 실제적으로 대응전략을 구사하여 선제전략 기업을 능가한 사례들이 더 많음을 보여주었다. 여기서 비전이란 시장의 넓은 세분군, 즉, 매스 마켓에 새로운 가치를 창출하여 전달하겠다는 혁신적 인사이트를 말하며, 의지란 기업의 자원, 역량 및 전략의 총합을 의미한다.

이 장의 요약

- 제품이란 효용의 묶음 또는 조합을 의미하며, 효용을 제공함으로써 구매하는 사람의 필요나 욕구를 충족하는 모든 것을 말한다. 또 제품은 내구성(durability)과 유형성(tangibility), 그리고 구매 및 사용 주체(소비재와 산업재)별로 분류되는데 이러한 분류가 중요한 이유는 이 분류에 따라 적절한 마케팅믹스전략이 달라질 수 있기 때문이다.

- 신제품은 제품의 혁신, 개량, 개선 등의 정도에 따라 이제까지는 전혀 존재하지 않았던 혁신적 신제품, 기존 제품의 속성이나 기능을 개량한 개량적 신제품 그리고 시장에 이미 출시한 제품이지만, 자사가 후발업체로 출시한 자사 입장 신제품 등이 있다. 이러한 신제품의 분류에는 기술의 새로움과 고객이 지각하는 새로움의 정도가 작동한다. 신제품의 성공을 위해서는 새로운 기술뿐 아니라 고객의 지각 및 소비 패턴에 대한 성공적 영향력이 중요하다.

- 기업이 신제품을 개발하는 동기 · 목적은 회사의 재무적 목표를 달성하고, 시장점유율을 높이며, 경쟁적 위치를 차지하기 위해서다. 신제품 개발 과정에서 마케팅부서는 R&D부서, 생산부서와 함께 중요한 임무를 담당하며, 특히 신제품 아이디어의 수집 및 평가, 시험시장과 출시 단계에서 핵심적인 임무를 맡는다.

- 신제품 개발은 아이디어의 창출, 아이디어의 평가, 제품 개념 개발과 시험, 사업성 분석과 평가, 제품개발, 시험시장, 상업화의 과정 등을 거친다. 신제품에 대한 아이디어는 기업의 내부 원천, 제품 사용자인 고객, 경쟁기업의 제품 등을 통해 얻으며, 특히 최근에는 집단적 협력이나 크라우드 소싱처럼 기업의 개방적 자세가 중요해졌다. 아이디어를 창출하면 기업은 경영 전반의 관리적 관점과 고객 관점에 따라 아이디어를 평가하고 채택한다. 선택된 아이디어는 제품형태로 구체화해 고객 관점에서 의미를 부여한 제품 개념을 개발하고, 그 제품 개념이 표적고객에게 잘 전달되고 있는지 시험 과정을 거친다. 이 과정이 끝나면 기업은 기업의 목표, 매출액과 생산비용, 이익 등을 추정하는 사업성 분석을 한다. 사업성 결과가 양호하면 제품 개념을 실질적인 제품으로 형상화하고 시험시장을 거쳐 상업화 단계에 이른다.

- 기업은 신제품 개발 및 시장진입과 관련해 크게 두 가지 전략을 펼칠 수 있다. 선제적으로 시장을 창출하는 선제전략과 경쟁 등 시장의 움직임에 대응하는 대응전략이 그것이다. 경쟁자에 앞서 혁신적 신제품을 출시해 선제로 변화를 유도하는 선제전략(시장선도자전략)은 세계적 기술 선도기업들이 그들의 탁월한 기술력을 바탕으로 추구하는 전략이며, 합병과 제휴도 이 전략에 포함된다. 이와 반대로 경쟁업체가 제품을 도입할 때까지 기다리다 성공할 경우, 이를 모방하는 것을 대응전략이라고 한다. 여기에는 타사의 경쟁적 신상품에 대응해 자사의 기존 제품 수익성을 보호하기 위해 펼치는 방어전략, 경쟁자의 성공적 신상품을 재빨리 복사하는 모방전략과 더 나은 두 번째 전략, 고객욕구에 반응해 새로운 기회를 찾는 반응전략 등을 포함한다.

- 독보적인 기술, 희귀한 자원의 선점, 고객의 전환 비용, 네트워크 효과 중 하나라도 창출하거나 가질 수 있다면 선제전략의 우위와 성과를 지속할 수 있다. 반면, 기술 등의 누출 및 무임승차 효과, 기술과 시장의 빠른 변화 그리고 여러 이유로 기업이 타성에 빠지는 경우, 선제전략의 우위는 쉽게 사라질 수 있으므로 선제전략보다는 대응전략이 바람직하다. 선제전략과 대응전략의 선택을 위해서는 시장과 기술의 변화 속도를 고려해서 전략을 수립하고 실행해야 한다.

주요 개념 목록

기업 관점에서의 제품 / 핵심 혜택 / 유형 제품 / 확장 제품 / 고객 관점에서의 제품 / 전통적인 관점에서의 제품 분류(비내구재, 내구재, 서비스, 편의품, 선매품, 전문품, 비탐색품과 산업재, 원재료 및 부품, 자본재, 소모품 및 비즈니스 서비스) / 혁신적 신제품 / 개량적 신제품 / 자사 입장의 신제품 / 신제품 개발 동기 / 신제품 개발 시 마케팅의 역할 / 신제품 개발 과정 / 아이디어의 창출(개방형 비즈니스모델, 집단적 협력, 크라우드 소싱) / 아이디어 평가 / 아이디어의 구체화(제품 개념 개발과 시험) / 사업성 분석과 평가 / 제품개발 / 시험시장 / 상업화 / 선제전략(시장선도자 전략: 연구개발전략, 창업가적 전략, 매수전략, 제휴전략) / 대응전략(방어전략, 모방전략, 반응전략, 더 나은 두 번째 전략) / 제품 또는 공정 기술의 우위성 / 희귀한 자원의 선점 / 고객 또는 고객사의 전환비용 / 네트워크 효과 / 누출 및 무임승차 효과 / 기술과 시장의 변화 속도 / 선도기업의 타성

생각해볼 문제

1. 임의의 제품 하나를 선정해 제품 개념을 세 가지 차원(핵심 혜택, 유형 제품, 확장 제품)에서 설명하시오.
2. 내구성 및 유형성 그리고 구매 및 사용 주체별(소비재와 산업재)로 분류되는 제품 유형 중 두 가지의 유형을 선택하고, 이 유형에 적절한 마케팅믹스전략 방향을 제시하시오.
3. 일반적으로 신제품을 개발할 때는 일곱 가지 단계를 거친다. 단계마다 사용할 수 있는 기법, 수행 절차와 주요 고려사항을 디지털카메라 또는 다른 제품의 예를 들어 설명하시오.
4. 디지털 게임을 개발하는 회사가 신제품을 개발하려고 할 때 신제품 아이디어를 창출할 방법을 설명하시오.
5. S회사는 감자를 주원료로 하는 스낵을 생산하는 회사이다. 이 회사가 개발할 신제품에 대해 생각해보고 시험시장의 필요성, 방법과 절차에 관해 설명하시오.
6. 다음 중 하나의 과제를 선택하여 수행하시오.
   (1) 삼성전자의 사업부 하나를 선정한 후, 선제전략과 대응전략의 관점에서 사업부의 신제품 개발, 출시의 역사와 성과를 조사하여 설명하고, 미래의 바람직한 진입시기와 관련하여 전략 방향을 제시하시오.
   (2) 현대자동차 또는 기아자동차가 진입한 세계의 시장 중 한 개를 선정한 후, 선제전략과 대응전략 관점에서 회사의 신제품 개발 및 출시의 역사와 성과를 조사하여 설명하고, 미래의 바람직한 진입 시점과 관련해 전략 방향을 제시하시오.
   (3) 우리나라의 화장품 회사 또는 패션 관련 회사 하나를 선정하고, 그 회사가 진입한 세계 여러 시장 중 하나를 선정한 다음, 선제전략과 대응전략 관점에서 회사의 신제품 개발, 출시의 역사와 성과를 조사하여 설명하시오. 또 미래의 바람직한 진입 시점과 관련하여 전략 방향을 제시하시오.
7. 〈표 11-4〉의 틀을 활용하여 카카오의 다양한 제품과 서비스, 구글의 다양한 제품과 서비스 중 주요한 사례를 선택하여 성공과 실패요인을 제시하시오.

후주 및 참고문헌

1 유기적인 결합을 강조하기 위해 믹스라는 용어가 사용되어왔다.

2 최근에는 수준의 분류가 더 상세화되어 핵심 혜택, 기본 제품 및 기대 제품(유형 제품에 해당), 확장 제품 및 잠재 제품(potential product: 상상 가능한 확장 또는 변형 제품, 확장 제품에 해당)으로 논의되고 있으나(Kotler, P. and Keller, K. L., *Marketing Management*, 13th ed., Pearson International Edition, Prentice Hall, 2009, p.358), 상세한 분류에 의한 추가적인 가치는 별로 높다고 판단되지 않아 이 책은 세 가지 수준의 분류를 설명하였다.

3 마케팅 영역에서는 확장 제품(extended product)이라고 부르지만, 운영 및 서비스 관리 영역에서는 비슷한 개념을 더 전문적인 용어로 제품서비스시스템(Product Service Systems: PSS)이라고 부른다. 제품서비스시스템이란 기업에서 사용자의 필요와 욕구를 충족시키기 위해 제품과 서비스의 조합형태로 마케팅을 하는 제시품("a marketable set of products and services capable of jointly fulfilling a user's needs")으로 정의되며(Van Halen, C., Vessoli, C., and Wimmer, R., *Methodology for Product Service System Innovation*, Assen: Uitgeverij Van Gorcum, 2005, p.21), 통상적인 용어로는 제품의 서비스화, 서비스의 제품화 또는 스마트 제품이라고 불린다.

4 〈아시아경제〉, "전자업계 몸 불리기 접나…… R&D투자로 미래무기 쥔다", 2014년 11월 27일 자

5 Chandy, R. K. and Tellis, G. J., "Organizing for Radical Product Innovation: The Overlooked Role of Willingness to Cannibalize," *Journal of Marketing Research*, 35(4), 1998, pp. 474~487; Zhou, Z. K., Yim, C. K. and Tse, D. K., "The Effects of Strategic Orientations on Technology-and Market-Based Breakthrough Innovations," *Journal of Marketing*, 69(2), 2005, pp. 42~60.

6 3장에서 살펴본 2013년 맥킨지 글로벌 연구소가 발간한 미래를 변화시킬 파괴적 기술 보고서는 무선인터넷, 지식작업 자동화, 사물인터넷, 클라우드 기술, 첨단 로봇공학, 자율주행 및 근거리 자율주행 차량, 차세대 유전체학, 에너지 저장, 3D 프린팅, 첨단 소재, 첨단 석유 및 가스 탐사 및 복구, 재생 에너지와 같은 12대 신기술이 2025년까지 가져올 경제적 효과를 분석·보고하고 있는데, 이러한 기술들이 잠재적으로 돌파구적 혁신을 가져올 가능성이 높으며, 특히 우리나라 대기업들도 무선인터넷, 사물인터넷, 3D 프린팅 등의 분야에 지대한 관심과 투자 계획을 발표하고 있다(Disruptive technologies: Advances that will transform life, business, and the global economy,

McKinsey Global Institute Report, May, 2013).

7 전략경영 분야의 권위자 크리스텐슨(Christensen)이 제시한 파급력 높은 파괴적 혁신(disruptive innovation) 개념의 본질은 소비자 관점에서의 혁신이라는 점을 감안할 때 파괴적 혁신 개념은 시장돌파구적 혁신과 매우 유사한 개념이다(Benner and Tushman 2003; Christensen 1997; Christensen and Bower 1996; Christensen and Raynor 2003; Christensen, Scott, and Roth 2004). 파괴적 혁신 개념은 low-end disruption(저가격에서 시작하여 시장을 파괴시키는 제품혁신), new market disruption(새로운 소비자군을 목표로 하거나 새로운 사용 용도나 소구점을 제시해 시장을 파괴시키는 제품혁신)을 거쳐 최근에는 비즈니스모델 혁신이라는 개념으로 진화해오고 있다. 즉, 크리스텐슨의 초기 연구들은 기술의 새로움 정도도 다루었지만, 최근의 포지션은 시장(즉, 고객 인식과 행동)을 파괴한다는 의미에서의 혁신이 파괴적 혁신임을 강조하고 있으며 이러한 포지션은 Christensen et al., 2004와 Anthny et al., 2008에서 확인할 수 있다. 또 이러한 시장돌파구적 혁신은 최근의 서적 《*Reverse Innovation*》에 실린 인도 시장에서의 GE 헬스케어 사례 등 여덟 개의 글로벌 회사 사례와도 일맥상통한다.

Anthony, S. D., Johnson, M. W., Sinfield, J. V., and Altman, E. J., *The Innovator's Guide to Growth: Putting Disruptive Innovation to Work*, Harvard Business Review Press, 2008(《파괴적 혁신 실행 매뉴얼》, 이성호 · 김길선 역, 옥당, 2011).

Benner, M. J. and Tushman, M. L., "Exploitation, Exploration, and Process Management: The Productivity Dilemma Revisited," *Academy of Management Review*, 28(2), 2003, pp. 238~256.

Christensen, C. M. and Bower, J. L., "Customer Power, Strategic Investment, and the Failure of Leading Firms," *Strategic Management Journal*, 17(3), 1996, pp. 197~218.

Christensen, C. M., *The Innovator's Dilemma: When New Technologies Cause Great Firms to Fail*, Boston: Harvard Business School Press, 1997.

Christensen, C. M. and Raynor, M., *The Innovator's Solution*, Boston: Harvard Business School Press, 2003.

Christensen, C. M., Anthony, S., and Erik, R., *Seeing What's Next*, Boston: Harvard Business School Press, 2004.

Govindarajan, V. and Trimble, C., *Reverse Innovation*, Harvard Business Review Press, 2012.

8 과거 우리나라에는 체계적인 시험시장 서비스가 별로 없어 기업에서 스스로 수행했었다. 최근에는 닐슨(Nielson), 입소스(Ipsos) 등 글로벌 마케팅조사회사들 그리고 제일기획 같은 대형 광고대행사 등이 한국에서도 시험시장 서비스를 포함한 다양한 서비스를 제공하고 있다. 특히 시험시장 서비스의 경우, 1979년 시카고에서 시작한 IRI(Information Resources, Inc: 그동안 M&A의 대상이 되어 주인이 여러 번 바뀌었음) 회사가 Behavior Scan이라는 분리케이블 TV 광고서비스(split cable advertising service: 원하는 지역에만 원하는 형태의 광고를 분리해서 수행하고, 구매 과정을 추적하는 실험형식의 시험시장 서비스)를 개발하는 등 지속적으로 독특한 조사서비스 상품들을 개발하고 있으니, 이 회사의 홈페이지(http://www.iriworldwide.com/)를 참조하기 바란다.

9 표적집단면접법(Focus Group Interview: FGI): 전문 지식을 보유한 조사자가 소수의 응답자 집단을 대상으로 특정한 주제를 가지고 자유로운 토론을 벌여 필요한 정보를 획득하는 방법으로 마케팅조사에서 가장 많이 이용되는 탐색조사방법의 하나이다. FGI의 주요 목적은 조사자가 흥미를 느끼고 있는 주제에 관해 목표 집단의 소비자들과 자유로운 토론을 통해 조사에 대한 통찰력을 얻어내는 것이다(채서일, 《마케팅조사론》, 3판, 학현사, 2001).

10 Tapscott, B. D. and Williams, A. D., *Wikinomics: How Mass Collaboration Changes Everything*, New York: The Penguin Group, 2006.

11 Howe, J., "The Rise of Crowdsourcing," Condé Nast Digital, 2006: http://www.wired.com/wired/archive/14.06/crowds.html.

12 Chesbrough, *Open Business Models*, Harvard Business School Press, 2006; Tapscott, B. D. and Williams, A. D., Wikinomics: *How Mass Collaboration Changes Everything*, New York: The Penguin Group, 2006.

13 Best, R. J., *Market-Based Management*, 6th ed., International Edition, Pearson, 2013, pp. 147~148.

14 Ibid.

15 Http://netflixprize.com/leaderboard, 'Netflix Prize'의 내용을 Best, R. J., *Market-Based Management*, 6th ed., International Edition, Pearson, 2013, p.149를 통해 재인용하였다.

16 Lohr, S., "A $1 Million Research Bargain for Netflix, and Maybe a Model for Others," *New York Times* (September 22, 2009): http://www.nytimes.com/2009/09/22/technology/internet/22netflix.html 내용을 Best, R. J., *Market-Based Management*, 6th ed., International Edition, Pearson, 2013, p.149를 통해 재인용하였다.

17 동시공학(Concurrent Engineering): 머리글자를 따서 'CE'라고도 한다. 제품의 기획(구상) 단계에서부터 설계, 완성, 테스트, 양산 등에 이르는 모든 생산공정을 각 단계에 따라 차례로 진행하는 것이 아니라 동시에 병렬적으로 진행하고, 판매, 유지 · 보수, 폐기 과정에서의 사후 지원업무까지 통합적으로 관리하는 시스템을 말한다. 제품 라이프 사이클을 이루는 전 과정에 품질, 비용, 일정과 관련된 고려사항과 소비자의 요구사항도 반영한다. 동시공학 또는 동시병행설계의 개념은 1960년대 초, 미국 록히드항공사의 전략정찰기 'SR71 블랙버드 프로젝트'에서 비롯되었다. 1982년 미국 국방성 기관인 방위고등연구기획국(DARPA)이 제품개발 프로세스의 동시성을 높이려는 체계적 연구를 시작하였고, 1986년 국방성 기관 국방분석위원회(IDA)의 보고서에 이 용어가 등장한 바 있다. 제조업체들은 동시공학 또는 동시병행설계를 통해 리드타임(lead time: 원료구매에서 생산, 유통을 거쳐 고객에게 전달되기까지 걸린 시간) 단축, 품질 향상, 비용절감 효과 등을 기대할 수 있다. 업체 간 경쟁이 심해지고 제품의 수명주기가 단축된 데다 소비자들이 고기능의 다양한 제품을 선호하는 상황에서 더 빠르게 싼 가격으로 제품을 개발 · 생산해야 할 필요성이 증가함으로써 동시공학 또는 동시병행설계에 대한 관심이 커졌다(동시병행설계(同時竝行設計), 두산백과).

18 〈노컷뉴스〉, '노아, 캡틴 아메리카 2' 전 세계 최초 개봉 가능했던 이유, 2014년 4월 15일 자

19 Lieberman, M. B. and Montgomery, D. B., "First-Mover Advantages," *Strategic Management Journal*, 9(Summer), 1988, pp. 41~58과 Lieberman, M. B. and Montgomery, D. B., "First-Mover (Dis) Advantages: Retrospective and Link with the Resource-Based View," *Strategic Management Journal*, 19(12), 1998, pp. 1111~1125의 내용을 정리한 것이다.

20 Lieberman, M. B. and Montgomery, D. B., "First-Mover/Pioneer Strategies," in *Handbook of Marketing Strategy*, eds., Shanker, V. and Carpenter, G. S., Edward Elgar, 2012, pp. 345~347.

21 Suarez, F. F. and Lanzolla, G., "The Half-Truth of First-Mover Advantage," *Harvard Business Review*, 83(4), 2005, pp.121~127과 Suarez, F. F. and Lanzolla, G., "The Role of Environmental Dynamics in Building A First Mover Advantage Theory," *Academy of Management Review*, 32(2), 2007, pp. 377~392의 내용을 Lieberman, M. B. and Montgomery, D. B., "First-Mover/Pioneer Strategies," in *Handbook of Marketing Strategy*, eds., Shanker, V. and Carpenter, G. S., Edward Elgar, 2012, pp. 354~356에서 재인용하였다.

6th Edition

Marketing

12장

제품과 브랜드 관리

제품과 브랜드가 흔들리면 고객도 흔들린다

/ 학 / 습 / 목 / 표 / (Learning Goals)

1. 제품수명주기 단계별 전략을 학습한다.
2. 제품믹스 개념, 제품믹스전략과 제품라인전략을 학습한다.
3. 브랜드자산의 중요성과 전략적 브랜드관리를 이해한다.
4. 디지털 마케팅의 제품관리를 이해한다.

제품 품질은 기업 활동의 주인공

1장에서 설명했듯이 최근 들어 기업의 사회적 역할이 강조되어 옴에 따라 우리나라를 포함하여 전 세계의 많은 대기업들은 기업의 사회적 책임(CSR: Corporate Social Responsibility)과 관련된 조직을 만들고 다양한 활동들을 펼치고 있다(또한 온라인사이트에 있는 20장의 지속가능경영 참조). 당연히 중요한 트렌드이지만 최근 기업의 사회적 책임 활동, 기업의 혁신 역량, 기업 제품의 품질이 기업성과에 미치는 영향을 연구한 흥미로운 연구가 있다(Luo, X. and Bhattacharya, C. B. "Corporate Social Responsibility, Customer Satisfaction, and Market Value," *Journal of Marketing*, 70(4), 2006, 1-18). 주요 결과를 해석하면 기업의 혁신 역량 그리고 기업제품의 품질은 기업가치 창출에 주연 역할을 하지만 기업의 사회적 책임 활동은 조연 역할을 한다. 아래 그림에서 볼 수 있듯이 기업의 혁신 역량 그리고 제품 품질이 상대적으로 높은 기업의 경우 사회적 책임 활동이 기업 가치에 추가적으로 긍정적인 영향을 미친다. 반면, 혁신 역량이나 제품품질이 상대적으로 낮은 기업의 경우 사회적 책임 활동이 늘어날수록 기업가치가 줄어드는 것을 보여주고 있다.

〈기업의 사회적 책임 활동, 혁신역량, 제품품질과 기업가치의 관계〉

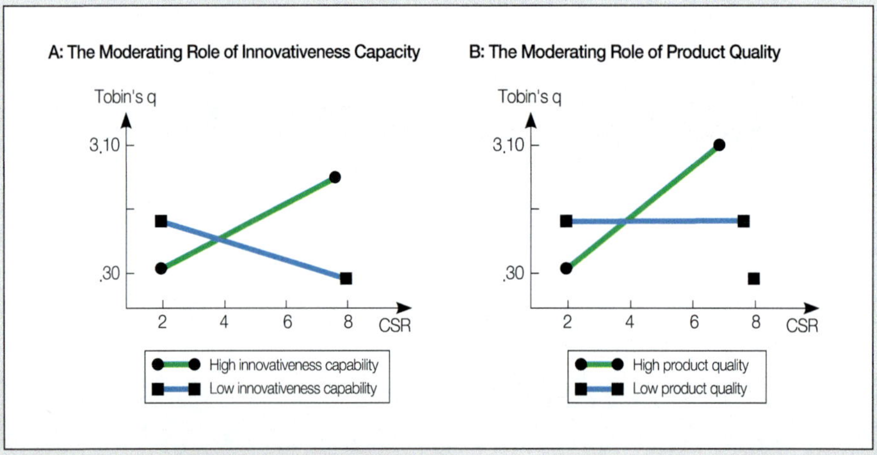

- CSR: Corporate Social Responsibility (기업의 사회적 책임 활동)
- Innovativeness capability: 혁신 역량
- Product quality: 제품 품질
- Tobin's q: (토빈의 Q) = 주식시장에서 평가한 기업의 시장가치 ÷ 기업 실물자본의 대체비용(순자산가치): 1보다 크면 기업가치가 순자산가치보다 높고 0보다 적으면 기업가치가 순자산가치보다 낮음(더 상세한 설명은 17장 참조)

출처: Luo, X. and Bhattacharya, C. B. "Corporate Social Responsibility, Customer Satisfaction, and Market Value," *Journal of Marketing*, 70(4), 2006, pp. 1~18의 그림 2 (p. 13).

물론 연구의 측정치들이 2차 자료와 재무성과를 토대로 진행되어 최종고객의 반응이 아니라 주식시장 참여자 또는 관련자의 반응인 점을 감안해야 한다. 그럼에도 주식시장 참여자의 반응이 최종고객의 반응을 반영한다고 생각하면, 다음과 같이 해석할 수 있다. 사람들은 품질이 좋은 제품을 만들어 제공하고 혁신성이 높은 기업이 다양한 사회적 책임 활동을 펼치는 것에 대해서는 긍정적으로 생각한다. 그러나 이러한 기본적 역량이 없는 회사가 너무 과도한 사회적 책임 활동을 하는 것에 대해서는 부정적으로 평가할 가능성이 높다. 예를 들어, '이럴 돈과 여유가 있으면 제품이나 좀 더 제대로 만들지' '이런 활동으로 이미지 메이킹에만 너무 매달리는 것 아닐까?' 등의 눈으로 기업 활동을 바라볼 수 있다. 10장에서 학습했듯이 제품 · 서비스의 전략적 포지션을 결정하는 주요한 수단은 마케팅믹스 중 제품(제품 품질)과 가격이다. 이번 장에서는 기업 활동의 주인공이라 할 수 있는 제품을 관리하는 것에 대해 학습한다.

1 제품수명주기를 활용한 전략

신제품 개발 및 출시를 중심으로 신제품관리를 11장에서 다루었고, 이 장에서는 제품과 브랜드 관리를 다룬다. 먼저, 제품수명주기의 단계별 제품관리를 살펴본 후, 제품믹스를 중심으로 한 제품전략을 학습한다. 그리고 브랜드의 중요성을 고려해 브랜드관리를 살펴본다. 마지막으로 디지털 마케팅의 제품관리를 살펴본다. 4장에서 이미 제품수명주기(Product Life Cycle: PLC)에 대한 개념, 다양성과 유용성 및 한계에 관해 학습했다. 이 장에서는 기업이 제품수명주기를 활용해 단계별로 제품관리를 포함해 마케팅전략에 사용할 수 있는 방법들에 관해 살펴보자.

1. 제품수명주기의 단계별 전략

- **학습목표 1: 주요 개념 (1)**
  - 제품수명주기의 단계별 전략 = 단계별로 활용할 수 있는 마케팅믹스전략
    - 도입기 = 1차 수요의 유발 = 제품 인지와 사용 증대가 마케팅 목표 → 기업은 고객욕구를 만족시키는 기초적 수준의 제품으로 고가전략, 좁은 유통 커버리지, 제품인지 형성과 강력한 판촉의 마케팅믹스전략 실행
    - 성장기 = 시장점유율의 확대 = 차별화된 제품과 시장침투가격, 유통 커버리지 확대 및 인지도 증대의 마케팅믹스전략 실행
    - 성숙기 = 이익의 극대화 = 이익의 극대화와 시장점유율 방어 → 브랜드 및 제품 모델의 다양화, 경쟁대응가격, 유통 커버리지 최대화 및 적극적 판촉 활동을 마케팅믹스로 활용
    - 쇠퇴기 = 비용절감과 투자회수, 독점적 지위확보가 마케팅 목표 → 기업은 취약제품 철수, 가격인하, 수익성 적은 유통경로 폐쇄와 최소 수준의 촉진전략 고려·실행

제품수명주기는 마케팅 자원배분의 방향에 도움을 주고 단계별로 활용할 수 있는 마케팅믹스전략을 수립하는 근거를 마련해주므로 마케팅관리에서 아주 유용한 도구다. 이러한 제품수명주기의 단계별 특징과 전략을 〈표 12-1〉과 〈그림 12-1〉에 정리하였다.

표 12-1 제품수명주기별 특징 및 마케팅 목표와 전략

특징	도입기	성장기	성숙기	쇠퇴기
판매량	낮다	급속성장	판매의 정점 도달	감소
고객당 비용	높다	평균	낮다	낮다
이익	적자	증대	높다	감소
고객	혁신층	조기 수용층 중간 다수층	중간 다수층 후기 수용층	최종 수용층
경쟁업자	낮다	점차 증대	많은 경쟁자	점차 감소

마케팅목표	도입기	성장기	성숙기	쇠퇴기
마케팅목표	제품 인지와 사용의 증대	시장점유율의 확대	이익의 극대화, 시장점유율 방어	비용절감, 투자회수, 독점적 지위
마케팅 노력 초점	1차 수요의 자극, 성장기의 빠른 진입	선택적 수용의 자극, 빠른 성장률의 유지	브랜드의 경쟁우위 확보, 성숙기의 유지	1차 수요의 유지, 쇠퇴 속도의 감축

마케팅전략	도입기	성장기	성숙기	쇠퇴기
시장세분화	무차별	시장세분화 시작	시장세분화의 극대화	역세분화
제품	기초제품의 제공	제품 확대, 서비스, 보증의 제공	브랜드와 모델의 다양화	취약제품 폐지
가격	고가전략	시장침투가격	경쟁대응가격	가격인하
유통	좁은 유통 커버리지	유통 커버리지 확대	유통 커버리지 최대화	수익성 적은 경로 폐쇄
광고	조기 수용층과 중간상/판매상의 제품 인지 형성	브랜드 차이와 이점의 강조	브랜드 이해도가 높은 고객 유지에 필요한 수준으로 감소	자사 제품의 존재를 다시 떠오르게 해주는 상기 광고 실시
판매촉진	사용 확보를 위한 강력한 판촉 전개	수요 확대에 따른 판촉의 감소	브랜드 전환을 유도하기 위한 판촉 증대	최저 수준으로 감소
사례	시장을 창출하는 제품의 등장, 모바일 통신시장에서 휴대전화라는 제품이 출현	경쟁자 진입, 시장은 성장하고 세분화됨. 계산기라는 제품군에서 공학용 계산기, 비즈니스 재무용 계산기 등으로 세분화	제품의 보급이 포화상태에 접근, 시장의 성장은 정체, 경쟁은 극심해짐. 제품의 성능, 가격, 디자인 등 모든 측면에서 경쟁이 이루어지며, 판매량 증진을 위한 가격 중심의 경쟁이 흔해짐. 물론, 혁신적 저가 제품, 편의성이 증진된 제품, 다른 사이즈 및 휴대용 제품의 등장 등으로 시장이 다시 성장할 수 있음	새로운 혁신이 일어나 새로운 제품으로의 전환이 이뤄짐. USB의 가격은 계속 낮아지고 있으며 클라우드 서비스라는 혁신이 일어나 USB시장을 밀어내고 있음

그림 12-1 **제품수명주기의 특징 및 전략**

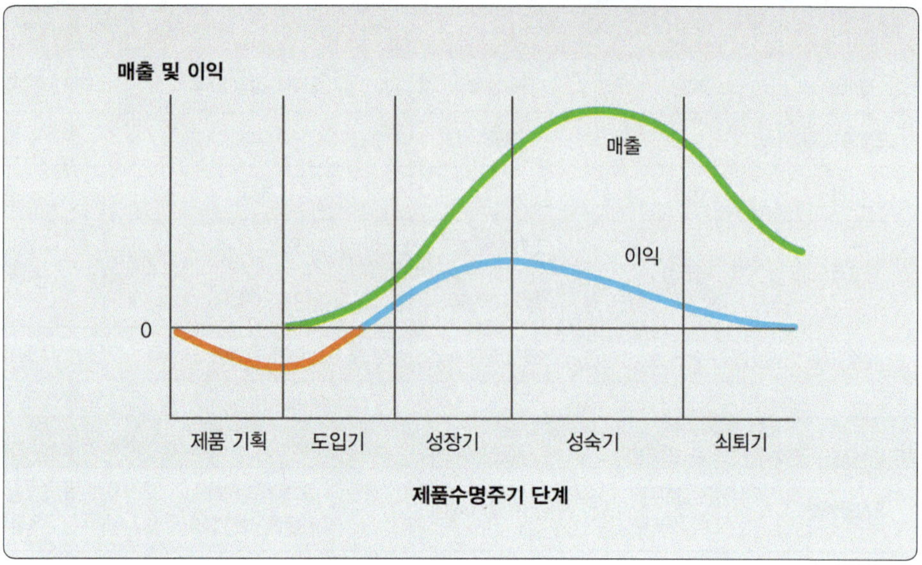

도입기 _ 1차 수요를 유발하라

도입기의 특징은 하나 또는 소수의 제품으로 시장을 구성하므로 경쟁자가 거의 없고, 제품이 출시된 지 얼마 되지 않아 판매량은 매우 낮은 수준이다. 막대한 R&D 비용, 유통망 구축비용, 촉진비용 등으로 기업은 이 시기에 적자일 수밖에 없다. 도입기에 제품을 구매하는 소비자들은 신제품 구매에 따르는 위험부담을 대수롭지 않게 생각하는 혁신층을 중심으로 이루어진다. 따라서 이 단계에서는 혁신층과 같이 트렌드를 선도하는 트렌드세터(trendsetter: 새로운 유행을 정착시키는 사람, 유행선도자)들이 제품을 많이 구매한다. 도입기 단계에서 기업의 마케팅 목적은 제품에 대한 소비자의 인지도를 높이고, 소비자들에게 제품을 처음으로 사용하게 하거나 경험하게 하는 데 있다. 또 기업의 마케팅 노력 초점은 제품 자체에 대한 본원적인 수요(primary demand), 즉 1차 수요를 유발하는 데 있다. 다시 말해 제품이 세상에 처음 선보이는 것이라면 소비자들은 제품에 대한 지식과 정보가 없으므로 기업은 그 제품의 효익과 유용성을 적극적으로 알려야 한다. 만약 제품이 기존의 특정제품을 대체했다면, 기존 제품에 비해 어떠한 차별적 우위가 있는가를 알려 소비자들의 1차 수요를 유발해야 한다.

구체적인 마케팅믹스전략은 다음과 같다. 도입기에서의 제품전략 방향은 소비자욕구를 만족시키는 기초적 수준의 제품, 즉 핵심 혜택을 포함한 기본적인 제품을 제공할 수밖에 없다.

도입기의 전략: 소비자들에게 쉽게 어필할 수 있는 PPL

새로운 제품을 시장에 선보일 때, 영화나 드라마, 예능 프로그램 화면 속에 제품을 배치하거나 연예인들에게 사용하게 함으로써 간접적으로 광고 효과를 누릴 수 있다. 특히, 제품을 노출하는 프로그램의 인기가 높거나 그 제품을 사용하는 연예인의 인지도가 높은 경우에 이 효과가 더욱 커진다. 따라서 기업들은 신제품의 시장 도입기에 이 전략을 활용하곤 한다.

2014년 상반기에 큰 인기를 얻었던 SBS 미니시리즈 '별에서 온 그대'에서 주인공인 천송이는 갤럭시 신제품 노트3 핑크를 사용했는데, 삼성전자는 드라마의 인기에 힘입어 홍보 효과를 톡톡히 누렸다. 이후 갤럭시노트3 핑크는 '천송이폰', '전지현폰' 등으로 불리며 판매량이 급증했다. 이외에도 삼성전자는 JTBC 예능 프로그램 '히든싱어'에서 신제품 스마트 워치인 '갤럭시기어S'의 PPL을 진행했다. 방청객들의 투표 결과를 진행자가 차고 있는 기어S로 전송하는 방식으로 제품을 노출했다. LG전자 역시 MBC 예능 프로그램 '무한도전'에 눈 모양의 사용자 인터페이스가 들어간 신개념 스마트폰 '아카'를 노출시켰는데 출연자가 사용하는 모습을 보여주는 방식으로 PPL을 진행했다.

출처: 〈아시아경제〉, "예능에 기어S, 드라마에 G3" 한류 콘텐츠 효과 톡톡, 2014년 11월 18일 자 내용을 참조해 설명함

가격결정은 보통 제조가격에 부대비용을 더하는 원가가산가격 방법을 취한다. 즉, 제품이 세상에 처음 선보이는 것이라면 기존의 다른 제품과 비교할 수 없으므로 제품개발에 투자한 비용[1]과 제품제조에 투자한 금액을 더한 것을 원가로 보고, 원가가산가격 방법을 사용해 가격을 결정한다. 그러나 제품이 고객욕구를 다른 제품에서 대체하는 수준의 신제품이라면 일반적으로 대체제품의 가격과 비교해 가격을 정한다. 도입기의 유통망 구축에서 유통업자들은 신제품의 성공을 확신할 수 없으므로 광범위한 유통망 개설을 주저하며, 주요 표적고객인 혁신적 소비자도 적으므로 선택적 유통망을 사용한다. 촉진의 초점은 개별브랜드에 관한 촉진보다는 제품의 유형에 관한 정보를 소비자에게 제공해 제품에 대한 본원적인 수요를 창출하는 데 있다. 또 소비자들이 시범적으로 사용할 기회를 넓힐 수 있는 여러 판매촉진 수단을 활용해야 한다. 예컨대 많은 기업이 연예인들에게 신제품을 사용하게 하거나 드라마 PPL(Product Placement)을 통해 제품을 알려 판매를 촉진시킨다.

성장기 _ 시장점유율을 높여라

성장기 시장 상황의 특징은 급속한 판매성장과 경쟁자의 등장으로 볼 수 있다. 소비자 대부분은 초기 수용층과 초기 다수층 일부가 도입기에 이루어진 촉진과 구전으로 신제품에 대한 정보를 얻어 주요한 구매계층이 되며, 최근에는 인터넷과 SNS의 활성화로 전파 속도가 가속하고 있다. 2년 전 유튜브에 올려 선풍적인 인기를 얻은 싸이의 '강남스타일' 뮤직비디오는 SNS를 통한 공유로 조회 수가 폭발적으로 증가한 대표적 사례다(〈그림 12-2〉 참조). 이 제품을 처음 사용하는 새로운 소비자와 이전에 제품을 구매했던 소비자들의 재구매 증가로 매출액이 급격히 증가한다. 성장기에는 매출액 증가로 산업 전체에 이익이 발생하고, 경쟁자들은 점차 이 시장을 매력적인 시장으로 평가하고 진입한다. 이 때문에 유사한 경쟁제품이 많이 출현하게 된다.

성장기 마케팅전략의 목적은 시장점유율 확대다. 마케팅 노력의 초점이 도입기의 경우, 본원적인 1차 수요 유발에 있으나 성장기에는 자사 브랜드를 구매하도록 하는 선택적 수요(selective demand)를 유발하는 데 있다. 또 성장기부터는 시장세분화를 시도해야 한다. 일반적으로 성장기에 수요가 급격히 증가하고, 다수의 경쟁자가 진입하며, 〈그림 12-1〉에서 보듯이 성장기 말에 영업이익이 최고치를 기록하기도 한다. 따라서 기업은 제품차별화를 통해 자사제품의 경쟁적 우위를 확보할 수 있는 세분시장을 찾거나 창출하여 시장점유율을 확대해야 한다.

또 성장기에 풍부한 자금력을 가진 기업은 시장세분화를 통한 멀티브랜드전략을 추구하고 경쟁이 심화하는 성숙기에 더욱 강화한다. 예를 들어 롯데칠성음료는 〈그림 12-3〉

그림 12-2 성장기의 전략: 싸이의 '강남스타일' 유튜브 조회 수

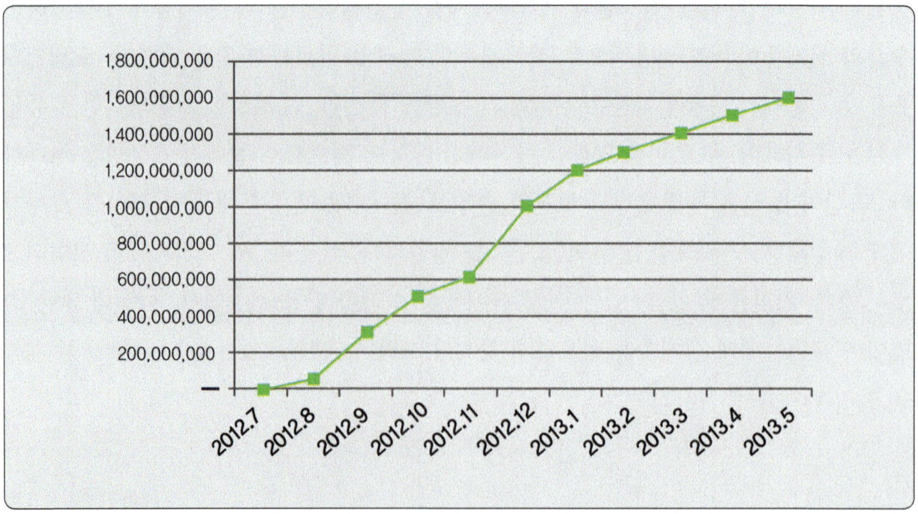

그림 12-3 **성장기의 전략: 롯데칠성음료 트레비**

제품수명주기

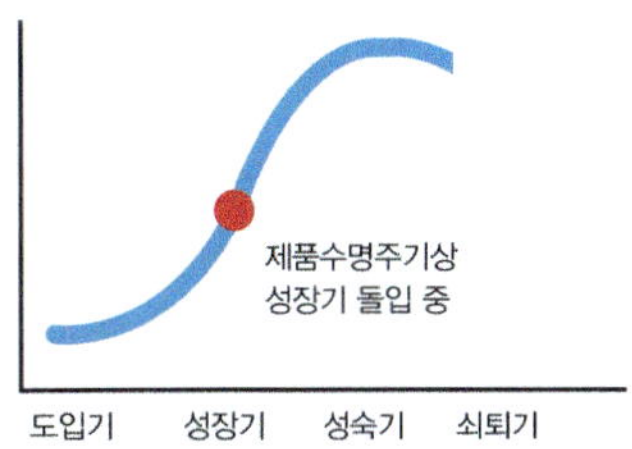

경쟁의 심화

페리에 등 수입탄산수 외에
초정, 광동제약 등 새로운 경쟁제품 등장

유통망 확대

유통채널별 탄산수 판매액 성장률(%)
기간: 2012.9~2013.8 vs 2013.9~2014.8

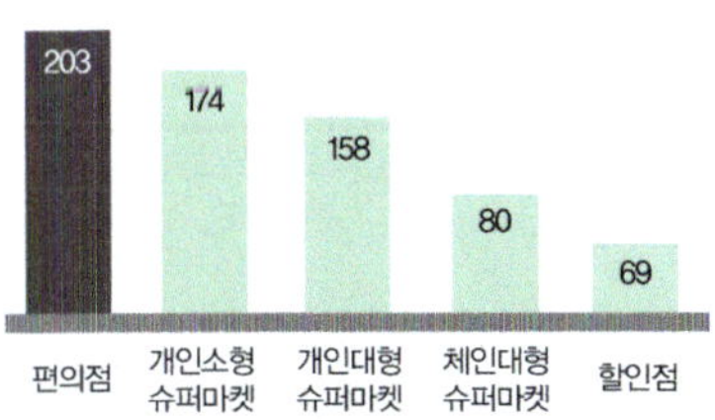

출처: 닐슨

제품라인 깊이의 심화

세 종류의 맛, 네 개의 패키지 유형

트레비(Trevi)의 재무성과 분석

단위 : 백만 원

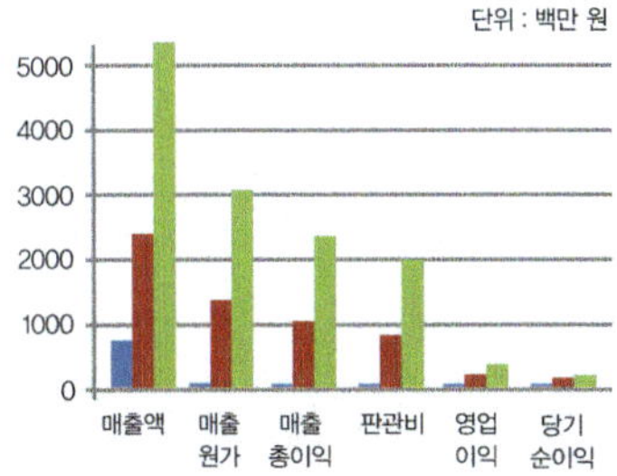

	매출액	매출 원가	매출 총이익	판관비	영업 이익	당기 순이익
2012	659	39	26	22	4.5	2.5
2013	2315	1284	931	759	172	103
2014	5296	3031	2264	1945	319	106

출처: 금융감독원 다트 전자공시시스템(2014.11월 자료 추출)

다양한 마케팅 실시

2014. 8월부터
TV광고 시행

엔젤리너스와
이벤트 시행

피트니스 센터에서
시음회 시행

출처: 롯데칠성음료 홈페이지

표 12-2 전자제품의 제품수명주기

	제품수명주기			
	도입기	성장기	성숙기	쇠퇴기 초기
제품	스마트 TV, 스마트 가전제품	스마트 PC, 스마트 카메라 등 전자제품	노트북	데스크톱

같이 탄산수 브랜드 트레비(Trevi)가 성장기에 돌입하고 있다고 판단해 제품라인의 깊이를 심화하고, 자사의 강점인 유통망, 특히 편의점을 중심으로 확대하고 있으며, 선택적 수요를 유발하기 위한 다양한 마케팅을 시행하고 있다.

구체적인 마케팅믹스전략은 다음과 같다. 제품전략 방향은 경쟁이 치열해짐에 따라 각 기업은 일반적으로 제품에 대한 애프터서비스 제공을 강화하거나 소비를 진작시키고, 유통 공간을 확보하기 위해 다양한 패키지 옵션을 제공한다. 가격은 기업 대부분이 빠른 시장점유율 확대를 위해 시장침투가격을 사용하고, 유통망을 광범위하게 구축하려고 시도한다. 이 단계에서 촉진의 주요 목표는 시장에서 자사제품에 대한 인지도를 증가하는 데 있다. 전체적인 소비자 수요의 증가로 판촉은 도입기 단계보다 많이 감소한다. 성장기에 해당하는 제품으로는 전자제품에서 스마트폰, 스마트 카메라, 스마트 PC 등을 들 수 있다(〈표 12-2〉 참조).

성숙기 _ 이익을 극대화하라

성숙기는 성장기에 진입한 많은 경쟁자로 인해 잠재적으로 그 제품을 사용할 의향이 있던 소비자 대부분이 이미 해당 제품을 수용한 상태다. 즉, 소비자들의 대다수를 이루는 초기와 후기 다수층이 이 시기의 주요 고객이다. 따라서 산업 전체 매출액은 어느 단계보다 높은 상태지만, 제품의 판매성장률은 점차 감소하고, 어느 시점에 이르면 수요는 정체하거나 감소한다. 성숙기는 판매성장률이 감소하기 시작하는 초기 성숙기와 판매액이 감소하기 시작하는 후기 성숙기로 나눌 수 있다.

성숙기에는 판매성장률이 감소하므로 성장기에 확대된 기업들의 과잉생산능력으로 인해 경쟁이 치열해진다. 이에 따라 마케팅 관리자는 시장점유율을 확대하기보다는 이윤을 극대화해 쇠퇴기를 대비한다. 이 단계에서의 마케팅목표는 이익의 극대화와 경쟁기업에 대해 자사의 시장점유율을 유지하는 데 있다. 성숙기 초기 단계에서 가장 중요한 전략은 계속 시장세분화를 적용하는 것이다. 시장이 안정적이고 경쟁자들이 많을 경우, 시장세분화에 의한 표적시장 선정은 기업에 필수적이기 때문이다.

구체적인 마케팅믹스전략은 다음과 같다. 제품전략의 방향은 치열한 경쟁에 대응하기 위해 많은 브랜드와 다양한 모델을 개발하게 된다. 성숙기 단계에서는 제품제조 기술이 표준화되므로 가격경쟁이 가장 일반적인 형태의 경쟁유형이 되어 가격인하로 인

그림 12-4 **성숙기 시장의 예: 국내 아웃도어 의류**

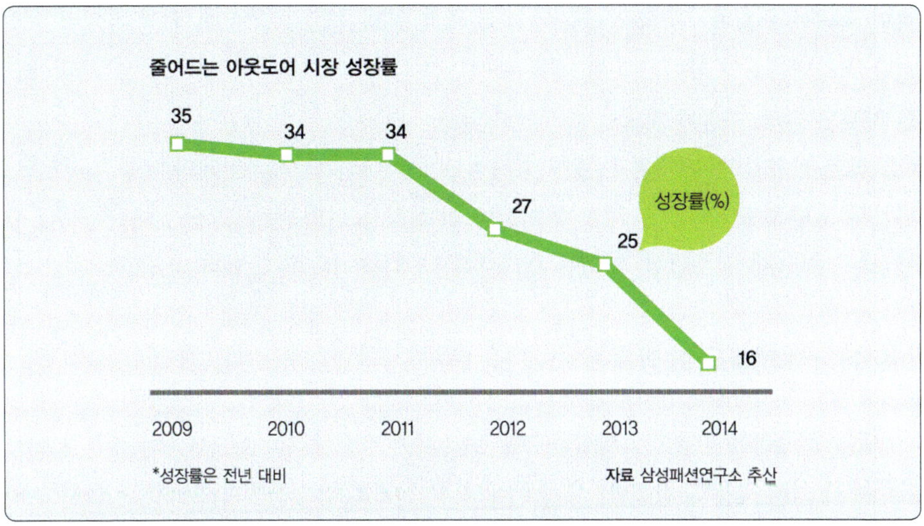

그림 12-5 **성숙기의 전략: 화장품 기업의 멀티브랜드**

출처: 뷰티지식정보포털 뷰티누리

한 촉진은 필수적이다. 또 시장점유율을 방어하기 위해 더욱 광범위한 유통망 구축을 지향한다. 광고는 경쟁브랜드제품과 자사브랜드제품의 차이와 이점을 강조하며, 경쟁제품 사용자의 브랜드 전환을 유도하기 위해 판촉을 적극적으로 실시한다. 성숙기에 해당하는 제품으로는 많은 가전제품, 즉 냉장고, 세탁기, 노트북 등을 들 수 있다. 성숙기 초반에 들어가고 있는 것으로 보이는 사례는 국내 아웃도어 의류다. 〈그림 12-4〉를 보면 국내 아웃도어시장의 성장률은 계속 줄고 있고, 코오롱 스포츠의 영 마케팅 노력이나 노스페이스의 화이트 라벨 제품 출시 노력 등은 새로운 세분군 개발을 위해 새로운 하부 브랜드, 제품과 모델을 출시하고 있다.

그리고 성숙기의 또 다른 대표적인 사례로는 국내외 화장품 업계의 제품 및 브랜드 다양화 노력을 들 수 있다. 예를 들어 국내외 화장품 기업들은 〈그림 12-5〉와 같이 광범위한 소비자층에 도달할 수 있는 멀티브랜드전략을 추구하고 있다.

쇠퇴기 _ 대체품을 개발하라

새로운 기술개발로 소비자들의 욕구를 만족시키는 신제품이 등장했거나 제품 성능의 측면에서 기존 제품과 같지만, 가격 면에서 싼 신제품이 등장했거나 제품에 대한 소비자의 욕구가 사라지는 것과 같은 소비자 기호가 변화하면 해당 제품의 판매가 감소하면서 그 제품의 산업 전체 매출과 이익이 점차 감소하는 쇠퇴기에 접어든다. 이때 소비자의 대부분은 최종 수용층이다.

이 시기의 마케팅목표는 비용 절감과 투자비의 회수다. 또 마케팅 노력의 초점은 제품 전체의 수요가 감소하므로 대체품을 개발하거나 도입기와 마찬가지로 해당 제품의 1차 수요 유지에 있다. 예를 들어 현재 스마트폰시장의 발달로 쇠퇴기에 접어든 피처폰은 각 전자회사가 스마트폰과 경쟁하기보다는 주요 고객인 중장년층, 노년층이 원하는 '간단함', '편리함' 그리고 '저렴함' 등을 갖춘 제품을 출시해 주요 고객의 수요를 유지하는 전략을 활용한다. 또 전화나 메시지 등의 주요 기능만을 탑재하고, 제품의 가격을 인하하여 가격경쟁력을 높이고 있다(〈그림 12-6〉 참조).

일반적으로 제품수명주기의 도입기에는 인지도 확보가 중요하며, 본원적인 1차 수요를 늘리는 것이 우선이고, 성장기에는 제품 그 자체보다는 자사의 브랜드 인지율과 시장점유율 증대가 더 중요하며 이를 위해 자사제품을 어떻게 유통할 것인지가 중요하다. 성장기 후반과 성숙기에는 제품 매출이 안정되는 시기로, 가격이 경쟁 수단으로 매우 중요해진다. 또 디자인도 중요한 요소가 된다. 이 시기에는 VCR시장에서 볼 수 있듯이 경쟁을 위해 불필요한 속성을 최대한 제거하고, 가격을 낮춰 가격경쟁력을 유지하

그림 12-6 쇠퇴기의 전략: 삼성전자 노년층 맞춤형 2G, 3G 전용 폴더형 피처폰 '삼성마스터'

출처: 〈동아닷컴〉 2014년 5월 22일자

는 전략을 주로 활용한다. 가격에 민감한 소비자가 시장의 30% 정도를 차지하기 때문이다.

쇠퇴기 전략방안으로는 철수전략과 잔존전략이 있다. 철수전략을 사용할 때에는 철수장벽, 자사의 시장점유율, 가격, 원가, 이익, 비용 등을 분석한 후 단기간에 시장에서 최대한의 이익을 창출한 뒤에 시장에서 철수한다. 그러나 잔존전략을 선택한 기업의 마케팅 관리자는 비용을 최소한으로 감소시키는 방법을 사용한다. 이를 위해 이 시기에는 최대한으로 확장했던 유통의 커버리지를 줄여 비용을 절감하고, 광고도 자사제품이 아직 시장에 있다는 상기 광고(remind advertising)만 하여, 해당 제품을 사용하고 있는 잔존 소비자들에게만 소구한다. 또 제품의 생산과 관리를 소규모의 다른 기업에 아웃소싱하고, 브랜드인지도를 이용한 유통에만 전념하여 경비를 최소한으로 줄여나가기도 한다.

그러나 이러한 소극적인 전략 이외에도 쇠퇴기에는 마케팅전략에 따라 상당한 이익을 창출할 수 있다. 즉, 경쟁기업들이 시장에서 철수하고 있는 상황에서 잔류 기업이 독점적 지위를 차지할 수도 있고, 쇠퇴기의 진행 속도를 늦출 수 있다면 성장기나 성숙기에 못지않은 이익을 창출할 수도 있다.

2 제품전략

1. 제품믹스

- **학습목표 2: 주요 개념(1)**
  - 제품믹스 = 한 기업이 가지고 있는 모든 제품 수를 전부 합한 것
  - 제품라인 = 한 기업이 보유한 제품믹스 중 물리적 특징이나 사용상의 용도 또는 유통경로가 비슷해 동일한 마케팅전략을 적용시킬 수 있는 제품의 집합

제품전략은 앞에서도 여러 번 강조했듯이 기업의 목표달성을 위해 구사하는 마케팅전략의 가장 근본적인 부분이다. 따라서 제품은 마케팅믹스를 구성하는 데 근본이 되며 다른 마케팅믹스 변수들은 제품전략과 일관성을 유지해야 한다. 제품에 관한 의사결정은 기업이나 사업부 수준에서 다루어지는 제품믹스에 관한 의사결정과 물리적 특성이나 사용상의 용도 또는 유통경로가 비슷한 제품라인에 관한 의사결정 그리고 각각의 단일제품에 관한 의사결정이 있는데, 여기서는 제품믹스와 제품라인전략을 중점적으로 살펴본다.[2]

한 기업이 가지고 있는 모든 제품의 종류와 수를 전부 합한 것이 제품믹스다. 이 제품믹스는 제품라인들이 모여 구성된다. 또 제품라인이란 한 기업이 보유한 제품믹스 중 물리적 특징이나 사용상의 용도 또는 유통경로가 비슷해 같은 마케팅전략을 적용할 수 있는 제품의 집합을 말한다. 개별제품과 제품라인 그리고 제품믹스 간의 관계를 그림으로 나타내면 〈그림 12-7〉과 같다.

〈그림 12-7〉과 같이 한 기업의 제품들은 각기 모여 제품라인을 구성하고, 이 제품라인을 다시 합하면 제품믹스가 된다. 그러므로 제품믹스란 한 기업이 생산 · 판매 중인 모든 제품라인 전체를 말한다.

한 기업의 제품믹스는 각기 넓이(breadth)와 길이(length) 그리고 깊이(depth)를 가진다. 제품믹스의 넓이란 '기업이 가진 전체 제품라인 수'를 말하고, 제품라인의 길이란 '제품

그림 12-7 개별제품, 제품라인과 제품믹스의 관계

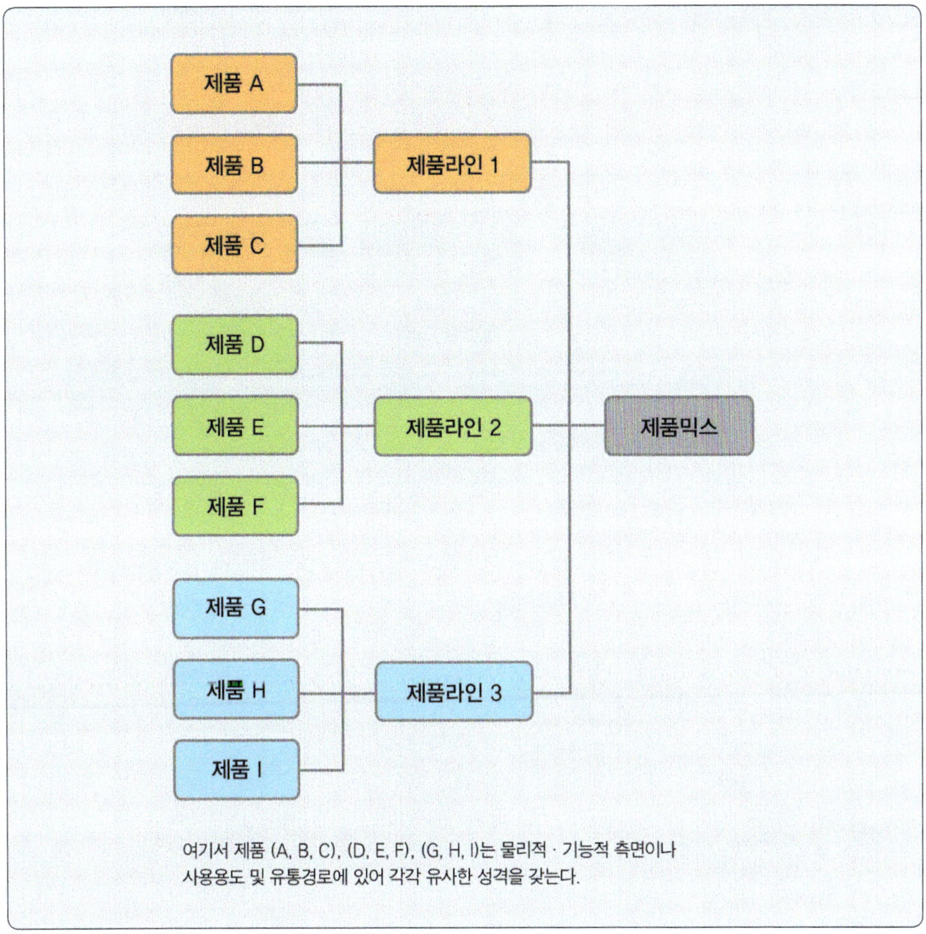

표 12-3 제품구성에 관한 의사결정

제품믹스의 넓이에 관한 의사결정	제품믹스 안에 들어 있는 제품라인의 수 결정
제품라인의 길이에 관한 의사결정	제품라인 안에 들어 있는 개별제품의 수 결정
제품라인의 깊이에 관한 의사결정	개별제품이 거느리고 있는 품목의 수 결정

라인 내에 있는 전체 개별제품 수', 즉 브랜드 수를 뜻하며, 제품라인의 깊이란 '특정제품라인 내에 있는 한 제품이나 브랜드가 거느리고 있는 품목이나 모델 수'를 뜻한다.[3] 제품구성에 대한 의사결정과 제품믹스에 관해서는 〈표 12-3〉과 〈그림 12-8〉로 정리할 수 있다.

그림 12-8 제품믹스의 구조: 아모레퍼시픽

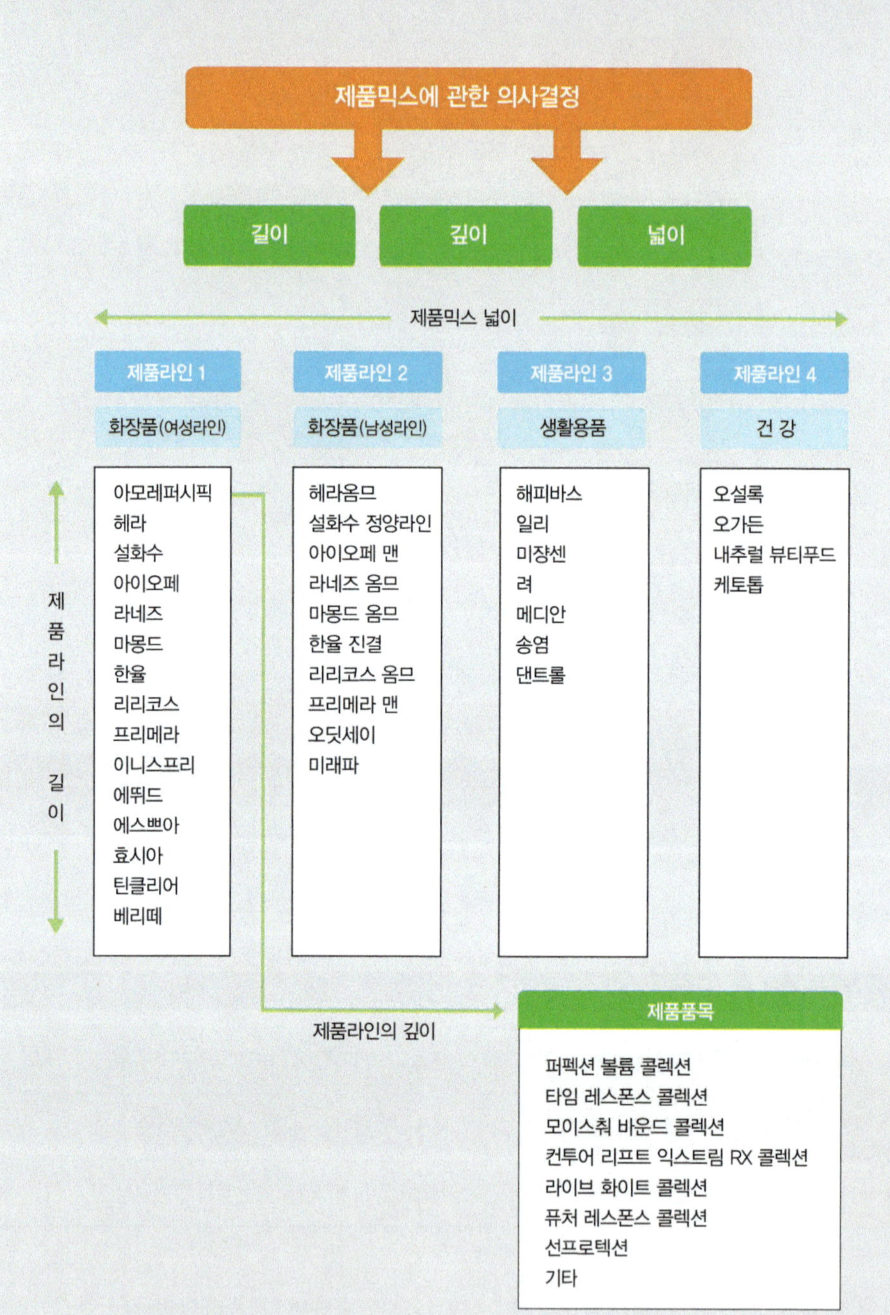

출처: 아모레퍼시픽 홈페이지

2. 제품믹스전략

- **학습목표 2: 주요 개념(2)**
  - 제품믹스전략 = 기업이 보유하고 있는 제품라인의 조합과 마케팅 자원할당의 우선순위에 관한 의사결정
    = 제품라인 추가전략 // 제품라인 제거전략 // 제품라인의 분할 및 통합 전략

이 전략에 관한 의사결정은 기업이 보유한 제품라인의 조합에 관한 것으로, 제품라인의 구성이 기업의 목적에 적합한지에 관한 결정과 제품라인별로 기업 마케팅 자원할당의 우선순위에 관한 결정이 있다.

전체적인 제품믹스를 이루는 각 제품라인들은 먼저 각각의 고유성 또는 독립성이 있어야 한다. 다른 제품라인들의 제품이 유사하여(물리적 · 기능적 측면, 사용 용도, 유통경로) 서로 간섭하게 되면 바람직하지 않다. 그런데도 제품라인 간에 시너지 효과가 있으면(예를 들어 부품에 대한 통합구매, 공동부품 사용, 유통경로에 대한 협상력 증진, 통합광고 활용 등) 원가나 이미지 등의 측면에서 우위를 확보할 수 있다. 다시 말해 독립성과 동시에 시너지까지 고려해야 하는 제품믹스 의사결정은 많은 상쇄관계(trade-off relationships)를 고려해야 하므로 실제로는 매우 어렵다. 제품믹스에 관한 의사결정으로는 제품라인 추가전략, 제품라인 제거전략과 제품라인 분할 · 통합 전략이 있는데, 이에 관한 자세한 설명은 온라인사이트를 참조하기 바란다.

3. 제품라인전략

- **학습목표 2: 주요 개념(3)**
  - 제품라인전략
    - 제품라인이 대체재로 구성 → 라인확장전략(상향 확장 및 하향 확장)
    - 제품라인이 보완재로 구성 → 선도전략 // 제품묶음전략 // 시스템판매전략
    - 제품라인의 브랜드와 관련된 전략 = 멀티브랜드전략 // 패밀리브랜드전략
      = 제품믹스 및 제품라인 수준에서의 전략 → 개별브랜드에 관한 의사결정 또는 브랜드의 중요성이 부각 → 브랜드 결정은 제품믹스 및 제품라인과 같은 수준에서 결정
      = 제품에 어떠한 브랜드명을 부여하는가는 많은 비용을 수반하는 중요한 전략적 의사결정
      = 브랜딩전략, 브랜드포트폴리오전략 또는 브랜드건축전략

제품라인은 그것을 구성하는 여러 개의 제품이 서로 어떤 관계를 이루고 있는가에 따라 다른 제품라인전략이 존재한다. 즉, 제품라인을 구성하는 제품들이 서로 대체 가

능한 제품들로 구성된 경우와 서로 보완관계가 있는 경우 다른 전략을 사용한다. 한편 제품라인을 구성하는 개별적인 제품들에 어떠한 브랜드 이름을 붙이는 전략에는 다양한 옵션이 있다.

대체재로 구성한 경우

이 전략은 제품라인을 구성하는 여러 제품이 서로 대체 가능한 제품들로 구성되어 있을 때 사용 가능한 제품라인전략으로 제품라인 확장전략이 대표적인데, 경쟁제품에 효과적으로 대응하기 위해 하나의 제품라인에 속한 개별제품 수를 증가시키는 것이 제품라인 확장전략이다. 예를 들어 아모레퍼시픽의 경우 화장품 제품라인을 과거 태평양이라는 단일제품에서 글로벌 프리미엄제품 아모레퍼시픽, 중장년 대상 프리미엄제품 설화수, 젊은 여성 대상 프리미엄제품 헤라, 젊은 여성 대상 유기농제품 이니스프리, 일반 여성 대상 중가제품 아이오페, 일반 여성 대상 저가제품 에뛰드 등으로 분산, 확장하고 있다. 이러한 제품라인 확장전략은 경쟁제품에 시장점유율을 빼앗기는 것을 방지하기 위해 활용하기도 한다. 완전한 신제품을 개발하는 것 외에 기존 제품들을 변화시켜 새로운 제품을 라인에 추가할 때에도 사용 가능한 전략이다. 이에 대한 자세한 설명은 온라인사이트를 참조하기 바란다.

보완재로 구성한 경우

이 전략은 제품라인 속에서 개별적인 제품들이 보완재의 관계에 있을 때 사용 가능한 전략이다. 이때 제품라인이란 유사한 유통경로나 고객을 대상으로 분류된 제품라인을 뜻한다. 선도전략과 제품묶음전략이 이에 해당하는데, 선도전략은 어떤 특정제품을 가격이나 판촉 전략을 사용해 고객에게 집중적으로 알림으로써 그 판매량을 증대시켜, 해당 제품과 보완재 관계에 있는 제품의 판매량도 동시에 증대시키는 전략이다.

제품묶음전략은 제품들을 특정형태로 묶어 판매하는 전략으로, 이때 제품가격은 각각의 제품을 따로 팔 때보다 묶음으로 팔 때 더 저렴하게 책정해야 한다. 묶음전략은 고객들이 보완재를 일괄 구매해 쇼핑시간을 줄이려고 할 때, 브랜드충성도가 낮은 제품일 때, 자사제품과 경쟁제품의 품질이 비슷할 때 활용하면 효과적이다. 이에 대한 상세한 설명은 온라인사이트를 참조하기 바란다.

멀티브랜드전략과 패밀리브랜드전략

멀티브랜드전략(Multi-brand strategy) 경쟁제품에 대항하기 위해 하나의 제품라인에 속해 있는 많은 수의 제품에 다양한 브랜드를 개별적으로 붙이는 전략으로 개별브랜드전략(individual branding strategy)이라고도 한다. 이는 한 제품범주(제품라인)에 개별브랜드를 도입해 시장에서 각각의 제품이 독자적인 포지셔닝을 갖도록 한다. 그러나 이 전략을 사용하는 경우, 브랜드 자기잠식 현상이 발생할 수 있다. 브랜드 자기잠식은 한 기업이 같은 시장에 많은 브랜드를 출시할 경우, 다른 기업 제품과의 경쟁이 아니라 자사제품 간의 경쟁이 발생하는 것을 말한다. 이러한 브랜드 자기잠식은 자사 브랜드 경쟁으로 개별제품들의 시장점유율이 감소하기도 하지만, 자사의 많은 브랜드가 시장의 빈 곳을 선점해 경쟁자 진입을 막을 수 있거나 시장을 더 빨리 개발할 수 있는 등 제품라인 전체의 관점에서는 많은 이점이 있다.

패밀리브랜드전략(family brand strategy) 하나의 제품라인에 속해 있는 많은 수의 제품에 같은 브랜드 이름을 붙이는 전략으로 엄브렐라브랜드전략(umbrella branding strategy)이라고도 한다.

자연스럽게 패밀리브랜드 역할을 하는 브랜드는 기업 브랜드(corporate brand)이다. 각 제품라인 브랜드도 있지만, 삼성, 현대, 기아 등의 기업 브랜드가 어떠한 의미를 전달하고 역할을 하는지에 관해 많은 기업이 주목하고 있다. 예를 들어 현대정공이 현대모비스로, 삼성전관이 삼성SDI로, 성광전자가 쿠쿠전자로 이름을 바꾸는 것은 기업들이 높은 수준의 명성, 품질, 신뢰 등의 신호(signaling)가 매우 중요하다는 것을 인식하고 있다는 증거다. 이 전략의 대표적 특성은 각 제품들의 시너지 효과를 얻기 위해 패밀리브랜드를 사용한다는 것이다.

다양한 브랜드 개념과 종류에 관한 자세한 설명은 온라인사이트를 참조하기 바란다. 또 제품라인을 구성하는 개별적인 제품에 브랜드 이름을 붙이는 전략에는 다양한 옵션이 있고 이러한 전략은 7장에서 살펴보았듯이 브랜드포트폴리오 또는 브랜드건축전략(brand architecture strategy)이라고 하는데, 이에 관한 자세한 설명도 온라인사이트를 참조하기 바란다.

3 브랜드관리

과거 제품전략의 하부 구성요소로 취급하던 브랜드는 현대 비즈니스에서는 마케팅 기능을 넘어서는 전략적 의제이다. 이러한 트렌드의 출발점은 영국에서 일어났다. 1980년대 마거릿 대처(Margaret Hilda Thatcher) 총리의 영국 산업경쟁력 회복 정책하에 영국의 공인회계사협회(Chartered Account Association)는 브랜드의 가치를 기업 대차대조표에 수록할 수 있게 했다가 M&A 과정에서 엄청난 혼란을 겪은 후 이를 다시 금지한 바 있다.[4] 이 때문에 기업들은 브랜드가 돈의 가치와 연관되는 것에 큰 관심을 두게 되었다. 사실, "기업의 마케팅 활동이 과연 자산을 창출하는가?"라는 질문을 주면 이에 대한 답은 사람마다 다를 것이다.

기업 성과를 객관적으로 명확하게 정리 · 보고하는 재무회계의 관점에서 보면, 마케팅이 창출하는 자산가치는 개념적으로 존재할 수 있고, 측정할 수 있다고 하더라도 객관성 · 명확성의 기준으로 볼 때 그 가치는 기업의 재무상태표(대차대조표)에 수록될 수 없다는 것이 답이다. 그런데도 현대 마케팅의 큰 관심과 주장은 마케팅이 기업의 중요한 무형자산(브랜드 자산, 고객 기반, 유통과의 관계 기반 등)을 창출하며 이러한 자산이 기업 가치의 많은 부분을 차지한다는 것이다.[5] 여기에서는 브랜드 자산(brand equity)과 전략적 브랜드관리(strategic brand management)에 대해 살펴본다.

1. 브랜드의 자산가치

- **학습목표 3: 주요 개념(1)**
  - 브랜드 자산 = 제품의 가치에 브랜드 이름이 가져다주는 추가적인 자산적·화폐적 가치 = 가격 프리미엄과 점유율 프리미엄으로 구성된 매출 프리미엄
  - 브랜드 자산 = 마케팅이 창출하는 기업의 중요한 무형자산 // 마케팅전략의 효과성과 효율성을 평가하는 기준
  - 브랜드 자산 증진 → 고객과의 관계관리 + 유통점과의 관계관리
  - 고객 관점에서의 브랜드 자산관리 = 브랜드 인지도관리와 이미지관리

• 강력한 브랜드 이미지 = 강하고(연상 강도) // 호감이 가고(연상요소의 호감) // 독특한 이미지(연상요소의 독특함)

– 브랜드 정체성 = 목표 브랜드 이미지 // 브랜드 이미지 = 마케팅 활동의 결과로 소비자가 가지고 있는 이미지

• 브랜드관리 = 브랜드 이미지와 목표 브랜드 이미지의 공유 부분을 넓히는 것

간략히 정의하면, 브랜드 자산이란 제품의 가치에 코카콜라, 나이키, 삼성, 현대 등과 같은 브랜드 이름이 가져다주는 추가적인 가치를 말한다.[6] 이와 비슷하게 브랜드 자산이란 "브랜드에 특별히 귀인(歸因)되는 마케팅 활동의 효과이며, 이는 제품에 대해 똑같은 마케팅 활동이 이루어지더라도 그 효과가 특정브랜드 때문에 달라짐을 의미한다(… different outcomes result from the marketing of a product or service because of its brand than if that same product or service had not been identified by that brand)"고 정의한다.[7] 이러한 정의를 그림으로 표현한 것이 〈그림 12-9〉이다. 브랜드 자산은 매출 프리미엄(Revenue Premium)이며, 매출 프리미엄은 가격 프리미엄(같은 시장점유율이나 매출 수준이라면 시장 평균보다 높은 가격을 받음)과 점유율 프리미엄(같은 가격이라면 업계 평균보다 높은 점유율과 매출을 획득)으로 구성된다.

즉, 브랜드 자산이란 브랜드의 자산적 · 화폐적 가치이며 브랜드에 대한 마케팅 활동의 장기적 효과를 나타내므로 마케팅전략의 효과성과 효율성을 평가하는 기준이 된다. 브랜드 자산은 고객의 평가에 근거한다는 것을 고려할 때 〈그림 12-10〉처럼 고객과 제

그림 12-9 **브랜드 자산 = 매출 프리미엄**

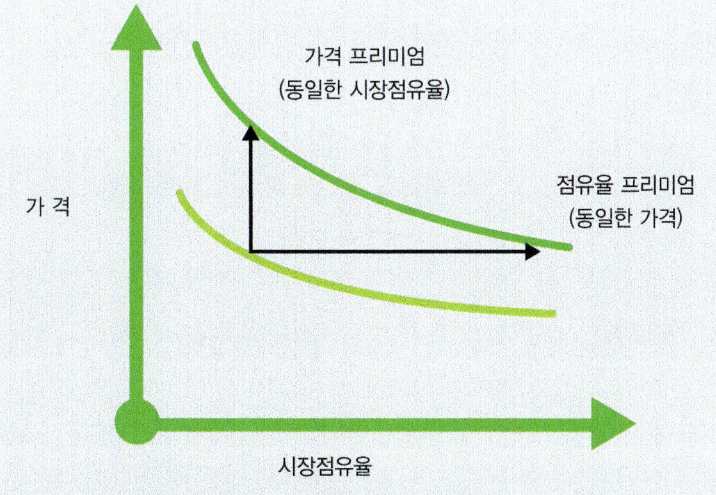

출처: Ailawadi, K., Lehmann, D., and Neslin, S., "Revenue Premium as an Outcome Measure of Brand Equity," *Journal of Marketing*, 67 (October), 2003, pp. 1~17.

그림 12-10 브랜드 자산을 위해 관리되어야 하는 고객관계

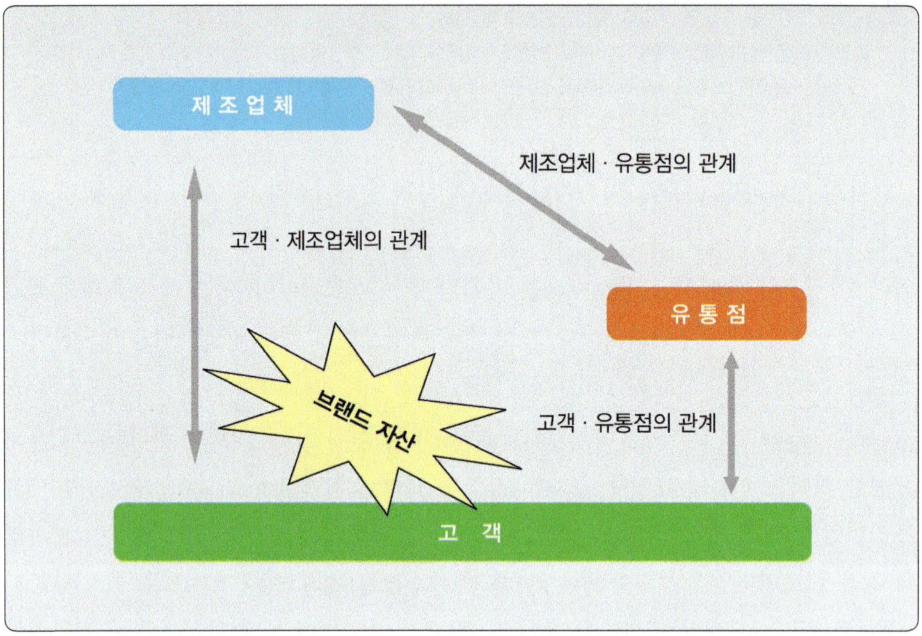

조업체의 관계도 중요하지만, 고객과 유통점과의 관계 역시 중요하므로 제조업체와 유통점의 관계관리도 매우 중요하다.

이러한 브랜드 자산을 고객의 효용 측면에서 표현하면 브랜드 자산은 브랜드 특유의 고객효용(Brand-Specific Utility)의 합이다. 브랜드 특유의 고객효용이란 브랜드에 대해 고객이 느끼는 총효용(Total Utility)에서 브랜드 제품에 대한 객관적인 효용(Objective Utility: 예를 들어 블라인드 테스트 결과)을 뺀 부분인데, 이러한 브랜드 특유 효용은 +, 0, −가 될 수도 있다. 브랜드 특유 효용이 마이너스라는 의미는 브랜드에 대해 고객이 느끼는 총효용이 브랜드 제품의 객관적 평가보다도 못하다는 것을 말한다.

지금까지의 연구결과[8]로 발견한 이러한 브랜드 특유 효용의 원천으로는, 첫째, 후광효과(Halo Effect)가 있으며, 다음과 같이 표시할 수 있다.

$$\text{후광 효과}=\sum_{i=1}^{n}(\text{브랜드 제품의 특성 }i\text{평가}-\text{브랜드를 숨긴 블라인드 제품의 특성 }i\text{평가})\times(\text{특성 }i\text{의 중요도})$$

예를 들어 내가 현대 또는 삼성이라는 브랜드에 대해 호감(후광)을 가지고 있으면, 그 제품의 세세한 특성도 좋게 느끼는 것을 말한다. 두 번째 원천으로는 포괄적 효과(Holistic Effects)가 있는데, 이성적인 포괄적 효과('나는 이 브랜드를 믿을 수 있어')인 브랜드 신뢰(Brand Trust 또는 Holistic Functional Value)와 감성적인 포괄적 효과('나는 이 브랜드를 사랑해')

인 브랜드 감정(Brand Affect 또는 Holistic Hedonic Value)이 있다. 세 번째 원천으로는 유통업자 자산 효과(Reseller Equity)로 유통업자의 활동이 해당 브랜드의 평가로 전이되는 것을 말한다.

이러한 원천 효과들을 고려할 때 고객 관점에서의 브랜드 자산이 중요하다는 것을 알 수 있다. 고객 관점에서의 브랜드 자산(Customer-Based Brand Equity)은 브랜드에 대한 고객의 인지도(Brand Awareness)와 이미지(Brand Image)로 구성된다.[9] 브랜드 이미지는 고객이 해당 브랜드에 대해 연상하는 내용의 합으로 구성되는데, 이미지를 평가하는 첫 번째 차원은 연상 요소의 강도다. 즉, 브랜드를 듣거나 접했을 때 어떠한 연상 요소들이 떠오르는가를 말하는 것으로 브랜드와 연상 요소 간의 연결 강도를 의미한다. 두 번째 차원은 연상 요소의 호감 정도로 떠오른 연상 요소 내용의 호 · 불호 정도를 말한다. 세 번째 차원은 연상 요소의 독특함 정도로 떠오른 연상 요소 내용의 독특한 정도를 말한다. 한편 우리는 브랜드 이미지와 비슷한 용어로 흔히 브랜드 정체성(Brand Identity)이라는 용어를 사용하는데, 브랜드 이미지와 정체성의 개념 구분을 명확히 할 필요가 있다.[10] 〈그림 12-11〉을 보면, 브랜드 정체성은 기획된 브랜드 이미지, 즉 목표 브랜드 이미지이며, 브랜드 이미지란 마케팅 활동의 결과로 소비자가 가지고 있는 이미지이다. 브랜드관리를 간결하게 표현하면 브랜드 이미지와 브랜드 정체성의 공유 부분을 넓히는 기업의 관리 활동이다.

그림 12-11 **간결한 관점으로 본 브랜드관리**

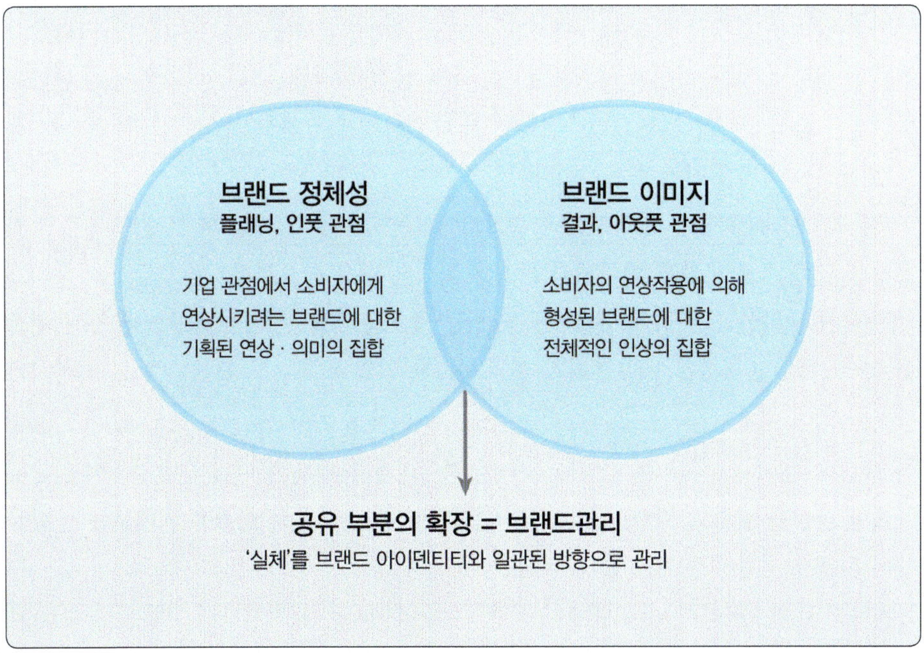

시장에서는 수많은 브랜드들이 치열한 경쟁을 벌인다. 이러한 상황에서 살아남으려면 각 브랜드는 확고한 인지도와 정체성에 따른 이미지를 보유해야 한다. 브랜드인지도관리에 관한 자세한 설명은 온라인사이트를 참조하기 바란다.

2. 전략적 브랜드관리

- **학습목표 3: 주요 개념(2)**
  - 전략적 브랜드관리 = 브랜드 자산가치의 개발, 증진, 유지 및 강화 → 마케팅활동과 노력을 기획(PLAN), 실행(DO), 통제(SEE) 단계별로 세심하게 전개하며 관리하는 것
    - 기획 단계 = 브랜드건축전략 + 목표 브랜드 이미지의 선정과 획득
    - 실행 단계 = 제품력 및 기술력 증진관리 + 외형적인 브랜드관리 = 마케팅은 외형적 브랜드관리에 초점을 맞추되 외형적 브랜드관리와 제품력 및 기술력 증진관리를 조율 // 외형적 브랜드관리를 위한 주요 수단 = 브랜드 요소관리, 브랜드 레버리지관리 및 통합 마케팅 커뮤니케이션 활동의 관리
    - 통제 단계 = 브랜드 성과지표 결정 → 브랜드 성과를 가져오는 주요 인자들을 분석 → 이에 근거한 통제 및 피드백 활동(예: 브랜드 재포지셔닝)

브랜드가 중요한 무형자산임을 인식한 기업들은 브랜드를 전략적으로 관리하는 데 많은 노력을 기울이기 시작했다. 전략적으로 브랜드를 관리한다는 것은 브랜드 자산가치를 개발, 증진, 유지하고 강화하는 방향으로 마케팅 활동과 노력을 기획 · 실행 · 통제의 프로세스별로 세심하게 전개하며 관리하는 것이다. 브랜드관리의 기획 단계는 지금까지 살펴본 환경분석(거시적 환경분석, 시장분석, 고객분석, 경쟁분석, 자사분석)과 STP를 브랜드 중심으로 하는 것이다. 특히, 브랜드관리 관점에서 중요시되는 기획(Plan) 단계의 주안점은 앞서 살펴본 브랜드건축전략을 잘 마련하면서 강하고, 호감이 가며 독특한 목표 브랜드 이미지를 선정하는 것이다.

제품의 기능적 특성을 모방하고 평준화되어가는 추세를 고려할 때 브랜드 특유 효과 창출을 위한 목표 브랜드 이미지의 선정과 획득은 매우 중요하다. 예를 들어 아우디는 '기술혁신을 통한 진보'라는, BMW는 '달리는 즐거움'이라는, 메르세데스 벤츠는 '귀족의 품위'라는, 포르셰는 '스포츠카의 전설'이라는 각각의 특유한 목표 브랜드 이미지가 중심이 되어 디자인, 혁신, 스피드라는 주요 제품 특성 차원을 채색[11]하고 있다.[12] 강력한 브랜드들(Power Brands)은 이렇듯 독특한 정체성을 브랜드 이미지에 반영하여 일관된 마케팅 활동을 펼치고 있다. 결국, 기업 측면에서는 소비자의 인식을 지배하는 방법을 찾아 이를 유지해야 한다.

전략적 브랜드관리의 다음 단계인 실행(Do) 단계에서는 표적시장의 고객을 상대로 브

그림 12-12 강력한 브랜드를 키우고 유지하기 위한 마케팅 실행수단의 틀

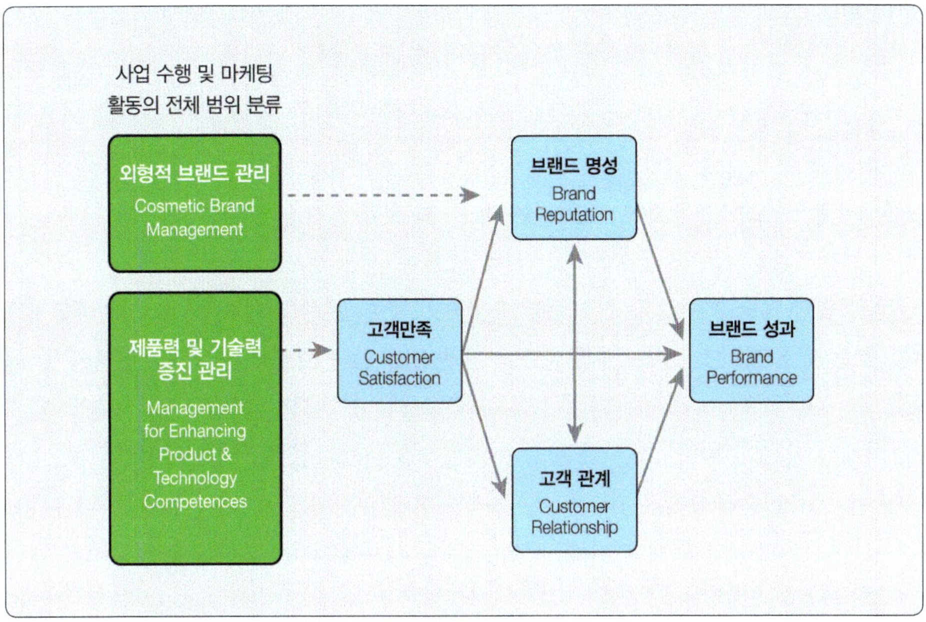

랜드인지도와 함께 목표 브랜드 이미지를 확보하기 위한 마케팅 활동을 수행해야 한다. 강력한 브랜드를 키우고 유지하기 위한 수단들은 일반적으로 마케팅믹스다. 〈그림 12-12〉와 같은 개념화는 브랜드관리 실행을 위해 좀 더 전략적으로 유용한 틀이 될 수 있다.

기업의 사업 수행 및 마케팅관리는 크게 제품력 · 기술력 증진관리와 외형적 브랜드관리(cosmetic brand management)로 분류할 수 있다. 제품력 · 기술력 증진관리는 기업 내부 자원의 확충, 활용과 시스템의 변화를 통해 기업의 역량을 향상하는 활동들을 관리하는 것으로 R&D, M&A 등을 통해 사업, 제품, 서비스 등의 내용을 '성형 수술'하듯이 구조적으로 변화시키는 기업관리 활동을 의미하며, R&D, 생산 등 제품 관련 부서의 역할이 특히 중요하다. 한편 외형적 브랜드관리는 말 그대로 화장하듯이 브랜드의 외형을 관리하는 것을 말하며, 제품력 · 기술력 증진보다 좀 더 빠르고 직접적으로 브랜드 명성을 증진하는 것을 목적으로 한다. 즉, 마케팅부서는 주로 외형적 브랜드관리에 초점을 맞추어 활동하며, 다른 부서들과 협력하여 외형적 브랜드관리와 제품력 · 기술력 증진관리를 조율해야 한다. 나아가 외형적 브랜드관리 활동의 주요 수단으로는 브랜드 이름, 로고, 심볼, 캐릭터, 슬로건 등의 선정, 활용과 관련한 브랜드 요소관리, 기업 브랜드, 원산지 효과, 유통점 파워, 다른 브랜드와의 제휴, 스포츠 등 다양한 이벤트를 활용하여 지름길로 빨리 브랜드 파워를 키우려는 활동과 브랜드 레버리지관리(leverage of secondary associations)와 통합마케팅커뮤니케이션(Integrated Marketing Communications: IMC) 활동이 있다.[13]

전략적 브랜드관리의 실행을 기아자동차의 예를 통해 살펴보자.[14] 기아자동차는 2013년까지 글로벌 톱 100 파워 브랜드가 되겠다는 목표를 수립했으며, 이를 위한 제품력 · 기술력 증진을 위한 주요 활동으로 독특한 디자인전략과 활동 수행, 품질전략과 활동 수행, 성능 증진과 활동 수행 그리고 가치 증진과 활동 수행을 전개해나갔다. 외형적 브랜드관리의 주요 활동으로는 기업 정체성, 제품 정체성, 딜러 정체성, 심지어는 공장 정체성 확립 활동과 같은 브랜드 요소관리 활동, 브랜드 제휴(KIA Cinema관)와 월드컵, 호주 오픈 테니스, NBA 등의 스포츠 스폰서십 같은 브랜드 레버리지관리 활동 그리고 'Power to Surprise' 테마의 글로벌 마케팅 커뮤니케이션 시스템 구축과 활동, 디지털 마케팅 커뮤니케이션 활동 등 통합 마케팅 커뮤니케이션 활동을 꾸준히 전개해오고 있으며, 2012년부터 인터브랜드가 조사하여 〈비즈니스 위크〉 지가 발표하는 '세계 100대 브랜드'에 87위로 등재된 이래, 83위(2013년), 74위(2014 · 2015년), 69위(2016년)로 매년 그 순위가 올라가고 있다.[15]

전략적 브랜드관리의 마지막 단계인 통제(Control) 단계는 브랜드 성과관리가 주요 내용이다. 이 단계에서는 먼저 브랜드 성과는 어떻게 확인할 것인가를 결정해야 한다. 즉, 브랜드 성과지표를 결정해야 하며, 다음으로 무엇이 그러한 브랜드 성과를 가져오는지 주요 인자(drivers) 활동을 분석할 수 있어야 한다. 이 분석이 있어야 브랜드 성과관리 활동, 즉 통제 및 피드백 활동을 수립해 수행할 수 있다. 온라인사이트에 통제 활동의 대표적 예시 활동이라 할 수 있는 브랜드 재포지셔닝을 설명했으니 참조하기 바란다. 성과평가의 구체적 내용은 17장에서 살펴볼 것이며, 온라인사이트에 글로벌 톱 100 브랜드를 매년 조사 · 분석하여 발표하는 인터브랜드의 브랜드 가치 평가방법에 관해 설명했으니 참조하기 바란다.

지금까지 기업의 전략적 활용 관점에서의 브랜드관리를 살펴보았다. 10장 디지털 마케팅의 STP전략에서 디지털 마케팅의 가장 두드러진 특징인 상호작용성(interactivity)을 학습하였다. 상호작용성을 구성하는 개념들로는 양방향성, 동시성, 통제를 살펴보았다. 이 중 통제의 경우 디지털 환경에서는 통제권(control)이 기업에서부터 고객으로 넘어가고 있다는 것을 의미한다. 즉 파워와 자율권을 가지고 있다고 느낄 때 고객은 기업과 상호작용성이 높다고 생각한다. 지금까지 살펴본 브랜드 학습내용에 따르면 브랜드의 의미(meaning)는 기업의 마케팅 활동이 창출하기 위해 노력하고(목표 브랜드 이미지 또는 브랜드 정체성) 소비자가 형성한다(브랜드 이미지). 최근 브랜드 의미 창출에 있어 기업의 역할 외에 소비자 집단들(consumer collectives, 커뮤니티, 예로 HOG (Harley Owner's Group)와 같은 할리 데이비슨 오토바이 소유자들의 커뮤니티 모임)과 기타 기관들(예: 매스 미디어 등)의 역할을 탐구한 새로운 관점과 연구들이 등장하고 있다. 이러한 연구들은 개인고객의 심리학 대신 사회학(sociology) 이론들을 토대로 하고 있다. 이들의 주장에 따르면 브랜드는 대중적 의미(popular meanings)를 담는 그릇(vessel) 역할을 한다. 이러한 관점에서 보면 브랜드의 의미는 기업을 포함해 '사회'가 창출한다고 볼 수 있다. 기업의 통제권이 갈수록 감소하는 환경을 감안할 때 기업의 마케팅 활동의 한계를 명확히 인식한 상태에서 브랜드 마케팅 활동을 하는 것은 중요하다. 브랜드와 브랜드 관리에 대한 새로운 관점에 대한 내용은 온라인사이트에 설명했으니 참조하기 바란다.

4 디지털 마케팅의 제품관리

- **학습목표 4:** 주요 개념(1)
  - 디지털 상품(소프트웨어, 음악, 책, 게임 등 정보재) = 정보탐색, 구매·획득, 소비까지 디지털 공간(온라인 및 모바일)에서 이루어짐.
  - 탐색재 = 디지털 마케팅 // 경험재 = 디지털 정보 제공
  - 선매품, 편의품도 디지털 마케팅 가능
  - 디지털 환경에서도 제품의 독특한 특성을 강조하는 차별화는 가능하고 중요함.
  - 주문생산 마케팅으로의 변화

1. 디지털 상품의 디지털 마케팅

제품은 물리적인 형태를 보인 유형재와 무형재 그리고 서비스로 나눌 수 있다. 인터넷 비즈니스와 적합한 제품 특성에 관한 논의는 오래전에 등장했다. 먼저 피터슨(Peterson) 등은 유형재의 경우, 물적 유통 기능을 제외하고 커뮤니케이션 기능, 거래 기능에서 온라인이 전통적인 오프라인 경로를 대체할 가능성을 논의하였다. 예를 들어 인터넷의 등장으로 생겨난 온라인 경매시장의 경우, 수요자가 몰림에 따라 오프라인 경매시장보다 가격이 높게 형성되어 더욱 활성화된다는 것이다. 나아가 소프트웨어, 음악, 책, 연구보고서, 게임 같은 정보를 근간으로 하는 디지털 상품은 정보탐색 기능을 넘어서 구매와 획득, 소비까지 온라인에서 일어날 수 있어서 전통적인 오프라인 유통경로가 대체될 것이라고 했는데,[16] 실제로 그런 현상이 발생했다. 즉 디지털 상품은 정보탐색 기능을 넘어 구매 · 획득, 소비까지 디지털 공간(온라인 및 모바일)에서 활발하게 이루어지고 있다.[17]

2. 탐색재는 디지털 마케팅, 경험재는 디지털 정보 제공

소비자가 구매하는 상품은 외부 정보만 가지고 품질을 평가할 수 있는가 아니면 사

용 후 그 경험으로 품질을 평가할 수 있는가에 따라 탐색재와 경험재로 나뉜다. 피터슨 등은 경험재의 경우, 소비자가 상품 정보만 가지고 구매결정을 하기 어려우므로 디지털 경로는 오프라인 경로보다 상대적으로 열위에 있음을 시사하였다.[18] 이를 근거로 탐색재의 경우에 소비자가 디지털 공간을 통해 정보를 수집한 이후 구매 역시 인터넷으로 할 가능성이 높지만, 경험재의 경우는 소비자가 상품을 직접 경험해보기를 원하므로 정보탐색은 인터넷 및 모바일을 통해 하더라도 구매는 오프라인에서 할 가능성이 높다.

3. 선매품, 편의품도 디지털 마케팅 가능

일반적으로 저가격이며 구매나 배달 빈도가 잦은 편의품(convenience goods)보다 고가격이며 구매나 배달 빈도가 낮은 선매품의 경우, 소비자가 디지털 수단을 통해 정보를 탐색한 이후 구매도 디지털 공간에서 할 가능성이 높다.[19] 그렇다고 해서 편의품에 관한 소비자의 디지털 정보탐색과 구매 가능성이 아주 낮은 것은 아니다. 식용품의 소비자 구매자료를 분석한 결과 온라인 소비자가 지각하는 가격민감도가 오프라인 소비자보다 상대적으로 낮음을 발견한 연구[20]도 있었고 기저귀 제품, 생수 세드 등을 인터넷 쇼핑의 주요 미끼 상품으로 활용하는 것을 보면 편의품도 디지털 구매가 늘고 있다. 즉, 특정소비자층(맞벌이 가구)은 선매품뿐 아니라 편의품도 디지털 공간에서 구매한다. 이는 디지털 환경에서 상품의 가격경쟁력도 중요하지만, 어떻게 하면 비(非)가격적인 요소로 경쟁하여 고객을 확보하고 유지할 수 있는가가 제품전략의 중요 목표다.

4. 차별화의 중요성

디지털 환경에서 비(非)가격요소에 의한 경쟁이 얼마나 이루어지고 있는가를 간접적으로 판단할 수 있는 근거는 같은 제품에 관한 온라인 공급자 간의 가격분산(price dispersion) 정도가 오프라인 시장과 비슷한 정도이거나 오히려 더 크다는 연구결과 때문이다.[21] 이는 온라인 시장에서도 차별화가 이루어진다는 증거이며 소비자는 과연 어떠한 요소 때문에 특정 온라인 공급자에게 충성을 보이는 것일까? 다른 변수들도 많겠지만, 상품 관련 변수로는 특이성을 들 수 있다. 와인을 판매하는 사이트를 대상으로 한 한 연구는 소비자의 정보탐색과 구매로 이어지는 확률을 조사했는데 다른 상점의 가격비교정보를 제공해도 독특한 와인은 가격에 상관없이 구매됨을 보여주었다.[22] 즉, 상품의 독특한 가치는 오프라인처럼 온라인에서도 특정소비자의 욕구에 부합되어 가격에 영향을 받지 않고 인터넷 구매를 촉진시킬 수 있다는 증거였다.

5. 주문생산 마케팅으로의 변화

또 다른 상품 관련 차별화 요소로 상품의 모듈화 정도가 있다. 이 정도가 높을수록 소비자와 공급자의 정보교환 과정에서 소비자의 공헌도가 높아지고 온라인 구매가 높게 일어난다.[23] 이는 디지털 마케팅의 제품전략에서 가장 중요한 변화다. 많은 회사가 디지털 교환의 효율성과 디지털 기술을 활용한 생산시스템을 사용하여 주문형 생산시스템을 도입하고 있다. 즉, 인터넷을 통해 고객이 원하는 대로 제품구성과 옵션을 선택해 주문하는 시스템이 등장하여 고객선호에 부응하고 있다. 대표적인 예로 대량맞춤화(Mass Customization)가 활성화되고 있는데, 이에 대한 설명은 10장에 제시되어 있으니 다시 살펴보기 바란다.

이 장의 요약

- 제품수명주기는 단계별로 활용할 수 있는 마케팅믹스전략 수립에 근거를 마련하는 마케팅관리의 유용한 도구다. 보통 도입기의 경우, 제품 인지와 사용 증대가 마케팅목표이므로 기업은 고객욕구를 만족시키는 기초적 수준의 제품으로 고가전략, 좁은 유통 커버리지, 제품 인지 형성과 강력한 판촉의 마케팅믹스전략을 실행한다. 성장기에는 시장점유율 확대가 마케팅목표이므로 차별화한 제품과 시장침투가격, 유통 커버리지 확대와 인지도 증대의 마케팅믹스전략을 취한다. 성숙기에는 이익의 극대화와 시장점유율 방어를 위해 브랜드와 제품 모델의 다양화, 경쟁대응가격, 유통 커버리지 최대화와 효율적 판촉활동을 마케팅믹스로 활용한다. 제품수명주기의 마지막 단계인 쇠퇴기의 경우, 비용절감과 투자회수, 독점적 지위확보가 마케팅목표이므로 기업은 취약제품 철수, 가격인하, 수익성 적은 유통경로 폐쇄와 최소 수준의 촉진전략 등을 활용한다.

- 제품믹스란 한 기업이 가지고 있는 모든 제품 라인, 즉, 제품 수를 전부 합한 것을 의미한다. 또 제품라인이란 한 기업이 보유한 제품 중 물리적 특징이나 사용상의 용도 또는 유통경로가 비슷해 같은 마케팅전략을 적용할 수 있는 제품의 집합을 뜻한다.

- 기업에서 결정해야 할 제품에 관한 전략으로는 제품믹스에 관한 전략, 제품라인에 관한 전략과 브랜드에 관한 전략 등으로 구분할 수 있다. 기업이 제품믹스에 관해 내려야 할 의사결정은 기업이 보유하고 있는 제품라인의 조합과 마케팅 자원할당의 우선순위에 관한 것으로, 기업은 제품라인 추가전략, 제품라인 제거전략, 제품라인의 분할과 통합 전략을 활용할 수 있다. 제품라인에 관한 전략으로는 제품라인이 대체재로 구성된 경우 라인확장전략을 사용하고, 보완재로 구성된 경우 선도전략, 제품묶음전략과 시스템판매전략을 활용할 수 있다. 제품라인의 브랜드와 관련해서는 멀티브랜드전략과 패밀리브랜드전략을 활용할 수 있다. 제품믹스와 제품라인 수준에서의 전략이 결정되면 마케팅 관리자는 개별브랜드에 관한 의사결정을 해야 하지만, 최근 브랜드의 중요성이 주목받으면서 브랜드 결정은 제품믹스와 제품라인 수준에서 이루어질 수 있다. 이렇듯 제품들에 어떠한 브랜드 이름을 부여하는가는 큰 비용을 수반하는 중요한 전략적 의사결정이며, 이러한 결정전략을 브랜딩전략, 브랜드포트폴리오전략 또는 브랜드건축전략이라고 하고, 이는 브랜드 확장전략을 포함하여 제품믹스에 브랜드 이름을 어떻게 구성할 것인가를 결정한다.

- 과거 제품전략의 하부 구성요소로 취급하던 브랜드는 현대 비즈니스에서는 마케팅의 기능을 넘어서는 전략적 의제다. 브랜드 자산은 제품의 가치에 브랜드 이름이 가져다주는 추가적인 자산적 · 화폐적 가치이며, 가격 프리미엄과 점유율 프리미엄으로 구성된 매출 프리미엄이다. 브랜드 자산은 마케팅이 창출하는 기업의 중요한 무형자산이며, 마케팅전략의 효과성과 효율성을 평가하는 기준이 된다. 브랜드 자산을 위해서는 고객과 제조업체의 관계도 중요하지만, 제조업체와 유통점의 관계관리도 중요하다. 고객 관점에서의 브랜드 자산관리를 위해서는 브랜드 인지도관리와 이미지관리가 중요하다. 강력한 브랜드 이미지란 강하고, 호감이 가며 그리고 독특한 이미지를 말한다. 브랜드 정체성은 목표 브랜드 이미지이고, 브랜드 이미지는 마케팅 활동의 결과로 소비자가 가지고 있는 이미지이다. 간략히 말해 브랜드관리는 브랜드 이미지와 목표 브랜드 이미지의 공유 부분을 넓히는 것이고, 브랜드 자산가치의 개발, 증진, 유지 그리고 강화를 위해 마케팅 활동과 노력을 기획(Plan) · 실행(Do) · 통제(Control) 단계별로 세심하게 전개하고 관리하는 것이 전략적 브랜드관리다. 기획 단계에서는 브랜드건축전략과 목표 브랜드 이미지의 선정과 획득이 중요하다. 실행 단계에서는 제품력 · 기술력 증진관리와 함께 외형적인 브랜드관리가 이루어져야 하며, 마케팅은 외형적 브랜드관리에 초점을 맞추되 외형적 브랜드관리와 제품력 · 기술력 증진관리를 조율해야 한다. 외형적 브랜드관리를 위한 주요 수단인 브랜드 요소관리, 브랜드 레버리지 관리 그리고 통합 마케팅 커뮤니케이션 활동을 잘 관리해야 한다. 통제 단계에서는 브랜드 성과지표를 결정하고, 브랜드 성과를 가져오는 주요 인자들을 분석하여 이를 근거로 통제와 피드백 활동을 해야 한다. 브랜드 재포지셔닝이 통제 및 피드백 활동의 대표적 예다.

- 정보재, 탐색재, 경험재, 선매품, 편의품 모두 디지털 마케팅의 적용이 확대되고 있다. 정보탐색은 물론이고 구매 · 획득, 소비까지 디지털 공간(온라인 및 모바일)에서 이루어지는 경우가 늘고 있다. 디지털 환경에서도 제품의 독특한 특성을 강조하는 차별화는 가능하고 중요하다. 또한 주문생산 마케팅과 대량맞춤화가 늘어나고 있다.

주요 개념 목록

제품수명주기의 단계별 전략 / 도입기(1차 수요의 유발) / 성장기(시장점유율의 확대) / 성숙기(이윤 극대화) / 쇠퇴기(대체품의 개발) / 제품믹스의 넓이 / 제품라인의 길이와 깊이 / 제품믹스전략(제품라인 추가 · 제거 전략, 제품라인의 분할 · 통합 전략) / 대체재로 구성한 경우(제품라인 확장전략) / 보완재로 구성한 경우(선도전략, 제품묶음전략, 시스템판매전략) / 브랜드 개념과 종류 / 멀티브랜드전략 / 브랜드 자기잠식 현상 / 브랜드 가지치기 과정 / 패밀리브랜드전략 / 브랜드건축전략 및 브랜드포트폴리오전략 / 브랜드 확장전략 / 브랜드 자산가치 / 매출 프리미엄 / 브랜드 특유의 고객효용(후광 효과, 포괄적 효과, 유통업자 자산 효과) / 브랜드 인지도 / 브랜드 이미지 / 전략적 브랜드관리 / 외형적 브랜드관리(브랜드 요소관리, 브랜드 레버리지관리, 통합 마케팅 커뮤니케이션) / 제품력 · 기술력 증진관리 / 정보재 · 탐색재 · 경험재의 디지털 마케팅 / 선매품 · 편의품의 디지털 마케팅 / 주문생산 마케팅과 대량맞춤화

생각해볼 문제

1. 비내구재 소비자 제품 중 패밀리 브랜드를 하나 선정하여 사용된 전략을 서술하고, 예상하는 장단점을 기술하시오.
2. 일반 고체비누시장 매출은 현재 전체적으로 감소해 제품수명주기상 쇠퇴기에 진입했다. 쇠퇴기에 나타나는 특징으로 어떠한 것이 있는지 또 당신이 고체비누회사의 마케팅 관리자라면 어떠한 전략을 수립할 것인지 제품수명주기 이론에 입각한 마케팅믹스전략을 설명하시오.
3. 라인확장전략에 대해 간단히 설명하고 상향확장전략과 하향확장전략의 두 가지 접근방법을 예를 들어 설명하시오.
4. 제품수명주기와 7장에서 설명한 포트폴리오 개념과의 관계를 설명하시오.
5. 브랜드 확장전략의 성공과 실패 사례를 조사 · 분석한 후 성공요인을 제시하시오.
6. 브랜드 건축전략의 예들을 조사한 후, 바람직한 브랜딩전략의 조건들을 설명하시오.
7. 인터브랜드 사의 브랜드 가치 평가방법의 장단점을 설명하시오. 또 조사결과들을 분석하면서 B2B 브랜드들의 가치는 어떠한지 설명하시오.
8. 브랜드의 사례 한 개씩을 선정하여 전략적 브랜드관리 단계별 활동을 조사하여 설명하시오.
9. 디지털 마케팅의 제품관리 특징들을 설명한 후, 해당 사례들을 조사 · 제시하시오.

후주 및 참고문헌

1 제품개발에 투자한 비용은 한 번에 회수할 수 없다. 결정한 가격에 따라 수요, 즉 매출이 영향을 받고, 이를 고려하여 투자 회수 기간을 고려한 손익분기점을 결정한다. 손익분기점이란 일정 기간 수익과 비용이 똑같아서 이익도 손실도 생기지 않는 경우의 매출액, 즉 이익과 손실의 갈림길이 되는 매출액이다. 이윤극대화를 목적으로 하는 기업은 경기침체나 경쟁회사 등장 등 어떠한 경영 환경 변화에도 손익분기점 이상의 매출액을 달성해야 장기적으로 유지될 수 있다. 손익분기점=고정비/[1-(변동비÷매출)]. 손익분기점 매출액을 구하려면 모든 비용을 고정비와 변동비로 분류할 수 있어야 한다. 고정비는 매출액이나 조업도의 변화에 상관없이 일정한 비용이며, 변동비는 매출액이나 조업도의 변화에 비례하여 증감하는 비용이다. 매출액에서 변동비를 공제한 차액을 한계이익이라고 하는데, 이 한계이익을 매출액으로 나누면 한계이익률이 된다. 고정비를 한계이익률로 나누면 손익분기점 매출액이 된다(한경 경제용어사전, 〈한국경제신문〉, 한경닷컴).

2 단일제품에 관한 마케팅의 주요 의사결정은 환경분석과 STP전략 수립과 실행으로 이루어지기 때문에 마케팅전략 측면에서 더는 다룰 내용이 없으며, 수율과 품질관리, 납기관리, 원가관리 등 오히려 생산과 운영관리에서 다룰 내용이 많다.

3 개별제품마다 브랜드를 독립적으로 붙여서 사용하는 경우에는 개별제품 수가 곧 브랜드 수인 경우가 맞지만, 이 말은 하나의 통합 브랜드를 사용하는 경우에는 맞지 않는다. 비내구적 소비재의 경우에는 아직도 개별브랜드를 사용하는 경우가 많지만, 과거보다 브랜드가 중요해진 최근에는 이 말이 성립하지 않는 경우가 점차 많아지고 있다.

4 Keller, K. L., *Strategic Brand Management: Building, Measuring, and Managing Brand Equity*, 2nd ed., Upper Saddle River, NJ: Prentice Hall, 2003.

5 Srivastava, R., Shervani, T. A. and Fahey, L., "Market-Based Assets and Shareholder Value: A Framework for Analysis," *Journal of Marketing*, 62(Jan.), 1998, pp. 2~18.

6 Park, C. S. and Srinivasan, V., "A Survey-Based Method for Measuring and Understanding Brand Equity and Its Extendibility," *Journal of Marketing Research*, 31(May), 1994, pp. 271~288; Yoo, B., Donthu, N. and Lee, S., "An Examination of Selected Marketing Mix Elements and Brand Equity," *Journal of the Academy of Marketing Science*, 28(2), 2000, pp. 195~211.

7 Keller, K. L., *Strategic Brand Management: Building, Measuring, and Managing Brand Equity*, 2nd ed., Upper Saddle River, NJ: Prentice Hall, 2003, p. 42.

8 이성호, 채서일, 박정은, 《고객 자산관리와 마케팅 프로세스의 변화》, 비앤앰북스, 2007.

9 Keller, K. L., "Conceptualizing, Measuring, and Managing Customer-Based Brand Equity," *Journal of Marketing*, 57(Jan.), 1993, pp. 1~22.

10 사실, 브랜드 정체성 외에 수많은 컨설팅 회사와 광고대행사들은 특유한 신조어들을 만들어왔다. 예를 들어 brand essence, brand core, brand soul, brand heart and soul, brand mantra 등의 용어들은 모두 기획된, 즉 목표 브랜드 이미지를 나타내는 것이다.

11 인지심리학 이론 중 선택적 변형모델(selective modification model)은, 예를 들어 사과(apple) 앞에 초록색(green)이라는 컬러의 형용사를 붙이면, 사과의 개념이 달라진다고 한다[Smith, E. E., Osherson, D. N., Rips, L. J., and Keane, M., "Combining Prototypes: A Selective Modification Model," *Cognitive Science*, 12(4), 1988, pp.485~527]. 즉, 이러한 형용사의 역할을 특유한 목표 브랜드 이미지가 하고 있다. 또 개념 구체화 모델(concept specialization model)은, 예를 들어 개(dog) 앞에 다른 개념인 아파트가 붙으면, 개의 개념이 아파트 개(apartment dog)로 구체화한다고 한다[Cohen, B. and Murphy, G. L., "Codels of Concepts," *Cognitive Science*, 8(1), 1984, pp. 27~58; Murphy, G. L., "Comprehending Complex Concepts," *Cognitive Science*, 12(4), 1988, pp. 529~567]. 즉, 특유한 목표 브랜드 이미지가 이러한 개념을 구체화하는 역할을 한다.

12 로젠가르텐, 슈튀르머, 《프리미엄파워》, 미래의 창, 2006.

13 외형적 브랜드관리 활동의 주요 수단 분류는 켈러(Keller)의 주장과 일관되며(Keller, K. L., *Strategic Brand Management*, 4th ed., Global Edition, Pearson, 2013), 통합 마케팅 커뮤니케이션은 15장에서 자세히 살펴본다.

14 저자와 기아자동차 마케팅 담당 임원과의 인터뷰 내용에 근거한다.

15 2016, 2015, 2014, 2013, 2012, Best Global Brands Reports, http://www.interbrand.com/en.

16 Rayport, J. F. and Sviokla, J. J., "Exploiting the Virtual Value Chain," *Harvard Business Review*, Nov/Dec, 1995, pp. 75~85; Dellaert, B. G. C., "The Consumer as Value Creator on the Internet," *Working Paper*, this draft of 1999 was obtained from MIT e-commerce research forum(http://ecommerce.mit.edu/papers).

17 "Encyclopedia Britannica (A)," Harvard Business School Case: No. 195-191, Dec. 29, 1997.

18 Peterson, R. A., op. cit.

19 Peterson, R. A., op. cit; 이미 잘 알고 있거나 탐색재 성격의 선매품은 온라인으로 구매를 하지만, 잘 모르거나 경험재 성격의 선매품은 온라인으로 구매하기를 꺼린다.

20 Degeratu, A. M., Rangaswamy, A., and Wu, J., "Consumer Choice Behavior in Online and Traditional Supermarkets: The Effects of Brand Name, Price, and Other Search Attributes," *International Journal of Research in Marketing*, 17(1), 2000, pp. 55~78.

21 Bailey, J. P. (1998), op. cit.; Brynjolfsson, E. and Smith, M. (1999), op. cit.; Clemons, E. K., Hahn, I., and Hitt, L. M., "The Nature of Competition in Electronic Markets: An Empirical Investigation of Online Travel Agent Offerings," *Working Paper*, The Wharton School of the University of Pennsylvania, June, 1998.

22 Lynch, J. G. and Ariely, D., "Wine Online: Search Costs Affect Competition on Price, Quality, and Distribution," *Marketing Science*, 19, 2000, pp. 83~103.

23 Dellaert, B. G. C. (1999), op. cit.

6th Edition

Marketing

13장

가격관리와 가격결정

가격은 강력한 마케팅 도구

/ 학 / 습 / 목 / 표 / (Learning Goals)

1. 가격의 개념과 전략적 중요성, 그리고 가격결정에 영향을 미치는 요인들을 학습한다.

2. 기업의 가격관리 과정의 의사결정 내용들을 학습한다.

3. 기업의 가격조정을 살펴본다.

행동적 관점의 가격전략(Behavioral Perspectives on Pricing Strategy)

행동적 관점에서의 가격론(behavioral pricing)이란 소비자 관점에서 가격전략을 연구하는 영역이다. 흥미로운 몇 개의 연구 주제들을 살펴보자.[1]

〈화폐의 가치(The Value of Money), 화폐단위의 변화에 따른 소비자의 가격가치 판단〉

먼저 "전체에 대한 편향(A Bias for the Whole)" 효과가 발견되었다.[2] $100짜리 한 장 對 $10짜리 10장, 같은 금액이지만 화폐단위가 다르다. 과연 화폐단위에 따라 소비의향이 달라질 수 있을까? 연구결과, 소비의향은 $10짜리 10장의 경우 더 높아졌다. 또한 돈을 받는 상황에서 자기통제와 절약 욕구가 높은 소비자일수록 큰 단위의 돈으로 받고 싶어 했다. 둘째, "화폐착각(money illusion)" 현상이 발견되었다. 화폐금액의 구매력가치보다 액면단위가 소비에 더 많은 영향을 미치는 현상이다.[3] 예를 들어, 화폐단위가 큰 경우(예: US $1 = 인도 루피 47, 인도 루피의 단위가 더 큼) 소비자는 해당 외화로 소비할 가능성이 주는 반면, 단위가 작은 경우(예: US $1 = 0.77 유로) 반대로 해당 외화로 소비할 가능성이 높아졌다.

〈공짜 품목(free items)에 대한 소비자의 평가〉

간단하면서 재미있는 한 실험연구가 '공짜'에 대한 소비자의 열광적 반응을 보여주었다.[4] 한 카페의 테이블에 비싼 린트 초콜릿을 15센트에, 저렴한 허쉬의 키세스 초콜릿을 1센트에 제시했을 때 실험참여자의 73%는 린트 초콜릿을 선택했다. 그런데 조건을 바꿔 린트 초콜릿을 14센트에, 그리고 허쉬의 키세스 초콜릿을 '공짜'로 제시했을 때 흥미롭게도 69%의 참여자는 오히려 키세스를 선택했다(사실, 이 조건 = 이전 조건). 결론적으로 공짜(제로 가격)는 가격부담을 낮출 뿐만 아니라 지각가치 증진 효과가 있음을 제시한 것이다. 한편 다른 연구는 공짜가 지각가치를 오히려 감소시키는 반대의 경우를 발견했다. 묶음제품(product bundles) 상황에서 공짜로 제공했던 제품을 독립적인 상황에서 가격을 붙여 제시한 경우 이 공짜제품에 대해 소비자는 가격을 덜 지불하려는 의향을 보였다. 나아가 공짜판촉이 붙어있는 묶음제품에 대한 가치평가가 그렇지 않은 경우보다 낮았다.[5] 결론적으로 공짜에 대한 소비자의 평가는 공짜가 주어지는 상황에 따라 지각가치를 높일 수도 혹은 반대로 낮출 수도 있음을 고려하여 이를 활용해야 할 것이다.

〈준거가격(reference prices)〉

많은 연구들이 준거가격 효과(가격이 비싼지 싼지를 판단하는 기준가격의 효과)에 대해 연구했다. 준거가격에는 소비자의 마음속에 있는 내부준거가격(internal reference prices)과 외부에서 제시되는 외부준거가격(external reference prices)이 있다. 사실, 소비자의 마음속에 있는 개념은 직접 측정하기가 어렵기 때문에 내부준거가격의 구체적 측정 개념들은 매우 다양하게 제시되었다: 공정한 가격(the fair price), 가장 빈번하게 부과된 가격(the price frequently charged), 최근 지불가격(the last price paid), 최고지불의향가격(the upper amount someone would pay: reservation price), 최저

지불의향가격(the lower threshold or lowest amount a customer would pay); 자주 구매하는 브랜드가격(the price of the brand usually bought); 유사한 제품에 부과된 평균가격(the average price charged for similar products); 미래 기대가격(the expected future price) 등. 준거가격이 브랜드 선택에 미치는 효과는 내구재 및 비내구재 모두에서 강하게 발견되고 있다.[6] 즉 제품가격이 준거가격보다 높을 경우 해당 제품의 구매는 부정적 영향을 받는다. 1970년대 미국의 자동차 가격이 소비자의 내부준거가격에 비해 너무 갑자기 올랐을 때, 소비자가 충격을 받았다고 해서 이런 효과를 "스티커 충격 효과(sticker shock effect)"라고도 부른다.

준거가격 효과의 토대로 자주 사용된 심리학 이론으로 조망이론(prospect theory)이 있다. 일반적으로 사람들은 똑같은 가치의 변화라고 하더라도 이득(예: 가격인하 또는 프로모션)보다 손실(예: 똑같은 양의 가격인상)에 더 민감하게 반응한다는 것이다(아래 그림 참조). 예를 들어, 10만 원의 가격인하보다 10만 원의 벌금부과에 훨씬 더 민감하다. 사람들은 이득추구(gain seeking)보다 손실을 회피한다(loss aversion).

조망이론(prospect theory)

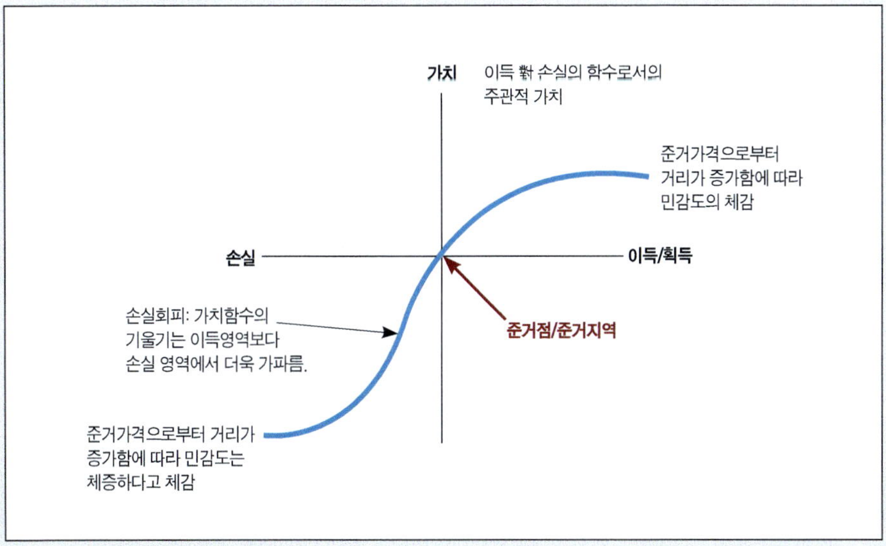

출처: Tversky, A. and Kahneman, D. "The Framing of Decisions and the Psychology of Choice," *Science*, 211(4481), 1981, pp. 453~458의 그림 1(p.454).

나아가 준거가격의 개념으로 미래 기대가격의 중요성을 부각시킨 연구들이 있다. 시간이 가면 가격이 인하되는 경향(스키밍 프라이싱)이 있는 제품 범주(예: 컴퓨터, 캠코더, DVD 플레이어 등 새로운 내구재)의 경우 미래 기대가격이 준거가격으로 작용한다.[7] 판촉 영역에서도 판촉의 정도가 빈번하고 심하면 소비자의 미래 기대가격이 낮아지기 때문에 판촉이 없이 정규가격을 부과할 때 판매가 좋지 않다. 이러한 부정적 효과를 감소하기 위한 방편으로 판촉의 정도를 천천히 감소시키는 방향이 도움이 될 수 있다(SDD: Steadily Decreasing Discounting).[8]

〈가격-품질 관계에 대한 지각(price-quality relationship)〉

전통적으로 매우 오래전부터 다뤄 온 주제이다. 정보경제학(Economics of Information)을 토대로 하여 정보의 비대칭성(information asymmetry) - 즉, 소비자는 판매업체에 비해 제품과 서비스의 진정한 품질정보를 잘 알 수가 없다 - 때문에 소비자는 흔히 가격정보를 활용하여 품질을 추론한다. 소비자가 제품을 사용하기 전에 품질을 탐색하여 알 수 없는 경우 가격을 토대로 품질 추론을 더 많이 한다.[9] 구체적으로 제품을 사용하고 난 후에야 품질을 알 수 있는 경우를 경험재(experience goods: 대부분의 서비스), 사용하고 난 후에도 품질을 제대로 알기 어려운 경우를 신용재(credence goods: 자동차 정비서비스, 와인)라고 하는데 이런 경우 가격정보를 사용하여 품질을 추론한다. 또 경우에 따라서는 명품을 취급하는 기업이 가격을 사용하여 의도적으로 배타성(exclusivity)이나 명망(prestige)을 시그널링하고자 할 때 가격-품질관계의 지각이 작동하는 경우가 많다. 그 이후의 연구들은 어떠한 경우 가격과 품질관계 지각이 더 많이 또는 덜 이루어지는지 그 조건을 찾으려고 했다. 예를 들어, 많은 정보가 무작위로 많이 제시될 때, 소비자가 충분한 평가 시간을 가질 때 가격-품질관계 추론 사용이 약화된다. 반면, 품질 관련 정보가 순위와 함께 제공되거나, 소비자가 높은 인지종결욕구(a high need for cognitive closure: 명확한 의견을 가지고 싶을 때)를 가지고 있을 때 가격-품질관계 추론이 많이 사용되었다.[10]

최근 플라세보 효과(placebo effect)의 응용 차원에서 가격-품질관계를 연구한 흥미로운 연구가 있다.[11] 헬스클럽에서 한 집단에는 정상가 $2.89에 구입한 에너지 드링크를 제공하고, 다른 집단에는 대량구매할인을 받아 정상가 $2.89인 에너지 드링크를 $0.89에 구입했다는 정보와 함께 에너지 드링크를 제공하였다. 물론 두 집단에 제공한 에너지 드링크는 동일한 것이었다. 운동 후 저가 에너지 드링크를 마신 집단의 반응이 매우 흥미로웠다. 이 집단의 경우 운동 강도도 상대적으로 낮았으며 몸의 피로도는 더 높았다. 물론 가격 때문이라는 반응은 찾아볼 수 없었다. 이 연구가 흥미로운 이유는, 가격에 따라 머리로 느끼는 인지 또는 지각품질이 영향을 받는다는 과거 연구에 비해, 가격에 따라 몸이 경험하는 실제 품질(물리적 품질)이 영향받을 수 있음을 보여주었기 때문이다.

이상과 같이 살펴본 행동적 관점에서의 가격론(behavioral pricing) 관련 연구의 결과들은 가격과 관련된 기업의 의사결정에 유용하게 활용될 수 있다. 물론 기업의 가격전략 결정을 위해서는 소비자 반응 외에 가격목표, 원가구조, 법적 요인, 경쟁 등 고려해야 할 요인들이 많다. 이 장에서는 기업의 가격의 개념과 결정요인 그리고 가격관리에 대해 학습한다.

1 가격의 개념과 결정요인

1. 가격의 개념

- **학습목표 1: 주요 개념 (1)**
  - 가격 = 고객이 특정제품을 구매함으로써 얻는 효용에 부여된 제품의 교환가치

필요와 욕구 충족을 위해 고객이 제품을 구매할 때에는 그에 상응하는 대가를 지급한다. 이러한 금전적 대가로 기업이 제시하는 것이 가격이다. 가격은 제품의 교환가치이며, 더 구체적으로는 구매자들이 특정제품을 구매함으로써 얻게 되는 효용에 부여된 가치다.

시장수요는 기업이 제품가격을 얼마로 책정하는가에 따라 변한다. 수요 가능한 계층이란 특정제품에 대한 욕구를 가진 고객 중 현실적으로 이를 구매할 의사와 능력이 있는 집단을 의미하므로 기업에서 가격을 어느 수준으로 책정하는가에 따라 고객들의 구매 가능 규모가 달라질 수 있다. 이때 수요의 가격탄력성으로 불리는 가격의 변화에 따른 수요의 변화 정도는 제품마다 또는 시장상황에 따라 각기 다르다. 따라서 기업이 효과적인 가격결정을 하기 위해서는 자사제품에 대한 수요탄력성을 정확히 파악하는 것이 중요하다.

2. 가격의 전략적 중요성

- **학습목표 1: 주요 개념(2)**
  - 가격의 전략적 중요성 = 구매자가 제품을 선택할 때 중요한 결정요인 // 기업 입장에서는 이익의 원천으로 총수입과 총이익에 영향을 미치는 중요한 마케팅믹스
    - 가격은 다른 마케팅믹스에 비해 경쟁에 가장 민감하게 반응
    - 가격은 시장에서 강력한 경쟁의 도구
    - 하지만 경쟁자에 의해 즉각적인 모방이 가능하다는 단점 존재

가격은 구매자가 제품을 선택할 때 중요한 결정요인이다. 따라서 가격 결정 · 경쟁은 마케팅 관리자들이 당면한 가장 중요한 문제다. 그런데도 기업들은 가격결정을 신중히 다루지 않거나 단순히 원가 중심의 가격만을 책정함으로써 시장변화에 대처하지 못하거나 다른 마케팅믹스 요소들과 무관하게 가격을 결정하여 곤란한 상황에 처하기도 한다.

우리 사회가 정보사회로 전환되면서 제품의 차별화가 확대됨에 따라 가격의 중요성은 과거보다 상대적으로 떨어지게 되었다. 하지만 가격은 아직도 대다수 소비자의 제품선택에서 중요한 요인이며, 시장점유율 확보나 수익률과 같은 기업의 마케팅목표를 달성하는 데 있어서 가장 중요한 요소 중 하나로 작용한다. 경제적 측면에서 사회 전체의 경제활동을 위한 효율적 자원배분의 기능을 가지는 가격은 기업의 측면에서 보면 다음 등식에서 알 수 있듯이 이익의 원천으로 총수입과 총이익에 영향을 미치며 동시에 판매량에도 영향을 준다. 그러므로 가격은 기업의 이익과 소비자의 구매행동을 결정하는 데 중요한 역할을 한다.

$$\text{총이익} = \text{총수입}(\text{가격} \times \text{판매량}) - \text{총비용}$$

가격은 다음과 같은 특징이 있으므로 이를 파악하면 더 효과적인 가격전략 모색이 가능하다.

가격은 경쟁에 민감하게 반응한다 특정기업이 경쟁사의 전략 변화나 시장상황의 변화를 감지하고 이에 대응하고자 할 때, 제품이나 유통 등과 같은 다른 마케팅믹스 요소들은 짧은 시간에 대응하기 어려운 데 비해 가격은 상대적으로 즉각적인 대응이 가능하다는 장점이 있다.

가격은 경쟁자의 즉각적인 모방이 가능하다 제품을 새로 개발하거나 변경했을 때, 이를 경쟁사가 모방하려면 상당한 시간이 걸린다. 하지만 가격을 인하할 경우, 경쟁사의 모방적인 가격인하는 언제든지 가능하다. 이 경우 기업은 가격인하로 기대했던 성과 달성이 어려워지고, 수익성만 나빠진다. 또 가격은 내리기는 쉽다. 하지만 가격을 내려서 목표를 달성하지 못하면 인하된 가격을 다시 올리기 힘들다는 한계가 있다.

가격은 강력한 경쟁 도구다 다른 마케팅믹스들에 비해 가격은 즉각적인 효과를 볼 수 있으므로 강력한 경쟁 도구다. 예를 들어 신제품을 출시했을 때, 그 제품에 대한 효과가 나타나기까지 꽤 오랜 기간이 필요하다. 그러나 현재 시판 중인 제품의 가격을 인상 또는 인하하거나 신제품의 가격을 얼마로 정하느냐에 따라 기업의 판매량이나 총이익은 곧바로 영향을 받는다.

3. 가격에 영향을 미치는 요인들

- **학습목표 1:** 주요 개념(3)
  - 제품의 가격결정 시 영향을 미치는 요인들 = 기업의 가격목표 // 제품에 대한 수요(수요의 가격탄력성) // 원가구조 // 경쟁제품의 가격과 품질 // 법적 요인 // 기타 환경과 경제적 요인(금리, 인플레이션, 경기 등)

한 제품의 가격결정 시 영향을 미치는 요인으로는 기업의 가격목표, 제품에 대한 수요, 원가구조, 경쟁제품의 가격과 품질, 법적 요인 등이 있다. 〈그림 13-1〉은 기업이 가격을 결정할 때 주로 고려해야 할 요소들을 보여준다.

기본적으로 가격은 너무 낮아 이익을 창출할 수 없거나, 너무 높아 수요를 창출할 수 없는 수준의 사이에서 결정된다. 즉, 제품원가는 가격의 하한선을 결정하고, 제품이 가진 특성에 관해 고객이 그 가치를 최대로 평가한 것이 가격의 상한선을 결정한다. 또 여기에 자사가 책정하려는 가격보다 경쟁제품의 가격이 얼마인지, 가격결정에 대한 법적 규제는 어떠한지 또 기업의 이윤을 포함한 가격결정 목표가 무엇인지를 함께 고려해 기업의 최종 가격을 결정한다.

그림 13-1 가격결정에 영향을 미치는 요인

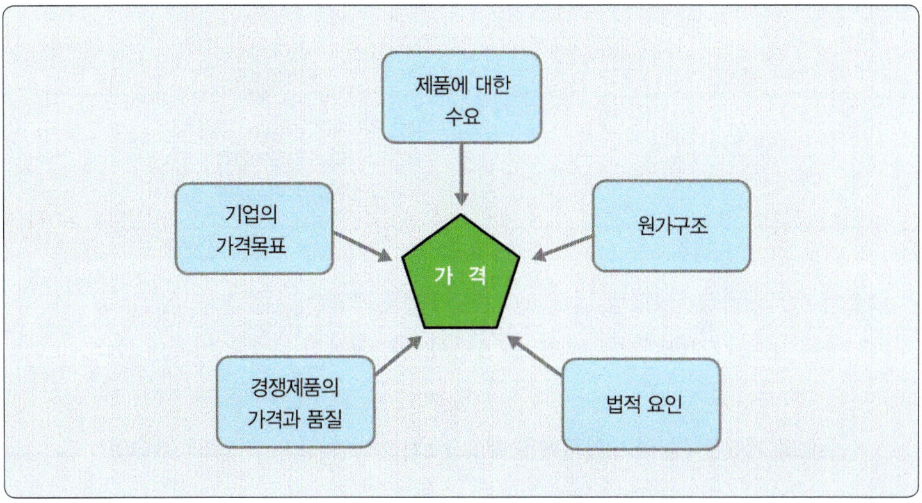

기업의 가격목표

기업이 가격으로 어떠한 목표를 추구하는가가 일차적으로 가격결정에 영향을 미친다. 이때 가격목표를 단독으로 결정하기보다 기업 목표와 다른 마케팅믹스 변수들과의 관계를 고려해 결정하므로 기업이 어떠한 목표와 마케팅전략을 세우느냐에 따라 기업의 가격목표가 정해진다. 기업이 추구하는 목표에는 이익극대화, 점유율 확대, 원하는 브랜드 이미지 구축 등이 있다. 먼저, 이익극대화의 목표를 가진 기업은 이익을 극대화하는 데 딱 맞는 가격을 설정할 것이다. 둘째, 시장점유율 확대 목표를 지닌 기업은 시장에 효과적으로 침투하기 위해 싼 가격을 침투가격(penetration price)으로 설정할 수 있다. 마지막으로 고품격의 브랜드 이미지를 구축하려는 기업은 높은 가격을 설정해 브랜드 이미지를 고급화할 수 있다. 예컨대 현대자동차는 과거 LG전자의 휴대폰처럼 명품 브랜드인 프라다(PRADA)와 합작하여 제네시스프라다를 만들어 제네시스 가격보다 훨씬 높게 가격을 책정했다. 이는 제네시스의 프리미엄 브랜드 이미지 구축에 이바지하려는 목적을 가지고 있었다.

제품에 대한 수요: 수요의 가격탄력성

제품에 대한 소비자들의 수요에 따라서도 가격결정은 달라진다. 즉, 예상되는 수요량은 얼마나 되며, 수요의 가격탄력성(price elasticity of demand)이 어느 정도인가도 가격을 결정하는 데 중요한 요인이다. 가격을 어떻게 책정하는가에 따라 수요는 달라지며, 이에 따라 자사제품의 실제 판매량이 결정되므로, 기업은 가격결정에 앞서 가격이 수요에 미치는 영향, 즉 수요의 가격탄력성을 파악해야 한다. 수요의 가격탄력성은 가격 변화율에 따른 수요량의 변화율을 의미한다.

$$\varepsilon_A = \frac{\Delta Q / Q_0}{\Delta P / P_0}$$

ε_A = 제품 A에 대한 수요의 가격탄력성
Q_0, P_0 = 원래의 수요량, 원래의 가격
$\Delta Q, \Delta P$ = 수요 변동분, 가격 변동분

수요의 가격탄력성은 〈그림 13-2〉와 같은 형태를 가진다.

그리고 수요의 가격탄력성과 가격 및 기업의 총수입과의 관계는 다음과 같다.

수요의 가격탄력성이 비탄력적일 때($|\varepsilon_A|<1$) 가격인상은 기업의 총수입(Total Sales

그림 13-2 수요의 가격탄력성

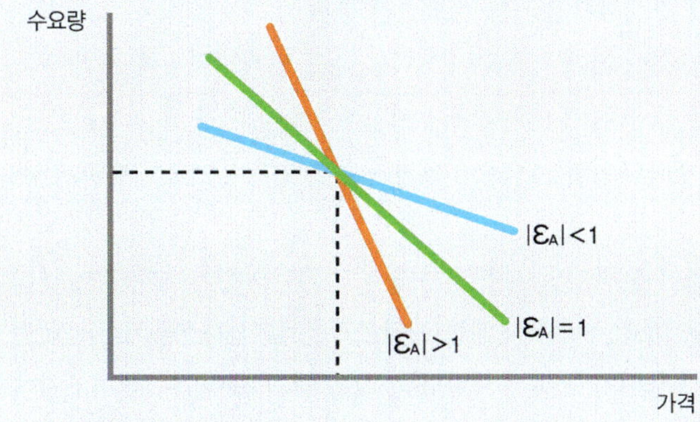

Revenue)을 증가시킨다. 구체적으로 판매량은 줄어들지만, 기업의 총수입, 판매단위당 이윤, 총 공헌이익[12]은 증가한다. 이와 반대로 가격인하는 기업의 총수입을 감소시킨다. 구체적으로 판매량은 늘어나지만, 기업의 총수입, 판매단위당 이윤, 총 공헌이익은 모두 감소한다.

수요의 가격탄력성이 탄력적일 때($|\varepsilon_A|>1$) 가격인상은 기업의 총수입을 감소시킨다. 구체적으로 판매량과 기업의 총수입은 감소하지만, 판매단위당 이윤은 증가하며, 총 공헌이익은 증가 또는 감소한다.[13] 이와 반대로 가격인하는 기업의 총수입을 증가시킨다. 구체적으로 판매단위당 이윤은 감소하지만, 판매량과 기업의 총수입은 증가하고, 총 공헌이익은 증가 또는 감소한다.

수요의 가격탄력성이 단위 탄력적일 때($|\varepsilon_A|=1$) 가격인상은 기업의 총수입에 아무런 영향을 미치지 않는다.

이상과 같이 수요의 가격탄력성이 비탄력적일 경우, 가격인하는 총수입과 이익이 감소하므로 하지 않아야 할 정책이다. 반면, 수요의 가격탄력성이 탄력적일 경우에 가격인하는 총수입이 증가할 수 있으므로 고려해야 할 정책이지만, 이익 측면에서는 많은 경우에 감소가 예상되므로 신중하게 고려해야 한다. 왜냐하면 한 업체의 가격인하는 경쟁업체의 가격인하를 가져오는 경우가 많아 총수입이 증가하는 탄력성은 실제로 더 낮은 방향으로 변하기 때문이다.

그러면 수요의 가격탄력성을 결정하는 요소는 무엇인가? 다음과 같은 조건에서 수요의 가격탄력성은 낮다.

- 대체품이나 경쟁자가 없거나 극소수인 경우
- 구매자가 가격이 높게 책정되어 있다는 것을 인식하지 못하는 경우
- 구매자의 구매 습관이 변화하거나 저가제품을 찾는 속도가 느린 경우
- 품질향상, 인플레이션 등으로 구매자가 높은 가격이 정당하다고 인식할 경우

반면, 위의 조건과 반대인 경우는 수요의 가격탄력성이 높다. 수요의 가격탄력성이 높은 사례를 살펴보자. A의류업체는 시장조사를 하여 자신들이 판매하는 청바지 가격을 10% 내릴 때 구매가 20% 증가한다는 것을 알게 됐다. 이때 청바지에 대한 수요의 가격탄력성은 1보다 크므로 탄력적이다. 총수입은 재화의 판매량에 가격을 곱한 것이므로 청바지 가격을 인하하면 총수입을 올릴 수 있다. 예를 들어 현재 청바지의 가격이 1만 원이고 수요량이 2만 벌이다. 따라서 가격에 판매량을 곱한 총수입이 2억 원이라고 하면, 가격을 9,000원으로 10% 인하했을 때 청바지 수요량은 2만 4,000벌로 20% 증가하며, 총수입은 2억 1,600만 원이 된다. 탄력적 재화인 청바지 가격을 10% 내렸더니 수입이 1,600만 원 증가했다.

가격 하한선을 결정하는 원가

기업의 원가는 가격의 하한선을 결정한다. 기업은 제품의 생산, 유통, 판매 등에 든 비용을 충당하고, 투입한 노력과 위험부담에 비추어 적정 이익이 보장되는 가격을 정하게 된다. 기업이 고려해야 할 원가에는 고정비와 변동비 두 종류가 있다. 고정비는 기업의 생산 조업도나 판매수입에 관계없이 고정적으로 발생하는 비용으로, 대표적인 예로 매월 지급하는 종업원 급여, 임대료, 이자, 전기비 등을 들 수 있다. 변동비는 생산량에 따라 변화하는 비용이다. 예를 들어 어떤 회사가 휴대폰을 생산하는 데 사용한 원자재나 부품인 반도체 칩, 전선, 외장재 등에 쓴 비용이다. 생산단위당 변동비는 생산량에 따라 변한다. 총비용은 일정한 생산량에서 고정비와 변동비를 합한 금액이다. 그러므로 기업은 일정한 생산량에서 적어도 총 생산비를 충당할 수 있는 금액 이상의 가격을 원하게 될 것이다.

한편 원가구조와 관련하여 기업이 중요하게 고려해야 할 점은 규모의 경제 효과(economies of scale effect)와 경험곡선 효과(experience curve effect)이다. 〈그림 13-3〉에서 볼 수 있듯이 규모의 경제 효과란 일정 시점에서 대량생산을 통해 제품단위당 원가가 감

그림 13-3 규모의 경제와 경험곡선 그래프

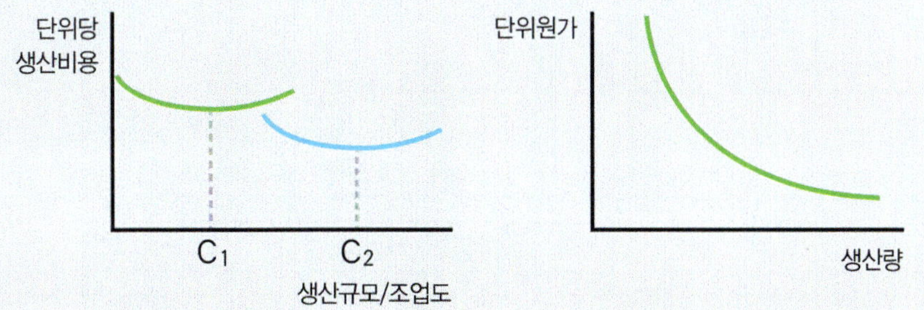

소하는 효과이다.

구체적으로는 기업의 생산설비가 일정한 때 대량생산으로 발생하는 규모의 경제 효과가 있고, 생산설비의 확대 또는 플랜트 수의 증가에 따라 대규모 경영으로 인한 규모의 경제 효과가 있다. 또 생산비에는 생산량의 증대에 따라 감가상각비, 이자 등과 같은 고정비용, 원재료비 · 노무비와 같이 정비례적으로 증가하는 비례적 비용, 감독비 등과 같이 불비례적(不比例的)으로 변동하는 불비례적 비용이 있다. 따라서 생산량이 증대함에 따라 생산비는 단위당 평균 비용이 일정한 경우, 체감하는 경우, 어떤 생산량까지는 체감하고 이후 체증하는 경우 등으로 구성되므로 특정한 지점까지 평균비용은 저하할 것이다. 이 점을 최적 규모라고 하며, 여기에 이르기까지 대량생산의 이익이 발생하게 된다. 또한 최소한의 최적 규모에 도달한 공장을 복수로 가지고 있는 기업의 경우, 기업 전체의 평균 생산비용이 공장단위의 평균 비용보다 작은 경우가 많다. 대규모 관리의 이익, 즉 대량판매와 구매로 인한 이익 등으로 이러한 현상이 발생하며, 이를 대규모 경영으로 인한 규모의 경제 효과라고 한다.

경험곡선 효과란 〈그림 13-3〉에서 볼 수 있듯이 기업의 생산량이 축적되어감에 따라 학습과 경험이 발생해 단위당 생산원가가 감소하는 효과를 말한다. 이러한 효과의 축적으로 제품의 생산원가가 적게 드는 기업일수록 가격을 결정할 수 있는 범위는 커진다. 경험곡선 효과는 기업의 경쟁전략의 한 기준으로 보스턴 컨설팅 그룹(BCG)이 발견한 개념이다. 이 회사는 많은 컨설팅 경험 결과 한 사업 분야의 매출 규모가 두 배가 될 때 그 제품의 생산과 판매 등 단위원가는 그림과 같이 일정한 비율(보통 15~30%)로 저하됨을 발견했다. BCG는 경험곡선 효과가 발생하는 이유를 명확히 제시하지는 못했지만, 생산량이 축적됨에 따라 많은 영역에서 학습이 발생한다고 주장하며 경험곡선을 학습곡선(學習曲線)이라 불렀다. 이 경험곡선 효과를 각 제품분야에 대하여 측정함으로써,

그림 13-4 범위의 경제 효과 그래프

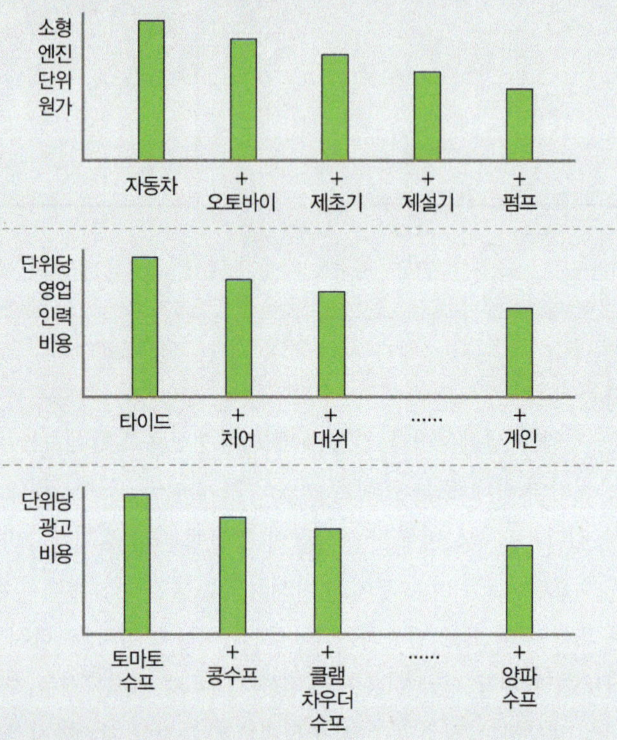

출처: Best, R. J., *Market-Based Management*, 6th ed., Pearson, 2013, p.223의 내용을 기반으로 구성

우선 장래의 생산원가 절감목표와 납품업자나 협력하는 공장이 공급하는 원자재나 부품 납품단가의 절감목표를 세울 수 있고, 이를 기초로 해서 제품의 가격정책을 결정할 수가 있다.

또 원가구조와 관련하여 기업이 중요하게 고려해야 할 점은 범위의 경제 효과(economies of scope effect)이다. 범위의 경제 효과란 한 기업이 두 종 이상의 제품을 함께 생산하여 마케팅할 경우, 각 제품을 다른 기업이 각각 생산하여 마케팅할 때보다 평균비용이 적게 드는 현상을 말한다. 범위의 경제 효과란 시너지 효과로도 불리며, 그 예로 연구개발, 생산, 판매 등은 공동으로 하면서 제품의 종류만 달리할 경우, 은행이 보험상품을 판매하는 방카슈랑스 등을 들 수 있다. 〈그림 13-4〉에서 볼 수 있듯이, 혼다가 소형엔진을 자동차, 오토바이, 제초기, 제설기, 펌프 등에 사용하면 소형엔진의 단위원가가 절감되는 경우, P&G가 같은 영업인력을 활용하여 타이드, 치어, 대쉬, 게인 등의 세탁세제를 판매하여 세제 단위당 영업인력비용이 절감되는 경우, 캠벨 수프가 하나의 광고로 토마토, 콩, 클램차우더, 양파 수프 제품들을 함께 광고하여 단위당 광고비용이 줄게 되는 경우가 또 다른 예이다. 즉, 범위의 경제 효과의 핵심은 공유로 발생하는 원가의 절감 효과를 말하며, 경쟁력이 비슷한 기업들의 경쟁이 흔한 현대의 경영에서는 범위의 경제 효과가 경쟁에서 더 중요하다고 할 수 있다

경쟁제품의 가격과 품질

시장수요가 가격의 상한선을, 제품원가가 가격의 하한선을 결정한다. 그 사이에서 가격결정은 경쟁사의 가격이나 기업의 가격에 대한 경쟁자의 반응에 의해서도 영향을 받는다. 따라서 기업은 시장 내 경쟁기업의 수가 얼마인지 또 경쟁기업들의 규모나 시장점유율은 어느 정도인지, 원가구조는 어떠한지, 생산되는 제품의 품질은 어느 정도인지, 지금까지의 가격관리가 어떤 식으로 이루어져 왔는지 등을 평가해야 한다.

기업은 경쟁사의 가격과 품질을 파악한 후 이를 자사제품 가격결정 시 지침으로 활용할 수 있다. 즉, 자사제품의 품질이 주요 경쟁제품의 품질과 비슷할 경우, 자사제품의 가격은 경쟁사의 가격과 비슷한 수준에서 결정되어야 한다. 가격을 높게 책정하게 되면 판매량은 감소하게 된다. 또 자사제품이 열등한 경우, 자사제품의 가격을 경쟁사의 가격보다 높게 책정할 수 없다. 이때 마케팅 관리자가 주의해야 할 점은 경쟁사들도 자사의 가격변화에 대응하여 그들의 가격을 변화시킬 수 있다는 사실이다. 그러므로 가격결정 시 자사의 가격변화에 관한 경쟁기업들의 반응도 함께 고려해야 한다.

법적 요인

가격은 앞에서 설명한 요소들을 고려하는 것만으로 결정되는 것이 아니다. 제품을 생산하고 판매하는 기업이 자율적으로 가격을 정하기도 하지만, 어떤 품목은 정부의 정책이나 법적 규제로 크게 영향을 받을 뿐 아니라 가격이 완전히 법적 또는 제도적 요인에 의해 결정될 때도 있다. 이는 국내에서 특정품목에 대해 정부가 가격을 규제하는 경우나 특정기업의 지위 남용을 막기 위한 경우에서 찾아볼 수 있다. 예컨대 공정거래위원회에서 가격을 통제하는 설탕, 밀가루 등의 소비재산업 제품 항목이 그 대표적인 예다. 또 물가지수 산정품목에 속해 있는 삼다수, 새우깡, 신라면 등도 실질적으로 가격을 규제한다고 볼 수 있는 예다.

기타 환경과 경제적 요인

금리의 변화, 인플레이션, 경기침체 등 경제적인 요인들 역시 가격결정에 큰 영향을 준다. 예를 들어 주요 에너지원인 원유의 수입가격이 인상되면 이를 원자재로 사용하는 기업들의 생산비용이 비싸져 제품가격이 오른다. 또 재고물량 수준이나 국제 곡물 시세 변동으로 부득이하게 밀가루 가격이 인상되는 경우, 밀가루로 만드는 빵이나 과자, 라면 등의 가격도 도미노처럼 줄줄이 오른다. 경제적인 요인들은 기업뿐 아니라 소비자에게도 영향을 미치는데, 경제적 조건이 변화함에 따라 소비자들이 제품의 가격 및 가치에 대한 인지를 달리하기 때문이다. 경기가 침체하면 소비자들은 소비를 줄이거나, 제품가격 변화에 민감해진다. 따라서 기업 입장에서 가격을 결정할 때에는 이러한 요인들도 함께 고려해야 한다.

2 가격관리 과정

가격에 영향을 미치는 요인분석을 토대로 기업이 구체적으로 가격을 결정하고 관리하는 과정에 대해 살펴본다. 이 과정은 기업의 가격목표 설정, 가격전략 방향 설정, 가격산정방법의 선택과 가격산정, 그리고 최종가격 결정으로 구성된다.

1. 기업의 가격목표 설정

- **학습목표 2: 주요 개념(1)**
  - 가격목표 설정 = 우선 전체 기업의 목표 및 마케팅 목표와 일관성을 이룬 기업의 가격목표를 정함 = 시장 확대목표 // 수익률 확대목표 // 기업 존속목표

기업의 가격관리 과정은 일반적으로 기업의 가격목표 설정, 가격전략 방향 설정, 가격산정방법 선택과 산정 그리고 최종가격 결정의 단계를 거친다. 이러한 요소들은 앞서 언급한 제품의 수요, 경쟁제품의 가격과 품질, 기업의 원가구조와 법적 요인 등의 영향을 받으며 기업의 전반적 마케팅목표에 따라 변경할 수 있다는 점에 유의해야 한다. 〈그림 13-5〉는 가격관리 과정의 전반적인 구조를 보여준다.

기업의 가격전략은 전체 기업 차원에서의 전략과 마케팅전략이 일관성을 갖도록 설정해야 한다. 따라서 가격은 독립적으로 설정될 수 없고 반드시 기업의 전략과 마케팅 전략이 지향하는 바에 따라 결정해야 한다. 일반적으로 가격목표에는 시장 확대목표, 수익률 확대목표, 기업 존속목표 등의 세 가지 목표가 있는데, 이에 관한 자세한 설명은 온라인사이트를 참조하기 바란다.

그림 13-5 가격관리 과정

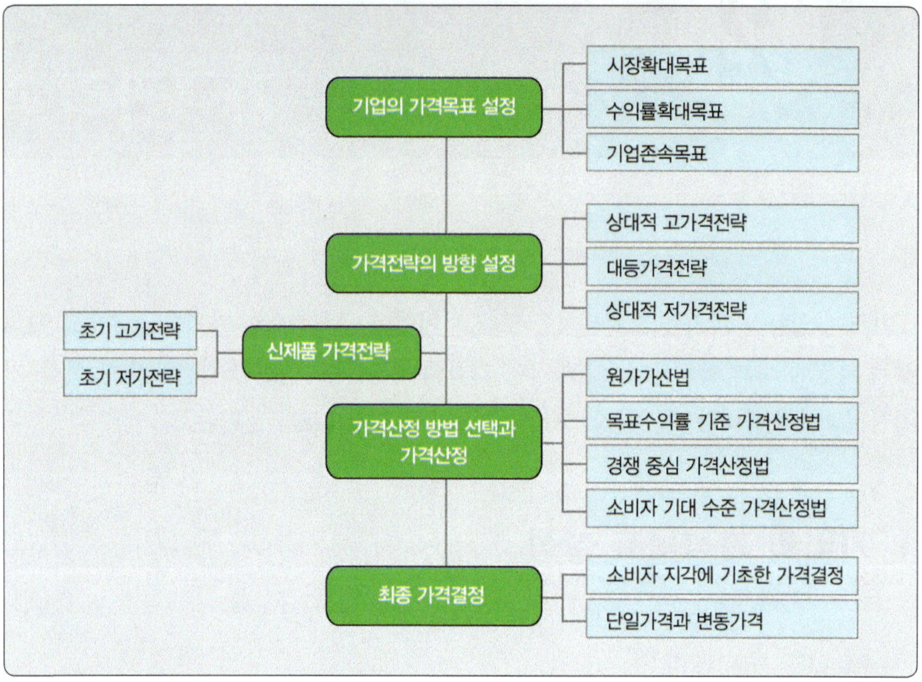

2. 가격전략 방향 설정

- **학습목표 2: 주요 개념(2)**
  - 가격전략 방향 설정 = 기업의 가격목표 설정 → 현재 또는 미래의 경쟁상황을 고려해 구체적인 가격전략 방향 설정 = 가격전략 유형: 상대적 고가격전략 // 대등가격전략 // 상대적 저가격전략

가격전략은 기업이 현재 또는 미래의 경쟁상황을 고려했을 때 어떤 형태가 가장 효율적이며 적절한가에 따라 결정한다. 특히, 가격은 기업의 마케팅목표와 마케팅믹스가 조화를 이룰 수 있도록 책정해야 하며, 이 경우 기업은 표적시장의 확인, 제품이미지의 확보, 마케팅믹스와의 조화 등을 고려한다. 이 경우 단순한 고가, 중가, 저가라는 말은 기업의 마케팅전략상 큰 의미가 없다. 따라서 경쟁기업의 전략 등과 같은 경쟁상황을 고려할 때 상대적으로 높은 가격, 비슷한 가격, 상대적으로 낮은 가격으로 구분해 생각하는 것이 바람직하다. 〈표 13-1〉은 표적시장이 다른 두 기업의 가격전략 차이점을 보여주고 있다. 이상과 같은 경쟁상황에서 기업이 사용 가능한 가격전략의 유형으로는 상대적 고가격전략(premium pricing strategy), 대등가격전략(parity pricing strategy)과 상대적 저

표 13-1 가격전략의 유형

	가격 중심 기업	비가격 중심 기업
표적시장	• 가격민감형 • 할인추구형 • 경제성 추구형	• 가격 비민감형 • 품위추구형 • 품질추구형
제품이미지	• 단순함 • 할인제품	• 정교함 • 고가제품
마케팅믹스	• 경쟁사에 비해 10~15% 저가 • 저가에 의한 다량판매 • 빈번한 세일 • 양판점, 할인점을 통한 판매 • Self-service와 저가에 판촉 집중	• 경쟁사에 비해 10~15% 고가 • 일정이익률 고수 • 노세일 또는 연말 세일에 국한 • 고급점이나 전문점을 통한 판매 • 스타일, 품질, 서비스 등에 판촉 집중

표 13-2 가격전략별 적합한 상황

상대적 고가격전략	• 수요의 가격탄력성이 높지 않을 경우 • 진입장벽이 높아 경쟁기업의 진입이 어려운 경우 • 규모의 경제 효과를 통한 이득이 미미할 경우 • 높은 품질로 새로운 소비자층을 확보하고자 할 경우
대등가격전략	• 시장의 수요가 비탄력적일 경우 • 경쟁기업에 대해 확고한 원가우위를 갖지 못할 경우 • 규모의 경제를 통해 예상되는 이득이 전혀 없을 경우 • 가격책정의 목표가 경쟁기업과 대등한 경쟁력을 가지고 있을 경우
상대적 저가격전략	• 시장수요의 가격탄력성이 높은 경우 • 원가우위를 확보하고 있어 경쟁기업이 우리 가격만큼 낮추기 힘들 경우 • 시장에 경쟁자의 수가 많을 것으로 예상될 경우 • 소비자들의 본원적 수요(primary demand)를 자극하고자 할 경우

가격전략(value pricing strategy) 등이 있으며 이에 관한 상세한 설명은 온라인사이트를 참조하기 바란다. 각 가격전략이 적합한 상황은 〈표 13-2〉에 정리되어 있다.

가격전략 방향 설정: 신제품 가격전략

- **학습목표 2:** 주요 개념(3)
  – 신제품 가격전략 = 초기 고가전략, 시장침투 가격전략 등이 있음.

기업이 시장에서 성공하고, 지속적으로 성장하기 위한 요건 중 하나가 경쟁력 있는 신제품을 만들어내는 것이다. 이러한 목적으로 만들어진 신제품을 시장에 출시할 때 신제품 가격을 결정하는 일 역시 중요하다. 신제품 가격전략의 방법으로는 초기 고가전략과 시장침투 가격전략이 있다. 여기서는 이 두 전략을 설명하고, 온라인사이트에 더 다양한 동적 가격전략들을 추가 설명했으니 참조하기 바란다.

초기 고가전략

이 전략은 일명 스키밍 가격전략(market-skimming pricing)으로 신제품의 초기에 높은 가격을 책정함으로써 특정목표시장만을 공략하는 전략이다. 제품 출시 후 인지도가 높아져 수요가 확대되면 제품가격을 점차 인하하는 방향으로 시장점유율을 확대할 수 있다는 장점이 있다.

초기 고가전략은 현재 잠재수요가 충분히 형성되어 있고, 초기에 제품을 구매할 것으로 예상하는 대상 소비자들이 가격에 민감하지 않으며, 규모의 경제가 이루어지지 않은 상황에서 기업이 초기에 투자자금을 회수할 때 유용한 전략이다. 신제품을 출시할 때 이렇게 높은 가격을 책정할 수 있는 이유는 초기에 높은 가격으로 새롭게 시장에 등장한 제품을 수용할 수 있는 계층은 가격에 민감하지 않고, 다른 사람들보다 먼저 신제품을 사용하려는 욕구가 높은 혁신자 계층의 고객들이기 때문이다.

이 전략의 핵심은 처음 신제품을 사용하고자 하는 욕구가 높은 혁신자 계층을 목표시장으로 삼은 후 차츰 시장점유율을 높이기 위해 가격에 민감한 일반인들에게도 자사 제품에 대한 수요를 자극하려고 가격을 인하하는 것이다. 예컨대 스마트폰은 출시되는 시점에 가격이 가장 높고, 출시 이후에는 가격을 점차 낮추고 있다. 보통 스마트폰의 새로운 제품은 100만 원대로 출시된다. 출시된 후 6개월에서 1년 정도 지나면 약 30만 원 정도 인하되어 판매된다. 혁신자 소비자 계층은 초기에 구매를 하겠지만 가격에 민감한 초기 · 후기 다수 소비자층은 이 경우 도입사례에서 살펴보았듯이, 미래 기대가격이 내려갈 것을 기다리게 된다. 기업 측에서는 이러한 소비자 계층으로의 판매를 빨리 확산시키기 위해 다양한 수단을 강구한다. 최근 스마트폰의 예를 들면 다음과 같다. 새로운 제품의 기기 출고가는 약 100만 원이다. 통신사가 중심이 되고 제조사가 보조하는 마케팅 지원금이 대략 25만 원이다(물론 이 지원금 총액은 정책 규제를 받는다). 그러면 기기의 실구매가는 약 75만 원 정도가 된다. 그리고 이 금액이 통신사의 평균적인 데이터 상품 가격(보통 2년 약정)과 결합되면 소비자는 대략 월 65,000원의 통신료와 월 30,000원 정도의 기기할부금을 부담하며 신상 스마트폰을 구매할 수 있다. 이 가격이 부담스러운 소비자는 기기 가격이 떨어질 것을 기대해 구매를 연기하게 된다. 이러한 소비자의 구매 촉진을 위해 삼성전자나 LG전자는 카드 회사들과 제휴하여 카드 회사들이 금융할부 혜택 프로모션으로 참여하게 된다. 통신비 납부를 본인의 카드로 하는 것을 전제로 약 45만 원 정도의 기기 할인 혜택을 제공한다. 신제품 소유 욕구가 높으나 가격이 부담스러웠던 소비자는 통신비 납부를 새로운 카드와 연동시키는 대신 이 프로모션을 수용할 가능성이 있다. 그러면 소비자는 월 65,000원의 통신료와 월 10,000원 정도의 기기할부금으로 새로운 스마트폰을 구입하게 된다. 이렇듯 현대 기업은 제휴 등을 통해 새로운 방식의 가격전략 접근법을 창출하고 있다. 이 사례의 경우 통신사와 기기제조업체는 수익 확보 방식에 대한 위험 부담이 없는 반면, 카드 회사의 경우에는 위험 부담이 있다. 만약 새로운 카드를 발급한 소비자가 2년 동안 해당 카드 이용과 관련해 제공했던 할부 혜택 이상의 공헌을 하면 다행이지만, 그렇지 않을 경우 프로모션 손실은 카드 회사가 부담하게 된다. 그렇다면 카드 회사와 기기 제조업체의 힘(파워)과 협상력에 따라 다양한 제휴 조건이 논의될 것이다. 이렇듯 기업은 실제로 초기 고가전략을 새로운 방식으로 응용하여 사용하고 있다.

112년 동안 장수해온 국민 소화제 '부채표 까스활명수' 역시 초기 고가전략으로 소비자에게 다가간 대표적 사례다. 1910년에 출시된 이 제품은 설렁탕 두 그릇에 해당하는 가격인 40전으로 가격을 정했다. 이는 현재 가치로 환산했을 때 약 1만 7,900원에 해당하는 가격이다. 그러나 이 제품은 현재 600~700원에 판매하고 있다.

그림 13-6 초기 고가전략

초기 고가전략은 다음과 같은 경우에 활용할 수 있다.

- 특허기술 등의 이유로 제품이 보호되고 있는 경우
- 잠재적인 구매자들의 가격품질에 대한 연상이 강한 경우
  (초기에 신제품의 가격을 높게 책정함으로써 품질이 우수하다는 인상을 심어줄 수 있다.)
- 경쟁자에 대한 시장 진입장벽이 높은 경우
- 대체품보다 신제품의 가치가 높은 경우

시장침투 가격전략

이 전략은 자사제품에 낮은 가격을 책정하여 시장을 겨냥해 침투하는 전략(market-penetration pricing)이다. 즉, 신제품을 처음 출시했을 때는 매우 낮은 가격을 책정하지만, 시간이 지나면서 점차 가격을 높여가는 전략이다. 예를 들어 토요타 자동차의 최고급 승용차인 렉서스(Lexus) LS의 경우, 1989년 미국 시장에 처음 출시될 때에는 경쟁제품군보다 파격적으로 낮은 3만 5,000달러의 저가전략을 폈지만, 벤츠와 BMW와의 경쟁을 통해 경쟁력을 확보하자 점차 가격을 인상해 요즘에는 약 7만 5,000달러 수준까지 인상했다. 현대자동차의 소나타도 1995년 6월 미국 시장에 처음 진입할 때는 경쟁제품인 혼다 어코드, 토요타의 캠리, 닛산의 알티마 등에 비해 파격적으로 낮은 약 1만 4,000달러였으나 가격을 차츰 인상해 요즈음 소나타는 약 2만 5,000달러에 판매된다.

초기에 낮은 가격을 제시하는 시장침투 가격전략을 사용하는 이유는 짧은 기간에 상대적으로 큰 시장점유율을 확보하기 위해서다. 경쟁사들과는 달리 상대적으로 낮은 가격으로 신제품을 출시함으로써 시장수요를 자극하고, 브랜드 전환을 유도할 수 있으며, 초기에 많은 수의 구매자를 확보하고 또 이들의 구전(word-of-mouth)을 통해 다른 구매자들에게 좋은 인상을 심어주어 구매를 유도할 수 있기 때문이다. 게다가 많은 구매자가 자사의 신제품을 구매하게 됨으로써 다른 잠재적 진입자들에게 진입장벽을 높일 수 있다는 이점이 있다. 시장침투 가격전략은 다음 경우에 활용한다.

- 낮은 가격으로 단위당 이익은 낮더라도 대량판매에 의한 원가절감으로 높은 이익을 확보할 수 있는 경우
- 시장성장률이 높아 단기적인 매출 증대보다는 시장점유율 확대를 통한 장기적인 이익을 확보할 수 있는 경우
- 고객이 가격에 민감하게 반응하는 경우

표 13-3 **신제품 가격전략: 초기 고가전략 vs. 시장침투 가격전략**

	초기 고가전략(스키밍 가격전략)	시장침투 가격전략
의미	도입 시부터 높은 가격을 책정하여 특정 목표시장만을 공략하는 전략	도입 시 비교적 낮은 가격을 책정하여 시장을 공략하는 전략
목표	표적 고객층(주로 혁신자층)을 중심으로 인지도가 확산되므로 새로운 이미지 또는 고급스러운 이미지를 추구할 수 있음	가격에 민감한 고객층이 많은 시장에서 짧은 시간 내에 시장점유율 확대가 가능함
적용상황	• 특허기술 보호 등으로 독점적인 지위 유지가 가능한 경우 • 잠재적인 고객층의 가격-품질에 대한 연상이 강한 경우 • 시장 진입장벽이 높아 경쟁자의 진입이 어려운 경우 • 대체품보다 신제품의 가치가 높은 경우	• 규모의 경제를 통해 높은 이익을 확보할 수 있는 경우 • 시장의 성장률이 높아 단기적인 매출증대보다 시장점유율 확대로 장기적인 이익 확보가 유리한 경우 • 고객이 가격에 대해 민감한 경우 • 상대적으로 낮은 가격으로 경쟁우위를 획득할 수 있는 경우 • 경쟁이 심한 시장에 인지도가 낮은 제품이 초기에 진입할 경우

- 저가격으로 경쟁자들의 반응을 무력화할 수 있는 경우
- 기업이 규모의 경제를 이루고 있는 경우
- 경쟁이 심한 시장에 인지도가 낮은 제품이 초기에 진입할 경우

〈표 13-3〉을 통해 신제품 가격전략인 초기 고가전략과 시장침투 가격전략을 비교해 설명해보자.

3. 어떤 방법으로 가격을 산정할까?

- **학습목표 2: 주요 개념(4)**
  - 가격산정방법의 선택과 가격산정 = 가격전략 방향 설정 → 가격산정방법의 선택과 가격산정 = 원가가산법 // 목표수익률 기준 가격산정법 // 경쟁 중심 가격산정법 // 소비자 기대 기준 가격산정법 등 활용하여 가격의 범위 산정

가격전략 방향을 설정했으면 이어서 어떤 방식으로 가격을 산정할지를 정해야 한다. 이는 특정기준에 따라 가격을 결정하는 기술적 과정으로 자사제품의 가격 범위를 어느

정도로 정할 것인가에 관한 문제다. 기업이 가격을 산정하는 방법으로는 원가가산법, 목표수익률 기준 가격산정법, 경쟁 중심 가격산정법과 소비자 기대 기준 가격산정법 등이 있다.

원가가산법

원가가산법은 제품원가에 일정률의 이익을 가산해 가격을 결정하는 가장 기본적인 가격산정방법이다.[14] 여기서 원가는 기업의 이익을 산출하는 기준이 되며, 제품의 생산과 운영에 드는 모든 비용을 말한다.

다음의 예를 통해 원가가산법을 설명해보겠다. 이 기업의 단위당 변동비는 1,000원, 고정비는 3,000만 원이며, 예상되는 판매량은 600,000개이다. 이때 이 기업의 단위 원가는 다음과 같이 1,050원이다.

$$\text{단위원가} = \text{변동비} + \frac{\text{고정비}}{\text{예상판매량}} = ₩\,1{,}000 + \frac{₩\,30{,}000{,}000}{600{,}000} = ₩1{,}050$$

그리고 이 기업이 예상 판매수익률을 20%로 정했다면 원가가산법에 의한 제품의 가격은 다음과 같이 결정된다.

$$\text{가격} = \frac{\text{단위원가}}{1-\text{예상판매수익률}} = \frac{₩\,1{,}050}{1-0.2} = ₩1{,}313$$

원가가산법은 가격산정의 기본이 되지만, 이 방법만을 이용하면 시장의 수요와 경쟁을 고려하지 못한다는 단점이 있다. 하지만 다음과 같은 이유로 국내기업에서 가장 널리 사용한다.

첫째, 가격결정이 매우 간단하다. 판매자는 수요보다 원가에 대한 확실성을 더 많이 가지고 있다. 원가를 가격결정 근거로 사용함으로써 판매자는 그들의 가격결정 업무를 단순화하고, 수요가 변할 때마다 가격을 결정하지 않아도 된다는 장점이 있다. 둘째, 동종 산업 내 모든 기업이 이러한 가격산정방법을 이용한다면 그들의 가격은 비슷할 것이므로 가격경쟁을 최소화할 수 있다. 그러나 어떤 기업이 원가가 아닌 수요의 변화에 초점을 맞추면 가격경쟁 양상은 달라진다. 셋째, 원가가산법은 구매자와 판매자 모두에게 공정하다고 생각할 수 있다. 판매자들은 수요가 증가해도 원가에 의해 가격을 산정하므로 구매자에게 순수 수요 증가분만큼의 이득을 얻지 않으며, 동시에 모든 판매자가 공정한 수익률을 실현하고 있다고 받아들여지기 때문이다.

목표수익률 기준 가격산정법

이 방법은 기업이 목표수익률을 정해 이를 기준으로 가격을 산정하는 방법이다. 미국 GM에서 처음 사용한 이 가격결정법은 기업이 투자에 대한 일정 목표수익률(ROI)을 정해놓고 이를 달성할 수 있도록 가격을 결정한다.

목표수익률 기준에 의한 가격산정방식은 다음과 같다.

$$\text{가격} = \text{단위 원가} + \frac{\text{투자액} \times \text{목표수익률}}{\text{예상 판매량}}$$

$$\text{여기서 단위 원가} = \text{변동비} + \frac{\text{고정비}}{\text{예상 판매량}} \text{이므로}$$

$$\text{가격} = \text{변동비} + \frac{\text{고정비}}{\text{예상 판매량}} + \frac{\text{투자액} \times \text{목표수익률}}{\text{예상 판매량}}$$

으로 나타낼 수 있다. 그러므로 여기서 가격은 변동비와 단위당 고정비·투자수익을 모두 보존하는 가격이다. 앞의 기업을 다시 예로 들어보자.

여기서 이 기업이 1억 원을 투자하고, 여기에 대해 18%의 투자수익률을 획득하고자 한다면, 가격은 다음과 같이 결정된다.

$$\text{가격} = ₩1{,}000 + \frac{₩30{,}000{,}000}{600{,}000} + \frac{₩100{,}000{,}000 \times 0.18}{600{,}000} = ₩1{,}080$$

목표수익률 기준 가격산정법을 사용할 때의 문제점은 예상 판매량을 달성하지 못했을 때다. 만약 위 기업의 실제 판매량이 예상 판매량인 60만 개에 미치지 못했을 경우, 처음에 목표로 한 판매이익을 거두려면 결과적으로 가격을 올려야 한다. 따라서 목표수익률 기준 가격산정법도 원가가산법처럼 판매량에 영향을 미치는 수요의 탄력성과 경쟁자의 가격을 고려하지 못하는 단점이 있다.

경쟁 중심 가격산정법

경쟁자를 고려한 가격산정은 기업이 자사제품 생산에 드는 비용 측정이 어려운 경우나 시장에서 경쟁기업의 반응이 불확실한 경우에 사용한다. 가격에 관한 의사결정은 근본적으로 경쟁을 고려하지만, 여기서는 가격산정이 경쟁자의 가격에 맞추어 이루어지는 것을 말한다. 그러므로 이 방법은 앞의 두 가지 방법과는 달리 자사의 원가구조보다는 경쟁기업의 가격에 가격산정의 기초를 둔다.

기업은 주요 경쟁기업의 가격을 파악한 후 그와 같게 가격을 정하거나 때에 따라서는 높게 또는 낮게 정할 수 있다. 이러한 경우는 대개 후발업체가 경쟁시장에 진입할 경우나 시장구조가 과점 성격을 띠는 경우, 시장에서 특별한 지위를 가지지 못한 중소기업이 선도기업의 가격에 따라 자사의 가격을 결정할 때 주로 나타난다. 이러한 경우에는 그 산업에서 원가상으로 가장 경쟁력 있는 선도기업이 일단 가격을 결정하면, 나머지 기업들이 여기에 맞춰 가격을 정하는 형태를 보인다. 예컨대 삼성전자나 LG전자에서 전자제품의 가격을 정하면 나머지 가전제품업체는 이에 맞춰 가격을 정한다. 이러한 경쟁 중심 가격산정법은 경쟁자의 가격을 모방해 결정하면 되므로 목표 이상의 판매이익을 실현하지 못해도 그 산업의 적정 평균 이익을 창출할 수 있게 되며 또 업체 간에 지나친 과열경쟁을 막을 수 있다는 장점이 있다. 반면, 경쟁사의 가격에 따라 자사의 가격결정이 이루어지므로 자사의 독자적인 마케팅전략 실행이 어렵다는 단점이 있다.

소비자 기대 기준 가격산정법

이 방법은 제품 생산에 든 원가나 목표수익률을 고려해 가격을 결정하는 것이 아니라 소비자가 예상하는 가격대에 맞게 가격을 책정하는 방법이다.

예를 들어 그랜저와 제네시스 승용차의 가격대를 알고 있는 소비자가 현대자동차에서 아슬란이라는 새로운 모델을 시판한다는 광고를 접하고 가격대는 그랜저와 제네시스 사이라는 정보를 알게 되면 아슬란의 가격대는 그랜저와 제네시스 가격대의 사이라고 추측할 것이다.[15] 이때 소비자들이 아슬란의 가격을 4,300만 원 정도로 예상한다면, 기업은 원가가산법에 의한 가격산정 결과가 이보다 낮을 경우에도 가격을 4,300만 원에 가깝게 결정하게 된다.

이러한 소비자 기대기준 가격산정법은 국내외 기업에서 많이 사용하고 있으며, 가치 가격산정법(value pricing)이라고도 부른다. 가치 가격산정법에는 여러 종류가 있는데, 이에 대한 내용은 온라인사이트에 자세히 설명했으니 참조하기 바란다. 기업들은 소비자들이 예상하는 가치가 어느 정도인가를 파악하기 위해 소비자들을 대상으로 특정제품에 관해 가격이 어느 정도일 것으로 보는지, 얼마나 지급할 용의가 있는지를 사전 조사해 가격산정의 자료로 삼기도 한다.

4. 최종가격 결정

- **학습목표 2: 주요 개념(5)**
  - 최종가격 결정 = 산정된 가격의 범위 내에서 소비자 지각에 기초하여 최종가격 결정

가격산정 단계에서 가격의 범위를 정하고 나면 기업은 그 범위를 근거로 소비자에게 제시할 수 있는 가격을 결정해야 한다. 여기에서는 기초적인 내용을 제시하며, 온라인 사이트에 행동적 관점에서의 가격전략에 관한 최근의 연구결과를 정리했으니 참고하기 바란다. 앞에서 설명한 소비자 기대 기준 가격산정법, 즉 가치 가격산정법(value-based pricing)과 행동적 관점에서의 가격전략이 최근 가격전략 연구와 실제의 새로운 트렌드이다. 구체적인 내용은 학부 수준을 넘어서는 내용이기에 온라인사이트에 정리했다.

소비자 지각에 기초한 가격결정

관습가격(customary price) 사회에서 고객들이 관습적으로 인정하는 가격이다. 즉, 기업이 자발적으로 가격을 결정하는 것이 아니라 일반적인 사회 관행에 의해 용인한 가격을 따르는 경우를 말한다. 이러한 관습가격이 존재할 때에는 기업이 그보다 낮은 수준에서 가격을 정해도 판매는 증가하지 않지만, 더 비싼 가격으로 판매하면 기업의 매출이 격감한다. 관습가격이 통용되는 예로는, 껌, 사탕, 라면, 아이스크림 등을 들 수 있다. 관습가격은 대부분 저가제품에서 나타나므로 특정기업이 관습가격을 깨고 고가제품을 출시해 고객들에게 인정받을 수 있다면 높은 이익을 얻을 수 있다. 제품가격은 높아졌지만, 판매량은 거의 정해져 있기 때문이다.

단수가격(odd price) 고객들은 제품가격이 1,000원, 10,000원 등과 같이 천 단위, 만 단위로 정확히 끝나는 것보다 그 수준에서 약간 모자란 금액으로 가격을 제시하면 더 싸다고 느낀다. 이 때문에 가격을 990원, 9,900원으로 책정하는데, 이를 단수가격이라고 한다. 이러한 단수가격은 소비자에게 제품가격이 최하의 가능한 선에서 결정되었다는 인상을 주어 판매량을 증가시킬 수 있고, 실제로 가격 차이는 얼마 나지 않지만, 심리적으로 저렴하다는 인상을 줄 수 있다. 또 기업에서 볼 때 가격이 일정 금액 이상을 넘지 않게 설정했을 때, 세금혜택을 볼 수 있으므로 과세대상에 포함되지 않으면서도 그 한도 내에서 최고 가격을 제시하기 위해 단수가격을 설정하기도 한다.

준거가격(reference price) 구매자가 가격이 비싼지 싼지를 판단할 때 기준으로 삼는 가격을 말한다. 준거가격은 구매자의 과거 구매경험이나 현재 가지고 있는 가격정보로 형성된다. 예를 들면 소비자 A는 가격정보를 통해 에어컨 가격이 170만 원 정도라고 알고 있다면 200만 원짜리 에어컨은 비싸다고 생각한다. 하지만 소비자 B는 가격정보를 통해 에어컨 가격이 대개 230만 원 정도라고 알고 있다면 200만 원짜리 에어컨은 싸다고 생각한다. 현실에서는 가장 잘 팔리는 에어컨 가격이 준거가격이 된다.

단일가격과 변동가격

단일가격 모든 경쟁사가 자사제품에 관해 같은 가격을 책정하도록 하는 것이다. 일반적으로 가격은 구매물량이나 구매시기, 제공하는 서비스의 종류(설치와 A/S 기간 연장)에 따라 변할 수 있다. 하지만 단일가격 아래에서는 이와 관계없이 같은 가격을 정한다. 단일가격을 책정할 경우, 소비자들이 가격 인정을 쉽게 하고, 가격 흥정의 기회를 줄이는 장점이 있다.

변동가격 대량물량을 구매하는 고객과 협상하여 가격을 조정하는 것을 말한다. 예를 들어 이마트, 홈플러스, 하이마트 등과 같은 할인점에서는 제조업자에게 대량물량을 구매하는 조건으로 일반 도매업자보다 훨씬 싼 가격으로, 백화점 등에 공급하는 제품보다 옵션을 살짝 낮춘 제품을 공급받는다.

한편 디지털 환경에서의 가격관리에는 어떠한 새로운 이슈들이 등장했을까? 이에 대해서는 다음 박스 정보를 살펴보기 바란다.

디지털 마케팅의 가격관리와 수익모델

디지털 마케팅의 경우도 가격전략은 저렴한 가격을 통해 경쟁우위를 확보하거나 차별화한 제품의 상대적 고가전략 등으로 나눌 수 있다. 인터넷 및 모바일 상거래의 경우 제품판매 수익뿐 아니라 배너 광고 등 다른 수익원이 존재하고, 온라인 매장만 운영할 경우 실제 매장관리비 등의 기타 비용절감 등으로 오프라인 환경보다 더 낮은 가격으로 제품 공급이 가능하다.

전자쇼핑, 직접 마케팅, 온라인 소비자 정보 서비스 등을 대상으로 한 소비자의 구매의도에 관한 기존 연구들은 구매하려는 제품가격이 저렴할수록 소비자의 구매의도가 높아짐을 보여주었다.[16] 공급자가 상품가격을 변경시키는 데에 드는 비용을 흔히 '메뉴비용(menu cost)'이라고 하는데, 온라인시장의 메뉴비용이 오프라인보다 적다는 실증 연구결과는 인터넷시장에서 가격경쟁력이 중요함을 보여준다.[17]

즉 온라인 및 모바일 공간에서의 거래는 바쁜 현대인들에게 기존 환경이 제공하기 어려운 시간과 공간의 제약을 해결하는 가치를 전달하므로 이를 토대로 한 적정가격과 전략적 가격믹스를 선택하여 고객이 원하는 가치를 올바르게 전달하는 데 신경을 써야 한다.

나아가 디지털 기술이 만든 환경에서는 비즈니스 모델 수립과 실행의 중요성이 강조되고 있다(상세한 내용은

18장 참조). 비즈니스 모델의 주요 구성요인으로 수익모델(profit model)이 있다. 수익모델은 구체적으로 수익이 어떻게 만들어지는가를 말한다. 수익모델의 중심에 가격전략이 있다. 디지털 환경에서 제시된 다양한 수익모델 가격전략 유형은 아래의 표에 제시하였으니 잘 활용하기를 바란다.

〈수익모델 가격전략 유형〉

수익모델과 가격전략 유형	설명
광고 기반 (ad-supported)의 수익모델	– 일반 사람들에게는 콘텐츠와 서비스를 무료로 제공; 광고주에게는 비용 청구 – 이러한 시장을 양면시장(two-sided market)이라 하는데, 양면시장은 플랫폼 제공자, 일반 사람들과 같은 보조를 받는 시장(subsidy-side)과 광고주 같은 지불자 시장(money-side)으로 구성됨. – 전통적인 양면시장에는 신용카드(신용카드 회사, 카드 소유자, 카드 가맹점과 제휴사), 백화점(백화점, 구매자, 판매자), 미디어(매체사, 독자 및 시청자, 광고주), PC 운영체제(윈도우즈/매킨토시, 응용프로그램 개발자, PC 구매자) 등이 있음. – 디지털환경의 등장과 함께 검색엔진, PDF 문서, 온라인 옥션/쇼핑몰, 온라인 구직사이트, 비디오게임, 카카오게임, 지역기반 서비스 앱(예: 배달의 민족), 앱스토어, 온라인 · 모바일 뮤직스토어 등 또한 양면시장임. – 양면시장에서는 가격전략(pricing)과 네트워크 효과가 가장 중요한 경쟁수단이며, 승자 독식 현상이 자주 목격됨.[18]
경매(auction) 모델	시장과 소비자들이 제품과 서비스의 가격을 결정
묶음가격(bundled pricing) 모델	각각 판매할 수 있는 2개 이상의 제품을 묶어서 판매
원가우위(cost leadership) 모델	변동비를 낮게 유지하고 싼 가격에 많은 Volume을 판매
분리가격 (disaggregated pricing) 모델	소비자가 원하는 상품만을 선택하여 구입할 수 있음
파이낸싱 모델	제품의 직접 판매만을 통해 수익을 창출하는 것이 아니라 구조화된 상환 계획과 판매 후의 이자를 통해 수익을 창출
유연한 가격 (flexible pricing) 모델	수요에 기반을 두어 제품의 가격을 조절
선금(float) 모델	제품과 서비스를 제공하기 전에 선금을 받음. 즉, 소비자에게 상품을 전달하기 전에 선불을 받아 이자를 벌어들임. 대표적인 예로 테슬라가 이 모델을 선택함.
구조화된 희귀성 (forced scarcity) 모델	수요나 가격을 높이기 위해 수량, 기간, 접근성을 이용하여 상품의 공급을 제한
Freemium 모델	– 기본 서비스는 무료(Free)로 제공; 더 나은 서비스는 프리미엄(Premium) 요금으로 제공 – 양면 시장 pricing과 동일하게 작동
기반 수요 (Installed base) 모델	– 수요와 충성도를 높이기 위해 '핵심' 제품을 낮은 단가(혹은 손실)로 제공하고, 추가적인 제품과 서비스로 이익을 창출 – 가칭 '면도기와 면도날' 수익모델이라 불리며, 면도날, 프린터의 토너, 커피머신의 캡슐 등이 이에 해당

수익모델과 가격전략 유형	설명
라이센싱 모델	계약된 조건에 따라 제품이나 서비스를 사용할 권리를 개인이나 기업에 제공
멤버십 모델	회원만 접근할 수 있는 장소나 제품, 서비스를 정하고 시간 등에 기초하여 비용을 청구
사용 기반(metered use) 모델	– 고객이 사용한 것에 대해서만 지불 – Zipcar, Socar 등 공유서비스에서 먼저 도입, 보험 상품에도 적용되고 있는 추세
마이크로 거래(micro-transactions) 모델	– 많은 제품을 1달러, 심지어 1센트 정도의 낮은 가격에 팔아서 충동구매를 유도 – 1$ shop 등이 효시
프리미엄(premium) 모델	뛰어난 제품이나 경험, 서비스 혹은 브랜드에 대해 경쟁사보다 더 높은 이익과 가격을 책정
위험 공유(risk sharing) 모델	– 특정기준에 못 미치면 표준 요금이나 비용을 고객에게 되돌려 주지만, 기준이 충족될 경우 초과이익을 얻음 – 예를 들어 성능, 납기 등을 보장하고 이를 토대로 가격을 설정; 예를 들어 OO분 안에 딜리버리가 안 되면 돈을 안 받음.
대량 거래(scaled transactions) 모델	단위 원가가 상대적으로 고정되어 있을 때 대량 혹은 대규모 거래를 통해 이익을 극대화
구독 기반(subscription) 모델	– 제품이나 서비스에 대한 비용을 (한 번 혹은 지속적으로) 미리 지급하는 고객을 통해 예측 가능한 현금흐름을 창출 – 매스 미디어 요금, 통신 요금이 대표적인 예이며, 렌털/리스 방식(웅진 비데, 정수기 등)의 leasing/rental 가격모델 등 다양한 B2C와 B2B 서비스 비즈니스 모델의 가격전략도 이에 해당
플랫폼 또는 교환대(switchboard) 모델	– 되도록 많은 판매자와 구매자를 연결, 더 많은 판매자와 구매자가 참여할수록 교환대의 가치가 커짐. – 양면시장과 네트워크 효과가 적용
사용자 결정(user-defined) 모델	가격 결정에 고객을 참여시킴

출처: 래리 킬리, 라이언 피켈, 브라이언 퀸, 헬렌 월터스 공저/유효상 역, 《비즈니스 모델의 혁신 : 성공 기업을 위한 10가지 혁신 전략》, 마로니에북스, 2015.

한편, 2017년 7월 기준으로 볼 때 주요 온라인쇼핑몰(쿠팡, SK플래닛, 위메프, 티몬)의 영업손실 적자가 심각한 수준이다(쿠팡 5625억 원, SK플래닛 3651억 원, 위메프 636억 원, 티몬 1585억 원; 출처: 조선일보 경제 이슈 섹션 기사, 2017년 7월 27일). 네트워크 효과를 중요하게 생각한 업체들의 출혈경쟁이 이러한 결과를 낳은 것이다. 업체들이 퇴출되면 시장으로부터의 수익 확보는 네트워크 효과와 시장침투 가격전략의 구사로 가능하다고 판단한 것이며 생존 후 성장이라는 전략을 염두에 둔 것으로 보인다. 문제는 모든 기업이 비슷한 생각을 했다는 것이다. 현재로서는 이 시장에서 모든 업체는 디지털 마케팅의 가격관리에 실패한 것으로 해석할 수밖에 없다. 이런 상황에서는 수익성을 감안하는 전략으로의 전환이 불가피한 것으로 보이며, 내실 다지기에 나섰다는 업체들의 경쟁이 어떠한 결과를 낳을지 지켜봐야 할 것 같다.

3 가격조정

기업이 한번 결정한 가격을 소비자에게 항상 일정하게 제시하는 것은 아니다. 기업의 필요에 따라 모든 마케팅믹스를 언제나 재배치할 수 있듯이, 가격도 기업이 처한 상황에 따라 적절하게 조정할 수 있다. 이러한 가격조정은 크게 나누어보면 가격이 원래보다 인상되거나 인하되는 두 가지 형태로 나타난다.

1. 가격인상

- **학습목표 3:** 주요 개념(1)
  - 가격조정 = 기업이 처한 환경이 변화 → 그 상황에 맞춰 가격을 원래보다 인상하거나 인하하는 가격조정을 실시
  - 가격인상 상황 = 제품원가가 상승했을 때 // 자사제품을 새롭게 재포지셔닝할 때 // 기업이 독점적 지위를 누리게 되었을 때

기업은 한번 결정된 가격을 일시적 또는 장기적으로 인상할 수 있다. 이러한 경우는 다음과 같이 세 가지로 볼 수 있다. 첫째, 제품생산에 필요한 원자재나 원료, 임금 인상으로 인해 제품원가가 상승했을 때다. 원가가 올라간 상태에서 기업이 적정 수익을 실현하려면 가격인상이 불가피하다. 따라서 이 경우는 원가상승 요인이 가격인상으로 이어진 것이다. 둘째, 자사제품을 재포지셔닝할 때 발생한다. 보통 기존 제품을 시장에 새로 포지셔닝할 때에는 원래보다 기능이나 속성을 개량한 경우가 많다. 따라서 이 경우에는 기존 가격에서 일정 부분만큼 인상될 가능성이 높다. 단, 이때에는 새로운 브랜드로 출시할 가능성이 크므로, 가격인상을 하기 전에 마케팅전략과 각 마케팅믹스들을 새롭게 구성해야 한다. 셋째, 시장이 쇠퇴기로 접어들면 많은 경쟁기업이 시장에서 철수한다. 이때 특정기업이 그 시장에서 독점적 지위를 누리게 되었을 때는 가격을 인상할 수 있다.

2. 가격인하

- **학습목표 3: 주요 개념(2)**
  - 가격인하 상황 = 원가하락 // 경쟁심화 // 판촉을 위한 단기적인 이유 = 현금할인, 수량할인, 거래할인, 계절할인, 보상판매 등

제품가격을 인하하는 경우는 가격인상보다 더 자주 일어난다. 가격인하가 일어나는 이유 중 첫째는 원가변동 때문이다. 즉, 기업이 오랫동안 그 제품생산에서 얻은 경험곡선의 효과를 누리게 되거나 시장규모가 커져서 규모의 경제 효과를 얻게 되면 제품원가는 낮아질 수 있다. 또 더 저렴한 비용으로 현재 제품생산에 필요한 원료나 중간재를 조달할 수 있다면, 기업은 원가상으로 매우 유리해진다. 이처럼 유리한 원가구조로 기업에서는 가격을 인하할 수 있다.

둘째로는 시장에서 경쟁을 치열하게 전개할 때다. 경쟁자 수가 많아지거나 다른 경쟁기업들이 더 강력한 경쟁우위를 지니면 자사 입장에서 경쟁력을 확보해야 한다. 이 경우 가격을 인하하기도 한다. 새로운 경쟁자가 등장하려고 할 때 그 경쟁자를 막기 위해 경쟁자가 시장에 등장하기 2~3개월 전에 가격을 인하하는 경우가 가장 많다.

셋째는 이상과 같은 장기적 안목에서 가격의 전략적 관리를 위한 가격인하가 아닌 단기적이고 일시적인 가격인하를 단행할 때다. 대개의 기업은 자사의 구매고객이 제품대금을 조기에 지급하거나 대량으로 구매할 경우 또는 해당 제품을 비수기에 구매할 경우, 기존 가격을 조정해 적용한다. 이를 가격할인이라고 하며, 여기에는 현금할인, 수량할인, 거래할인, 계절할인, 보상판매 등이 있다. 이러한 가격할인은 가격관리라기보다 판촉의 성격이 강하며, 제한된 시간 범위 내에서 일시적 · 단기적으로 사용해야 한다.

현금할인(cash discount) 매매거래에서 구매자가 현금을 지급하지 않고 어음 지급이나 외상으로 구매하는 경우가 빈번히 일어난다. 현금할인은 이러한 매매 상황 아래에서 제품 구매 후 일정 기간 내에 대금을 지급하는 고객에게 가격에서 일정률만큼 할인해주는 것을 말한다. 예를 들어 '지금부터 30일 내 만기, 10일 이내에 지급할 경우 2% 할인'이라는 조건으로 제품을 구매한 외상구매자가 10일 안으로 대금을 지급할 경우 가격의 2%를 할인해주는 것이다. 이러한 가격조정은 판매업자의 자금 유동성을 개선하고, 외상매출금의 신속한 횟수를 가능하게 하며, 신용카드 구매로 인한 수수료 부담을 덜 수 있는 동시에 현금구매를 장려하려는 데 그 목적이 있다.

수량할인(quantity discount) 제품을 일정량 이상 사는 구매자들에게 가격을 할인해주는 것을 수량할인이라고 한다. 예를 들어 500개 미만 구매 시 단가를 200원으로, 500개 이상 구매 시 단가를 190원으로 할인해주는 것이다. 수량할인은 구매자들에게 다른 곳에서 제품을 구매하지 않고, 자사에서 구매하도록 하는 동시에 다량구매를 자극하는 역할을 한다. 수량할인에는 1회 구매 시 구매물량에 따라 할인을 적용하는 비누적적 수량할인과 특정기간의 누적 구매물량에 대해 할인을 적용하는 누적적 수량할인이 있다. 수량할인을 사용할 때에는 모든 고객에게 할인을 적용해야 하고, 그 할인 폭이 대량구매로 인해 판매업자에게 초래된 원가감소분을 초과하지 않아야 한다.

거래할인(trade discount) 기능할인 또는 업자 간 할인으로도 불린다. 판매, 보관, 장부정리 등과 같은 중간상 기능을 수행하는 판매업자에게 제조업자가 가격을 할인하는 것을 말한다. 거래할인은 제조업자가 판매경로 확보와 유지를 목적으로 사용하며 유통경로에 따라 그 이윤 폭에 해당하는 금액을 할인해준다. 거래할인 시 제조업자는 중간상에게 각기 다른 할인율을 적용하기도 한다. 그 이유는 경로별로 수행하는 기능이 다르기 때문이다. 그러나 같은 판매경로에 대해서는 같은 거래할인율을 적용하는 것이 바람직하다.

계절할인(seasonal discount) 특정시기를 기해 가격할인을 하는 것이 계절할인이다. 주로 자사제품의 판매증대를 목적으로 비수기에 구매를 자극하려고 고객들에게 할인가로 판매하는 경우다. 이를 통해 제조업자는 적정 조업도를 계속 유지함으로써, 연중 고른 생산량을 유지할 수 있다. 스키나 스케이트 제조업자가 겨울철이 아닌 봄이나 여름에 계절할인을 함으로써, 중간상에게 조기 주문을 받아 제품생산을 하는 경우가 여기에 해당한다. 에어컨을 1월에 예약판매하고, 모피를 8월에 판매하는 것도 마찬가지다. 호텔이나 비행기, KTX 등도 계절할인을 자주 하는 업종이다.

보상판매(rewards sales) 보상판매는 소비자가 자사제품을 구매하면서 중고품을 가져오는 경우, 판매가격 일부를 삭감해주는 것이다. 국내에서는 PC나 기성 양복 등에서 보상판매제도를 활용한다.

가격비교 사이트

인터넷의 도입으로 마케팅 활동 역시 활발하게 이루어지고 있다. 인터넷 마케팅은 제품과 가격에 관한 정보와 자금의 이동 등이 같은 시간대에 같은 장소에서 이루어지던 기존의 소비체계에 커다란 변화를 주었다. 즉, 가격, 제품에 관한 정보와 자금의 이동, 유통 등의 활동들이 따로 분리되어 이루어지고 있다. 대표적인 예로는 제품에 대한 가격정보만을 제공하는 웹사이트가 있다. 일명 가격비교 사이트이다. 이제 고객들은 제품을 구매하기 전에 제품가격에 관한 정보를 가격비교 사이트를 통해 알아보고, 좀 더 저렴하게 원하는 제품을 구매한다.

또 유통업자의 가격결정에 관한 설명은 온라인사이트에 수록하였으니 참조하기 바란다.

다나와 www.danawa.com

에누리닷컴 www.enuri.com

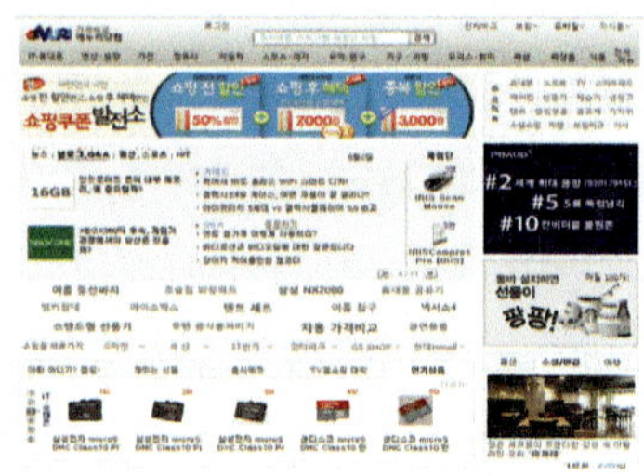

어바웃 www.about.co.kr

비비 www.bb.co.kr

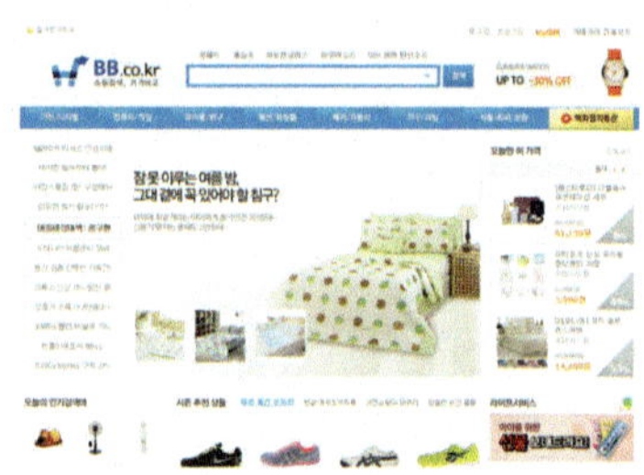

이 장의 요약

- 가격이란 고객이 특정제품을 구매함으로써 얻는 효용에 부여된 제품의 교환가치다. 가격은 구매자가 제품을 선택할 때 중요한 결정요인이며, 기업에는 이익의 원천으로 총수입과 총이익에 영향을 미치는 중요한 마케팅믹스다. 이러한 가격은 다른 마케팅믹스보다 경쟁에 민감하게 반응하며 시장에서 가장 강력한 경쟁 도구다. 하지만 경쟁자가 바로 모방할 수 있다는 단점이 있다.

- 제품의 가격결정 시 영향을 미치는 요인으로는 기업의 가격목표, 제품에 대한 수요, 원가구조, 경쟁제품의 가격과 품질 그리고 법적 요인 등이 있다. 이와 같은 요인들을 고려해 기업이 구체적으로 가격을 결정하는 과정은 다음과 같다. 우선 전체 기업의 목표 그리고 마케팅목표와 일관성을 이룬 기업의 가격목표를 정한다. 일반적으로 기업은 가격목표로 시장 확대, 수익률 확대, 기업 존속 등을 선택한다. 기업의 가격목표가 정해지면 기업에서는 현재 또는 미래의 경쟁상황을 고려해 구체적인 가격전략 방향을 설정한다. 이때 기업이 사용 가능한 가격전략의 유형으로는 상대적 고가격전략, 대등가격전략과 상대적 저가격전략 등이 있다. 신제품에 대한 가격전략으로는 초기 고가전략과 시장침투 가격전략이 있다. 가격전략의 방향이 정해지면 기업은 가격산정방법을 결정하는데, 원가가산법, 목표수익률 기준 가격산정법, 경쟁 중심 가격산정법 그리고 소비자 기대 기준 가격산정법 등을 활용한다. 마지막 단계에서는 소비자 지각에 기초하여 최종가격을 결정한다.

- 이와 같은 가격결정 과정을 거쳐 정해진 가격이라도 기업에서는 고객에게 항상 일정한 가격을 제시하지 않는다. 기업이 처한 상황이 바뀌면 상황에 따라 가격을 인상하거나 인하하는 가격조정 과정을 거친다. 일반적으로 기업은 제품원가가 상승했을 때, 자사제품을 새롭게 재포지셔닝할 때 그리고 기업이 독점적 지위를 누리게 되었을 때 가격인상을 단행한다. 반면, 원가하락, 경쟁 심화와 판촉을 위한 단기적인 이유로 기업에서는 가격을 내리기도 한다.

- 디지털 마케팅 환경에서 가격은 더 중요해지고 있다. 기업은 비용절감을 토대로 오프라인 환경보다 더 낮은 가격으로 제품 공급이 가능하도록 가격경쟁력을 갖춰야 할 것이다. 나아가, 다양한 수익모델 유형을 토대로 창의적인 가격전략(예: 양면시장 가격전략, Freemium 모델, 기반 수요(installed base) 모델, 구독 기반(subscription) 모델 등)을 선택하여 활용해야 할 것이다.

주요 개념 목록

가격에 영향을 미치는 요인들(기업의 가격목표, 수요의 가격탄력성, 원가, 규모의 경제 효과, 경험곡선 효과, 범위의 경제 효과, 경쟁제품의 가격과 품질, 법적 요인, 기타 환경과 경제적 요인) / 가격관리 과정 / 가격목표 설정(시장 확대, 수익률 확대, 기업 존속) / 가격전략의 방향 설정(상대적 고가격전략, 대등가격전략, 상대적 저가격전략) / 신제품 가격전략(초기 고가전략, 시장침투 가격전략, 동태적 가격전략) / 가격산정방법의 선택과 가격결정(원가가산법, 목표수익률 기준 가격산정법, 경쟁 중심 가격산정법, 소비자 기대 기준 가격산정법) / 최종 가격결정(관습가격, 단수가격, 준거가격, 가치 가격산정법, 단일가격과 변동가격) / 디지털 마케팅의 가격관리(양면시장 가격전략 등) / 가격인상 / 가격인하 / 유통업자의 가격결정

생각해볼 문제

1. 국내에서 수요의 가격탄력성이 비교적 낮은 제품의 예를 들고, 그 이유를 설명하시오.
2. 다른 마케팅믹스와 비교하여 가격이 가지는 특징에 관해 설명하시오.
3. 시장확대 목표에 근거해 가격을 결정하는 것이 효율적인 경우를 설명하시오.
4. 신제품 가격전략 중에서 초기 고가전략과 시장침투 가격전략을 비교하면서 설명하시오.
5. 가격산정방법의 큰 유형은 원가 기반의 가격산정(원가가산법, 목표수익률 기준 가격산정법)과 마켓 기반의 가격 산정(경쟁 중심 가격산정법과 소비자 기대 기준 가격산정법)이 있다. 두 유형의 장단점을 비교하여 설명하고 바람직한 방법을 제시하시오.
6. 수익모델 가격전략 유형 내용을 참조하여 특정수익모델 가격전략을 사용하는 실제 사례를 제시하고 그 효과성을 평가하시오.

후주 및 참고문헌

1 Winer, R. S., "Behavioral Perspectives on Pricing Strategy," in *Handbook of Marketing Strategy*, eds., Shanker, V. and Carpenter, G. S., Edward Elgar Publication, 2012, pp. 248~260의 내용에서 발췌하였다.

2 Mishra, H, Mishra, A., and Nayakankuppam, D., "Money: A Bias for the Whole," *Journal of Consumer Research*, 32 (March), 2016, pp. 541~549; Raghubir, P. and Srivastava, J., "The Denomination Effect," *Journal of Consumer Research*, 36 (December), 2009, pp. 701~713.

3 Raghubir, P. and Srivastava, J., "The Effect of Face Value on Product Valuation in Foreign Currencies," *Journal of Consumer Research*, 29 (December), 2002, pp. 335~347; Wertenbroch, K., Soman, D., and Chattopadhyay, A., "On the Perceived Value of Money: the Reference Dependence of Currency Numerosity Effects," *Journal of Consumer Research*, 34 (June), 2007, pp. 1~10.

4 Shampanier, K., Mazar, N., and Ariely, D., "Zero As A Special Price: the True Value of Free Products," *Marketing Science*, 26 (November-December), 2007, pp. 742~757.

5 Raghubir, P., "Free Gift with Purchase: Promoting or Discounting the Brand?", *Journal of Consumer Psychology*, 14(1-2), 2004, pp. 181~186; Kamins, M. A., Folkes, V. S., Fedorikhin, A., "Promotional Bundles and Consumers' Price Judgments: When the Best Things in Life Are Not Free," *Journal of Consumer Research*, 36 (December), 2009, pp. 660~670.

6 Mazumdar, T, Raj, S. P., and Sinha, I., "Reference Price Research: Review and Propositions," *Journal of Marketing*, 69 (October), 2005, pp. 84~102.

7 Winer, R. S., "A Price Vector Model of Demand for Consumer Durables: Preliminary Evidence," *Marketing Science*, 4 (Winter), 1985, pp. 74~90.

8 Tsiros, M. and Hardesty, D. M., "Ending a Price Promotion: Retracting It in One Step or Phasing Out Gradually," *Journal of Marketing*, 74 (January), 2010, pp. 49~64.

9 Kirmani, A. and Rao, A. R., "No Pain, No Gain: A Critical Review of the Literature on Signaling Unobservable Product Quality," *Journal of Marketing*, 64 (April), 2000, pp. 66~79.

10 Kardes, F. R., Cronley, M. L., Kellaris, J. J., and Posavac, S. S., "The Role of Selective Information Processing in Price-Quality Inference," *Journal of Consumer Research*, 31 (September), 2004, pp. 368~374; Cronley, M. L., Prosavac, S. S., Meyer, T., Kardes, F. R., and Kellaris, J. J., "A Selective Hypothesis Testing Perspective on Price-Quality Inferences and Inference-based Choice," *Journal of Consumer Psychology*, 15(2), 2005, pp. 159~176.

11 Shiv, B., Carmon, Z., and Ariely, D., "Placebo Effects of Marketing Actions: Consumers May Get What They Pay for," *Journal of Marketing Research*, 42, 2005, pp. 383~393.

12 손익분기분석에서 단위당 판매가격에서 단위량 변동비를 차감한 것으로, 총 공헌이익(total contribution margin) 중 고정비 성격의 간접비를 차감하면 기업의 이익을 산출할 수 있다. 공헌이익의 계산은 기업 전체의 이익계획, 고정비계획, 예산편성 등의 경우에 유익하다. 공헌이익을 한계이익과 동일시하는 입장도 있다. 이와 유사한 개념으로 공헌이익률이 있는데, 이는 공헌이익을 단위당 판매가격으로 나눈 값으로 정의한다. 마케팅 공헌이익(Net Marketing Contribution)은 총 공헌이익에서 마케팅과 영업비용을 차감해 계산하며, 제품별, 사업부별 등으로 산출해 마케팅 비용의 효과성과 효율성을 평가하기 위해 흔히 사용한다(〈매일경제〉, 매경닷컴 내용을 참조해 설명함).

13 가격탄력성의 구체적 수준, 판매단위당 이윤, 고정비와 간접비 구성과 같은 원가구조에 따라 총 공헌이익은 증가할 수도 감소할 수도 있다.

14 원가가산법은 예상 판매수익률을 가산한다고 해서 mark-up pricing이라고 부른다. 독립적인 유통점을 통해 우리 제품을 유통하는 경우에는 우리 기업의 mark-up뿐 아니라 유통업체의 mark-up이 붙어 최종 판매가격이 결정된다.

15 연식의 차이는 있지만, 2014~2015년 기준으로 그랜저의 가격대는 3,024~3,875만 원, 제네시스는 4,660~7,210만 원, 아슬란은 3,990~4,590만 원이다.

16 Baty, J. B. and Lee, R. M., "Intershop: Enhancing the Vendor/Customer Dialectic in Electronic Shopping," *Journal of Management Information Systems*, 11(4), 1995, pp. 9~31; Martin, T. and Elaine, S., "Trends and Challenges of Expanding Internationally via Direct Marketing," *Journal of Direct Marketing*, 8(1), 1994, pp. 32~43; Mary, A. E. and Feinberg, R. A., "Gender Differences in Mail-Catalog Patronage Motives," *Journal of Direct Marketing*, 8(2), 1994, pp. 37~44; Talarzyk, W. W., "Direct Marketing and Online Consumer Information Services: Implications and Challenges," *Journal of Direct Marketing*, 8(4), 1994. pp. 7~17.

17 Bailey, J. P. (1998), op. cit.; Brynjolfsson, E. and Smith, M. (1999), op. cit.; Clemons, E. K., Hahn, I., and Hitt, L. M. (1998), op. cit.

18 Parker, G. and Alstyne, M. V., "Two-Sided Network Effects: A Theory of Information Product Design," *Management Science*, 51(10), 2005, pp. 1494~1504.

6th Edition

Marketing

14장

유통경로관리

적절한 시간, 수량, 장소를 제공하라

/ 학 / 습 / 목 / 표 / (Learning Goals)

1. 유통채널관리의 근본적 개념들을 이해한다.
2. 유통채널 설계와 관리과정의 의사결정 내용들을 학습한다.
3. 도매업 · 소매업의 역할과 수직적 마케팅시스템을 살펴본다.
4. 소매유통업의 디지털 진화를 살펴본다.

소매유통업의 진화

인터넷, 모바일 등 디지털 기술이 마케팅 지형을 바꾸었으며, 바꾸고 있고, 또 바꿀 것이다. 마케팅믹스 영역 중 가장 변화가 큰 부분은 유통과 촉진(마케팅 커뮤니케이션)이다. 유통믹스 중에서도 가장 크게 변화하는 부분은 소매유통업이다. 다음 그림은 2015년과 2016년의 우리나라 소매유통판매 현황을 보여주고 있다. 2016년 기준으로 전자상거래(인터넷 및 모바일 소매, 통계청에서는 온라인 쇼핑이라 부름) 소매판매는 64조 7,510억 원으로 전체 소매업에서 가장 큰 31.5%를 차지하고 있다. 그리고 전자상거래/온라인 소매에서 모바일 소매가 차지하는 비중은 이미 50%를 넘어 56%에 달하고 있어 모바일 소매는 전체 소매업에서 17.6% 정도를 차지하고 있으며, 성장률을 감안할 때 그 비중은 계속 성장할 것으로 예상된다. 온라인 소매 다음으로는 대형마트(26.1%), 슈퍼마켓(18.4%), 백화점(14.5%), 편의점(9.5%)순이다. 성장률을 토대로 볼 때 백화점 업태의 성장이 가장 정체되어가고 있다.

〈우리나라의 소매 업태별 판매 현황〉

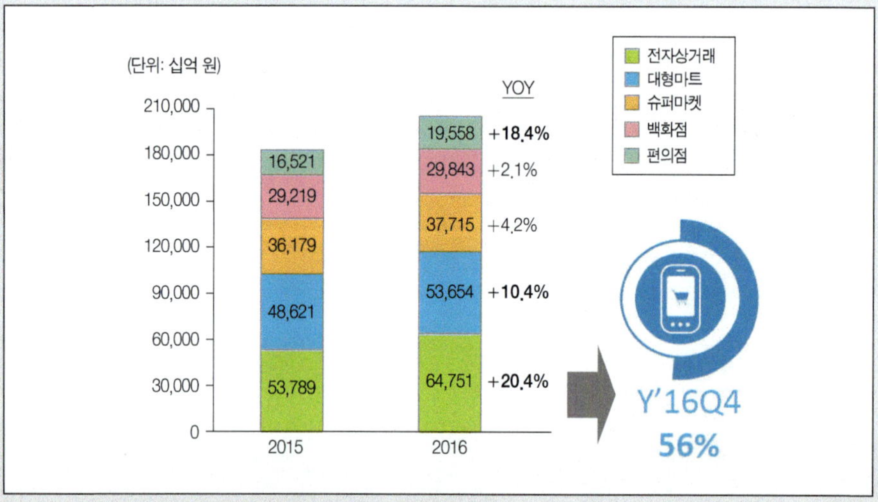

출처: 통계청 소매판매 및 온라인쇼핑 동향

이러한 동향과 함께 소매유통업의 키워드 또는 빅 이슈로 등장한 용어와 개념은 바로 옴니채널(Omni Channel)이다. 인터넷 검색창에 '옴니'라는 말을 입력하면 다양한 설명들이 제시되고 있다. 먼저 아주 간단한 사례로 옴니채널 현상을 알아보자.

다음 두 소비자의 런닝화 구입 과정을 살펴보자. 소비자 O는 근처 쇼핑몰과 백화점 등을 방문하여 몇 가지 런닝운동화를 비교한 후 매장에서 나와 스마트폰으로 모바일 쇼핑에 접속한 후 마음에 드는 런닝운동화를 구매했다. 반면 소비자 U는 스포츠용품 웹사이트 몇 군데를 방문하여 다양한 런닝화들을 비교한 후 백화점에서 런닝운동화를 구입했다. 왜 이처럼 소비자들은 동일 상품을 구매할 때 다양한 채널을 서로 다른 방식으로 이용하며 구매하는 걸까?

소비자 O의 CDJ를 나타내는 신조어는 쇼루밍(showrooming)이라고 한다. 최근에는 모바일이 대세인지 모바일로 구매하는 경우는 모루밍(morooming)이라는 말이 또 등장했다. 오프라인 매장이 온라인 쇼핑몰의 전시장(showroom)으로 변하는 현상을 포착해 생긴 말이다. 소비자 U의 CDJ를 나타내는 신조어는 역쇼루밍(reverse-showrooming)이라고 한다. 디지털 채널이 오프라인 매장의 전시장이 된 셈이다. 5장의 설명을 활용한다면 소비자의 개인적 특성, 경험재 · 탐색재와 같은 제품 특성 등에 따라 소비자의 CDJ가 다양하게 나타날 것이다. 그러나 무엇보다도 디지털 기술 때문에 소매유통업 환경이 변해서 이런 현상이 등장하고 있는 것이다.

옴니(Omni)라는 말은 '모든 것의', '모든 방식으로', '모든 곳에'라는 뜻을 가진 접두어이다. 온라인의 발전에 따라 온 · 오프라인 통합 소매유통시스템을 일컫기 위해 옴니채널이라는 말이 등장한 것은 자연스럽다. 채널이란 용어는 유통에서 경로를 의미하는 것으로 사용되어 왔는데 최근에는 넓은 의미로 유통경로뿐만 아니라 고객들과 상호작용하는 컨택 포인트 또는 미디어까지 포함하여 사용되기도 한다. 물론 의미의 명확화를 위해 유통채널, 커뮤니케이션 채널처럼 채널 앞에 채널의 대상을 붙이기도 한다. 옴니채널은 소매점, 온라인스토어, 모바일, SNS, 매스 커뮤니케이션 등이 항상 소비자 주위에 존재하는 것을 말한다. 즉 옴니채널 소매 또는 커머스는 매장, PC, 모바일 등 여러 채널을 고객 중심의 관점에서 유기적으로 결합해 고객에게 끊임없는(seamless) 쇼핑 환경과 경험을 제공하는 커머스로 정의되고 있으며 미국을 중심으로 우리나라에서도 많은 노력들이 시도되고 있다. 미국의 경우 아마존 등 성공 사례들이 보고되고 있는 반면, 13장에서 살펴보았듯이 우리나라의 경우 온라인 쇼핑몰(쿠팡, SK플래닛, 위메프, 티몬)의 매출은 엄청난 규모로 늘어났지만 영업손실 적자가 심각한 수준이다. 한편 유통 분야의 전문가들은 소매유통채널의 진화를 단계별로 설명하고 있다(싱글채널 → 멀티채널 → 크로스채널 → 옴니채널 → 실시간(real time)채널). 본 장의 소매유통업의 디지털 진화 부문에서 이러한 현상들을 더 상세히 살펴보기로 한다.

출처: Waldron, P. V., "Take a trip through the Channels: Single, Multi, Cross and Omni," May 7, *IBM Retail Industry Blog*, 2014, https://www.ibm.com/blogs/insights-on-business/retail/take-a-trip-through-the-channels-single-multi-cross-and-omni/

1 유통의 근본적 개념

제품수명주기(Product Life Cycle)상 도입기와 성장기에서는 제품과 가격에 의한 포지셔닝이 중요한 역할을 한다. 유통의 경우 성장기부터 그 역할이 중요해지며 성숙기에서는 매우 중요한 위치를 차지한다. 특히 소매점으로부터의 인사이트(In-store Insight)는 마케팅믹스 전략방향 설정이나 조정에도 많은 도움을 준다. 이번 장에서는 유통채널관리의 근본적 개념들, 유통채널 설계와 관리과정의 의사결정 내용들, 그리고 도매업·소매업의 역할과 수직적 마케팅시스템을 학습한다. 마지막으로 디지털 기술 환경이 가장 큰 영향을 미친 소매유통업의 디지털 진화를 살펴본다.

1. 유통의 개념과 필요성

- **학습목표 1:** 주요 개념 (1)
  - 유통경로(채널) = 특정제품이나 서비스가 소비 또는 사용되도록 하는 과정
  - 유통 = 특정제품이나 서비스가 소비 또는 사용되도록 하는 과정과 관련된 상호의존적인 조직 또는 개인들의 집합
  - 유통경로 관리 = 제품이나 서비스를 제조업자로부터 최종 소비자에게 적절한 시간에, 적절한 수량을, 적절한 장소를 통해 소유하게 함으로써 고객가치를 창출하도록 관리하는 것
  - 유통의 원리 = 총거래 수 최소의 원리 + 분업의 원리 + 핵심역량 집중 원리

유통이란 특정제품이나 서비스가 소비 또는 사용되도록 하는 과정과 관련된 상호 의존적인 조직 또는 개인들의 집합이다. 유통경로관리란 제품이나 서비스가 제조업자에게서 표적시장의 최종 소비자에게 적절한 시간에 적절한 수량이 적절한 장소에 제공되도록 관리하는 것이다. 즉, 기업은 소비자가 원하는 제품을 생산하는 것에 그치지 않고 최종적으로는 고객욕구를 만족시키고, 기업 목표를 달성하기 위해 최적의 전달경로를 구성함으로써, 효용창출 기능을 수행한다. 〈그림 14-1〉에서 볼 수 있듯이 유통과 유통경로는 제조업자, 중간상, 소비자의 세 가지 관점에서 설명할 수 있다. 이러한 유통경로의 중심에 중간상이 있다. 중간상은 제조업자와 최종 소비자를 이어주는 유통의 핵심 업무를 담당한다.

중간상에는 도매업자, 소매업자 그리고 배급업자 등이 있다. 중간상의 숫자에 따라 유통경로의 유형이 결정되며, 유통경로의 유형에 관해서는 잠시 후 보다 자세히 설명하

그림 14-1 유통경로: 제조업자 - 중간상 - 소비자

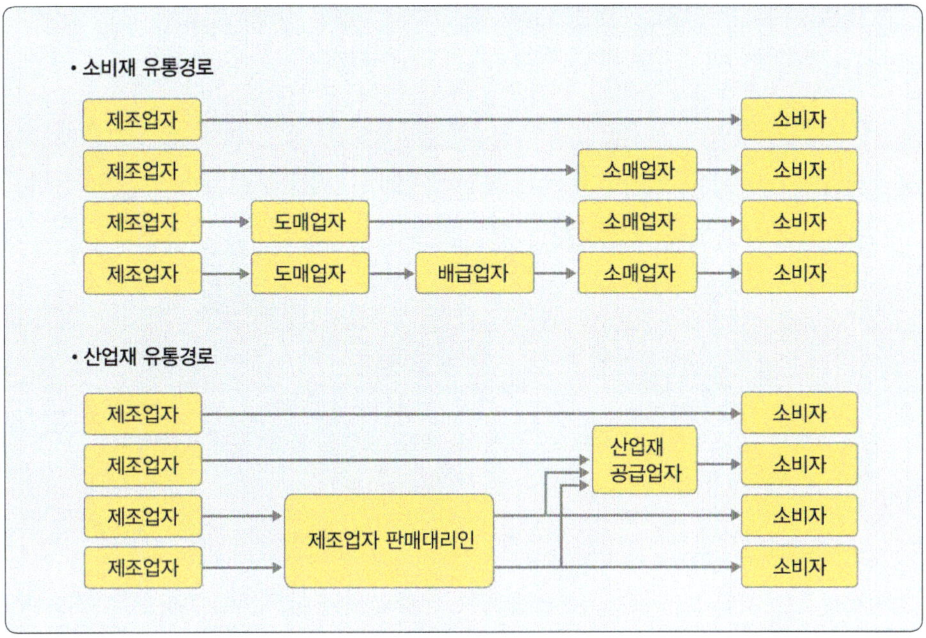

기로 한다. 제조업자 대부분은 최종 소비자에게 직접 제품을 판매하지 않고 중간상을 통해 제품을 판다. 최근 들어 인터넷을 이용한 구매나 공동구매 등을 통한 대량구매 형태로 제조업자와 최종 소비자 간의 직거래 형태가 생겼지만, 여전히 대다수 제품과 서비스가 중간상을 거친다. 최종 소비자 입장에서는 중간상 개입으로 제품가격이 상승하고, 제조업자 입장에서는 자사제품에 대한 통제력을 상실하는 역효과가 있음에도 오늘날까지 중간상이 다양한 형태로 존재한다는 것은 중간상의 기능이 이러한 부정적인 면을 상쇄할 만큼의 혜택을 유통 구성원에게 제공했음을 의미한다. 중간상은 제조업자와 최종 소비자의 효율성을 높이는 매우 중요한 임무를 수행한다. 이에 대한 구체적인 원리는 다음의 세 가지 차원으로 이해할 수 있다.

총거래 수 최소의 원리 중간상의 존재 이유로 가장 많이 제시되는 근거이다. 중간상의 존재가 거래의 경제성 · 효율성을 증진한다는 것이다. 제조업자가 최종 소비자와 직거래하는 경우, 제조업자 수와 최종 소비자 수의 곱만큼의 거래 수가 존재한다. 이럴 때 소비자는 물론 제조업자에게 물리적 불편함과 경제적 비효용이 발생하는데, 이를 개선하는 것이 중간상의 역할이다. 〈그림 14-2〉에서처럼 중간상이 없으면 총 16회의 거래가 발생하는데, 중간상이 개입하면 총거래 수는 8회로 줄어든다. 거의 무한한 숫자의 제조업자와 최종 소비자로 구성된 현대의 경제구조로 볼 때 중간상의 개입은 제조업자와

그림 14-2 총거래 수 최소의 원리

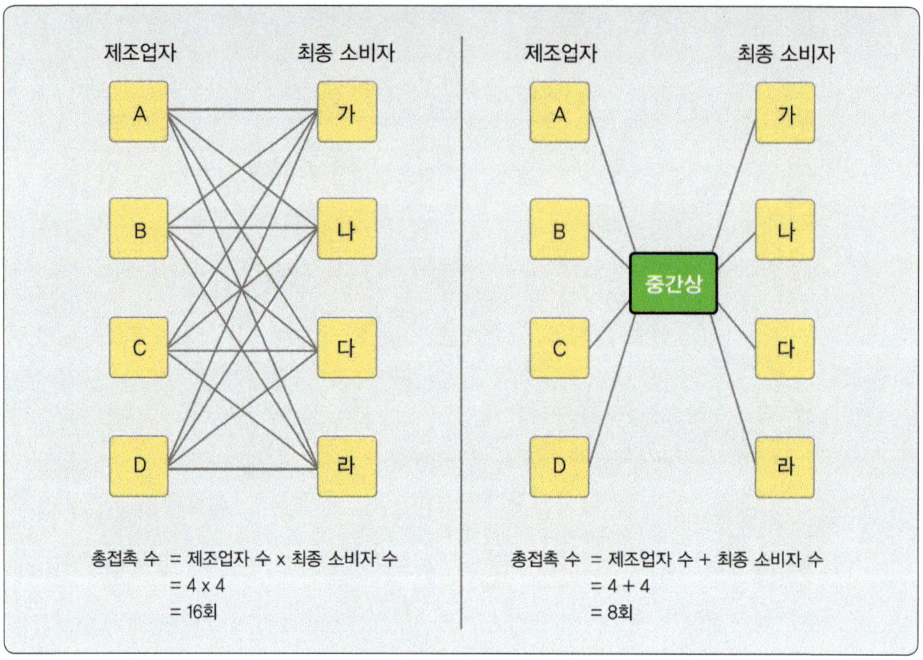

최종 소비자의 총 직거래 수를 현저히 줄여 거래를 더욱 효율적으로 만든다.

분업의 원리 생산 분야에 적용하는 분업의 원리를 유통 분야에도 같이 적용할 수 있다. 유통의 다양한 기능, 즉 수급조절 기능, 보관 기능, 배달 기능, 정보수집 기능 등을 제조업자가 모두 수행하면 효율성이 떨어질 뿐 아니라 비경제적이다. 중간상에게 유통을 맡겨 역할을 분담함으로써 전문적인 유통구조를 구축할 수 있고, 제조업자는 유통기능을 배제함으로써 최종 소비자와 직거래에서 발생하는 과다한 비용을 줄일 수 있다.

핵심역량 집중 원리 제조업자가 유통에 직접 참여할 수 있는 능력이 되고, 소비자와 직거래하는 것이 중간상을 이용하는 것보다 비용 면에서 더 나을 경우라도 중간상을 개입시킨다. 이 경우는 제조업자가 유통을 직접 운영하고 통제하는 것에서 오는 이점이 제품 제조나 R&D 개발 등에 투자했을 때의 이점보다 상대적으로 낮은 상황에 해당한다. 최종 소비자와 직거래하는 것이 효율적이어도 중간상을 개입시킴으로써 제조업자의 제한된 자원을 스스로 핵심역량에 집중적으로 투자하여 경쟁적 우위를 획득하고자 하는 전략적 결정으로 볼 수 있다. 한편 유통관리 역량이 핵심역량인 제조업자도 존재한다. CJ, LG생활건강, 대상 등은 유통관리 역량을 핵심역량으로 개발하면서 유통 사업에도 진입한 대표적 기업이다.

2. 유통경로의 효용과 기능

- **학습목표 1: 주요 개념 (2)**
  - 유통경로의 효용 = 시간효용(time utility) // 장소효용(place utility) // 소유효용(possession utility)
  - 유통경로의 기능 = 거래 기능 // 거래촉진 기능 // 정보교환 기능

유통경로의 효용, 즉 중간상이 최종 소비자에게 전달하는 세 가지 유형의 효용으로는 시간효용, 장소효용 그리고 소유효용이 있다. 첫째, 시간효용(time utility)은 최종 소비자가 원하는 시간에 제품이나 서비스를 구매하거나 이용할 수 있도록 함으로써 발생한다. 둘째, 장소효용(place utility)은 최종 소비자가 구매하기 쉬운 장소에서 제품이나 서비스를 전달할 때 발생한다. 셋째, 소유효용(possession utility)은 최종 소비자가 생산자나 중간상에게서 제품이나 서비스의 소유권을 이전받음으로써 발생한다. 이처럼 소비자는 중간상을 통해 원하는 시간에, 원하는 장소에서, 원하는 물건을 소유하는 것이 가능해지면서 다양한 효용을 받는다.

유통경로는 여러 마케팅 기능을 수행함으로써 위에서 언급한 효용을 최종 소비자에게 구체적으로 전달할 수 있는데, 이러한 기능은 대략 세 가지 정도로 요약할 수 있다. 첫째, 거래 기능이다. 이는 유통의 가장 본원적인 기능으로, 중간상은 제조업자에게서 제품을 구매해 제조업자 대신 최종 소비자에게 제품을 판매하고, 재고를 부담하고, 제품을 수송하는 등 원천적인 거래 기능을 담당한다. 둘째, 거래촉진 기능이다. 다양한 형태의 중간상 등장은 복잡한 거래 과정을 보다 단순화시켜 최종 소비자에게 쉽게 제품을 전달할 뿐 아니라 중간상 스스로 최종 소비자에게 제품을 권장하고 구매를 독려하는 것에 집중한다. 또 제조업자와 최종 소비자 간 재고처리에 관계되는 자금을 획득, 분배하는 금융 기능을 수행하여 거래를 더욱 활발하게 한다.[1] 셋째, 정보교환 기능이다. 제조업자에게 세분시장의 고객에 대한 정보뿐 아니라 잠재고객, 경쟁자와 환경 등에 관한 여러 정보를 수집하여 제공하며, 이를 통해 더 많은 고객에게 접근할 수 있도록 소비자와 제조업자를 연결해준다. 이는 제조업자가 최종 소비자의 정보를 획득하는 데 드는 비용을 줄여주기도 하지만, 최종 소비자 관점에서 보면 제품정보를 위한 탐색 비용을 줄여준다.

이처럼 최종 소비자와 직거래할 때보다 중간상 개입으로 거래비용이 절약되면서 효율적으로 중간상의 기능이 발휘되어왔다. 그러나 현대사회에 들어와서 인터넷, TV 홈쇼핑, 모바일 쇼핑 등의 획기적인 발전과 우편 그리고 전화 판매의 개선으로 인한 유통환경의 변화로 중간상 입지가 위협받고 있다. 갈수록 많은 제조업자가 최종 소비자와

의 직거래가 가능하도록 기업 내부에 관련 부서를 구성하고 시스템을 구축함으로써, 저비용이나 통제력 있는 새로운 유통경로를 발굴하고 있다. 이런 현실에서 중간상 스스로 유통의 본원적인 거래 기능을 수행함은 물론 거래촉진과 정보교환 등과 관련된 차별적 역량을 개발하기 위한 지속적인 노력이 불가피한 상황이다.

3. 사례로 본 유통경로 유형

- **학습목표 1: 주요 개념 (3)**
  - 직접 유통경로(Direct Channel Systems)의 장점 = 높은 통제가능성(고객에 대한 제품 설명, 고객과의 상호작용, 서비스 품질 수준)
  - 직접 유통경로의 단점 = 고객 도달(Customer Reach) 범위가 좁고, 비용이 많이 듦.
  - 간접 유통경로(Indirect Channel Systems)의 장점 = 고객 도달 범위가 넓고, 비용이 효율적
  - 간접 유통경로의 단점 = 낮은 통제가능성(고객에 대한 제품 설명, 고객과의 상호작용, 서비스 품질 수준)
  - 간접 유통경로는 중간상이 관여·개입하는 정도에 따라 보통 세 가지(1수준, 2수준, 3수준) 정도의 유형으로 분류됨.

제조업자가 어떤 형태의 유통경로를 선택해야 하는지에 대한 절대적인 답은 없다. 다만, 유통경로 구성원이 효율적 · 효과적 · 경제적으로 유통업무를 실행할 수 있으며, 통제 가능한 유통경로를 선택해야 한다는 기준은 명백하다. 선택한 유통경로의 형태는 제조업자의 제품, 제품의 포지셔닝, 이미지 등은 물론 제조업자의 가용자원 여유 정도 그리고 기업의 전사적 및 마케팅목표와 부합해야 한다. 소비재 제조업자가 선택할 수 있는 유통경로 유형은 아래와 같이 분류할 수 있다. 산업재 제조업자의 유통경로에 대해서는 20장을 참조하면 된다.

소비재 유통경로 일반적인 소비재 유통경로는 유통경로에 개입하는 중간상의 숫자와 역할에 따라 〈그림 14-3〉의 네 가지 유형으로 구분되는데, 이는 다시 크게 두 개, 즉 직접 유통경로와 간접 유통경로로 나눌 수 있다. 첫 번째 유형은 제조업자가 최종 소비자에게 직접 판매하는 0수준 경로(0-level channel), 즉 직접 유통경로(Direct Channel Systems)이다. 또 현대자동차의 자동차가 직영 판매점을 통해 최종 소비자에게 판매하는 형태도 여기에 해당한다.[2] 자체의 판매조직은 일반적으로 제조업체가 원하는 대로 고객에 대한 제품 설명과 고객과의 상호작용 그리고 서비스 품질 수준을 통제할 수 있지만, 고객 도달(Customer Reach) 범위가 상대적으로 좁고 비용이 많이 드는 단점이 있다. 이러한 단점을

그림 14-3 **소비재 유통경로의 유형: 직접 유통경로와 간접 유통경로**

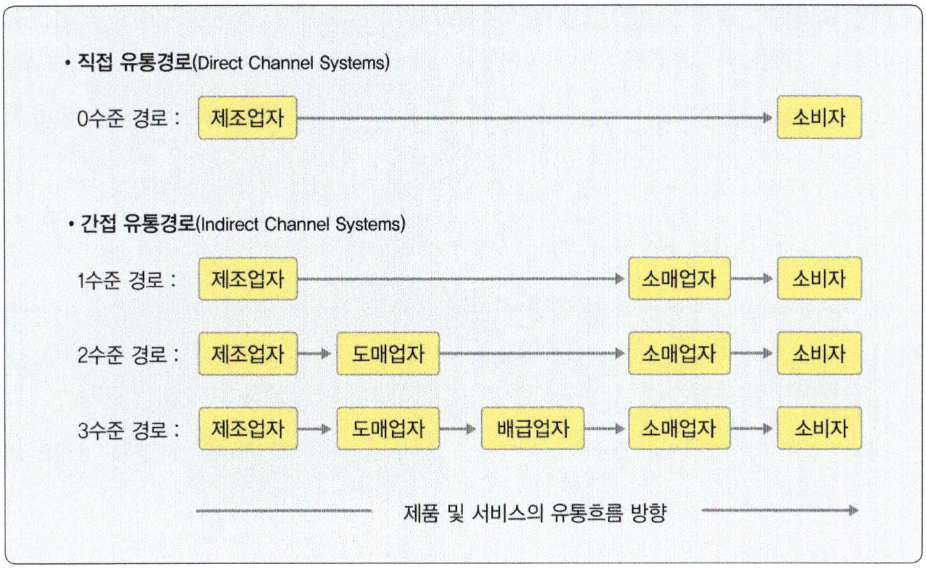

해소하려고 등장한 대체적인 직접 유통경로 수단으로 DM(Direct Mail), 카탈로그 판매와 텔레마케팅(Tele-Marketing: TM) 등이 등장했다.[3] 최근에는 정보통신기술의 비약적 발전으로 이메일, 문자메시지, 인터넷, 모바일 등을 활용한 디지털 마케팅 유통경로가 매우 활성화되고 있다. 각종 금융상품도 이러한 대체적인 직접 유통경로 수단을 통해 더 저렴하게 거래할 수 있게 되면서 기존 유통경로인 자체 판매조직과 갈등을 일으키기도 한다.

다음으로는 제조업자와 최종 소비자 사이에 중간상이 존재하는 간접 유통경로(Indirect Channel Systems)가 있다. 일반적으로 간접 유통경로는 고객 도달 범위가 넓고 비용이 효율적이지만, 제조업체가 원하는 대로 고객에 대한 제품 설명과 고객과의 상호작용 그리고 서비스 품질 수준을 통제할 수 있는 정도가 낮은 게 단점이다. 간접 유통경로는 다시 세 가지 정도의 유형으로 분류되는데,[4] 첫째, 제조업자와 최종 소비자 사이에 하나의 소매상이 존재하는 경우가 1수준 경로(1-level channel)로, 많은 제조업체가 이마트, 홈플러스, 롯데마트, 하이마트와 같은 대형 소매상을 통해 제품을 유통한다. 둘째, 두 개의 중간상이 포함된 2수준 경로(2-level channel)는 의약품이나 식품 등의 경우에 많으며 보통 도매상과 소매상이 유통에 개입된 형태이다. 셋째, 세 개의 중간상이 포함된 3수준 경로(3-level channel)로 도매상과 배급업자, 소매상이 제조업자와 최종 소비자를 연결한다. 이 경우는 채소나 쌀 등 농수산물 유통경로에서 주로 관찰된다. 예컨대 배추를 생산하는 제조업자인 농부가 직접 또는 산지 수집상을 통해 농협 도매법인(농협공판사업부)

에 배추를 판매하고, 이 도매법인은 배급업자인 중도매인에게 배추와 농산물을 넘긴다. 그러면 소매상인 동네 슈퍼마켓에서는 배급업자인 중도매인에게서 소비자에게 판매할 농산물을 구매한다.[5] 최종적으로 소비자들은 소매상인 동네 슈퍼마켓에서 배추를 구매한다. 3수준 경로에서는 과다한 중간상의 개입으로 제조업자인 영세한 농어민의 유통 통제력이 약화하고, 정보교환을 어렵게 하는 등 여러 문제를 일으킨다. 이러한 병폐를 개선하기 위해 농협공판장이나 하나로마트 등 대형소매상을 활용해 중간상 숫자를 줄이려는 움직임도 나타나고 있다.

이러한 유통경로 유형은 보통 제품에 따라 그리고 각각 구분된 세분시장에 따라 하나의 유통경로 유형을 선택적으로 사용한다. 예를 들면 삼양 사 설탕의 경우, 〈그림 14-3〉의 1수준 경로로 이마트나 롯데마트 등의 할인점을 통해 최종 소비자에 공급되기도 하고, 동네 인근 슈퍼마켓이 2수준 경로로 도매상에서 설탕을 받아와 최종 소비자에게 전달하기도 한다(〈그림 14-4〉 참조).

한편 같은 세분시장 내에 복수유통경로(multiple marketing channels)가 설정되기도 하는데, 이는 경쟁이 심화되는 환경에서 소비자에게 적극적으로 침투하려는 방법이다. 이 경우 제품판매량은 증가할 수 있으나 동일 세분시장에서 유통경로 구성원 간의 경쟁을 심화시켜 때로는 제품판매량 증가에 따른 추가이익을 상쇄하는 부작용이 발생하기도 한다. 예컨대 〈그림 14-4〉와 같이 삼양 사도 복수유통경로를 취하고 있는데, 대형소매상의 공급가격 불만족과 가격인하 압력을, 판매용량 단위를 다르게 하여 해소했다.[6] 이 경우는 세분시장이 분리된 형태여서 이 정도의 간단한 해결책으로 가능했지만, 같은 세분시장 내의 복수유통은 첨예한 갈등을 일으키기도 한다. 유통 구성원 간 갈등의 종류와 갈등관리에 관한 내용은 뒤에서 더 자세히 설명하겠다.

그림 14-4 유통경로 유형: 삼양 사의 설탕 소비재 유통경로

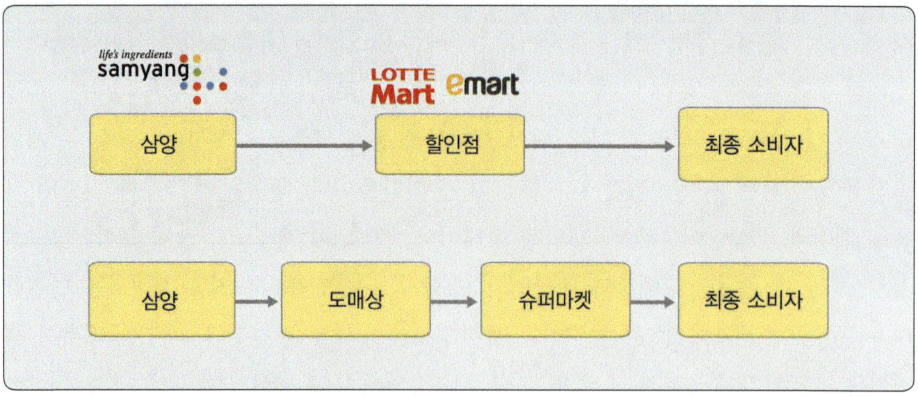

2 유통경로 설계와 관리

- **학습목표 2:** 주요 개념 (1)
  - 유통경로 설계(design)와 관리 과정 =
    유통관련 고객 욕구와 기대수준 이해 → 유통경로 목표 설정(기업의 마케팅목표와의 부합 여부; 유통경로 과업 설계) → 유통경로전략 수립(유통 커버리지와 경로 구조 결정) → 유통경로 구성원과의 관계관리(성과 평가 및 향후 관리 반영, 갈등관리, 동기부여)

지금까지 유통의 개념과 중요성 그리고 유형들에 대해 살펴보았다. 이제부터는 유통경로의 설계와 관리에 대해 알아보고자 한다. 갈수록 경쟁이 치열해지고, 특히 새로운 제품이 쏟아지는 가운데, 체계적인 유통경로 디자인의 중요성은 더욱 커지고 있다. 유통경로의 설계는 기업에서 소구하고자 하는 표적시장 고객에 대한 이해에서부터 출발하며, 고객욕구를 파악하고, 원하는 유통서비스 수준에 따라 적합한 서비스를 제공할 수 있도록 설계해야 한다. 또 이러한 유통경로를 설계할 때는 기업의 전사적인 마케팅 목표에 부합되는지를 반드시 확인하여 일관성 있는 마케팅 활동을 구성하고, 고객에게 통일된 커뮤니케이션을 해야 한다. 일반적으로 유통경로의 설계와 관리는 〈그림 14-5〉와 같은 단계로 이루어진다.

그림 14-5 유통경로 설계와 관리 과정

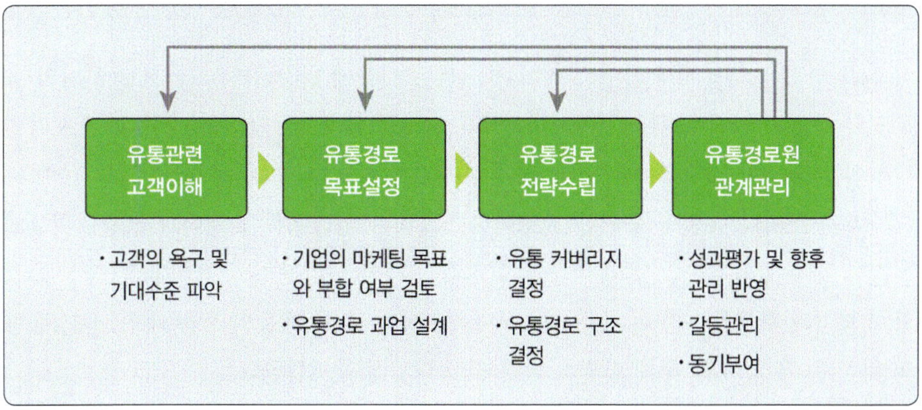

1. 고객이 원하는 기대수준 파악하기

- **학습목표 2: 주요 개념 (2)**
  - 고객이 원하는 유통관련 욕구와 기대수준 파악 = 대기 시간, 취급제품의 다양성, 구매의 편의성, 최소 구매 단위의 수준
  - 유통경로의 설계 또한 자사의 STP전략과 일관되게 이뤄져야 함.

유통경로 설계 시 최우선적으로 수행해야 하는 과정은 표적시장 고객이 원하는 유통관련 욕구와 기대수준에 관한 이해이다. 또 표적시장이 여러 개의 세분된 시장으로 나누어지는 경우, 각각의 세분시장 수준에서 이를 분석해 적합한 유통경로를 설계해야 한다. 유통경로에 관련한 고객들의 욕구와 기대수준으로는 다음과 같은 사항들을 고려해야 한다.

대기 시간 고객이 제품이나 서비스를 구매하고 최종적으로 획득하기까지 걸리는 시간으로, 일반적으로 고객은 신속함을 요구한다. 피자 배달 시 30분 이내 배달 보장과 인터넷 쇼핑몰에서 일정 시간 안에 배송이 완료되지 않으면 소정의 적립금을 지급하는 경우를 들 수 있다. 이것은 우리의 생활 자체가 기술의 혜택으로 고속화되면서 고객의 구매를 더 신속하게 완료하는 것이 중요한 경쟁우위 요인이 되었음을 보여주는 예이다. 그러나 제품가격이 저렴하다는 등의 이유로 고객이 대기 시간의 허용 수준을 완화하는 경우도 많다. 그러므로 고객이 원하는 수준의 대기 시간은 제품과 유통경로마다 다를 수 있어서 고객의 기대 대기 시간을 파악하는 것도 필요하다. 예컨대 고객의 대기 시간을 줄여주는 것이 효율성을 높여주는 것처럼 보이지만, 유명한 맛집이나 점집 등과 같이 줄을 서서 기다리는 고객들이 많은 경우, 소비자들은 더 높은 가치의 제품과 서비스를 받을 수 있다고 기대한다.[7]

취급제품의 다양성 앞에서 설명한 것처럼 고객은 시간에 민감하다. 그러므로 하나의 유통경로에서 더 많은 종류의 제품이나 서비스를 일괄적으로 받기를 원한다. 오프라인 상점이든 온라인 쇼핑몰이든 결국 한 유통경로가 제공하는 제품 구색 범위가 얼마나 되는가는 소비자 유인의 중요한 요소이다.[8] 그러나 취급제품을 지나치게 광범위하게 설정할 경우에 따르는 기업의 비용을 고려해 고객이 원하는 수준의 제품 다양성을 정확히 파악해 확보하는 것이 매우 중요하다. 또 용기 크기, 제품의 묶음 개수, 성분 용량의 차이 등 포장 단위, 구매 단위가 다른 것도 다양성에 포함한다.

구매의 편의성 고객이 제품이나 서비스를 구매할 때 오프라인 상점의 경우, 점포 수가 많고 입지가 좋아 구매 시 시간을 줄여주는 것이 중요하다. 온라인 구매는 더욱 편리한 웹 페이지 구성과 신속하고 안전한 보안과 결제 기능이 필요하다. 이는 고객의 구매효율성을 높이는 데 중요한 요소이지만, 기업의 유통경로 구축 시 비용이 많이 들기 때문에 제한된 기업자원을 활용해 고객요구 수준과 균형을 고려해 유통경로를 설계하는 것이 바람직하다.

최소 구매 단위의 수준 구매 단위를 작게 할수록 고객에게 제공되는 서비스 수준은 높아진다. 그러나 구매 단위를 지나치게 작게 하는 경우, 비경제적인 요인이 발생할 수 있으므로 고객이 원하는 수준에서 효율적인 구매 단위를 분석하는 것이 중요하다. 할인점 등에서의 저렴한 가격의 대량묶음 판매는 이를 고려한 판매단위와 가격책정이 뒤따라야 고객이 원하는 유통서비스 수준에 부응할 수 있다. 예를 들어, 코스트코나 이마트 트레이더스 클럽은 가정 및 소규모 사업자를 주력시장으로 하여 최소 구매 단위의 수준을 늘리는 대신 상대적으로 저렴한 가격을 제공함으로써 다른 유형의 소매점과 경쟁하고 있다.

또한 유통경로에 관련한 고객들의 욕구와 기대수준 사항들은 고객이 원하는 제품의 품질이나 브랜드 명성의 수준, 서비스 품질 수준, 가격 수준 등 고객이 기대하는 가치라고 할 수 있다. 결국, 유통경로의 설계 또한 자사의 STP전략과 일관되게 이뤄져야 한다.

2. 유통경로 목표 설정

- **학습목표 2: 주요 개념 (3)**
  - 유통경로 목표 설정과 과업 설계 = 기업의 마케팅 목표 및 STP전략과 부합되게 설정
  - 유통경로 과업 설계 = 특히 표적시장의 도달범위, 비용, 제품 및 서비스 품질 등을 고려
    - 혁신기술을 토대로 한 신제품(PLC상 도입기) = 직접 유통경로
    - 서비스와 품질을 토대로 한 제품(PLC상 성장기) = 간접 유통경로
    - 저가·저비용 제품(PLC상 성숙기) = 온라인, 모바일 등 디지털 유통경로

유통경로 설계 시 고객에 대한 이해 다음으로 고려해야 할 사항은 유통경로의 목표를 설정하는 것이다. 근본적으로 기업의 제품과 서비스를 유통하는 것은 기업의 장·단기적 마케팅목표를 달성하기 위한 것이므로, 유통경로의 목표수립 시 먼저 이를 재

확인해야 하며, 목표에 부합하는 유통경로를 설계해야 유통효율성을 극대화할 수 있다. 기업 목표에는 판매나 이익의 증대, 투자수익률과 시장점유율 확보 등과 같은 계량적 목표와 고객충성도 확보와 고객만족, 더 나아가 사회적 책임 등의 질적 목표가 있는데, 이 중 시장과 관련된 목표, 즉 판매액과 판매량, 시장점유율, 마케팅 관련 이익과 이익률, 고객충성도, 고객만족 등이 사업, 제품이나 서비스의 마케팅목표로 설정된다.[9] 이러한 기업 또는 마케팅목표는 유통경로 목표로, 조작적 정의[10]를 거쳐 더욱 구체적으로 변환해 설정해야 한다. 유로경로별 매출액, 소비자 만족지수 등 구체적인 수치로 달성기간과 함께 설정해야 한다. 예를 들어 기저귀 제조업체 A사는 내년 상반기 목표 중 일부로 '주요 5대 인터넷 쇼핑몰 고객 중 25~40세의 주부와 남편 고객 20%가 A사의 신제품을 구매 완료하면 48시간 내 배송 완료하고 재구매율 55%를 달성한다'라는 유통경로 목표를 세울 수 있다. 유통업체의 예로 미국의 편의점 형태 약국 체인점인 '월그린즈(Walgreens)'는 가게당 수익에서 방문고객당 수익으로 목표설정을 바꾸면서 성공했다. 월그린즈는 방문고객당 수익을 극대화하기 위해 목표 지역의 작은 반경 내에 많은 가게를 밀집시키고(반경 1마일 내에 아홉 개), 고객들에게 편의를 제공할 최적의 장소와 형태를 갖추려고 노력했다.[11]

또 기업은 마케팅목표를 달성하기 위해 환경을 분석하고 STP전략을 수립한다. 그 결과 표적시장에 대한 포지셔닝과 고객가치제안이 결정되고 이를 달성할 마케팅믹스를 구성하여 실행한다. 표적시장에 대한 포지셔닝과 고객가치제안을 달성하기 위한 유통경로의 역할을 도출하는 것을 유통경로 과업 설계라고 한다. 다시 말해 유통경로 목표는 유통경로 과업과 함께 설정하는 것이다. 한 예로 다우 코닝(Dow Corning)의 유통경로 과업이 설계되고 실행에 옮겨지는 것을 설명해보기로 한다.[12]

다우 코닝은 수십 년 동안 실리콘 기술을 응용한 제품시장의 리더이다. 이 기술을 활용한 제품들로는 수많은 산업용 소재 제품뿐 아니라, 전자제품, 의약품과 건설 시장용 제품들이 있다. 다우 코닝의 많은 제품은 제품수명주기 단계상 성숙기에 접어들었으며, 이에 따라 다우 코닝의 제품 경쟁력이 특별히 높게 유지되기는 어려웠다. 다우 코닝의 전통적인 풀 서비스 엔지니어링 접근방법[13]은, 고객들이 별 필요를 느끼지 않기에, 이러한 성숙기 제품들에는 도움이 되지 않았다. 고민을 거듭하던 다우 코닝은 완전히 새로운 유통경로전략을 고안했다. 이 전략은 실리콘 기반 제품시장들을 철저히 분석한 결과인데, 시장 중 두 개의 세분시장은 아직도 다우 코닝의 전통적 유통경로방식을 활용해 이익을 창출할 수 있는 것으로 파악되었다.

〈그림 14-6〉과 같이 혁신기술제품 표적세분시장 고객들은 직접 유통경로를 활용·도달하고, 서비스품질 표적세분시장에 접근하기 위해 간접 유통경로를 사용하기로 했

그림 14-6 유통경로 과업 설계: 다우 코닝의 자이어미터

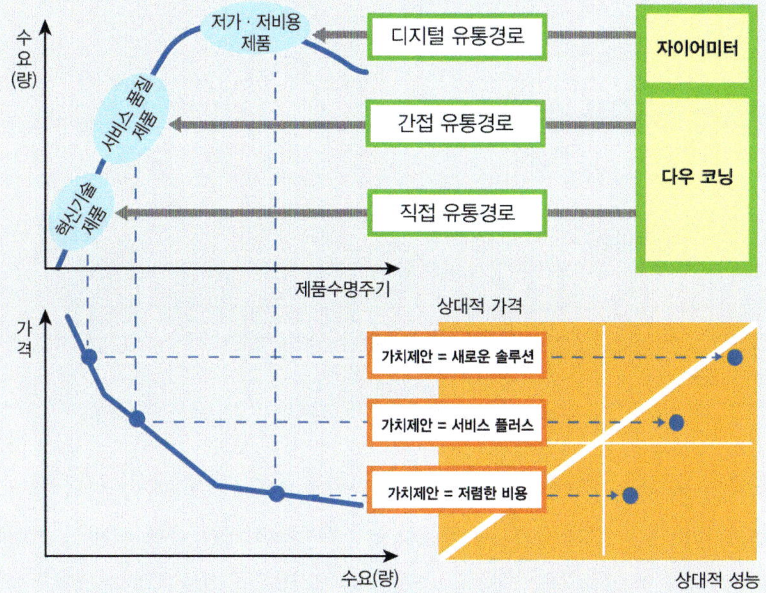

출처: Best, R. J., *Market-Based Management*, 6th ed., International Edition, Pearson, 2013, p. 351.

다. 그러나 가격민감도가 높은 저가격 표적세분시장 고객들을 유인하려면 영업과 서비스 비용을 대폭 줄여 가격경쟁력을 확보하고 새로운 유통인 디지털 유통경로를 개발해야 한다는 과업을 설계했다. 디지털 유통경로를 통해서는 다우 코닝의 핵심 포지셔닝(혁신기술, 제품품질, 서비스품질)과 다른 포지셔닝(저렴한 가격)이 필요한 400개의 실리콘 기반 제품들을 다우 코닝이 아닌 새로운 브랜드, 즉 자이어미터(Xiameter)로 판매하기로 했다. 특히, 이 경로를 통해 가격에 민감한 고객들을 획득하고 유지하기 위해 주요 경쟁제품들과 자이어미터 제품 간에 가격비교를 가능하게 했다. 고객은 온라인을 통해 주문하고 각각의 주문에 대해 약정된 배송일이 지정되었다. 자이어미터의 가장 큰 성공요인은 가격이 많이 내려가는 성숙기 단계에 적합한 디지털 유통경로의 개발과 활용이었다.

이 사례를 통해 효과적 · 효율적 유통경로 과업 설계는 기업의 마케팅목표를 달성하기 위한 STP전략, 특히 표적시장 고객이 원하는 가치를 고려하는 것이 매우 중요함을 알 수 있다. 나아가 표적시장 고객들과 그들의 욕구와 가치는 제품수명주기의 단계별로 달라지기 때문에 이러한 변화에 적합한 유통경로 목표설정과 과업 설계를 하는 것

역시 중요함을 배웠다(사례에서 세 개 표적시장 고객의 가치와 요구조건은 새로운 솔루션 제품, 서비스 품질, 저렴한 가격으로 달랐다). 다음은 이렇게 설계된 유통경로 과업과 일관된 유통경로 전략 수립에 관해 알아본다.

3. 유통경로전략 수립

- **학습목표 2: 주요 개념 (4)**
  - 유통경로전략 수립 = STP전략에 적합한 유통 범위의 선택 + 적합한 유통경로 구조 결정
  - 유통 범위의 선택 = 전속적(exclusive) 경로 // 촘촘한(intensive) 경로 // 선택적(selective) 경로
  - 유통경로 구조의 결정 = 직접 경로 // 간접 경로 // 혼합형 경로 ; 유통경로 구조의 길이는 기업의 통제력과 반비례 관계

유통경로의 목표와 과업을 달성하기 위한 최적의 전략을 결정하기 위해서는 크게 두 가지 의사결정이 요구된다. 첫째는 기업의 STP전략에 적합한 유통 범위를 선택하는 것이고, 둘째는 적합한 유통경로 구조를 결정하는 것이다. 이러한 유통경로전략의 결정은 고객 입장에서는 자신의 요구와 가치에 맞는 제품과 서비스를 획득하고, 기업 입장에서는 수익과 비용의 균형점에서 적절한 수준의 유통경로를 선택하는 것을 의미한다.

유통 범위 정도에 따른 유통경로전략의 방향 유통경로전략의 첫 번째 의사결정사항으로, 마케팅 관리자가 표적시장의 최종 소비자 관점에서 그들에게 제품이나 서비스가 도달할 수 있는 최적의 방법을 선택하는 것이다. 이는 소매점 수를 몇 개로 할 것인가에 대한 의사결정으로, 기업에서 원하는 표적시장 범위에 따라 결정한다. 이는 유통집중도(distribution intensity)를 말하며 다음과 같이 세 가지로 구분할 수 있다.

전속적 유통경로(exclusive distribution) 일정 상권 내에 자사제품만을 독점적으로 취급하는 소매점 몇 곳을 가지고 유통하는 경우로, 소매점에 대한 통제가 쉽다는 장점이 있다. 또 소매점과 긴밀한 커뮤니케이션으로 푸시전략 등의 판매전략을 실시하기 쉬울 뿐 아니라 제품이미지 제고가 가능하다. 주로 고급자동차나 고급의류, 고가의 가구 등 전문품(specialty goods)의 유통경로가 여기에 해당한다. 푸시전략과 풀전략에 대해서는 뒷부분과 다음 장에서 상세히 설명한다.

촘촘한 유통경로(intensive distribution) 일정 지역 내에 중간상을 최대한으로 확보하는

전략으로, 가장 높은 유통 커버리지를 획득할 수 있다. 최종 소비자를 위한 제품 노출 수준과 구매 편의성을 극대화함으로써 판매량 증대를 가져오지만, 유통비용의 증가와 통제력 약화 등이 약점이다. 주로 식 · 음료제품과 담배 등과 같이 구매가 빈번하게 일어나는 생활필수품 등 편의품(convenience goods) 등이 이러한 유통경로를 가진다.

선택적 유통경로(selective distribution) 전속적 유통경로와 촘촘한 유통경로의 중간 형태로 일정 지역에 일정 수준의 소매점을 일정 수만 선별하여 제품을 유통하는 전략이다. 전속적 유통경로와 집약적 유통경로 각각의 장점을 취하고, 단점을 보완하는 유통경로이다. 주로 선매품(shopping goods)인 가구, 의류, 중고차, 가전제품 등의 유통경로가 여기에 해당한다.

그림 14-7 **유통경로 구조의 예: 소프트웨어 제조업체**

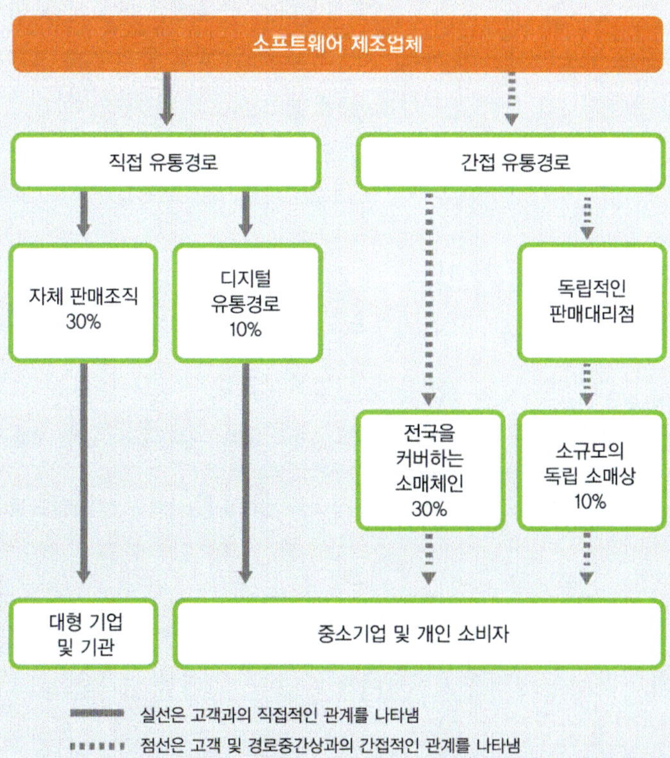

출처: Best, R. J., *Market-Based Management*, 6th ed., International Edition, Pearson, 2013, p.347.

유통경로 구조에 따른 유통전략 제조업자는 유통경로전략 수립의 두 번째 단계로 유통경로 구조, 즉 경로의 길이를 결정해야 한다. 이는 기업에서 유통경로의 어느 수준까지 소유하고 통제하며 임무를 수행하는가와 어느 수준까지 중간상에게 유통경로의 역할을 허용하는지에 관한 의사결정이다. 제조업자는 최종 소비자와 직거래하는 최단거리의 경로구조를 택할 수도 있고, 여러 중간상이 개입된 상대적으로 긴 길이의 경로로 구성할 수도 있다.

이러한 유통경로 구조의 길이는 기업의 통제력과 반비례 관계에 있으므로 여러 요인을 심도 있게 고려한 후에 결정해야 한다. 해당 고려요인에는 도달해야 하는 표적시장 규모와 지리적 분산 정도, 제품의 특성, 고객이 원하는 서비스의 정도, 소요 비용과 기업의 자원 등이 있다. 예를 들면 표적시장이 지리적으로 집중된 경우, 제품의 보존기간이 짧은 경우 그리고 기업의 마케팅 자원이 풍부한 경우에는 직접적 유통경로를 설정하거나 유통경로 구성을 짧게 하는 것이 유리하다.

앞에서 유통경로의 유형으로 직접 유통경로와 간접 유통경로를 살펴보았는데, 기업은 직접 유통경로, 간접 유통경로, 혼합형 유통경로 구조 중 의사결정을 하게 된다. 〈그림 14-7〉은 소프트웨어 제조업체가 흔히 사용하는 유통경로 구조를 보여주고 있는데, 혼합형 유통경로 구조의 대표적 사례이다. 대형 기업, 병원 등의 B2B 고객은 자체 판매 조직인 직접 유통경로를 통해 접근하고, 중소형 B2B 고객과 개인, 즉 B2C 고객은 디지털 유통경로인 직접 유통경로와 간접 유통경로를 함께 활용하고 있다.

4. 구성원 간 관계관리

- **학습목표 2: 주요 개념 (5)**
  - 구성원 간 관계관리 = 유통경로 결정, 유통전략의 수립과 실행 → 지속적으로 유통경로를 관리 + 유통경로 구성원들 간의 갈등을 효과적으로 관리 → 유통경로 성과 제고
  - 특히 구성원 간의 관계의 질, 관계의 넓이(네트워크 밀도), 관계의 구성(네트워크 다양성)을 잘 관리해야 함.

유통경로를 결정하고 전략을 수립 · 실행한 후에는 지속해서 유통경로를 관리하고, 경로 간 성과를 높이는 방법을 모색해야 한다. 이는 성과를 평가하고, 그 결과를 반영하여 유통경로상의 문제를 해소하고, 유통경로 구성원 간의 힘과 만족의 불균형을 개선하는 일련의 지속적인 과정이다. 이 과정은 유통경로의 모든 구성원이 더 높은 수준의 성과를 성취하고, 제조업자가 유통경로에서 성공하기 위해서는 필연적으로 수행되어야

한다.

유통경로 구성원들은 각자 자신이 직접 거래하는 구성원에만 관심이 있고, 자신의 이익극대화에만 집중하는 경향이 있어서, 전체 구성원 간의 의견 불일치가 발생해 경로갈등이 생긴다. 이러한 경로갈등이 순기능적 갈등(functional conflict)인 경우, 경로 내의 문제를 발견하고, 의사소통의 기회를 늘려 정보교환을 활발하게 만들며, 갈등을 해소할 수 있다. 또 앞으로 발생 가능한 갈등을 해결할 수 있는 표준화된 방법을 개발함으로써 성과향상의 결과를 가져온다. 반면, 역기능적 갈등(disfunctional conflict)인 경우, 구성원 간의 긴밀한 협조가 안 되고, 성과는 저하되며, 비용 · 시간 · 노력 등이 낭비되어 유통경로의 비효율성이 증가하고, 경로 구성원의 만족을 감소시켜 상대방에 대한 신뢰와 몰입을 감소시킨다.

경로갈등의 원인으로는 경로 구성원 간의 목표 불일치, 각 경로 구성원의 역할에 대해 기대 불이행, 그리고 같은 세분시장의 복수유통경로 구성이 있다. 갈등의 종류로는 유통경로 내의 다른 수준의 구성원 간의 갈등인 수직적 갈등(vertical conflict)과 같은 수준의 구성원 간의 갈등인 수평적 갈등(horizontal conflict)으로 나눌 수 있다. 전자는 제조업자와 유통경로와의 갈등이다. 그 예로 제조업자가 대리점과 협의 없이 직영점을 운영하는 경우나 할인점에 제품을 납품하는 경우이다. 후자는 서로 다른 간접 유통경로 간에 일어나는 갈등이다. 예를 들어 한 프랜차이즈 가맹점이 지정된 영업지역을 무시하고 과도한 영업을 하거나 질 낮은 재료를 사용하여 전체 또는 일부의 가맹점에 해를 입혀 갈등을 유발하는 경우이다.

또 최근에는 온라인 매장과 오프라인 매장 간 가격 차이로 인한 수평적 갈등이 늘어나고 있다. 예컨대 같은 보험회사가 인적 판매를 담당하는 보험설계사 유통경로 외에 디지털 유통경로를 도입할 경우, 인적 판매 조직과 디지털 경로 간에 갈등이 발생하게 된다. 앞에서 살펴본 다우 코닝 사례에서는 유통경로별 제품과 고객이 상대적으로 구분됐으나, 보험상품의 경우에는 보상 혜택으로 차별화는 하지만, 개인 고객의 경우 그 차이보다는 가격의 차이에 민감하게 반응하기 때문에 이러한 수평적 갈등이 흔히 발생한다.

이러한 경로갈등을 효과적으로 해소하고 경로 전체의 이익을 극대화하려는 방법으로 네 가지 정도를 고려해볼 수 있다. 첫째, 개별적 거래목표의 상위목표로 공동목표를 명확히 제시함으로써, 모든 유통경로 구성원이 더욱 거시적인 자세로 공동생존을 위해 협조하도록 유도하는 초조직적(super-organizational) 접근방법, 둘째, 갈등해결 창구를 개설하거나 중재 관련 상설기구를 설립하여 갈등을 공식적으로 처리하는 방법, 셋째, 신뢰할 수 있는 경로 리더가 지도력을 발휘하여 설득을 통해 서로 협조와 양보를 유도하는 방법, 넷째, 빈번한 회합이나 비공식적인 접촉으로 서로 긴밀함을 조성해 갈등을 감소시키는 방법 등이 있다.

그러나 이러한 경로갈등을 사전에 방지하고 경로 간 성과를 높이기 위한 근본적인 접근으로 동기부여가 있는데, 이는 사회학에서 말하는 힘(power)과 밀접한 관계가 있다. 여기에서 설명할 두 가지 힘의 수단은 중간상이 제조업자에게 더 잘 협조할 수 있게 하는 동기를 부여한다. 첫째, 강압적인 힘(coercive power)은 제조업자가 중간상을 처벌할 수 있는 능력을 갖추고 있음을 말하며, 이 경우 중간상은 자진하여 제조업자에게 협력한다. 이러한 강압적인 힘은 법률적인 힘(legitimate power)을 포함하는데, 프랜차이즈의 경우 제조업자가 계약으로 정당한 힘을 발휘할 수 있으므로 중간상 역할을 하는 가맹점은 계약 위반으로 인한 불이익을 피하려고 원활한 유통진행에 협조하려는 동기를 갖게 된다. 그러나 최근 프랜차이즈 가맹점에 대한 본사의 불공정거래(불공정한 강압적 · 계약 등에 의한 '갑질' 횡포)가 공정거래의 주요 대상으로 떠오르는 등 큰 사회적 이슈가 되고 있다. 둘째, 비강압적인 힘(noncoercive power)은 제조업자가 중간상의 성과에 따라 인센티브를 줌으로써 중간상이 더욱 활발하게 제품판매를 하도록 동기를 유발하는 보상적 힘(reward power)과 제조업자의 강력한 기업 브랜드 등으로 인해 중간상이 제조업체에 가치 준거를 두고 공동운명체로 생각하는 준거적 힘(referent power)으로 구성되어 있다. 제조업자는 다양한 형태의 힘을 시의 적절하게 활용해 유통경로상 여러 형태의 중간상의 협조를 자연스럽게 이끌어냄으로써 더 높은 수준의 성과를 달성할 수 있다.

최근에는 앞서 언급한 순기능적 갈등과 비강압적 힘에 대한 관심이 더 증대되고 있는데, 그 이유는 이러면 갈등이 해소될 가능성이 더 높을 뿐 아니라 "비 온 뒤 땅이 굳는다"는 말처럼 갈등이 해소될 경우, 유통경로 구성원 간의 신뢰와 몰입이 증진될 수 있기 때문이다. 유통경로 구성원 간의 **신뢰**와 **몰입** 같은 높은 **관계의 질**(relationship quality)이 더 높은 성과로 연계되는 추세이다.[14] 나아가 높은 관계의 질과 관계의 넓이(relationship breadth)를 확보하면 경로 구성원 간의 관계는 강하게 지속할 가능성이 높다(relationship strength or endurance). **관계의 넓이**란 각 구성원 조직 간의 관계 네트워크가 얼마나 넓게 형성되어 있는가 하는 **밀도**(network density)를 말하는데, 제조업체 구성원들과 유통업체 구성원들이 얼마나 서로를 많이 알고 있는가를 의미한다. 한편 높은 관계의 질과 관계의 구성(relationship composition)을 확보하면 경로 구성원 간의 관계는 효과적으로 운영될 가능성이 높다. **관계의 구성**이란 관계의 넓이와는 달리 각 구성원 조직 간의 관계 네트워크가 얼마나 **다양하게 형성**되어 있는가를 말한다.[15] 예를 들어 제조업체의 유통업체 담당자가 유통업체의 구매와 물류 담당자 외에 재경과 회계, 마케팅과 광고홍보, 총무, 인사 등의 다양한 사람들과 관계가 형성되어 있다면, 마찬가지로 유통업체의 구매와 머천다이저(merchandiser: MD)가 제조업체의 유통업체 담당자 외에 인사와 노무, 총무, 마케팅과 홍보, 재경과 회계, 생산 등의 다양한 사람과 관계가 형성되어 있다면, 이러한 관계 네트워크의 다양성은 높은 것이다. 비슷한 기능의 사람들끼리는 정보나 생각이 비슷하여 새로운 아이디어가 나올 가능성이 적고, 관계 네트워크가 다양할수록 몰랐던 정보나 생각해보지 않은 아이디어가 교류할 가능성이 높아서 경로 구성원 간의 다양한 네트워크가 관계를 효과적으로 운영되는 데 도움이 되는 아이디어를 서로 더 주고받을 가능성이 높으므로 관계의 성과가 더 효과적일 수 있다.[16]

5. 유통경로 관리의 기타 이슈: 물적 유통경로

- **학습목표 2: 주요 개념 (6)**
  - 물적 유통경로(physical distribution or logistics) = 생산자에게서 최종 소비자까지의 제품이동에 사용하는 주문처리, 창고, 보관, 수송 등과 같은 활동의 집합
  - 물적 유통경로 설계의 주요 의사결정사항 = 주문처리 // 재고 // 창고 // 수송
  - 물적 유통경로는 기업의 원가에 미치는 영향이 커 경쟁우위의 중요한 원천이 됨.

물적 유통(physical distribution or logistics)의 본질 물적 유통이란 생산자에게서 최종 소비자까지의 제품이동에 사용하는 주문처리, 창고, 보관, 수송 등과 같은 활동의 집합을 말한다. 고객욕구를 더욱 잘 충족시켜 경쟁우위를 확보하려고 물적 유통에서는 적절한 제품을 적절한 장소와 시간에 적절한 양으로 고객에게 최소비용으로 전달해야 한다. 이러한 물적 유통에 관한 의사결정은 중간상 간의 물적 이동과 재고유지 등의 활동을 의미하므로, 유통경로 결정과 통합된 유통시스템 관점에서 이루어져야 더욱 효과적인 결정을 할 수 있다. 이 영역에 대한 자세한 내용은 SCM 과목에서 다루어지며, 기업의 원가에 미치는 영향이 커 경쟁우위의 중요한 원천이 된다.

물적 유통경로 설계 유통경로 설계 시 이용 가능한 여러 유통시스템 대안들 각각의 총 유통비용을 산정한 후 유통경로의 목표와 대비하여 어떠한 물적 유통경로를 최종적으로 선택할 것인가에 관해 결정해야 한다. 주요 의사결정사항은 네 가지가 있는데, 주문처리 결정, 재고 결정, 창고 결정 그리고 수송 결정 등에 관한 것이다.

주문처리 결정 주문처리는 주문 → 선적 → 청구의 과정으로 더 신속하고 체계적인 처리

과정이 정확하게 이루어질 때 고객과 기업 모두에게 이익이 된다.

재고 결정 재고 결정에서 제일 중요한 것은 주문 시기와 주문량이다. 재고 수준이 감소해 재주문을 해야 하는 재고 수준을 재주문점이라 하고, 이는 재고부족의 위험(즉, 기회비용의 발생)과 과잉재고의 비용 간의 균형을 이루는 점에서 결정한다. 주문량 역시 주문처리 비용과 재고유지 비용 간의 균형을 이루는 선에서 결정한다. 제조업자의 주문처리 비용은 제품에 대한 준비비와 생산비이고, 재고유지 비용은 보관 비용을 포함하며, 자본비용은 세금, 보험 비용, 감가상각비 등을 포함한다. 적정 주문량은 다른 주문량 수준에서 이러한 주문처리 비용과 재고유지 비용의 변화에 따라 결정한다.

창고 결정 창고는 제품을 판매할 때까지 보관하는 장소로, 기업의 생산량과 생산 시기, 고객이 원하는 물량과 시기 사이의 차이를 극복하게 한다. 고객욕구를 충족시킬 수 있는 재고 수준과 재고관리 비용 간의 균형점에서 창고의 크기, 위치와 수를 결정한다.

수송 결정 제품의 수송수단으로는 철도, 해상운송, 트럭, 파이프라인, 항공 등을 이용하며, 각 운송수단의 장단점을 파악해 제품에 적절한 운송수단을 결정한다.

6. 유통경로의 기타 이슈: 신제품과 유통경로

- **학습목표 2: 주요 개념 (7)**
  - 유통경로 선택과 전략이 신제품의 성공에 미치는 영향은 매우 큼. = 제품특성, 표적시장, 국가 및 문화의 특성을 고려하여 유통경로를 선택
  - 제조업자의 유통경로를 통한 전략:
    - 푸시전략 = 제조업자가 유통업자들에게 판촉하는 전략
    - 풀전략 = 최종 소비자를 대상으로 판촉을 실행하는 전략
    - 신제품의 특성, 표적시장, 제조업자 제품 품질 및 브랜드 파워, 그리고 제품수명주기의 단계에 맞춰서 적절한 푸시전략과 풀전략이 균형 있게 조합되어 실행되어야 함.

신제품 유통경로 선택 전략

신제품의 경우 제품특성과 표적시장에 맞는 유통경로를 처음부터 정교하고 철저하게 설계하는 것이 매우 중요하다. 이는 유통경로가 다른 마케팅믹스에 비해 비탄력적이어서 한번 결정하면 쉽게 변경하기 어려우며, 신제품의 잘못된 유통경로 설정으로 기존

제품의 고객수요가 잠식될 수 있는 위험이 존재할 뿐 아니라 타사 제품 대비 경쟁적 우위를 점하는 데 장애가 될 수 있기 때문이다.

전략적으로 선택된 유통경로는 신제품의 독자적인 포지셔닝을 구축하는 데 중요한 역할을 하며, 경쟁제품과의 차별화가 가능하여 제품 성패에 절대적인 영향을 미친다. 특히 혁신적인 신제품의 경우, 표적시장에 더 적극적으로 소구할 수 있도록 제조업자가 기존에 보유한 유통경로를 사용하지 않고 새로운 유통경로를 채택하기도 한다. 이 경우 기존의 유통경로와 갈등을 최소화하며 다른 마케팅믹스와도 조화를 이루는지 확인하는 작업이 필요하다.

유통경로의 경우, 표적시장에 따라 고유한 특성을 가진다. 특히, 국가나 문화 등에 따라 고유한 유통경로가 존재하므로 이에 대한 이해가 선행되어야 성공적인 유통경로를 설계하고 거기에 맞는 전략을 수립할 수 있다. 일본의 경우 매우 여러 단계의 중간상을 거치는 유통구조상의 특징을 보이는데, 아무리 혁신적인 제품이라 해도 이러한 다단계의 도매상-소매상 구조를 이해하기 전에 일본 시장에 진출하는 것은 매우 위험하다. 미국의 경우 넓은 국토와 자동차 문화의 발달로 할인점이나 아웃렛 등이 도시 외곽지역에 발달하였다. 그러나 국내의 경우 생활권에서 그리 멀지 않은 위치에 슈퍼센터 형태의 할인점이 많다. 이러한 각각의 국가적 특성이나 생활권의 이질성을 파악해 적절한 유통경로를 체계적으로 설계하고, 이에 맞는 전략을 실행하는 것이 중요하다.

푸시전략과 풀전략

제조업자의 유통경로를 통한 전략을 크게 나누면 제조업자가 유통업자들에게 판매촉진을 하는 푸시(push)전략과 제조업자가 최종 소비자를 대상으로 광고나 판매촉진을 하는 풀(pull)전략이 있다. 특히, 신제품의 경우 브랜드충성도가 생기지 않은 상태이므로 푸시전략방법으로 중간유통업자에 대한 판촉 지원을 통해 유통업자가 최종 소비자를 대상으로 샘플 등을 써보게 하여 제품의 인지도를 높이는 것이 효율적이다. 신제품의 특성이 관여도가 높은 제품이라면 풀전략을 활용해야 하는데, 제품수명주기에 맞춰 적절한 푸시 · 풀 전략을 조합해 균형 있게 실행해야 한다.

푸시 · 풀 전략은 국가나 문화 특성에 따라 선호도와 활용도에 다소 차이가 있을 수 있다.[17] 개인주의 성향이 강한 미국은 커뮤니케이션을 중시하므로 풀전략을 많이 개발 · 활용했으며, 집단주의 성향이 강한 일본은 유통 중심의 마케팅이 발달하여 푸시전략을 주로 활용했다. 소집단주의 성향을 가진 우리나라는 소비재는 풀전략을, 산업재에는 푸시전략을 활용한다. 푸시전략의 대표적인 사례는 보험설계사들의 보험 판촉활

그림 14-8 **푸시 · 풀 전략**

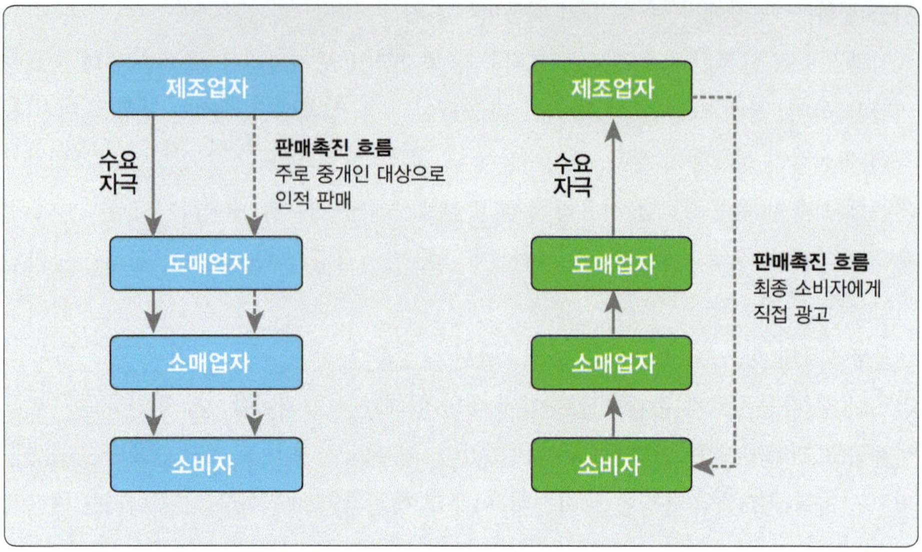

티저 예고 영상을 통해 대중의 호응을 유도하는 영화사의 풀전략

'트랜스포머 4' 티저 예고 영상 …… 화려한 비주얼+새로운 얼굴 기대감↑

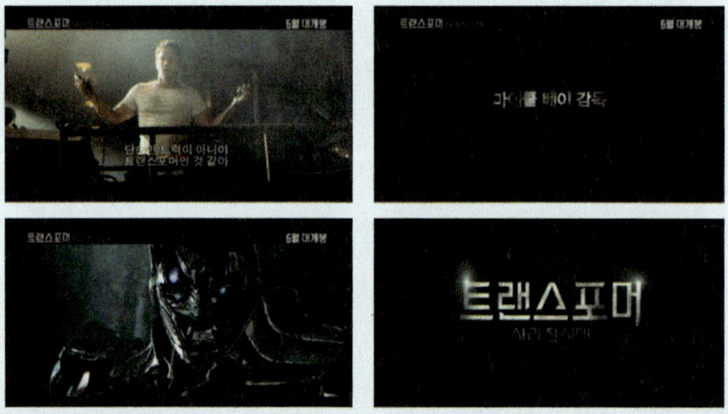

'트랜스포머 4' 티저 예고편이 큰 화제를 모으고 있다. 2월 3일 영화 '트랜스포머 4-사라진 시대'(감독 마이클 베이)가 미국 최대 스포츠 이벤트인 슈퍼볼 광고를 통해 예고편을 최초 공개했다. 이번에 공개된 '트랜스포머 4' 티저 예고편에는 옵티머스 프라임, 범블비 등 기존 트랜스포머 시리즈를 통해 익숙한 로봇들과 함께 새로 등장하는 다이노봇의 모습도 최초 공개됐다.

이 티저 영상을 접한 네티즌들은 "트랜스포머 4 티저만 봐도 두근거려요", "트랜스포머 4 개봉까지 아직 멀었다" 등 목소리를 높이고 있다. 한편 영화 '트랜스포머 4'에는 배우 마크 월버그, 니콜라 펠츠 등 새로운 얼굴이 선보일 예정이며 중국과 합작제작을 통해 배우 리빙빙, 그룹 슈퍼주니어 한경도 합류해 올 6월 27일 동시에 개봉할 예정이다.

이와 같이 많은 영화사들은 주의를 끄는 티저 예고 영상을 활용한 풀전략을 적극적으로 활용하고 있다.

출처: 〈한국경제〉, 한경닷컴 W 스타뉴스 기사, 2014년 2월 3일 자 내용을 참조함.

동과 같은 인적 판매, 제약과 자동차 회사가 약국과 대리점 등 중간상을 대상으로 하는 판촉활동 등이 있다. 풀전략의 대표적인 사례는 애플이나 플레이스테이션 등 IT 기업에서 신제품을 출시할 때, SNS 등을 통해 소비자들에게 직접적인 소비를 유도하는 경우 등이다.

예컨대 애플에서 아이패드를 처음 판매하는 날, 사람들이 애플스토어 앞에 줄을 서서 기다리고 있던 것은 성공적으로 풀전략을 구사한 사례이다. 즉, 기업이나 제품의 브랜드 파워나 자산이 높아야 풀전략을 효과적으로 구사할 수 있다. 〈그림 14-8〉의 설명과 사례를 통해 푸시 · 풀 전략에 대한 상세한 설명을 제시하였다.

중간상에게 촉진활동을 하는 현대카드의 푸시전략

현대카드는 2006년 가맹점주에게 발급해 점포 매출실적에 따라 포인트를 쌓아주는 카드를 선보였다. 가맹점주용 M카드는 법인을 제외한 개인사업자 중 우량가맹점을 대상으로 하며 심사를 거쳐 발급이 결정된다. 이 카드의 비즈니스 모델은 카드회원과 가맹점, 카드사가 실질적으로 윈-윈 할 수 있는 구조다. 즉, 일반소비자들에게 발급되는 기존 '현대카드M'의 혜택이 그대로 주어지는 동시에 가입 가맹점주의 점포에서 발생한 현대카드 매출액의 0.1~0.2%를 M포인트로 추가로 쌓아주는 방식이다. 현대카드는 이 카드를 발급받은 가맹점주가 운영하는 점포에서 현대카드 매출액이 일정 수준 이상이 되면 현금서비스, 카드론 등 소액신용대출 금리우대혜택도 제공했다. 현대카드는 가맹점 M카드 출시를 기념해 이 카드에 가입한 가맹점주의 점포를 이용하는 현대카드 회원에게 냉장고와 드럼세탁기 등을 주는 경품행사도 진행했다.

이 경우는 가맹점 주인을 통한 푸시전략의 전형적인 사례다. 눈에 띄는 점은 '법인을 제외한 개인사업자'라는 표적시장의 명확한 설정과 가맹점 주인, 가맹점 이용자 모두에게 가치제안을 전달하고자 했다는 점이다.

출처: 〈한국경제〉, '마케팅전략 -기업의 성공사례에서 배운다' 내용을 참조해 설명함

3 도매업·소매업의 역할과 수직적 마케팅시스템

유통경로 설계와 관리를 살펴보았다. 여기서는 유통경로의 주요 구성원인 도매업과 소매업의 주요 역할을 살펴본다. 그리고 유통경로를 효과적·효율적으로 계열화하는 거시적 개념인 수직적 마케팅시스템에 대해 학습한다.

1. 도매업의 개념과 기능

- **학습목표 3: 주요 개념 (1)**
  - 도매업 = 재판매 또는 사업을 목적으로 제품·서비스를 구매하는 기업 또는 개인에게 제품·서비스를 판매하는 개인 또는 조직
  - 도매업의 주요 역할 = 제조업체의 대량생산과 고객의 소량 구매단위 불일치 해소 + 둘을 연결하는 중간 연결자의 기능 수행
    - 구체적 기능 = 판매와 촉진 // 운송과 보관 // 금융과 위험부담 // 정보교류

도매업은 재판매 또는 사업을 목적으로 제품이나 서비스를 구매하는 기업 또는 개인에게 제품이나 서비스를 판매하는 개인이나 조직체를 말한다. 도매업은 제조업체의 대량생산과 고객의 소량구매 단위 불일치를 해소하고, 둘을 연결하는 중간 연결자의 기능을 수행하며, 일반적으로 소매업과는 다르다. 〈표 14-1〉에서 보는 것과 같이 도매업과 소매업은 판매대상, 유통채널, 재화의 종류, 판매방식, 유통기능 등에서 차이점이 있다. 예컨대 동대문시장은 낮에는 소매업, 새벽에는 도매업으로 분류할 수 있다. 도매업은 중간상의 역할을 하며, 중간상의 구체적인 기능은 다음의 네 가지로 구분된다.

판매와 촉진 도매상은 제조업자의 제품을 저렴하게 대량으로 구매하여 적절한 단위로 나누어 다수의 소매상에게 제품을 공급하는 임무를 수행하여, 제조업자의 유통 비용과 시간을 절감하고 더 쉽게 제품을 최종 소비자에게 전달할 수 있게 한다. 또 도매상은 동시에 많은 제조업자의 제품을 다양하게 고객들에게 제공하며, 거래를 더욱 활발하게 하기 위한 촉진활동을 대신한다.

표 14-1 **도매업과 소매업의 차이점**

구분	도매업	소매업
판매대상	소매업, 제조업(생산자)	최종 소비자
유통채널	여러 유통 단계에 분산	소비자 바로 앞 단계
재화의 종류	소비재와 생산재	소비재
판매방식	거점 중심적 판매	상권 내 고객에 대한 판매
유통기능	업자와 업자와의 매개	도매업과 소비자와의 매개

출처: 허철무, 《소매업 머천다이징》, 한국체인스토어협회, 2006. 6. 15, p. 55.

운송과 보관 도매상은 보통 제조업자보다 고객에게 인접한 곳에 있어서 신속한 제품공급이 가능하며, 일정 재고를 보유함으로써 소매상과 소비자의 재고비용을 부담한다.

금융과 위험부담 도매상은 고객에게 신용판매를 하고 제조업자에게는 물품대금을 지급함으로써 양쪽으로 금융서비스를 제공하며, 제품에 대한 소유권을 제조업자에게 이양받아 재고를 유지함으로써, 파손이나 도난 등에 관한 책임을 진다.

정보교류 도매상은 제조업자에게 경쟁자 동향과 고객반응 등의 정보를 제공하고, 고객에게는 제품정보 등을 포함한 시장정보를 제공하여 양자의 정보교류를 돕는다.

2. 도매상의 유형과 전략

- **학습목표 3: 주요 개념 (2)**
  - 도매상의 유형 = 제조업자 도매상 // 상인 도매상 // 대리 도매상
  - 도매상의 전략 = 표적시장 선정 → 마케팅믹스 구성
    - 도매상의 마케팅믹스 = 제품구색과 서비스 결정 // 가격 결정 // 촉진 결정 // 입지 결정(상대적으로 중요도는 떨어짐)

도매상의 유형은 제공되는 서비스 수준과 제품의 실제구매 유무에 따른 구분으로 〈그림 14-9〉에 제시된 바와 같이 제조업자 도매상, 상인 도매상과 대리 도매상으로 나뉜다.

제조업자 도매상 제조업자가 직영하는 도매상으로 판매지점이나 판매사무소 등을 의미한다. 판매지점은 재고를 보유하며, 목재업과 자동차 장비 그리고 부품 산업에서 볼 수

그림 14-9 도매상의 유형

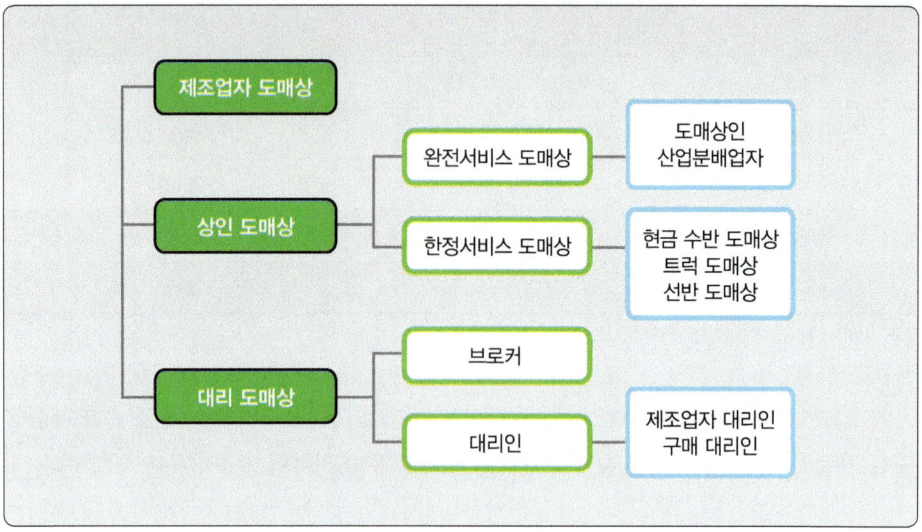

있다. 판매사무소는 재고를 보유하지 않으며 건조상품과 실용잡화류 산업에서 볼 수 있다. 제조업자가 재고통제와 판매를 촉진할 목적으로 직접 도매업무를 겸하는 형태이다.

상인 도매상 상품을 구매하여 그 소유권을 보유하는 형태로 독립된 사업체를 말하며, 서비스 공급 수준을 기준으로 두 가지로 나눌 수 있다. 첫째, 완전서비스 도매상(full service wholesaler)으로 재고유지, 신용제공, 배달 등 종합적인 서비스를 제공한다. 완전서비스 도매상은 도매상인(wholesale merchant)과 산업분배업자(industrial distributor) 두 가지 형태가 있는데, 도매상인의 경우 제조업자와 소매상을 잇는 일반적인 중간상이고, 산업분배업자는 제조업자에게 원료를 공급하는 도매상이다. 둘째, 한정서비스 도매상(limited service wholesalers)은 소수의 한정된 서비스를 공급하는 유형의 도매상으로, 회전이 빠르고 물량이 제한된 제품을 현금으로 소매상에게 판매하는 현금 수반 도매상, 판매와 배달을 결합한 트럭 도매상, 식료품 상점에 식품 분야가 아닌 제품을 위탁 판매하는 선반 도매상 등이 여기에 해당한다.

대리 도매상 상품에 대한 소유권을 보유하지 않고 제조업자와 고객 간의 거래를 촉진하는 역할을 함으로써 수수료를 받는 경우이며, 대리 도매상은 브로커와 대리인 두 가지로 나뉜다. 브로커(broker)는 제품구매가 원활히 이뤄지도록 중개역할을 수행하는데, 부동산업자나 보험업자가 여기에 해당한다. 대리인(agent)은 제조업자의 제품판매를 대리해주는 제조업자 대리인(manufacturer's agent)과 구매자 측의 구매 대리인(purchasing agent)

으로 나뉜다.

도매상의 전략 도매상의 전략은 영업활동을 집중할 표적시장 선정 후 도매상 마케팅믹스를 어떻게 구성하는가로 설명할 수 있다. 도매상 마케팅믹스전략은 네 가지로 나눌 수 있는데, 첫째는 제품구색과 서비스 결정이다. 수익성을 중심으로 제품을 다양하게 갖추고, 적절한 수준의 재고를 보유하고, 어느 정도의 서비스를 제공할 것인가를 결정해 표적고객이 만족할 만한 가치 있는 믹스 공급을 가능하게 한다.

둘째, 가격결정이다. 도매상들은 일반적으로 원가에 일정비율을 일률적으로 가산하여 가격을 결정하는데, 단골이거나 대량구매 시는 가격할인 등 적절한 혜택을 줌으로써 상호 이익적 관계를 보다 장기적으로 가져갈 수 있다.

셋째, 촉진 결정이다. 소매상의 경쟁이 갈수록 치열해지고 있어 도매상도 자체적인 촉진 프로그램을 개발한다거나 제조업자와 소매상 사이에서 적극적인 촉진책을 실시할 필요가 있다.

넷째, 입지 결정이다. 도매상의 점포입지의 중요도는 상대적으로 떨어지나 일반적으로 임대료가 저렴하고, 세금 및 유지비 등이 낮은 지역에 위치하며, 사무실 등의 인테리어에 비용투자를 최소화한다.

적소(niche) 도매상 사례: 제원인터내쇼날

도매상에도 적소(niche) 플레이어가 있다. (주) 제원인터내쇼날은 한국 제과제빵의 선구자 역할을 담당하겠다는 기업이념 아래 항상 앞서가는 회사가 되고자 노력하고 있다고 한다. 황무지와 같았던 국내 제과제빵의 발전을 위해 창립 초기인 1986년부터 제과제빵에 꼭 필요한 원료를 제과선진국으로부터 하나둘씩 도입하기 시작했다. 오래 걸렸지만, 차근차근 수입도매업을 전개해 온 결과 현재 초콜릿류, 과실류, 당류, 유제품, 프리믹스류, 장식용품류, 첨가물 등 400여 제품의 고급원료를 프랑스, 독일, 벨기에, 미국 등에 위치한 40여 개의 유명제조업체로부터 수입하여 국내 제과점, 호텔, 레스토랑, 카페 등에 공급하고 있다. 물론 서구형 식생활의 지속적 증가가 이 회사 비즈니스의 성장을 지탱해 준 주요 요인으로 볼 수 있다. 즉 이 회사는 제과제빵재료(커버춰 초콜릿, 애프리코트 혼당, 코팅 초콜릿) 도소매 등 빵 및 과자 도매업체이다. 이 회사의 주요 마케팅전략 내용은 다음과 같이 소개되고 있다. 국내 제과제빵의 발전이 회사의 발전이라는 일념으로 매년 해외 기술인을 초청하여 최신 기술 및 정보를 소개하는 세미나를 개최하고 있으며, 또한 격년으로 국내 제과기술인을 유럽 제과업체로 파견하는 기술연수를 실시하고 있다. 앞으로도 끊임없는 신제품 개발과 세미나 및 기술연수 프로그램을 통해 국내 제과제빵의 선진화에 기여할 수 있도록 최선의 노력을 다 하겠다고 밝혔다. 매출액은 2016년 12월 IFRS 기준으로 474억 8,413만 원, 종업원은 49명으로 강소기업 인증을 받았다. 이 회사는 한국가구의 자회사로 한국가구 관점에서는 다각화된 사업을 운영하고 있다. 즉 도매상 사업 영역에서도 심층적인 환경분석을 통해 적소(niche) 기회를 발견할 수 있음을 보여주는 사례이다.

출처: 제원인터내쇼날 홈페이지(https://jewon1986.com:45131/main/company.php).

3. 소매업의 개념과 기능

- **학습목표 3: 주요 개념 (3)**
  - 소매업 = 재화나 서비스를 개인적 또는 비영리적 목적으로 사용하려는 최종 소비자에게 직접 판매하는 것과 관련된 모든 활동
  - 소매상의 기능 = 판매 기능 및 최종 소비자 대면 제조업자의 마케팅 활동 지원 + 제조업자와 최종 소비자에게 필요 정보 전달 + 제품 전시 기능 및 금융 기능

소매업은 재화나 서비스를 개인적 또는 비영리적 목적으로 사용하려는 최종 소비자에게 직접 판매하는 것과 관련된 모든 활동이다. 점포 구매, 우편이나 전화와 방문 판매 행위 등을 포함하며, 혁신적인 기술진보에 따라 발생한 인터넷과 모바일 판매도 소매업에 새롭게 추가되었다. 이러한 온라인뿐 아니라 대형할인점의 번성, 최고급 백화점과 명품 멀티숍, 소셜 커머스의 등장 등 고객욕구의 변화와 확대로 소매업 환경은 계속 변화되어왔다. 그러므로 제조업자는 이러한 변화에 신속하게 대응하고, 기존의 유통경로 설계와 전략을 개선함으로써 유통성과를 효율적으로 향상할 수 있다. 특히, 인터넷의 생활화, 스마트폰 사용의 증가와 SNS 활성화는 소매업에 급속한 변화를 가져왔으며, 소매업에서의 새로운 성공사례를 제시하게 되었다. 이와 같은 소매업의 디지털 진화는 뒤에서 자세히 살펴본다.

유통경로에서 소매상의 기능은 다음과 같이 세 가지로 볼 수 있다. 첫째, 소매상은 제조업자의 제품을 최종 소비자에게 판매함으로써 유통경로 마지막 단계의 거래를 완료시키며, 제조업자에게 최종 소비자 대면 마케팅 활동을 지원한다. 둘째, 소매상은 정보제공의 원천으로, 제조업자에게는 최종 고객의 욕구 변화와 판매반응 등을 전달하고, 최종 소비자에게는 광고 및 전시 카탈로그와 판매원을 통해 제조업자의 제품정보를 전달하는 기능을 수행한다. 셋째, 소매상은 제품 저장, 제품가격 결정 및 매장에 제품을 전시하는 기능과 최종 소비자에게 판매하기 전에 공급자에게 제품에 대한 대가를 대신 지급하는 금융 기능을 수행한다.

소매업 성공 사례: 토마스브라운, 카레 클린트

토마스브라운

남성 가방 전문업체인 토마스브라운과 원목가구 브랜드 카레클린트는 '수제'와 '블로그'를 무기로 틈새시장을 공략해 성공한 회사다.

평소 가방에 관심이 많던 토마스브라운 창업자는 남성 서류가방 시장이 고가명품과 평범한 디자인의 중저가 제품으로 양분되었음을 파악하고, 다니던 회사를 나와 '명품 같은 중저가 남성 가방'을 지향한 사업을 시작했다. 제작 과정을 블로그에 올려 자세히 보여주자 소비자들이 관심을 보였고 이에 제품의 신뢰도가 쌓여갔다. 시간은 걸렸지만, 서서히 입소문이 나기 시작했고 토마스브라운은 제일모직, BCBG 등 패션 대기업들로부터 하청주문을 받고 월 3,000만 원이 넘는 매출을 올리게 되었다.

카레클린트

출처: 카레클린트 홈페이지

카레클린트도 비슷한 경우다. 홍익대 가구학과 동기들이 모여 창업한 이 회사는 국내 가구시장이 디자이너가 만든 고가제품과 기성 가구점의 중저가 가구로 나뉜 것을 보고 가격이 싼 수제가구를 만들자는 생각에 의기투합했다. 수제가구이지만 대량생산을 통해 가격을 낮추고 블로그와 페이스북을 통해 가구를 만드는 전 과정을 보여주자 소비자들의 호응이 나타나기 시작했다. 이들은 한 달에 4억 원이 넘는 매출을 올리고 있다.

이 두 사례 모두 소매업에서도 STP와 가치제안이 얼마나 중요한지를 보여주고 있다. 나아가 표적시장과 경쟁적 포지셔닝만 유효하면 블로그, 인터넷, SNS 등의 발전은 인지도 확보를 위한 새로운 커뮤니케이션 방법과 수단을 효율적으로 실행할 수 있음을 증명하고 있다. 확실히 새로운 비즈니스모델이 가능한 시대이다. 비즈니스모델에 대한 자세한 내용은 18장에서 살펴본다.

출처: 〈매일경제〉, 2013년 4월 29일 자 내용을 참조해 설명함

4. 소매상의 유형

- **학습목표 3: 주요 개념 (4)**
  - 소매업 유형 = 점포 유무, 소유권의 이전, 점포전략 믹스 등의 기준으로 분류할 수 있음.
  - 유점포·오프라인점포 소매점 = 재래시장 // 전문점 // 양판점 등
  - 무점포·온라인 소매점 = 키오스크 판매 // 인터넷과 모바일 쇼핑
  - 그 외 무점포 소매점 = 직접 마케팅 // 자동판매기

소매상의 형태는 점포 유무, 소유권의 이전, 점포전략 믹스 등의 기준으로 분류할 수 있는데, 이는 절대적인 구분은 아니며 부분적으로 중복이 가능한 분류이다. 여기서는 점포 유무의 기준으로 소매상의 유형을 구분하고 몇 개의 예를 소개하고, 더 자세한 내용은 소매업의 디지털 진화에서 살펴본다. 저렴한 가격, 편의성 및 공격적인 마케팅전략 등에 힘입어 향후 온라인 쇼핑시장에서 인터넷, 특히 모바일 쇼핑 영역의 성장세는 계속 이어질 것이다. 마케팅믹스 영역 중 마케팅 커뮤니케이션과 유통경로 측면에서 디지털 마케팅의 중요성은 계속 증대할 것이다.

유점포-오프라인점포 소매점

재래시장(traditional market) 농수산물, 식 · 음료, 생활용품, 의류와 여러 종류의 내구재에 이르기까지 매우 다양한 제품구색을 갖추고 비교적 저렴한 가격으로 판매하는 소매상이다. 대체로 소규모 상인들이 한곳에 모여 집단을 형성함으로써 자발적으로 생겨난 유통경로로 생성 시기가 오래되었다. 판매제품의 질이나 권장가격의 기준이 제시되지 않고, 판매 단위가 규격화되어 있지 않은 경우가 많아 최종 소비자의 선호도가 감소하여 해체되는 추세다. 이에 대응해 재래시장은 자체적으로 상인조합이나 조정기구를 설립해 더 표준화된 제품과 일관성 있는 서비스를 소비자에게 공급하기 위해 노력하고 있다.

전문점(specialty store) 취급하는 제품의 계열이 정해져 있으며, 정해진 계열 내의 다양한 제품을 취급한다. 전문점에는 의류, 가구, 도서, 스포츠, 전자제품 전문점 등이 있으며, 같은 계열 내 다양한 브랜드를 제공한다.

양판점(general merchandising store) 의류와 생활용품을 다품종 대량 판매하는 대형 양판 소매점으로 점포의 형태와 제품구성은 백화점과 거의 비슷하나 대량 매입과 다점포화, 자체 브랜드(Private Brand: PB) 개발 등으로 가격 면에서 백화점보다 저렴하다는 특징을 갖고

있다.

무점포-온라인 소매점

키오스크 판매(KIOSK Sales) 특정품목의 온라인 단말기로 제품을 판매하는 형태로 노점상, 버스정류장 앞에서 교통카드 충전 시, 영화 관람권 구매 발급 시 등에서 볼 수 있는 형태의 소매상이다.

인터넷과 모바일 쇼핑(internet & mobile shopping) 인터넷 쇼핑몰은 1990년대 말부터 급속도로 성장하고 있는 소매상 형태로, 컴퓨터나 휴대폰의 인터넷 접속으로 고객과 직접 접촉하여 제품을 판매하고, 결제확인 후 배송하는 형태이다. 판매제품의 범위에 거의 제한이 없고, 언제 어디서든 원하는 제품을 구매할 수 있다는 장점 때문에 인터넷과 스마트폰이 생활화된 요즘 더 활성화하여 이용하고 있다.

그 외 무점포 소매점

직접 마케팅(direct marketing) 표적고객에 직접 접근하는 방법으로, 우편 판매, 카탈로그 판매, TV 홈쇼핑과 전화 판매 등이 있다. 일반적으로 표준화 · 규격화한 제품을 판매하며, 국내의 TV 홈쇼핑의 경우, 대기업까지 가세해 급속도로 성장하였고, 인터넷을 통한 쇼핑몰 등장에도 여전히 이용률이 높은 소매점 형태이다.

자동판매기(vending machine) 24시간 무인 판매 형태로 음료수나 담배 등 유통기간이 길고, 즉석에서 소비되기 쉬운 제품을 판매한다. 대체로 유동인구가 많은 곳에 설치하며, 자동판매기 자체 비용과 설치, 유지비가 많이 들어 판매가격은 상대적으로 비싸다.

5. 소매상의 전략

- **학습목표 3: 주요 개념 (5)**
  - 소매상 마케팅전략 = 표적시장의 소비자욕구를 만족시키기 위한 소매점 마케팅믹스의 구성
  - 소비자의 욕구 및 기대파악 = 제품 및 서비스 // 가격 // 쇼핑 편의성(입지와 시간 편리성) // 점포 분위기 // 정보획득(정보화 상호작용)
  - 소매점 마케팅믹스 = 입지 // 머천다이징 // 이윤과 회전율 // 촉진 // 서비스 수준 // 납품업자와의 관계

소매상들은 표적시장의 소비자욕구를 만족시키기 위한 소매점 마케팅믹스를 포함한 마케팅전략을 개발해야 한다. 소매점 마케팅전략의 두 가지 기본적인 측면은 소비자가 소매점에 기대하는 서비스 수준인 '소비자 기대파악'과 소비자욕구를 충족시킬 수 있는 표적시장 내에 통제 가능한 변수의 조합인 '최적의 소매점 마케팅믹스'이다. 〈그림 14-10〉을 참조한다. 이러한 전략은 모바일 등 디지털 소매업에도 적용될 수 있다.

소비자 기대파악

첫째, 적합한 제품 구색과 서비스 구비 수준에 대한 기대이다. 표적시장 내의 소비자욕구에 맞는 제품과 서비스를 갖추는 것이 소매점전략에서 선행되어야 하는 조건이다. 둘째, 적절한 가격의 기대이다. 소비자의 제품가치에 대한 가격인식이 소매점을 선택하는 데 결정적인 역할을 하므로 소매점이 표적고객에게 전달 가능한 가치를 기준으로 가격정책을 수립해야 한다. 셋째, 쇼핑의 편의성에 대한 기대이다. 소비자 생활권에 근접한 입지와 편리한 쇼핑 시간대 제공 등은 소비자들이 소매점을 택하는 데 있어 가장 중요한 요인 중의 하나이므로, 표적 고객에 따라 원거리 입지나 근거리 입지를 택해야 하며, 개점 및 폐점 시간을 조절해야 한다. 넷째, 점포 분위기에 대한 기대이다. 쾌적한 쇼핑 공간을 제공함으로써 고객이 편안함을 느껴 지속해서 방문하도록 유도할 수 있어

그림 14-10 소매상 마케팅전략의 모델

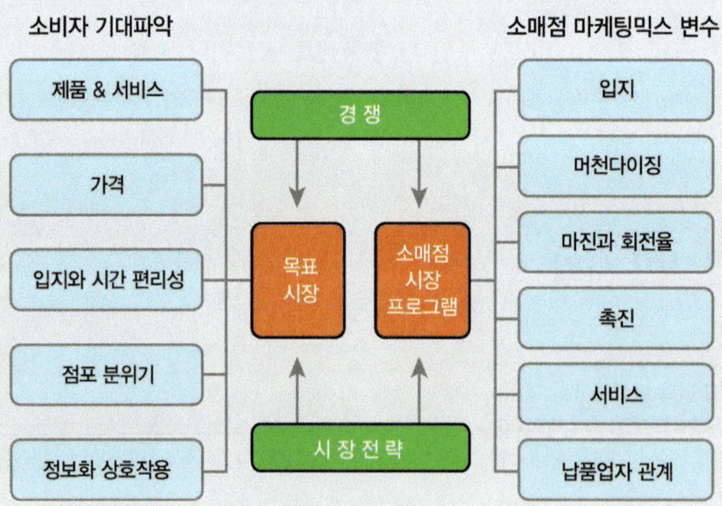

출처: Levy, M., Weitz, B., and Grewal, D., *Retailing Management*, 9th ed., McGraw-Hill/Irwin, 2013의 내용을 기반으로 구성함

야 한다. 다섯째, 정보획득에 대한 기대이다. 소비자는 소매점에서 제품이나 서비스를 구매하면서 관련 정보 등을 취득하므로, 소매점을 정보획득의 원천으로 생각한다.

소매점 마케팅믹스

소매상의 전략적 방향은 소비자의 기대에 대한 이해와 이에 대한 적절한 대응 그리고 활용할 수 있고 통제 가능한 소매점 마케팅믹스를 활용하는 것에서 결정된다. 이러한 마케팅믹스의 변수는 〈그림 14-10〉과 같이 여섯 가지로 나뉜다.

첫째, 입지는 전통적으로 소매점 성공의 필수조건이었는데, 최근 들어 더욱 강조되고 있다. 기술의 발전으로 제품구매의 경로가 인터넷과 모바일 등으로 분산되고 또 신속한 쇼핑을 원하기 때문이다. 즉 온라인의 경우 온라인 공간 및 소비자의 인지상 위치가 바로 입지에 해당한다. 따라서 소매상이 입지를 선택하는 데 있어서 상권이나 온라인 공간에 대한 정교한 측정과 분석이 선행되어야 하며, 소비자의 입지 기대와도 잘 맞아야 한다.

둘째, 머천다이징[18]은 소매점이 취급하는 제품의 종류라고 볼 수 있는데, 표적시장의 기대와 조화를 이루어 제품의 종류와 다양성을 확보해야 한다. 또 소매점에서 경쟁우위를 점하려면 제품구색에서 차별화를 해야 하는데, 특정제품을 독점적으로 공급한다거나 단골 대상 이벤트를 기획하는 것을 시도할 수 있다.

셋째, 이윤과 회전율 결정이다. 특정소비자를 개인화된 서비스로 공략하는 고이윤·저회전율 소매상과, 최소의 서비스로 저이윤·고회전율 소매상으로 나눌 수 있는데, 경기침체기에는 가격민감도가 높은 소비자와 경기에 영향을 받지 않는 소비자의 영향으로 이 두 형태의 소매상이 극단적인 모습으로 나타난다.

넷째, 촉진 결정이다. 표적시장의 구매를 더욱 활발히 하기 위해 제조업자와 마찬가지로 소매상도 촉진책을 사용하는데, 장기적인 목적으로는 홍보와 인적 판매를 활용하고, 단기적으로는 소매광고와 판촉을 사용한다.

다섯째, 서비스 수준 결정이다. 제품에 따라 소비자가 요구하는 서비스의 수준이 다르므로 이에 상응하는 서비스를 설계해야 한다. 백화점 등 비교적 고가의 제품을 판매하는 경우에는 수준 높은 서비스로 표적 고객의 서비스 기대수준에 맞추어야 한다.

여섯째, 납품업자와의 관계이다. 공급자와의 긴밀한 협조는 표적고객에게 제품을 원활히 공급하는 데 있어 매우 중요할 뿐 아니라 제품과 고객에 대한 정보를 상호 교환하며, 유통효율을 증가시켜 서로의 경쟁력을 높이는 역할을 한다.

6. 유통경로의 계열화: 수직적 마케팅시스템

수직적 마케팅시스템이란?

- **학습목표 3:** 주요 개념 (6)
  - 유통경로의 계열화 = 전통적인 유통경로인 독립적 유통경로상에서 발생하는 문제점을 해결 → 유통경로 활동의 효율화를 위해 미리 계획한 판매망을 전문적이고 일관적인 관리체계로 형성
  - 수평적 마케팅시스템(Horizontal Marketing System) = 같은 경로상 두 개 이상의 기업이 전략적 통합을 하는 형태 = 유통전문기업이 추구하는 시스템
  - 수직적 마케팅시스템(Vertical Marketing System) = 제조업체 - 유통 - 소비자라는 수직적 유통경로 활동에 대한 일관적 관리체계(계열화) = 기업형 // 계약형 // 관리형
    - 장점 = 거래비용의 절감, 기업의 필수 원자재 등의 공급안정, 높은 진입장벽 구축
    - 단점 = 막대한 자본의 소요, 유연성 감소(경직성)

유통경로의 기능을 유통업자가 담당하는 독립적 유통경로(independent distribution channel)가 전통적인 유통구조이다. 그러나 구성원 각자가 개별적인 이익극대화를 추구하는 경향이 강해 유통기능이 중복되어 효율성이 떨어지고 유통비용이 인상되어 이는 가격인상으로 이어졌다. 이 때문에 고객수요가 감소하고 생산활동이 위축되는 문제가

그림 14-11 수직적 마케팅시스템의 분류

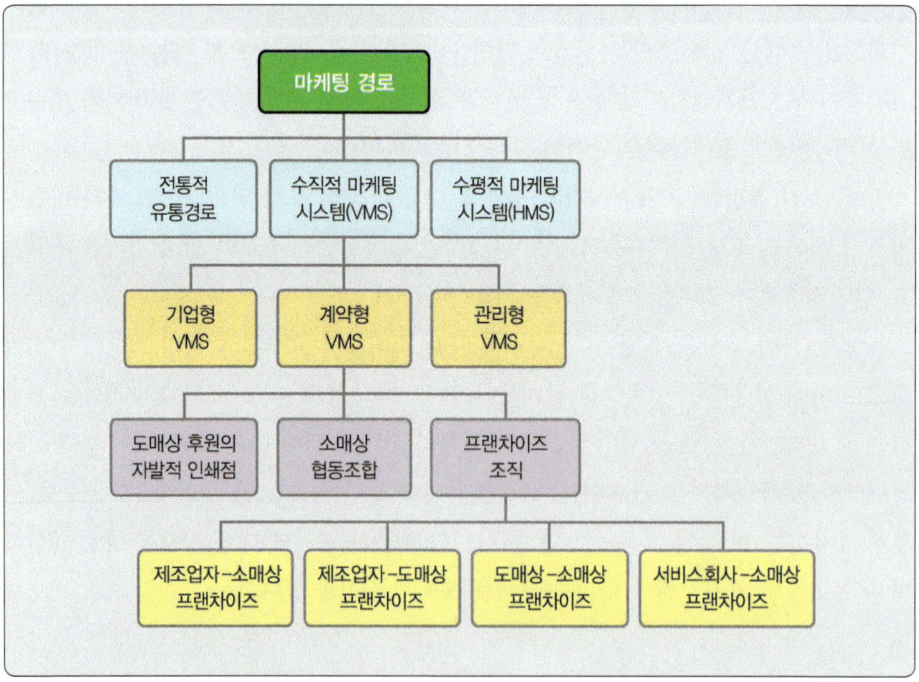

발생하였는데, 이러한 문제를 해결하기 위해 경로 내의 공동목표를 부여하고, 일관적인 관리체제에서의 의사결정과 통제활동이 실행될 수 있는 수직적 마케팅시스템(Vertical Marketing System: VMS)이 제시되었다.

제일 먼저 제조 기능과 유통경로의 기능을 전부 수행하는 형태인 통합적 유통경로(integrated distribution channel), 즉 기업통합방식이 등장하고, 그 이후 다른 방식의 수직적 마케팅시스템이 등장하게 된다.[19] 또 같은 경로상 두 개 이상의 기업이 전략적 통합을 하는 형태인 수평적 마케팅시스템(Horizontal Marketing System: HMS)도 등장했다. 복수의 다른 브랜드명을 가진 소매점을 운영하거나 이마트가 할인점과 트레이더스 클럽을 운영하는 것이 수평적 마케팅시스템의 예다. 주로 유통전문기업이 추구하는 시스템이다. 수직적 · 수평적 마케팅시스템(Vertical & Horizontal Marketing System), 특히 수직적 마케팅시스템은 유통경로 계열화의 한 형태로 사회적 · 경제적 효과가 뛰어나 1970년대 이후 그 중요성이 증가하였다. 증가 이유로는 대량생산에 의한 대량판매, 가격안정의 필요성, 유통비용의 절감, 기업과 브랜드 이미지 제고, 경로 내 유통 지배력 확보와 타사 대비 경쟁우위 획득 등을 들 수 있다. 수직적 마케팅시스템의 분류는 〈그림 14-11〉을 참조한다.

수직적 마케팅시스템의 유형과 장단점

수직적 마케팅시스템은 유통경로 간의 수직적 통합을 어떤 주체가 어떤 방식으로 하느냐에 따라 기업통합방식(Corporative VMS), 계약통합방식(Contractual VMS)과 관리통합방식(Administrative VMS) 등 세 가지 형태로 나눈다. 기업통합방식은 한 경로 구성원이 다른 경로 구성원을 소유하고 있는 형태로 유통경로화의 각 단계가 소유권에 의해 지배되는 형태를 말한다. 이는 제조회사가 중간상을 소유하는 경우인 전방통합(forward integration)과 중간상이나 소매상이 제조회사를 소유하는 후방통합(backward integration)으로 나눌 수 있다.

계약통합방식은 수직통합방식 중 가장 일반적인 형태로 상호 경제적 이익을 얻기 위해 계약에 따라 유통경로의 비효율을 감소시키는 방법이다. 다른 소매상에 대응하기 위해 각각의 소매상이 연합한 소매협동조합과 모회사가 가맹점에 특정지역의 영업권을 부여하고 수수료를 받는 프랜차이즈 등이 대표적인 형태다.

관리통합방식은 경로 구성원 중 지도적 위치에 있는 기업의 리더십과 조정으로 생산과 유통의 단위가 통합되는 경우인데, 각각의 경로 구성원은 개별적인 목표가 있어서 이해가 상충하는 경우가 빈번하므로 경로 리더의 리더십이 유통효율을 높이는 데 있어 관건이 된다.

이러한 여러 형태의 수직적 통합방식은 거래비용의 절감, 기업의 필수 원자재 등의 공급안정이나 높은 진입장벽을 구축하는 장점을 갖고 있으나 과도한 수직적 통합, 즉 과도한 기업통합방식은 막대한 자본의 소요와 유연성 감소에 따른 경직성 등으로 급변하는 시장상황에 기민하게 대응하지 못해 기업의 실패 원인이 되기도 한다.

4 소매업의 디지털 진화

도입 사례에서 인터넷, 모바일 등 디지털 기술이 마케팅 지형, 그중에서도 소매유통업의 지형을 바꾸어 놓은 현황을 이미 살펴보았다. 여기에서는 먼저 유통 분야의 전문가들이 설명한 디지털 기술 발전을 토대로 살펴본 소매유통업의 진화와 또 다른 측면에서의 소매업 트렌드를 살펴본다. 그리고 옴니채널과 실시간(real-time)채널의 개념과 사례를 좀 더 심층적으로 탐구한다. 마지막으로 디지털로 진화하는 소매업의 요구 역량을 이해한다.

1. 소매유통업의 진화

- **학습목표 4: 주요 개념 (1)**
  - 디지털 기술 발전을 토대로 살펴본 소매유통업의 진화 = 싱글채널(single channel) → 초기의 멀티채널(multi channel) → 그 이후의 멀티채널 또는 크로스채널(cross channel) → 옴니채널(omni channel) → 실시간채널(real time channel)
  - 최근의 트렌드 = 다양한 경험을 제공하는 콘셉트 매장의 등장

디지털 기술 발전을 토대로 한 소매유통업의 진화

유통 분야의 전문가들은 소매유통채널의 진화를 단계별로 설명하고 있다. 〈그림 14-12〉에서 볼 수 있듯이 소매유통업은 오프라인 매장만 존재했던 싱글채널(single channel) 시대 이후 변화하기 시작하여 오프라인 매장 외에 온라인채널들이 등장한 멀티채널(multi channel) 시대로 변화해 나간다. 각 채널이 독립적으로 운영되었는지 아니면 유기적으로 운영되었는지에 따라 멀티채널 시대를 초기와 후기로 구분한다. 후기 멀티채널 시대를 채널 간의 통합 · 보완을 강조하기 위해 크로스채널(cross channel) 시대라고도 한다. 미국의 소매업을 토대로 할 때 약 2008년부터 멀티채널 시대가 시작되었고 크로스채널 시대는 약 2010년부터 시작된 것으로 본다.

그림 14-12 소매유통업의 진화

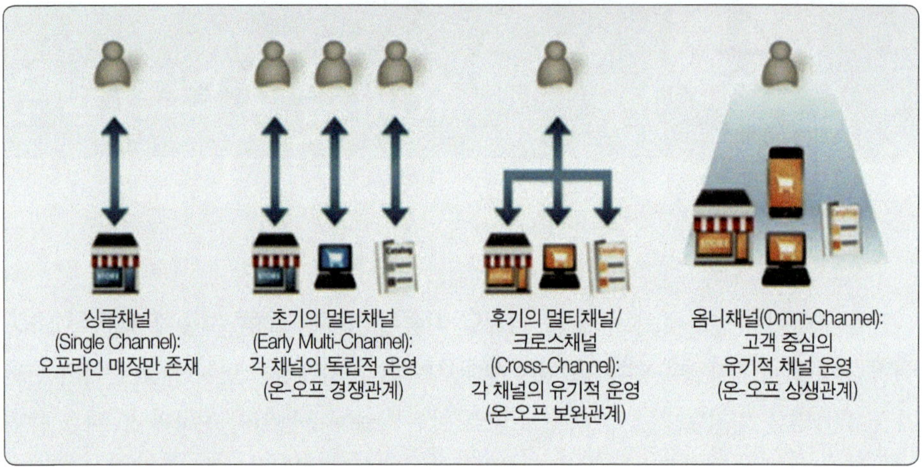

출처: Waldron, P. V., "Take a trip through the Channels: Single, Multi, Cross and Omni," May 7, *IBM Retail Industry Blog*, 2014, https://www.ibm.com/blogs/insights-on-business/retail/take-a-trip-through-the-channels-single-multi-cross-and-omni/

그 후 2012년부터는 옴니채널(omni channel) 시대가 시작되었다고 본다. 옴니채널은 소매점, 온라인 스토어, 모바일, SNS, 매스 커뮤니케이션 등 고객들과 상호작용하는 컨택 포인트(contact points)를 의미한다. 사실 옴니채널이라는 용어와 개념의 등장 때문에 채널의 의미가 변화했다. 원래 채널은 유통의 경로를 의미한다. 요즈음 채널이라는 용어는 더 넓은 의미로 사용되고 있다. 채널은 유통채널뿐만 아니라 고객들과 상호작용하는 컨택 포인트 또는 미디어를 의미하기도 한다. 즉 디지털 기술 발전에 따른 환경 변화로 마케팅 커뮤니케이션과 유통이 더 빠르게 통합 · 융합되어오고 있는 것이다. 따라서 옴니채널 소매는 매장, PC, 모바일 등 여러 채널을 고객 중심의 관점에서 유기적으로 결합해 고객에게 끊임없는(seamless) 쇼핑 환경과 경험을 제공하는 소매로 정의된다. 〈그림 14-13〉은 우리나라 소매업의 트렌드를 보여주고 있다. 우리나라에서도 소매업은 크로스채널 또는 옴니채널 방향으로 진화할 수밖에 없음을 알 수 있다.

한편 옴니채널과 함께 등장한 비슷한 용어가 O2O이다. 처음에는 Online to Offline, 최근에는 Offline to Online을 지칭하는 용어로 네이밍은 중국에서 시작되었다고 한다. O2O는 온라인 시장과 오프라인 시장의 접점을 의미하며 디바이스(인터넷, 모바일, 향후에는 사물인터넷)를 토대로 작명되었다. 이에 따라 옴니채널보다는 해당 범위가 훨씬 넓다. 그래서 O2O 뒤에 다양한 접미어가 붙어서 사용되는데 O2O 시장, O2O 비즈니스, O2O 서비스, O2O 플랫폼, O2O 마케팅 등과 같은 수많은 사례들이 O2O에 해당한다.

처음에는 이 용어가 온라인으로 고객을 모아 오프라인으로 데려오는 마케팅 방식을 가리키는 말로 쓰였고, 그루폰이나 티몬 같은 소셜커머스 회사가 용어를 널리 알리기

그림 14-13 우리나라 소매업(구매채널) 트렌드

출처: 닐슨코리아 정하규 전무 특강 자료(Different Consumer Landscape & Marketing Paradigm Shift; 2017년 5월 24일); 서울시립대학교 일반대학원 MMI (Master of Marketing Intelligence) 과정.

시작했다. 또한 미국 등 주요 글로벌 시장에는 2016년 중반, 우리나라에서는 2017년 1월 소개되어 엄청난 관심을 끌었다가 불과 1년도 되지 않아 업데이트와 콘텐츠 부족으로 관심이 급감해서 다시 부활을 위해 노력하고 있는, 증강현실(AR: Augmented Reality) 기술을 활용한 포켓몬고 게임이 O2O 게임시장을 개척하였다. 둘째, 비콘과 NFC (Near Field Communication) 같은 기술이 O2O에 대한 주의와 관심을 증폭시켰다. 비콘은 블루투스 기술을 활용한 근거리 위치기반 통신 장치다. 조그마한 송수신기를 매장에 달면 70m 안에 있는 잠재 고객에게 할인 쿠폰 등 정보를 전달할 수 있다. 대표적인 예로 애플 '아이비콘(iBeacon)'과 SK플래닛 '시럽(Syrup)'이 있다. NFC(근거리 무선 통신)는 10cm 정도로 가까운 거리에서 기기를 접촉하지 않아도 데이터를 주고받을 수 있는 기술이며, 모바일 결제 분야(예: 애플페이, 삼성페이)에서 활용된다. 셋째, 온라인 회사가 오프라인 비즈니스 · 시장에 진입하는 노력 또한 O2O에 해당한다. 카카오택시, 배달의 민족, SK플래닛의 시럽(SK플래닛은 2014년 9월 O2O 쇼핑 앱 업체인 '샵킥'을 인수함; 샵킥 = 메이시스 백화점과 베스트바이 등 14개 미국 대형유통업체 매장 1만 2천여 곳에서 쓸 수 있는 쇼핑 앱), 네이버의 샵윈도 서비스(오프라인 매장이 모바일 웹사이트에서 제품을 소개하도록 연결하는 서비스), 라인의 '라인앳(LINE@)' (오프라인 상점이 라인 메신저로 고객과 소통할 수 있는 창구), '라인와우'(배달의 민족과 손잡고 일본에서 실시하고 있는 음식배달서비스)와 '라인택시' 등이 대표적 예이다. 온라인 서비스 회사만 O2O에 관심을 가지고 있는 것은 아니다. 마지막으로 오프라인 회사가 온라인 서비스를 제공하고 있다. 대표적인 예로 스타벅스는 매장에 가기 전에 미리 주문과 결제를 마치고 매장에 가서 바로 커피를 들고 나올 수 있는 '사이렌오더'(Siren Order) 서비스를 정착시켰다(10장 참조). 모바일에서 책을 산 뒤 오프라인 서점에 방문해 바로 책을 가져갈 수 있는 교보문고 바로드림 서비스, 롯데의 스마트 픽, 신세계의 SSG 등 전통 오프라인 유통회사도 매장과 온라인 서비스를 연계한 O2O 서비스를 실시하고 있다.[20]

옴니채널이나 O2O에 의한 소매업의 디지털 진화는 디지털 기술과 이를 활용한 ICT 기업들의 서비스에 의해 엄청난 속도로 발전해왔다. 따라서 도입 사례에서 살펴보았듯이 소매업의 지형이 온라인 · 모바일 커머스 중심으로 변화된 것이다. 다만, 관련 회사들이 매출이 아니라 수익 측면에서도 성과를 보이는가는 또 다른 이슈이다. 그럼에도 불구하고 많은 기업들은 미래의 성과를 위해 투자하는 개념으로 관련 비즈니스를 지속적으로 펼치고 있는 것으로 보이며, 어떠한 기업이 경쟁에서 살아남고 우위를 차지할지는 기다려봐야 할 것이다.

경험이 중요시되면서 등장한 소매유통업의 최근 트렌드: 복합경험매장

옴니채널 소매의 정의를 보면 핵심 키워드는 '고객 중심', '고객에게 끊임없는(seamless) 쇼핑 환경과 경험의 제공'이었다. 즉 소비자 구매의사결정 과정 또는 CDJ상에서 경험 또는 체험(experience)이 중요하다는 것이다. 과거의 마케팅은 구매 후 사용 또는 소비 경험의 중요성을 강조했는데 디지털 기술에 의한 환경 변화는 마케팅의 전 과정에서 경험의 중요성을 강조하고 있다. 구매 전 과정(pre-purchase)에서의 경험, 구매 과정(purchase)에서의 경험, 그리고 구매 후 과정(post-purchase)에서의 경험 모두가 중요하며 각 과정에서 효과적 · 효율적 마케팅 터치포인트(touch points)를 사용하여 고객 경험을 관리하는 것이 마케팅의 새로운 패러다임으로 등장하고 있다. 물론 디지털 환경의 특성 때문에 마케팅이 통제할 수 없고 고객이 통제하는 터치포인트(예: 고객 커뮤니티) 또한 중요한 것을 인식해야 한다. 이러한 고객경험관리 패러다임은 19장에서 자세히 살펴본다.

우리나라의 경우 다양한 복합 경험을 제공하는 콘셉트 소매업 점포가 새로운 트렌드로 등장하면서 〈그림 14-14〉처럼 다양한 콘셉트 매장이 운영되고 있다. 첫 번째 유형은 2종류의 매장이 복합적으로 운영되는 경우이다. 예를 들어 한 매장에 현대자동차 직영 판매점과 커피빈 숍이 동시에 운영되거나 통신매장 T world와 올리브영 매장이 운영되고 있다. 두 번째 유형은 머천다이징을 의식주에 초점을 맞춰 운영되는 경우로 올리브영 식품관, 비킨스 오프라인 매장(물론 온라인 매장도 같이 운영)이 이 유형에 해당한다. 마지막 유형은 라이프스타일에 초점을 맞춘 복합 대형 쇼핑몰의 등장이다. 예를 들어 하

그림 14-14 **다양한 경험 니즈를 동시에 만족시키는 콘셉트 매장의 등장**

출처: 닐슨코리아 정하규 전무 특강 자료(Different Consumer Landscape & Marketing Paradigm Shift; 2017년 5월 24일); 서울시립대학교 일반대학원 MMI (Master of Marketing Intelligence) 과정.

남 스타필드는 스포테인먼트 라이프스타일에 초점을 맞추고 있고 홈플러스 파주 운정점은 에듀테인먼트 라이프스타일에 초점을 맞추고 있다. 요약하면 오늘날의 소매점은 과거의 소매점과는 달리 철저하게 고객 경험을 중심으로 진화하고 있다. 다음에서는 옴니채널과 실시간(Real-Time)채널의 개념과 사례를 좀 더 심층적으로 살펴본다.

2. 옴니채널과 실시간채널

- **학습목표 4: 주요 개념 (2)**
  - 옴니채널 관리 = 고객들의 경험 최적화와 채널들의 성과증진을 위해서 고객들의 터치포인트(touch points)와 다양한 채널들을 전략적으로 관리하는 것
  - 실시간(real-time)채널 = 고객 요구에 즉시 반응하는 즉시성을 강조하는 채널 개념
    - 고객 중심의 경험 관점(value to the customer) 그리고 끊임없는(seamless) 쇼핑 경험의 제공을 강조하는 옴니채널 관리가 실시간(real-time)채널이라는 용어를 탄생시켰으며, 옴니채널 관리와 다른 개념은 아님.

옴니채널

사실 옴니채널의 트렌드는 크로스멀티채널의 등장으로 촉발되었다고 볼 수 있다. 〈그림 14-15〉를 보면 정보전달의 주경로(오프라인 對 온라인)와 주문처리방법(방문수령 對 배송)을 기준으로 소매상들이 분류되어 있다. 정보전달과 주문처리방법이 오

그림 14-15 **크로스멀티채널 시대의 소매전략: 정보와 주문처리 매트릭스**

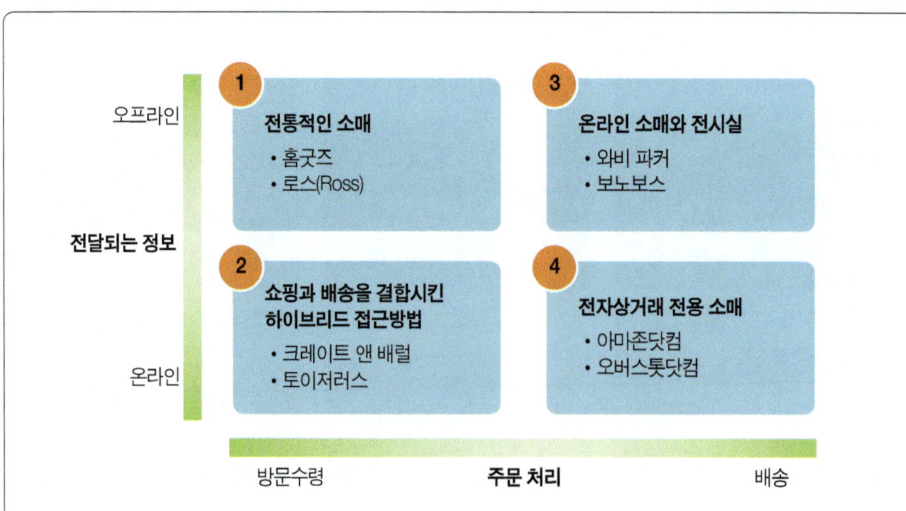

출처: Bell et al., "How to Win in an Omnichannel World," *MIT Sloan Management Review*, 56(1), 2014, p. 47.

프라인 중심인 전통적 소매상(① Traditional Retail), 온라인 중심인 전자상거래 전용소매(④ Pure-Play E-Commerce) 외에 하이브리드 방식의 소매상이 있다. 먼저 온라인 소매와 전시실(③ Online Retail Plus Showrooms)은 온라인 소매상이 오프라인에 전시실을 마련한 Online to Offline 형태의 소매상이다. 그리고 쇼핑과 배송을 결합한 하이브리드 소매상(② Shopping and Delivery Hybrid)은 오프라인 소매상이 온라인 정보를 활용한 Offline to Online 형태의 소매상이다. 2014년 자료임에 따라 현재는 ① 영역에 있는 많은 소매상이 ② 영역으로, ④ 영역에 있는 많은 소매상이 ③ 영역으로 진출했다. 그만큼 O2O 또는 옴니채널이 주요 트렌드가 되어가고 있다.

예를 들어 변화가 별로 없을 것 같은 자동차의 판매/구매채널 역시 옴니채널로 변하고 있다. 〈표 14-2〉를 보면 2015년에 이미 미국, 중국, 영국과 독일에서는 새로운 형태의 자동차 판매채널이 다양하게 등장했음을 알 수 있다. 특히 자동차 제조업체(OEM) 대신 ICT 기업이 주도하는 채널이 등장함에 주목할 필요가 있다. 나아가 전기차가 더 많이 보급되는 미래에는 구글, 애플, 중국의 알리바바 등이 자동차 거래는 물론 제작까지

표 14-2 새로운 자동차 판매채널 유형

채널 유형		대표 사례	판매 프로세스
자동차 OEM 주도	자동차 제조업체(OEM)의 독자적 온라인 플랫폼	Tesla (美)	OEM 웹사이트 내 견적 및 결제 → OEM 배송
	자동차 OEM이 자사 딜러와 연계한 형태의 채널	Dacia(英), Ford(英), GM(美), SAIC(中)	OEM 웹사이트 → 딜러 웹사이트 견적 또는 OEM 웹사이트 내 온라인 견적 → 선택한 딜러 결제; 배송은 전부 딜러 배송
	오픈 마켓 형태의 채널	아마존(美, 日), T'mall(中), 옥션(韓: 중고차만 거래)	오픈 마켓 내 온라인 견적 및 결제 → 배송은 오픈 마켓이 직접 배송하거나 또는 지역 연계 딜러가 배송
	디지털 쇼룸 형태의 채널	Audi City (英, 中, 獨), Hyundai Rockar(英), Mercedes-me Store(獨)	쇼룸 내 온라인 견적 및 결제 → 자동차 OEM이 배송
ICT 기업 주도	OEM 딜러 연계 채널	Edmond.com(美), TrueCar.com(美), Autohaus24.de(獨), 이처왕 (中)	웹사이트 내 온라인 견적 → 선택한 딜러 결제 → 딜러가 배송
	중고차 매매 채널	Beepi (美), Carvana(美), CarSpring(英), SK엔카(韓)	웹사이트 내 온라인 견적 및 결제 → 웹사이트 배송
	A/S 채널	Chemayi.com(中)	웹사이트 내 온라인 견적 및 결제 → 웹사이트 부품 주문 및 공임비 지급 → 소비자 A/S (사설 서비스센터)

출처: 마케팅자문협의회 時 기아자동차 마케팅전략팀으로부터 획득한 정보에 근거함(2015. 8. 8)

주도하는 플랫폼 사업자가 되기 위해 준비하고 있다.

지금까지의 사례를 토대로 할 때 옴니채널이 소매유통업에서 얼마나 큰 이슈가 되었는지를 알 수 있을 것이다. 이러한 트렌드가 발생하게 된 주요 이유들을 살펴보면 첫째, 옴니채널로 움직이지 않을 경우 각 소매점포 매출이 증가는커녕 감소하는 경향을 보이기 때문이다. 둘째, 이러한 방향으로의 전략을 수용하지 않는 소매점포의 브랜드 이미지는 시대에 뒤떨어지는 방향으로 낮아질 가능성이 높기 때문이다. 셋째, 온라인을 통한 정보 전달 트렌드는 정보의 비대칭성을 감소시켜 소비자 힘(power)을 증가시켰기 때문이다. 즉 소비자는 이제 좋은 가성비와 서비스에 대한 높은 기대를 형성하고 있다. 따라서 기업들은 단순히 크로스멀티채널 시대를 넘어서서 옴니채널 관리에 신경을 쓸 수밖에 없는 상황이다.

옴니채널 관리란 고객들의 경험을 최적화하고 채널들의 성과를 증진시키기 위해서 고객들의 터치포인트(touch points)와 다양한 채널들을 전략적으로 관리하는 것을 의미한다.[21] 즉 오프라인 매장, PC의 웹사이트, 모바일, SNS, TV 등 여러 개의 유통 및 미디어 채널 각각을 소비자 중심의 관점에서 빈틈없이 유기적으로 결합, 일관된 쇼핑 경험을 끊임없이(seamless) 제공할 수 있도록 관리하는 것을 말한다(〈그림 14-16〉 참조). 즉 온라인과 오프라인을 잘 활용해야 함을 강조하는 크로스멀티채널과는 달리 옴니채널 관리는 고객 중심의 경험(value to the customer)을 최적화하고 채널 성과(value from the customer)를 증진하는 것을 강조하고 있다. 이를 위한 첫 번째 조건은 고객의 생각과 움직임을 알아

그림 14-16 옴니채널의 모습

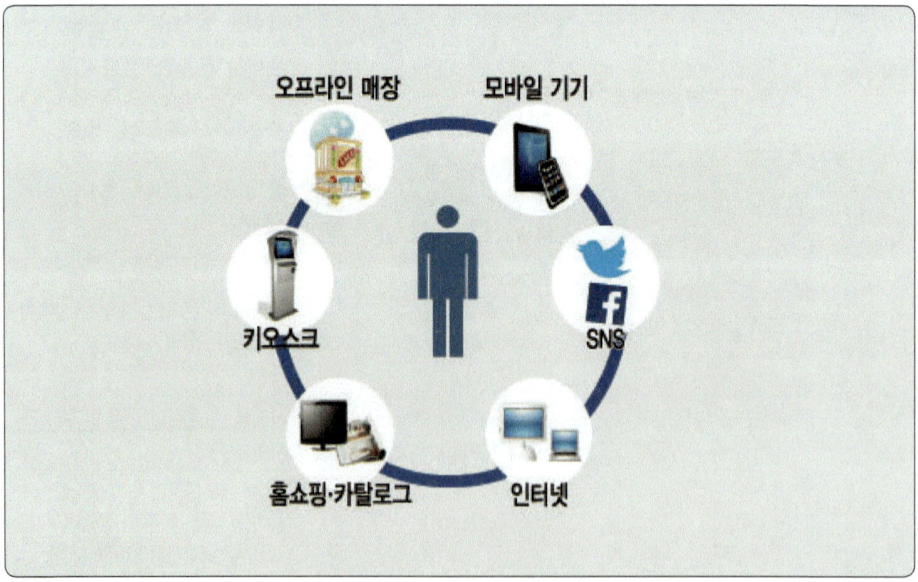

출처: 국민일보(2014. 9.12).

그림 14-17 즉시성을 강조하는 실시간 채널 서비스의 사례들

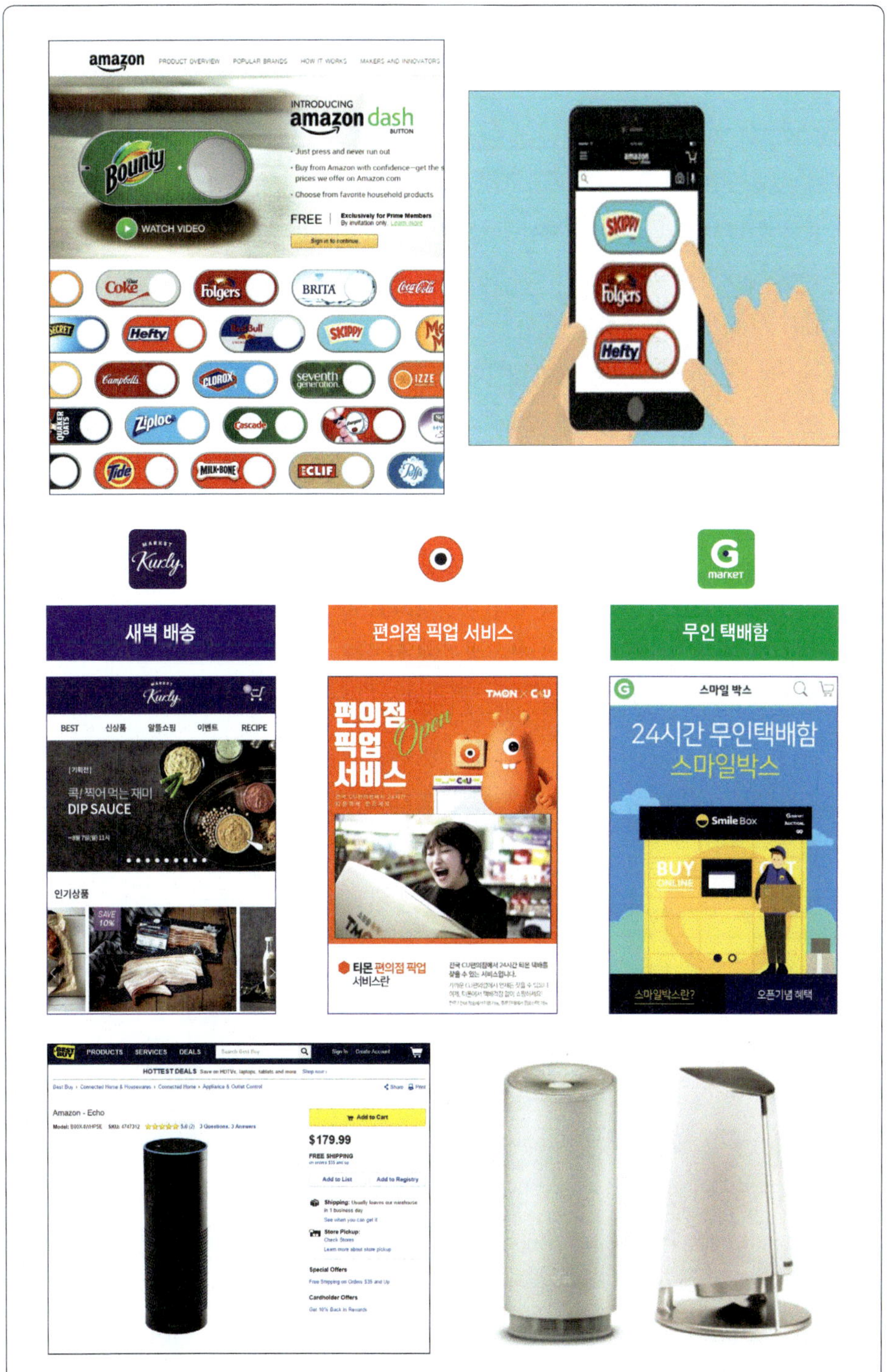

출처: 닐슨코리아 정하규 전무 특강 자료(Different Consumer Landscape & Marketing Paradigm Shift; 2017년 5월 24일); 서울시립대학교 일반대학원 MMI (Master of Marketing Intelligence) 과정 외 해당회사의 홈페이지.

야 한다. 이러한 요구 조건은 조금 뒤와 19장에서 더 상세히 알아본다.

실시간채널

고객 중심의 경험 관점(value to the customer) 그리고 끊임없는(seamless) 쇼핑 경험의 제공을 강조하는 옴니채널 관리는 실시간(real-time)채널이라는 용어를 탄생시켰다.[22] 이는 고객 요구에 즉시 반응하는 즉시성을 강조하는 개념이며 옴니채널 관리와 다른 개념은 아니다. 즉시성을 반영한 대표적인 예로는 아마존의 Dash, 우리나라 온라인 소매상들의 배송 서비스, 나아가서는 AI(인공지능 Artificial Intelligence) 스피커 서비스인 아마존의 Echo, SK 텔레콤의 누구, KT의 기가지니 등을 들 수 있다(〈그림 14-17〉 참조). 특히 국내 IT 기업뿐만 아니라 세계 여러 기업들이 스피커 형태의 AI 단말을 내놓고 시장에 뛰어들거나 준비하고 있다. 국내에서는 LG유플러스, 네이버, 카카오가 2017년 하반기 제품을 선보일 예정이다. 해외에서는 애플이 최근 홈팟을 출시했고 페이스북도 제품을 개발 중이다. 삼성전자가 지난해 인수한 하만의 하만카돈도 마이크로소프트 사(MS)와 협업한 AI 스피커 '인보크'를 연내 출시할 예정이라고 한다.[23] 아직 화자(話者) 음성인식 기술 등 기술적 문제가 있어 시간이 걸리겠지만 이러한 문제들이 해결될 경우 이러한 AI 비서 서비스가 채널 대리인 역할을 하는 시대가 올 것이다.

3. 디지털로 진화하는 소매업의 요구 역량

- **학습목표 4: 주요 개념 (3)**
  - 디지털로 진화하는 소매업의 요구 역량 = 개인화 및 맞춤화 마케팅 역량 + CDJ 파악 역량 + 빅데이터 애널리틱스 역량(AI 활용 역량 포함)

지금까지 소매업의 디지털 진화를 살펴보았다. 실시간채널을 포함한 옴니채널 관리가 가장 중요한 소매업의 과업이라 할 수 있다. 많은 요구 역량들이 있겠지만, 필요한 핵심역량을 제시하면, 첫째, 고객과의 상호작용성을 높이기 위한 제품 · 서비스 · 커뮤니케이션 등의 개인화(Personalization)와 맞춤화(Customization)이다. 개인화와 맞춤화는 유사하지만, 최근에 와서 개념이 구분되고 있다. 개인화(Personalization)는 소비자들이 제공한 정보를 토대로 기업이 이 정보를 사용하여 고객에게 맞는 제품 · 서비스 · 커뮤니케이션을 제공하는 것을 말한다. 쉽게 표현하면 기업이 고객 취향을 파악해서 제품 · 서비스 · 커뮤니케이션을 제공하는 것이다. 맞춤화(Customization)는 고객이 자신의 니즈에

그림 14-18 복잡해진 CDJ의 개념도와 사례

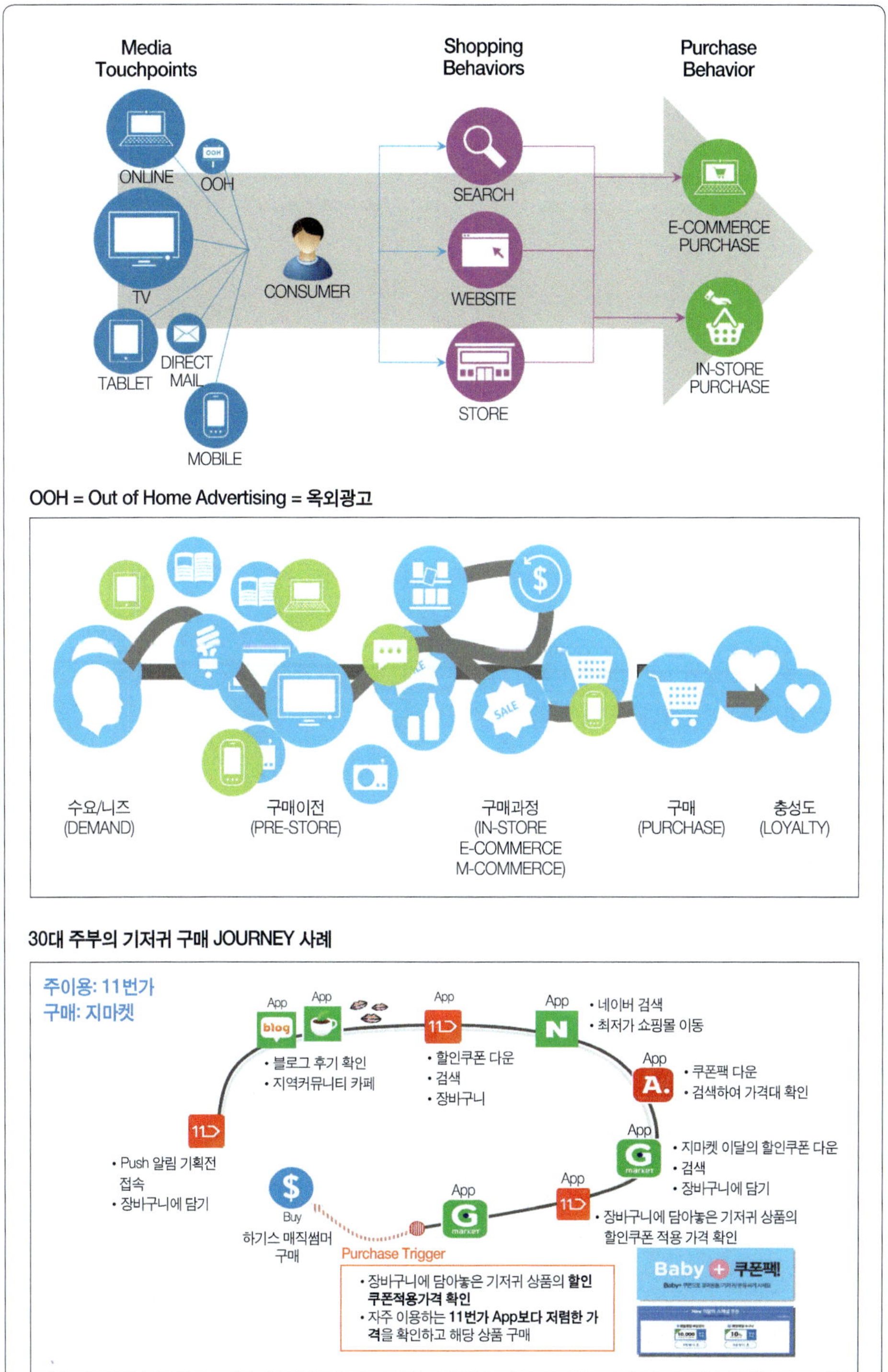

출처: 닐슨코리아 정하규 전무 특강 자료(Different Consumer Landscape & Marketing Paradigm Shift; 2017년 5월 24일); 서울시립대학교 일반대학원 MMI (Master of Marketing Intelligence) 과정.

맞게 사용할 수 있도록 기업이 제품·서비스·커뮤니케이션에 관한 정보를 제공하는 것을 말한다. 개인화와 맞춤화에 대한 내용은 10장에서 학습하였으니 이를 참조하기 바란다.

두 번째는 CDJ (Consumer Decision Journey) 파악 역량이다. CDJ에 대한 설명은 5장을 참조하길 바란다. 옴니채널 관리는 고객 중심의 경험(value to the customer)을 최적화하고 채널 성과(value from the customer)를 증진하는 것을 강조하고 있으며 이를 위해서는 고객의 생각과 움직임을 알아야 한다고 했다. 사실, 옴니채널이 등장하면서 CDJ 또한 복잡해졌다. 〈그림 14-18〉은 복잡해진 CDJ의 개념과 사례(30대 주부의 기저귀 구매 Journey = 다양한 사이트를 들락날락하면서 구매 = 주이용 사이트는 11번가인데 지마켓 모바일에서 구매)를 보여주고 있다. 다시 말해 고객의 움직임을 알기 위해서는 고객의 로그 데이터 등을 획득해 분석해야 한다.

최근 구글은 thinkwithgoogle.com이라는 분석서비스 플랫폼을 런칭시키며 CDJ 분석과 관련하여 마이크로 순간(Micro-Moments)이라는 개념을 소개하고 있다. 수많은 고객들의 탐색 도구(삶의 동반자 life companion)는 모바일 탐색이다. 보통 사람들은 평균 하루에 150번 이상 모바일 탐색을 하는데, 1번 탐색의 평균시간은 10초에서 1분 정도라고 한다.[24] 즉 소비자들의 의사결정과정은 수백 개의 작은 의사결정단위인 '순간(moments)'으로 나누어진다는 것이다. 이러한 순간은 의도(intent), 상황(context), 즉시성(immediacy)으로 구분될 수 있으며, 보다 구체적인 순간들로 구분되어 분석할 수 있다. 〈그림 14-19〉는 이러한 구체적인 마이크로 순간 분석의 종류, 자동차 산업의 분석결과 예와 한 소비자의 마이트로 순간 분석의 예를 보여주고 있다. 효과적인 옴니채널 관리를 위해서는 이러한 CDJ 파악 역량이 필수 역량이다.

마지막으로 필요한 역량은 개인화 및 맞춤화 마케팅 역량과 CDJ 파악 역량의 밑바탕이 되는데 바로 빅데이터 애널리틱스 역량(AI 활용 역량 포함)이다. 이에 대한 설명은 19장에서 살펴보기로 한다. 사실 이러한 역량을 한 기업이 전부 잘하기는 어렵기 때문에 외부 전문조직과의 협업 마케팅 역량이 필요하다. 이러한 마케팅 역량에 대한 설명은 19장에서 살펴본다.

지금까지 디지털 기술 발전을 토대로 살펴본 소매유통업의 진화와 또 다른 측면에서의 소매업 트렌드, 옴니채널과 실시간(real-time)채널, 그리고 디지털로 진화하는 소매업의 요구 역량을 살펴보았다. 최근 아마존과 관련된 신문기사 원천을 다음과 같이 소개하면서 이 장을 마친다.

그림 14-19 **마이크로 순간(Micro-Moments) 분석**

구체적인 마이크로 순간(Micro-Moments)의 종류

I-want-to-know moments	I-want-to-go moments	I-want-to-do moments	I-want-to-buy moments
자료를 수집하고 정보를 탐색하는 순간	가까운 매장을 찾거나 그곳에서 제품을 구매하는 것을 고려하는 순간	어떤 과업을 수행하는 데 도움을 찾거나 새로운 것을 시도하는 순간	구매를 결심하고 무엇을 어떻게 구매해야 하는지에 대한 도움을 찾는 순간
• TV광고에서 본 상품 검색 • 새롭게 소개된 기능에 대한 검색	• 주변 매장 검색 • 이동 경로 검색	• 과업 수행에 있어 새로운 아이디어 탐색 • "how to" 검색	• 매장 내에 머무르면서 구매 정보 검색 • 가격 확인 및 비교

출처: thinkwithgoogle.com

자동차 산업의 마이크로 순간 분석결과의 예

Which-car-is-best moments	• 60%의 소비자들은 어떤 차를 구매할지 확실치 않은 상태에서 구매 검토 개시 • 동영상 자료에 영향받는 비중이 급격히 증가하고 있음(YouTube > TV, 신문, 잡지)
Is-it-right-for-me moments	• 적합도 기준의 변화(예: 연비 → 적재량, 편의사양) • Top3 동영상: 시승, 기능/옵션 사양, 내외관 조감 • 제조업체 페이지도 중요한 역할 담당(예: model configuration)
Can-I-afford-it moments	• 가격 관련 검색 증가(70%가 모바일 검색) • 계절성 존재
Where-should-I-buy-it moments	• "주변 매장" 검색량의 급격한 증가 • 모바일 사용자 1/3 이상이 딜러 검색 혹은 딜러에 직접 전화 문의를 함 • 방문 시간, 재고 확인, 우수 딜러 등 포함
Am-I-getting-a-deal moments	• 50%의 매장 방문 고객이 방문 중 스마트폰 사용 • 주로 가격 및 할인 정보 검색(예: Kelly Blue Book)

출처: thinkwithgoogle.com

한 소비자의 마이크로 순간 분석의 예

- 3개월간 900개 이상의 디지털 터치포인트(검색, 웹페이지 방문 등) 발생
- 그중 71%는 모바일로 수행
- 14개 브랜드 탐색 → 6개 브랜드 고려 → 2개 브랜드 중 최종 선택

Which-car-is-best moments	Is-it-right-for-me moments	Can-I-afford-it moments	Where-should-I-buy-it moments	Am-I-getting-a-deal moments
• "best minivan" • "best car for families with car seats and dog" • 구글 검색, 제조업체 페이지, 리뷰 사이트 등 방문	• "how many seats in Brand B model" • "Brand B pictures" • 구글 검색, 제조업체 페이지, 딜러 페이지, 리뷰 사이트 등 방문	• "Brand A price" • "best car lease deals" • 구글 검색, 딜러 페이지, 리뷰 사이트 등 방문	• "car buying" • "best car dealerships near ann arbor" • 구글 검색, 딜러 페이지, 리뷰 사이트 등 방문	• "what's a good lease money factor" • "what do you pay for Brand D make/model lease" • 구글 검색, 리뷰 사이트 등 방문

출처: the cross-device clickstream data of one individual over a period of three months(Luth Research+Google)

출처: 유시진, "Consumer Micro-Moments의 이해", 기아자동차 마케팅자문협의회 발표자료, 2016년 9월 21일.

■ **4차 산업혁명… 이미 현실이 된 미래 [1]**

AI · 빅데이터가 바꾸는 세상; 손님은 물건 담아 나가면 끝… 계산대 긴 줄 사라진 '아마존 수퍼'; 카메라 · 센서가 쇼핑 상품 체크… 손님이 매장 나서면 자동 결제(조선일보 비즈섹션 2017년 7월 24일 기사: 박건형 기자, 시애틀 · 세인트루이스(미국)=양지혜 기자)

http://biz.chosun.com/site/data/html_dir/2017/07/24/2017072400167.html

■ **4차 산업혁명… 이미 현실이 된 미래 [1]**

美 듀폰트市 아마존 물류센터 르포; 아마존 창고, AI · 로봇이 초당 50건씩 배송처리; 4차 산업혁명 주도권 각축… 獨 '인더스트리 4.0', 中 · 日 규제철폐 경쟁…인공지능이 로봇 1000대에 지시… 2000만 종 중 주문상품 찾아 출고…주문 후 트럭 실을 때까지 약 10분…기존 유통업체보다 몇 배 빨라…열기구형 공중 창고 만들어 드론으로 배달하는 기술 개발 중(조선일보 비즈섹션 2017년 7월 24일 기사: 박건형 기자, 시애틀 · 세인트루이스(미국)=양지혜 기자)

http://biz.chosun.com/site/data/html_dir/2017/07/24/2017072400162.html

■ **4차 산업혁명… 이미 현실이 된 미래 [2]**

"이젠 석유 아닌 데이터가 지배"; "앞으로 100년은 빅데이터 싸움" 구글 · MS · 아마존 年36조 원 투자; 수십억 사용자 정보 저장 · 분석… 데이터센터 건설 · 유지에 총력(조선일보 비즈섹션 2017년 7월 25일 기사: 더댈러스 · 프린빌 = 강동철 특파원)

http://biz.chosun.com/site/data/html_dir/2017/07/25/2017072500123.html

이 기사들을 읽고 난 후 여러분들과 같이 생각해야 할(다음 장을 학습하면서도 생각해야 할) 문제를 제시한다. 13장 가격관리에서 다음과 같은 내용을 소개했다. 2017년 7월 기준으로 볼 때, 주요 온라인쇼핑몰(쿠팡, SK플래닛, 위메프, 티몬)의 영업손실 적자가 심각한 수준이다(쿠팡 5625억 원, SK플래닛 3651억 원, 위메프 636억 원, 티몬 1585억 원; 출처: 조선일보 경제 이슈섹션 기사, 2017년 7월 27일). 즉 옴니채널 관리와 디지털 커뮤니케이션 관리에 있어 왜 아마존 등 미국 기업들은 성공을 향해 나아가고 있는데, 우리나라의 기업들은 노력하는데도 아직까지 성공과는 거리가 먼 것처럼 생각될까? 기업 역량 수준의 차이 이외 다른 환경적 요인들(시장환경, 고객환경, 경쟁환경 등)의 차이는 무엇일까? 왜 미국, 영국, 독일 등에서는 디지털 진화가 성과로 연결되고 우리나라에서는 그 연결고리가 아직 약한 것일까?

이 장의 요약

- 유통이란 특정제품이나 서비스가 소비 또는 사용되도록 하는 과정과 관련된 상호의존적인 조직 또는 개인들의 집합이다. 즉, 제품이나 서비스를 제조업자에게서 최종 소비자에게 적절한 시간(시간효용)에, 적절한 수량을, 적절한 장소(장소효용)를 통해 소유(소유효용)하게 함으로써 고객가치를 창출하도록 하는 것이 유통경로의 역할이다. 이러한 유통경로의 중심에는 제조업자와 최종 소비자를 연결하는 중간상이 존재하는데, 이들은 유통의 본원적인 기능인 제조업자에게 물건을 구매하고 그들을 대신하여 제품을 판매하는 거래기능과 거래를 촉진시키는 역할을 담당하며, 제조업자에게 고객에 관한 정보를 제공하고, 고객에게는 제품정보 탐색비용을 절감해주는 정보교환기능도 담당한다.

- 유통경로를 설계하고 관리하는 과정은 표적시장에서 고객이 원하는 유통서비스를 제공하기 위해 고객욕구를 분석하는 일에서 시작되어야 한다. 다음으로 기업의 마케팅목표와 STP전략과 부합되는 유통경로 목표를 설정하고 유통경로 과업을 설계해야 한다. 표적시장의 도달 범위, 비용, 제품과 서비스 품질 등을 고려하여 유통경로 과업을 설계하고 이를 달성하기 위한 유통경로전략을 수립해야 한다. 유통경로전략은 실행되면 변경하기가 매우 어렵고 큰 비용을 수반하므로 유통 커버리지의 정도와 효과적인 유통경로 구조를 잘 결정해야 한다. 최종적으로 유통경로를 설계하고 난 후에는 지속해서 유통경로를 관리하고 유통경로 구성원 간의 갈등을 효과적으로 관리해 유통경로 간 성과를 높일 수 있는 유통경로 구성원의 관계관리 과정을 지속해 나가야 한다. 특히 구성원 간의 관계의 질, 관계의 넓이(네트워크 밀도), 관계의 구성(네트워크 다양성)을 잘 관리해야 한다.

- 신제품의 성공에 유통경로 선택과 전략이 미치는 영향은 매우 크기 때문에 제품특성, 표적시장, 국가와 문화의 특성을 고려하여 유통경로를 선택해야 한다. 제조업자의 유통경로를 통한 전략에는 제조업자가 유통업자들에게 판촉하는 푸시전략과 최종 소비자를 대상으로 판촉을 실행하는 풀전략이 있는데, 신제품의 특성, 표적시장, 제조업자 제품품질과 브랜드 파워 그리고 제품수명주기의 단계에 맞춰서 적절한 푸시 · 풀 전략이 균형 있게 조합되어 실행되어야 한다.

- 유통경로를 구성하는 조직에는 크게 도매상과 소매상이 있다. 도매상은 재판매 또는 사업을 목적으로 제품이나 서비스를 구매하는 기업 또는 개인에게 제품이나 서비스를 판매하는 개인이나 조직체를 말하며, 판매와 촉진, 운송과 보관, 금융과 위험부담 및 정보교류 기능 등을 담당한다. 도매상의 유형은 제공되는 서비스 수준과 제품의 실제구매 유무에 따라 제조업자 도매상, 상인 도매상과 대리 도매상 등으로 구분할 수 있다. 소매상은 재화나 서비스를 개인적 또는 비영리적 목적으로 사용하려는 최종 소비자에게 직접 판매하는 자인데 점포 유무에 따라 유형을 분류할 수 있다. 이는 재래시장, 독립적 소매상, 전문점, 백화점, 슈퍼마켓, 양판점, 편의점, 할인점, 상설매장, 조합원매장, 면세점을 포함하는 유점포 소매점과 인터넷쇼핑몰, 키오스크 판매, 직접 마케팅, 자동판매기, 방문판매를 포함하는 무점포 소매점 등으로 구분한다. 특히, 최근에는 저렴한 가격과 정보탐색 그리고 구매의 편의성으로 인해 인터넷 쇼핑과 모바일 쇼핑을 중심으로 한 디지털 유통경로의 중요성이 더욱 주목받고 있으며, 앞으로도 그 중요성은 더욱 증대될 것이다.

- 유통경로의 계열화는 전통적인 유통경로인 독립적 유통경로상에서 발생하는 문제점을 해결하고, 유통경로 활동의 효율화를 위해 미리 계획한 판매망을 전문적이고 일관적인 관리체계로 형성한 것이다. 여기에는 다양한 형태의 수직적 마케팅시스템과 수평적 마케팅시스템이 있다.

- 디지털 기술 발전을 토대로 살펴본 소매유통업은 싱글채널(single channel), 초기의 멀티채널(multi channel), 그 이후의 멀티채널 또는 크로스채널(cross channel)을 거쳐 옴니채널(omni channel) 및 실시간채널(real time channel)로 진화해오고 있다. 옴니채널 관리는 고객들의 경험을 최적화하고 채널들의 성과를 증진하기 위해 고객들의 터치포인트(touch points)와 다양한 채널들을 전략적으로 관리하는 것을 말하며, 실시간(real-time)채널은 고객 요구에 즉시 반응하는 즉시성을 강조하는 채널 개념이다. 이렇게 디지털로 진화하는 소매업에게 요구되는 핵심역량은 개인화 및 맞춤화 마케팅 역량, CDJ 파악 역량, 빅데이터 애널리틱스 역량이다.

주요 개념 목록

총거래 수 최소의 원리 / 분업의 원리 / 핵심역량 집중 원리 / 시간효용, 장소효용, 소유효용 / 거래기능, 거래촉진기능, 정보교환기능 / 유통경로 유형 / 유통경로 설계와 관리 / 고객 욕구와 기대수준 파악(대기시간, 취급제품의 다양성, 구매의 편의성, 최소 구매 단위의 수준) / 마케팅목표 달성과 유통 / 최적의 유통경로전략 수립(유통 커버리지전략, 전속적 유통경로, 집약적 유통경로, 선택적 유통경로, 유통경로구조전략, 직접 유통경로, 간접 유통경로, 혼합 유통경로) / 구성원 간 관계관리(수평적 갈등과 수직적 갈등관리, 갈등관리방법, 유통경로 구성원 간의 신뢰와 몰입, 관계의 질과 구성, 관계 네트워크의 다양성) / 물적 유통경로 / 신제품 유통경로 / 푸시전략 / 풀전략 / 도매업 기능과 도매상의 유형 / 도매상 마케팅믹스 / 소매업 기능 / 소매상 유형 / 소매점 마케팅믹스 / 수직적 마케팅시스템(기업형, 계약형, 관리형 수직적 마케팅시스템) / 옴니채널 / O2O / 실시간 채널 / 개인화 및 맞춤화 / CDJ 파악 역량

생각해볼 문제

1. 커피 등을 포함하여 요식업 분야에는 국내 또는 국외 기반의 다양한 프랜차이즈 브랜드가 있다. 각 프랜차이즈 점포 운영자와 체인 본부 사이의 관계관리는 어떤 목적으로 어떻게 이루어지는지, 갈등이 발생했을 때 합리적인 해결방안은 무엇인지 제시하시오.
2. 국내의 농수산물은 복잡한 유통구조로 되어 있다. 유통경로를 조사해 도표화하고, 개선방안을 제시하시오.
3. 현재 자동차 또는 가전제품의 여러 유통경로에 관해 설명하고, 앞으로의 유통구조 변화에 적응하기 위한 전략을 제시하시오.
4. 국내 편의점은 급속성장을 거쳐 이제 성장률은 감소하고 있는 추세이다. 이러한 상황에서 표적고객은 어떻게 설정해야 하며, 필요한 소매점전략은 무엇인가?
5. 다양한 인터넷과 모바일 쇼핑을 포함한 국내의 온라인 쇼핑 트렌드를 알아보고, 옴니채널 현상과 사례를 조사하시오. 특정 제조업자나 유통업자를 정해 그들의 현재 옴니채널 전략을 분석 · 평가한 후, 바람직한 미래지향적 옴니채널 전략과 필요 역량들을 제시하시오.

후주 및 참고문헌

1 미국은 첨단기술 산업 중심으로 다양한 유통채널 금융회사들이 생겨 여러 금융 솔루션 상품을 만들고 있다. 유통업체뿐 아니라 제조업체나 서비스 제공업체, 독립적인 채널 금융회사들이 이 분야에서 경쟁하고 있다.

2 자동차의 유통경로는 국가별로 차이가 있다. 지역이 넓은 미국, 유럽, 중국 등의 경우 대부분 간접 유통경로인 대리점 또는 딜러이다. 즉, 제조와 유통을 분리한 것이다. 일본의 경우 간접 유통경로 외에 자동차업체가 차급별로 별도의 독립적인 유통 자회사 또는 합작회사들을 만들어 운영하고 있다. 이러한 운영방식은 간접경영(decentrailzed channel)이라고 부른다. 따라서 제조와 유통을 분리한 것으로 봐야 한다. 우리나라의 경우 현대자동차는 직영점 위주였다가(직접 유통경로 및 직접경영(centralized channel)) 최근에는 독립적인 대리점을 통해 유통하는 비율을 늘리고 있다. 과거 대우자동차는 제조업체와 별도로 대우자동차판매주식회사를 통해 제조와 유통을 분리해 운영했었다.

3 CRM시스템의 하나로 콜 센터에 의한 TM이 매우 활성화되어 있는데, 요즈음은 계약에 의한 아웃소싱 체제로 운영되는 경우가 일반적이다. 이 경우는 직접 · 간접 유통경로의 혼합형태로 볼 수도 있지만, 제조업체나 서비스업체를 전속으로 대리하는 측면에서 제조업자 판매 대리인(Sales Representatives/Sales Agents(독립적이지만 특정 업체와 전속계약으로 묶여 있으며, 발생한 판매에 대한 수수료를 받음. 금융기관의 다양한 모집인으로 대출, 카드, 보험 등의 모집법인 또는 개인을 말함))과 비슷한 직접 유통경로의 한 종류로 보는 것이 더 타당하다.

4 중간상의 수준에 따라 1 · 2 · 3 수준으로 분류하지만, 농수산물 유통의 경우, 실제로는 훨씬 더 많은 수준의 경로로 유통된다.

5 이 예는 일부 유통경로에 해당하며, 실제 유통경로는 이보다 훨씬 더 복잡한 구조로 이루어져 있다.

6 전자제품과 같은 내구재는 흔히 유통경로별로 모델명, 심지어 브랜드 이름을 달리하기도 한다.

7 Koo, M. and Fishbach, A., "The Silver Lining of Standing in Line: Queuing Increases Value of Products," *Journal of Marketing Research*, 47(4), 2010, pp. 713~724.

8 많은 제품을 취급하는 백화점이나 슈퍼마켓 등과 달리 상품 분야별로 전문 매장을 특화해 상품을 판매하는 소매점을 카테고리 킬러(category killer) 또는 전문 양판점이라고 한다. 완구용품 · 스포츠용품 · 아동의류 · 가전제품 · 식품 · 인터넷 포털 사이트 · 가구 등과 같이 상품 분야별로 여러 곳에 특화된 전문 매장을 갖추고 이를 집중적으로 판매하는 소매업태를 통틀어 일컫는다. 처음 등장했을 때는 완구류나 가전제품 · 카메라 등 특정품목만을 위주로 형성하였으나, 특정품목의 범위를 벗어나 이제는 업태나 업종을 가리지 않고 다양한 분야에서 널리 이용하고 있다. 카테고리 킬러의 주요 특징으로는 ① 체인화를 통한 현금 매입과 대량 매입 ② 목표 고객을 통한 차별화한 서비스 제공 ③ 체계적인 고객관리 ④ 셀프서비스와 낮은 가격 등을 들 수 있다. 카테고리 킬러로는 미국의 전자제품 전문 매장인 베스트 바이(Best Buy), 한국의 가전제품 전문 매장인 하이마트, 미국의 스포츠용품 전문점 스포츠 오소리티Sports Authority, 유럽의 DIY 전문 매장 B&Q 등이 있다(미국 위키피디아의 내용을 참조하여 설명).

9 마케팅목표는 제1장에서 살펴보았으며 17장(마케팅 성과평가)에서 상세히 학습한다. 마케팅목표와 성과의 주요 특징은 외부, 즉 시장과 경쟁대비 관점에서 설정 · 평가되며, 재무목표와 성과의 주요 특징은 기업의 과거 대비, 즉 내부 관점에서 설정 · 평가된다.

10 조작적 정의(operational definition): 노벨상 수상자인 P.W. 브릿지맨이 《근대 물리학의 논리》라는 책에서 처음 사용한 용어로 "어떤 경우에 일정한 조작을 수행했을 때 일정한 결과가 나타난다면 그리고 오직 그런 때만 그 개념은 타당하게 적용된다는 것을 진술하는 것"을 의미한다. 사회과학자들이 중요한 개념들에 대한 전통적 정의가 안고 있는 혼란과 불일치를 벗어나기 위해 이 개념을 사회과학에 도입하였다. 사회과학에서 조작적 정의는 어떤 용어에 대해 그 용어가 적용되는지, 안 되는지를 결정하는 특정한 기준이나 절차를 구체화하여 용어를 정의하는 방식을 말한다. 이는 비단 논문뿐 아니라 법과 규칙의 제정 시에도 필수적이다(강준만, 《선샤인 지식노트》, 인물과사상사, 2008).

11 짐 콜린스(Collins, J.), 《좋은 기업을 넘어 위대한 기업으로(*Good to Great*)》, 이무열 역, 김영사, 2002.

12 사례는 설계와 실행을 다 포함하고 있다. 즉, 유통경로 과업 설계는 바로 유통경로전략 수립으로 연계되는 것이다. 본 사례는 Best, R. J., *Market-Based Management*, 6th ed., International Edition, Pearson, 2013, pp. 350~352를 참조하였다.

13 자체 판매와 서비스 조직(Direct Sales and/or Services)의 운영을 의미한다.

14 Arnold, T. J. and Palmatier, R. W., "Channel Relationship Strategy," *Handbook of Marketing Strategy*, eds., Shanker, V. and Carpenter, G. S., Edward Elgar Publication, 2012, pp. 231~247.

15 관계의 넓이는 다양성을 고려하지 않는다. 예를 들어 A라는 사람은 열 명과 관계가 형성되어 있고, B라는 사람은 다섯 명과 관계가 형성되어 있다고 하자. 나아가 A는 자신과 비슷한 사람 열 명과 관계가 형성되어 있고, B라는 사람은 자신과 전혀 다른 사람 다섯 명과 관계가 형성되어 있다고 하자. 이럴 경우, 관계의 넓이(relationship breadth), 즉 network density 측면에서는 A가 B보다 앞서지만, 관계의 구성(relationship composition), 즉 network diversity 측면에서는 B가 A보다 앞선다.

16 Rindfleisch, A. and Moorman, C., "The Acquisition and Utilization of Information in New Product Alliances: A Strength-of-Ties Perspective," *Journal of Marketing*, 65(2), 2001, pp. 1~18.

17 대형할인점 등 대형유통업체가 성공하여 제조업체보다 상대적으로 힘이 더 증대되고 많은 제품이 성숙기에 접어든 선진국의 소비재 제품의 경우, 국가나 문화 특성에 상관없이 제조업체가 원하든 원하지 않든, 유통업자에 대한 판촉, 즉 푸시전략의 활용이 최종 소비자를 대상으로 한 판촉, 즉 풀전략보다 더 높은 비중을 차지하고 있음에 주의하기 바란다.

18 머천다이징(merchandising): 시장조사와 같은 과학적 방법에 따라 수요 내용에 적합한 상품 또는 서비스를 알맞은 시기와 장소에서 적정가격으로 유통하기 위한 일련의 시책을 뜻한다. 상품화 계획이라고도 하며, 마케팅 활동의 하나이다. 이 활동에는 ① 생산 또는 판매할 상품에 관한 결정, 즉 상품의 기능 · 크기 · 디자인 · 포장 등의 제품계획, ② 그 상품의 생산량 또는 판매량, ③ 생산 또는 판매 시기, ④ 가격에 관한 결정을 포함한다(네이버 지식백과

의 내용을 참조하여 설명).

19 시장 거래에는 필연적으로 다양한 거래비용이 존재하며, 기업조직 등의 경제적 제도들은 거래비용을 절약하기 위해 발전했다고 보는 이론으로 거래비용이론(transaction cost theory)이 있다. 즉, 기업의 조직이나 형태는 기업의 거래비용을 최소화하는 방향으로 결정된다는 것이다. 이 이론은 기업과 시장 사이의 효율적인 경계(efficient boundary)를 나타낸다. 기업은 조직활동의 범위 내에서 어느 부분을 내부가 담당하며, 어느 부분은 외부 거래를 통하여 수행할 것인가와 같은 이른바 '내부 담당과 외부 거래를 통해 수행(make-or-buy)'에 관한 의사결정을 하게 되고 그 결과 조직의 경계가 결정된다는 것이다. 거래비용이론으로 저명한 경제학자 올리버 윌리엄슨(O. E. Wliamson UC) 버클리대 교수가 말한 바로는, 거래비용이란 '경제제도를 운용하는 비용'이다. 구체적으로 사전적 거래비용(거래조건에 대한 협상 · 합의작성 비용)과 사후적 거래비용(분쟁 관련 비용, 계약이행 보증비용 등)이 있다. 또 경제학자 로널드 코즈(Ronald Coase)에 따르면 '기업이 왜 존재하는가?'라는 질문에 대해 시장에서의 거래비용을 고려할 때, 기업이라는 위계적인 체제를 사용하는 것이 시장 기구를 사용하는 것보다 더 경제적일 수 있으므로 기업이 존재한다는 것으로 본다. 이 이론이 많은 유통연구에 응용되어 유통경로의 계열화가 설명되었다. 유통경로의 역사를 보면 초기에는 유통경로의 기능을 유통업자가 맡는 독립적 유통경로가 대부분이었다. 그러나 유통업자의 제한된 합리성(bounded rationality) 때문에 자기만의 이익을 추구하면서 기업은 유통 기능을 자기가 수행하는 것이 거래비용을 줄일 수 있다고 생각하여 유통기능까지 담당하는 통합적 유통경로, 즉, 수직적 마케팅시스템의 기업통합방식을 채택하게 된다. 그러나 생각과 달리 관리비용의 증가로 거래비용은 최소화되지 않고 동시에 전문화된 유통업체가 등장함으로써 기업과 시장이 다시 분리, 전문화되며 관리되는 다른 수직적 마케팅시스템, 즉, 계약통합방식과 관리통합방식이 등장하게 된다[《최신 시사상식 핵심 용어사전》(박문각)의 거래비용이론 내용을 참조하여 설명].

20. O2O 트렌드 정보는 [네이버 지식백과] 네이버캐스트 'O2O - 온 · 오프라인의 벽을 허물다(용어로 보는 IT)' 내용을 참조하였다(http://terms.naver.com/entry.nhn?docId= 3579046&cid=59088&categoryId=59096).

21. Verhoef, P. C., Kannan, P. K, and Inman, J. J., "From Multi-Channel Retailing to Omni-Channel Retailing Introduction to the Special Issue on Multi-Channel Retailing," *Journal of Retailing*, 91(2), 2015, pp. 174~181.

22. A.C. Nielson이 2017년부터 강조하는 개념으로 출처는 다음과 같다: 닐슨코리아 정하규 전무 특강 자료(Different Consumer Landscape & Marketing Paradigm Shift; 2017년 5월 24일); 서울시립대학교 일반대학원 MMI (Master of Marketing Intelligence) 과정.

23. 〈매일경제〉, "당신이 누군지 몰라요" … '반쪽짜리' 국내 AI 비서 서비스". 2017년 8월 2일 자 기사 내용을 참조하였다.

24. Kleniner Perkins Caufield and Byers, Internet Trends Report, 2013.

6th Edition

Marketing

15장

통합마케팅 커뮤니케이션

존재를 알리고 설득하라

/ 학 / 습 / 목 / 표 / (Learning Goals)

1. 촉진의 개념과 촉진믹스의 역할을 이해한다.

2. 통합마케팅커뮤니케이션 관리의 전통적 수단을 학습한다.

3. 디지털 커뮤니케이션 관리를 이해한다.

기아자동차 소울의 햄스터 캠페인 사례

미국 기아자동차 소울의 햄스터 캠페인 시리즈(유튜브 광고 이미지)

2009년 A New Way to Roll
http://www.youtube.com/watch?v=6J1oXLNKqWM

2010년 This or That
http://www.youtube.com/watch?v=jOHwjjhFTac

2014년 Totally transformed
http://www.youtube.com/watch?v=fRP_avy8kAo

2015년 Fully Charged
http://www.youtube.com/watch?v=ZYWHsOeDf3M

브랜드 표적시장, 특히 광고 표적청중의 명확성이 얼마나 중요한지를 대표적으로 보여준 사례가 8장 시장 세분화 도입 사례로 살펴보았던 미국의 기아자동차 소울(SOUL)의 캠페인이다.[1] 판매성과는 이미 8장에서 제시했는데, 미국에서 이 제품 출시를 준비하기 시작한 2008년도 즈음 제한된 광고예산을 가지고 혁신적인 광고 캠페인으로 시장성과를 원했던 기아 아메리카는 새로 창업한 지 얼마 안 된 대행사인 다윗과 골리앗 사(David & Goliath: 미국 대형 광고대행사들의 크리에이티브 디렉터를 거친 데이비드(David)가 창업한 회사; http://www.dng.com/ 참조)를 만났다. 데이비드는 회사 이름이 제시하듯 골리앗 경쟁사들과의 경쟁에서 이기기 위해서 표적고객의 특성을 고려해 그들과 교감할 수 있는 크리에이티브의 중요성을 역설했고, 이 의견에 동조한 기아 아메리카는 아직 성공 사례가 없는 소형 대행사를 선정하는 데 따른 위험을 감수하기로 했다. 그래서 탄생한 캠페인이 기아 소울 햄스터이다.

기아 소울의 제품 측면은 8장에서 제시했듯이, 일본업체들이 창출해가고 있는 박스 카 제품 범주 내에서 일본 차들과 달리 곡선 디자인이 반영된 역동적인 차별화 포인트를 가지고 있었다. 다윗과 골리앗 사가 창출한 크리에이티브는 경쟁 박스 차들을 햄스터가 안에서 돌리고 있는 철로 된 바퀴물(wheels)로 표현하고, 기아 소울을 탄 햄스터는 멋진 음악을 들으며 거리를 달리는 론칭 편(A New Way to Roll)에 반영되어 첫 캠페인이 2009년에 시작되었다(http://www.youtube.com/watch?v=6J1oXLNKqWM 참조). 표적고객인 젊은층, 그중에서도 다음과 같은 이미지와 특성을 생각하며 표적청중의 대상을 좁혀 나갔다. 이때 제시된 키워드들은 별나고(quirky), 쿨하고(cool), 특별하고(unusual), 색다르고(offbeat), 만화 캐릭터 등이었고, 소울의 제품 특성이나 이미지도 이에 부합한다고 판단했다. 표적고객과 제품 간의 궁합(congruency)을 맞추기 위해 창조한 캐릭터가 햄스터였다. 이 시리즈는 유튜브, 멋진 음악, 일관된 주제이지만, 싫증을 방지하기 위해 변화를 주며 점차 진화해갔다. 2010년에는 햄스터가 힙합 전사로 변해 "This or That"을 외치면서 표적청중에게 소구하고 젊은층의 라이프스타일을 대변하는 브랜드가 되어갔다(http://www.youtube.com/watch?v=jOHwjjhFTac 참조). 그 이후 제품과 가격의 뒷받침, 창출한 캐릭터 햄스터의 선호를 기반으로 싸이의 '강남스타일' 편 등 많은 시리즈를 거쳐 2014년 신차 소울 론칭 시에는 레이디 가가의 노래 'Applause'를 반영한 "Totally Transformed" 편(http://www.youtube.com/watch?v=fRP_avy8kAo 참조), 2015년을 겨냥하여 마룬 5의 노래 'Animal'을 사용한 소울의 전기차 론칭, "Fully Charged"(http://www.youtube.com/watch?v=ZYWHsOeDf3M 참조) 편까지 이어지면서 기아자동차의 소울 햄스터는 미국에서 캐릭터를 가진 유명인사 반열에 오르는 등 이제는 젊은층의 라이프스타일을 대변하는 브랜드가 되었다.

이 사례는 표적고객을 대상으로 한 광고의 이상적인 역할, 즉 표적청중과 관련성이 있는 핵심 메시지를 창의적으로 그리고 일관성 있게 그러나 지루하지 않게 변화를 주며 보여준 '관련성 있는 크리에이티비티(relevant creativity)'의 중요성을 완벽하게 증명한 사례다. 이러한 광고 캠페인은 외형적 브랜드관리 활동이 자동차와 같은 내구재에서도 빠른 성과로 나타나게 한 몇 안 되는 사례 중 하나다. 판매성과 이외에 다른 성과로는 닐슨의 올해의 자동차 광고상(Nielson's Automotive Ad of the Year)을 연속 수상했고, 미국 기아의 딜러 중 딜러 건물 옥상에 햄스터 인형 표시물을 설치하는 등 최종 소비자뿐 아니라 딜러의 호의적 반응도 이끌어냈다. 또 미국 기아와 다윗과 골리앗 사의 끈끈한 동반관계와 신뢰가 형성되어 이제 이 광고대행사는 직원을 150명 이상 둔 중대형 회사로 성장해 미국 기아의 광고 대부분을 담당하는 윈-윈 관계 성과를 보여주고 있다(현재 다윗과 골리앗 사는 기아의 소울뿐 아니라 옵티마-한국의 K5, 카덴자-한국의 K7, K900-한국의 K9 등의 광고를 대행하고 있음). 미국 기아 소울의 사례를 통해 명확한 표적고객과 교감하여 그들을 움직일 수 있는 광고의 엄청난 효과와 중요성을 다시 한 번 생각해볼 수 있다.

1 촉진과 커뮤니케이션

신제품·제품 관리와 가격 관리의 경우 기업의 다른 기능과 부서의 역할도 중요한 협업 및 통합 관리 영역이다. 기업 내에서 '마케팅 기능'을 얘기할 때 주로 의미하는 내용은 촉진 또는 마케팅 커뮤니케이션 관리 그리고 유통경로 관리이다(16장 참조). 이번 장에서는 통합마케팅커뮤니케이션 관리를 학습한다. 먼저 촉진의 개념과 촉진믹스의 역할을 이해한다. 그리고 전통적 수단(광고, PR, 판매촉진, 인적 판매)을 활용한 통합마케팅커뮤니케이션 관리를 학습한다. 디지털 기술의 발전에 따라 가장 많은 변화가 일어나고 있는 영역이 15장 유통경로 관리와 함께 통합마케팅커뮤니케이션 활동이다. 이에 따라 마지막으로 디지털 커뮤니케이션 관리를 살펴본다.

1. 촉진의 개념

- **학습목표 1:** 주요 개념 (1)
  - 통합마케팅커뮤니케이션 또는 촉진 = 제품이나 서비스를 고객들이 구매하게 할 목적으로 해당 제품이나 서비스의 주요 특징에 대해 정보를 제공하거나 고객을 설득하려는 마케팅 노력 일체
  - 촉진믹스의 역할 = STP전략과 일관된 촉진믹스전략의 마련
    - 촉진믹스전략의 기본 방향 = 푸시전략(push strategy)과 풀전략(pull strategy)의 통합적 구성
    - 주요 촉진믹스 수단 = 광고, PR, 판매촉진, 인적 판매, 디지털 광고 등 디지털 촉진수단이 있음 = 실무적인 구분으로는 ATL과 BTL 수단들이 있음.

버스에서 던킨도너츠 매장이 위치한 정류장에 내리기 직전, 음성광고를 틀고 동시에 커피향을 뿌려 출퇴근길 직장인들을 자연스럽게 매장으로 향하게 한다. 최근 3개월간 진행한 던킨도너츠의 플레이버 라디오(Flavor Radio) 캠페인 기간에 하루 4,000여 명이 이 광고를 경험했고, 해당 던킨도너츠 매장의 방문객 수는 약 16%, 커피 판매는 약 29% 증가하였다.

〈헤럴드경제〉, 김홍탁 마스터의 기발한 최근 작품들, 2013년 3월 15일 자

이처럼 촉진(promotion) 또는 통합마케팅커뮤니케이션(integrated marketing communication)이란 제품이나 서비스를 고객이 구매하게 할 목적으로 해당 제품이나 서비스의 주요 특징에 대해 정보를 제공하거나 고객을 설득하는 마케팅 노력 일체를 말한다.[2]

촉진믹스(promotion mix) 활동은 기업이 제공하는 가치에 관해 소비자와 커뮤니케이션

하는 것으로, 수많은 커뮤니케이션에 노출되는 고객에게 기업이 원하는 메시지를 제대로 전달하느냐가 관건이다. 12장에서 보았듯이, 통합마케팅커뮤니케이션은 외형적 브랜드관리의 중요한 수단이며, 좀 더 직접적으로 표적시장 소비자에게 브랜드 인지도와 태도를 증진시켜 성과를 창출하는 것을 목적으로 한다. 기업이 효과적으로 마케팅을 수행한다는 것은 단지 품질이 우수한 제품을 생산하여 적절한 가격에 소비자의 접근이 쉬운 유통경로에 가져다 놓는 것 이상을 의미한다. 즉, 마케팅 관리자는 자사제품이 타사제품보다 우수하다는 것을 알리고 설득해야 한다.

2. 마케팅믹스에서 촉진믹스의 역할

촉진은 마케팅 실행 시 주요 수단인 마케팅믹스의 하나로, 광고와 PR, 판매촉진(세일즈 프로모션), 인적 판매, 디지털 광고 등 디지털 촉진수단으로 구성된다(〈그림 15-1〉 참조).

14장에서 살펴보았듯이 마케팅 관리자가 수립할 수 있는 촉진전략의 기본 방향은 푸시전략과 풀전략으로 구분되며, 전략의 선택 방향에 따라 촉진믹스의 구성이 달라진다. 푸시전략이란 제조업자가 판매촉진이나 인적 판매 등을 이용해 중간상으로 하여금 제품을 구비하고, 고객에게 적극적으로 판매하도록 유도하는 것이다. 브랜드충성도가 낮고, 제품선택이 구매현장에서 결정되는 상황이 대부분인 경우로 판매시점의 구매유도가 중요하다.

풀전략은 제조업자가 광고나 고객판촉 등을 사용하여 최종 소비자에게 브랜드나 제

그림 15-1 마케팅믹스에서 촉진의 역할

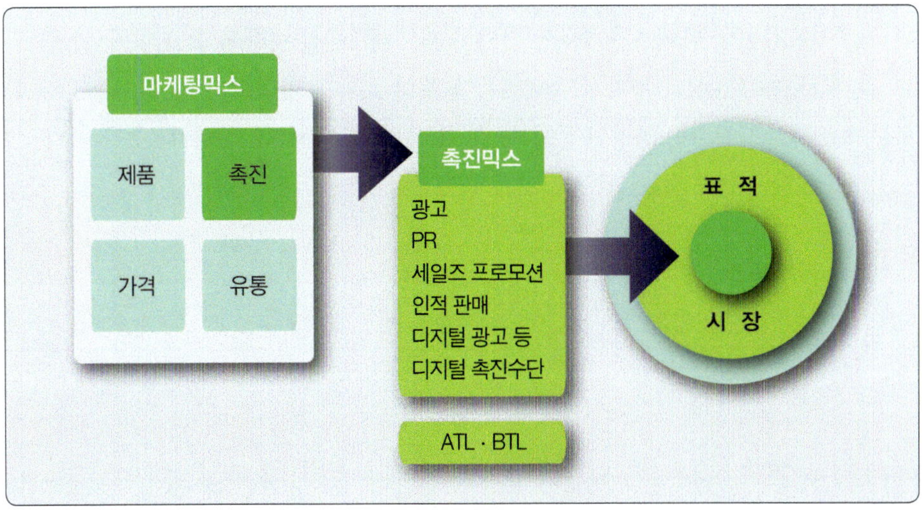

품을 알려 적극적으로 구매하도록 유도하는 것으로, 제품이 고관여제품이고 브랜드충성도가 높은 경우에 적합하다. 예컨대 핸드크림을 구매하려고 화장품 가게에 들어간 여대생 지연이가 A브랜드를 달라고 점원에게 요구하면 이것은 풀전략의 효과이다. 그런데 이때 점원이 지연이가 찾는 A브랜드 대신에 B브랜드를 권하면 이것은 푸시전략이다. 이렇듯 현실에서는 풀 · 푸시 전략이 공존하며, 기업에서는 두 전략을 적절하게 같이 활용해야 한다.

통합마케팅커뮤니케이션에 따르면 광고만 사용하는 경우보다 광고와 다른 촉진방법을 적절하게 병행해 사용하는 것이 바람직하다. 촉진믹스는 TV, 라디오, 신문, 잡지 등의 4대 대중매체와 인터넷, 옥외광고, 케이블TV 등 모든 미디어 부분을 포함한 광고활동 중심의 ATL(Above The Line) 활동과 간접적 홍보 중심의 미디어, 대면하지 않는 전시, 이벤트, PR, DM(Diret Mail or Direct Marketing), TM(Tele-Marketing), PPL(Product Placement), CRM(Customer Relationship Management), PRM(Public Relationship Management) 등 주로 세일즈프로모션 활동 중심의 BTL(Below The Line) 활동으로 구성된다.[3] 각각의 촉진믹스 활동의 장단점이 다르므로 광고와 다른 촉진방법을 적절하게 병행해 활용하라는 것이 통합마케팅커뮤니케이션의 주장이다. 예를 들어, 일반적으로 광고는 정보를 제공하고 설득하여 소비자의 인지도와 좋은 평가를 유도한다는 장점을 가지고 있지만, 구매유도력은 상대적으로 낮다는 약점이 있다.

반면 세일즈 프로모션은 인지도와 평가를 증진하는 데는 한계가 있지만, 구매 연계성이 높다는 장점이 있다. 최근 성과(구매 효과)를 중요시하는 기업들의 관점 변화에 따른 판매촉진 활동의 중요성 증가, 소비자와 매체시장의 분화(fragmentation), 데이터베이스 마케팅의 등장으로 고객들과 개별적인 관계구축이 절실해졌고, 인터넷, SNS 등 디지털 수단에 의한 커뮤니케이션의 활성화 증가로 ATL에서 BTL로 무게중심이 이동하고 있다. 특히 광고, DM, 판매촉진, PR 등 다양한 커뮤니케이션 수단의 전략적인 역할을 비교 · 검토하고, 명료성과 정확성 측면에서 최대의 효과를 거둘 수 있도록 이들을 통합하는 총괄적인 계획수립 과정인 통합마케팅커뮤니케이션(IMC)으로 나아가는 추세다.

2 전통적 수단을 활용한 통합마케팅커뮤니케이션 관리

1. 구매를 자극하는 광고

(1) 광고의 개념과 역할

- **학습목표 2:** 주요 개념 (1)
  - 광고 = [기업, 비영리 조직, 정부 및 개인]이 [표적시장의 구성원이나 청중]에게 [제품, 서비스, 조직 또는 아이디어]를 알리거나 이들을 설득하기 위해 적시 또는 적소에 설득적 메시지와 문구를 배치하는 것
    - 환경의 변화에 따라 대중매체가 광고의 정의에서 빠진 점이 특이
  - 광고의 역할 = 고객에게 제품이나 서비스에 대한 정보 전달 + 구매 설득 + 제품·브랜드에 대한 우호적인 태도 형성

제조업자가 제품의 우수성을 고객에게 더욱 효과적으로 알리고 자사제품에 대한 수용성을 늘리기 위한 커뮤니케이션 방법으로 사용하는 첫 번째가 광고다. 광고는 소비자 각자에게 자사제품에 대한 정보를 전달하는 비현실성과 막대한 비용문제의 절충방안으로, 표적고객들에게 메시지를 전달하는 방법이다. 미국마케팅학회(American Marketing Association: AMA)에 의하면 광고는 기업, 비영리 조직, 정부와 개인이 표적시장의 구성원이나 청중에게 제품, 서비스, 조직 또는 아이디어를 알리거나 이들을 설득하기 위해 적시 또는 적소에 설득하는 메시지와 문구를 배치하는 것[4]으로 정의한다.

광고는 제조업자에게는 제품판매 수단으로, 고객에게는 정보 원천과 차별화 원천의 역할을 한다. 광고가 정보제공을 충실히 하여 가격에 대한 소비자의 민감도를 높이고 경쟁을 격화시켜 소비자 후생에 도움을 주는가 아니면 차별화 역할을 하여 특정기업 제품의 독점을 촉진시키는가는 경제학, 특히 정보경제학의 초기 주제 중 하나였다. 탐색재(search goods: 제품을 사용하기 전에 품질을 탐색하여 알 수 있는 속성이 많은 경우)의 경우, 광고는 정보제공의 역할을, 경험재(experience goods: 제품을 사용하고 난 후에야 품질을 알 수 있는 경

우)나 신용재(credence goods: 사용하고 난 후에도 품질을 제대로 알기 어려운 경우)의 경우 광고가 차별화 역할을 한다는 것이 고전적인 주장이다[5]. 그 이후 많은 광고 연구는 차별화의 역할이 더 우세하다는 결과들을 제시하고 있는데, 예외 조건으로는 비교광고나 가격비교광고 같은 경우에는 명백히 정보제공의 역할이 더 우세하다. 여기서 광고의 역할을 정리해보면 다음의 다섯 가지다. 첫째, 고객에게 정보를 전달한다. 이는 최종 소비자와 직접 의사소통을 한다는 뜻으로, 제품과 서비스에 대한 관련 정보를 고객들이 손쉽게 취득할 수 있게 한다. 둘째, 구매 설득이다. 광고는 고객에게 제품정보를 전달하면서 구매를 자극하고 설득하는 역할을 한다. 셋째, 제품이나 브랜드에 대한 우호적인 태도를 형성할 수 있다. 광고는 제품의 편익뿐 아니라 차별적 이미지를 고객에게 전달하여 제품, 브랜드, 나아가 기업 자체에 대한 인지도나 호감도를 높일 수 있다. 넷째, 경제발전에 공헌할 수 있다. 광고는 기업이 혁신적인 신제품이나 월등히 개선된 제품을 고객에게 널리 알려서 고객이 더 좋은 제품을 사용할 수 있게 하고, 다른 기업에 더 좋은 제품 개발 의욕을 자극함으로써 결과적으로 경제발전에 공헌하게 된다. 다섯째, 광고는 변화의 촉매제 역할을 한다. 광고는 고객의 인식에 변화를 줄 수 있고 또 고객의 생활방식에 변화를 줄 수 있다. 특히, 경제발전이 낙후된 지역에서는 광고가 사회변화의 촉매제 역할을 한다.

그러나 광고는 고객과 직접 대화를 나눌 수 없기 때문에 제품정보를 일방적으로 전달하는 한 방향 커뮤니케이션이라는 점과 정보전달력의 한계, 고객의 광고 신뢰도가 낮다는 약점을 갖고 있다. 그런데 이런 약점은 전통적인 대중매체일 때에 해당한다. 최근에는 인터넷과 SNS 등 디지털 수단의 활성화로 광고에서도 쌍방향 커뮤니케이션이 가능해지고, 고객 역시 기업 쪽에 메시지를 전달할 수 있게 되었는데 이러한 새로운 매체에 관한 부분은 뒤에서 살펴본다. 또 과다한 광고비 지출은 제품의 불필요한 가격상승을 가져오고, 규모가 큰 기업의 광고 독점으로 시장불균형 같은 역효과를 가져올 수 있다.

(2) 광고관리

- **학습목표 2: 주요 개념 (2)**
  - 광고관리 단계 = 광고목표 설정과 표적청중의 결정 → 광고예산 결정 → 광고메시지 결정 → 광고매체 선정 → 광고효과 측정

광고목표 설정과 표적청중의 결정

광고관리의 첫 번째 단계는 광고목표를 설정하는 것이다. 광고목표는 상위개념인 촉진믹스와 마케팅믹스 목적과 조화를 이루어야 하며, 촉진믹스와 마케팅믹스의 목적을 달성하기 위한 하부 목적으로 이해해야 한다. 또 일관된 목적을 달성하기 위해 다른 촉진믹스인 홍보, 판매촉진, 인적 판매 등과 상호 보완을 하면서 고객에게 소구해야 한다. 광고목표는 또 광고메시지와 매체선정의 가이드라인 역할을 하고, 광고프로그램의 성과를 평가하는 기준으로 사용되므로 신중하게 결정해야 한다.

광고목표는 시장성과 지표를 기준으로 한 경우보다 커뮤니케이션 지표를 기준으로 한 경우가 더 바람직하다. 시장점유율 상승이나 매출액 증가 등 시장성과 지표가 광고목표로 설정되는 경우 다음과 같은 한계점이 있다. 첫째, 여러 마케팅 활동을 제외한 광고효과만으로는 시장점유율 상승이나 매출 증대를 측정할 수 없고, 둘째, 광고는 노출된 기간이나 빈도에 따라 상당 기간 효과가 지속되는 이월 효과가 있으며, 셋째, 이에 따른 고객의 지연반응이 있어 증가한 매출에 대한 정확한 광고의 기여도를 계산할 수 없다. 광고목표는 실질적인 가이드라인을 제시할 수 있는 커뮤니케이션 목표를 기준으로 다음 네 가지로 구분한다.

인지도 증대 브랜드와 제품 등의 인지도를 향상하는 것으로 제품이나 브랜드가 알려지지 않아 호감도가 형성되지 않은 경우에 효과적이다. 앞으로 구매를 불러일으킬 수 있는 브랜드의 친숙성을 높이는 것으로 신제품인 경우에 더욱 중요하다.

제품정보 제공 제품의 존재를 알리고, 사용법이나 효익에 대한 정보를 제공한다.

제품 관련 호의적 태도 형성과 강화 제품사용률을 높이는 것을 목적으로 잠재 소비자를 확보하거나 기존 고객의 호의적 태도를 강화하는 것이다.

기업 또는 브랜드의 긍정적 이미지 구축 개별적 제품에 집중하지 않고 기업과 브랜드의 전반적인 이미지를 구축하거나 변화시키는 것으로 장기적인 효과가 있다.

광고목표는 최종적인 효과를 고려해 마케팅목표의 의사전달 차원에서 설정하는 것인데, 이러한 목표항목을 분류한 것으로 콜리(Colley)의 DAGMAR(Defining Advertising Goals for Measuring Advertising Results)를 들 수 있다.[6] DAGMAR는 보편화한 부문과 세부적인 광고목

표 15-1	DAGMAR 체크리스트

1. 광고는 판매를 완결시키는 것에 어느 정도 역점을 두고 있는가?
2. 광고는 잠재고객을 단계별로 촉진해 판매를 촉진시키는 데 역점을 두고 있는가?
3. 광고는 장기적으로 소비자충성도를 향상시키는 데 역점을 두는가?
4. 광고는 구체적으로 판매를 증가시키는 데 어떻게 기여할 수 있는가?
5. 광고는 구매까지 연결되도록 어떤 구체적인 방법을 추구하는가?
6. 판매원을 위한 지원광고의 지원효익은 얼마만큼 중요한가?
7. 고객만족과 구매를 실현하는 데 광고의 역할은 정보전달인가?
8. 광고는 기업에 대한 신뢰도와 호감을 조성하는 데 어느 정도 역점을 두고 있나?
9. 기업은 광고를 통해 구체적으로 어떠한 이미지를 추구하는가?

표로 형성되어 있는데, 이는 광고의 다양한 용도와 체계적인 목표설정에 관해 보여주고 있다. 이를 간략히 나타내면 〈표 15-1〉과 같다.

광고목표는 구체적이고 측정 가능한 형태로 변환해야 한다. 예를 들어 인지도 제고를 광고목표로 결정했다면, '25~35세까지의 여성 고객에게 현재 A브랜드의 인지율을 1년 이내에 10%에서 20%로 상승시킬 것'과 같이 표현해야 한다. 이같이 광고목표가 구체적으로 결정되어야 표적시장과 적절한 광고매체가 선택되며, 계량적 수치가 제시되어야 광고예산을 설정하고 광고집행 효과를 평가할 수 있다.

광고의 표적청중(target audience)을 결정하는 것은 광고목표 수립과 동시에 진행해야 하는 부분으로 제품이나 브랜드 표적시장과 광고의 표적청중이 같은 경우와 같지 않은 경우가 있다. 예를 들어 제품구매자와 최종 소비자가 다른 경우나 구매자의 의사결정에 영향을 미치는 주변인이 있는 경우, 광고표적은 전략적으로 하나의 표적을 선별해 매체를 선정하는 경우와 관련 표적청중을 구분해 각각의 다른 매체로 커뮤니케이션을 시도하는 방법이 있다. 예를 들어 피자를 광고하는 경우, 구매자이자 최종 소비자인 성인과 최종 소비자인 아동은 각각 분리되는 광고 표적청중으로, 광고매체나 광고 시간대 그리고 광고메시지를 다르게 할 수 있다. 이럴 때 광고비용과 기대 광고효과 등을 기준으로 두 개의 광고청중을 대상으로 다른 광고계획을 수립할 수 있고, 더 효과적인 집단을 선별해 집중광고를 하는 전략을 선택할 수도 있다.

광고예산 결정

광고목표와 광고청중을 결정한 다음에는 광고예산을 결정해야 한다. 광고예산을 너무 높게 책정하면 제품 판매실적이 좋아도 손실을 가져올 수 있고, 너무 낮게 책정하면 효과적인 광고를 하지 못해 판매실적이 부진할 수 있으므로 적절한 수준에서 조절해야 한다. 광고예산의 결정방법은 다음의 다섯 가지로 구분하며, 최적의 광고예산을 도출하기 위해서는 제시한 기준을 상호 보완적으로 사용해야 한다. 광고예산 책정 시 고려 요인은 〈표 15-2〉를 참조하고, 광고예산 결정 과정에 관한 내용은 〈그림 15-2〉를 참조한다.

표 15-2 광고예산 책정 시 고려 요인

1. 브랜드가 경쟁할 시장의 정의
   - 새로운 시장을 개척하려면 기존 시장의 점유율을 늘리는 것보다도 더 많은 광고예산이 필요하다.
   - 경쟁하려는 제품이 더욱 좁게 정의될수록 광고예산이 적게 든다. 예를 들어 우유탄산음료와 경쟁한다고 정의하면, 모든 탄산음료와 경쟁한다고 정의할 때보다 광고예산이 적게 든다.
   - 표적고객이 더 구체적으로 정의될수록 광고예산을 절약할 수 있다. 예를 들어 주부만을 대상으로 광고하면 모든 성인을 대상으로 광고할 때보다 예산이 적게 든다.
2. 광고예산은 현재의 브랜드 인지도와 선호도에 따라 좌우된다.
3. 점유율이 낮은 기업일수록 현상유지하는 광고예산이 많이 든다. 점유율이 높은 기업의 지위에 도진하려면 상대방보다도 훨씬 더 많은 광고예산을 투입해야 한다.
4. 지역별로 광고예산이 적절히 배분되어야 한다. 배분을 결정할 때는 지역별 시장점유율이 왜 그렇게 나타났는지, 광고가 판매변화에 중요한지, 그 영향이 어느 정도인지를 파악해야 한다.

그림 15-2 광고예산 결정 과정

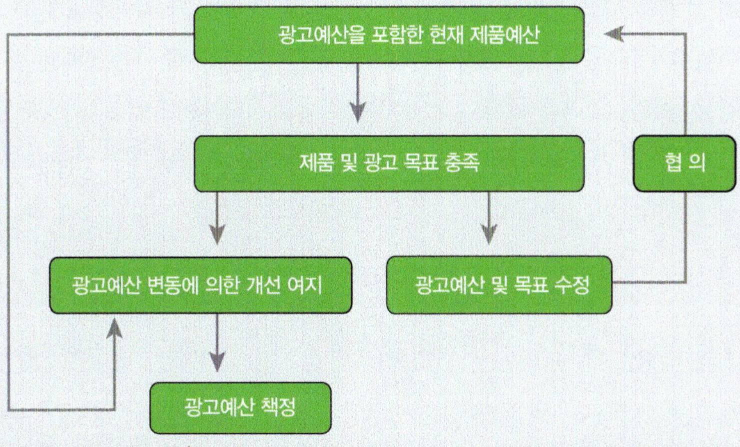

출처: 브로드벤트(Simon Broadbent), *The Advertiser's Handbook for Budget Determination*, 1988, p.76

가용자원법 기업의 재정이 허락하는 범위 내에서 광고의 예상비용을 결정하고, 예상 매출액과 예상 이익을 계산하는 방법이다. 이 방법은 간단하다는 장점이 있지만, 광고목표와는 관계없이 예산을 설정하므로 효율적인 광고예산 배정과 사용에 문제가 발생할 수 있다.

매출액 비율법 현재 또는 예상 매출액의 일정비율을 촉진예산으로 할당하는 방법으로 실무에서 가장 많이 사용한다. 장점은 첫째, 실무에서 사용이 쉽고, 둘째, 촉진예산이 매출 증가 시 증가하고 매출 감소 시 감소하므로 회사의 자금운용이 쉬우며, 셋째, 특정 산업 내 모든 기업이 이 방법을 사용하면 자사 시장점유율에 비례해 예산을 결정하므로 지나친 경쟁을 방지하는 장점이 있다. 그러나 이 방법은 매출을 촉진의 결과로 보는 것이 아니라 원인으로 보는 논리적 한계가 있다. 광고예산을 현재의 가용자원과 과거의 매출자료 등에 근거해 결정하므로 미래의 시장기회를 획득하기 위해 촉진을 사용하는 관점이 아닐 뿐 아니라 장기적인 광고계획 수립이 어렵다.

임의할당법 체계적 · 계량적 기준으로 결정하는 것이 아니라 단순히 최고경영자나 관련 의사결정자의 감이나 직관에 근거해 광고예산을 결정하는 방법이다. 의사결정자의 감이나 직관의 정도가 광고예산의 최적성을 좌우한다. 일반적으로 이 방법은 논리적인 뒷받침이 없는 예산책정방법으로 매우 비합리적이다.

경쟁사 기준법 가장 중요한 경쟁자의 광고예산이나 매출 대비 광고예산 또는 산업의 평균 광고예산 중 하나를 기준으로 광고예산을 책정하는 방법이다. 이 방법은 예산책정의 기준이 모호한 상황에서 쉽고 합리적인 기준을 제시해 경쟁사와 유사한 수준에서 광고비를 책정, 지나친 광고경쟁을 피함과 동시에 자사제품의 시장지배력을 안정적으로 가져갈 수 있다. 그러나 자사와 경쟁사는 기업의 비전, 가용자원과 목표 등이 달라 단순히 광고예산만 비슷하게 책정한다고 해서 같은 광고효과를 얻는 것은 아님을 예산계획 시 염두에 두어야 한다.

목표과업법 이 방법은 광고가 달성해야 하는 목표를 먼저 설정하고 이를 달성하기 위해 수행해야 할 과업을 계획하고, 각 과업과 관련한 비용을 산정해 광고예산을 결정하는 방법이다. 수립 순서는 시장점유율 목표 결정 → 광고가 도달해야 하는 표적청중 결정 → 설득해야 할 잠재적 구매자 비율 계산 → 광고 노출횟수의 결정 → 필요 광고예산 결정 순으로 이루어진다. 이 방법은 다른 방법보다 매우 논리적인 접근방법이지만, 각

과업 단계에서 데이터 수집이나 의사결정이 쉽지 않아 실제로 적용하기는 어렵다.

광고 메시지 결정

광고 목표와 예산을 결정하면 표적청중에게 소구해야 할 메시지를 만들어야 한다. 기본적으로 효과적인 메시지가 되려면 세 가지가 메시지에 포함되어야 하는데, 이는 자사제품의 바람직한 면(desirability)을 고객에게 전달하고, 경쟁사 제품과 구분되는 차별성(exclusiveness)을 제시하며, 광고의 진실성과 신뢰성(believability)을 제시해야 함을 뜻한다. 이러한 메시지 설계에는 메시지의 중심적 아이디어를 나타내는 광고문안 결정과 광고문안을 표현하는 방법인 소구 스타일의 결정이 필요하다.

그림 15-3 이가탄의 기능적 효익을 설명한 광고문구

광고문안 결정 광고문안은 메시지의 중심적인 아이디어를 표현하기 위해 메시지에 포함된 동기부여적 주장이나 설명 문장이다. 이러한 광고문안은 기본적으로 브랜드 포지셔닝과 일관된 메시지를 전달해야 하며, 다음의 대표적인 유형 중 하나로 구성한다. 첫째, 제품의 물리적 속성을 설명하는 광고문안으로, 볼보 광고에서 차체의 철판 구조가 경쟁사 제품보다 강하다는 것을 직접 설명해 제품의 물리적 속성을 강조하거나 벤츠가 에어백을 많이 장착하고 있음을 강조한 것 등이 대표적인 예다. 둘째, 제품구매로 인해 획득 가능한 기능적 효익을 설명하는 광고문안으로, 이가탄을 사용하면 치아가 튼튼해진다는 내용의 광고문안은 기능적인 효익을 강조한 예다. 셋째, 제품사용자의 유형을 제시해 제품을 개성화시키는 광고문안으로, 노키아 베르투(Vertu)를 상위 1%만이 소유할 수 있다면서 제품의 차별화를 시도한 광고를 예로 들 수 있다. 과거 쌍용자동차에서 SUV 렉스턴을 출시할 때, 상징적 사용자의 유형으로 '대한민국 1%를 위한 차'라는 카피로 관심을 끈 적이 있다. 넷째, 제품의 가치를 전달하는 광고문안으로, 미국에서 타이드(TIDE) 세제의 경우 경쟁사 제품보다 비싸지만 뛰어난 세정력과 보습 효과를 강조해 품질이 우수하며 가치 있는 제품이라는 메시지를 전달하고 있다(〈그림 15-4〉 참조).

그림 15-4 타이드의 제품가치를 전달하는 광고문구

표 15-3 광고 소구 스타일의 종류와 특징

종류	특징
이성적 소구	객관적인 이유를 들어 제품의 가치나 편익을 설명하고, 고객의 구매를 유도하는 스타일로 전자제품 등의 광고에 주로 많이 사용함
보증 소구	공식적 인증이나 과학적 증거자료를 제시해 제품의 우월성을 강조하거나 제품을 만든 사람의 전문성과 경력 등을 설명하거나 제품사용자의 증언을 제시하며 구매를 설득하는 방법임
감성적 소구	해당 제품에 관해 아름다움, 우정, 사랑 등과 같은 분위기를 불러일으켜 제품에 대한 이미지를 전달하는 스타일로 화장품이나 패션제품 등에 자주 사용함
환상적 소구	제품의 용도나 사용에 대한 환상을 조성하는 것으로, 고도의 감성적인 접근방식임. 주로 성적 어필이 많고 여성용 화장품이나 의류광고 등에 자주 사용함
유머 소구	표적청중의 웃음을 유발해 메시지에 대한 관심을 끌고, 인지도를 높이기 위해 사용하는 방법으로 웃음 코드가 제품특성이나 효익과 관련되어야 광고효과가 있음
뮤지컬적 소구	제품에 관련된 노래와 춤이 등장해 시선을 끌며, 주로 경쾌한 분위기로 광고문안을 전달하는 방식임

광고의 소구 스타일(message appeals) **결정** 메시지의 효과는 광고 내용을 전달하는 광고문안뿐 아니라 광고문안을 표현하는 방식인 소구 스타일에 따라서도 영향을 받는다. 표적청중의 관심과 흥미를 효과적으로 유발할 수 있는 메시지인 소구 스타일에는 다음과 같은 여러 예시가 있으며, 각각의 유형으로 광고가 만들어지기도 하지만, 두세 가지의 소구 스타일이 혼합된 경우도 있다. 광고 소구 스타일의 종류와 특징은 〈표 15-3〉을 참조한다.

광고매체 선정

광고매체를 선정할 때는 첫째, 도달 범위와 빈도 그리고 효과강도의 결정, 둘째, 광고매체 유형과 구체적 매체수단 선정, 셋째, 광고 계획 결정 등 세 가지 단계를 거친다. 각 매체의 유형별 특징은 〈표 15-4〉를 참조한다. 물론 요즈음은 SNS 사이트, 모바일 등 다른 매체들이 많이 등장하고 중요한 매체가 되고 있는데, 이는 뒤에서 살펴본다.

또 〈그림 15-5〉는 최근 우리나라의 주요 매체별 광고비 자료이다. 가장 눈에 띄는 특징은 모바일 광고가 1위 매체로 올라선 점이다. 그리고 지상파 TV 매체, 인쇄 매체, PC

표 15-4 광고매체 유형별 특성

	유형	판매단위	비용산정기준	장점	단점
신문	조간 및 석간의 전국 일간지와 지역 신문, 주간 전문지, 무가지 신문	광고 행수, 단어 수, 1란 인치 수, 인쇄 행수	도달 범위와 빈도, 컬러종류, 선호되는 위치, 발행부수	• 광범위한 독자층 • 신속한 광고 • 다량의 정보제공 용이 • 신뢰성 높음	• 짧은 광고 수명 • 다른 광고의 간섭 효과 • 시각적 커뮤니케이션에 한정되어 독자들에게 잘 읽히지 않음
잡지	주간, 월간, 격월간, 계간, 연간의 각종 잡지	페이지	행란 인치 수, 발행 부수, 출판비용, 청중유형, 빈도, 광고물 크기, 광고물 위치, 컬러 종류	• 특정고객에 소구 가능 • 긴 광고 수명 • 반복 광고 가능 • 전문잡지는 신뢰성 높음 • 복잡한 정보도 전달 가능	• 적시광고 곤란 • 폭넓은 청중에 전달 어려움 • 다른 광고의 간섭 효과 • 시각적 메시지만 전달 가능
라디오	공연 및 민영 라디오 방송의 AM과 FM채널	초단위: 10초, 15초, 20초, 30초	시간대, 시청률, 도달 범위, 빈도	• 폭넓은 청중에 전달 가능 • 비교적 적은 비용 • 광고변경이 용이 • 빠른 전달력	• 짧은 메시지 수명 • 청취자 집중률 떨어짐 • 청각적 메시지만 전달 가능
TV	공영방송, 지역 방송, 케이블채널, 위성채널	초단위: 10초, 15초, 20초, 30초	시간대, 시청률, 도달 범위, 빈도	• 폭넓은 청중에 전달 가능 • 빠른 전달력 • 청취자 주의 집중 용이 • 시청각 메시지 모두 전달 가능	• 고비용 • 광고변경이 어려움 • 노출시간이 짧아 자세한 메시지 전달 어려움
옥외 광고	포스터, 간판광고	포스터는 대량 기준 장당, 간판은 단위당	광고물 크기, 광고물 위치, 컬러 종류, 빈도	• 반복 노출 • 낮은 비용 • 지역적 선택 가능 • 높은 가시성	• 짧고 단순한 메시지 • 선택적 노출 불가능
직접 우편	편지, 카탈로그, 브로슈어, 달력, 엽서 등	제작비와 우편요금	보통우편, 빠른우편, 샘플 등 동봉 시 무게당 소포 요금	• 청중 선별과 발행 통제 가능 • 길고 복잡한 메시지 전달 가능 • 광고효과 측정 용이	• 폭넓은 청중에 전달 어려움 • 비교적 높은 비용

인터넷	웹의 배너광고	단순한 문구와 그래픽, 플래쉬, 동영상 등 용량, 개당	웹의 지명도, 배너 크기, 배너 위치, 빈도, 가입자 수, 방문객 수	• 고객의 반응 실시간 확인 가능 • 시각 혹은 시청각적 효과 선택 사용 가능 • 비교적 낮은 비용 • 직접적인 구매유도 가능	• 인터넷 사용자에 한정 • 광고 클릭 수가 실질적인 구매로 이어지는지 측정 어려움
이메일	이메일 광고	이메일 용량, 대량기준 개당	목표고객 정확도와 도달률에 따라 상이	• 청중 선별과 발행 통제 가능 • 시청각적 메시지 전달 가능 • 비교적 낮은 비용	• 스팸메일로 취급되어 읽히지 않는 경우가 많음

그림 15-5 **매체별 광고비 집행 비중**

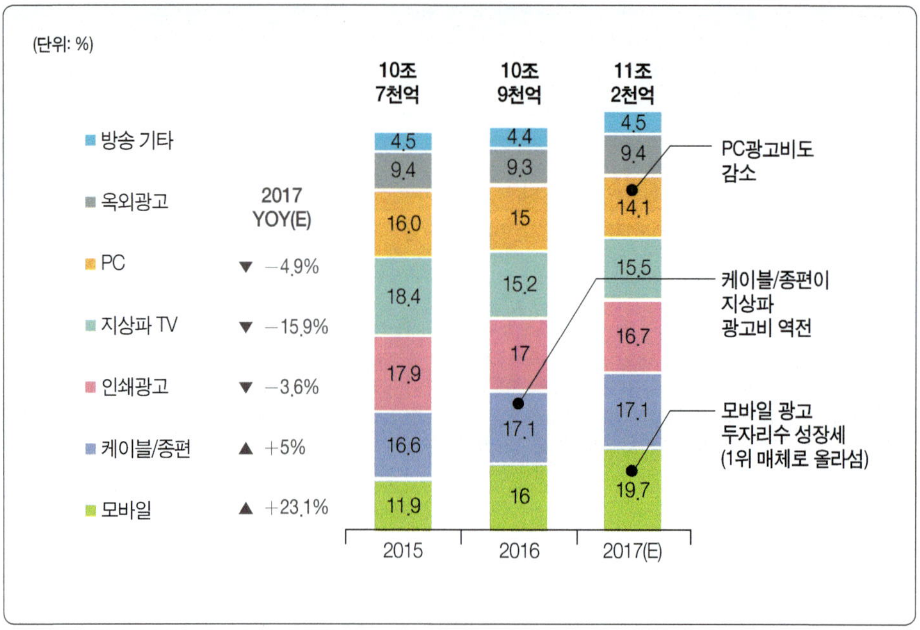

출처: 제일기획 홈페이지, 2017년 금액은 예상치(Expected)임.

중심의 인터넷 광고비도 점진적으로 축소하고 있다. 이는 청중의 매체 접촉행위가 변화하기 때문에 발생하고 있는 현상으로 주요 거시적 트렌드를 생각해보면, 요즈음 젊은층은 신문을 읽지 않는다는 큰 추세, 매체의 다분화(fragmentation)로 인해 지상파 방송의 시청률도 계속 떨어지는 추세, 내 손 안의 TV라고 불리는 스마트폰 등 모바일 매체의 중요성 부각 등을 생각할 수 있다. 또 최근 젊은층 등에 초점을 맞춘 tvN 등의 콘텐츠 방향을 볼 때, 특정청중층을 확보하고 있지 못한 매체는 갈수록 어려운 경영 상황을 맞이할 것이다.

도달 범위와 빈도 및 효과강도 결정 구체적으로 몇 명의 표적청중에게 어느 정도 임팩트로 광고를 전달하고자 하는지에 관한 목표를 수치로 계산한 것으로 매체선정 전에 결정한다.

도달 범위(reach) : 일정 기간에 특정광고가 표적대상 중에 도달한 비율
빈도(frequency) : 일정 기간에 특정광고가 표적대상에 노출되는 평균 횟수
효과강도(impact) : 1회의 노출로 주어지는 강도, TV를 통해 전달하는 메시지는 시각과 청각을 겸하므로 라디오나 신문 광고보다 효과강도가 크다.

특정광고가 100만 명 고객의 시장에서 70만 명에 1.5의 효과강도[7]에 평균 세 번 도달하는 것을 목표로 잡았고, CPM(Cost Per Mill)[8]이 3만 원이라면 다음과 같은 공식으로 광고예산 9,450만 원을 책정해야 한다.

(70만 명÷1,000명)×{(3만 원×3회)×1.5효과강도}=9,450만 원

광고매체 유형과 구체적 매체수단(vehicle) 선정 매체유형별 능력을 파악한 후 적절한 매체를 선정하는 과정은 광고효과와 직결되므로 다음과 같은 여러 요인을 검토한 후 신중히 결정해야 한다.

표적청중의 특성 표적청중이 주로 사용하는 매체와 이용 시간을 파악해 광고를 계획하는 것은 도달 범위뿐 아니라 빈도를 높여 광고효과를 극대화할 수 있다. 표적청중이 회사원이라면 출근 시간에 TV 광고를 하는 것보다 라디오가 더 효

통합마케팅커뮤니케이션의 매체운영 대원칙: 믹스 앤드 매치

매체의 장단점 때문에 등장한 믹스 앤드 매치(Mix and Match)라는 통합마케팅커뮤니케이션의 매체운영 대원칙이 있다.[9] 첫 번째 원칙인 믹스 원칙은 〈표 15-4〉처럼 매체별 장단점이 다르므로 한 매체를 사용하는 것보다 다른 매체들을 믹스해서 사용하는 것이 바람직하다는 원칙이다. 이 원칙의 밑바탕에는 입력 다양화 가설(encoding variability hypothesis)이라는 심리이론이 있는데, 쉽게 설명하면 똑같은 메시지를 똑같은 매체에서 세 번 이상 접하면 싫증이 나기 때문에 같은 메시지라도 다른 매체(한 번은 TV 광고, 한 번은 라디오 광고 등)를 통해 접하는 것이 메시지 기억 효과가 높다는 것이다.[10]

두 번째 원칙인 매치 원칙은 서로 다른 매체를 통해 나가는 메시지를 매치, 즉 통합해야 한다는 것이다. 즉, 복수 매체를 사용할 경우 빠지기 쉬운 함정은 A매체에서는 메시지 1을 얘기하고, B매체에서는 메시지 2를 이야기하는데, 이럴 경우 메시지 효과는 오히려 희석된다. 이 원칙의 밑바탕에는 입력 구체화 가설(encoding specificity hypothesis)이라는 심리이론이 있는데, 메시지를 접했을 때 상황과 기억할 때 상황에 비슷한 점이 있어야 기억하기 쉽다는 것이다.[11] 12장에서 외형적 브랜드관리의 주요 수단 중 하나로 브랜드 요소 전략을 학습했다. 일관된 대표 비주얼 장면, 브랜드 심볼, 햄스터와 같은 브랜드 캐릭터, 브랜드 징글(음악), 브랜드 슬로건 등을 사용하여 각기 다른 매체에 사용하는 여러 광고물이나 메시지를 통합하는 것이 바로 매치 원칙이다.

과적이다.

제품과 메시지의 특성 광고하려는 제품과 메시지에 따라 선택 매체가 다르다. 고관여제품이나 고가제품인 경우 전문잡지나 특정케이블방송이 효율적이다.

매체별 특성 각 매체는 장단점을 가지며 광고비용도 다르다. 매체별 특성은 〈표 15-4〉를 참조한다.

광고스케줄 결정 구체적인 일정을 결정할 때는 연간 어떻게 광고예산을 할당할 것인가를 결정한 후에 구체적인 광고시기를 결정한다. 광고스케줄을 결정하는 유형에 관한 자세한 설명은 온라인사이트를 참조하기 바란다.

광고효과 측정

각종 매체에 광고한 후에 지속해서 광고효과를 측정하고, 피드백하는 것은 광고관리에 매우 중요한 부분이다. 광고효과 측정은 대체로 광고목표를 설정할 때 고려했던 요소들을 결과와 비교하는 작업으로 다음과 같이 두 가지로 나눈다. 광고효과 측정방법에 관한 종류와 세부내용은 〈표 15-5〉를 참조한다.

커뮤니케이션 효과 조사 광고물이 원하는 메시지를 효과적으로 전달했는지를 조사하는 것으로 카피 테스트(copy test)라고도 한다. 여기에는 직접평가, 포트폴리오 테스트, 실험법의 사전 테스트(ad pre-testing)와 회상 테스트, 인지 테스트와 의견조사법의 사후 테스트(ad post-testing) 등이 있다.

판매 효과 조사 시장성과 지표와 관련해 광고효과를 측정하는 데는 어려움이 따른다. 앞서 언급한 것처럼 판매량이 증가하는 이유에는 효과적인 광고집행 외에 제품 자체의 특성과 가격, 구매의 용이성과 경쟁사 행동 등 다양한 요인들이 영향을 미치기 때문이다. 그러나 광고 이외 요인의 영향이 미미하거나 통제 가능성이 클 때는 광고의 판매효과 측정이 가능하다. 실험수행 결과로 얻은 각종 데이터를 가지고 변수 간 관계나 특정결과를 분석하는 데 사용하는 기법인 실험 자료 분석법과 축적된 과거 자료에서 수집한 데이터를 이용해 미래 상황을 예측하는 데 사용하는 분석기법인 과거 자료 분석법이 대표적이다.

이러한 분석의 근간에 두 가지 개념이 있는데, 첫 번째는 이전 광고와 이전 매출의 광고 및 판매 이월 효과(Advertising and Sales Carry-Over Effects)를 고려해야 한다. 현재 판매에

표 15-5 **광고효과 측정방법**

구분	시기	형태	방법	장점	단점
커뮤니케이션 효과 측정방법	사전 (pre-test)	직접 평가 (Direct ratings)	사전에 소비자 패널이나 광고 전문가에게 광고 평가 요청	광고의 구매 호소력 평가 가능	실제 실시된 광고효과 측정이 아니므로 신뢰성이 낮음
		포트폴리오 테스트 (Portfolio test)	다수의 광고물을 실제 고객에게 제시하고, 시간제한 없이 관찰하게 한 후 광고물에 대한 기억력을 테스트하는 방법	광고의 메시지 전달력 측정과 고객에게 중요하게 인지되는 메시지가 무엇인지 구분 가능	실제 광고물 노출 시간과 달라 신뢰성이 낮음
		실험법 (Laboratory test)	제시된 광고에 따른 고객의 맥박, 혈압, 안구 움직임, 긴장도 등에 대한 심리적인 반응을 측정	광고의 주의 집중 능력의 측정 가능	광고에 대한 고객의 태도나 광고의 의도 전달에 대한 측정 불가능
	사후 (poct toct)	회상 테스트 (Recall test)	특정매체에 일정기간 동안 노출된 자사포함 여러 제품의 광고에 대한 기억력 측정	회상률을 점수화하여 경쟁 제품의 광고 등과 비교 가능	측정된 기억력이 인지도, 호감도 및 실제 구매와는 차이가 있을 수 있음
		인지 테스트 (Rocognition toct)	과거 보았던 광고를 식별하는가에 대한 스타치 열독 점수(Starch readership)를 측정	자사 광고물 효과와 타사 광고물 효과 비교 가능	정확한 표적청중에 대한 수치가 아닐 수 있음
		의견 조사법 (Opinion test)	몇 개의 광고를 제시하여, 가장 흥미있는 광고나 신뢰성 있는 광고 등으로 순위를 매기는 방법	선별된 광고물의 깊이 있고 구체적인 비교 가능	선별되지 않는 광고에 대한 효과 측정 불가능
판매 효과 측정방법	사전 (pre-test)	실험자료 분석법	실험디자인을 사전에 판매하여 광고효과를 측정	일정 지역에 집중 광고를 실시하여 상대적으로 덜 집중 광고한 지역과 판매량 직접 비교 가능	비교적 정확한 측정이 가능하나 비용소모가 많음
	사후 (post-test)	과거자료 분석법	과거의 매출액을 해당 연도의 광고비 지출액과 비교(시계열분석)	비용이 들지 않는 비교적 간단한 방법	과거 자료를 바탕으로 현재의 광고효과를 측정하는 오류가 있음

도 과거 광고와 과거 매출이 영향을 미치며 이를 같이 고려해야 광고의 판매 효과를 제대로 분석할 수 있다. 이러한 이월 효과는 13장에서 살펴본 경험곡선의 패턴처럼 시간이 흐름에 따라 감소한다. 두 번째 개념으로는 수요의 광고탄력성 개념으로 13장에서 학습했던 수요의 가격탄력성 공식을 그대로 사용하되, 가격의 변화 대신 광고금액의 변화를 대입하면 된다. 일반적으로 수요의 광고탄력성은 수요의 가격탄력성보다 낮게 나타난다.

2. 기업 신뢰도를 높이는 PR

- **학습목표 2: 주요 개념 (3)**
  - PR = 제품·서비스를 인쇄나 방송매체의 뉴스나 논설 형태로 다루게 함으로써 구매를 자극하는 것; 홍보(publicity) = PR관리의 결과
  - PR의 장점 = 고객에게 높은 신뢰도를 줌.
  - PR의 단점 = 내용이나 기사 위치 및 방송시간 등에 대해 통제할 수 없음.
  - PR관리 단계 = PR 목표설정 → PR 메시지와 수단의 선택 → PR 계획의 시행 → 성과평가

(1) PR의 개념

PR(Public Relations)이란 공중의 이익에 따라 또는 기타 비영리 형태의 촉진 및 정보를 활용하여 기업, 제품, 서비스, 기업의 가치 또는 기관의 역할에 대한 소비자와 대중, 기타 이해 관계자의 의견과 신념에 영향을 주기 위한 커뮤니케이션 관리방법이다.[12] 즉, 마케팅 PR은 커뮤니케이션의 중요한 위치를 담당하는 촉진믹스의 하나로 제품 및 서비스를 인쇄나 방송매체의 뉴스나 논설 형태로 다루게 하는 등 구매를 자극하는 활동과 관리를 말하며, 그 결과로 얻는 것 중 하나가 홍보(publicity)이다. 이에 따라 촉진믹스 중 PR 활동도 신제품 출시와 성숙기 제품의 재포지셔닝을 돕는 등 광고와 비슷한 효과와 더불어 네 가지의 특별한 이점을 갖고 있다. 첫째, 제품에 관한 관심을 고조시키고, 둘째, 특이한 표적집단에 영향을 주며, 셋째, 사회적 논쟁에 직면한 제품을 보호하고, 넷째, 우호적 기업이미지 형성에 도움을 준다.

PR은 제조업자나 도 · 소매상 등 직접 관련된 주체에서 이루어지는 다른 커뮤니케이션 수단과 달리 객관적인 방송이나 인쇄매체에 의한 것으로, 고객에게 높은 신뢰를 준다. 또 광고나 그 밖의 수단보다 비용이 저렴하므로 지속해서 뉴스거리를 개발해 각종 매체에 전달함으로써 더 효과적으로 대중의 인식을 높일 수 있다. 그러나 PR은 내용이나 기사 위치, 방송시간 등에 관해서는 통제할 수 없다는 단점이 있다.

(2) PR관리

PR을 관리하는 과정은 〈그림 15-6〉과 같이 PR 목표설정, PR 메시지와 수단의 선택, PR 계획의 실시 그리고 성과평가 등 네 가지 단계로 나눈다. PR관리는 계획된 PR을 실시하고, 사후 관련 성과를 평가하며, 이에 따른 피드백을 받아 PR 계획과 실행을 개선해 더 효과적인 PR 활동을 지속하는 것이다. 이러한 PR관리 과정, 사례 및 주요 수단에

그림 15-6 PR관리 과정

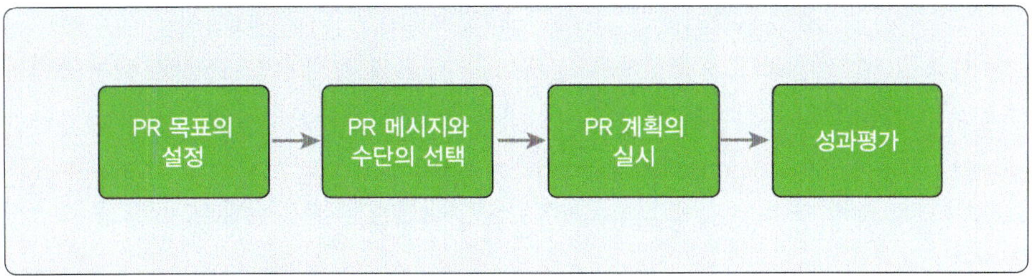

대한 더 자세한 설명은 온라인사이트를 참조하기 바란다.

PR 목표설정 기업과 제품에 대한 인식제고에 도움을 주고 고객에게 자사제품이나 브랜드에 주목하도록 매체에 기삿거리 제공을 목적으로 하며, 광고와 달리 제삼자가 고객에게 정보를 제공하므로 신뢰도를 높일 수 있다.

PR 메시지와 수단의 선택 PR 담당자는 언론이 보도할 만한 가치가 있고, 고객에게 자사제품이나 브랜드에 관한 긍정적인 이미지를 줄 수 있는 기삿거리를 계속 개발해야 한다. 이를 위해 강연회, 음악회, 전시회 등을 개최하며, 스포츠 협찬도 흔히 한다.

PR 계획의 실시 자사제품의 편익이나 이미지에 맞는 내용을 작성하여 기삿거리를 제공해야 한다. 효과적인 PR이 되기 위해 PR 담당자는 각종 매체담당자와 긴밀한 유대관계를 맺는 것도 중요하다.

성과평가 일반적으로 PR은 다른 촉진수단과 함께 사용되므로 PR 효과를 구분해 측정하기란 매우 어렵다. 이러한 이유로 PR 효과를 측정하는 데는 노출(횟수)의 측정과 인지, 이해 및 태도 측정을 활용한다.

3. 효과적인 판매촉진

- **학습목표 2: 주요 개념 (4)**
  - 세일즈 프로모션 = 판촉 = 단기적 또는 조기의 다량구매를 유도하기 위해 사용하는 촉진기법 = 신제품의 시용(trial)이나 새로운 구매자의 구매를 유도하는 등 광고보다 즉각적인 반응을 유발시켜 단기적 효과를 추구하는 경우에 적합
  - 판촉관리 = 판촉목표 설정 → 판촉수단 선정 → 판촉프로그램 개발 → 판촉프로그램 사전 테스트 → 실제 판촉프로그램 시행 → 판촉결과 평가 및 통제

(1) 판매촉진의 개념

판매촉진, 즉 세일즈 프로모션(Sales Promotion)[13]이란 단기적 또는 조기의 다량구매를 유도하기 위해 설계된 다양한 도구들을 의미하며, 대체로 즉각적인 실제구매를 자극하는 역할을 한다. 예컨대 판촉물을 배부하는 것 등이다. 세일즈 프로모션은 마케팅 프로모션(Marketing Promotion)의 전체를 일컫는 촉진과 구별해야 한다.[14] 다시 말하면 세일즈 프로모션이란 정해진 짧은 기간 내에 도매상, 소매상을 포함한 모든 유통경로의 소비자를 대상으로 즉각적인 구매와 수요 촉진을 자극하는 마케팅방법이다. 광고는 소비자가 제품을 구매해야 하는 근본적 이유를 제시하고, 세일즈 프로모션은 일시적인 매출 증가

그림 15-7 판매촉진 유형

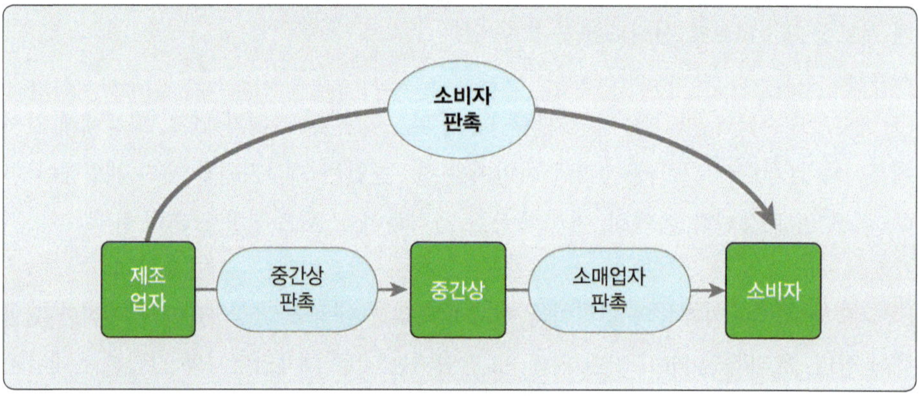

표 15-6 판촉의 장단점

구분	내용
판촉의 장점	• 제조업자에게 단기간에 공급과 수요를 조절할 수 있게 함 • 단기간에 다량구매를 유도함 • 신제품 사용을 유도함 (할인이나 샘플을 제공해 소비자의 구매위험을 감소시킴) • 광고보다 즉각적인 반응을 유발해 단기간 내 급속한 매출신장 효과를 보임
판촉의 단점	• 과열된 판촉경쟁은 기업 수익구조의 악화를 가져옴 (너무 빈번하게 사용할 경우 소비자 가격 저항이 생겨 판촉이 없는 경우의 판매가 급감하고, 악순환을 반복함) • 경쟁업자의 모방이 쉬워져 장기적 경쟁우위 획득을 위한 전략으로는 부적절함 • 브랜드충성도가 강한 소비자는 판촉으로 인해 구매패턴을 변경하지 않음 (경쟁사 제품에 강한 애착을 가지고 있는 고객의 경우, 자사제품이 경쟁적으로 우월하지 않은 한 판촉만으로는 자사제품 사용자로 전환하는 것이 어려움)

를 유발하므로, 광고와 세일즈 프로모션을 함께 보완적이고 통일성 있게 실행해야 더 효과적인 촉진믹스를 이룰 수 있다.

세일즈 프로모션은 제조업자, 중간상, 비영리 조직을 포함한 모든 조직에서 활용하고 있다. 일반적으로 제조업자의 판촉은 소비자 판촉, 중간상과 소매업자 판촉 등으로 구분하며 이들의 관계는 〈그림 15-7〉과 같다. 이러한 여러 유형의 판촉을 더 효과적으로 사용하려면 즉각적인 효과를 위해 사용하는 판촉의 특성을 파악하는 것이 매우 중요하다. 〈표 15-6〉을 참조해 판촉의 장단점을 이해한다.

판촉을 일시적인 매출증폭제로 활용하더라도 광고나 다른 촉진믹스와 함께 통일성 있게 계획 · 실행해야 하며, 브랜드에 부가가치를 주고 소비자와의 결속력을 강화하는 방향으로 일관성 있게 설계해야 바람직하다.

(2) 판매촉진관리

판촉을 효과적으로 실행하려면 우선 판촉목표 · 판촉수단을 선정하고, 판촉프로그램을 개발하고, 사전 테스트를 거쳐 프로그램을 시행하고, 결과를 측정하고, 피드백하는 일련의 판촉계획을 철저히 관리 · 실행해야 한다. 판촉관리 과정은 〈그림 15-8〉을 참조하고 이에 대한 자세한 설명은 온라인사이트를 참조하기 바란다.

그림 15-8 판촉관리 과정

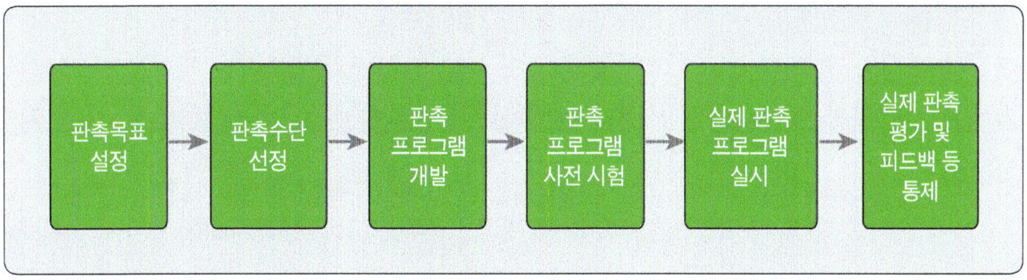

(3) 판매촉진기법

세일즈 프로모션은 다양한 기법들로 구성되며 제조업자가 주도하는 판촉의 경우, 다음과 같이 소비자 판촉기법(consumer promotion tools)과 중간상 판촉기법(trade promotion tools)으로 나뉜다. 소비자 판촉의 경우는 제조업자가 최종 소비자와 직접 접촉해 구매증가 활동을 하는 것이다. 이 기법에는 샘플링, 무료 시용, 쿠폰, 가격할인, 단골고객 보상 등이 있다(〈그림 15-9〉 참조). 최근에는 인터넷과 SNS의 활성화로 인해 이러한 수단을

그림 15-9 **소비자 판촉기법 사례**

스타벅스의 마이 스타벅스 리워드

고객이 스타벅스에서 음료를 구매할 때마다 스타벅스 리워드라는 포인트를 적립해준다. 고객은 이 포인트로 무료 음료를 마시고 사은품도 받는 등 많은 혜택을 받는다.

CJONE CARD

CJ 계열사의 제품과 서비스를 이용하는 고객은 CGV, 올리브영, 투썸플레이스, VIPS, 뚜레쥬르 등에서 받은 포인트로 이후 다양한 혜택을 누린다.

그림 15-10 **중간상 판촉기법: 미국 현대자동차의 중간상 지원 협동광고**

이용한 소비자 판촉이 늘고 있다. 중간상 판촉의 경우는 푸시전략의 하나로 소매상이 제조업자의 제품이나 서비스에 대한 거래량이나 거래규모 등을 증대하도록 유도하는 것이다.

〈그림 15-10〉과 같이 중간상 판촉의 대표적인 예로 미국에서 현대자동차가 자동차 딜러를 함께 명시해 광고를 지원하는 협동광고(cooperative advertising)가 있다. 또 소매상이 제품가격을 할인해 판매하거나 소매점 쿠폰 발행, 소매점 광고전단을 배포하는 등 자체적으로 소매상 판촉을 유인하도록 하는 것이 중간상 판촉의 목적이다.[15] 소비자 판촉기법과 중간상 판촉기법에 관한 설명은 온라인사이트를 참조하기 바란다.

4. 인적 판매

- **학습목표 2:** 주요 개념 (5)
  - 인적 판매 = 판매원이 목표고객과 직접 대면해 자사제품이나 서비스를 구매하도록 설득하는 커뮤니케이션 활동
  - 인적 판매의 장점 = 직접 고객을 대면함으로써 보다 융통성 있게 제품을 소개하고 판매하는 것이 가능 + 고객의 제품에 대한 욕구나 불만을 신속하게 피드백할 수 있음.
  - 인적 판매의 단점 = 목표고객당 비용 단가가 매우 높고 속도가 느림.
  - 인적 판매관리 = 고객과 직접 대면하기 전의 준비과정 → 고객에 대한 구매설득 → 재구매를 유도하기 위한 고객관리

(1) 인적 판매의 개념

인적 판매(Personal Selling)란 판매원이 목표 고객과 직접 대면하여 자사제품이나 서비스를 구매하도록 설득하는 커뮤니케이션 활동을 말한다. 즉, 훈련된 판매원을 매개로 판매를 촉진하는 방법으로, 고객에게 제품을 소개하고 설명하는 데 그치지 않고 컨설팅하고 조언하는 역할을 한다. 인적 판매는 목표고객당 비용 단가가 매우 높고 속도가 느린 단점이 있지만, 직접 고객을 대면함으로써 더욱 융통성 있게 제품을 소개하고 판매하는 것이 가능하며, 제품에 대한 고객의 욕구나 불만을 신속하게 피드백할 수 있다는 장점이 있다.

인적 판매는 신제품 도입에 효과적인 촉진수단으로, 기존 제품에 익숙한 고객에게 새로운 제품의 사용법과 특징뿐 아니라 제품전환의 이점을 알리는 데 용이하다. 또 산업재 촉진이나 대량으로 구매하는 중간상 촉진을 밀착 관리할 수 있다. 자동차처럼 구매주기가 길거나 고가제품인 경우 또 보험, 화장품처럼 제품이 다양하고 개인화가 필요한 경우의 촉진에 특히 필수적이다. 인적 판매는 B2C뿐 아니라 B2B에서 더 중요하게 활용하는 경우가 많다. 예컨대 설탕 제조업자 중 도매점이나 대형할인점에 설탕을 파는 경우 B2B에 해당하며, 직접 일반 소비자에게 설탕을 파는 경우는 B2C에 해당한다.

인적 판매의 장점에는 첫째, 각각의 고객에게 최적으로 개인화한 서비스를 제공할 수 있으며, 둘째, 쌍방향 커뮤니케이션으로 융통성 있는 상호작용을 할 수 있고, 셋째, 확인되고 집중화된 고객에 효율적으로 자원을 집중할 수 있으며, 넷째, 즉각적이고 명확한 피드백과 판매 효과를 들 수 있다. 단점으로는 고객접근 범위가 제한되어 있고, 고객당 촉진 비용이 많이 들며, 판매원에 따라 제품이미지가 결정되는 위험이 있다. 인적 판매전략을 사용하는 마케팅의 대표적인 B2C 제품으로는 자동차와 보험이 있으며, 그

외에 정수기, 학습지, 고가의 화장품 등이 있다. 특히, 코웨이는 정수기시장에서 뛰어난 제품의 질과 방문판매 유통방식을 바탕으로 급속도로 성장해 국내 정수기시장을 연 대표적인 기업으로, 깨끗한 물을 원하는 소비자들의 욕구를 충족하기 위해 'HEART 서비스'라는 인적 자원을 효율적으로 활용하고 있다. 서비스 비즈니스모델 혁신의 하나인 렌털 비즈니스 개념을 도입하고, 코디라는 관리시스템을 채용, 정수기를 넘어서 가습기, 비데 등으로 품목을 확장하고 있다.[16]

(2) 인적 판매 과정

판매원이 판매하는 방식에는 일회적인 판매 효과를 극대화하는 것이 목표인 거래지향적 판매(discrete transactional selling)와 자동차, 제약, 보험 등의 산업과 같이 고객과의 거래를 더 장기적으로 유지하는 관점의 관계지향적 판매(relationship selling)가 있다. 고객과의 장기적인 관계를 구축함으로써 판매를 극대화하기 위해 거치는 판매 과정은 〈그림 15-11〉과 같이 세 가지 단계로 구분된다. 관계지향적 판매는 자동차 대리점에 자동차를 구매하기 위해 고객이 방문했을 때 이루어진다. 자동차 대리점의 영업사원은 자동차를 구매하기 위해 방문한 고객뿐 아니라 동행한 잠재적 소비자에게도 정보를 수집하고, 제품을 소개하고, 차후 제품구매를 권유할 수 있도록 유도하여, 장기적인 관계를 구축하고 판매를 극대화할 수 있다. 인적 판매 과정에 관한 상세한 설명은 온라인사이트를 참조하기 바란다. 또한 이 분야의 국내 교과서는 거의 없는 편인데 최근 제대로 된 서적이 출간되어 제시하니 이 분야에 관심이 있는 경우 참고하기 바란다: 박찬욱, 《고객 관계 구축을 위한 영업관리》, 청람, 2012.

그림 15-11 인적 판매 과정

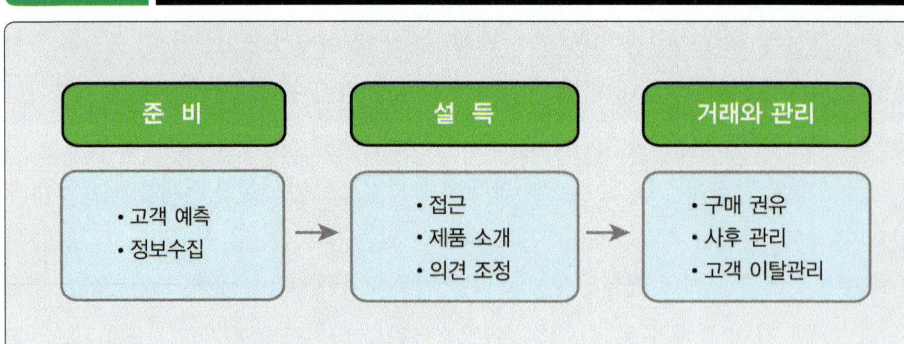

준비 판매원은 고객과 직접 대면하기 전에 충분한 준비 과정을 통해 잠재고객을 구별해내고, 그들에 대한 정보(고객욕구, 개성, 구매스타일, 구매능력 등)를 수집해야 한다.

설득 고객을 사전에 파악하는 준비단계가 끝나면 고객에 대한 구매 설득 단계로 넘어간다. 이 단계에서 판매원은 고객에게 접근하여 자사제품이나 서비스를 제시하고, 구매를 권유한다. 또 고객의 질문에 바로 응답하고 반대 의견에도 적절히 대응해야 한다.

거래와 관리 인적 판매 과정의 마지막 단계로 거래가 이루어지고, 계속 재구매를 유도하기 위해 고객관리를 하는 단계이다. 사후관리는 물론 이탈한 고객까지 다시 방문할 수 있도록 전략을 수립하고 시행하는 단계다.

또한 신제품 출시와 촉진믹스의 구성 간의 관계에 대한 상세한 설명은 온라인사이트를 참조하기 바란다.

3 디지털 커뮤니케이션 관리

나이키의 디지털 마케팅 예산 변화

〈그림 15-12〉는 2000~2010년까지 미국 나이키의 촉진예산 변화를 나타낸다. 2008년부터 3년간 전통적 미디어에 사용하는 촉진예산은 40% 감소했지만, 새로운 미디어에 관한 촉진예산은 점진적으로 증가 추세에 있다가 2008~2009년 미국의 금융 위기 이후 다시 폭발적으로 늘고 있다. 또 〈표 15-7〉은 2006~2010년까지 글로벌 미디어의 커뮤니케이션 지출과 구성의 변화를 보여준다. 다른 미디어의 지출 구성비는 전부 소폭 감소 추세이지만, 디지털 미디어에 관한 지출 구성비만 유일하게 증가하고 있다.

그림 15-12 **미국 나이키의 촉진예산 구성변화**

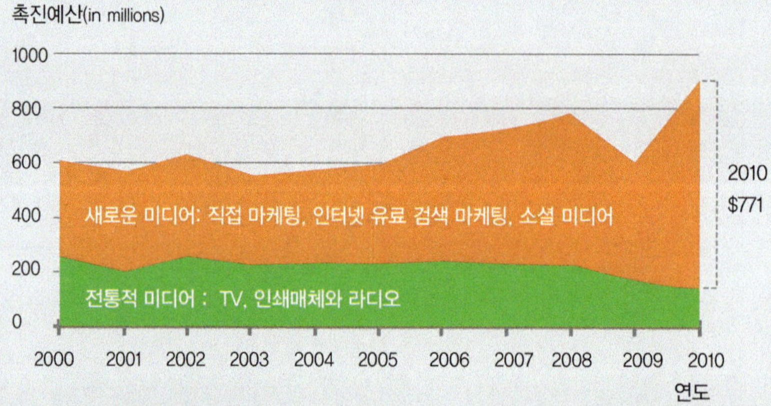

출처: KANTAR MEDIA(http://www.kantarmedia.com/)

1990년대부터 발전한 인터넷 기술이 2000년대 초까지 새로운 비즈니스의 성장을 주도하다 2000년대 초 닷컴 비즈니스의 몰락 후 잠시 주춤하더니 새로운 형태로 발전하여 2010년의 통계치를 보면 촉진과 마케팅의 주요 도구가 되고 있다.

1990년대 들어 등장한 인터넷과 함께 우리는 자연스럽게 인터넷 마케팅, 온라인 마케팅 등 새로운 용어, 개념, 전략과 전술들을 접해왔다(인터넷 소매상, 이메일 마케팅, 검색엔진 마케팅, 인터넷 광고, 모바일 마케팅, 소셜 미디어 마케팅 등). 산업 환경, 비즈니스, 마케터, 소비자 등에게도 짧은 시간 동안 많은 변화가 일어났고 또 그 변화는 계속되고 있다. 과연 이러한 변화들이 비즈니스와 마케팅에 시사하는 바는 무엇인가? 또 많은 마케팅 개념과 수단 중에서 변하는 것은 무엇이고 변하지 않는 것은 무엇인가? 빠르게 일어나고 있는 변화들이 우리를 매우 혼란스럽게 만드는 상황에서 기업은 변화하는 디지털 환경에 신속히 대처해야 할 과제를 안게 되었다.

표 15-7 글로벌 미디어의 커뮤니케이션 지출과 구성

글로벌 미디어	2006	2007	2008	2009	2010
전 세계(10억)	$431.6	$458.3	$487.0	$435.8	$451.0
증감률	–	6.19%	6.26%	-10.51%	3.49%
TV 비율	37.4%	37.5%	36.2%	36.8%	36.1%
신문 비율	28.5%	27.3%	24.8%	22.7%	22.4%
디지털 미디어 비율	6.7%	8.2%	13.5%	16.2%	18.0%
잡지 비율	12.5%	12.1%	11.2%	10.7%	10.2%
라디오 비율	8.3%	8.1%	7.5%	7.0%	6.8%
옥외광고 비율	6.2%	6.3%	6.3%	6.2%	6.0%
극장광고 비율	0.4%	0.4%	0.4%	0.5%	0.5%

출처: Best, R. J., *Market-Based Management*, 6th ed., International Edition, Pearson, 2013, p. 377

나이키의 디지털 마케팅 예산 변화 사례와 앞서 살펴본 〈그림 15-5〉를 보면 모바일 광고 등 디지털 커뮤니케이션은 이제 보조수단이 아닌 주 수단이 되었다.

디지털 기술의 변화로 마케팅믹스 활동 중 가장 많은 변화가 있었던 영역이 바로 통합마케팅커뮤니케이션 활동이다. 이 변화는 현재도 빠르게 진행 중이다. 왜 이러한 일이 일어나고 있을까? 기업의 통합마케팅커뮤니케이션 활동은 어떻게 변화되었고, 또 어떻게 변화할까? 이 질문에 관한 답을 찾는 것이 이 절의 목적이다. 먼저 통합마케팅커뮤니케이션에서 변하지 않는 것은 무엇이고, 변하는 것은 무엇인가를 알아보고 디지털 마케팅커뮤니케이션 활동을 그 진화 순서로 살펴본 후, 디지털 커뮤니케이션 활동 사례들을 살펴본다. 또 통합마케팅커뮤니케이션 활동의 미래 과제도 제시한다.

1. 변하는 것과 변하지 않는 것

- **학습목표 3: 주요 개념 (1)**
  - 디지털 커뮤니케이션에서 변하지 않는 것 = 믹스 앤드 매치의 대원칙만 살아 있음.
  - 변하는 것 = (1) 매체환경의 혁명적 변화(파편화, fragmentation) + (2) 기업의 디지털 마케팅커뮤니케이션 활동 증가 + (3) 일방향에서 양방향 및 고객 간의 커뮤니케이션이 중요한 커뮤니케이션 모델의 변화

(1) 변하지 않는 것 : 믹스 앤드 매치의 대원칙만 살아 있다

앞서 믹스 앤드 매치라는 통합마케팅커뮤니케이션 매체운영의 대원칙을 살펴보았다. 첫 번째 원칙인 믹스 원칙은 매체별 장단점이 다르므로 한 매체를 사용하는 것보다 다른 매체들을 믹스해서 사용하는 것이 바람직하다는 것이다. 두 번째 원칙인 매치 원칙은 서로 다른 매체의 메시지들을 매치, 즉 통합해야 한다는 것이다. 크게 보면, 디지털 기술의 변화에도 이 대원칙은 변하지 않는다. 다만, 다양한 매체의 등장으로 이 원칙을 실행하는 것이 더 어려워지고 있을 뿐이다.

(2) 변화 1_매체환경의 혁명적 변화

전통적으로 통합마케팅커뮤니케이션의 내용을 전달하는 주요 매체는 인적 영업을 제외하고 TV 매체, 인쇄 매체, 라디오, 옥외 등으로 분류해왔다. 디지털 기술의 발전으로 이 주요 매체에 엄청난 변화가 생겼는데, 이를 한마디로 말하면 매체의 파편화(media fragmentation)다. 현재 우리나라 법에 따른 방송사업 분류체계는 〈그림 15-13〉과 같은데 이 또한 방송매체의 파편화를 반증하고 있다. 용어 자체를 설명하려는 게 목적이 아니므로 구체적인 정의는 여러분의 탐색에 맡긴다.

한편 새로 등장하는 디지털 미디어의 종류를 살펴보면, 이 또한 이미 파편화되었다. 먼저 〈표 15-8〉은 소셜 미디어의 종류와 특성을 보여주고 있다. 또 다른 분류(〈그림 15-

그림 15-13 현행 국내 방송사업 분류 체계

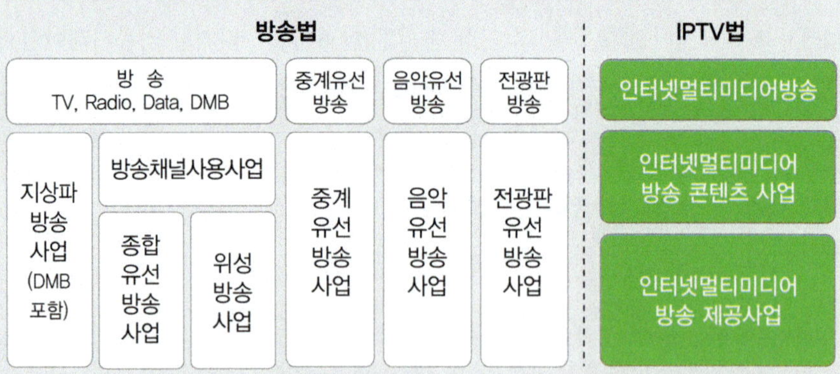

출처: 이종원 등(2011)의 원자료를 재구성한 《2013년도 방송시장 경쟁상황 평가》, 방송통신위원회, 2013의 자료(그림 1-2-1, p. 76)를 재인용

표 15-8 소셜 미디어의 종류와 특성

				소셜 미디어			
		전통적 웹	블로그	SNS	위키	UCC	마이크로 블로그
사용목적		정보전달	정보공유	• 관계형성 • 엔터테인먼트	• 정보공유 • 협업에 의한 지식 창조	엔터테이먼트	• 관계 형성 • 정보 공유
주체 對 대상		1 : N	1 : N	• 1 : 1 • 1 : N	N : N	1 : N	• 1 : 1 • 1 : N
사용 환경	채널 다양성	인터넷 의존적	인터넷 의존적	• 인터넷 환경 • 이동통신 환경	인터넷 의존적	인터넷 의존적	• 인터넷 환경 • 이동통신 환경
	즉시성	• 사후 기록 • 인터넷 연결 시에만 정보 전달	• 사후 기록 • 인터넷 연결 시에만 정보 공유	• 사후 기록, 현재 시점 기록 • 인터넷 · 이동통신 연결 시 정보 공유	• 사후 기록 • 인터넷 연결 시 창작 · 공유	• 사후 제작 • 인터넷 연결 시 콘텐츠 공유	• 실시간 기록 • 이동통신 · 인터넷 연결 시 공유
콘텐츠	주요 콘텐츠	• 고객 질문, 불만 사항 등 • 공지 사항, FAQ 답변 등	• 특정 주제에 대한 주관적 논평 • 신변잡기 정보	신변잡기 정보	• 협업에 의해 창조된 지식 • 지속적 · 역동적 업데이트	특정주제에 대한 동영상	현재 상태, 개인적 감정 (문자 수 제한)
	신뢰성	정보 왜곡 가능성 낮음(공식적 커뮤니케이션 특성)	• 주관적 해석 · 비판 • 악의적 왜곡 가능성 낮음 (블로거 평판 훼손 우려)	악의적 왜곡 가능성 낮음(실명 기반 네트워킹)	• 주관적 해석 · 비판 • 악의적 왜곡 가능성 낮음 (IP 주소 추적 가능)	주관적 해석 · 창의성에 의한 원 콘텐츠의 희화화 등 왜곡 가능성 존재	정보 왜곡 위험성 존재 (콘텐츠 생성 주체의 익명성)
대표사례		기업 홈페이지	개인 블로그	페이스북 마이스페이스	위키피디아	유튜브	트위터

출처: 홍범식, 심현보, "시간과 공간, 초세분화하라!", 《동아비즈니스리뷰》, 40호, 2009, p. 24.

14) 참조)는 뉴미디어를 상호작용성이 높고, 디지털 기술을 사용한 매체로 정의한다. 소비자와 미디어의 관계에서 소비자의 역할을 기준으로 뉴미디어를 소비자의 니즈와 상관없이 침범하는 미디어, 침범 정도가 낮은 미디어, 사용자가 창출하는 미디어로 구분하고 있다.[17]

변화무쌍하게 진화하고 있는 미디어와 그 분류를 보면, 현재 우리는 '춘추전국시대'를 연상케 하는 미디어 환경에 살고 있으며, 기업은 이런 환경에서 마케팅커뮤니케이션 활동을 수행하고 있다.

(3) 변화 2_기업의 디지털 마케팅커뮤니케이션 활동 증가

우리나라 방송광고 환경만 봐도 지상파 방송의 광고사업 매출 비중, 가구와 개인의 시청률은 줄고, 비(非)지상파계열 유료방송채널의 경우는 증가했다(〈그림 15-5〉 참조). 그런데도 방송광고료는 줄지 않고 오히려 조금씩 인상되었다.[18] 예를 들어 TV는 2017년 8월에 15초 1회 전송 기준으로 KBS2의 주말연속극은 1,620만 원을, MBC의 주말 특별 기획 드라마는 1,380만 원을 받았다. 미국은 면적이 넓어 지상파 방송의 시청률 저하나 광고요금 인상이 우리보다 더 뚜렷하게 나타난다. 간단히 정리하면, 광고요금의 인상으로 기업의 커뮤니케이션 비용은 늘어나는데 시청률은 떨어지니, TV를 중심으로 한 대중매체 광고효과는 줄어들 수밖에 없다. 이러한 환경에서, 여러분이 마케팅 본부장이라면 어떠한 변화를 추구할 것인가?

당연히 비용효율성이 높다고 생각되는[19] 디지털 매체를 선택하게 될 수밖에 없다. 이러한 이유로 기업은, 디지털 미디어에 투하하는 커뮤니케이션 예산을 증대시킨다. 또

그림 15-14 뉴미디어의 종류와 주요 예

뉴미디어
(상호작용성과 디지털의 특성 보유)

Intrusive 미디어의 주요 예 (소비자의 니즈와 상관없이 침범하는 매체)
- 인터넷 광고(Buttons, Banners, Skyscrapers, Rectangles, Pop-ups...)
- PPL in video games(Advergames)
- M-commerce

Non-Intrusive 미디어의 주요 예 (소비자 자신이 원하는 대로 통제, 연결, 소비하는 매체)
- 인터넷 광고(Streaming audio/video, Destination sites:
  예) Burger King's www.subservientchicken.com; Sponsored search/ paid links)
- Social networking sites
- PPL in video games(Advergames)
- Podcasting(newscates, sports...)
- 'Buzz' marketing(with events)

사용자가 창출하는(User-generated) 미디어의 주요 예
(소비자 자신이 원하는 대로 통제, 창출, 연결, 소비하는 매체)
- Blogs
- Video sites
- Ratings/ recommendations

출처: Winer, R. S., "New Communications Approaches in Marketing: Issues and Research Directions, *Journal of Interactive Marketing*, 23, 2009, pp. 108~117의 내용을 기준으로 구성함

디지털 공간에서의 기업 활동이 늘어나니 새로운 미디어들이 등장하고, 경쟁력 없는 미디어는 쇠퇴하는 과정을 거치면서 디지털 미디어의 파편화 현상이 목격된다. 특히, 최근에는 모바일 디바이스와 모바일 미디어의 등장에 따라 모바일 마케팅이 대세로 떠오르면서 많은 관심을 받고 있다.[20]

흥미로운 사실은 수요와 공급의 원칙에 따라, 디지털 미디어의 수요가 올라가니 가격도 오른다. 물론 공급에 해당하는 디지털 미디어업계 내에서는 부익부(구글, 페이스북, 네이버 같은 디지털 공룡 기업의 등장)·빈익빈 현상이 더 심해질 수밖에 없다. "싼 게 비지떡이다"라는 말처럼 아무리 미디어 비용이 저렴해도 효과가 낮은 매체를 사용하는 마케터가 과연 얼마나 있을까? 이러한 미디어 파편화 속에서 기업이 최적의 미디어믹스를 결정하는 것이 과연 가능할까? 이 질문은 과거와는 다른 더욱 실험지향적이고, 과학적이며, 분석적인 마케터의 역량을 요구한다. 그만큼 디지털 미디어를 사용하는 마케팅커뮤니케이션이 복잡하고 어렵다는 말이다. 펩시와 코카콜라의 소셜 미디어 캠페인은 어려움을 보여주는 사례이다.

펩시와 코카콜라의 미국 소셜 미디어 캠페인 사례

2010년 펩시는 슈퍼볼(Super Bowl) 스포츠 스폰서십을 철회하고 미국에서 사용할 브랜딩 예산 절반을 사회공헌 프로그램 '펩시 리프레시 프로젝트(Pepsi Refresh Project)'에 투자해 시장을 깜짝 놀라게 했다. 이 프로젝트는 소셜 네트워크 사이트를 통해 사람들에게 '이 세상을 새롭게 만드는 데 도움이 되는' 아이디어를 제안하고 투표할 것을 권했다. 투표가 모두 끝나면 펩시는 기부를 통해 가장 많은 표를 받은 아이디어를 추진할 계획이다. 펩시 캠페인은 페이스북과 트위터에서 큰 관심을 끌었다. 400만 명이 페이스북에 '좋아요(like)'를 추천했고, 트위터에서는 6만 명의 팔로워(follower)가 펩시 캠페인을 지지했다.

한편 코카콜라도 탐험 206(Expedition 206) 캠페인을 통해 소셜 미디어에 접근했다. 코카콜라의 '행복 대사(happiness ambassador)' 세 명이 12개월에 걸쳐 206개국을 방문해 전 세계에 코카콜라의 '긍정적이고 행복한' 브랜드 이미지를 전달했다. 코카콜라의 행복 대사들은 2010년 밴쿠버 동계 올림픽에 모습을 드러냈으며 상하이 세계 엑스포에서도 생방송으로 소식을 전했다. 탐험 206 캠페인은 코카콜라의 페이스북 팬 페이지에서 관심을 끌었으며 트위터에서는 1,400명의 팔로워가, 유튜브에서는 840명의 가입자가 코카콜라 캠페인을 지지했다.

하지만 〈월스트리트 저널〉은 코카콜라와 펩시의 소셜 미디어 전략에 대해 지난 12개월간 양사의 시장점유율은 사실상 모두 하락한 것이나 다름없다고 설명한다. 미국에서 펼쳐진 이 콜라 전쟁에서 진정한 승자를 판단할 수 없고, 소셜 미디어 사이트를 신무기로 채택한 전략이 두 회사에 어떠한 결과를 가져올지는 더 지켜봐야 한다는 것이다. 특히, 코카콜라의 탐험 206에 관심을 보인 소셜 미디어 사이트의 팬과 팔로워 수는 실망스럽기 짝이 없다. 펩시 리프레시 프로젝트로 대중이 펩시에 많은 관심을 끌게 된 것은 사실이다. 펩시의 전 마케팅 부사장 랠프 샌터나(Ralph Santana)는 펩시가 대중의 감정 속에 문화적인 아이디어를 집어넣는 것 외에도 소셜 미디어에서 브랜드 노출을 늘려야 한다는 점을 인정했다. 브랜드 노출을 늘리는 것이 성공에 무엇보다 큰 영향을 미치기 때문이다.

출처: Liu, F. and Smit, W., "Surrender to the Social Media Dilemma! Even Marketing Giants Struggle to Make It Work," *IMD Research Note*, July, 2011.

그림 15-15 전통적 그리고 수정된 커뮤니케이션 모델

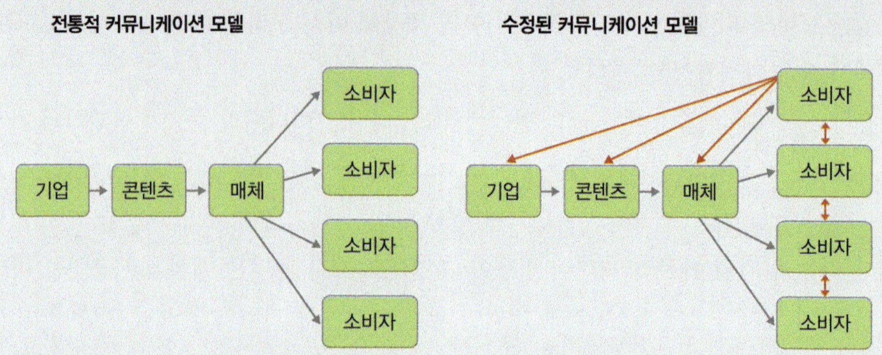

출처: Hoffman, D. and Thomas P. Novak, "Marketing in Hypermedia Computer-Mediated Environments: Conceptual Foundations," *Journal of Marketing*, 60(July), 1996, pp. 50~68.

(4) 변화 3_커뮤니케이션 모델의 변화

디지털 미디어를 활용한 커뮤니케이션 활동은 기업과 소비자 간 커뮤니케이션 모델을 변화시키고 있다. 〈그림 15-15〉의 왼쪽이 한 방향(기업 소비자)의 전통적 커뮤니케이션 모델이라면, 오른쪽은 기업이 원하는 수정된 커뮤니케이션 모델이다. 물론, 커뮤니케이션 내용이 긍정적이라는 전제하에 수정된 커뮤니케이션 모델의 가장 큰 특징은 기업과 소비자 간의 양방향 커뮤니케이션과 소비자 간 커뮤니케이션이 일어나는 것이다. 반대로 커뮤니케이션 내용이 부정적일 때도 수정한 커뮤니케이션 모델에 따라 그 내용이 일파만파 퍼져나가 기업에 매우 큰 위기를 불러올 수 있음에 유의해야 한다.

2. 디지털 마케팅커뮤니케이션의 영역과 활동

배너 광고, 디스플레이 광고, 키워드 검색 광고, 유튜브 동영상 광고, 소셜 미디어, 소셜 네트워크, 소셜 커머스, 블로그, 앱, 온라인 바이럴 마케팅, 리타깃팅 광고, 네이티브 광고 등등 앞에 나열된 용어 뒤에는 광고나 촉진 아니면 마케팅이 붙는다. 이와 관련한 각종 사례와 전술에 관한 기사, 책 등이 넘쳐난다. 그만큼 디지털 기술의 변화가 너무 빨라 새로운 현상과 용어들을 이해하고 활용하기도 전에 다시 새로운 것들이 등장한다. 이렇게 급변하는 디지털 환경은 통합마케팅커뮤니케이션 활동의 수행을 점점 더 어렵게 한다. 이런 현실에서 우리에게 필요한 것은 이 현상들을 쉽게 이해할 수 있는

틀이다.

- **학습목표 3: 주요 개념 (2)**
  - 디지털 커뮤니케이션 활동의 이해에 도움이 되는 틀 = 디지털 디바이스와 디지털 플랫폼 매트릭스
    - 디지털 디바이스 = 디지털 기술을 활용해 네트워크에 접속할 수 있는 모든 도구 또는 기기 = PC, 휴대폰과 스마트폰, 태블릿 PC, 사물인터넷 시대의 '사물' = 인터넷과 모바일로 크게 구분
    - 디지털 플랫폼 = 디지털 정보를 제공하는 곳 = 포털 같은 콘텐츠 사이트를 포함한 각종 웹사이트와 소셜 미디어로 구분
  - 디지털 커뮤니케이션 활동의 진화 = 제1막 (인터넷 마케팅커뮤니케이션) → 제2막 (소셜 미디어 마케팅커뮤니케이션) → 제3막 (모바일 마케팅커뮤니케이션)의 시대로 진화

(1) 디지털 커뮤니케이션 활동의 이해에 도움되는 틀

디지털 커뮤니케이션 활동은 디지털 기술을 활용해 고객과의 관계를 만들고 유지하여 지속하는 것을 목적으로 하는 기업의 모든 커뮤니케이션 활동을 말한다. 여기서 중요한 것은 디지털 기술이다. 디지털 기술이란 디지털 디바이스와 디지털 플랫폼으로 구성되는데, 디바이스란 디지털 기술을 활용해 네트워크에 접속할 수 있는 모든 도구 또는 기기, 즉 PC, 휴대폰과 스마트폰, 아이패드와 갤럭시노트 같은 태블릿 PC, 사물인터넷(Internet of Things: IoT) 시대에는 거의 모든 사물을 말한다.

플랫폼이란 디지털 정보를 제공하는 곳이며, 각종 웹사이트, 블로그, 트위터 같은 미니블로그, 페이스북 같은 소셜 네트워크, 쿠팡 같은 소셜 커머스, 유튜브 같은 콘텐츠 커뮤니티 사이트 등을 말한다. 즉, 소비자는 디지털 디바이스를 통해 디지털 플랫폼에 접속한다. 〈표 15-9〉는 이러한 정의를 반영하는데, 먼저 다양한 디지털 기업이 디지털 커뮤니케이션 활동의 판(field)인 플랫폼(미디어)을 조성하고 있다. 디바이스가 온라인에서 모바일로 확장되자 이 기업들은 판의 범위를 확장해 모바일에서도 서비스를 제공하고 있다.

이러한 판(플랫폼)과 디바이스의 조합 속에서 마케터들은 다양하게 활동을 펼치고 있다. 여기서 우리는 각각의 광고와 마케팅기법을 자세하게 살펴보지는 않지만,[21] 디지털 마케팅 활동이 어떻게 진화해오고 있는지에 관한 이정표(milestone)를 도출한다. 지난 5판(2015년 출간)에서 디지털 마케팅 활동 공간인 미디어 판의 이동(오프라인 미디어 → 온라인 미디어 → 모바일 미디어)을 살펴보며 3~5년 안에 모바일 광고시장이 인터넷 광고시장을 앞지를 것으로 예상했다. 〈그림 15-5〉에서 보았듯이, 2017년에 이 예상은 현실이 된다. '모바일 마케팅이 대세가 될 것'이라는 말이 이제 현실이 된 것이다. 스마트폰 등 모바

표 15-9 디지털 마케팅 커뮤니케이션 활동을 이해하기 위한 틀

디지털 플랫폼 / 디지털 디바이스	포털 같은 콘텐츠 사이트를 포함한 **각종 웹사이트** (NAVER, Google)	**소셜 미디어** 블로그, 마이크로 블로그, 소셜 네트워크 서비스, 유튜브 같은 UCC 사이트 등 (FunKIA, Facebook, Twitter, YouTube)
인터넷	**디지털 광고** • 배너, 동영상 등 디스플레이 광고 • 키워드 검색 광고 • 새로운 광고기법: 리타깃팅 광고, 네이티브 광고 • 디지털 PPL, 디지털 바이럴 마케팅	**디지털 광고** • 배너, 동영상 등 디스플레이 광고 • 키워드 검색 광고 • 엔터테인먼트 콘텐츠 내의 동영상 광고 • 새로운 광고기법: 리타깃팅 광고, 네이티브 광고 • 디지털 PPL, 디지털 바이럴 마케팅
모바일	**디지털 광고** • 배너, 동영상 등 디스플레이 광고 • 키워드 검색 광고 • 새로운 광고기법: 리타깃팅 광고, 네이티브 광고, 앱 마케팅·광고, 리워드 광고 • 디지털 PPL, 디지털 바이럴 마케팅	**디지털 광고** • 배너, 동영상 등 디스플레이 광고 • 키워드 검색 광고 • 엔터테인먼트 콘텐츠 내의 동영상 광고 • 새로운 광고기법: 리타깃팅 광고, 네이티브 광고, 앱 마케팅·광고, 리워드 광고 • 디지털 PPL, 디지털 바이럴 마케팅

일 기기의 보급률과 이용률이 증가되었고, 소셜미디어와 모바일 앱을 토대로 하는 모바일 서비스 활성화는 예상보다도 더 빨리 진행되었다.

(2) 디지털 커뮤니케이션의 진화

① 디지털 커뮤니케이션의 제1막: 인터넷 마케팅커뮤니케이션

디지털 마케팅커뮤니케이션의 제1막의 트리거(trigger)는 무엇인가? 〈표 15-10〉처럼 인터넷이 보급되고 이용되면서(인터넷 디바이스: 컴퓨터가 인터넷에 연결되다) 뉴스 등 다양한 콘텐츠와 검색 등을 제공하는 포털 사이트(네이버, 다음, 야후 등)와 검색엔진 사이트(구글)라는 웹사이트 플랫폼에 의해 그 막이 올랐다. 제1막의 시대에 등장한 주요 수단은 디스플레이(노출형) 광고와 검색 광고다.

디스플레이(노출형) 광고 이 광고의 목적은 소비자를 자사의 웹사이트로 유인하는 것이다. 인터넷 배너 광고는 디지털 마케팅에서 가장 오래전에 등장한 마케팅 수단으로[22] 1990

표 15-10 디지털 마케팅 커뮤니케이션 '제1막의 주요 마케팅 수단들'

디지털 플랫폼 / 디지털 디바이스	포털 같은 콘텐츠 사이트를 포함한 **각종 웹사이트** NAVER Google
인터넷	**디지털 광고** • 배너, 동영상 등 디스플레이 광고• • 키워드 검색 광고• • 새로운 광고기법: 리타깃팅 광고, 네이티브 광고 • 디지털 PPL, 디지털 바이럴 마케팅

• 제1막의 시대에 등장한 주요 수단들

년대 웹들이 폭발적으로 늘 때, 네이버, 다음 등과 같이 다양한 콘텐츠로 사람들을 모은 포털과 콘텐츠 웹사이트의 주요 수입원이었다. 사실, 이 광고 수입으로 2000년대 초반까지 닷컴 비즈니스가 성장할 수 있었다. 그러나 시간이 지나면서 기업은 이 광고효과가 기대에 못 미침을 경험했다. 많은 소비자가 배너 광고에 주목하지 않고 대부분 무시했다. 그 결과 인터넷 배너 광고가격은 급격히 떨어졌다. 그 이후 이러한 효과를 높이기 위해 사이드바, 돌출형(Pop-Up), 비디오 인스트림형, 리치 광고 등등[23] 매우 다양한 디스플레이 광고 유형이 등장했다. 그런데도 광고효과 증진은 보고되고 있지 않다.

전반적으로 디지털 디스플레이 광고는 방송광고보다 적은 예산으로 촉진할 수 있고, 시간과 공간을 확장해 노출할 수 있기 때문에 기업에서 많이 이용했었다. 소비자는 광고를 무시하고 보고 싶은 것만 볼 수 있는(짜증 나는 유형의 디스플레이 광고가 있기는 하지만) 통제의 혜택을 누린다. 그러나 우리나라는 조금 다르다. 이제는 포털이 대중매체보다 더 큰 영향력을 가지고 있고, 포털의 산업구조가 네이버 등 대형 인터넷 기업들에 독점화되어 있어서 디스플레이 광고비용이 매우 비싸다.[24] 그런데도 이러한 미디어의 영향력과 젊은 소비자층이 표적고객일 경우[25] 비싼 가격에도 디스플레이 광고를 이용한다. 이러한 점 때문에 최근 들어 산업구조 정책 측면에서 규제를 강화해야 한다는 목소리가 커지고 있다. 네이버는 문화재단, 최근에는 공정거래위원회가 수용한 동의의결을 이행하기 위해 중소사업자와 소비자 보호를 위한 공익법인 '한국인터넷광고재단'을 설립하여 운영하고 있다.

검색 광고 검색 결과 페이지에 웹사이트 링크를 나타나게 해 웹사이트를 알리고 소비자를 사이트로 유인하는 디지털 마케팅 유형이다. 1990년대 웹들이 폭발적으로 늘어나면서 구글, 야후, 빙, 네이버, 다음 같은 검색엔진과 포털 사업자들이 등장했고, 이에 따라 검색 광고는 디지털 마케팅의 중요한 수단으로 자리 잡고 있다. 미국은 2011년에 이미 이 업종 규모가 20조 원을 넘었고 아직도 계속 성장하고 있으며, 구글이 B2B와 B2C 시장 모두에서 독보적인 위치를 차지하고 있다.[26] 우리나라의 경우 검색 광고시장은 네이버가 지배하고 있다. 이러한 지배력은 모바일 광고에서도 나타나고 있다. 네이버의 2016년 광고 매출은 2조 9,700억 원이었는데, 이 중 모바일 광고 매출은 1조 5,921억 원으로 53.6%를 차지했다. 국내 모바일 광고시장에서 네이버의 점유율은 65%를 넘겼다. 한국무선인터넷산업연합회가 '2016 대한민국 무선인터넷산업현황'에서 분석한 국내 모바일 광고시장 규모는 1조 9,550억 원이었다. 네이버는 광고 매출을 독식한다는 비난을 의식한 듯 2017년 1분기부터 광고매출 구분도 바꿨다. 디스플레이 광고와 검색 · 쇼핑 검색 광고를 분리하고, PC · 모바일 광고 매출도 따로 공개하지 않는다. 즉 1분기부터 검색 · 쇼핑 검색 광고 매출을 '비즈니스플랫폼' 매출로 옮겼다. 이 비즈니스플랫폼 매출 비중은 네이버 전체 매출의 45% 선을 차지하고 있음을 감안할 때 네이버의 핵심 비즈니스는 아직 검색 광고라 할 수 있다. 다만, 국내 온라인 쇼핑시장 내 영향력을 빠르게 확대 중인 네이버는 2016년 11월 출시한 '쇼핑 검색 광고'의 견고한 성장세를 시현할 것으로 전망된다.[27]

검색 마케팅은 크게 두 유형으로 구분하는데, 한 유형은 검색 최적화(Search Engine Optimization: SEO, 자연스러운 검색을 의미함)이고, 다른 유형은 돈을 지급한 검색 광고(paid search engine advertising)이다. 특정키워드를 검색 창에 입력하면, 관련 상품이나 기업들이 소개되는 이른바 '키워드 광고'인데, 우리나라에서는 검색 광고를 키워드 광고 또는 키워드 검색 광고라고 한다. 미국의 기업들은 디지털 마케팅 대행사나 컨설팅회사를 통해 SEO를 수행하는 데 관심이 많다.[28]

SEO는 검색엔진 결과 페이지에서 자신의 웹사이트가 상위에 올라올 수 있도록 관련 정보를 정비하는 활동이다. 글로벌 관점에서는 각 검색엔진이 어떻게 검색을 구현하는지에 관한 기술적 정보를 이해해야 한다. 예를 들어 많은 사용자가 구글의 검색 결과에 만족하는 이유는, 구글 검색엔진은 검색정보의 관련성을 증진하려고 사용자들의 검색 횟수 외에 얼마나 다양한 호스트가 해당 웹에 접속하는지를 고려한다. 또 구글은 〈그림 15-16〉에서 볼 수 있듯이, 검색 결과 광고라는 정보를 명확하게 표시함으로써 자연스러운 검색 결과 정보와 광고 정보를 구분하여 제시하고 있다.

돈을 지급한 검색 광고는 말 그대로 검색 결과 페이지에 자신의 웹 정보를 수록하기 위해 돈을 지급한다. 돈을 지급하는 방식은 검색엔진마다 모두 다른 조건으로 운영하고 있다. 예를 들어 클릭당 지급(pay-per-click)방식, 상황에 관련된 인터넷 광고 나타나게 하기(contextual ads), 후원 링크 표시(sponsored listings)방식 등 다양한 방식이 있으며, 지급

그림 15-16 구글 검색 결과의 예

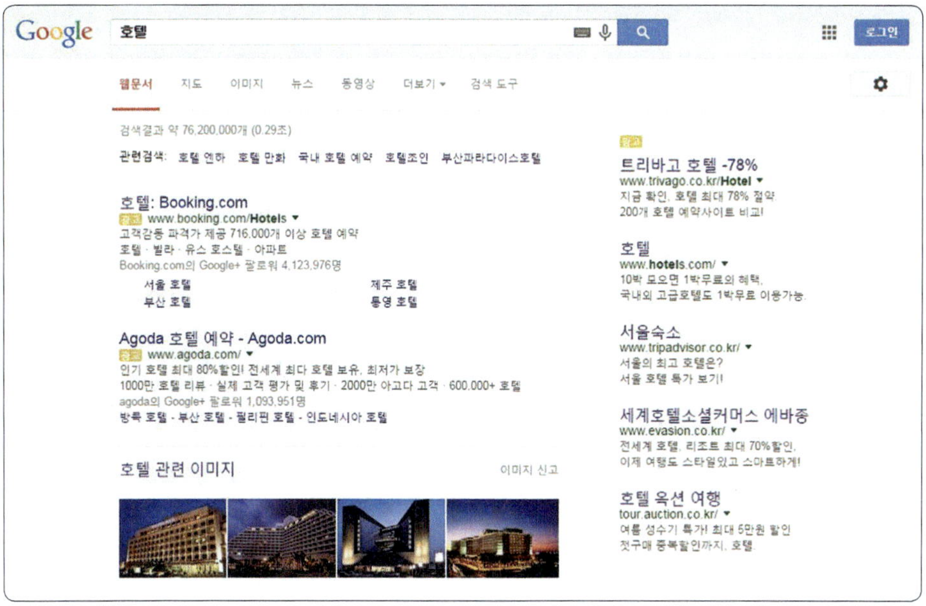

소선도 일정 기간 기준으로 돈을 지급하게 하거나 검색 결과 페이지에 수록되는 횟수에 따라 지급하게 하는 등 다양한 방식이 있다. 신문광고가 기사와 광고를 구분하듯이, 검색엔진 사업자들도 콘텐츠와 광고 형식의 검색 결과를 명확하게 구분하고 있다. 그러나 돈을 지급하는 검색 광고의 효과는 SEO보다 높지 않다. 그런데도 키워드 검색 광고는 광고효과 대비 비용이 저렴하다는 기업들의 인식 때문에 대기업에서 중소기업, 자영업자에 이르기까지 광고주가 폭발적으로 늘어나는 기폭제 역할을 했다. 구글, 야후, 네이버 등 대형 인터넷 기업들은 '검색'을 통해 영향력을 발휘하면서 막대한 이익을 냈다. 이미 2005년 기준으로 국내시장에서도 검색 광고가 배너 등의 디스플레이 광고를 추월했다. 특히, 검색 결과 화면 상단의 스폰서 링크는 입찰(bidding)방식으로 판매되면서 검색시장과 네이버의 매출을 두 배 이상 키웠다.[29] "네이버는 검색이다"라는 말처럼 네이버는 검색으로 성장한 기업이다. 최근에는 키워드 검색 광고 외에 쇼핑 검색 광고가 구글과 네이버 등의 검색 광고 매출에서 주요 위치를 차지하고 있다.

검색 마케팅은 소비자와 기업 모두에게 혜택을 준다. 소비자에게는 자신이 원하는 정보를 쉽게 찾을 수 있는 혜택을, 기업에는 소비자에게 자신의 정보를 전달할 수 있는 혜택을 제공한다. 이러한 상호 혜택을 발전하게 하려면 개인화 및 맞춤화 마케팅 노력이 중요하다. 이와 관련하여 구글이 선도하고 있고, 다른 업체들이 좇아서 하는, 검색엔진 마케팅 사업이 바로 구글 애드워즈(Google AdWords)와 같은 개념의 실행이다.[30] 기본적인 아이디어는 아마존의 경우처럼 탐색사용자의 과거 브라우징과 웹 행동 이력을 분석하여 이용 기업에 맞는 개인화 및 맞춤화 검색엔진 마케팅과 인터넷 광고 서비스를 제공한다. 이면에는 행동 기반 타깃팅(behavioral targeting)을 위한 분석과 마케팅 활동이 거의 자동으로 작동되고 있다. 또한 최근에는 14장에서 살펴본 소비자 마이크로 순간(Micro-Moments) 분석 플랫폼 서비스 사업 등을 지속적으로 추가하고 있다.

그러나 이러한 노력이 독점화를 가져온다는 비판이 제기되고 있고, 구글의 비교 쇼핑 검색 광고가 자사 서비스를 특별히 우대한다고 판단한 EU는 과징금을 부과하였다. 네이버의 경우에도 광고매출을 독식한다는 비판이 일어나고 있어 향후 공정거래위원회가 어떠한 규제나 판단을 내릴지 두고 봐야 할 사항이다.

② 디지털 커뮤니케이션의 제2막: 소셜 미디어 마케팅커뮤니케이션

디지털 커뮤니케이션 제2막의 트리거는 무엇인가? 〈표 15-11〉처럼 소셜 미디어 플랫폼으로 그 막이 올랐다. 제2막의 시대에는 제1막의 주요 수단인 디스플레이(노출형) 광고와 검색 광고를 계속 사용하면서 새로운 수단들이 등장하였다. 유튜브 같은 미디어의 엔터테인먼트 콘텐츠 내 동영상 광고, 페이스북이 제공하기 시작한 리타깃팅 광고다. 먼저 소셜 미디어는 무엇이고, 어떠한 플랫폼이 있으며, 소셜 미디어 마케팅의 개념은 무엇인지를 이해하고, 소셜 미디어 마케팅커뮤니케이션의 새로운 수단을 설명한다.

소셜 미디어란? 사람들이 자신들의 경험이나 생각, 의견과 관점 등을 올리고 이것을 다른 사람들과 공유하고 소통할 수 있는 가상의 공간, 즉 웹 2.0[31]을 기반으로 하는 온라인 도구나 플랫폼을 의미한다.[32] 우리가 일상 속에서 흔히 사용하는 페이스북, 트위

표 15-11 디지털 마케팅커뮤니케이션 '제2막의 주요 마케팅 수단들'

디지털 플랫폼 / 디지털 디바이스	**소셜 미디어** 블로그, 마이크로 블로그, 소셜 네트워크 서비스, 유튜브 같은 UCC 사이트 등 기아자동차공식블로그 FunKIA [펀키아] YouTube
인터넷	**디지털 광고** • 배너, 동영상 등 디스플레이 광고 • 키워드 검색 광고 • 엔터테인먼트 콘텐츠 내의 동영상 광고• • 새로운 광고기법: 리타깃팅 광고•, 네이티브 광고 • 디지털 PPL, 디지털 바이럴 마케팅

• 제2막의 시대에 등장한 주요 수단들

터, 유튜브, 블로그 등이 모두 소셜 미디어다. 소셜 미디어는 웹 2.0이라는 패러다임이 생기면서 본격적으로 등장했다. 웹 2.0이란 1990년대 초의 월드 와이드 웹(World Wide Web)의 뒤를 이을 차세대 웹을 뜻하는 용어로 일방적인 정보흐름에서 벗어나 직접 사용자가 콘텐츠를 만들어내고(User Created Contents: UCC), 이것을 다른 사람들과 자유롭게 공유하고 소통하는 웹을 뜻한다. 오늘날 많은 사람의 일상에서 소셜 미디어는 떼려야 뗄 수 없는 부분이다. 마케팅 관점에서 볼 때 소셜 미디어는 사용자가 미디어 정보를 창출(Create)하고, 통제(Control)하며, 다른 사람들과 연계(Connect)하고 소비(Consume)하는 등 사용자가 주도한다는 특징이 있다. 이러한 사용자 주도에 초점을 맞추어 다양한 형태의 소셜 미디어 서비스가 엄청난 속도로 발전하고 있다.

소셜 미디어에는 어떤 것들이 있나? 보통 소셜 미디어는 다음과 같이 분류된다.[33] 첫 번째는 '협력적 프로젝트'를 하는 미디어 웹사이트로 집단지성의 표본으로 일컬어지는 위키피디아가 여기에 속한다. 많은 사용자가 상호 협력적인 참여를 통해 더욱 복합적이고 풍부한 콘텐츠를 만들어내고 이것을 또다시 많은 사람과 공유하는 것이다.

두 번째로는 소셜 미디어의 시초인 '블로그'이다. 블로그는 개인이 운영하고, 그 개인의 관심사에 따라 다양한 테마로 운영하지만, 블로그에 방문하는 사람들의 코멘트나 댓글 등을 통해 쌍방향 소통이 가능한 공간이다. 최근에는 많은 기업에서 공식 블로그를 운영하며 자사제품과 서비스에 대해 홍보하고, 고객들과 소통하고 있다. 블로그가 변형된 것이 마이크로 블로그 트위터이다. 문자 수가 제한되어 있다는 단점도 있지만, 그때그때 이슈를 공유하거나 관계를 형성하기 위해 사용한다. 그러나 경쟁 미디어의 등장으로 트위터의 인기는 급속도로 떨어지고 있다.

세 번째로는 사용자들이 미디어 콘텐츠를 공유하는 '콘텐츠 커뮤니티'다. 동영상을 공유하는 유튜브가 대표적이고, 최근에는 사진과 그림을 공유하는 핀터레스트(Pinterest)가 인기를 끌고 있다.

네 번째는 '소셜 네트워킹 사이트'다. 개인정보를 담은 프로필을 바탕으로 친구를 맺고 이들과 자신의 관심사와 흥미 분야, 일상 내용을 공유하는 웹상의 공간으로 '페이스북'이 대표적이다. 최근에는 사진을 중심으로 소통하는 인스타그램(instagram)이 활성화되었고, 미국의 경우 10대 청소년층을 타깃으로 즉각적인 fad문화소통에 초점은 맞춘 스냅챗(Snap Chat)이 폭발적 인기를 끌고 있다. 또 소셜 네트워킹 사이트를 기반으로 한 거래 비즈니스 모델도 등장했다. 같은 상품이나 서비스를 구매하고자 하는 사람이 일정 수가 모이면 파격적 할인가로 상품을 제공하는 전자상거래 형식인, 바로 '소셜 커머스(Social Commerce)'다. 미국 시카고에서 설립한 온라인 할인쿠폰 업체 '그루폰(Groupon)'

이 소셜 커머스 비즈니스모델을 처음으로 확립해 성공을 거둔 후 사람들에게 알려지기 시작했다. 우리나라에도 2010년부터 소셜 커머스 시대가 시작되었다. 국내 소셜 커머스 업체로는 쿠팡이나 티켓몬스터, 위메이크프라이스 등이 있다.

그 외에 '가상게임 세계(월드 오브 워크래브트(World of Warcraft)와 마인크래프트(Minecraft)가 대표적)'와 '가상사회 세계(플래닛 칼립소(Planet Calypso)와 세컨드 라이프(Second Life)가 대표적)' 등도 있다.

소셜 미디어 마케팅이란 무엇인가? 오늘날 기업 대부분이 고객과 소통하기 위한 통로로 소셜 미디어를 채택한다. 소셜 미디어는 우리나라뿐 아니라 전 세계적으로 마케팅 관점에서 수많은 사람에게 접근할 수 있는 유용한 채널이다. 2016년 기준 페이스북 가입자 수는 약 15억 명으로, 전 세계 인구수 70억 명을 고려할 때 전 세계 인구의 약 21%가 페이스북을 사용하고 있다. 이렇게 많은 사람이 사용하는 소셜 미디어는 마케팅 관리자 입장에서 반드시 주목해야 할 매체다. 무엇보다도 소셜 미디어상에서는 수많은 사람이 망처럼 서로 얽혀 있으므로 짧은 시간 안에 수많은 사람과 소통할 수 있다. 사람들의 입을 통해 정보가 퍼져나가고, 그 정보를 교류하는 과정에서 많은 사람에게 영향을 끼치는 것을 '구전 효과'라고 하는데, 이 효과는 마케팅에 매우 중요하다. 이러한 구전 효과는 소셜 미디어상의 네트워크를 기반으로 크게 증폭된다.

이러한 소셜 미디어의 영향력을 고려할 때, 소셜 미디어를 통한 마케팅이 제대로만 된다면 그 효과는 엄청날 것이다. 또 소셜 미디어는 양방향 커뮤니케이션이 가능해 오늘날 마케팅에서 필수적으로 활용하고 있다. 충성도 높은 고객을 확보하기 위해 많은 기업은 고객의 소리에 귀를 기울이고 그들과 소통하기 위해 노력하는데, 소셜 미디어는 이를 가능하게 하기 때문이다. 소셜 미디어의 등장으로 기업은 수정된 커뮤니케이션 모델에 따라 마케팅 활동을 펼치고 있는 것이다.

현재 기업 대부분은 고객들과 소통하기 위해 기업 블로그와 페이스북, 카카오페이지 등을 함께 운영하고 있다. 이러한 소셜 미디어상의 기업 제품과 서비스에 관한 정보를 고객에게 전달하고, 이를 고객이 공유하면서 자연스럽게 마케팅 활동이 이루어진다. 최근 한국민속촌이 공식 트위터를 통해 공개적으로 소와 개 이름을 공모했는데, 기발하고 참신한 이름들이 온라인상에 회자되면서 사람들에게 한국민속촌이 친근한 이미지로 다가가는 데 큰 도움이 되었다. 이처럼 소셜 미디어를 활용하는 사례들은 최근 들어 인터넷, 모바일을 통합적으로 활용하는데, 이정표에 대한 설명 후에 더 살펴보기로 한다.

소셜 미디어 마케팅커뮤니케이션의 새로운 수단들 많이 활용되는 수단으로는 유튜브 같은 미디어의 엔터테인먼트 콘텐츠 내의 동영상 광고나 유튜브에 재미있는 광고를 올려 확산시키는 것이다. 15장에서 살펴본 기아의 소울 광고의 주요 매체도 유튜브였다.

흥미롭게도 미국 인터넷 배너 광고의 약 40% 이상을 점유하고 있는 페이스북의 경우, 높은 인기에도 배너 광고에 관한 평균 클릭률은 0.05~0.1%(1만 임프레션당 5~10명이 클릭) 수준이다. 그런데도 많은 광고주가 페이스북을 이용하는 이유는, 앞서 살펴본 구글애드워즈와 비슷한, 페이스북이 제공하는 타깃팅 광고(개인 특성에 맞춘 광고) 역량 때문이다. 이런 타깃팅 광고에 관해 업계는 리타깃팅 광고라는 용어를 사용한다. 바꾸어 말하면, 리타깃팅 광고는 이용자가 어떤 사이트나 카테고리에 방문해서 상품을 보면 사이트 방문기록이 쿠키에 저장되고, 다른 사이트를 방문해도 그 광고가 다시 화면에 띄워지게 해 재방문을 유도, 구매가 이뤄지게 하는 방식이다.

현재 리타깃팅 광고는 구글이나 유튜브 등에 보편화되었으며, 국내 기업은 최근 빠른 속도로 이를 도입하고 있다. 그런데도 인터넷 강국인 우리나라가 이 분야에 취약한 이유는 최근 몇 년간 금융기관의 정보유출사건 등으로 개인정보 보호 측면을 지나치게 강조해 환경적 벽에 부딪힌 것을 들 수 있다. 사물 인터넷 시대가 오면, 모든 사물에 인터넷이 연결되는 만큼, 자동차나 가전기기 등 모든 기기에서 광고를 제공할 수 있는 점을 고려하여 이런 마케팅 수단을 적극적으로 발전시켜야 할 것이다.

③ 디지털 커뮤니케이션의 제3막: 모바일 마케팅커뮤니케이션

디지털 커뮤니케이션의 제3막의 트리거는 무엇인가? 바로 모바일 기기의 보급률과 이용률이 폭발적으로 늘면서 그 막이 올랐다. 제3막의 시대에는 제1막과 제2막의 주요 수단인 디스플레이(노출형) 광고, 검색 광고, 미디어의 엔터테인먼트 콘텐츠 내 동영상 광고, 리타깃팅 광고 등을 사용하면서 앱 마케팅 · 광고, 리워드 광고, 네이티브 광고 등이 주요 수단으로 등장한다. 먼저 모바일 시대에 대한 플랫폼의 움직임을 알아보고, 모바일 마케팅커뮤니케이션의 새로운 수단들을 살펴본다(〈표 15-12〉 참조).

모바일 시대 플랫폼의 움직임 인터넷으로 시작했던 소셜 미디어 사이트들은, 무선 인터넷이 가능해지고 이를 언제 어디서든 이용할 수 있도록 해주는 스마트폰과 모바일 기기가 보급되면서, 재빠르게 서비스를 모바일로 확장했다. 그 결과 소셜 미디어, 특히 소셜 네트워크 서비스 이용자가 급증했다. 미국 시장조사기관인 이마케터(eMarketer)의 조사에 따르면, 2013년에 한 달에 한 번 이상 SNS에 접속한 사용자가 전 세계적으로 약 16억 명에 달했다고 한다. 이는 세계 인구 다섯 명 중 한 명꼴에 해당하는 수치이다. 조사기관은 2017년까지 SNS 사용자가 23억 3,000만 명까지 증가할 것으로 예견했다. 국가

표 15-12 디지털 마케팅커뮤니케이션 '제3막의 주요 마케팅 수단들'

디지털 플랫폼 / 디지털 디바이스	포털 같은 콘텐츠 사이트를 포함한 **각종 웹사이트**	**소셜 미디어** 블로그, 마이크로 블로그, 소셜 네트워크 서비스, 유튜브 같은 UCC 사이트 등
모바일	**디지털 광고** • 배너, 동영상 등 디스플레이 광고 • 키워드 검색 광고 • 새로운 광고기법: 리타깃팅 광고, 네이티브 광고•, 앱 마케팅·광고•, 리워드 광고• • 디지털 PPL, 디지털 바이럴 마케팅	**디지털 광고** • 배너, 동영상 등 디스플레이 광고 • 키워드 검색 광고 • 엔터테인먼트 콘텐츠 내의 동영상 광고 • 새로운 광고기법: 리타깃팅 광고, 네이티브 광고•, 앱 마케팅·광고•, 리워드 광고• • 디지털 PPL, 디지털 바이럴 마케팅

• 제3막의 시대에 등장한 주요 수단들

별 수치에서 네덜란드는 전체 국민의 63.5%가 한 달에 한 번 이상 SNS에 접속해 가장 높은 비율을 보였고, 우리나라는 전체 국민의 54.4%가 SNS를 즐겨 사용하는 것으로 확인됐다.[34] 이는 페이스북, 페이스북 메신저, 유튜브 등 글로벌 소셜 미디어 업체들이 재빠르게 모바일 시대에 대응해 앱 서비스를 제공한 결과다.

한편 국내업체 중 모바일 시대에 맞춰 제일 먼저 등장한 모바일 커뮤니케이션 서비스는 카카오톡이다. 2010년 3월 본격적으로 서비스를 시작한 이후, 2013년 7월 기준, 전 세계적으로 사용자가 1억 명을 돌파했으며 국내 사용자만 3,500만 명, 2017년 7월 기준으로는 4,200만 명으로 이는 스마트폰 보급량과 맞먹는 수준이다.[35] "문자 보낼게"라는 말보다 "카톡할게"라는 말이 더 일상적으로 느껴질 만큼 카카오톡은 우리 생활에 깊숙이 스며들어 있다. 특히 2017년 7월 27일 출범한 인터넷전문은행 '한국카카오은행'(이하 '카카오뱅크')이 돌풍을 일으키고 있다. 출범 5일 만에 신규 가입자가 100만 명을 넘어선 카카오뱅크의 돌풍 비결은 국민 메신저인 '카카오톡'의 네트워크 힘과 기존 은행보다 편리한 이용자 환경 그리고 업계 최저 수준의 대출 금리와 낮은 수수료에서 찾을 수 있다. 2017년 8월 4일 은행권에 따르면 지난달 말 기준 카카오뱅크는 신규 가입자가 100만 명을 넘어섰고 여신은 3,230억 원, 수신은 3,440억 원을 기록했다. 앞서 출범한 인터넷전문은행 케이뱅크가 약 2개월 만에 가입자 30만 명을 모은 것을 비교해도 폭발적인 반응이다. 시중은행과 비교하면 더욱 그렇다. 은행들이 거의 5년 동안 모집한 고객 수보다 많은 사람들을 카카오뱅크가 사흘 만에 끌어 모은 셈이다. 2장, 11장, 13장에서 살펴본 플랫폼의 힘을 다시 확인할 수 있는 사례이다. 이제 "카송할게"라는 말이 우리의 새로운 생활 용어가 되는 것이다.[36]

그 이후 인터넷 디바이스에 초점을 맞췄던 네이버는 플랫폼은 늦었지만 모바일 서비스들을 강화하기 시작했다(밴드와 라인). 예를 들어 인터넷 디스플레이 광고, 인터넷 검색 광고의 축도 이미 모바일로 옮겨가고 있으며 이러한 축의 이동으로 모바일 광고시장이 급속하게 커졌다.

이 추세 속에서 모바일 기기와 소셜 미디어 플랫폼에서 강점을 가진 유튜브와 구글이 약진하고 있다. 네이버는 자신의 인터넷 플랫폼인 네이버의 모바일 앱화는 기본이고, 소셜 미디어 플랫폼의 마련을 위해 일본을 중심으로 글로벌 시장에 라인을, 국내에서는 네이버 밴드를 통해 모바일 기기와 소셜 플랫폼 서비스를 강화하고 있다. 하지만 다음과 네이트의 미래는 불투명해 보인다. 그래서 다음(인터넷 콘텐츠 플랫폼)은 위기를 느껴 카카오(모바일과 소셜 미디어 플랫폼)와의 인수합병을 선택했다.

페이스북, 구글 등 미국 기업들은 이미 인터넷과 강화한 모바일 서비스를 통합적으로 제공하고 있으며, 우리나라의 공룡 기업 두 곳(네이버, 카카오)도 비슷한 방향(강력한 인터넷 플랫폼 기반 위에 모바일과 소셜 플랫폼의 강화)으로 움직이면서 격돌하고 있다. 디지털 공간에서도 글로벌 경쟁이 치열해진 시대가 된 것이다.

모바일 마케팅커뮤니케이션의 새로운 수단들 인터넷에서 사용했던 배너, 동영상 등을 이용한 디스플레이 광고, 키워드 검색 광고, 최근에는 쇼핑 검색 광고가 모바일로 전환되어 큰 부분을 차지하고 있다. 그 외에 문자 메시지로 대표되는 메시지 광고를 모바일에서 이용한다. 이동단말기를 대상으로 텍스트나 이미지 등을 전송하여 광고주의 웹사이트로 접속을 유도하는 것이다. 또 애플리케이션을 통한 광고는 모바일 기기에 애플리케이션(앱)을 다운받아 실행하면 배너 형태로 광고가 진행된다.[37]

모바일 환경에서 개인 특성에 맞춘 커뮤니케이션 노력으로는 앞서 설명한 인터넷 기반의 타깃팅 광고인 리타깃팅 광고를 들 수 있는데, 구글, 페이스북 등은 이미 사용하고 있다. 다음으로 모바일 환경에서 새롭게 등장한 첫 번째가 리워드 광고로 몇 년 전부터 성장하고 있다. 리워드 광고는 스마트폰을 통해 광고를 보내고 이를 본 이용자가 SNS로 공유하거나 회원가입, 앱 다운로드 등을 하면 그 대가로 어느 정도의 보상(현금화, 포인트 등)을 받는 광고 방식을 말한다.

두 번째 노력으로는 네이티브 광고(native advertising)가 있다. 흔히 페이스북이나 트위터에서 많이 사용하는 광고로, 지금 보이는 화면이 일반 콘텐츠인지 광고인지가 구분되지 않게 구성해서 이용자들의 거부감을 최대한 줄인 광고 형태가 국내에도 늘어나고 있다. 네이티브 광고는 모바일에서 등장하여 인터넷으로 그 사용을 확장하고 있어 좀 더 자세히 알아본다.

네이티브 광고는 해당 웹사이트에 맞게 고유한 방식으로 기획 제작한 광고를 말한다. 기존 광고와는 달리 사이트 이용자가 경험하는 콘텐츠 일부로 작동하여 기존 광고보다 사용자의 관심을 적극적으로 유도하는 형식을 사용한다.[38] 배너 광고처럼 본 콘텐츠와 분리된 별도 자리에 존재하지 않고 해당 웹사이트의 주요 콘텐츠 형식과 비슷한 모양으로 제작한 광고를 뜻한다. 페이스북 뉴스 피드에 올라오는 홍보 글, 언론사 사이트에 일반 기사처럼 배치하는 협찬 기사 등이 그 예다. 제작비를 협찬받았다는 사실을 명확히 기재하며, 해당 기업을 일방적으로 홍보하는 내용이 아니라 기사 가치가 충분한 양질의 콘텐츠라는 점이 '기사형 광고(infomercial)'와의 차이점이다. 신생 디지털 미디어는 물론이고 〈뉴욕타임스〉, 〈워싱턴포스트〉, 〈월스트리트 저널〉, 〈파이낸셜 타임스〉, 〈가디언〉 등 주요 외신도 네이티브 광고를 제공한다.[39] 종이 신문과 잡지에 묶여 있는 광고는 공간의 제약으로 독자 스스로 확산할 수 없지만, 다양한 소셜 네트워크 서비스로 연결된 이용자는 자신의 친구에게 네이티브 광고를 추천하고, 네이티브 광고에 댓글도 달 수 있다. 인쇄 광고, 지상파 TV 광고, 배너 광고 등은 일회성이라서 이용자에게 광고를 전달하면 그 광고는 역사와 기록 속으로 사라진다.

그러나 URL(인터넷 웹페이지 주소)을 가진 네이티브 광고는 뉴스 사이트에서 제공하는 '브랜드 페이지'라는 이름의 공간에 차곡차곡 쌓이고, 이 공간을 매개로 다시 이용자와 소통한다. 해당 브랜드의 트위터 '팔로우 버튼', 페이스북 팬 페이지 '좋아요 상자', 네이티브 광고, 관련 뉴스 등이 이 '브랜드 페이지'에 모인다. '좋아요', '댓글' 등 소셜 액션과 연결되는 빈도가 높을수록 네이티브 광고가 검색 서비스 상위에 노출될 가능성도 함께 높아진다.[40] 네이티브 광고가 저널리즘을 훼손할 가능성이 있다는 우려가 있고 기사 형태의 네이티브 광고는 독자들을 헷갈리게 할 수 있다는 의견도 있다.[41] 과연 이 새로운 수단의 미래는 어떻게 전개될지 궁금해진다.

④ 디지털 커뮤니케이션 활동의 진화 요약

지금까지 디지털 커뮤니케이션 활동이 제1막(인터넷 마케팅커뮤니케이션), 제2막(소셜 미디어 마케팅커뮤니케이션), 제3막(모바일 마케팅커뮤니케이션)의 시대로 진화해온 것을, 그 트리거와 함께 살펴보았다. 이 내용을 요약하면 다음과 같다.

모바일 시대를 맞아 모바일 커뮤니케이션 활동이 지속적으로 증가할 것이다. 둘째, 커뮤니케이션 활동의 효율성이 더욱 중요해질 것이다. 타깃팅 광고인 리타깃팅 광고 그리고 SEO 등과 같은 개인화 및 맞춤화 커뮤니케이션을 더 많이 활용할 것이다. 최근

SEO가 진화된 마케팅을 콘텐츠 마케팅이라고 부른다. 셋째, 커뮤니케이션 활동의 목표가 도달을 넘어서서 관계와 참여(engagement)의 증대로 이어질 것이다. 구전이 발생한 만한 동영상, UCC 등의 콘텐츠, 리워드 광고, 네이티브 광고 등이 고객과의 관계심화 목적을 위해 등장한 수단이다. 여기서 또 하나 중요한 키워드는 침범하지 않는(non-intrusive) 커뮤니케이션 활동, 즉 고객이 주도권을 갖는 커뮤니케이션 활동 노력을 많이 시도할 것이다. 마지막으로 디지털 미디어나 서비스 사업자 간의 경쟁 무대가 지역 시장을 벗어나서 글로벌 시장으로 확장할 것이다.

제3막 이후 제4막은 어떠한 모습으로 진화할까? 지금 꿈틀거리는 디지털 기술의 트렌드는 1세대 인터넷(제1막), 2세대 인터넷(제2막), 3세대 인터넷(제3막)을 거쳐 4세대 인터넷을 향해 가고 있다. 4세대 인터넷 생태계의 형성은 제3막, 즉 모바일 기반 위에 사물인터넷 기술, 클라우드 컴퓨팅 기술, 빅데이터 기술이 큰 영향을 미치며 변화를 가져올 것이다. 그리고 이러한 기술들은 마케팅커뮤니케이션을 넘어서서 기업의 모든 활동에 영향을 미칠 것이다. 제4막이 어떠한 모습으로 우리에게 다가올지 자못 궁금하다. 다음에서는 디지털 마케팅 커뮤니케이션의 사례들을 살펴본다.

(3) 디지털 커뮤니케이션 활동의 주요 사례

- **학습목표 3: 주요 개념 (3)**
  - 디지털 커뮤니케이션 활동의 주요 수단인 바이럴 마케팅커뮤니케이션 = 이슈가 될 만한 이벤트나 콘텐츠 기획 + 그 이벤트나 콘텐츠 이슈 중심으로 온·오프라인을 망라하여 이슈를 생성하고 확산
  - 바이럴 마케팅커뮤니케이션의 장점 = 디지털 플랫폼을 통해 빠르게, 저비용으로 확산 + 인지도와 존재감 증진
  - 바이럴 마케팅커뮤니케이션의 단점 =
    (1) 재미와 감동을 동시에 주기 어려우며, 설사 준다고 해도 브랜드 효과 강화로 잘 연계되지 않음
    (2) 알려지지 않은 브랜드는 바이럴 마케팅만으로 인지 효과를 기대하기 힘듦
    (3) 온라인 바이럴 콘텐츠의 클러터(clutter) 수준이 높고, 진실되지 못하거나 비윤리적 내용의 부정적 효과 가능성 높음
    (4) 나라마다 바이럴 마케팅을 실행할 수 있는 환경과 능력이 다름
  - 바이럴 마케팅커뮤니케이션의 근본적 원칙 =
    (1) 소셜 화폐(social currency)의 법칙 = 사람들은 타인에게 좋은 인상을 남기는 이야기를 공유
    (2) 계기(triggers)의 법칙 = 사람들은 머릿속에 쉽게 떠오르는 것을 공유
    (3) 감성(emotion)의 법칙 = 사람들은 마음을 움직이는 감성적 주제를 공유
    (4) 대중성(public)의 법칙 = 사람들은 눈에 잘 띄는 것을 모방하고 공유
    (5) 실용적 가치(practical value)의 법칙 = 사람들은 타인에게 도움이 될 만한 유용한 정보를 공유
    (6) 이야기성(stories) 법칙 = 사람들은 흡입력이 강하고 흥미진진한 이야기를 공유

디지털 마케팅커뮤니케이션 활동 사례들은 전 세계의 기업 수와 그 활동만큼 무수히 많다. 여기서는 커뮤니케이션 활동을 주요 목적별로 나눠 각각에 해당하는 사례를 살펴본다. 다양한 촉진 사례와 관계 심화 사례는 온라인사이트에 제시했으니 참조하기 바란다. 여기에서는 구전 효과를 목적으로 한 사례와 내용을 제시한다.

개념, 배경과 사례 마케팅에서 구전 효과는 항상 중시되어왔다. 제품과 서비스가 만족스럽거나 불만족스러우면 소비자는 이를 주위 사람에게 전파하는데, 이 효과가 강력한 이유는 소비자가 기업의 마케팅 정보보다 구전 정보를 훨씬 신뢰하기 때문이다. 원래 구전은 마케터가 통제하기 어렵다고 보았는데, 의도적으로 구전을 창출해 전파하려는 비전통적(대중매체와 같은 전통적 매체를 이용하지 않았기에) 커뮤니케이션 노력이 꽤 오래전부터 등장했다. 2000년도에 말콤 글래드웰(Malcolm Gladwell)의 베스트셀러 서적인 《티핑 포인트(*Tipping point*)》, 또 같은 해 맥킨지 컨설턴트의 논문이 확산되면서 버즈 마케팅(Buzz Marketing)의 개념과 전술이 급속하게 퍼져나갔다.[42] 이러한 구전 마케팅, 버즈 마케팅이 인터넷, 소셜, 모바일이라는 '적합한' 환경 속에서 재조명받으면서 이번에는 온라인 바이럴 마케팅(Online Viral Marketing)이라는 용어와 함께 다양한 전술과 기법이 확산되고 있다. 가장 대표적인 바이럴 마케팅방법은 이슈가 될 만한 이벤트나 콘텐츠를 기획하고 그 콘텐츠와 이벤트 이슈를 중심으로 온 · 오프 라인을 망라하여 이슈를 생성하고 확산되는 것이다. 여기서 주로 사용하는 것이 블로그, 카페, 각종 포털의 지식서비스채널 등이다. 바이럴 마케팅에서 중요한 것은 단지 많은 입소문을 내는 것이 아니라 자발적인 입소문과 논쟁, 의견 교환 등을 이끌어낼 만한 환경을 조성하는 것이다.

온라인 바이럴 마케팅 사례는 워낙 다양해서 아주 유명한 예들의 정보 원천을 제시하니 상세한 내용은 검색을 통해 살펴보기 바란다: 버거킹의 '시키는 대로 하는 닭(The Subservient Chicken) 사례,[43] 하이네켄의 '유럽 챔피언스리그' 사례,[44] 폭스바겐의 'The Fun Theory' 캠페인 사례,[45] 삼성 갤럭시노트의 베컴 활용 광고 사례,[46] 중국의 '트랜스포머 3' 사례,[47] 카카오톡 인도네시아 사례,[48] 싱가포르 'Forbidden Love' 사례.[49]

정리와 평가 기업에서 많이 사용하는 바이럴 마케팅의 명암을 정리한다. 현재의 디지털 환경은 바이럴 마케팅 실행에 매우 적합한 환경이다. 바이럴 마케팅은 유튜브나 소셜 네트워크 등을 통해 빠르게, 저비용으로 확산할 수 있다. 스마트폰 기기와 같은 인터랙티브 환경이 조성되어 있어 인지도와 존재감 증진에는 확실히 많은 도움이 된다. 하지만 심층적으로 살펴보면 바이럴 마케팅에는 다음과 같이 어렵고 어두운 측면이 더 많다.

첫째, 빠른 확산을 위해서는 재미와 감동을 줄 수 있는 스토리텔링이 필요한데, 회사 대부분이 재미와 감동을 추구하지만, 이 두 가지를 주는 데 대개 실패한다. 설사 재미와 감동을 준다고 해도 브랜드 효과 강화로 잘 이어지지 않는다. 그 이유는 재미와 감동으로 인지를 증진하는 효과와 고객의 의사결정에 도움을 주는 중요한 정보 효과는 서로 상쇄관계이기 때문이다. 이에 따라 바이럴 마케팅의 타깃을 명확히 선정하기 위한 STP전략이 필요하다. 또 명확한 STP전략에 기반을 둔 인지를 넘어 선호와 구매까지 연결할 수 있는 다른 마케팅 수단과의 통합적 방안을 마련해야 한다. 이를 위해서는 바이럴 마케팅에 노출된 고객을 확인하고 CDJ 과정에서 노출 이후의 단계로 변환되는 비율(conversion rate)을 확인하는 분석과 단계별로 어떠한 마케팅 수단이 필요한지를 이끌어내야 한다.

둘째, 카카오톡의 인도네시아 사례나 과거 대우자동차가 처음 북미에 마케팅을 시작했을 때 겪은 경험처럼 알려지지 않은 브랜드는 바이럴 마케팅만으로 인지 효과를 기대할 수 없다. 디지털 미디어 플랜만이 중요한 것이 아니라 전통적인 대중매체 광고를 포함한 전체적 통합마케팅커뮤니케이션 계획을 수립하고 실행해야 효과가 있다.

셋째, 너무 많은 콘텐츠가 온라인에 쏟아지고 있어 고객 관점에서의 생각과 차별적인 콘텐츠나 방법 창출이 절실하다. 특히, 바이럴 마케팅 콘텐츠의 내용은 쉬워야 하고 진실해야 하며 윤리를 벗어나서는 안 된다. 싱가포르 'Forbidden Love' 사례처럼 비윤리적인 내용은 오히려 부정적 구전 효과를 극대화하여 나쁜 결과를 불러온다.

넷째, 나라마다 바이럴 마케팅을 실행할 수 있는 환경과 능력이 다르다. 우리나라는 바이럴 마케팅대행사가 우후죽순으로 생기지만, 전문성은 낮다. 주로 논란을 조성해 페이지뷰 조회 수만 올리면서 온라인 매체에 퍼트리는 방법에 초점을 두고 있다. 외국은 재미있는 이야깃거리를 만드는 데 초점을 둔다. 예를 들어 우리보다 경제수준이 낮은 국가는 온라인 바이럴 콘텐츠의 클러터(clutter) 수준은 양호하지만, 실행 환경과 능력은 떨어진다. 반면, 미국 등 선진국들은 실행 환경은 좋지만, 경쟁이 심하고 다양한 소셜미디어의 특성이 서로 달라 훨씬 더 세세한 실행능력을 요구한다. 예를 들어 유튜브, 트위터, 페이스북 등의 특장점은 모두 다르다.[50] 유튜브에서의 촉진은 소비자가 스스로 콘텐츠를 제시하는 경우에 효과가 있다. 트위터나 페이스북은 소비자와 기업 간 소통을 적극적으로 하는 기업이나 브랜드에는 도움이 되지만, 구매의사결정에 도움이 되는 정보는 효과가 별로 없다. 결국, 나라마다 그 상황에 맞춰 실행방법을 달리해야 한다.

근본적인 원칙 마지막으로 바이럴 마케팅의 근본적인 원칙을 정리한다. 바이럴 마케팅은 우리의 스토리를 구전시키는 관점이 아니라 소비자들의 정보 공유 욕구를 자극하는 관점에서 접근해야 한다. 소비자가 정보를 공유하는 이유는 무엇일까? 첫째, 정보는 유용할 때 공유한다. 예를 들어 가격 할인이나 신제품 출시 정보를 공유한다. 유용한 정보는 사회적 교환가치를 가지므로 공유하며,[51] 유용한 정보를 제공한 사람은 이타적 행위를 통해 뿌듯함을 느끼거나 상호성(reciprocity)을 생성하므로 정보를 공유한다.[52] 둘째, 자아가 강화되기 때문에 정보를 공유한다.[53] 예를 들어 내가 지적으로 보이기 때문에 정보를 공유하는 경우이다. 셋째, 극단적으로 만족하거나 불만족할 때 정보를 공유한다.[54] 넷째, 자신의 감정이나 경험을 합리화하고 공감을 얻음으로써 사회적 연결성을 강화할 수 있기 때문에 정보를 공유한다.[55] 즉, 소비자들의 정보 공유 욕구를 자극하지 못하는 바이럴 마케팅은 진정한 의미의 바이럴 마케팅이 아니라 그저 새로운 매체를 활용한 매스 마케팅으로 봐야 한다.

최근 와튼 스쿨의 마케팅 교수 조나 버거(Jonah Berger)는 이러한 정보 공유 욕구를 체계화한 후 이 체계에 해당하는 사례들을 분석하여 디지털 소셜 바이럴 마케팅의 6대 원칙을 제시하였다.[56] 첫째 원칙은 소셜 화폐(Social Currency)의 법칙으로 사람들은 타인에게 좋은 인상을 남기는 이야기를 공유한다. 두 번째 원칙은 계기(Triggers)의 법칙으로 사람들은 머릿속에 쉽게 떠오르는 것을 공유한다. 세 번째 원칙은 감성(Emotion)의 법칙으로 사람들은 마음을 움직이는 감성적 주제를 공유한다. 네 번째 원칙은 대중성(Public)의 법칙으로 사람들은 눈에 잘 띄는 것을 모방하고 공유한다. 다섯 번째 원칙은 실용적 가치(Practical Value)의 법칙으로 사람들은 타인에게 도움이 될 만한 유용한 정보를 공유한다. 여섯 번째 원칙은 이야기성(Stories) 법칙으로 사람들은 흡입력이 강하고 흥미진진한 이야기를 공유한다.

(4) 통합마케팅커뮤니케이션 활동의 미래 과제

- **학습목표 3: 주요 개념 (4)**
  - 통합마케팅커뮤니케이션 활동의 미래 과제
    - (1) 디지털 커뮤니케이션 활동으로 섣불리 급하게 팔려고 하지 마라. 디지털 플랫폼(미디어)을 이용하는 소비자를 심층적으로 이해하라. 그리고 디지털 커뮤니케이션 활동의 목적을 명확히 정의하라.
    - (2) 디지털 커뮤니케이션 활동만으로는 부족하다. 오프라인 커뮤니케이션 활동과 통합하라. 나아가 기업의 내부 커뮤니케이션 활동과도 통합하라.
    - (3) 디지털 커뮤니케이션 활동의 성과도 측정 · 평가 · 관리해야 한다.

지금까지 살펴보았던 내용들을 모아 통합마케팅커뮤니케이션 활동의 미래 과제를 제시한다.

① 디지털 커뮤니케이션 활동으로 섣불리 급하게 팔려고 하지 마라. 디지털 플랫폼(미디어)을 이용하는 소비자를 심층적으로 이해하라. 그리고 디지털 커뮤니케이션 활동의 목적을 명확히 정의하라.

이미 소셜 미디어와 모바일 시대가 됐다. 지금 10대와 20대를 디지털 네이티브(Digital Natives)라고 부른다.[57] 그러니 약 10년 내로 기업들은 활동적인 고객 대부분이 디지털 네이티브로 바뀔 것이므로 디지털 마케팅은 더는 '별도'의 '특수한' 것으로 생각할 단계가 지났다. 그렇다면 먼저 이들이 어떻게 디지털 미디어를 이용하는지 이해해야 한다. 최근 조사에 따르면 이들은 1시간에 평균 27회 미디어를 전환하고, 서론 · 본론 · 결론 방식의 소통에 익숙하지 않으며, 즉각적인 통찰을 원한다.[58] 만약 과거 방식대로 메시지가 전달되면 곧 다른 주제로 '급' 변환한다. 나아가 소셜 네트워크에 관한 생각을 기업의 관점과 소비자의 관점에서 조사한 결과에 따르면 소셜 네트워크를 두고 기업과 소비자는 동상이몽이다.[59] 먼저 기업에 '왜 사람들이 기업이 운영하는 소셜 네트워크를 사용한다고 생각합니까?'라고 물었더니 '신제품 정보를 알 수 있으니까', '기업에 관한 다양한 정보를 받을 수 있으니까'라는 응답이 각각 73%, 71%가 나왔다. 한편 소비자에게 '왜 기업이 운영하는 소셜 네트워크를 사용하십니까?'라고 물었더니 '할인받기 위해서', '쉽게 구매할 수 있으니까'라는 응답이 각각 61%, 55%가 나왔다.

이러한 소비자의 반응을 고려하면, 앞서 살펴본 사용자 주도성과 통제권, 침범하지 않는 커뮤니케이션 활동과 개인화 · 맞춤화 정보제공 등에 의한 고객과의 관계심화가 얼마나 중요한지를 다시 이해할 수 있다.[60] 디지털 통합마케팅커뮤니케이션 활동을 한다고 바로 구매가 일어나는 것은 아니다. 이에 따라 앞서 온라인사이트에서 살펴본 사례처럼, 고객과의 소통을 통해 신제품 혁신 아이디어를 구하든지, 고객 간의 소통을 도와주든지, 효과적 · 효율적인 구전을 일으키든지, 창의적인 콘텐츠로 브랜드인지도와 이미지를 증진하는 등 디지털 커뮤니케이션 활동 목적을 명확히 결정하는 것이 제일 중요하다. 이를 위해서는 업종의 특성과 소비자의 마음을 잘 읽을 수 있는 능력이 필요하다. 이와 관련하여 혼다의 모바일 마케팅커뮤니케이션 사례를 제시한다.

② 디지털 커뮤니케이션 활동만으로는 부족하다. 오프라인 커뮤니케이션 활동과 통합하라. 나아가 기업의 내부 커뮤니케이션 활동과도 통합하라.

14장에서 살펴본 옴니채널 관리같이 정보 통합과 활용 측면에서 온 · 오프 라인의 통합과 온 · 오프 라인 브랜드의 통합이 매우 중요하다. 예를 들어 아우디(Audi)의 경우, 런던과 같이 부동산 가격이 높은 도시 중심에 전통적인 딜러숍 쇼룸을 운영하는 경우, 경제성이 낮아 운영하기 어려운 점을 극복하기 위해 새로운 시도로 〈그림 15-17〉과 같

혼다의 모바일 마케팅커뮤니케이션 사례

혼다자동차가 최근 시행한 조사 결과, 신차 구매와 관련하여 인터넷 사이트를 이용한 사람은 40%가 넘지만, 모바일 사이트를 이용한 경우는 0.2%에 머물렀다. 이 결과를 접한 혼다의 관리자들은 아직 모바일 사이트는 구매와 거리가 있다고 판단했다. 물론 이러한 판단에는 다음과 같은 깊은 통찰도 도움이 됐다.

자동차의 경우에는 쿠폰을 제공할 수도 없는데, 모바일 사이트가 상거래에 도움이 되는 사이트가 아니라면 결국 모바일 사이트의 핵심은 무엇이 되어야 할까? 인터넷이 등장하기 전 고객은 먼 곳에 있는 존재였고, 이 시대의 커뮤니케이션 활동을 생각하면 매스미디어를 활용해 정보를 전달하고 고객을 매장으로 유도하여 매장에 온 고객에게는 '그래도 꽤' 끈질기게 권유했는데, 인터넷이 등장하면서 고객 스스로 인터넷 사이트를 방문한다는 것은 마치 고객이 직접 내 집 문 앞까지 찾아온 것과 비슷한 게 아닐까? 그렇다면 모바일로 고객이 방문한다는 것은 마치 고객이 내 옆에 있는 것과 마찬가지다. 하지만 고객이 바로 옆에 있다고 반드시 좋은 것인가? 자동차는 직원이 권한다고 쉽게 구매하는 물건이 아니다. 기업의 입장을 고려하면, 고객이 내 옆에 있다는 것은 무엇을 의미하는가? 처음에는 고객의 문의나 의견, 불만이 반갑게 느껴지다가 매시간 이런 질문들이 쏟아진다면 담당자는 바로 지쳐버릴 것이다. 반대로 고객 입장이 한번 되어보자. 광고나 이메일, 잡지 등으로 기업이 너무 가깝게 다가오면 부담을 느끼게 마련이다. 아무리 좋아하는 사람이라도 갑작스러운 방문은 반갑지만은 않다.

이러한 통찰을 통해 혼다는 기업과 고객 간의 적당한 경계를 찾아가는 것을 모바일 사이트의 목적으로 정했다. 또 정보와 거래 기능을 모두 담당하는 모바일 사이트의 경우, 표준화와 개방화 등을 고려했을 때 그 기술환경 문제도 해결하려면 시간이 더 걸릴 것이다.

이렇게 결정한 목적은 모바일 사이트의 목표를 명확하게 해줬다. 미래를 대비하되 모바일 사이트의 목표는 정보를 착실히 준비해 제공하는 것이다. 이 목표 달성을 위한 전략 수립과 실행을 위해 먼저 인터넷 홈페이지 콘텐츠의 과거 경험과 교훈을 조사했다. 가장 고객의 관심을 끌었던 콘텐츠는 무엇이었을까? 조사 결과, 혼다의 기술 대백과사전 콘텐츠와 기술연구소 와이가야룸(문제가 생기면 임원들이 방에 모여 제각기 의견을 개진하는 혼다의 토론방식을 의미하는 말로 우리말로 해석하면 '시끌벅적' 회의라고 할 수 있음) 콘텐츠가 고객의 관심을 끌었다고 평가됐다. 특히, 와이가야룸은 매월 한 명의 개발자가 질문을 등록하고 고객의 의견을 듣는 방식으로 운영됐다. 고객은 '예' 또는 '아니오'로 투표하거나 의견이나 코멘트를 달고, 질문한 개발자는 올라온 의견에 다시 코멘트를 달았다. 이는 인터넷 웹사이트지만, 혼다 팬들로 구성한 SNS 혹은 블로그의 원형처럼 운영했다.

이러한 조사를 바탕으로 혼다는 모바일에 특화된 콘텐츠를 구성해나갔다. 어떻게 하면 사람들이 자연스럽게 모여드는 장소를 만들 것인가? 앞으로는 자동차 제품정보의 중심이 되겠지만, 지금과 같은 상황에서는 사용자들에게 즐길 거리와 도움이 되는 정보를 제공하는 것과 '와이가야룸' 같은 상호작용성의 원칙을 반영하는 것이 구성의 주안점이었다. 먼저 모바일 사이트의 이름은 '혼다 드림 사이트'로 명명되었고 포함된 콘텐츠 내용은 '가족회의(자동차 구매하기까지의 사연)', '혼다 골프(교습 영상)', '모두가 만드는 혼다 맛집 전국 지도', '혼다 모의 시험운행', '모바일 소설(화제가 된 기술이나 갖고 싶은 스포츠카의 개발 비화 등을 담은 이야깃거리)', '테크놀로지 도감(그림으로 혼다의 핵심 기술을 설명한다)', '초심자 가이드(우메짱의 분투 일기: 차고에 자동차를 넣거나 후진 주차하는 방법 등 안전운전을 주제로 한 동영상 강의)' 등과 같았다. 그리고 메인 페이지는 그때그때 바꿨다. 예를 들어 눈이 내릴 것 같은 날에는 눈길 주행에 관한 정보를 메인 페이지에 올렸다.

출처: 아키하사, 이사오, 《스마트 모바일 마케팅》, 한국생산성본부 모바일생산성추진단 옮김, 쌤앤파커스, 2011, pp. 106~119의 내용을 참조하여 설명

은 디지털 쇼룸, 오토 시티(Auto City)를 2012년부터 시험적으로 운영하고 있다(또한 14장 참조). 좁은 공간의 이 쇼룸에 전시되는 차는 한두 대 정도이고, 나머지는 디지털 인터랙티브 환경을 조성하여 아우디의 차 정보를 제공해 운영하고 있다. 그 성과평가는 조금 더 후에 이루어지겠지만, 유통에 있어 온 · 오프 라인 통합은 흥미롭고 새로우며 의미 있는 시도이다.

촉진관리의 이름이 통합마케팅커뮤니케이션 관리이듯, 디지털 커뮤니케이션은 당연히 전통적인 커뮤니케이션과 통합해 전략을 수립하고 실행한 후 그 성과를 평가해야 한다. 이 부분은 앞서 바이럴 마케팅의 정리와 평가 부분에서 이미 역설했다. 이러한 통합 방향을 위해 최근 씨 뿌리기 전략(Seeding Strategy)과 관련된 연구를 참고하면 바람직하다. 펌프질할 때 윗물을 조금 부어서 펌프질해야 물이 올라오듯이, 오프라인 광고 같은 수단으로 어떤 특성을 가진 사람에게 먼저 씨를 뿌리면 그 내용이 확산될 것인가에 관한 연구가 많이 등장했다.

특히, 사회학에서 네트워크를 연구할 때 많이 사용한 개념인 네트워크 중심에 있는 자(degree centrality), 많이 연결된 사람(high degree) 등이 사용되었는데, 기존의 혼란스러웠던 결과를 정리한 최근의 한 연구결과에 따르면 현실적으로 많이 연결된 사람(high degree of connection)을 중심으로 씨 뿌리기 통합전략을 구사하는 것이 제일 바람직하다.[61] 〈그림 15-18〉은 SNS에서 흔히 발견되는 소셜 네트워크 구조이다. 전통적 고수(의견 선도자)들은 오프라인 네트워크에서처럼 네트워크의 중심에서 많은 사람과 연결되어 있는데, 온라인에서는 네트워크의 중심이 아니더라도 많은 친구와 연결된 새로운 고수가 곳

그림 15-17 아우디의 오토 시티(Auto City) 디지털 쇼룸

출처: http://www. thecarconnection.com/news/1077910_audi-opens-digital-showroom-is-this-the-future-of-shopping

그림 15-18 SNS에서 흔히 발견되는 소셜 네트워크 구조

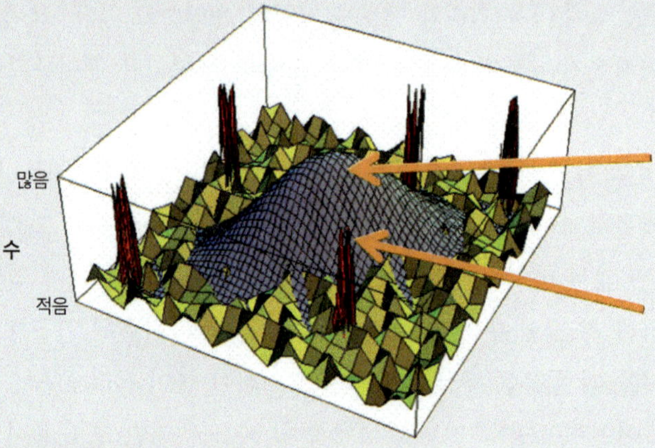

출처: 네트워크 연구 전문가, 서울대학교 사회학과 장덕진교수의 자료

곳에 있다. 그렇다면 고객과의 소통, 고객 간의 소통 데이터를 분석하여 이 새로운 고수들과 이들의 필요와 욕구를 발견하고 이들에게 초점을 맞춘 오프라인 커뮤니케이션 활동을 벌이고 이를 온라인 커뮤니케이션 활동과 통합해야 할 것이다. CDJ의 단계를 고려하여 오프라인 · 온라인 커뮤니케이션 활동을 통합하는 새로운 개념적 틀을 온라인사이트에 제시했으니 참조하기 바란다.

오프라인과 온라인 커뮤니케이션 활동의 통합에서 한 걸음 더 나아간다면 디지털 미디어를 통해 고객과의 소통, 고객 간의 소통을 통한 설득 외에 기업의 핵심제품과 서비스 속성에 무엇을 어떻게 반영할지를 발견해야 한다. 즉, 고객과의 소통, 고객 간의 소통을 통해 소비자가 원하는 새로운 아이디어, 속성 등을 발견한 후 이를 어떻게 제품과 서비스 등에 반영할지를 혼자 고민하지 말고 R&D, 생산, 물류 등 기업 내부의 다른 기능과 협업해야 경쟁에서 앞서 나갈 수 있다. 고객에게 이야기하는 마케팅커뮤니케이션도 중요하지만, 이보다 한 발 더 나아가 고객에게 어떤 이야기를 듣고 이를 어떻게 비즈니스 의사결정에 반영할 수 있을지를 논의하는 기업 내부 커뮤니케이션 활동과의 통합이 더 중요할 것이다. 최근에는 이러한 과정을 거쳐 외부 파트너와 가치를 공동으로 창출하는 전략(Value co-creation)의 중요성이 강조되고 있다(10장, 16장, 19장 참조).

③ 디지털 커뮤니케이션 활동의 성과도 측정 · 평가 · 관리해야 한다.

커뮤니케이션 활동의 통합을 효과적 · 효율적으로 하기 위해서는 디지털 커뮤니케이션 활동의 성과도 측정 · 평가 · 관리해야 한다. 디지털 마케팅이 비즈니스 성과에 미치

는 효과에 관해서는 현재 연구가 진행 중이며 아직은 디지털 미디어 특유의 측정치들이 측정기준으로 주로 쓰이고 있다(17장 참조). 인터넷 커뮤니케이션 활동의 경우에는 주로 히트,[62] 페이지뷰, 방문자 수 등을 사용한다. 모바일과 SNS 커뮤니케이션 활동의 경우에는 주로 페이스북의 좋아요 수, 트위터의 리트윗 수 등을 사용한다. 이러한 디지털 미디어 특유의 측정치들이 비즈니스의 성과에 어떠한 영향을 미치는지를 파악하는 것은 쉬운 문제가 아니다. 그래도 디지털 마케팅의 ROI는 측정해야 하는데, 최근 다양한 시도가 나타나고 있다. 이러한 시도를 요약해 '디지털 마케팅의 성과 측정과 평가 시도'에 제시한다.

디지털 커뮤니케이션 활동 성과를 측정 · 평가 · 관리하는 데에 있어 단계별로 고려해야 하는 사항들은 다음과 같다.

첫째, 미디어별 특성에 맞는 1차 효과 지표(좋아요 수)는 꾸준히 측정하여 데이터베이스화해야 한다. 동시에 기업의 다양한 마케팅 활동과의 연결고리를 찾기 위한 작업도 병행해야 한다.

둘째, 그럼으로써 그 기업의 전환비율(conversion rate)을 도출해야 한다. 5장과 14장에서 살펴본 CDJ상의 단계별로 어느 정도의 전환이 일어나는지를 역으로 파악해 들어가야 한다.

셋째, 디지털 마케팅의 순수 효과를 측정하기 위해서는 비즈니스 성과(판매량, 수익, 주가 등)에 영향을 미치는 다른 변수를 '통제'해야 하고, 이를 위해서는 주로 세 가지 방법, 즉 전문가의 판단, 실험 · 자료 축적과 이를 사용한 통계적인 모형 수립과 분석을 고려해야 한다.

디지털 마케팅의 성과 측정과 평가 시도

- **한 통신회사의 실험: 판매량**

검증 가설은 다음과 같다. 기업의 디지털 마케팅은 긍정적인 온라인 포스팅 수 증가 형태로 브랜드에 관한 인식 개선에 이바지할 것이다. 디지털 미디어를 통한 소통이 효과적이라면 증가한 클릭과 트래픽 수는 검색 순위 상승으로 이어질 것이다. 이러한 가설이 성립할 경우, 디지털 미디어전략은 광고보다 높은 수준으로 매출 증가에 이바지할 것이다. 검증방법은 실험을 사용했는데, 실험의 내용은 전기 대비 전통적 마케팅 투자를 줄이고, 디지털 마케팅에 관한 투자를 증가시켰다. 그리고 긍정적 온라인 포스팅 수, 검색 순위와 판매량을 측정했다. 측정 결과 디지털 마케팅의 ROI는 증가하는 것으로 나타나 가설을 지지했다(Divol, R., Edelman, D., and Sarrazin, H., "Demystifying Social Media," *McKinsey Quarterly*, Issue 2, 2012, pp. 66~77).

- **한 B2B 회사의 자료(약 3년 반)에 기반을 둔 통계적인 모형 수립과 분석: 고객 생애가치 효과**

B2B 회사의 자료(2004. 1~2007. 8)를 사용해 전통적 오프라인 경로(전화에 의한 다이렉트 마케팅)와 구글 검색 광고 경로를 통해 획득한 고객 생애가치를 비교 · 분석했는데 구글 검색 광고를 통해 획득한 고객의 생애가치가 높았다. 이 결과를 통해 가입자 확보 비용의 판단 기준을 설정하는 것이 가능하다(Chan, T. Y., Wu, C., and Xie, Y., "Measuring the Lifetime Value of Customers Acquired from Google Search Advertising," *Marketing Science*, 30(5), 2011, pp. 837~850).

■ **다양한 제품군과 브랜드에 관한 자료(약 4년 반)에 기반을 둔 통계적인 모형 수립과 분석: 기업 가치 효과**

개인용 컴퓨터, 휴대폰, PDA, 운동화, 장난감, 하드디스크 등 6개 제품군, 15개 브랜드에 대해 2005년 6월부터 2010년 1월까지 일자별 사용자 리뷰와 주가 자료를 수집해 분석했다. 예를 들어 아마존, 이피니언(Epinions.com), 야후 쇼핑 등에서 사용자 리뷰 자료를 수집했다(전체 리뷰의 양, 상품 평점, 긍정적 리뷰와 부정적 리뷰 수 등). 발견된 주요 결과는 다음과 같았다. 사용자 리뷰의 수가 늘어날수록 며칠 후(시점은 브랜드마다 약간의 차이를 보였지만) 주가는 상승했다. 상품에 관한 평점 자체는 주가에 의미 있는 영향을 미치지 않았다. 부정적인 리뷰는 긍정적인 리뷰보다 더 강한 영향을 미쳤다. 경쟁 상품이나 브랜드에 관한 사용자 리뷰의 증가는 자사의 주가에 부정적인 영향을 미치며, 거래량과 주가의 비체계적 위험을 증가시켰다. 오프라인 TV 광고는 사용자 리뷰의 양을 증가시키고 부정적인 리뷰를 감소시켰다(Tirunillai, S., and Tellis, G. J., "Does Chatter Really Matter? Dynamics of User-Generated Content and Stock Performance," *Marketing Science*, 31(2), 2012, pp. 198~215).

■ **디지털 마케팅의 성과 측정과 평가에 관한 상업적 시도**

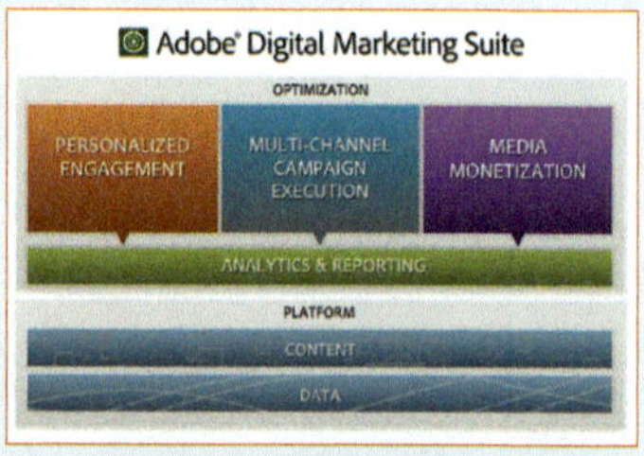

아도브 소셜(Adobe Social) 이 서비스는 다양한 디지털 플랫폼에서 고객활동을 모니터링하여 고객활동과 판매량과의 관계를 파악한다. 예를 들어 엑스피디어는 FriendTrips프로모션을 실행하면서 100백만 달러를 지출했는데, 페이스북 팬들의 판매량이 750% 증가했다. 이를 통해 페이스북의 가입자 확보 비용을 계산하여 과거 다른 판촉과 비교할 수 있다(http://tv.adobe.com/watch/learn-adobe-digitalmarketing/digital-marketing-suite-overview).

구글 애널리틱스(Google Analytics) 이 툴은 무료 분석 툴로 구글의 Social Data Hub에 등록된 플랫폼을 대상(페이스북과 트위터는 제외)으로 사용할 수 있다. 사용자들이 어떠한 소셜 네트워크를 타고 들어와 판매로 얼마나 이어지는지, 즉 접속에서 판매로 전환하는 비율 등을 추적 · 분석할 수 있다(http://www.google.com/analytics/).[63]

이 장의 요약

- 통합마케팅커뮤니케이션, 즉 촉진이란 기업의 제품이나 서비스를 고객들이 구매하도록 유도할 목적으로 해당 제품이나 서비스의 주요 특징에 대한 정보를 제공하거나 설득하려는 마케팅 노력 일체를 말한다. 마케팅 관리자가 수립할 수 있는 촉진믹스의 역할은 STP전략과 일관된 촉진전략을 마련하는 것이며, 촉진믹스전략의 기본 방향은 중간상에게 제품을 구비시키고 고객에게 적극적으로 판매하도록 유도하는 푸시전략과 최종 소비자에게 브랜드나 제품을 알려 스스로 적극적으로 구매하게 하는 풀전략으로 구성된다. 대표적인 촉진믹스로는 광고, PR, 판매촉진, 인적 판매, 디지털 광고 등 디지털 촉진수단이 있다.

- 광고는 기업, 비영리 조직, 정부와 개인이 표적시장의 구성원이나 청중에게 제품, 서비스, 조직 또는 아이디어를 알리거나 이들을 설득하기 위해 적시적소에 메시지와 문구를 배치하는 것을 말한다. 환경의 변화에 따라 대중매체가 광고의 정의에서 빠진 점이 특기할 만하다. 광고는 고객에게 제품이나 서비스에 대한 정보를 전달하고, 구매를 설득하며, 제품이나 브랜드에 대한 우호적인 태도를 형성하게 하는 역할을 한다. 광고관리는 광고목표 설정과 표적청중의 결정, 광고예산 결정, 광고메시지 결정, 광고매체 선정과 광고효과를 측정하는 단계를 거쳐 이뤄진다.

- PR은 제품이나 서비스를 인쇄나 방송매체의 뉴스나 논설 형태로 다루게 함으로써 구매를 자극하는 것이다. PR은 고객에게 높은 신뢰도를 준다는 장점이 있지만, 내용이나 기사 위치, 방송시간 등을 통제할 수 없다는 단점이 있다. PR도 광고관리와 유사하게 PR 목표설정, PR 메시지와 수단의 선택, PR 계획의 시행과 성과평가 과정을 거친다.

- 세일즈 프로모션, 즉 판촉이란 단기적 또는 조기의 다량구매를 유도하기 위해 사용하는 촉진기법으로 신제품의 시용이나 새로운 구매자의 구매를 유도하는 등 광고보다 즉각적인 반응을 유발해 단기적 효과를 추구하는 경우에 적합하다. 판촉은 판촉목표 설정, 판촉수단 선정, 판촉프로그램 개발, 판촉프로그램 사전 테스트, 실제 판촉프로그램 시행, 판촉결과 평가 및 통제의 과정을 거친다.

- 인적 판매란 판매원이 목표고객과 직접 대면해 자사제품이나 서비스를 구매하도록 설득하는 커뮤니케이션 활동을 말한다. 목표고객당 비용 단가가 매우 높고 속도가 느린 단점이 있지만, 직접 고객을 대면함으로써 더욱 융통성 있게 제품을 소개하고 판매하는 것이 가능하며, 고객의 제품에 대한 욕구나 불만을 신속하게 피드백할 수 있다는 장점이 있다. 인적 판매는 고객과 직접 대면하기 전의 준비 과정을 거쳐 고객에 대한 구매설득, 그 후 재구매를 유도하기 위한 고객관리 단계를 거친다.

- 디지털 기술의 변화로 인해 가장 많은 변화가 있었고 또 현재도 변화하고 있는 디지털 커뮤니케이션 영역을 살펴봤다. 먼저 통합마케팅커뮤니케이션에서 변하지 않는 것은 믹스 앤드 매치의 대원칙만 살아 있다는 점이다. 변하는 것은 다음과 같다. (i) 매체 환경의 혁명적 변화, (ii) 기업의 디지털 마케팅커뮤니케이션 활동 증가, (iii) 한 방향에서 고객 간의 커뮤니케이션이 중요한 양방향 커뮤니케이션 모델로 변화. 진화적 관점에서 디지털 커뮤니케이션 활동을 심층적으로 분석한 결과, 지금까지 디지털 커뮤니케이션 활동은 제1막(인터넷 마케팅커뮤니케이션), 제2막(소셜 미디어 마케팅커뮤니케이션), 제3막(모바일 마케팅커뮤니케이션)의 시대로 진화하고 있다. 그 후 다양한 촉진 사례들, 관계심화 사례들 그리고 구전 효과를 목적으로 한 온라인 바이럴 마케팅 사례와 내용을 살펴봤다.

- 통합마케팅커뮤니케이션 활동의 미래 과제는 다음과 같이 도출되었다. (i) 디지털 커뮤니케이션 활동으로 섣불리 급하게 팔려고 하지 마라. 디지털 미디어를 이용하는 소비자를 심층적으로 이해하라. 그리고 디지털 마케팅커뮤니케이션 활동의 목적을 명확히 정의하라, (ii) 디지털 커뮤니케이션 활동만으로는 부족하다. 오프라인 커뮤니케이션 활동과 통합하라. 나아가 기업의 내부 커뮤니케이션 활동과도 통합하라, (iii) 디지털 커뮤니케이션 활동의 성과도 측정 · 평가 · 관리해야 한다.

주요 개념 목록

광고의 개념과 역할 / ATL / BTL / 광고목표 설정과 표적청중의 결정(인지도 증대, 제품정보 제공, 호의적 태도 형성과 강화, 기업 또는 브랜드의 긍정적 이미지 구축) / 광고예산 결정(가용자원, 매출액 비율법, 임의할당법, 경쟁사 기준법, 목표과업법) / 메시지 결정(광고문안 결정, 광고의 소구 스타일 결정) / 매체 결정(도달 범위와 빈도 및 효과강도 결정, 광고매체 유형과 구체적 매체수단 선정, 믹스 앤드 매치 원칙, 광고스케줄 결정) / 광고효과 측정(커뮤니케이션 효과 조사, 판매 효과 조사) / PR관리 과정 / PR 목표설정 / PR 메시지와 수단의 선택 / PR 계획의 실시 / 성과평가 / PR 수단 / 판촉관리 과정(판촉목표 설정, 판촉수단 선정, 판촉프로그램 개발, 판촉프로그램 사전시험, 실제 판촉프로그램 실시와 통제, 판촉결과 평가 및 피드백) / 판매촉진 기법 / 인적 판매 과정(준비, 설득, 거래와 관리) / 거래지향적 판매 / 관계지향적 판매 / 디지털 플랫폼 / 디지털 디바이스 / 인터넷 마케팅커뮤니케이션(디스플레이 광고와 검색 광고, SEO) / 소셜 미디어 마케팅커뮤니케이션(동영상 광고, 리타깃팅 광고) / 소셜 미디어 / 모바일 마케팅커뮤니케이션(앱 마케팅 및 광고, 리워드 광고, 네이티브 광고) / 통합마케팅커뮤니케이션의 미래 과제

생각해볼 문제

1. 과거의 촉진믹스와 현재의 촉진믹스 간에는 어떠한 차이가 있는지 설명하고, 여전히 광고가 촉진믹스에서 차지하는 비중이 높은 이유는 무엇이며, '광고는 투자다'라는 주장에 관한 귀하의 의견은 무엇인지 제시하시오.
2. 광고에는 설득을 많이 하는 광고와 정보제공을 주로 하는 광고가 있다. 각 경우에 대해 어떤 제품이 적합하다고 생각하는가? 또 수명주기상 어느 시점에 적합하겠는가? 어떤 매체를 이용하는 것이 바람직하겠는가?
3. 서울백화점은 연 매출의 50%가 총 3개월 정도의 정기 세일 기간에 이뤄진다. 나아가 이러한 세일 기간이 아니더라도 판촉이 없으면 매출에 반응이 거의 없다. 이 백화점의 문제점은 무엇이며, 이러한 서울백화점의 매출 집중상황과 판촉 중독 현상을 효과적으로 해결하려면 촉진믹스를 어떻게 재구성해야 하는가?
4. 자연식, 건강식, 무공해식품 등에 대한 관심 증가로 먹거리에 대한 시각이 변화하고 있다. 현재 상황에서 건강음료를 출시할 때 환경을 분석하고, 고객과 시장을 평가하고 이러한 시장상황에 알맞은 제품 개념, 표적고객 선정과 포지셔닝 그리고 이에 적합한 촉진기법을 도출하시오.
5. 디지털 마케팅커뮤니케이션 활동의 새로운 수단(리타깃팅 광고, 리워드 광고, 네이티브 광고) 중 하나를 선택하여 그와 관련된 실제 사례들을 수집해 분석한 후, 장단점을 설명하고, 이러한 수단들의 미래 성공 가능성과 성공조건을 제시하시오.
6. 촉진 사례, 관계심화 사례 그리고 구전 효과를 목적으로 한 온라인 바이럴 마케팅 사례를 이해한 후, 국내에서 각각의 경우에 성공적인 사례와 실패로 평가할 수 있는 사례를 조사해 각각의 성공 조건을 제시해보시오.
7. 통합마케팅커뮤니케이션의 미래 과제를 학습한 후, 국내에서 이 과제를 잘 준비해 실행하고 있는 기업의 사례를 조사하여 그 내용을 설명하시오.

후주 및 참고문헌

1 본 사례는 저자들과 기아자동차 마케팅 담당자 간의 누적된 커뮤니케이션과 기타 홈페이지 자료들을 기반으로 구성하였다.

2 과거에는 촉진믹스 활동이라는 말이 주로 사용되었는데, 새로운 미디어의 등장과 갈수록 심해지는 미디어 혼잡 상황(media clutter)을 고려해 노스웨스턴 대학의 슐츠(Don E. Schultz) 교수가 처음 제안한 용어이다. 그는 "통합마케팅커뮤니케이션(IMC)은 소비자와 브랜드 그리고 기업과의 모든 접점을 메시지 전달채널로 생각해, 표적소비자의 구매행동에 직접 영향을 주는 것을 목적으로 한다. …… 소비자에서 출발하여 온갖 수단을 구사해 설득력 있는 커뮤니케이션을 실천하는 프로세스"로 정의했다(Schultz, D. E., Tannenbaum, S. I., and Lauterborn, R. F., *Integrated Marketing Communications*, NTC Business Books, 1993). 촉진믹스 활동은 해당 제품, 서비스, 브랜드의 STP와 일관된 방향으로 통합적으로 수행해야 한다는 전제는 과거와 다를 게 없지만, 미디어의 범위 확장(모든 접점)과 성과(구매행동) 영향에 대한 초점 강조 그리고 무엇보다 용어 자체(통합마케팅커뮤니케이션)의 힘이 이 분야에 관한 큰 관심을 유도했다. 역시 '에디톨로지(EDIT+OLOGY)'가 중요하다(김정운, 《에디톨로지, 창조는 편집이다》, 21세기북

스, 2014). 이 장에서는 이러한 통합마케팅커뮤니케이션의 중요성을 인정하면서 통합마케팅커뮤니케이션과 촉진믹스를 같은 의미로 사용한다.

3 ATL과 BTL은 업계에서 만든 용어이다. 여기서 Line이라는 말은 재무제표상 비용 Line을 의미하는데, ATL 활동은 활동의 많은 부분이 표준화되어 표준명세가 비교적 명확하지만, BTL 활동은 활동이 너무 다양하여 표준명세가 거의 없고 그때그때 비용이 달라지는 것에서 유래했다. 그 이후 대중매체의 광고활동은 ATL, 나머지 판촉활동들은 BTL이라고 부르며, 국내외의 많은 광고대행사의 조직은 과거 광고 팀(이곳에서 일하는 사람들을 AE라고 부름), 세일즈 프로모션 팀, 이벤트 팀, PR 팀 등으로 구성되었으나, 최근에는 ATL 팀, BTL 팀, 때에 따라서 디지털매체가 중요한 경우, 디지털 팀 등으로 그 구성이 과거보다 통합적 방향으로 변하고 있다. 참고로 세일즈 프로모션도 번역하면 판매촉진, 프로모션믹스도 번역하면 촉진믹스가 되는 등 용어의 혼선이 있다. 이 장에서는 판매촉진은 세일즈 프로모션 또는 판촉으로 부르기로 한다.

4 Advertising: the placement of announcements and messages in time or space by business firms, nonprofit organizations, government agencies, and individuals who seek to inform and/or persuade members of a particular target market or audience about their products, services, organizations, or ideas (AMA; http://www.org/resources/Pages/Dictionary.aspx, accessed on 15 January 2015); 과거에는 대중매체를 통해 'time or space purchased in any of the mass media by'라는 문구가 있었지만, 새로운 미디어의 등장과 폭발적 발전으로 인해 이 문구는 삭제되었다.

5 Nelson, Philip, "Information and Consumer Behavior," *Journal of Political Economy*, 78(2), 1970, pp. 311~329

6 광고나 판매목표와 관련된 논의는 1800년대 후반 등장한 미국의 전설적인 판매원들에게 회자되어 오다가 AIDA(Awareness/Attention, Interest, Desire, Action)로 처음 문서를 만든 한 사람의 출간물(Russell, C. P., "How to Write a Sales-Marketing Letter," *Printers Ink,* June, 1921, p. 2) 이래 마케팅과 판매 영역에서는 전통적인 구매 깔때기(purchase funnel: 구매에 이르기까지의 단계, 단계별로 좁아지기에 funnel이라는 용어 사용)모형(물론 수많은 변종이 있음)으로 아직 실무에서 많이 활용하고 있다. 광고 영역에서는 콜리(Colley)가 1961년에 서적(*DAGMAR*, New York: Association of National Advertisers)을 통해 AIDA와 비슷하지만, 훨씬 체계적인 ACCA(Awareness, Comprehension, Conviction, Action)의 단계를 중심으로 광고목표 설정을 설명한 이래 이 영역에서 DAGMAR는 클래식 용어와 개념이 되었다(물론, 개정판 존재: Dukka, S. and Colley, R., *DARGMAR*, *Defining Advertising Goals for Measured Advertising Results*, 2 sub ed., NTC Business Books, 1995). 그 이후 광고나 소비자 연구가 비약적인 발전을 거듭했지만, 아직 이 모형은 광고목표 설정 시 충분히 실무적이다. 특히, 광고정보에 대한 소비자 정보처리와 결과에 관한 구체적인 내용은 각론 과목 교재인 광고론 또는 마케팅커뮤니케이션 교재나 소비자행동 교재를 참고하기 바란다.

7 도달 범위(reach)와 빈도(frequency)는 객관적인 측정치지만, 효과강도(impact)는 광고집행 주체가 주관적으로 판단하는 성격의 측정치이다. 이에 따라 도달 범위와 측정치만 가지고 매체유형 선정을 진행하는 경우도 많지만, 효과강도나 광고물의 질적 수준 같은 주관적인 측정치도 활용하는 것이 더 효과적 · 효율적 매체 선정에 도움이 될 수 있다.

8 CPM(Cost Per Mill: Thousand): 광고매체를 이용해 1,000명 또는 1,000가구에 광고메시지를 전달하는 데 드는 비용을 의미하는 용어로, 대중매체에 노출되는 광고의 상대적인 가격을 말한다. Thousand는 라틴어 Mille을 어원으로 한다. 텔레비전, 라디오, 신문, 잡지 등 주요 매체뿐 아니라 온라인 광고에도 활용하는 측정 도구이다. 인터넷 온라인 광고에서는 웹 페이지를 1,000뷰(view)하는 데 드는 비용을 말한다. 여기서 페이지뷰란 사용자가 브라우저를 통해 의도적으로 특정 웹사이트에 접속해 웹페이지를 보는 것을 말하는 것으로 만일 3회 클릭해 페이지를 보았다면 페이지뷰는 3이 된다. 비슷한 개념으로 히트 수가 있으나 인터넷 광고시장에서는 페이지뷰가 주로 통용된다. (《시사경제용어사전》(대한민국 정부, 기획재정부, 2010. 11)의 내용을 참조하여 설명함).

- 인쇄매체의 발행 부수 기준 시 CPM = 광고단가/발행 부수×1,000
- 방송매체의 시청률 기준 시 CPM = 광고단가/(시청률×타깃 오디언스)×1,000
- 인터넷광고 페이지뷰 기준 시 CPM = 광고단가/페이지뷰×1,000

9 광고 정보에 관한 소비자 정보처리와 결과에 대한 구체적인 내용은 각론 과목 교재인 광고론 또는 마케팅커뮤니케이션 교재나 소비자행동 교재를 참고하라고는 했지만, 이 두 원칙은 매체 전략과 관리에 실무적 관점에서 시사하는 바가 커서 소개한다.

10 Unnava, H. R. and Burnkrant, R. E., "Effects of Repeating Varied Ad Executions on Brand Name Memory," *Journal of Marketing Research*, 28 (Nov.), 1991, pp. 406~416; Unnava, H. R. and Sirdeshmukh, D., "Reducing Competitive Ad Interference," *Journal of Marketing Research*, 31 (Aug.), 1994, pp. 403~411; Unnava, H. R., Rajagopal, P., and Raju, S., "Reducing Competitive Ad Interference By Varying Advertising Context: A Test of Network Models of Memory," *Advances in Consumer Research*, 30, Ann Arbor, MI: Associations for Consumer research, 2003, pp. 45~46.

11 과거 웅진음료의 오렌지주스 광고 중 모델 박중훈이 등장하여 구매할 때 주스 뚜껑에 인쇄된 자기 얼굴을 보고 구매하라는 광고가 있었다. 대표적인 인출단서(retrieval cues)의 예로 입력 구체화 가설에 해당한다; Keller, K. L., "Memory Factors in Advertising: The Effect of Advertising Retrieval Cues on Brand Evaluations, *Journal of Consumer Research*, 14(3), 1987, pp. 316~333; Lee, S., Belch, G. E., Yang, Y., and Park, J. E., "Reconsidering the Effect of the Advertising Repetition and Variation Strategies on Advertising Recall: Moderating Effects of Brand Familiarity and Message Similarity," *Working Paper*, University of Seoul, 2014.

12 PR(Public Relations): the form of communication management that seeks to make use of publicity and other nonpaid forms of promotion and information to influence the feelings, opinions, or beliefs about the company, its products or services, or about the value of the product or service or the activities of the organization to buyers, prospects, or other stakeholders (AMA).

13 Sales Promotion: the media and nonmedia marketing pressure applied for a predetermined, limited period of time at the level of consumer, retailer, or wholesaler in order to stimulate trial, increase consumer demand, or improve product availability (AMA).

14 전술했듯이, 이 때문에 이 책에서는 판매촉진, 세일즈 프로모션과 판촉이라는 용어를 혼용해 사용한다.

15 제조업자가 중간상을 대상으로 다양한 종류와 많은 판촉을 시행하는 중요한 이유는 중간상이 해당 제조업자의 제품에 대해 소매업자 판촉을 시행함으로써 중간상 판촉의 효과가 최종 소비자에까지 이르기를 희망하는 것이다. 이러한 간접 판촉 효과를 지칭하는 용어로 '통과 효과(pass-through effect)'라는 말이 있다. 미국은 과거 중간상보다 제조업자의 힘이 우위에 있을 때는 통과 효과의 비율이 높은 것으로 나왔지만, 대형 할인점 등의 등장으로 유통업자의 힘이 상대적으로 커지면서 이 비율이 갈수록 떨어지고 있다. 더 흥미로운 사실은 상권이 겹친 중간상 간의 경쟁이 심해지면 통과 효과 비율이 높게 나타나지만, 그렇지 않은 지역에서는 이 비율이 상대적으로 낮게 나타나고 있다(이러한 통계지표는 미국 통합마케팅커뮤니케이션, 소매관리나 유통관리 관련 최근 서적들에 많이 제시되고 있는데 대표적으로는 Belch, G. and Belch, M., *Advertising and Promotion: An Integrated Marketing Communications Perspective*, 10th ed., McGraw-Hill/Irwin, 2014와 Neslin, S. A., *Sales Promotion*, MSI Relevant Knowledge Series, Marketing Science Institute, 2002가 있다). 이러한 낮은 통과 효과로 인해 경로구성원 간 갈등이 나타나고 있는데, 이렇기 때문에 14장에서 배웠던 유통경로 구성원의 관계관리가 갈수록 중요해지고 있다.

16 과거 '웅진그룹의 핵심역량은 강력한 인적 판매 역량이다'라는 말을 부인하는 사람은 거의 없을 것이다. 아마도 이는 기업을 창업한 윤 회장 스스로가 판매원 출신이었던 것과 관련성이 높다. 학습지 시장을 개척한 씽크빅 그리고 코웨이 등의 사업으로 탄탄한 기반을 만든 웅진은 지속적인 성장을 위해 다각화를 진행했다. 그중 비관련 다각화였던 태양광 산업으로의 진출과 극동건설의 인수로 인해 성장의 발목을 잡힌 것을 보면, 비관련 다각화는 확실히 고위험 · 고수익 성장전략이라고 볼 수 있다.

17 주요 커뮤니케이션 활동 내용은 뒤에 설명한다; Winer, R. S., "New Communications Approaches in Marketing: Issues and Research Directions," *Journal of Interactive Marketing*, 23, 2009, pp.108~117.

18 한국방송광고진흥공사(https://www.kobaco.co.kr/index.asp)는 수시로 TV 기본편성표와 방송료 단가를 공개하고 있으니 참조하기 바란다.

19 디지털 매체 사용의 총예산은 덜 소요될 수 있지만, 진짜 비용 효율성이 높은지는 실증적(empirical) 이슈이다. 효율성은 비용 대비 효과를 이야기하기 때문이다. 즉, 디지털 매체 이용의 매출과 수익 효과가 확실히 있는가는 현재로서는 일반화하기 어렵다. 또한 디지털 매체 광고비가 가파르게 상승함을 고려해야 한다.

20 모바일 마케팅이란 소비자가 개인적인 모바일 기기를 사용해 상시 연결하는, 언제라도 자유로운 접속이 가능한 네트워크를 통해 수행하는 모든 마케팅 활동이다(Kaplan, "If You Love Something, Let It Go Mobile," *Business*

Horizons, 55, 2012, pp.129~139; Shankar, V. and Balasubramanian, S., "Mobile Marketing: A Synthesis and Prognosis," *Journal of Interactive Marketing*, 23, 2009, pp.118~129). 모바일 소셜 미디어란 사용자가 창출한 콘텐츠를 교환할 수 있게 한 모바일 마케팅 애플리케이션이며(Ibid.), 모바일 소셜 미디어 마케팅은 소비자에게 그 콘텐츠를 통제, 연결, 창출, 소비하게 하는 마케팅을 의미한다[Hoffman, D. L. and Fodor, M., "Can You Measure the ROI of Your Social Media Marketing," *Sloan Management Review*, 52(1), 2010, pp. 41~49].

21 전자상거래 사이트는 유통관리에서 살펴보았고 주목적은 거래이지 커뮤니케이션 활동의 플랫폼이 아님에 따라 논의에서 제외한다. 또 이메일 마케팅은, 전문가 집단에 관한 전문적인 콘텐츠 마케팅의 경우에는 효과가 보고되었지만, 그 외에는 스팸의 여파가 너무 커 설명에서 제외한다. 나아가 디지털 광고와 마케팅 기법에 관한 수많은 책이 출간됐고 또 출간되고 있는데, 대부분 전술적 방법을 다루고 있다. 이 중 관심 있는 서적을 살펴보기 바란다. 물론 좀 더 근본적인 원칙의 이해를 위해 추천할 만한 각론 서적들은 다음과 같으니 참고하기 바란다: Belch, G. and Belch, M., *Advertising and Promotion: An Integrated Marketing Communications Perspective*, 10th ed., McGraw-Hill/Irwin, 2014; Hanson, W. and Kalyanam, K., *Internet Marketing and e-Commerce*, Cengage Learning, 2006; Percy, L., *Strategic Integrated Marketing Communications*, 2nd ed., Routledge, 2014.

22 '당신의 마우스로 이곳을 클릭해 보셨습니까(Have you ever clicked your mouse right HERE)' 1994년 10월 27일 미국 인터넷 잡지 〈핫와이어드(*HotWired*)〉 홈페이지 상단에 등장한 광고카피다. 네티즌이 이 막대기 문양을 마우스로 클릭하면 AT&T, MCI, 볼보 등의 기업 광고를 볼 수 있었던 것이 인터넷 배너 광고의 효시이다(〈머니투데이〉, 배규민 기자, 2014년 11월 9일 자).

23 자세한 내용은 네이버나 다음의 디스플레이 광고 페이지를 참조하기 바란다.

24 자세한 내용은 네이버나 다음의 디스플레이 광고 페이지를 참조하기 바란다.

25 대표적으로 게임과 영화 등이 주요 사례이며, 게임 등의 사업은 디지털 사업에서 핵심적인 위치에 있고 중요하지만(카카오톡도 게임으로 돈을 벌기 시작했다), 디지털 미디어 관점에서는 그 중요성이 떨어져 논의의 대상에서 제외한다.

26 SEMPO, State of Search Marketing Report 2011, Econsultancy.com, http://econsultancy.com/us/reports/sempo-state-of-search.

27 〈아시아경제〉, 2017년 7월 27일 자, '네이버 "쇼핑 검색, 구글과 달라" 언급한 속내는...' 내용과 〈NSP통신〉, 2017년 6월 12일 자, '네이버, 쇼핑검색광고 향후 성장 견인할 전망' 내용을 참조하여 작성하였다.

28 SEMPO, op. cit.

29 "20년 전 등장한 '배너광고'에서 '아이폰6'까지", 〈머니투데이〉, 배규민 기자, 2014년 11월 9일 자

30 https://accounts.google.com/ServiceLogin?service=adwords&continue=https://adwords.google.com/um/identity?ltmpl%3Djfk%26hl%3Dko_KR&hl=ko_KR&ltmpl=jfk&passive=0&skipvpage=true

31 웹 2.0: 데이터의 소유자나 독점자 없이 누구나 손쉽게 데이터를 생산하고 인터넷에서 공유할 수 있도록 한 사용자 참여 인터넷 환경이다. 인터넷상에서 정보를 모아 보여주기만 하는 웹 1.0에 비해 웹 2.0은 사용자가 직접 데이터를 다룰 수 있도록 데이터를 제공하는 플랫폼이 정보를 더 쉽게 공유하고 서비스받을 수 있도록 만들어져 있다. 블로그, 위키피디아, 딜리셔스(del.icio.us) 등이 이에 속한다(위키피디아의 내용을 참조해 설명함).

32 Kaplan, A. M. and Haenlein, M. "Users of the World, Unite! The Challenges and Opportunities of Social Media," *Business Horizons*, 53, 2010, pp. 59~68.

33 Ibid.

34 "SNS 사용자 전 세계 16억 명 넘어서", 〈디지털타임스〉, 김나리 기자, 2013년 11월 20일 자

35 "카카오톡, 전 세계 가입자 수 1억 명 돌파", 〈노컷뉴스〉, 2013년 7월 2일 자; "카카오톡, 국내 가입자 수 3,500만", 〈스포츠조선〉, 2017년 7월 31일 자

36 〈한국보험신문〉, 2017년 8월 6일 자, ' "카카오뱅크" 카카오톡 힘입어 초기 흥행몰이' 내용과 〈CBS 노컷뉴스〉, 2017년 7월 31일 자, '카카오뱅크, 은행권 '슈퍼 메기'의 탄생' 내용을 참조하여 작성하였다.

37 "2015년 모바일 광고의 전망과 과제", 〈MeCONOMY Magazine〉, op. cit.

38 강정수, "네이티브 광고와 저널리즘의 동거(상): 네이티브 광고의 배경", 〈슬로우뉴스〉, 2014년 3월 17일 자; 강정수, "네이티브 광고와 저널리즘의 동거(하): 유료화냐, 광고화냐", 〈슬로우뉴스〉, 2014년 3월 28일 자

39 강정수, 〈슬로우뉴스〉, 2014년 3월 28일 자, op. cit.; "저널리즘 새 수익원 '네이티브 광고' 포럼 열린다", 〈한국일보〉, 2014년 6월 26일 자

40 〈한국일보〉, 2014년 6월 26일 자, op. cit.

41 강정수, 〈슬로우뉴스〉, 2014년 3월 28일 자, op. cit.; 김병철, "'디지털 천장' 깨야 디지털 혁신이 가능하다", 〈미디어오늘〉, 2014년 7월 21일 자

42 말콤 글래드웰, 《티핑 포인트》, 임옥희 역, 21세기북스, 2004; Dye, R., "The Buzz on Buzz," *Harvard Business Review*, November-December, 2000, pp.139~146; 내용은 비슷하며 간단하다. 특이한 상품이나 메시지로 의견선도자에게 종자 역할을 하게 해서 구전 영향력을 키우라는 것이다.

43 Http://www.subservientchicken.com/

44 Http://adsoftheworld.com/media/ambient/heineken_champions_league_match_vs_classical_concert_real_madrid_ac_milan

45 Http://www.youtube.com/watch?v=2lXh2n0aPyw; Http://www.youtube.com/watch?feature=player_embedded&v=W4o0ZVeixYU

46 조회 수는 엄청났지만, 브랜드 인지도 상승은 실패로 평가받은 사례; https://www.youtube.com/watch?v=aijh_wb-mkw

47 중국 바이두 지다오(Baidu Answers)에서 'transformers' 검색하면 화면이 트랜스포머로 변한다; http://www.chinainternetwatch.com/1190/stunning-transformers-display-on-baidu-zhidao/

48 초기에 TV 광고를 하지 않고 SNS, 블로그 등에서 각종 이벤트를 벌이며 바이럴 마케팅에 집중했다. 그러나 당시 인도네시아의 인터넷 보급률은 20%에 불과했다. 1~2월 카톡 인도네시아의 가입자 수가 288% 증가하긴 했지만, TV 광고를 실행한 중국 '위챗'과 네이버 '라인'의 증가가 더 압도적이었다. 3월 '빅뱅'과 인도네시아 최고 인기가수 '쉐리나(Sherina)'를 모델로 한 TV 광고를 시행하고, 이들의 팬미팅을 개최했다. 특히, 카톡을 설치하고 인증한 사용자, SNS와 블로그에서 퀴즈 이벤트에 참가한 사람 중에서 팬미팅 참가자를 선발했다. 바이럴 마케팅과 TV 광고, 팬미팅이 합쳐지면서 인도네시아 앱 다운로드 1위를 기록했다; http://techcrunch.com/2013/03/11/indonesia-tv-ads/

49 마크라는 23세 청년과 오드리라는 47세 여성이 축복과 격려를 해달라며 페이스북 페이지를 개설하고 결혼식 당일 'Live web streaming'을 설치했는데, 마크가 교통사고를 당했다. 이후 페이스북 프로필이 "Unexpected Things Happen In Life. Be Insured to Have Your Loved Ones Assured"라는 메시지로 바뀌었다. 일단 모두의 관심을 끌어들이는 데 성공했지만, 부정적 반발이 예상되자 보험회사는 이름을 밝히지 않았다; http://www.asiaone.com/News/AsiaOne+News/Singapore/Story/A1Story20110415-273900.html

50 Smith, A.N., Fischer, E. and Yongjian, C. "How Does Brand-Related User-Generated Content Differ across YouTube, Facebook, and Twitter?," *Journal of Interactive Marketing*, 26(2), pp.102~113.

51 Homans, G. C. "Social Behavior as Exchange," *American Journal of Sociology*, 63(6), 1958, pp. 597~606.

52 Fehr, E., Kirchsteiger, G., and Riedl, A. "Gift Exchange and Reciprocity in Competitive Experimental Markets," *European Economic Review*, 42(1), 1998, pp.1~34.

53 Wojnicki, A. C. and Godes, D. "Word-of-Mouth as Self-Enhancement," *Working Paper*, University of Toronto, 2008.

54 Anderson, E. W. "Customer Satisfaction and Word of Mouth," *Journal of Service Research*, 1(1), 1998, pp. 5~17; Brown, T. J., Barry, T. E., Dacin, P. A., and Gunst, R. F. "Spreading the Word: Investigating Antecedents of Consumers Positive Word-of-Mouth Intentions and Behaviors in a Retailing Context," *Journal of the Academy of*

Marketing Science, 33 (2), 2005, pp.123~138; S erlund, M. "Measuring Customer Loyalty with Multi-item Scales: A Case for Caution, *International Journal of Service Industry Management*, 17(1), 2006, pp. 76~98.

55 Peters, K. and Kashima, Y. "From Social Talk to Social Action: Shaping the Social Triad with Emotion Sharing," *Journal of Personality and Social Psychology*, 93(5), 2007, pp. 780~797; Rim B., Mesquita, B., Philippot, P., and Boca, S. "Beyond the Emotional Event: Six Studies on the Social Sharing of Emotion," *Cognition and Emotion*, 5, 1991, pp. 436~466.

56 조나 버거(Jona berger), 《컨테이저스: 전략적 입소문》, 정윤미 역, 문학동네, 2013, 원서: 《*Contagious*》, 또 jonahberger.com에 방문하면 해당 사례들의 정보와 동영상 자료가 있으니 참고하기 바란다.

57 디지털 원어민을 말하는 것으로 디지털 생활 환경의 급속한 변화에 따라 디지털 언어를 자유자재로 사용하는 새로운 세대를 지칭하는 용어이다. 이 세대를 인스턴트메신저 세대, 디지털 키드(Kid), 키보드(keyboard) 세대 등으로도 부르는데, 디지털 언어와 장비를 마치 특정언어의 원어민처럼 자연스럽게 사용한다는 의미에서 붙여진 것이다. 디지털 네이티브는 언제나 인터넷을 즐기며, 컴퓨터와 TV를 켜놓고, 휴대폰과 MP3를 휴대하고 계속해서 친구들과 휴대폰 메시지와 인스턴트 메시지를 주고받으며, 미니홈피와 블로그 관리에 시간을 보내는데, 1980년대 개인용 컴퓨터의 대중화와 1990년대 인터넷과 휴대전화의 보편화로 이 시기에 성장기를 보낸 세대들로 과거 기성세대와는 전혀 다른 방식으로 생각하고 행동하는 특성이 있다[《NEW 경제용어사전》(미래와 경영, 2006)의 내용을 참조해 설명함].

58 Steinberg, B. "Study: Young Consumers Switch Media 27 Times An Hour," *Advertising Age*, 2012. 4. 9: http://adage.com/article/news/study-young-consumers-switch-media-27-times-hour/234008/; "The digital natives in the study switched 'media venues' about 27 times per nonworking hour, compared with just 17 times for people who grew up reading articles on newsprint and using knobs to change channels···Consumers' media hopping undermines the value of the traditional storytelling structure of beginning-middle-end."

59 "From Social Media to Social CRM," *IBM Survey*, 2011, http://www-935.ibm.com/services/us/gbs/thoughtleadership/ibv-social-crm-whitepaper.html

60 최근 고객과의 관계심화를 위해 앞서 살펴본 펩시와 코카콜라의 미국 소셜 미디어 캠페인 사례('펩시 리프레시 프로젝트', 코카콜라의 '행복대사'), 폭스바겐의 'fun' 바이럴 사례처럼 소셜 미디어 캠페인과 사회공헌 활동을 연계하여 실행하는 경우가 많다. 물론, 단기적인 마케팅 성과 부분에서는 유의미한 효과가 보고되지 않는 경우가 많지만, 중장기적으로는 매우 바람직한 활동이며, 특히 기업의 기초 체력인 제품과 서비스 품질이 탄탄한 경우, 이러한 소셜 미디어 캠페인은 결국, 브랜드 자산 증진 효과를 가져올 것이다. 이런 중장기적 효과 측정과 사회공헌 활동의 중요성은 17장과 20장을 참고하기 바란다. 또 이러한 소셜 미디어 캠페인 수립과 실행과 관련하여 유용한 틀을 제공한 서적을 추천하니 참고하기 바란다: Aaker, J. and Smith, A., *The Dragonfly Effect: Quick, Effective, and Powerful Ways to Use Social Media to Drive Social Change*, Jossey-Bass, 2010: www.dragonflyeffects.com.

61 Hinz, O., Skiera, B., Barrot, C., and Becker, J. U. "Seeding Strategies for Viral Marketing: An Empirical Comparison," *Journal of Marketing*, 75(November), 2011, pp. 55~71; Watts, D. J. and Peretti, J. "Viral Marketing for the Real World," *Harvard Business Review*, 85(5), 2007, pp. 22~23; Watts, D. J. and Dodds, P. S. "Influentials, Networks, and Public Opinion Formation," *Journal of Consumer Research*, 34(4), 2007, pp. 44~458.

62 웹상에서 클라이언트에게 요청받은 개개의 파일에 관한 서버의 응답 단위를 말하는데, 웹사이트의 인기를 측정하는 단위로 사용한다. 그런데 히트 수와 접속 수는 명확히 구분해야 한다. 예를 들면 12개의 그래픽이 포함된 홈페이지를 이용자가 1회 방문했을 경우, 서버의 히트 수는 13회다. 그러나 실제로 들어온 사람은 한 명이니 13배의 차이가 난다. 접속 수는 페이지에 1회 접속한 것 자체를 한 명으로 생각한다. 쉽게 생각하면 정확한 방문자 수를 얻을 수 있지만, 한 번 방문했던 사이트를 다시 방문하는 경우에도 방문자 수를 계산하므로 정확한 숫자는 아니다. 다만, 여러 종류의 히트 수를 분석하므로 실제 방문자 수에 근사치를 얻을 수 있다.
히트 수는 단순히 HTML 페이지나 그래픽 이미지가 몇 번 읽혔는가를 나타내는 HTML과 이미지 카운트에 접속하는 브라우저의 특성, CGI 프로그램의 사용빈도보다 구체적이고 전문적인 배경 지식을 요구하는 브라우저 카운트, CGI 카운트 등 다양한 종류가 있다[《NEW 경제용어사전》(미래와 경영, 2006)의 내용을 참조해 설명함].

63 상업적 시도의 핵심 플레이어는 모두 구글 계열이다. 14장에서 소개된 소비자의 마이크로 순간(micro-moments)과 같은 디지털 분석 플랫폼과 관련 기술로 비즈니스와 B2B, B2C 고객들을 통제하고 있는 구글의 경쟁력에 다시 한 번 놀랄 수밖에 없다.

6th Edition

Marketing

16장

마케팅믹스의 전략적 통합

경쟁우위를 확보하라

/ 학 / 습 / 목 / 표 / (Learning Goals)

1. 마케팅믹스 통합의 개념, 개별 마케팅믹스전략의 유형을 학습한다.
2. 사례를 토대로 마케팅믹스 통합의 유형을 이해한다.
3. 마케팅믹스 통합의 전략적 시사점을 학습한다.
4. 기업의 핵심비즈니스 프로세스와 마케팅믹스 통합의 관계를 이해한다.

1 마케팅믹스의 전략적 통합

지금까지 제품, 가격, 유통과 통합마케팅커뮤니케이션에 관한 마케팅믹스 내용을 개별적·심층적으로 학습하였다. 실제의 비즈니스 세계에서 마케팅믹스전략 계획을 수립하고 실행하기 위해서는 이러한 개별적 마케팅믹스전략 내용을 마케팅목표의 달성을 위해 통합해야 한다. 이번 장에서는 마케팅믹스를 전략적으로 통합하는 개념과 그 시사점을 사례와 함께 살펴본다. 또한 마케팅믹스의 통합과 기업의 핵심비즈니스 프로세스와의 관계를 학습한다.

1. 마케팅믹스 통합의 의의와 기준

- **학습목표 1:** 주요 개념 (1)
  - 마케팅믹스 = 기업이 표적시장에 마케팅목표를 추구하는 데 사용할 수 있는 마케팅 도구의 집합으로 자사가 통제 가능한 전략적 도구들 = 4P는 제품, 가격, 유통 및 촉진으로 구성
  - 마케팅믹스의 통합 = 효율적인 마케팅믹스전략의 실행 → 믹스들을 일관성 있게 계획하고, 상호 보완하도록 조합

기업에서는 마케팅전략을 통해 통제 불가능한 외부환경에 적응하거나 자사에 유리한 환경을 창출하기 위해 통제 가능한 마케팅 변수를 활용한다. 이러한 마케팅전략 활용 시 통제 가능한 마케팅 변수를 마케팅믹스라고 한다. 즉, 마케팅믹스는 기업이 표적시장에 마케팅목표를 추구할 때 사용하는 마케팅전략도구의 집합을 말한다. 즉, 마케팅믹스는 각 시장을 공략하는 전략을 수립하고 실천하는 기본 틀로, 1960년에 매카시(E. J. McCarthy)가 제품, 가격, 유통, 촉진 등 4P라는 개념을 도입한 이후 더욱 구체적인 변수들을 중심으로 이야기되고 있다.[1] 이러한 변수는 제품이나 서비스 자체의 개념과 내용은 물론 제품이나 서비스의 용도와 유용성, 전달과 유통을 할 수 있는지를 의미하는 이용 용이성, 촉진에 따른 이미지 그리고 여러 종류의 가격결정 등을 포함한다. 이러한 변수들은 제한된 마케팅 자원을 더 효과적으로 사용하고자 할 때 조합해 사용해야 할 마케팅믹스의 구성요소이고, 지금까지 그 각각을 살펴보았다.

마케팅믹스가 마케팅전략에서 차지하는 위치는 〈그림 16-1〉을 참고한다. 마케팅 관

리자는 기업 환경을 분석하고 시장을 세분화한 뒤 경쟁우위를 획득할 수 있는 표적시장을 선정하고 제품 포지셔닝을 결정한다. 이러한 표적시장에 효율적으로 소구하기 위해 통제 가능한 도구인 제품, 가격, 유통과 촉진을 일관성 있게 계획하고, 상호 보완적으로 실행할 수 있게 설계해야 한다.

마케팅전략에서 가장 중요하게 고려해야 할 것은 표적시장에서의 경쟁우위 확보다. 따라서 마케팅믹스의 조합을 이러한 경쟁 관점에서 더욱 효율적으로 구성하려면 경쟁의 개념을 고려한 제품과 가격이 가장 기본적인 의사결정사항이 된다. 여기서 유의할 점은 같은 제품이라도 어떤 시장이냐에 따라 경쟁이 달라지므로 마케팅믹스의 조합 방향은 달라진다는 점이다. 예컨대 현대자동차 제네시스 EQ(에쿠스)는 한국 시장에서는 고품질-고가격전략을 사용하며, 미국 시장에서는 고품질-대등 · 저가격전략을 사용한다. 즉, 같은 제품이라도 시장마다 경쟁의 개념을 고려하여 다른 마케팅전략을 사용하므로 마케팅믹스 역시 같지 않다. 시장에 따라 사용하는 전략이 다르므로, 제품사양도 표적시장별로 차이가 있다.

마케팅믹스 중 제품과 가격이 마케팅믹스의 기본적인 의사결정이 되므로 경쟁제품과 비교하여 상대적인 제품의 품질과 상대적인 가격수준을 제시하여 표적시장에서의 전

그림 16-1 **마케팅전략과 마케팅믹스**

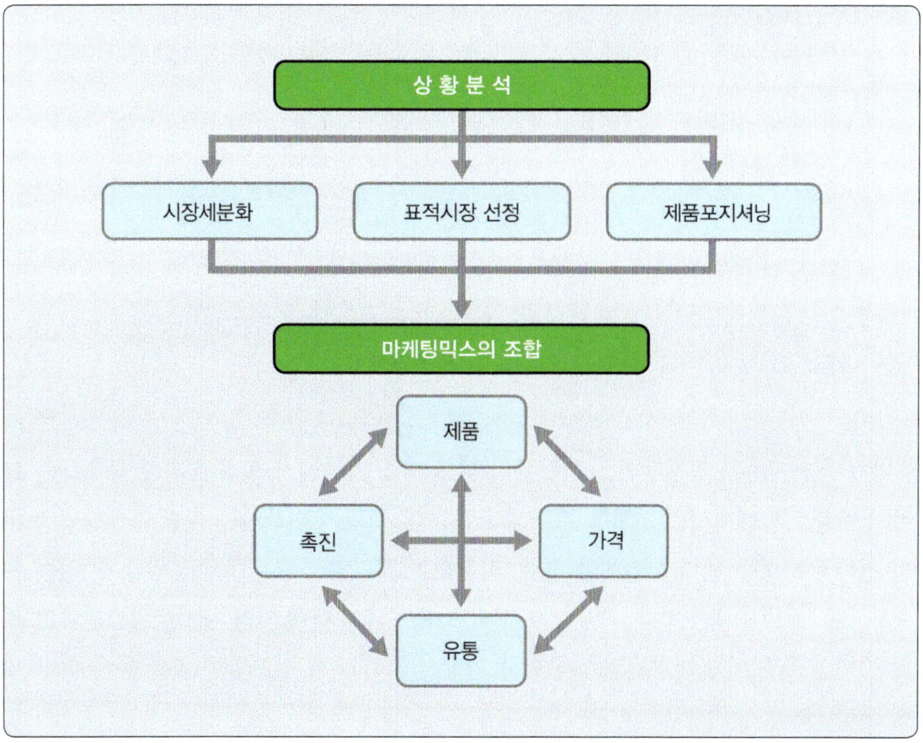

략적 위치를 결정한 후, 유통과 촉진에 대한 의사결정은 상대적으로 나중에 고려한다. 제품의 특성과 가격에 따라 유통과 촉진에 관한 결정이 이루어진다는 것은 마케팅믹스 간의 일관성 유지를 위해 선택할 수 있는 대안, 즉 전략적 결정의 범위가 좁아지는 것을 의미한다. 예를 들어 어떤 제조업자가 경쟁사보다 품질이 뛰어난 혁신적인 제품을 출시한다고 하자. 이 경우 가격을 먼저 결정하고, 그 후에 이러한 가격의 신제품에 거부감이 없는 표적고객층에 접근이 쉬운 특정유통경로를 설정한다. 이때 사용하는 촉진전략은 제조업자가 신제품을 최종 소비자에게 직접 알리는 풀전략 광고일 것이며, 고객에게 제품의 존재를 알리고 차별적인 이미지를 심는 데 주력하게 된다.

그러나 각 믹스의 상대적인 중요도는 시장상황, 제품특성, 기업의 특성 등에 따라 달라진다. 특히 제품이 표준화되어 있는 시장의 경우, 경쟁우위를 제공할 수 있는 믹스는 상대적으로 저렴한 가격, 접근이 쉬운 유통망 또는 적극적인 촉진으로 결정할 수 있으며, 제품과 가격보다 유통이 최우선이 되기도 한다.

2. 개별 마케팅믹스의 전략 유형과 통합

- **학습목표 1: 주요 개념(2)**
  - 개별 마케팅믹스전략 유형:
    - 제품믹스 = 직접적인 경쟁제품과 품질을 비교한 상대적 고품질전략, 대등품질전략, 상대적 저품질전략을 선택
    - 가격믹스 = 경쟁제품과의 가격을 비교해 상대적 고가격전략, 대등가격전략, 상대적 저가격전략을 고려해 선택
    - 유통믹스 = 유통커버리지를 기준으로 좁은 커버리지전략과 넓은 커버리지전략으로 나눌 수 있음.
    - 촉진믹스 = 제조업자가 촉진을 진행하는 대상에 따라 풀전략과 푸시전략으로 나눌 수 있음.
    - 네 가지의 개별적 마케팅믹스가 취할 수 있는 전략 유형 조합 = 3 × 3 × 2 × 2 = 36가지의 마케팅믹스 조합
  - 가장 효과적인 마케팅믹스 조합 = 시장상황, 제품특성 및 기업의 특성에 따라 달라질 수 있으므로 기업은 이러한 요소들을 고려해 효율적인 마케팅믹스 조합을 선택해야 함.

마케팅 관리자는 경쟁우위를 획득하기 위해 최소 자원에서 최대 효과를 창출하는 최적의 배율로 마케팅믹스 통합을 추구해야 하는데, 그러기 위해서는 개별 마케팅믹스 내의 전략적 구성을 먼저 고려해야 한다. 각각의 마케팅믹스 요소에서 선택할 수 있는 유형은 〈표 16-1〉을 참조한다. 개별 마케팅믹스 유형의 선택에 따라 마케팅믹스전략의 조합이 이뤄지며, 이는 마케팅믹스 통합 유형에서 각각의 예를 포함한 표를 통해 더 자세히 설명한다.

표 16-1 **개별 마케팅믹스의 유형**

믹스 종류	믹스전략 유형	선택 상황 및 조건
제품믹스	상대적 고품질	• 혁신적인 신제품 • 경쟁사제품 대비 성능, 디자인, 사용 용이성 등이 우월한 제품
	대등품질	• 경쟁사 제품과 성능, 디자인, 사용 용이성 등에서 비슷한 제품
	상대적 저품질	• 경쟁사 제품과 성능, 디자인, 사용 용이성 등에서 열등한 제품
가격믹스	상대적 고가격	• 시장에 처음 도입되는 혁신적 제품의 경우 • 경쟁제품보다 자사제품이 고품질인 경우 • 경쟁사 대비 촉진능력이 뛰어나거나 광범위한 유통망을 확보한 경우 • 제품개발에 소용된 비용의 신속한 회수를 추진하는 경우 • 고객이 가격을 품질의 지표로 사용하는 경향이 높은 제품의 경우
	대등가격	• 과도한 가격경쟁 유발을 피하고자 할 경우 • 정부규제 등 외부의 제한조건이 존재하는 경우 • 가장 일반적인 가격 믹스 형태
	상대적 저가격	• 경쟁사 대비 가격 경쟁을 확보하고자 하는 경우 • 시장진입 초기에 저가격으로 진입하여, 고객 확보 후 가격변경을 시도하는 경우
유통믹스	넓은 유통커버리지	• 제품이 소구하는 고객층이 넓고 고객의 숫자가 많은 경우
	좁은 유통커버리지	• 제품이 소구하는 고객층이 제한적인 경우
촉진믹스	풀전략	• 광고 및 소비자 판촉의 경우 • 제조업자가 최종 소비자를 대상으로 적극적인 커뮤니케이션을 하여 소비자 스스로 능동적으로 제품을 찾게 함으로써, 중간상이 제품을 취급하게 만드는 경우
	푸시전략	• 인적 판매, 중간상 판촉의 경우 • 제조업자가 최종 소비자에 제품 추천을 하도록 중간상을 대상으로 촉진하는 형태

제품믹스 제품은 객관적이고 표준화된 기준에서의 구분이 아니라 직접적인 경쟁제품과 비교해 상대적 고품질, 대등품질 그리고 상대적 저품질 전략으로 나뉜다.

가격믹스 기업에서 사용할 수 있는 가격전략은 상대적 저가격전략(low pricing strategy), 대등가격전략(parity pricing strategy) 그리고 상대적 고가격전략(premium pricing strategy)으로 구분할 수 있다. 가격전략 선택은 기업이 보유하고 있는 자원이나 환경에 영향을 받는다.

기업이 전국 유통망을 갖고 있거나 뛰어난 촉진능력을 소유한 경우는 경쟁자와 대등한 품질의 제품이라도 상대적 고가격전략을 선택할 수 있다.

유통믹스 유통전략은 커버리지를 기준으로 좁은 커버리지전략과 넓은 커버리지전략으로 나뉜다. 일반적으로 기업은 유통커버리지에 따라 개방적 · 선택적 또는 전속적 유통경로 중 하나를 먼저 결정하고, 원하는 통제 수준에 따라 독립적인 중간상을 이용하거나 수직적 통합을 하는 2단계 의사결정을 하게 된다.

촉진믹스 촉진의 도구는 광고, 판촉, PR과 인적 판매로 구분하며, 기업은 이러한 촉진믹스를 조합하여 소비자에게 일관성 있는 내용의 통합마케팅커뮤니케이션으로 소구한다. 촉진믹스는 광고와 소비자 판촉으로 구성된 풀전략과 인적 판매 그리고 중간상 판촉으로 구성된 푸시전략으로 나뉜다.

3. 사례로 본 마케팅믹스 통합 유형

- **학습목표 2: 주요 개념(1)**
  - 고품질 - 고가격전략 사례 = 진로 재팬 소주, 하겐다즈, 부가티, 에르메스, 한국의 제네시스 EQ(에쿠스)
  - 고품질 - 대등가격전략 사례 = 아우디, 렉서스
  - 고품질 - 저가격전략 사례 = 사이제리야
  - 대등품질 - 고가격전략 사례 = 선도기업의 소비재 제품
  - 대등품질 - 대등가격전략 사례 = 1, 2위 기업의 생필품 제품
  - 대등품질 - 저가격전략 사례 = 이마트 PB, 코스트코 커크랜드, 유니클로 히트텍, 아이오페 에어쿠션
  - 저품질 - 저가격전략 사례 = 오렌지팩토리

앞에서 제시한 네 가지의 개별적 마케팅믹스를 조합하면 〈그림 16-2〉처럼 3×3×2×2=36개의 조합이 도출된다. 이 중에 선행되는 의사결정사항인 제품과 가격의 조합인 아홉 가지의 믹스에 대해 알아보기로 한다.

• Cell 1

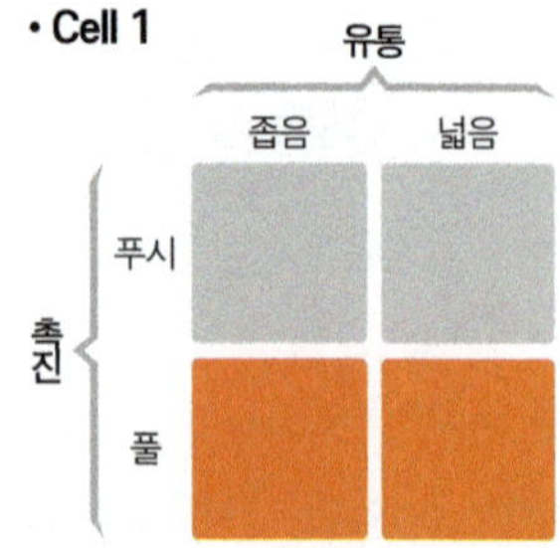

고품질-고가격전략 I 진로 재팬 소주, 하겐다즈, 부가티

이 경우 기업의 가장 중요한 경쟁우위는 제품의 고품질에 있다. 경쟁사 제품보다 우월한 제품을 소비자에게 제공함으로써 높은 가격을 받을 수 있다. 이 경우는 고품

그림 16-2 **마케팅믹스전략의 조합**

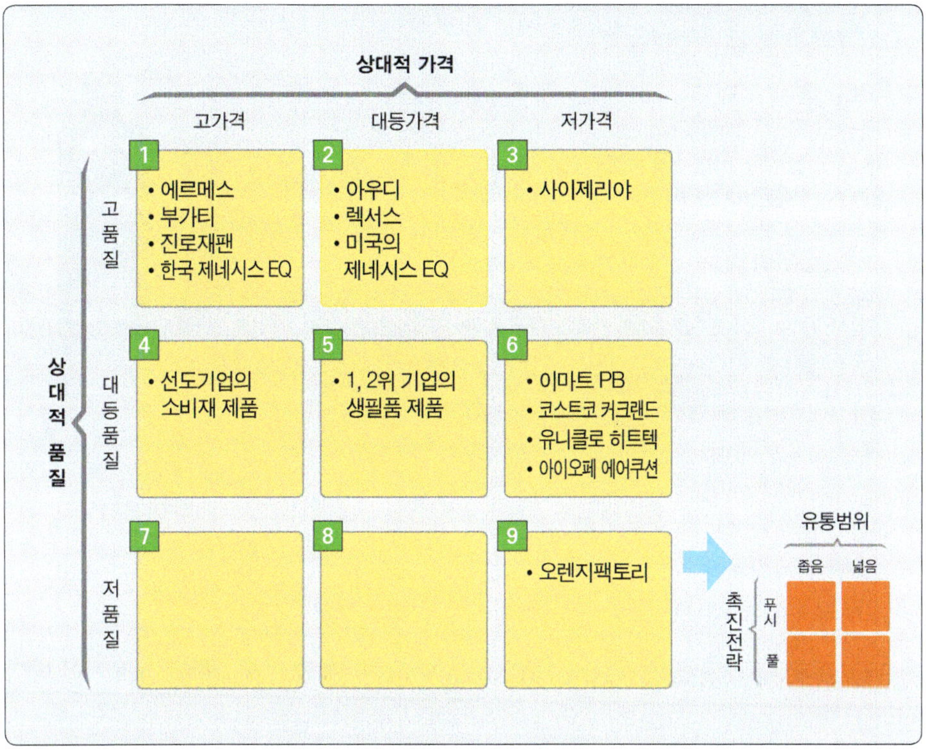

그림 16-3 **고품질 - 고가격전략 사례: 하겐다즈와 부가티**

질이라는 차별적 우위를 소비자에게 직접 소구하여 자사제품을 찾게 하는 풀전략을 사용하는 것이 더 효과적이다. 또 제품이 편의품이고 시장규모가 크며 선도기업일 경우 넓은 유통커버리지로 전략을 택하고, 제품이 전문제품이고 시장규모가 작을 때는 좁은

고품질-고가격전략: 진로 재팬의 고가 소주

진로 재팬, 日 술 시장 공략 속도 높인다

진로 재팬이 일본에서 위스키와 동등한 대접을 받을 수 있는 이유는 하이트 진로가 현지 소비자들의 취향에 맞추면서 프리미엄전략으로 차별화를 꾀했기 때문이다. 이른바 '고품질 고가격' 정책이다. 진로 재팬 소주는 경쟁제품보다 가격이 10% 더 높은데, "품질에 자신이 있었기 때문"이라는 게 이남수 사장의 이야기다. 덕분에 일본에서는 "한국 소주가 일본 소주보다 비싼 게 당연하다"며 위스키와 동급이라는 인식이 굳어질 수 있었다. 한편 한국에서는 도자기 전문업체 광주요가 '화요'라는 증류식 고품질, 고가 소주를 출시해 선택적 유통경로 커버리지전략으로 사업을 다각화하고 있다.

출처: 〈헤럴드경제〉, "진로 재팬, 日 술 시장 공략 속도 높인다", 2010년 2월 18일 자

유통커버리지로 전략을 선택하는 것이 바람직하다.

고품질-고가격전략을 사용하는 제품의 경우, 고객층이 한정되어 있기 때문에 고객관계관리(CRM)가 중요하다. 명품 의류 브랜드나 고가 화장품 브랜드가 VIP 고객을 대상으로 패밀리세일, 프리세일을 하는 경우가 고품질-고가격전략을 구사하는 대표적인 방법이다.

고품질-고가격전략에 해당하는 제품에는 진로 재팬의 고가 소주, 고가 아이스크림인 하겐다즈, 고급 브랜드인 에르메스(Hermes), 부가티(Bugatti) 등의 명품이 있다. 한편 명품 브랜드들은 꾸준히 광고를 활용하는데, 이는 특정고객층에게 소구하는 고품질-고가격 전략을 지원하는 동시에 사회적 신분의 상징(status symbol)을 시그널링하며 명품의 존재를 알려주고 욕망(desire)을 자극하는 데 그 목적이 있다.

고품질-대등가격전략 | 아우디와 렉서스

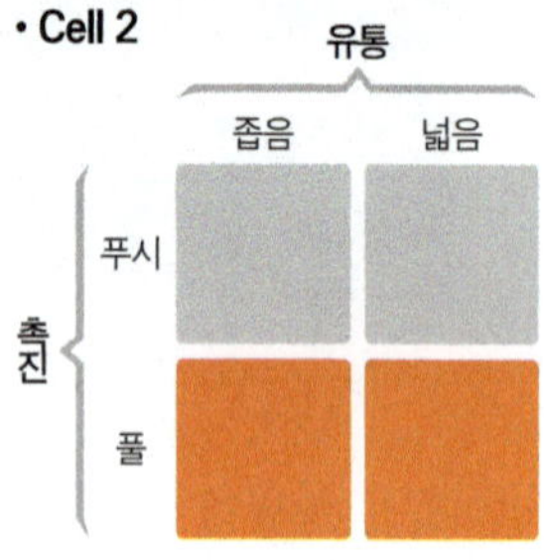

경쟁사보다 우수한 고품질 제품을 경쟁사와 비슷한 가격으로 소비자에게 제공함으로써, 가격경쟁력에서 우위를 점할 수 있는 전략이다. 그러나 기업이 이러한 마케팅 믹스를 선택하려면 경쟁사 대비 원가우위를 확보해야 한다. 원가우위를 확보하지 않은 상황에서 이 전략을 사용하면 이윤 폭이 작아 이 전략을 장기적으로 수행하는 데 어려움이 따른다. 이 전략은 도전기업이 도전자 위치에서 선도기업의 시장점유율을 빼앗기 위해 또 시장에 성공적으로 진입하기 위해 사용하

그림 16-4 **고품질 - 대등가격전략 사례: 아우디와 렉서스**

며, 고품질의 제품이므로 Cell 1에서처럼 푸시전략보다는 풀전략을 적절히 사용해야 한다. 고품질-대등가격전략에 해당하는 사례로는 럭셔리 브랜드 내에서 선두로 발돋움하기 위해 도전하는 아우디, 렉서스 등을 들 수 있다.

고품질-저가격전략 | 사이제리야

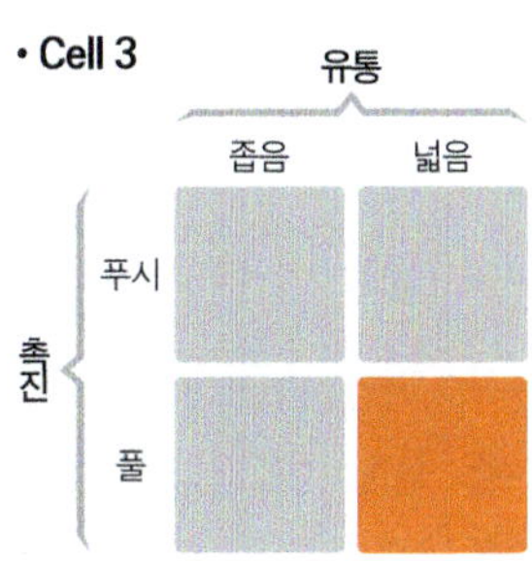

경쟁사보다 고품질 제품을 저가로 소비자에게 제공하는 전략은 기업이 경쟁사보다 강력한 원가우위를 보유하고 있거나 이윤을 희생해서라도 시장점유율을 높이겠다는 목표를 가질 때 제한적으로 사용한다. 주로 도전기업이 한시적으로 사용하는 전략으로, 고품질-저가격-넓은 유통커버리지-풀전략의 마케팅믹스 조합을 사용한다. 그래서 실무적으로 사용하는 경우가 드물고 사례도 많지 않은 편이다. 고품질 고기를 취급하는 정육점 식당, 일본의 외식기업인 '사이제리야(Saizeriya)'가 여기에 해당한다.

고품질-저가격전략 사례: 사이제리야

출처: 《월간식당》, 2008년 11월.

일본의 외식기업 중 이탈리안 요리를 전문으로 하는 패밀리레스토랑 '사이제리야'는 '고품질-저가격전략'을 활용해 성공한 대표적인 사례로 손꼽힌다.

사이제리야의 최대 경쟁력은 가격이다. 주메뉴인 스파게티의 경우, 가장 저렴한 스파게티가 299엔, 가장 비싼 스파게티가 499엔이다. 피자 역시 가장 저렴한 피자가 299엔, 가장 비싼 피자가 609엔이다. 스테이크의 경우, 가장 저렴한 스테이크는 햄버그스테이크로 399엔이며, 가장 비싼 스테이크는 립스테이크로 929엔이다. 이는 우리나라에서는 도저히 상상할 수 없는 가격이다. 더욱 놀라운 것은 이 가격이 지난 10년간 변동이 없다는 점이다.

사이제리야가 1973년 창업 이래 철저한 '고품질-저가격'의 경영전략을 지속할 수 있었던 비결은 식자재 조달 시스템 덕분이다. 첫째, 채소는 직접 생산한다는 원칙을 고수한다. 전국 산지의 농가와 계약을 맺고 원하는 채소를 안정적으로 공급을 받아 가격안정은 물론, 신선도 면에서도 차별화했다. 둘째, 이탈리아 본고장 맛을 내기 위해 이탈리안 요리의 주재료를 현지에서 직접 구매해 중간 이윤을 없애고 가격경쟁력을 높였다. 셋째, 2002년 호주 멜버른에 40만 평 규모의 식품 가공공장을 설립, 음식재료가 풍부한 현지에 생산거점을 마련해 안전하고 저렴한 식자재와 가공식품을 지속해서 공급할 수 있도록 했다.

대등품질-고가격전략 | 선도기업의 소비재 제품

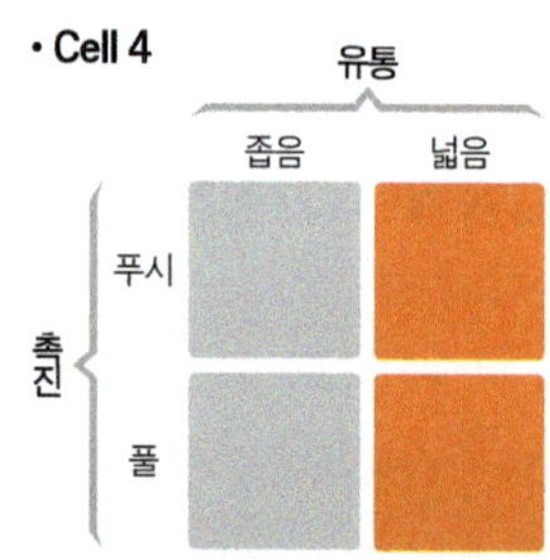

이 전략은 경쟁사와 비슷한 품질의 제품을 더 비싸게 소비자에게 제공하는 것으로, 해당하는 경쟁적 우위는 광범위한 유통커버리지와 유통경로 통제능력 그리고 촉진능력이다. 다른 제품의 성공에 힘입어 기업이나 브랜드 이미지가 이미 월등한 위치에 있고, 넓은 유통경로를 확보 · 통제할 수 있으며, 필요하면 전폭적인 광고 지원이 가능한 선도기업이 주로 사용하는 전략으로 중단기적으로 사용할 수 있다. 제품의 품질이 보장되지 않는 한 기술력 있는 도전기업에 시장을 빼앗길 수 있으므로, 장기적으로는 Cell 1이나 Cell 5의 전략으로 변경해야 한다. 기업의 기타 제품들은 고품질 제품에 속하지만 하나의 제품만 품질이 조금 떨어지는 경우에 이 전략을 사용한다.

이 전략이 더욱 효율적인 상황은 시장 내에 경쟁강도가 높지 않고, 선도기업에 도전하는 기업이 거의 없으며, 제품특성상 품질의 구분이 어렵거나, 기업이나 브랜드의 이미지가 제품선택에 중요 요인인 경우, 소비자가 제품에 대한 정보획득이 어려운 경우에 사용하는 전략이다. 편의품의 경우, 대등품질-고가격-넓은 유통커버리지-풀전략의 마케팅믹스 조합이 효과적이며, 기업이 유통경로를 통제해 경쟁사의 소비자 접근을 차단하기 쉬운 경우에는 대등품질-고가격-넓은 유통커버리지-푸시전략의 마케팅믹스 조합도 사용할 수 있다. 대표적으로는 거의 복점(duopoly)에 가까운 우리나라의 가전제품업체 삼성전자와 LG전자의 많은 가전제품이 이 셀(cell)에 해당한다. 물론 두 회사가 사활을 건 신제품 TV와 냉장고 등은 고품질-고가격전략에 해당하지만, 기타 많은 가전제품은 이 셀에 해당한다.

대등품질-대등가격전략 | 서울우유, 유한킴벌리 등의 생필품

• Cell 5

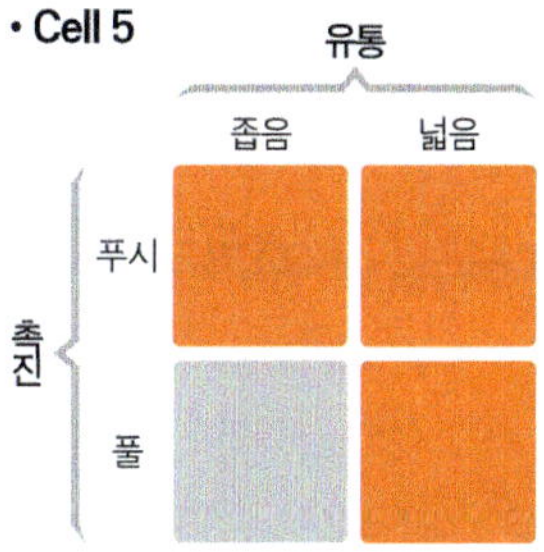

이 전략은 시장이 매우 광범위하고 제품차별화가 어려우며 경쟁이 치열한 상황에 사용한다. 가장 널리 이용하지만, 이 전략이 성공하려면 강력한 유통능력과 촉진능력이 필요하다. 만약 이러한 능력을 갖추지 못한 경우에는 평균 이상의 수익률을 올리기가 어렵다. 결국, 이 전략은 선도기업에 더욱 효율적인데, 이는 선도기업이 대량생산과 대량판매를 통한 규모의 경제를 이루고, 원가우위를 확보하기 유리해 결국 유사한 가격과 유사한 품질의 경쟁사 제품에 비해 높은 이익을 얻을 수 있기 때문이다. 대등품질-대등가격전략에 해당하는 사례는 시장 내 1, 2위 기업이 생산하는 우유, 화장지 등 대부분 생필품을 들 수 있다.

대등품질-대등가격-넓은 유통커버리지-풀전략은 선도기업이 광고를 통해 제품의 차별화된 이미지를 계속 소비자에게 인식시킴으로써 대량판매를 유도하는 편의품에 사용할 수 있는 전략으로 CJ, 대상, 풀무원 등이 자주 사용한다. 그러나 제품특성이 전문제품인 경우에는 좁은 유통커버리지를 활용한다.

추종기업이 선도기업의 제품을 모방(me-too 또는 wanna-be)한 제품 판매 시 소비자들이 추종자의 제품에 확신을 하지 못하므로 대등품질-대등가격-넓은 유통커버리지-푸시전략으로 중간상 판촉과 인적 자원을 활용해 소비자를 확보하는 전략을 사용한다. 예컨대 약국에서 고객이 드링크나 약을 추천해달라고 하면 주는 드링크나 약을 들 수 있다. 이 제품들은 중간상에 가장 높은 이윤을 제공하는 제품이기 때문이다. 추종기업이 선도기업보다 규모가 작거나 유통능력이 떨어지는 경우에는 대등품질-대등가격-좁은 유통커버리지-푸시전략으로 추종자에게 유리한 특정지역을 선별해 해당 지역의 소비자에게 소구하는 방법을 선택한다. 예컨대 부산의 시원, 제주의 한라산 등 지역 소주 등이

그림 16-5 **대등품질-대등가격전략 사례**

① 서울우유: 국내 우유시장 점유율 1위 ② 유한킴벌리: 국내 화장지시장 점유율 1위

이에 해당한다.

대등품질-저가격전략 | 이마트 PB, 코스트코 커크랜드, 유니클로 히트텍, 아이오페 에어쿠션

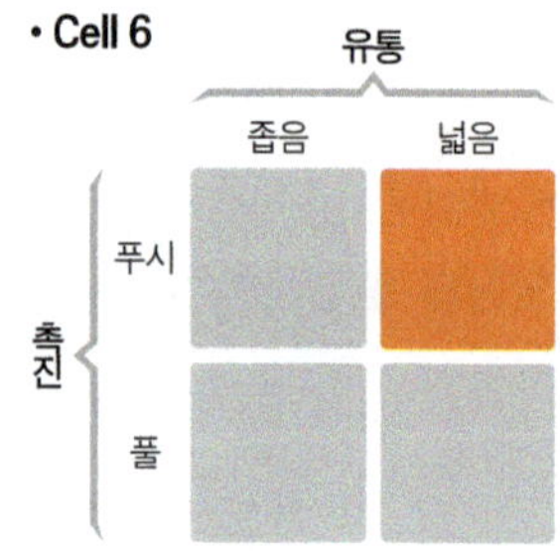

이 전략은 이미 제품이미지에서 경쟁우위가 확보된 선도기업보다는 대다수의 추종기업과 소비자들에게 인지도가 낮은 소수의 도전기업에서 사용한다. 대등한 품질의 제품을 상대적으로 저가격에 소비자에게 제공하는 전략으로, 우선 가격경쟁력이 확보된 상황에서 사용할 수 있다. 이 경우는 경쟁사가 선도기업 제품과 대등한 품질의 제품을 생산해도 브랜드나 기업이미지가 떨어지는 경우, 이윤을 포기하고 가격으로 소비자에게 소구하려는 것이다. 대등품질-저가격전략에 해당하는 사례는 지방 읍, 면 등에서 판매하는 기름, 세제, 비누 등의 생필품과 홈플러스, 이마트 등 유통업체에서 자사의 이름을 붙여 판매하는 개인 라벨 브랜드(Private label Brand)를 들 수 있다. 홈플러스 휴지, 이마트 휴지 등이 바로 여기에 속하고, 코스트코에서 판매하는 커크랜드(Kirkland) 제품도 이에 해당한다. 또 유니클로의 히트텍, 아이오페의 에어쿠션, 더페이스샵의 명한 미인도 율 등은 대등품질로 인식되어 히트상품으로 발돋움했다.

또 고가 내구재에서의 대등품질-저가격전략에 해당하는 사례는 미국 시장에서의 에쿠스를 들 수 있다. 미국 시장에서 현대자동차 에쿠스는 BMW, 렉서스 등 고급 차보다 높은 성능 사양과 옵션을 제공하여 품질에서 대등하다는 것을 소구하면서 가격은 저렴하게 책정해 시장점유율을 높이는 데 주력하고 있다. 에쿠스를 미국 시장에 처음 진입시키

면서 대등품질-저가격전략을 한시적으로 사용했지만, 제네시스 EQ를 런칭시키면서 차차 대등품질-대등가격 또는 고품질-대등가격전략을 사용하기 위해 노력하고 있다.

대등품질-저가격-넓은 유통커버리지-푸시전략은 편의품시장의 추종기업들이 많이 사용하며 저렴한 비누, 세제, 소시지, 어묵 등 주말 쇼핑 시 슈퍼나 마트에서 쉽게 구할 수 구할 수 있는 제품들이 이에 해당한다. 이 전략은 중간상 판촉을 통해 부족한 소비자 흡인력을 높이고, 유통망을 확보하는 것이다. 즉, 제품인지도가 상대적으로 낮은 제품을 중간상 수준에서 권하는(푸시하는) 것으로, 약국에 가서 유명한 잇몸치료제를 찾는데 효능은 같지만, 가격이 저렴하다며 다른 제품을 권하는 것도 또 다른 예에 해당한다.

또 소수의 도전기업도 이러한 전략을 사용하는데, 시장점유율을 단기간에 증진하고자 할 때 사용한다. 이 경우 기업이미지 제고를 위해 광고를 집중적으로 하고, 소매상에게 이윤을 더 주어 가게 앞에 진열하도록 하는 대등품질-저가격-넓은 유통커버리지-풀전략의 형태를 띠며, 과거 집들이용 세분시장을 집중적으로 공략했던 무궁화 파워 브라이트 세제 등이 이에 해당한다. 과거 무궁화 파워 브라이트 세제는 '집들이 선물은 브라이트'라는 광고를 통해 소비자들에게 집들이용 선물이라는 인식을 심어준 뒤, 동네가게 점주들에게 기존 제품들보다 이윤을 높게 주는 대신 눈에 잘 띄는 곳에 진열하도록 하여 소비자들의 선택을 받을 수 있게 하였다.

그림 16-6 **대등품질-저가격전략 사례**

그림 16-7 대등품질-저가격-넓은 유통커버리지-푸시전략 사례: 동산 C&G 오이비누

그림 16-8 대등품질-저가격-넓은 유통커버리지-풀전략 사례: 무궁화 파워 브라이트 세제

저품질-고가격전략

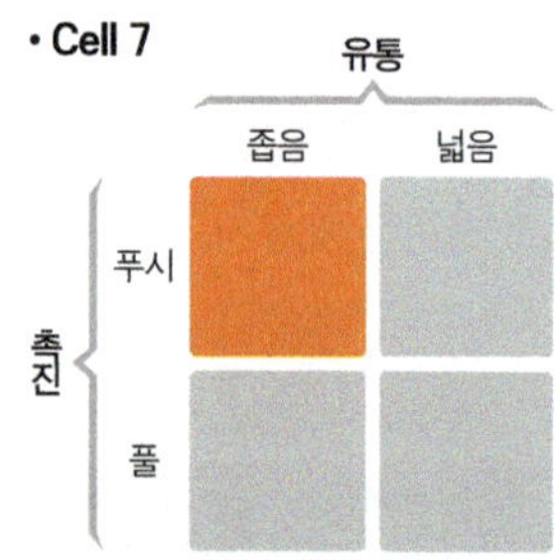

특수한 기술력이 필요한 제품시장이거나 지역적인 시장분할이 명확한 독점시장인 경우 또는 소수의 기업에서 독단적으로 운영하는 과점시장의 경우이거나 소비자 선택이 제한된 시장상황일 때만 사용할 수 있는 전략이다. 소비자가 품질을 잘 모르는 제품인 경우나 기술집약적 제품의 초기에 이 전략을 활용하면 단기간 수익을 올릴 수 있다. 그러나 장기적인 전략으로는 적합하지 않으며 사용하지 않아야 한다. 조금이라도 품질이 높거나 가격이 낮은 경쟁제품이 등장하면 위기에 처하기 때문이다.

저품질-대등가격전략

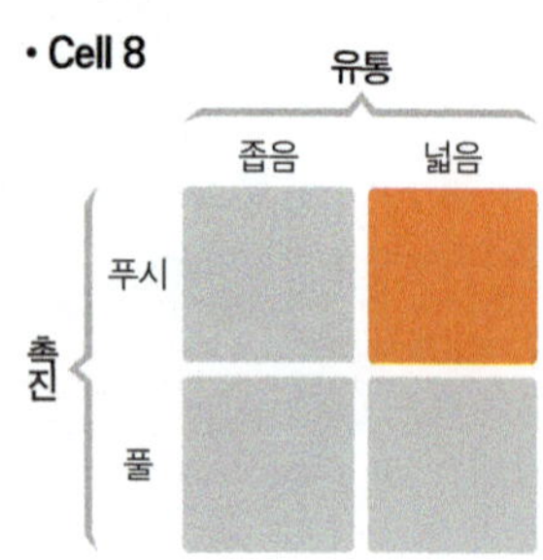

경쟁제품의 품질 대비 고가전략을 선택할 수 있는 경우는 유통능력이 뛰어날 때다. 이 경우도 기업이 시장 내 선도기업이어서 기업이미지가 좋고 유통망을 넓게 가지고 있으며 경쟁사는 상대적으로 유통능력이 부족할 때, 자사제품의 품질이 경쟁제품보다 다소 떨어지더라도 대등한 가격정책을 선택할 수 있다. 저품질-대등가격-넓은 유통커버리지-푸시전략의 경우에 가장 효율적인 믹스로 유통망 통제가 중요하므로 광고보다는 중간상 판촉과 인적 판매를 활용해 소비자에게

소구한다. 그러나 이상적인 전략은 아니며, 저품질-고가격전략과 마찬가지로 사용하지 않는 것이 좋다.

저품질-저가격전략 I 오렌지팩토리

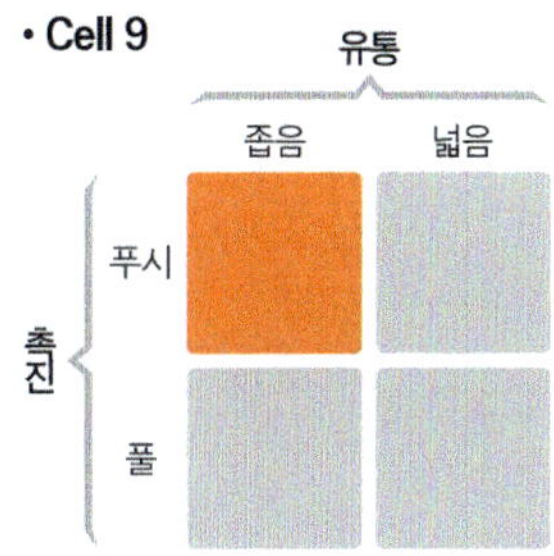

추종기업이 저소득층 소비자를 표적집단으로 하여 저품질의 제품을 절대적인 기준의 저가격으로 판매하는 전략을 말한다. 이 경우 저품질-저가격-좁은 유통커버리지-푸시전략을 사용해 더 포괄적인 소비자 대상의 광고를 집행하지 않음으로써 비용을 절약하고, 특정목표시장만을 집중적으로 소구하며, 중간상 판촉을 주요 전략으로 사용한다. 단, 선도기업과 도전기업은 저가격정책으로 인해 기업이미지를 저하할 수 있으므로 이러한 전략 사용을 피하고, 니치(niche)기업은 적정 이윤을 확보하기 불가능하므로 선택하지 않는다. 따라서 제품차별화나 이미지차별화가 어려운 추종기업만이 고려할 수 있는 전략이다. 이 전략을 사용하는 기업의 제품이 대등품질로 인식되면, 시장에서 크게 성공할 수 있다. 물론 이 이동 과정에서 풀전략이 더 중요해진다. 이러한 전략의 대표적인 기업이 오렌지팩토리다. 저품질-저가격전략으로 시작해서 성공하고 독창적으로 성장하여 대등품질-저가격 셀로 이동하고 있다. 온라인사이트에 제시된 오렌지팩토리 기사를 참조하면 이 회사의 특이한 전략을 이해할 수 있다.

그림 16-9 **저품질-저가격전략 사례: 오렌지팩토리**

4. 마케팅믹스 통합의 시사점

- **학습목표 3: 주요 개념(1)**
  - 경쟁력우위의 원천과 마케팅믹스 조합:
    - 고품질 = 제품경쟁력, 대등품질 = 유통과 촉진경쟁력, 저품질 = 가격경쟁력
  - 시장지위와 마케팅믹스 조합:
    - 선도기업 = 이미 브랜드이미지를 구축했거나 월등한 유통이나 촉진능력을 보유 → 품질에 비해 가격을 대등하거나 높게 설정하는 전략을 선택할 수 있음.
    - 도전기업이나 추종기업 = 선도기업이 이미 지배하는 시장을 확보 → 상대적으로 저가전략을 선택
    - 니치기업 = 한정된 전문제품 생산 → 고가전략을 사용하는 경우가 일반적
  - 본원적 전략과 마케팅믹스 조합:
    - 고품질과 고가격 = 기술적 차별화 및 집중화
    - 고품질과 대등가격 = 기술적 차별화
    - 대등품질과 고가격 = 이미지 차별화
    - 저품질과 대등가격 = 이미지 차별화
    - 대등품질과 대등가격, 대등품질과 저가격 = 원가우위
    - 고품질과 저가격 = 극단적 원가우위
  - 최적의 마케팅믹스 통합 = 마케팅믹스의 최적 통합을 구성해도 고객의 필요와 욕구의 변화, 기술의 진보, 새로운 유통채널의 등장 등 환경의 변화가 시시각각 이뤄지므로 결정된 마케팅믹스 통합을 지속적으로 재점검하고 개선해나감 → 최소자원으로 최대성과를 거두는 최적 통합의 원칙을 유지하기 위한 유연성을 잃지 말아야 함.

경쟁력우위의 원천

마케팅믹스를 결정하고 실행하는 중에 경쟁우위 획득에 더욱 이바지하는 믹스가 있다. 즉, 각각의 개별적인 마케팅믹스의 중요성은 마케팅믹스 통합 유형별로 달라진다. 예를 들어 고가격과 고품질의 마케팅믹스에서는 제품경쟁력이 제일 중요하며, 대등품질과 대등가격의 경우, 유통이나 촉진능력이 더 중요한 믹스가 된다. 각각의 셀에서 가장 중요한 경쟁우위의 원천인 마케팅믹스는 〈그림 16-10〉을 참고한다.

시장지위에 따른 마케팅전략과 마케팅믹스 조합의 관계

시장지위에 따라 기업을 선도기업, 도전기업, 추종기업, 니치기업으로 분류하고, 이들이 선택할 수 있는 마케팅전략에 따라 마케팅믹스의 조합이 달라진다. 이러한 시장지위에 따라 선택 가능한 마케팅믹스 조합을 구성한 것이 〈그림 16-11〉이다. 일반적으로 선도기업은 품질보다 가격을 대등하거나 높게 설정할 수 있다. 이는 선도기업이 이

그림 16-10 경쟁력우위의 원천에 따른 마케팅믹스 조합

상대적 품질 \ 상대적 가격	고가격	대등가격	저가격
고품질	1 제품우위	2 가격 혹은 제품 우위	3 단기적 전략 (장기적으로 곤란)
대등품질	4 유통 혹은 촉진 우위	5 유통 혹은 촉진 우위	6 가격우위
저품질	7 단기적 전략 (장기적으로 곤란)	8 유통우위	9 가격우위

그림 16-11 시장지위에 따른 마케팅믹스 조합

상대적 품질 \ 상대적 가격	고가격	대등가격	저가격
고품질	1 선도기업 니치기업	2 도전기업	3 극단적 도전기업
대등품질	4 선도기업	5 선도기업 추종기업	6 추종기업 도전기업
저품질	7 독점기업	8 선도기업	9 추종기업

미 선호되는 기업이나 브랜드 이미지를 양호하게 구축했고, 월등한 유통이나 촉진능력을 보유하고 있기 때문이다. 이에 비해 도전기업이나 추종기업은 선도기업이 지배하는 시장을 확보하기 위해 상대적으로 저가제품을 출시해 진입을 시도하며, 니치기업은 한정된 전문제품을 생산하므로 고가전략을 사용한다.

본원적 전략과 마케팅믹스 조합의 관계

본원적 전략과 효율적인 마케팅믹스 조합의 관계는 〈그림 16-12〉와 같다. 일반적으로 고급시장에는 기술적 차별화를, 중가시장에서는 이미지차별화를 시도한다. 집중화는 소규모의 고급시장에서 사용하며, 품질 대비 가격이 대등하거나 저가전략을 구사하는 경우에 집중화를 사용하려면 경쟁요소로서 원가우위가 필수적으로 갖춰져야 한다. 원가우위가 없는 경우는 시장진입을 쉽게 하기 위한 목적 등으로 짧은 기간에 제한적으로 집중화를 사용하거나 아예 사용하지 않아야 한다.

그림 16-12 본원적 전략과 마케팅믹스 조합

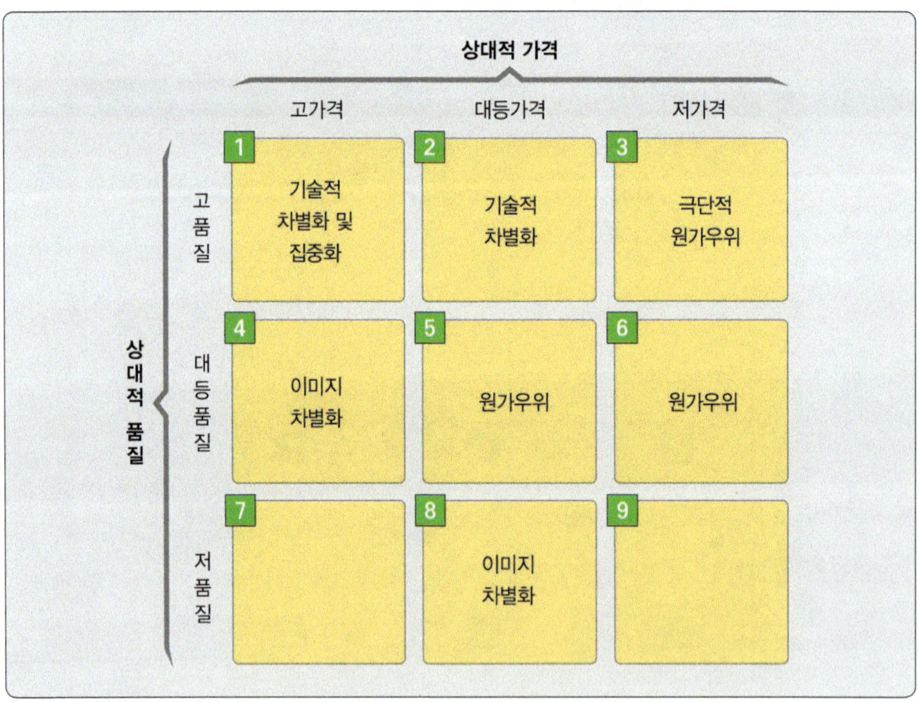

최적의 마케팅믹스 통합

앞의 모든 과정을 거쳐 일단 마케팅믹스의 최적 통합을 구성하면 이를 지속적으로 재점검하고 문제점이 발견되면 개선하고 발전시켜 나가야 한다. 각각의 믹스가 최대 효과를 발휘하는 완벽한 마케팅믹스 통합은 존재하기 어렵고, 모든 지역에서 통용되는 마케팅믹스 통합이 없듯이 시대를 뛰어넘을 수 있는 영원불멸한 마케팅믹스 통합 역시 없다. 지속해서 변화하고 재편성되는 시장, 고객의 필요와 욕구의 변화, 기술의 진보, 새로운 유통채널의 등장과 기업 자체의 재정 상태나 기업 브랜드 이미지 변화 등으로 현재 이상적인 마케팅믹스 통합은 불과 몇 년 뒤 경쟁력이 현저히 떨어질 수 있다. 결국, 최적의 마케팅믹스 통합이란 시대와 장소의 변화에 따라 달라지며, 이러한 변화의 방향을 충분히 감지하고, 이에 적극적으로 대응하는 과정에서 도출되는 것이다. 마케팅믹스 통합에 대한 통제와 평가에 대해서는 17장에서 더 자세히 설명하도록 한다.

이러한 관점에서 볼 때 표적시장의 변화에 신속하고 유연하게 마케팅믹스 조합을 변경하고, 빠른 적응을 보일 때 시장에서 기업의 제품이나 서비스가 성공할 확률이 높다. 일단 한 번 도출된 마케팅믹스의 최적 조합은 최소 자원으로 최대 성과를 거두는 최적 조합의 원칙을 유지하기 위해 지속적으로 개선하고 변화시켜야 하며 신속한 적응력과 유연성을 잃지 말아야 한다.

2 기업의 핵심비즈니스 프로세스와 마케팅믹스(4P)의 통합

지금까지 마케팅믹스의 전략적 통합에 대해 살펴보았다. 나아가 경쟁우위의 확보와 유지를 위해서는 마케팅전략뿐만 아니라 운영 및 생산 전략, 제품개발 및 R&D 전략 등 다른 기능적 전략 또한 유기적으로 통합되어야 한다. 즉 기능적 전략의 유기적 통합은 마케팅믹스전략의 통합보다 더 상위의 통합전략이며, 결국 비즈니스전략의 실행 관점에서는 기업 기능 간의 협업이 중요하다. 기업의 핵심비즈니스 프로세스를 알아보고 그 프로세스와 마케팅믹스와의 관계를 살펴본다.

1. 기업의 핵심비즈니스 프로세스 3가지

- **학습목표 4:** 주요 개념(1)
  - 기업의 핵심비즈니스 프로세스(core business processes) =
    제품개발과 관리를 담당하는 PDM (Product Development Management) 프로세스,
    공급사슬관리, SCM (Supply Chain Management) 프로세스,
    고객과의 관계를 개발하고 유지하며 주로 브랜드와 고객을 관리하는 고객관계관리, 즉, CRM (Customer Relationship Management) 프로세스

심도 있게 살펴보면, 실무에서 마케팅믹스를 기업의 마케팅 기능이 다 담당하지는 않는다. 즉, 마케팅믹스라는 개념은 기업의 마케팅 기능이 수행하는 역할보다는 회사 전체가 해야 하는 마케팅 프로그램의 운용에 주안점을 둔 것이다. 실제로 기업에서 마케팅믹스는 기업의 핵심비즈니스 프로세스에 의해 실행된다. 기업의 어떤 기능이 어떻게 협업하여 기업의 핵심비즈니스 프로세스를 실행하는가를 결정하기 위해서는 먼저 기업의 핵심비즈니스 프로세스가 무엇인지 이해할 필요가 있다.

기업의 핵심비즈니스 프로세스는 크게 세 개의 프로세스로 구성되어 있다.[2] 첫 번째 프로세스는 제품개발과 관리인(Product Development Management: PDM) 프로세스로, 이 프로세스는 고객에게 품질, 내구성, 효율성 등과 매력적인 가격을 통해 제품 가치를 효과적으로 창조하고 전달한다. 주로 신제품을 개발·관리하고, 기존 제품을 개선·관리하는 활동들이 PDM 프로세스에 해당한다. 또 PDM 프로세스는 통상적으로 다음과 같은 세부적인 하부 프로세스들(sub-processes)로 구성된다.

- 새로운 고객요구의 발견과 확인
- 새로운 제품 솔루션(안)의 디자인
- 새로운 솔루션 원형의 개발
- 내부 부서 간 관계의 설정과 관리
- 외부 기관과의 연계성 개발과 유지
- 비즈니스 프로세스의 속도를 높이기 위한 제품 디자인 활동 간의 조율

두 번째 프로세스는 공급사슬 관리인(Supply Chain Management: SCM) 프로세스로, 이 프로세스는 부품 제공업자에서 생산자, 유통업자, 고객에 이르는 물류의 흐름을 하나의 가치사슬 관점에서 파악하고 필요한 정보와 제품이 원활히 흐르도록 지원하는 시스템을 말한다. 기업 내의 부문별 최적화나 개별 기업 단위의 최적화에서 탈피해 공급망의 구성요소 간에 이루어지는 전체 프로세스 최적화를 달성하는 것이 목적이다. 즉, SCM은 비즈니스 간 또는 비즈니스 내부에서의 제품, 서비스와 정보의 이동을 효율적으로 지원하는 활동들로 가치의 창출과 시장에서의 기업 경쟁력 유지를 목적으로 한다. 또 SCM 프로세스는 다음과 같은 세부적인 하부 프로세스들로 구성된다.

- 바람직한 공급자의 평가와 선정
- 조달 물류의 확립과 관리
- 내부 물류의 디자인과 관리
- 외부 물류의 확립과 관리
- 제품과 솔루션 조립 업무흐름의 디자인
- 일괄 생산방식의 운영
- 생산과 운영 프로세스 기술의 획득, 설치와 유지
- 주문처리, 가격 부과, 청구 절차, 리베이트, 계약조건관리
- (복수의) 유통경로관리
- 제품 사용을 위한 설치, 유지보수 등의 소비자 서비스관리

세 번째 프로세스는 IT 기술 등을 이용해 고객 획득 · 유지 등을 관리하는 협의의 의미가 아닌 광의의 의미로 고객관계관리인(Customer Relationship Management: CRM) 프로세스로, 이 프로세스는 판매 · 배송 · 서비스 과정 등에서 고객과의 관계를 개발 · 유지하는 프로세스이며 주로 브랜드와 고객을 관리하는 비즈니스 프로세스를 의미한다. 또 CRM 프로세스는 다음과 같은 세부적인 하부 프로세스들로 구성된다.

- 잠재 신규고객의 발견
- 기존 고객과 잠재 신규고객의 니즈 결정
- 고객의 제품 용도 · 응용에 관한 학습과 분석
- 광고 프로그램의 개발과 실행
- 판촉 프로그램의 개발과 실행
- 서비스 프로그램의 개발과 실행
- 영업 · 판매 프로그램의 개발과 실행
- 고객 콘택트를 위한 정보통신기술과 시스템 구축과 활용
- 고객 현장 방문 팀관리
- 고객 신뢰와 충성도 증진
- 제품과 서비스의 교차 판매와 상향 판매

2. 핵심비즈니스 프로세스와 마케팅믹스

- **학습목표 4: 주요 개념(2)**
  - 제품관리 = PDM, SCM, CRM // 가격관리 = PDM, SCM, CRM // 유통관리 = SCM, CRM // 촉진관리 = PDM, CRM
  - 즉, 마케팅 활동들은 기업의 핵심비즈니스 프로세스와 거의 다 연계되어 있음 // 기업의 조직은 핵심비즈니스 프로세스와 하부 프로세스들을 중심으로 디자인됨
  - '활동들이 여러 조직에 내재되어 있는 마케팅 관점(organizationally embedded view of marketing) = 마케팅믹스 활동들이 기업의 마케팅 부서에서만 수행될 가능성은 매우 낮음 = 마케팅믹스 활동은 기업 전체가 행하는 관점으로 바라보아야지, 그 기업의 마케팅 부서가 하는 활동을 의미하는 것은 아님.
  - 많은 기업들의 경우 마케팅 부서가 주로 담당하는 활동 = 광의의 CRM 프로세스 활동 // PDM과 SCM 프로세스 활동은 다른 부서가 담당하고 마케팅 부서는 주로 협업 또는 지원하는 역할을 수행하는 것이 현대 대규모 기업의 추세 → 효과적이고 효율적인 마케팅믹스의 수행을 위해서는 관련 부서들의 협업이 결정적

PDM, SCM, CRM 프로세스는 마케팅 활동들을 부분적으로 포함하고 있다. 〈표 16-2〉의 4P와 기업의 핵심비즈니스 프로세스의 관계를 살펴보면 다음과 같다.

- 제품관리는 고객의 욕구를 반영하는 CRM 프로세스, 부품의 원활한 공급과 제품의 생산 그리고 제품의 배달 등을 고려하는 SCM 프로세스, 제품의 품질과 규격 등을 책임지는 PDM 프로세스와 관련되어 있다.
- 가격관리는 고객의 가치를 고려하는 CRM 프로세스, 재료 · 부품 비용, 생산비용과

표 16-2 **핵심비즈니스 프로세스와 마케팅믹스와의 관계**

핵심비즈니스 프로세스 / 마케팅믹스	PDM	SCM	CRM
제품관리	●	●	●
가격관리	●	●	●
유통관리		●	●
촉진관리	●		●

물류비 등과 관련된 SCM 프로세스, 제품 개발 등의 비용과 관련된 PDM 프로세스와 관련되어 있다.

- 유통관리는 고객과의 대면 접촉, 영업·판매 프로그램의 개발과 실행 등을 담당하는 CRM 프로세스와 복수의 유통경로관리와 제품 배달 등을 담당하는 SCM 프로세스와 관련되어 있다.
- 촉진관리는 고객에 대한 설득과 판매 등을 담당하는 CRM 프로세스와 제품의 주요 특징과 차별화를 담당하는 PDM 프로세스와 관련되어 있다.

이렇듯 마케팅 활동은 기업의 핵심비즈니스 프로세스와 거의 다 연계되어 있다. 한편 기업의 조직은 핵심비즈니스 프로세스와 하부 프로세스들을 중심으로 디자인한다. 따라서 마케팅믹스 활동들은 기업의 마케팅부서에서만 수행할 가능성은 매우 낮다. 마케팅부서가 마케팅믹스 활동들을 담당하는 커버리지는 그 기업이 속해 있는 산업의 특성, 그 기업만의 철학, 문화, 목적, 전략 등 고유한 특성에 따라 차이가 날 수 있다. 즉, 마케팅믹스 활동은 기업 전체가 하는 일이지, 마케팅부서만의 고유한 일은 아니다. 그래서 등장한 용어가 '활동들이 여러 조직에 내재되어 있는 마케팅 관점(organizationally embedded view of marketing)'[3]인 것이다. 아직도 마케팅믹스 활동은 기업의 마케팅부서가 수행하는 일이라는 관점으로 쓰인 마케팅 교재가 많은데, 이러한 관점은 실제 기업 활동 수행 현실과는 거리가 있다. 많은 기업에서 마케팅부서가 담당하는 활동은 광의의 CRM 프로세스 활동이며, 다른 프로세스 활동은 또 다른 부서가 담당하고 마케팅부서는 주로 협업 또는 지원 임무를 수행하는 것이 현재 기업들의 현실이다. 따라서 효과적이고 효율적인 마케팅믹스의 수행을 위해서는 관련 부서들의 협업이 매우 중요하다.

3. 핵심비즈니스 프로세스의 변화

거시적 환경, 시장 환경, 경쟁 환경, 고객 환경 등의 변화(shifts)로 인해 마케팅믹스의 주안점이 변화하고 있다. 마케팅에서는 이러한 주장을 서비스지배 논리(Service-dominant logic)라고 한다. 이 장의 마지막 주제인 이 변화들에 관한 자세한 설명은 온라인사이트에 제시했으니 참조하기 바란다.[4]

이 장의 요약

- 마케팅믹스란 기업이 표적시장에 마케팅목표를 추구할 때 사용할 수 있는 마케팅 도구의 집합으로 자사가 통제 가능한 전략적 도구들을 의미한다. 4P는 제품, 가격, 유통과 촉진으로 구성되며, 더욱 효율적인 마케팅믹스전략을 실행하기 위해서는 이러한 믹스들을 일관성 있게 계획하고, 상호 보완하도록 조합해야 한다.

- 개별 마케팅믹스 요소들이 취할 수 있는 믹스전략 유형은 다음과 같다. 제품믹스의 경우, 직접적인 경쟁제품과 품질을 비교한 상대적 고품질전략, 대등품질전략, 상대적 저품질전략을 선택할 수 있다. 가격믹스의 경우, 경쟁제품과의 가격을 비교해 상대적 고가격전략, 대등가격전략, 상대적 저가격전략을 고려해 선택할 수 있다. 또 유통믹스는 유통 커버리지를 기준으로 좁은 커버리지전략과 넓은 커버리지전략으로 나눌 수 있으며, 촉진믹스는 제조업자가 촉진을 진행하는 대상에 따라 풀전략과 푸시전략으로 나눌 수 있다. 이처럼 네 가지의 개별적 마케팅믹스가 취할 수 있는 전략 유형을 조합하면 3×3×2×2 = 36가지의 마케팅믹스 조합이 나타난다. 가장 효과적인 마케팅믹스 조합은 시장 상황, 제품특성과 기업의 특성에 따라 달라질 수 있으므로 기업은 이러한 요소들을 고려해 효율적인 마케팅믹스 조합을 선택해야 한다.

- 일반적으로 마케팅믹스 조합에서 경쟁력우위의 원천은 고품질인 경우에는 제품경쟁력, 대등품질인 경우에는 유통과 촉진경쟁력, 저품질인 경우에는 가격경쟁력이다. 또 시장지위에 따라 기업은 선도기업, 도전기업, 추종기업, 니치기업으로 분류하는데, 이러한 기업의 시장지위에 따라서도 기업이 취할 수 있는 마케팅믹스 조합이 달라진다. 일반적으로 선도기업은 이미 브랜드 이미지를 구축했거나 월등한 유통이나 촉진능력을 보유하고 있으므로 이를 이용해 품질보다 가격을 대등하거나 높게 설정하는 전략을 선택할 수 있다. 도전기업이나 추종기업은 선도기업이 이미 지배하는 시장을 확보하기 위해 상대적으로 저가전략을 선택하는 경우가 많다. 니치기업은 한정된 전문제품을 생산하므로 고가전략을 사용하는 경우가 일반적이다. 그뿐 아니라 원가우위, 차별화와 집중화의 세 가지 본원적 전략에 따라서도 마케팅믹스 조합이 달라진다.

- 위의 모든 과정을 거쳐 마케팅믹스의 최적 통합을 구성해도 고객의 필요와 욕구의 변화, 기술의 진보, 새로운 유통채널의 등장 등 환경변화가 시시각각 이뤄지므로 결정한 마케팅믹스 통합을 지속해서 재점검하고 개선해 나감으로써 최소 자원으로 최대 성과를 거두는 최적 통합의 원칙을 유지하기 위한 유연성을 잃지 말아야 한다.

- 나아가 경쟁우위의 확보와 유지를 위해서는 마케팅전략뿐 아니라 운영과 생산 전략, 제품개발과 R&D 전략 등 다른 기능적 전략을 유기적으로 통합해야 한다. 즉, 기능적 전략의 유기적 통합은 마케팅믹스의 통합보다 더 상위의 통합 전략이며, 결국 전략의 실행 관점에서는 기업 기능 간의 협업이 중요하다. 기업의 어떤 기능이 어떻게 협업하여 기업의 핵심비즈니스 프로세스를 실행하는가를 결정하기 위해서는 먼저 제품 개발과 관리를 담당하는 PDM 프로세스, 공급사슬관리, 즉 SCM 프로세스 그리고 고객과의 관계를 개발하고 유지하며 주로 브랜드와 고객을 관리하는 고객관계관리, 즉 CRM 프로세스를 잘 이해해야 한다.

- 마케팅 활동들은 기업의 핵심비즈니스 프로세스와 거의 다 연계되어 있다. 한편 기업의 조직은 핵심비즈니스 프로세스와 하부 프로세스들을 중심으로 디자인한다. 그렇다면 마케팅믹스 활동들은 기업의 마케팅부서에서만 수행할 가능성이 매우 낮다. 따라서 기업의 마케팅부서가 마케팅믹스 활동들을 담당하는 커버리지는 그 기업이 속해 있는 산업의 특성, 그 기업만의 철학, 문화, 목적, 전략 등 고유한 특성 등에 따라 차이가 있다. 즉, 마케팅믹스 활동은 기업 전체가 행하는 관점으로 바라봐야지, 그 기업의 마케팅부서가 하는 활동을 의미하는 것은 아니다. 많은 기업의 경우, 마케팅부서가 주로 담당하는 활동은 광의의 CRM 프로세스 활동이며, 다른 프로세스 활동은 다른 부서가 담당하고 마케팅부서는 주로 협업 또는 지원하는 임무를 수행하는 것이 현재 대규모 기업의 추세다. 따라서 효과적이고 효율적인 마케팅믹스의 수행을 위해서는 관련 부서들의 협업이 매우 중요하다.

- 거시적 환경, 시장 환경, 경쟁 환경, 고객 환경 등의 변화로 인해 마케팅믹스의 주안점이 변화하고 있다. 미래지향적 관점에서 조망할 때, 마케팅믹스관리 방향의 주안점인 고객에 대한 지능(customer intelligence) 증진, 고객과의 상호작용관리(customer interaction management)와 고객경험관리(customer experience management), 고객관계관리(customer relationship management), 오픈 마케팅(open marketing), 다양한 형태의 제품과 시장을 연계하여 마케팅

할 수 있는 다양한 유형의 고객 기반(customer base)을 개발하고 관리하는 것을 먼저 추진하는 것이 바람직하다(온라인사이트 참조).

주요 개념 목록

마케팅믹스 통합 / 개별 마케팅믹스의 유형 / 고품질-고가격전략 / 고품질-대등가격전략 / 고품질-저가격전략 / 대등품질-고가격전략 / 대등품질-대등가격전략 / 대등품질-저가격전략 / 저품질-고가격전략 / 저품질-대등가격전략 / 저품질-저가격전략 / 경쟁력 우위의 원천에 따른 마케팅믹스 조합 / 시장지위 마케팅믹스 조합 / 본원적 전략과 마케팅믹스의 조합 / 기업의 핵심비즈니스 프로세스 / PDM(Product Development Management) / SCM(Supply Chain Management) / CRM(Customer Relationship Management) / 핵심비즈니스 프로세스와 마케팅믹스의 관계 / 핵심비즈니스 프로세스의 변화

생각해볼 문제

1. 중국, 인도, 유럽, 아프리카, 중동, 동남아 시장 중 한 지역을 선택해 가격 및 제품전략에서 우리나라 자동차 기업이 선택한 시장에 사용할 수 있는 전략을 제시한 후, 비교 · 분석하시오. 또 적절한 유통결정과 촉진전략에 관해서도 설명하시오(한 지역 시장이 넓을 경우, 세부 지역 시장을 나누어 분석하는 것도 바람직함).
2. 스마트폰과 보디로션, 각각의 경우 신제품을 개발해 시장에 출시하려고 한다. 각 제품의 특성에 따른 마케팅믹스 조합을 고려할 때 어떤 차이가 있는지 비교하여 설명하시오.
3. 두 개 이상의 회사를 선정하여, 각각의 회사에서 마케팅부서가 담당하는 역할과 활동을 조사한 후, '활동들이 여러 조직에 내재되어 있는 마케팅 관점'에서 두 회사의 경우를 비교하여 설명하시오.
4. 미래지향적 관점에서 조망할 때, 마케팅믹스관리 방향의 주안점인 고객에 대한 지능 증진, 고객과의 상호작용관리와 고객경험관리, 고객관계관리, 오픈 마케팅, 다양한 형태의 제품과 시장을 연계하여 마케팅할 수 있는 다양한 유형의 고객 기반을 개발하고 관리하는 것 중 하나 또는 두 가지 주안점의 베스트 프랙티스라고 생각되는 사례를 조사하여 제시하시오.

후주 및 참고문헌

1 McCarthy, E. J., *Basic Marketing*, R. D. Irwin, 1960.

2 Srivastava, R., Shervani, T. A., and Fahey, L., "Marketing, Business Processes and Shareholder Value: An Organizationally Embedded View of Marketing Activities and the Discipline of Marketing," *Journal of Marketing*, 63 (Special Issue), 1999, pp. 168~179.

3 Ibid.

4 Ibid.; Vargo, S. L. and Lusch, R. R., "Evolving to a New Dominant Logic for Marketing," *Journal of Marketing*, 68 (January), 2004, pp. 1~17.

6th Edition

Marketing

17장

마케팅 성과평가

효과성과 효율성으로 성과를 통제하라

/ **학** / **습** / **목** / **표** / (Learning Goals)

1. 마케팅 통제의 개념과 과정을 이해한다.

2. 마케팅 성과평가의 필요성과 이점을 사례와 함께 학습한다.

3. 마케팅 성과평가의 관점과 방법을 이해한다.

기업의 경영활동에서 마케팅 영역의 중요성이 높아지고, 관련 비용도 계속 증가하면서 마케팅 성과 역시 체계적으로 관리하고 평가해야 하는 시대가 되었다. 특히, 마케팅 활동을 하려면 비용이 드는데 이러한 예산은 재경부서가 통제하고 있어 마케팅 성과평가는 실무적 · 학문적으로 '뜨거운 감자'가 되어 왔다. 그만큼 쉽지 않은 이슈라는 것이다. 이러한 관심 때문에 '마케팅 책임(marketing accountability)' 또는 '마케팅-재무 접점(marketing-finance interface)', 즉 마케팅 성과평가에 관한 학문적 연구들이 활발히 이루어지고 있으며, 일부 선진기업을 중심으로 실제 현장에서 마케팅 성과평가 지표들을 적절히 활용하는 사례도 많이 나타나고 있다.

마케팅관리는 마케팅전략과 계획의 수립, 마케팅 활동의 수행, 마케팅 활동의 평가와 통제의 과정으로 이루어진다. 이 중 마케팅 평가와 통제는 마케팅관리 과정에 꼭 있어야 하는 분야이지만, 다른 분야에 비해 주목받지 못했다.

마케팅 성과평가는 기업이 마케팅 활동을 통제하는 데 있어서 매우 중요하며 마케팅 활동의 효율성과 효과를 높이기 위해 반드시 필요하다. 한마디로 마케팅 성과평가는 마케팅 활동을 통해 설정한 목표를 실질적으로 달성하였는가를 평가하는 것이다. 이 장에서는 마케팅 통제와 성과평가에 대해 살펴본다.

1 마케팅 통제란 무엇인가?

1. 마케팅 통제 과정

- **학습목표 1:** 주요 개념 (1)
  - 마케팅 통제 과정 = 마케팅목표 수립 → 성과기준의 설정 → 실제 성과의 측정 및 평가 → 수정 활동

마케팅 통제는 〈그림 17-1〉과 같이 마케팅목표와 전략을 수립, 실행한 후 성과기준의

그림 17-1 마케팅 통제 과정

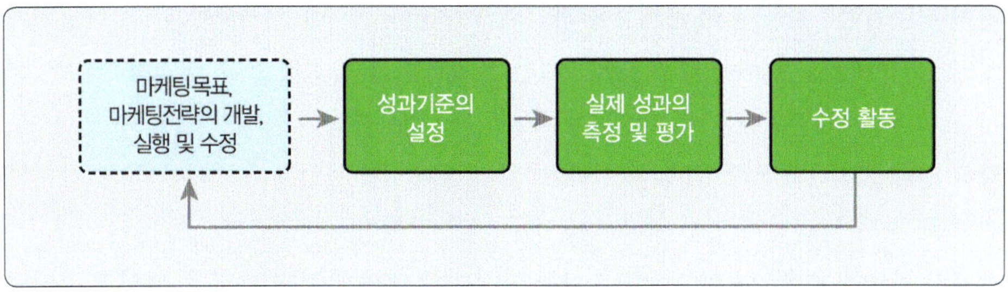

설정, 실제 성과의 측정과 평가, 수정 활동의 세 과정을 통해 이루어진다.

성과 기준의 설정 마케팅 계획은 미래에 달성해야 할 목표를 설정 · 제시하는 것이고, 마케팅 통제는 제시한 목표들을 효과적으로 달성했는지를 평가하는 것이므로 계획과 통제는 밀접한 관련이 있다. 성과평가 기준이란 실제 성과와 비교해야 할 성과의 기대 수준을 의미한다. 예를 들어 '소비자 불평의 20% 감소', '연 매출액 200억 원 달성', '신규 고객의 10% 증가' 또는 '마케팅 예산 100억 원 이내의 지출로 매출액 2,000억 원 달성' 등으로 성과 기준을 제시한다. 이 기준은 마케팅목표를 설정할 때 결정해야 한다. 마케팅목표는 기업 전체 목표의 일부로 기업 목표란 기업에서 궁극적으로 달성하고자 하는 비전이나 그것을 위한 방향성이다. 기업에서 예산이나 투자 관련 의사결정을 할 때 기준이 된다. 주로 손익계산서와 재무상태표 등 재무제표의 주요 지표를 사용한다.[1] 반면, 마케팅목표는 기업에서 계획하는 마케팅 프로그램을 통해 달성해야 하는 매출액이나 시장점유율 등을 말한다. 이는 뒤에서 상세히 설명할 것이다.

실제 성과의 측정과 평가 마케팅 관리자는 성과 목표치와 실제 성과를 비교해서 성과를 어느 정도 달성했는지를 평가한다. 이때 마케팅 관리자는 기업 내부는 물론, 외부 기관의 정보도 참고해야 하는데 마케팅조사회사, 광고대행사, 중간상, 컨설턴트, 회계법인 등에서 정보를 얻는다. 외부 정보 없이 객관적으로 신뢰성과 타당성 있는 성과평가가 어렵기 때문이다. 이러한 객관적 정보를 바탕으로 마케팅 관리자는 성과기준과 실제 성과를 비교한다. 예를 들어 판매원의 실제 판매량을 판매 목표치와 비교하고, 목표치에서 ±5% 이상의 오차가 생기면 그 원인을 규명해 대처해야 한다.

나아가 기업은 마케팅 활동이 효과적 · 효율적으로 이루어졌는지를 평가해야 앞으로 마케팅 의사결정을 더 나은 방향으로 수정할 수 있다. 이 부분은 뒤에 나오는 '마케팅 성과평가'에서 자세히 살펴보겠다.

수정 활동 마케팅 관리자가 판매 목표액을 100억 원으로 설정했지만, 실제 결과가 90억 원이라면 원인분석을 통해 문제점을 파악하고 수정한 전략을 제시해야 한다. 목표치가 설정 당시에는 실현할 수 있는 수치였지만, 경쟁자의 시장진입 또는 경기침체 같은 외부 요인과 자사가 수행한 마케팅 활동에서 생긴 내부 요인에 문제가 있을 수 있다. 또 같은 상황에서 판매액이 110억 원이라고 하자. 이때에도 원인분석을 해야 한다. 왜냐하면 목표 초과 달성의 원인이 목표치를 너무 낮게 설정한 경우, 경기가 호전된 경우, 경쟁자가 퇴출한 경우, 예상치 못한 상황이 자사에 유리하게 전개된 경우, 자사의 마케팅 활동이 효율적으로 이루어진 경우 등으로 분류해 차기 목표치 설정과 전략 수립에 반영해야 하기 때문이다.

2. 효과적인 마케팅 통제를 위한 조건

- **학습목표 1: 주요 개념 (2)**
  - 효과적인 마케팅 통제 조건 = 측정성, 융통성, 효율적 비용, 이해용이성

마케팅 관리자는 효과적인 통제 과정을 유지하기 위해 다음 사항을 고려해야 한다. 첫째, 좋은 정보를 신속하게 확보해 목표와 실제 성과 수준 차이를 즉각 추적할 수 있어야 한다. 둘째, 모든 유형의 마케팅 활동과 조직 활동에 영향을 미치는 내·외부 환경변화에 민감해야 하고 변화에 적응할 수 있도록 융통성을 가져야 한다. 셋째, 통제하지 않아 발생하는 비용보다 적은 비용으로 수행할 수 있어야 한다. 마지막으로 관리자나 종업원 모두 이해할 수 있도록 쉽게 설계해야 한다.

마케팅 통제 과정에 대한 이해를 돕기 위해 다음 사례를 소개한다.

마케팅 통제 과정: 2014 소치올림픽에서 '삼성전자'의 마케팅 캠페인[2]

달성하려는 것은 무엇인가?

2014년 소치동계올림픽의 무선통신 분야 공식후원사인 삼성전자는 '스마트 올림픽' 실현과 고객들에게 무선통신기술을 통한 스포츠와 일상의 순간을 새롭게 경험을 전달하여 삼성전자에 대한 브랜드인지도를 상승시키고자 하였다.

무엇이 이루어졌는가?

이를 위해 대회 공식 폰으로 선정한 갤럭시 노트3를 약 3,000여 명에 달하는 출전선수에게 제공하고, 올림픽 파크를 비롯해 선수촌과 소치 시내 총 네 곳에 갤럭시 스튜디오를 운영해 전 세계 올림픽 팬들은 물론 소치 시민

과 선수, 관계자들을 대상으로 마케팅 활동을 진행했다. 이 스튜디오에는 대회 기간 총 30여만 명이 방문하여, 올림픽파크 내 홍보관 중 최다 관람객을 유치했다. 또 관련 애플리케이션인 삼성의 와우(WOW)도 50만 건 이상의 다운로드 횟수를 기록, 8만 5,000건의 응원메시지와 1억 회 이상의 인터랙션을 기록하며 소치올림픽 필수 애플리케이션으로 자리를 잡았다.

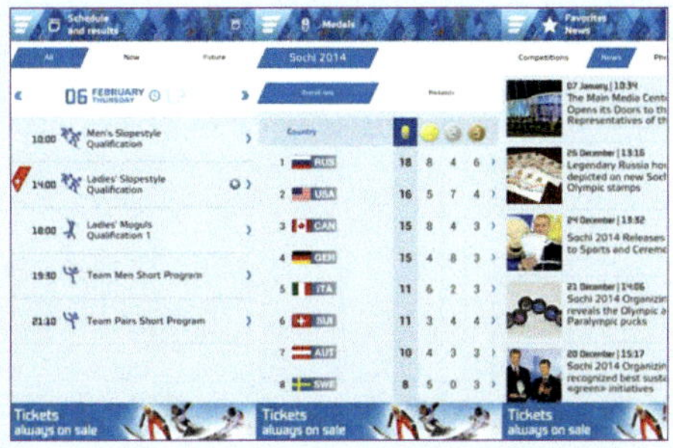

애플리케이션 와우 이미지

이외에도 삼성전자 미국 법인의 광고 캠페인은 광고 전문지 〈애드위크(*ADWEEK*)〉가 선정한 주간 베스트 광고 1위에 선정되었으며, 자메이카 봅슬레이 팀의 전기를 담은 디지털 영상('Keep On Pushing')도 많은 관심을 불러 일으켰다.

어떠한 결과가 있었으며, 이와 관련해 무엇을 해야 하는가?

다각적으로 진행한 삼성전자의 마케팅 활동은 글로벌 마케팅 전문지인 〈마케팅위크(*Marketing Week*)〉에서 "브랜드에 관한 긍정적인 메시지 전달 측면에서 삼성전자가 소치올림픽 마케팅에서 진정한 금메달을 획득했다"는 긍정적인 평가를 받으며 막을 내렸다. 이에 대해 삼성전자 임원은 "애초에 기획했던 목표를 달성하고 삼성전자가 실현하고자 했던 삼성 스마트 올림픽 비전을 실현한 것에 대해 매우 뜻깊게 생각하며 앞으로도 이러한 노력을 계속 해나갈 것"이라고 말했다.

3. 마케팅 통제에서 발생하는 문제점

- **학습목표 1:** 주요 개념 (3)
  – 마케팅 통제에서 발생하는 문제점 = 정보획득 가능성 및 획득비용상의 문제, 낮은 융통성 문제, 활동과 성과 간 시차(time lag)로 인한 문제점, 정확한 마케팅 비용 산정의 어려움

마케팅 관리자는 마케팅 통제를 수행할 때 다음과 같은 문제에 자주 부딪친다. 첫째, 마케팅 통제에 요구되는 정보들을 이용할 수 없거나 정보수집에 너무 큰 비용을 사용한다. 둘째, 마케팅 통제 과정이 환경변화를 수용할 정도의 융통성을 가지고 있어도 환경변화의 강도, 빈도와 예측불가능성 때문에 효과적인 통제가 잘 이루어지지 않는다. 셋째, 마케팅 활동과 이에 의해 발생하는 성과 간 시차(time lag) 때문에 정확한 성과측정

이 어렵다. 넷째, 마케팅 활동과 재무 · 인사 · 생산 등의 활동들이 중복되어 수행될 때 정확한 마케팅 비용을 산정하는 것이 곤란하다. 정확한 마케팅 비용의 측정 없이 이에 대비한 마케팅 활동의 효과측정이 불가능하고, 마케팅 인력에 관한 정확한 성과기준을 개발하기 어려워 효과적인 통제가 곤란해지는 경우가 있다.

2 마케팅 성과평가

1. 마케팅 성과평가의 필요성

- **학습목표 2:** 주요 개념 (1)
  - 마케팅 성과평가의 필요성
    - 마케팅 관리자의 성과 입증 → 마케팅 활동의 지속성 // 마케팅의 영향력 축소
    - 마케팅 성과평가에 대한 타 부문의 비판
    - 마케팅 성과평가의 어려움: 미래성과 예측

서울기업의 A라는 제품이 연간 12억 원의 실적을 냈다. 이를 분석하면, 서울기업은 A제품의 판매를 위해 1년간 TV, 잡지, 라디오, 인터넷 광고에 약 6억 원의 비용을, 백화점, 슈퍼, 약국, 부티크 판촉 등에 4억 원의 비용을 썼다. 서울기업은 A제품을 통해 12%의 시장점유율을 달성하고, 27%의 성장, 브랜드인지도 2위를 달성했다. 서울기업의 A제품 마케팅은 과연 잘 된 것일까?

기업 활동의 모든 분야에서 효율성과 효과성을 확보하는 것은 매우 중요하다. 최근 들어 기업 경영에서 마케팅 활동의 중요성이 더 커지면서 마케팅 성과를 체계적으로 관리하고 평가해야 할 필요성이 증가하고 있다. 마케팅 활동이 중요해진다는 것은 바꿔 말하면 마케팅 비용과 예산이 증가한다는 것이다. 마케팅 비용이 증가하면 경영자는 그 성과에 주목한다. 또 마케팅 관리자는 그 성과를 입증해야만 마케팅 활동을 지속할 수 있다.

지금까지 많은 기업에서 해왔던 마케팅 활동은 생산이나 재무 활동에 비해 비용 낭비라는 인식이 지배적이었다. 그 이유는 체계적인 성과평가시스템이 없어서다. 더욱이 재무와 마케팅은 리스크를 보는 관점이 달라 재무 분야에서 마케팅 성과를 바라보는 시선은 곱지 않다. 재무는 과거부터 현재까지의 성과를 분석하지만, 마케팅은 현재부터 미래의 성과를 분석하기 때문에 생산이나 재무와는 달리 그 성과가 명확히 드러나

지 않는다. 또 마케팅 활동의 기여도와 성과는 분리되지 않고 다른 활동과 맞물려 있어서 보편화되기가 어렵다.

현재 기업의 마케팅 성과측정지표가 마케팅 성과를 객관적으로 반영하지 못하고 있는 것도 마케팅 성과평가시스템이 필요한 이유다. 그나마 이루어지고 있는 기업들의 마케팅 성과평가도 고객 인지도, 선호도와 만족도 같은 단편적인 질적 지표에만 집중되어 있어, 비용 대비 효과와 같은 양적 검토는 다루지 못하고 있다. 예를 들어 많은 기업의 경영 관리자들은 마케팅의 역할에 회의적인 생각을 가지고 있는데, 이는 매출의 증가가 과연 마케팅 활동의 결과로 이루어진 것인지 아니면 시장 자체의 성장으로 이루어진 것인지 또는 고객수요의 트렌드 변화로 이루어진 것인지에 대해 정확한 판단을 할 수 없기 때문이다.

체계적인 마케팅 성과평가시스템이 없다는 것은 최고경영자들이 회의적 시각을 갖게 할 뿐 아니라 마케팅 부서와 담당자들의 영향력을 축소시킨다. 이러한 현상은 날이 갈수록 사회 전반에 확산되고 있는 마케팅의 영향력과는 정반대 양상을 보인다. 이러한 위기는 기업 현장조사에서도 잘 나타난다. 광고 · 마케팅 담당자를 대상으로 한 조사에서, 응답자 중 약 56%가 현재의 마케팅 활동에 대해 전반적인 개선이 필요하다고 답했고, 약 80%가 투자의 효과성 측정을 반드시 해야 한다고 응답했다.[3] 이는 관리자들이 마케팅 감사나 성과평가시스템을 도입해 마케팅 활동을 진단하고 문제를 해결하여 효율성을 높여야 한다는 데 공감하고 있음을 말해준다.

온라인사이트에 마케팅 성과평가를 활용하여 마케팅 목표와 전략 수립을 어떻게 하는지 간단한 사례를 소개하였으니 참조하기 바란다.

2. 마케팅 성과평가 도입 시 이점

- **학습목표 2: 주요 개념 (2)**
  - 마케팅 성과평가 도입 시 이점 = 마케팅 활동의 과학적인 관리 // 마케팅 비용의 효율적인 관리 // 마케팅 감사 활동의 문제점 해결 가능 // 마케팅 성과평가를 적절한 보상 기준으로 활용할 수 있음.

기업에서 마케팅 성과평가를 도입하면 어떠한 이점이 있을까?[4]

첫째, 성과평가를 통해 기업에서는 자사의 마케팅 활동을 과학적으로 관리할 수 있다. 대다수 기업에서는 마케팅 활동을 체계적으로 평가하기보다는 광고인지도, 고객만족도, 브랜드선호도 등의 제한된 평가만 하고 있다. 이는 마케팅 성과관리가 종합적인 수준이 아닌 제품이나 프로젝트 단위에서 단발적으로 이루어졌다는 것을 뜻한다. 개별적으로 평가한 마케팅 성과가 좋아도 전체적인 수준에서 검토하면 많은 문제점과 낭비적 요소를 발견할 수 있다. 예를 들어 시장점유율 하락 원인이 기업과 고객과의 관계 악화에서 발생했는데도 대부분 기업은 시장점유율 하락에만 매달려 단기적인 제품광고, 프로모션 강화 등 근시안적으로 대응할 수 있다. 이러한 대응방법은 일시적인 매출 증대는 달성할 수 있지만, 장기적인 성과를 거둘지는 불투명하다.

그러나 체계적인 마케팅 성과평가는 마케팅 활동을 전체적 프로세스 관점에서 통합적으로 관리할 수 있어서 그 원인을 파악하고 대응할 수 있다. SNS와 인터넷의 등장은 마케팅 성과평가에도 영향을 미쳤다. 예를 들어 페이스북을 통해 마케팅 활동을 한다면 그 성과측정은 어떻게 이루어질까? 국내 SNS 연구소인 KPR 소셜 커뮤니케이션 연구소의 조사로는 국내 기업과 공공기관의 약 87%가 페이스북을 운영하는 것으로 나타났다. 이렇게 SNS를 통한 기업의 마케팅 활동은 주로 핵심 성과지표(Key Performance Indicator: KPI)[5]로 측정하는데, 페이스북의 경우에 선택 가능한 KPI에는 좋아요 수, 체크인 수, 별점, 이용자들의 성별과 나이별 비율, 지역 비율과 게시물의 도달률 그리고 게시물에 대한 반응(좋아요, 댓글, 공유하기 수 등) 등을 고려한다.[6] 이 경우 역시 마케팅 성과관리가 종합적 수준이 아닌 SNS나 인터넷 매체 단위에서 단발적으로 이루어져 성과관리에는 큰 변화가 없다(〈그림17-2〉 참조).

둘째, 계속 증가하고 있는 마케팅 비용의 효율성을 높일 수 있다. 2009년을 기준으로 국내 기업들은 한 해에 약 50조 원 규모, 평균적으로 전체 매출액의 5.5%에 해당하는 금액을 마케팅 활동에 사용한다.[7] 이런 현실에서 마케팅 비용을 효율적으로 관리하는 일은 매우 중요함에도 적절한 관리가 이루어지지 않고 있다. 많은 기업에서 경쟁적으로 투자했던 고객관계관리시스템 역시 마케팅목표와 ROI 측면을 충분히 고려하지 않아 실패한 사례가 많다. 물론 고객관계관리가 비즈니스모델의 핵심인 성공 기업도

그림 17-2 **기업이 운영하는 페이스북: 스타벅스와 코카콜라**

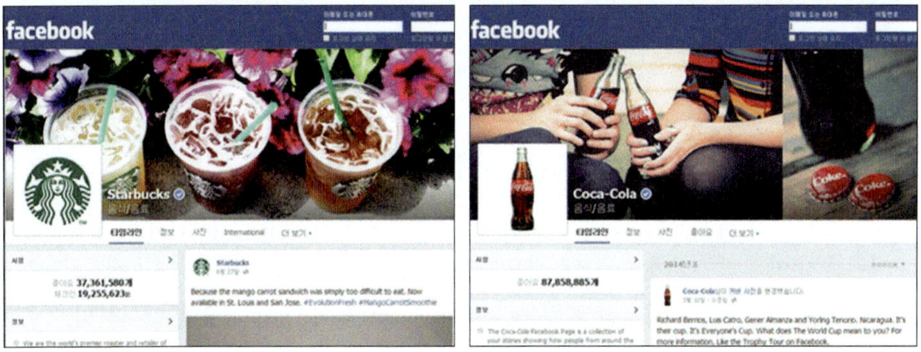

아마존의 고객관계관리[8]

아마존(AMAZON.COM)의 창업자 제프 베조스(Jeff Bezos)는 온라인 쇼핑몰시장에서 차별화된 경쟁우위를 얻기 위해 다른 쇼핑몰이 모방할 수 없는 고객 중심의 문화를 조성하고자 하였다. 고객 개개인의 다양한 욕구를 충족시키는 고객 중심의 문화를 통해 고객과 기업 간의 지속적인 관계를 구축할 수 있다고 믿었기 때문이다. 이러한 최고경영자의 믿음을 반영하듯이 아마존은 고객만족도를 높이기 위해 기본적으로 아마존이 제공하는 경매 서비스와 검색 서비스를 제공하는 것 외에 고객의 정보 수집과 관리를 아주 중요시한다.

특히, 아마존은 '온라인 고객 서평란'을 만들어 기존 고객들로부터 가격, 판매, 고객, 서평, 재고목록 등에 관한 방대한 데이터베이스를 구축하여 고객만족을 위한 토대로 활용하였고, 이러한 정보를 누구나 활용할 수 있도록 공개함으로써 더 큰 시너지 효과를 낼 수 있었다. 아마존의 이러한 웹 서비스 덕분에 많은 사람이 새로운 쇼핑 인터페이스를 개발하고 높은 이익을 얻었다. 그중 한 사례가 인터넷 헌책 서점인 스리프티북스닷컴(ThriftyBoooks.com)이다. 이 서점은 아마존과 연계하고 이러한 아마존의 기술을 효율적으로 활용하여 미국 최대의 헌책 판매상 중 하나로 성장했다. 이 사례들은 기존의 경쟁들처럼 가격이나 품질 자체의 경쟁에서 고객의 반응을 이끌어낸 것이 아니라 고객 자체에 초점을 두고 그들과의 관계 속에서 차별화를 달성했다는 점에 주목할 필요가 있다.

있다. SK의 OK캐시백이나 아마존닷컴, 유튜브, 호텔스닷컴 등이 그 경우다. 마케팅 성과평가는 비효율성을 방지할 수 있는 수단이다. 마케팅 성과평가의 도입은 실행결과를 기준으로 다음 해나 유사 프로젝트의 마케팅 활동에 적절한 예산을 책정함으로써 프로젝트의 효율성을 높일 수 있다.

셋째, 기존의 마케팅 감사 활동의 문제점을 해결한다. 과거에도 마케팅 감사를 이용하여 마케팅 성과를 평가한 기업들이 있었지만, 그 내용을 살펴보면 매우 단편적이고 제한적이었다. 또 거시환경분석 같은 광범위한 분석은 실질적인 도움을 주지 못했고, 지속적이고 체계적으로 감사 활동이 이루어지지 못했다. 이에 비해 마케팅 성과평가는 고객, 내부조직, 시장 같은 핵심 요소들에 대해 통합적이며, 시계열[9]적인 관리를 강조하고 있어 마케팅 활동을 진단하고 평가하는 데 매우 유용하다.

넷째, 마케팅 성과평가를 보상 기준으로 활용할 수 있다. 부서와 직원에게 주는 적절한 보상은 마케팅 활동의 효율성을 더욱 높인다. 지금까지 마케팅부서는 성과평가와는 거리가 먼 부서로 인식되어 부서 구성원들의 동기부여도 적을 수밖에 없었다. 그러나 마케팅 성과평가는 이들의 성과를 측정해 보상함으로써 구성원들이 마케팅 활동을 더 적극적으로 할 수 있게 한다.

3. 사례를 통해 본 마케팅 성과평가의 이해

지금까지 마케팅 성과평가가 왜 필요한지, 도입하면 어떠한 이점이 있는지 살펴보았다. 여기서는 간단한 사례로 마케팅 성과평가가 필요한 핵심적 이유를 알아본다.[10] 〈표

표 17-1 **연세기업의 성과**

(단위: millions)

연세기업의 성과	기준 연도	1년 차	2년 차	3년 차
매출액	$254	$293	$337	$390
제조원가	$127	$139	$157	$175
총이익	$127	$154	$180	$215
마케팅과 영업비	$61	$67	$74	$82
일반관리비	$20	$23	$27	$31
기타 비용	$30	$35	$40	$47
세전 이익	$16	$29	$39	$55
재무성과 측정지표				
세전 매출이익률(세전 이익/매출액)	6.3%	9.9%	11.6%	14.1%
자산회전율(매출액/자산)	0.90	0.95	1.00	1.05
자산이익률(세전 이익/자산)	5.7%	9.4%	11.6%	14.8%

표 17-2 **연세기업의 시장성과 지표**

연세기업의 시장성과 지표	기준 연도	1년 차	2년 차	3년 차
전체시장 매출액 성장률	20.5%	22.5%	21.4%	21.3%
연세기업의 매출액 성장률	15.3%	15.4%	15.0%	15.7%
연세기업의 시장점유율	10.0%	9.4%	8.9%	8.5%

17-1〉은 연세기업의 성과, 주로 재무적 관점의 성과(기준연도를 포함하여) 4년 치가 나타나 있다. 표를 보면 매출액, 이익 그리고 재무성과 비율이 해가 갈수록 증진하고 있어 별 문제 없어 보이고, 사업을 잘하는 것으로 보인다.

다음의 〈표 17-2〉는 연세기업의 성과를 다른 측면에서 분석한 것이다. 연세기업의 매출과 이익은 계속 성장하고 있는데, 연세기업이 속한 시장은 그동안 어떠했는가를 살펴보았다. 전체 시장의 매출액 성장률을 조사한 결과, 전체 시장은 연세기업의 매출 증가보다 더 빨리 성장하고 있다. 그 결과, 연세기업의 시장점유율은 해를 거듭할수록 조금씩 떨어졌다. 〈그림 17-3〉은 이 상황을 명확하게 보여준다. 다시 말해 연세기업의 성과

그림 17-3 연세기업의 시장성과 지표

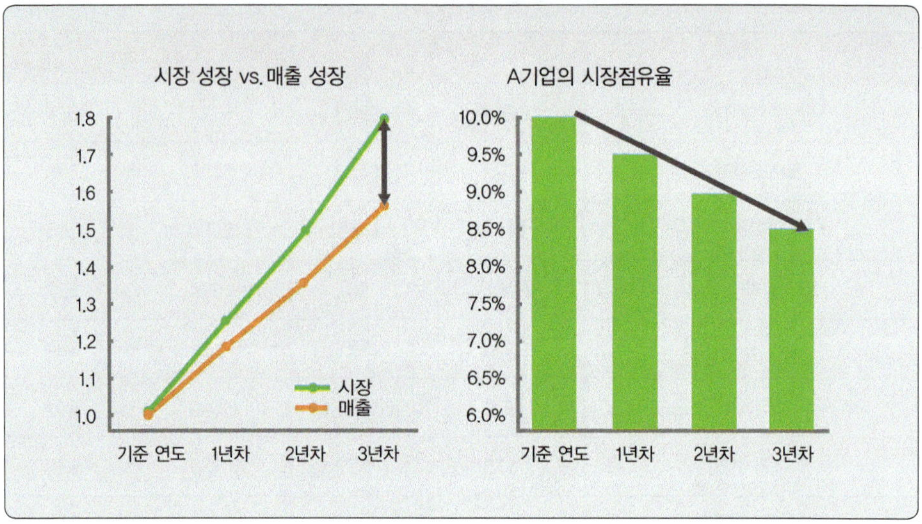

표 17-3 연세기업의 마케팅성과 지표

연세기업의 마케팅 성과지표	기준 연도	1년 차	2년 차	3년 차
연세기업의 시장성과 지표				
전체시장 매출액 성장률	20.5%	22.5%	21.4%	21.3%
연세기업의 매출액 성장률	15.3%	15.4%	15.0%	15.7%
연세기업의 시장점유율	10.0%	9.4%	8.9%	8.5%
연세기업의 경쟁력 성과지표 – 경쟁 대비 인덱스(경쟁과 동등하면 0)				
제품 성능 인덱스	19	17	15	11
서비스 품질 인덱스	0	-3	-7	-9
고객의 가치 인식 인덱스	28	25	16	8
연세기업의 고객 관련 성과지표				
고객만족도 인덱스	78	73	68	64
고객 유지비율	77%	75%	69%	65%
고객 생애가치	$103	$96	$67	$45

는 그 기업의 과거와 비교했을 때는 별문제가 없어 보였지만, 비교 기준을 시장으로 봤더니 연세기업의 성과는 다시 평가할 필요가 있음을 알게 되었다.

그래서 연세기업은 자사의 시장점유율이 떨어진 원인을 발견하려고 각종 마케팅 성과지표들을 조사하여 측정했다. 〈표 17-3〉은 이러한 마케팅 성과지표의 상태들을 보여주고 있다. 먼저, 연세기업은 자사의 제품 성능, 서비스 품질과 고객이 인식하는 가치를 조사했는데, 이 지표가 해를 거듭할수록 떨어지고 있음을 알았다. 중요한 것은 제품 성능과 서비스 품질 측면에서 경쟁사보다 경쟁력이 떨어지고 있다는 것이다. 나아가 연세기업은 고객 관련 성과지표도 수집 · 분석했는데, 경쟁력 성과지표와 비슷하게 고객 만족도나 고객 유지비율이 점차 떨어지고 있었다.

이 사례는 학습의 주요 포인트를 전달하기 위해 소개했다. 마케팅 성과평가가 왜 필요한지 그 이유를 이해했을 것이다. 마케팅 성과평가의 핵심적 역할은 시장, 경쟁 같은 외부적 관점에서 성과를 평가해 상대적으로 내부에 초점이 맞춰진 재무 성과평가를 보완하는 것이다. 다음은 마케팅 성과평가를 어떻게 해야 하는지에 대해 구체적으로 살펴본다.

3 마케팅 성과평가, 어떻게 할 것인가?

1. 마케팅 성과평가의 관점

- **학습목표 3: 주요 개념 (1)**
  - 마케팅 성과평가의 관점 :
    - 효과성(effectiveness) 평가 = 마케팅목표를 얼마나 달성했는가를 측정; 마케팅 감사라고도 함.
    - 효율성(efficiency) 평가 = 투입한 마케팅자원과 대비해 달성한 성과를 평가; 마케팅 생산성 분석이라고도 함.

기업에서 주로 하는 마케팅 성과평가는 마케팅 활동 결과를 효과성과 효율성 측면으로 평가한다. 먼저 효과성 평가란 마케팅목표를 얼마나 달성했는가를 측정하는 것이며, 이를 마케팅 감사(marketing auditing)라고도 한다. 마케팅 감사는 문제 분야와 기회를 결정하고, 마케팅 성과를 향상시키기 위한 활동 프로그램을 개발하기 위해 기업 또는 사업부 단위의 마케팅 환경, 목표, 전략, 활동 등을 체계적 · 포괄적 · 독립적 · 주기적으로 평가하는 것이다.

효율성 평가란 투입된 마케팅 자원과 대비하여 달성된 성과를 평가하는 것으로 마케팅 생산성 분석이라고도 한다. 마케팅 생산성 분석은 순수 마케팅 기여도(net marketing contribution)를 마케팅 노력 또는 비용으로 나누는 것으로 양적 평가가 가능하다는 장점

그림 17-4 마케팅 성과평가의 관점

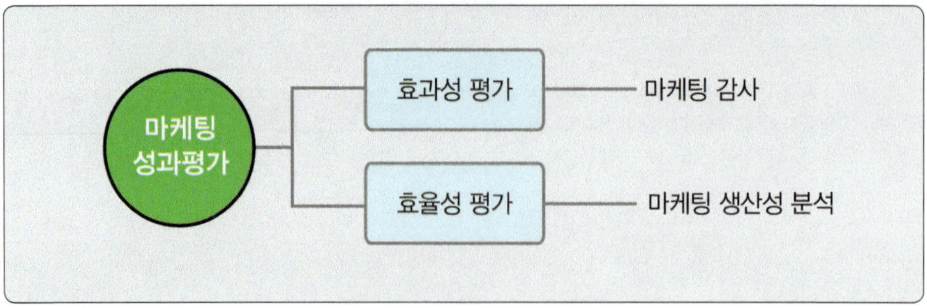

표 17-4	마케팅 성과평가: 효과성 관점과 효율성 관점	
	효과성 관점	효율성 관점
평가 방식	마케팅 감사	마케팅 생산성 분석
평가 기준	마케팅목표를 얼마나 달성했는가?	투입한 마케팅 자원 대비 얼마나 달성했는가?
특징	마케팅 활동과 관련한 모든 활동(계획, 목표, 전략, 세부 프로그램, 세부 활동, 조직구조, 관련 인력 등)에 관한 총체적인 평가	투입된 마케팅 비용과 투자 대비 기업의 수익이나 매출, 시장점유율, 현금유동성 등에 얼마 만큼의 변화가 있었는지에 대한 평가
단점	총체적인 평가이므로 세부적인 문제점들에 관한 해결책을 찾는 데 부족함이 있음	· 마케팅 비용만을 따로 계산하기 어려움 · 비용으로 측정되지 않는 무형의 노력을 정량적으로 계산하기가 어려움

은 있지만, 평가지표별로 순수비용과 노력, 순수기여도를 분리하고 평가하는 데 많은 비용과 시간이 든다. 또 투입자원 대비 성과의 적절한 기준을 설정하기가 어렵다. 그런데도 효율성 평가는 학계와 업계의 관심으로 꾸준히 발전해왔다. 〈표 17-4〉는 효과성 평가와 효율성 평가를 비교 · 요약한 것이다.

사실, 효과성 평가는 효율성 평가가 제대로 이루어지지 않으면 그 효용가치가 떨어진다. 효과성 평가는 효율성 평가가 발전하기 이전에 그 개념이 제시되었다. 그 효시는 코틀러(Philip Kotler)의 마케팅 역량평가모델이다.[11] 그는 고객 철학, 마케팅 조직의 통합성, 마케팅 정보의 충분성, 전략적 지향성, 운영효율성 등 다섯 가지 차원에서 세부적인 항목들로 기업 내부의 마케팅 역량과 실행 단계를 평가해야 한다고 제시했다. 또 이러한 마케팅 역량평가는 기업과 마케팅 성과에 영향을 미친다는 연구도 등장했다.[12]

그 이후 마케팅 학계는 실무계의 관심사인 마케팅 효율성 평가 부문을 심화, 발전시키려고 많은 노력을 기울였고 많은 연구가 등장했다. 하지만 연구들이 복잡해 효율성 평가 부문을 체계적으로 정리하여 제시하는 데 어려움이 있다.[13] 그럼에도 이 책에서는 다음과 같이 마케팅 성과평가방법을 큰 틀과 함께 설명한다.

2. 마케팅 성과평가방법

- **학습목표 3: 주요 개념 (2)**
  - 마케팅 성과평가방법 = 기업의 마케팅 비용 및 투자의 효과 분석 = 마케팅 지식과 역량 수준에 따라 네 가지 수준으로 살펴볼 수 있음.
  - 수준 1의 성과평가방법 = 고객의 변화 = 생각의 변화와 행동의 변화로 나누어 평가
    - 고객 생각의 변화 = 인지도, 태도, 선호도, 고객만족도, 순추천지수
    - 고객 행동의 변화 = 고객의 선택, 시용, 유지율 및 이탈률, 구매전환비율
  - 수준 2의 성과평가방법 = 기업 마케팅 성과의 변화 파악 = 많은 기준들이 돈으로 표현될 수 있음. = 경쟁력 성과, 시장성과, 수익성 성과의 변화 파악
    - 경쟁력 성과의 변화 = 제품성능, 서비스품질, 고객가치로 파악
    - 시장성과의 변화 = 매출액/판매량 및 성장률, 시장점유율 및 성장률로 파악
    - 마케팅 수익성 성과의 변화 = 마케팅 공헌이익 → 마케팅 매출이익률과 투자이익률 산출; 제품, 고객, 채널, 지역시장 등 다양한 단위별로 마케팅 공헌이익 분석 = 다양한 마케팅전략과 프로그램의 영향을 평가, 향후 마케팅 활동의 효율성 증진 의사결정 가능
  - 수준 3의 성과평가방법 = 마케팅 자산과 마케팅 수익성 흐름의 평가 분석 = 수준 1, 2보다 매우 발전된 형태의 마케팅 성과평가방법 = 학계를 중심으로 많은 연구들이 진전되고 있지만, 아직까지 실무에는 많이 도입되고 있지 못한 상태
    - 마케팅 자산 평가 = 브랜드 자산과 고객 자산: 마케팅 활동의 장기적인 효과 측정
    - 마케팅 수익성 흐름 평가 = 장기적 관점에서 수익성을 평가하는 방법론: 이러한 방법론이 마케팅 자산을 분석하는 데 활용되고 있음.
  - 수준 4의 성과평가방법 = 마케팅 활동에 대한 비용 또는 투자가 기업 가치에 어떠한 영향을 미치는가를 분석 = 수준 3처럼 수준 4의 방법도 학계를 중심으로 많은 연구들이 진전되고 있으나 아직까지 실무에는 도입되고 있지 못한 상태
    - 기업 가치의 변화 파악 = 재무 부문에서 사용하고 있는 변수들, 예를 들어 시가 총액, 주가수익률, 주가 변동, 토빈의 Q (Tobin's Q) 등과 같은 기준들을 사용

기업에서 사용하는 마케팅 성과평가방법은 매우 다양하다. 먼저, 이 책에서는 실무계의 관심사인 효율성 평가 부문을 심화 · 발전시키려고 지금까지 등장한 많은 연구를 체계적으로 정리했다. 그 결과, 〈그림 17-5〉와 같은 효율성 평가방법의 틀을 도출했다. 이를 중심으로 마케팅 성과평가방법을 소개한다. 이 틀은 먼저 투입자원으로 기업의 마케팅 비용과 투자[14]를 설정하고 있으며, 성과평가방법의 핵심이 되는 성과기준을 마케팅 지식과 역량 수준에 따라 정리하였다.

수준 1 _ 고객의 변화

마케팅 활동을 시작할 때 제일 먼저 추적할 첫 번째 수준의 성과평가 기준은 고객의 변화다. 고객의 변화는 크게 생각의 변화와 행동의 변화로 나누어 평가한다. 앞서 설명

그림 17-5 마케팅 효율성 평가를 위한 마케팅 성과평가방법의 틀[15]

하였듯이 구매깔때기(purchase funnel)모형은 마케팅 두입사원에 관한 고객의 변화를 파악하고 이를 바탕으로 앞으로의 전략 방향을 설정하기 위해 많은 기업에서 활용하는 마케팅 성과평가방법이다.

고객 생각의 변화 앞 장들, 특히 15장 통합마케팅커뮤니케이션에서 인지도, 태도와 선호도의 중요성은 이미 설명하였다. 특히 상기(recall)와 재인(recognition)으로 구성한 대상제품, 브랜드, 서비스, 기업 등의 인지도에서 고려상표군 진입과 구매행동과의 상관관계를 고려할 때, 기업의 마케팅 투입자원에 따라 최초 인지도, 그 이후 상기되는 순서를 고려한 인지도[16]와 그 변화 추이를 잘 관찰해 추적하고 관리해야 한다. 또 고객 생각의 변화를 측정하기 위해 주로 분석하는 고객만족도 분석과 순추천지수(Net Promotion Score) 분석을 온라인사이트에 제시하였으니 참조하기 바란다.

고객행동의 변화 고객의 생각은 행동으로 나타나고 이러한 변화가 모이면 기업 성과로 이어지므로 고객행동의 변화를 파악하는 것은 마케팅 투입자원 대비 성과를 평가하는데 적절한 기준이 된다. 제일 먼저 고객의 선택 행동을 파악해야 하는데, 이는 마케팅 전략과 활동이 목적한 대상에 초점을 맞춰야 하기 때문이다. 그러한 대상의 예로는 제품, 브랜드, 수량, 구매처 등이 있다. 물론 고객의 선택, 즉 거래 데이터를 쉽게 확보할 수 있는가에 따라 이러한 성과 기준을 사용하기가 쉽기도 하고 어렵기도 하다. 업종의 특성상 고객과의 거래 데이터가 운용시스템에 있어야 하는 금융, 유통, 통신 등의 업종에서는 CRM시스템의 도입으로 거래계의 데이터가 쉽게 정보계로 전환되어 이러한 선택 행동을 사용해 성과를 평가하기는 쉽다. 반면, 그렇지 않은 경우에는 표본조사 등을 통해 성과 기준을 파악한다.

또 마케팅 프로그램이 시용이나 시도를 목적으로 하는 경우, 표적고객 대상 중 어느 정도의, 어떤 특성을 가진 사람들이 시용이나 시도에 응했는지는 매우 중요한 성과평가 기준이 된다.

CRM의 등장과 함께 기존 고객의 중요성에 관한 사례연구가 업계에 큰 영향을 미쳤다. 대표적으로 라이켈트(Reichheld)는 실례를 통해 고객유지(customer retention)가 얼마나 중요한지를 보여주었다.[17] 이 연구들을 보면 고객과의 관계가 지속될수록 고객에 관한 마케팅 비용과 고객의 가격민감도는 줄고, 구매는 늘었으며, 구전과 추천 효과 등이 나타났다. 즉, 고객 유지율과 이탈률은 고객충성도를 나타내는 기준으로 활용하고 관리해야 한다. 한편 고객유지율의 선행 요인으로 고객만족도의 중요성이 재조명받았으며, 고객유지율은 뒤에 설명할 고객 생애가치와 고객 자산의 투입변수가 된다. 고객 유지율과 이탈률의 중요성을 나타내는 사례로 미국의 신용카드사인 캐피털 원(Capital One)의 사례를 온라인사이트에 제시하였으니 참조하기 바란다.

고객의 행동 변화를 측정하기 위한 마지막 성과평가방법으로 구매전환비율이 있다.[18] 구매전환비율은 마케팅 캠페인 오퍼를 받은 사람 중에서 구매한 사람의 비율이다.

$$\text{마케팅 캠페인 오퍼를 구매 · 수용한 사람} \div \text{마케팅 캠페인으로 콘택한 전체 사람}$$

이 기준은 마케팅 캠페인의 효율성을 나타내는 지표로 신규고객 획득비용과 연결되어 있다.

$$\underset{\text{(Acquisition Cost)}}{\text{신규고객 획득비용}} = \frac{\text{콘택 한 명당 비용} \times \text{콘택 수}}{\text{마케팅 캠페인 오퍼를 구매 · 수용한 사람}} = \frac{\text{콘택 한 명당 비용}}{\text{구매전환비율}}$$

예를 들어 한 보험회사가 텔레마케팅을 통해 1,000명을 콘택하여 보험상품 마케팅 캠페인을 벌였다. 그중에서 50명이 가입했다면, 구매전환비율은 5%이다. 한 콜당 비용을 5,000원이라고 하면 신규고객 획득비용은 100,000원이다[=(5,000×1,000)÷50 =5,000÷5%(=

0.05)]. 콘택 한 명당 비용을 줄이면 신규고객 획득비용은 줄어들고, 또 구매전환비율을 높여도 신규고객 획득비용은 줄어든다. 매우 간단한 지표이지만, 구매전환비율은 마케팅 캠페인의 효율성을 평가할 수 있는 강력한 수단이다.

수준 2 _ 기업 마케팅 성과의 변화

두 번째 수준의 성과평가 기준은 기업 마케팅 성과의 변화를 파악하는 것이다. 이 수준의 많은 기준이 비용으로 표현될 수 있어서 기업에서 가장 높은 관심을 보이는 방법이다. 기업마다 활용하는 정도는 차이가 있지만, 기업에서 가장 많이 활용하는 성과평가방법이기도 하다. 후주 1에서 재무적 관점에서의 기업성과 기준들을 제시했듯이 기업의 주요 초점은 재무적 관점에서의 성과 기준들이지만, 여기에서 초점은 마케팅 관점에서의 기업 성과 기준들이다. 이 수준에서의 마케팅 성과평가방법은 크게 경쟁력 성과, 시장 성과 그리고 수익성 성과의 변화를 파악하는 것이다.

경쟁력 성과의 변화 앞의 연세기업 사례에서 보았듯이 기업 성과의 최종 결과보다는 결과의 원인으로 평가하는 것이 경쟁력 성과다. 많은 기준이 있지만, 일반적으로 제품 성능, 서비스 품질 그리고 고객의 가치를 파악한다. 업종, 지역, 고객층에 따라 제품 성능, 서비스 품질을 구성하는 요인들은 다를 수 있다. 반면, 고객가치는 제품 성능과 서비스 품질(즉, 고객이 받는 혜택 총합, GET)보다 고객이 인식하는 가격(즉, 고객이 지급하는 대가, GIVE)이다. 여기서 중요한 사항은 객관적 성능이나 품질, 즉 전문가가 평가하는 성능과 품질은 필수 요건일 뿐이고 고객이 주관적으로 평가하는 성능과 품질을 파악하는 것이 더 중요하다. 구매는 전문가가 하는 것이 아니라 고객이 하기 때문이다. 추가로 우리 제품과 서비스만을 평가해서는 경쟁력 평가가 아니므로 항상 주요 경쟁자를 준거로 또는 경쟁자 평가를 포함하여 성과평가를 수행해야 한다.

시장 성과의 변화 매출액, 판매량과 그 성장률 그리고 시장점유율과 그 성장률로 평가하는 시장 성과는 기업 마케팅 성과평가에서 가장 많이 사용하는 성과기준이다. 앞서 연세기업 사례에서 본 것처럼 재무적 관점의 성과평가와 비교해 독특한 마케팅시장 성과평가의 초점은 역시 시장 또는 경쟁 대비 평가인 점이다. 각 기준은 여러분이 이해할 수 있거나 쉽게 구할 수 있으므로 여기에서는 판매량 분석과 시장점유율 분석에 초점을 맞춰 설명한다.

① 판매량 분석

이 분석은 기업의 현재 성과를 평가하기 위해 판매량을 활용하는 방법이다. 판매량 분석은 쉽게 활용할 수 있고, 판매량이 마케팅믹스에 관한 표적시장의 반응을 부분적으로 반영하므로 가장 많이 사용한다. 판매량 분석 시 실제 판매량 정보만으로는 효과적인 판매량 분석을 할 수 없다. 유용한 판매량 분석을 하려면 실제 판매량과 예상 판매량, 산업 전체 판매량, 경쟁자 판매량과 판매량 달성을 위해 들어간 경비 등과 비교해야 한다. 예를 들어 기업이 600억 원의 매출을 달성했다고 해서 그해의 마케팅 활동을 효과적이라고 말할 수 없다. 예상 판매액이 550억 원이었다거나 600억 원이라는 목표액을 달성하는 데 소요된 비용을 예상보다 12% 절감했다든가 하는 비교 자료가 있어야 정확한 판매량 분석을 할 수 있다. 일반적으로 판매량 분석을 다음의 두 가지, 즉 판매 차이 분석과 미시 판매 분석으로 구분한다.

판매 차이 분석이란 판매에 영향을 주는 다양한 요인이 예상 판매량과 실제 판매량의 차이에 어느 정도 영향을 미쳤는가를 측정하는 방법이다. 예를 들어 안암컴퓨터주식회사의 노트북 컴퓨터의 2016년 판매량 목표가 대당 100만 원씩 1만 대, 즉 100억 원의 매출액을 올릴 것이라고 가정해보자. 그러나 2016년 실제 판매량은 8,000대가 80만 원에 판매되어 64억 원의 매출을 올려 판매 성과 차이는 36억 원 또는 기대 매출액의 36%라고 하자. 이러한 성과 차이에서 어느 정도가 가격 하락에 기인하고, 어느 정도가 판매량 미달에 기인했는지는 다음의 계산으로 구할 수 있다.

가격 하락에 기인한 차이	= (100만 원−80만 원)×8,000 =	16억 원 …………	44.45%
판매량 미달에 기인한 차이	= 100만 원×(10,000−8,000) =	20억 원 …………	55.55%
성과 차이의 총합	=	36억 원 …………	100.00%

미시 판매 분석은 제품별 · 지역별 판매량 등을 분석하여 목표 판매량과 실제 판매량의 차이를 발생시킨 특정제품이나 지역을 찾아내는 방법이다. 예를 들어 안암컴퓨터를 수도권 · 호남 · 영남 지역에 판매하고, 각 지역에서 기대 판매량이 5,000대, 2,000대 3,000대였다고 하자. 실제 판매량은 각각 4,500대, 1,700대, 1,800대였다면 수도권 지역은 기대 판매량의 10%, 호남지역은 15%, 영남지역은 40% 미달이 발생하였다. 즉, 영남지역이 다른 지역에 비해 가장 심각한 판매부진을 보였으므로 마케팅 관리자는 영남지역의 판매부진에 대해 세심한 원인분석과 추가 조처를 해야 한다.

② 시장점유율 분석

기업의 판매량 분석은 성과평가의 유용한 도구이지만, 경쟁자와 성과비교를 할 수는 없다. 시장점유율 분석은 이러한 한계점을 보완하는 분석으로, 산업 전체의 판매량에서 자사의 판매량이 차지하는 비율을 분석하는 방법이다. 효과적인 시장점유율 분석을 하기 위해서는 자사의 전체 시장점유율 분석뿐 아니라 제품라인별 또는 세분시장별로 분석해야 한다.

시장점유율 분석에서는 산업 전체의 판매량과 경쟁사의 판매량 정보를 획득하는 것이 가장 중요하다. 일반적으로 경쟁사의 보고서나 협회의 자료 또는 정부기관의 보고서에서 정확한 판매량 통계치를 얻을 수 있다. 시장점유율 분석을 하는 경우, 어떤 측정방법을 사용할지를 먼저 결정해야 한다. 시장점유율은 다음의 네 가지 방법, 즉 전체시장 점유율, 표적시장 점유율, 상위 3개사에 관한 상대적 시장점유율, 선도기업에 대한 상대적 시장점유율 등을 통해 측정할 수 있다.

전체시장 점유율 전체 판매량에 대한 자사 판매량의 백분율을 말한다. 이 방법을 사용하려면 시장점유율을 단위 판매량을 사용해 측정할 것인지 또는 매출액을 사용할 것인지 결정해야 하고, 전체 산업을 어느 수준으로 정의할 것인가에 관해서도 결정해야 한다.

표적시장 점유율 표적시장은 다양한 세분시장에서 기업이 제품을 판매하기로 한 시장을 의미한다. 기업의 표적시장 점유율은 표적시장 전체의 판매량에 관한 자사제품 판매량의 백분율이다.

상위 3개사에 관한 상대적 시장점유율 3개사의 시장점유율을 합산해 자사의 시장점유율을 백분율로 표시한 것이다. 예를 들어 1위 기업이 40%, 2위 기업이 30%, 3위 기업이 20%의 시장을 점유하고 있고, 자사가 2위 기업이라면 30÷(40+30+20)×100=33%의 시장점유율을 갖는 것이다. 일반적으로 33% 이상이면 과점 이상의 경쟁상황에서 비교적 강력한 시장점유율을 보유한 것이다.

선도기업에 관한 상대적 시장점유율 자사를 제외한 시장점유율 1위 기업과 자사의 점유율을 백분율로 표시한 상대적 분석방법이다. 상대적 시장점유율이 100%를 웃돌면 자사는 시장선도자이고 강력한 경쟁적 위치를 확보하고 있다는 것을 의미한다. 100% 이하인 경우에는 시장선도자가 아니고 취약한 경쟁적 위치에 있다는 것을 의미한다. 이 상대적 시장점유율 분석은 선도기업에 관한 자사의 경쟁적 위치를 파악하는 데 유용하며, BCG 매트릭스에서 사용하는 방법이다. 그러나 이 분석에는 한계점이 있어 타당성 있는 결과를 내려면 다음 사항들을 명확히 인식해야 한다.

첫째, 모든 기업의 목표가 반드시 시장점유율 증가에만 있지 않다. 일부 기업은 시장점유율을 희생하고 수익성 개선을 시도한다. 기업이 수익성 개선을 위해 이윤이 적은 판매 지역이나 고객을 포기하면 시장점유율은 자연히 감소한다. 둘째, 시장점유율은 기업 활동뿐 아니라 우발적 요인에 의해서도 영향을 받는다. 즉, 시장점유율은 마케팅 활동의 효율성 여부를 떠나 다른 요인에 의해 영향을 받을 수 있다. 셋째, 시장에 새로운 강력한 경쟁자가 진입하면 일반적으로 자사를 비롯한 모든 기업의 시장점유율이 감소하는 것은 당연한 현상이다. 따라서 이 경우에는 시장점유율 하락이 전적으로 자사의 마케팅 활동의 부진 때문이라고 볼 수는 없다. 넷째, 특정기업의 성과를 시장 전체를 기준으로 측정해야 한다는 가정은 성과측정에 반드시 적절하다고 볼 수 없다.

일반적으로 기업들은 세분시장을 선택적으로 가지고 있으며, 주요 경쟁자들은 일부 기업에 국한되어 있으므로 산업 전체를 기준으로 하는 시장점유율 분석은 기업 성과를 정확히 반영하는 데 한계가 있다. 이러한 한계는 상대적 시장점유율 분석과 표적시장 점유율 분석을 병행하여 활용하면 부분적으로 극복할 수 있다. 또 이렇게 비교 분석할 때에는 각 수치 간 단위 차이 등의 기준을 명확히 하여 오해가 없어야 한다.

수익성 성과의 변화 기업의 이윤은 '이윤(profit)=수익(revenue)−비용(cost)'과 같이 표현할 수 있다. 그런데 기업에서 이윤을 획득한다는 것은, 곧 기업에서 사용한 비용보다 기업의 수익이 더 많다는 것을 뜻한다. 비즈니스를 하는 목적은, 수익을 내어 이윤을 추구한다는 목적 외에도 계속된 이윤을 통해 기업이 지속성을 유지해야 한다는 목적도 가진다. 따라서 비즈니스의 목적인 수익성과 지속성은 다음의 식과 같이 표현할 수 있으며, 이것이 바로 기업의 성과로 귀결된다.

$$\underset{\text{(Profitability)}}{\text{수익성}} = \sum_{i=1}^{n} \left(\frac{\text{수익}-\text{비용}}{\text{투자}} \right)^{i} \qquad (n\text{=지속성(Sustainability)})$$

앞서 살펴본 시장성과 분석은 기업의 마케팅 활동 평가에 아주 유용하다. 하지만 수익성에 대한 정보를 제공하지 못한다. 수익성을 파악하기 위해 마케팅 관리자는 먼저 마케팅 비용을 분석하여 판매지역, 제품라인, 세분시장에 대한 상대적 수익성 등을 파악할 수 있다. 마케팅 비용 분석은 기업의 운용비용에 관한 분석으로 마케팅 관리자는 예산목표를 설정하고 예상비용과 실제비용 간의 차이를 분석해야 한다. 이러한 마케팅 비용은 판매원 비용, 광고비, 판촉비, 마케팅 조사비, 판매관리비 등으로 구성된다.

마케팅 비용 분석에서 마케팅 관리자가 주의해야 할 점이 비용할당이다. 즉, 전체 마케팅 비용을 개별적인 지역, 제품, 고객 또는 다른 마케팅 단위로 할당하는 것은 매우 어려운 일이다. 예를 들어 판매관리비를 지역별 · 제품별 또는 다른 마케팅부서에 정확하게 할당하기는 매우 어렵다. 즉, 비용할당 시 어려운 점은 간접비용의 할당이다. 간접비용은 하나 이상의 마케팅 단위의 성과에 공통으로 공헌하므로 단위별로 정확한 간접비용을 할당하는 것은 매우 어렵다. 그런데도 각 기업의 특성에 맞게 간접비용을 할당해야 마케팅 수익성 분석이 가능하고, 그래야 마케팅 활동의 개선을 추진할 수 있다. 단위별로 마케팅 자원을 소진하는 정도, 예를 들어 판매원 자원, 판매액의 정도, 고객관리 시간과 비용 등을 기준으로 간접비용을 할당할 수 있다. 이러한 할당은 재무회계 목적보다는 관리회계 목적이므로 일관성 있게 적용하여 사용하다 문제가 발생하면 계속해서 개선해 나가면 된다. 사실 CRM 또는 고객 중심 경영이 정착되고 있는 우리나라 은행의 경우, 마케팅 간접비뿐 아니라 은행의 모든 간접비를 상품별 · 고객별 · 지점별로 할당하여 내부 효율성을 관리하고 있다.

나아가 우리의 마케팅 비용은 할당을 포함해 추정할 수 있지만, 경쟁사의 마케팅 비용은 추정하기 어렵다. 손익계산서의 비용 항목은, 판매와 일반 관리비 항목은 마케팅 비용과 일반 관리비를 합쳐 보고하고 있다. 이 경우에는 추정해야 하는데, 경쟁사의 마케팅 비용이 우리보다 많은 경우에는 판매와 일반 관리비에서 판매 · 마케팅 비용이 차지하는 비율이 더 높을 것이고, 반대의 경우에는 더 낮을 것이다. 미국에서는 판매와 일반 관리비 중 판매비가 차지하는 비율이 66~81% 정도로 보고되고 있음을 고려할 때, 경험의 법칙상 이 비율은 평균적으로 75% 정도로 정하고, 업종과 기업의 특성에 따라 조정하면 된다.[19]

① 마케팅 공헌이익, 마케팅 매출이익률, 마케팅 투자이익률

이렇게 마케팅 비용 분석이 수행되면, 마케팅 수익성 분석을 진행할 수 있다. 수익성 분석을 위해서는 먼저 제품과 제품라인에서 기대하는 마케팅 공헌이익을 산출한다. 마케팅 공헌이익은 다음과 같이 산출한다.

$$\text{마케팅 공헌이익} = \text{판매액} \times \text{총수익률} - \text{마케팅 및 판매비용}$$

나아가 영업이익은 마케팅 공헌이익과 다음과 같은 관계를 가진다.

$$영업이익 = 마케팅\ 공헌이익 - 일반관리비 - 기타\ 비용$$

마케팅 공헌이익은 이익의 절대량이므로 이 지표로 다양한 단위별(제품, 고객, 채널, 지역 등)로 다양한 마케팅전략과 프로그램의 영향을 직접 비교 평가할 수는 없다. 즉, 수익성 분석은 상대적인 비교 평가가 필요하므로 수익률 기준이 필요하다. 마케팅 공헌이익을 사용하는 두 가지 수익성 지표는 마케팅 ROS (Marketing Return on Sale), 즉 마케팅 매출이익률과 마케팅 ROI (Marketing Return on Investment), 즉 마케팅 투자이익률이 있으며 각각 다음과 같이 산출한다.

$$마케팅\ ROS = \frac{마케팅\ 공헌이익}{매출액} \times 100\%$$

$$마케팅\ ROI = \frac{마케팅\ 공헌이익}{마케팅과\ 판매비용} \times 100\%$$

마케팅 ROS와 마케팅 ROI와 같은 마케팅 수익성 분석을 통해 어떠한 성과가 발생했고, 어떤 이유로 목표와 성과에 차이가 발생했는지 알 수 있다. 따라서 마케팅 관리자는 수익성 분석에서 다음과 같이 시사점을 찾아내 활용할 수 있다.

수익성 분석에서 찾아낸 시사점

판매지역의 결정

마케팅 관리자가 판매지역의 잠재력과 비교하여 마케팅 공헌이익을 파악하면 다음과 같은 의사결정을 내릴 수 있다. 첫째, 현재의 잠재력 수준에 맞게 판매지역을 조정한다. 둘째, 판매지역의 문제가 유통시스템에 있다면 이를 변경한다. 셋째, 경쟁이 치열한 지역에서는 촉진 프로그램을 변화시켜 수익성 저하를 막을 수 있다. 넷째, 성과가 극히 저조한 판매지역은 완전히 포기할 수도 있다. 그러나 손실이 발생하는 경우에도 기업의 이미지나 다른 판매지역과의 시너지 효과 등을 신중히 고려해 결정해야 한다.

제품결정

마케팅 ROS와 마케팅 ROI를 분석하여 개별적인 제품이나 제품라인의 상대적 수익성을 파악하면 수익성이 낮은 모델, 사이즈, 컬러 등을 제거할 수 있다. 이때 마케팅 관리자는 하나의 품목 제거가 제품라인 전체에 미치는 영향을 반드시 고려해야 한다. 이는 다른 품목과의 상호 연관성에 의한 시너지 효과 때문에 하나의 품목 제거가 제품라인 전체의 수익을 감소시킬 수 있기 때문이다. 나아가 품목을 제거한다고 그 제품과 관련된 일반 관리비가 제거되는 것이 아니므로 그 품목의 마케팅 공헌이익이 발생하는 한, 그 품목을 제거하는 의사결정은 신중해야 한다. 즉, 마케팅 공헌이익은 기업의 나머지 비용(일반 관리비와 기타 비용)을 커버하는 데에도 공헌한다.

또 마케팅 관리자는 마케팅 수익성이 높은 품목의 판매량을 증대시키기 위해 그 품목에 한정해서 판매원에게 추가보상을 할 수 있으며, 유통구조를 변경해 제품의 수익을 높일 수도 있다. 예를 들어 자사의 직접 판매비용이 중간상 비용보다 일반적으로 높다는 것을 생각할 때 자사가 직접 판매하던 수익성이 낮은 제품이나 표준화한 제품을 독립적인 중간상을 이용해 판매하면 제품의 수익성을 증가시킬 수 있다.

고객계층과 주문규모의 결정

판매량 분석과 비용 분석의 결합이 이루어지면 마케팅 관리자는 모든 고객집단의 상대적 수익성을 파악할 수 있다. 만약, 특정고객집단이 만족할 만한 수준의 마케팅 공헌이익이나 순이익을 제공하지 못한다면, 기업에서는 그 고객집단에 대해 가격구조를 변경하거나 유통구조를 직판에서 독립적 중간상의 이용으로 변경할 수 있다.

마케팅 관리자가 의사를 결정하기 어려운 것 중 하나가 소량주문 문제이다. 소량주문은 대부분 손익분기점 이하의 주문이거나 수익이 비용보다 적다. 이럴 때 마케팅 관리자는 주문을 거절하거나 소량주문 고객을 고객 리스트에서 제외한다. 그러나 이러한 반응은 기업이미지를 악화시키고 잠재고객 수를 감소시킬 수도 있다. 사실 소량주문의 수익성을 낮게 평가하는 이유는 간접비용이 주문량과 관계없이 동일하게 할당되기 때문이다. 따라서 마케팅 관리자들은 소량주문 고객의 문제점을 파악하고, 이에 적합한 주문절차를 마련해야 한다. 즉 고객을 잃는 것보다는 만족할 만한 수준의 고객으로 변화시키는 것이 더 바람직하다.

② 마케팅 공헌이익 산출 개념에 기반을 두어 도출할 수 있는 마케팅전략 대안

위에서는 마케팅 공헌이익 산출 식을 매우 간단히 설명했다. 사실, 이 식을 변환해 표시하면 다음과 같다.

마케팅 공헌이익 =
시장수요×시장점유율×평균 판매가격×중간상 할인×이익률 − 마케팅 비용

위의 식을 보면 마케팅 수익성을 증진시키기 위한 마케팅전략 대안을 다음과 같이 정리할 수 있다.

- 시장수요 확장을 목표로 하는 전략
- 시장점유율의 증진을 목표로 하는 전략
- 평균 판매가격을 높이는 것을 목표로 하는 전략
- 중간상 비용을 줄이는 것을 목표로 하는 전략
- 이익률 증진을 목표로 하는 전략
- 마케팅 비용을 줄여 효율성을 높이는 것을 목표로 하는 전략

물론 이러한 전략 대안들이 상호 배타적인 것은 아니다. 그런데도 이런 방식으로 전략 목표와 방향을 명확히 설정해야 마케팅 생산성 증진의 수단들을 체계적으로 마련할 수 있다.

마케팅 수익성 성과평가를 활용한 삼성전자 글로벌 마케팅 사례[20]

1990년대 말 삼성전자가 본격적으로 글로벌 마케팅을 펼치면서 당시 윤종용 부회장이 영입한 재미교포 1.5세 에릭 킴(Eric Kim)이 글로벌 마케팅 활동의 체계와 전략을 수립하고 수행하면서 초기에 개발한 시스템의 이름은 삼성 M-NET 시스템이다. M-NET은 Marketing-Net의 약자로 마케팅 공헌이익을 뜻한다. 즉, 주요 제품별로 그리고 주요 지역 시장별로 마케팅 공헌이익을 산정한 것이다. 과거와 현재의 자료 등을 모아 이 시스템을 완성하기까지는 약 1년 8개월의 시간이 걸렸다. 〈그림 17-6〉을 보면 이 시스템의 주요 분석결과가 나타나 있다.

그림을 보면 특정제품에 대해 마케팅 공헌이익의 크기(원의 규모), 현재의 주요 지역 시장별 마케팅 예산배분율(Current Allocation to Opportunity) 그리고 이상적인 주요 지역 시장별 마케팅 예산배분율(Ideal Allocation to Opportunity)이 제시되어 있다. 예를 들어 이탈리아 시장의 경우에 이 제품에 관한 현재의 마케팅 예산배분율은 약 15%인데, 이상적인 예산배분율은 22~23% 정도여야 한다. 반면, 러시아 시장의 경우에 이 제품에 관한 현재의 마케팅 예산배분율은 약 16% 정도인데, 이상적인 예산배분율은 7%정도여야 한다. 다시 말해 이 제품의 마케팅 수익성을 높이기 위해서는 예를 들어 이탈리아에 대한 마케팅 예산을 늘려야 하고, 러시아는 줄여야 한다. 물론 마케팅 ROS, ROI 같은 자료를 기반으로 뒤에 간략히 설명할 마케팅 수익성 흐름의 분석과 평가에 관련된 계량 모델링을 사용해서 적절한 마케팅 비용과 자원의 할당률을 분석해야 이 사례의 이상적인 예산배분율을 도출할 수 있다. 더 나아가 이러한 시스템을 구축하는 데에는 약 1년 8개월이 걸렸지만, 이러한 성과평가 분석을 현업에 적용하는 데는 더 오랜 시간이 걸렸다고 한다. 왜 그랬을까? 이탈리아 판매본부장은 그렇다고 해도 러시아 본부장의 처지를 생각하면 이러한 분석결과를 그대로 수용할 수 있을까? 아마도 러시아 본부장이 이 결과를 수용하기 위해서는 러시아 지역 시장에 관한 대책을 마련해야 할 것이다.

즉, 삼성전자의 사례는 두 가지 교훈을 준다. 첫째, 어려움이 있어도 마케팅 수익성을 활용한 마케팅 성과평가 분석은 일관성 있게 실무에 적용할 수 있다. 물론 제품 경쟁력 측면의 개선과 함께 이 시스템이 있었기에 삼성전자의 글로벌 마케팅은 높은 성과를 창출했던 것이다. 두 번째로 성과평가 분석과 현업 적용은 다른 이슈이다. 현업 적용을 위해서는 분석결과 그 자체보다도 관련 조직의 유리한 점과 불리한 점을 조율하는 등 조직 간 이해와 협력을 만드는 것이 아마 더 중요한 과제일 것이다. 삼성전자 글로벌 마케팅의 현재 마케팅 성과평가 분석은 어떻게 진화됐는지 궁금하다.

그림 17-6 **삼성전자의 M-NET시스템 분석결과**

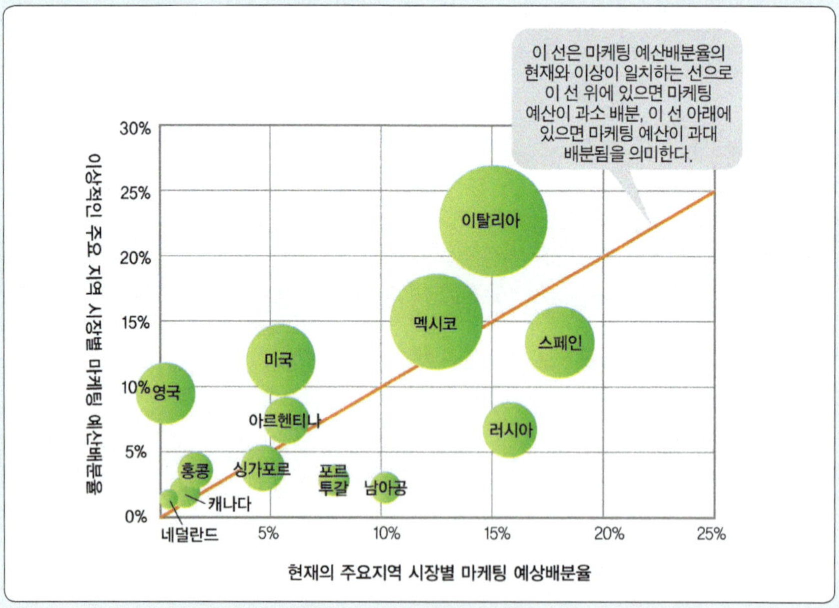

출처: Corstjens, M. and Merrihue, J., "Optimal Marketing," *Harvard Business Review*, 81(10), 2003, p.117

수준 3 _ 마케팅 자산 및 수익성 흐름의 변화

기업의 마케팅 활동에 대한 세 번째 성과평가방법의 기준은 마케팅 자산과 마케팅 수익성 흐름의 평가를 분석하는 것이다. 수준 1, 2보다 매우 발전한 형태의 마케팅 성과평가방법이다. 이 방법과 관련해서는 학계에서 많은 연구가 되고 있지만, 우리나라는 아직 실무에 도입하지 못한 상태다. 여기에서는 먼저 마케팅 자산 성과평가방법을, 그 다음에 마케팅 수익성 흐름의 성과평가방법을 제시하는데, 마케팅 수익성 흐름은 수익성을 평가하는 방법론이며 이 방법론은 마케팅 자산분석을 할 때 활용한다.

마케팅 자산의 변화 우리는 마케팅을 하면서 드는 돈을 현재의 발생주의 회계원칙상 비용으로 처리한다. 그런데 이를 비용보다 투자로 보자는 주장도 있다. 장기적인 관점에서 마케팅에 투자하는 돈은 소비자의 호의, 브랜드 자산 등과 같은 무형 자산을 구축하는 역할을 할 수 있다는 것이다. 그중 브랜드 자산에 관한 부분은 12장에 상세히 설명했으니 참조하기 바란다.

> **고객 자산**(customer equity) IT의 발전과 함께 국내외 마케팅 분야에서 고객관계관리라는 개념이 급속도로 확산되면서 또 다른 마케팅의 키워드로 자리를 잡았다. CRM에 대한 정의는 논의하는 회사나 사람의 수만큼 다양하지만, 마케팅의 관점에서 살펴보면 '개별고객에게 중요한 가치가 무엇인지를 이해하는 과정이며, 이러한 정보를 이용하여 고객이 진정으로 원하는 편익을 제공하고, 그 결과로 고객이 기업과의 거래를 유지하고 증가시켜 기업이 수익성을 얻는 마케팅'[21]이라고 할 수 있다. 이러한 CRM의 확산과 때를 같이 하여 고객 자산이라는 개념이 등장했다.[22] 고객 자산은 기업과 고객과의 관계 가치를 의미하는 개념으로 블랫버그(Blattberg)와 데이튼(Deighton)에 의해 처음 명명되어 소개되었다.[23] 러스트(Rust) 등은 한 기업의 고객 자산을 그 기업의 고객생애가치(Customer Lifetime Value)를 현재 가치화한 총합이라고 정의하였다.[24] 즉, 고객이 한 기업과의 관계를 유지하는 총기간인 고객수명주기 동안 그 기업의 제품이나 서비스를 구매할 때 가져다주는 수익을 예측하자는 것이다. 고객 자산은 고객의 생애가치를 모두 합친 것이다. 온라인사이트에 고객 자산 개념 철학과 고객 자산을 산출하는 방법을 설명하였으니 참조하기 바란다.

즉, 브랜드 자산과 고객 자산과 같은 마케팅 자산에 의한 마케팅 성과평가 분석은 마케팅에 투하되는 돈의 장기적 효과를 고려하여 마케팅 활동에 따른 마케팅 자산의 변화를 성과평가 분석의 주안점으로 삼자는 것이다. 예를 들어 삼성전자의 올림픽 후원, 현대자동차의 월드컵 후원 등과 같은 마케팅 활동은 이러한 방법에 의한 성과평가 분석이 적합하다.

수익성 흐름의 변화 마케팅의 장기적 효과를 알려면 마케팅 수익성을 해당 기에 평가해서는 안 된다. 앞에서 제시한 삼성전자의 사례와 고객 자산의 설명은 마케팅 수익성을 장기적으로 평가해 활용한 것이다. 이를 위해 마케팅은 재무 분야의 자본예산(Capital Budgeting)기법들을 도입해 활용하고 있다. 그중에서도 순현재가치기법을 많이 활용하고 있다. 순현재가치란 효율적인 사업선정을 위한 방법으로, 투자사업에서 사업의 최종 연도까지 얻는 순수익(수입－비용)의 흐름을 현재 가치로 계산하여 이를 합한 것이다. 어떤 자산의 NPV가 0보다 크면 기업 가치의 순증가가 발생하므로 투자가치가 있는 것으로 평가하며, NPV가 0보다 작으면 투자 시 기업 가치의 순감소가 발생하므로 투자가치가 없는 것으로 평가한다. 또 NPV가 극대화하도록 투자하면 기업 가치 극대화를 달성할 수 있다. 이때 같은 기준에서 상호 비교가 가능하도록 적절한 할인율을 선택해 현재가치를 환산한다. 할인율은 시장이자율, 기업 할인율, 정부 차입 이자율, 사회적 할인율, 공공 투자사업의 기준 할인율 등이 있다. 즉, 순현재가치를 사용해 마케팅전략과 활동 대안의 효과를 평가하는데, 순현재가치는 다음과 같이 계산한다.

$$\text{순현재가치(NPV)} = -C_0 + \frac{(B_1 - C_1)}{(1+r)} + \frac{(B_2 - C_2)}{(1+r)^2} + \frac{(B_3 - C_3)}{(1+r)^3} + \cdots\cdots + \frac{(B_n - C_n)}{(1+r)^n}$$

C＝마케팅 투자 또는 비용 / B＝유입 현금 또는 매출액 / r＝할인율

다음으로는 내부수익률(IRR)기법을 활용하는데, 이는 순현재가치기법과는 동전의 양면과 같은 관계를 가진다. 내부수익률이란 애초 투자에 드는 지출액의 현재 가치가 그 투자에서 기대하는 현금 수입금액의 현재 가치와 같게 되는 할인율을 말한다. 즉, 미래의 현금 수입액이 현재의 투자가치와 같게 되는 수익률을 말하며 내부수익률은 다음과 같이 계산한다.

$$\text{순현재가치(NPV)} = 0 = -C_0 + \frac{(B_1 - C_1)}{(1+IRR)} + \frac{(B_2 - C_2)}{(1+IRR)^2} + \frac{(B_3 - C_3)}{(1+IRR)^3} + \cdots\cdots + \frac{(B_n - C_n)}{(1+IRR)^n}$$

C＝마케팅 투자 또는 비용 / B＝유입 현금 또는 매출액 / IRR＝내부수익률

또 내부수익률을 산출하면서 결정되는 기간을 회수기간이라고 한다.

앞에서 설명한 마케팅 ROI, 즉 마케팅 투자이익률은 마케팅 수익성을 평가할 때 해당 기마다 분석하지만, 마케팅 투자의 효과가 장기적이라는 판단이 서면 지금 설명한 순현재가치, 내부수익률, 회수기간을 사용해 분석해야 한다.

수준 4_기업의 가치 변화

기업의 마케팅 활동에 관한 네 번째 성과평가방법의 기준은 마케팅 활동에 대해 비용 또는 투자가 기업 가치에 어떠한 영향을 미치는가를 분석하는 것이다. 기업 가치의 변화를 파악하려면 재무 부문에서 사용하는 변수들, 예를 들어 시가 총액, 주가수익률, 주가 변동, 토빈의 Q[25] 같은 기준들을 사용한다. 수준 3의 성과평가방법이 그러했듯이 수준 4의 성과평가방법도 학계를 중심으로 많은 연구가 진행되고 있지만, 아직 실무에는 도입하지 못한 상태이다. 이에 따라 지금까지 발견한 주요 결과의 흐름을 온라인사이트에 제시하였으니 참조하기 바란다.

기업 가치의 변화를 파악한다는 것은 마케팅전략을 잘 실행하여 기업이 건강하게 성장하는지를 보는 것이다. 이상적으로 그리고 규범적으로 이러한 분석 과정은 정교하게 측정되고 관리되어야 하며, 이를 통해 기업 가치의 극대화가 이루어져야 더 시장지향적이고 고객 중심적인 기업들이 건강하고 유기적인 기업 가치의 성장을 이룩할 수 있다.

3. 현대 기업의 마케팅 성과평가

- **학습목표 3: 주요 개념 (3)**
  - 현대의 기업들은 대부분 수준 1과 수준 2의 마케팅 성과평가방법들을 사용하고 있음.
  - 나아가 역량이 뛰어난 기업들은 자사의 특성을 고려해 적합한, 즉 간편하고(simple) 실제적으로 활용 가능한(actionable), 마케팅 성과지표들을 개발·사용하고 있음.

지금까지 마케팅 성과평가방법의 틀을 바탕으로 마케팅 성과평가방법이 얼마나 다양한지 살펴보았다. 최근 이 분야에 관한 연구가 급증한 것은 기업에서 마케팅 성과 측정과 평가가 얼마나 필요하고 중요한지를 반영한다. 즉, 앞만 보고 열심히 하는 마케팅, 감(感)으로 하는 마케팅은 한계를 맞았다고 볼 수 있다.

우리나라 기업 대부분은 수준 1인 고객의 변화, 수준 2인 기업 마케팅 성과의 변화를 파악하고 있고, 수준 3(마케팅 자산과 수익성 흐름의 변화 평가)과 수준 4(기업의 가치 변화 평가)는 아직 활용하지 못하고 있다.[26] 물론 수준 3과 수준 4 같은 높은 수준의 성과평가를 분석하여 마케팅 활동을 개선할 수 있도록 노력해야 하지만, 하루아침에 이 수준으로 발전하는 것은 현실적으로 불가능하다. 마케팅 성과평가의 발전을 위해 제일 먼저 데이터와 대화하는 습관을 갖는 것이 중요하다. 자료는 얼마든지 있다. 항상 관련 자료와 데이터를 정리하고, 질문하고, 해석하고, 축적해야 정보와 지식이 된다. 특히, 결과의 측정을 염두에 두고 자료 축적 기준을 설계하는 작업이 아주 중요하다.

또 성과평가를 하는 이유를 항상 잊지 말아야 한다. 성과평가의 목적은 평가 자체가 아니라 더 나은 마케팅 의사결정을 내리기 위해서다. 삼성전자의 M-NET 사례에서 보았듯이, 한정된 마케팅 자원의 할당 변화를 통해 마케팅 수익성은 유의미하게 증가할 수 있다. 이를 위해서는 마케팅 자원투입이라는 원인과 그 결과를 파악하는 인과관계를 아는 것이 제일 중요하다. 그런데도 인과관계 파악은 많은 노력, 경험, 시간 등이 필요하므로 당장 할 수 있는 일부터 차근차근 수행해야 한다.

성과평가방법의 선정은 각 기업의 상황, 지식과 활용 수준 등으로 결정되어야 한다. 이에 따라 현대 기업들이 자사 특성을 고려해 자사에 맞게 개발하여 사용하고 있는 마케팅 성과지표 사례를 온라인사이트에 제시했으니 참조하기 바란다. 앞서 말했듯이 현대 기업 대부분은 수준 1인 고객의 변화, 수준 2인 기업 마케팅 성과의 변화를 파악하고 있다. 이 의미는 마케팅 활동의 실질적인 통제를 위해서는 간편하고, 실제로 활용할 수 있는 성과 기준들이 얼마나 중요한지 보여주고 있다.

이 장의 요약

- 마케팅목표를 달성하기 위해 마케팅 관리자는 마케팅 노력과 활동에 대해 효과적인 평가와 통제를 시행해야 한다. 마케팅 통제 과정은 기본적으로 마케팅목표를 수립한 후 성과기준의 설정, 실제 성과의 측정, 수정 활동 과정을 통해 이루어진다. 기업은 마케팅 성과평가의 도입으로 마케팅 활동의 과학적인 관리와 마케팅 비용의 효율적인 관리, 마케팅 감사 활동의 문제점 해결이 가능하며 마케팅 성과평가를 적절한 보상기준으로 활용할 수 있다는 이점이 있다.

- 마케팅 성과를 평가할 때 마케팅 성과평가의 범위와 적절한 방법을 선택하는 것은 매우 중요하다. 일반적으로 기업의 마케팅 성과평가는 마케팅 활동의 결과를 효과성과 효율성 측면에서 평가한다. 효과성 평가는 마케팅목표를 얼마나 달성했는가를 측정하는 것으로, 이를 마케팅 감사라고도 한다. 효율성 평가는 투입한 마케팅 자원과 대비해 달성한 성과를 평가하는 것으로 마케팅 생산성 분석이라고도 한다.

- 마케팅 성과평가방법은 기업의 마케팅 비용과 투자 효과를 분석하는 것으로, 마케팅 지식과 역량 수준에 따라 네 가지 수준으로 살펴볼 수 있다. 기업의 마케팅 활동 이후 처음 생각할 수 있고 바로 추적할 필요가 있는 첫 번째 수준의 성과평가 기준은 고객의 변화이다. 고객의 변화는 크게 생각의 변화와 행동의 변화로 나누어 평가할 수 있다. 고객 생각의 변화를 파악하기 위해서는 인지도, 태도, 선호도, 고객만족도 등과 함께 새로 등장한 순추천지수를 활용한다. 고객행동의 변화는 고객의 선택, 시용, 유지율과 이탈률, 구매전환비율로 파악한다.

- 기업의 마케팅 활동에 대한 두 번째 수준의 성과평가 기준은 기업 마케팅 성과의 변화를 파악하는 것이다. 이 수준에서 성과평가의 많은 기준이 돈으로 표현될 수 있어 기업의 관심이 가장 높다. 활용하는 정도는 기업마다 차이가 있겠지만, 가장 많이 활용하는 성과평가방법이다. 이 수준에서의 마케팅 성과평가방법은 크게 경쟁력 성과, 시장 성과 그리고 수익성 성과의 변화를 파악하는 것이다. 경쟁력 성과의 변화는 제품 성능, 서비스 품질, 고객가치로 파악하며, 시장 성과의 변화는 매출액 · 판매량과 성장률, 시장점유율과 성장률로 파악한다. 특히, 판매량 분석은 기업의 현재 성과를 평가하기 위해 마케팅믹스에 대한 표적시장의 반응을 부분적으로 반영하고 있는 판매량을 활용하는 방법이다. 이 분석은 쉽게 이용할 수 있어 가장 널리 사용한다. 판매량 분석은 성과평가의 유용한 도구이지만, 경쟁자와 비교하여 상대적인 성과비교를 할 수 없다는 단점이 있다. 시장점유율 분석은 이러한 한계점을 보완하는 방법으로 산업 전체 판매량에서 자사 판매량이 차지하는 비율을 분석하는 방법이다. 효과적인 시장점유율 분석을 위해서는 자사의 전체 시장점유율 분석뿐 아니라 제품라인별 또는 세분시장별로 시장점유율 분석이 이루어져야 한다. 마케팅 수익성 성과의 변화를 파악하기 위해 제일 핵심적인 기준은 마케팅 공헌이익이며, 이 이익을 사용하여 마케팅 매출이익률과 투자이익률을 산출할 수 있다. 제품, 고객, 채널, 지역 시장 등 다양한 단위별로 마케팅 공헌이익을 분석하여 다양한 마케팅전략과 프로그램의 영향을 평가할 수 있으며, 앞으로 마케팅 활동의 효율성을 증진할 수 있는 의사를 결정할 수 있다.

- 기업의 마케팅 활동에 관한 세 번째 성과평가방법의 기준은 마케팅 자산과 수익성 흐름의 평가를 분석하는 것이다. 수준 1, 2보다 매우 발전한 형태의 마케팅 성과평가방법으로 수준 3의 성과평가방법과 관련해서는 학계를 중심으로 많은 연구가 진행되고 있지만, 아직 실무에는 많이 도입되고 있지 못한 상태이다. 브랜드 자산과 고객 자산이 마케팅 활동의 장기적인 효과를 측정하는 대표적인 기준이고, 마케팅 수익성 흐름은 장기적 관점에서 수익성을 평가하는 방법론이며, 이러한 방법론을 마케팅 자산을 분석하는 데 활용하고 있다. 기업의 마케팅 활동에 대한 네 번째 성과평가방법의 기준은 마케팅 활동에 대한 비용 또는 투자가 기업 가치에 어떠한 영향을 미치는가를 분석하는 것이다. 기업 가치의 변화 파악을 위해서는 재무 부문에서 사용하고 있는 변수들, 예를 들어 시가 총액, 주가수익률, 주가 변동, 토빈의 Q 같은 기준들을 사용하고 있다. 수준 3의 성과평가방법처럼 수준 4의 성과평가방법도 학계를 중심으로 많은 연구가 진행되고 있으나 아직 실무에는 도입하지 못한 상태이다.

- 현대의 기업은 대부분 수준 1과 수준 2의 마케팅 성과평가방법들을 사용하고 있다. 나아가 역량이 뛰어난 기업들은 자사의 특성을 고려해 적합한, 즉 간편하고 실제로 활용할 수 있는 마케팅 성과지표들을 개발해 사용하고 있다.

주요 개념 목록

마케팅 책임 / 마케팅 통제 / 마케팅 통제 과정(성과 기준의 설정, 실제 성과의 측정과 평가, 수정 활동) / 마케팅 성과평가의 필요성 / 마케팅 성과평가의 범위(효과성 평가, 효율성 평가) / 마케팅 성과평가방법(수준 1. 고객의 변화, 수준 2. 기업 마케팅 성과의 변화, 수준 3. 마케팅 자산 및 수익성 흐름의 변화, 수준 4. 기업의 가치 변화)

생각해 볼 문제

1. 마케팅 성과평가를 왜 해야 하는지 서술하시오.
2. 마케팅 관점의 성과평가와 재무적 관점의 성과평가의 주요 차이점을 설명하고, 두 관점의 상호 보완적 활용 방안에 관해 서술하시오.
3. 마케팅 성과평가방법의 수준에 관해 설명하시오.
4. 한 기업을 선정하여 그 기업은 어떠한 수준에서 마케팅 성과평가를 하는지를 조사해서 설명하고 해당 기업의 마케팅 성과평가방법의 발전 방향을 제시하시오.

후주 및 참고문헌

1 재무적 관점의 주요 성과 기준들은 (i) 비용 지표(expenses metrics): 일반 관리비용 비율, 판매와 영업관리 비용 비율 등, (ii) 자산관리와 활동성 지표(asset management metrics): 총 자산회전율, 매출 채권회전율, 재고 자산회전율, 설비가동률 등, (iii) 수익성과 주가 관련 지표(profitability and shareholder metrics): 자기자본 이익률, 총 자산이익률, 주당순이익, 주가수익률 등이 있다. 상세한 내용은 재무와 회계 관련 서적(최종학, 《숫자로 경영하라》, 원앤원북스, 2009)을 참조하기 바란다.

2 〈스포츠조선〉, "삼성전자, 소치올림픽 마케팅 성과 '금메달' 획득", 2014년 3월 3일 자 내용을 참조해 설명하였다.

3 이 조사결과는 Intellisurvey Inc.의 초기 리포트(2001) 결과인데, 이러한 응답 경향은 아직도 비슷한 상황이며, 다른 자료들에서도 흔히 발견되고 있다. 예를 들어 GM의 북미 마케팅과 광고 담당 임원 마크 라네브(Mark LaNeve)는 마케팅 커뮤니케이션이 고객에게 미치는 효과를 추적하는 것을 마케팅 커뮤니케이션 활동의 우선순위 1위로 삼았다. 예를 들어 GM은 더는 'It feels good'이라는 이유로 광고하지 않으며, 골프 토너먼트 후원 활동도 그 브랜드를 테스트 드라이브하러 오는 고객들이 없는 이상 후원할 수 없다는 방침을 정했다. 이러한 조처들로 지난 3년간 캐딜락(Cadillac)의 매출과 시장점유율을 유지 또는 증진시키면서 마케팅 비용을 반으로 줄였다고 한다(Belch, G. E. and Belch, M. A., *Advertising and Promotion*, 9th ed., McGraw-Hill/Irwin, 2011).

4 허원무, '불황극복의 지름길, 마케팅 성과평가 시스템', 〈LG 주간경제〉, 8(8), 2001, pp. 36~43.

5 핵심 성과지표: 목표를 성공적으로 달성하기 위해 핵심적으로 관리해야 하는 요소들에 대한 성과지표

6 트렌드와칭, "소셜 미디어 마케팅 KPI는 어떻게 잡을까요? 페이스북을 중심으로", 2014년 1월 16일 자

7 최병현, "마케팅과 회계의 만남, 마케팅 ROI", 〈LGERI 리포트〉, 2009. 6. 23

8 김미경, 김유정, 김정이, 김해원, 민병현, 《소셜 미디어 연구》, 커뮤니케이션북스, 2012, pp. 146~147.

9 시계열: 이 분석방법은 독립변수를 노출시키기 전후에 일정한 간격을 두고 정기적으로 몇 차례에 걸쳐 종속변수에 관한 측정을 통해 시간에 따른 변화를 분석하는 방법이다. 예를 들어 보너스의 지급이 직원들의 업무성과에 미치는 영향을 분석하고자 할 때, 직원들에게 보너스를 지급하고 지급 전후의 업무성과를 수차례에 걸쳐 측정해 그 변화를 계속 추적하는 경우가 이에 해당한다(채서일, 《사회과학조사방법론》, 비앤엠북스, 2016).

10 본 사례는 Best, R.의 2장에 나온 사례를 재인용하여 구성하였다(Best, R., *Market-Based Management*, 6th ed., International Edition, Pearson, 2013, pp. 63~67).

11 Kotler, P., "From Sales Obsession to Marketing Effectiveness," *Harvard Business Review*, 55(6), 1977, pp. 67~75.

12 Kohli, A.K. and Jaworski, B.J., "Market Orientation: the Construct, Research Propositions and Managerial

Implications," *Journal of Marketing*, 54(3), 1990, pp. 1~18; Narver, J.C. and Slater, S.F., "The Effect of Market Orientation on Business Profitability," *Journal of Marketing*, 54(October), 1990, pp. 20~35; Menon, A., Bharadwaj, S.G., Adidam, P.T. and Edison, S.W., "Antecedents and Consequences of Marketing Strategy Making: A Model and A Test," *Journal of Marketing*, 63(April), 1999, pp.18~40; Lee, S., Yoon, S., Kim, S., and Kang, J., "The Integrated Effects of Market-Oriented Culture and Marketing Strategy on Firm Performance," *Journal of Strategic Marketing*, 14(September), 2006, pp. 245~261.

13 예를 들어 코틀러의 최근 마케팅 교과서들은 성과평가에 관한 장이 없다(Kotler, P. and Armstrong, G., *Principles of Marketing*, 14th ed., Prentice Hall, 2011; Kotler, P. and Keller, K. L., *Marketing Management*, 14th ed., Prentice Hall, 2011).

14 성과평가의 첫 번째 단계는 객관적인 양(量), 즉 마케팅 비용 또는 투자의 효과를 검토하는 것이며, 이 효과를 정립한 다음에 마케팅전략과 활동 내용의 질(質) 효과를 검토할 수 있을 것이다.

15 본 틀은 마케팅 성과평가에 관한 많은 연구, 이와 관련하여 제시된 틀, 또 고려대학교 유시진교수의 도움을 바탕으로 마련되었다. 참조한 자료들은 다음과 같다: Srivastava, R. and Reibstein, D. J., "Metrics for Linking Marketing to Financial Performance," *Marketing Science Institute Working Paper*, Cambridge, MA, 2005: Marketing Science Institute; Srivastava, R., Shervani, T. A., and Fahey, L., "Market-Based Assets and Shareholder Value: A Framework for Analysis," *Journal of Marketing*, 62(January), 1998, pp. 2~18; Srivastava, R., Shervani, T. A., and Fahey, L., "Marketing, Business Processes and Shareholder Value: An Organizationally Embedded View of Marketing Activities," *Journal of Marketing*, 63(Special Issue), 1999, pp.168~179; Srivastava, R., Fahey, L., and Christensen, K., "The Resource-Based View and Marketing: The Role of Market-Based Assets in Gaining Competitive Advantage," *Journal of Management*, 27, 2001, pp. 777~802; Keller, K. L., and Lehmann, D. R., "The Brand Value Chain: Optimizing Strategic and Financial Brand Performance," *Marketing Management*, May/June, 2003, pp. 26~31.

16 해당 제품이나 서비스에서 처음으로 머리에 떠오르는 기업이나 제품은 어떠한 것인지요? 그다음으로는? 등과 같은 방식으로 질문한다. 업종에 따라 다르지만, 보통 최초 인지도(top-of-the-mind awareness)와 함께 톱3 인지도를 주로 사용한다.

17 Jones, T. and Sasser Jr., W. E., "Why Satisfied Customers Defect," *Harvard Business Review*, 73(November/December), 1995, pp. 88~89; Reichheld, F. F., "Loyalty-Based Management," *Harvard Business Review*, 71(March/April), 1993, pp. 64~73; Reichheld, F. F. with Teal, T., The Loyalty Effect: The Hidden Force Behind Growth, Profits and Lasting Value, HBS Press, 1996; Reichheld, F. F. and Sasser Jr., W. E., "Zero Defections: Quality Comes to Services," *Harvard Business Review*, 68(September/October), 1990, pp. 105~111; 라이켈트(Reichheld)의 사례 연구를 통해 '기존 고객의 유지 비용보다 신규고객 획득 마케팅 비용이 네 배가 된다' 등의 이야기가 회자되었는데, 이는 사례들의 평균을 의미할 뿐, 실제로는 업종과 기업마다 각 비용들은 모두 차이가 난다.

18 Jeffery, M., *Data-Driven Marketing*, John Wiley & Sons, 2010.

19 Best, R., *Market-Based Management*, 6th ed., International Edition, Pearson, 2013, pp. 75~76.

20 이 사례는 Corstjens, M. and Merrihue, J., "Optimal Marketing," *Harvard Business Review*, 81(10), 2003, pp. 114~121의 내용과 저자의 과거 인터뷰에 기반을 두고 작성하였다.

21 본 정의는 Accenture, Arthur & Anderson, Cap Gemini Earnest & Young의 homepages, Barnes(Barnes, J. G., *Secrets of Customer Relationship Management: It's All About How You Make Them Feel*, McGraw-Hill, 2001), Forrester 보고서(2001), Gartner 보고서(2001), 최정환 · 이유재(최정환, 이유재, 《죽은 CRM, 살아있는 CRM》, 한언출판사, 2001)의 정의를 검토하여 마케팅적 관점에서 통합적으로 내린 것이다.

22 초기 연구의 예: Blattberg, R. C., Getz, G., and Thomas, J. S., *Customer Equity: Building and Managing Relationships as Valuable Assets*, HBS Press, 2001; Rust, R. T., Zeithaml, V. A., and Lemon, K. N., *Driving Customer Equity: How Customer Lifetime Value Is Reshaping Corporate Strategy*, Free Press, 2001 등.

23 물론 이전에도 이러한 개념은 존재했지만, 블랫버그(Blattberg)와 데이튼(Deighton)[Blattberg, R. C. and Deighton, J., "Manage Marketing by the Customer Equity Test," *Harvard Business Review*, 74(July-August), 1996, pp.

136~144]이 공식적으로 고객 자산이라는 용어를 처음 사용하였다.

24 Rust, R. T., Zeithaml, V. A., and Lemon, K. N., *Driving Customer Equity: How Customer Lifetime Value Is Reshaping Corporate Strategy*, Free Press, 2001, p. 4.

25 주식시장에서 평가한 기업의 시장가치를 기업 실물자본의 대체비용으로 나눈 것을 의미한다. 미국 경제학자 제임스 토빈(James Tobin)이 제시한 개념으로, 설비투자의 동향을 설명하거나 기업의 가치평가에 이용하는 지표다. 토빈 Q 비율=기업의 시장가치(시가 총액)/기업 실물자본의 대체비용(순자산가치). 주식시장에서 평가한 기업의 가치는 주식가격에 발행 주식 수를 곱하여 산출한다. 즉, 기업의 시가 총액을 의미한다. '기업의 실물자본 대체비용'은 기업이 보유하고 있는 자산과 동등하거나 같은 자산을 취득하는 데 소요되는 금액을 의미한다. 바꾸어 말하면 같은 회사를 지금 시점에서 설립하는 데 드는 예상 금액을 뜻한다. 토빈은 기업이 '토빈 Q'의 비율에 따라 투자를 결정한다고 하였다. '토빈 Q 비율'이 1보다 크면 기업은 적은 비용을 들여 (주식시장에서) 높은 가치를 만들 수 있으므로 투자를 늘린다. 하지만 Q 비율이 1보다 작으면 투자를 멈춘다. 한편 일반인들이 주식투자를 위해 기업을 분석할 때, 보통 한 기업의 Q 비율이 높다는 것은 그 기업의 가치가 시장에서 과대 평가되고 있다는 것을 뜻하며, 투자할 경우 안정적인 이익을 얻을 수 있지만, 큰 수익은 기대할 수 없다. 반면, Q 비율이 낮다면 주식시장에서 그 기업이 과소 평가되어 있다는 것을 의미하므로 경쟁이 극심하거나 사양업종에 속하며, 반대로 이제 막 사업을 시작하고 성장단계에 들어선 기업일 가능성이 높다. 따라서 Q 비율이 1보다 작을 때에는 주가 상승의 가능성이 높다. 또 토빈은 '토빈 Q'는 '1'로 회귀하는 경향이 있다는 '토빈의 Q 이론'을 주장했다. 실례로 미국 주요 기업들의 '토빈의 Q'가 1을 초과해 2에 근접했던 1929년과 1968년에도 주가 폭락을 거쳐 결국 1 수준으로 회귀했다는 연구가 있다. 또 1999년 말 미국 주요 기업들의 토빈의 Q는 2를 초과, 매우 높게 평가돼 있어 주가가 50% 이상 급락을 예고할 수 있었다[《최신시사상식 핵심 용어사전》(박문각)의 내용을 참조하여 설명].

26 이성호, 박찬영, 김영관, "시장지향성, 시장 환경요인 및 산업 특성요인과 마케팅 성과 측정 수준과의 관계", 《경영경제》, 45(2), 2011, pp. 1~24.

PART 5

마케팅 신조류와 응용

6th Edition
Marketing
Part 1
비즈니스와 마케팅
01장 비즈니스와 마케팅
02장 마케팅 패러다임과 전략
Part 2
환경분석
03장 거시환경분석
04장 시장분석
05장 고객분석
06장 경쟁분석
07장 자사분석
Part 3
STP
08장 시장세분화
09장 표적시장 선정
10장 포지셔닝
Part 4
마케팅믹스
11장 신제품 개발과 진입시기
12장 제품과 브랜드 관리
13장 가격관리와 가격결정
14장 유통경로관리
15장 통합마케팅커뮤니케이션
16장 마케팅믹스의 전략적 통합
17장 마케팅 성과평가
Part 5
마케팅 신조류와 응용
18장 비즈니스 혁신과 마케팅 혁신
19장 마케팅의 미래
20장 마케팅의 응용(온라인)

6th Edition

Marketing

18장

비즈니스 혁신과 마케팅 혁신

비즈니스와 마케팅을 혁신하라

/ 학 / 습 / 목 / 표 / (Learning Goals)

1. 비즈니스 혁신(기업의 혁신, 비즈니스 모델 혁신, 혁신의 개념과 유형)을 학습한다.

2. 가치제안과 혁신의 관계를 이해한다.

3. 마케팅 혁신을 학습한다.

1 비즈니스 혁신

거시환경, 시장환경, 경쟁, 고객 등 변하지 않는 것은 없다. 사업환경은 끊임없이 변화하기 때문에 현대 기업의 생존과 성장을 위한 가장 중요한 핵심역량은 혁신이다. 과거 삼성의 이건희 회장이 경영권을 맡으며 선포한 신경영의 핵심 내용은 혁신이었다. 사업의 성공에 안주하지 말고 가족 빼고 모든 것은 바꾼다는 마인드를 가지고 업무를 추진하라는 혁신에 대한 주문을 끊임없이 강조했다. 삼성뿐만 아니라 전 세계의 글로벌 기업은 항상 혁신에 모든 노력을 기울이고 있다. 본 장에서는 비즈니스 혁신을 살펴본다. 그리고 비즈니스 혁신의 중심 개념이라 할 수 있는 가치제안 개념과 과정을 학습한다. 마지막으로 마케팅 혁신의 개념을 살펴본다.

- **학습목표 1: 주요 개념 (1)**
  - 혁신 = 근본적으로 기존의 지식, 제품, 고객요구, 시장 등에서 부족한 점을 발견해 새롭고 더 생산적인 것으로 '변화'시키는 것
  - 기업 입장에서의 혁신 = 제품, 기술 분야뿐 아니라 마케팅, 투자, 관리과정의 전 범위에서 일어나는 변화를 포함하는 개념 = 오늘날과 같이 대부분의 시장이 성숙기에 접어들고 있는 시점에서 기업의 생존 자체를 위해 꼭 필요한 개념이자 실천해야 하는 활동
  - 기업은 수익을 창출하는 구조인 비즈니스모델 관점에서 혁신을 추진하는 것이 필요
    - 비즈니스모델 = 기업이 수익을 내는 구조로 하나의 조직이 어떻게 시장에서 가치를 포착하고, 그것을 창조하며, 전파하는지에 대한 방법을 논리적으로 설명한 것 = 기업이 추구하는 일체의 전략이 전체적으로 어떻게 작용하여 경쟁우위와 우월한 성과를 가져오는지에 대한 개념
    - 비즈니스모델 혁신 = 비즈니스모델 구조를 시장변화에 대응하여 변화시키려는 노력이나 시장의 흐름을 미리 읽고 수요를 창출하려는 노력 // 고객에게 기존과 다른 가치를 제안하는 것 역시 비즈니스모델 혁신 사례

1. 기업의 혁신

최근 기업의 핵심역량으로 혁신에 대한 관심이 높아지고 있다. 세계 경제성장의 둔화, 시장경쟁의 심화, 시장상황의 급속한 환경변화, 갈수록 까다로워지는 고객의 필요와 욕구 등 다양한 변화에 관해 적절히 대응하고, 시장경쟁력을 확보하기 위해서는 기업 스스로 관련된 모든 영역에서 끊임없이 움직이고, 발전하고, 개선해야 하는 상황이다. 기업이 혁신에 성공하지 못한다는 것은 다른 경쟁자와의 차별화가 어렵다는 것을

의미한다. 이것은 결국, 기업의 이윤추구가 어려워지는 것을 말하며 궁극적으로는 기업의 생존 자체가 위협받는다. 고객은 새로움과 차별화에 대한 프리미엄을 지급할 용의가 있다는 것을 고려하면, 혁신은 기업의 부가가치를 높이고, 기업은 이러한 혁신을 통해 지속가능한 경영을 추구할 수 있다. 따라서 기업은 환경변화에 대응함과 동시에 지속적인 경쟁우위를 획득하는 데 생존의 원동력이 되는 혁신을 무엇보다 우선시해야 한다. 그러나 혁신을 추구한다고 하는 많은 기업도 성공적인 혁신을 이루려 할 때 잘못된 방향으로 가는 경우가 허다하다. 대부분 기업은 여전히 성공을 위한 체계적인 계획 없이 혁신에 접근하고 있으며, 과거의 전략을 답습하고, 이를 개선하는 데 그치고 있는 것이 사실이다.

혁신은 보는 관점에 따라 다양하게 정의할 수 있으나 근본적으로 기존의 지식, 제품, 고객요구, 시장 등에서 부족한 점을 발견해 새롭고 더 생산적인 것으로 '변화'시키는 것이다. 기업 입장에서 혁신은 제품이나 기술 분야뿐 아니라 마케팅 · 투자 · 관리 과정의 전 범위에서 일어나는 변화를 포함하는 개념으로, 오늘날과 같이 대부분의 시장이 성숙기에 접어들고 있는 시점에서 기업의 생존 자체를 위해 꼭 필요한 개념이자 실천해야 하는 활동이다. 기업의 혁신은 혁신의 대상에 따라 크게 두 가지로 구분한다. 제품, 기술, 마케팅, 투자 등 사업에 관한 기업의 혁신을 비즈니스 혁신(business innovation)이라고 하며 사업을 추진하고 실행하는 관리 과정에 관한 기업의 혁신을 관리 혁신(management innovation)이라고 한다. 관리 혁신은 조직영역에서 많이 탐구한다.

그렇다면 비즈니스 혁신이란 무엇이며, 기업은 어떻게 혁신에 접근해야 할까? 비즈니스 혁신은 기업의 수익과 고객의 만족 중 어느 하나가 적어지지 않으면서 둘의 합이 더 커지는 파레토 최적(Pareto Optimum)[1]을 달성할 수 있는 변화다. 따라서 기업은 수익을 창출하는 구조인 비즈니스모델(business model)을 통해 혁신에 접근해야 한다. 기업은 재무적 관점 · 전략적 마케팅, 제품 및 서비스 개발 그리고 운영적 관점을 적절히 배합한 비즈니스모델의 혁신을 통해 기업의 기회와 위협에 대한 정보를 받고, 기업이 현재 처한 문제의 원인과 혁신해야 할 요점을 쉽게 파악하며, 미래 수익의 흐름을 예상할 수 있다. 비즈니스모델의 혁신을 논하기에 앞서 비즈니스모델의 정확한 개념에 대해 먼저 알아보자.

비즈니스모델의 이해

비즈니스모델이란 기업이 수익을 내는 구조로 하나의 조직이 어떻게 시장에서 가치를 포착하고, 그것을 창조하며, 전파하는지에 대한 방법을 논리적으로 설명한 것이다.[2]

이에 대한 자세한 설명은 온라인사이트와 13장의 수익모델을 참조하기 바란다. 다시 말하면 기업이 추구하는 모든 전략이 전체적으로 어떻게 작용하여 경쟁우위와 우월한 성과를 가져오는지에 관한 개념이다.[3]

비즈니스모델을 더 잘 이해하기 위해 급격한 산업변화 시기에 누가 돈을 벌었는가에 대해 생각해보자. 리바이스(Levi's)와 시스코(CISCO)는 각각 서부 개척 시대와 인터넷 붐 시대에 큰 수익을 낸 대표 기업이다. 이들은 새로운 시장에만 새로운 기회가 존재한다고 생각하지 않았다. 또 산업의 특성이나 기업의 특성이 수익의 원천이라는 것을 자각했다. 리바이스는 서부 개척 시대에 금광 채집 현장에 쓰이는 천막 천을 생산하던 기업으로, 납품하기로 했던 곳과 계약이 파기되자 천막용 천을 이용해 질기고 튼튼한 광부들의 작업용 바지를 만들어 의류시장에 팔았다. 그로 인해 리바이스는 엄청난 수익을 창출했으며, 광부들의 작업용 바지는 대중들에게까지 파고들었다. 또 시스코의 창립자들은 인터넷 붐 시대에 PC와 네트워크를 연결하는 편리한 도구가 절실하다는 판단 아래 기존의 라우팅 기술을 더욱 경제적이고 저렴한 통신기기로 개발하는 데 성공했다. 이는 인터넷 산업시장에서 호환되지 않는 네트워크로 어려움을 겪던 기업들의 수요를 이끌었고, 인터넷 기간산업의 확산에 이바지했다. 이처럼 비즈니스모델이란 고객이 원하는 혜택을 제공하여 수익을 창출하기 위해 기업이 무엇을 언제, 어떻게 수행하는가에 관한 일련의 행동을 말한다.

비즈니스모델을 구축하기 위해서는 먼저 기업의 수익성 결정요인을 알아야 한다. 수익성 결정요인으로는 산업적 요인(Industry Factor), 기업 역량 요인(Firm-Specific Factor), CEO 요인(CEO Factor) 등 세 가지를 들 수 있다. 산업적 요인은 마이클 포터의 5 Force모델을 통해 살펴보았듯이, 산업 내 경쟁자, 잠재적 진입자의 위협, 대체재의 위협, 공급자의 교섭력, 수요자의 교섭력에 따라 산업의 수익성과 수익 잠재력을 평가한다. 기업 역량 요인은 기업이 고객에게 제공하는 가치, 가치를 제공하는 세분시장, 각 세분시장에서의 수입원, 고객에게 부과하는 가격, 5 Force 요소에서 기업의 상대적 위치에 따라 평가한다. CEO 요인은 CEO의 리더십, 역량, 평판, 운으로 평가한다. 따라서 기업에서 혁신을 이끄는 좋은 비즈니스모델을 구축하려면 수익성을 결정하는 이 요인들을 정확히 평가한 후, 어떻게 하면 기존에 이용하던 방법 또는 산업 규범이나 규칙에서 벗어나 새로운 방법으로 수익을 낼 수 있는가를 고민하고, 혁신을 위한 방향설정을 먼저 해야 한다.

비즈니스모델 혁신의 5가지 요인

혁신을 추구하는 비즈니스모델의 성공은 투자, 자본비용, 비용, 수입, 지속성의 다섯 가지 요인에 따라 결정된다. 투자와 자본비율은 낮을수록, 수입은 많을수록, 성장속도는 빠를수록, 제공하는 제품이나 서비스는 고객이 실제로 느끼는 가치와 연계될수록, 비용은 낮고 규모의 경제와 학습 효과가 있을수록, 자본비용은 낮을수록, 지속성은 길수록 비즈니스모델의 성공에 이바지할 수 있다. 다섯 가지 요인 중 핵심이 되는 투자, 비용, 수입 관점에서 좋은 비즈니스모델과 각 사례에 대해 좀 더 자세히 알아보자.

투자 관점 좋은 비즈니스모델은 인력, 부동산, R&D 등 어느 분야에 어떠한 우선순위로 투자하고, 자기자본, 파이낸싱(타인자본), 공동투자 등 어떤 방식으로 투자하는가를 일컫는 투자 최적화가 가장 중요하다. 예컨대 월마트는 비어 있는 지역을 선점함으로써 투자를 최소화하여 좋은 비즈니스모델을 구축하였고, 맥도날드는 119개국의 부동산에 투자해 3만 4,000여 개의 매장을 가지고 있는 투자 최적화를 일군 세계적인 부동산회사다.

비용 관점 좋은 비즈니스모델은 누가 비즈니스 프로세스 단계에서 일을 수행하며, 어떻게 규모의 경제, 프로세스 리엔지니어링 등을 통해 비용절감을 하는가와 관련한 효율성이 가장 중요하다. 예컨대 사우스웨스트항공은 운항률을 극대화하여, GE는 6시그마라는 제품개발 프로세스 혁신을 통해, 월마트는 완벽한 물류시스템을 통해 각각 효율성을 높였다.

수입 관점 좋은 비즈니스모델은 협의의 비즈니스모델인 수입모델(revenue model)을 의미하며, 수입 증대가 핵심이다. 즉, 고객의 변화와 확대를 고려하여 누구를 고객으로 하고, 어떻게 그들에게 가치를 전달하며, 제품 옵션 추가 등 제품 자체에서 무엇을 변화시키고 확대할 것인가를 고민하는 것이며, 이는 어느 곳에 투자할 것인가와 관련이 있다. 수입 관점에서 비즈니스모델의 혁신을 이루기 위해서는 우선 수입의 주요 축이 어디에 있어야 하는지를 결정한 후, 시장 관점에서 시장을 창출하거나 가치가 전달되고 있지 않은 미개척 시장을 충족시키는 방향으로, 또 기업 관점에서 비용을 절감하고 투자를 최소화하는 방향으로 접근해야 한다. 수입 관점에서 비즈니스모델을 혁신하는 사례로 다음의 두 가지를 들 수 있다.

첫째로 비즈니스 본질을 업그레이드하는 방식이다. 예컨대 제품 자체를 업그레이드하여 고부가가치를 창출하는 것으로, 현대자동차가 북미 시장에서 저가의 자동차 판매를 시작했지만, 제네시스 등과 같은 고급 차종으로 전환해 고급화를 추진한 것이 대표적인 사례이며, 이러한 측면에서는 삼성전자도 마찬가지이다. 또 다른 예로 파나소닉은 시장에 필요한 것이 무엇인지를 신속하게 파악해 제품 포트폴리오를 재구성, 수익의 축을 기존의 오디오, 캠코더 등에서 DVD, 디지털카메라, PDP 등 디지털 가전으로 전환해 고부가가치를 창출했다.

둘째로는 본질적인 비즈니스와 관련한 추가적 수입(revenue stream)을 창출하는 방식이다. 예컨대 복사기나 정수기 제조기업이 제품판매뿐 아니라 대여를 통해 안정적인 추가적 수입을 얻고, 자동차 제조회사가 자동차 제조뿐 아니라 생산, 판매, A/S, 파이낸싱 등 전 과정에 관여해 추가적 수입을 얻는 것이 대표적이다. 또 나이키의 경우, 운동화 생산뿐 아니라 유통과 마케팅을 통해 추가적 수입을 창출했으며, 앞서 예를 들었던 맥도날드는 패스트푸드 외에 부동산을 통해 수입을 창출한다. 국내에서는 코웨이(Coway)가 수익 관점에서 비즈니스모델 혁신에 성공한 대표적인 기업이다. 코웨이는 본 사업인 정수기 제조, 판매 외에 필터 교환과 관련 있는 정수기 대여와 유지보수 서비스를 제공하는 서비스 비즈니스 혁신을 통해 수입을 창출하였고,[4] 이후 비데, 공기청정기, 욕실 용품 등으로 제품군과 서비스를 확대하는 비즈니스 혁신으로 다시 수입을 창출했다.

마지막으로 혁신을 이끄는 비즈니스모델의 성공은 위에서 설명한 다섯 가지 요인 외에 블루오션전략 관점에서 이루어질 수 있다. 블루오션은 기본적으로 새로운 고객 세그먼트를 탐색하면서 수요의 속성을 변화시키고자 하며, 성과보다는 가치혁신을 통해 새롭고 경쟁 없는 시장을 창조하려는 전략이다.

블루오션 관점에서 좋은 비즈니스모델은 정착된 모델을 수정해 기존 산업 내에서 경쟁하는 것이 아니라 근본적인 차별화를 통해 완전히 새로운 산업을 창조하는 것이다. 즉, 기업은 업계에서 당연히 받아들이는 요인 중 어느 것을 제거해야 할지, 어떤 요인을 업계표준 이하로 줄여야 할지, 어떤 요인을 업계표준 이상으로 올려놓아야 할지 그리고 업계가 아직 한 번도 고객에게 제공하지 못한 것 중 어떤 것에서 수요를 창조해야 할지에 대해 고민해야 한다. 또 기존 고객그룹에서 벗어나 새로운 고객이 될 그룹을 탐색하

블루오션전략 관점에서의 비즈니스모델 혁신 사례[5]

'태양의 서커스'는 공연비 중 많은 비중을 차지하지만, 새롭지 못해서 고객에게 큰 감흥을 불러일으키지 못하는 동물들과 스타 연기자를 제외하는 한편, 독특한 주제나 예술적 분위기, 세련된 음악 등의 다른 요소들을 새로 포함했다. 이들은 이를 통해 과거의 가족 관객뿐 아니라 극장이나 오페라 관객들과 세련된 엔터테인먼트를 찾는 성인들까지 대상을 넓힐 수 있었고, 입장료도 큰 폭으로 올려 수익을 창출했다.

'닌텐도 위'는 기술적 성능, 그래픽, 게임의 현실감 등을 중시해온 전통적 게임업계의 사고에서 벗어나 '콘솔이 반드시 최첨단의 파워와 성능을 갖출 필요는 없다'는 가정하에 하드코어 게이머들 대신 표적시장을 바꿔 폭넓은 사람들이 함께 즐기는 새로운 형태의 게임으로 초점을 옮겼다. 닌텐도는 위를 통해 콘솔의 성능을 낮추는 대신 모션 컨트롤이라는 더 큰 재미를 창조함으로써 하드코어 게이머들에게서 일반 사람들로 초점을 옮겼으며 최첨단 칩을 없애고 규격부품의 사용을 늘려 비용과 콘솔의 가격을 낮추고, 콘솔의 판매수익에 영향을 주는 보조금도 없애면서 수익을 창출했다.

는 자세도 필요하다.

비즈니스모델 혁신의 방향

비즈니스모델의 혁신을 달성하기 위해서는 비즈니스모델 성공을 위한 요소인 수입, 비용, 투자와 자본비용, 지속성 등을 중심으로 부족한 점을 파악한 후에 누가, 언제, 어떻게, 어디서의 원칙에 기반을 둔 분석을 통해 개선방향을 설정해야 한다.

기업은 혁신을 이끄는 좋은 비즈니스의 성공요인에 대해 좋지 않은 징후들을 발견하면서 비즈니스모델 혁신에 대한 필요성을 인식하게 된다. 그 징후를 보면 다음과 같다. 첫째, 수입 측면에서는 과거 방식을 통해 단기적인 수입은 있으나 미래 수입원이 개발되고 있지 않으며, 기업의 핵심역량을 차별적으로 유지할 수 없어 경쟁사들이 쉽게 기업의 수입모델을 모방할 수 있는 경우다. 둘째, 비용 측면에서 기업의 매출과 비용이 함께 증가할 때다. 특히, 경쟁 관련 비용이 갑자기 상승하는 경우다. 셋째, 투자 측면에서는 시장은 급변하는데 투자가 변하지 않을 때이며, 넷째, 지속성 측면에서 경쟁우위를 지키기가 어렵고, 시장 자체가 사라질 위기에 처한 경우이다. 따라서 기업은 이들 요인에 대해 철저한 분석을 바탕으로 비즈니스모델 혁신의 방향을 찾아야 한다.

2. 혁신의 개념과 유형

- **학습목표 1: 주요 개념 (2)**
  - 혁신의 개념은 다양 = 경영학의 많은 분야가 연구하는 학제적(inter-disciplinary) 주제
    - 드러커 = 기존의 지식, 제품, 고객요구, 시장 등에서 부족한 점을 발견해 새롭고 훨씬 더 생산적인 것으로 변화시키는 일
    - 슘페터 = 새로운 생산요소의 결합 = 새로운 재화, 새로운 생산방식, 새로운 시장의 개척, 새로운 원료와 자재의 출현, 새로운 조직의 실현 = 이러한 새로운 과정 = 창조적 파괴
    - 하멜 = 경영관리혁신 = 경영 원칙과 과정의 혁신 = 경영자의 역할과 실무를 궁극적으로 바꾸어놓는 것
    - 미국마케팅학회 = 새로운 제품, 아이디어나 서비스를 시장에 소개하는 것
  - 혁신의 유형
    - 급진성 기준 = 급진적 혁신 // 점진적 혁신
    - 고객과 시장이 요구하는 기술, 기능, 서비스의 특성이나 주력 고객층 기준 = 존속적 혁신 // 파괴적 혁신
    - 혁신의 대상 기준 = 제품혁신 // 프로세스 혁신 또는 기술적 혁신 // 관리적 혁신

발명왕 토머스 에디슨(Thomas Edison)은 전구의 발명을 통해 세계에 근본적 혁신을 가져왔다. 그렇다면 운송시스템 발달이나 대도시 출현 등과 같이 인류 행위의 방식을 근

본적으로 변화시키는 계기를 만드는 것이 혁신일까? 학계에서는 혁신을 다음과 같이 정의하고 있다.

드러커(Peter Drucker) 기존의 지식, 제품, 고객요구, 시장 등에서 부족한 점을 발견해 새롭고 훨씬 더 생산적인 것으로 변화시키는 일이다.[6]

슘페터(Joseph Schumpeter) 새로운 생산요소의 결합으로 설명하며, 새로운 재화, 새로운 생산방식, 새로운 시장의 개척, 새로운 원료와 자재의 출현, 새로운 조직의 실현이라는 다섯 가지 방식으로 나타난다. 그리고 이러한 새로운 과정이 창조적 파괴이며, 이 창조적 파괴가 자본주의의 핵심 개념이다.[7]

하멜(Gary Hamel) 경영관리혁신이란 경영 원칙과 과정의 혁신이며 경영자의 역할과 실무를 궁극적으로 바꾸어놓는 것이다.[8]

한편 미국마케팅학회에서는 혁신을 다음과 같이 정의한다. 혁신은 새로운 제품, 아이디어나 서비스를 시장에 소개하는 것이다. 로버트슨(Robertson)에 의하면 관련 시장 내에 현존하는 제품과 매우 다르거나 최소한 소비자가 다르다고 인지하는 새로운 제품과 관계된 것이다. 여기서 말하는 새로운 제품이란 크레스트 민트(Crest mint) 치약이나 미켈롭(Michelob) 맥주의 연속적인 혁신을 뜻할 수도 있고, 전구의 발명이나 컴퓨터의 등장처럼 단절적인 혁신을 뜻하기도 한다.[9]

경영학의 많은 분야가 혁신을 연구함에 따라 혁신의 개념은 다양할 수밖에 없다. 혁신의 개념이 다양한 것처럼 혁신의 형태도 다양하다. 소비자의 소비패턴을 완전히 바꾸는 급진적인 변화도 혁신이지만, 기업이 계속 수행하는 제품이나 프로세스의 개선 과정도 혁신이다. 또 전화라는 카테고리에서 카폰과 휴대폰, 스마트폰이 생겨나고, 자동차라는 카테고리에서 하이브리드 자동차, 전기차 등이 새로운 카테고리로 생겨나는 동적 혁신도 생각할 수 있다.

기업에 혁신이란 제품이나 기술 분야뿐 아니라 마케팅 · 투자 · 관리 과정의 모든 범위에서 일어나는 변화를 말한다. 기업의 혁신은 더는 선택의 문제가 아니며, 생존과 성장을 위해 끊임없이 실행해야 할 대상이다. 기업은 항상 다가올 미래의 변화에 수동적으로 끌려갈 것인지 혁신을 통해 미래를 이끌고 시장을 창조해갈 것인지 결정해야 한다. 이에 대한 답은 기업에서 추진하는 혁신의 방향과 실행에 달렸다.

혁신의 유형

급진적 혁신과 점진적 혁신 마케팅 영역에서 혁신을 구분할 때 가장 많이 사용하는 분류로, 혁신의 급진성을 든다. 전략, 구조와 기능적인 면 그리고 소비자 인식 등에 있어서 기업이나 제품의 변화 정도가 얼마나 큰가에 따라 구분하는 방법이다. 기존의 것에서 벗어나 새로운 분야를 개척하고 기업에 전체적인 변화를 가져오는 급진적 혁신(radical innovation)과 기존 방식을 확장하거나 개선하는 점진적 혁신(incremental innovation)으로 나눌 수 있다. 급진적 혁신은 변화의 규모가 크고 급속도로 발생하므로 많은 조직구성요소가 짧은 시간 내에 큰 영향을 받는다. 반면에 점진적 혁신은 완만한 속도로 변화하므로 기업의 구성요소나 조직원들이 개별적이거나 작은 규모로 변화하면서 장시간에 걸쳐 서서히 혁신을 실행한다.

존속적 혁신과 파괴적 혁신 혁신을 존속적 혁신(sustaining innovation)과 파괴적 혁신(disruptive innovation)의 두 가지 유형으로 분류한 것인데, 미래 기업의 조건으로 혁신을 제시한 하버드 대학의 크리스텐슨(Clayton M. Christensen) 교수의 구분법이다. 존속적 혁신은 현재 고객이 요구하는 기술이나 서비스의 특성을 계속 증진하는 혁신이지만, 파괴적 혁신은 현존하는 시장이 요구하는 기능과는 다른 차별화된 요소로 잠재해 있던 소비자층을 깨우는 것을 말한다.[10] 기업이 존속적 혁신을 달성하려면 기존 고객의 필요와 욕구에 초점을 맞춰야 하고, 파괴적 혁신으로 시장을 개척하고자 한다면 새롭게 부상할 미래 잠재고객의 필요와 욕구를 찾아내야 한다.

제품 혁신과 프로세스 혁신 B2B의 산업재 소비자나 B2C의 개인소비자의 필요와 욕구에 대응하기 위해 새로운 제품이나 서비스를 개발하거나 도입하는 것이 제품 혁신이다. 일반 유선전화만 사용하던 통신시장에서 휴대폰과 스마트폰이 새롭게 등장한 것도 제품 혁신이며, 조리하는 라면시장에서 즉석 컵라면이 개발된 것도 제품 혁신이다. 또 롯데 빼빼로가 아몬드 빼빼로와 누드 빼빼로, 딸기 빼빼로 등을 출시하고, 매일유업이 상하목장 63℃ 저온살균 우유를 개발한 것도 혁신의 정도는 낮지만, 넓게 보면 제품 혁신이다.

프로세스 혁신은 조직 내의 제품이나 서비스 운영에 새로운 요소들을 도입하는 것을 말한다. 과거에는 기능 중심의 조직이 업무를 수행하는 단위였지만, 현재는 탈(脫) 조직적으로 광범위하게 조직을 횡단하는 프로세스가 업무흐름의 중심이 되고 있다. 이에 따라 원재료 구매와 생산 등을 더 효율적으로 계획하고, 제품과 서비스를 소비자에게 전달하는 과정에서 새로운 요소들을 투입해 업무흐름을 효과적으로 개선하는 것을 말한다.

기술적 혁신과 관리적 혁신 기술적 혁신은 제품이나 서비스, 업무 프로세스에 신기술이나 발전한 기술을 도입하여 관련 활동을 개선하거나 획기적으로 변화시키는 것을 말한다. 이 혁신은 제품과 서비스, 조직의 업무와 활동까지 직접 연관되며, 기술의 발달로 인해 터치가 가능한 스마트폰의 개발이나 기업 업무에 고객관리시스템을 도입한 것 등을 예로 들 수 있다.

관리적 혁신은 조직의 구조 재편성과 운용방법 개선 등의 프로세스 변화를 말한다. 이 혁신은 조직의 목표달성을 위한 조직구성원들의 상호작용과 관련되며, 더 신속하고 효율적인 업무진행과 관리 그리고 의사결정을 위해 조직을 재구성하고, 각 구성원이 역할을 확인하며, 기업 성과가 향상되는 방향으로 계속 관리하는 것으로 변화관리(change management)라고도 부른다.

혁신 개념의 상호관계

위와 같이 혁신을 나누는 여러 접근방법은 혁신을 바라보는 시각 차이가 있을 뿐 모두 연결되어 있다. 예를 들어 스마트폰과 연계할 수 있고, 단독으로도 스마트폰 기능을 수행하는 스마트워치를 떠올려보자. 이는 기본적으로 기술 혁신이며 제품 혁신이다. 또 손목시계의 기능을 확대하고, 획기적으로 개선한 급진적 혁신이며, 고객의 잠재적 필요와 욕구를 개발한 제품으로 파괴적인 혁신이다.

기업은 어떠한 상황에서 어떠한 혁신을 선택해야 할까? 여기에 정답은 없다. 시장과 기업을 둘러싼 환경과 그 변화속도에 따라서도 의견이 다를 수 있다. 기업의 재정적 여력과 어떤 문제를 중요하게 여기고 해결하고자 하는지도 어떤 혁신을 택하고 실행할지에 영향을 준다. 또 기업의 변화와 개선에 관한 의지, 직원과 경영진의 역량 수준에 따라서도 그 선택이 달라진다.[11]

여기서 가장 중요한 것은 계속 혁신해야 한다는 것이다. 특히, 시장이 성숙기에 이르러 자사제품과 경쟁사 제품의 차별화가 희석되고, 비내구재나 소비재와 같이 제품군 자체가 일반화되거나 일상용품화되면 마케팅 혁신이 더 요구된다. 이미 포화하고 경쟁이 치열한 시장상황에서는 고객대면 마케팅이 더 적극적인 변혁을 이루어야 시장에서의 경쟁우위를 획득할 수 있고, 지속적인 이윤을 창출하며 생존할 수 있기 때문이다. 고객에게 편리한 구매와 서비스를 제공하기 위해 모바일을 통한 커뮤니케이션을 실시간으로 이용할 수 있도록 모바일 앱을 개발하는 것, 새로운 제품이나 서비스를 광고하기 위해 페이스북, 카카오 플러스 친구 등 SNS채널을 활용하는 것 역시 마케팅 혁신의 방법이다. 또 실시간 온라인 고객센터를 통한 소비자서비스의 개선, 온라인 고객 커뮤니티 활동 지원, SNS를 통한 구전 효과를 권장하는 마케팅 활동 등을 더욱 적극적으로 실행하는 것도 가능하다. 또 여러모로 행해지는 다른 마케팅 활동과의 일관적이고 통일성 있는 마케팅 혁신을 이끌어내야 한다.

이러한 혁신을 이끌어내려면 기업 내 조직원과 관계자를 아우르는 **내부 마케팅**을 강화해 계속 혁신하는 길만이 기업의 생존을 보장할 수 있다는 인식을 가져야 한다. 이러한 인식이 기업의 기본적인 조직 구조와 업무에 녹아 있어서, 마케팅이나 R&D 부서가 주축이 된 혁신을 추진하는 것이 아니라, 최고경영층, 비(非)마케팅부서 등 기업의 모든 부서가 혁신을 위해 내·외부적인 문제와 장애를 이해하고, 이를 뛰어넘기 위해 노력하는 창조적 기업문화를 조성해야 한다. 이러한 기업 혁신의 노력이 기업 조직의 혁신뿐 아니라 기업의 성과를 높일 수 있는 밑받침이 된다.

시장발전 수명주기와 8가지 혁신

기존 기업들이 지속해서 혁신을 실행하는 방법과 시기에 대한 문제는 시장발전 수명주기(Market Development Life Cycle)와 함께 설명할 수 있다. 시장발전 수명주기에서 도입기에 있는 혁신의 종류에는 기술의 진보 등으로 갑자기 등장하는 파괴적 혁신, 현존하는 기술을 새로운 시장으로 가져와 새로운 목적을 위해 사용하는 응용 혁신, 시장을 확대하거나 새로운 시장을 구축하는 제품 혁신이 있다.

시장 성장기에 해당하는 혁신으로는 고객에게 제품이나 서비스를 전달하는 과정을 개선하고, 고객 혜택을 표준화하는 프로세스 혁신, 시장 성숙기에는 현존 시장에서 더 나은 고객의 구매와 서비스 경험을 만드는 경험 혁신 그리고 고객과의 커뮤니케이션을 개선하기 위한 마케팅 혁신이 있다. 또 시장 쇠퇴기에는 현재 고객에게 가치를 전달하는 기업 구조의 개선인 비즈니스모델 혁신과 전체 사업 구조의 변혁을 말하는 구조 혁신이 있다. 비즈니스모델 혁신과 구조 혁신을 추구하여 성공하면 새로운 시장발전 수명주기가 시작된다. 다음 그림을 참조하면 시장발전 수명주기상에서 여덟 가지 혁신에 대해 이해할 수 있다.

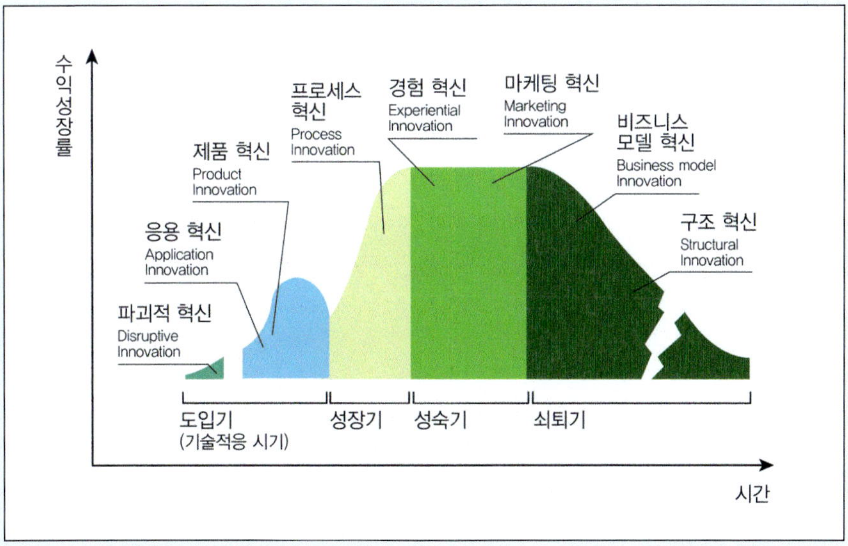

출처: Moore, G. A., "Darwin and the Demon: Innovating Within Established Enterprises", *Harvard Business Review*, 82(7/8), 2004, pp. 86~92.

또 혁신을 실행하기 위해서는 **외부와의 협조체제**를 구축하는 것과 **관계관리**가 절대적이다. 아웃소싱을 비롯해 기업 간 제휴와 협력이 큰 비중을 차지하는 현대의 시장환경에서 기업 단독으로 혁신을 도입하는 것은 거의 불가능하다. 최근에는 '네트워크 인텔리전스 시대'라는 용어가 등장할 만큼 혁신이 외부와의 협업을 통한 개방으로 진화하고 있다.[12] 네트워크 인텔리전스(Networked Intelligence)란 전 세계적으로 무수히 다양한 지식정보가 다양한 네트워크를 통해 연결된 상황을 일컬으며, 네트워크 인텔리전스 시대는 이러한 정보들이 네트워크로 연결된 현시대를 뜻한다.[13]

예를 들어 모바일 메신저인 카카오톡은 메신저에서 메시지를 주고받을 때 사용할 수 있는 이모티콘과 스티커 등 아이템을 개발하고, 아이템 스토어를 통해 이를 판매하고 있다. 카카오톡은 아이템을 판매하려고 스티커 제조업자와 함께 제품을 개발하고 애플, 삼성전자 등 스마트폰 제조업자와 SKT, KT 등 통신회사와 함께 아이템 결제가 가능하도록 프로그램과 요금 체계를 준비했을 것이다. 이처럼 현대정보사회에서는 한 기업이 독자적으로 혁신을 성공하기가 어려운 상황이며, 관련된 모든 기업과 공통된 목표의식과 긴밀한 협조가 조화를 이루어야 마케팅 혁신을 이룰 수 있다.

기업의 마케팅 혁신을 위해서는 **고객대면 커뮤니케이션의 혁신** 역시 함께 이루어져야 한다. 미래학자 탭스콧(Tapscott)은 전 세계의 대중이 집단으로 다양한 분야에서 생각을 공유하고 협력하면 더 큰 가치를 창출할 수 있다고 주장하며, 웹의 진화를 통해 사업기회를 확보하는 것도 쉬워질 수 있다고 말한다.[14] 예컨대 페이스북, 트위터 등 소셜 플랫폼(Social platform)[15]을 통해 기업이 고객의 의견을 반영해 제품과 서비스를 혁신하고자 하는 개방형 혁신은 더욱 쉽게 고객이 원하는 가치를 창출할 수 있다.

2 가치제안과 혁신의 관계

1. 가치제안이란?

- **학습목표 2: 주요 개념 (1)**
  - 가치제안(Value Proposition) =
    - 특정한 고객 세그먼트가 필요로 하는 가치를 창조하기 위한 상품이나 서비스의 조합
    - 기업이 고객에게 무엇을 줄 수 있는지를 총괄한 실체 그 자체
    - 마케팅모델의 방향, 그리고 내부 인프라모델(어떻게 가치제안을 만들어 내는가)의 방향을 정리한 것으로 마케팅모델과 내부 인프라모델이 만나는 교차점
    - 따라서 가치제안은 비즈니스모델 구성의 핵심 요인
    - 우리 상품과 서비스의 조합이 표적고객 시장을 대상으로 어떠한 차별적 가치를 고객에게 제공하느냐의 이슈

기업의 혁신과 비즈니스모델의 혁신을 위해 기업에서는 가치제안(Value Proposition)이라는 개념에 대해 이해하고, 이를 활용해야 한다. 가치제안이란 특정한 고객 세그먼트가 필요로 하는 가치를 창조하기 위한 상품이나 서비스의 조합을 의미한다.[16] 다시 말해 가치제안은 기업이 고객에게 무엇을 줄 수 있는지를 총괄한 실체 그 자체이다. 그래서 가치제안이라는 용어와 가치창출(value creation)이라는 용어가 같은 의미로 사용되고 있다. 굳이 구분을 하자면 가치제안은 고객에 초점이 맞춰져 있고, 가치창출은 이에 더하여 가치제안을 실행하는 비즈니스 프로세스까지 포함하고 있다.

여기서 말하는 '가치'란 고객의 필요와 욕구를 만족시키는 요소이며, 기업에서 제공하는 가치는 해당 고객 세그먼트의 필요와 욕구에 부합하는 상품, 서비스 또는 이 둘의 결합으로 나타난다. 이러한 가치제안에는 〈표 18-1〉처럼 다양한 종류가 있다. 또한 학문적 관점에서 살펴본 가치창출과 제안의 유형을 온라인사이트에 제시했으니 참조하기 바란다.

새로운 가치를 창조한다는 의미에서 가치제안은 혁신을 위한 중요한 요소이며, 기업은 가치제안의 혁신을 통해 비즈니스모델의 혁신에 더욱 쉽게 접근할 수 있다.

표 18-1 다양한 가치제안

구분	종류	내용
1	새로움 (Newness)	이전까지는 아무도 제시하지 않아서 필요한지 몰랐지만, 전적으로 고객의 새로운 욕구를 찾아 이를 충족시켜 가치를 창조
2	퍼포먼스 (Performance)	제품 또는 서비스 성능을 개선해 가치를 창조
3	커스터마이징 (Customization: 맞춤제작)	제품 또는 서비스를 개별고객이나 세그먼트별로 특화한 요구에 정확히 맞추어 제공함으로써 가치를 창조
4	무언가를 '되게' 만드는 것 (Getting the job done)	고객이 무언가를 수행할 때 도움을 제공함으로써 가치를 창조(고객 혜택, 편익 개념과 유사하며 고객의 수행목적 달성을 의미)
5	디자인 (Design)	우수한 디자인을 통해 가치를 창조
6	브랜드 · 지위 (Brand · Status)	고객이 특정브랜드를 사용하고, 이를 보여주는 것에서 가치를 창조
7	가격 (Price)	비슷한 가치를 저가로 제공하는 것을 통해 가치를 창조
8	비용절감 (Cost reduction)	고객이 비용을 절감하도록 도움을 제공함으로써 가치를 창조
9	리스크 절감 (Risk reduction)	고객들이 상품이나 서비스를 소비할 때 리스크를 절감하여 가치를 창조
10	접근성 (Accessibility)	예전에는 접근이 쉽지 않았던 상품이나 서비스를 제공함으로써 가치를 창조
11	편리성 · 유용성 (Convenience · Usability)	이전보다 더 편리하거나 쉽게 사용할 수 있도록 하여 가치를 창조

출처: 알렉산더 오스터왈더(Alex Osterwalder), 예스 피그누어(Yves Pigneur) 공저, 유효상 역, 《비즈니스모델의 탄생》, 타임비즈, 2011.

2. 가치제안과 가치혁신

- **학습목표 2:** 주요 개념 (2)
  - 가치혁신(Value Innovation) = 가치사슬(value chain) 전체 프로세스 구조에 대한 재설계, 고객가치 개념에 관한 재고안, 고객 기반에 대해 재정의하는 것을 포함
    = 기업이 고객에게 제안하고자 하는 가치를 전달하는 과정에서 변화가 시작

기업이 가치제안을 통한 혁신을 추구하기 위해서는 가치혁신의 관점에서 살펴보아야 한다. 가치혁신의 핵심은 가치사슬 전체 프로세스 구조에 대한 재설계나 고객가치 개

념에 관한 재고안와 고객 기반에 대해 재정의를 하는 것, 즉 기업이 고객에게 제안하고자 하는 가치를 전달하는 과정에서 그 변화가 시작된다. 먼저 가치제안을 통해 고전적 혁신 사례를 살펴본다.

영국에서 새로운 우편서비스를 창조한 롤런드 힐(Rowland Hill)은 수신인이 비용을 부담하던 기존 우편서비스에서 발신인이 비용을 부담하는 새로운 우편서비스를 창조했다. 롤런드 힐이 새로운 우편서비스를 창조하기 전에는 거리와 무게에 비례한 금액으로 요금을 수신인이 부담하며, 소비자가 우체국을 반드시 이용해야 했다. 힐은 영국 내에서는 1페니로 예전보다 훨씬 낮은 요금을 통일해 발신인이 부담하도록 우편서비스를 새롭게 재편했다. 그 결과 우편물량이 4년 만에 두 배, 10년 만에 네 배로 증가하였다.

또 일회용 면도기로 유명한 질레트(Gillette)는 면도기 가격이 비싸서 귀족이나 무역상과 같이 재력가만이 면도할 수 있음을 인식하고, 새로운 가치를 창조해냈다. 19세기 말 당시 이발소에 가서 면도 서비스를 받는 비용은 10센트였지만, 가장 저렴한 면도기 가격은 5달러에 달했다. 이러한 시장상황에서 질레트는 면도기가 아닌 면도 서비스를 파는 것으로 마케팅전략을 세웠다. 즉, 면도기 가격을 제조원가의 1/5 수준으로 조정하고 대신 본사의 면도날만 사용할 수 있도록 면도기를 새롭게 디자인하고, 면도날을 이발소에서 면도하는 비용의 1/10이 안 되는 가격에 판매했다. 소비자 입장에서는 하나의 면도날로 평균 6~7회의 면도를 할 수 있어 이발소에 가서 면도 서비스를 받는 것보다 훨씬 싼 비용으로 직접 면도할 수 있게 된 것이다. 이러한 조정을 통해 일반 서민들까지 면도하게 됨으로써 소비자들의 수요를 성공적으로 이끌어냈다.

이는 가격인하로 수요를 창출한 혁신의 고전적 사례며, 크리스텐슨의 파괴적 혁신 중 저가격에서 시작하여 시장을 파괴하는 제품 혁신이다(low-end disruption).[17]

3. 비즈니스 프로세스에서의 가치혁신

- **학습목표 2: 주요 개념 (3)**
  – 비즈니스 프로세스에서의 가치제안혁신 = 고객가치의 발견·창출·전달·유지 과정을 통해 나타남.

가치제안을 통한 혁신은 〈그림 18-1〉에서와 같이 비즈니스 프로세스에서 이루어진다. 비즈니스 프로세스에서 가치제안혁신은 이처럼 고객가치의 발견 · 창출 · 전달 · 유지라는 과정을 통해 나타난다.

그림 18-1 비즈니스 프로세스에서의 가치제안을 통한 혁신

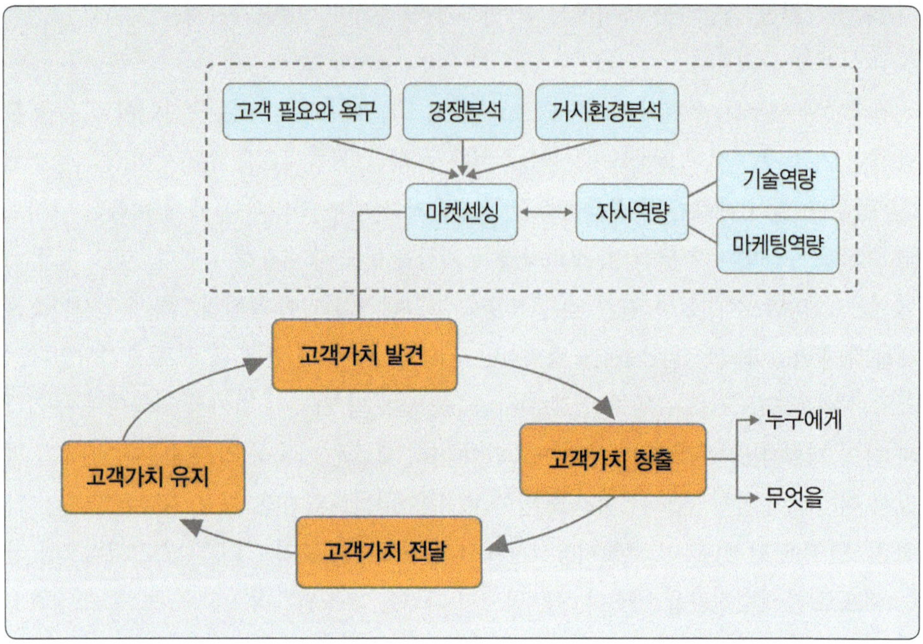

고객가치 발견

먼저 고객가치 발견(Identifying Customer Value)은 소비자가 원하는 것을 제대로 알고 있는지, 소비자의 목소리를 여과 없이 들을 수 있는 장치가 있는지, 경쟁제품에만 신경을 쓰고 있지는 않은지에 관한 질문을 통해 확인할 수 있다. 고객가치 발견은 그림과 같이 고객의 필요와 욕구, 경쟁자에 관한 정확한 인식, 거시적 환경 파악을 바탕으로 기업이 가진 기술력과 마케팅 능력 등 기업의 능력을 제대로 분석해 시장을 인식할 때 이루어진다.

컬럼비아 스포츠웨어(Columbia Sportswear)는 1978년 창업주의 손자 보일(Timothy Bolye)이 합류하면서 사냥꾼과 낚시꾼을 표적고객으로 설정하여, 안감을 분리할 수 있는 외피가 있는 전천후 외투인 쿼드 파카(Quad Parka), 안감의 탈 · 부착이 가능하도록 디자인한 스키복으로 인기를 끌며 당시 매출액을 60만 달러에서 1983년에는 1,300만 달러, 2001년에는 7억 6,000만 달러로 상승시켰다.[18] 컬럼비아 스포츠웨어의 성공은 표적고객을 제대로 설정하고, 이들이 필요로 하는 가치를 발견해 제공했기 때문이다.

또 스타벅스를 인수한 하워드 슐츠(Howard Schultz)는 단순히 커피를 파는 기존 카페 개념에서 벗어나 커피를 즐기고, 그 분위기에 심취하며, 커피라는 제품보다는 커피를 마시는 행위에 초점을 맞췄다. 그런 다음 매장에 커피 향이 가득하고, 열정과 낭만이 가

득한 사람들이 모여 노래를 즐길 수 있도록 인테리어를 하고 매장 구조를 바꿔 바 스타일의 커피숍을 전 세계에 전파했다. 스타벅스는 탁월한 맛과 휴식, 쾌적함을 원하는 고객들에게 이를 제공하면서 큰 성공을 이뤘다.[19]

고객가치 창출

고객가치 창출은 고객에게 어떻게 최상의 가치를 줄 수 있을까, 산업표준을 바꿀 수 있는가 등의 질문에서 출발한다. '누구에게', '무엇을' 제공할 것인가가 핵심이다.

미국 보스턴(Boston) 지역의 맥주 기업인 사무엘 애덤스(Samuel Adams)의 짐 코크(Jim Koch)는 품질이라는 가치창출을 위해 50%는 직접 생산, 50%는 밑도급을 주어 생산하며, 품질관리에 중점을 두고 최상의 맛과 신선도 유지에 힘썼다. 매년 100만 달러 상당의 맥주를 유효 기간이 지났다는 이유로 하수구에 버렸으며, 1만 2,000여 점포의 생맥주 품질을 검사했다. 사무엘 애덤스는 고객이 믿고 마실 수 있는 맥주를 만들기 위해 각 점포에서 창고를 깨끗이 청소하는지, 맥주를 차갑게 보관하는지 직접 검사를 하였고, 이를 통해 '믿을 수 있는 최고의 맛을 지닌 맥주' 회사로 발돋움할 수 있었다.[20]

고객가치 전달

고객가치 전달은 가치를 전달할 수 있는 최상의 방법은 무엇일까, 어떻게 같은 품질의 제품을 싸게 만들 수 있을까, 어떻게 납기를 줄일 수 있을까, 결제방식을 간편하게 할 수 있을까, 어떻게 중간상의 재고관리를 잘해줄 수 있을까, 어떻게 거래비용을 줄일 수 있을까라는 질문에서 출발한다. 결국, 고객가치 전달은 '언제', '어떻게' 고객가치를 전달하며, 이를 통해 '고객만족'을 이끌어내느냐에 관한 것이다.

크리스피 크림(Krispy Kreme)은 미국 도넛시장에서 고작 300개도 안 되는 숫자의 대리점으로 점유율 24%를 기록했다. 다른 도넛 기업들이 다양한 유통망과 프랜차이즈를 통해 엄청난 숫자의 대리점을 운영했지만, 크리스피 크림은 직영 매장만 운영하여 대리점 숫자가 적었다. 하지만 매장에서 지정한 시간에 따뜻한 도넛을 생산하며, 이 시간에 매장을 방문한 고객은 도넛을 무료로 맛볼 수 있고, '도넛 극장'과 같은 체험을 통해 도넛에 대해 알게 되면서 도넛 맛을 스스로 알리고 다른 고객의 구매를 유도해 성공을 이루었다. 크리스피 크림은 적은 수의 직영 유통망을 통해 광고 대신 매장에 직접 방문하는 고객에게 감성적 친밀함을 전달하고 이를 통해 고객이 원하는 가치를 창출한 것이다.[21]

1990년대 중반부터 2000년대 초반까지 미국의 애완동물용품시장은 82%나 성장하였는데, 이러한 시장 환경에서 애완동물용품을 제작하는 펫코(PETCO)와 애완동물 서비스를 제공하는 펫츠마트(PETsMart)는 위기에 봉착했다. P&G가 경쟁사인 이암스(Iams)를 인수해 월마트에서 제품을 판매하자 펫코와 펫츠마트의 판매가 격감했기 때문이다. 이에 대응하기 위해 펫코는 경쟁사가 취급하지 않는 애완동물의 미용이나 진료, 훈련 등과 같은 서비스를 시작했다.[22] 또 펫츠마트에서는 무제한 소비자서비스 프로그램에 집중해 2004년에는 애완용 동물 호텔 서비스를 시작하고, 벤 필드 가축병원과 제휴하여 매장에 진료소를 개설했다.[23] 이러한 노력의 결과로 펫코와 펫츠마트의 수익률은 6% 가깝게 상승했다.

캘러웨이 골프(Callaway Golf)의 엘리 캘러웨이(Ely Callaway)는 골프선수로 골프채에 대해 해박한 지식이 있었다. 그는 나이 63세에 회사를 설립, 골프 클럽에 혁신을 몰고 왔다. 캘러웨이 골프는 제2차 세계대전 당시 독일의 장거리포 이름이었던 빅 버사(Big Bertha)의 이름을 따 급진적이고 현대적인 디자인의 골프채를 도입하였다. 캘러웨이 골프는 72세 노인을 기준으로, 이 골프클럽으로 잘 칠 수 있다면 누구나 잘 칠 수 있다는 점을 어필하여 고객이 원하는 가치를 전달했다.[24]

고객가치 유지

고객가치 유지란 소비자 불만을 어떻게 해결할까, 만족한 소비자들이 어떻게 다시 찾게 할까, 만족한 소비자들이 어떻게 다른 소비자들을 데려오게 할까에 관한 질문에서 시작하며, 고객가치를 수확하는 것(appropriating customer value)을 말한다.

홈디포(HomeDepot)는 "문제가 있으면 벤 힐(Ben Hill)에 전화하라"는 구호를 내걸고 고객에게 수신자 부담으로 전화를 걸어 불만을 털어놓게 하였다. 설립자인 버니(Bernie)와 아서(Arthur)는 직접 전화를 받았고, 소비자 불만을 해결하기 위해 직접 현장을 찾았다. 회사 설립자들이 발 벗고 솔선수범하다 보니, 다른 직원들도 이러한 고객만족 서비스에 동참했고 또 소비자 서비스의 수준도 높아졌다. 이러한 고객만족 서비스로 홈디포는 고객가치 유지에 성공했다.[25]

만족한 소비자들에게는 재구매를 유도하고, 더 나아가 다른 소비자까지 불러와 성공한 그릇회사인 레녹스 차이나(Lenox China)도 좋은 사례다. 미국에서는 결혼선물을 주고받을 때 결혼하는 당사자가 직접 필요한 선물 목록을 작성하고, 결혼식에 오는 사람들은 그 목록을 보고 선물을 사준다. 레녹스 차이나는 이러한 문화에 착안해 결혼하는 당사자들이 레녹스 차이나에서 받고 싶은 선물 목록을 작성하게 하고, 결혼식에 오는 사람들이 직접 매장을 방문하여 그 목록 중 자신이 주고 싶은 선물에 표시하고 결제하면 결혼 당사자에게 제품을 배달하는 서비스를 제공했다.[26] 이를 통해 레녹스 차이나는 사용자들을 만족하게 하는 동시에 매장을 찾는 사람들에게도 제품인지도를 높일 수 있었다.

3 마케팅 혁신

- **학습목표 3: 주요 개념 (1)**
  - 마케팅 혁신 = 보다 높은 수준의 고객욕구를 충족시키고 고객에게 더 높은 가치를 제안하기 위해, 마케팅 활동 영역 및 프로세스에 기존 시장에 존재하지 않는 새로운 방법이나 아이디어를 도입해 마케팅활동을 전개하는 것
  - 마케팅 혁신 = 고객 세그먼트 변경을 통한 혁신 // 가치제안을 통한 혁신 // 마케팅믹스에서의 혁신으로 나누어 살펴볼 수 있음.

왜 어떤 기업들은 고객에게 잘 보이려고 노력하지만, 또 어떤 기업들은 고객을 만족시키는 방법을 전혀 알지 못하는 것처럼 보일까?

시장 내 경쟁이 초고도화되면서 이제는 시장 내 최저 가격으로 경쟁하거나 최고 품질만으로 경쟁하던 시대는 지났다. 이제는 고객의 욕구를 파악하고, 고객에게 가치를 전달하는 것으로는 부족하다. 기업은 더 나은 가치제안을 위해서 혁신의 노력을 해야 할 때다.

마케팅에서의 혁신은 기존 시장에 존재하지 않는 새로운 방법이나 아이디어를 도입해 마케팅 활동을 전개하는 것을 말한다. 혁신의 대상에 해당하는 마케팅 활동과 프로세스는 고객 발굴과 관리, 고객에 관한 가치제안, 마케팅믹스 등이다. 실제로 마케팅 활동에서의 혁신이 우리의 일상생활에 어떠한 형태로 나타나는지 살펴보자.

1. 고객 세그먼트 변경을 통한 혁신[27]

변경을 통해 마케팅에서의 혁신을 가져올 수 있는 고객 세그먼트는 하나가 될 수도, 몇 개로 나뉠 수도 있다. 이에 따라 기업에서는 핵심 타깃으로 삼아야 할 세그먼트와 집중하지 않아도 될 세그먼트를 결정하여 전략을 설정해야 한다. 고객 세그먼트에 따라 유통채널, 수익성, 서비스 그리고 상품의 특징과 종류, 고객관계 유형 등이 다르기 때문이다.

고객 세그먼트를 변경함으로써 혁신에 성공한 대표적인 기업은 넷플릭스(Netflix)다. 온라인 비디오 대여업체인 넷플릭스는 세그먼트를 변경하여 크게 성공했다. 이들은 인터넷이라는 도구를 기반으로 강력한 검색과 추천 엔진을 개발하고, 각 영화의 평가 정보에 관한 접근성을 확대해 수요와 공급을 연결하는 탐색비용을 줄여 수요가 적은 틈새 영화에 관한 잠재적 수요를 이끌어냈고 틈새 영화의 라이선스를 확보해 많은 수익을 올렸다. 넷플릭스가 이러한 방식으로 벌어들이는 총수입은 블록버스터 영화 한 편의 대여수입과 맞먹는다.[28] 또 온라인 경매 사이트 이베이는 소량의 비인기 품목의 매매에 관심이 있는 고객으로 고객 세그먼트를 변경하여 혁신에 성공했다. 닌텐도 위 역시 첨단기능에 민감하지 않은 일반인을 고객 세그먼트로 설정하고, 저비용으로 제품 차별화를 꾀하여 큰 성공을 거두었다.

2. 가치제안을 통한 혁신

- **학습목표 3: 주요 개념 (2)**
  - 가치제안을 통한 혁신 ≒ 마케팅믹스(4P) 혁신
    - 가치제안을 통한 혁신 = 마케팅 기능을 넘어서서 비즈니스 프로세스와 고객 관점에서 혁신을 살펴본 것
    - 마케팅믹스 혁신 = 전통적인 마케팅 기능 관점에서 혁신을 조망한 것

가치제안을 통해서도 혁신할 수 있다. 앞에서 설명한 가치제안에서 언급했듯이 가치사슬의 전체 프로세스 구조에 관한 재설계와 고객가치 개념에 대한 재고안, 고객 기반에 대해 재정의를 하는 변화가 가치제안의 혁신인 '가치혁신'의 핵심이다. 가치사슬의 전체 프로세스 구조는 회사의 관점과 소비자 관점에서 달리 생각할 수 있는데, 이에 관한 설명은 온라인사이트를 참조하기 바란다.

3. 마케팅믹스 혁신

- **학습목표 3: 주요 개념 (3)**
  - 제품 · 가격 · 유통 · 촉진에 있어서의 혁신 = 가치 발견, 창출, 전달 및 유지라는 가치제안 프로세스 모두와 관련되어 있음 = ∵ 마케팅믹스 활동은 마케팅 기능 부서에 의해서 수행되는 것이 아니라 기업의 많은 기능이 연관된 비즈니스 프로세스에 의해 수행
  - 제품에서의 혁신 = 신제품의 개발로 새로운 시장을 개척하거나 기존 제품에 변화를 주어 제품수명주기의 성장기와 성숙기를 오래 유지하는 것과 관련된 활동

- 가격에서의 혁신 = 원가우위를 통해 고객에게 더욱 저렴한 가격을 공급하는 것
- 유통과 촉진에서의 혁신 = 인터넷과 모바일 등 새로운 환경을 기존의 오프라인 활동과 통합해 고객편리를 도모 + 기업의 유통 및 촉진활동을 보다 효율적·효과적으로 이끌어낼 수 있는 모든 개념을 포함

가치제안을 통한 혁신은 마케팅 기능을 넘어서서 비즈니스 프로세스와 고객 관점에서 혁신을 살펴본 것이고, 마케팅믹스에서의 혁신은 전통적인 마케팅 기능 관점에서 혁신을 조망한 것이다. 일반적으로 제품, 가격, 유통, 촉진에서의 혁신은, 상대적으로 정도는 차이가 있지만, 가치 발견, 창출, 전달과 유지라는 가치제안 프로세스 모두와 관련되어 있다. 이에 대한 이유는 16장에서 이미 설명했다. 마케팅믹스 활동은 마케팅 기능 부서가 수행하는 것이 아니라 기업의 많은 기능이 연관된 비즈니스 프로세스에 의해 수행되기 때문이다. 마케팅 활동과 관련이 있는 혁신 개념을 이해하기 위해 마케팅믹스를 중심으로 혁신을 살펴본다.

제품에서의 혁신

자사제품이 제품수명주기에서 성숙기에 있다면 경쟁사에서 매출을 빼앗아오지 않는 한 매출은 더 올라가기 어렵다. 즉, 성숙기에서는 매출의 증가가 서서히 둔화되고 일정 기간이 지나면 결국, 매출감소로 이어지는 쇠퇴기를 맞을 것이고, 기업의 입장에서는 매출을 높은 수준으로 유지하기 위해 제품 성숙기를 연장하고자 할 것이다. 이는 쇠퇴기 진입을 최대한 늦춤으로써 성숙기 매출을 장기간 누릴 수 있기 때문이다. 또는 현재 성숙기 선상에서 다시 한 번 성장기로 진입할 수 있는 계기를 마련하고자 할 것이다. 이러한 성숙기 단계에서 기업이 지속적인 매출을 올리는 데 필요한 것이 바로 혁신이다.

기업은 혁신을 통해 자사제품을 변화시키거나 제품을 개선해 고객에게 더 나은 가치나 차별적 가치를 제공하려고 노력한다. 이런 노력이 성공할 경우, 제품 성숙기가 연장되어 지속해서 매출을 올릴 수 있고 제품이 쇠퇴기로 진입하는 것을 지연할 수 있다. 또 개선된 제품에 대한 고객의 반응이 폭발적인 경우, 기존 제품 수명주기의 성숙기 선상에서 다시 성장기 진입을 할 수도 있다.

국내 스마트폰의 경우, 이미 성숙기에 도달하고 있다. 그러나 각각의 제조업자들은 끊임없는 혁신을 통해 스마트폰에 새로운 기능을 첨가해(스마트워치, 다른 스마트 디바이스와의 연동, 웨어러블 디바이스로의 개발 등) 쇠퇴기 진입을 지연하고, 지속해서 이익을 창출하고자 노력하고 있다(〈그림 18-2〉와 〈그림 18-3〉 참조).

그림 18-2 제품수명주기와 혁신

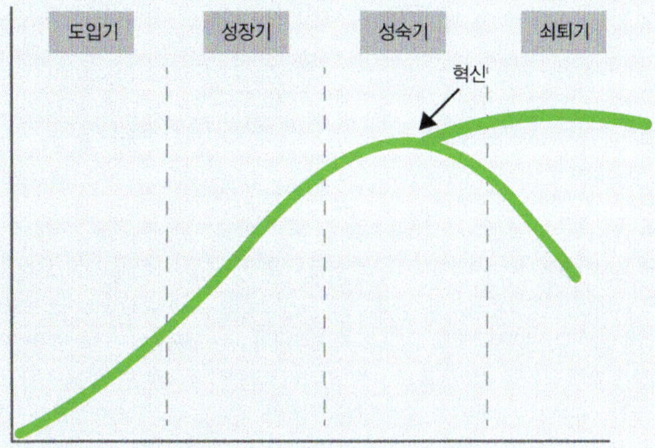

그림 18-3 삼성전자의 스마트워치

그림 18-4 오뚜기의 다양한 제품들

또 자사의 제품이 성숙기에 있을 때 매출을 지속해서 증가하기 위해 경쟁사에서 매출을 빼앗아와야 할 것이고 이를 위해서도 제품에서의 혁신이 필요하다. 라면시장도 이미 성숙기 시장에 접어들었으나 오뚜기는 끊임없는 노력으로 시장점유율을 늘려가고 있다. 지속적인 제품개선과 신제품 개발을 통해 경쟁사에서 매출을 빼앗아오고 있기 때문이다(〈그림 18-4〉 참조).

시장침투전략의 대표적인 혁신 사례 중 하나가 바로 미국 시장에서 펼친 현대자동차의 전략이다.

미국 현대자동차의 제품에서의 혁신

현대자동차는 미쓰비시의 엔진 기술을 빌려 개발한 소형차 엑셀을 앞세워 1986년 미국 자동차시장에 진입했다. 당시 현대자동차는 소비자를 끌어들일 수 있는 저가전략으로 단기간 내에 10만 대가 넘는 판매량을 기록하면서 성공적으로 시장에 안착한 듯 보였다. 하지만 1990년대 이후 가격경쟁에서의 우위를 유지하기 위해 비용 감축에 역점을 두면서 적절한 품질관리 대응의 실패로 이어졌고, 그 결과는 매우 참담했다. 제품의 품질에서 드러난 많은 문제가 현대자동차의 평판과 브랜드 이미지에 거의 10년 동안 영향을 미쳤다. 소비자들은 더는 현대자동차를 구매 대상으로 고려하지 않게 되었다.

그러나 현대자동차는 이러한 부정적 평판을 성공적으로 극복하여 1998년, 10만 대에 미치지 못하던 판매량이 2007년에는 46만 7,000대까지 증가했다. 현대자동차는 어떻게 이런 결과를 만들어냈을까? 첫 번째 도전 과제는 품질 면에서 만족스러운 자동차를 개발하고 이를 위한 일련의 공정 프로세스를 수립하는 것이었다. 1999년 정몽구 회장은 경영을 맡은 후, 현대자동차의 우선순위를 판매량이 아닌 고품질의 자동차를 양산하는 것으로 전환하였다. 또 정 회장은 '품질 경영'을 선언하고 그 자신이 직접 품질 관련 부서를 관리하면서 품질회의를 주관하는 등 현대자동차의 체질을 근본적으로 바꾸기 위해 전력을 기울였다. 품질 향상을 위한 이러한 전면적인 노력은 단기간에 놀랄 만한 성과를 만들어냈다. 현대자동차가 마침내 우수한 품질의 자동차를 만들기 시작한 것이다.

2001년 현대자동차는 제이디 파워(J. D. Power)에서 실시한 초기 품질조사(Initial Quality Survey: IQS)에서 총 37개 미국 내 자동차 제조업체 중 32위를 기록했다. 하지만 2004년도에는 같은 조사에서 럭셔리 메이커를 제외한 대중 메이커 중 1위로 진입하는 경이로운 기록을 세우면서 품질의 정석으로 인식됐던 토요타를 제쳤다.

그러나 고품질의 제품 생산이라는 과제 달성만으로는 충분치 않았다. 이미 현대자동차에 회의적이고 관심을 잃은 대중의 마음을 돌려야 하는 숙제가 남아 있었고, 이것은 결코 쉬운 일이 아니었다. 1998년, 현대자동차는 이에 대한 돌파구로 자동차 업계 최초로 10년, 10만 마일 보증 서비스를 시행했다. 이 캠페인은 "미국 내 최고의 보증"이라는 슬로건 아래 광고했는데, 현대자동차가 제품 품질에 대해 강한 확신을 바탕으로 막대한 비용을 투자할 수 있다는 점과 소비자들이 현대자동차의 구매를 통해 품질에 대한 고민을 떨쳐버릴 수 있다는 점을 분명히 보여주었다. 혁신적인 보증전략과 품질 향상을 통해 소비자들은 서서히 마음을 돌리기 시작했고, 결과적으로 현대자동차는 경제적이고 성능 좋은 차에 관심을 가진 소비자들과의 연관성을 형성하기 시작했다.

또 현대자동차는 미국 소비자를 끌어들이기 위해 현지화한 상품과 디자인에 초점을 맞췄다. 이를 위해 2003년 북미연구소와 디자인센터를 세우고 2005년에는 앨라배마 주에 공장을 건설했다. 특히, '플루이딕 스컬프처(Fluidic Sculpture)'로 불리는 현대자동차의 새로운 디자인 방향을 반영한 새로운 중형 세단인 '소나타'와 소형 SUV인 '투싼'은 디자인 개발 과정부터 주요 시장인 국내뿐 아니라 미국 현지 인력과의 협업을 통해 진행했으며, 이를 통해 과거에는 현대자동차를 전혀 고려하지 않았던 신규 소비자들의 관심을 끌기 시작했다.

현대자동차가 또 한 번 소비자의 인식 도전에 직면한 것은 2008년 렉서스, BMW, 캐딜락 등이 속한 고급 자동차시장에 제네시스를 출시할 때였다. 고급 차를 구매하는 소비자들은 단순히 경제성이나 기능성에만 관심이 있는 게 아니라 자아 표현적 욕구, 즉 자신이 최고의 차를 운전한다는 느낌을 만끽하고자 한다. 이 프리미엄 시장에서 현대자동차가 성공적으로 진입한 배경에는 슈퍼볼이나 FIFA 월드컵과 같이 지명도 있고 화려한 이벤트와 개성 있는 광고 시행의 영향도 있었지만, 2009년 디트로이트 모터쇼에서 제네시스가 '북미 올해의 차'에 선정된 것이 결정적이었다. '북미 올해의 차' 수상을 통해 현대자동차는 표적고객에게 더욱 인정받으면서 프리미엄 브랜드로 자리 잡았다.

출처: 데이비드 아커(David A. Aaker), 《브랜드연관성Brand Relevance》, 이상민 · 최윤희 옮김, Brand & Company, 2010, pp. 434~437의 내용을 참조해 설명

가격에서의 혁신

가격에서의 혁신은 저가전략으로 볼 수 있다. 국내 패션시장도 비교적 저가를 앞세운 스파(SPA) 브랜드[29] 간 경쟁이 치열하다. 초반에는 스페인의 자라나 스웨덴의 H&M, 미국의 포에버21 등과 같은 외국 기업들이 강세였지만, 최근에는 에잇세컨즈나 미쏘(MIXXO), 스파오(SPAO), 스태프(STAFF) 같은 국내 기업들의 스파 브랜드도 대응전략을 펼치고 있다. 기존 패션 브랜드들의 품질 대비 높은 가격 책정은 고객들에게 불만과 거부감을 불러일으켰다. 저가 의류 브랜드 기업들은 이러한 소비자의 불만족을 파악하여 최신 패션 트렌드를 반영한 디자인을 신속하게 반영하되, 유통과 제작에서 최대한 비용을 줄여 대등한 제품품질에 낮은 가격과 높은 이윤을 얻을 수 있었다.

마이클 포터가 제시한 본원적 전략 중 하나인 원가우위전략은 자사가 조직구조나 업무흐름을 더욱 효율적으로 개선하고 SCM 프로세스의 혁신을 이루어 경쟁사보다 원가우위를 갖는 것을 말한다. 이 원가우위전략이 시장에서 상대적 저가전략으로 구현한 경우가 가격에서의 혁신이다. 영국의 약품 제조와 건강제품 등을 개발하고 판매하는 회사인 글락소스미스클라인(GlaxoSmithKline)은 각종 특허권과 지적 재산권으로 보호되어 높은 사용료를 지급하지 않고는 사용할 수 없는 빈곤국들이 쉽게 약품을 구하고 활발하게 질병을 연구할 수 있도록 '특허 풀' 연구전략을 사용했다. 특허 풀은 여러 권리자에게 지적 재산권을 통합해 모두가 접근할 수 있도록 하여 활발한 연구를 하게 하고, 서비스와 제품가격 혁신을 가능하게 하여 상당한 가치를 창조하였다.

2000년 이후 경제불황으로 부상한 다이소(daiso)의 경우, 적당한 품질 수준의 제품을 저렴하게 판매한다. 이 경우는 중소기업 제조업자에게 직접 대량으로 구매해 고객에게 공급함으로써 가격경쟁력을 이끌어냈고, 점포를 지하에 마련하고 매장 디스플레이를 거의 하지 않아 더욱 싼 가격에 제품을 판매할 수 있었다(〈그림 18-5〉 참조).

그림 18-5 다이소

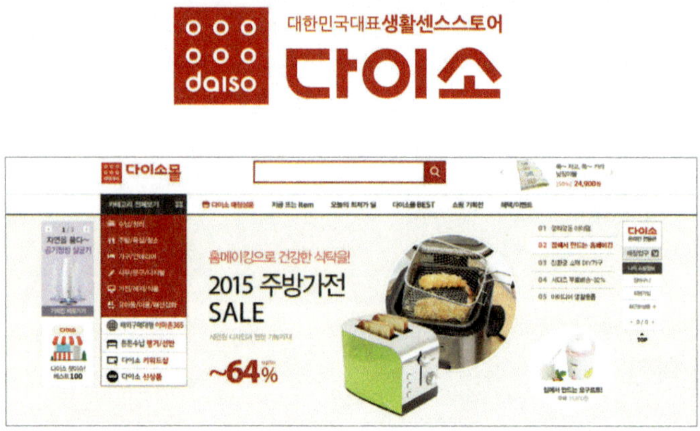

유통에서의 혁신

인터넷은 기업의 산업 환경 자체를 변화시켜 모든 마케팅믹스에 커다란 변화를 가져왔으며, 그중에서도 가장 큰 영향을 받은 것이 유통이다. 인터넷 상거래의 발달은 앞서 언급한 무점포 도소매상으로 인터넷 쇼핑몰과 기업 간 직거래 웹사이트 형태를 등장시켰고, 유통구조에 커다란 변화를 가져왔다.

인터넷 도입 초기에 기업의 홍보수단의 하나로 구축하기 시작한 홈페이지는 자사제품의 광고와 사후 서비스를 위한 고객과 만나는 접점으로 활용하는 것은 물론, 빠르게 기업의 수익모델로 변화해 고객을 만나는 온라인 직거래 장소인 전문 몰을 운영하기에 이르렀다. 또 www.lotte.com이나 www.emart.co.kr처럼 기존 오프라인 유통업체가 온라인으로 진출하거나 www.cjmall.com이나 www.gsshop.com처럼 대기업이 온라인으로 진출해 백화점 형태의 인터넷 종합 몰로 발전했다. G마켓(www.gmaket.co.kr)이나 11번가(www.11st.co.kr)처럼 쇼핑몰에 여러 소규모 개인 상점이 입점하는 형태의 오프라인 모델을 온라인에 적용한 이마켓 플레이스(eMarket Place), 즉 오픈 마켓 형태의 인터넷 쇼핑몰도 활성화되어 있다(〈그림 18-6〉 참조). 이러한 인터넷 상거래 발달은 고객이 제품을 직접 보고 경험하여 선택하고, 같은 시간대와 같은 공간에서 제품의 결제와 전달이 일어나는 기존 상거래 방식을 완전히 바꿔놓았다. 고객은 인터넷 쇼핑몰을 통해 물건을 고르고 금융시스템을 통해 카드결제를 하거나 모바일뱅킹 등을 이용해 대금을 지급한다. 제품은 택배나 우편배달 서비스로 신속하게 고객이 원하는 장소로 배달한다. 기존

그림 18-6 인터넷 쇼핑몰

G마켓 11번가

의 같은 시간, 같은 장소에서 일어났던 고객의 구매 과정은 이렇게 최소한 세 가지 이상의 다른 시간적 배경과 공간으로 세분되었다.

이러한 유통의 변화는 금융결제시스템 제공회사는 물론 택배와 배달 서비스 관련 사업을 활발하게 하였지만, 또 이에 따른 유통경로 간의 갈등을 새로이 일으켰다. 고객획득을 위해 생필품을 놓고 치열한 경쟁을 펼친 쿠팡과 이마트가 대표적 사례다. 유통 혁신을 이루기 위해서는 이러한 새로운 갈등을 해결하고 책임 소재를 분명히 하여 발생할 수 있는 고객의 불편함과 불만족을 줄여야 한다.

인터넷 및 모바일 상거래 발달은 유통 혁신의 대표적인 예이다. 그러나 인터넷과 모바일을 통한 변화만이 유통 혁신은 아니다. 기존의 복잡한 유통 단계를 줄여 비용을 절감함으로써 고객만족을 추구하는 노력, 기업 간의 직거래를 통해 재고수위를 적절히 조정하는 시도, 기존 유통과 인터넷을 포함한 새로운 유통의 통합 노력인 옴니채널[30] 등, 유통에서 이러한 지속적인 개선의 노력과 변화가 모두 혁신이 될 수 있다.

촉진에서의 혁신

최근 촉진에서 큰 변화는 모바일 기반 또는 SNS 기반 메시지를 통한 촉진이다. 예컨대 카카오톡 플러스 친구를 통한 촉진은 할인행사나 문화 이벤트 소개와 모바일 쿠폰 발행 등으로 더욱 즉각적인 커뮤니케이션을 시도할 수 있다(〈그림 18-7〉 참조). 또 이러한 모바일 마케팅을 통해 고객 각각의 성향과 필요, 욕구에 따라 맞춤 서비스도 할 수 있다. 이는 고객의 데이터를 획득하고 보존하는 기술과 관련 비용이 빠르게 개선되어, DB 마케팅이 경제적이면서도 정교한 수준으로 발돋움한 결과이다. 이렇게 모바일을 통해 개인화한 촉진은 고객의 인구통계학적 특성과 나아가 구매경험, 라이프스타일에

그림 18-7 카카오톡 플러스 친구를 통한 촉진

따른 정교한 세분화를 가능하게 하여, 기존의 무작위 대중을 상대로 하던 촉진과 비교해 비용 효율적이며 효과적으로 고객반응을 이끌어내는 방향으로 발전하고 있다.

또 이러한 모바일 마케팅은 기업에서 선별한 고객에게 일방적으로 전송하는 방식을 탈피하여 고객 스스로 선택할 수 있고, 사용 후 의견을 전달할 수 있는 창구를 마련하고 있다. 그루폰, 쿠팡, 위메프, 티몬 등의 경우, 지역특화를 한 무가지(無價紙)를 발행해 지정 지역 내의 상점을 소개하고 할인쿠폰을 제공함은 물론, 모바일 앱에서 고객 스스로 원하는 상점의 쿠폰을 휴대폰으로 전송할 수 있는 서비스도 제공하고 있다. 이는 인터넷과 모바일 등 무선통신의 힘으로 기업의 일방적 · 몰개성적 촉진 활동에서 고객 스스로 선택하고 기업에서는 순발력 있게 반응하는 촉진 활동 형태로 진화한 것이다.

나아가 고객의 상세정보가 입력된 홈페이지에서 쿠폰을 내려받은 고객의 기록은 해당 기업으로 전달되어 시행하는 촉진 효과를 바로 확인할 수 있다. 또 고객 스스로 원하는 촉진믹스를 선택하고 자신의 선호와 의견을 제시함으로써 더 효과적인 촉진믹스를 개발하는 데 동참한다. 이러한 통합된 촉진믹스 운영은 고객에게 편리함을 제공할 뿐 아니라 기업 입장에서도 더욱 효과적인 촉진믹스를 계속 개발할 수 있게 하며, 나아가 촉진믹스의 실질적 효과측정을 가능하게 한다. 최근에 일어나고 있는 빅데이터 관리와 분석이라는 기술적 발전이 미래의 촉진믹스를 더욱 효율적으로 만들 가능성이 높다. 빅데이터에 관한 내용은 19장을 참고하기 바란다.

한편 촉진에서의 혁신은 인터넷과 모바일의 새로운 환경의 등장과 무관하게 이루어질 수도 있다. 기존의 경품행사나 할인쿠폰 증정, 단기적인 효과를 위한 출혈식 판촉활동과 특정대상을 지정할 수 없는 TV 또는 지면광고를 답습하는 형태에서 벗어나 고객에게 특별한 경험을 주고 다른 경쟁사와 차별화할 수 있는 촉진믹스를 계속 개발하는 것 모두가 촉진에서의 혁신이다. 대표적인 예가 15장에서 살펴보았던 미국 기아 소울의 햄스터 캠페인이다. 또 온라인사이트에 미국 현대자동차의 촉진에서의 혁신 사례를 제시했으니 살펴보기 바란다.

지금까지 비즈니스와 마케팅에서의 혁신을 살펴보았다. 기업에 혁신이란 제품이나 기술 분야뿐 아니라 마케팅 · 투자 · 관리 과정의 전 범위에서 일어나는 변화를 포함한다. 기업에 혁신은 더는 선택의 문제가 아니며, 생존과 성장을 위해 지속해서 실행해야 할 대상이다. 기업은 항상 다가올 미래의 변화에 수동적으로 끌려갈 것인지 아니면 혁신을 통해 미래를 이끌고 시장을 창조해갈 것인지를 결정해야 한다. 이에 대한 답은 기업에서 추진하는 혁신의 방향과 실행에 달려 있다. 이렇듯 혁신은 기업에 큰 영향을 끼치는데, 최근 지속가능성에 대한 관심으로 혁신 개념은 사회적 기업을 포함해 사회의 많은 이슈를 해결하는 데에도 활용되기 시작했다. 지속가능경영과 마케팅은 20장에서 살펴보기로 하고, 최근 사회에서의 혁신 개념과 사례를 다룬 일련의 유용한 서적을 소개하며 이 장을 마친다.

- Saul, J., *Social Innovation, Inc.: 5 Strategies for Driving Business Growth through Social Change*, Jossey-Bass, 2010.
- Aaker, J. and Smith, A., *The Dragonfly Effect: Quick, Effective, and Powerful Ways to Use Social Media to Drive Social Change*, Jossey-Bass, 2010.
- 가토 데쓰오,《혁신의 탄생: 아시아 변방의 사회적 기업가 7인의 소셜 비즈니스 리포트》, 곽지현 옮김, 에이지, 2011.

이 장의 요약

- 혁신은 보는 관점에 따라 다양하게 정의할 수 있지만, 근본적으로 기존의 지식, 제품, 고객요구, 시장 등에서 부족한 점을 발견해 새롭고 더 생산적인 것으로 '변화'하게 하는 것이다. 기업 입장에서 혁신은 제품이나 기술 분야뿐 아니라 마케팅 · 투자 · 관리 과정의 전 범위에서 일어나는 변화를 포함하는 개념으로 오늘날과 같이 대부분 시장이 성숙기에 접어들고 있는 시점에서 기업의 생존 자체를 위해 꼭 필요한 개념이자 실천해야 하는 활동이다.

- 먼저 기업은 돈을 버는 구조인 비즈니스모델 관점에서 혁신을 추진하는 것이 필요하다. 비즈니스모델이란 기업이 수익을 내는 구조로 하나의 조직이 어떻게 시장에서 가치를 포착하고, 그것을 창조하며, 전파하는지에 관한 방법을 논리적으로 설명한 것이다. 즉, 기업이 추구하는 모든 전략이 전체적으로 어떻게 작용하여 경쟁우위와 우월한 성과를 가져오는지에 관한 개념이다. 이러한 비즈니스모델 구조를 시장변화에 따라 대응하여 변화시키려는 노력이나 시장의 흐름을 미리 읽고 수요를 창출하려는 노력이 혁신의 시작이다. 고객에게 기존과 다른 가치를 제안하는 것 역시 혁신이다.

- 혁신은 다음과 같이 몇 가지 유형으로 구분할 수 있다. 혁신의 급진성을 기준으로 급진적 혁신과 점진적 혁신으로 분류하거나 현재의 고객이 요구하는 기술이나 서비스의 혁신을 존속적인 혁신으로, 현존하는 시장이 요구하는 기능과는 전혀 다른 차별화된 요소로 잠재고객층을 깨워내는 혁신을 파괴적인 혁신으로 분류할 수 있다. 혁신의 대상에 따라 새로운 제품이나 서비스를 개발하거나 도입하는 것은 제품 혁신으로, 조직 내의 제품이나 서비스 운영에 새로운 요소들을 도입하는 것은 프로세스 혁신으로 구분하기도 한다. 제품이나 서비스 그리고 프로세스에 신기술이나 발전된 기술을 도입해 관련 활동을 개선하거나 획기적으로 변화시키는 것은 기술적 혁신으로, 조직구조의 재편성이나 조직운영방법의 개선 등은 관리적 혁신으로 구분하기도 한다.

- 기업의 혁신과 비즈니스모델의 혁신을 위해 기업에서는 가치제안(Value Proposition)이라는 개념에 대해 이해하고, 이를 활용해야 한다. 가치제안이란 특정한 고객 세그먼트가 필요로 하는 가치를 창조하기 위한 상품이나 서비스의 조합을 의미한다. 다시 말해 가치제안은 기업이 고객에게 무엇을 줄 수 있는지를 총괄한 실체 그 자체다. 가치제안은 마케팅모델의 방향을 그리고 내부 인프라모델(어떻게 가치제안을 만들어내는가)의 방향을 정리한 것으로 마케팅모델과 내부 인프라모델이 만나는 교차점이다. 그래서 가치제안은 비즈니스모델 구성의 핵심요인이다. 도대체 우리 상품과 서비스의 조합이 표적고객 시장을 대상으로 어떠한 차별적 가치를 고객에게 제공하느냐의 이슈이다.

- 마케팅에서의 혁신이란 보다 높은 수준의 고객욕구를 충족시키고 고객에게 더 높은 가치를 제안하기 위해, 마케팅 활동 영역과 프로세스에 기존 시장에 존재하지 않는 새로운 방법이나 아이디어를 도입해 마케팅 활동을 전개하는 것을 말한다. 마케팅에서의 혁신은 고객 세그먼트 변경을 통한 혁신, 가치제안을 통한 혁신 그리고 마케팅믹스에서의 혁신으로 나누어 살펴볼 수 있다. 가치제안을 통한 혁신은 마케팅 기능을 넘어서서 비즈니스 프로세스와 고객 관점에서 혁신을 살펴본 것이고, 마케팅믹스에서의 혁신은 전통적인 마케팅 기능 관점에서 혁신을 조망한 것이다. 일반적으로 제품 · 가격 · 유통 · 촉진에서의 혁신은 상대적으로 정도의 차이는 있지만, 가치 발견 · 창출 · 전달과 유지라는 가치제안 프로세스 모두와 관련되어 있다. 이에 대한 이유는 마케팅믹스 활동은 마케팅 기능 부서에 의해 수행하는 것이 아니라 기업의 많은 기능이 연관된 비즈니스 프로세스로 수행하기 때문이다.

- 마케팅믹스에서의 혁신을 살펴보면, 신제품의 개발로 새로운 시장을 개척하거나 기존 제품에 변화를 주어 제품수명주기의 성장기와 성숙기를 오래 유지하는 것과 관련된 활동은 제품에서의 혁신이고, 원가우위를 통해 고객에게 더욱 저렴한 가격을 공급하는 것은 가격에서의 혁신이다. 또 유통과 촉진에서의 혁신은 인터넷과 모바일 등 새로운 환경을 기존의 오프라인 활동과 통합해 고객편리를 도모하고, 기업의 유통과 촉진 활동을 더욱 효율적 · 효과적으로 이끌어낼 수 있는 모든 개념을 아우른다.

주요 개념 목록

비즈니스모델 / 비즈니스모델 혁신 / 블루오션전략 / 혁신의 유형(급진적 혁신과 점진적 혁신, 존속적 혁신과 파괴적 혁신, 제품 혁신과 프로세스 혁신, 기술적 혁신과 관리적 혁신) / 시장발전 수명주기와 혁신 / 가치제안과 가치혁신 / 비즈니스 프로세스에서의 가치혁신 / 마케팅에서의 혁신 / 고객 세그먼트 변경을 통한 혁신 / 가치제안 혁신 / 마케팅믹스에서의 혁신 / 제품에서의 혁신 / 가격에서의 혁신 / 유통에서의 혁신 / 촉진에서의 혁신

생각해볼 문제

1. 비즈니스모델 혁신의 내용을 설명한 후, 이 장에 없는 국내외 사례를 조사 · 분석하여 제시하시오.
2. 최근 고객에게 인기를 끌고 있는 제품과 서비스 사례를 조사한 후, 가치제안의 유형을 사용하여 그 인기 비결을 설명하시오.
3. 교과서에서 설명한 가치제안의 유형 외에 존재하는 가치제안 형태의 사례를 발견하여 설명하시오.
4. 국내외의 혁신 사례 한 개를 선정한 후, 고객가치 발견 · 창출 · 전달 · 유지의 비즈니스 프로세스상에서 어떠한 변화를 추진했는지를 제시하시오.
5. 내연기관 자동차 외에 대체적인 기술혁신으로 등장했거나 등장 예정인 차들로 하이브리드, 플러그드 하이브리드, 전기차, 수소차 등이 있다. 이러한 차들의 미래 성공요인을 조사 · 분석하여 제시해보시오.
6. 국내 농수산물 유통은 여러 단계로 구성되어 있다. 이러한 복잡한 유통구조를 혁신하려면 어떠한 시도가 필요한지 개선방안을 제시하시오.
7. LCD, LED, HD, 디지털 TV 등의 성장세로 인해 PDP와 일반 컬러 TV는 제품수명주기의 쇠퇴기에 접어들었다. 고려전자회사가 PDP와 일반 TV의 매출을 올리는 데 필요한 전략을 다양한 관점에서 생각하여 제시하시오.
8. 초저가 화장품 매장 수가 급증하고 있다. 연세화장품회사가 새롭게 초저가 화장품시장에 진입하려고 할 때 필요한 전략을 제시하시오.

후주 및 참고문헌

1 파레토 최적(Pareto Optimum)이란 자원배분이 가장 효율적으로 이루어진 상태를 일컫는 말로 이탈리아의 경제학자인 파레토(Vilfredo Pareto)가 최초로 언급했다. 파레토 최적이 이루어지려면 생산의 효율과 교환의 효율에 대해 다음의 조건을 갖춰야 한다. ① 생산의 효율에서는 어떤 재화의 생산량을 증가시키려면 다른 재화의 생산량을 감소시키지 않으면 안 된다. ② 교환의 효율에서 한 소비자의 효용을 증가시키려면 다른 소비자의 효용을 감소시키지 않으면 안 된다(〈매일경제〉, 경제용어사전의 내용을 참조해 설명함).

2 알렉산더 오스터왈더, 예스 피그누어, 팀 클락 공저, 유효상 역, 《비즈니스모델의 탄생》, 타임비즈, 2011.

3 A business model is managers' conception of how the set of strategies their company pursues should work together as a congruent whole, enabling the company to gain a competitive advantage and achieve superior profitability and profit growth(Jones, G. R. and Hill, C. W. L., *Theory of Strategic Management*, 10th ed., South-Western, Cengage Learning, 2013, p. 7).

4 전통적으로 이러한 비즈니스모델을 면도기-면도날(a razor-nd-blade) 비즈니스모델이라고 부른다. 프린터와 토너도 이러한 비즈니스모델로 운영한다.

5 알렉산더 오스터왈더, 예스 피그누어, 팀 클락 공저, 유효상 역, 《비즈니스모델의 탄생》, 타임비즈, 2011.

6 Drucker, P. F., *Innovation and Entrepreneurship*, Harper Business, 1985.

7 Schumpeter, J. A., *Capitalism, Socialism and Democracy*, New York: Harper and Brothers, 1942, p. 42.

8 Hamel, G., "The Why, What, and How of Management Innovation," *Harvard Business Review*, 84(2), 2006, pp. 72~84.

9 In the marketing literature, innovation implies the introduction of a new product, idea, or service into the market

place. According to Robertson, it involves a new product that is very different from the established products or at least perceived to be different by consumers in the relevant market segment. New products can be referred to as continuous innovations such as Crest spearmint toothpaste or Michelob light beer. Or they can be discontinuous innovations, a completely new product such as the electric light bulb or perhaps the computer (AMA).

10 더 자세한 내용은 11장의 후주 7의 설명을 참조하기 바란다.

11 이와 관련해서는 11장의 3. 시장 진입시기 결정을 다시 한 번 학습하기 바란다.

12 이와 관련해서는 11장의 2. 신제품 개발에서 설명한 개방형 비즈니스모델, 위키노믹스, 집단적 협력, 크라우드 소싱 개념과 함께 16장의 2. 기업의 핵심비즈니스 프로세스와 마케팅믹스(4P)의 통합 끝 부분과 온라인사이트에서 오픈 마케팅 개념을 다시 학습하기 바란다.

13 "[Futurist] 네트워크 인텔리전스 시대 '협업 역량 키우는 데 집중하라'…… 미래학자 돈 탭스콧", 〈매일경제〉, 2012년 10월 5일 자; "공유와 경청 없이 집단 지성 없다", 〈LGERI 리포트〉, 박지원 책임연구원, 2012. 11.

14 "[Futurist] 네트워크 인텔리전스 시대 '협업 역량 키우는 데 집중하라'…… 미래학자 돈 탭스콧", 〈매일경제〉, 2012년 10월 5일 자

15 소셜 플랫폼(Social platform)이란 의사소통 등 일상생활에서부터 조직운영과 비즈니스에 이르기까지 인간 행위의 모든 분야에 소셜화를 가능하게 하는 기반으로, '나'를 중심으로 한 사회적 관계 형성이 사회적 자본(Social Capital)을 형성할 수 있는 소프트 인프라로 작용한다(Net Term, 한국인터넷진흥원, 이응용 책임연구원의 자료를 참조해 설명함).

16 알렉산더 오스터왈더, 예스 피그누어, 팀 클락 공저, 유효상 역, 《비즈니스모델의 탄생》, 타임비즈, 2011.

17 11장의 후주 7의 설명을 참조하기 바란다.

18 http://www.columbia.com/About-Us_History.html

19 http://www.starbucks.com/about-us/our-heritage

20 http://www.samueladams.com/history

21 http://www.krispykreme.com/about/Our-Story

22 http://www.petco.com/petco_Page_PC_foundationstories.aspx

23 http://phx.corporate-ir.net/phoenix.zhtml?c=93506&p=irol-timeline

24 http://www.callawaygolf.com/on/demandware.store/Sites-CG-Site/en_US/CustomerService-Show?fid=corporate&cid=corporate-about-us%20

25 https://corporate.homedepot.com/OurCompany/History/Pages/default.aspx

26 http://www.lenox.com/wedding?N=1546

27 알렉산더 오스터왈더, 예스 피그누어, 팀 클락 공저, 유효상 역, 《비즈니스모델의 탄생》, 타임비즈, 2011.

28 이렇게 시작한 넷플릭스는 계속 성장하여 다양한 고객 세그먼트를 대상으로 비즈니스를 전개하고 있고, 대형 비디오 대여업체 블록버스터는 쇠퇴의 길을 걷고 있다.

29 2장의 후주 10을 참조하기 바란다.

30 14장 온라인사이트에 제시한 옴니채널을 다시 참조하기 바란다.

6th Edition

Marketing

19장

마케팅의 미래

많이 변하고 있는 마케팅지형

/ 학 / 습 / 목 / 표 / (Learning Goals)

1. 마케팅 활동에 영향을 미칠 주목할 만한 미래기술과 마케팅 시사점을 살펴본다.
2. 새롭게 떠오르고 있는 첫 번째 마케팅 frame으로 상호작용 마케팅(interactive marketing)을 학습한다.
3. 새롭게 떠오르고 있는 두 번째 마케팅 frame으로 고객경험관리(CEM: Customer Experience Management)를 살펴본다.
4. 새롭게 요구되는 기업의 미래 마케팅 역량 개념에 대해 살펴본다.

지금까지 비즈니스와 마케팅의 개념과 비저닝 · 목표 설정, 경쟁우위 확보와 유지를 위한 비즈니스 · 마케팅전략 패러다임, 다양한 외부환경과 내부환경 분석, STP전략, 마케팅믹스, 성과평가 및 통제, 비즈니스 혁신과 마케팅 혁신과 같은 마케팅관리의 주요 내용들을 학습하였다. 디지털 기술 등으로 변화되고 있는 마케팅 내용들도 많이 살펴보았다. CDJ의 변화, 파악 및 활용, 옴니채널과 O2O, 디지털 커뮤니케이션, 플랫폼 개념을 토대로 한 비즈니스모델 혁신이 대표적인 예이다. 〈표 19-1〉에 디지털 기술 등의 변화를 토대로 각 장에서 살펴본 새로운 마케팅 개념들을 정리하였다. 이번 장에서는 디지털 기술환경 변화에 따른 마케팅의 미래를 조금 더 통합적으로 조망한다.[1] 먼저, 마케팅 활동에 영향을 미칠 주목할 만한 미래기술과 이와 관련된 마케팅 시사점을 살펴본다. 그리고 새롭게 떠오르고 있는 마케팅 frame들을 학습한다. 구체적으로 상호작용 마케팅(interactive marketing)과 고객경험관리(CEM: Customer Experience Management)를 살펴본다. 마지막으로 상호작용 마케팅 · 고객경험관리를 실행하기 위해 새롭게 요구되는 기업의 미래 마케팅 역량을 구성하는 중요한 개념인 탐색형 마케팅 역량에 대해 이해한다.

표 19-1 디지털 기술 등의 변화를 토대로 각 장에서 살펴본 새로운 마케팅 개념들

학습 장	기술	새로운 마케팅 환경 · 현상 · 개념 · 사례
2장	정보통신기술과 교통운송기술의 발달	거래비용(transaction cost)의 절감, 정보의 비대칭성 감소, 소비자의 파워 증대
	다양한 기술	기업들은 다양한 기준(기술, 제품, 고객, 시장 등)의 연계점(linkedness or relatedness) 또는 플랫폼(platform)으로 시너지를 만들어 비즈니스의 지속가능한 확장과 성장 추구 → 산업 경계가 허물어지고 있음
	미래 소비자 니즈와 시장을 토대로 기술 개발 · 활용	기업선도형전략 중 탐색형 기업선도형전략(exploring market-driving strategy)
3장	맥킨지 글로벌 연구소의 미래기술 예측(2008)	모바일 인터넷, 지식노동의 자동화(AI 기술), 사물인터넷(IoT), 클라우딩 기술, 로봇기술, 자율주행 자동차, 차세대 유전체학, 에너지 저장기술, 3D 프린팅, 고도화된 소재기술, 고도화된 오일 및 가스 탐사기술, 신재생 에너지 → 기존 시장과 비즈니스의 효율성 증진 또는 신규 시장과 비즈니스 창출
	이코노미스트 미래조사팀의 전문가 조사결과(2015)	2020년까지 마케터에 가장 큰 영향을 줄 미래 트렌드 조사(상위 2개 선택) = 사물인터넷(51%), 실시간 모바일 개인거래(50%) 〉 웨어러블 기술(29%), 가상 · 증강현실(26%) 〉 사생활 침해에 따른 피해(13%)
	구글 트렌드 분석(2005~2015)	3D 프린팅, AI, 사물인터넷, 증강현실, 웨어러블 기술

학습 장	기술	새로운 마케팅 환경 · 현상 · 개념 · 사례
	Industry 4.0 (4차 산업혁명)의 개념과 주요 기술 동인	모든 기계 · 인간으로부터 데이터 수집(사물인터넷과 모바일 기술), 정보처리능력 고도화로 데이터 축적 · 분석의 강화(클라우드와 빅데이터 기술), 기계가 데이터를 빠르게 학습하여(AI 기술) 새로운 지능정보가치를 창출 = 스마트 공장(생산비용 절감), 자율자동차/스마트 교통(교통사고 감소), 스마트홈(생활 편의성 향상), 스마트 헬스케어(의료비 감소, 건강 증진), 스마트 인프라(안정적 에너지 수급)
5장	디지털(ICT) 기술	• 킥스타터 펀딩 • CDJ 파악과 최적화 = 맞춤화 및 개인화(고객별 · 단계별로 맞춤형 정보 제공), 상황에 적절한 대응(고객의 CDJ상 위치에 따라 적절한 정보와 기능 제공), CDJ 혁신(이종 상품 간 제휴와 결합 등) • 기업의 CDJ 활용 능력 = 경쟁우위를 획득하고 유지할 수 있는 원천 = 가치 창출 및 가지 획득의 경로
6장	전통적으로 규모의 경제 조건 등 진입하기가 어려운 자동차산업의 경쟁 판도를 바꿀 미래기술의 영향력	지능형 구동 기술(배기가스 없는 자동차), 자동차의 인공지능(자율주행 자동차), 집단지성(자동차, 소유하는 대신 이용하기), 새로운 모빌리티 세상의 사회적 가치(규칙을 깨뜨리는 차: 테슬라, 사이비 혁명가와 패자)
	빅데이터 및 디지털라이제이션 (BIG data & digitalization)	글로벌 장수기업인 GE와 Siemens는 이 분야의 전문가를 대폭 확보 = 자원지향적 기준에 의한 경쟁유형의 대표적 예
	ADAS (첨단 운전자 지원시스템)의 주요 카메라 센서 기술	인텔의 모빌아이(Mobileye) 인수(2017년 3월, 인수가 153억 달러); 모빌아이의 비밀무기 = 애널리틱스 기반(AI, deep learning, crowdsourcing)의 센서 기술의 기능성
7장	디지털(ICT) 기술 등	신생 창업기업 Pebble Technology의 다양한 네트워크와 협업(collaboration) 역량 = 펀딩: 킥스타터(kickstarter)와의 협업 // 컨설팅회사(Dragon Innovation)와의 제휴 → 생산파트너십 = 중국의 대량생산업체 Foxlink Group // 주요 핵심부품(upstream) 파트너 = 마이크로콘트롤러(ST Microelectronics), 액정유리(Corning) // 판매(downstream) 파트너 = Best Buy + AT&T 스토어 + 아마존 // 소프트웨어 영역 = 오픈 플랫폼 접근방식의 선택 = 스포츠 콘텐츠 중심의 앱 서비스 제공자(Yelp, Foursquare, ESPN) = 생태계전략(business ecosystems)
	디지털(ICT) 기술과 BIG data 분석	제품서비스시스템(PSS: Product-Service System) 또는 서비타이제이션(Servitization) 비즈니스모델 = 존 핸콕(John Hancock)의 생명보험상품과 Fitbit의 통합
9장	디지털(ICT) 기술	클래시 오브 클랜 게임의 공격적 TV광고 → 네트워크 효과의 확대
	디지털(ICT) 기술과 기타 제조 기술(flexible manufacturing 등)	대량맞춤화(Mass Customization) = 매스(mass; 대량; 표준화; 플랫폼)와 커스터마이제이션(customization ; 맞춤화)의 합성어 = 과거 사례(소니의 워크맨, 미국의 델컴퓨터 등) // 인공지능 컴퓨터 등을 이용, 고객의 얼굴 형태나 취향에 맞게 안경을 제작해서 성공을 거둔 일본의 파리스미키 // 고객 DB를 구축해 재방문 시 기호에 맞는 서비스를 제공하는 리츠칼튼 호텔 등

학습 장	기술	새로운 마케팅 환경 · 현상 · 개념 · 사례
10장	디지털(ICT) 기술	• 디지털 마케팅 = 인터넷과 디지털 기술을 이용 · 수행하는 모든 마케팅 활동 • 디지털 마케팅의 특징 = 상호작용성(interactivity) = 양방향성, 동시성, 통제 • 고객의 상호작용성 인식 증진을 위한 디지털 마케팅 = 개인화 및 맞춤화 노력 • 커뮤니케이션 모델을 토대로 한 디지털 마케팅의 STP전략 유형 = 일대다 모델 → 직접타깃팅 모델 → 일대일 모델(상호작용성의 증진 ← 개인화 및 맞춤화)
11장	디지털(ICT) 기술	• 신제품에 대한 아이디어 창출 = 최근에는 집단적 협력(Mass Collaboration)이나 크라우드 소싱(Crowd Sourcing)처럼 기업의 개방적 자세가 요구됨 → 가치의 공동창출(value co-creation)로 진화 • 네트워크 효과에 의한 선제전략의 우위
12장	디지털(ICT) 기술 등	• 디지털 마케팅의 특징 = 상호작용성(interactivity) = 양방향성, 동시성, 통제 • 디지털 시대의 브랜드관리 = 디지털 환경에서는 통제권(control): 기업 → 고객 = 파워와 자율권을 가지고 있다고 느낄 때 고객은 기업과 상호작용성이 높다고 생각 = 최근 브랜드 의미 창출에 있어 기업의 역할 외에 소비자 집단들(consumer collectives, 커뮤니티, 예: HOG (Harley Owner's Group)와 같은 할리 데이비슨 오토바이 소유자들의 커뮤니티 모임)과 기타 기관들(예: 매스 미디어 등)의 역할을 탐구 = 사회학(sociology) 이론들을 토대로 한 주장으로 브랜드는 대중적 의미(popular meanings)를 담는 그릇(vessel) 역할을 함 = 브랜드의 의미는 기업을 포함해 '사회'가 창출
	디지털(ICT) 기술 등	• 디지털 상품(소프트웨어, 음악, 책, 게임 등 정보재) = 정보탐색, 구매 · 획득, 소비까지 디지털 공간(온라인 및 모바일)에서 이루어짐. • 탐색재 = 디지털 마케팅 // 경험재 = 디지털 정보 제공 • 선매품, 편의품도 디지털 마케팅 가능 • 디지털 환경에서도 제품의 독특한 특성을 강조하는 차별화는 가능하고 중요함. • 주문생산 마케팅으로의 변화
13장	디지털(ICT) 기술 등	• '메뉴비용(menu cost)' = 공급자가 상품가격을 변경시키는 데 드는 비용, 온라인시장의 메뉴비용 < 오프라인 → 인터넷 시장에서 가격 경쟁력이 중요 • 디지털 환경에서 제시된 다양한 수익모델 가격전략 유형 = 광고 기반, 경매, 낮은 변동비 기반의 원가우위, Freemium, 멤버십, 기반 수요, 구독 기반, 사용 기반, 플랫폼 또는 교환대(switchboard), 사용자 결정 등이 있음. • 특히 광고 기반, Freemium, 멤버십, 기반 수요, 구독 기반, 사용 기반, 플랫폼 모델은 디지털 기술환경으로 촉진된 수익모델 가격전략 • 광고 기반, Freemium, 플랫폼 가격모델의 토대 = 일반 사람들에게는 콘텐츠와 서비스를 무료로 제공, 광고주에게는 비용을 청구하는 양면시장(two-sided market) 기반의 pricing = 양면시장은 플랫폼 제공자, 일반 사람들과 같은 보조를 받는 시장(subsidy-side)과 광고주 같은 지불자 시장(money-side)으로 구성

학습 장	기술	새로운 마케팅 환경 · 현상 · 개념 · 사례
14장	디지털(ICT) 기술과 기타 관련 기술 (드론, 로봇 등)	• 2016년 기준, 전자상거래(인터넷 및 모바일 소매 또는 온라인 쇼핑) 소매판매가 전체 소매업에서 가장 큰 비중 차지; 전자상거래/온라인 소매에서는 모바일 소매가 차지하는 비중이 이미 56% 차지, 성장률을 감안할 때 모바일 쇼핑의 비중 계속 성장 예상 • 쇼루밍(showrooming), 모루밍(morooming)과 역쇼루밍(reverse-showrooming) • 디지털 기술 발전을 토대로 살펴본 소매유통업의 진화 = 싱글채널(single channel) → 초기의 멀티채널(multi channel) → 그 이후의 멀티채널 또는 크로스채널(cross channel) → 옴니채널(omni channel) → 실시간채널(real time channel) • 옴니채널 관리 = 고객들의 경험 최적화와 채널 성과 증진을 위해 고객들의 터치포인트(touch points)와 다양한 채널들을 전략적으로 관리 • 실시간(real-time)채널 = 고객 요구에 즉시 반응하는 즉시성 강조 • 자동차의 판매/구매채널 역시 옴니채널화 • 디지털로 진화하는 소매업의 요구 역량 = 개인화 및 맞춤화 마케팅 역량 + CDJ 파악 역량 + 빅데이터 애널리틱스 역량(AI 활용 역량 포함) • 구글은 thinkwithgoogle.com이라는 분석서비스 플랫폼 런칭 = CDJ 분석을 위한 마이크로 순간(Micro-Moments)분석 플랫폼 제공 • 아마존 슈퍼 = AI · 빅데이터가 바꾸는 세상; 손님은 물건 담아 나가면 끝 = 카메라 · 센서가 쇼핑 상품 체크, 손님이 매장 나서면 자동 결제 • 아마존 물류센터와 창고 = AI · 로봇이 초당 50건씩 배송처리; 인공지능이 로봇에 지시, 수분 상품 찾아 출고, 주문 후 트럭 실을 때까지 약 10분; 열기구형 공중 창고 만들어 드론으로 배달하는 기술 개발 • 앞으로 100년은 빅데이터 싸움 = 구글 · MS · 아마존 年36조 원 투자; 수십억 사용자 정보 저장 · 분석, 데이터센터 건설 · 유지에 총력
15장	디지털(ICT) 기술 등	• 디지털 커뮤니케이션에서 변하는 것 = (1) 매체환경의 혁명적 변화(파편화, fragmentation), (2) 기업의 디지털 마케팅커뮤니케이션 활동 증가, (3) 일방향에서 양방향 및 고객 간 커뮤니케이션이 중요한 커뮤니케이션 모델의 변화 • 디지털 커뮤니케이션 활동의 이해에 도움이 되는 틀 = 디지털 디바이스와 디지털 플랫폼 매트릭스 • 디지털 커뮤니케이션 활동의 진화 = 제1막 (인터넷 마케팅커뮤니케이션) → 제2막 (소셜미디어 마케팅커뮤니케이션) → 제3막 (모바일 마케팅커뮤니케이션) • 네이버의 '비즈니스플랫폼' 사업, 카카오뱅크의 네트워크 효과 • 디지털 커뮤니케이션 활동의 주요 수단인 바이럴 마케팅커뮤니케이션 = 이슈가 될 만한 이벤트나 콘텐츠 기획 + 그 이벤트나 콘텐츠 이슈 중심으로 온 · 오프라인을 망라하여 이슈를 생성하고 확산 • 통합마케팅커뮤니케이션 활동의 미래 과제 (1) 디지털 커뮤니케이션 활동으로 섣불리 급하게 팔려고 하지 마라. 디지털 플랫폼(미디어)을 이용하는 소비자를 심층적으로 이해하라. 그리고 디지털 커뮤니케이션 활동의 목적을 명확히 정의하라. (2) 디지털 커뮤니케이션 활동만으로는 부족하다. 오프라인 커뮤니케이션 활동과 통합하라. 나아가 기업의 내부 커뮤니케이션 활동과도 통합하라. (3) 디지털 커뮤니케이션 활동의 성과도 측정 · 평가 · 관리해야 한다.

학습 장	기술	새로운 마케팅 환경 · 현상 · 개념 · 사례
16장	디지털(ICT) 기술 등	• 서비스지배 논리(service-dominant logic)와 가치의 공동창출(value co-creation)
17장	디지털(ICT) 기술 등	• 디지털 기술 등 → 데이터 확보 → 성과평가방법의 발전 • 수준 3의 성과평가 방법 = 마케팅 자산과 마케팅 수익성 흐름의 평가 분석 = 마케팅자산 평가(브랜드자산과 고객자산: 마케팅 활동의 장기적인 효과 측정), 마케팅 수익성 흐름 평가(장기적 관점에서 수익성을 평가하는 방법론: 이러한 방법론이 마케팅자산을 분석하는 데 활용되고 있음) • 수준 4의 성과평가방법 = 마케팅 활동에 대한 비용 또는 투자가 기업 가치에 어떠한 영향을 미치는가를 분석 = 기업 가치의 변화 파악(재무 부문에서 사용하고 있는 변수들, 예를 들어 시가총액, 주가수익률, 주가변동, 토빈의 Q (Tobin's Q) 등과 같은 기준들 사용)
18장	디지털(ICT) 기술 등	• 비즈니스모델 혁신 • 가치혁신

1 미래기술과 마케팅 시사점[2]

마케팅 활동에 영향을 미칠 주목할 만한 미래기술과 이와 관련된 마케팅 시사점을 살펴본다.

1. 주목할 만한 미래기술

4장에서 살펴본 미래기술과 디지털 기술변화 관련 고전적 법칙

- **학습목표 1: 주요 개념 (1)**
  - 4장에서 살펴본 미래기술 = 맥킨지 글로벌 연구소의 미래기술 예측(2008), 이코노미스트 미래조사팀의 전문가 조사결과(2015), 구글 트렌드 분석(2005~2015)을 토대로 한 일반 대중의 관심, Industry 4.0 (4차 산업혁명)의 개념과 주요 기술 동인
  - 디지털 기술변화 관련 고전적 법칙 = 무어의 법칙, 멧캘프의 법칙, 길더의 법칙, 저장의 법칙, 소프트웨어의 법칙
  - 이러한 기술들의 영향 = 신규 비즈니스와 시장을 창출; 기업의 가치사슬 활동을 더욱 효율적·효과적으로 만듦.

마케팅 활동에 영향을 미칠 주목할 만한 미래기술과 관련하여, 〈표 19-2〉에 제시했듯이, 3장에서 맥킨지 글로벌 연구소의 미래기술 예측(2008), 이코노미스트 미래조사팀의 전문가 조사결과(2015), 구글 트렌드 분석(2005~2015)을 토대로 한 일반 대중의 관심, Industry 4.0 (4차 산업혁명)의 개념과 주요 기술 동인을 살펴보았으니 필요할 경우 다시 학습하길 바란다.

여기서는 먼저 디지털 기술변화를 설명하는 고전적인 법칙들을 살펴보기로 한다. 반도체 칩의 집적용량 증가 현상을 설명하고 예측한 **무어의 법칙**(Moore's Law)은 디지털 수단을 이용한 기업 활동의 비용 저하를 시사하였다.[3] 이에 따라 기업 비즈니스 프로세스의 디지털화는 폭발적으로 진전되었다. 네트워크 가치는 그 네트워크에 참가하는 구성원의 수에 비례하는 것이 아니라 구성원 수의 '제곱'에 비례한다는 **멧캘프의 법칙**(Metcalfe's Law)은 네트워크 효과와 디지털 영역에서의 부익부 · 빈익빈 현상(임계질량의

법칙(the law of critical mass), 승자독식 현상)을 예측했다.[4] 브로드밴드와 인터넷의 성장을 예측한 **길더의 법칙**(Gilder's Law)은 무어의 법칙과 멧캘프의 법칙을 확장한 것으로 다양한 네트워크가 무선통신으로 서로 연계되어 정보 커뮤니케이션의 품질과 효율이 증진되는 것을 예견하였다. 그 예측대로 더 재미있고 다양한 형태의 뉴미디어가 등장하였다.[5] 특정한 사람의 이름을 따르진 않았지만, **저장의 법칙**(The Law of Storage)은 다음의 주장을 뜻한다.[6] 네트워크 혁명이 계속 진전하기 위해서는 저장과 메모리의 성능 확장과 비용 절감이 무어의 법칙보다 빠른 속도로 진행되어야 한다. 반도체 칩의 성능 확장과 비용 절감을 다룬 무어의 법칙이 CPU와 램 메모리와 같은 계산 능력을 얘기했다면, 저장의 법칙은 하드 드라이브와 같은 저장장치의 혁신을 얘기하는 것으로 IBM 등이 주도하여 정보의 양을 압축시키는 기술을 개발해왔으며 지금은 클라우딩 기술로 확장 · 발전되었다. 저장의 법칙이 기업에 미치는 영향은 기업의 데이터베이스 용량이 저렴한 비용으로 확장됨을 뜻한다. 이럴 경우 기업은 다양한 정보를 활용하여 고객과 상호작용하며 맞춤 정보와 서비스를 제공할 수 있다. 지금까지의 법칙들과는 성격이 다른 마지막 법칙은 **소프트웨어의 법칙**(The Law of Software)으로 '특정한 법칙이 없는 법칙(There Is No Law)'이라고도 불린다.[7] 다른 법칙들에 비해 소프트웨어의 법칙은 기계적인 규칙 발견과 발전에 달려 있는 것이 아니라 사람의 상상력과 지적 능력에 달려 있기 때문에 다른 법칙들처럼 폭발적 속도로 발전할 수 없다. 상상력과 소프트웨어 법칙의 미래를 간접적으로 이해하는 데 도움을 얻기 위해 인셉션, 트리젠덴스와 공각기동대 같은 영화 보기를 권장한다. 자바를 만든 썬마이크로시스템즈나 오라클, 최근에는 이 기업들을 파괴시켜가는 구글과 아마존 등을 생각할 때 소프트웨어의 법칙이 기업 활동과 마케팅에 있어 얼마만큼의 영향력을 가지고 있는지 짐작할 수 있다.

2장에서 설명했듯이 맥킨지 글로벌 연구소의 미래기술 예측(2008), 이코노미스트 미래조사팀의 전문가 조사결과(2015), 구글 트렌드 분석(2005~2015)을 토대로 한 일반 대중의 관심, Industry 4.0 (4차 산업혁명)의 개념과 주요 기술 동인들은 신규 비즈니스와 시장을 창출하거나 기존 비즈니스의 효과성과 효율성 증진에 많은 영향을 미치고 있다. 즉 이러한 특성 · 효과를 가진 디지털 기술들은 비즈니스의 다양한 프로세스에 영향을 미쳤다. 즉 기업의 가치사슬 활동을 더욱 효율적 · 효과적으로 변화시키고 있다. 먼저 기업 생산과 운영 활동의 효율성 · 효과성을 매우 빠른 속도로 증진시켰다. 선진 경제권에서는 생산 능력이 급격히 발전하여 수요를 쫓아가지 못하는 일이 사라졌으며, 오히려 공급이 수요를 초과하는 과잉 공급 시대가 되었다. 프로그램화 · 자동화된 설계와 생산 수단들, 유연 생산시스템, 대량맞춤화 기술들로 인해 수많은 종류의 제품을 저렴한 비용으로 생산할 수 있다. 이뿐 아니라 네트워크 연결과 정보 공유로 발전을 거듭한

로지스틱스와 물류시스템은 전 세계를 대상으로 저렴한 비용으로 다양한 재료를 공급하는가 하면 완제품까지도 전달할 수 있게 되었다.

마케팅의 뉴트렌드 기술·기능성

- **학습목표 1:** 주요 개념 (2)
  - 마케팅 뉴트렌드 기술·기능성의 대분류 유형 = 콘텐츠 + 소셜 + 빅데이터 + 컨텍스트 + 실제와 디지털의 혼합 + 연결된 고객
  - 마케팅 뉴트렌드 기술·기능성 활용의 목표 성과 = 브랜드 인지 + 고객 인게이지먼트 + 개인화·맞춤화 및 측정

여기서는 마이크로소프트가 발간한 보고서에 제시된 마케팅의 미래와 관련성이 높은 기술에 대해 살펴본다.[8] Salkowitz는 이 보고서에서 마케팅의 뉴트렌드를 기술·기능성(functionality) 단계로 나눠 제시하였다. 'THE NEW NOW' 유형은 현재 신기술을 활용한 마케팅의 기술·기능성을, 'NEXT' 유형은 빠른 시간 내에 등장할 마케팅의 기술·기능성을, 그리고 'SOONER THAN YOU THINK' 유형은 향후 4~7년 내에 등장할 마케팅의 기술·기능성을 의미한다(〈표 19-2, 19-3, 19-4〉 참조). 이 자료가 2013년 8월 발간된 것을 감안하면 'NEXT' 유형에 해당하는 마케팅의 기술·기능성 중 많은 수단들도 이미 등장하고 있다.

이렇게 새로운 마케팅 기술·기능성의 등장과 발전은 마케팅 활동의 지형을 많이 바꾸고 있고 앞으로도 바꿀 것이다. 상세한 기술·기능성에 대한 설명은 각 표를 참조하길 바란다. 시점의 차이는 있겠지만, 콘텐츠 관련 기술, 소셜(미디어) 관련 기술, 빅데이터 관련 기술, 컨텍스트(시간·공간 상황별 맞춤화) 관련 기술, 실제 세계와 디지털 세계의 혼합(O2O) 관련 기술, 연결된 고객 관련 기술들이 브랜드 인지, 고객 인게이지먼트(customer engagement; 고객 참여), 개인화·맞춤화 및 측정이라는 목표 성과와 연관되어 등장하고 있다. 현재 시점에서는 소셜 관련 기술을 활용하는 소셜미디어 마케팅, 콘텐츠 관련 기술을 활용하는 콘텐츠 마케팅, O2O 마케팅이 새로운 마케팅 기법으로 강조되고 있고, 향후에는 컨텍스트 마케팅과 관련된 수단이 등장·강조될 것으로 예측된다. 다음에서는 주요 기술을 토대로 마케팅 시사점을 검토한다.

표 19-2 THE NEW NOW(현재 신기술을 활용한) 유형의 마케팅 기술 · 기능성

목표 성과	대분류	소분류	설 명
브랜드 인지 (Brand Awareness)	콘텐츠 (Content)	출판사와 같은 역할을 하는 브랜드 (Brand as publishers)	콘텐츠와 스토리를 공급하는 브랜드
		비디오 유동성 (Video fluidity)	전통적 영상채널과 VOD 채널의 공존
		미디어를 넘나드는 스토리텔링 (Transmedia stroytelling)	Triple 미디어(paid, owned, earned)*를 넘나드는 소통
고객 참여 (Customer Engagement)	소셜 (Social)	계량화된 경험 (Quantified experience)	소비자 평가, 추천, 참여 등의 계량화
		실시간 브랜드 (Real-time brands)	소비자와의 상호작용을 바탕으로 한 브랜드들의 빠른 대응
		위치기반 네트워크 (Geo-social networks)	사용자 위치를 기반으로 한 네트워크
		소셜 애널리틱스 (Social analytics)	소비자행동에 대한 보다 정확한 파악
		게임화 (Gamification)	마케팅 활동에 있어 재미와 경쟁요소의 도입
		개방형 브랜드 (Open-source brands)	브랜드관리와 혁신에 있어 소비자의 참여
개인화/맞춤화 및 측정 (Personalization and Measurement)	빅데이터 (Big Data)	온디맨드 전문지식 (Expertise on demand)	빅데이터 분석과 시사점 파악을 위한 전문가 아웃소싱
		예측 애널리틱스 (Predictive analysis)	고객의 다음 · 미래 행동에 대한 예측

* Paid 미디어 = 기업이 구매하는 미디어, 즉, 광고비를 지불하고 광고를 싣는 기존 미디어; 관련 비용으로는 광고 제작, 매체 선정/게재, 매체 구매 및 관리 관련 비용이 있음.
* Owned 미디어 = 기업이 '소유'하는 미디어로 자사의 기업 및 브랜드 웹 사이트 등이 있음; 관련 비용으로는 콘텐츠, 기술, 대응 자원(Resource) 및 관리 관련 비용이 있음.
* Earned 미디어 = 기업이 '얻게 되는' 미디어로 신용 및 평가를 얻게 되는 미디어임. SNS, 블로그, 트위터 등의 소셜 사이트 등이 있음; 관련 비용으로는 파급력 및 콘텐츠 참여 배가와 관련된 비용이 있음.

출처: Salkowitz, R., "Dollars, Bits, and Atoms: A Roadmap to the Future of Marketing," *The Report presented by Microsoft*, 2013.

표 19-3 **NEXT(빠른 시간에 등장할) 유형의 마케팅 기술 · 기능성**

목표 성과	대분류	소분류	설 명
브랜드 인지 (Brand Awareness)	콘텐츠 (Content)	* 애너모픽 광고 (Anamorphic ads)	서로 다른 미디어채널 간에 포맷을 바꾸어 가면서 집행되는 광고
		* 큐레이션 (Curated curation)	발전된 알고리즘을 기반으로 한 사용자 콘텐츠 수집 및 정렬
	컨텍스트 (Context)	* 역 검색(Inverted search)	특정검색어가 필요한 고객들에 대한 자동 정보 제공
고객 참여 (Customer Engagement)	컨텍스트 (Context)	* 위치 인식 오퍼(제안) (Location-aware offers)	구매 또는 검색의 순간(moment of truth)에서 상품, 서비스, 콘텐츠 제공
	실제와 디지털의 혼합 (Physical/ Digital Blend)	* 증강현실 (Augmented reality)	웨어러블 기기를 활용한 차세대 증강현실
		* 스마트 공간 (Smart spaces)	카메라, 센서, 디스플레이들을 활용한 장소의 활용 (예: 디지털 쇼룸)
		* 모든 곳에 들어가는 앱 (Apps everywhere)	가전, 자동차, 인프라 등에서의 앱 활용
		* 키네틱 인터페이스 (Kinetic interfaces)	동작인식, 음성인식 등의 발전
개인화/맞춤화 및 측정	Physical/ Digital Blend	JIT 기술의 소비자화 (Consumerization of JIT)	크라우드 펀딩, 3D 프린팅 등 just-in-time의 소비자시장 진출
고객 참여 (Customer Engagement)	빅데이터 (Big Data)	* 위치 기반 애널리틱스 (Location-based analytics)	소비자 위치 파악과 분석
개인화/맞춤화 및 측정 (Personalization and Measurement)	빅데이터 (Big Data)	* 멀티스크린 애널리틱스 (Multi-screen analytics)	누가, 언제, 어떤 플랫폼/디바이스에서, 무엇을 보는가에 대한 분석
		모든 미디어 매트릭스 (All-media metrics)	다양한 미디어에 대한 통합 분석을 통한 가격 책정

* 이미 The New Now로 진전되어 진행 중인 것으로 추정되는 마케팅 뉴트렌드 기술 · 기능성
출처: Ibid.

표 19-4 SOONER THAN YOU THINK(향후 4~7년 내 등장할) 유형의 마케팅 기술 · 기능성

목표 성과	대분류	소분류	설 명
고객 참여 (Customer Engagement)	컨텍스트 (Context)	App-me-nots	프라이버시 침해 등을 예방하는 소프트웨어 기술의 등장
브랜드 인지 (Brand Awareness)	연결된 고객 (Connected Customer)	Agents and proxies	소비자와 공급자 사이를 매개하는 (기계/소프트웨어) 에이전트의 등장 (예: 무인자동차, 정교화된 추천엔진)
고객 참여 (Customer Engagement)		디지털 상거래 (D2D commerce)	디지털 콘텐츠를 디지털 currency로 거래 (예: 블록체인 기술을 토대로 하는 비트코인)
개인화/맞춤화 및 측정 (Personalization and Measurement)		개인화된 가격 책정 (Personalized pricing)	거래기록, 위치, 컨텍스트 기반의 개인별 가격 적용
		360-degree CRM	모든 고객접점에서의 데이터 통합과 활용

출처: Ibid.

2. 주요 미래기술의 마케팅 시사점

학습목표 1: 주요 개념 (3)

- 웨어러블 기술 → 효과적 타깃팅(targeting) // 사생활 침해에 대한 우려
- 증강 현실 기술 → 고객 인게이지먼트 // (예) 아우디 등의 디지털 쇼룸(Audi City), 구글의 프로젝트 탱고
- 인공지능 → 개인화 및 맞춤화 // (예) 음악서비스, 생필품 주문비서 + 아마존의 알렉사, 구글의 구글 어시스턴트, 애플의 시리, 네이버의 셜리 등
- 3D프린팅 → 맞춤화 // (예) Urbee2 자동차 프로젝트
- IoT → 고객 인게이지먼트와 고객경험
  - 전통적 관점의 비즈니스·마케팅의 가치창출과 획득 = 가치사슬(value chain) 경쟁력
  - IoT 관점의 비즈니스·마케팅의 가치창출과 획득 = 개인화, 맞춤화, 플랫폼·네트워크 효과와 생태계관리 경쟁력

웨어러블 기술(Wearable Technology)

웨어러블 기술이 마케팅에 적극적으로 응용되고 있다. 가트너 보고서는 2016년까지 1억 개 이상의 기기에 웨어러블 기술이 적용될 것으로 예상했다. 7장에서 살펴봤던 존

핸콕(John Hancock)의 생명보험상품과 핏빗(Fitbit)의 통합 비즈니스모델이 대표적 활용 사례이다. 웨어러블 기술의 활용은 소비자의 습관, 구매동기, 라이프스타일 등에 대한 정보를 취합하여 활용함으로써 보다 효과적인 타깃팅(targeting)이 가능하다. 이러한 마케팅 시사점을 실현하기 위해 기업은 먼저 기존 CRM시스템과 웨어러블 기기를 통해 취합되는 데이터를 통합적으로 관리해야 한다. 한편 웨어러블 기술 활용의 장벽은 소비자의 사생활(privacy) 침해 가능성 · 논란이다. 구글 아이웨어(안경)가 크게 성공하지 못한 것은 사생활 침해 논란과 관련되어 있다. 따라서 소비자들의 사생활 침해에 대한 우려를 해소하는 것이 중요하다.

증강 현실(Augmented Reality Technology)

증강 현실 기술을 각종 마케팅 커뮤니케이션에 활용하여 'WOW (감동)' 요인을 추가한다면 고객 인게이지먼트(고객 참여, 경험, 감동)를 이끌어낼 수 있다. 14장에 소개했듯이, 아우디를 시작으로 BMW, 메르세데스 벤츠 등은 이미 2012년부터 디지털 쇼룸(예: Audi City, Mercedes Me)을 통해 증강 현실 기술을 실험적으로 적용하고 있다. 고객 인게이지먼트가 계속 중요해짐을 감안할 때, 증강 현실 기술의 마케팅 적용은 고객 인게이지먼트 증진을 위해 큰 역할을 할 것이다. 〈그림 19-1〉은 증강 현실 기술을 활용하고 있는 이케아(IKEA)의 가구 설치 · 이용 데모와 구글의 프로젝트 탱고 그림을 보여주고 있다.

그림 19-1 증강 현실 기술을 활용하고 있는 이케아와 구글의 프로젝트 탱고

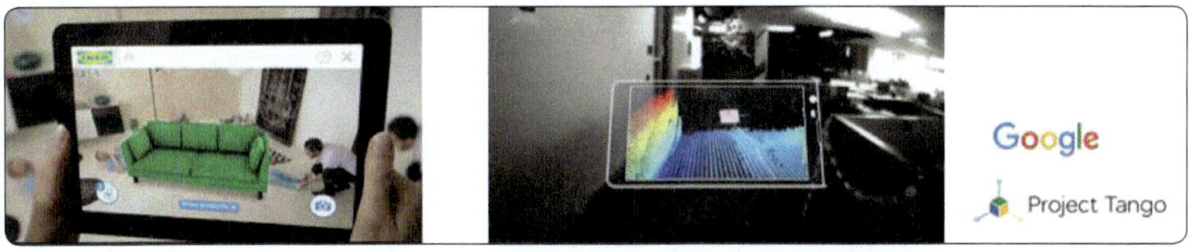

출처: 구글 이미지; 구글의 프로젝트 탱고는 휴대폰과 태블릿에 공간지각력을 부여하는 구글 플랫폼이며, 상용화 노력을 한창 진행하고 있다. 자세한 내용은 다음 원천 정보 참조(IT World 2016년 1월 6일 기사 '구글 프로젝트 탱고는 우리의 삶을 어떻게 바꾸는가' : http://www.itworld.co.kr/news/97307#csidxc 7e41e1173ed8e8b4b027f130dec9bd).

인공지능(Artificial Intelligence)

마케팅 활동의 지형을 크게 바꿀 것으로 예상되는, 매우 적극적으로 개발되고 있는 기술은 '알파고와 이세돌'의 바둑으로 우리의 생각에 큰 영향을 미친 인공지능이다. 14장에서 살펴봤듯이 현재 인공지능 기술은 음악서비스, 생필품 주문비서에 적용되고 있

다. 즉 알파고를 가능하게 했던 deep learning을 통해 소비자 개개인의 성향을 파악하기 위해 ICT 기업들이 엄청난 노력을 하고 있다.[9] 기능성이 대폭 증진되는 일반 인공지능(general artificial intelligence)으로 발전하면 마케팅에 미치는 영향과 응용의 폭은 매우 크고 넓을 것이다. 소비자의 개인비서 또는 소비자와 공급자의 매개체 · 대리인(예: 쇼핑에이전트, 운전도우미 등 다양한 역할 수행)으로 발전할 가능성이 높다. 아마존의 알렉사, 구글의 구글 어시스턴트, 애플의 시리, 네이버의 셜리 등 〈알라딘과 요술램프〉의 지니와 같은 비서가 우리 옆에도 등장할 미래가 다가오고 있다. 이런 미래가 오면 진정한 의미의 개인화 · 맞춤화가 가능할 것이다. 우리의 비서(진정한 의미의 플랫폼)가 되기 위한 기업들의 경쟁 또한 치열하다.

3D프린팅

꽤 오래전부터 등장 · 발전하고 있는 3D프린팅 기술의 활용에 대해 살펴보자. B2B 영역에서는 소형 항공기 엔진, 의료분야의 인공관절 등이 이미 3D프린팅 기술에 의해 만들어지는 시대이다. 향후 이 기술이 소비자 영역에 응용될 것으로 예측되고 있으며 이 경우 마케팅 활용은 더 본격화될 것이다(〈표 19-3〉 참조). 즉 JIT 기술의 소비자화(Consumerization of JIT)가 이루어지면 맞춤화(customization)의 새로운 지평이 열릴 것이다. 예를 들어 부품과 액세서리의 리프린팅(re-printing)으로 자동차 정비 등의 영역에서 혁신이 일어날 것이다. 특히 인공지능과 같은 기술과 3D프린팅 기술의 결합을 통한 시너지는 더욱 클 것이다. 이러한 예로 〈그림 19-2〉는 3D프린팅으로 만들어지는 Urbee2 자동차의 모습을 보여주고 있다. 7마력의 3륜 자동차로 설계 · 디자인 · 제작된 이 자동차

그림 19-2 Urbee2 자동차의 이미지

출처: https://korecologic.com/about/urbee_2/ ; 자세한 내용은 해당 웹 사이트 참조.

프로젝트는 10갤런의 연료만으로 미국 대륙을 횡단한다는 목표를 향해 진행 중이다. 미래에는 제조업의 진정한 맞춤화 시대가 열릴 것이다.

사물인터넷(Internet of Things, IoT)

마지막으로 21세기 마케팅에서 가장 중요한 개념 중 하나인 고객 경험(customer experience, 이하 CX)을 이해하고 극대화하는데 필수적인 정보가 취합될 수 있는 경로 기술인 사물인터넷(Internet of Things, IoT)을 살펴본다. 먼저 IoT 자체가 고객에게 제공되는 가치는 아니다. IoT는 플랫폼의 특성을 구성하는 중요한 기술이다(플랫폼과 네트워크의 중요성은 2, 3, 7, 13, 14, 15, 16장에서 살펴보았음). 많은 기업이 IoT 기술을 활용하면 제품과 고객의 상호작용(interaction) 자료를 확보할 수 있고 이를 분석하면 고객 경험 증진을 위한 다양한 방안들을 도출할 수 있을 것이다. 예를 들어 자동차나 냉장고를 사용함에 있어 고객은 이 제품을 어떻게 사용하고 있는지 알 수 있다. 〈표 19-5〉는 가치사슬을 토대로 하는 전통적 관점의 비즈니스 · 마케팅 개념과 플랫폼 · 네트워크를 토대로 하는 IoT 관점의 비즈니스 · 마케팅 개념을 대비하고 있다. 디지털 기술을 토대로 전개되는 비즈니스 · 마케팅에서의 가치창출과 가치획득의 주안점은 확실히 다르다는 것을 이해해야 한다. 예를 들어 자동차 산업의 경우 전통적인 자동차 OEM은 독립적인 상품(자동차)별로 가치를 제공하고 수익을 획득하는 반면, 구글과 애플 등의 자동차시장 진입은 정보와 서비스 가치(예: 자율주행으로 열리는 자동차 공간에서 다양한 콘텐츠 서비스 제공; 자동차는 또 다른 디바이스가 되는 셈)를 제공하고 개인화, 맞춤화, 네트워크 효과, 생태계 등을 토대로 한 지속적 수익 획득에 관심을 가지고 있다.

표 19-5 전통적 관점과 IoT 관점의 비즈니스 · 마케팅의 가치창출과 획득 개념

		전통적 관점	IoT 관점
가치 창출	고객 니즈	존재하는 니즈와 라이프스타일에 대한 대응	실시간으로 발생하는 니즈에 대한 선제적 대응
	마켓 오퍼링	독립적인 상품	업데이트 가능한 상품
	데이터	주로 단편적	정보 통합
가치 획득	수익 창출	다음 상품 판매	지속적 수입창출(Revenue & Profit Stream)
	통제	상품의 강점, 저작권, 브랜드 등	개인화, 맞춤화, 네트워크 효과
	주요 역량(개발)	핵심역량, 기존자원의 활용(leverage)	타 플랫폼/네트워크/생태계(eco-system)에 대한 이해

지금까지 주목할 만한 미래기술과 마케팅 시사점에 대해 살펴보았다. 10장에서 설명한 경쟁적 이성론(Theory of Competitive Rationality)·시장 다이내믹스 이론(Theory of Market Dynamics)의 시사점처럼 미래기술과 마케팅 적용에 대한 기업의 경쟁적 이성은 끊임없이 작동할 것이다. 즉 새로운 영역에서 한순간의 성공이 절대로 다음의 성공을 보장하지 않을 것이다. 다음에서는 미래기술과 마케팅의 미래와 관련하여 새롭게 떠오르고 있는 마케팅 frame들을 학습한다. 먼저 상호작용 마케팅(interactive marketing)을 살펴본다.

2 상호작용 마케팅

마케팅 뉴트렌드 기술·기능성 환경에서 새롭게 각광받고 있는 마케팅 frame들 중 이미 많이 발전한 상호작용 마케팅(interactive marketing)을 살펴본다. 상호작용성의 개념과 그 확장을 이해한다.

1. 상호작용성(Interactivity)

- **학습목표 2: 주요 개념(1)**
  - 상호작용성(interactivity) = 양방향성, 동시성, 통제
  - 고객의 상호작용성 인식 증진을 위한 마케팅 동인(動因) = 개인화, 맞춤화, 가치의 공동창출

상호작용성(interactivity)은 10장에서 이미 학습했다. 다시 간단히 리뷰해보자. 첫째, 고객의 입장에서 기업이 자신과 양방향 커뮤니케이션(two-way communication)을 하고 있다고 느끼면 고객들은 기업과 상호작용성이 높다고 생각한다. 둘째, 기업 마케팅 활동이 실시간(real time)으로 고객의 니즈에 따라 반응하면 고객은 기업과 상호작용성이 높다고 생각한다. 디지털 마케팅 활동의 이런 특성을 동시성(synchronicity)이라고 한다. 마지막으로 디지털 환경에서 고객이 통제권(control) - 파워와 자율권 - 을 가지고 있다고 느낄 때 고객은 기업과 상호작용성이 높다고 생각한다. 즉 디지털 마케팅은 양방향성, 동시성, 통제로 구성된 상호작용성의 특징을 토대로 전개되어야 한다. 상호작용성을 높이기 위해 가장 중요한 동인(動因: drivers)은 제품 · 서비스 · 커뮤니케이션 등의 개인화(Personalization)와 맞춤화(Customization)이다. 개인화는 소비자들이 제공한 정보를 토대로 기업이 이 정보를 사용하여 고객에게 맞는 제품 · 서비스 · 커뮤니케이션을 제공하는 것을 말한다. 쉽게 표현하면 기업이 고객 취향을 파악해서 제품 · 서비스 · 커뮤니케이션을 제공하는 것이고 개인화 마케팅의 예로 실시간 개인화 추천 서비스와 비식별 개인정보(예: IP 주소)를 활용한 리타깃팅 광고를 살펴보았다. 맞춤화는 고객이 자신의 니즈에 맞게 사용할 수 있도록 기업이 제품 · 서비스 · 커뮤니케이션에 관한 정보를 제공하는 것을 말한다. 전통적인 예로 주문형 생산과 판매, 편집 숍 등이 있고 디지

털 기술의 발전으로 인해 최근에는 맞춤화의 범위가 더 확장되고 있다. 맞춤화 마케팅의 예로 CGV의 아트하우스, 스타벅스의 나만의 음료수, 미국 Threadless.com(티셔츠의 디자인 · 판매하는 크라우드 소싱 서비스)과 같은 방식의 한국 서비스, 미국 맨해튼의 햄버거 식당 4 Food를 살펴보았다. 나아가 고객들이 기업의 활동에 참여하여 가치를 공동 창출하는 '가치의 공동창출(co-creation of value)'까지도 넓은 의미에서 맞춤화의 범주에 포함된다.

2. 뉴미디어 마케팅시대의 상호작용성 개념의 확장[10]

- **학습목표 2: 주요 개념(2)**
  - 상호작용의 유형 = 기업-고객, 고객-기업, 고객-고객, 기업-기업
  - 기업-고객 상호작용성 → 개인화, 맞춤화, 가치의 공동창출
  - 고객-기업 상호작용성 → 옴니채널, 실시간채널, O2O 서비스(예: 아마존 스토어, IoT를 활용한 디지털 가전제품의 서비스나 아마존의 대시 서비스)
    - 고객의 통제권 강화가 중요: 고객 통제 = 고객의 능력 통제, 인지 통제, 선택 통제
    - 고객 통제권 강화 → 고객 경험의 최적화라는 목표가 자리 잡고 있음
    - 고객 통제권 강화 → 복잡하고 다양한 CDJ 등장 → 기업의 CDJ 파악 능력이 중요
  - 고객-고객 상호작용성 → 'Aware(인지) - Appeal(호소) - Ask(질문) - Act(구매) - Advocate(옹호)'의 CDJ 단계에서 Ask(질문)와 Advocate(옹호)의 역할에 주목
  - 기업-기업 상호작용성 = B2B에서도 디지털의 영향력이 높아지고 있음을 의미
    - 기업-기업 상호작용 → 공동생산(co-production), 크라우드 소싱 등 다양한 협업과 가치의 공동창출(value co-creation) 노력

15장에서 디지털 기술환경으로 변화된 커뮤니케이션 모델을 살펴보았다. 이 새로운 모델은 기업과 고객 간의 양방향 커뮤니케이션 그리고 고객과 고객 간의 커뮤니케이션을 강조하였다. 뉴미디어 마케팅시대의 가장 큰 특징은 다양한 디지털 수단의 등장 · 활용으로 고객의 터치포인트(touchpoints: 고객과 기업의 접점)가 늘어난 것이다. 따라서 기업과 고객의 상호작용 외에 다른 유형의 상호작용이 중요시되고 있다. 〈그림 19-3〉을 보면 네 가지 유형의 상호작용이 제시되어 있다. 고객과 기업이 상호작용하는 상황에서 기업이 어떠한 방향으로 전략을 구현할지를 검토하는 것이 '기업-고객 상호작용'이다. 고객과 기업이 상호작용하는 상황에서 고객이 어떠한 전략 · 행동을 취하는지를 검토하는 것이 '고객-기업 상호작용'이다. 고객과 다른 고객들과 상호작용하는 상황에서 고객들이 어떠한 전략 · 행동을 취하는지를 검토하는 것이 '고객-고객 상호작용'이다. 기업과 기업이 상호작용하는 상황에서 기업이 어떠한 방향으로 전략을 구현할지를 검

토하는 것이 '기업-기업 상호작용'이다.

기업-고객 상호작용

앞서 살펴본 개인화, 맞춤화, 가치의 공동창출은 기업과 고객의 상호작용 증진을 위한 기업의 노력이다. 또한 〈표 19-2, 표 19-3, 표 19-4〉에서 제시한 디지털 기술들 중 브랜드 인지도를 높이기 위한 기술 · 기능성이 기업과 고객의 상호작용 증진을 위한 수단들이다.

그림 19-3 **뉴미디어 마케팅시대의 상호작용성 개념의 확장**

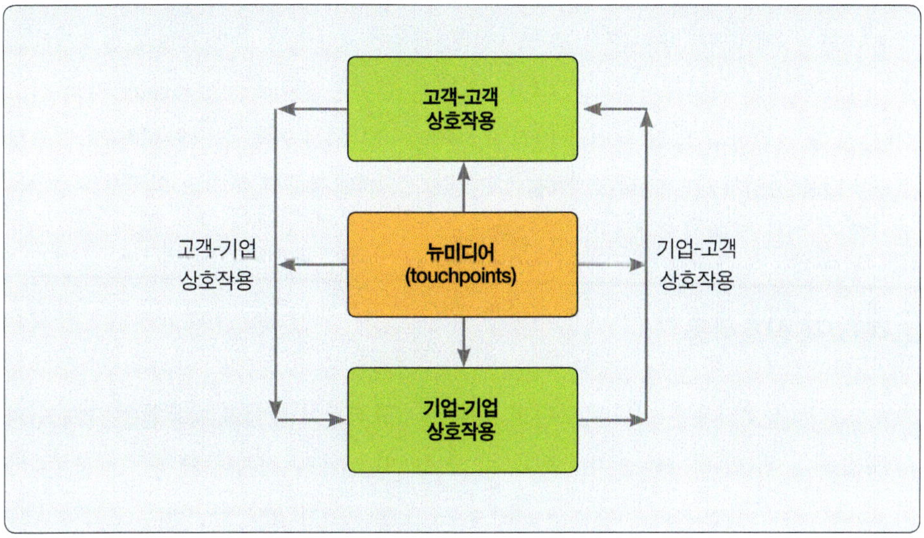

출처: 송지희교수 강의안(서울시립대학교 일반대학원 시장조사입문과목, 2017년 3월 29일)

고객-기업 상호작용

고객-기업 상호작용은 디지털 수단의 등장으로 고객들이 통제와 자율권을 갖게 되면서 중요해졌다. 고객의 통제(customer control)는 세 가지 개념으로 구성된다. 첫 번째 통제는 '고객 능력 통제(capability control)'로 고객은 뉴미디어를 활용하여 자신의 일을 쉽게 하고, 자신의 능력을 과시하고 싶어 하는 것을 의미한다. 시간과 공간의 제약 없이 모바일로 검색하여 자신이 원하는 상품을 찾아 자신이 원하는 매장에서 구매할 수 있는 것이 능력 통제의 예이다. 두 번째 통제는 '고객 인지 통제(cognition control)'로 고객은 해당 주제에 대해 자신이 직접 이해하고자 하며 자신이 수행하는 일의 다음 단계는 무엇인지 쉽게 예측하고 싶어 하는 것을 뜻한다. 체험 숍에서 제품을 사용 · 평가하거나, 온라인 커뮤니티에서 자신의 구매를 지지받거나 제품 사용방법을 습득하는 행동이 인지 통제의 예이다. 마지막 통제는 '고객 선택 통제(choice control)'로 뉴미디어를 활용하여 다양한 선택의 기회를 즐기는 고객 행동을 말한다. 여러 브랜드가 있는 편집 숍에서 정보를 획득하거나 가격비교 웹사이트에서 제품 비교를 통해 스마트한 구매를 하는 고객 행동이 선택 통제의 예이다.

다양한 디지털 기술 · 기능성의 발전이 고객의 통제권을 강화시켜왔다. 〈표 19-2, 19-3, 19-4〉에서 제시한 디지털 기술들 중 고객 인게이지먼트의 증진을 위한 기술 · 기능성은 인게이지먼트 증진이라는 기업목표 달성뿐만 아니라 전반적으로 고객 통제권을 강화시켰다. 또한 14장에서 살펴본 옴니채널과 실시간채널, O2O 서비스(예: 아마존 스토어, IoT를 활용한 디지털 가전제품의 서비스나 아마존의 대시 서비스)가 고객-기업의 상호작용을 증진시키는 개념과 사례이며, 그 밑바탕에 고객 경험의 최적화라는 목표가 자리 잡고 있다. 또한 이러한 기업의 디지털 마케팅 노력은 고객의 통제권을 강화시켜 그 결과로 CDJ는 더욱 다양하게 나타나고 있다. 따라서 기업 채널성과의 증진을 위해서는 CDJ를 파악할 수 있는 능력이 중요함을 강조했었다.

고객-고객 상호작용

고객-고객 상호작용은 디지털 수단의 등장으로 고객들이 통제와 자율권을 갖게 되면서 중요하게 된 또 하나의 상호작용이다. 오프라인 세계와 디지털 세계의 가장 큰 차이 중 하나는 연결된 세계/고객(Connected World / Customer)이라는 개념이다. 오프라인 세계에서 고객의 CDJ는 일반적으로 'AIDA 모델' [Aware(인지) - Interest(관심) - Desire(구매 욕망) - Act(구매) 또는 Aware(인지) - Attitude(태도) - Act(구매) - Act Again(재구매)]로 진행된다. 이와 달리 연결된 디지털 세계에서 고객의 CDJ는 일반적으로 'Aware(인지) - Appeal(호소) - Ask(질문) - Act(구매) - Advocate(옹호)'의 단계로 진행된다. 디지털 환경에서 기업이 마케팅 활동으로 고객에게 Appeal(호소)하면 고객이 고객 커뮤니티에 Ask(질문) 과정을 통해 커뮤니티 의견에 영향을 받을 수 있다. 기업 오퍼에 대한 사회적 가치(기업오퍼에 대한 타인의 평가, 예: 제품이나 브랜드의 구전이나 추천)가 고객의 태도와 행동에 큰 영향을 미친다. 나아가 디지털 환경에서는 고객이 직접 구매를 안 해도 Ask(질문)와 Advocate(옹호)로 다른 고객에게 영향을 미칠 수 있다.[11] 즉 고객-고객 상호작용은 고객 의사결정에 타인, 즉 사회의 의견, 특히 디지털 세계에서 구전(Word of Mouth)과 리뷰의 영향력을 증대시켰다. 15장의 바이럴 마케팅 개념과 사례 그리고 정보 공유의 원칙이 고객-고객 상호작용을 반영한 기업의 마케팅 노력과 원칙이다.

기업-기업 상호작용

마지막으로 기업-기업 상호작용은 B2B에서도 디지털의 영향력이 높아지고 있음을 의미한다. 제품과 서비스의 특성과 유형에 따라 차이는 있겠지만, B2B 기업 고객들 또한 디지털 정보를 탐색하고 이를 토대로 의사결정하는 경우가 늘어나고 있다는 여러 보고서와 조사 결과들이 등장하고 있다. 또한 기업-기업 상호작용은 공동생산(co-production), 크라우드 소싱 등 다양한 협업과 가치의 공동창출(value co-creation)을 진행하는 데에 큰 역할을 한다.

요약하면 뉴미디어 시대의 디지털 수단을 이용하는 마케팅에서는 상호작용 관리가 중요하다. 고객과의 상호작용 상황에서 개인화, 맞춤화, 가치의 공동창출과 같은 기업 마케팅전략과 활동이 중요하다. 이보다 더 중요한 마케팅 시사점으로 기업은 고객의 통제권을 인정하고 이를 도와주는 마케팅전략을 수립 · 실행해야 한다. 기업이 고객 인게이지먼트를 증신시키기 위해 다양한 기술 · 기능성을 활용하는 전략 방향은 고객의 통제권을 자연스럽게 확장시키는 데에 도움을 줘야 한다. 정보탐색과 같은 구매 이전의 프로세스, 정보사용과 결제과정과 같은 구매프로세스, 그리고 사용과 소비와 같은 구매 이후의 프로세스를 쉽고 간편하게 해 줌으로써 고객 능력 통제를 증진시켜야 한다. 그리고 이해가 쉬운 제품정보의 제공, 객관적이고 다양한 커뮤니티와의 연계, 개인화 및 맞춤화 제공으로 고객 인지 통제를 높여줘야 한다. 최근 이를 위해 컨텍스트(context)별 정보제공을 위한 기술 수용과 활용에 대한 기업의 관심이 높다(〈표 19-3〉과 〈표 19-4〉 참조). 마지막으로 다수의 브랜드 취급, 여러 제품의 비교 가능화, 연관제품의 동시구매 번들 오퍼, 쿠폰 등 다양한 혜택, 다양한 지불수단과 같은 다양한 콘텐츠 정보 제공으로 고객 선택 통제를 증진시켜야 한다. 다시 말하여 고객의 통제권을 확장시키는 것은 고객 경험을 최적화하는 것을 의미한다. 다음에서 고객 경험을 최적화시키는 고객경험관리 개념을 살펴본다. 한편, 상호작용 마케팅 · 비즈니스전략이 심층적으로 발전하여 등장한 가치의 공동창출(value co-creation) 개념은 온라인사이트에 제시했으니 이를 참조하기 바란다.[12] 또한 이 개념의 밑바탕이 되는 마케팅철학인 서비스지배논리(service- dominant logic)는 16장 온라인사이트에 수록되어 있으니 학습하기 바란다.

3 고객경험관리[13]

마케팅 뉴트렌드 기술·기능성 환경에서 새롭게 각광받고 있는 마케팅 frame인 고객경험과 그 관리를 살펴본다. 먼저 고객경험(CX)이 왜 다시 주목받고 있는지를 살펴본 후, 고객경험이란 무엇을 의미하는지와 그 관리를 위한 주요 구성요인은 무엇인지를 검토한다.

1. 고객경험(CX), 왜 다시 주목받고 있는가?

- **학습목표 3:** 주요 개념(1)
  - 실무 동향
    - 강하고 긍정적인 CX 창출 = 기업 관리활동의 주요 목표
    - 주요 기업들의 조직에서 CX 직무조직 탄생 = CCXO (Chief Customer Experience Officer), CXVP (Customer Experience Vice President), CXM (Customer Experience Manager)
  - 주목과 관심의 원인들
    - 상호작용의 복잡성 → 다양하고 복잡한 CDJ
    - 미디어 및 유통채널의 파편화(fragmentation) → 옴니채널관리 = 뉴노멀
    - 고객-고객 상호작용 = 고객의 사회적 힘(고객 통제권) 증대 → 기업 통제권 감소 → CX와 CDJ의 효과적 관리 = 비즈니스 기능 간 통합의 중요성 더욱 증대(IT, 서비스, 로지스틱스, 마케팅, 인재관리 등 그리고 외부 파트너)

마케팅 학문영역에서 CX에 대한 관심은 매우 오래전부터 있었다. 그러나 이러한 학문적 관심은 세부 주제영역별로 접근되어 매우 분산적이었다. 그런데 디지털 기술에 의한 비즈니스 환경 변화 이후 CX에 대한 관심은 다시 새로운 관점에서 매우 큰 주목과 관심을 받고 있다. 여기서는 CX가 왜 다시 주목받고 있는지를 살펴본다.

실무 동향

CX에 대한 관심은 먼저 실무 비즈니스 세계의 미국 기업들의 움직임에 의해 확인된다. 이러한 기업들의 경우 '강하고 긍정적인 CX 창출'은 이제 마케팅을 넘어서는 기업 관리활동의 주요 목표로 자리 잡고 있다. 기업의 최고 임원들을 대상으로 경영활

동 · 이슈의 우선순위를 조사한 액센추어(Accenture) 컨설팅 회사의 최근 조사 결과에 따르면 CX의 증진이 첫 번째 우선순위 항목으로 발견되었다.[14] 또한 주요 기업들의 경우 CX 증진을 실행하기 위한 조직이 탄생하였다. KPMG, 아마존, 구글 등의 기업에서 CX 직무조직이 탄생하였고 새로운 역할을 가진 직무 포지션으로 CCXO (Chief Customer Experience Officer), CXVP (Customer Experience Vice President), CXM (Customer Experience Manager) 등이 생겼다.[15] 이러한 동향과 일관되게 CDJ 개념을 처음으로 주창한 맥킨지 컨설팅의 에델만(Edelman)은 〈그림 19-4〉처럼 CX 증진을 위한 실행조직 개념을 제시하였다. 새로운 CDJ · CX 관리조직은 Chief Experience Officer 또는 Chief Digital Officer 밑에 CDJ 관리와 제품을 관리하는 실무부서 · 책임자가 있고 스태프 역할로 CDJ 전략조직이 있다. 점선의 화살표는 타 기능과의 협업 관계를 나타낸다. CDJ 관리조직의 실무부서 · 책임자는 제품관리조직의 실무부서 · 책임자와 협업으로 CX전략을 수립하고 실행한다. 그리고 CDJ 관리조직의 실무부서 · 책임자 밑에는 범기능 통합팀인 스크럼팀들이 있다. 스크럼팀의 한 예로 디자인, 개발, 애널리틱스, 운영, 마케팅 기능 등에서 온 사람들이 협업으로 일을 수행한다. 디자인 담당자의 역할은 CDJ 단계별로 터치포인트 또는 UI (User Interfaces)의 모습을 디자인하는 것이다. 개발자는 터치포인트(앱, 웹사이트 등) 소프트웨어를 개발한다. 애널리틱스 담당자 또는 데이터분석가는 고객상호작용 데이터를 수집 · 분석하여 개별고객의 행동을 이해하고 CDJ 단계별 터치포인트의 효과를 측정한다. 운영담당자는 CDJ 단계별로 요구되는 운영활동 지원(로지스틱스 등 SCM 활동의

그림 19-4 **새로운 CDJ · CX 관리조직의 모습**

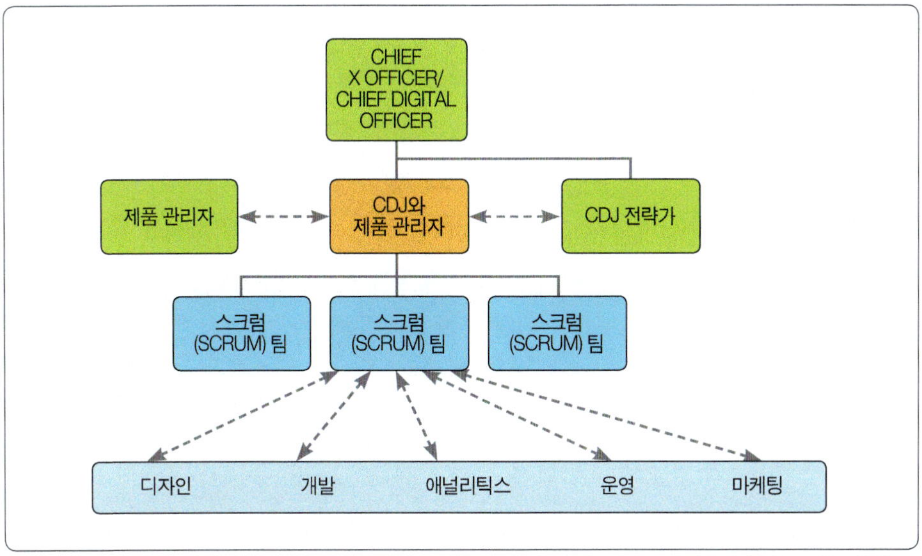

출처: Edelman, D. C., and Singer, M., "Competing on Customer Journeys," *Harvard Business Review*, 93(11), 2015, pp. 88~100의 p. 96 그림: The New Journey Management Organization.

back-end support, 판매와 고객서비스 지원)을 총괄한다. 마케팅 부서의 마케터는 고객 인사이트를 제공하며 동시에 CDJ 전체 단계에서 타깃팅과 개인화 프로그램, 그리고 브랜드관리 기준이 일관되게 적용되도록 하는 역할을 담당한다.

CX 주목과 관심의 원인들

실무 비즈니스 세계에서 CX가 기업 경영활동에서 이렇듯 높은 우선순위를 차지하게 된 원인들로 첫째, 새로운 디지털 기술 · 기능성 수단의 등장 · 활용이 고객과 기업의 다양한 상호작용을 가능케 함에 따라 CDJ가 다양하고 복잡하게 나타난 것을 들 수 있다. 대표적인 예로 쇼루밍(모루밍), 역쇼루밍의 고객행동을 들 수 있다. 다양하고 복잡한 CDJ에 대해서는 5장, 14장, 그리고 상호작용 마케팅 부분에서 설명하였다. 다시 정리하면 다음과 같다. 다양한 디지털 기술 · 기능성의 발전이 고객의 통제권을 강화시켰다. 즉 기업의 디지털 마케팅노력은 고객 통제권을 강화시켜 그 결과로 CDJ는 더욱 다양하게 나타나고 있다. 14장과 15장에서 학습했듯이 디지털 시대의 고객은 오프라인, 인터넷, 모바일, SNS 등 다양한 유통채널과 미디어채널의 수많은 터치포인트를 통해 기업과 상호작용하고 있다.

두 번째 원인은 첫 번째 원인과 연결되어 있다. 이제 기업은 파편화된(fragmented) 미디어와 유통채널 환경에 놓여 있음에 따라 옴니채널관리는 선택이 아닌 필수가 되었다. 즉 기업의 옴니채널 · O2O 관리는 뉴노멀(new normal)이 되고 있다. 14장에서 학습했듯이 옴니채널관리란 CX의 최적화와 기업의 채널성과 증진을 목표로 한다. 즉 옴니채널관리가 CX에 대한 기업의 관심을 증대시켰다.

마지막 원인은, 앞서 상호작용 마케팅 부분에서 살펴봤듯이, 디지털 환경에서 고객-고객 상호작용이 중요해지고 고객 통제권이 증진된 것에서 찾아볼 수 있다. 이제 기업의 마케팅 활동보다 구전 · 리뷰 같은 다른 고객들의 의견도 고객행동에 매우 큰 영향을 미치고 있다. 기업들이 고객 인게이지먼트를 증진시키기 위해 노력한 활동들이 고객에게 더 많은 정보를 제공하게 된다. 즉 고객 통제권이 증진된 환경에 적응하기 위한 기업들의 노력은 **역설적으로** 고객에 대한 기업의 통제권을 약화시키고 있다. 이렇게 약화된 기업의 통제권을 감안할 때 CX의 최적화, 강하고 긍정적인 CX 창출에 의한 경쟁우위 확보는 매우 어려운 목표와 과제이다. 어렵기 때문에, 실무 동향에서 살펴봤듯이 CX 창출이라는 범기능적 목표 설정, 그리고 새로운 CDJ · CX 관리조직의 모습이 등장하고 있다. 이러한 조직은 범기능 협업(cross-functional collaboration)뿐만 아니라 다양한 외부파트너(예: 콘텐츠 관련 회사, 컨설팅 회사, 커뮤니케이션 대행사, 다양한 종류의 CDJ 분석 · 조사회사, 심지어 소비자 커뮤니티 등)와의 협업을 효과적으로 수행해야 CX 최적화와 강하고 긍정적인 CX 창출 목표를 달성할 수 있다. 확실히 CX 최적화는 가치사슬 활동을 토대로 경쟁력을 확보하는 전통적 비즈니스 관점보다 개별화, 맞춤화, 가치의 공동창출을 위한 플랫폼/네트워크/생태계 구축을 토대로 경쟁력을 확보하는 플랫폼/네트워크 비즈니스 관점에서 등장한 것이다.

이렇게 복잡한 CX 환경을 감안할 때 CX를 명확하게 정의하는 일은 어렵다. 따라서 학계에서도 디지털 시대에 적합한 CX에 대한 합의된 정의는 아직 도출되지 못하였다. 이러한 배경을 감안하며 다음에서는 CX의 개략적 정의와 의미를 살펴본다.

2. 고객경험(CX)의 정의와 의미

- **학습목표 3: 주요 개념(2)**
  - 고객 경험(CX) = 고객의 전체 CDJ 동안 다양한 기업오퍼링(제품·서비스·커뮤니케이션 등)에 대한 고객의 인지적·감성적·행동적·감각적·사회적 반응으로 구성된 다차원적 개념 = 총체적 고객 경험(Total CX)
  - 마케팅 뉴트렌드 시대의 관리적 시사점을 위해 필요한 CX의 의미 = CDJ와 연관된 CX의 파악·관리 = 'CDJ와 CX의 프로세스 모델'
    - CDJ 단계
    - 터치포인트의 유형
    - 다이내믹스(Dynamics)와 외부 환경요인의 영향
    - CDJ·CX 분석

디지털 비즈니스 · 마케팅의 뉴트렌드 시대에 새로운 관점에서 CX가 다시 주목받고 있음을 살펴봤다. 여기에서는 이러한 환경에서 CX에 대한 정의와 마케팅의 기존 연관 개념들이 CX를 바라본 관점을 간략히 살펴본다. 그리고 마케팅 뉴트렌드 시대의 관리적 시사점을 위해 필요한 CX의 의미를 'CDJ와 CX의 프로세스 모델'로 이해한다.

CX의 정의

마케팅 학문영역에서 CX에 대한 관심은 매우 오래전부터 있었지만, 이러한 학문적 관심은 세부 주제영역별로 접근되어 매우 분산적이었다. CX의 학문적 흐름에 대한 상세한 내용은 다음 자료를 참조하기 바란다(Lemon, K. N. and Verhoef, P. C. (2016), "Understanding Customer Experience Throughout the Customer Journey," *Journal of Marketing*, 80(Nov.), 69-96; 이진용(2003), "브랜드 경험에 대한 개념적 고찰과 실무적 시사점", 소비자학연구, 14(2), 215-242;

이진용(2003), "마케팅의 경험적 접근방법 및 그 활용방안에 관한 비판적 고찰", *Asia Marketing Journal*, 5(2), 19-48.)

복잡한 CX 환경을 감안할 때 학계에서도 디지털 시대에 적합한 CX에 대해 합의된 구체적 정의를 도출하지 못하였다. 그런데 CX의 디자인, 제공 및 관리는 다양한 관점에서 살펴봐야 한다. 먼저 고객 관점에서는 고객 경험은 어떠한 반응과 개념으로 구성되는지를 살펴보는 것이 중요하다. 기업 입장에서는 어떻게 CX를 긍정적 · 효과적으로 디자인 · 창출해야 할지가 중요하다. 그리고 가치의 공동 창출 측면에서 CX를 바라볼 때에는 그 과정에서 고객의 역할을 결정하는 것과 넓은 생태계에서 고객이 누구(다른 고객이나 파트너)와 어떻게 상호작용하는지를 파악하는 것이 중요하다.

어쨌든 일반적으로 학계와 실무계는 총체적 고객 경험(total customer experience)은 인지적(cognitive) · 감정적(emotional) · 행동적(behavioral) · 감각적(sensorial), 사회적(social) 요소로 구성된 다차원적인 개념이라는 것에는 동의한다. 그러나 CX의 구체적 정의를 도출하는 데에는 넘어야 할 장벽들이 많다. 먼저 브랜드, 기술 등 오퍼링의 다양한 측면, 서비스, 커뮤니케이션, 채널 등 경험의 대상이 너무 많다. 나아가 경험은 고객과 기업의 다양한 상호작용 과정에서 개별적 터치포인트에서의 개별적 경험들로 구성된다. 즉 고객 CDJ의 여러 단계에서 터치포인트별 경험들이 누적되어 총체적 CX가 결정된다. 이러한 측면들을 감안하여 현재 상태에서 고객 경험은 다음과 같이 정의될 수 있다. 총체적 고객 경험이란 고객의 **전체 CDJ** 동안 다양한 기업오퍼링(제품 · 서비스 · 커뮤니케이션 등)에 대한 고객의 인지적 · 감성적 · 행동적 · 감각적 · 사회적 반응으로 구성된 다차원적 개념이다.

마케팅의 기존 연관 개념들이 바라본 CX

여기서는 오래된 연구의 흐름을 토대로 CX와 관련된 마케팅의 기존 개념들과 CX의 관계를 살펴본다. 그 결과를 간략히 정리하면 다음과 같다.

- 고객 구매행동프로세스 모델(customer buying behavior process model): CX와 고객의사결정을 프로세스로 이해(1960~1970년대)
- 고객 만족과 충성도(customer satisfaction and loyalty): 경험에 대한 고객 지각과 태도를 분석 · 평가(1970년대)
- 서비스 품질(service quality): CX의 구체적 상황과 구성요인을 발견하고 이를 토대로 CDJ를 도출(1980년대)

- 관계마케팅(relationship marketing): CX의 이해를 위해 고려되어야 할 고객 반응의 범위(예: 신뢰와 몰입)를 확장(1990년대)
- 고객관계관리(CRM): CX의 구체적 구성요인들이 서로 어떻게 연계되어 비즈니스 성과로 나타나는지를 다양한 계량적 모델로 파악(2000년대)
- 고객 중점 · 초점 경영(customer centricity and customer focus): CX의 성공적 디자인과 관리와 관련된 통합적 · 조직적 도전에 초점을 맞춤(2000~2010년대)
- 고객 인게이지먼트(customer engagement): 경험에서 고객의 역할을 중요시 = 고객-기업 상호작용 시 고객의 참여 역할에 초점을 맞춤(2010년대)

물론 측정과 학문적 연구를 위한 CX의 구체적 정의 도출은 향후의 과제이다. 대신 다음에서는 기업에서 활용할 수 있는 관점에 초점을 맞추어 필요한 CX의 의미를 살펴본다.

관리적 시사점을 위해 필요한 CX의 의미: 'CDJ와 CX의 프로세스 모델'

마케팅 뉴트렌드 시대에 새롭게 주목받고 있는 CX 개념의 주요한 특징은 CDJ에서의 CX 파악과 관리이다. 다시 말해 고객 CDJ의 여러 단계에서 터치포인트별 경험들이 누적되어 총체적 CX가 결정된다. 총체적 고객 경험은 시간에 따라 변하는 동태적(dynamic) 프로세스로 개념화되어야 한다. 즉 CX 프로세스는 탐색을 포함한 구매 이전, 구매, 구

그림 19-5 **CDJ와 CX의 프로세스 모델**

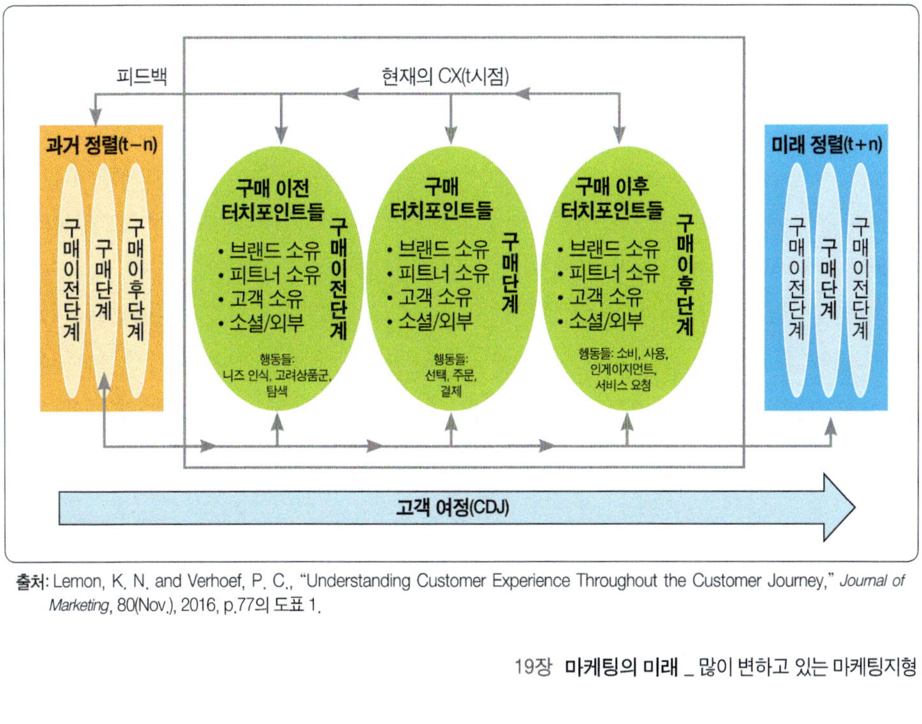

출처: Lemon, K. N. and Verhoef, P. C., "Understanding Customer Experience Throughout the Customer Journey," *Journal of Marketing*, 80(Nov.), 2016, p.77의 도표 1.

매 이후 과정이라는 CDJ 단계로 구성되는 반복적이며 동태적 프로세스이다. 따라서 CX 프로세스는 이전 구매와 같은 과거 경험과 외부 환경요인의 영향력을 파악할 수 있어야 한다. CX 프로세스의 각 단계에서 고객은 다양한 터치포인트들을 경험하는데, 디지털 시대에서는 고객이 경험하는 터치포인트들 중 일부만을 기업이 통제할 수 있다. 이러한 내용을 반영한 'CDJ와 CX의 프로세스 모델'이 〈그림 19-5〉에 제시되어 있다. 이 모델의 활용 방향은 다음과 같다. 이 모델은 CDJ상에서 시점에 따라 CX를 실증적으로 측정하는 가이드 역할을 할 수 있다. 또한 이 모델을 토대로 CDJ상에서 각 터치포인트들이 CX에 미치는 영향을 계량적 모델링 방법으로 파악할 수 있다. 이러한 측정과 효과 파악을 토대로 CX 관리를 실행할 수 있다. 다음에서는 이 모델의 주요 구성요인을 설명한다.

CDJ 단계

더 다양한 단계가 있겠지만, 효율적 · 효과적 관리를 위해 CDJ 단계는 구매 이전, 구매, 구매 이후로 나누어 단계별 CX를 살펴볼 수 있다. 각 단계별로는 수많은 마케팅 연구들이 진행되어 왔는데, 여기서의 주 관심사는 이러한 CDJ 단계가 기업의 CX 관리에 주는 시사점이다. 먼저 기업은 CX 관리를 위해 각 단계별로 기업 관점의 주요 이슈와 고객 관점의 주요 이슈를 파악해서 도출해야 한다. 둘째, 기업은 CDJ 단계별로 주요 터치포인트들을 파악해야 한다. 셋째, 기업은 CDJ에서 고객 여정이 지속되게 하거나 또는 중단되게 하는 특정 터치포인트(trigger points: 계기)를 파악해야 한다.

터치포인트들의 유형

디지털 기술 · 기능성이 중요하게 활용되는 마케팅 뉴트렌드 시대에는 다양한 터치포인트들이 등장했다. 앞서 살펴봤듯이 CDJ 단계별 터치포인트 파악과 이를 토대로 한 활용은 CX 관리의 주요 과제이다. 따라서 터치포인트들의 유형 분류는 CX 관리를 위한 활용 관점에서 이루어져야 한다. 이 관점에서 중요한 개념은 터치포인트들을 기업이 통제할 수 있거나 영향을 미칠 수 있는 정도이다. 그 정도에 따라 터치포인트들을 네 가지 유형으로 분류하여 검토한다(〈그림 19-5〉 참조) : 브랜드 소유, 파트너 소유, 고객 소유, 소셜/외부.

브랜드 소유 터치포인트들(brand-owned touchpoints) CX의 디자인 · 관리 · 통제를 위해 기업이 고객과 상호작용하는 접점/인터페이스를 의미한다. 광고, 웹사이트, 충성도(loyalty) 프로그램이 이 유형에 해당된다. 또한 제품 특성, 패키징, 서비스, 가격, 편의성, 영업 등 마케팅믹스 수단도 이 유형에 속한다. 수많은 마케팅연구들은 이 유형에 속하는 터치포인트들이 고객행동, 나아가 기업성과에 미치는 효과를 연구해왔다.

파트너 소유 터치포인트들(partner-owned touchpoints) CX의 디자인 · 관리 · 통제를 위해 기업이 하나 또는 그 이상의 파트너와 함께 고객과 상호작용하는 접점/인터페이스를 말한다. 대표적으로 유통의 멀티채널 파트너들, 미디어/플랫폼(커뮤니케이션) 파트너들, 제휴 충성도 프로그램 파트너들(예: 항공사의 alliance 프로그램)이 이 유형에 해당한다. 특히 디지털 · 플랫폼 시대의 서비스는 네트워크 · 생태계 · 플랫폼에 의해 전달되는 것을 감안할 때 파트너 터치포인트들의 역할과 효과를 이해하는 것이 중요하다. 예를 들어 구글 안드로이드 플랫폼, 애플의 iOS 플랫폼, 위챗, 카카오, 라인 등은 게임 등 많은 디지털 콘텐츠 · 서비스 앱의 메타 플랫폼이다. 또 다른 예로 여행을 갈 때 CDJ에서 고객이 직접 주도적으로 의사결정을 하면 터치포인트에 대한 기업의 통제권은 거의 없다. 만약 고객이 여행사에게 의사결정을 의뢰하면 여행사 터치포인트가 통제권을 갖게 된다. 인공지능 기술에서 얘기했듯이 많은 기업들이 고객의 비서가 되어 통제권을 갖는 터치포인트로 자리 잡기 위한 미래를 위해 노력하고 있다.

고객 소유 터치포인트들(customer-owned touchpoints) CX 상황에서 고객이 통제하는 고객행동을 의미한다. 구매 이전 상황에서 자신의 니즈나 희망을 생각하는 고객 자신, 구매 상황에서 고객이 선택하는 결제수단, 구매 후 상황에서 고객 개인의 소비와 사용이 대표적인 예이다. 기업은 이러한 터치포인트들을 직접적으로 통제할 수 없다. 다만 다른 터치포인트들의 효과적 디자인을 위해 고객 소유 터치포인트들을 이해하려고 노력해야 한다. 또한 연결성을 가진 디지털 시대에는 고객 소유 터치포인트들이 유튜브 등을 통해 공유된다. 예를 들어 기업이 제시하지 않았는데 고객 스스로 제품의 다른 사용법을 퍼뜨리거나 브랜드의 의미를 바꾸는 경우가 종종 있다. 이런 현상을 표현하는 영어 단어는 'hacking,' 'hijacks,' 'appropriations' 이라고 하는데 소비자들이 만든 이케아 가구 웹사이트(www.ikeahackers.net), 원래는 노인고객층의 정원 · 텃밭 가꾸기용 신발이었던 닥터마틴 신발이 젊은 소비자층에 의해 새로운 스타일의 신발로 변신한 것, 사인펜 브랜드 'Sharpie'를 대안적 용도(자동차 치장, 벽화 그리기 등)로 사용하는 커뮤니티를 예로 들 수 있다. 고객 소유 터치포인트들이 공유되는 것이 다음의 소셜 터치포인트이다.

소셜/외부 터치포인트들(social/external touchpoints) CX에 있어서 중요해진 타인의 역할과 영향력을 지칭한다. 다른 소비자, 가족 · 친지 · 친구, Publicity 정보, 가격비교 사이트, 리뷰 블로그 · 사이트, 소비자(보호)원 정보 등과 같은 독립적 · 객관적 정보 원천, 그리고 환경 요인들이 CX에 영향을 미치는 소셜/외부 터치포인트들의 예이다. 상호작용성의 고객-고객 상호작용 부분에서 이러한 터치포인트들의 영향력이 매우 커졌음을 살펴봤다. 흔하지 않지만 소셜 터치포인트가 기업/브랜드 소유 터치포인트와 잘 연계되는 H.O.G (Harley Owner's Group)와 같은 커뮤니티 터치포인트도 있다. 그러나 일반적으로 소셜/외부 터치포인트들에 대한 기업의 통제권과 영향력은 약하다.

지금까지 터치포인트들의 유형을 살펴봤다.[16] CX 관리를 위해 기업은 브랜드 소유와 파트너 소유 터치포인트들을 잘 활용하여 고객행동에 영향력을 미쳐야 함과 동시에 이를 위하여 고객 소유와 소셜/외부 터치포인트들을 잘 파악해야 한다.

다이내믹스(Dynamics)와 외부 환경요인의 영향

〈그림 19-5〉는 CX 관리를 위해 다이내믹스의 영향력 파악이 중요함을 나타내고 있다. 즉 CX 관리를 위해 현재 시점에서 터치포인트들이 현재 CX에 미치는 영향력 외에 과거의 CX가 현재 CX에 미치는 효과와 현재 CX가 미래 CX에 미치는 효과를 분석 · 고려하는 것이 다이내믹스 영향력 파악이다. 즉 CX 관리 등 기업의 능력 수준에 따라 터치포인트들의 CX 효과는 달라짐을 의미하는 것이며 기업은 자사의 수준과 역량을 감안하여 CX를 관리하는 것이 중요하다.

또한 〈그림 19-5〉에 반영되어 있지는 않지만 현재의 마케팅 패러다임이 강조하듯이 고객행동이나 CX에 미치는 외부환경요인의 파악 또한 중요하다. 실무계 · 학계에서 파악한 주요 외부환경요인들로는 경쟁, 금융위기 등의 위기 상황, 불황이나 호황 같은 경제 상황 변수가 있다. 최근 IBM과 마이크로소프트 사와 같은 실무계의 움직임을 볼 때 CX에 미치는 주요 외부환경요인으로 날씨가 있다. IBM은 최근 'Weather Company (www.weather.com)'를 인수하여 자신의 CX 관리 플랫폼(분석 및 관리 중심)에 날씨가 CX에 미치는 기능성 분석 모듈을 탑재하였다. 또한 마이크로소프트는 Accuweather 사와 제휴 파트너십을 맺고 비슷한 시도를 하고 있다.

CDJ · CX 분석과 측정

마케팅 뉴트렌드 시대에서 CDJ 파악과 활용 능력이 경쟁력을 확보하는 핵심역량이라는 점은 5장과 14장에서 설명했으니 이를 다시 참조하기 바란다. 특히 다양하고 복잡한 CDJ 내용과 사례(5장), 구글의 thinkwithgoogle.com이라는 분석서비스 플랫폼과 마이크로 순간(Micro-Moments) CDJ 분석 내용과 사례(14장)가 CDJ 분석의 중요성을 시사한다.

또한 〈표 19-2, 19-3, 19-4〉의 빅데이터 관련 기술 · 기능성에 관한 부분이 CDJ 분석과 관련된 내용이다. 실무의 기업들과 컨설팅 · 에이전시 기업들은 고객의 다음 행동에 대한 예측을 시도하는 예측 애널리틱스(Predictive analytics), 소비자 위치 파악과 분석을 시도하는 위치 기반 애널리틱스(Location-based analytics), 어떠한 고객이 언제 어떤 플랫폼 또는 디바이스에서 무엇을 보는가에 대한 분석을 하는 멀티스크린 애널리틱스(Multi-screen analytics), 다양한 터치포인트들에 대한 통합분석을 통해 가격을 책정하는 모든 미디어 매트릭스(All-media metrics)에 많은 관심을 가지고 노력을 경주하고 있다. 물론 더 많은 시간과 노력을 필요로 하는 미래를 위해서 많은 기업들은 〈표 19-4〉의 연결된 고객(Connected Customer)으로 분류된 Agents and Proxies, D2D 상거래, 개인화된 가격 책정, 360-degree CRM과 같은 기술 · 기능성 확보를 위해 노력 중이다.

이 과정에서 주목할 만한 발견은 모바일채널의 역할이다. 다른 채널들과 달리 모바일 채널의 경우는 오프라인 유통채널이나 TV 미디어채널과 경쟁적이 아닌 시너지 역할을 하는 모습을 보이고 있다. 또한 모바일채널은 시간과 공간에 민감한 컨텍스트 기술과 연계되어 효과적 기업 · 브랜드 소유 터치포인트로서의 가능성을 보여주고 있다. 즉 모바일 디바이스는 CDJ에 큰 영향을 미치는 터치포인트의 토대가 될 것으로 보인다. 그런데 실증적으로 아직까지는 구매보다는 탐색 단계에서 모바일의 역할이 확인되고 있다.

CDJ 분석과 측정을 〈그림 19-5〉의 프로세스 틀로 접근하면 효과적인 CX 관리로 이어질 수 있다. 그런데 CDJ에서 무엇을 측정하는 것이 CX를 측정하는 것인가에 관한 문제는 현재의 고민거리이다. 물론 기업은 간략한 경험측정치(예: Like)로 CX 관리를 실행하고 있지만 CX 개념의 정교한 측정은 향후 과제이다. CX 관리를 위해 CX는 중요한 결과 · 종속변수이다. 이러한 CX 변수 측정에 관한 학문적 관점은 현재로서는 다음과 같다.

- 총체적 CX 개념에 대해 명확한 측정방법은 아직 등장하지 않았다. 현재로서는 서비스 품질, 고객 만족, 순추천지수가 미래 고객행동 · 기업성과 예측을 잘 하는 측정변수이다(각 개념은 17장 참조).

- 물론 이러한 변수들과 고객행동 · 기업성과 간의 관계는 선형뿐만 아니라 비선형(non-linear)으로 나타날 가능성을 계량적 모델링에 반영하는 것이 좋다.
- 복수의 측정치가 단수의 측정치보다 미래 고객행동과 기업성과 예측을 잘 하는 것으로 나타났다.

CDJ와 CX 관리를 위해 CX를 측정한다면 그 다음 분석 과제는 바로 터치포인트들이 CX에 미치는 효과를 파악하는 것이다(〈그림 19-5〉 참조). 실무에서는 이 분석과제를 열심히 수행하여 CX를 관리하고 있다. 물론 CX 측정 자체가 완벽하지 않다고 CX를 효과적으로 관리하지 못하는 것은 아님을 명심하자. 17장에서 마케팅 활동의 실질적인 통제를 위해 간편하고 실제로 활용할 수 있는(actionable) 성과 기준들이 중요함을 학습했다. 오히려 필수조건은 고객이 노출되고 사용하는 다양한 터치포인트들의 파악이 중요하다(14장의 CDJ 파악 사례들 참조). 또한 각 고객의 구매행동 이외에 고객이 다른 터치포인트에 어떠한 행동을 했는지 Advocate 행동을 파악해야 고객이 다른 고객에게 미치는 소셜 영향력을 파악할 수 있다. 결국 구글의 마이크로 순간(Micro-Moments) 분석 사례가 보여주었듯이 CDJ 단계별로 주요 고객행동에 영향을 미치는 중요한 터치포인트(진실의 순간 = 'Moments of Truth')를 발견하는 것이 중요하다(14장 참조).

3. 고객경험관리(CEM: CX Management)

- **학습목표 3: 주요 개념(3)**
  - 고객경험관리의 주요 구성요인
    (1) CX 디자인 = CDJ별 터치포인트 디자인
    (2) 외부 파트너와 네트워크(생태계) 관리
    (3) 내부 실행조직의 구축

CX의 정의와 의미를 살펴봤다. 특히 마케팅 뉴트렌드 시대의 관리적 시사점을 위해 필요한 CX의 의미를 'CDJ와 CX의 프로세스 모델'로 이해했다. 고객경험관리(Customer Experience Management, 이하 CEM)를 개념적으로 이해하는 것은 어렵지 않다. 만약 기업이 CDJ와 CX의 프로세스 모델을 파악하고 있다면 강하고 긍정적 CX 창출관리를 할 수 있다. 그런데 앞서의 설명을 토대로 생각해 보면 'CDJ와 CX의 프로세스 모델'은 실제적으로 파악하기 어렵다. 즉 CEM은 개념적으로 이해하기 쉽지만 실행하기 어려우며, CEM

의 핵심 필요조건은 'CDJ와 CX의 프로세스 모델'의 파악과 활용이다. 여기서는 CEM의 구성요인을 간략히 살펴본다.

CX 디자인: CDJ별 터치포인트 디자인

CEM의 첫 번째 구성요인은 효과적인 CX 디자인의 수립 · 실행 · 통제이다. 그런데 총체적 경험은 매우 넓고 다차원적 개념이기에 이를 쉽게 파악하기는 어렵다. CDJ와 CX의 프로세스 모델에서 살펴봤듯이 CX 디자인은 CDJ별 효과적인 터치포인트를 디자인하는 것을 의미한다. 따라서 CX 디자인의 목표는 고객 터치포인트(touch points)들을 전략적으로 관리하여 CX를 증진시키고 각 터치포인트 성과를 최적화하는 것이다. 이 목표는 사실 옴니채널관리와 동일하다. 주요 차이점은 여기서 터치포인트는 유통채널만을 의미하는 것이 아니라 넓은 의미를 가지고 있다. 즉 기업의 통제권이 높은 터치포인트를 말한다(기업 · 브랜드 소유 및 파트너 소유 터치포인트).

CX 디자인의 주요 과제는 CDJ 단계별로 효과적인 터치포인트를 디자인하는 것이다. 이 과제를 실행함에 있어 두 가지 주요 고려사항으로는 첫째 개별적인 터치포인트의 효과는 CDJ 단계별로 다르다는 점이다. 둘째, 기업의 통제권 · 영향력이 없거나 미약하지만 고객 소유 터치포인트들과 소셜/외부 터치포인트들을 잘 파악해야 CDJ 단계별로 효과적인 터치포인트를 디자인할 수 있다. 참고로 서비스 · 혁신관리 분야에서 등장해 활용되고 있는 기법인 서비스 청사진(service blueprinting)방법이나 디자인 싱킹 접근방법이 CX 디자인에 도움이 될 수 있다.[17]

외부 파트너와 네트워크(생태계) 관리

앞서 살펴봤듯이 파트너 소유 터치포인트들(partner-owned touchpoints)은 CX의 디자인 · 관리 · 통제를 위해 기업이 하나 또는 그 이상의 파트너와 함께 고객과 상호작용하는 접점/인터페이스를 의미한다. 특히 디지털 · 플랫폼 시대의 오퍼링은 네트워크 · 생태계 · 플랫폼에 의해 전달되는 것을 감안할 때 유통의 멀티채널 파트너들과 커뮤니케이션 미디어/플랫폼 파트너들과 같은 파트너 터치포인트들의 역할과 효과를 이해하는 것이 중요하다. 즉 외부 파트너와 네트워크 관리가 중요한 CEM의 중요한 구성요인이다. 특히, 네트워크 경제에서는 생태계의 작동원리를 잘 이해해야 외부 파트너와 네트워크 관리가 가능하다. 구글 안드로이드 플랫폼, 애플의 iOS 플랫폼, 위챗 등 많은 메타 플랫폼을 감안할 때, 또한 인공지능 기술로 많은 기업들이 고객의 비서가 되어 통제권을 갖는 터치포인트로 자리 잡기 위해 경쟁하고 있음을 고려할 때, 어떠한 생태계에 참여하여 CEM을 추진할 것인가에 관한 전략적 의사결정은 점점 더 중요해질 것이다. 선형적인 가치사슬 경쟁력을 토대로 하는 전통적 비즈니스의 작동원리와 플랫폼/네트워크 비즈니스의 작동원리는 매우 다름을 고려해야 한다. 플랫폼/네트워크 비즈니스의 구체적 작동원리는 그렇게 쉬운 개념은 아니다. 이러한 원리의 이해를 위해서 최근 발간된 서적을 추천한다: 마셜 밴 앨스타인, 상지트 폴 초더리, 제프리 파커, 《플랫폼 레볼루션: 4차 산업혁명 시대를 지배할 플랫폼 비즈니스 모든 것》, 이현경 역, 2017, 부키.

내부 실행조직의 구축

CEM의 세 번째 구성요인은 CEM 실행조직의 구축이다. 결국 CEM은 조직이 실행한다. 이에 대한 설명은 앞서 〈그림 19-4〉에서 이미 제시하였다. 실행조직의 가장 중요한 특징들 중 첫째는 고객 중점 · 초점 경영(customer centricity and customer focus)의 실행이다. CEM을 위한 통합적 · 조직적 도전에 초점을 맞춘 이러한 경영 패러다임은 2000 초반에 그 개념이 등장한 이후 이제 이 개념을 실행에 옮긴 기업들이 등장하고 있다. 둘째, CEM 조직은 〈그림 19-4〉에서 본 스크럼팀처럼 범기능 통합팀들이 협업으로 업무를 수행한다(디자인, 개발, 애널리틱스, 운영, 마케팅 등). 셋째, 기업은 CEM 실행경쟁력을 위한 핵심역량을 새롭게 탐색 · 개발해야 한다. CEM 실행을 위한 새로운 주요 역량은 애널리틱스 역량(CDJ와 CX의 프로세스 모델 파악 역량)과 파트너 및 네트워크 관리 역량이다. 결국 마케팅 뉴트렌드 시대에서 CEM을 실행하는 것은 2장에서 설명한 탐색형 기업선도형 전략(exploring market driving strategy)을 실행하는 것이다.

다음에서는 상호작용 마케팅 · 고객경험관리를 실행하기 위해 새롭게 요구되는 기업의 미래 마케팅 역량을 구성하는 중요한 개념인 탐색형 마케팅 역량에 대해 살펴본다.

4 미래의 마케팅 역량

지금까지 디지털을 토대로 한 미래기술과 마케팅 시사점, 새롭게 떠오르고 있는 상호작용 마케팅과 고객경험관리 개념을 학습했다. 여기에서는 미래지향적 마케팅 역량의 모습을 제시한다. 먼저 마케팅 뉴트렌드 시대의 시사점을 정리한다. 미래의 마케팅 역량 이해에 도움이 되는 역량 유형(활용 역량과 탐색 역량)에 대해 설명한다. 마지막으로 미래의 마케팅 역량에 대해 살펴본다. 즉 상호작용 마케팅 · 고객경험관리를 실행하기 위해 새롭게 요구되는 중요한 개념인 탐색형 마케팅 역량(적응적 마케팅 역량)을 설명한다.

1. 마케팅 뉴트렌드 시대의 시사점

- **학습목표 4:** 주요 개념(1)
  - 고객 관점의 시사점 = 고객 선택의 시대 + 고객 혼란의 시대
  - 기업 관점의 시사점 = 고객 통제권 강화 경쟁력과 고객 중점 경영 수행이 중요

지금까지 살펴본 내용의 마케팅 시사점을 고객 관점과 기업 관점으로 나누어 정리한다.

고객 관점의 시사점

기업들이 새로운 디지털 기술 · 기능성을 활용함에 따라 근본적 관점에서 고객행동이 변화하는 것은 무엇인가? 바로 정보탐색비용이 줄었다는 것이다. 오프라인 비즈니스 환경에서 기업과 고객 간 교환관계의 가장 큰 특징은 정보의 비대칭성이었다. 즉, 제품과 서비스 등 기업정보를 공급자가 가지고 있고, 고객이 가질 수 있는 정보는 매우 제한적이었다. 기업에서 고객에게 '우리가 좋은 제품 만들어서 제공하니 구매하시지요' 라고 말하면, 고객 관점에서 '이 말이 사실인지 아닌지', '혹시 더 좋은 가격과 품질 조건을 가진 제품이 있는 것은 아닌지' 등의 정보를 탐색하기 위해서는 매장도 돌아보고,

판매원과 이야기도 해보고, 주위 사람에게 물어보는 등 시간과 돈이 많이 들었다. 이런 시대에서 힘은 고객보다 기업에 있었다. 하지만 인터넷이 등장하면서 이러한 정보의 비대칭성이 줄기 시작했고, 소셜미디어, 모바일 시대가 되면서 힘이 점점 소비자 쪽에 실리고 있다. 클릭이나 터치 한 번에 수많은 정보를 알 수 있는 그야말로 고객 선택의 시대로 진입한 것이다.

그러나 인터넷에서 정보를 탐색하기는 쉽지만, 너무 많은 정보로 고객은 정보의 과부하(information overload) 상황에 놓여 있다. 이런 상황에서 관련성 없는 정보와 높은 정보를 잘 구별해 탐색하는 사람을 '구글러(Googler)' 또는 '디지털 네이티브스'(능력 통제, 인지 통제, 선택 통제가 높은 고객)라고 하거나 "구글링(Googling) 잘합니까?"라는 말이 등장한 것 모두 디지털 공간의 또 다른 특징인 정보의 과부하 현상을 시사한다.

즉, 디지털 기술로 인해 고객행동의 근본적인 변화는 양면적으로 설명된다. 고객 선택의 시대이면서 동시에 혼란의 시대가 도래했다. 이러한 측면에서 비즈니스 기회를 탐색해 등장한 인터넷 사업자의 예가 13장에서 살펴본 가격비교 서비스를 제공하는 사업자들이다(다나와, 에누리닷컴, 어바웃, 비비 등). 고객이 전적으로 이런 서비스를 신뢰하고 이용한다면, 거의 모든 제품이 가격만으로 경쟁하는 범용제품(commodity)화되는 것이다. 그런데 현실에서는 범용제품화된 부분도 있지만, 아직은 차별적인 제품과 서비스를 고객에게 제공하는 경우도 많다. 이 말은 선택의 힘과 혼란을 동시에 가진 고객은 기업이 자신을 도와주고 만족하게 하는 정도를 기준으로 구매와 재구매를 하는 마케팅의 근본 원칙인 교환의 원칙이 디지털 공간에서도 그대로 적용됨을 뜻한다. 그러면 디지털 공간에서 고객과 기업 간에 혜택을 주고받는 것에 대한 기업 관점에서의 시사점을 살펴본다.

기업 관점의 시사점

선택의 힘과 혼란을 동시에 가지고 있는 소비자를 위하여 마케터는 무엇을 해야 할까? 답은 의외로 간단하다. 고객의 혼란을 줄여 주고 가치 있는 선택을 도와주는 제안(suggestion) 능력을 갖춘 기업 · 마케터가 고객을 획득하고 유지할 수 있다. 고객 개개인의 욕구와 선택을 도와주는 개인화와 맞춤화 능력을 뜻한다. 이 능력이 좋아야 고객은 그 기업과 상호작용하고 있다고 지각한다. 개인화의 기본 논리는 "저희는 고객을 잘 압니다. 원하는 것을 저희에게 말씀하시면 서비스를 계속 업그레이드하고 항상 당신을 기억하고 있겠습니다"라는 말, 맞춤화의 기본 논리는 "저희는 고객이 원하는 대로 선택하실 수 있도록 '판'을 만들었으니 취향대로 선택하십시오. 향후에도 이 '판'을 계속 업그레이드해서 당신의 선택을 돕겠습니다"라는 말로 표현할 수 있다. 이러한 서비스를 잘하기 위해서는 아마존, 구글, 페이스북 등의 사례처럼 더욱 실험지향적이고, 과학적 · 분석적인 마케터의 역량을 요구한다. 그래야 CDJ의 적절한 단계에 적합한 터치포인트로 고객 의사결정에 도움을 주면서 영향을 미칠 수 있다. 또 이러한 서비스를 통해 최적의 경험을 한 고객은 그 기업을 신뢰하고, 아마존의 원 클릭 오더링(1-Click ordering) 같은 고객의 주문을 자동화하는 서비스까지 이용하게 된다.

이러한 개인화 · 맞춤화를 넘어서서 기업은 고객 인게이지먼트를 증진시키기 위해 옴니채널, 실시간채널, O2O 서비스 등을 제공하고 있다. 결국 마케팅 뉴트렌드 시대에 필요한 기업의 경쟁력은 고객 통제권을 강화하는 능력이다. 이 능력을 강화하고자 하는 기업들의 누적된 경쟁은 역설적으로 고객에 대한 기업의 통제권을 약화시키고 있다. 나아가 디지털 시대의 특성 때문에 더 활성화된 기업의 통제권 · 영향력이 없거나 미약한 고객 소유 터치포인트들과 소셜/외부 터치포인트들 또한 고객 통제권을 강화하고 있다. 결국 고객 통제권 강화 경쟁에서 뒤처지는 기업의 제품과 서비스는 고객의 선택을 받기 어렵다. 이렇게 기업들의 통제권이 약화된 비즈니스 환경에서 기업이 고객 통제권 강화 경쟁력을 갖기 위해서는 고객 중점 · 초점 경영(customer centricity and customer focus)을 실행할 수밖에 없다. 즉 16장(온라인사이트 포함)에서 살펴봤듯이 기업의 핵심비즈니스 프로세스와 마케팅믹스의 주안점이 변화하고 있다. 고객에 대한 지능(customer intelligence), 고객과의 상호작용관리(customer interaction management)와 고객경험관리(customer experience management)가 중요해진 것이다. 이러한 주안점의 변화는 실무 동향에서 확인되었다. CX의 최적화, 강하고 긍정적인 CX 창출에 의한 경쟁우위 확보라는 어려운 목표를 설정하고 이를 달성하기 위해 노력하고 있다. 새로운 CDJ · CX 관리조직의 등장, 범기능 협업(cross-functional collaboration)과 다양한 외부파트너와의 협업, 개별화 · 맞춤화 · 가치의 공동창출을 위한 플랫폼/네트워크/생태계 구축 등이 그러한 노력이다.

2. 활용 역량과 탐색 역량

- **학습목표 4: 주요 개념(2)**
  - 활용 역량 = 보유하고 있는 핵심역량의 활용 = 자원기반 관점의 역량 활용(Inside-out) + 시장지향 관점의 역량 활용(Outside-in)
  - 탐색 역량 = 신규 역량 탐색과 개발 = 동태적 역량 탐색·개발(Inside-out) + 적응적 마케팅 역량 탐색·개발(Outside-in)

- '양손잡이' 조직전략 = 활용 역량과 탐색 역량의 균형을 맞춘 조직전략
  - 환경과 경쟁의 요구조건 + 자사의 의도·비전 → 활용형 전략과 탐색형 전략의 선택 실행
  - 디지털 비즈니스 환경 = 탐색형 전략의 선택 실행이 중요 → 탐색 역량인 적응적 마케팅 역량 탐색·개발이 중요

마케팅 뉴트렌드 시대가 요구하는 고객 중점 · 초점 경영(customer centricity and customer focus)을 실행하기 위해서는 새로운 역량(예: CDJ와 CX의 프로세스 모델 파악 역량과 이를 위한 빅데이터 애널리틱스 역량, 플랫폼/네트워크 경제 환경에 적합한 파트너 · 네트워크 관리 역량 등)을 개발해야 한다. 그런데 비즈니스 · 마케팅전략은 신규 역량만으로 추진하는 것이 아니다. 보유하고 있는 핵심역량과 신규 역량을 적절한 균형으로 통합하여 비즈니스를 추진한다. 물론 적절한 균형은 환경과 경쟁의 요구조건과 자사의 의도 · 비전에 의해 결정된다. 여기서는 미래지향적인 마케팅 역량의 모습을 도출하기 위해 활용 역량과 탐색 역량이라는 역량 유형을 이해한다. 그리고 이러한 역량을 균형적으로 활용하는 '양손잡이' 조직전략을 살펴본다. 마지막으로 디지털 비즈니스 환경이 요구하는 유형의 역량과 전략을 도출한다.

활용 역량(Exploiting Capability)

2장에서 살펴본 포터(Michael E. Porter)의 경쟁전략(원가우위, 차별화, 집중화)이나 고객이 원하는 가치 제공전략(운영의 탁월성, 제품리더십, 고객친밀감)의 핵심은 표적시장을 고려하되 자사의 핵심 자원과 역량을 활용해 비즈니스 · 제품 · 서비스를 포지셔닝하라는 것이다. 이 전략들을 포함하여 주류 경영전략은 고전경제학자 리카르도(David Ricardo)의 비교우위론에 뿌리를 두고 있으며[18], 이러한 접근방법을 자원기반의 경영전략이라고 한다(또한 2장의 경쟁우위의 대안적 담론 참조).

〈그림 19-6〉에 기업의 역량 유형이 나타나 있다. 활용 역량(Exploiting Capability)은 이미 개발하여 보유하고 있는 핵심역량을 활용하는 능력을 뜻한다. 이 역량에 대한 이론적 접근을 자원기반 관점의 역량 활용(Resource-based View)이라고 하는데 이는 기업내부(Inside) → 시장(out)이라는 비즈니스 추진 관점에서 접근된다(〈그림 19-6〉의 2분면). 기업은 보유하고 있는 핵심역량을 활용해 제품 · 서비스를 개발하고 이를 시장에 마케팅한다. 대표적인 예로 혼다가 소형 엔진 핵심역량으로 오토바이, 자동차 등의 시장을 잘 공략한 것을 들 수 있다. 비즈니스전략 · 경쟁전략은 이러한 비즈니스 추진 관점 이슈들(지속가능한 경쟁우위(sustainable competitive advantage), 내부효율성, 프로세스의 안정화 등)을 중요하게

여겼다(2장의 VRINE (Valuable, Rare, In-imitable, Non-substitutable, Exploitable) 내용 참조).

또한 활용 역량은 시장(Outside) → 기업내부(In)라는 비즈니스 추진 관점에서도 접근될 수도 있다. 기업은 시장(고객과 경쟁) 환경의 필요와 요구조건을 토대로 성공가능성이 높은 기회들을 잘 파악하고 이 중에서 자사의 핵심역량을 활용해 공략할 수 있는 기회를 선택하여 제품 · 서비스를 만들어 이를 시장에 마케팅한다. 많은 마케팅 성공 사례가 해당된다. 마케팅전략은 이러한 비즈니스 추진 관점 이슈들(마켓 센싱, 고객 연동, 채널 관계, 기술 모니터링 등)을 중요하게 여겼으며, 이러한 접근을 시장지향 관점의 역량 활용(Capabilities of Market-driven Organizations)이라고 한다(〈그림 19-6〉의 3분면).[19]

비즈니스 추진 관점에서만 차이가 있을 뿐 자원기반 관점과 시장지향 관점은 보유하고 있는 핵심역량을 활용한다는 공통점을 가지며 이러한 측면에서 활용 역량(Exploiting Capability)의 세부 종류이다.

그림 19-6 역량 유형, 조직전략과 시장진입전략의 관계

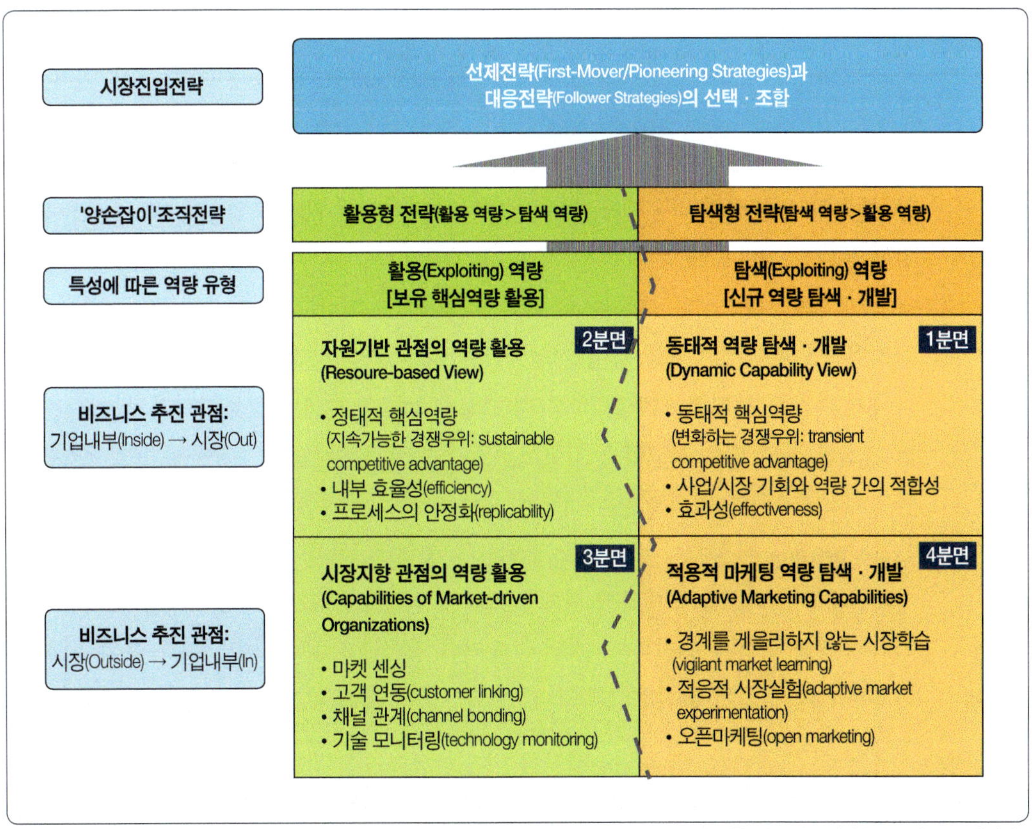

출처: Day, G. S., "Closing the Marketing Capabilities Gap," *Journal of Marketing*, 75(4), 2011, p. 187의 도표 2를 토대로 저자가 다른 내용들을 추가한 것임.

탐색 역량(Exploring Capability)

〈그림 19-6〉에 탐색 역량이 나타나 있다. 탐색 역량(Exploring Capability)은 비즈니스 시장기회를 위해 신규 역량을 탐색·개발(그 후 물론 활용)하는 능력을 뜻한다. 탐색 역량은 환경변화에 동태적으로 반응하는 것, 즉 새로운 기회를 발견하고 이 기회에 적합한 경쟁력을 만들어서 실행하는 탐색을 강조한다. 반면 활용 역량은 '선택과 집중', 즉 기존의 핵심역량을 최대한 활용하는 것을 강조한다. 탐색 역량의 첫 번째 종류는 동태적 역량(Dynamic Capability)이다(〈그림 19-6〉의 1분면). 1990년대 말부터 동태적 역량(Dynamic Capability) 관점의 전략 개념이 강조되기 시작했는데, 이 개념의 뿌리는 혁신을 강조하며 창조적 파괴를 주창한 오스트리아 경제학자 슘페터(Joseph A. Schumpeter)의 주장에 기반을 두고 있다. 가장 강조하는 주안점은 급변하는 환경을 잘 파악해 비즈니스 기회를 발견하고 이에 요구되는 역량을 개발해 새로운 가치를 창출하는 비즈니스를 펼치라는 것이다. 즉, 자원기반의 경영전략이 핵심역량의 활용을 더 강조했다면, 동태적 역량을 토대로 한 경영전략은 새로운 환경이 요구하는 신규 역량의 탐색과 개발에 더 초점을 맞춘 것이다.

티스(Teece)에 따르면 동태적 역량이란 환경변화에 맞춰 내·외부자원을 통합하고 육성하며 재편하는 역량이다.[20] 기업은 동태적인 관점에서 핵심역량을 수정하고 변화해 나가야 한다는 것이다. 예컨대 애플은 기술과 선도적인 통찰로 PC시장을 창출했지만, 변화하는 환경에 적응하지 못해(동태적 역량이 부족해) 위기를 맞았다. IBM은 몰락 직전에 동태적 역량을 구축하는 전략으로 회생했다. 중대형 컴퓨터시장이 축소한다는 것을 늦게 알았지만, 이를 분석한 후 새로운 서비스 기회를 잡기 위해 기술과 인적 자원, 핵심역량을 재구성해 제품 중심 기업에서 서비스 중심 기업으로 재빠르게 탈바꿈했다. 나아가 티스는 동태적 역량은 세 가지 프로세스를 거치면서 만들어진다고 보았다. 우선 환경의 작고 많은 시그널을 읽어서 새로운 기회를 발견하는 **Sensing** 프로세스에 기반을 두고, 자원과 핵심역량을 재편해 새로운 기회에 적합한 경쟁력을 빠르게 기르는 **Transforming** 과정에서 비즈니스 모델을 도출하고, 이를 실행하는 데 적합한 조직을 디자인해 비즈니스를 수행하고 경제적 성과를 얻는 **Implementing** 과정을 거치면서 기업의 동태적 역량은 증진한다. 기업은 이러한 방식으로 동태적 역량을 구축해 계속 변화하는 환경에 맞게 변신하며 신규 비즈니스 또는 기존 비즈니스를 새롭게 펼쳐나가야 한다는 것이다.

탐색 역량의 두 번째 종류는 데이(George S. Day)가 제시한 적응적 마케팅 역량(Adaptive Marketing Capabilities)이다(〈그림 19-6〉의 4분면).[21] 동태적 역량은 기업내부(Inside) → 시장(out)

이라는 비즈니스 추진 관점인 반면(비즈니스 · 경쟁전략 관점), 적응적 마케팅 역량은 시장(Outside) → 기업내부(In)라는 비즈니스 추진 관점이다(마케팅전략 관점). 나아가 동태적 역량은 아무리 새로움을 강조해도 기존의 자원을 고려하여 새로움을 추구하는 Inside-out의 관점이지만, 적응적 마케팅 역량은 기존의 자원을 고려하지 말고 시장과 고객에 근거해 그쪽에서 요구하는 새로운 비즈니스 기회를 발견하여 추구하는 Outside-in 관점이다. 이러한 측면에서 보면 적응적 마케팅 역량 개념이 슘페터가 말한 창조적 파괴와 더 가깝다고 볼 수 있다. 즉, 적응적 마케팅 역량이 토대로 하는 Outside-in 관점의 동태성은 어떠한 선입견과 조건도 생각하지 말고 고객을 중심에 두고 새로운 기회를 발견 · 추구하는 것을 절대적으로 강조한다. 이러한 관점을 역설한 대표적 기업가 중 한 명이 바로 아마존 창업자 · 회장인 제프 베조스(Jeff Bezos)다. 베조스는 아마존이 구축한 클라우드 컴퓨팅 네트워크에 관한 고객 접속을 기반으로 킨들(Kindle) 같은 더 편리한 독서경험을 제공함으로써 웹 서비스에 관한 고객 니즈를 창출 · 충족한 사례를 '앞뒤를 바꿔서 일하는(working backward)' 사고방식이라고 명명하며, 이 방식을 다음과 같이 설명하고 있다(아마존 웹 서비스 비즈니스는 B2B 마켓에서도 더 큰 성공을 거둠).[22]

> 우리가 잘하는 것이 무엇이지, 그러한 역량과 스킬로 또 무엇을 잘할 수 있을까를 묻지 말고 누가 우리의 고객인가를 먼저 생각해야 한다. 고객들이 필요로 하는 것은 무엇일까? 그리고 그것을 발견하면 우리가 그 일을 할 수 있는 **스킬을 가졌든 못 가졌든** 어떠한 방법을 마련해서라도 그 필요를 충족시키겠다고 마음먹어야 한다. 그리고 시간이 얼마나 걸리든 우리는 필요한 스킬을 학습해서 갖추면 되는 것이다. 내가 관찰한 바로는 많은 경영자가 최적의 비즈니스 접근방식을 자신의 기업이 잘하는 핵심역량과 스킬로 뜨개질하는 것으로 생각하는 것 같다. 이러한 방식이 맞을 수도 있지만, 문제는 여러분 기업의 역량과 스킬 세트에 새로운 것을 계속 추가하지 못할 경우, 여러분도 모르는 사이 세상은 점점 멀어진다는 점이다.

이는 삼성의 이건희 회장이 과거 신경영을 주창하며 강조했던 "마누라, 자식만 빼놓고 다 바꿔라"라는 철학과 비슷한 대목이다.

'양손잡이' 조직전략(Organizational Ambidexterity)

역량과 전략은 동일한 개념은 아니다. 기업은 역량을 비즈니스 프로세스에 반영하여 전략을 수립하고 실행한다. 특히 전략은 조직에 의해 실행된다. 활용 역량과 탐색 역량을 조직에 어떻게 반영하여 전략을 실행하는지와 관련하여 '양손잡이' 조직전략 개념이 중요하게 등장했다.[23] 양손잡이 조직전략이란, 양손잡이가 양손을 잘 쓰듯, 기업도 한

손에는 활용 역량을 다른 한손에는 탐색 역량을 가지고 다 잘 쓸 수 있도록 융통성 있게(flexible) 조직을 구축하고 전략을 실행하는 것을 뜻한다(〈그림 19-6〉에서 융통성을 나타내기 위해 활용 역량과 탐색 역량 사이에 '꺾인 점선'을 사용했음). 즉 양손잡이 조직전략이란 활용 역량과 탐색 역량의 균형을 맞춘 조직전략을 뜻한다(2장 내용 참조). 다양한 형태의 양손잡이 조직전략이 있겠지만, 활용형 전략은 탐색 역량보다 활용 역량의 역할이 더 중요한 전략을, 탐색형 전략은 활용 역량보다 탐색 역량의 역할이 더 중요한 전략을 의미한다(〈그림 19-6〉 참조).

나아가 활용형 전략을 쓰든 탐색형 전략을 쓰든 선제전략과 대응전략 같은 시장진입전략은 다른 조건들을 고려하여 선택 · 실행하는 것이다(선제전략 성공의 전제조건: 제품 · 공정 기술의 우위, 희귀한 자원의 선점, 고객 전환비용, 네트워크 효과, 11장 참조). 그런데 확률적으로 선제전략은 탐색형 조직전략과 대응전략은 활용형 조직전략과 관련성이 높다. 2장에서 살펴봤던 '고객추종형 전략(Market-Driven Strategy)'은 시장지향 관점의 역량(3분면)을 활용하여 활용형 조직전략으로 선제 또는 대응 시장진입전략을 선택 · 실행하는 경로(path)로 전략이 수행된다(〈그림 19-6〉과 2장 참조). 롤렉스시계의 인공관절 시장진입 · 개발 사례와 같은 '활용형 기업선도형 전략(Exploiting Market-Driving Strategy)'은 자원기반 관점의 역량(2분면)을 활용하여 활용형 조직전략으로 선제적 시장진입전략을 선택 · 실행하는 경로(path)를 뜻한다(〈그림 19-6〉과 2장 참조). 아마존의 킨들, 대시, 에코 등 시장개발 사례와 같은 '탐색형 기업선도형 전략(Exploring Market-Driving Strategy)'은 적응적 마케팅 역량(4분면)을 활용하여 탐색형 조직전략으로 선제적 시장진입전략을 선택 · 실행하는 경로(path)를 말한다(〈그림 19-6〉과 2장 참조).

결국 활용 역량과 탐색 역량의 적절한 균형은 기업의 전략과 성과를 위해 매우 중요하며, 환경과 경쟁의 요구조건과 자사의 의도 · 비전에 의해 결정된다. 디지털 비즈니스 환경과 마케팅 뉴트렌드 시대가 요구하는 고객 중점 · 초점 경영(customer centricity and customer focus)을 실행하기 위해서는 새로운 역량(예: CDJ와 CX의 프로세스 모델 파악 역량과 이를 위한 빅데이터 애널리틱스 역량, 플랫폼/네트워크 경제 환경에 적합한 파트너 · 네트워크 관리 역량 등)을 개발해야 한다. 즉 탐색형 전략의 실행이 중요하다. 따라서 탐색 역량이 중요한 미래 역량이며, Outside-in 이라는 마케팅전략 관점에서는 탐색 역량의 세부 종류 중 적응적 마케팅 역량 탐색 · 개발이 중요하다. 구체적으로 새로운 디지털 기술 · 기능성을 중심으로 급변하는 환경이 요구하는 마케팅 역량의 종류와 세트는 하루가 다르게 급증하고 있지만, 보유하고 있는 기존의 마케팅 역량은 부족해 이 부족분을 보충하기 위한 개념이 바로 적응적 마케팅 역량이다. 다음에서는 이에 대해서 살펴본다.

3. 미래의 마케팅 역량

- **학습목표 4: 주요 개념(3)**
  - 적응적 마케팅 역량의 세부 구성요인 =
    경계를 게을리하지 않는 시장학습 + 적응적 시장실험 + 오픈 마케팅
  - 적응적 마케팅 역량의 구현과 축적 =
    - 적응적 비즈니스 모델 + 적응적 마케팅 실행 활동들
    - 경계를 게을리하지 않는 비즈니스 및 마케팅 리더십 + 시장과 병렬된 조직

마지막으로 상호작용 마케팅 · 고객경험관리를 실행하기 위해 새롭게 요구되는 기업의 미래 마케팅 역량을 구성하는 중요한 개념인 탐색형 마케팅 역량, 즉, 적응적 마케팅 역량에 대해 이해한다. 먼저 적응적 마케팅 역량의 세부 구성요인을, 그리고 이 역량의 구현과 축적에 대해 살펴본다.

적응적 마케팅 역량의 세부 구성요인(1): 시장학습

미래지향적인 적응적 마케팅 역량은 어떤 세부요인들로 구성되는지를 살펴보자. 먼저 첫 번째 구성요인은 마치 불침번을 서듯 주위의 경계를 게을리하지 않는 시장학습(vigilant market learning)이다. 이 구성요인은 기존의 마케팅 조사들을 넘어서서 시장 진화의 미래를 예견하고 어떠한 가치의 조합이 고객에게 새로운 가치를 줄 수 있을지를 알아내는 능력을 말한다. 애플의 이력을 보면 이러한 시장학습의 의미를 이해할 수 있다.[24]

2001년 애플은 휴대용 뮤직 플레이어시장에 뛰어들어 소비자들이 음악을 듣는 방식 자체를 뒤바꾸어 놓았다. 고객과 기술 전문가 대부분은 무엇보다 아이팟의 사용 용이성을 주요 성공요인으로 꼽고 있지만, 애플은 뮤직스토어와 소프트웨어 그리고 휴대용 플레이어를 하나의 단순시스템으로 결합해, 소비자들이 다른 뮤직 플레이어를 사용할 때 직면하는 문제점을 제거하고 디지털 뮤직 경험을 간소화함으로써 **고객 경험(CX)을 위한 새로운 가치를 디자인하였다.** 그리고 이 개념은 아이폰으로 확장되었다. 경계를 게을리하지 않는 시장학습을 위해서는 물론 고(故) 스티브 잡스와 같은 경계를 게을리하지 않는 미래지향적 리더가 필요하다. 그러나 더 나아가 표면적 시장조사 결과만을 맹신하지 않는 사고의 훈련, 엉뚱한 아이디어를 처음부터 사장(死藏)하지 않고 발산할 수 있도록 하는 긍정적 조직문화의 확산, 고객을 진정으로 이해하려는 사고방식과 그 노력 또한 필수적이다.

이러한 고객 및 시장 인사이트가 중요하지만, 디지털 뉴트렌드 시대에 가장 주목받는 역량은 빅데이터의 이해와 활용 역량이며 이 역량은 미래지향적 관점에서 경계를 게을리하지 않는 시장학습의 매우 중요한 요소이다. 〈그림 19-4〉를 보면 일부이지만 선진 기업의 조직에는 애널리틱스 기능이 들어가 있고, 〈그림 19-5〉와 같은 'CDJ와 CX 프로세스 모델'을 파악하는 역량 역시 빅데이터 분석 · 활용 역량에 달려 있다(또한 14장 참조). 빅데이터의 이해와 활용 역량에 대한 설명은 박스 내용을 참조하기 바란다.

빅데이터의 이해와 활용

디지털 시대가 진전됨에 따라 빅데이터의 시대가 오고 있다. 빅데이터란 무엇인가? 데이터의 생성 양 · 주기 · 형식 등이 기존 데이터보다 너무 커서 종래의 방법으로는 수집 · 저장 · 검색 · 분석이 어려운 방대한 데이터를 말한다. 컴퓨터와 처리기술이 발달함에 따라 디지털 환경에서 생성하는 빅데이터를 분석할 경우, 질병이나 사회현상의 변화에 관한 새로운 시각이나 법칙을 발견할 가능성도 커졌다. 빅데이터 전문가와 학자들은 빅데이터를 통해 인간 행동을 예측할 수 있는 세상이 열리고 있다고 주장한다. 이를 주장한 대표적인 학자로는 미국 매사추세츠 공과대학 집합지능연구소장 토머스 멀론(Thomas Malone)이 있다. 빅데이터는 초대용량의 데이터 양(Volume), 다양한 형태(Variety), 빠른 생성속도(Velocity)라는 뜻에서 3V라고 불리며, 여기에 네 번째 특징으로 가치(Value)를 더해 4V로 정의하기도 한다. 빅데이터에서 가치가 주요 특징으로 등장한 것은 엄청난 규모뿐 아니라 빅데이터의 많은 부분이 비정형적인 텍스트와 이미지로 이루어져 있고, 이러한 데이터들은 시간이 지나면서 매우 빠르게 전파하며 변함에 따라 그 전체를 파악하고 일정한 패턴을 발견하기가 어려워지자 가치창출의 중요성을 강조했기 때문이다.

빅데이터는 하둡(Hadoop)이라는 오픈소스 소프트웨어가 발전하면서 주목받기 시작했다. 하둡은 2004년 미국 프로그래머 더그 컷팅이 방대한 데이터를 처리하려고 구글의 맵리듀스(MapReduce) 등을 활용해 개발했다. 아들이 노란 코끼리 장난감을 '하둡'이라고 부르는 것을 보고 이름을 붙였다고 한다. 비싼 외부 저장장치나 데이터 웨어하우스(data warehouse)를 사용하는 것보다 오픈소스인 하둡을 사용하는 것이 비용 절감 등에 유리하며 설치와 사용도 쉬워 기업에서 많이 사용하기 시작했다. 국내에서는 2006년 무렵에 알려졌으나 개발자는 적다고 한다. 빅데이터 기술이 점차 주목받자 기업 간에 하둡 개발자 영입 경쟁이 발생했다.

일반적인 데이터 프로세스인 수집, 저장, 분석, 시각화를 생각할 때, 빅데이터 기술 때문에 바뀌는 부분은 많다. 특히 대용량의 데이터를 처리하는 과정의 효율성 증진 효과는 확실하게 존재하며, 전통적인 데이터 마이닝 기법 외에 새로운 분석, 즉 텍스트 마이닝, 오피니언 마이닝, 소셜 웹 분석, 클러스터 분석 등도 등장하고 있다.[25] 빅데이터 분석과 활용은 기존의 CRM시스템 도입에 의한 데이터 분석과 활용이 디지털 기술의 발달로 한 단계 진화한 것으로 이해해야 하며, 마케팅 분석전문가만으로는 해결할 수 없다. 빅데이터 분석시스템을 구축한다고 CRM시스템 도입과 활용에서 이미 얻었던 교훈처럼 황금알을 낳는 자동적 분석과 활용을 기대해서는 안 될 것이다. 그런데도 전문 분석인력과 전문가의 도움은 필요하다. 또 세계 경제포럼이 빅데이터 기술을 2012년 떠오르는 10대 기술 중 첫 번째 기술로 선정했으며, 대한민국 지식경제부 R&D 전략기획단은 IT 10대 핵심 기술 중 하나로 지정하는 등 거부할 수 없는 추세임은 확실하다. 고객과의 상호작용에서 중심 역할 수행이 미래의 마케팅 역할이고 이를 위해 비즈니스 인텔리전스(business intelligence)를 만드는 일이 중요하다면, 빅데이터의 이해와 활용을 마스터하는 일(물론 협업으로 수행하겠지만) 또한 기업 마케팅 기능의 핵심 역할이라고 할 수 있다.

최근 마케팅 애널리틱스의 진전 · 미래와 마케팅 시사점을 제시한 연구가 있다.[26] 이 연구에 따르면 애널리틱스는 향후 마케팅 실무뿐만 아니라 연구와 교육의 지형을 많이 바꿀 것으로 보인다. 〈그림 19-7〉처럼 빅데이터는 설명했듯이 전에는 없었던 유형의 데이터(예: 비정형 텍스트 등의 데이터들)가 확보되고 새로운 애널리틱스 분석방법[27]이 등장하면서 기업의 마케팅전략 의사결정에 영향을 미칠 것이다. 구체적으로 마케팅 애널리틱스의 기능성이 발전되고 CRM, 개인화 및 맞춤화, 마케팅믹스 영역에서 실증적 증거를 토대로 한 의사결정(evidence-based decision making)이 발전될 것이다. 물론 개별기업의 문화와 조직구조에 따라 차이가 있겠지만, 전반적으로 이러한 발전이 기업 실무에 적용되면서 기업에서 필요로 하는 새로운 역량을 갖춘 인재의 모습이 구체화될 것이다. 이러한 인재의 기대 역량을 토대로 학교에서는 새로운 방식의 마케팅 애널리틱스 교육 및 훈련이 발전될 것이다. 새로운 애널리틱스 역량을 구비한 기업과 인재에 의해 마케팅 애널리틱스의 미래는 계속 진화 · 발전할 것이다.[28] 한편 빅데이터 활성화에 대한 가장 큰 걸림돌 요인은 개인 사생활 보호와 정보 보안이다. 이 마찰이 사회적 이슈가 되면 빅데이터 분석 · 응용의 활성화와 발전은 더딜 것이다.

그림 19-7 마케팅 애널리틱스의 영향에 관한 개념도

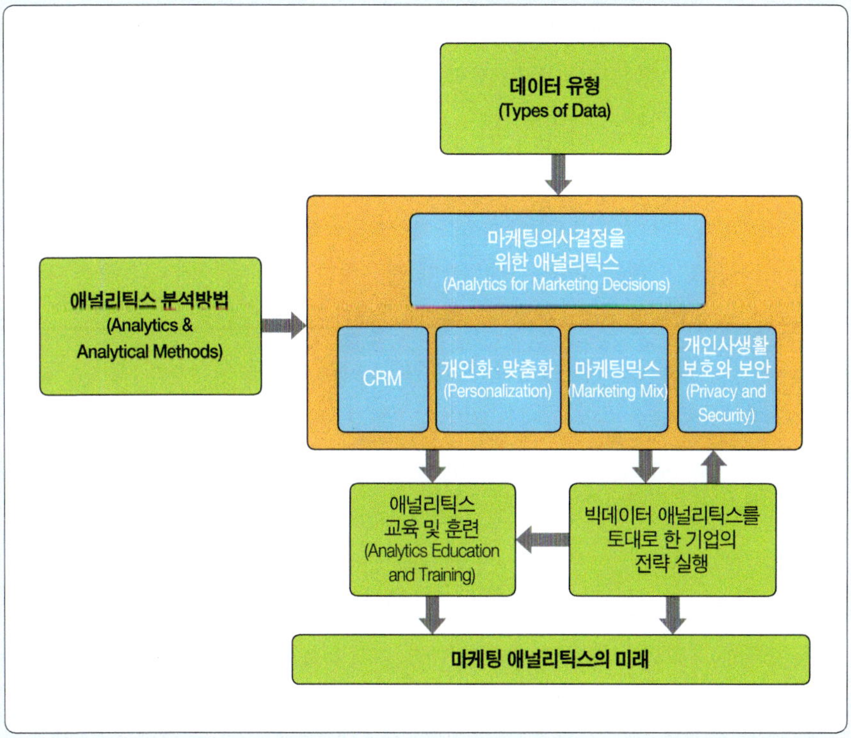

출처: Wedel, M. and Kannan, P. K., "Marketing Analytics for Data-Rich Environments," *Journal of Marketing*, 80, 2016, p. 98의 도표 1.

적응적 마케팅 역량의 세부 구성요인(2): 적응적 시장실험

적응적 마케팅 역량의 두 번째 구성요인은 적응적 시장실험(adaptive market experimentation)이다. 시장실험은 경계를 게을리하지 않는 시장학습이 어려우므로 필요하다. 인간의 소비행동은 예측하기도 미래의 시장을 예측하기도 힘들며, 다양한 경영환경요인들이 변화하고 있음을 고려할 때, 제품 · 브랜드 · 기업의 노력은 '미리 완벽하게 계획한' 방식으로 실현하기 어렵다. 따라서 기업은 소규모 방식으로 많은 실천적 활동을 취하고 그 결과를 취합해 미래의 전략들을 수정해 나가는 '적응적 · 실험적' 도전정신을 강화해 나가야 한다.

우리는 아이폰의 성공을 통해 아이폰이 매우 완벽한 계획의 산물로 알고 있지만, 사실은 그렇지 않다. 아이팟 출시 시점에서 3년 후, 애플은 모토로라와의 제휴를 통해 뮤직폰을 생산하기로 했고, 그 결과 2004년 ROKR폰이 탄생했다. 애플과 모토로라는 두 회사의 표적시장 소비자들이 공통으로 사용하는 두 가지 장치, 즉 휴대폰과 MP3 플레이어를 결합함으로써 그 인기를 활용할 수 있을 것이라는 데 큰 희망을 걸고 있었다. 또 애플이 콘텐츠에 대한 접근성을 저렴한 가격으로 제공하고, 모토로라에서 휴대폰 제조기술과 마케팅 경험을 제공할 이 파트너십은 너무나 완벽한 계획처럼 보였다. 하지만 스프린트(Sprint)나 싱귤러(Cingular)와 같은 이동통신전화 서비스업체들이 설명했듯, ROKR폰은 예상치 못했던 커다란 결함을 가지고 있었다. 즉, 이동통신전화 서비스업체들은 고객들이 노래를 다운로드받을 때 사용하는 시간과 구매가격에서 이익을 얻고 있었는데, ROKR폰은 OTA (Over The Air)를 통한 노래 구매가 불가능하고 아이튠스(iTunes)를 통해 구매한 노래만 재생할 수 있었다. 따라서 이동통신전화 서비스업체로서는 ROKR폰을 통해 얻는 수익이 훨씬 적었고, 그 결과 ROKR폰 판매를 적극적으로 지원하지 않았다(**파트너 소유 터치포인트에서 치명적 결점이 있었다**). 또 고객 입장에서는 ROKR폰에 음악을 업로드하는 시간이 너무 오래 걸리고, 용량의 제약(100곡까지)이 있으며, 아이튠스를 사용할 경우 속도가 너무 느린 점에 크게 실망했다(**브랜드 소유 터치포인트의 문제**). 따라서 ROKR폰이 가진 절반의 기능, 즉 MP3 플레이어를 대체하는 기능은 사용자들을 만족시키지 못했고 결국, 출시 후 1년도 안 되어 모토로라는 애플과의 파트너십을 중단하고, 차세대 ROKR폰은 아이튠스를 사용하지 않을 것이라고 발표했다.

그런데 이러한 실패에도 애플은 아이폰을 개발하기로 하고, 아이폰의 출시와 관련해 두 가지 중대한 결정을 내린다. 하나는 휴대폰에 관한 구매프로세스를 재설계하는 것이었고, 다른 하나는 애플이 아이폰만 가진 새로운 아이팟 기능을 도입하는 것이었다. 휴대폰 구매프로세스의 편의성 향상을 위해, 애플은 간소화를 통해 구매와 관련한 고객들의 번거로움을 최대한 줄이고자 했다. 예를 들어 휴대폰을 쇼핑하러 나가는 것을 싫어하는 고객을 위해 온라인 구매를 가능하게 하고, 아이튠스를 통해 등록 절차를 밟을 수 있게 했다. 누구보다 아이폰을 빨리 사용하고 싶어 하는 사람들을 위해서는 AT&T 영업소와 애플 스토어에서 무위험 시험 사용기회를 제공하였다(**파트너 소유 터치포인트의**

조정과 새로운 브랜드 소유 터치포인트의 개발). 또 사용자 경험과 관련한 모든 것을 관리할 수 있도록 아이폰에 관한 고객서비스와 트러블슈팅에 관한 통제까지도 애플이 직접 맡기로 했다. 나아가 애플은 시장에서 이용 가능한 다른 뮤직폰들과 아이폰을 차별화하기 위해 새로운 기능들을 개발했다. 기술에 민감하고 미래지향적인 고객들을 위한 특별한 가치를 창출하기 위해 터치스크린과 무선 기능 그리고 크기가 훨씬 큰 표시화면을 갖춘 아이폰을 설계했고, 이러한 기능들을 2007년 말까지 아이팟터치(iPod Touch)에 추가했다(**브랜드 소유 터치포인트의 개선**). ROKR폰의 실패와 아이폰의 높은 제품가격 그리고 기존의 이동통신전화 서비스업체와 주로 장기 요금상품 계약을 맺는 고객들의 성향에도 불구하고 고객들은 출시 첫날부터 아이폰을 구매하려고 거리마다 줄을 섰고, 2007년 말 〈타임〉지는 아이폰을 '올해의 발명품'으로 선정했다. 실패에서 배운 교훈을 바탕으로 새로운 가치를 창출하고, 그 가치를 소비자에게 제공하기 위해 앞으로 나가는 적응적 시장실험은 직원에게 끈기와 인내를 배양하는 밑거름이다. 이보다 더 중요한 시사점은 CX의 최적화는 적응적 시장실험과 같은 접근방법으로 지속적으로 개선되며 이루어진다는 점이다.[29] 애플은 CDJ 단계들 중 구매 단계의 경험, 구매 이후 단계의 제품사용경험을, 즉 CDJ별 CX를, 새로운 터치포인트의 개발과 기존 터치포인트의 개선으로 증진했다. 다시 말해 'CDJ와 CX 프로세스 모델'로 고객 불만과 문제점을 파악하여 해결한 것이다.

적응적 마케팅 역량의 세부 구성요인(3): 오픈 마케팅

마지막 세 번째 구성요인은 오픈 마케팅의 실행이다. 체스브로우(Chesbrough)가 개방형 비즈니스모델[30]의 중요성을 소개한 이래, 새로운 가치를 창출하여 고객에게 제공하기 위해 기업이 다양한 파트너와 협력해야 함은 더는 강조하지 않아도 될 것 같다. 최근에는 협력을 넘어서서 가치의 공동창출까지 활성화되고 있다(온라인사이트 참조).

전술한 두 가지의 세부 구성요인들을 실행하기 위해 기업은 다양한 마케팅 파트너와 협력해야 한다. 특히 다양한 고객 그룹, 마케팅 컨설팅 회사, 광고 등 다양한 커뮤니케이션 대행사, 다양한 종류의 시장조사 파트너(특히, 빅데이터 분석 파트너가 중요함), 실험 수행 파트너 등과 시장학습과 적응적 시장실험을 협력하여 실행함으로써 새로운 가치를 공동으로 디자인하는 개방성과 협력의 확대가 필요하다. 이미 CEM의 구성요인으로 외부 파트너와 네트워크(생태계) 관리가 중요함을 제시하였다. 오픈 마케팅 역량과 동일한 개념이다. 참고로 〈그림 19-8〉은 미국의 빅데이터 생태계(Ecosystem)의 모습을 2012년과 2017년을 대비하여 보여주고 있다. 짧은 시간에 엄청난 속도로 생태계가 확장됨을 느

그림 19-8 미국의 빅데이터 생태계(Ecosystem) 모습: 2012년 對 2017년

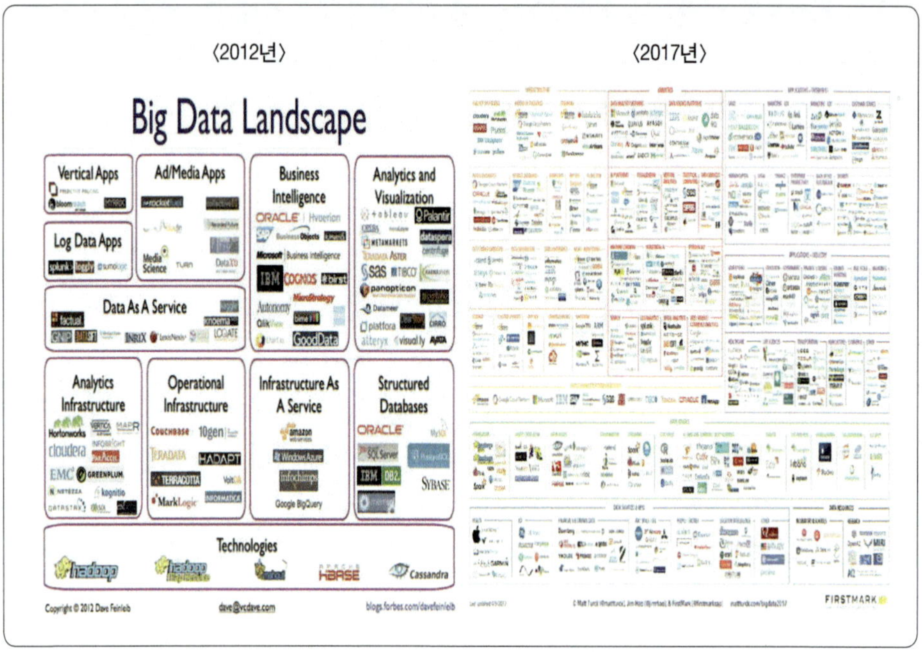

출처: 남중구박사 강의안("Big Data from the Perspective of Engineer", 서울시립대학교 일반대학원 시장조사입문과목, 2017년 5월 31일)

낄 수 있다. 이를 토대로 할 때 미국의 경우 상호작용 마케팅과 CEM이 빠른 속도로 발전하고 있음을 유추할 수 있다.

적응적 마케팅 역량의 구현과 축적

〈그림 19-9〉는 기업에서 적응적 마케팅 역량을 구현하는 방식을 제시하고 있다. 적응적 마케팅 역량은 18장에서 설명한 비즈니스모델로 구현해야 한다. 이에 따라 마케팅 실행이 이루어지고 그 결과에 따라 비즈니스모델과 마케팅 역량을 계속해서 수정하고 다시 실행에 옮겨야 한다. 이 과정을 거쳐 그 기업의 마케팅 역량을 축적하는 것이 바로 디지털 기술환경에 필요한 미래지향적 마케팅의 핵심 사항이다.

물론, 이 프로세스를 관장하는 비즈니스와 마케팅 최고경영진의 리더십은 매우 중요한 요건이다. 또 이 프로세스를 담당하는 조직의 디자인 역시 미래 비즈니스의 성공을 좌우할 것이다. 현재 미국의 선진 기업들에서는 새로운 형태의 CDJ · CX 관리조직이 이미 등장하고 있다(〈그림 19-4〉 참조).

미래지향적 마케팅의 핵심 기능은 세 가지 구성요인인 경계를 게을리하지 않는 시장학습, 적응적 시장실험과 오픈 마케팅의 실행으로 고객과 기업의 대화(상호작용)에서 중

그림 19-9 **기업에서 적응적 마케팅 역량을 구현하는 방식**

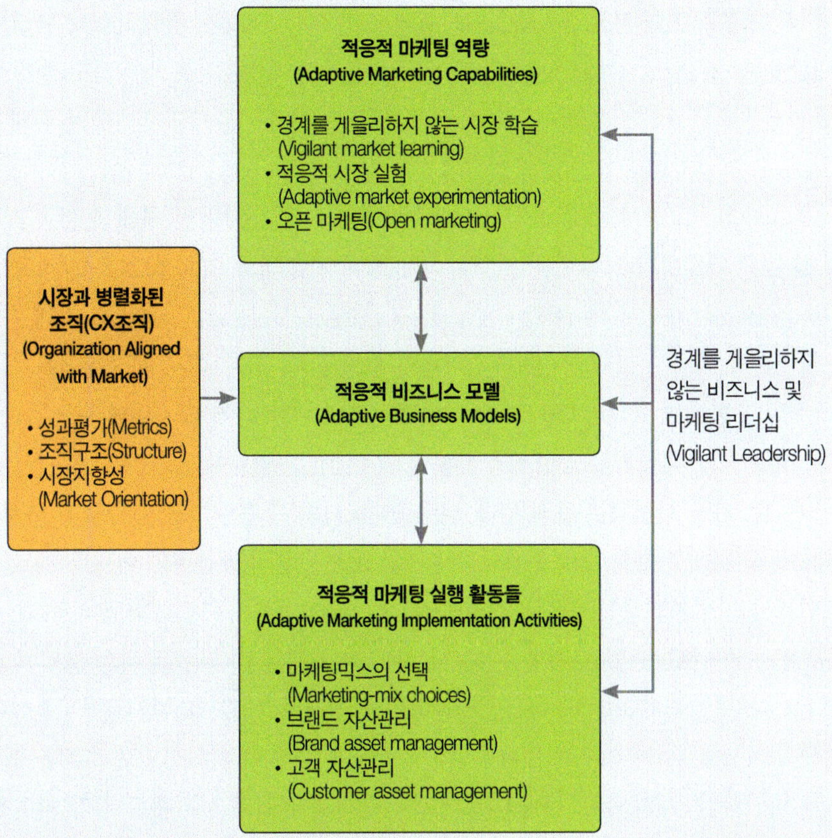

출처: Day, George S., "Closing the marketing Capabilities Gap," *Journal of Marketing*, 75(July), 2011, p. 191의 [그림 5].

심 역할을 하면서 기업의 핵심비즈니스 프로세스의 변화와 발전을 선도적으로 지원해야 한다. 앞서 디지털 비즈니스 환경과 마케팅 뉴트렌드 시대가 요구하는 고객 중점·초점 경영(customer centricity and customer focus)을 실행하기 위해서는 새로운 역량(예: CDJ와 CX의 프로세스 모델 파악 역량과 이를 위한 빅데이터 애널리틱스 역량, 플랫폼/네트워크 경제 환경에 적합한 파트너·네트워크 관리 역량 등)을 개발해야 하고, 탐색형 전략의 실행이 중요하다고 했다. 다시 말하여, CDJ와 CX의 프로세스 모델 파악 역량과 이를 위한 빅데이터 애널리틱스 역량은 시장학습으로, 외부 파트너·네트워크 관리 역량의 개발은 오픈 마케팅으로 구현되어야 한다.

그런데 적응적 마케팅 역량과 같은 탐색 역량은 하루아침에 개발되지 않음을 명심해야 한다. 특히 자사의 의도·비전 그리고 현재의 역량 수준에 따라 탐색 역량의 개발 프로세스는 점진적 혁신과 급진적 혁신의 연속선에서 접근되어야 한다. 특히 CEM과 관련하여 네 가지 수준의 탐색 역량(적응적 마케팅 역량) 개발 접근방법이 있다.[31] 〈그림 19-5〉의 'CDJ와 CX의 프로세스 모델'을 토대로 생각하면, 가장 점진적으로 탐색 역량을 개발하는 접근방법은 CDJ 단계별로 전통적 방식의 시장조사를 실시하고 현장에 나가 고객행동을 관찰하고 고객과 소통하는 방법 등을 사용·분석하여 기업의 현재 터치포인트들을 점진적으로 개선하는 것이다(수준 1의 CEM 탐색 역량 = 터치포인트 대응(touchpoint adaptation) 역량). 두 번째 수준의 접근방법은 기존의 시장조사방법 외에 오픈 마케팅을 통해 새로운 애널리틱스 방법을 도입하여 표적시장 고객의 CDJ별 CX를 파악하는 것이다(수준 2의 CEM 탐색 역량 = 터치포인트 모니터링(touchpoint monitoring) 역량). 세 번째 수준의 접근방법은 표적시장 고객의 CDJ별 CX 파악(두 번째 수준)을 토대로 시장실험을 실시하고 각 터치포인트의 효과를 파악하여 터치포인트에 대한 마케팅 자원배분을 효과적으로 개선하는 것이다(수준 3의 CEM 탐색 역량 = 터치포인트 자원배분(touchpoint prioritization) 역량). 네 번째, 즉, 가장 혁신적 수준의 탐색 역량(적응적 역량) 수준은 그동안 축적된 터치포인트 역량들을 토대로 통합적 수준에서 기존 터치포인트들의 개선뿐만 아니라 새로운 터치포인트들을 디자인하는 수준을 뜻한다(수준 4의 탐색 역량 = 터치포인트 디자인(touchpoint design) 역량). 이 수준에 있는 기업은 〈그림 19-5〉의 'CDJ와 CX의 프로세스 모델'을 구축하여 CX 디자인, 즉 CDJ별 터치포인트 디자인을 실시하고, 그 효과를 측정·분석하고, 다이내믹스(Dynamics)와 외부 환경요인의 영향까지 파악하여 지속적으로 CEM을 업그레이드해 나간다. 학계와 실무 동향을 토대로 판단하면 구글과 아마존은 가장 혁신적 수준인 수준 4의 CEM을 펼치고 있는 것으로 유추된다. 우리나라의 경우는 네이버와 같은 디지털 선도 기업의 CEM은 상당히 높은 수준에 도달했으나, 많은 기업들이 아직은 수준 1 또는 수준 2의 CEM을 구현하고 있는 것으로 추정된다. 다음 개정판에는 기업들의 탐색 역량(적응적 마케팅 역량) 관점에서 수준 3과 4의 CEM을 구현하는 우리나라 기업들의 사례를 수록하기를 희망하면서 본 장과 본 서적의 집필을 마친다.

이 장의 요약

- 마케팅 활동에 영향을 미칠 주목할 만한 미래기술과 마케팅 시사점을 살펴봤다. 다양한 디지털 기술과 Industry 4.0 관련 기술들, 디지털 기술변화 관련 고전적 법칙들(무어의 법칙, 멧캘프의 법칙, 길더의 법칙, 저장의 법칙, 소프트웨어의 법칙)은 기업의 가치사슬 활동을 더욱 효율적 · 효과적으로 만들 뿐만 아니라 새로운 비즈니스와 시장을 창출하고 있다.

- 마케팅 뉴트렌드 기술 · 기능성은 콘텐츠, 소셜, 빅데이터, 컨텍스트, 실제와 디지털의 혼합, 연결된 고객 분야에서 브랜드 인지 · 고객 인게이지먼트 · 개인화/맞춤화 및 측정 증진이라는 목표를 향해 다양하게 개발 · 활용되고 있다. 웨어러블 기술은 효과적 타깃팅(targeting)의 가능성, 그러나 사생활 침해에 대한 우려와 연관된다. 증강 현실 기술은 고객 인게이지먼트의 증진, 인공지능 기술은 개인화 및 맞춤화의 증진, 3D프린팅은 맞춤화의 증진, IoT는 고객 인게이지먼트와 고객경험의 증진을 제공할 것이다. 가치사슬 경쟁력 증진을 위한 전통적 비즈니스 프로세스와 달리 IoT 관점의 비즈니스 · 마케팅의 가치창출과 획득 과정은 개별화, 맞춤화, 플랫폼 · 네트워크 효과와 생태계관리 경쟁력 강화에 중점을 두고 있다.

- 새롭게 떠오르고 있는 상호작용 마케팅(interactive marketing)을 학습했다. 상호작용성은 양방향성, 동시성, 통제에 따라 달라진다. 기업-고객 상호작용성 증진을 위한 주요 수단은 개인화, 맞춤화, 가치의 공동창출이다. 능력 통제, 인지 통제, 선택 통제로 구성된 고객의 통제권이 높아지고 있는데 고객 통제권이 발휘되는 첫 번째 상호작용은 기업에 대한 고객의 전략이나 행동을 뜻하는 고객-기업 상호작용이다. 이 상호작용은 옴니채널, 실시간채널, O2O 서비스 제공으로 관리되고 있다. 고객 통제권이 작동하는 두 번째 상호작용은 고객-고객 상호작용인데 새로운 CDJ에서 고객의 Ask(질문)와 Advocate(옹호) 역할에 주목해야 한다. 기업-기업 상호작용성의 경우 B2B에서도 디지털의 영향력이 높아지고 있다. 이 상호작용은 공동생산(co-production), 크라우드 소싱 등 다양한 협업과 가치의 공동창출(value co-creation) 노력으로 이어질 수 있다.

- 고객 통제권이 강화됨에 따라 복잡하고 다양한 CDJ가 등장하고 있다. 따라서 기업의 CDJ 파악 능력이 중요하다. 이 능력을 토대로 고객 통제권을 강화시키면서 고객 경험의 최적화를 추구할 수 있다.

- 새롭게 떠오르고 있는 고객경험관리(CEM)를 살펴봤다. 실무에서는 미국의 일부 선진 기업들의 경우 강하고 긍정적인 CX 창출을 기업 관리활동의 주요 목표로 설정하고 CX 직무조직을 운영하고 있다. CX와 CEM에 대한 주목과 관심의 원인들로는 다양하고 복잡한 CDJ, 뉴노멀이 된 옴니채널관리, 고객-고객 상호작용, 즉, 고객의 사회적 힘(고객 통제권) 증대가 있다. 감소되고 있는 기업 통제권을 감안할 때 CX와 CDJ의 효과적 관리는 기업의 주요 과제가 되었다.

- 총체적 고객 경험(CX)이란 고객의 전체 CDJ 동안 다양한 기업오퍼링(제품 · 서비스 · 커뮤니케이션 등)에 대한 고객의 인지적 · 감성적 · 행동적 · 감각적 · 사회적 반응으로 구성된 다차원적 개념이다. 마케팅 뉴트렌드 시대에 기업은 'CDJ와 CX의 프로세스 모델'로 CDJ와 연관된 CX를 파악하여 관리해야 한다. 고객경험관리(CEM)의 주요 구성요인은 CX 디자인(CDJ별 터치포인트 디자인), 외부 파트너와 네트워크(생태계) 관리, 그리고 내부 실행조직의 구축이다.

- 고객 관점에서 볼 때 마케팅 뉴트렌드 시대의 시사점은 고객 선택의 시대이면서 동시에 고객 혼란의 시대라는 점이다. 이에 따라 기업 관점에서는 고객 통제권 강화 경쟁력과 고객 중점 경영 수행이 중요하다. 기업의 역량은 크게 활용 역량과 탐색 역량으로 구분되는데, 활용 역량은 보유하고 있는 핵심역량의 활용을 뜻한다. 탐색 역량은 신규 역량 탐색과 개발을 의미하며 세부 종류로는 동태적 역량 탐색 · 개발(Inside-out)과 적응적 마케팅 역량 탐색 · 개발(Outside-in)이 있다. 활용 역량과 탐색 역량의 균형을 맞춘 '양손잡이' 조직전략이 중요하다. 이 전략은 환경과 경쟁의 요구조건 그리고 자사의 의도 · 비전에 의해 결정되어야 한다. 디지털 비즈니스 환경에서는 탐색형 전략의 선택 실행이 중요하며 마케팅 관점에서의 탐색 역량인 적응적 마케팅 역량의 탐색 · 개발이 중요하다.

- 적응적 마케팅 역량은 경계를 게을리하지 않는 시장학습, 적응적 시장실험, 오픈 마케팅이라는 세부 요인들로 구성된다. 적응적 마케팅 역량은 적응적 비즈니스모델과 이를 토대로 한 적응적 마케팅 실행 활동들로 구현되어야 한다. 또한 경계를 게을리하지 않는 비즈니스 및 마케팅 리더십과 시장과 병렬된 CX조직이 적응적 마케팅 역량의 구현에 중요한 영향을 미친다.

주요 개념 목록

구글 트렌드 분석 / Industry 4.0 / 무어의 법칙 / 멧캘프의 법칙 / 길더의 법칙 / 저장의 법칙 / 소프트웨어의 법칙 / 콘텐츠 기술 / 소셜 기술 / 빅데이터 / 컨텍스트 기술 / 실제와 디지털 세계의 혼합(O2O) / 연결된 고객 / 브랜드 인지 / 고객 인게이지먼트 / 개인화와 맞춤화 / 웨어러블 기술 / 증강 현실 기술 / 인공지능 기술 / 3D프린팅 / 사물인터넷(IoT) / 플랫폼 / 네트워크 효과 / 생태계 / 상호작용성 / 양방향성 / 동시성 / 통제 / 가치의 공동창출 / 기업-고객 상호작용 / 고객-기업 상호작용 / 고객-고객 상호작용 / 기업과 기업 상호작용 / 고객 통제 / 능력 통제 / 인지 통제 / 선택 통제 / CDJ / 'Aware-Appeal-Ask-Act-Advocate' CDJ / 공동생산 / 크라우드 소싱 / 협업 / 고객경험관리 / 고객 경험 직무조직 / CCXO / CXVP / CXM / 스크럼 팀 / 총체적 고객 경험 / CDJ와 CX의 프로세스 모델 / 브랜드 소유 터치포인트 / 파트너 소유 터치포인트 / 고객 소유 터치포인트 / 소셜 · 외부 소유 터치포인트 / 다이내믹스 / CX 디자인 / CDJ별 터치포인트 디자인 / 외부 파트너와 네트워크(생태계) 관리 / 고객 선택의 시대 / 고객 혼란의 시대 / 고객 통제권 강화 경쟁력 / 고객 중점 경영 / 활용 역량 / 자원기반 관점의 역량 / 시장지향 관점의 역량 / 탐색 역량 / 동태적 역량 / 적응적 마케팅 역량 / 양손잡이 조직전략 / 경계를 게을리하지 않는 시장학습 / 적응적 시장실험 / 오픈 마케팅 / 적응적 비즈니스 모델 / 적응적 마케팅 실행 활동들 / 경계를 게을지하지 않는 비즈니스 · 마케팅 리더십 / 시장과 병렬된 CX조직 / 하둡 / 빅데이터 애널리틱스 / 마케팅 애널리틱스 / 터치포인트 대응(touchpoint adaptation) / 터치포인트 모니터링 / 터치포인트 자원 배분(touchpoint prioritization) / 터치포인트 디자인

생각해볼 문제

1. 디지털과 관련하여 성공한 기업 한 곳을 선택한 후, 이 기업의 성공을 기술의 기능성과 활용(마케팅과의 연계) 측면에서 설명하고 시사점을 제시하시오.
2. 디지털 기술 등을 이용해서 새로운 비즈니스나 시장을 창출한 사례들을 조사하여 제시하시오. 그중에서 제일 관심이 가는 사례 한 개를 선택하여 어떻게 새로운 비즈니스를 창출했는지 심층 분석하여 설명하시오.
3. 웨어러블 기술, 증강 현실 기술, 인공지능 기술, 3D프린팅 기술, IoT 중 한 분야를 선택해서 이러한 기술들이 기업 오퍼링(제품 · 서비스)에 적용된 사례를 분석 · 설명한 후, 향후의 고려사항과 전망을 제시하시오.
4. 카카오, 라인, 위챗, 알리바바, 인도의 플랫폼, 또는 본인이 관심 있게 생각하고 있는 플랫폼 사례들 중 한 개를 선택하여 이 회사가 플랫폼전략을 어떻게 수행하고 있는지, 네트워크 효과는 어떻게 창출하고 있는지, 주요 수익모델은 무엇인지를 분석 · 설명한 후, 이 회사의 현재 경쟁력과 미래 경쟁력을 평가하여 제시하시오.
5. 개인화, 맞춤화, 가치의 공동창출 중 한 주제를 선택하여 상호작용 마케팅을 잘 수행하고 있는 기업의 활동들을 분석 설명한 후, 이 기업의 향후 과제를 제시하시오.
6. 고객통제권 경쟁력이 높은 기업과 그렇지 않은 기업을 선택하여 비교분석한 후 그 결과를 제시하시오.
7. 기업과 기업 상호작용을 잘 하고 있는 회사의 사례를 탐색하여 잘 하고 있는 상세 내용을 분석 · 설명하시오.
8. 우리나라에서 CX 직무조직 기능을 도입한 회사가 있는지를 조사하고 그 형태를 제시하시오.
9. 우리나라에서 옴니채널과 O2O를 하고 있는 기업들 중 한 기업을 선택하여 그들의 활동을 탐색하여 정리한 후, 고객경험을 기준으로 할 때 잘 하고 못 하고 있는 활동들을 CDJ 단계별로 제시하시오.
10. 여러분들이 관심을 가지고 있는 제품 · 서비스 중 하나를 선정한 후, 여러분의 입장에서 이 제품과 서비스가 고객과 상호작용하는 마케팅 활동들을 CDJ 단계별로 분석하고 보완해야 할 약점(pain points)과 이를 보완할 수 있는 터치포인트 아이디어를 제시하시오. 과제를 수행할 때 CDJ와 CX의 프로세스 모델을 활용하시오.
11. 우리나라에서 빅데이터 애널리틱스를 잘 활용하고 있는 사례들을 탐색한 후, 한 사례를 선정한 후 어떠한 측면에서 잘 하고 있는지, 향후 더 발전시켜야 할 과제들은 무엇인지를 설명하시오.

1 본 서적 5판에서는 디지털 마케팅이라는 별도의 장을 마련하여 설명했다. 이번 6판에서는 디지털 마케팅의 내용을 STP와 마케팅믹스의 각 장에 관련된 내용들을 분산 · 배치하였다(5판 서문에서 예측한 6판의 모습이 실현됨). 그만큼 디지털 기술 변화를 토대로 한 마케팅의 변화가 빨리 진전되고 있기 때문이다. 이번 장에서는 이러한 진전이 가져오는 마케팅의 미래를 조망하고 이 조망과 관련해 새롭게 등장하고 있는 마케팅 frame의 내용들을 살펴본다.

2 이 절의 내용은 고려대학교 경영학과 유시진교수의 도움으로 작성되었다.

3 Moore, G., "An Update to Moore's Law," 1997, http://www.intel.com/pressroom/archive/sppeches/gem93907.html; 무어의 법칙 이후 황의 법칙(과거 삼성전자 황창규 사장이 무어의 법칙보다 더 빠른 속도로 반도체 칩의 집적 용량이 증가됨을 제시), 또 그 이후 더 빠른 속도로 집적 용량이 증가됨으로 이러한 법칙들을 고전적 법칙이라고 부른다.

4 Gilder, G., "Metcalfe's Law and Legacy," 1993, http://www.global.forbes.com/asap/gilder/telecosm4a.html.

5 McKenna, R., *Total Access*, Boston: Harvard Business School Press, 2002, pp. 62-66; 사실, 멧캘프의 법칙을 명명한 사람도 바로 길더였다.

6 Ibid., pp. 66~70.

7 Ibid., pp. 70~73.

8 Salkowitz, R., "Dollars, Bits, and Atoms: A Roadmap to the Future of Marketing," *The Report presented by Microsoft*, 2013.

9 예를 들어 네이버는 관련 기술 전문가의 적극적 영입을 추진하고 있고 창업자 이해찬 의장은 관련 기술 동향과 기술창업 또는 벤처사를 탐색, 인수하기 위해 아예 유럽에 상주하고 있다고 한다. 최근 미국의 앤비디아, 구글, 애플 등이 서울대학교와 카이스트 대학원 졸업생들의 논문도 직접 검토하며 적극적으로 영입 스카우트를 하고 있는 것을 보면, 플래닝에 중점을 둔 4차 산업혁명에 관한 연이은 담론, 정책과 계획 자체가 무슨 의미가 있을까 하는 염려가 든다. AI의 개인적 학습을 위한 오픈소스 정보를 제공하니 관심 있는 사람들은 스스로 추가 학습을 할 수 있을 것이다(모두를 위한 머신러닝/딥러닝 강의 사이트: https://hunkim.github.io/ml/).

10 이 절의 내용은 서울시립대학교 경영학부 송지희교수의 도움으로 작성되었다.

11 Kotler, P., Kartajayam H., and Setiawan, I., *Marketing 4.0*, Wiley, 2017.

12 관련 내용은 서울시립대학교 경영학부 장우정교수의 도움으로 작성되었다.

13 이 절의 내용은 Lemon, K. N. and Verhoef, P. C., "Understanding Customer Experience Throughout the Customer Journey," *Journal of Marketing*, 80(Nov.), 2016, pp. 69~96과 Homburg, C., Jozié, Kuehnl, C., "Customer Experience Management: Toward Implementing an Evolving Marketing Concept," *Journal of the Academy of Marketing Science*, 45, 2017, pp. 377~401을 토대로 작성되었다.

14 Accenture, "Improving Customer Experience Is Top Business Priority for Companies Pursuing Digital Transformation, According to Accenture Study," news release, (October 27), 2015 [https://newsroom.accenture.com/news/improvingcustomer-experience-is-top -business-priority-for-companiespursuing-digital-transformation-according-to-accenture-study.htm].

15 아직 CX · CDJ 직무조직까지 구비되지는 않았지만, 현대자동차 · 기아자동차의 경우 CX 최적화, CDJ 단계별 최적화된 터치포인트의 구축과 활용은 마케팅 사업본부의 중요한 과제로 자리 잡고 있다. 제조업이 이러한 동향을 보이고 있음을 감안할 때 우리나라의 경우 디지털 서비스 사업 등이 중점 사업인 인터넷 회사, 유통소매회사, 정보통신 회사 등은 CX 최적화를 기업 경영활동의 높은 우선순위로 설정하고 있을 것이다. 다만, 아직까지 우리나라 회사의 경우 CX · CDJ 직무조직까지 구비된 경우는 쉽게 목격되지 않으며 대신 디지털 팀 또는 관련 직무조직이 더 흔히 발견되고 있다.

16 물론 다른 유형 분류도 있다. Paid 미디어 · 터치포인트(기업이 구매하는 미디어), Owned 미디어 · 터치포인트(기업이 '소유'하는 미디어로 자사의 기업 및 브랜드 웹 사이트 등이 있음), Earned 미디어 · 터치포인트(기업이 '얻게 되는' 미디어로 신용 및 평가를 얻게 되는 미디어임. SNS, 블로그, 트위터 등의 소셜 사이트 등이 있음) 유형 분류와 비교할 때 살펴본 유형은 비슷하지만 터치포인트의 범위가 훨씬 넓다. 살펴본 유형은 미디어뿐만 아니라 유통 채널 파트너, 고객, 상황 등을 터치포인트에 담고 있다. 또한 Paid와 Owned 터치포인트는 브랜드 소유와 파트너 소유 터치포인트와 비슷하고, Earned 터치포인트는 소셜/외부 터치포인트와 비슷하다. 또 다른 유형 분류로는 기업주도형 터치포인트와 고객주도형 터치포인트가 있다. 살펴본 유형 중 브랜드 소유와 파트너 소유 터치포인트는 기업주도형 터치포인트에 해당하고, 고객 소유와 소셜/외부 소유 터치포인트는 고객주도형 터치포인트에 해당한다. 즉 살펴본 유형이 더 상세하다.

17 Bitner, M. J., Ostrom, A. L., and Morgan, F. M., "Service Blueprinting: A Practical Technique for Service Innovation," *California Management Review*, 50(3), 2008, pp. 66~94; Dunne, D. and Martin, R., "Design Thinking and How It Will Change Management Education: An Interview and Discussion." *Academy of Management Learning & Education*, 5(4), 2006, pp. 512~523.

18 Makadok, R., "Toward a Synthesis of the Resource-Based and Dynamic-Capability Views of Rent Creation," *Strategic Management Journal*, 22(5), 2001, pp. 387~402.

19 Day, G. S., "The Capabilities of Market-Driven Organizations," *Journal of Marketing*, 58(4), 1994, pp. 37~52.

20 Teece, D. J., *Dynamic Capabilities and Strategic Management*, Oxford University Press, 2009; Teece, D. J. and Shuen, A., "Dynamic Capabilities and Strategic Management," *Strategic Management Journal*, 18(7), 1997, pp. 509~533.

21 Day, G. S., "Closing the Marketing Capabilities Gap," Journal of Marketing, 75(4), 2011, pp. 183~195.

22 Lyons, D., "The Consumer Is Always Right," *Newsweek,* January, 4, 2010, p. 85.

23 Raisch, S., Birkinshaw, J., Probst, G. and Tushman, M. L. "Organizational Ambidexterity: Balancing Exploitation and Exploration for Sustained Performance," *Organization Science*, 20(4), 2009, pp. 685~695.

24 애플의 내용은 Grewal and Levy, *Marketing*, 2nd ed., International Ed., McGraw-Hill, 2010의 사례 내용과 "Apple, Inc. in 2010," *Harvard Business Case*의 내용을 활용해 구성하였다.

25 다음의 간략한 정의는 전문가들(서강대 김주영교수, 서울시립대 장남식교수와 강영선교수)에게 도움을 받았다.
- 전통적 데이터마이닝 기법: 대용량 데이터베이스에 있는 데이터에서 패턴인식, 통계적 기법, 인공지능 기법 등을 이용해 숨겨져 있는 데이터 간의 상호관련성과 유용한 정보를 추출한다.
- 텍스트 마이닝 기법: 텍스트 기반의 데이터에서 새로운 정보를 발견할 수 있도록 정보검색, 추출, 체계화, 분석 등을 모두 아우르는 Text-processing기술과 처리 과정을 포함한다.
- 오피니언 마이닝기법: 텍스트 마이닝의 관련 분야로 오피니언 마이닝 혹은 평판분석(Sentiment Analysis)이라고 불리는 기술로 소셜미디어 등의 정형 · 비정형 텍스트의 긍정(Positive), 부정(Negative), 중립(Neutral)의 선호도(작자의 의견이나 감정 등)를 판별하는 기술이며, 대용량 소셜미디어를 언어분석을 기반으로 정보추출을 통해 이슈를 탐지하고, 시간의 경과에 따라 유통되는 이슈의 전개 과정을 모니터링하고 앞으로의 추이를 분석하는 기술이다.
- 클러스터 분석: 다변하는 데이터 간의 유사도를 정의하고 각 데이터 간의 거리를 구하여 서로의 거리가 가까운 것부터 순서대로 합쳐가는 방법이다.

26 Wedel, M. and Kannan, P. K., "Marketing Analytics for Data-Rich Environments," *Journal of Marketing*, 80, 2016, pp. 97~121.

27 현재로선 대표적인 마케팅 애널리틱스로는 23의 후주 내용 외에 새로운 분석기법(Web analytics, CDJ analysis, Attribution modeling, Dynamic targeting, Integrated big data models, Social listening, Social network analysis 등)이 지속적으로 등장하고 있다(Verhoef, P. C., Kooge, E., and Walk, N., *Creating Value With Big Data Analytics*, Routledge, 2016과 후주 24 참조). 또한 학문적 연구를 토대로 하면 기존의 마케팅 애널리틱스 분석기법들은 이미 매우 발전되었는데, 특히 우리나라의 경우 실무 적용으로 잘 넘어오지 않았다. 대표적인 분석기법들은 수학/통계학, 계량경제, 계량심리 등을 토대로 서술적 분석(Descriptive Analytics), 진단적 분석(Diagnostic Analytics), 예측적

분석(Predictive Analytics)으로 분류되어 발전되어 오고 있다. 비정형 및 외부 데이터가 확보되고 있고 인지과학과 컴퓨터과학을 토대로 한 AI 분석기법 등 새로운 빅데이터 분석기법들이 기존의 기법들과 어떠한 방식이든 시너지를 만드는 애널리틱스의 미래는 새롭고 다양한 마케팅 인사이트 정보와 지식을 창출할 것으로 예상되고 있다. 특히 새로운 빅데이터 분석은 귀납적 방법으로 진행되어 "Small Statistics on Big Data"라고 불린다. 기존의 계량적 분석은 연역적 · 이론적 방법으로 진행되어 "Big Statistics on Small Data"라고 불린다. 이 두 방식의 시너지가 분석애널리틱스의 미래 과제이다.

28 이러한 예상은 미국의 상황을 토대로 한 것이며, 아쉽게도 우리나라의 경우는 미국과의 갭(gap)이 매우 크다. 전문가들의 의견을 토대로 할 때, 우리나라의 경우 빅데이터 애널리틱스의 적용 우선순위 영역은 제조업의 품질 신뢰성을 높일 수 있는 영역, 의료 진단 영역, 스마트 팜(farm) 등 새로운 스마트 비즈니스 영역, 디지털 콘텐츠(예: 게임, 뮤직, 포털/SNS/플랫폼 서비스 등의 음성인식, 번역 등)를 다루는 ICT 비즈니스 영역 등이며, 일반 B2C 마케팅 영역(예: 소비재나 내구재)의 경우 그 적용이 거의 일어나지 않고 있다고 한다. 이러한 기업들이 빅데이터를 수용하지 않는 주요 이유들로는 빅데이터 및 애널리틱스에 대한 투자 대비 성과의 낮은 기대 인식, 또 과거 CRM 투자에 묶여 타성(inertia: 11장 참조)에 빠져 있는 것, 전반적 지식 부족 등이 있다. 어쨌든 2017년부터 저자가 소속된 서울시립대학교 일반대학원 마케팅 프로그램은 이러한 트렌드를 토대로 국내에 있는 대표적 글로벌 마켓리서치(인텔리전스) 회사와 협업으로 애널리틱스 실무를 강조하는 MMI (Master of Marketing Intelligence) 과정을 개설하고 변신하는 노력을 경주하고 있다. 이러한 시도와 노력이 우리나라에서 더 확산되기를 희망한다.

29 이러한 방식은 실리콘 밸리의 많은 창업 · 벤처회사들이 비즈니스를 추진하는 방법인 agile 접근방법 또는 lean start-up 접근방법과 비슷하다. 〈그림 19-4〉의 '스크럼'이라는 용어는 이러한 실험정신의 의미를 담고 있다.

30 Chesbrough, H., *Open Business Models: How to Thrive in the New Innovation Landscape*, Boston: Harvard Business School Press, 2006.

31 Homburg, C., Jozié, Kuehnl, C., "Customer Experience Management: Toward Implementing an Evolving Marketing Concept," *Journal of the Academy of Marketing Science*, 45, 2017, pp. 377~401

찾아보기

국문

ㄱ

가격 믹스 300
가격 프리미엄 349
가격 하한선 372
가격 28, 432, 594
가격결정 427
가격목표 377
가격믹스 523
가격분산 357
가격비교 사이트 394
가격산정방법 383
가격에서의 혁신 605
가격의 전략적 중요성 367
가격인상 391
가격인하 392
가격전략 유형 378
가격전략 377
가격조정 391
가격-품질 관계 366
가상/증강현실 73
가상게임 세계 496
가상사회 세계 496
가용자원법 466
가족 126
가치(value) 5, 656
가치가격산정법(value pricing) 386
가치를 공동으로 창출하는 전략 (Value co-creation) 508
가치사슬 활동 620
가치사슬(value chain) 9, 37, 38, 171, 627
가치사슬분석(value chain analysis) 171, 185
가치의 공동창출(value co-creation) 287, 630, 633
가치의 동시창출 22
가치제안(Value Proposition) 42, 593
가치제안을 통한 혁신 601
가치제안혁신 595
가치창출(value creation) 593
가치혁신(Value Innovation) 586, 594, 601
간접 유통경로(Indirect Channel Systems) 407, 416
간접비용의 할당 567
갈등해결 창구 417
감상적 소구 468
감성(Emotion)의 법칙 504
감성적인 포괄적 효과 350
감정(emotion) 144
강압적인 힘 418
강점 120, 180, 189
강점과 약점 분석 185
개(dog) 197
개량적 신제품 305
개방적 유통경로 524
개방형 브랜드 622
개방형 비즈니스모델 313, 659
개방형 협업 313
개별 마케팅믹스 전략 유형 522
개별브랜드 95
개인 거래 73
개인 마케팅(individual marketing) 213
개인 사생활 보호 657
개인차 130
개인화(personalization) 285, 288, 446, 493, 627, 629, 649, 657
개인화 마케팅 287
개인화/맞춤화 및 측정 622
개인화된 가격 책정 624
거래 기능 405
거래비용 35
거래와 관리 481
거래지향적 판매 480
거래촉진 기능 405
거래할인(trade discount) 393
거시적 경쟁이성론 280
거시환경분석 63
거친 수역(Rough Waters)의 시장과 산업 323
검색 광고 491, 492
검색 마케팅 492
검색 최적화 492
검색엔진 491, 492
게임화 622
결합식(conjunctive rule) 139
경기 70
경로갈등 417
경매(auction) 모델 389
경상수지 71
경영관리혁신 588
경쟁 수준 및 범위 159
경쟁 중심 가격산정법 385
경쟁기준 154
경쟁력 성과의 변화 563
경쟁력 성과지표 556
경쟁분석 120, 150

경쟁사 기준법 466
경쟁사 제품분석 313
경쟁에 의한 포지셔닝 266
경쟁열위 포지션 262
경쟁요인 244, 248
경쟁우위 포지션 262
경쟁우위 43, 50
경쟁의 범위 45
경쟁자 확인 163
경쟁자분석 168
경쟁자의 능력(자원 및 역량) 평가 170
경쟁자의 목표 평가 168
경쟁자의 미래전략 예측 171
경쟁자의 현재전략 평가 169
경쟁적 위치(경쟁력) 194
경쟁적 이성론(Theory of Competitive Rationality) 279, 628
경쟁전략 44
경쟁제품 포지셔닝을 분석하라 269
경쟁제품을 파악하라 268
경쟁제품의 가격과 품질 369, 375
경제성 17, 20
경제적 부가가치 15
경제적 요인 70, 107
경제적 전환비용 102
경험 혁신 591
경험곡선 효과 373
경험곡선 169, 320
경험재 356, 366, 461
계기(Triggers)의 법칙 504
계량화된 경험 622
계약통합방식(Contractual VMS) 435
계절할인(seasonal discount) 393
계획적 문제 134
고가격과 고품질의 마케팅믹스 534
고객 경험(customer experience: CX) 627, 637
고객 관련 성과지표 556
고객 구매행동프로세스 모델 638
고객 능력 통제 631
고객 니즈와 관련된 차별화(relevant differentiation) 151, 181
고객 또는 고객사의 전환비용 320
고객 만족과 충성도 638
고객 생각의 변화 561
고객 생애가치 효과 509
고객 생애가치 556
고객 선택 통제 632
고객 선택의 시대 647, 648
고객 세그먼트 변경을 통한 혁신 600
고객 소유 터치포인트들 641
고객 유지비율 556
고객 유시율 562
고객 의사결정 여정(Consumer Decision Journey) 140
고객 이탈률 562
고객 인게이지먼트 633, 639
고객 인지 통제 631
고객 인지도 552
고객 자산(customer equity) 571
고객 중심 경영 567
고객 중점·초점 경영 639, 646, 649
고객 참여 622
고객 친밀성 52
고객 탐색 118
고객 통제권을 강화하는 능력 649
고객 혼란의 시대 647
고객 312
고객가치 발견 596
고객가치 수확 598
고객가치 유지 598
고객가치 전달 597
고객가치 창출 597
고객가치제안(Customer Value Proposition) 281
고객경험관리(CEM: Customer Experience Management) 614, 634, 644
고객-고객 상호작용 632
고객과의 감정적 연결(emotional connection) 144
고객관계관리(CRM) 22, 72, 526, 554, 639
고객관계관리시스템 553
고객-기업 상호작용 631
고객대면 커뮤니케이션의 혁신 592
고객만족도 인덱스 556
고객분석 120
고객생애가치 571
고객선호도 분포 221
고객에 대한 가치 22
고객유지(customer retention) 562
고객을 분석하라 267
고객의 가격민감도 562
고객의 가치 인식 인덱스 556
고객의 가치 22
고객의 변화 560
고객의 생애가치 53
고객의 의사결정 과정 분석을 통한 방법 166
고객의 지각에 근거한 포지셔닝맵 272
고객의 통제권 633
고객이 원하는 기대수준 410
고객이 인식하는 가격 563
고객인사이트(market or customer

Marketing

insight) 40
고객지향 개념 24
고객지향적 기준 155
고객추종형 전략(Market-Driven Strategy) 40, 226, 654
고객충성도 562
고객행동분석 틀 123
고객행동의 변화 561
고도화된 소재기술 73
고도화된 오일 및 가스 탐사기술 73
고려상표군 561
고려제품군(consideration set) 135
고전경제학 153
고품질-고가격전략 524, 526
고품질-대등가격전략 526
고품질-저가격전략 527
공격적인 성장목표(offensive growth objective) 169
공급 측면 164
공급 21
공급사슬관리(SCM)전략 185
공급의 동질성 21
공급자(supplier) 10
공급자의 교섭력 104
공동목표 417
공동생산(coproduction) 633
공정거래법 89
공정한 포지션 262
공짜 품목(free items) 364
과거와 현재의 전략 분석 188
과거자료분석법 473
과업환경(task environment) 120
과잉 공급 시대 620
과점 91, 153
과정 107
관계 마케팅 20, 639
관계관리 592
관계의 구성(네트워크 다양성) 416, 418
관계의 넓이(네트워크 밀도) 416, 418
관계의 질 416, 418
관계지향적 판매 480
관련성 121
관리 혁신 583
관리능력 평가 171
관리적 판단 167
관리적 혁신 589
관리통합방식(Administrative VMS) 435
관문(stage gate) 311
관습가격(customary price) 387
관심과 의견 127
관여도 133
광(光)디스크 247
광고 기반(ad-supported)의 수익모델 389
광고 메시지 467
광고 및 판매 이월 효과 472
광고 460, 461, 524
광고관리 462
광고매체 469
광고목표 설정 463
광고문안 결정 467
광고스케줄 472
광고예산 464
광고의 소구 스타일(message appeals) 468
광고효과 472
교통운송기술 34
교환 5, 18, 19
구글 애널리틱스 510
구글 애드워즈(Google AdWords) 493
구글 트렌드 74, 620
구글러(Googler) 648
구글링(Googling) 648
구독 기반(subscription) 모델 390
구매 과정(purchase)에서의 경험 441
구매 대리인 426
구매 전 과정(pre-purchase)에서의 경험 441
구매 후 과정(post-purchase)에서의 경험 441
구매 후 행동 139
구매 139
구매깔때기(Purchase Funnel)모형 142, 561
구매력지수법 109
구매의 편의성 411
구매의도조사법 112
구매의사결정 과정 132
구매자(buyer) 11
구매자의 교섭력 103
구매전환비율 562
구매행동 변수 231
구매행동 235, 561
구성원 간 관계관리 416
구전 마케팅 502
구전 효과 496
구전(Word of Mouth) 118, 632, 502
구전과 추천 효과 562
구조 혁신 591
구조화된 희귀성(forced scarcity) 모델 389
구축(build) 198
국제 기준 36

규모(substantiality) 227, 236
규모의 경제 101, 169, 245, 373, 585
균형점 21
그루폰 495
그린 마케팅 78
근거리 위치기반 통신 장치 440
글로벌화 35
글로컬라이제이션 253
금송아지(cash cow) 197
금융과 위험부담 425
급진적 혁신 588, 662
급진적인 변화 106
기능 간 협업과 통합 43
기능적 전략과 프로그램 282
기능적 효익 232
기대140
기반 수요(Installed base) 모델 389
기사형 광고(infomercial) 500
기술 107, 302
기술과 시장의 변화 속도 322
기술돌파구적 혁신 307
기술리딩형 (Technology Leads) 시장과 산업 323
기술적 요인 71, 107
기술적 유사성 164
기술적 차별화 536
기술적 혁신 589
기아자동차 210, 298, 354, 456
기업 가치 효과 510
기업 가치의 극대화 573
기업 내부 능력 분석 186
기업 또는 브랜드의 긍정적 이미지 구축 463
기업 마케팅 성과 563
기업 목표 11, 249
기업 성과 11, 15
기업 역량 요인 584
기업 존속목표 377
기업 6
기업경쟁력 17
기업-고객 상호작용 631, 633
기업선도형 전략(Market-Driving Strategy) 40, 226
기업의 가격목표 369, 370
기업의 가치 변화 573
기업의 이익(Firm Profit) 15
기업의 핵심비즈니스 프로세스 538
기업의 혁신 582
기업자원과 역량 282
기업통합방식(Corporative VMS) 435
기존 기업 간 경쟁 104
기존 시장과 마케팅믹스와의 조화 249
기존 시장구조의 개선 효과 156
기준변수 234
기타 환경과 경제적 요인 376
기회 120, 180, 189
기회-강점(Opportunities-Strengths: OS)전략 190
기회-약점(Opportunities-Weaknesses: OW)전략 190
긴급한 문제 134
길더의 법칙(Gilder's Law) 620
김위찬 39

ㄴ

나우이즘(Nowism) 285
나이키 482
납품업자 433
내구성(durability) 303
내부 마케팅 591
내부 실행조직 646
내부 원천 312
내부수익률(IRR)기법 572
내부준거가격 364
내부환경분석 120, 211
내적 탐색 135
네스프레소 217
네이버 밴드 499
네이버 499
네이티브 광고(native advertising) 497, 499, 500
네트워크 가치 247
네트워크 연결 620
네트워크 외부성 321
네트워크 인텔리전스 592
네트워크 중심에 있는 자(degree centrality) 507
네트워크 효과 320, 389, 627
네트워크와 협업(collaboration) 역량 177
노출 128, 129
논 유저 231
누적적 우위이론(a theory of cumulative advantage) 144
누출 및 무임승차 효과 321
뉴미디어 486
니치기업534
닌텐도 위 66, 256, 586

ㄷ

다속성 태도모델 137, 138
다수제품 전체시장 도달전략 254
다양성을 추구하는 행동(variety-seeking behavior) 165
다양한 형태(Variety) 656
다양한 활동이 서로 연계된 시스템 50
다우 코닝 412

Marketing

다이내믹스 642
다이소 606
다차원척도법 269, 272
단말기유통법 11
단수가격(odd price) 387
단순예측법 112
단순이동평균법 112
단일가격 388
단일시장 집중화전략 255
단일제품 전체시장 도달전략 252
단절적인 혁신 588
대기 시간 410
대등가격전략(parity pricing strategy) 378, 523
대등품 534
대등품질-고가격전략 528
대등품질-대등가격전략 529
대등품질-저가격전략 530
대등품질전략 523
대량 거래(scaled transactions) 모델 390
대량맞춤화(Mass Customization) 257
대량맞춤화 620
대리 도매상 426
대리인(agent) 426
대응전략 319, 654
대중성(Public)의 법칙 504
대체성(substitutability) 165
대체재 346
대체품의 위협 105
던킨도너츠 458
데이터 웨어하우스(data warehouse) 656
델파이 방법 112
도달 범위 471
도매상의 전략 427
도매상인 426
도매업 424
도입기 93, 334
도전기업 531
도전기업 534
독립적 유통경로(independent distribution channel) 434
독점 89, 153
독점금지법 89
독점적 경쟁 153
동기부여 12
동산 C&G 532
동시공학 316
동시성(synchronicity) 284, 285, 629
동원 F&B 313
동질성(homogeneity) 220
동질적 선호시장 222
동태적 역량(Dynamic Capability) 42, 652
동태적 포지셔닝 분석 270
두산중공업 25
드러커 7, 588
디스플레이(노출형) 광고 490
디자인 싱킹 접근방법 645
디자인 594
디지털 기술 489
디지털 네이티브 505, 648
디지털 디바이스 489
디지털 디자인 수단(digital design kit) 313
디지털 마케팅 284
디지털 마케팅의 성과 측정 509
디지털 미디어 487
디지털 상거래 624
디지털 상품 356
디지털 쇼룸 507, 625
디지털 수단 460
디지털 커뮤니케이션 관리 482
디지털 커뮤니케이션 614
디지털 플랫폼 489
디지털라이제이션 155
딕슨 279

ㄹ

라디오 469
라이센싱 모델 390
라이트 유저 231
라이프스타일 76, 126
랜드로버 257
럭키치약 252
렉서스 527
로그 데이터 448
로그치환 197
로레알 339
로봇기술 71, 73
롤런드 힐 595
롤렉스 41
롯데 306, 336
리뷰 632
리스크 절감 594
리워드 광고 497, 499
리카르도 650
리타깃팅 광고 287, 497, 499
리프린팅(re-printing) 626

ㅁ

마이크로 거래(microtransactions) 모델 390
마이크로 블로그 485
마이크로 순간(Micro-Moments) 분석 494
마이크로 순간(Micro-Moments) 448
마케팅 ROI 568, 573

마케팅 ROS 568
마케팅 감사(marketing auditing) 558
마케팅 개념 20
마케팅 공헌이익 567, 568, 569
마케팅 근시 23, 160, 268
마케팅 뉴트렌드 시대 647
마케팅 매출이익률 567
마케팅 믹스 26
마케팅 비용 분석 567
마케팅 비용 567, 569
마케팅 생산성 분석 558
마케팅 성과평가 558
마케팅 성과평가시스템 552
마케팅 수익성 분석 567
마케팅 수익성 성과평가 570
마케팅 수익성 572
마케팅 애널리틱스 교육 및 훈련 657
마케팅 역량평가모델 559
마케팅 자산 571
마케팅 자산의 변화 571
마케팅 책임(marketing accountability) 546
마케팅 통제 조건 548
마케팅 통제 546
마케팅 통제에서 발생하는 문제점 549
마케팅 투자이익률 567, 573
마케팅 혁신 591, 600
마케팅 활동의 성과 설명력 22
마케팅관리 과정 26
마케팅능력 평가 171
마케팅목표 26, 553
마케팅믹스 혁신 601
마케팅믹스 28, 300, 520, 536, 657
마케팅믹스의 전략적 통합 520
마케팅믹스의 최적 통합 536
마케팅믹스전략의 조합 525
마케팅의 기본 개념 18
마케팅의 뉴트렌드 기술 · 기능성 621
마케팅-재무 접점(marketing-finance interface) 546
마케팅지향적 기준 155
마켓셋싱 38
마켓오 240
만족 · 불만족 140
만족 303
만족도 552
많이 연결된 사람(high degree) 507
맞춤화 및 개인화 143
맞춤화(Customization) 17, 20, 285, 287, 288, 446, 493, 626, 627, 629, 649, 657
매리어트호텔 204
매수전략 318
매체수단(vehicle) 471
매체의 다분화(fragmentation) 470
매체의 파편화(media fragmentation) 484
매체환경의 혁명적 변화 484
매출 프리미엄 349
매출액 대비 이익률 15
매출액 비율법 466
매출액 15, 563
맥도날드 253
맥킨지 140, 620
맵리듀스(MapReduce) 656
머천다이징 433
멀론 656
멀티브랜드전략 336, 340, 347
멀티스크린 애널리틱스 623, 643
멀티채널(multi channel) 437
메뉴비용(menu cost) 388
메타 플랫폼 645
메트로섹슈얼 122
멤버십 모델 390
멧캘프의 법칙(Metcalfe's Law) 619
면도기와 면도날 수익모델 389
모든 곳에 들어가는 앱 623
모든 미디어 매트릭스 623
모루밍(morooming) 401
모바일 광고 492
모바일 라우터(에그) 116
모바일 마케팅커뮤니케이션 497
모바일 사이트 506
모바일 서비스 499
모바일 인터넷 73
모바일 통신시장 92, 97
모바일 490
모바일채널 643
모방(me-too 또는 wanna-be)한 제품 529
모방전략 319
목표 브랜드 이미지 351, 352
목표과업법 466
목표수익률 기준 가격산정법 385
몰입 418
몰튼(Morton) 222
무궁화 532
무어의 법칙(Moore's Law) 619
무언가를 '되게' 만드는 것 594
무의식(unconscious or pre-conscious) 144
무점포-온라인 소매점 431
무형자산 186, 348
묶음가격(bundled pricing) 모델 389

묶음제품(product bundles) 364
문제인식 134
문화적 요인 125
문화적 · 자연환경적 요인 77
물리적 특성에 의한 포지셔닝맵 271
물음표(question mark) 196
물적 유통(physical distribution or logistics) 419
물적 유통경로 419
뮤지컬적 소구 468
미국마케팅학회 19, 20
미디어 균형성(media symmetry) 289
미디어 매트릭스 643
미디어 콘텐츠 289
미디어를 넘나드는 스토리텔링 622
미디엄 유저 231
미래 기대가격 365
미래기술 예측 620
미션(Mission) 13, 148
미시적 경쟁이성론 281
믹스 앤드 매치 471, 484
밀도 418
밀집 선호시장 223

ㅂ

바이럴 마케팅 632
박스-젠킨스모형 112
반도체 71
반응 131
반응전략 319
발명 107
방어적인 수확목표(defensive harvest objective) 169
방어전략 319
방카슈랑스 374
방향성 제시 12
배너 광고 500
버즈 마케팅 502
범기능 통합팀 646
범기능 협업 187, 636
범용제품(commodity) 648
범위의 경제 효과 374
법률적 요인 77
법률적인 힘 418
법적 요인 369, 375
법적 · 정치적 요인 108
베조스 653
벤치마킹 187
변곡점 94
변동가격 388
별(star) 197
보다 나은 두 번째 전략 319
보상적 평가방식 134, 137, 138
보상적 힘 418
보상판매(rewards sales) 393
보완재 346
보조를 받는 시장 389
보증 소구 468
복수유통경로(multiple marketing channels) 408
복점(duopoly) 89, 529
복합경험매장 441
본원적 전략 45, 536
본원적 효익에 의한 경쟁 160
본원적인 수요(primary demand) 334
부가티 525
부분시장 도달전략(Partial Market Coverage Strategy) 255
분리가격(disaggregated pricing) 모델 389
분리식(disconjunctive rule) 139
분산된 선호시장 223
분업의 원리 404
브랜드 가치 187
브랜드 간 전환 확률 165
브랜드 감정 351
브랜드 레버리지관리 353
브랜드 성과 354
브랜드 소유 터치포인트들 640
브랜드 요소관리 353, 354
브랜드 이미지 구축 370
브랜드 이미지 351
브랜드 인지 622, 623
브랜드 자산 49
브랜드 전환 매트릭스 165
브랜드 전환 분석 164
브랜드 정체성(Brand Identity) 351
브랜드 제휴 354
브랜드 특유의 고객효용(Brand-Specific Utility) 350
브랜드 · 지위 594
브랜드건축전략 345, 352
브랜드에 대한 고객의 인지도(Brand Awareness) 351
브랜드-제품 매트릭스 203
브랜드충성도 232
브랜드포트폴리오 분석 181, 202
브랜드포트폴리오 202
브랜드포트폴리오전략 345
브랜딩전략 345
브로커 426
블라인드 테스트 350
블랙베리 폰 118
블로그 485, 494, 495
블루레이 디스크(Blu-ray Disc: BD) 247
블루오션전략 39, 586

블루클럽 256
블루투스 440
비강압적인 힘 418
비교우위론 650
비디오 유동성 622
비보상적 평가방식 134, 138
비용 관점 585
비용 587
비용절감 594
비전(vision) 13
비즈니스 수준전략(business-level strategy) 282
비즈니스 포트폴리오분석 282
비즈니스 프로세스 187
비즈니스 프로세스경쟁 281
비즈니스 혁신 583
비즈니스 4
비즈니스모델 혁신 144, 586, 587, 591
비즈니스모델 583, 660
비즈니스모델의 이해 583
비즈니스플랫폼 매출 492
비콘 440
비트겐슈타인 131
빅데이터 기술 501
빅데이터 분석 파트너 659
빅데이터 생태계(Ecosystem) 659
빅데이터 애널리틱스 역량 448, 661
빅데이터(Big Data) 42, 155, 622, 623
빅데이터의 이해와 활용 656
빈도 471
빠른 생성속도(Velocity) 656

ㅅ

사례유추법 112
사물 인터넷 497
사물인터넷(Internet of Things, IoT) 73, 627
사생활침해 73
사업부의 평가 196
사업성 분석과 평가 315
사업포트폴리오 분석 181, 193
사업포트폴리오 44, 192
사용 기반(metered use) 모델 390
사용량과 사용빈도 231
사용상황 변수 232
사용상황 235
사용상황에 의한 경쟁 159
사용상황에 의한 포지셔닝 266
사용자 결정(user-defined) 모델 390
사용자가 창출하는(User-generated) 미디어 486
사우스웨스트항공 46
사이제리야 528
사전 지식 131
사전편집식(lexicographic rule) 138
사회 · 심리 변수 235
사회계층 126
사회적 가치관 76
사회적 마케팅 개념 24
사회적 신분의 상징(status symbol) 526
사회적 요인 126
사회적 책임(CSR: Corporate Social Responsibility) 330
사회적 투자보고서 15
사회적 투자수익 15
사회적 · 심리적 변수 231
산업 경계 36
산업 86
산업분배업자 426
산업재시장 236
산업적 요인 584
산업조직론 153
삼성전자 269, 335, 341, 381, 529, 548, 570, 603
삼양 408
상기 광고 341
상기(recall) 561
상대적 고가격전략(premium pricing strategy) 378, 523
상대적 고품질전략 523
상대적 저가격전략(value pricing strategy) 378, 523
상대적 저품질전략 523
상쇄관계(trade-off relationships) 345
상업화 107
상업화 317
상위 3개사에 관한 상대적 시장점유율 565
상인 도매상 426
상징 303
상향식 정보처리 131
상호작용 마케팅(interactive marketing) 614
상호작용성(interactivity) 284, 629
상황(context) 448
상황에 관련된 인터넷 광고 나타나게 하기(contextual ads) 492
상황에 따른 차이(context-dependence) 130
새로움 594
생각의 변화 560
생명공학(Bio Technology: BT) 71
생산 중심 개념 23
생산과 운영 활동의 효율성 · 효과성 620
생산능력 평가 170
생산자의 후생 21

생생함(vividness) 130
생존과 성장 19
생태계 627
생태계전략(business ecosystems) 177
생필품시장 92
서비스 수준 결정 433
서비스 청사진 645
서비스 품질 인덱스 556
서비스 품질 638
서비스지배 논리 542
서비타이제이션(Servitization) 179
서울우유 530
선금(float) 모델 389
선도기업 534
선도기업에 관한 상대적 시장점유율 565
선매품 357
선반 도매상 426
선제전략 성공 조건 320
선제전략 318, 654
선택대안의 평가 135
선택성(selectivity) 130
선택적 수요(selective demand) 336
선택적 유통경로 415, 524
선택적 전문화전략 257
선택적 주의 130
선호 모델 272
선호도 552, 561
설득 481
성과 기준의 설정 547
성과분석 184
성과평가 475
성과평가시스템 551
성숙기 93, 338
성장기 93, 336
성장-점유율 매트릭스 194
세분시장 규모 244
세분시장 마케팅전략 27
세분시장 성장률 246
세분시장요인 244
세분시장의 측정 236
세분시장의 평가 244
세분화(Segmentation) 21, 211, 224
세일즈 프로모션(Sales Promotion) 476
소매상 마케팅전략 431
소매상의 기능 428
소매업 유형 430
소매업 428
소매유통업 400
소매유통채널 401
소매점 마케팅믹스 433
소매협동조합 435
소비(Consume) 495
소비자 기대 기준 가격산정법 386
소비자 기대파악 432
소비자 지각에 기초한 가격결정 387
소비자 집단들(consumer collectives) 354
소비자 판촉기법 477
소비자 힘(power) 444
소비자신경과학(Consumer Neuroscience) 144
소비자의 후생 21
소비재 유통경로 406
소비재 303
소셜 네트워크 서비스 34
소셜 네트워크 505, 507
소셜 네트워킹 사이트 495
소셜 미디어 마케팅 496
소셜 미디어 마케팅커뮤니케이션 494
소셜 미디어 플랫폼 494
소셜 미디어 485, 490, 494, 503
소셜 애널리틱스 622
소셜 웹 분석 656
소셜 커머스 495
소셜 플랫폼(Social platform) 592
소셜 화폐(Social Currency)의 법칙 504
소셜/외부 터치포인트들 642
소셜 622
소셜커머스 438
소울 210, 456
소유효용 405
소프트웨어 개발 키트(software development kit) 177
소프트웨어의 법칙(The Law of Software) 620
속성 · 효익에 의한 포지셔닝 266
손실회피 365
쇠퇴기 93, 339
쇼루밍(showrooming) 401
수동적 충성층 고객 142
수량할인(quantity discount) 393
수송 결정 420
수요 측면 164
수요 21
수요-생산 통합 솔루션 72
수요의 가격탄력성 367, 370
수요의 교차탄력성 165
수요의 동질성 21
수요함수 변화(Demand Function Modification) 224
수용 및 확산 이론 96
수익률 확대목표 377
수익모델 388

수익성 성과의 변화 566
수익성 흐름의 변화 571, 572
수익성 100, 566
수익성장성 16
수입 관점 585
수입 587
수입모델(revenue model) 585
수정 활동 548
수정된 커뮤니케이션 모델 488
수직적 갈등(vertical conflict) 417
수직적 마케팅시스템(Vertical Marketing System: VMS) 434, 435
수평적 갈등(horizontal conflict) 417
수평적 마케팅시스템(Horizontal Marketing System: HMS) 435
수확(harvest) 198
순기능적 갈등(functional conflict) 417
순수 마케팅 기여도(net marketing contribution) 558
순현재가치 572
순현재가치기법 572
슘페터 588, 652
스냅챗 495
스리프티북스닷컴 554
스마트 공간 623
스마트 워치 117
스키밍 가격전략 380
스타 제품(star product) 298
스타벅스 553
스티커 충격 효과 365
스폰서 링크 493
습관(habit) 143
시가 총액 573
시간효용 405
시계열분석기법 110
시계열자료의 분석 81
시계열확산모델 112
시나리오 기획분석기법 79
시너지 효과 374
시너지 36, 43, 345
시장 다이내믹스 이론 628
시장 성과의 변화 563
시장 진입시기 결정 318
시장 확대목표 377
시장 19, 86
시장가치 15
시장구조 개선과 시장매력도 증대 156
시장규모 100
시장규모의 확대 156
시장다이내믹스 이론 280
시장돌파구적 혁신 307
시장리딩형(Market Leads) 시장과 산업 322
시장매력도 194
시장발전 수명주기 591
시장성과 지표 556
시장성장률 100, 194
시장세분화 매트릭스 243
시장세분화 절차 234
시장세분화 조건 226
시장세분화 220
시장세분화의 기준변수 228
시장수요 확장 569
시장의 거시환경적 요인 106
시장의 구조적 요인 100
시장의 외형적 요인 99
시장의 잠재수요 109
시장잠식(cannibalization) 228
시장전문화전략 256
시장점유율 분석 564
시장점유율 563
시장점유율의 증진 569
시장지위 534
시장지향 관점의 역량 651
시장침투 가격전략 382
시장학습 281, 655
시험시장 실시 310
시험시장 316
신경과학연구(neuroscience) 144
신념 128
신뢰 418
신문 469
신용재 366, 462
신재생 에너지 73
신제품 가격전략 379
신제품 개발 과정 311
신제품 개발 동기 308
신제품 개발능력 평가 170
신제품 아이디어의 수집 및 평가 310
신제품 유통경로 선택 전략 420
신호(signaling) 347
실시간 모바일 73
실시간 브랜드 622
실시간채널 446, 632, 649
실용적 가치(Practical Value)의 법칙 504
실제 성과의 측정과 평가 547
실제와 디지털의 혼합 623
실증적 증거를 토대로 한 의사결정 657
실행 스피드 281
실험법 473
실험자료분석법 473
심리적 전환비용 102
심리적 효익 232

싱글채널(single channel) 437
씨 뿌리기 전략(Seeding Strategy) 507

ㅇ

아가방 256
아도브 소셜 510
아마존 554
아모레퍼시픽 339, 344
아우디 527
아이디어 창출 312
아이디어 평가 314
아이오페 531
애경 313
애너모픽 광고 623
애널리틱스 분석방법 657
애널리틱스 역량 646
애널리틱스 42, 157, 656
애플리케이션을 통한 광고 499
액션츄어 635
앱 마케팅 · 광고 497
앱 서비스 제공자(Yelp, Foursquare, ESPN) 177
앵그리버드 245
야나기사와 48
약점 120, 180, 189
약화된 후방 · 전방 통합 의지로 인한 이익 157
양면시장 389
양방향 커뮤니케이션 284, 629
양방향성 285
양손잡이 조직전략(Organizational Ambidexterity) 653
양판점(general merchandising store) 430
어디에서 경쟁할 것인가 282
어떻게, 무엇으로 경쟁할 것인가 282
엄브렐라브랜드전략 347
업그레이드 585
에너지 드링크류 시장 232
에너지 저장기술 73
에너지음료시장 86
에델만 635
에디슨 587
역 검색 623
역 커뮤니케이션(reverse communication) 정보 288
역기능적 갈등(disfunctional conflict) 417
역쇼루밍(reverseshowrooming) 401
연결된 고객 624
연계(Connect) 495
연계점 36
연구개발(R&D)전략 318
연속적인 혁신 588
연쇄비율법 109
예산에 따른 경쟁 161
예측 애널리틱스 622, 643
예측기법의 선택 111
예측의 정확성 111
오뚜기 69, 603
오렌지팩토리 533
오리지널스 323
오픈 마케팅 659
오픈 마켓 606
오픈 플랫폼 177
오피니언 마이닝 656
옥외 광고 469
온 · 오프 라인 브랜드의 통합 505
온 · 오프 라인의 통합 505
온디맨드 전문지식 622
온라인 바이럴 마케팅 502
온라인 소매와 전시실 443
온라인 쇼핑몰 390
옴니채널(omni channel) 400, 438, 442, 607, 614, 632, 649
옴니채널관리 636
완전경쟁 153
완전서비스 도매상 426
완전정보가설 21
외부 파트너 · 네트워크 관리 역량 661
외부 파트너와 네트워크(생태계) 관리 645
외부 환경요인 642
외부와의 협조체제 592
외부준거가격 364
외부환경분석 120, 182, 211
외적 탐색 135
외형적 브랜드관리(cosmetic brand management) 353
요인분석(factor analysis) 269, 272
운송과 보관 425
운영의 탁월성 52
원 클릭 오더링 649
원가가산가격 방법 335
원가가산법 384
원가구조 369
원가분석 184
원가우위(cost leadership) 모델 389
원가우위 536
원가우위전략 44, 605
원동력 107
웨어러블 기술(Wearable Technology) 73, 624
웹 2.0 494
웹 485
웹사이트 490

위어시마 52
위치 기반 애널리틱스 623, 643
위치 인식 오퍼(제안) 623
위치기반 네트워크 622
위치기반 서비스 215
위키노믹스 313
위키피디아 485, 495
위험 공유(risk sharing) 모델 390
위협 120, 180, 189
위협-강점(Threats-Strengths: TS)전략 190
위협-약점(Threats-Weaknesses: TW) 전략 190
유니클로 46, 531
유머 소구 468
유보가격 22
유사성 모델 272
유사성 151
유연 생산시스템 620
유연한 가격(flexible pricing) 모델 389
유점포-오프라인점포 소매점 430
유지(hold) 198
유통 범위 414
유통 28, 402
유통경로 관리 402
유통경로 구조 416
유통경로 목표 411
유통경로 설계(design)와 관리 409
유통경로 402, 405
유통경로의 계열화 434
유통경로의 효용 405
유통경로전략 414
유통믹스 524
유통업자 자산 효과(Reseller Equity) 351
유통에서의 혁신 606
유통이나 촉진능력 534
유통채널 믹스 300
유통커버리지 118
유튜브 78, 494, 495, 496
유한킴벌리 530
유형 제품 302
유형성(tangibility) 303
유형자산 186
윤리경영 76
융통성 548
응용 혁신 591
의견 조사법 473
의도(intent) 448
이득추구(gain seeking) 365
이리듐프로젝트 307
이마켓 플레이스(eMarket Place) 606
이마트 531
이메일 470
이미지(Brand Image) 351
이미지차별화 536
이상적 포지셔닝 274
이상점(ideal point) 275
이성적 소구 468
이성적인 포괄적 효과 350
이야기성(Stories) 법칙 504
이윤과 회전율 결정 433
이익극대화 370
이익률 증진 569
이익률 569
이질성(heterogeneity) 220
이해관계자 9
이해용이성 548
인공지능(Artificial Intelligence) 42, 625
인과관계모형 80
인과관계분석기법 110
인구통계 235
인구통계적 변수 230
인구통계학적 요인 65, 106
인수합병 44
인스타그램 34, 495
인적 상호작용성 289
인적 판매 과정 480
인적 판매 479, 524
인지 테스트 473
인지도 증대 463
인지도 561
인지부조화 140
인지적 반응 131
인지종결욕구 366
인터넷 기술 501
인터넷 마케팅커뮤니케이션 490
인터넷 및 모바일 소매 400
인터넷 생태계 501
인터넷 쇼핑몰 607
인터넷 470, 490
인터넷과 모바일 쇼핑(internet & mobile shopping) 431
인포마크(Infomark) 116, 148, 176
인플레이션 70
일대다(one to many) 모델 288
일대일 마케팅(one-to-one marketing) 213, 290
일대일(one to one) 커뮤니케이션 모델 288
일렉트로룩스 218
일반 인공지능(general artificial intelligence) 626
일상적 문제 134
임의할당법 466
입력 구체화 가설 471

입지 결정 427
입지 433
입지와 시간 편리성 432

ㅈ

자기자본 이익률 15
자기잠식(cannibalization) 156, 204
자동판매기(vending machine) 431
자동화 143
자라 52
자발적 주의(involuntary attention) 129
자본예산(Capital Budgeting)기법 572
자사 입장의 신제품 305
자사분석 120, 180
자사와의 적합성 244
자사의 경쟁력 강화 158
자사의 경쟁우위 강화 효과 158
자사제품 포지셔닝을 개발하라 269
자사제품의 차별화 기능 158
자산 이익률 15
자산성장성 16
자원 249
자원기반 관점의 역량 650
자원준거론 50, 187
자원지향적 기준 155
자율주행 자동차 73
자율주행차 36
잔잔한 수역(Calm Waters) 322
잔존전략 341
잠재수요 추정방법 109
잠재적 경쟁기업의 진입 저지 효과 158
잠재적 경쟁자 248
잠재적 진입자 101
잡지 469
장소효용 405
재고 결정 420
재래시장(traditional market) 430
재무능력 평가 171
재무상태표 16
재무성과 16
재인(recognition) 561
재포지셔닝(repositioning) 270
저가전략 605
저장 및 기억 131
저장의 법칙(The Law of Storage) 620
저품질-고가격전략 532
저품질-대등가격전략 532
저품질-저가격전략 533
적극적 충성층 고객 142
적시생산 72
적응적 마케팅 역량 652, 655
적응적 시장실험 657
적합성 249
전략사업부 192, 193
전략의 위계 43
전략의 탄생 172
전략적 브랜드관리 352
전략적 우위 요소 44
전략적 적합성(strategic fit) 50, 120, 181
전략적 포지션 262
전문점(specialty store) 430
전방가치(forward value) 10
전방통합 435
전속적 유통경로 414, 524
전자상거래 전용소매 443
전체시장 도달전략(Total Market Coverage Strategy) 251
전체시장 점유율 565
전체에 대한 편향 364
전통적 관점의 비즈니스 · 마케팅 627
전통적 소매상 443
전통적 커뮤니케이션 모델 488
전환비용(switching cost) 101, 102
전환비율(conversion rate) 503, 509
점유율 프리미엄 349
점유율 확대 370
점진적 혁신 588, 662
점포 분위기 432
접근가능성(accessibility) 227, 236
접근성 594
정당화 12
정보 공유 620
정보 공유의 원칙 632
정보 보안 657
정보경제학 366, 461
정보교류 425
정보교환 기능 405
정보의 과부하(information overload) 648
정보의 다양성 289
정보의 비대칭성 35, 76, 366, 444
정보제공 461
정보처리 과정 128
정보탐색 135
정보통신기술 34
정보화 상호작용 432
정부(government) 11
정서적 반응 131
정위감반사 130
정치적 · 사회적 요인 75
제시품 301
제원인터내쇼날 427

제이디 파워 604
제일제면소 69
제조업자 대리인 426
제조업자 도매상 425
제품 개념 개발과 시험 315
제품 관련 호의적 태도 형성과 강화 463
제품 또는 공정 기술의 우위성 320
제품 리더십 52
제품 믹스 300
제품 및 서비스 432
제품 성능 인덱스 556
제품 성능과 서비스 품질 563
제품 중심 개념 23
제품 혁신 589, 591, 595
제품 28
제품개발 프로세스 혁신 585
제품개발 316
제품경쟁력 534
제품구색과 서비스 결정 427
제품군에 의한 포지셔닝 266
제품라인 제거전략 345
제품라인 추가전략 345
제품라인 확장전략 346
제품라인 342
제품라인의 길이 342
제품라인의 깊이 343
제품라인의 분할 및 통합 전략 345
제품력 · 기술력 증진관리 353
제품믹스 342, 523
제품믹스의 넓이 342
제품믹스전략 345
제품범주 95
제품범주에 의한 경쟁 160
제품사용자에 의한 포지셔닝 266
제품-서비스 시스템(PSS: Product-Service System) 179
제품수명주기(Product Life Cycle: PLC) 91, 93, 100, 246, 332
제품수명주기의 단계별 특징과 전략 333
제품에 대한 수요 369
제품에서의 혁신 602
제품유형 95
제품의 교환가치 367
제품의 차별성 101, 102
제품전략 342
제품전문화전략 257
제품정보 제공 463
제품형태에 의한 경쟁 160
제휴전략 318
조망이론 365
존 핸콕(John Hancock) 179, 625
존립목적(purpose) 13
존속적 혁신 589
존재이유 13
종업원(employee) 10
주가 변동 573
주가수익률 573
주당순이익 15
주된 활동 38
주문생산 마케팅 358
주문처리 결정 419
주문형 생산 287
주요 목적(primary goal) 13
주요 성공요인 282
주의(voluntary attention) 128, 129
주주(stockholder) 10
죽음의 계곡(death valley) 179
준(JooN) 116, 148, 176
준거가격(reference prices) 364, 388
준거적 힘 418
준거집단 126
준비 481
중간상 관촉기법 477
중간상 할인 569
즉시성(immediacy) 448
증강 현실(Augmented Reality Technology) 440, 623, 625
지각 128, 130
지각도 또는 인식맵 272
지각적 범주화 130
지각적 부호화 130
지각적 조직화 130
지능정보기술 75
지리적 기준 155
지배적 디자인 322
지불자 시장 389
지속가능마케팅 개념 25
지속가능성 보고서 78
지속성 587
지속적 경쟁우위 50, 182
지수평활법 112
지식노동의 자동화 73
지역 시장별 마케팅 예산배분율 570
지원 활동 38
지피지기(知彼知己) 150
직접 마케팅(direct marketing) 431
직접 우편 469
직접 유통경로(Direct Channel Systems) 406, 416
직접 평가 473
직접방송시스템 72
직접타깃팅(direct targeting) 모델 288
진로 재팬 526
진보적 동기 · 문화와 조직 281
진입장벽 101

질과 대등가격 534
집단면접법 312
집단적 협력 313
집적 효과(clustering effect) 156
집중화 536
집중화전략 44, 48

ㅊ

차별적 반응(differentiability) 227
차별화(Differentiation) 21, 224, 357, 462
차별화전략 44, 47
차세대 유전체학 73
참여(engagement) 501
창고 결정 420
창업가적 전략 318
창조적 파괴 588
창출(Create) 495
철수(divest) 198
철수장벽 102
철수전략 341
체스브로우 659
초기 고가전략 380
초기 다수자 96
초기 수용자(early adopter) 94, 96
초대용량의 데이터 양(Volume) 656
초조직적(super-organizational) 접근 방법 417
촉진 결정 427, 433
촉진(promotion) 28, 458
촉진믹스(promotion mix) 458, 459, 524
촉진에서의 혁신 607
촘촘한 유통경로 414
총거래 수 최소의 원리 403
총자산 이익률 15
총체적 고객 경험 638
최고경영자의 판단 112
최고지불의향가격 22
최소 구매 단위의 수준 411
최종 수용자 96
최종가격 결정 387
최종제품 187
추가적 수입(revenue stream)을 창출하는 방식 586
추구 효익 변수 232
추구 효익 235
추종기업 534
출시 310
출판사와 같은 역할을 하는 브랜드 622
충동적 구매 133
충성도 고리(loyalty loop) 141
취급제품의 다양성 410
측정가능성(measurability) 227
측정방법 473
측정성 548
침범하지 않는(nonintrusive) 커뮤니케이션 활동 501
침투가격(penetration price) 370

ㅋ

카레클린트 429
카카오뱅크 498
카카오톡 498
카피 테스트(copy test) 472
커뮤니케이션 모델 289, 488
커뮤니케이션 타이밍 289
커뮤니케이션 효과 조사 472
커뮤니케이션 효과 측정방법 473
커스터마이징 594
컨슈머 리포트 232
컨텍스트 623
컴퓨터시장 97
컴퓨터통합생산 72
코스트코 48
코스트코 531
코오롱 25
코카콜라 라이트 161
코카콜라 253, 487, 553
콘셉트 매장 441
콘텐츠 마케팅 501
콘텐츠 커뮤니티 495
콘텐츠 622, 623
쿠쿠 49
큐레이션 623
크라우드 소싱 287, 313, 633
크라우드 펀딩 117
크라운 코르크 앤드 실 105
크로스채널(cross channel) 437
크리스텐슨 589, 595
클라우드 기술 73
클라우드 컴퓨팅 501, 653
클라우딩 서비스 34
클래시 오브 클랜 241
클러스터 분석 656
클러터(clutter) 503
클릭당 지급(pay-per-click)방식 492
클릭스트림 142
키네틱 인터페이스 623
키오스크 판매(KIOSK Sales) 431
키워드 광고 492
키즈폰 116, 148, 176
킥스타터(kickstarter) 118, 177

ㅌ

타성(incumbent inertia) 322
탐색 역량(Exploring Capability) 652
탐색동기 134

탐색재 356, 461
탐색형 기업선도형 전략 41, 646, 654
탐스 25
태도 128, 561
태양의 서커스 586
탭스캇 592
터치포인트 대응(touchpoint adaptation) 역량 662
터치포인트 디자인(touchpoint design) 역량 662
터치포인트 모니터링(touchpoint monitoring) 역량 662
터치포인트 자원배분(touchpoint prioritization) 역량 662
터치포인트 441, 444, 630, 635
터치포인트들의 유형 640
텍스트 마이닝 656
토마스브라운 429
토빈의 Q 573
통신기술 71
통제(Control) 28, 285, 495
통제권(control) 285, 629
통합마케팅커뮤니케이션(integrated marketing communication) 354, 458
통합적 유통경로(integrated distribution channel) 435
투명경영 76
투자 관점 585
투자 302, 303
투자와 자본비용 587
트럭 도매상 426
트레이더스클럽 48
트레이시 52
트렌드세터 334
트위터 78
틈새시장 기회 275
틈새시장에 대한 포지셔닝 266
티스 652
티핑포인트 94, 502

ㅍ

파괴적 혁신 589, 591, 595
파레토 최적 583
파이낸싱 모델 389
파트너 소유 터치포인트들 641
판단적 판매예측기법 110
판매 중심 개념 23
판매 효과 조사 472
판매 효과 473
판매가능액 109
판매량 분석 564
판매량 563
판매시점관리(POS)시스템 72
판매예측 추정방법 110
판매와 촉진 424
판매원 의견통합법 112
판매의 주기성 100
판매촉진 460, 475
판매촉진 476
판매촉진관리 477
판매촉진기법 477
판촉 524
판촉관리 과정 477
패밀리브랜드전략 347
퍼포먼스 594
페니 72
페이스북 34, 78, 494, 497, 553
페이첵 245
펩시 487
편리성 · 유용성 594
편의점 60
편의품 357
평가기준 12
평균 판매가격 569
포괄적 효과(Holistic Effects) 350
포지셔닝 접근방법 266
포지셔닝 확인 후 재포지셔닝하라 269
포지셔닝(Positioning) 50, 211, 264, 265
포지셔닝맵 작성하기 273
포지셔닝맵 166
포지셔닝맵 270
포지셔닝맵의 유형 271
포지셔닝전략 절차 267
포지션(position) 265
포터 44, 88, 282
포털 사업자 491
포트폴리오 분석모형 193
포트폴리오 테스트 473
포트폴리오분석 181
표적시장 고객이 원하는 가치 413
표적시장 선정 전략(Targeting Strategy) 250
표적시장 선정(Targeting) 211, 242
표적시장 점유율 565
표적집단면접(focus group interview) 312
표적청중(target audience) 464
표적청중의 결정 463
표준산업분류 87
표준산업분류법 109
표준산업분류의 이용 164
표준화 경쟁 247
푸시전략 421, 459, 524
풀 서비스 엔지니어링 접근방법 412
풀무원 69

품전략 421, 459, 524, 527
품질관리 72
프라이탁(Freitag) 268
프라할라드 187
프랜차이즈 435
프로그램화 · 자동화된 설계 620
프로모션 믹스 300
프로세스 리엔지니어링 585
프로세스 혁신 589, 591
프로슈머(Prosumer) 313
프로파일 작성 236
프로파일 차트(profile chart) 272
프로파일 235
프리미엄(premium) 모델 390
플라세보 효과 366
플랫폼 또는 교환대(switchboard) 모델 390
플랫폼 레볼루션 646
플랫폼 사업자 444
플랫폼/네트워크 비즈니스 637
플랫폼 · 네트워크를 토대로 하는 IoT 관점의 비즈니스 · 마케팅 627
플랫폼 36, 614, 626
피쉬바인 138
핀터레스트 495
필요 및 욕구 기반의 세분화 235
필요와 욕구 19

ㅎ

하겐다즈 525
하둡(Hadoop) 656
하멜 187, 588
하부구조(인프라) 38
하이브리드 소매상 443
하향식 정보처리 131
학습곡선(學習曲線) 320, 373
학습곡선 효과 102
한정서비스 도매상 426
할리데이비드슨 232
합리적 효용가설 21
해태 306
핵심 성공요인 186
핵심 성과지표 553
핵심 혜택 301
핵심가치(core values) 13
핵심성공요인 150
핵심역량 집중 원리 404
핵심역량(core competence) 176, 187
핵심제품 187
행동 기반 타깃팅 494
행동의 변화 560
행동적 관점의 가격전략 364
행동적 기준변수 231
헤비 유저 231
헨리 포드 219
혁신(innovation) 7, 106, 107, 153, 582
혁신소비자 96
혁신적 신제품 305
혁신층 94
현금 수반 도매상 426
현금할인(cash discount) 392
현금흐름 15
현금흐름표 16
현대자동차 7, 60, 604
현대카드 423
현재의 경쟁자 248
현저성(salience) 130
협동광고 478
협력적 프로젝트 495
협업 633
혼다 506
혼란의 시대 648
혼합형 유통경로 구조 416
홍초 270
화폐의 가치(The Value of Money) 364
화폐착각 364
화학산업 102
확산 107
확장 제품 302
환경분석 26
환경적 요인 108
환상적 소구 468
활동들이 여러 조직에 내재되어 있는 마케팅 관점(organizationally embedded view of marketing) 541
활용 역량(Exploiting Capability) 650
활용형 기업선도형 전략 41, 654
황이석 16
회귀분석 112
회상 테스트 473
회수기간 573
효과강도 471
효과성(effectiveness) 평가 558
효용(utility) 5
효율성(efficiency) 평가 558
효율적 비용 548
후광 효과(Halo Effect) 350
후기 다수자 96
후방통합 435
후원 링크 표시(sponsored listings)방식 492
희귀한 자원의 선점 320
히든 챔피언 257

영문

A

ADAS 157
Agents and proxies 624
AI 74, 446
AI 활용 역량 448
AIDA 모델 632
Altintig 178
App-me-nots 624
ATL(Above The Line) 460
Aware(인지) - Appeal(호소) - Ask(질문) - Act(구매) - Advocate(옹호) 632

B

B2B(Business to Business) 5
B2B시장 236
B2C(Business to Customer) 5
B2G(Business to Government) 5
BCG 매트릭스 194, 565
Big Data 74
BIG 데이터 분석 179
BTL(Below The Line) 460

C

C1소주 252
CAD 71
CAM 71
CCXO 635
CDJ 401, 509, 614, 632, 635
CDJ(Consumer Decision Journey) 파악 역량 448
CDJ 과정 503
CDJ 단계 640
CDJ 최적화(optimization) 142
CDJ 혁신 143
CDJ별 터치포인트 디자인 645
CDJ와 CX 프로세스 모델 639, 659
CDJ와 CX의 프로세스 모델 파악 역량 661
CEO 요인 584
Chief Digital Officer 635
Chief Experience Officer 635
Cloud 74
Collins와 Porras 13
CPM(Cost Per Mill) 471
CRM(Customer Relationship Management) 프로세스 539
CRM(Customer Relationship Management) 213, 460, 567, 657
CRM시스템 562, 656
CX 디자인 645
CX 최적화 637, 659
CX 637
CXM 635
CXVP 635

D

DAGMAR 463
Dash 42
DB 마케팅 607
deep learning 626
DM(Diret Mail or Direct Marketing) 460

E

Echo 42

F

Fibit 179, 625
Freemium 모델 389
FTA 36

G

GE 매트릭스 199

H

HD DVD 247
HOG(Harley Owner's Group) 354

I

Implementing 과정 652
Industry 4.0 72, 620
Intrusive 미디어 486
IoT 74

J

JIT 기술의 소비자화 623
JIT(Just in time)시스템 54

K

K-pop 77

L

Lafley 144
LBS(Location-Based Service) 215
LG생활건강 339
LG전자 335, 381, 529
LPG시장 77

M

Martin 144
McGrath 51
M-NET시스템 570
Mobile 74

N

NFC 440
NIH 증후군 314
Non-Intrusive 미디어 486

O

O2O 438, 614, 632, 649

P

P&G 228
PDM(Product Development Management) 프로세스 538
Pebble Technology 117, 177
PEST 64
Phills 13

Marketing

Physical/Digital Blend 623
POD(Points of Difference) 151
POP(Points of Parity) 151
Porter 100
PPL(Product Placement) 335, 460
PR 계획의 실시 475
PR 메시지와 수단의 선택 475
PR 목표설정 475
PR(Public Relations) 460, 474, 524
PRM(Public Relationship Management) 460
PR관리 474

R

Red Dot Design Award 116
RFID 72
ROI 553

S

Salkowitz 621
SCM 프로세스의 혁신 605
SCM(Supply Chain Management) 프로세스 539
Sensing 프로세스 652
Sheth 178
Sisodia 178
Smartwatch 177
SNS 78, 135, 485, 607
SPA 45
STP(Segmentation Targeting Positioning) 212
STP의 역설 278
STP전략 211, 413
STP전략의 수행 과정 214
STP전략의 통합 279
SWOT분석 120, 180, 189, 211
SWOT전략 방향 189

T

the rule of three 178
thinkwithgoogle.com 448
Threadless.com 287
TM(Tele-Marketing) 460
Transforming 과정 652
TV 469

U

UCC(User Created Contents) 485, 495
UI(User Interfaces) 635
URL(인터넷 웹페이지 주소) 500
Uslay 178
USP(Unique Selling Proposition) 282

V

VRINE 50, 187

W

Winsor 178

숫자

1차 수요(primary demand) 156, 334
360-degree CRM 624
3B(Baby, Beauty, Beast) 130
3C 요인분석 266
3C분석 211
3D 프린팅 73
4P 520
4V 656
5 Force 모델 100, 154, 584

저자와의
협의하에
인지생략

6th Edition **Marketing**

1993년 3월 20일 초판 1 쇄 발행
2017년 9월 13일 6 판 인쇄
2017년 9월 15일 6 판 1 쇄 발행
2025년 3월 05일 6 판 3 쇄 발행

저 자 : 채서일 · 이성호
발행인 : 정광식
발행처 : **비앤엠북스**
서울특별시 금천구 가산디지털1로 70 B1-103
등 록 2004. 12. 29. / 제313-2004-00298호
전 화 2627-5710~13, 팩스 2627-5720
홈페이지 www.대학교재.net
이 메 일 bnmbook@daum.net

가격 35,000원 ISBN 978-89-6821-070-9